€5,-

HEYNE FILMBIBLIOTHEK

FILM-JAHRBUCH 1999

Herausgegeben von Lothar Just

Originalausgabe

WILHELM HEYNE VERLAG
MÜNCHEN

HEYNE FILMBIBLIOTHEK
Nr. 32/267

Herausgeber: Bernhard Matt

BILDNACHWEIS:

ARD, Buena Vista, CIC Video, Columbia TriStar, Concorde,
Edition Salzgeber, Filmwelt, Filmfest München,
Int. Forum des Jungen Films, Jugendfilm, Kinowelt, MFA,
Constantin, Pandora, Prokino, SAT.1, Senator, Scotia,
Tobis, Twentieth Century Fox, UIP, VCL Video, VMP Video,
Warner-Bros., Warner Home Video, ZDF

DAS FILMJAHRBUCH 1999

Herausgeber: Lothar Just
Redaktion: Max Herrmann (Festivals, Filmpreise),
Wolf Jahnke (In Memoriam), W. O. P. Kistner (Video), Wolfgang Maier,
Viktor Rotthaler (Soundtracks), Rolf Selas (Filmliteratur).
Mitarbeit: Brita Geisler, Ursula Hecker, Eva Hesz-Just, Angelika Schaffer.
Herstellung in Zusammenarbeit mit FilmData.
Das Filmjahrbuch wird ständig aktualisiert im Internet
http://www.movieline.de

Umschlagfoto Vorder- und Rückseite:
Prokino, Scotia Film
Printed in Germany 1999
Umschlaggestaltung: Atelier Ingrid Schütz, München
Herstellung: H+G Lidl, München
Satz: Satz & Repro Grieb, München
Druck und Verarbeitung: Ebner Ulm

ISBN 3-453-14580-1

Inhalt

Die Filme des Jahres 1998
7

Lothar rennt – Das 20. Filmjahrbuch
9

Keine Explosionen mehr
13

LEXIKON DER FILME VON A–Z
17

Die Filmbranche: Jahresrückblick 1998
439

Internationale Filmpreise
443

Internationale Filmfestivals und Filmtage
450

Filmfestivals und Filmtage
in Deutschland/Österreich/Schweiz
467

Filmpreise und Auszeichnungen
483

Filmliteratur
487

Soundtracks 1998
495

Verstorbene Filmschaffende 1998
500

Fremdsprachige Originaltitel
539

Personenregister
549

Kritiken

Die abgedruckten Kritiken und Texte stammen hauptsächlich aus den Zeitungen und Zeitschriften: AZ, München; multimedia, Wien; tip, Berlin; Zitty, Berlin; Zoom, Zürich. Wir danken den Redaktionen und Autoren, die uns erlaubten, ihre Kritiken abzudrucken: Frank Arnold, Angie Dullinger, Frauke Hanck, Annette Kilzer, Margret Köhler, Ulrich Lössl, Ponkie, Volker Gunske und all denen, die namentlich unter den Kritiken stehen.

Ein besonderer Dank zur 20. Ausgabe

20 Jahre hörte meine Familie an jedem Wochenende nach den Sommerferien und besonders zwischen Weihnachten und Neujahr den Satz: »Ich muß noch am Jahrbuch arbeiten«. Deshalb einmal in diesen Jahren meinen Dank an Eva, Benedikt und Daniel Just. Viele der jetzt genannten werden sich eventuell gar nicht mehr daran erinnern, wann und in welcher Weise sie am Jahrbuch beteiligt waren. Aber ein guter Rat und eine kleine Hilfe zur rechten Zeit sollen nicht als gering erachtet werden. Deshalb noch mal »Danke« an alle, die mir in den vergangenen Jahren geholfen haben. (Die auf dieser Seite genannten werden nicht noch mal erwähnt.)
Gerd Albrecht, Volker Baer, Hans-Christoph Blumenberg, Martin Bogdahn, Gaby Brandt, Eugen Bussinger, H. K. Denicke, Wolf Donner, Thomas Engel, Wolfgang J. Fuchs, Wilfried Geldner, Antje Goldau, Leonhard Gmür, Fritz Göttler, Michael Hanisch, Eberhard Hauff, Manfred Hobsch, Alfred Holighaus, Nane Jürgensen, Johannes Klingsporn, Rüdiger Koschnitzki, Otto Kuhn, Jürgen Labenski, Eva Lautenschlager, Dieter Lidl, Bernhard Matt, Marlies Messinger, Josef Nagel, Hans-Joachim Neumann, Hans Helmut Prinzler, Reinhard Pyrker, Karsten Prüßmann, Detlef Schaller, Hans Schifferle, Angela Schmitt-Gläser, Hans Strobel, Vera Sommer, Rolf Thissen, Werner Treuchtlinger, Lutz Weber, Hartmut Wiebe, Uwe Wilk, Steffen Wolf, Meinolf Zurhorst.

Danksagung

Die umfangreiche Arbeit an diesem Jahrbuch wäre nicht zu leisten gewesen ohne vielseitige Hilfe. Deshalb einen herzlichen Dank an alle, die uns dabei unterstützten: Silvia Andresen, Elisabeth Berg, Unifrance, Blickpunkt: Film, Christel Drawer, Thomas Engel, Redaktion und Verlag Filmecho/Filmwoche, Deutsches Institut für Filmkunde, Bodo Fründt, Freiwillige Selbstkontrolle der Filmwirtschaft (FSK), Filmbewertungsstelle Wiesbaden (FBW), Werner Gondolf, Ulrich Höcherl, Kerstin Hinze, Jakobine Just, Hans Kohl, Jerry Payne (Arthaus Video), Marlies Messinger, Michael Mues, Hans-Joachim Neumann, Carsten Pfaff, Dietmar H. Sagert, RTL2, Uta Schitthelm, Attila Wiebe, Werkstatt-Kino.
Ein weiterer Dank an alle Mitarbeiter in den Presseabteilungen der Verleih- und Videofirmen sowie in den Fernsehanstalten und allen, die mit Informationen und Material zum Gelingen dieses Jahrbuches beitrugen.

DIE FILME DES JAHRES 1998

APRILE
Regie: Nanni Moretti

*

DER BOXER
Regie: Jim Sheridan

*

THE BIG LEBOWSKI
Regie: Joel und Ethan Coen

*

BUTCHER BOY
Regie: Neil Jordan

*

GEHEIMSACHE
Regie: Jacques Rivette

*

KURZ UND SCHMERZLOS
Regie: Fatih Akin

*

DAS LEBEN IST SCHÖN
Regie: Roberto Benigni

*

LOLA RENNT
Regie: Tom Tykwer

*

DER PFERDEFLÜSTERER
Regie: Robert Redford

*

TITANIC
Regie: James Cameron

*

DIE TRUMAN SHOW
Regie: Peter Weir

*

WILD THINGS
Regie: John McNaughton

Erläuterungen

Die Sternchenbewertung dient zur schnellen Einschätzung des Films. Dabei ist es durchaus möglich, daß die Bewertung im Gegensatz zur Meinung des Autors oder auch der FBW steht. Sie gibt Vorlieben der Mitarbeiter wieder, bemüht sich aber um eine objektive Beurteilung. Der Film wird beurteilt im Vergleich zu anderen Filmen seines Genres. Die Sternchen besagen:

* = Schrott, vergessen, ärgerlich	**** = Sehenswert, sollte man sehen
** = Zwiespältig, uninteressant	***** = Spitzenklasse, muß man sehen
*** = Annehmbar, kann man sehen	□ = Keine Bewertung

Stab und Besetzung Regie, Drehbuch, Kamera, Musik, Schnitt und Produktions-Design werden in der Regel genannt. Die Schauspieler, soweit das festzustellen ist, mit ihren Rollen. Produzent, Produktion, Herkunftsland und Entstehungsjahr werden in einem Eintrag zusammengefaßt. Die unvollständigen Angaben bei Fernsehproduktionen sind bedingt durch die unzulänglichen Angaben der TV-Sender. Bei der Jahresangabe wird das Jahr der ersten öffentlichen Vorführung genannt. In Ausnahmen auch das Herstellungsjahr.

Längenangabe Die Angaben dazu sind häufig widersprüchlich. Wir haben bei den meisten Filmen die gemessene Länge der FSK wiedergegeben. Wenn die nicht vorlag, Längenangaben aus Festivalkatalogen oder Int. Filmzeitschriften. Bei TV-Movies wurde die Sendelänge angegeben.

Verleihangaben Es wird der Verleih in Deutschland, Österreich und der Schweiz in dieser Reihenfolge angegeben, danach folgt der Videovertrieb für den deutschen Markt. Lief der Film bis Redaktionsschluß noch nicht oder nur in einem Land, so ist dies durch die Striche ersichtlich. Der Verleih »Freunde der deutschen Kinemathek« wird als »Freunde« wiedergegeben.

TV/Video Die Längenangaben beziehen sich häufig auf die Kinolänge des Films, durch die unterschiedliche Bildgeschwindigkeit verliert ein auf Video oder im Fernsehen abgespielter Film pro 25 Minuten Laufzeit eine Minute. Erfaßt wurden die Kinofilme und TV-Movies, auch Mehrteiler, sowie Pilotfilme zu neuen Fernsehserien. Weil Filme auf Video nicht immer sofort zu beurteilen sind, wurden auch noch welche aufgenommen, die gegen Ende des Jahres 1995 erschienen sind. Um möglichst vollständig zu sein, wurden auch nicht bewertete Filme mitaufgenommen.

Literaturangaben Im Anschluß an die Kritik wird, soweit das möglich ist, auf die Veröffentlichung in anderen Zeitungen und Zeitschriften hingewiesen. Filmzeitschriften sind dabei nicht berücksichtigt, denn die sollte man abonnieren. Diese Kritiken sind im Bedarfsfall über das Institut für Filmkunde, Frankfurt/Main, zu beziehen.

Abkürzungen Nach Möglichkeit sind Abkürzungen vermieden worden, bis auf jene Zeitungsnamen, die allgemein bekannt sind:

AZ = Abendzeitung München	FR = Frankfurter Rundschau
FAZ = Frankfurter Allgemeine Zeitung	SZ = Süddeutsche Zeitung

Abkürzungen bei der FSK (Freiwillige Selbstkontrolle der Filmwirtschaft) – Freigabe: FBW = Filmbewertungsstelle Wiesbaden; o. A. = ohne Altersbeschränkung; ffr. = feiertagsfrei, nffr. = nicht feiertagsfrei.

Lothar rennt

Das 20. Filmjahrbuch

VON HANS HELMUT PRINZLER

1. »Das Filmjahr '79«, herausgegeben von Lothar R. Just im Verlag der Filmland Presse, war der Anfang. Das Buch erschien im Frühjahr 1980. Es dokumentiert 361 Filme, basierend auf den Kritiken der Zeitschrift »Filmbeobachter«, die damals zweimal im Monat erschien. Es informierte über die Festivals des Jahres, Preise und Auszeichnungen, Filmbücher und verstorbene Filmschaffende. Es trägt auf dem Rücken die Nummer 1. Auf dem Umschlag fliegt uns Christopher Reeve als *Superman* entgegen. Sieben »Filmjahre« bewältigte der Verleger Klaus Denicke, für das letzte, 1986, holte er sich Martina Zender als Herausgeberin. Dann war Schluß.

2. Das »Filmjahrbuch 1987«, herausgegeben von Lothar R. Just im Wilhelm Heyne Verlag, war Neubeginn und Fortführung. Es dokumentiert 565 Filme mit Stab- und Besetzungsangaben, Zitaten aus Kritiken und Hinweisen auf wichtige Texte. Es informiert – wie zuvor das »Filmjahr« – über Festivals, Preise und Auszeichnungen, über Filmliteratur und die Toten des Jahres. Auf dem Rücken des Taschenbuchs stand die Nummer 105. Das »Filmjahrbuch« ist Bestandteil der »Heyne Filmbibliothek«. Das »Filmjahrbuch 1999« ist das 13. im Heyne Verlag, Band 267 der »Heyne Filmbibliothek«. Ein Ende ist nicht abzusehen.

3. Woran man sich gewöhnen muß: Daß die Jahreszahl des Buchtitels nicht mit dem dokumentierten Inhalt übereinstimmt. Im »Filmjahrbuch 1987« ging es um die Filme und Ereignisse des Jahres 1986. Das vorliegende »Filmjahrbuch 1999« dokumentiert das Filmjahr 1998. Buchkäufer gelten offenbar als gegenwartsfixiert. Man muß sie – marktgerecht – mit dem laufenden Jahr als Signal locken, auch wenn sich der Inhalt asynchron verhält.

4. Jahrbücher sind Rückblicke, Chroniken, Bestandsaufnahmen, Bilanzen. Sie dokumentieren ihren Gegenstand als Zeitausschnitt: Was zwölf Monate, 52 Wochen oder 365 Tage erbracht haben. Sie sind Handbücher, Nutzbücher. Ihr Nutzen wächst, je größer ihre Zahl wird. 20 Jahrbücher in Folge sind eine stolze Zahl. Sie dokumentieren ein Fünftel des Jahrhunderts. Also ein knappes Fünftel der Filmgeschichte. Beim vierzigsten Jahrbuch wäre es schon fast ein Drittel der Filmgeschichte.

5. Als das »Filmjahr 1979« erschien, gab es außerdem: das »Jahrbuch Film«, herausgegeben von Hans Günther Pflaum im Hanser Verlag (beendet nach dem neunten Band, 1985); das Jahrbuch »Kino«, herausgegeben von Robert Fischer im Verlag von Monika Nüchtern (beendet nach dem fünften Band, 1982); die Jahresfilmografie »Deutsche Filme«, zusammengestellt von Rüdiger Koschnitzki für das Deutsche Institut für Filmkunde, die mit den Daten zum Jahr 1979 zum dritten und letzten Mal erschien; den DDR-Kino- und Fernseh-Almanach »Prisma«, herausgegeben von Horst Knietzsch

im Henschel Verlag (eingestellt nach dem 19. Band und dem Ende der DDR, 1990); den »Filmobibliografischen Jahresbericht«, herausgegeben vom Staatlichen Filmarchiv und der Hochschule für Film und Fernsehen der DDR (abgeschlossen nach dem 26. Band und dem Ende der DDR, 1990).

6. Parallel zum »Filmjahr 1979« erschien im Frühjahr 1980 zum erstenmal der »Fischer Film Almanach«, zunächst herausgegeben von Willi Bär und Hans Jürgen Weber, ab 1982 von Walter Schobert und Horst Schäfer. Aufbau und Inhalt ähneln dem »Filmjahrbuch« von Lothar Just. Ein Unterschied: Der »Fischer Film Almanach« läßt sich mit dem Erscheinen etwas mehr Zeit. Wenn er im August oder September 1999 wieder publiziert wird, ist es ebenfalls die 20. Ausgabe. Herzlichen Glückwunsch nach Frankfurt.

7. Die ersten sechs Bände des Jahrbuchs – »Das Filmjahr…« – hatten das Format 17 × 23,5. Der erste Umschlag war weiß, die fünf folgenden waren schwarz. Seit 1987 hat das »Filmjahrbuch« das Taschenbuchformat 12,5 × 18,7. Die ersten vier Umschläge waren weiß grundiert, die Titelfotos hatten einen silbernen Fond. Dann folgten acht silberne Umschläge. Die wechselnde Jahreszahl war in das Titelbild eingeklinkt. Nun ist der Umschlag bunt. Auch daran wird man sich gewöhnen.

8. Jahrbücher erschließen sich über Register: Namen/Filmtitel. In den zwanzig Jahrbüchern gibt es unzählige Namen und Filmtitel. Sie sind auf 1.237 Registerseiten nachgewiesen. Zum Jubiläum wünschte man sich als »Treueprämie« ein kumulatives Register. Nach fünf Jahren gab es das einmal. Die nächste Gelegenheit wäre das 25. Jahrbuch.

9. Das »Filmjahrbuch« entsteht als Patchwork. Es baut sich auf aus ständig hinzugefügten Informationen. Es wächst im Computer bis zum Moment des Druckens. Ohne Datenbank und Rechner wäre das »Jahrbuch« in seiner jetzigen Form nicht denkbar. Als Buch befindet es sich aber in einem Grenzbereich. Nutzbar ist sein Inhalt inzwischen auch über das Internet (http://www.movieline. de). Wann endet für diese Publikation die traditionelle Druckform auf Papier?

10. Auf den letzten Seiten, damit der Druckbogen gefüllt ist, finden wir in der Regel Anzeigen. Sie sind Dokumente ihrer Zeit. Im »Filmjahr 1979« wirbt der Hanser Verlag für die »Reihe Film«, der Goldmann Verlag für die »Citadel Filmbücher«, der Verlag Roloff und Seeßlen für die »Enzyklopädie des populären Films«, der Heyne Verlag für die »Heyne Filmbibliothek«, Günter Knorr für die Zeitschrift »F«, der Volker Spiess Verlag für die Zeitschrift »Filme«, der »Kino«-Leserservice für die Zeitschrift »Kino«, das Gemeinschaftswerk der Evangelischen Publizistik für die Zeitschriften »Filmbeobachter« und »medium«. Die Heyne Filmbibliothek gibt es noch.

11. 20 Jahrbücher – 20 Titelbilder. Nach dem *Superman* (1979, zusammen mit sechs anderen Motiven) waren das: *Shining* (1980/81), *Die letzte Metro* (1981/82), *Querelle* (1982/83), *Carmen* (1984), *Es war einmal in Amerika* (1985), *Susan – verzweifelt gesucht* (1986), *Jenseits von Afrika* (1987), *Archie & Harry* (1988), *Falsches Spiel mit Roger Rabbit* (1989), *Rain Man* (1990), *Himmel über der Wüste* (1991), *Schweigen der Lämmer* (1992), Schtonk! (1993), *Die Farbe Blau* (1994), *Forrest Gump* (1995), *Braveheart*

(1996), *Sinn und Sinnlichkeit* (1997), *Rossini* (1998), *Lola rennt* (1999). Das waren nicht immer die wichtigsten Filme des Jahres, auch nicht die erfolgreichsten. Es handelt sich um erinnerungswürdige Filme. Drei Titel aus den neunziger Jahren stammen aus Deutschland.

12. Die erfolgreichsten Filme meldet in jedem Jahrbuch die »Hit-Box«. Die Nr. 1 waren 1979 *Louis' unheimliche Begegnung mit den Außerirdischen*, 1980: *Das Dschungelbuch*, 1981 *James Bond – In tödlicher Mission*, 1982 *Cap und Capper*, 1983 *E.T. – Der Außerirdische*, 1984 *Die unendliche Geschichte*, 1985 *Otto – der Film*, 1986 *Männer*, 1987 *Otto – der neue Film*, 1988 Dirty Dacing, 1989 Rain Man, 1990 *Pretty Woman*, 1991 *Kevin – Allein zu Haus*, 1992 *Basic Instinct*, 1993 *Jurassic Park*, 1994 *Der König der Löwen*, 1995 *Während du schliefst*, 1996 *Independence Day*, 1997 *MIB – Men in Black*, 1998 *Titanic*. In den achtziger Jahren waren vier deutsche Filme dabei, in den Neunzigern reduzierte sich der einheimische Erfolg auf einen deutschen Regisseur.

13. Der deutsche Film… Bis zum Ende der achtziger Jahre gab es ihn in West und Ost. Aber er wurde getrennt dokumentiert und nicht gegenseitig gewürdigt. Im Westen dominierte der Autorenfilm, im Osten der Staatsfilm. Für das Jahr 1989, kurz vor der deutschen Einigung, wurden im zehnten Jahrbuch erstmals die Filme aller deutschsprachigen Länder erfaßt: der Bundesrepublik, der DDR, Österreichs und der Schweiz. Der Herausgeber hofft im Vorwort »auf ein besseres Miteinander«. Das wurde – zumindest politisch und organisatorisch – 1990 ermöglicht. Damit veränderte sich die Bundesrepublik und wandelte sich der deutsche Film. Das Jahrbuch dokumentiert dies nüchtern im filmischen Resultat. Die erfolgreichsten westdeutschen Filme waren 1979 *Die Blechtrommel*, 1980 *Theo gegen den Rest der Welt*, 1981 *Christiane F. – Wir Kinder vom Bahnhof Zoo*, 1982 *Das Boot*, 1983 *Die Supernasen*, 1984 *Die unendliche Geschichte*, 1985 *Otto – der Film*, 1986 *Männer*, 1987 *Otto – der neue Film*, 1988 *Ödipussi*, 1989 *Otto – der Außerfriesische*, die erfolgreichsten deutschen Filme 1990 *Die unendliche Geschichte II*, 1991 *Werner – Beinhart*, 1992 *Otto – der Liebesfilm*, 1993 *Das Geisterhaus*, 1994 *Der bewegte Mann*, 1995 noch einmal *Der bewegte Mann*, 1996 *Werner – Das muß kesseln*, 1997 *Knockin' on Heaven's Door*, 1998 *Comedian Harmonists*. »Keine Explosionen mehr«, konstatiert unser amerikanischer Freund und Beobachter Eric Rentschler.

14. Auch nach zwanzig Jahren und am Ende des Milleniums steht das Kino noch im Mittelpunkt des Filmjahrbuchs. Aber die Zahl der dokumentierten Filme hat sich durch andere Verwerter gesteigert: Fernsehen und Video. 1979 gab es in der Bundesrepublik nur die ARD (mit dem Ersten und verschiedenen Dritten Programmen) und das ZDF. Inzwischen sind all die privaten Programmanbieter und die Videofirmen hinzugekommen. Das macht die Informationen umfangreicher, vielfältiger und komplizierter. Aber das Kino ist noch immer nicht tot.

15. Der Tod hielt reiche Ernte in den Jahren 1979 bis 1998. Große Regisseure haben uns verlassen: Alfred Hitchcock und Helmut Käutner (1980), René Clair und William Wyler (1981), Rainer Werner Fassbinder und

Konrad Wolf (1982), Luis Buñuel (1983), Wolfgang Staudte und François Truffaut (1984), Orson Welles (1985), Otto Preminger und Andrej Tarkowskij (1986), John Huston und Douglas Sirk (1987), John Cassavetes und Sergio Leone (1989), Frank Capra und David Lean (1991), Satyajit Ray (1992), Federico Fellini (1993), Lindsay Anderson (1994), Louis Malle (1995), Marcel Carné (1996), Sam Fuller und Fred Zinnemann (1997), Akira Kurosawa (1998). Außerdem: Drehbuchautoren, Schauspielerinnen und Schauspieler, Kameraleute, Komponisten, Techniker, Produzenten, Kritiker und Funktionäre. 2.675 Tote in zwanzig Jahren nennt das »Filmjahrbuch«. Zunächst wurden sie nur namentlich aufgelistet, später sind ihnen kleine Nachrufe beigegeben. Erinnerungsarbeit.

16. Mehr als 300 Festivals soll es weltweit geben. Also beginnt an fast jedem Tag schon das nächste. Wer hat da noch den Überblick? Rund 60 Festivals und Filmtage dokumentiert das »Filmjahrbuch« mit inhaltlicher Zusammenfassung und Nennung der Preisträger. Das ist wohl die Essenz des Geschehens im internationalen und deutschsprachigen Zusammenhang. Die »Academy Awards« (Oscars) sind die berühmtesten internationalen Filmpreise. Der »Deutsche Filmpreis« ist der wichtigste hierzulande. Auch bei der Suche, wer wann wo wofür welche Auszeichnung bekommen hat, ist ein Jahrbuch unverzichtbar.

17. Über die Desiderate der deutschsprachigen Filmliteratur beklagen sich Cineasten seit mehr als zwanzig Jahren. Wenn man alle Eintragungen des Filmjahrbuchs summiert, kommt man auf weit mehr als 2.000 Filmbücher. Eine ansehnliche Bibliothek. Auch Entlegenes ist dabei. Bedient werden Fans & Freaks ebenso wie Wissenschaftler & Kulturhistoriker. Das »Filmjahrbuch« nimmt ein halbes Prozent der Neuerscheinungen in Anspruch. Es weist Wege zu den anderen 99½ Prozent.

18. 20 Jahrbücher. Das sind 15.781 dokumentierte Filme und die genannten zusätzlichen Informationen auf 9.523 Seiten. Das erste »Filmjahr«, beim Kleinverleger Denicke, kostete 36 DM. Das jüngste Jahrbuch, beim Großverleger Heyne, kostet 29,80 DM. Die Zahl der verkauften Exemplare kennt nur der Verlag. Ich hoffe: Er schreibt damit keine roten Zahlen.

19. So ein Jahrbuch macht man nicht allein. Das Impressum dankt über die Jahre verschiedenen Mitarbeitern. Zum Beispiel: Bodo Fründt, Brita Geisler, Frauke Hanck, Wolf Jahnke, W.O.P. Kistner, Peter Koberger, Angelika Schaffer, Hans Schifferle, Rolf Selas und Werner Treuchtlinger. Zwei können nicht mehr dabei sein: Norbert Stresau, er starb 1991, und Uwe Wilk.

20. Lothar R(ichard) Just gibt das Jahrbuch seit zwanzig Jahren heraus. Er ist Journalist, Kleinverleger, Pressesprecher, Organisator, Anreger, ruhender Pol in Wirbelwinden. Er ist ohne Eitelkeit und voller Enthusiasmus – auch nach zwanzig Jahren. Seine beste Entscheidung war sicherlich, das Jahrbuch nicht im eigenen Verlag zu publizieren. Heyne und Just, das ist eine gute Liaison. Das Filmjahrbuch: ein Renner. Und nun, Lothar, mit Elan über die Jahrhundertschwelle!

Hans Helmut Prinzler,
Direktor der Stiftung Deutsche Kinemathek,
Berlin

Keine Explosionen mehr

Neuer Deutscher Film auf der Berlinale 1979–1998

VON ERIC RENTSCHLER

Das erste Filmjahrbuch von Lothar Just erschien 1979. Für mich war es das erste Jahr bei den Filmfestspielen in Berlin. Wie gut erinnere ich mich an die Bilder und Klänge dieser Berlinale, die nun über zwanzig Jahre zurückliegt. Es war drei Uhr nachmittags, 20. Februar 1979, im überfüllten Zoo-Palast. Zur Eröffnung sitze ich in einer der vordersten Reihen. Eine Weile lang herrscht die zu erwartende feierliche Stimmung: Das Licht wird gelöscht, der Vorhang geht auf, die Bläserfanfare erklingt. Doch plötzlich wird alles anders, ergreifend und unberechenbar: Mit einer gewaltigen Explosion schmettert ein Hitlerbild auf die Leinwand. Ein überraschtes Pärchen starrt in die Kamera, die Trauung von Hermann und Maria Braun strebt ihrem frenetischen Ende entgegen, eine Ehe, die von der Last der Geschichte erdrückt werden wird, eine Vereinigung, die durch eine weitere Explosion schlußendlich vollzogen wird, während die Katastrophe von einem Schnelldurchlauf der bundesdeutschen Nachkriegskanzler in Negativaufnahmen begleitet wird.

Es war eine Zeit des filmischen Feuerwerks. Für amerikanische Freunde wie mir war es die Blütezeit des Neuen Deutschen Films. »Die Deutschen kommen«, verkündete Andrew Sarris im *Village Voice*. »Der deutsche Film ist zur Zeit der interessanteste außerhalb der USA« stand es in *Time* zu lesen, und für viele von uns waren es die interessantesten Filme überhaupt. Wir drängten uns zu den schillernden Produktionen dieser zornigen jungen FilmemacherInnen. Am nächsten morgen hatte ich meine erste Begegnung mit Faßbinder, dem enfant terrible. Er erschien im Pressezentrum in der obligatorischen schwarzen Lederjacke, grauem Filzhut und aufgeknöpftem Hemd, ungepflegt und übernächtigt. Sein Ton war mal pathetisch (»Ich weiß nicht, ob jemand überhaupt überleben kann.«), mal jubilierend (»Ich bin sehr befriedigt mit dem Film, mehr könnte er mich nicht befriedigen, sonst wäre ich geplatzt.«). Hätte es nicht ein Happy-End geben sollen, fragt jemand. Aber er hat doch ein sehr schönes Happy-End, erwiderte Faßbinder grinsend, glücklicher hätte es gar nicht enden können.

Einige Tage später. High Noon am Freitag, dem 23. Februar, der Showdown mit der US-Miniserie Holocaust, die gerade von den Dritten Programmen ausgestrahlt wurde und die Nation beschäftigt. Vor vollem Saal in der Akademie der Künste bittet Hans-Jürgen Syberberg das Publikum, alles zu vergessen, was sie über die deutsche Geschichte wissen und sich aller Vorurteile und Erwartungen loszusagen. Sein Film, verkündet er, verlangt einen offenen Blick und einen klaren Kopf. Sein Prolog kommt nicht gut an, ebensowenig wie *Hitler, ein Film aus Deutschland.* Die Diskussion im Anschluß an die siebenstündige Vorführung ist aufgebracht und ablehnend. Seiner Zeit weit voraus liebt Syberberg die politisch inkorrekte Ausdrucksweise: »Den Slogan ›Hitler ist Deutschland‹ muß man einmal in aller Ehrlichkeit durchspielen lassen. Schreckliche Erkenntnis, aber sonst lügt man sich an.« Der Regisseur findet wenig Unterstützung, und scheint sich darüber zu freuen.

In den nächsten Tagen verbrachte ich viel Zeit bei der Neuen Deutschen Reihe im Minilux, unter anderem bei Hauffs *Messer im Kopf*, Staudtes Alterswerk *Zwischengleis*, Keusch und Weisenborns Herzog-Dokumentation *Was ich bin, sind meine Filme*, Noevers Film noir *Die Frau gegenüber*, etlichen Kurzfilmen, die Douglas Sirk mit Studenten der HFF produziert hatte, *Der Schneider von Ulm* von Reitz (ein Meta-Film, dessen Institut für Fluggestaltung die Experimente des Ulmer Instituts für Filmgestaltung bereits vorwegnahm), *Der Sturz* von Brustellin, *Die Abfahrer* von Winkelmann, *Der junge Mönch* von Achternbusch, *Eine Frau mit Verantwortung* von Stöckl. Im Forum lief Ziewers *Aus der Ferne sehe ich dieses Land*, Schuberts *Flamme empor!*, Farockis *Zwischen zwei Kriegen*, Nekes *Hurrycan*, Dörries *Der erste Walzer*, Reidemeisters *Von wegen ›Schicksal‹* sowie Faßbinders *Ein Jahr mit 13 Monden*. Im Wettbewerb *David* von Lilienthal, *Die erste Polka* von Emmerich, *Nosferatu* von Herzog und *Albert – Warum?* von Rödl. In einer Sonderwerkschau konnte ich mir außerdem das Gesamtwerk von Hans W. Geissendörfer zu Gemüte führen, mich an der Hermetik von *Eine Rose für Jane* und *Perahim* erfreuen, das Stimmungsbild *Marie* mit seiner subtilen Beschwörung der Ressentiments und Reliquien der Ära Adenauer genießen. An ein paar Abenden verließ ich den Neuen Deutschen Film, um der Rückschau der Revuefilme der Nazi-Ära wie *Akrobat schö-ö-ön*, *Es leuchten die Sterne* und *Truxa* beizuwohnen.
In *Der kleine Godard* von Costard (ebenfalls im Forum) fragte der französische Meister, »Ist es möglich, heute in Deutschland Filme zu machen? Ist ein Deutscher fähig, Bilder zu produzieren?« Die positive Antwort auf diese eher skeptische Frage lieferten all diese Filme, die die Unwägbarkeiten der kunst- und phantasievollen Filmproduktion sowie die kompromißlose Haltung des bewußt angriffslustigen Außenseiterkinos in sich vereinten. Noch im selben Jahr sollte ein neues Oberhausener Manifest beklagen, »daß die Bedingungen in der Bundesrepublik, Kurzspiel-, Experimental- und Dokumentarfilme herzustellen, auf einem Tiefpunkt angelangt sind.« Und im selben Jahr sollte sich der nimmermüde und stets hoffnungsfrohe Verfechter derartiger Bemühungen Heinz Badewitz äußern, »Den Jungen Deutschen Film gibt es nicht mehr. Es gibt einen Deutschen Film. In seiner Vielfalt ist er zur Zeit der interessanteste Film der Welt.« Der Reiz dieses Kinos lag für mich darin, daß er derart in seiner Existenz bedroht war, derart überall und nirgends gleichzeitig war, ausgefallen und riskant, kopfstark und kompromißlos in seinem Eifer zu behaupten, daß Film nicht immer publikumswirksam und wohlfeil sein mußte, um eine Existenzberechtigung zu haben.
Unter amerikanischen Cineasten erreichte der Neue Deutsche Film somit den Gipfel seines Interesses; wohin wir auch sahen, erblickten wir diese Beschäf-

tigung mit unterdrückten Erlebnissen, mit der Macht ungezähmter Emotionen. Dieser erste Besuch bei der Berlinale lieferte eine Nahaufnahme eines Kinos, das sich weigerte, mit der Vergangenheit abzuschließen und zur Tagesordnung überzugehen. Insbesondere war dieses Jahr von Retrospektiven aus dem Dritten Reich und den jungen Jahren der Bundesrepublik gezeichnet. Es überkam mich ein Gefühl des Aufbruchs; dies waren Reflektionen über eine traumatische Geschichte, Versuche eine Gegengeschichte zu schreiben und damit deutsche Filmgeschichte zu erneuern. Am meisten faszinierte mich die Vielfalt dieser nationalen Filmkultur, dessen Wesen in der Differenz und dem Widerspruch lag, dessen Hauptantrieb war, die Ausnahme zur Regel zu machen und im Geiste Walter Benjamins im rasenden Zug der Zeit die Notbremse zu ziehen. So viele Versuche, das Offensichtliche zu vermeiden, dem Status Quo zu trotzen, der Gegenwart ins Gesicht zu sehen und die Heimat neu zu vermessen. Soviel Sympathie für Außenseiter, für abweichende Ansichten und Grenzsituationen.
Seitdem nimmt die Berlinale in meinem Kalender einen zentralen Platz ein, ja, sie ist zu einem Bestandteil meines emotionalen und cineastischen Ökosystems geworden. Doch neue deusche Filme spielen in meinem Festivalkalender keine so bedeutende Rolle mehr. Im Wettbewerb sind sie oft zum Austragungsort von Schlachtfesten geworden (besonders Meerapfels *Die Verliebten* ist mir hier in Erinnerung geblieben) oder gänzlich aus dem Programm verschwunden. Jedes Jahr versuche ich Neigung gegen Pflichtgefühl abzuwägen, die Vorlieben des Cineasten gegen die Aufgaben des Spezialisten. In den frühen Begegnungen waren es Neugier und Erwartung, die mich einst ins Minilux und später in die Filmbühne am Steinplatz lockten. Doch nun reizt es mich weniger, über den Wittenbergplatz ins Urania zu huschen, in den VHS-angehauchten Vorführungssaal, wo die jüngsten deutschen Produktionen laufen. Eines ist jedoch gleich geblieben: Heinz Badewitz ist immer noch da, immer guter Dinge, stets ansprechbar, stellt Filmemacher vor und Kontakte her, immer um eine krea-tive Atmosphäre bemüht.

Zwei Jahrzehnte nach meiner ersten Berlinale besuche ich das Ereignis mit stark veränderten Erwartungen. Wie immer hält sich beim Neuen Deutschen Film überschwengliches Selbstvertrauen mit nüchterner Bestandsaufnahme die Waage. Doch vorbei die Zeiten, als seine Vertreter das Populäre verpönten und den Mainstream mieden. Im Gegenteil: Diese Regisseure wollen unter keinen Umständen als esoterisch oder elitär gelten, als Künstler, die ihr Publikum irritieren oder befremden. Der neue Neue Deutsche Film von Kaufmann, Graf, Dörrie, Wortmann, von Garnier, Vilsmaier, Dietl und Buck ist ein Kino, das mehrheitsfähig sein möchte. Diese Filmemacher wollen weder träumen noch aufrütteln, sie kalkulieren und spekulieren. Als Profis sind sie stolz auf ihr Handwerk und setzen anstelle der Stilisierung des Autorenkinos das Styling eines Konsumkinos. Sie wollen den Erfolg, und das bedeutet, sie wollen einem breiten Publikum gefallen. Hin und wieder ist es ihnen auch gelungen. Doch ihre Filme sprechen allerhöchstens das heimische Publikum an. Den größten Bemühungen der Exportunion und des Goethe-Instituts zum Trotz sind ihnen im Ausland keine Flügel gewachsen. Im letzten Jahrzehnt, seit *Heimat, Männer, Der Himmel über Berlin* und *Das schreckliche Mädchen,* sind deutsche Filme aus den Kunstkinos der USA so gut wie verschwunden.

Auf meinen jüngsten Besuchen in Berlin war ich eher geneigt, meine Tage und Nächte im Astor zu verbringen, wo die aufwendigen historischen Retrospektiven der Stiftung Deutschen Kinemathek laufen, über Babelsberg, Kino im kalten Krieg, Filme aus 1939 und 1945, über Pommern, Siodmak, Wyler und Pabst. Obzwar ich anfangs beim Besuch dieser älteren Werke von heimlichem Schuldbewußtsein geplagt wurde, daß dies auf Kosten aktuellerer Produktionen geschieht, betrachte ich nach vielen Jahren der Treue nun das Programm der Retro als mein eigentliches Hauptanliegen bei der Berlinale. Oftmals beschleicht mich ein Gefühl des Mitleids beim Gedanken an meine pflichtbewußten Kollegen, die fleißig im Urania (der sogenannten »Folterkammer«) die Neue Deutsche Reihe über sich ergehen lassen. An Tagen, an denen der Genuß von Werken wie *Widows, Hunger* und *Bandits* in mir eher ein Zucken im Gesäß als denn cineastische Glückseligkeit auslösten, bezweifelte ich meine Loyalität für neue deutsche Produktionen. Doch auch in den kargesten Jahren sind mir immer ein halbes Dutzend deutsche Filme untergekommen, die mich reizten und ansprachen, die mir im Sinn blieben und mein Leben bereicherten, die mich beim nächsten Mal wiederkehren lassen. Neben dem Neuen Deutschen Film des Mainstreams existiert weiterhin ein weniger gefälliger Neuer Deutscher Film, der von Klier, Veiel, Schütte, Becker (sowohl Lars wie Wolfgang), Kelemen, Misselwitz, Koepp und anderen. Und von Tom Tykwer, dessen berauschende Experimente Avantgarde und Genrekino verbinden, Wagnisse, in denen nichts vorherbestimmt und alles möglich ist.

Wenn ich jetzt bei der Berlinale deutsche Filme sehe, ist es mit einer gedämpften Erwartungshaltung. Keine Explosionen mehr. Nichtsdestotrotz hat der Neue Deutsche Film meiner Träume nicht alles von seinem brisanten Potential eingebüßt, seiner Fähigkeit, Licht auf Schattenwelten zu werfen und weniger offensichtliche Perspektiven zu illuminieren.

Eric Rentschler, Autor zahlreicher Bücher
über den Deutschen Film, ist Professor in Harvard.
(Übersetzt von Collin McMahon)

A

Der Aal 1
UNAGI ***

Regie: Shohei Imamura
Darsteller: Koji Yakusho (Takuro Yamashita), Misa Shimizu (Keiko Hattori), Fujio Tsuneta (Jiro Nakajima), Mitsuko Baisho (Misako Nakajima), Akira Emoto (Tamotsu Takasaki), Sho Aikawa (Yuji Nozawa), Ken Kobayashi (Masaki Saito), Sabu Kawara (Seitaro Misato)
Drehbuch: Shohei Imamura, Motofumi Tomikawa, Daisuke Tengan, nach dem Roman »Glimmering in the Dark« (»Yami Ni Hirameku«) von Akira Yoshimura
Kamera: Shigeru Komatsubara (Farbe)
Musik: Shinichiro Ikebe
Schnitt: Hajime Okayasu
Prod.-Des.: Hisao Inagaki
Prod.: Hisa Iino für KSS-Eisei Gekijo Co-Groove Corp. mit Imamura Prods., Japan 1997; 116 Min.
UA: 11.5.1997, Int. Filmfestspiele Cannes
Verleih: MFA/-/Filmcooperative; 5.2.1998

Ein zurückgezogen lebender Mann, der seine Frau umgebracht hat, lernt eine andere Frau kennen und beginnt, sich mit seinen Gefühlen auseinanderzusetzen. Angelpunkt des Prozesses ist ein Aal, mit dem er spricht und der ihm die Sinnlosigkeit von Affekten bewußt macht. Der 1997 in Cannes mit der Goldenen Palme ausgezeichnete Film überzeugt durch seine subtile Art, seelische Entwicklungen in symbolhaften Bildern nachzuzeichnen.

Zoom, 10/97

(…) Zuletzt läßt Takuro seinen Aal frei und spricht dazu die Worte: »Du bist ein phantastischer Aal. Es heißt Abschied nehmen!« Fische sind eben doch viel einsamer als wir.
Niemand bekommt immer das, was ihm zusteht. Den Hauptpreis des Anglerverbandes hätte »Der Aal« verdient. Aber die Goldene Palme?

Kerstin Decker,
Der Tagesspiegel, 5.2.98

Angie Dullinger in: AZ, 19.3.98; Heike Kühn in: FR, 5.2.98; Sigrid Schmidt in: Rheinische Post, 20.2.98; Anke Sterneborg in: SZ, 19.3.98

›Der Aal‹

Abenteuer eines Traumes 2
***

Regie: Alfred Ninaus
Darsteller: Valentin Nita, Catalin Razvan, Istvan Kegl, Georg Ranca, Sandor Fodor, Eduard Rosko, Ildiko Zöldesi
Drehbuch: Herbert Kampl, nach den gleichn. Tagebuchaufzeichnungen von Valentin Nita
Kamera: Siegfried Hold (Farbe)
Musik: Franz Zettl
Schnitt: Susi Pintar, Monika Parisini
Prod.: Ran-Film, Österreich 1996; 92 Min.
Verleih: -/Ran-Film/-; April 1998

Das Schicksal eines rumänischen Burschen zwischen 1990 und 1996, der in seiner Heimat keine Zukunft sah und sich über Ungarn nach Österreich durchschlug, wo er auf abenteuerlichen Umwegen ohne Mittel und ohne Deutschkenntnisse dank der Hilfe öffentlicher und privater Stellen ein Gymnasialstudium beginnen und erfolgreich abschließen konnte. Beeindruckend als Zeitdokument und Musterfall eines positiven Flüchtlingsschicksals, jedoch leider ohne formale Ambition amateurhaft abgespult.

multimedia

Abgefahren
3
RIDE
**

Regie: Millicent Shelton
Darsteller: Malik Yoba (Poppa), Melissa De Sousa (Leta), John Witherspoon (Roscoe), Fredro Starr (Geronimo), Cedric The Entertainer (Bo), Sticky Fingaz (Brotha), Kellie Williams (Tuesday), Idalis De Leon (Charity)
Drehbuch: Millicent Shelton
Kamera: Frank Byers (Farbe)
Musik: Dunn Pearson jr.
Schnitt: Earl Watson
Prod.-Des.: Bryan Jones
Prod.: Bob Weinstein, Harvey Weinstein, Cary Granat für Hudlin Bros., USA 1998; 84 Min.
Verleih: Kinowelt/dto./-12.11.1998
FSK: ab 12 J., ffr.

Jungregisseurin bringt eine Gruppe ausgeflippter Musikkomparsen aus Harlem in einem alten, stinkenden Bus zu Videoaufnahmen in Miami. Die dürftige Handlung verbindet 19 Musiknummern aus den Bereichen Rap und Hip-Hop. *multimedia*

(...) Die Scherze klappern wie ein alter Greyhound und der Stil ist weder hop noch hip, sondern grundspießig. Das Ärgerlichste aber ist, daß man uns Spike Lees schönes Road Movie »Get On the Bus« in Deutschland vorenthält.
Daniel Kothenschulte, Kölner Stadt-Anzeiger, 14.11.98

(...) Die dürftige Handlung, die Klassenzimmer-Atmosphäre, der kleisterdick aufgetragene Humor, all das wäre keine Schwäche, hätte sich die Regisseurin konsequent auf das konzentriert, was sie am besten kann. Dann hätte aus diesem Film ein Superlativ werden können: der wahrscheinlich längste Video-Clip der Welt. *FAZ, 14.11.98*

Dirk Schönlebe in: Der Tagesspiegel, 12.11.98

Abgehauen
4
***
TV

Regie: Frank Beyer
Darsteller: Peter Lohmeyer (Manfred Krug), Karoline Eichhorn (Ottilie), Peter Donath, Ann-Kathrin Kramer, Hermann Lause, Uwe Kockisch, Jürgen Hentsch, Ute Lubosch
Drehbuch: Ulrich Plenzdorf, nach dem gleichn. autobiographischen Buch von Manfred Krug
Prod.: Ufa für WDR/NDR, BRD 1998; 90 Min.
TV: 3.6.1998, ARD, 20.15

Verfilmte Autobiographie des Schauspielers Manfred Krug nach seinen Erinnerungen und den Tonbändern, die er fast 19 Jahre heimlich aufgenommen hat.

(...) Der olle Krug, frisch von schwerer Krankheit genesen, hatte es da besser. Er umrahmt das Geschehen mit ein paar Conferencen, ist sehr glaubwürdig in der Trauer über den Abschied von seinem DDR-Publikum, das nicht aus Fans, sondern aus Freunden bestand. Die besseren Sachen sagt er sowieso selbst und gerät damit in bedenkliche Nähe zu jenem Mann, um den sich so vieles dreht: Wie Wolf Biermann erzählt Manfred Krug dann in diesem gönnerhaften Ton des allwissenden Märchenonkels. *Werner Burkhardt, SZ, 3.6.98*

Abschied von Chase
5
LOSING CHASE
***
TV

Regie: Kevin Bacon
Darsteller: Helen Mirren (Chase Philips), Kyra Sedgwick (Elizabeth Cole), Beau Bridges (Richard Philips), Michael Yarmush (Little Richard), Lucas Denton (Jason Philips), Nancy Beatty (Cynthia Porter)
Drehbuch: Anne Meredith
Kamera: Dick Quinlan (Farbe)
Musik: Michael Bacon
Schnitt: Alan Baumgarten
Prod.: Milton Justice, USA 1995; 89 Min.
TV: 26.5.1998, Premiere, 22.45

Nach ihrem Nervenzusammenbruch erholt sich Chase mit ihrer Familie in einer Klinik. Durch die Begegnung mit der Hausgehilfin Elizabeth entdeckt sie ihre lesbische Neigung und trennt sich von ihrem Mann.

Abschied von der Kindheit
6
CHILDHOOD'S END
**
TV

Regie: Jeff Lipsky
Darsteller: Heather Gottlieb, Colleen

Werthmann, Cameron Ford, Sam Trammell, Bridget White
Drehbuch: Jeff Lipsky
Kamera: Victoria Ford (Farbe)
Schnitt: Sabine Hoffmann
Prod.: Jason Kliot, Joana Vincente für Plainview Pic., USA 1996; 115 Min.
EA: Filmfest Hamburg 1996
TV: 8.4.1998, west3, 23.30

(...) Greg, 18, Highschool-Absolvent der »Class of '93«, hat als ambitionierter Fotograf eine glänzende Karriere als Bildredakteur vor sich. Außerdem entwickelt sich zwischen ihm und der 41jährigen Evelyn eine Liebesbeziehung, die allerdings in den Familien der beiden auf Widerstand stößt. Rebecca, Gregs ehemalige Mitschülerin, leidet unter ihrer lähmenden Schüchternheit und erhofft sich Rat von dem scheinbar so charismatischen Greg. (...)

Bettina Salomon, Katalog Filmfest Hamburg

Abstich

7
***

Regie: Joachim Tschirner, Burghard Drachsel
Drehbuch: Joachim Tschirner, Burghard Drachsel
Kamera: Karl Farber, Lutz Körner, Christian Maletzke, Heinz Richter, Rainer M. Schulz (Farbe)
Musik: Thomas Tschirner
Schnitt: Angelika Arnold
Prod.: UmWelt Film, BRD 1997; 97 Min.
UA: 17.2.1998, Int. Forum des Jungen Films, Berlin
Verleih: Progress/-/-
14.5.1998
FSK: o.A., ffr.

Unprätentiös und ohne falsches Sentiment schildert der letzte Teil der Langzeitdokumentation über das Stahl- und Walzwerk Maxhütte in Unterwellenborn/Thüringen das Ende einer Industrie-Ära, die 120 Jahre andauerte. Während die Schornsteine und Fabrikhallen gesprengt werden, wägen die Filmemacher ab: zwischen den unmenschlichen Arbeitsbedingungen damals und der Arbeitslosigkeit heute, zwischen Umwelt und Jobs, zwischen Subvention und Effektivität.

Annette Kilzer, tip, 11/98

Die Addams Family und die lieben Verwandten

8
ADDAMS FAMILY REUNION
***
Video

Regie: Dave Payne
Darsteller: Tim Curry (Gomez Addams), Daryl Hannah (Morticia Addams), Nicole Fugere (Wednesday Addams), Jerry Messing (Pugsley Addams), Ed Begley jr. (Philip Adams), Carel Struycken, Ray Walston, Kevin McCarthy
Drehbuch: Rob Kerchner, Scott Sandin, nach den Charakteren von Charles Addams
Kamera: Christian Sebaldt (Farbe)
Musik: Amotz Plessner
Schnitt: J.J. Jackson
Prod.-Des.: Anthony Tremblay
Prod.: Mike Elliot; Rob Kerchner, Amy Goldberg für Warner Bros./Saban Ent., USA 1998; 88 Min.
Vertrieb: Warner Video; 13.11.1998
FSK: ab 6 J.,

Die Horror-Sippe läßt nach Verwandten forschen und stößt auf einen Yuppie-Zweig der Familie. Nach zwei Kino-Adaptionen nun der US-Kabel-TV-Ableger nach dem Comic – mit neuen Gesichtern auf der Besetzungsliste. Skurril, aber ja nicht zuviel, schien hier die Devise zu lauten.

Der Advokat des Teufels

9
THE ADVOCATE'S DEVIL
***
TV

Regie: Jeff Bleckner
Darsteller: Ken Olin (Abe Ringel), Mariska Hargitay (Rendi), Gina Philips (Emma), Wendell Pierce (Justin), Jessica Tuck (Jennifer), Holt McCallany (Joe Campbell), Gary Basaraba, Gillian Barber
Drehbuch: Cyrus Nowrasteh, James Steven Sadwith, nach dem Roman von Alan M. Dershowitz
Kamera: Ron Orieux (Farbe)
Musik: David Mansfield
Schnitt: Geoffrey Rowland
Prod.-Des.: Graeme Murray
Prod.: Jeff Bleckner, Karen Moore für Presto/Columbia TV, USA 1997; 98 Min.
TV: 17.9.1998, Pro7, 20.15

Das amerikanische Justizsystem bringt ständig Problemkrimis um die Anwalt-Skrupellosigkeit hervor: »Der Advokat des Teufels« umkreiste die Rolle des Verteidigers, der bald herausfindet, daß sein Mandant, der Baseballstar, tatsächlich der Serienvergewaltiger ist, als den man ihn angeklagt hat. Und nach dem Freispruch bleibt der Serientäter weiter am Werk, mit neuem Anwalt. Der hemmungslose Einsatz von Juristenfinessen als zwiespältige Eigenart des US-Rechtssystems: Gut für den spannenden Gerichtssaalfilm – schlecht für die Gerechtigkeit.

Ponkie, AZ, 19.9.98

Agent Null Null Nix 10

THE MAN WHO KNEW TOO LITTLE ****

Regie: Jon Amiel
Darsteller: Bill Murray (Wallace Ritchie), Peter Gallagher (James Ritchie), Joanne Whalley (Lori), Alfred Molina (Boris), Richard Wilson (Sir Roger Daggenhurst), Geraldine James (Dr. Ludmilla Kropotkin), John Standing (Embleton), Anna Chancellor (Barbara Ritchie)
Drehbuch: Robert Farrar, Howard Franklin, nach dem Roman »Watch That Man« von Robert Farrar
Kamera: Robert Stevens (Technicolor)
Musik: Chris Young
Schnitt: Pamela Power; Paul Karasick
Prod.-Des.: Jim Clay
Prod.: Arnon Milchan, Michael Nathanson, Mark Tarlov; Madeline Warren (Koprod.) für Arnon Milchan/Polar Prod. mit Taurus Films, USA 1997; 93 Min.
Verleih: Warner Bros./dto./dto./Warner Home Video; 4.6.1998
FSK: ab 12, ffr. – *FBW:* Wertvoll

Während ein naiver amerikanischer Videothekar glaubt, das Mitglied eines experimentellen Theaterensembles zu sein, das im nächtlichen London ein Live-Stück inszeniert, wird er in Wirklichkeit in ein Mordkomplott verwickelt, das der Wiederherstellung des kalten Krieges dienen soll. Eine gewitzte, rasant erzählte Agentenfilm-Parodie, die eine Fülle von Gags und verfremdeten Genre-Zitaten aneinanderreiht und nicht zuletzt durch den überzeugenden Hauptdarsteller vergnüglich unterhält. *Zoom, 6/7/98*

(...) Wer aufgrund des deutschen Titels allerdings eine Klamotte erwartet, der hat auch nicht unrecht. Denn Synchronregisseur Arne Elsholz (der als Synchronsprecher mit seiner unangenehm nöligen Stimme deutsche Fassungen von Filmen mit Tom Hanks, Kevin Kline oder eben Bill Murray so qualvoll macht) verfälscht nicht nur Wortspiele in Kalauer, sondern auch deutsche Geschäftsleute zu holländischen. So etwas hat leider Tradition in deutschen Synchronstudios, seit man Anfang der 50er »Casablanca« der Figur von Conrad Veidts Nazi-Offizier beraubte und auch Hitchcocks »Notorious« (Rauschgift statt Uran) ähnlich »entnazifizierte«. Keine Frage, wer hier der Täter ist und für seine wahrhaft »hirnlose Mission« die rote Karte verdient. Aber auch seinem Auftraggeber, sprich der deutschen Filiale von Warner Bros., gehörte dafür die Lizenz entzogen.

Frank Arnold,
Kölner Stadt-Anzeiger, 6.6.98

(...) Wie der harm- und ahnungslose Wally sodann in haarsträubende Situationen schlittert, erscheint weit witziger, als der deutsche Titel vermuten läßt, und wird vom hübschen Vorspann mit seiner Pseudo-Bond-Ästhetik bis zum turbulenten Finale mit teils durchaus charmantem britischem Understatement dargeboten. *tip, 12/98*

Sebastian Feldmann in: Rheinische Post, 5.6.98; Thomas Klingenmaier in: Stgt. Zeitung, 4.6.98; Hans-Joachim Neumann in: Zitty, 12/98; Veronika Rall in: FR, 5.6.98; Anke Sterneborg in: SZ, 4.6.98

Air Bud – Champion auf vier Pfoten 11

AIR BUD ***

Regie: Charles Martin Smith
Darsteller: Michael Jeter (Norm Snively), Kevin Zegers (Josh Framm), Wendy Makkena (Jackie Framm), Bill Cobbs (Arthur Chaney), Eric Christmas (Judge Cranfield), Brendan Fletcher (Larry Willingham), Norman Browning (Buck Willingham), Jay Brazeau (Schiedsrichter)
Drehbuch: Paul Tamasy, Aaron Mendelsohn, nach Charakteren von Kevin DiCicco
Kamera: Mike Southon (Technicolor)
Musik: Brahm Wenger
Schnitt: Alison Grace
Prod.-Des.: Elizabeth Wilcox
Prod.: Robert Vince, William Vince für Walt

Disney mit Keystone Pic., USA 1997; 97 Min.
UA: 1.8.1997, New York
Verleih: Kinowelt/dto./-/VMP Video; 14.5.1998
FSK: o.A., ffr.

Josh und sein Hund Buddy lieben Basketball, in der Schulmannschaft dürfen sie aber nicht mitspielen. Schließlich werden die beiden verkannten Talente aber doch bei den »Timber Wolves« aufgenommen und führen das Team bis zum Meisterschaftssieg. Das Genre »Kind und Hund« wird hier routiniert mit »der Sieg ist das Happy-End« vermischt. *multimedia*

Rupert Koppold in: Rheinische Post, 15.5.98

Airboss 12

AIR BOSS II: DUEL IN THE SKY **
Video

Regie: John Christian Ingvordsen
Darsteller: Frank Zagarino, Kelly Gleeson, Kayle Watson, Kael Ingvordsen, Ebbie Rochon
Prod.: USA 1997; 87 Min.
Vertrieb: VCL Video; 26.5.98
FSK: ab 16 J.

Bananendiktator klaut zwei russische Prototyp-Stealth-Bomber, US-Agenten müssen die Welt vor dem 3. Weltkrieg bewahren.
Billig zusammengestoppelte Action-Fließband-Ware.

Aircrash – Katastrophe beim Take Off 13

FINAL DESCENT *
TV

Regie: Mike Robe
Darsteller: Robert Urich (Captain Glen »Lucky« Singer), Annette O'Toole (Connie Phipps), John De Lancie (Captain George W. Bouchard), Jim Byrnes (Duke), Ken Pogue (Ian Pryce), Kevin McNulty (Henry Gibbons), Stephen E. Miller (Frank), Gwynyth Walsh (Patty)
Drehbuch: Robert P. Davis, nach dem Roman »The Glass Cockpit«
Kamera: Alan Caso (Farbe)
Musik: David Benoit
Schnitt: Sabrina Plisco-Morris
Prod.-Des.: Byron Lance King
Prod.: Michael O. Gallant für Mandalay TV/Columbia TriStar TV, USA 1997; 91 Min.
TV: 28.6.1998, Pro7, 20.15

Ein Lobgesang auf zwei heldenhafte Piloten.

Die Akrobatinnen 14

LE ACROBATE ***

Regie: Silvio Soldini
Darsteller: Valeria Golino (Maria), Licia Maglietta (Elena), Mira Sardoc (Anita), Angela Marraffa (Teresa), Fabrizio Bentivoglio (Stefano), Roberto Citran (Paolo), Manrico Gammarota (Mirko), Teresa Pica Saponangelo (Giusi)
Drehbuch: Doriana Leondeff, Silvio Soldini, Laura Bosio
Kamera: Luca Bigazzi (Farbe)
Musik: Giovanni Venosta
Schnitt: Claudio Cormio
Prod.: Marco Bassetti für Aran/Vega mit Mediaset, Italien/Schweiz 1997; 122 Min.
EA: Filmfest Hamburg 1997
Verleih: -/-/Filmcooperative; Januar 1998

Durch wundersame Schicksalsfügungen werden drei Frauen aus unterschiedlichen Gesellschaftsschichten miteinander bekannt und finden aus der Erkenntnis ihrer wahren Bedürfnisse den Weg zu einer geistigen Neuorientierung. Eine gewisse Konstruiertheit der Handlung wird durch das überzeugende Spiel der drei Hauptdarstellerinnen wettgemacht, denen es gelingt, das psychologische Thema der weiblichen Selbstfindung mit dem sozialen des italienischen Nord-Süd-Konflikts zu verbinden. *Zoom, 1/98*

Die Akte Jane 15

G.I. JANE **

Regie: Ridley Scott
Darsteller: Demi Moore (Lt. Jordan O'Neil), Viggo Mortensen (John Urgayle), Anne Bancroft (Senatorin Lillian DeHaven), Jason Beghe (Royce), Scott Wilson (C.O. Salem), Lucinda Jenney (Blondell), Morris Chestnut (McCool), Josh Hopkins (Flea)
Drehbuch: David Twohy, Danielle Alexandra, nach einer Story von Danielle Alexandra
Kamera: Hugh Johnson (Technicolor)
Musik: Trevor Jones
Schnitt: Pietro Scalia
Prod.-Des.: Arthur Max
Prod.: Roger Birnbaum, Demi Moore,

Suzanne Todd; Nigel Wooll (Koprod.) für Hollywood Pic. mit Scott Free/Moving Pic./Largo Ent., USA 1997; 124 Min.
Verleih: Buena Vista/dto./dto./Buena Vista Home Video; 26.2.1998
FSK: ab 16, ffr.

Junge Offizierin der US-Army wird aus politischen Gründen zum schwersten Ausbildungsprogramm der Navy geschickt, das sie wider Erwarten erfolgreich durchsteht. Film, in dem die Torturen der Ausbildung mehr ins Bild kommen als die dahinterliegenden Probleme der Frauen in der Armee und die Macht öffentlicher Meinung.

multimedia

(...) Dieses elende Militaristen-Operettchen, in dem die ansonsten ausstrahlungsfreie Demi Moore zwischendurch ihre weiblichen Reize weichzeichnergeschönt vors Objektiv reckt, bietet allenfalls zwei interessante Schauspieler. Und die müssen ihre Kunst an ein substanzloses Skript verschwenden: Anne Bancroft als hyperintrigante, betonköpfige Mega-Megäre mit Sitz im US-Senat und Viggo Mortensen als der »Schleifer«, der die gute Demi im Namen von Gleichberechtigung und Geschlechterkrieg so lange bestialisch drillt, bis die 124 Minuten (Leer-)Laufzeit des Films erreicht sind. Ein von keinerlei intelligenten Ansätzen getrübtes, mit Pathos vollgepumptes, erzreaktionäres Machwerk für Militaristen und Frauenhasser.

W.O.P. Kistner, AZ, 26.2.98

(...) Daß Scott die ganze Chose auch noch schmuddelig in Szene gesetzt hat, macht die Sache noch schlimmer. Und auch die durchtrainierte Demi Moore sollte ihre Kraft lieber an anderes vergeuden. Denn kein »Unmoralisches Angebot«, kein »Striptease« waren so derb wie dieses Machwerk, das gute Chancen hat, am Ende zu den schlechtesten Filmen des Jahres zu zählen.

Albert Baer, Rheinische Post, 27.2.98

Gregor Dotzauer in: SZ, 26.2.98; Thomas Klingenmaier in: Stgt. Zeitung, 26.2.98; Veronika Rall in: FR, 28.2.98

Akte X: Der Film 16

THE X-FILES – THE MOVIE ***

Regie: Rob Bowman
Darsteller: David Duchovny (Agent Fox Mulder), Gillian Anderson (Agent Dana Scully), Martin Landau (Dr. Alvin Kurtzweil), Armin Mueller-Stahl (Conrad Strughold), Blythe Danner (Jana Cassidy), William B. Davis (The Cigarette-Smoking Man), John Neville (The Well-Manicured Man), Mitch Pileggi (Walter Skinner)
Drehbuch: Chris Carter, nach einer Story von Chris Carter und Frank Spotnitz
Kamera: Ward Russell (Deluxe)
Musik: Mark Snow
Schnitt: Stephen Mark
Prod.-Des.: Christopher Nowak
Prod.: Chris Carter, Daniel Sackheim für Ten Thirteen Prod., USA 1998; 121 Min.
Verleih: 20th Century Fox/dto./dto./20th Century Fox Home Ent.; 6.8.1998
FSK: ab 12 J., ffr. – *FBW:* Wertvoll

Die beiden FBI-Agenten Scully und Mulder geraten, obwohl ihre Abteilung zur Aufklärung paranormaler Fälle aufgelöst worden ist, erneut in einen Strudel aus interstellarer Bedrohung und sinistrer Weltverschwörung, in dem es im wesentlichen um die Gefahr eines extraterrestrischen Virus geht. »Akte X: Der Film« ist als Verbindungsglied zwischen zwei Fernsehstaffeln der gleichnamigen erfolgreichen Serie konzipiert und funktioniert ebenso konsequent wie präzise aufgrund des geschickten Spiels mit medialen Anspielungen und irrationalen Bedrohungsszenarien.

multimedia

(...) Trotz gewohnt drastischer Effekte und dem Einsatz aller bekannten Nebenfiguren will sich das »Akte X«-Feeling nicht recht einstellen. Für Hardcore-Fans zu verspielt, für Novizen eher verwirrend, kann der Film die hochgeschraubten Erwartungen nicht erfüllen. Fortsetzung folgt im Puschenkino.

tip, 17/98

(...) Sie untersuchen ein Bombenattentat und kommen einer Verschwörergruppe auf die Spur, die die Menschheit mit einem Alien-Virus infizieren will. Für den »X-Files«-Unkundigen eine ziemlich wirre Story;

David Duchovny und Gillian Anderson in ›Akte X: Der Film‹

überzeugend hingegen die visuelle Umsetzung, die mit zahlreichen Filmzitaten und einer wohltuenden Ironie aufwartet. *Zoom, 8/98*

(...) Es gibt große Momente, attraktive Szenen und Schauplätze, wie ein Kornfeld bei Nacht oder auch die futuristischen Alien-Brutstätten im Eis; aber die handlungsarmen Durststrecken sind größer. Der dramaturgische Bogen reicht nicht ganz für zwei Stunden, das kürzere Serienformat scheint immer wieder durch. Dennoch: Für Fans der Serie ist der Film ein Muß.
Frauke Hanck in: AZ, 6.8.98

Sabine Horst in: FR, 6.8.98; Mariam Lau in: SZ, 5.8.98; Anne Schlesinger in: Die Welt, 6.8.98

Akte X: Emily 17
THE X-FILES: CHRISTMAS CAROL + EMILY ***
Video

Regie: Peter Markle, Kim Manners (Emily)
Darsteller: David Duchovny (Agent Fox Mulder), Gillian Anderson (Agent Dana Scully), Sheila Larken (Mrs. Scully), Karry Turner (Tara Scully), Pat Skipper (Bill Scully jr.), John Pyper-Ferguson (Det. Kresge), Rob Freeman (Marshall Sim), Lauren Diewold (Emily Sim)
Drehbuch: Vince Gilligan, John Shiban, Frank Spotnitz
Kamera: Joel Ransom (Farbe)
Musik: Marc Snow
Schnitt: Heather McDougall, Casey O'Rohrs
Prod.-Des.: Graeme Murray
Prod.: Chris Carter, R.W. Goodwin für 20th Century Fox/TV, USA 1997; 87 Min.
Vertrieb: Fox; 7.5.1998
FSK: ab 16 J.

Vorab-Videoveröffentlichung von zwei Folgen der TV-Serie um okkulte Phänomene. Strictly for fans.

Akte X: Redux 18
THE X-FILES: REDUX ***
Video

Regie: R. W. Goodwin, Kim Manners
Darsteller: David Duchovny (Agent Fox Mulder), Gillian Anderson (Agent Dana Scully), Mitch Pileggi, William B. Davis, John Finn
Drehbuch: Chris Carter
Kamera: Joel Ransom (Farbe)
Musik: Marc Snow
Schnitt: Michael S. Stern, Heather McDougall, Lynne Willingham
Prod.: Kim Manners, Joseph Patrick Finn, Paul Rabwin für 20th Century Fox TV, USA 1997; 128 Min.
Vertrieb: Fox Home Video; 29.1.1998
FSK: ab 16 J.

Es geht weiter mit der Suche nach Außerirdischen, die hier etwas mit der Verschwörung der Rüstungsindustrie zu tun haben. René Claßen meint zu dieser Folge im film-dienst: »Logik und Dramaturgie bleiben auf der Strecke. Darüber können selbst die verschachtelte Montage und die effektvolle Gestaltung einzelner Sequenzen nicht hinwegtäuschen.«
Mittlerweile sind fast alle Folgen auf Video erschienen. Wir haben aber darauf verzichtet, sie einzeln vorstellen.

Alarm für Security 13 19
THE HEIST **
TV

Regie: Michael Kennedy
Darsteller: Cynthia Geary (Lucy James),

Andrew McCarthy (Mike ›Rabbit‹), Wolf Larson (Tony Reinicke), Hannes Jaenicke (Jeff ›Pig‹), Cali Timmins (Janice Simmons), Peter Hanlon (Patrick Logan), Sean Milliken (Derek Green), Brent Stait (Wenden Pone)
Drehbuch: Michael January
Musik: Earron Abramovitch
Prod.: BRD 1996; 91 Min.
TV: 25.8.1998, Pro7 20.15

Wenige Sekunden nach Beginn kullerten und purzelten die Leichen schon kreuz und quer durchs Bild, dann ging's gemessenen Schritts zum Rififi im Sicherheits-Service-Hauptquartier.

(...) McCarthy trug beim Überfall dankenswerterweise eine Hasenmaske, was seine mimische Potenz nicht schmälerte, nur leider nahm er sie bald ab. Der Rest: ein lausig zusammengeschnittener Action-Verhau mit den unvermeidlichen Showdown-Explosionen. *W.O.P. Kistner, AZ, 27.8.98*

Albino Alligator 20

ALBINO ALLIGATOR ***

Video

Regie: Kevin Spacey
Darsteller: Matt Dillon (Dova), Gary Sinise (Milo), William Fichtner (Law), Joe Mantegna (Lt. G. D. Browning), Faye Dunaway (Janet Boudreaux), Viggo Mortensen (Guy Foucard), M. Emmet Walsh (Barbesitzer Dino), Skeet Ulrich
Drehbuch: Christian Forte
Kamera: Mark Plummer (Farbe)
Musik: Michael Brook
Schnitt: Jay Cassidy
Prod.-Des.: Nelson Coates
Prod.: Brad Krevoy, Steven Stabler, Bradley Jenkel für Motion Picture Corp. of America, USA 1997; 93 Min.
EA: Filmfest München 1998
Vertrieb: Columbia TriStar Home Video
FSK: ab 16 J.

Drei Räuber flüchten nach mißlungenem Coup in eine Kellerbar mit nur einem Ausgang. Als Polizei auftaucht, nehmen sie Personal und Gäste als Geiseln. Psycho-Krimi-Kammerspiel mit Überraschungen, exquisiten Darstellern, aber leider etwas plakativ geratenen Charakteren. Regiedebüt des Schauspielers Kevin Spacey.

Alien Desperados 21

ALIEN DESPERADOS **

Video

Regie: Sam Irvin
Darsteller: Richard Joseph Paul, Jackie Swanson, Andrew Divoff, Meg Foster, Isaac Hayes, Julie Newmar, Carel Struycken, George Takei
Drehbuch: Peter David, nach einer Idee von Charles Band und der Story von John Rheaume, Greg Suddeth, Mark Goldstein
Kamera: Adolfo Bartoli (Farbe)
Musik: Pino Donaggio
Schnitt: Margaret-Anne Smith
Prod.-Des.: Mili
Prod.: Vlad Paunescu, Oana Paunescu; Albert Band, Debra Dion, Peter David für Full Moon Ent., USA 1994; 85 Min.
Vertrieb: Highlight Video; 30.11.1998

Western-Cyborg-Mummenschatz in Oblivion.

Alien Nation: Das Udara-Vermächtnis 22

ALIEN NATION: THE UDARA LEGACY **

Video

Regie: Kenneth Johnson
Darsteller: Gary Graham (Detective Matt Sikes), Eric Pierpoint (George Francisco), Michelle Scarabelli (Susan Francisco), Terri Treas (Cathy Frankel), Lauren Woodland (Emily Francisco), Sean Six (Buck Francisco), Jeff Marcus (Albert Einstein), Ron Fassler (Captain Bryan Grazer)
Drehbuch: Harry Longstreet, Renee Longstreet
Kamera: Ronald Victor Garcia (Farbe)
Musik: Steve Dorff
Schnitt: Alan C. Marks
Prod.-Des.: Colin D. Irwin
Prod.: Ron Mitchell, USA 1997; 90 Min.
Vertrieb: Starlight Video; 14.4.1998
FSK: ab 16 J.

Weitere Folge der US-Science-Fiction-Serie über den Zusammenprall der Kulturen von Mensch und Alien im Los Angeles der Zukunft.

Alien Nation: Der Feind ist unter uns 23

ALIEN NATION: THE ENEMY WITHIN **

Video

Regie: Kenneth Johnson
Darsteller: Eric Pierpoint (George Francisco), Gary Graham (Matthew Sikes)
Drehbuch: Diane Frolov, Andrew Schneider

Kamera: Ron Garcia (Farbe)
Musik: Steve Dorff
Schnitt: David Strohmaier
Prod.: Ron Mitchell für 20th Century Fox TV, USA 1996; 90 Min.
Vertrieb: Starlight Video; 16.2.1998
FSK: ab 16 J.

Videopremiere von Folgen der US-TV-Science-Fiction-Serie. Nur für Fans der Serie.

Alien Species: Die Nacht der Invasion

24
*
Video

ALIEN SPECIES

Regie: Peter Maris
Darsteller: Jodi Seronic (Carol), Ashley Semrick (Stacy), Marc Robinson (Paul Towers), Hoke Howell (Dr. Chambers), Kurt Paul (Harlan Banks), David Homb (Aaron Doyle), Charles Napier (Nate Bridges), Robert Thompson
Drehbuch: Nancy Newbauer
Kamera: Bill Crow (Farbe)
Musik: Dan Kehler
Schnitt: Petre Kotis
Prod.: Bill Crow, Robert Koepel, Allen Maris für American Interactive, USA 1996; 92 Min.
Vertrieb: Warner Home Video; 23.1.1998
FSK: ab 16 J.

Außerirdische beginnen mit der gewaltsamen Kolonialisation von Mutter Erde. Science-Fiction-Flop der abstrusesten Sorte.

Alive and Kicking – Jetzt erst recht!

25
***

ALIVE AND KICKING/
INDIAN SUMMER

Regie: Nancy Meckler
Darsteller: Jason Flemyng (Tonio), Anthony Sher (Jack), Dorothy Tutin (Luna), Anthony Higgins (Ramon), Bill Nighy (Tristan), Philip Voss (Duncan), Diane Parish (Mille)
Drehbuch: Martin Sherman
Kamera: Chris Seager (Farbe)
Musik: Peter Salem
Schnitt: Rodney Holland
Prod.-Des.: Cecelia Brereton
Prod.: Martin Pope für Channel Four/ M. P. Prod., GB 1996; 110 Min.
UA: Int. Gay & Lesbian Filmfestival San Francisco 1997
Verleih: Kool, OmU/-/-; 2.5.1998
FSK: ab 12, ffr.

Schwule Liebeskomödie vor dem Hintergrund von Aids. Der umschwärmte HIV-positive Tänzer Tonio lebt eine widersprüchliche Beziehung mit dem nicht ganz so attraktiven Jack. Es ist der Gedanke an den nahen Tod, der die beiden immer wieder zum präzisen Blick aufeinander zwingt. Manchmal so präzise, daß die Momente der Desillusion in befreiende Komik umschlagen.
tip, 9/98

(...) Alive and Kicking ist eine Auftragsproduktion für Londons Channel Four. Auf dem Bildschirm wird sich möglicherweise die geheime Botschaft des Films am ehesten enthüllen: Bei Aidsgefahr und höchster Not bringt der ästhetische Mittelweg das Leben. Die Kunst der eleganten Werbung, die schönen Künste überhaupt, dienen sich Aids- und Alzheimerkranken als rettender Ausweg an. Man kann beruhigt abschalten und joggen gehen. Oder ins Bett. Oder aber dieser zickigen Fehlbesetzung, dem Lächel-Schauspieler Jason Flemyng, den Best Newcomer Award wieder wegnehmen, den er 1996 in Genf bekommen hat. Ich bin für letzteres. *Dietrich Kuhlbrodt, epd film, 5/98*

Alles Unheil kommt von oben

26
***
Video

THE COMMANDMENTS

Regie: Daniel Taplitz
Darsteller: Aidan Quinn (Seth Warner), Louis Zorich (Rudy Warner), Courteney Cox (Rachel Luce), Anthony LaPaglia (Harry Luce), Alice Drummond (Mrs. Mann), Tom Aldredge (Mr. Mann), Pamela Gray (Melissa Murphy), Pat McNamara (Polzeichef Warren)
Drehbuch: Daniel Taplitz
Kamera: Slawomir Idziak (Farbe)
Musik: Joseph Vitarelli
Schnitt: Michael Jablow
Prod.-Des.: Robin Standefer
Prod.: Michael Chinich, Joe Medjuck, Daniel Goldberg; Nellie Nugiel für Universal/Gramercy Pic., USA 1997; 85 Min.
Vertrieb: CIC Video; 15.6.1998
FSK: ab 12 J.

Der Jude Seth wird mehrfach vom Unheil heimgesucht und verliert binnen kurzem alles, schließlich auch den Glauben. Aber: Wunder gibt es immer wieder … Bizarres Erstlingswerk, zuweilen witzig, zuweilen unausgegoren, aber meistens unterhaltsam.

Alles was ich mag 27

VSETKO CO MAM RAD ****

Regie: Martin Sulik
Darsteller: Gina Bellman (Ann), Jiri Menzel (Vaclav), Juraj Nvota (Tomás), Rudolf Sloboda, Zdena Studénková (Magda), Anton Sulik, Viera Topinkova, Jakub Ursiny
Drehbuch: Ondrej Sulaj, Martin Sulik
Kamera: Martin Strba (Farbe)
Musik: Vladimir Godar
Schnitt: Dusan Mildo
Prod.-Des.: Frantisek Liptak
Prod.: Rudolf Biermann für Charlie's/ Slovak TV Bratislava, CSSR 1992; 90 Min.
Verleih: Arsenal/-/-; 7.5.1998

Tomás, ein sympathischer Taugenichts, zeigt uns in dieser Alltagsgeschichte, wie ein krisengeschüttelter Enddreißiger sich mit seiner Unentschlossenheit durchs Leben schlawienert.
Noch vor dem Achtungserfolg »Der Garten« entstandene Loser-Komödie des Slowaken Martin Sulik. Inmitten der allgemeinen Euphorie nach dem Zusammenbruch des Sozialismus zieht der Tagträumer Tomás verschiedene Interessen auf sich: seine Exfrau will nicht von ihm lassen, die Geliebte versucht ihn nach England zu lotsen, die Eltern auf dem Lande sind voller Vorwurf und Ratlosigkeit. Doch Tomás widmet sich lieber den unauffälligen Schönheiten des Alltags. Eine sympathische Parabel auf persönliche und politische Umbrüche im Postsozialismus, die an die besten Traditionen des tschechoslowakischen Kinos anknüpft.
Claus Löser, tip, 10/98

Gerald Jung in: Zitty, 10/98; Lennart Paul in: Kino, 7.5.98

Alles wird gut 28

*** TV

Regie: Angelina Maccarone
Darsteller: Kati Stüdemann (Nabou), Chantal de Freitas (Kim), Isabella Parkinson, Pierre Sanoussi-Bliss, Aglaia Szyszkowitz (Katja), Uwe Rohde (Dieter)
Drehbuch: Angelina Maccarone, Fatima El-Tayeb
Kamera: Judith Kaufmann (Farbe)
Musik: Jakob Hansonis
Schnitt: Inge Bohmann
Prod.: Claudia Schröder für Multimedia, BRD 1997; 87 Min.
UA: Filmfest Hamburg 1997
TV: 28.10.1998, ARD, 20.15

Als »der bemerkenswerte Versuch einer deutschen Screwball-Comedy mit Tiefgang« wurde in der Fernsehpresse Angelina Maccarones Regie-Erstling bejubelt, doch zum »Screwball« fehlte Geist, zur »Comedy« Witz und zum »Tiefgang« Psychologie.
Kim (32) und Nabou (23), zwei farbige Frauen in Hamburg, verlieben sich – ineinander. Ein Stoff, der Brisanz in sich birgt, aber die Autorinnen begnügten sich mit kleinen Sketchen, die sie aneinanderreihten. Eine vermeintlich attraktive Optik wurde dem recht banalen Inhalt übergestülpt, so daß auch völlig nichtige Sequenzen auf dem Mattscheiben-Laufsteg im Designer-Outfit defilierten. Chic, chic: Kim arbeitet in einer Werbeagentur, doch auch hier sah man nur Abgegriffenes von der Stange, wie auch sonst die Klischees nur so prasselten. Und die arbeitslose Nabou nölte rotzig bis selbstmitleidig daher. Wer die Filmsprache beherrscht, muß deshalb noch nichts zu sagen haben. *W.O.P. Kistner in: AZ, 30.10.98*

Mechthild Zschau in: SZ, 28.10.98

Alptraum im Airport 29

** TV

Regie: Chris Bould
Darsteller: Leslie Malton (Angela Sullivan), Robert Burke (Paul Bacon), Stephen McHattie (Lt. Jack Kelly), Giovanni Rabisi (Student), Andrea Markos (Capt. Dorakis), Ronald Guttman (Sullivan), Barclay Wright (Matthew), Candice Eales (Chaperone)
Drehbuch: Karin Howard
Musik: Ralf Wengenmayr
Prod.: BRD/USA 1997; 83 Min.
TV: 2.6.1998, Pro7, 20.15

(…) Sehr mysteriös, diese deutsch-amerikanische Koproduktion. Und noch viel mysteriöser, daß Leslie Malton sich hergegeben hat für eine Rolle, die an Naivität wohl kaum zu überbieten ist. Es sei dem Regisseur darum gegangen, sagt Peter Lohner, verantwortlicher ProSieben-Redakteur, »das Innenleben der Heldin nach außen zu stülpen«. Wenn aber das Innenleben aus Pingpongbällen, zitronengelben Folien, wiehernden Pferden und Nebelschwaden besteht, bleibt für die Heldin kaum etwas anderes zu tun, als ihrem Innenleben hinterherzurennen. Und sowas hat ein Star wie Leslie Malton nicht verdient. *Sybille Simon-Zülch in: SZ, 4.6.98*

America's most wanted 30

MOST WANTED **

Video

Regie: David Glenn Hogan
Darsteller: Keenen Ivory Wayans (Sgt. James Dunn), Jon Voight (Casey/Woodward), Jill Hennessy (Dr. Victoria Constantini), Paul Sorvino (Rackmill), Eric Roberts (Spencer), Robert Culp (Donald Bickhart), Wolfgang Bodison (Capt. Steve Braddock), Simon Baker Denny (Stephen Barnes)
Drehbuch: Keenen Ivory Wayans
Kamera: Marc Reshovsky
Musik: Paul Bruckmaster
Schnitt: Michael J. Duthie
Prod.-Des.: Jean-Philippe Carp
Prod.: Eric L. Gold für Ivory Way Prod., USA 1997; 99 Min.
Vertrieb: VCL (Constantin) Video; 28.7.1998
FSK: ab 18 J.

Auf Bewährung aus dem Knast entlassener Scharfschütze gerät unter den Verdacht, die Frau des US-Präsidenten erschossen zu haben. Mäßige Action, laue Story, aber interessante Besetzung.

American perfect 31

AMERICAN PERFECT **

Video

Regie: Paul Chart
Darsteller: Fairuza Balk (Alice), Robert Forster (Jake), Amanda Plummer (Sandra), Paul Sorvino (Frank), David Thewlis (Santini), Geoffrey Lewis (Willy), Chris Sarandon (Sammy), Joanna Gleason (Shirley)
Drehbuch: Paul Chart
Kamera: William Wages (Foto-Kem)
Musik: Simon Boswell
Schnitt: Michael Russo
Prod.-Des.: Katherine Vallin
Prod.: Irvin Kershner für Nu Image, USA 1997; 99 Min.
UA: 8.5.1997, Int. Filmfestspiele Cannes
Vertrieb: VMP (Concorde) Video; 14.8.1998
FSK: ab 16 J.

Leicht verwirrte junge Frau lernt auf dem Highway einen faszinierenden Mann kennen, der alles dem Zufall zu überlassen scheint – doch der hütet ein blutiges Geheimnis. Ansatzweise spannender, gegen Schluß jedoch zunehmend wirrer Serienkiller-Thriller mit interessanter Besetzung.

American Strays – Lieben oder töten 32

AMERICAN STRAYS **

Video

Regie: Michael Covert
Darsteller: Eric Roberts (Martin), Jennifer Tilly (Patty Mae), Scott Plank (Sonny), Melora Walters (Cindy), John Savage (Dwayne), Brion James (Oris), Joe Viterelli (Gene), James Russo (Eddie)
Drehbuch: Michael Covert
Kamera: Sead Muhtarevic (Farbe)
Musik: John R. Graham, George Doering (additional music)
Schnitt: Rod Dean
Prod.-Des.: Paul Holt
Prod.: Rod Dean, Kirk Hassig, Douglas Textor für Harmony Gold/Canned Pic., USA 1997; 90 Min.
UA: 13.9.1996, USA
Vertrieb: Splendid; 26.3.1998
FSK: ab 18 J.

In der Wüste treffen sich eine Handvoll hochneurotischer Menschen. Lächerlicher Episodenfilm eines Möchtegern-Tarantino-Epigonen.

American Werwolf in Paris 33

AN AMERICAN WEREWOLF IN PARIS **

Regie: Anthony Waller
Darsteller: Tom Everett Scott (Andy), Julie Delpy (Serafine), Vince Vieluf (Brad), Phil Buckman (Chris), Julie Bowen (Amy), Pierre

Cosso (Claude), Tom Novembre (Inspektor LeDuc), Thierry Lhermitte (Dr. Pigot)
Drehbuch: Tim Burns, Tom Stern, Anthony Waller, nach Charakteren aus »An American Werewolf in London« von John Landis
Kamera: Egon Werdin (Farbe)
Musik: Wilbert Hirsch
Schnitt: Peter R. Adam
Prod.-Des.: Matthias Kammermeier
Prod.: Richard Claus; Alexander Buchman für Hollywood Pic. mit Cometstone/J&M, GB/NL/Luxemburg 1997;
98 Min.
Verleih: Concorde/-/-/BMG Video (Universum); 15.1.1998
FSK: ab 16, ffr., gek. Fassung ab 12 J.
FBW: Wertvoll

16 Jahre nachdem John Landis in »American Werewolf« eine gelungene Mischung aus Komik und Splattereffekten servierte, versucht sich diese Fortsetzung am damaligen Erfolgsrezept. Dabei verfügt die Geschichte über nicht uninteressante Ideen, etwa wenn mit Drogen vollgepumpte französische Skinhead-Werwölfe, die amerikanische Teenies am Unabhängigkeitstag massakrieren. Leider sieht man den Werwölfen stets an, daß sie aus dem Computer stammen. *Frank Arnold, tip, 2/98*

Heiko R. Blum in: Rheinische Post, 16.1.98; Bodo Fründt in: SZ, 15.1.98; Rupert Koppold in: Stgt. Zeitung, 15.1.98

Der amerikanische Neffe 34
THE NEPHEW ***

Regie: Eugene Brady
Darsteller: Hill Harper (Chad Egan-Washington), Aislin McGuckin (Aislin), Pierce Brosnan (Joe Brady), Donal McCann (Tony Egan), Sinead Cusack (Brenda O'Boyce), Niall Tobin (Sean), Phelin Drew (Patsy), Lorraine Pilkington (Rachel)
Drehbuch: Eugene Brady, Jacqueline O'Neill, Sean P. Steele, nach einer Story von Eugene Brady
Kamera: Jack Conroy (35mm Cinemascope)
Musik: Stephen McKeon
Schnitt: J. Patrick Duffner
Prod.-Des.: John DeCuir
Prod.: Pierce Brosnan, Beau St. Clair, Doug Mayfield für Irish Dreamtime mti World 2000, Irland 1998; 104 Min.
Verleih: Time; 10.12.1998
FSK: ab 6 J., ffr.

Nach dem Tod seiner irischen Mutter kommt ein junger schwarzer New Yorker auf die grüne Insel, verstört Onkel und Bewohner durch Hautfarbe und unkonventionelle Art. Er reißt Wunden der Vergangenheit wieder auf, weckt Haß, aber auch Liebesgefühle.
Humorvoll erzählt Eugene Brady vom Zusammenprall amerikanischer Offenheit und irischer Dickschädeligkeit, prangert gleichzeitig die katholische Doppelmoral an. *Margret Köhler*

(...) Das Ende ist zwar eine Spur zu happy, aber das Regiedebüt des jungen irischen Autors Eugene Brady, der unaufdringlich autobiographische Elemente verarbeitet, erfreut als echter Familienfilm. Brady beweist trockenen Humor, Mut zum Gefühl und psychologisches Gespür.
Die Liebeserklärung an Irland und seine Menschen kommt ohne falsches Pathos aus. Der irische Schauspieler Pierce Brosnan, als schöner 007 zu Hollywood-Ruhm gelangt, hat Bradys Talent erkannt und gibt hier den Einstand als Produzent.
Angie Dullinger, AZ, 10.12.98

(...) Auch Pierce »007« Brosnan (er wirkt als Joe Brady im Ensemble der knorrigen Dörfler eindeutig deplaziert) kehrt mit seinem ersten Film, den er als Produzent verantwortet, in die Heimat zurück, die er mit seinen Eltern als 11jähriger in Richtung USA verließ. Gemeinsam mit Regie-Neuling Eugene Brady erzählt er eine einfache, trotz einiger Klischees sehr anrührende und stimmungsvolle Geschichte über unausgegorene Gefühle, Eifersucht und Selbstgerechtigkeit. Und es müßte glatt mit allen irischen Teufeln zugehen, wenn in dieser herrlich wildromantischen Landschaft am Ende nicht Liebe, Toleranz und Vergebung obsiegten. Nettes Gefühlskino für alle.
Gerald Jung, Zitty, 25/98

Fritz Göttler in: Kölner Stadt-Anzeiger, 12.12.98; Thomas Klingenmaier in: Stuttgarter Zeitung, 10.12.98; Eva-Maria Lenz in: FAZ, 9.12.98; Christina Tilmann in: AZ, 10.12.98; Ralph Umard in: tip, 26/98; Sascha Westphal in: Die Welt, 10.12.98

Steven Spielberg, Anthony Hopkins und Morgan Freeman in ›Amistad‹

Amistad

35
AMISTAD ***

Regie: Steven Spielberg
Darsteller: Anthony Hopkins (John Quincy Adams), Nigel Hawthorne (Martin Van Buren), Pete Postlethwaite (Holabird), Morgan Freeman (Theodore Joadson), Matthew McConaughey (Roger Baldwin), Djimon Hounsou (Cinque), David Paymer (Staatssekretär Forsyth), Stellan Skarsgard (Lewis Tappan)
Drehbuch: David Franzoni
Kamera: Janusz Kaminski (Technicolor)
Musik: John Williams
Schnitt: Michael Kahn
Prod.-Des.: Rick Carter
Prod.: Steven Spielberg, Debbie Allen, Colin Wilson; Tim Shriver (Koprod.) für DreamWorks HBO Pic., USA 1997; 151 Min.
Verleih: UIP/UIP/UIP/CIC Video; 26.2.1998
FSK: ab 12, ffr. – *FBW:* Wertvoll

1839 können sich 53 Afrikaner auf dem Sklavenschiff »Amistad« von ihren Peinigern befreien. Vor der amerikanischen Ostküste werden sie jedoch gefangengenommen und vor Gericht gestellt. Spielbergs oberlehrerhafte und eindimensionale Geschichtslektion läßt jeden Schwung vermissen. Das Resultat ist ein blutleeres und langatmiges Gerichtsdrama ohne Intensität, in dem auch die hochkarätigen Darsteller farblos bleiben, und das Interesse für ein erinnerungswürdiges historisches Ereignis schnell nachläßt. Statt »gut und packend gemacht« bleibt zum Schluß nur »gut gemeint«. *Zoom, 2/98*

(...) Bei dem über zweistündigen Gerichtsdrama, das sich durch drei Instanzen zieht, verliert Spielberg ziemlich bald die Übersicht und das Interesse an seinen Figuren. Die anfängliche Rebellengeschichte mutiert zu einer sentimentalen Sonntagspredigt, bei der viel von amerikanischen Werten die Rede ist und gute weiße Männer die Sache der versklavten Afrikaner betreiben.

Volker Gunske, tip, 5/98

(...) Die Klageschrift listet 88 Beispiele auf, in denen sich der Film an ihrem Buch und nicht an belegbarer Historie orientiert habe. Zum Beispiel ein Treffen zwischen dem Anführer des Aufständischen und ihrem Verteidiger, dem

späteren Präsidenten John Quincy Adams, das in Wirklichkeit nie stattgefunden hat.
Bei den meisten Punkten ist die Vorstellung nicht so abwegig, daß die meisten Drehbuchautoren auf ähnliche Ideen kämen, wenn es darum geht, diesen historischen Stoff zu dramatisieren. Verdächtig ist jedoch, daß der jetzige Drehbuchautor des Films, David Franzoni, auch schon mit dem Stoff befaßt war, als er noch für Dustin Hoffmans Punch Productions arbeitete. Und genau dort waren die Rechte an Chase-Ribouds Buch gelandet, nachdem Amblin abgelehnt hatte. Franzonis Anwalt behauptet jedoch, sein Mandant habe den Roman nie gelesen. Es wird also zu entscheiden sein, ob Amistadt Chase-Robouds Story oder einfach history ist. *Michael Althen, SZ, 8.12.97*

Brigitte Desalm in: Kölner Stadt-Anzeiger, 28.2.98; Sebastian Feldmann in: Rheinische Post, 26.2.98; Andreas Kilb in: Die Zeit, 26.2.1998; Tobias Kniebe in: SZ, 26.2.98; Peter Körte in: FR, 25.2.98; Rupert Koppold in: Stgt. Zeitung, 26.2.98; Adrian Kreye in: SZ, 27.2.98; Verena Lueken in: FAZ, 15.12.97; Hans-Joachim Neumann in: Zitty, 5/98

Amoklauf aus Eifersucht 36

MOTHER, MAY I SLEEP WITH DANGER ** TV

Regie: Jorge Montesi
Darsteller: Tori Spelling (Laurel Lewisohn), Ivan Sergei (Billy Jones/Kevin Shane), Lisa Banes (Jessica Lewisohn), Todd Caldecott (Jackson Leeper), Gabrielle Miller (Mazie), Lochlyn Munro (Kevin), Bryn Erin (Erin), David Cameron (Polizei Lt.)
Drehbuch: Edmond Stevens, nach einem Roman von Claire R. Jacobs
Musik: Irwin Fisch
Schnitt: Pia Di Ciaula
Prod.: Preston Fischer für Mandeville Prod., USA 1996; 89 Min.
TV: 12.1.1998, Pro7, 20.15

In seiner Eifersucht tötet Billy Jones seine Freundin, taucht unter und ändert seinen Namen. Zwei Jahre später verliebt sich Laurel Lewisohn in ihn. Er isoliert Laurel immer mehr und hält sie schließlich in einer einsamen Hütte mit Gewalt fest. Doch Laurels Mutter beginnt zu recherchieren. *Pressetext*

Amy Foster – im Meer der Gefühle 37

SWEPT FROM THE SEA ***

Regie: Beeban Kidron
Darsteller: Rachel Weisz (Amy Foster), Vincent Perez (Yanko), Ian McKellen (Dr. James Kennedy), Kathy Bates (Miss Swaffer), Joss Ackland (Mr. Swaffer), Tony Haygarth (Mr. Smith), Fiona Victory (Mrs. Smith), Tom Bell (Isaac Foster)
Drehbuch: Tim Willocks
Kamera: Dick Pope (Farbe/Technicolor)
Musik: John Barry
Schnitt: Alex Mackie, Andrew Mondshein
Prod.-Des.: Simon Holland
Prod.: Polly Tapson, Charles Steel, Beeban Kidron für Tapson Steel mit Greenlight Fund/Phoenix/Canal plus, USA 1997; 113 Min.
Verleih: Columbia TriStar/-/-/Columbia TriStar Video; 7.5.1998
FSK: ab 12 J., ffr.

Das verschlossene Dienstmädchen Amy, von den anderen wegen eines Mißverständnisses gemieden, verliebt sich in den Schiffbrüchigen Yanko, einen ukrainischen Matrosen, dem ebenso der Haß der kleinkarierten englischen Gesellschaft entgegenschlägt. Allen Widerständen zum Trotz heiraten die beiden Außenseiter.
(...) Ihr Film schwankt zwischen Seifenoper und fantastischer amour fou. Es sind die Bilder (Kamera: Dick Pope), deren Opulenz und Melancholie die Wildheit von Natur, Land- und Leidenschaft zum Kinoerlebnis machen. *Frauke Hanck, AZ, 4.6.98*

Fritz Göttler in: SZ, 5.6.98; Daniel Kothenschulte in: Kölner Stadt-Anzeiger, 9.5.98

Anastasia 38

ANASTASIA ***

Regie: Don Bluth, Gary Goldman
Stimmen: Meg Ryan (Anastasia), John Cusack (Dimitri), Kelsey Grammer (Vladimir), Christopher Lloyd (Rasputin), Hank Azaria (Bartok), Bernadette Peters (Sophie), Kirsten Dunst (Anastasia jung), Angela Lansbury (Dowager Empress Marie)
Drehbuch: Susan Gauthier, Bruce Graham, Bob Tzudiker, Noni White, nach dem Schauspiel von Marcelle Maurett und dem Drehbuch von Arthur Laurents

Musik: Stephen Flaherty; David Newman (Score); Lynn Ahrens (Songs, Texte)
Schnitt: Fiona Trayler
Prod.: Don Bluth, Gary Goldman für Fox Family Films, USA 1997; 94 Min.
Verleih: 20th Century Fox/dto./dto./ 20th Cetury Fox Home Video; 2.4.1998
FSK: o.A., ffr.
FBW: Wertvoll

Die Geschichte des an Gedächtnisverlust leidenden Mädchens Anya, das sich nach einer Odyssee von St. Petersburg nach Paris als Tochter Anastasia der 1918 ermordeten Zarenfamilie entpuppt. Die schon mehrmals verfilmte Legende ist in dieser teils fulminanten, teil sentimental-kitschigen Zeichentrickversion, mit der die Fox das Animations-Monopol von Disney attackiert, in ein Märchen ohne jeden historischen Hintergrund transponiert: An die Stelle der Sowjets tritt der zum bösen Zauberer stilisierte Rasputin, der mit seinem Fluch die Romanows vernichtet. *Zoom, 8/98*

(…) Bei aller Stilisierung durch Musik, Animation und Märchenform sind Bluth und Goldman in der Charakterisierung der Figuren angenehm realitätsnah, nicht verniedlichend. Und das CinemaScope-Format, nach Jahrzehnten erstmals wieder im Zeichentrickfilm, gibt der Geschichte melodramatische Klasse. *Frauke Hanck, AZ, 3.4.98*

Gerald Jung in: Zitty, 7/98; Rupert Koppold in: Stgt. Zeitung, 2.4.98; Daniel Kothenschulte in: Kölner Stadt-Anzeiger, 4.4.98

Andrea und Marie

39
***
TV

Regie: Martin Enlen
Darsteller: Hannelore Elsner (Andrea), Iris Berben (Marie), Michael Mendl (Ralf), Liane Forestieri (Celine)
Drehbuch: Thommie Bayer
Kamera: Martin Langer (Farbe)
Musik: Dieter Schleip
Prod.-Des.: Su Proebster
Prod.: Heike Wiehle-Timm für Relevant-Film, BRD 1997; 91 Min.
TV: 2.1.1998, Arte, 20.45; 6.4.1998, ZDF, 20.15

Die Frauenfreundschaft von »Andrea und Marie« schmust zwar mit Charme, ist aber von allen Schmutzpartikeln des gewöhnlichen Lebens (wie Kleinbälger, Steuerschulden, familiäre Nebengeräusche) gereinigt und damit so steril perfektioniert, daß man am Konflikt (Ehefrau und Geliebte, die voneinander nichts wissen, werden Urlaubsfreundinnen) fast nur noch das Ästhetik-Styling wahrnimmt. (…) *Ponkie, AZ, 8.4.98*

Angel of Darkness 1+2

40
*
Video

ANGEL OF DARKNESS 1+2

Regie: Ran Kotaro
Prod.: Japan 1994; je 110 Min.
Vertrieb: ACOG Video, OmU; 8.6. und 31.8.1998

Je zwei Folgen japanischer Zeichentrick-Science-Fiction-Pornos.

Antz

41
****

ANTZ

Regie: Eric Darnell, Tim Johnson
Charaktere und ihre Sprecher: Woody Allen/Wolfgang Draeger (Z), Dan Aykroyd/Norbert Gescher (Chip), Anne Bancroft/Inken Sommer (die Königin), Jane Curtin/Evelyn Gressmann (Muffy), Danny Glover/Jürgen Kluckert (Barbatus), Gene Hackman/Klaus Sonnenschein (General Mandible), Jennifer Lopez/Carola Ewert (Azteca), John Mahoney/Helmut Krauss (betrunkener Scout)
Drehbuch: Todd Alcott, Chris Weitz, Paul Weitz
Musik: Harry Gregson-Williams, John Powell
Schnitt: Stan Webb
Prod.-Des.: John Bell, Raman Hui (character design)
Prod.: Brad Lewis, Aron Warner, Patty Wooton für Dreamworks/PDI, USA 1998; 83 Min.
Verleih: UIP/UIP/UIP/CIC Video; 5.11.1998
FSK: ab 6 J., ffr. – *FBW:* Besonders wertvoll

Im »Kastensystem« eines Ameisenstaates fühlt sich der individualistische Arbeiter »Z« unwohl. Er verliebt sich in eine Prinzessin, und im Kampf um sie gelingt es ihm, die zerstörerischen Pläne eines faschistischen Generals zu vereiteln. Der uramerikanische Mythos

›Antz‹

des »Lonesome hero«, der eine Gemeinschaft stabil erhält, ist umgesetzt in einen gänzlich am Computer produzierten Animationsfilm. Zwar wirkt der Ameisenstaat zu klinisch, die Geschichte zu einfach, dennoch unterhält der Film, dank der Bilder und – Woody Allen, der »Z« die Stimme leiht.

Zoom, 11/98

(…) Rasant, spannend, liebenswert und intelligent. Mainstream, der zufrieden macht, ohne zu unterfordern.

Jörg Buttgereit, tip, 23/98

(…) Herausragend durch lebendige und technisch sorgfältig erarbeitete Animationen und die Vielzahl an bekannten, wie auch guten Sprechstimmen. Inhaltlich verbleibt der Film trotz sozialkritischer Ansätze durch seinen Pathos und Oberflächlichkeit im Bereich durchschnittlicher amerikanischer Unterhaltungsware. *multimedia*

Es ist bei den Ameisen wie bei den Menschen: Im Mikrostaat der titelgebenden Insekten geht es genauso um Macht und deren Mißbrauch, um Freundschaft, Haß oder Liebe. Der digitale Animationsfilm »Antz« aus der Spielberg-Factory Dreamworks thematisiert das technisch perfekt.(…)

Angie Dullinger, AZ, 5.11.98

Im Augenblick steht Dreamworks' »Antz« an der Spitze der Charts, ein Computeranimationsfilm aus dem Leben der Ameisen. Eine schlechte Nachricht für Disney und das angeschlossene Pixar-Studio, die im nächsten Monat den thematisch und technisch sehr ähnlichen »A Bug's Life« starten. Die Lust auf Kerbtiere, fürchten die Pessimisten, könnte sich bis dahin erschöpft haben. Woody Allen dagegen kann erstmal aufatmen: Er hat dem »Antz«-Helden seine Stimme geliehen – ein erster Schritt auf dem Weg zu populären Komödienrollen und zum Geld. Seit die New York Times gemeldet hat, daß er aus Geldmangel einen Teil seiner langjährigen Mitarbeiter entlassen mußte, scheint er an einem kommerziellen Notprogramm zu arbeiten.

Tobias Kniebe, SZ, 8.10.98

Wann werden Sie sich »Antz« ansehen und sagen: Das sieht aber altmodisch aus?

Darnell: Ich hoffe nie. Die besten Filme sind zeitlos. Und ich glaube, Animation hat dazu noch mehr das Potential als Life-Action. Ich erinnere mich, als ich in der Schule war, Animationschule, kam mein Professor rein und zeigte mir, daß »Bambi« in den Top 10 ist. Das war irgendwann in den Achtzigern, als »Bambi« wiederaufgeführt wurde. »Bambi« wurde vor über 50 Jahren gemacht. Vor über 50 Jahren!

Wieviel Speicherkapazität, wie viele Bits und Bites braucht der Film?

Johnson: Es gibt 1500 verschiedene Einstellungen. Das ist alles, woran man beim Filmemachen denkt: Einstellungen. Ein Computer allein bräuchte 52 Jahre, um den Film zu berechnen – wenn er schon fertig wäre. Wenn man also mit einem einzigen Computer im Jahr 1650 begonnen hätte, den Film zu machen, dann wäre man jetzt demnächst fertig. Wir hatten vielleicht 400 Computer. Wir hatten die sogenannte Rechenfarm, ein riesiger Raum, in dem Tag und Nacht Computer summten, um immer und immer wieder die einzelnen Szenen zu berechnen, damit wir sie am nächsten Morgen betrachten konnten.

Eric Darnell und Tim Johnson im Interview mit Anna Martin, SZ, 5.11.98

Patrick Bahners in: FAZ, 6.11.98; Julian Hanich in: Der Tagesspiegel, 5.11.98; Gerald Jung in: Zitty, 23/98; Thomas Klingenmaier in: Stuttg. Zeitung, 5.11.98; Tobias Kniebe in: SZ, 5.11.98; Daniel Kothenschulte in: Kölner Stadt-Anzeiger, 7.11.98; Heike Kühn in: Frankfurter Rundschau, 9.11.98; Eggert Schröder in: Die Welt, 5.11.98; Karim Zendagui in: Rheinische Post, 6.11.98

Der Apfel 42

SIB ***

Regie: Samira Machmalbaf
Darsteller: Massoumeh Naderi, Zahra Naderi, Ghorbanali Naderi, Azizeh Mohamadi, Zahra Saghrisaz
Drehbuch: Mohsen Machmalbaf
Kamera: Ebrahim Ghafori (Farbe)
Musik: Iranische Volksmusik
Schnitt: Mohsen Machmalbaf
Prod.: MK2/Machmalbaf/Hubert Bals Fund/, Iran 1997; 85 Min.
Verleih: -/-/Frenetic; Nov. 1998

In einem armen Quartier von Teheran werden zwei Mädchen von ihrem alten Vater und ihrer blinden Mutter zu Hause eingesperrt. Nachbarn melden dies dem Sozialamt, worauf eine Sozialarbeiterin sich der Familie annimmt. Nicht nur die Mädchen sind zu befreien, sondern auch die Eltern, die sozialer Not und einem strengen Glauben unterworfen sind. Der Film besticht durch seine thematische Geschlossenheit und poetische Bildgestaltung. Eher fragwürdig ist die unreflektierte Vermischung von Dokudrama und Fiktion. *Zoom, 11/98*

Apostel! 43

THE APOSTLE ***

Regie: Robert Duvall
Darsteller: Robert Duvall (Euliss »Sonny« Dewey, Der Apostel), Farrah Fawcett (Jessie Dewey), Miranda Richardson (Toosie), Todd Allen (Horace), John Beasley (Bruder Blackwell), June Carter Cash (Mrs. Dewey, sr.)
Drehbuch: Robert Duvall
Kamera: Barry Markowitz (Farbe)
Musik: David Mansfield
Schnitt: Steve Mack
Prod.-Des.: Linda Burton
Prod.: Rob Carliner für Butchers Run, USA 1997; 133 Min.
EA: 1.7.1998, Filmfest München
Verleih: Arthaus/Kinowelt/; 8.10.1998
FSK: ab 12 J., ffr.

Ein charismatischer Erweckungsprediger verliert durch eine Intrige seine Gemeinde, erschlägt im Jähzorn den Liebhaber seiner Frau und muß fliehen. In Louisiana beginnt er, eine neue Kirche aufzubauen. Robert Duvall inszeniert als Regisseur und Hauptdarsteller eine eindrucksvolle und geschlossene Charakter- und Milieustudie, die die dargestellten Phänomene amerikanischer Religiosität eindrücklich beschreibt und darstellt, ohne sie zu kommentieren oder zu befragen. *multimedia*

Ein Prediger erfährt, daß seine Frau ihn betrügt und schlägt den Rivalen mit einem Baseballschläger ins Koma. Er flüchtet und beginnt ein neues Leben als »der Apostel«. Seine Anhänger lieben ihn, die Gemeinde wächst. Doch dann holt ihn die Vergangenheit wieder ein.
Robert Duvall (spielt auch die Hauptrolle) entwirft ein psychologisch interessantes Drama über die Suche nach Sühne und Vergebung. Die religiöse Ei-

Robert Duvall

ferei wirkt allerdings befremdlich und manchmal sogar lächerlich.

Margret Köhler

Der Prediger Sonny wird aus seiner Kirche vertrieben. Im Zorn erschlägt er den Geliebten seiner Frau. Er flieht und baut im tiefsten Louisiana einen neuen Laden für göttliche Botschaften auf, bis ihn die irdische Gerechtigkeit ereilt. Regisseur und Hauptdarsteller Robert Duvall setzt diesen christlichen Showman mitreißend in Szene.

Volker Gunske, tip, 21/98

(...) »Apostel!« läßt nach der Hälfte deutlich nach, hat dann spürbare Längen und lastet seinem Helden am Ende zuviel auf. Die Bekehrung eines Störenfrieds, der die Kirche mit einer Planierraupe dem Erdboden gleichmachen will, liegt jenseits der Glaubwürdigkeit, auch wenn Billy Bob Thornton der Aggressivität dieses Mannes von Beginn an eine große Verletzlichkeit beigibt. Das Finale des Films bildet schließlich ein Gottesdienst, der einfach kein Ende nehmen will. Da hat sich der Regisseur Duvall nicht getraut, dem Darsteller Duvall bei der Predigt in den Arm zu fallen.

Lars-Olav Beier, FAZ, 9.10.98

Michael Althen in: SZ, 8.10.98; Silvia Hallensleben in: Der Tagesspiegel, 8.10.98; Gerald Jung in: Zitty, 21/98; W.O.P. Kistner in: AZ, 8.10.98; Rupert Koppold in: Stgt. Zeitung, 8.10.98; Milan Pavlović in: Kölner Stadt-Anzeiger, 10.10.98; Veronika Rall in: FR, 8.10.98

Aprile 44

APRILE ****

Regie: Nanni Moretti
Darsteller: Nanni Moretti, Pietro Moretti, Silvio Orlando, Silvia Nono, Agata Apicella Moretti, Angelo Barbagallo, Nuria Schoenberg, Daniele Luchetti
Drehbuch: Nanni Moretti
Kamera: Giuseppe Lanci (Farbe)
Musik: Yma Sumac, Ludovico Einandi u. a.
Schnitt: Angelo Nicolini
Prod.: Angelo Barbagallo, Nanni Moretti für Sacher/Bac/Les Films Alain Sarde/RAI/Canal+/La Sept Cinema, Italien/Frankreich 1998; 78 Min.
UA: Int. Filmfestspiele Cannes 1998
EA: Filmfest München 1998
Verleih: Prokino, OmU/Stadtkino/Filmcoopi; 5.11.1998
FSK: o. A., ffr.

Wie im filmischen Tagebuch »Caro diario« (1993) liefert Nanni Moretti wieder selbstironische Einblicke in seine Persönlichkeit. Der intellektuelle Künstler wird nämlich erstmals Vater und muss – emotional gefordert – seine Pläne, einen politischen Dokumentarfilm oder ein Musical zu drehen, aufschieben. Das hat Konsequenzen für seine Psyche und den Umgang mit Arbeitskollegen. Leichthändig inszeniertes, aber nie leichtfertiges Autoporträt eines sozialistisch geprägten Zeitgeistkritikers im Italien der neunziger Jahre. *Zoom, 6, 7/98*

Film als Zerrbild der Realität und zugleich als deren klarer Spiegel – dieses Kunstück bringt der 45jährige Nanni Moretti, schon seit 1973 besessen »autarkistischer« Chronist italienischer Zeigeschichte, in seinem jüngsten Streich »Aprile« fertig. Seine Mittel sind scharfer Intellekt und kluger Humor. Und seine Lust am Erzählen und Komentieren artet hier in burleske Späße und eine wunderbarre Selbstironie aus. (...) *Angie Dullinger, AZ, 5.11.98*

(...) Moretti wäre nicht Moretti, wenn er diese turbulente, intelligente, höchst amüsante, mal ängstliche und dann wieder vor Glück überschäumende Schnitzeljagd durch das Leben eines römischen Stadtneurotikers nicht mit der nötigen Selbstironie für die Leinwand auflöste. Und wenn auf einmal alles wieder auf wundersame Weise zusammenpaßt, kommt man sich glatt vor wie im Kino! *Gerald Jung, Zitty, 23/98*

Ich spiele mich zwar selbst, aber trotzdem bin ich es nicht selbst. »Aprile« ist nicht bis ins Detail autobiographisch, obwohl ich hier meiner eigenen Person näher bin als in früheren Arbeiten. Wenn ich mit der Kamera losziehe und filme, was in Italien passiert, tue ich es aus Neugier – nicht aus Pflichtgefühl wie Nanni in »Aprile«. Das Schiff mit den albanischen Flüchtlingen will ich selbst sehen, um mich später daran erinnern zu können – ich will es nicht nur zeigen. *Nanni Moretti im Interview mit Frauke Hanck, AZ, 4.11.98*

Ich habe »Aprile« ohne ein Drehbuch begonnen. Der erste Anlaß, diesen Film zu machen, kam aus der Wirklichkeit, weil etwa zur gleichen Zeit, im April 1996, zwei wesentliche Ereignisse zusammentrafen: Die Geburt meines Sohnes und der Wahlsieg über Berlusconi, der erste Wahlsieg der Linken überhaupt. Der Film alterniert zwischen privatem und öffentlichem Tagebuch.

»Aprile« ist damit wesentlich politischer geworden als »Liebes Tagebuch«.

Es stimmt beides. »Aprile« ist der privateste und zugleich der politischste meiner Filme. Privater, weil er ein Tagebuch ist, das sehr intime Ereignisse dokumentiert. Und politischer, weil zum ersten Mal die Politik selbst erscheint. In »Wasserball und Kommunismus« geschieht das ja über eine Metapher.

In einem Interview mit den »Cahiers du Cinéma« sprachen Sie allerdings davon, einen Film drehen zu wollen, der nur aus TV-Ausschnitten komponiert ist, um so die Monstrosität dieser Maschine zu illustrieren.

Deswegen mache ich Interviews nicht. Es verschiebt sich darin der Ton, wie etwas gemeint ist, wie mit Ausrufezeichen. Ich bin nicht besonders wütend aufs Fernsehen. Was mir nicht gefällt, sehe ich mir einfach nicht an. Basta. Eine andere Sache ist diese ganz und gar italienische Anomalie, daß de: Eigentümer dreier Fernsehkanäle auch Politik macht. Das ist das Thema Berlusconi.

Wie werden die politischen Seitenhiebe von »Aprile« in Italien wahrgenommen? Als Karikatur?

Ich zeige nur, wie diese Leute sind, ich füge nichts hinzu. Merkwürdig waren die Reaktionen auf die Szene, die am Filmbeginn steht. Der Direktor des Berlusconi-Kanals Rete 4, eine Journalistenfigur, die außerhalb Italiens undenkbar wäre, erklärt am Wahlabend im März 1994 den Zuschauern: »Wir haben gewonnen…«, und redet von seinem guten Verhältnis zu seinem Chef. Viele, die das in meinem Film wiedergesehen haben, sagten: »Das ist nicht möglich. Das habe ich gesehen, das hat er doch nicht alles gesagt!« Wenn man diese Szene im Kino wiederholt, finden es die Leute unglaublich. Wenn das aber auf dem Fernsehen läuft, wird es als etwas Natürliches wahrgenommen.

Liegt das am Fernsehen oder am politischen Gebrauch des Fernsehens?

Weil, weil … Ich kann nicht zu allem etwas sagen. Ich mache Filme, ich kann nicht zu allem etwas sagen. Das Fernsehen wird als etwas Natürliches, Vertrautes, Häusliches wahrgenommen. Und das verdeckt, daß da jemand etwa sehr tendenziös und einseitig kommentiert.

Man vertraut sozusagen dem Fernsehen wie einem Familienmitglied?

Weiß ich doch nicht! Weiß ich doch nicht! (lacht) Ich bin kein Fernsehtheoretiker, ich bin ja nicht mal ein Filmtheoretiker. Ich bin nur einer, der Filme macht. *Nanni Moretti im Interview mit Robert Weitlbaumer, tip, 23/98*

Michael Althen in: SZ, 1.7.98; Heiko R. Blum in: Rheinische Post, 6.11.98; Daniel Kothenschulte in: Frankfurter Rundschau, 6.11.98; Till Müller-Edenborn in: Kölner Stadt-Anzeiger, 7.11.98; H. G. Pflaum in: SZ, 5.11.98; Andreas Platthaus in: FAZ, 6.11.98; Dorothee Schöpfer in: Stuttgarter Zeitung, 5.11.98; Georg Seesslen in: Die Zeit, 5.11.98; Christina Tillmann in: Der Tagesspiegel, 5.11.98; Robert Weitlbaumer in: tip, 23/98

Die Arche in der Wüste 45

L' ARCHE DU DESERT ***

Regie: Mohamed Chouikh
Darsteller: Myriam Aouffen (Myriam), Messaouda Adami (Houria du Ksar), Hacen Abdou (Amin), Shyraz Aliane, Amin Chouikh, Abdelkader Belmokadem, Fatyha Nesserine

Drehbuch: Mohamed Chouikh
Kamera: Mustapha Belmihoub (Farbe)
Musik: Philippe Arthuys
Schnitt: Yamina Chouikh
Prod.: Atlas Film/E.N.P.A/K-Films/VULKAN Kultur, Algerien/Frankreich/BRD 1997; 90 Min.
EA: Filmfest Hamburg 1997
Verleih: -/-/Langfilm; 2.4.1998

Die unerlaubte Liebe eines jungen Paares verschiedener Herkunft führt in einer algerischen Oase zu Spannungen zwischen den Ethnien und schließlich zur Zerstörung von Menschen und Dorf. Eine Parabel über die Ursprünge der Gewalt und das verlorene Verständnis für Wesen und Quelle wirklicher Toleranz. Eine apokalyptische Vision im Gewande eines Märchens, die dennoch höchst aktuell als Kommentar zur Lage in Algerien – und anderswo – verstanden werden kann. *Zoom, 6/7/98*

(...) Mohamed Chouikhs Film ist präzise Sozialstudie, schwarzes orientalisches Märchen, Klagelied und Parabel auf die gegenwärtige Katastrophe in Algerien. *tip, 8/98*

Ärger im Gepäck 46

EXCESS BAGGAGE **

Video

Regie: Marco Brambilla
Darsteller: Alicia Silverstone (Emily T. Hope), Benicio Del Toro (Vincent Roche), Christopher Walken (Raymond Perkins), Jack Thompson (Alexander T. Hope), Harry Connick Jr. (Greg Kistler), Nicholas Turturro (Stick), Michael Bowen (Gus), Robert Wisden (Det. Sims)
Drehbuch: Max D. Adams, Dick Clement, Ian La Frenais, nach einer Story von Max D. Adams
Kamera: Jean-Yves Escoffier (Technicolor)
Musik: John Lurie; Anita Camarata (supervision)
Schnitt: Stephen Rivkin
Prod.-Des.: Missy Stewart
Prod.: Bill Borden, Carolyn Kessler; B. Casey Grant für First Kiss Prod., USA 1997; 98 Min.
Vertrieb: Columbia TriStar Video; Okt. 1998
FSK: ab 12 J.

Millionärstöchterchen wird bei der Vortäuschung ihrer eigenen Entführung von Autodieb gekidnappt. Mit unnötiger Brutalität »aufgepeppter« Comedy-Action-Thriller, der weder recht in Schwung kommt, noch über genügend Gags verfügt.

Armageddon – Das Jüngste Gericht 47

ARMAGEDDON ***

Regie: Michael Bay
Darsteller: Bruce Willis (Harry S. Stamper), Billy Bob Thornton (Dan Truman), Liv Tyler (Grace Stamper), Ben Affleck (A. J. Frost), Will Patton (Charles »Chick« Chapple), Peter Stormare (Lev Andropov), Keith David (Gen. Kimsey), Steve Buscemi (Rockhound)
Drehbuch: Mark Goldblatt, Christ Lebenzon, Glen Scantlebury
Kamera: John Schwartzman (Technicolor)
Musik: Trevor Rabin
Schnitt: Mark Goldblatt, Chris Lebenzon, Glen Scantlebury
Prod.-Des.: Michael White
Prod.: Jerry Bruckheimer, Gale Anne Hurd, Michael Bay für Touchstone mit Valhalla Motion, USA 1998; 150 Min.
UA: 1.7.1998, N.Y.
Verleih: Buena Vista/dto./dto./Buena Vista Video; 16.7.1998
FSK: ab 12 J., ffr. – *FBW:* Wertvoll

Nach »Deep Impact« das zweite Hollywood-Drama von 1998, in welchem ein Asteroidenaufprall auf der Erde durch den heroischen Einsatz eines Raumfahrer-Teams (eine Gruppe von Ölbohrexperten) abgewendet wird. Die mit Western-Motiven durchsetzte Action spult in atemlosem Tempo ab, ohne sich zum tragenden Handlungsbogen zu formen, während der Erzählton zwischen werbeästhetisch verkitschtem Pathos und schnoddrig-komischen Dialogen hin und her springt. Ein inkohärenter Film, der oft ins Lächerliche kippt. *Zoom, 8/98*

(...) Die Erzählstruktur ist hektisch und ohne wirkliche Höhepunkte, kaum ein Bild ohne zerbröselnde Digitaleffekte, und die Schnittfolge übertrifft oft sogar Clip-Tempo. Die Dialoge sind auf ein Mitteilungs-Minimum reduziert. Vielleicht ist dies die konsequenteste Form für ein Desastermovie, mit dem drohenden Weltuntergang auch das drohende Ende der Filmbilder zu thematisieren.

Will Patton, Bruce Willis, Michael Duncan, Ben Affleck und Owen Wilson in ›Armageddon‹

Zur Beruhigung gibt es aber doch noch, trotz aller heroischer Aufopferung, eine Hollywood-Happy-End-Romanze zwischen des Superbohrers Töchterlein und einem seiner züchtigen Mannen. Doch noch heil, die Kino-Welt.

Frauke Hanck, AZ, 16.7.98

(...) Daß das Amerika der Vorstädte schließlich mit Herz, Hand, Schraubenschlüssel über Computerspezialisten und Elitesoldaten, defekte Software und klemmende Hardware triumphiert – »Houston, *ihr* habt ein Problem«, tönt Willis von droben, in Abwandlung des berühmten Notrufs der beinahe verunglückten »Apollo«-Mission –, macht aus einem krachenden Desastermovie einen Film mit der ertüchtigenden Wirkung eines sozialistischen Aufbauromans.

In einer Welt, die von Informationskartellen, Softwaregiganten und Politkonsortien gesteuert wird, behauptet »Armageddon«, daß es auf den einzelnen, den ganzen Mann ankommt, auch wenn er cholerisch, spießig und ein mieser Vater ist.

So gehört das letzte Wort an die Nationen hier, anders als in ID 4, nicht dem Präsidenten, sondern einem schlichten Macher, der gegen jede Wahrscheinlichkeit liefert, was andere bloß versprechen: Bruce Willis – »Solutions for a Small Planet«.

Sabine Horst, FR, 16.7.98

Rupert Koppold in: Rheinische Post, 17.7.98; Arthur Marsiske in: Die Welt, 7.8.98; Thomas Miessgang in: Die Zeit, 23.7.98; Frank Noack in: Der Tagesspiegel, 16.7.98; Milan Pavlović in: Kölner Stadt-Anzeiger, 18.7.98; Harald Pauli in: Focus, 13.7.98; Claudius Seidl in: SZ, 15.7.98

Armstrong – Das Gesetz hat einen neuen Namen 48

ARMSTRONG **

Video

Regie: Menahem Golan
Darsteller: Frank Zagarino (Rod Armstrong), Joe Lara (Ponytail), Kimberly Kates (Susan Zorkin), Richard Lynch, Charles Napier (Robert Zorkin), Justin Carroll
Drehbuch: Menahem Golan

Prod.: Avi Lerner, David Dadon für NU Image, USA 1998; 95 Min.
Vertrieb: BMG Video; 21.12.1998
FSK: ab 16 J.

Frau eines in Moskau ermordeten Waffenhändlers und ein High-Tech-Experte geraten ins Visier der Russen-Mafia und an den Rand eines Atomkriegs. Lächerlicher Action-Mumpitz für eingefleischte Fans.

Artemisia 49

ARTEMISIA ***

Regie: Agnes Merlet
Darsteller: Michel Serrault (Orazio Gentileschi), Valentina Cervi (Artemisia Gentileschi), Miki Manojlovic (Agostino Tassi), Luca Zingaretti (Cosimo Quorli), Brigitte Catillon (Tuzia), Frederic Pierrot (Roberto), Maurice Garrel, Emmanuelle Devos
Drehbuch: Agnes Merlet, Christine Miller, Patrick Amos
Kamera: Benoit Delhomme (Technicolor)
Musik: Krishna Levy
Schnitt: Guy Lecorne
Prod.-Des.: Antonello Geleng
Prod.: Patrice Haddad; Christoph Meye-Wiel, Leo Pescarolo für Premiere Heure/France 3 Cinema/Schlemmer Film/
3 Emme Cinematografica, Frankreich/BRD/Italien 1997; 102 Min.
UA: 9.9.1997, Toronto Film Festival
Verleih: Nil/filmladen/Frenetic; Dezember 1997 (CH), 28.5.1998

Auf dem Hintergrund eines nur in Bruchstücken überlieferten Vergewaltigungsprozesses im Italien des 17. Jahrhunderts bildet die Regisseurin den künstlerischen und emotionalen Ausgangspunkt der 17jährigen Elevin Artemisia Gentileschi dar, die danach die erste Malerin der Geschichte werden sollte. Das sich anbietende Geschlechterverständnis jener Zeit thematisiert dieser insgesamt distanzierte Film, der sich ausgiebig an der jungen Hauptdarstellerin sattsieht, bloß in sehr beschränktem Maß. *Zoom, 1/98*

(...) Je nachdrücklicher Artemisias Geschichte denn auch in einen Unterdrückungs- und Opferzusammenhang gerückt wird, als Opfer einer gerichtsnotorischen »Vergewaltigung« wie einer freihändig interpretierten besitzergreifenden Vaterliebe, um so mehr verflacht die Erzählung in gefälliger Situationsmalerei und Postkartenarrangements. *Kölner Stadt-Anzeiger, 1.6.98*

Thomas Klingenmaier in: Stgt. Zeitung, 28.5.98; Margret Köhler in: AZ, 28.5.98; Anke Sterneborg in: Focus, 25.5.98

As Tears go by 50

WONG GOK KA MOON/WANGJIAO KAMEN ***

Regie: Wong Kar-wai
Darsteller: Andy Lau (Ah Wah), Maggie Cheung (Ah Ngor), Jacky Cheung (Fly), Alex Man (Tony), Wong Un (Mabel), Lam Gao (Ah Kung)
Drehbuch: Wong Kar-wai
Kamera: Wai Keung Lau (Farbe)
Musik: Ting Yat Chung
Schnitt: Pi Tak Cheong
Prod.-Des.: William Chang
Prod.: Alan Tang, Rover Tang für In-Gear Film, Hongkong 1988; 102 Min.
UA: Filmfestival Cannes 1989 »Semaine de la Critique«
Verleih: MFA/-/Xenia; 4.6.1998

Als Prügelfilm made in Hongkong vermarktet, trägt Wongs Regiedebüt schon eine eigenwillige Handschrift. Bandenkämpfe und Rachefeldzüge sind nur ein Vorwand für die Romanze zwischen dem abgebrühten Gangster Ah Wah (Andy Lau) und der schüchternen Ah Ngor (Maggie Cheung), seiner Kusine vom Lande. Weil Ah Wah jedoch immer wieder den Aufpasser für seinen haltlosen Kumpel spielen muß, erschöpft sich die große Liebe in viel zu kurzen Begegnungen, auf Bahnhöfen, an Bushaltestellen und Bootsanlegern. So bleibt von einem Film, in dem viel Blut fließt, geschlagen und geschossen wird, vor allem der lange, schmerzvolle Blick Maggie Cheungs im Gedächtnis, die zum letztenmal den Geliebten von dannen fahren sieht.
Christoph Terhechte, tip, 12/98

(...) Ein Wermutstropfen stellt die hölzerne Dramaturgie und kaum berührend erzählte Geschichte seines ersten Drehbuchs dar. Die Mischung aus

Gangster- und Liebesfilm mag nicht recht aufgehen, die Charaktere – auch die Brüder Wah und Fly, die längst auf die schiefe Bahn geraten sind und noch immer nicht die Frau für dieses kurze, bleischwere Leben gefunden haben – sind eindimensional gezeichnet. (...)

Thilo Wydra, Die Welt, 4.6.98

Eine aparte und immer wieder überraschende Gangsterstory erzählt Wong in seinem Debüt »As tears go by«. Ganoven-Freundschaft und Liebe verstrikken in Hongkong drei junge Leute in tödliche Abenteuer. Dabei ist der Einfluß des New Yorker Independent-Kinos der 60er Jahre mit seinen verzweifelt gewalttätigen Männer-Geschichten spannend spürbar. *Frauke Hanck, AZ, 4.6.98*

Heiko R. Blum in: Rheinische Post, 4.9.98; Gregor Dotzauer in: SZ, 4.6.98; Fritz Göttler in: Kölner Stadt-Anzeiger, 1.8.98

Atomic Dog

51
**
Video

ATOMIC DOG

Regie: Brian Trenchard-Smith
Darsteller: Daniel Hugh Kelly (Mr. Yates), Isabella Hofmann (Mrs. Yates), Cindy Pickett, Tara Howie, Micah Gardener, Katie Stuart
Drehbuch: Miguel Tejada-Flores
Kamera: David Lewis (Farbe)
Musik: Peter Bernstein
Schnitt: Stephen Myers
Prod.: Marc H. Ovitz für Wilshire Court für Paramount, USA 1997; 83 Min.
Vertrieb: CIC Video; Dez. 1998
FSK: ab 16 J.

Frisch aufs Land gezogen, erlebt Städter-Familie einen Alptraum: Ein verstrahlter Hund aus der Nachbarschaft ist zur Killer-Bestie mutiert. Tier-Horror der eher belanglosen Sorte.

Attack on Devil's Island

52
**
Video

ASSAULT ON DEVIL'S ISLAND

Regie: Jon Cassar
Darsteller: Terry »Hulk« Hogan (Mike McBride), Shannon Tweed (Hunter Wiley), Carl Weathers (Roy Brown), Martin Kove (Andy Powers), Trevor Goddard (Fraker), Billy Drago (Gallindo), Chris Douglas, Mike White
Drehbuch: Cal Clements, nach einer Story von Michael Berk, Douglas Schwartz, Cal Clements, Steven McKay
Kamera: James Pergola (Eastmancolor)
Musik: John D'Andrea, Cory Lerios, Matthias Weber
Schnitt: David Latham
Prod.-Des.: Robert Henderson
Prod.: Paul Cajero, Kevin L. Beggs für Turner Network TV/Berk-Schwartz-Bonnan Prod./ Alliance, USA 1997; 91 Min.
Vertrieb: BMG (UFA) Video 21.4.1998
FSK: ab 16 J.

Von Psychopathen auf tropisches Eiland entführte US-Turnmannschaft soll von zwei Exmatrosen und einer leichtbekleideten Agentin gerettet werden. Klingt saudoof? Ist es auch!

Auch Männer brauchen Liebe

53
***
TV

Regie: Gabriela Zerhau
Darsteller: Dominic Raacke (Harry), Sophie von Kessel (Alma), Uwe Ochsenknecht (Peter), Johanna Gastdorf (Annette), Florian Weber (Ringo), Anna Griesebach (Franzi), Ulrike Kriener (Richterin), Antje Schmidt (Sue)
Drehbuch: Gabriela Zerhau
Kamera: Christian Reitz (Farbe)
Musik: Joe Mubare & One Tongue
Schnitt: Anke Berthold
Prod.-Des.: Ingrid Buron
Prod.: Dieter Ulrich Aselmann für d.i.e. film, BRD 1998; 87 Min.
TV: 12.10.1998, ZDF, 20.15

Dieser hübsche jazzmusikalische Männerlibido-Film widmet dem Leid eines vom Arzt zur Askese verdonnerten Mannes rechtschaffenes Mitgefühl: Von Suff, Nikotin und Vielfraß-Sex bis an den Rand des Herzinfarkts verlottert, wird Barpianist Harry (den Männerfrust einer ganzen Generation im Antlitz: Dominic Raacke) vom gierigen Freund (Familienvater mit Fremdgehergelüsten: Uwe Ochsenknecht) als Scheinehe-Abstellplatz für seinen russischen Seitensprung genutzt. Der sieche Husten-Harry, auf Totalentzug und zu keinerlei Lebensgenuß mehr fähig, wird immer grantiger, weil er nichts davon hat, und der ganze Gesundheitsterror kann ihm gestohlen bleiben: Geraucht, gesoffen und gevögelt ist ihm lieber. Da spielt sich's auch leichter Klavier: Der kreative Mann muß aus dem Vollen leben. Und wie sind die Frauen in diesem Film? Cool natürlich. Abgebrüht von Erfahrung mit Vätern, Gatten, Brüdern und Söhnen, pflegen sie Reihenhaus und Lebenssinn.

Ponkie, AZ, 14.10.98

(…) Da zeigt doch einmal eine Frau, wie vergnüglich dramatisch erotische Geschichten sein können, mit welch feiner, frecher Ironie sie auf den Punkt zu bringen sind. (…)

Thomas Thieringer, SZ, 12.10.98

Auf der Jagd

54
***

U.S. MARSHALS

Regie: Stuart Baird
Darsteller: Tommy Lee Jones (Marshal Sam Gerard), Wesley Snipes (Mark Sheridan), Robert Downey jr. (John Royce), Kate Nelligan (U.S. Marshal Walsh), Joe Pantoliano (Deputy Marshal Cosmo Renfro), Irene Jacob (Marie), Daniel Roebuck (Biggs), Tom Wood (Newman)
Drehbuch: John Pogue, nach Charakteren von Roy Huggins
Kamera: Andrzej Bartkowiak (Technicolor)
Musik: Jerry Goldsmith
Schnitt: Terry Rawlings
Prod.-Des.: Maher Ahmad
Prod.: Arnold Kopelson, Anne Kopelson; Stephen Brown (Koprod.) für Kopelson Ent./Keith Barish Prod., USA 1998; 131 Min.
Verleih: Warner Bros./dto./dto./Warner Home Video; 30.4.1998
FSK: ab 12, ffr.
FBW: Besonders wertvoll

Die Elitegruppe der U.S. Marshals um Samuel Gerard jagen diesmal einen des Doppelmordes beschuldigten Afroamerikaner, der jedoch das Opfer eines Komplotts ist. Mit hohem technischem Aufwand produziertes Unterhaltungskino mit vielen Schaueffekten, aber magerer Handlung und mäßiger Charakterisierung. *multimedia*

(…) Dieser zweite Film aber ist nur ein herumlärmender Balg des überhitzten

Wesley Snipes

neuen Actionkinos, das sich durch ständige Inzucht besinnungslos fortpflanzt. (…) *Rupert Koppold, Stgt. Zeitung, 30.4.98*

(…) Ein handwerklich solide inszenierter Actionthriller, der sich als Sequel von »The Fugitive« (1993) versteht. Anstatt der dort interessant aufgebauten Gegenüberstellung von Jäger und Gejagtem gibt es hier streckenweise nur auf bloße Schauwerte setzende Routine. *Zoom, 5/98*

Albert Baer in: Rheinische Post, 2.5.98; Michael Kohler in: FR, 2.5.98; Hans-Joachim Neumann in: Zitty, 9/98

Auf der Kippe

55
****

Regie: Andrej Schwartz
Drehbuch: Andrej Schwartz
Kamera: Gabor Medvigy (Farbe)
Musik: Costel Ciofu, Crina Lacatus
Schnitt: Zsuzsa Csákány, Teréz Losonci
Prod.: Stefan Schubert, Ralph Schingel für WÜSTE Film/ZDF, BRD 1997; 79 Min.
Verleih: Silver Cine/-/-; 21.5.1998
FBW: wertvoll

Der aus Rumänien stammende Dokumentarist Andrej Schwartz begleitete fast ein Jahr lang den Alltag eines

Zigeunerlagers in der Nähe von Klausenburg/Siebenbürgen. Mitten auf einer Müllkippe errichtet, wird es von Bewohnern selbst ironisch »Dallas« genannt. Schwartz' Film ist hartes, realistisches Kino in der Tradition von Luis Buñuels Klassiker »Las Hurdes« – ein Protokoll des Elends, dem es dennoch gelingt, die »Normalität« hinter all dem Hunger und Schmutz sichtbar zu machen. *Claus Löser, tip, 13/98*

Heiko R. Blum in: Rheinische Post, 5.6.98; Ruppert Koppold in: Stuttgarter Zeitung, 2.7.98; Dietrich Kuhlbrodt in: FR, 27.5.98

Auf Immer und Ewig – A Cinderella Story 56

***

EVEN AFTER – A CINDERELLA STORY

Regie: Andy Tennant
Darsteller: Drew Barrymore (Danielle), Anjelica Huston (Rodmilla), Dougray Scott (Prince Henry), Patrick Godfrey (Leonardo), Megan Dodds (Marguerite), Melanie Lynskey (Jacqueline), Timothy West (King Francis), Judy Parfitt (Queen Marie)
Drehbuch: Susannah Grant, Andy Tennant, Rick Parks
Kamera: Andrew Dunn (Kodak Technicolor)
Musik: George Fenton
Schnitt: Roger Bondelli
Prod.-Des.: Michael Howell
Prod.: Mireille Soria, Tracey Trench; Kevin Reidy Timothy M. Bourne (Koprod.), USA 1998; 121 Min.
Verleih: 20th Century Fox/dto./dto.; 24.12.1998
FSK: ab 6 J., ffr.
FBW: Besonders wertvoll

Der Film versetzt das Märchen von Aschenputtel und dem Prinzen ins Frankreich der Renaissance und erzählt es als »historisch wahre«, humorvolle Romanze mit sozialkritischem Ton: »Aschenputtel« beeindruckt den Kronprinzen mit Mut, Leidenschaft und Intelligenz, die diesen schließlich auch seine Standesdünkel überwinden lassen. Zu lang und am Schluß etwas zu kitschig geraten, überzeugt die Verfilmung dennoch durch schöne Bilder, Charme und gute Dialoge. *zoom, 12/98*

Daniel Kothenschulte in: FR, 1.1.99; Milan Pavlović in: Kölner Stadt-Anzeiger, 24.12.98

Auf Messers Schneide – Rivalen am Abgrund 57

***

THE EDGE

Regie: Lee Tamahori
Darsteller: Anthony Hopkins (Charles Morse), Alec Baldwin (Robert Green), Elle MacPherson (Mickey Morse), Harold Perrineau (Stephen), L.Q. Jones (Styles), Kathleen Wilhoite (Ginny), David Lindstedt (James), Mark Kiely (Mechaniker)
Drehbuch: David Mamet
Kamera: Donald M. McAlpine; Roger Vernon (Deluxe)
Musik: Jerry Goldsmith
Schnitt: Neil Travis
Prod.-Des.: Wolf Kroeger
Prod.: Art Linson für Art Linson Prod., USA 1997; 117 Min.
UA: 26.9.1997, New York
Verleih: 20th Century/dto./dto./ 20th Century Fox Video; 16.4.1998
FSK: ab 12, ffr. – *FBW:* Wertvoll

Charles Morse, reicher Geschäftsmann, und Robert Green, erfolgreicher Modephotograph, stürzen mit dem Flugzeug in der menschenleeren Wildnis Alaskas ab. Die beiden charakterlich grundverschiedenen Männer müssen gemeinsam ums Überleben kämpfen, obwohl zwischen ihnen ein gefährlicher Kampf um die Liebe der Ehefrau von Morse entbrannt ist. Ein etwas über dem Durchschnitt amerikanischer Großproduktionen einzuordnender Abenteuerfilm. *multimedia*

(...) Ein buntscheckiges Pfadfinderabenteuer mit reifen Männern, in dem sich alle Klischees des Abenteuerfilms ein Stelldichein geben. *Zoom, 5/98*

(...) Drehbuchautor David Mamet ist hier nicht gerade auf der Höhe seiner sonst so geschliffenen Dialoge und nuancierten Charakterzeichnungen im Pokerspiel des Mit- und Gegeneinanders. Als die Männer bei einem Rundflug in einen Schwarm Wildgänse geraten und mit dem kleinen Flugzeug abstürzen, beginnt das klassische Überlebensabenteuer der Rivalen. Stadtmenschen in wilder Natur – der Milliardär wird pragmatisch erfinderisch und nimmt es sogar mit einem Kodiak-Bären auf.

Tamahori erzählt die Geschichte ganz konventionell, einschließlich der aufdringlich existentialistischen Metaphorik. Homo homini lupus – der Mensch ist sich selbst der größte Feind. Wer hätte das gedacht, im Zeitalter der Öko-Katastrophen. *Frauke Hanck, AZ, 16.4.98*

Albert Baer in: Rheinische Post, 17.4.98; Hans Schifferle in: SZ, 16.4.98

Das Auge des Adlers 58

ÖRNENS ÖJE ***

Regie: Peter Flinth
Darsteller: Nijas Örnbak-Fjeldmose (Valdemar), Lasse Baunkilde (Aske), Lars Lohmann (Der König), Björn Granath (Bischof Eskil), Björn Floberg (Ritter), Maj Bockhahn Bjerregaard (Signe), Baard Owe (Bruder Sune), Hardy Rafn (Bruder Grammaticus)
Drehbuch: Nikolaj Scherfig, nach der Geschichte von Bjarne O. Henriksen
Kamera: Eric Kress (Farbe)
Musik: Sören Hyldgaard
Schnitt: Morten Giese
Prod.: Thomas Lydholm für Metronome/Det Danske Filminstitut, Dänemark 1996; 89 Min.
EA: 16.2.1997, Int. Filmfestspiele Berlin, »Kinderfilmfest«
Verleih: Alligator/-/Stamm/VMP Video; 5.3.1998
FSK: ab 6, ffr.

Das Mittelalter aus der Kinder-Perspektive: Gemeinsam mit einem Küchenjungen vereitelt Königssohn Waldemar eine Intrige, die seinen Vater Thron und Leben kosten soll. Mit dem geheimnisvollen einäugigen Ritter und einem fiesen Bischof stehen den jugendlichen Helden dabei mächtige Kontrahenten gegenüber. Spannender wäre der skandinavische Kinderfilm allerdings geworden, hätte Regisseur Flinth mehr Gespür für Topographie und Zeitabläufe bewiesen; daß die Figuren ständig in den unmöglichsten Momenten an den von penetrant waberndem Kunstnebel eingehüllten Schauplätzen auftauchen, erweist sich dann doch als deutliches Manko. *tip, 6/98*

Das Debüt des Dänen Peter Flinth ist ein prächtiger und spannender Ritterfilm, ganz im Stil klassischer Abenteuer; ein Epos für Söhne und Väter, denn Mädchen kommen hier fast gar nicht vor, abgesehen vom Küchenmädchen Signe, das beim aufregenden Showdown eine »Schlüsselrolle« hat. Eine einfache, märchenhafte und zeitlose Geschichte über den Kampf gegen das Böse und über die Kraft der Freundschaft. *Manfred Hobsch, Zitty, 5/98*

(...) Eindrucksvoll fotografiert und vor allem von den jungen Darstellern überzeugend gespielt. *Zoom, 5/98*

Ausgerastet 59

***

Video

Regie: Hanno Brühl
Darsteller: Katharina Schüttler (Anne), Steffen Schröder (Dennis), Roman Knizka (Raf), Stefanie Schimanski (Nicole), Peter Kremer (Annes Vater), Ursula Rosenberger (Annes Mutter), Philippa Milton
Drehbuch: Franz Manfred Liersch
Kamera: Reinhard Grossmann (Farbe)
Schnitt: Margot Löhlein
Prod.-Des.: Wolfgang Schünke, Alpte Ergür
Prod.: Andreas Schreitmüller, Alexander Wesemann für Arte/ZDF, BRD 1996; 88 Min.
Vertrieb: KJF Video
TV: 27.8.1997, ARD, 20.15
FSK: ab 12 J.

Für Anne bricht eine Welt zusammen, als sie herausbekommt, daß ihr Freund in einen Mordfall verwickelt ist.
17jährige verdächtigt ihren Freund, an der brutalen Ermordung eines Radfahrers beteiligt gewesen zu sein. Deutscher Fernsehfilm für Jugendliche, der sich vergebens um Glaubwürdigkeit bemüht.

Babyhandel Berlin – Jenseits aller Skrupel

60

ASSIGNMENT BERLIN

**

TV

Regie: Tony Randel
Darsteller: Sammi Davis (Tracy Garret), Dominic Raacke (Kommissar Eric Glint), Cliff Robertson (Colonel Cliff Garret), Jan Niklas (Hauptkommissar Hans Osler), Melvin Van Peebles (Lieutenant Spector), Martin Umbach (Konstantin Varda), Michael Mendl (Viktor Borokov), Peter Simonischek
Drehbuch: Matt Dorff
Musik: Christopher Guardino
Prod.: Janus/Hallmark/Pro7, BRD 1996; 90 Min.
TV: 30.9.1998, Pro7, 20.15

Polizistin Tracy tötet in den USA Maifaboß, flieht nach Berlin zu ihrem Vater, einem CIA-Agenten, der vor ihren Augen auf offener Straße niedergeschossen wird. Erst gegen 21 Uhr war dann der erste Säugling abgängig und wurde kurz danach in einem Waffenlager (!) sichergestellt. Dominic Raacke spielte den alleinerziehenden Polizisten und sprach jeden zweiten Dialogsatz mit mindestens einem ausgestreckten Zeigefinger, Jan Niklas gab den Polizeichef mit Bürgermeister-Ambitionen und besten Beziehungen zur Russenmafia. Der rumänische Verdächtige mußte somnambul durch die Szenerie tapern, die Action-Szenen glichen eher Slapstick, und die Story bemühte sich zu keiner Zeit auch nur ansatzweise um Glaubwürdigkeit.

W.O.P Kistner, AZ, 2.10.98

Babyraub – Kinder fremder Mächte

62

VISIONER

**

Regie: Elodie Keene
Darsteller: Jeff Meek (Philip Devlin), Nina Franoszek (Sabra Busch), Matthias Habich (Horst Glockner), Patricia Millardet (Jeanne), Benjamin Sadler (Thomas), Hans Kremer (Rissmann), Karina Krawsczyk (Ingrid)
Drehbuch: John Considine
Prod.: USA/BRD 1998; 93 Min.
TV: 21.4.1998, SAT.1, 20.15

Parapsychologen, Mord, Außerirdische, Neugeborene und paranormale Hintergründe überall.
In den Visionen des Parapsychologen Dr. Philip Devlin taucht der Name »Dr. Wiemer« auf. Mit seinem Kollegen Glockner findet er Wiemer, den Chef einer Entbindungsklinik, ermordet auf. Die Hauptverdächtigte Jeanne Varnier behauptet, Wiemer habe ihr Kind, das von Außerirdischen abstammt, geraubt. Auch Kommissarin Sabra Busch glaubt an paranormale Hintergründe. In Wiemers Haus finden sich Spuren hoher Energien, Devlin sieht in einer Vision die Entführung eines Neugeborenen. *Pressetext*

Back to Even

63

BACK TO EVEN

**

Video

Regie: Rod Hewitt
Darsteller: Lorenzo Lamas, Michael Paré, Angela Jones
Kamera: Garret Fisher
Prod.: USA 1998; 89 Min.
Vertrieb: Ascot/Splendid; Sept. 1998
FSK: ab 16 J.

Zwei Freunde, die Mafia mit Geldfälscher-Ambitionen, eine Frau – fertig ist der Billig-Thriller.

Backstabbed – Spiel der Angst

64

BACKSTABBED/MORKELEG

**

Video

Regie: Martin Schmidt
Darsteller: Line Kruse (Tine), Christian Gronvall (Tim), Marie-Anne Jespersen (Alexandra), Karl Bille (Jonas), Rikke Louise Andersson, Laura Drasbäk Olesen
Drehbuch: Dennis Jürgensen
Kamera: Peter Roos (Farbe)
Musik: Alan Horwarth
Schnitt: Viggo Bentzon, Jorgen Kastrup
Prod.: Regner Grasten für Nordisk Film, Dänemark 1996; 80 Min.
UA: Fantasy Filmfest 1996
Vertrieb: VCL Video; Sept. 1998
FSK: ab 18 J.

Vier dänische Teenies spielen ein angeblich ungefährliches US-Kultspiel –

bis die erste echte Leiche auftaucht. Dänische Gruselkost auf »Scream«-Niveau.

Bad Pack 65
THE BAD PACK *

Video

Regie: Brent Huff
Darsteller: Robert Davi (McQue), Roddy Piper (Dash Simms), Ralf Moeller (Kurt Mayer), Shawn Huff (Remi Sykes), Larry B. Scott (Jeremey Britt)
Drehbuch: Brent Huff, Douglas L. Walton
Kamera: Richard A. Jones (Farbe)
Musik: Bob Christianson
Schnitt: Frank Muto
Prod.: Shauna Shapiro Jackson, Terence M. O'Keefe für Sandwedge Films, USA 1997; 88 Min.
Vertrieb: Ascot Video; April 1998
FSK: ab 18 J.

Gewalttätiges, amateurhaftes Billigprodukt um ein texanisches Dorf, das sich mit einer Bürgerwehr gegen die Überfälle einer Bande zu schützen sucht.

Bambola 66
BAMBOLA ***

Video

Regie: Bigas Luna
Darsteller: Valeria Marini (Mina »Bambola«), Stefano Dionisi (Flavio), Jorge Perugorria (Furio), Manuel Bandera (Settimio), Anita Eckberg (Mutter), Antonino Iuorio (Ugo), Lilli Berquini (La Capretta)
Drehbuch: Cesare Frugoni, Bigas Luna
Kamera: Fabio Conversi (Farbe)
Musik: Marco Bertoni, Enrico Serrotti
Schnitt: Gianfranco Amicucci
Prod.-Des.: Walter Caprara
Prod.: Marco Pocioni, Marco Valsania für Rodeo Drive/Star Line/UGC Images/ Euiripide/La Sept Cinema/Medusa Film, Italien/Spanien/Frankreich 1996; 90 Min.
Vertrieb: VMP Video; 2.6.1998 – *FSK:* ab 18 J.

Schrille Farce um eine Dorfschönheit, die aus der geerbten Spelunke eine florierende Pizza macht und nichtsahnend in ein Eifersuchtsdrama stolpert. Mitunter komisch und recht versponnen.

Barluschke 67
****

Regie: Thomas Heise
Drehbuch: Thomas Heise
Kamera: Peter Badel (Farbe)
Schnitt: Karin Schöning
Prod.: Katrin Schlösser für ö-Filmprod., BRD 1997; 90 Min.
UA: 13.2.1998, Int. Filmfestspiele Berlin, »Neue deutsche Filme«
Verleih: Basis/-/-; 26.3.1998

Porträt eines 1945 in Mittenwald geborenen Mehrfachagenten für MfS, BND und CIA, der nach 1989 die Waffenbestände der DDR in alle Welt verschleuderte, als Familienvater in Paris lebt und HIV-infiziert ist. Heise geht in seinem merkwürdigen Film über einen merkwürdigen Menschen den einzig gangbaren Weg: Er beschreibt Barluschke als Phänomen, enthält sich jeder Wertung. Hinter all den Masken offenbart sich die Leere eines verschwendeten Lebens. Opfer- und Täterrolle gehen ineinander über. Der Fall läßt erahnen, wie tief Schizophrenie wirken kann. *Claus Löser, tip, 7/98*

Alexander Bartl in: Stgt. Zeitung, 17.9.98

Barneys großes Abenteuer 68
BARNEY'S GREAT ADVENTURE **

Regie: Steve Gomer
Darsteller: George Hearn (Grandpa), Shirley Douglas (Grandma), Trevor Morgan (Cody), Kyla Pratt (Marcella), Diana Rice (Abby), Renee Madeleine Le Guerrier (Mildred Goldfinch), David Joyner, Bob West
Drehbuch: Stephen White
Kamera: Sandi Sissel (Deluxe)
Musik: Jerry Herman (Titelsong), Jan Phees (musik. Leitung)
Schnitt: Richard Halsey
Prod.-Des.: Vincent Jefferds
Prod.: Sheryl Leach, Dennis DeShazer; Jim Rowley (Koprod.) für Lyrick/Studios für Polygram, USA 1998; 77 Min.
UA: 3.4.1998, N.Y.
Verleih: PolyGram/Einhorn/Monopole-Pathé/ PolyGram Video; 16.7.1998
FSK: o.A., ffr.
FBW: Wertvoll

Ein Plüschtier kommt selten allein: Nicht nur, daß der lilafarbene Stoffdinosaurier Barney plötzlich zwei Meter groß und lebendig ist, er hat auch noch seine Freunde Baby Bop und BJ mitgebracht. Letzterer benimmt sich so, wie es sich Erwachsene von einem »coolen« Dino vorstellen. Aber dies ist lediglich eine Phantasie vom Reißbrett, ebenso wie der restliche Film, der mit seiner penetrant aufgesetzten Fröhlichkeit dem Begriff Erlebnispädagogik einen schlechten Namen gibt. Für alle Zuschauer über sechs ist das Ansehen dieses Werkes mit höchsten Gefahren wie etwa unkontrollierten Aggressionsausbrüchen verbunden.

Frank Arnold, tip, 15/98

(...) Der Kinderfilm jagt durch verschiedene bunte Dekorationen, erhebt den Zeigefinger gegen alles Unkindliche und wird mit seinen gekünstelt fröhlichen Musiknummern zunehmend lästig. Die Botschaft vom Gebrauch der eigenen Phantasie tritt er damit auch gleich mit Füßen. *Zoom, 8/98*

Thomas Klingenmaier in: Stgt. Zeitung, 16.7.98; Claus Löser in: Rheinische Post, 17.7.98

Bastard 69

BRUTE **

Regie: Maciej Dejczer
Darsteller: Til Schweiger (Brute), Polly Walker (Mara), Pete Postlethwaite (Sincai), John Hurt (Babits), Ida Jablonska (Zigeunerin Elena), Bartek Pieniazek (Moscu), Wojciech Brzezinsk (Iorgu), Anthony Higgins (Gefängisdirektor)
Drehbuch: Cezary Harasimowicz
Kamera: Merian Prokop, Arthur Reinhart (Farbe)
Musik: Michal Lorenc
Schnitt: Arpad Bondy, Scott Stevenson, Kasia Rudnik-Glinska
Prod.-Des.: Andrzej Przedworski
Prod.: Claus Boje, Edouard Douek, Lew Rywin, Leonardo de la Fuente für Boje Buck/Douek/Heritage mit Telewizja Polska/Canal Plus Polska/Polish Filmprod./Polish Committe of Cinematography/»Tor« Film,
BRD/Polen 1998; 90 Min.
Verleih: Delphi/-/-/PolyGram Video; 12.2.1998
FSK: ab 12, ffr.

Til Schweiger als ruppiger Sträfling wird zum Arbeitseinsatz in ein rumänisches Waisenheim versetzt, wo sich nicht nur die Kinderschwester, sondern auch kleine Mädchen in ihn verlieben, während er gegen kriminelle Machenschaften des Anstaltsleiters vorgeht. Mit verkorkster Dramaturgie und gespreizt spielenden Filmstars verkommt das tragische Geschehen zum oft unfreiwillig lächerlichen Kasperltheater vor einer Elendskulisse.

Ralph Umard, tip, 4/98

(...) Hier stimmt nichts, nicht mal erzählerisches Elementarwerk wie Anschlüsse und Plotlinien, von Glaubwürdigkeit zu schweigen. Schon die Grundidee hinkt: Wieso kommt ein englischer Strafgefangener nach Rumänien? Ist das Gruselhaus, wo er landet, wirklich ein Waisenhaus oder eine Irrenanstalt? Sozialdrama oder Horrorfilm? »Bastard« ist eine deutsch-polnisch-französische Koproduktion. Schön, daß die Osterweiterung zumindestens filmpolitisch funktioniert.
Was aber treibt Finanziere – unter anderen das Berlin-Brandenburger Filmboard und die Filmförderungsanstalt – dazu, ausgerechnet einen solchen Film zu unterstützen? Wofür sind Produzenten, in diesem Fall unter anderem Detlev Bucks »Boje Buck Produktion«, da, wenn sie hier nicht tatkräftig einschreiten? *Sylvia Hallersleben, Der Tagesspiegel, 12.2.98*

Bastard out of Carolina 70

BASTARD OUT OF CAROLINA ***
Video

Regie: Anjelica Huston
Darsteller: Jennifer Jason Leigh (Anney), Ron Eldard (Glen), Jena Malone (Bone), Glenne Headly (Ruth), Lyle Lovett (Wade), Dermot Mulroney (Lyle), Christina Ricci (DeeDee), Michael Rooker (Earle)
Drehbuch: Anne Meredith, nach dem Roman von Dorothy Allison
Kamera: Anthony B. Richmond (Deluxe)
Musik: Van Dyke Parks
Schnitt: Eva Gardos
Prod.-Des.: Nelson Coates
Prod.: Gary Hoffman für Showtime Networks, USA 1996; 97 Min.
EA: Filmfest München 1997
Vertrieb: VMP (Concorde) Video; 31.7.1998
FSK: ab 16 J.

Der Leidensweg der unehelich geborenen Ruth Anne Boatwright, die so lan-

›Bastard out of Carolina‹

ge von ihrem Stiefvater mißhandelt wird, bis ihre Mutter nicht mehr schweigen kann. Das Regie-Debüt der Schauspielerin Anjelica Huston geriet zu einem im besten Sinne altmodischen Melodram, das sich Zeit läßt und vor allem an weibliches Publikum wendet.

Batman & Mr. Freeze: Eiszeit 71

BATMAN AND MR. FREEZE: SUB ZERO **
Video

Regie: Boyd Kirkland
Mit den Originalstimmen von: Kevin Conroy (Batman/Bruce Wayne), Michael Ansara (Mr. Freeze/Dr. Victor Fries), Loren Lester (Robin/Dick Grayson), Efrem Zimbalist jr. (Alfred Pennyworth), George Dzundza (Dr. Gregory Belson), Robert Costanzo (Detective Harvey Bullock), Bob Hastings (Commisiiones James Gordon), Mary Kay Bergman (Batgirl/Barbara Gordon)
Drehbuch: Randy Rogel, Boyd Kirkland, nach der Vorlage »Batman« von Bob Kane
Kamera: (Farbe)
Musik: Michael McCuiston
Prod.: Boyd Kirkland, Randy Roger; Haven Alexander (Koprod.) für Warner Bros. Animation, USA 1997;
64 Min.
Vertrieb: Warner; 8.10.1998
FSK: ab 12 J.

Passabler Zeichentrick, der die Story des Real-Spielfilms »Batman & Robin« von 1996 variiert.

Bauernkrieg 72

****

Regie: Erich Langjahr
Kamera: Erich Langjahr (Farbe)
Musik: Mani Planzer
Schnitt: Erich Langjahr
Prod.: Langjahr Filmprod., Schweiz 1998;
84 Min.
Verleih: -/-/Langjahr;
Sept. 1998

Nach »Sennen-Ballade« (1996) der zweite Teil einer groß angelegten Trilogie über die schweizerische Landwirtschaft: Die weltweite Liberalisierung des Handels, zu hohe Bodenpreise, Milchpreisverfall und Profitmaximierung zwingen viele Bauern zum Aufgeben. Andere setzen auf den technischen Fortschritt samt ethisch fragwürdiger Biotechnik, um unter dem Produktivitäts- und Wirtschaftlichkeitsdiktat überleben zu können. Unvoreingenommen, aber emotional packend vermittelt der Dokumentarfilm ein verdichtetes Bild der Realität einer industrialisierten Landwirtschaft, welche die Nutztiere auf eine Weise ausbeutet, die zu einer breiten Diskussion Anlaß gibt.

Zoom, 9/98

Beach Babes – Die Girls vom anderen Stern 73

CAVE GIRLS ISLAND **
TV

Regie: Ellen Cabot
Darsteller: Sarah Bellomo (Xena), Tina Hollimon (Sola), Stephanie Hudson (Luna), Rodrigo Botero (Dusty/Tommy), Stefan Galio (Rocky/Jimmy), Kenny Johnson (Moon/Neil), Lenny Rose (James T. Renford II.)
Prod.: USA 1996;
71 Min.
TV: 25.7.1998, SAT.1, 0.10

Notgelandet im Weltraum genießen männliche und weibliche Beauties das süße Leben. Doch ein Bösling sucht Nachwuchs für sein Bordell.

Beastie Girl
74
***

Regie: Johannes Fabrick
Darsteller: Sabina Riedel, Martia Marschall, Harald Krassnitzer, Alexander Pschill, Marius Laufer, Anna Maria Rombach
Drehbuch: Amaryllis Sommerer
Kamera: Robert Neumüller (Farbe)
Schnitt: Veronika Putz
Prod.: Danny Krausz, Kurt Stocker für DOR-Film, Österreich 1998;
90 Min.
Verleih: -/filmladen/-; Mai 1998

Die beruflich und durch einen neuen Liebespartner sehr in Anspruch genommene Ärztin Agnes ist für ihre 16jährige, mit diversen Pubertätsproblemen kämpfende Tochter Bele ein »Stein des Anstoßes«. Neben der attraktiven Mutter fühlt sich das Mädchen schwerfällig und häßlich. Bele zahlt Agnes, die mit ihrer Liebe erst spät zu ihr durchdringen kann, das Gefühl des Vernachlässigtwerdens brutal heim. Der sich überaus ambitioniert gebende Streifen vermag sein psychologisch interessantes Thema nicht auszuloten und hinterläßt durch seine penetrant gekünstelte formale Gestaltung einen mit wenigen Ausnahmen völlig unglaubwürdigen Eindruck. *multimedia*

Beaver ist los!
75
LEAVE IT TO BEAVER
**
Video

Regie: Andy Cadiff
Darsteller: Christopher McDonald (Ward Cleaver), Janine Turner (June Cleaver), Cameron Finley (Theodore/Beaver Cleaver), Erik von Detten (Wally Cleaver), Adam Zolotin (Eddie Haskell), Barbara Billingsley (Tante Martha), Ken Osmond, Frank Bank
Drehbuch: Brian Levant, Lon Diamond, nach der TV-Serie von Bob Mosher, Joe Connelly
Kamera: Thomas Del Ruth (Deluxe)
Musik: Randy Edelman
Schnitt: Alan Heim
Prod.-Des.: Perry Andelin Blake
Prod.: Robert Simonds; Kelly Van Horn (Koprod.) für Robert Simonds Prod. für Universal, USA 1997; 84 Min.
Vertrieb: CIC Video; 22.5.1998
FSK: ab 6 J.

Ein kleiner Junge entwickelt sich mit seinen Streichen und seiner Tollpatschigkeit zum Schrecken von Eltern und Nachbarn. Müder Abklatsch von »Kevin« und »Satansbraten«, der wenig Klischees und schon gar keinem Klamauk aus dem Wege geht.

Bedingungslos – Im Netz der Leidenschaft
76
NO STRINGS ATTACHED
***
TV

Regie: Josef Rusnak
Darsteller: Vincent Spano (Mark Demetrius), Cheryl Pollak (Nicole/Tina Kelso), David Packer (Ben Lowenstein), Traci Lind (Sara Robbins), David Ackroyd (Dr. Singer), Michael McKean (Elliot Lewis), Jeremy Roberts (Detective Jerry Moore), Megan Haugh (Little Tina)
Drehbuch: Nicholas Bogner, Michael Holden
Musik: Erik Lundmark
Prod.: Pro7/Treehouse Films, USA 1995;
90 Min.
TV: 21.4.1998, Pro7, 22.15

Erotikthriller über einen Journalisten, der »erotische Phantasien« bei Frauen recherchiert.

Die Beischlafdiebin
77
***
TV

Regie: Christian Petzold
Darsteller: Constanze Engelbrecht (Petra), Nele Mueller-Stöfen (Franziska), Wolfram Berger (Dieb), Richy Müller (Polizist), Jörg Friedreich, Tilo Nest, Karl Knaup, Andrea Bose
Drehbuch: Christian Petzold
Kamera: Hans Fromm (Farbe)
Musik: Stefan Will
Schnitt: Katja Dringenberg
Prod.-Des.: Kade Gruber
Prod.: Schramm Film Koerner & Weber für ZDF und ARTE, BRD 1997;
86 Min.
TV: 19.6.1998, Arte, 20.45, 2.11.1998, ZDF, 20.15

Petra hat seit Jahren Männer verführt und ausgeraubt – eine Beischlafdiebin. Jetzt ist sie ausgepumpt und will nach Hause zu ihrer kleinen Schwester Franziska. Doch auch deren Leben verlief nicht so, wie Petra es sich gewünscht hätte. Und bald merkt die Ältere, daß auch die Jüngere ein Doppelleben führt. »Ein höchst komplexes Spiel mit

Lüge und Wahrhaftigkeit, bis in die letzte Szene durchgehalten: das darf man wohl als Meisterstück bezeichnen«, meinte Sybille Simon-Zülch in der SZ dazu.

Belma 78

BELMA ****

Video

Regie: Lars Hesselholdt
Darsteller: Simon Holk (Rasmus), Emina Isovic (Belma Papac), Rade Serbedzija (Josip Papac), Jess Ingerslev (Erik), Borje Ahlstedt (Kapitän), Nastja Arcel (Annette), Zdenko Jelcic (Zoranovic)
Drehbuch: Pascal Lonhay
Kamera: Eric Kress (Farbe)
Musik: Morten Olsen
Schnitt: Henrik Fleischer
Prod.: Ulrik Bolt Jorgensen, Tina Winholt für Arena/Dansk Novellefilm, Dänemark/ Schweden 1996;
73 Min.
UA: 28.5.1995, Int. Filmfestspiele Cannes
Vertrieb: Matthias Film Video
TV: 16.7.1998, BR
FSK: ab 14 J.

Bosnisches Flüchtlingsmädchen lernt in Kopenhagen dänischen Jungen kennen. Sie verlieben sich ineinander. Um Verständnis werbender und um die Aufbereitung einer aktuellen Problematik bemühter Jugendfilm mit leicht prätentiöser Attitüde.
Ein dänischer Debütfilm, der trotz seiner etwas plakativen Moral beeindruckt: »Belma« ist der Bosnien-Schock eines dänischen Jungen, der nur Videospiele im Kopf hat. Er wird in die traumatischen Erlebnisse der 15jährigen Belma, die mit ihrem Vater auf einem Kopenhagener Flüchtlingsschiff lebt, hineingezogen, in eine Welt jenseits von Videospielen. *Ponkie, AZ, 18.7.98*

Below the Law 79

LAWS OF DECEPTION/FELONS **

Video

Regie: Joey Travolta
Darsteller: C. Thomas Howell (Evan), Brian Austin Green (Cal), Amber Smith (Elise), James Russo (Carlucci), Nick Mancuso (Mather), Robert Miano (Kelsey)
Drehbuch: Rollin Jarrett
Prod.: David E. Ornston, Richard Salvatore, Joey Travolta für Eternity/Two Sticks, USA 1998; 94 Min.
Vertrieb: BMG (Ufa) Video; 16.11.1998
FSK: ab 16 J.

Star-Jurist, dessen Eltern von Mafioso ermordet wurden, soll Exgeliebte verteidigen, die Jahre später eben jenen Gangster erschossen hat. Geht's noch (verquerer)? Ansehnliche Besetzung, aber ein völlig vermuddeltes Buch, das erst ganz zum Schluß Spannung zuläßt.

Bent 80

BENT ***

Regie: Sean Mathias
Darsteller: Clive Owen (Max), Lothaire Bluteau (Horst), Brian Webber (Rudy), Ian McKellen (Onkel Freddie), Mick Jagger (Greta/George)
Drehbuch: Martin Sherman, nach seinem Theaterstück
Kamera: Yorgos Arvanitis (Farbe)
Musik: Philip Glass
Schnitt: Isabelle Lorente
Prod.-Des.: Stephen Brimson Lewis
Prod.: Michael Solinger, Dixie Linder; Sean Mathias, Martin Sherman für Channel Four/NDF/Ask Kodansha/Arts Council of England, GB 1997; 104 Min.
UA: 13.5.1997, Int. Filmfestival Cannes
Verleih: Salzgeber, OmU/-/-; 3.12.1998
FSK: ab 16 J.

Vor dem Hintergrund des faschistischen und dekadenten Vorkriegsdeutschland erzählt dieser Film das Schicksal dreier homosexueller Männer. Der Film hinterläßt einen starken Eindruck durch seine einprägsamen Dialoge und die Ausdruckskraft seiner Charaktere.
(...) Andererseits hat Sherman übersehen, daß was auf der stets abstrahierenden Bühne funktioniert, in einer realen Filmkulisse unpassend wirken kann: So vermitteln die ausgiebigen Dialogszenen bisweilen den Eindruck, als seien die KZ Diskussions- und Selbstfindungszirkel gewesen. Die Musik, wenn auch von Philip Glass, ergeht sich dabei allzu aufdringlich in schwermütigem Gefiedel. Und die Schlampigkeit in manchen Details wirkt schlicht ärgerlich: Ein orgiastisches schwules Nacht-

leben etwa gab es 1934 in Berlin nicht mehr, und den Reiz verfallender Industrieanlagen hat erst die postindustrielle Gesellschaft entdeckt.

Jan Gympel, Zitty, 23/98

Ralf Dulisch in: FR, 3.12.98; Thomas Klingenmaier in: Stuttgarter Zeitung, 26.11.98; Frank Noack in: Der Tagesspiegel, 14.11.98; Susan Vahabzadeh in: SZ, 2.12.98

Das Bergwerk – Franz Führmann 81

***

Regie: Karlheinz Mund
Drehbuch: Karlheinz Mund, Sigrid Damm
Kamera: Wolfgang Dietzel (Farbe)
Musik: Dietmar Diesner
Schnitt: Ingeobrg Marszalek
Prod.: Jürgen Haase für Provobis/ A Jour-Film/MDR, BRD 1998; 85 Min.
Verleih: Progress/-/-; 22.10.1998

Der Filmessay erinnert an Franz Fühmanns »geträumtes Lebensbuch« *Das Bergwerk*. Dabei erinnern sich ehemalige Bergleute, Freunde und Schriftsteller-Kollegen an Begegnungen mit dem Dichter. Das Bergwerk ist ein Essay über die Beziehung von Literatur und Politik, begibt sich aber auch auf Spurensuche im Mansfelder Bergbaugebiet.

Bertold Brecht – Liebe, Revolution und andere ... 82

***

Regie: Jutta Brückner
Darsteller: Peter Buchholz
Drehbuch: Jutta Brückner, Kai Holmberg
Kamera: Jyrki Arnikari, Klaus Gottschall (Farbe)
Musik: Eero Ojanen
Schnitt: Salar Ghazi
Prod.: Kai Holmberg für Top Story/Oy/ Athenafilm/Film-Forum/Arte/Goethe-Institut, BRD/Finnland/Schweden 1997; 100 Min.
Verleih: Progress/-/-; 26.2.1998
FSK: ab 12, ffr.
FBW: Wertvoll

In ihrem Dokumentarfilm-Essay, einer Montage aus Dokumenten und Fiktion, schickt die Regisseurin den Schauspieler und Theaterautor Peter Buchholz auf eine Reise zu den Brennpunkten des Brechtschen Lebens. Dabei findet sie provokante Antworten auf die Frage: Wer war Brecht wirklich?

Filmecho, 6/98

Besser geht's nicht 83

AS GOOD AS IT GETS ****

Regie: James L. Brooks
Darsteller: Jack Nicholson (Melvin Udall), Helen Hunt (Carol Connelly), Greg Kinnear (Simon Nye), Cuba Gooding jr. (Frank Sachs), Shirley Knight (Beverly), Skeet Ulrich (Randy), Jesse James (Spencer), Yeardley Smith
Drehbuch: James L. Brooks; Mark Andrus, nach einer Story von Mark Andrus
Kamera: John Bailey (Farbe)
Musik: Hans Zimmer
Schnitt: Richard Marks
Prod.-Des.: Bill Brzeski
Prod.: James L. Brooks, Bridget Johnson, Kristi Zea; John Schofield (Koprod.) für Gracie Film, USA 1998; 138 Min.
Verleih: Columbia TriStar/dto./20th Century Fox/Columbia TriStar Video; 5.2.1998
FSK: ab 6, ffr.
FBW: Besonders wertvoll

Melvin Udall, Autor gefühlvoller Liebesromane, ist privat ein exzentrischer Misanthrop voller Phobien und zwanghafter Macken, der seinen Mitmenschen nur mit beißendem Hohn und Beleidigungen begegnet. Als er sich jedoch näher mit seinem schwulen Nachbarn Simon, einem Maler, und der Kellnerin Carol, Mutter eines asthmakranken Sohnes, einlassen muß, wandelt er sich widerstrebend zu einem menschlich mitfühlenden Wesen. Die Komödie fesselt mit witzig-spritzigen Dialogen und einer darstellerischen Topbesetzung mit Jack Nicholson in einer Paraderolle an der Spitze.

Zoom, 2/98

(...) Bei allem Amüsement bleibt ein hohes Maß an psychologischer Tiefenschärfe gewahrt, das sich vor allem in der ambivalenten Zeichnung der Hauptfigur niederschlägt. Nach den Wortkaskaden und prägnanten Pointen dieses Films weiß man, mit welch armseligen Dialogen man in der Regel in zeitgenössischen Komödien abgespeist wird. (...) *W.O.P. Kistner, AZ, 12.2.98*

Helen Hunt und Jack Nicholson in ›Besser geht's nicht‹

Sie fühlen sich wohl in Hollywood.

Ich habe keinen Grund, sauer auf Hollywood zu sein. Ich verdiene Geld, und ich kann mit meinem Namen helfen, aus Projekten Filme zu machen. Ich bin ein großer Fan von Hollywood.

Jack Nicholson im Interview mit Christoph Amend, SZ, 12.2.98

(...) Ich habe grundsätzlich Angst vor dem Unbekannten. Das repräsentiert für mich das Sterben. So gesehen, ist Älterwerden eine schöne Alternative zum Sterben.

Jack Nicholson im Interview mit Angie Dullinger, AZ, 12.2.98

Michael Althen in: SZ, 12.2.98; Frank Arnold in: tip, 4/98; Silvia Hallensleben in: Der Tagesspiegel, 12.2.98; Harald Pauli in: Focus, 2.2.98 (Interview Nicholson)

Best Men 84

BEST MEN ***

Video

Regie: Tamra Davis
Darsteller: Sean Patrick Flanery (Billy), Dean Cain (Buzz), Andy Dick (Teddy), Luke Wilson (Jesse), Drew Barrymore (Hope), Mitchell Whitfield (Sol)
Drehbuch: Art Edler Brown, Tracy Fraim
Kamera: James Glennon (Farbe)
Musik: Mark Mothersbaugh
Schnitt: Paul Trejo
Prod.: Brad Krevory, Steve Stabler, Brad Jenkel, Deborah Ridpath für Orion Pic., USA 1997; 86 Min.
Vertrieb: VMP Video; 13.3.1998
FSK: ab 18 J.

Vier Freunde holen Jesse vor dem Gefängnistor ab, um ihn zu seiner Hochzeit zu chauffieren – doch das Quintett gerät unvermittelt in einen Banküberfall mit Geiselnahme. Hübsches Genre-Gemisch aus Action, Thriller und Sozio-Satire mit einigen gegen den Klischee-Strich gebürsteten Figuren und Situationen.

Besucher aus dem Jenseits – Sie kommen bei Nacht 85

HOUSE OF FRANKENSTEIN **

TV

Regie: Peter Werner
Darsteller: Adrian Pasdar (Detective Vernon Coyle), Greg Wise (Crispian Grimes), Miguel Sandoval (Detective Esteban Chacon), Teri Polo (Grace Dawkins),

CCH Pounder (Dr. Shauna Kendall), Peter Crombie (Frankensteins Kreatur), Jorjan Fox (Felicity), Richard Libertini (Armando)
Drehbuch: J. B. White
Prod.: USA 1997; 84 Min.
TV: 25.10.1998, 26.10.1998, RTL, jeweils 20.15

Werwolf-Anleihe mit Vampir-Zugabe und Frankenstein-Einlage, angereichert mit allerlei Klon-Ausgaben des geschwänzten Leibhaftigen: Der zweiteilige US-Horror-Thriller bedient sich mit wölfischem Infrarot-Nachtblick sämtlicher Kino-Zombies aus dem Höllenfundus des vereinigten Blutsauger-Gewerbes. *Ponkie, AZ, 27.10.98*

Beverly Hills Beauties 86

B.A.P.S. **

Video

Regie: Robert Townsend
Darsteller: Halle Berry (Nisi), Martin Landau (Mr. Blakemore), Natalie Desselle (Mickey), Ian Richardson (Manley), Troy Beyer (Tracy), Luigi Amodeo (Antonio), Jonathan Fried (Isaac), Pierre (Ali)
Drehbuch: Troy Beyer
Kamera: Bill Dill (Deluxe)
Musik: Stanley Clarke; Pilar McCurry (supervisor)
Schnitt: Patrick Kennedy
Prod.-Des.: Keith Brian Burns
Prod.: Mark Burg, Loretha Jones für Island Pic., USA 1997; 88 Min.
Vertrieb: VCL (Constantin) Video; 23.6.1998
FSK: ab 12 J.

Gut besetzt, aber schwach erdacht: Zwei Kellnerinnen aus Savannah laufen in L. A. ein, um Ruhm, Geld und Glück zu finden.
Warmherzige, aber beträchtlich banale New-Black-Aschenputtel-Comedy.

Die Bibel – Jeremia 87

JEREMIAH ***

TV

Regie: Harry Winer
Darsteller: Patrick Dempsey (Jeremia), Leonor Varela (Judit), Vincent Regan (Mattanja/König Zidkija), Michael Cronin (Hilkija), Klaus Maria Brandauer (König Nebukadnezzar), Oliver Reed (General Schafan), Stuart Bunce (Baruch), Anita Zagaria (Jeremias Mutter)
Drehbuch: Harry Winer, Roger Young
Kamera: Raffaele Mertes (Farbe)
Musik: Bruce Broughton
Prod.: Leo Kirch für Taurus Film/RAI, BRD/Italien/USA 1998; 90 Min.
TV: 25.12.1998, ARD, 18.25

15 Teile des Bibel-Epos für die internationale Fernsehverwertung.

Kerstin Borner in: Münchner Merkur, 7.7.98

Die Bibel – Salomon 88

SOLOMON ***

TV

Regie: Roger Young
Darsteller: Ben Cross (Salomon), Max von Sydow (König David), Richard Dillane (Jerobeam), Anouk Aimée (Batseba), Maria Grazia Cucinotta (Abischag), George W. Bailey (Asarel), Vivica A. Fox (Königin von Saba), David Suchet (Joab)
Drehbuch: Bradley T. Winter
Kamera: Raffaele Mertes (Farbe)
Musik: Patrick Williams
Prod.: Taunus/RAI, BRD/Italien/USA 1997; 82 Min.
TV: 31.5. und 1.6.1998, ARD, 16.35, 17.50

(...) Mittlerweile ist das Großprojekt mit Gesamtkosten von 120 Millionen Dollar bei den Teilen 13 und 14 von insgesamt 21 angelangt. Nach dem an Weihnachten gelaufenen Porträt des Königs David wird nun die aufregende Liebesgeschichte des weisen Salomon gezeigt, der fromm begann, viele Frauen heiratete und noch mehr liebte, und der in sieben Jahren den von David geplanten Tempel in Jerusalem erbauen ließ. Bis dann die schöne Königin von Saba mit Hofstaat und Elefanten von weither nach Jerusalem gezogen kam, der König Salomon mit Haut und Haar verfiel. (...) Gutes Konzept. Feinste Ausstattung. Prächtige Kostümierung. Doch die Fülle des Stoffes mit all ihrer Bibelpädagogik macht die Figuren klein. Ein netter Schulstoff für den braven Mann. *Wilfried Geldner, SZ, 30.5.98*

Alexandra Nyary in: Welt am Sonntag, 31.5.98

The Big Hit 89

THE BIG HIT **

Regie: Che-Kirk Wong
Darsteller: Mark Wahlberg (Melvin Smiley), Lou Diamond Phillips (Cisco), Christina Applegate (Pam Shulman), Avery Brooks

(Paris), Bokeem Woodbine (Crunch), China Chow (Keiko Nishi), Antonio Sabato jr. (Vince), Lainie Kazan (Jeanne Shulman)
Drehbuch: Ben Ramsey
Kamera: Danny Nowak (Deluxe)
Musik: Graeme Revell
Schnitt: Robin Russell, Pietro Scalia
Prod.-Des.: Taavo Soodor
Prod.: Warren Zide, Wesley Snipes; Craig Perry, Victor McGauley, Roger Garcia (Koprod.) für Amen Ra/Zide-Perry/Lion Rock Prod. für TriStar, USA 1998; 91 Min.
Verleih: Columbia TriStar/dto./20th Century Fox/Columbia TriStar Video; 27.8.1998
FSK: ab 18 J., ffr.

Der Profikiller Melvin beteiligt sich an einem Feierabendjob, einer Entführung der Tochter eines japanischen Multis. Doch leider stellt sich heraus, daß die Firma des Japaners bankrott gegangen ist und dessen Tochter das Patenkind von Melvins Boß ist. Überraschendes Hollywooddebüt des Hongkong-Routiniers Che-Kirk Wong, das mit einer furios inszenierten Eröffnungssequenz und einigen überraschenden Nuancen gut unterhält. *Zoom, 10/98*

Eine sportliche Band sex- und geldgieriger junger Männer verdient ihren Lebensunterhalt gutgelaunt mit Massenmord, bis sie unwissentlich das Patenkind ihres Chefs entführen. Die Gruppe zerbricht, man bekämpft sich gegenseitig, wobei sich der Held des Films zusätzlich mit seinen zwei kapriziösen Freundinnen, einer heimlichen Verehrerin und einem nervtötenden Videothekar auseinandersetzen muß. Alberne Action-Klamotte, die zynisch menschenverachtende Tendenzen transportiert. *Ralph Umard, tip, 18/98*

Man stelle sich vor, das Parodie-Team von »Hot Shots« hätte einen Tarantino-Film auf die Schippe genommen, oder John Woo hätte einen Action-Film gemacht für die berüchtigte Billig-Firma Troma. So sieht nämlich Che-Kirk Wongs durchgeknallte Killer-Action-Comedy aus, die nur so strotzt vor derben Späßen, schönen Geschmacklosigkeiten und makabrem Slapstick. (…)
Hans Schifferle, Kölner Stadt-Anzeiger, 29.8.98

(…) »Pulp Fiction« für Pubertierende ist das: Zwar können sich die Actionsequenzen durchaus sehen lassen (für den Hongkong-Stil sorgen der ausführende Produzent John Woo und Regisseur Che-Kirk Wong, der zuvor zahlreiche Hongkong-Actionfilme inszeniert hat); Persönlichkeit aber hat dieser Mix aus Stilen und Zitaten, Witzen und kuriosen Einfällen genausowenig wie seine Hauptfigur. *Tobias Kniebe, SZ, 27.8.98*

Ralph Geisenhauslüke in: Der Tagesspiegel, 27.8.98; W.O.P. Kistner in: AZ, 27.8.98; Karim Zendagui in: Rheinische Post, 28.8.98

The Big Lebowski 90

THE BIG LEBOWSKI ****

Regie: Joel Coen
Darsteller: Jeff Bridges (The Dude), John Goodman (Walter Sobchak), Julianne Moore (Maude Lebowski), Steve Buscemi (Donny), David Huddleston (The Big Lebowski), Peter Stormare, Flea, Torsten Voges (Nihilisten)
Drehbuch: Joel Coen, Ethan Coen
Kamera: Roger Deakins (Technicolor)
Musik: Carter Burwell; T-Bone Burnett
Schnitt: Roderick Jaynes, Tricia Cooke
Prod.-Des.: Rick Heinrichs
Prod.: Ethan Coen; John Cameron (Koprod.) für Working Title Prod., USA 1998; 117 Min.
UA: 18.1.1998, Sundance Film Festival
EA: Int. Filmfestspiele Berlin 1998
Verleih: PolyGram/dto./Elite/PolyGram Video; 19.3.1998
FSK: ab 12, ffr.
FBW: Wertvoll

Jeff Lebowski ist, zur Zeit des Golfkriegs 1991, ein kalifornischer Tagträumer mit Hippie-Allüren. Aufgrund einer Namensverwechslung gerät er zusammen mit liebenswert randständigen Freunden in einen abstrusen Fall von Kidnapping, in dem er bald die Übersicht verliert und dennoch nicht untergeht. Ein leichthändig arrangiertes, famos besetztes Schelmenstück voller Schaubudenmagie und Slapstickeinfällen, mit virtuosen Gags und tollen Sounds von Bob Dylan bis Mozart.
Zoom

Trotzdem ist unser Film auch eine Art Hommage. Nicht auf Los Angeles, aber auf Raymond Chandler und wie er die

Stadt sah. Durch die Augen seiner Figuren, die unglaublich lebendig sind. Er ist einer der interessantesten Autoren überhaupt und hat uns beim Drehbuchschreiben und bei der Erfindung unserer Personen sehr beeinflußt. Dude Lebowski streunt durch L. A. wie einst ein Chandler-Held und trifft auch ebensolche Typen. *Joel Coen im Interview mit Frauke Hanck, AZ, 19.3.98*

Unsere Filme sind sehr preiswert, um nicht zu sagen billig: ›The Big Lebowski‹ zum Beispiel hat 15 Millionen Dollar gekostet. Das ist ungefähr ein Viertel des Hollywood-Standards. Das Budget von ›Barton Fink‹ betrug acht und das von ›Fargo‹ sogar nur sechs Millionen. Das Risiko, viel Geld zu verlieren, ist dadurch extrem gering. An den meisten unserer Filme haben die Produzenten sogar kräftig verdient.

Ethan Coen im Interview mit Ulrich Lössl, Zitty, 6/98

Heiko R. Blum in: Rheinische Post, 20.3.98; Brigitte Desalm in: Kölner Stadt-Anzeiger, 21.3.98; Angie Dullinger in: AZ, 19.3.98; Volker Gunske in: tip, 7/98; Daniel Kothenschulte in: FR, 18.3.98, Jan Schulz-Ojala in: Der Tagesspiegel, 16.2.98; Ruprecht Skasa-Weiß in: Stgt. Zeitung, 19.3.98

Oben: Jeff Bridges, John Goodman, Steve Buscemi in ›The Big Lebowski‹. Unten: Drehbuch, Regie, Produktion: Ethan und Joel Coen.

Big Wars

91
*
Video

BIG WARS

Regie: Toshifumi Takizawa
Prod.: Japan 1993; 75 Min.
Vertrieb: ACOG Video, OmU; Juni 1998
FSK: ab 16 J.

Science-Fiction-Thriller aus Japan, der sich mühsamst über seine ohnehin kurze Laufzeit quält.

Ein Bigfoot unterm Weihnachtsbaum 92

BIG AND HAIRY **

TV

Regie: Philip Spink
Darsteller: Robert Burke (Picasso Delap), Richard Thomas (Victor Delap), Chilton Grane (Elizabeth Delap), Donnelly Rhodes (Ludlow Bumstock), Trevor Jones (Bigfoot »Ed Tibbets«), Gregory Thirloway (Mr. Donovan), Stacy Grant (Mrs. Donovan), Tyler Thompson
Drehbuch: Brian Daly, nach seinem gleich. Roman
Prod.: USA 1998;
90 Min.
TV: 24.12.1998, RTL, 13.45

Bigfoot wird Basketballer in Schulmannschaft und hilft Meisterschaften zu gewinnen.

Bin ich schön? 93

****

Regie: Doris Dörrie
Darsteller: Senta Berger (Unna), Gottfried John (Herbert), Iris Berben (Rita), Oliver Nägele (Fred), Suzanne von Borsody (Lucy), Uwe Ochsenknecht (Bodo), Franka Potente (Linda), Steffen Wink, Anica Dobra, Heike Makatsch, Maria Schrader, Joachim Król, Nina Petri
Drehbuch: Doris Dörrie, Rolf Basedow, Ruth Stadler, nach den Kurzgeschichten »Bin ich schön?« von Doris Dörrie
Kamera: Theo Bierkens (Farbe)
Musik: Roman Bunka
Schnitt: Inez Regnier
Prod.-Des.: Yvonne Hellings
Prod.: Bernd Eichinger, Martin Moszkowicz für Constantin/Fanes Film, BRD 1996/1998; 116 Min.
UA: 7.7.1998, Arri München; 12.9.1998, Int. Filmfestspiele Venedig »außer Wettbewerb«
Verleih: Constantin/dto./Filmcoopi; 17.9.1998
FSK: ab 12 J., ffr.
FBW: Besonders wertvoll

Heiter bis melancholisch gestimmter Reigen von Liebes- und Ehegeschichten, in denen es um Glück und Verlust, Treue, Tod und Trauer geht. Der Episodenfilm lotet in seinen stärksten Momenten existentielle Themen aus, verliert sich bisweilen aber auch in Oberflächlichkeiten und den Fallstricken unverbindlicher Komödien. Ein überragendes Schauspielerensemble und eine Reihe dichter, emotional wie intellektuell berührender Momente trösten über die Schwachstellen sowie die bemühte Rahmenhandlung hinweg. *Zoom, 9/98*

›Bin ich schön?‹

(...) ein bezauberndes Zahnradsystem aus Psychologie und Lebensreife, aus Humor und Melancholie: ein schönes, anmutiges Werk. *Ponkie, AZ, 17.9.98*

Halb eine Zeitgeist-Groteske über schiefgegangene Beziehungen, halb ein melancholischer Blick auf ungelebte Gefühle.
Doris Dörrie schickt einen Reigen Figuren aus ihrer gleichnamigen Sammlung von Kurzgeschichten auf den emotionalen Trip nach Spanien. In Sevilla die großen Gefühle, in München die lächerliche, bittere und manchmal todtraurige Realität. Die zu Wohlstand gekommene 68er-Generation und ihre Kinder – eine Art »Short Cuts« deutscher Befindlichkeiten.
tip, 20/98

(...) Seltsam (oder wiederum sehr verständlich), ist, daß keine Episode einen tragischen Widerhaken hat. Nachdem Doris Dörrie das Projekt ursprünglich zusammen mit ihrem Lebensgefährten (und Kameramann) Helge Weindler realisieren wollte, blieb es nach dessen Tod zunächst liegen. Von Bernd Eichinger ließ sie sich bewegen, es noch einmal anzugehen. Den Schmerz will der Film sich nicht anmerken lassen. Das ist sein gutes Recht, und so muß man das Versöhnliche, das glimpfliche Davonkommen respektieren – es ist der Sicherheitsabstand zur Katastrophe. Und vielleicht fehlt diesen müden Mittelständlern einfach auch die Fähigkeit zur Tragik. Mit etwas mehr Schärfe hätte der Film vermutlich noch gewonnen, und es wehte mehr als nur ein Hauch von Altman durch das episodische Gefüge. Doch wer sich von dieser Milde nicht irritieren läßt, der wird noch in diesem Hauch eine Frische und Kraft wahrnehmen, die fürs deutsche Kino nicht gerade typisch ist.
Peter Körte, FR, 17.9.98

Gregor Dotzauer in: SZ, 16.9.98; Angie Dullinger in: AZ, 15.9.98; Hellmuth Karasek in: Der Tagesspiegel, 17.9.98; Thomas Klingenmaier in: Stgt. Zeitung, 17.9.98; Daniel Kothenschulte in: Kölner Stadt-Anzeiger, 19.9.98; Christiane Peitz in: Die Zeit, 17.9.98

Binningers Birne 94

***
TV

Regie: Andrew Hood
Darsteller: Bruno Cathomas (Rechercheur)
Drehbuch: Andrew Hood
Kamera: Ralph Netzer (Farbe)
Prod.: Känguruh Film, BRD 1997; 82 Min.
TV: 28.9.1998, ZDF, 23.55, »Das kleine Fernsehspiel«

Das Dokudrama erzählt die Geschichte des Erfinders Dieter Binninger, der eine »ewige Glühlampe« konstruiert hat, mit der es ihm gelang, sich gegen große Konzerne zu behaupten. (...)
ZDF-Journal

Bitches 95

CSAJOK
***
TV

Regie: Ildiko Szabo
Darsteller: Dorottya Udvaros (Enci), Enikö Eszenyi (Barbie), Mariann Szalay (Lolli), György Cserhalmi, László Gállfi (Jani), Zsolt László, János Bán, Antal Cserna
Drehbuch: Ildikó Szabó
Kamera: Péter Jankura, Tamás Sas (Farbe)
Musik: János Másik
Schnitt: Zsuzsa Pósán, Teri Losonczi
Prod.: István Kardos, Pál Erdöss für Hétföi Mühely/Dragon Ciné/MTM Communications/Mafilm/ZDF/Arte, Ungarn/BRD 1995; 95 Min.
UA: 11.2.1996, Ungarische Filmwoche, Budapest
EA: 16.2.1996, Int. Filmfestspiele Berlin, »Wettbewerb«
TV: 2.3.1998, Arte, 22.45

Das Eheleben dreier Frauen, voller Schicksalsschläge, Katastrophen und Gewalttätigkeiten – erzählt als chaotische und bisweilen blutige Farce.
Die erste hat ihren Mann schon verlassen. Er fleht sie an zurückzukehren. Die zweite will sich scheiden lassen. Vor den Augen ihrer Kinder vergewaltigt sie der Ehemann. Die dritte reizt ihren Mann bis zur Weißglut. Er stößt sie durch die Glastür und wirft sie aus dem Haus. *Filmecho/Filmwoche, 7/96*

Bitter Sugar 96

AZUCAR AMARGA
***

Regie: Leon Ichaso
Darsteller: René Lavan (Gustavo), Mayte Vilan (Yolanda), Miguel Gutiérrez (Dr. Tomas

Valdez), Larry Villaneuva (Bobby), Luis Celeiro (Mr. Garcia), Teresa Maria Rojas (Belkis), Orestes Matacena (Claudio), Caridad Ravelo (Soraya)
Drehbuch: Orestes Matacena, nach einer Story von Pelayo Garcia, Leon Ichaso
Kamera: Claudio Chea
Musik: José Ferro jr., Manuel Tejada, Victor Victor (Songs)
Schnitt: Yvette Pienyro, David Tedeschi
Prod.-Des.: Liliana Soto
Prod.: Leon Ichaso, Jaime Pina; Lisa Rhoden (Koprod.) für First Look/Azucar Films, Dominikanische Republik 1996; 102 Min.
Verleih: MFA, OmU/-/-; 30.4.1998

Gustavo lebt in Havanna und ist überzeugter Kommunist. Doch seine eigenen Lebensumstände und die Schicksalsschläge in seiner Umgebung beweisen ihm nach und nach, daß es unmöglich ist, unter Castros Regime ein auch nur annähernd normales Leben zu führen.
Lebendige und ungekünstelte Bilder vom heutigen Kuba in neorealistischem Schwarzweiß, die sich immer wieder zur Zeitlupe verlangsamen, erstarrren im kalten Würgegriff der »Revolution«.
tip, 10/98

»Azucar Amarga«, gedreht in Santo Domingo (Dominikanische Republik), ist eine politische Abrechnung mit dem Kuba Fidel Castros, und der Haß auf das Regime in Havanna hat bei Ichasos Inszenierung unübersehbar Pate gestanden.
Der Film kondensiert die Lebens- und Leidensgeschichten von Menschen aus seinem eigenen Umkreis, so der Regisseur. Diese Verdichtung aber wirkt sich kontraproduktiv auf das Anliegen des Films aus. Denn durch die Häufung typischer Konflikte geraten die Personen des Films zu Stereotypen, die Story wird ebenso vorhersehbar wie Ichasos kritisches Verfahren, die Losungen der Revolution mit ihrer Verwirklichung zu vergleichen.
Raimund Gerz, epd Film, 5/98

Albert Baer in: Rheinische Post, 18.9.98; Dorothee Schöpfer in: Stuttgarter Zeitung, 10.12.98

Black Dawn 97
BLACK DAWN *
Video
Regie: John DeBello
Darsteller: Lorenzo Lamas, Catherine Lazo, Daniel Zacapa
Prod.: USA 1997; 90 Min.
Vertrieb: New Vision Video; 26.1.1998
FSK: ab 16 J.

Eine Rolle, die Lorenzo »Snake Eater« Lamas auf den stählernen Leib geschneidert wurde: Mit einer Stripperin (einzige Zeugin eines Blutbads!) zieht er gegen die Entführer eines Bankiers zu Felde. Schlicht (und) lächerlich.

Black Dog 98
BLACK DOG **

Regie: Kevin Hooks
Darsteller: Patrick Swayze (Jack Crews), Meat Loaf (Red), Randy Travis (Earl), Gabriel Casseus (Sonny), Brian Vincent (Wes), Brenda Strong (Melanie), Graham Beckel (Cutler), Stephen Tobolowsky (Agent McClaren)
Drehbuch: William Mickelberry, Dan Vining
Kamera: Buzz Feitshans IV (Deluxe)
Musik: George S. Clinton
Schnitt: Debra Neil-Fisher, Sabrina Plisco-Morris
Prod.-Des.: Victoria Paul
Prod.: Raffaella De Laurentiis, Peter Saphier, Mark W. Koch; Hester Hargett, Susan Solomon (Koprod.) für Prelude Pic., USA 1998; 88 Min.
Verleih: Concorde/-/-; VCL Video, 1.10.1998
FSK: ab 16 J., ffr.

»Der Film läßt in ein paar Szenen wenigstens ahnen, welche Faszination die tonnenschweren Stahlungetüme auslösen können. Doch der Film konzentriert sich leider darauf, möglichst viele Fahrzeuge geräuschvoll auf den Schrottplatz vorzubereiten.«
Karim Zendagui, Rheinische Post, 2.10.98

Black Flamingo – Sie lieben euch zu Tode 99
***

Regie: Houchang Allahyari
Darsteller: Marianne Mendt, Harald Posch, Dolores Schmidinger, Götz Kaufmann, Sandra Cervik, Otto Tausig, Hilde Rom, Herbert Fux
Drehbuch: Harald Posch, nach einer Idee von

Dolores Schmidinger, Susanne Veigl, Harald Posch
Kamera: Hans Selikovsky (Farbe)
Schnitt: Charlotte Müller
Prod.: Norbert Blecha für Terra Film, Österreich 1998; 90 Min.
Verleih: -/Einhorn/-;
Nov. 1998

Fotoreporter kommt bei der Recherche nach einem Waffennarren aus dem dörflichen Milieu einem Bund von Ehefrauen auf die Spur, die ihre Männer durch Überdosierung von Essen, Trinken, Alkohol, Nikotin und Sex zu einem frühen Ende verhelfen, um an ihre Witwenpension zu gelangen. Die makabere Grundidee wird durch weitere Untugenden von Männern wie Geisterfahren und Schwelgen in Kriegserinnerungen zu sehr ausgeweitet, so daß sich die skurrile Sozialkritik als eher langweilige Präsentation bekannter Darstellerinnen und Darsteller der Wiener Kabarettszene entpuppt.
multimedia

Black Mask 100
HAK HAP ***

Regie: Daniel Lee
Darsteller: Jet Li (Tsui), Lau Ching Wan (Shi), Lawrence Ah Mon, Moses Chan, Suk-yee Chan, King-fai Chung, Henry Fong, Ken Lok
Drehbuch: Teddy Chan, Ann Hui, Joe Ma, Hark Tsui
Kamera: Tony Cheung (Farbe)
Musik: Teddy Robin Kwan
Schnitt: Ka-Fai Cheung
Prod.-Des.: Bill Lui, Eddie Ma
Prod.: Charles Heung, Hark Tsui, Hongkong 1996; 97 Min.
UA: Hongkong FilmFestival 1997
EA: Fantasy Filmfest 1997
Verleih: REM/-/-/Starlight Video;
2.4.1998

Eine Gruppe menschlicher Kampfmaschinen metzelt die Drogenbarone in Hongkong nieder, um den Rauschgifthandel allein zu kontrollieren. Die Polizei reagiert hilflos, bis ein maskierter Supermann mit den Terroristen Schluß macht. Ein aberwitziger Fantasy-Krimi mit hinreißendem Trash-Appeal und Kung-Fu-Duellen der Spitzenklasse.
Ralph Umard, tip, 8/98

(...) Die Figur Black Mask ist offensichtlich eine Variation zu Kato, also jener Figur, durch die Bruce Lee weltberühmt wurde. Dessen Traum war, einen modernen chinesischen Helden zu schaffen. Nun steht dieser Held im Zentrum eines zwischen amerikanischen und japanischen Pop-Einflüssen oszillierenden Films. Das macht »Black Mask« in seiner ganzen Widersprüchlichkeit zu einem Spiegel der Befindlichkeit von Hongkong, seiner Vergangenheit und Zukunft. Und das in einem wilden, unterhaltsamen Action-Film! *Kölner Stadt-Anzeiger, 25.4.98*

Hans Schifferle in: epd Film, 4/98

Black Scorpion 101
BLACK SCORPION **
TV

Regie: Jonathan Winfrey
Darsteller: Joan Severance (Darcy Walker), Bruce Abbott (Michael Russo), Stephen Lee (Captain Strickland), Terri J. Vaughn (Tender Lovin), Michael Wiseman (Hacksaw), Bradford Tatum (Razor), Darryl M. Bell (E-Z Streete), Rick Rossovich (Walker)
Drehbuch: Craig J. Nevius
Prod.: USA 1995; 88 Min.
TV: 27.12.1998, RTL, 0.05

Superheldin will einer Bande von heimtückischen Gangstern das Handwerk legen.

Black Thunder – Die Welt am Abgrund 102
BLACK THUNDER **

Regie: Rick Jacobson
Darsteller: Michael Dudikoff (Vince), Richard Norton, Frederic Forrest (Admiral)
Drehbuch: William C. Martell
Musik: David & Eric Wurst
Prod.: Roger Corman für Concorde New Horizons, USA 1997;
84 Min.
TV: 18.12.1998, Pro7, 22.10
Vertrieb: MVW Video, 31.8.1998
FSK: ab 16 J.

Ein zur Unsichtbarkeit fähiger US-High-Tech-Jet fällt in Terroristen-Hände, aus denen sie der nimmermüde Dudikoff befreien muß. Öde und blöde.

Matthew Modine und Béatrice Dalle in ›The Blackout‹

Blackmail – Es geht um dein Leben 103

EXPOSE **

Video

Regie: Brian A. Rudnick
Darsteller: Daneen Boone (Heather), Libbey George (Gina), Kevin Reilly, Tracy Tutor (Tiffany Holmes), Kevin E. West (Paul Decker), Arthur Roberts (Holmes), Doug Merrill
Drehbuch: Dan Zettel, Les Nordhause
Kamera: Steve Gainer (Farbe)
Musik: Paul Di Franco
Schnitt: Sebastian James
Prod.-Des.: Jordan Steinberg
Prod.: Emile Zotta für Califilm, USA 1997; 95 Min.
Vertrieb: New Vision/Highlight Video; 30.3.1998
FSK: ab 16 J.
(gekürzte Fass., 87 Min.)

Tochter eines Kongreßabgeordneten erpreßt mit ihren Freundinnen reiche Männer und gerät dabei in Teufels Kü-che.
Ein Softsex-Elaborat für anspruchslose Spanner.

Blackout 104

THE BLACKOUT ***

Regie: Abel Ferrara
Darsteller: Béatrice Dalle (Annie 1), Dennis Hopper (Micky), Matthew Modine (Matty), Claudia Schiffer (Susan), Sarah Lassez (Annie 2), James Hyde
Drehbuch: Marla Hanson, Christ Zois, Abel Ferrara
Kamera: Ken Kelsch (Technicolor)
Musik: Joe Delia
Schnitt: Anthony Redman
Prod.-Des.: Richard Hoover
Prod.: Edward R. Pressman, Clayton Townsend; Pierre Kalfon, Michel Chambat (Koprod.) für MDP/Les Films Number One/CIPA, USA 1997; 99 Min.
UA: 8.5.1997, Int. Filmfestival Cannes
EA: Filmfest München 1997
Verleih: Jugendfilm/Einhorn/Monopole Pathé/BMG Video; 5.2.1998
FSK: ab 16, ffr.

Ein drogensüchtiger Schauspieler verliert die Kontrolle über sein Leben, als er von seiner Geliebten erfährt, daß sie das gemeinsame Kind hat abtreiben lassen. Weil der Verdacht aufkommt, er könnte seine Geliebte getötet haben, versucht er später, mit Hilfe eines Psychiaters einen »Blackout« in seiner Vergangenheit aufzuklären. Abel Ferrara greift von ihm bereits früher behandelte Themen wie Schuld, Umkehr und das Verhältnis von Wirklichkeit und Fiktion erneut auf, setzt sie jedoch nicht überzeugend um. Zu konstruiert und auch schauspielerisch schwach, kann der Film nicht überzeugen. *Zoom*

Die Geschichte eines alkohol- und drogenabhängigen Schauspielers, der völlig von der Realität abhebt, sich in seinen Alpträumen als Mörder wähnt, seine Beziehungen und schließlich sich selbst zerstört, geht zwar nicht in allen Details unter die Haut, weist aber einen weit überzeugenderen, beklemmenden Überbau auf. Mit eindringlicher, stellenweise fazinierender formaler Kraft stellt Abel Ferrara eine Welt vor Augen, in der über mehrere Ebenen hinweg die Grenzen der Wirklichkeit raumartig verschwimmen, das Gedächtnis und die Erkenntnis versagen, und durch den Verlust der Vergangenheit die Bewältigung von Schuld oder die Verantwortung für die Zukunft unmöglich wird. *multimedia*

Ralph Geisenhanslüke in: Der Tagesspiegel, 5.2.98; Margret Köhler in: AZ, 21.8.98; Claudius Seidl in: Süddeutsche Zeitung, 21.8.98

Blade 105

BLADE ***

Regie: Stephen Norrington
Darsteller: Wesley Snipes (Blade), Stephen Dorff (Deacon Frost), Kris Kristofferson (Whistler), N'Bushe Wright (Karen), Donal Logue (Quinn), Udo Kier (Dragonetti), Traci Lords (Racquel), Arly Lover (Mercury)
Drehbuch: David S. Goyer, nach Charakteren von Marv Wolfman, Gene Colan
Kamera: Theo van de Sande (Kem/Deluxe)
Musik: Mark Isham
Schnitt: Paul Rubell
Prod.-Des.: Kirk M. Petruccelli
Prod.: Peter Frankfurt, Wesley Snipes, Robert Engleman für Amen Ra Film/Imaginary Forces, USA 1998; 122 Min.
Verleih: Kinowelt/Constantin/-; BMG (Universum) Video, 3.12.1998
FSK: ab 16 J., ffr.

Blade, ein farbiger Superheld, den Marvel-Comics entsprungen, führt einen einsamen Rachefeldzug gegen die Vampire, die die menschliche Gesellschaft längst unterwandert haben. Die von Wesley Snipes stoisch gespielte Figur bleibt völlig eindimensional, allenfalls der Konflikt zwischen altehrwürdigem Vampir-Adel und den jungen Rebellen mit Punk-Attitüde ist noch einigermaßen interessant. Immerhin ansprechende Ausstattung und aufwendige Actionszenen. *Frank Arnold, tip, 25/98*

(…) »Blade« ist, seinem Comic-Ursprung im besten Sinne treu bleibend, ein Film der Posen, der großen Gesten und dramatischen Körperdrehungen. Faustkampf als Tanz, Outfit als Fetisch: Die opereske Kampfchoreographie des Hongkong-Kinos paart sich mit ultramodernem High-Tech-Design und aufwendigen Spezialeffekten zu einer aufregenden pubertären Phantasie. Das Genrekino der späten 90er Jahre mag die aufsässigen Ideen vermissen lassen – einen Riesenspaß macht es allemal. Was ja auch irgendwie dem Geist der Jugend entspricht.
Eckhard Vollmar, Focus, 49/98

Patrick Bahners in: FAZ, 7.12.98; Heiko R. Blum in: Rheinische Post, 4.12.98; Gerald Jung in: Zitty, 25/98; Gerald Koll in: Die Welt, 3.12.98; Rupert Koppold in: Stuttgarter Zeitung, 3.12.98; Milan Pavlović in: Kölner Stadt-Anzeiger, 5.12.98; Anke Sterneborg in: SZ, 19.12.98

Bliss – Im Augenblick der Lust 106

BLISS ***

Video

Regie: Lance Young
Darsteller: Craig Sheffer (Joseph), Sheryl Lee (Maria), Terence Stamp (Baltazar), Casey Siemaszko (Tanner), Spalding Gray (Alfred), Leigh Taylor-Young (Redhead), Lois Chiles (Eva), Blu Mankuma (Nick)
Drehbuch: Lance Young
Kamera: Mike Molloy (Technicolor)
Musik: Jan A.P. Kaczmarek
Schnitt: Allan Lee
Prod.-Des.: John Willett, David Lloyd Fischer
Prod.: Allyn Stewart für Stewart Pic., USA 1997; 99 Min.

UA: San Francisco Film Festival 1997
Vertrieb: Columbia TriStar Video
TV: 3.1.1999
FSK: ab 16 J.

Orgasmusunfähige Ehefrau begibt sich in die Hände eines sehr unkonventionellen Sex-Therapeuten (wie immer exzellent: Terence Stamp) – und der Gatte bekommt natürlich Wind davon. Manchmal etwas konstruiertes, aber durchaus unterhaltsames und stilsicheres Regiedebüt.

Blitzschlag im Cockpit – Katastrophe in den Wolken 107

PANIC IN THE SKIES **
TV

Regie: Paul Ziller
Darsteller: Kate Jackson (Laurie Ann Pickett), Ed Marinaro (Brett Young), Billy Warlock (Matt Eisenhauer), Erik Estrada (Ethan Walker), Maureen McCormick (Tuki), Robert Guillaume (Rob Barnes), Howard G.H. Dell, Robert Maloney
Drehbuch: Robert Hamilton, nach der Story von Rick Rosner, Robert Hamilton
Kamera: Rod Parkhurst (Farbe)
Musik: Todd Hayen
Schnitt: Jeff Reiner, David B. Thompson
Prod.-Des.: M. Kevin Ryan
Prod.: Dan Paulson, James Shavick; Alice Andrade, Dann Harris, Jeffrey Schenck für Regent Ent./Daniel L. Paulson Prod./ MTM/Rosner TV, USA 1996; 90 Min.
TV: 26.4.1998, Pro7, 20.15

Nochmal eine Katastrophe an Bord einer Boeing.

Blood & Donuts 108

BLOOD & DONUTS **
TV

Regie: Holly Dale
Darsteller: Gordon Currie (Boya Zsekely), Justin Louis (Earl), Helene Clarkson (Molly), David Cronenberg (Stephen), Fiona Reid (Rita), Frank Moore (Pierce)
Drehbuch: Andrew Rai Berzins
Kamera: Paul Sarossy (Farbe)
Musik: Nash the Slash
Prod.: Kanada 1995; 88 Min.
EA: Fantasy Filmfest 1996
TV: 4.10.1998, SAT.1, 0.10

Blood on the Badge 109

BLOOD ON THE BADGE *
Video

Regie: Bret McCormick
Darsteller: Desire LaFore (Alexandra/ Caroline), Joe Estevez (Capt. Burton), David Harrod (Neil Farrow), Rocky Patterson (Milo Truscott), Melissa Deleon, Todd Everett
Drehbuch: John Cianetti, Bret McCormick
Kamera: David Nunn (Farbe)
Musik: Ron Di Lulio
Schnitt: Blue Thompson
Prod.: Bret McCormick für Action Int., USA 1992; 90 Min.
Vertrieb: Madison Video; Dez. 1998
FSK: ab 16 J.

Ein dilettantischer Rache-Polit-Action-Erotik-Mystery-Thriller um fanatische Terroristen mit illegalen Waffenlagern oder so.

Blue Fish 110

BLUE FISH ***

Regie: Yosuke Nakagawa
Darsteller: Mari Ouchi (Ryoko), Keigo Heshiki (Kazuya), Yoshino Tamaki (Mako), Miyuki Toubaru (Ayumi), Gu Xiotong (Wan), Li Bo (Hang)
Drehbuch: Yosuke Nagagawa
Kamera: Ichigo Sugawara (Farbe)
Musik: Kenichiro Shibuya
Schnitt: Asako Takatsuka
Prod.-Des.: Takanori Sasaki
Prod.: Koji Murakoso für Ton-pu, Japan 1996–1998; 60 Min.
EA: 14.2.1998, Int. Forum des Jungen Films, Berlin
Verleih: Freunde/-/-; 26.11.1998

Yosuke Nakagawa macht in seinem Regiedebüt die Ereignislosigkeit zum Ereignis: Er hat seinen Szenen all das ausgetrieben, was dem Erzählen dienen könnte. Nur in Aussparungen, Ellipsen und Rudimenten schildert er die wortkarge Begegnung einer Achtzehnjährigen und eines Drogenkuriers. Die Bilder wirken hermetisch abgeschlossen, ihre Poesie bleibt rätselhaft. »Blue Fish« ist ebenso schlicht und berückend wie das hellblaue, hochgeschlossene Kleid seiner Heldin: eine minimalistische Ausschweifung. *tip, 25/98*

Die 18jährige Japanerin Ryoko ist frustriert über ihr langweiliges Leben.

Eines Tages lernt sie den Drogenschmuggler Kazaya kennen und ist von der bedrohlichen Ausstrahlung, die ihn umgibt, fasziniert. Kazuyas Gesellschaft ist in der Tat gefährlich, verfolgt ihn doch die Taiwan-Mafia.

Kerstin Decker in: Der Tagesspiegel, 26.11.98;

Blue Note – A Story of Modern Jazz 111

***

Regie: Julian Benedikt
Darsteller: Mit: Carlos Santana, Bertrand Tavernier, Cassandra Wilson, Herbie Hancock, DJ Smash, André Previn, Kareem Abdul Jabbar, Max Roach
Drehbuch: Julian Benedikt
Kamera: Wiliam Rexer (Farbe)
Musik: Bud Powell, Dexter Gordon, Thelonius Monk, Horace Silver, Art Blakey, Cassandra Wilson, Ron Carter
Schnitt: Andrew Hulme
Prod.: Ulli Pfau für EuroArts Ent. mit SDR/Arte, BRD 1997; 93 Min.
Verleih: Salzgeber/polyfilm/Frenetic; November 1997 (Vorstart), 16.4.1998
FSK: o.A., ffr.

Blue Note Records gilt als Synonym für hervorragenden Jazz. Die 1939 vom deutschen Emigranten Alfred Lion gegründete Firma prägte die Musikgeschichte mit legendären Aufnahmen. Neben der Geschichte des Labels und des modernen Jazz vermittelt Julian Benedikt für Kenner wie Laien ein konturenreiches Bild des Blue-Note-Gründers Alfred Lion. Einige dramaturgische Schwächen mindern jedoch ein wenig die Dynamik des Films. Nicht durchwegs zwingend ist die Auswahl der Interviews und Konzertausschnitte.

Zoom, 5/98

(...) Nicht als trockene musikgeschichtliche Rückschau, sondern in der Lebendigkeit und persönlichen Atmosphäre des Jazz gestaltete Musik-Dokumentation, die aus einem bunten Gemisch aus persönlichen Erinnerungen und historischen Konzertmitschnitten Geschichte und deren Musik als Ausdruck einer Sehnsucht nach der verlorenen Heimat lebendig werden läßt.

multimedia

(...) Von diesem großen Thema ist in Benedikts clipartig montiertem Film allerdings nur ansatzweise etwas zu spüren. Am besten sind noch die, wenn auch manchmal allzu fragmentarischen, Konzertmitschnitte. Die Interviewten – von Herbie Hancock bis zu Carlos Santana und exotischerweise auch Brigitte Mira – geraten immer wieder ins nostalgische Schwärmen. Dem Wesen des Jazz, der wohl kommunikativsten modernen Musik, kommt der Film trotz vieler wunderbarer Aufnahmen nicht wirklich auf die Spur.

Frauke Hanck, AZ, 30.4.98

Rainer Hartmann in: Kölner Stadt-Anzeiger, 18.4.98; Günther Huesmann in: Berliner Zeitung, 15.4.98; Daniel Kothenschulte in: FR, 17.4.98; Kai Müller in: Der Tagesspiegel, 18.4.98; Hans-Joachim Neumann in: Zitty, 8/98 (Interview); Andreas Obst in: FAZ, 16.4.98

Blues Brothers 2000 112

BLUES BROTHERS 2000

**

Regie: John Landis
Darsteller: Dan Aykroyd (Elwood Blues), John Goodman (Mighty Mack McTeer), Joe Morton (Cabel Chamberlain), J. Evan Bonifant (Buster), Nia Peeples (Lt. Elizondo), Kathleen Freeman (Mutter Mary Stigmata), Frank Oz (Prison Warden), Steve Lawrence (Maury Sline)
Drehbuch: Dan Aykroyd, John Landis, nach »The Blues Brothers« von Dan Aykroyd, John Landis
Kamera: David Herrington (Farbe)
Musik: Paul Shaffer
Schnitt: Dale Beldin
Prod.-Des.: Bill Brodie
Prod.: John Landis, Dan Aykroyd, Leslie Belzberg für Landis/Belzberg Prod. für Universal, USA 1998; 123 Min.
Verleih: UIP/UIP/UIP/CIC Video; 11.6.1998
FSK: ab 6, ffr.
FBW: Wertvoll

Zwanzig Jahre nach dem Erfolg von »Blues Brothers« wagt sich Regisseur John Landis an eine Fortsetzung der Music-Action-Komödie – und scheitert kläglich. Die Geschichte des »Blues Brothers«-Elwood, der sich nach 18 Jahren Gefängnis und nachdem er erfahren hat, daß sein früherer Partner Jake nicht mehr lebt, aufmacht, die legendäre »Blues Brothers Band« wieder ins Leben zu rufen, leidet nicht nur an der stereotypen Inszenierung, sondern auch darunter, daß für den mittlerweile verstorbenen John Belushi kein adäquater Partner gefunden werden konnte. *Zoom, 5/98*

Frauke Hanck in: AZ, 10.6.98; Rupert Koppold in: Rheinische Post, 13.6.98; Hans-Joachim Neumann in: Zitty, 12/98; Martin Woltersdorf in: Kölner Stadt-Anzeiger, 13.6.98

Die Blume der Hausfrau 113

***

Regie: Dominik Wessely
Darsteller: Massimo, Salvatore, Angelo, Maurizio, Steffen
Drehbuch: Michael Wessely
Kamera: Knut Schmitz (Farbe)
Musik: Oliver Biehler
Schnitt: Raimund Barthelmes
Prod.: Michael Jungfleisch für Gambit/ZDF, BRD 1998; 92 Min.
UA: Int. Hofer Filmtage 1998
Verleih: Salzgeber/-/-; 12.11.1998

Staubsauger-Vertreter auf Verkaufstour im Raum Stuttgart. Sechs Wochen während der Vorweihnachtszeit war der Filmemacher Dominik Wessely mit fünf Gesandten der Traditionsfirma Vorwerk unterwegs. Manche Haustüren öffnen sich, viele nicht. Doch wenn der blondierte Steffen oder der immer scharf frisierte Massimo erst mal einen Fuß auf den dreckigen Teppich eines Kunden gesetzt hat, gibt es eine fast unwiderstehliche Performance: Verführung und Verkauf, Staubsaugen und Abstauben. Ein bißchen Wahnsinn hat Dominik Wessely auch eingefangen, aber es ist nur der ganz normale Wahnsinn von Reihenhäusern und ihren Bewohnern. *Volker Gunske, tip, 24/98*

(...) Daß »Die Blume der Hausfrau« wie eine Karikaturensammlung daherkommt, verharmlost noch durch den schwäbischen Dialekt der Beteiligten, macht es dem Zuschauer allerdings leicht, sich vom Dargestellten zu distanzieren. Es wurde viel gelacht in diesem Film, ohne daß einem das Lachen zur Qual werden mußte. Man war auch in diesem Jahr als Zuschauer deutscher Filme wenig gefordert in Hof.
Martina Knoben, SZ, 3.11.98

(...) Jedenfalls hatte der Regisseur pfiffige und manchmal komische Einfälle. Die Einsichten in die Naivität des einen Teils der Menschheit und die Unverfrorenheit des anderen Teils sind ebenso erheiternd wie erschreckend.
Thomas Engel, Der Gildedienst, 12/98

Rupert Koppold in: Stgt. Zeitung, 12.11.98

Blutrausch 114

THE MORRISON MURDERS **

TV

Regie: Chris Thomson
Darsteller: John Corbett (Walker Morrison), Jonathan Scarfe (Luke Morrison), Gordon Clapp (Sheriff Byron Calhoun), Maya McLaughlin (Patti Morrison), Tanya Allen (Kimberly), Alex Carter (Deputy George Pettigrew), Barry Flatman (Donald Fraser), Patricia Gage (Tante Clare)
Drehbuch: Keith Ross Leckie, nach einem authentischen Fall
Musik: Micky Erbe, Maribeth Solomon
Prod.: Robert Lantos für USA Network TV, Kanada/USA 1997; 90 Min.
TV: 20.5.1998, Pro7, 20.15

Kanada-Family wird vom Jüngsten umgenietet: Rache für Moms' und Paps' Ungerechtigkeit (wahre Geschichte). Viel Blutrausch, viel simples Psycho-Gelaber. *Ponkie, AZ, 22.5.98*

Blutspur in den Osten 115

**

TV

Regie: Peter Fratzscher
Darsteller: Jenny Gröllmann (Katharina Dorn), Rita Lengyel (Franziska Dorn), Christian Wittmann (Günther Roth), Oliver Stritzel (Hunzinger), Veronika von Quast (Eva Schöller), Renata Zednikova (Angelica Hawlicek), Bernd Stephan (Konsul Lippmann), Jan Nowotny
Drehbuch: Michael Fengler, Margot Rothkirch
Prod.: BRD 1995; 90 Min.
TV: 7.7.1998, SAT.1, 20.15

Als der Antiquitätenhändler Tomo Wollschläger tot in seiner Wohnung gefunden wird, hält er als einzigen Hinweis auf seinen Mörder Haare einer Perücke in der Hand. Seine Mitarbeiterin und Verlobte, Eva Schöller, gerät unter Verdacht. Aber Staatsanwältin Dorn traut ihr keinen Mord zu. (...)

(...) Regisseur Peter Fratzscher setzt bei dem Film von 1995, den SaT.1 jetzt erstmals als Programmfüller während der WM ausgestrahlt hat, ganz auf die Riege seiner weiblichen Protagonisten.

(...) Für einen packenden Kriminalfilm hat die Damenriege indes nicht gesorgt. Die Handlung, angelegt im zwielichtigen Milieu des Ikonenhandels, plätscherte verlegen vor sich hin. (...) In diesem Gefühlsmix, den der Sender mit dem bunten Ball im Logo gegen den niederländisch-brasilianischen Fußballkrimi ins Quotenrennen schickte, war allerdings weder für sie noch ihre Mitstreiterinnen ein Punkt zu holen.
Sandra Kegel, FAZ, 9.7.98

Bob's birthday – nine highlights of canadian cartoon 116

BOB'S BIRTHDAY – NINE HIGHLIGHTS OF CANADIAN CARTOON ***

Regie: Alison Snowden, David Find, Cordell Barker, Richard Condie, Robert Doucet, Paul Driessen, Wendy Tilby, Craig Welch
Drehbuch: Alison Snowden, David Fine, Cordell Barker, Richard Condie, Robert Doucet, Paul Driessen, Wendy Tilby, Craig Welch
Musik: Chris Crilly, Patrick Godfrey, Normand Roger
Prod.: National Film Board of Canada, Kanada 1985-1996; 93 Min.
Verleih: -/-/Morandini; Juni 1998

Diese Kollektion von neun ausgewählten Animationsfilmen aus Kanada unterhält mit geistvollem Humor, der mal poetisch, mal satirisch oder grotesk eingefärbt ist. Zwischen 1985 und 1996 in verschiedensten Mal- und Zeichentechniken ausgeführt, erzählen die rund zehnminütigen Geschichten oft charmant von Sehnsucht und Liebe. Die Legende eines fliegenden Kanus findet sich darunter, und mit »Bob's Birthday« eine oscarprämierte Mini-Midlife-Crisis, die der Zahnarzt Bob an seinem vierzigsten Geburtstag erlebt.
Zoom, 6/7/98

Boca A Boca 117

BOCA A BOCA ***

Regie: Manuel Gomez Pereira
Darsteller: Javier Barde, Josep Maria Flotats, Aitana Sanchez-Gijon, Maria Barranca, Myriam Meziérez
Drehbuch: Joaquin Oristrell, Juan Luis Iborra, Naomi Wise, Manuel Gomez Pereira
Kamera: Juan Amoros (Farbe)
Musik: Bernardo Bonezzi
Schnitt: Guillermo Represa
Prod.: Sogetel/Bocaboca/Starline, Spanien 1995; 105 Min.
Verleih: Ascot/-/Elite/Ascot Video; Dezember 1997 (CH), 19.2.1998
FSK: ab 12 J.;
109 Min. Fassung ab 16 J.

Für einen US-Film wird für die Rolle eines Macho-Spaniers ein Schauspieler gesucht. Ein unbekannter Darsteller, der sich in Madrid mit Telefonsex über Wasser hält, bekommt die Rolle, nachdem er den Mord an einem Kunden, einem prominenten Schönheitschirurgen, der nicht zu seiner Homosexualität stehen kann, verhindert und dadurch große Publizität erhalten hat. Ein platte Komödie mit endlosen Verwicklungen, die weniger durch ihren Humor, sondern mehr durch ihre reaktionäre Darstellung der Schwulenproblematik auffällt.
Zoom, 8/97

Bettina Bremme in: tip, 5/98; Rupert Koppold in: Stgt. Zeitung, 4.6.98

Bodycount – Flucht nach Miami 118

THE SPLIT **

Video

Regie: Robert Patton-Spruill
Darsteller: David Caruso (Hobbs), Linda Fiorentino (Natalie), John Leguizamo (Chino), Ving Rhames (Pike), Donnie Wahlberg (Booker), Forest Whitaker (Crane), Michael Corrigan, Richard Fullerton
Drehbuch: Theodore Witcher
Kamera: Charles Mills (Farbe)
Musik: Curt Sobel
Schnitt: Richard Nord
Prod.-Des.: Tim Eckel
Prod.: Mark Burg, George Jackson, Doug McHenry für Counting Bodies/Island/ Main Line, USA 1998; 81 Min.
Vertrieb: PolyGram Video; Okt. 1998
FSK: ab 16 J.

Die Story haben wir doch auch schon mal gehört: Räuber-Quintett flieht nach mißglücktem Coup quer durchs Land und hinterläßt eine blutige Spur.

Bolt – Der Showdown beginnt 119

BOLT **

Video

Regie: Henri Colline
Darsteller: Richard Grieco, Michael Ironside, Sylvie Varakine, Sean Young (Patty Deerheart), Mike Phillips (Bolt), Kanen Takaron, Jason Cavalier, Brian Dooley
Drehbuch: Henri Colline, Jackelyn Giroux, Fabienne Rigaud, nach einer Story von Rod Hewitt
Kamera: Gerald Wolf (Farbe)
Musik: Chris Squire
Schnitt: Geatan Huot
Prod.-Des.: Alain Singher
Prod.: Charles Smiley; Danielle Fenninger, Sylvie Liberge (Koprod.) für Bolt/Bucks Filmprod., Kanada/Frankreich 1997; 89 Min.
Vertrieb: VPS Video; 20.10.1998
FSK: ab 16 J.

Sean Young als Indianergirl mit dunklem Teint und Richard Grieco als ihr Rocker-Lover, der ihre Familie aus den Klauen eines irren »Kollegen« befreit – wenn Sie das unterhaltsam finden: zugreifen!

Boogie Nights 120

BOOGIE NIGHTS ***

Regie: Paul Thomas Anderson
Darsteller: Mark Wahlberg (Eddie Adams/ Dirk Diggler), Julianne Moore (Amber Waves), Burt Reynolds (Jack Horner), Don Cheadle (Buck Swope), John C. Reilly (Reed Rotchild), Heather Graham (Rollergirl), William H. Macy (Little Bill), Nicole Parker (Becky Barnett)
Drehbuch: Paul Thomas Anderson
Kamera: Robert Elswit (Farbe)
Musik: Michael Penn
Schnitt: Dylan Tichenor
Prod.-Des.: Bob Ziembicki, Ted Berner
Prod.: John Lyons, Lloyd Levin, Paul Thomas Anderson, Joanne Sellar; Daniel Lupi (Koprod.) für Ghoulardi, USA 1997; 152 Min.
Verleih: Arthaus/Constantin/Focus/ VMP Video; 4.6.1998
FSK: ab 16, ffr.

Der gutgebaute Schüler Eddie wird von einem Pornofilmer entdeckt und zum Sexstar aufgebaut. Der Film berichtet (in Anlehnung an die Biographie der Porno-Legende John C. Holmes) vom trügerischen Glamour und vom Abstieg eines Glücksritters im Milieu der mit dem Videoboom härter werdenden kalifornischen Pornoindustrie zwischen 1977 und 1983. Reportagehafte Szenen und komödiantische Elemente gehen eine stimmige Symbiose ein in diesem gut gespielten Sittengemälde, das ohne voyeuristische Effekthascherei auskommt. *Zoom, 5/98*

(...) Paul Thomas Anderson erzählt mit großer Liebe zu seinen Figuren in diesem bizarr tragikomischen Film, der melancholisch balladesk und keine Sekunde politisch korrekt ist.
Frauke Hanck, AZ, 4.6.98

(...) Erst im allerletzten Bild, nach seinem tiefen Fall und durch die Gnade Jack Horners gleichsam wiederauferstanden, macht er den Hosenschlitz seines neuen, blendendweißen Anzugs auf und holt es – wie auf einem berühmten Mapplethorpe-Foto – heraus, dieses lange Fleischstück, auf das sein Ego einzig noch aufbaut. Der sonst in keinem Hollywood-Film jemals sichtbare Phallus ist für Sekunden tatsächlich zu sehen.
Dieses Schlußbild einer stets packenden, wilden Geschichte wirkt zwar befremdend, ist aber, obwohl man den Körperteil deutlich als maskenbildnerisches Produkt erkennt, von bezwingender Ehrlichkeit. *Joseph Heinrichs, Rheinische Post, 5.6.98*

Ist das Ihr eigenes gutes Stück oder eine Prothese?

Wahlberg: Nein, es ist ein echter Penis, allerdings nicht meiner. Meiner ist zwar okay, aber bei weitem nicht so lang.

Wessen Penis ist es dann?

Anderson: Meiner! Es ist allerdings nicht nur von Vorteil, so ein Ding zu

Burt Reynolds in ›Boogie Nights‹

haben: Wenn er mal richtig prall ist, kann das zu Ohnmachtsanfällen führen, weil dann das Blut vom Kopf in den Schwanz schießt und einem schwarz vor Augen wird. Ich weiß, daß viele gutbestückte Porno-Darsteller regelmäßig beim Ficken vor der Kamera ohnmächtig werden.

Mark Wahlberg und Thomas Anderson im Interview mit Ulrich Lössl, Zitty, 12/98

Joseph Heinrichs in: Rheinische Post, 5.6.89; Alexander Horwath in: Die Zeit, 4.6.98; Thomas Klingenmaier in: Stgt. Zeitung, 4.6.98; Peter Körte in: FR, 3.6.98; Hans-Joachim Neumann in: Zitty, 12/98; Milan Pavlović in: Kölner Stadt-Anzeiger, 6.6.98; Hans Schifferle in: SZ, 3.6. und 4.6.1998

Das Böse

121
***
TV

Regie: Christian Görlitz
Darsteller: Annette Renneberg (Katja Bennath), Michael Wind (Bodo Bennath), Ulrich Tukur (Johannes Lenz), Susanne Lüning (Elisabeth Hämmerle), Edgar Selge (Lutger Luetgens)
Drehbuch: Christian Görlitz, Bernd Sülzer
Prod.: BRD 1998; 88 Min.
TV: 16.3.1998, ZDF; 15.11.1998, 3sat, 20.15

Wir haben hier das Bös-Paket »Inzest/Vergewaltigung/Abtreibung/doppelter Kindermord/Beichtgeheimnis/Priesterselbstmord«, umhüllt mit der Kirchenchor-Ästhetik einer norddeutchen Saubermann-Gemeinde: Das geballte Talkshow-Potential eines Kirchenjahres in einem Höllen-Durchlauf. Solche Sünden-Fegefeuer könnte man sofort vergessen – würden nicht ab und zu echte Talente damit zündeln: Autor Bernd Sülzer und Regisseur Christian Görlitz machten aus dem Beichtstuhl-Krimi einen knapp und schlüssig inszenierten Gewissensquäler in der Fassaden-Normalität christlicher Familienbande, herausgehoben aus den inflationären TV-Movies durch eindrucksvolle Schauspieler. (…) Der Würgethriller ist ein Kuriosum: Horror-Psycho mit Katastrophen-Antrieb – und zugleich Jugendtragödie mit Langzeitwirkung. *Ponkie, AZ, 18.3.98*

Bounty Hunter – Eine Frau will Rache 122

IT'S NOTHING PERSONAL ***

TV

Regie: Bradford May
Darsteller: Amanda Donohoe (Katherine Whitloff), Bruce Dern (Billy Archer), Yaphet Kotto (Lt. Riley), Veronica Cartwright (Barbara), Claire Bloom (Evelyn Whitloff)
Prod.: USA 1993; 89 Min.
TV: 29.6.1998, RTL2, 20.15

(...) In diesem amerikanischen Action-Thriller tut sich eine granitharte US-Polizistin mit einem alten Zausel von Kopfgeldjäger (Fänger Billy: Paradenummer für Bruce Dern) zusammen, um einen auf Kaution freigekommenen Killerkerl und außerdem den Mörder ihres Bruders dingfest zu machen. Dazu lassen sie jede Menge coole Sprüche ab, hauen kriminelle Lumpenhunde in die Fresse und schießen wie der Teufel. Aber die Polzistin hat auch ein Gewissen und ein paar Psycho-Skrupel, ferner eine komplizierte Mutter und einen unerbittlichen Chef voller Weisheit. Und weil Kopfgeldjäger Billy zwischendurch noch einen kleinen Herzinfarkt kriegt, werden sie auch mal rauh sentimental. *Ponkie, AZ*

Der Boxer 123

THE BOXER ****

Regie: Jim Sheridan
Darsteller: Daniel Day-Lewis (Danny Flynn), Emiliy Watson (Maggie), Daragh Donnelly, Frank Coughlan, Sean Kearns (Gefängniswärter), Lorraine Pilkington (Braut), Niall Shanahan (Bräutigam), Father John Wall (Priester)
Drehbuch: Jim Sheridan, Terry George
Kamera: Chris Menges (Technicolor)
Musik: Gavin Friday, Maurice Seezer
Schnitt: Gerry Hambling
Prod.-Des.: Brian Morris
Prod.: Jim Sheridan, Arthur Lappin für Hell's Kitchen Prod., GB 1997; 113 Min.
UA: 2.1.1998, N.Y.
EA: Int. Filmfestspiele Berlin 1998 »Eröffnungsfilm«
Verleih: UIP/UIP/UIP/CIC Video; 19.2.1998
FSK: ab 12, ffr. – *FBW:* Wertvoll

Ein ehemaliger Boxer und IRA-Aktivist wird nach 14 Jahren aus der Haft entlassen. Als er wieder zu boxen beginnt, wird er zum Symbol für die mögliche Versöhnung mit den Protestanten. Das und seine Liebe zur IRA-Häftlingsgattin Maggie machen ihn zur Zielscheibe von IRA-Hardlinern. Jim Sheridans Romeo-und-Julia-Fabel über die Unmöglichkeit privaten Glücks inmitten des Nordirlandkonflikts ist unausgeglichen, dank ausgezeichneten Darstellern aber dennoch überzeugend. *Zoom*

Was Haß und Intoleranz in den Seelen der Menschen über viele Generationen hinweg anrichten, ist das Thema des subtil engagierten irischen Regisseurs Jim Sheridan. Mit seinem Autoren-Partner Terry George vermittelt er hier in fast lakonischen Dialogen und Momenten atemberaubender Stille jene Augenblicke, die wirklich zählen: Um nichts weniger als das Leben selbst

Jim Sheridan und Daniel Day-Lewis

werden sie gebracht, die namenlosen Frauen, Kinder, Männer in Irland. (…)
Angie Dullinger, AZ, 19.2.98

Frauke Hanck in: AZ, 19.2.98 (Interview mit Jim Sheridan); Jan Schulz-Ojala in: Der Tagesspiegel, 11.2.98

Der Boxer Kid 124

THE KID **

Video

Regie: John Hamilton
Darsteller: Jeff Saumier (Jimmy Albright), Ray Aranha, Mark Camacho, Jane Wheeler
Drehbuch: Seymour Blicker
Schnitt: Yvann Thibaudeau
Musik: Normand Corbeil
Prod.: Melenny, USA 1997; 85 Min.
Vertrieb: Highlight Video; 26.1.1998
FSK: ab 12 J.

13Jähriger nimmt ohne Zustimmung und Wissen seiner Eltern Box-Unterricht. Doch der Weg zu Meister-Ehren ist dornig …
Mischung aus »Karate Kid« und »Rocky« für unbedarfte Kinder.

Brain Concert 125

***

Regie: Bruno Moll
Mitwirkende: William H. Calvin, Antonio R. Damasio, Werner Lüdi, Sainkho Namtchylak, Diana Raffman, Henning Scheich
Drehbuch: Bruno Moll
Kamera: Hansueli Schenkel (Farbe)
Musik: Modest Mussorgskij, Gerhard Track, Niccoló Paganini, Frantisek Benda
Schnitt: Loredana Cristelli, Angélique Bergerat
Prod.: T&C Film, Schweiz 1998; 90 Min.
Verleih: -/-/Look Now!; Mai 1998

Die Frage, warum Musik in uns Emotionen auslöst, nimmt Bruno Moll zum Anlaß einer Studie über die neurophysiologische Funktionsweise des Gehirns. Hierzu befragt er eine Reihe namhafter Wissenschaftler, die ihre Thesen mit Experimenten erläutern. Musikstücke von Bach über Mussorgskij bis zum Free Jazz dienen als Beispiele. Geisteswissenschaftliche Sichtweisen werden nur verbal eingebracht. Moll versucht einen Brückenschlag mit der Auffassung, fühlen sei eine Art zu wissen. *Zoom, 10/98*

Bram Stoker's Legend of the Mummy 126

BRAM STOKER'S LEGEND OF THE MUMMY **

Video

Regie: Jeffrey Obrow
Darsteller: Lou Gossett jr. (John Corbeck), Amy Locane (Margret Freelawny), Eric Lutes (Robert Wyatt), Mark Lindsay-Chapman (Daw), Richard Karn (Brice Renard)
Drehbuch: Jeffrey Obrow, Lars Hauglie, John Penney, nach der Novelle »The Jewel of the Seven Stars« von Bram Stoker
Kamera: Antonio Soriano (Farbe)
Musik: Rick Cox
Schnitt: Gary Meyers
Prod.-Des.: Ken Larson
Prod.: Harel Goldstein, Bill Barnett; Tod Driscoll (Koprod.) für Goldbar Ent., USA 1997; 96 Min.
Vertrieb: New Vision Video; 30.3.1998
FSK: ab 12 J.

Rätselhafte Begebenheiten lassen Archäologen vermuten, daß die vor Jahren in Ägypten gestohlene Mumie reaktiviert wurde. Aus zahlreichen Versatzstücken eher uninspiriert zusammengekleisterte Horror-Story.

Die Bräute 127

***

TV

Regie: Johannes Fabrick
Darsteller: Franziska Sztavjanik (Adele), Gabriela Benesch (Sibylle), Wolfram Berger (Hermann), Alexander Lutz (Heinz)
Drehbuch: Robert Treichler
Kamera: Robert Neumüller (Farbe)
Schnitt: Traute Gruber
Prod.-Des.: Dorothee Höfler
Prod.: Dieter Pochlatko EPO-Film für ORF, Österreich 1997; 86 Min.
EA: Filmfest München 1998
TV: 29.7.1998, ARD, 20.30

In dem schrägem Krimi gehen Gangsterbräute heimlich mit weiblichen Waffen und Hausfrauen-Faustregeln – Motto: immer alles abräumen, was am Wege liegt – auf Beutezug. Schwarzer Humor, Wiener Schmäh, auf die Spitze getriebene Klischees und köstliche Gag-Knalleffekte machten die Anarcho-Weiberwirtschaft zum Vergnügen, das jedoch durch Wiederholungselemente in die Länge gezogen wurde. (…) *Sigrid Feuerstein, AZ, 31.7.98*

The Brave 128
THE BRAVE **
Video

Regie: Johnny Depp
Darsteller: Johnny Depp (Raphael), Marlon Brando (McCarthy), Marshall Bell (Larry), Elpidia Carrilo (Rita), Frederic Forrest (Lou Sr.), Clarence Williams III (Pater Stratton), Max Perlich (Lou Jr.), Luis Guzman (Luis)
Drehbuch: D.P. Depp, Johnny Depp, Paul McCudden, nach einem Roman von Gregory McDonald
Kamera: Vilko Filac (Farbe)
Musik: Iggy Pop
Schnitt: Pasquale Buba
Prod.-Des.: Miljen »Kreka« Kljakovic
Prod.: Charles Evans, Carroll Kemp; Diane Batson-Smith (Koprod.) für Acappella, USA 1997; 123 Min.
UA: 10.5.1997, Int. Filmfestspiele Cannes
Vertrieb: Highlight Video; 2.10.1998
FSK: ab 16 J.

Tapferer Indianer opfert sich für seine auf der Müllhalde residierende Familie auf und will sich für 50.000 Dollar töten lassen. Dieer Film riß Johnny Depp in den Ruin: An dem Sozio-Drama stimmt rein gar nichts.
Ein 123-Minuten-Debakel.

(…) Depp selber spielt hier den jungen, schon unendlich müden Indianer Raphael, der sich in einem geradezu mythischen Handel selber verkauft. Mit dem Geld glaubt er wenigstens Familie und Nachbarn retten zu können, die in einer Müllkippe vegetieren. Aber auch in diesem Film glimmt kein Funken Hoffnung: Sobald Raphael sich aufmacht zu seinem Opfergang, werden die Bretterhütten aller Müllbewohner niedergewalzt. (…)

Peter Buchka, SZ, 16.5.98

Marlon Brando in ›The Brave‹

Break up – Nackte Angst 129
THE BREAK UP **
Video

Regie: Paul Marcus
Darsteller: Kiefer Sutherland (John Box), Bridget Fonda (Jimmy Dade), Hart Bochner, Tippi Hedren, Andy Huffman, Penelope Ann Miller, Robert Obergfell,
Steven Weber
Drehbuch: Anne Amanda Opotowski
Kamera: Hubert Taczanowsky (Farbe)
Schnitt: Arthur Koburn
Prod.-Des.: Clark Hunter
Prod.: Jonas Goodman, Harvey Kahn, Elie Samaha für Millennium Films, USA 1998; 96 Min.
Vertrieb: Ascot/Splendid; Okt. 1998
FSK: ab 16 J.

Verprügelte Ehefrau gerät unter Mordverdacht, nachdem man den fäusteschwingenden Gatten verkohlt in seinem Wagen auffindet. Nicht sonderlich origineller Independent-Thriller, der hauptsächlich von seiner Promi-Besetzung lebt.

Brennende Liebe 130
A PYROMANIAC'S LOVESTORY **
TV

Regie: Joshua Brand
Darsteller: William Baldwin (Garet), John Leguizamo (Sergio), Sadie Frost (Hattie), Erika Eleniak (Stephanie), Michael Lerner (Perry), Joan Plowright (Mrs. Linzer), Armin Mueller-Stahl (Mr. Linzer), Mike Starr (Sgt. Zikowski)
Drehbuch: Morgan Ward
Kamera: John Schwartzman (Farbe)
Musik: Rachel Portman
Schnitt: David Rosenbloom
Prod.-Des.: Dan Davis
Prod.: Mark Gordon, Allison Lyon Segan, Barbara Kelly (Koprod.) für Mark Gordon Prod., USA 1995;
94 Min.
TV: 6.4.1998, Premiere, 20.15

Zündeln als Mittel, die Angebetene auf sich aufmerksam zu machen. Drei Bekenner, aber nur einer kann der echte Putomane sein.

Ein Brief ohne Worte 131
A LETTER WITHOUT WORDS ****

Regie: Lisa Lewenz
Drehbuch: Lisa Lewenz
Kamera: Lisa Lewenz (Farbe und s/w)
Prod.: No Net, USA 1997; 64 Min.
EA: 14.2.1998, Int. Forum des Jungen Films, Berlin
Verleih: Freunde/-/-

(...) Dokumentarfilm, der den Spuren von Ella, der jüdischen Großmutter der Regisseurin Lisa Lewenz, folgt, die den Mut hatte, das Leben im Berlin der beginnenden Nazi-Zeit zu filmen. Auf dem damals sehr seltenen Farbfilmmaterial hielt sie den sorglosen Alltag einer Familie, den Pomp der Nazis und bedeutende Persönlichkeiten fest, die bald darauf vertrieben wurden, unter ihnen Albert Einstein und Rabbi Leo Baeck. (...) *Katalog Forum*

Silvia Hallensleben in: Der Tagesspiegel, 17.2.98

Briefe aus dem Park 132
CARTAS DEL PARQUE ****

Regie: Tomás Gutiérrez Alea
Darsteller: Victor Laplace (Pedro), Ivonne Lopez (Maria), Miguel Paneque (Juan), Mirta Ibarra, Adolfo Llaurado, Elio Mesa, Paula Ali, Amelita Pita
Drehbuch: Eliseo Alberto Diego, Tomas Guitérrez Alea, Gabriel Garcia Márquez, nach einer Episode aus dem Roman »Die Liebe in den Zeiten der Cholera« von Gabrial Garcia Márquez
Kamera: Mario Garcia Joya (Farbe)
Musik: Gonzalo Rubalcaba
Schnitt: Miriam Talavera
Prod.: Santiago LCapur, Luis Reneses für Intl. Newortk Group/Television Epanola mit Cuban Film Institute, Kuba/Spanien 1988; 93 Min.
UA: 17.9.1988, San Sebastian Film Festival
Verleih: -/Cinematograph, OmU/-; Dez. 1998

Ein Poet verfaßt die Liebesbriefe, die ein junges Liebespaar miteinander verbindet, versucht vergeblich die Beziehung der beiden zu vertiefen und muß am Ende erkennen, daß sich die junge Frau in ihn verliebt hat, wie er sich in sie. Einer der sechs Filme der Reihe »Amores Difficiles«. Ein meisterhaft umgesetzter Film über die Sprache und die Zeichen der Liebe. *multimedia*

Briganten 133
BRIGANDS: CHAPITRE VII ****

Regie: Otar Iosseliani
Darsteller: Amiran Amiranaschwili (Vano), Dato Gogibedaschwili (Sandro), Guio Tsintsadse (Spiridon), Keti Kapadnadse (Lia), Nino Odzonikidze (Eka), Aleksi Ozakeli, Niko Kartsivadse
Drehbuch: Otar Iosseliani
Kamera: William Lubtchansky (Farbe)
Musik: Nicolas Zurabischwili
Schnitt: Otar Iosseliani
Prod.-Des.: Emmanuel De Chauvigny, Jean-Michael Simonet, Lena Zukowa
Prod.: Martine Marignac für Pierre Grise Prod./Sojuskino/Bim/Carac mit CNC/ Kartuli Filmi, Frankreich/Rußland/Italien/ Schweiz/Georgien 1996; 121 Min.
UA: 4.9.1996, Int. Filmfestspiele Venedig
Verleih: Pegasos, OmU/-/Fama; April 1997 (CH); 18.6.1998
FSK: ab 12, ffr.

(...) Iosseliani hat die Tragödie in die Form einer Burleske gegossen; mit sarkastischem Witz inszeniert er die immer gleichen Rituale, die gleiche Barbarei. An der Macht sind immer Briganten, sprich: Räuber. Verführerisch einleuchtend ist die Form, die der Regisseur dieser zutiefst pessimistischen These gibt, entwaffnend die hintergründige Komik der Inszenierung.
Christoph Terhechte, tip, 13/98

Heiko R. Blum in Rheinische Post, 1.8.98; Thomas Klingenmaier in: Stgt. Zeitung, 25.6.98; Christiane Peitz in: Die Zeit, 18.6.98; Oliver Rahayel in: Kölner Stadt-Anzeiger, 20.6.98; Hanns-Georg Rodek in: Die Welt, 18.6.98

Bringt mir den Skalp von Mavis Davis 134
BRING ME THE HEAD OF MAVIS DAVIS **
Video

Regie: John Henderson
Darsteller: Rik Mayall (Marty Starr), Jane Horrocks (Marla Dorland geb. Mawis Davis), Dany Aiello (Rathbone), Ronald Pickup (Percy Stone), Philip Martin-Brown (Clint), Jaclyn Mendoza (Cynthia), Mark Heap (Duncan), Paul Keating (Paul Rathbone)

Drehbuch: Craig Strachan, nach einer Idee von Joanne Reay
Kamera: Clive Tickner (Technicolor)
Musik: Christopher Tyng
Schnitt: Paul Endacott
Prod.-Des.: Michael Carlin
Prod.: Stephen Colegrave, Joanne Reay für Mission Film/BBC, GB 1997; 95 Min.
UA: 10.5.1997, Film Festival Cannes
Vertrieb: Highlight; 26.5.1998
FSK: ab 12 J.

Welch genialer Einfall! Mafia-Milieu mit Musikbranche mischen. Die Story um eine größenwahnsinnige Sängerin, ihren Exmanager mit Mordambitionen und einen Mafiaboß mit talentlosem Sohn kommt dennoch nie so recht in die Gänge. Ein paar skurrile Gags am Rande, das war's.

Brombeerzeit 135

THE LAND GIRLS ****

Regie: David Leland
Darsteller: Catherine McCormack (Stella), Rachel Weisz (Ag), Anna Friel (Prue), Steven Mackintosh (Joe Lawrence), Tom Georgeson (Mr. Lawrence), Maureen O'Brien (Mrs. Lawrence), Gerald Down (Ratty), Lucy Akhurst (Janet)
Drehbuch: David Leland, Keith Dewhurst, nach dem Roman »Land Girls« von Angela Huth
Kamera: Henry Braham (Farbe)
Musik: Brian Lock
Schnitt: Nick Moore
Prod.-Des.: Caroline Amies
Prod.: Simon Relph; Andrew Warren (Koprod.) für Greenpoint Films/West Eleven Films, GB 1997; 111 Min.
EA: 20.2.1998, Int. Filmfestspiele Berlin, »Panorama«
Verleih: Jugendfilm/Einhorn/Monopole Pathé; 18.6.1998 – *FSK:* ab 12, ffr.

Anfang der vierziger Jahre kämpfen die Engländer gegen die Deutschen an der Front, im Landesinneren tun es ihnen die Frauen gleich: Sie helfen den Bauern, die »Anbauschlacht« zu gewinnen. Diesen Alltag zeigt Regisseur David Leland in seinem vierten Spielfilm, indem er drei junge, charakterlich verschiedene Städterinnen auf eine idyllisch gelegene Farm schickt und Komik und Liebe zu einem Melodram verwebt. Insgesamt aber übernimmt er sich damit und bleibt an – zwar schönen Bildern – der Oberfläche hängen.

Zoom, 6/98

Eine der schönsten, melancholischsten und auch immer wieder witzigen Lie-

Anna Fried, Rachel Weisz und Catherine McCormack sind die ›Land Girls‹

besgeschichten der vergangenen Kinojahre. Mit wunderbar leichter Hand inszeniert der Engländer David Leland diese emotionale Ballade dreier junger Städterinnen im Landeinsatz während des Kriegs 1941 auf einem britischen Bauernhof. (…)
So entwickelt Leland seine anfangs so heiter-leichte Story ganz organisch zu einem wohligen Melodram, bei dem man seinen echten Tränen freien Lauf lassen kann. Ein großer Film voller Liebe und ohne digitalen Schnickschnack.
Frauke Hanck, AZ, 18.6.98

Fritz Göttler in: SZ, 22.6.98; Michael Kohler in: FR, 9.6.98; Rupert Koppold in: Rheinische Post, 19.6.98; Christian Seebaum in: Kölner Stadt-Anzeiger, 20.6.98

Brothers in Arms 136
FLASHPOINT **
Video

Regie: James Brolin
Darsteller: James Brolin (CIA-Agent John Hall), Josh Brolin (Pete), Jennie Garth (Mary), Salvator Xuereb (Liam Fellon), Patrick Foy (Gerry Fellon), Kristi Conaway (Kelly Hall), Gary Cooke (Brian)
Drehbuch: Alex Simon
Kamera: Michael Bucher (Farbe)
Musik: John R. Graham, William Anderson, Gordon Goodwin
Schnitt: Michael Thibault
Prod.: Mary Ann Fisher für The Pacific Trust; Fox Video, USA/Irland 1997; 91 Min.
Vertrieb: VMP Video; 9.4.1998
FSK: ab 16 J.

Ex-US-Agent mit traumatischer Irland-Vergangenheit soll im Konflikt IRA und Großbritannien vermitteln und einen Terror-Killer fangen. Schlampige Erstlingsregie des Schauspielers James Brolin, der den Nordirland-Konflikt für schale Action mißbraucht und obendrein stets so tut, als müsse man sein Œuvre ernst nehmen. Muß man aber nicht.

Brutale Geiselnahme – Die Verbrecher im Haus 137
HOME INVASION **
TV

Regie: David S. Jackson
Darsteller: Jeremy Ratchford (Raymond Weaver), Veronica Hamel (Georgia Patchett), Cress Williams (Fremont Dunn), Dana Gladstone (Paul Perkowski), Bonnie Root (Willow Patchett), Zoe McLellan (Gia), Joe Ivy (Benjamin Wilmot), Stan Ivar (Dr. Alan Patchett)
Drehbuch: Michael Braverman
Musik: Patrick Williams
Prod.: USA 1996; 88 Min.
TV: 4.6.1998, Pro7, 20.15

Statt Autodiebstahl Geiselnahme: Drei Verbrecher verschanzen sich im Haus des Arztes Alan Patchett und bringen die Insassen in ihre Gewalt. Als die Polizei eintrifft, eskaliert die Situation.

Brylcream Boulevard 138
BRYLCREAM BOULEVARD ***
TV

Regie: Robbe De Hert
Darsteller: Michael Pas (Robin De Hert), Frank Aendenboom (Joris Verbiest), Babette van Veen (Kathy), Hilde Hijnen (Jeanine), Gert Jan Dröge (Johan de Pauw), Koen Onghena (Blondy), Oliver Windross (Rudy), Bart Slegers (Felix)
Drehbuch: Robbe De Hert, Walter Van Den Broeck
Kamera: Jan Vancaillie (Farbe)
Musik: Jan Leyers
Schnitt: Ot Louw, Ludo Troch
Prod.-Des.: Johan Van Essche
Prod.: Dirk Impens, Rudy Verzyck für Shooting Star/Favourite Films, Belgien/NL 1995; 92 Min.
TV: 13.3.1998, Arte, 23.45

Der Film greift die Charaktere aus »Blueberry Hill« wieder auf. Fünf Jahre sind vergangen. Robin De Hert, der damals auf der High School eine Revolte gegen den korrupten Lehrer Verbiest angezettelt und angeführt hatte, kommt von der Navy zurück und stellt fest, daß Verbiest, den er für den Tod seines Freundes Eddy verantwortlich macht, inzwischen Politiker – sogar mit Kabinettsrang – geworden ist. Robin trifft seine alten Freunde wieder; gemeinsam beschließen sie, es diesmal Verbiest heimzuzahlen, ihm eine Falle zu stellen.

Bube, Dame, König, Gras 139
LOCK, STOCK AND TWO SMOKING BARRELS ****

Regie: Guy Ritchie
Darsteller: Sting (d. D.), Lenny McLean (Barry

Jason Staham, Nick Moran und Dexter Fletcher in ›Bube, Dame, König, Gras‹

the Baptist), P. H. Moriarty (Hatchet Harry), Steve Sweeney (Plank), Jason Flemyng (Tom), Dexter Fletcher (Soap), Nick Moran (Eddy), Jason Statham (Bacon)
Drehbuch: Guy Ritchie
Kamera: Tim Maurice-Jones (Farbe)
Musik: David A. Hughes, John Murphy
Schnitt: Niven Howie
Prod.-Des.: Iain Andrews, Eve Mavrakis
Prod.: Matthew Vaughn; Georgia Masters (Koprod.) für Steve Tisch/SKA Films, GB 1998; 107 Min.
UA: Edinburgh Filmfestival 1998
EA: Int. Hofer Filmtage 1998
Verleih: Polygram/dto./Monopole Pathé; 3.12.1998
FSK: ab 18, ffr.
FBW: Besonders wertvoll

(...) Eine rabenschwarze Kriminalkomödie mit zynischem Grundton und präzis typisierten Charakteren, ein dramaturgisch perfektes, temporeiches und sehr unterhaltendes Spiel um Macht und Zufall. *Zoom, 12/98*

Die vier Freunde Tom, Soap, Eddy und Bacon stehen aufgrund einer gezinkten Kartenrunde mit 500.000 Pfund beim brutalsten Verbrecher Londons in der Kreide. Um ihre Schulden bezahlen zu können, rauben sie geraubtes Drogengeld, das wiederum ihnen abgenommen wird. Es folgt ein ausgeklügeltes Bäumchen-wechsel-dich-Spiel. Schnelles, modernes Britpop-Kino, bei dem Erbarmungslosigkeit Trumpf ist.
Volker Gunske, tip, 25/98

Frank Arnold in: Kölner Stadt-Anzeiger, 5.12.98; Albert Baer in: Rheinische Post, 4.12.98; Lars-Olav Beier in: FAZ, 3.12.98; Bodo Fründt in:SZ, 7.12.98; Rupert Koppold in: Stuttgarter Zeitung, 3.12.98; Hans-Joachim Neumann in: Zitty, 25/98

Die Bubi Scholz Story

140
***
TV

Regie: Roland Suso Richter
Darsteller: Benno Fürmann (Bubi Scholz, jung), Götz George (Bubi Scholz, alt), Michael Gwisdek (Lado Taubeneck), Nicolette Krebitz (Helga Scholz, jung), Angela Winkler (Helga Scholz
Drehbuch: Uwe Timm
Kamera: Martin Langer (Farbe)
Musik: Ulrich Reuter
Schnitt: Eva Schnare
Prod.: Günter Rohrbach für MTM West/WDR/BR/NDR/SFB/Premiere, BRD 1998; 105 Min.
Vertrieb: Arthaus Video
TV: 24./25.5.98, Premiere, 20.15; 30.12.98/3.1.99, ARD,
FSK: ab 12 J.

Die Geschichte des Boxers Gustav (Bubi) Scholz, der Ende der vierziger Jahre seine Karriere begann, in den Fünfzigern zum Europameister aufstieg und eines der großen Sportidole dieser Zeit wurde. Nach 88 gewonnenen Kämpfen (nur zweimal hatte er verloren) trat er Mitte der sechziger Jahre zurück und wechselte in einen bürgerlichen Beruf. Zwanzig Jahre später (1984) geriet er erneut ins Licht der Öffentlichkeit, nachdem er – offensichtlich im Streit – seine Frau erschossen hatte.

Lothar Gorris in: Der Spiegel, 19.1.98; Hans-Joachim Neumann in: Zitty, 26/98

Buffalo 66 141

BUFFALO 66 ****

Regie: Vincent Gallo
Darsteller: Vincent Gallo (Billy Brown), Christina Ricci (Layla), Anjelica Huston (Janet Brown), Ben Gazzara (Jimmy Brown), Mickey Rourke (Bookie), Rosanna Arquette (Wendy), Kevin Corrigan (Goon), Jan-Michael Vincent (Sonny)
Drehbuch: Vincent Gallo, Alison Bagnall, nach der Story von Vincent Gallo
Kamera: Lance Acord (Farbe)
Musik: Vincent Gallo
Schnitt: Curtiss Clayton
Prod.-Des.: Gideon Ponte
Prod.: Chris Hanley für Lious Gate, USA 1997; 110 Min.
EA: Filmfest München 1998
Verleih: Nil/-; 27.11.1998
FSK: ab 12 J., ffr.

(...) Ein glänzender Regieerstling, der sich fließend in die illustre Liste erstklassiger unabhängiger Filme aus den USA einreiht. Und alleine für den Glücksgriff, die beiden Klassiker »Heart of the Sunrise« von Yes und »Moonchild« von King Crimson endlich zur Filmmusik auserkoren zu haben, gehört Gallo geknutscht.

Martin Schwarz, Zitty, 24/98

Fünf Jahre saß Billy Brown im Gefängnis für eine Tat, die er nicht begangen hat. Seinen Eltern hat er vorgegaukelt, er sei im Auftrag der Regierung unterwegs. Um bei seiner Heimkehr eine Schwiegertochter präsentieren zu können, entführt er kurzerhand die Tänzerin Layla. Die Kindfrau mit den großen Augen weicht ihrem Kidnapper von nun an nicht mehr von der Seite. Doch das ist mehr emotionale Nähe, als Billy ertragen kann. Das Regiedebüt des Schauspielers Vincent Gallo ist absurd und melancholisch, inspiriert von Cassavetes, Buñuel, Scorsese und rosarotem Hollywoodkitsch.

Annette Kilzer, tip, 25/98

Das Allround-Talent des 37jährigen Gallo für Musik, Schauspiel, Malerei erweitert sich: Sein Regiedebüt nach eigenem Buch ist die beklemmende Galgenhumor-Studie eines Verlierers. Billy, deformiert von rüden Eltern und fünfjähriger Haft, entführt die einsame Layla und zwingt sie, bei den Eltern als seine Ehefrau aufzutreten. Ausgerechnet Layla gelingt es, Billy's Panzer aus Selbsthaß zu knacken.

Angie Dullinger, AZ, 29.6.98

Albert Baer in: Rheinische Post, 27.11.98; Lars-Olav Beier in: FAZ, 28.11.98; Daniel Kothenschulte in: Kölner Stadt-Anzeiger, 28.11.98; Heike Kühn in: Frankfurter Rundschau, 28.11.98; Frank Noack in: Der Tagesspiegel, 26.11.98; Hans Schifferle in: SZ, 2.7.98

Busenfreunde 2 142

**** TV

Regie: Thomas Berger
Darsteller: Ulrich Noethen (Bernhard), Jan Josef Liefers (Guido), Juliane Köhler (Jane), Christiane Hörbiger (Gerda), Stefan Reck (Markus), Aglaia Szyszkowitz (Anna), Felix Eitner (Jacob)
Drehbuch: Barbara Jago, Thomas Berger
Kamera: Torsten Breuer (Farbe)
Schnitt: Helga Brosche
Prod.-Des.: Pit Janzen
Prod.: Elvira Senft, Molly von Fürstenberg, Harry Kügler für Olga-Film, BRD 1998; 95 Min.
UA: Filmfest München 1998
TV: 22.9.1998, Pro7

Jede Versuchsanordnung für ein Komödien-Beziehungspuzzle landet beim tragikomischen Chaos. Insofern ist die Auf- und Absteigergroteske »Busenfreunde 2« ein gut funktionierender Gemütsapparat: Die Männchen sind alle Hysteriker, die Weibchen (mit Christiane Hörbiger als Alzheimer-Mama) Realisten. Die Verschönerung von Alzheimer-Symptomen ins Skurrile gerät allerdings gefährlich nah an romantischen Alternativkitsch. Aber Besetzung und Dialog liegen weit über dem Durchschnitt sonstiger Pro7-Ablagerungen. *Ponkie, AZ, 24.9.98*

(…) Komödien wie diese sind es, die einem die Achtung vor dem Genre wiedergeben. *Sybille Simon-Zülch, SZ, 22.9.98*

Butcher Boy – Der Schlächterbursche 143

THE BUTCHER BOY ****

Regie: Neil Jordan
Darsteller: Eamonn Owens (Francie Brady), Alan Boyle (Joe), Stephen Rea (Vater Brady), Fiona Shaw (Mrs. Nugent), Andrew Fullerton (Philip), Aisling O'Sullivan (Mutter Brady), Ian Hart (Onkel Alo), Patrick McCabe (Jimmy-the-Skite)
Drehbuch: Patrick McCabe, Neil Jordan, nach dem gleichn. Roman von Patrick McCabe
Kamera: Adrian Biddle (Technicolor)
Musik: Elliot Goldenthal
Schnitt: Tony Lawson
Prod.-Des.: Tony Pratt
Prod.: Redmond Morris, Stephen Woolley für Geffen/Green Pic. mit Butcher Boy Film, USA/Irland 1997;
110 Min.
UA: 13.7.1997, Galway Film Festival
Verleih: Warner Bros./dto./-/Warner Home Video; 26.2.1998
FSK: ab 12, ffr.
FBW: Wertvoll

Ein Zwölfjähriger erlebt in den 60er Jahren in einer irischen Kleinstadt die Enge und Widersprüchlichkeit seiner Familie und seiner Umwelt. Voll ungebrochener Lebenskraft scheint er alle Katastrophen zu überstehen, gleitet jedoch zunehmend in emotionale Isolation und Fluchtpunkte der Phantasie, was in einem tragischen Ausbruch mündet.
Eine hochsensible Studie über das Erwachsenwerden, über die Bedeutung von verläßlichen Beziehungen, das Ordnen von Phantasien und Erfahrungen, den Umgang mit Widersprüchlich-

Felix Eitner, Ulrich Noethen und Juliane Köhler in ›Busenfreunde 2‹

Eamonn Owens in ›The Butcher Boy‹

keiten, die fragilen Konventionen über die Relationen von Schein und Sein – und nicht zuletzt um Freundschaft, Verrat und die Grundtraumata der irischen Identität. *multimedia*

(…) Daß Neil Jordan als heilige Jungfrau ausgerechnet Sinead O'Connor auftreten läßt, die Irlands Katholiken mehrfach empfindlich provoziert hat, läßt ahnen, wieviel persönlicher Zorn auch in der Inszenierung steckt. Und doch ist »The Butcher Boy« kein filmischer Racheakt, sondern, trotz aller grellen Töne, ein Film voller Zärtlichkeit für einen Jungen, den das Leid von seinen Mitmenschen vertreibt, in eine andere Welt, in die ihm niemand zu folgen vermag. *H.G. Pflaum, SZ, 26.2.98*

Heiko R. Blum in: Rheinische Post, 27.2.98; Uwe Schmitt in: FAZ, 16.2.98; Ruprecht Skasa-Weiß in: Stgt. Zeitung, 26.2.98

Bye, bye – Hello!

144
***
TV

Regie: Yingli Ma
Mit: Kunststudent Bin Chuen Choi, Betriebswirtin Shuky Lee, Schriftsteller Ma Jian, Maler Ah Kui, Karikaturist Zun Zi, Filmemacher Stanley Kwan, Lehrer am ehemaligen Royal College Mr. Leung, Yingli Ma
Drehbuch: Yingli Ma
Kamera: Christoph Krauß (Farbe)
Prod.: BRD 1998; 65 Min.
TV: 11.5.1998, ZDF, 0.00, OmU, »Das kleine Fernsehspiel«

Dokumentarfilm über den Hongkong-Besuch der Filmemacherin Yingli Ma und des Kunststudenten Bin Chuen Choi kurz vor der Übergabe an China am 1.7.1997, in dem Einheimische über ihre Erwartungen an die Zukunft berichten.

Caipiranha

145
**

Regie: Felix Dünnemann
Darsteller: Rainer Basedow (Horst Wolters), Christine Kaufmann (Karin Wolters), Thierry van Werveke (Jürgen Grabowski), Katharina Thalbach (Monika Grabowski), Jasmin Gerat (Sabine Wolters), Marc Richter (Karsten Grabowski), Frank Giering (Frank Wolters), Antonia Reeß (Judith Wolters)
Drehbuch: Christoph Scholz
Kamera: Axel Sand (Farbe)
Musik: Schallbau
Schnitt: Connie Strecker
Prod.-Des.: Matthias Müsse
Prod.: Rikolt von Gagern für Tele-München, BRD 1997; 83 Min.
Verleih: Concorde/dto./VCL Video; 9.7.1998
FSK: ab 12 J., ffr.

Komödie um die Dynamik eines ausufernden Nachbarschaftsstreits zwischen zwei Familien, die sich im wesentlichen auf die Darstellung der verschiedensten Streiche und Gemeinheiten, die sich die Streitparteien gegenseitig an den Kopf werfen, beschränkt. Diese inhaltlich dürftige Potenz des Films als auch die klischeehafte Auflösung in ein Happy-End provoziert kaum Lacher, dafür um so mehr Langeweile. *multimedia*

Albert Baer in: Rheinische Post, 10.7.98; Jan Gympel in: Zitty, 15/98; OR in: Kölner Stadt-Anzeiger, 11.7.98

Callboy

146
**
TV

Regie: Susanne Hake
Darsteller: Max Tidof (Paul Weskamp), Aglaia Szyszkowitz (Monika Bolder), Markus Knüfken (Christoph), Martin Armknecht (Bernd Schwarz), Michael Kessler (Jan Willos), Hanns Zischler (Dr. Deckel), Gisela Schneeberger (Camilla)
Drehbuch: Susanne Hake
Kamera: James Jacobs (Farbe)
Musik: Chris Walden
Prod.: Dom-Film, BRD 1997; 87 Min.
TV: 18.5.1998, ZDF, 20.15

Das knirschte in den erotischen Scharnieren. Der Debütfilm war eine etwas mühsame Reißbrettkonstruktion aus der Exoten-Plastikwelt der schnittigen Werbeagenturen, die – schnippschnapp – ihre Aufträge mit smarten Stromlinensprüchen abzocken. Star Monika liebt Kollegen Paul, aber der Trottel merkt's nicht und mietet für die Neurosen-Monika einen Callboy. Das Komödchen scheitert leider schon daran, daß Knüfken keinen Richard Gere abgibt. So haben wir wieder schöne Erfolgsmenschen im Genuß-Leerlauf um ihre verkorkste Libido, und sie könnten ebensogut das Telefonbuch vorlesen.

Ponkie, AZ, 20.5.98

Der Campus

147
***

Regie: Sönke Wortmann
Darsteller: Heiner Lauterbach (Hanno Hackmann), Axel Milberg (Bernie Weskamp), Sibylle Canonica (Gabrielle Hackmann), Barbara Rudnik (Dr. Ursula Wagner), Sandra Speichert (Babsie Claasen), Armin Rohde (Norbert), Stefan Jürgens (Heribert Kurtz), Anya Hoffman (Rebecca Roth)
Drehbuch: Dietrich Schwanitz, Sönke Wortmann, Stefan Grund, Bettina Salomon, nach dem gleichn. Roman von Dietrich Schwanitz
Kamera: Tom Fährmann (Farbe)
Musik: Nikolaus Glowna
Schnitt: Ueli Christen
Prod.: Bernd Eichinger, Martin Moszkowicz für Constantin Film, BRD 1998; 127 Min.
Verleih: Constantin/dto./-/Starlight Video, 5.2.1998
FSK: ab 12, ffr. – *FBW:* Wertvoll

Ein verheirateter Soziologieprofessor gerät fälschlich in Verdacht, seine Geliebte, eine attraktive, aber exzentrische Studentin, vergewaltigt zu haben, und wird zum willkommenen Opfer im skrupellosen Intrigennetz der Universitätspolitik. Die solide und gefällig inszenierte satirische Komödie befaßt sich mit einigen interessanten gesellschaftskritischen Ansätzen, die treffenden Pointen werden aber durch die banaleren humoristischen Anteile verwässert. Es fehlt dem Film insgesamt etwas an Tiefgang und Überzeugungskraft. *multimedia*

(…) Ein Glück, wenn ein ironischer Autor auf einen finessenreichen Filmregisseur trifft: Die Universitäts-Satire »Der Campus« von Dietrich Schwa-

nitz, in der das Professoren-Sex-Mobbing im Karrierekarussell groteske Ausmaße annimmt, wurde von Sönke Wortmann als giftig schillernde Akademiker-Farce verfilmt – frech, gemein und voll tragikomischer Biederhäme. Eine deutsche Strebersatire als Macho-Vehikel mit feministischem Auspuff. (...) *Ponkie, AZ, 5.2.98*

(...) Eine Tragikomödie, bei Wortmann aber nur ein Fernsehspiel mit hie und da ein paar Pointen. Ansonsten nichts: keine treffsichere Satire, keine Typen, keine Abrechnung mit all den modischen Ismen von Femi- bis Psychologismus. Statt dessen Gerede, Gerede, Gerede mit dem allerschlimmsten Höhepunkt am Schluß: Da nämlich hält der gedemütigte (und bald darauf rehabilitierte) Soziologieprofessor eine flammende Rede gegen Opportunismus und für Menschlichkeit an der Hochschule – ganz so wie in amerikanischen Gerichtsfilmen, wo derlei moralisierender Ödsinn auch gern zum Schluß gereicht wird. Dort allerdings grundsätzlich als schwerste emotionale Breitseite und nicht bloß als pseudokritisches Knallbonbon. *Hans-Joachim Neumann, Zitty, 3/98*

Oben: Heiner Lauterbach, Sandra Speichert in ›Der Campus‹
Unten: Heiner Lauterbach, Sönke Wortmann

Rose-Marie Gropp in: FAZ, 5.2.98; Thomas Klingenmaier in: Stgt. Zeitung, 5.2.98; Peter Körbe in: FR, 28.1.98; Susanne Mayer in: Die Zeit, 29.1.98; Hanns-Georg Rodek in: Die Welt, 5.2.98

Carmen kehrt heim

148
KARUMEN KOKYO NI KAERU ***
TV

Regie: Keisuke Kinoshita
Darsteller: Hideko Takamine (Carmen), Toshiko Kobayashi, Chishu Ryu (Maya), Shuji Sano, Kuniko Igawa (Freundin), Takeshi Sakamoto (Shoichi)
Drehbuch: Keisuke Kinoshita
Kamera: Hiroshi Kusuda (Farbe)
Musik: Chuji Kinoshita, Tshiro Mayuzumi
Prod.: Shochiku, Japan 1951; 86 Min.
TV: 26.6.1998, Arte, 23.45

Eine Tingeltangel-Tänzerin und Kleinbauern-Tochter kommt von Tokio mit ihrer Freundin für eine Woche ins Heimatdorf, wo ein Strip am letzten Abend den erhofften Triumph doch noch bringt. Dieses tragikomische Licht auf die Zersetzung der japanischen Kultur nach dem Kriege trifft ironischerweise das heitere Melodram gleich selber: Bemühen um Eigenständigkeit ist nirgends spürbar; bis ins erzählerische oder ästhetische Detail entspricht der Film etwa den gleichzeitigen deutschen »Heimatfilm«-Mustern, wobei der Gegensatz »böse Stadt – reines Land« mit mehr Einsicht gehandhabt und gegen Schluß ansatzweise auf eine höhere (»Sinn«-) Ebene gebracht wird. *Zoom*

Cascadeur – Die Jagd nach dem Bernsteinzimmer

149
***

Regie: Hardy Martins
Darsteller: Hardy Martins (Vincent), Regula Grauwiller (Christin), Heiner Lauterbach (Oberst), Andreas Hoppe (Bull), Eckhard Preuß (Gonzo), Robert Victor Minich (Pierre), Charles Regnier (Professor), Mario Irrek (Chip)
Drehbuch: Uwe Wilhelm, Uwe Kossmann, nach einer Idee von Hardy Martins
Kamera: Markus Fraunholz (Farbe)
Musik: Philipp F. Kölmel, Rüdiger J. Veith, Edith Bässe
Schnitt: Uwe Klimmeck
Prod.: Jimmy C. Gerum, Hardy Martins; Marc Eisinger, Andy Fischer (Koprod.) für Cascadeur Filmprod./Pro Sieben, BRD 1997; 106 Min.
UA: Filmfest München 1998
Verleih: Angel Falls/Constantin/-/VMP Video; 30.6.1998
FSK: ab 16, ffr. – *FBW:* Wertvoll

Auf der Suche nach einem legendären, aber verschollenen Schatz – dem Bernsteinzimmer – müssen eine Altertumsforscherin und ein ehemaliger Stuntman vielfältige Abenteuer bestehen, denn natürlich sind auch zwielichtige Figuren auf der Jagd nach dieser Kostbarkeit. Einfach gestrickter Action-Abenteuerfilm, der seinen einzigen Sinn in einer losen Aneinanderreihung von Stunts sieht. Eine Fülle von Skript-, Regie- und Anschlußfehlern, wie auch überzeichnete Charakterdarstellungen machen diesen Film zu einem klaren Vertreter der B-Film-Kategorie.
multimedia

(…) Gerade die liebevoll inszenierten zahlreichen Action-Szenen in der Luft, zu Wasser und auf dem Land machen viel Freude. Manch Dialog ist unfreiwillig komisch, was den Unterhaltungsfaktor noch erhöht. »Cascadeur« tröstet einen Abend lang über den verregneten Sommer hinweg. Vielleicht sollte man davor kiffen?
Daniel Kothenschulte, tip, 16/98

Heiko R. Blum in: Rheinische Post, 31.7.98; Gregor Dotzauer in: SZ, 3.8.98; Thomas Klingenmaier in: Stgt. Zeitung, 30.7.98; Frank Noack in: Der Tagesspiegel, 30.7.98; Ponkie in: AZ, 30.7.98; Angela Schmitt-Gläser in: FR, 30.7.998; Christian Seebaum in: Kölner Stadt-Anzeiger, 1.8.98

Casper trifft Wendy

150
CASPER MEETS WENDY **
Video

Regie: Sean McNamara
Darsteller: Hilary Duff (Wendy), George Hamilton (Desmond Spellman), Teri Garr (Hexe Fanny), Cathy Moriarty (Hexe Gert), Shelley Duvall (Hexe Gabby), Vincent Schiavelli, Richard Moll, Patrick Richwood
Drehbuch: Jymn Magon
Kamera: Christian Sebaldt (Farbe)
Schnitt: John Gilbert
Prod.-Des.: Nava
Prod.: Mike Elliott, USA 1998; 90 Min.
Vertrieb: Fox Video; 10.9.1998
FSK: ab 6 J.

Quasi-Fortsetzung des Kinoerfolgs »Casper«, in der sich das liebe Gespenst mit seinen drei bösen Adoptivonkeln einen Urlaub gönnt und dort die Hexe Wendy mit ihren Tanten trifft. Harmlose Videoproduktion für Kinder.

Die Cellistin

151
***
TV

Regie: Sherry Hormann
Darsteller: Jeanette Hain (Paula Falk), Richy Müller (Dr. Georg Ellis), Martin Feifel (Leonard Willkoff), Elisabeth Kaza (Irena von Kielpinski), Tamara Kafka (Schwester Vendulka), Susanne Czepl (Kinderärztin)
Drehbuch: Dorothee Schön
Kamera: Hans-Günther Bücking (Farbe)
Musik: Peter Wolf
Schnitt: Christel Suckow
Prod.-Des.: Heidi Lüdi
Prod.: Wolfgang Esterer für Multimedia mit Maecenas, BR, BRD 1997; 89 Min.
UA: Filmfest München 1997
TV: 14.1.1998, ARD, 20.15

Paula verliebt sich in Dr. Ellis, und es gibt mal ein Konfliktchen oder ein Problemchen, aber dem folgt sobald auch eine kleine Lösung. So geht das die Hälfte der Zeit putzig auf und ab, aber Gott sei Dank hat der Doktor eine Schwester in New York und nicht in Wanne-Eickel – denn so kann Paula noch den Big Apple genießen, bevor es zur Frühgeburt und Beziehungskrise kommt. Als das Kind stirbt, springt Kollege Leonard in die emotionale Bresche und wendet supersensibel Paulas Selbstmord ab. Aber weil sich das dumme Ding nicht zwischen den beiden Herren entscheiden kann, rauscht sie im Abendkleid unter ein Auto. Tot. Schluchz! Wir lernen: Private Musiklehrerinnen sind stets weise, resolute Damen mit Akzent, bei Trauerfeiern gießt es immer in Strömen, und weil Buch (Dorothee Schön) und Regie (Sherry Hormann) in der Hand von Frauen lagen, durften gar beide Männer weinen. *W.O.P. Kistner, AZ, 16.1.98*

Central Station

152
****

CENTRAL DO BRASIL

Regie: Walter Salles
Darsteller: Fernanda Montenegro (Dora), Marilia Pêra (Irene), Vincius de Oliveira (Josué), Soia Lira (Ana), Othon Bastos (César), Otavio Augusto (Pedrao), Stela Freitas (Yolanda), Matthaeus Nachtergaele (Isaias)
Drehbuch: Joào Emanuel Carneiro, Marcos Bernstein, nach der Geschichte von Walter Salles
Kamera: Walter Carvalho (Farbe)
Musik: Antonio Pinto, Jacques Morelenbaum
Schnitt: Isabelle Rathery, Felipe Lacerda
Prod.-Des.: Cassio Amarante, Carla Caffè
Prod.: Arthur Cohn, Martine de Clermont-

Fernanda Montenegro, Walter Salles und Vinicius de Oliveira in ›Central do Brasil‹

Tonnerre; Paulo Brito für Video Filmes/ Arthur Cohn Prod./MACT/Rio Filme, Brasilien/Frankreich 1997; 112 Min.
UA: Sundance Film Festival 1998
EA: 14.2.1998, Int. Filmfestspiele Berlin, »Wettbewerb«
Verleih: Buena Vista/dto./dto.; 24.12.1998
FSK: ab 6 J., ffr. – *FBW:* Besonders wertvoll

Eine pensionierte Lehrerin, die sich als Briefeschreiberin im Hauptbahnhof von Rio de Janeiro ihr Geld verdient, begibt sich mit einem ihr fremden neunjährigen Jungen quer durch Brasilien auf die Suche nach dessen Vater. Ohne einander zuerst ausstehen zu können, entwickeln sie im Verlauf der Reise Zuneigung und Zärtlichkeit. Das exzellente »road movie« stellt die Identitätsfindung der beiden in den Mittelpunkt, ohne dabei das aktuelle Umfeld Brasiliens aus den Augen zu verlieren.
Zoom, 12/98

(...) Walter Salles, der für seinen Film 1998 mit dem Goldenen Berlinale-Bären ausgezeichnet wurde, will sein pittoreskes Roadmovie zugleich als metaphorisches Bild seiner Heimat inszenieren. Aber das Doppelspiel mißlingt auf halber Strecke: Die sentimentale Geschichte entwickelt sich nicht aus den Figuren, sie wird ihnen gewaltsam übergestülpt und zwingt sie zu immer unwahrscheinlicheren Handlungsweisen. *Robert Weitlbaumer, tip, 1/99*

»Kino muß Wissen produzieren. Denken Sie an das iranische Kino oder das der fünften Generation chinesischer Filmemacher: Die Figuren etwa von Kiarostami oder Chen Kaige sind uns viel näher als die banalisierenden Bilder des Fernsehens. Das Kino ist eine wunderbare Form, das Andere kennenzulernen – erst unterscheidet es sich stark von dir, aber es ist dir viel näher, als sie uns glauben machen wollen.«
Walter Salles im Interview mit Moritz Rinke, Der Tagesspiegel, 15.2.98

Es ist der erste Goldene Bär nicht nur für Brasilien, sondern für ganz Lateinamerika. Das ist sehr wichtig. Das brasilianische Kino hat den Neubeginn bewältigt und ist jetzt kontinuierlich bei internationalen Festivals vertreten. Wir haben auch wieder eine stabile Produktion von 30 bis 40 Filmen pro Jahr. Anfang der neunziger Jahre schien das unmöglich, damals war unter der Collor-Regierung die gesamte Film- und Kulturproduktion zum Erliegen gekommen.
Walter Salles im Interview mit Ute Hermanns, Der Tagesspiegel, 24.12.98

Rupert Koppold in: Stgt. Zeitung, 24.12.98; Daniel Kothenschulte in: FR, 29.12.98; Christiane Peitz in: Die Zeit, 22.12.98; Josef Schnelle in: Kölner Stadt-Anzeiger, 24.12.98; Friedhelm Teicke in: Zitty, 26/98; Christina Tillmann in: Der Tagesspiegel, 24./25./26.12.98

Eine Chance für die Liebe 153

LAST CHANCE LOVE **

Regie: Ankie Lau
Darsteller: Ankie Lau (Jessica), Tyrone Power jr. (Michael), Brett Stimely, Michelle Mitchelle (Kim), Bill Campbell (Robert), Dey Young (Elke), Sharon Farrell, Audrey Landers
Drehbuch: Ankie Lau
Kamera: Cu Chang Wei (Farbe)
Musik: Stefan Truyman, Yves Elegeert
Schnitt: Hannes Nikel
Prod.: Ankie Lau, Michael A. Popp für Lau Film/Cinerent, BRD/USA 1997; 99 Min.
UA: Deutsche Filmwoche, Paris 1996
Verleih: Eigenverleih/Einhorn/-; 18.6.1998
FSK: o. A., ffr.

In der Geschichte einer Chinesin (Ankie Lau – in der Synchronfassung mit heftigem chinesischem Akzent gestraft), die nach dem Scheitern ihrer Ehe in den USA mit ihrer Teenager-Tochter nach Hongkong zurückkehrt, sind die Spuren eines persönlichen Anliegens (Mutter-Tochter-Konflikt, Leben zwischen zwei Kulturen) noch schwach spürbar. Im Vordergrund jedoch steht eine holprig erzählte, bis zur unfreiwilligen Komik kitschige Love-Story der Mutter mit einem Juwelier (Star-Sohn Tyrone Power jr.), die von so holzschnittartigen Figuren bevölkert ist, wie man sie sonst nur aus dem Spätprogramm der Privatsender kennt. *Christian Seebaum, Kölner Stadt-Anzeiger, 20.6.98*

(...) »Last Chance Love«, ein Film von Ankie Lau, die zudem die Hauptrolle spielt, entpuppt sich als der unfreiwillig komische Versuch, das Niveau miesester Fernseh-Schmonzetten auf der Leinwand noch zu unterbieten. Eine Hongkong-Chinesin, die in Amerika einem Werbefotografen auf den Leim gegangen ist (»Zeig's mir Baby, ich will deinen Sex«), verfehlt, zurück in ihrer Heimat, beinahe ihre zweite große Liebe. Aber selbst diese banale Handlung überfordert sämtliche Schauspieler. *Stgt. Zeitung, 20.6.98*

(...) Wehmütig denkt man an Douglas Sirk, der mit Klischees so unnachahmlich lebendig umzugehen wußte. Ankie Lau schafft es leider nicht, diese mit Witz oder wahrer Melancholie zu brechen. Zu nah ist ihr offenbar die Handlung des Films. Ihr mutiger Alleingang als Filmemacherin ist achtenswert, aber bleibt in der künstlerischen Qualität doch einiges schuldig. Liebe nur als schönes Gefühl in schönen Bildern ist wirklich zu schön, um wahr zu sein. Selbst im Kino.
Frauke Hanck, AZ, 18.6.98

Der Chaotenboß 154
CHAIRMAN OF THE BOARD **
Video

Regie: Alex Zamm
Darsteller: Scott »Carrot Top« Thompson (Edison), Courtney Thorne-Smith (Natalie), Larry Miller (Bradford), Raquel Welch (Grace Kosik), Mystro Clark (Ty), Jack Plotnick (Zak), Jack Warden (Armand), Estelle Harris (Ms. Krubavitch)
Drehbuch: Turi Meyer, Al Septien, Alex Zamm, nach einer Story von Turi Meyer, Al Septien
Kamera: David Lewis (Farbe)
Musik: Chris Hajian
Schnitt: Jim Hill
Prod.-Des.: Aaron Osborne
Prod.: Rupert Harvey, Peter M. Lenkov; Phillip B. Goldfine (Koprod.) für l0lst Street/Trimark, USA 1998; 92 Min.
Vertrieb: New Vision Video; Juli 1998
FSK: ab 12 J.

Die Erfolgsstory eines komplett durchgeknallten Komiker Carrot Top in der Titelrolle. Für Freunde harmlos-schrägen Humors vielleicht ein Schnäppchen ...

Die Chaotentruppe vom 6. Revier 155
BUSTED **
Video

Regie: Corey Feldman
Darsteller: Corey Feldman (David), Corey Haim (Clifford), Michael Maguire (Capt. Alexander Smith), Dominick Brascia (Evan Howe), Mariana Morgan (Capt. Mary Mae), Elliott Gould (Game Show Host), Julie Strain (Annette), Philip Angelotti (Hamilton)
Drehbuch: Ronald Jacobs, Maria James
Kamera: Irv Goodnoff (Farbe)
Musik: John Gonzalez
Schnitt: William Grayburn
Prod.-Des.: John Larena
Prod.: C.F.I./Contact/PM Ent., USA 1997; 93 Min.
Vertrieb: VMP Video; 13.1.1998
FSK: ab 16 J.

Endlich! Nun hat auch der angejahrte Teenie-Mime Corey Feldman seine erste Filmregie abgeliefert – mit ihm und Kollege Corey Haim in den Hauptrollen. Primitiver Pubertär-Klamauk um ein Polizeirevier in einem Küstenstädtchen. »Police Academy« meets »Baywatch« auf niederstem Niveau.

Chicken 156
CHICKEN ***
TV

Regie: Grant Lahood
Darsteller: Bryan Marshall (Dwight Serrento), Martyn Sanderson (Bryce Tilfer), Ellen Smith (Colette Milham), Cliff Curtis (Zeke), Jed Brophy (Will Tilfer), Claire Waldron (Vicky Serrento)
Drehbuch: Grant Lahood
Kamera: Allen Guilford (Farbe)
Musik: Michelle Scullion
Schnitt: John Gilbert
Prod.: John Keir, Neuseeland 1996; 87 Min.
TV: 20.5.1998, Premiere, 23.15

Alterndes Pop-Idol hat die Nase voll vom schlechtgehenden Hähnchen-Grill und geldgieriger Tochter und läßt sich deshalb was einfallen.

Children of the Revolution 157
CHILDREN OF THE REVOLUTION ***

Regie: Peter Duncan
Darsteller: Judy Davis (Joan Fraser), Sam Neill (Nine), Richard Roxburgh (Joe Welch),

Geoffrey Rush (Zachary Welch), F. Murray Abraham (Stalin), Rachel Griffiths (Anna), Russell Kiefel (Barry), John Gaden (Dr. Wilf Wilke)
Drehbuch: Peter Duncan
Kamera: Martin McGrath (Farbe)
Musik: Nigel Westlake
Schnitt: Simon Magin
Prod.-Des.: Roger Ford
Prod.: Rev Kids, Tristan Miall für NSW Film/ TV Office, Australien 1996; 99 Min.
UA: 26.12.1996, Australien
Verleih: Arsenal, OmU/-/Rialto; September 1997 (CH), 26.11.1998

(...) Die nachtschwarze Satire versucht sich an der sozialistischen Gretchenfrage. Wie ihr ultrarechter Sohn es mit Stalin hält, diese Sorge beschäftigt Joan Fraser, eine Propagandistin des Kommunismus in Australien, bis in ihr unrühmlich verblendetes Alter. Denn ihr Sohn ist das Resultat der Audienz, die ein genußsüchtiger Stalin der schönen Agitatorin gewährte: in jener Märznacht '53, die das Herz des Diktators stillstehen und die Welt wieder aufatmen ließ. *Heike Kühn, FR, 15.7.98*

(...) In einer eigenwilligen Mischung aus dokumentarischem, satirischen und komischen Erzählstil schafft Duncan die notwendige ironische Distanz zu seinen Akteuren, die er andererseits – und das ist das Geheimnis – erkennbar liebt und nie an einen billigen Lacher verrät. *Bodo Fründt, SZ, 28.11.98*

Bodo Fründt in: SZ, 28.11.98; Silke Scheuermann in: FAZ, 30.11.98; Dirk Schönlebe in: Der Tagesspiegel, 29.11.98

Chinese Box 158

CHINESE BOX ***

Regie: Wayne Wang
Darsteller: Jeremy Irons (John), Gong Li (Vivian), Maggie Cheung (Jean), Ruben Blades (Jim), Michael Hui (Chang), Jared Harris
Drehbuch: Jean-Claude Carrière, Larry Gross
Kamera: Vilco Filac (Farbe)
Musik: Graeme Revell
Schnitt: Christopher Tellefsen
Prod.-Des.: Chris Wong
Prod.: Wayne Wang, Lydia Dean Pilcher, Jean-Louis Piel; Heidi Levitt, Jessinta Liu (Koprod.) für Le Studio Canal Plus/NDF/Bac/Pandora/WW Prod., USA/GB/China 1997; 116 Min.
UA: Int. Filmfestspiele Venedig 1997
EA: Filmfest Hamburg 1997
Verleih: Pandora/Stadtkino/Filmcoopi
VMP Video; 2.7.1998
FSK: ab 12 J., ffr.

Hongkong kurz vor der Rückgabe an China: Der englische Journalist John offenbart der chinesischen Barbesitzerin Vivian endlich seine Liebe, wird jedoch von ihr zurückgewiesen. Als John an Leukämie erkrankt, scheint erst recht jede Hoffnung vergeblich. Der Versuch, eine Liebesgeschichte zur Metapher für die labile Lage Hongkongs werden zu lassen, scheitert letztlich, weil es dem Melodrama an erzählerischer Dichte und der Parabel an Prägnanz fehlt. Ein Film, der gerade deshalb mißlungen ist, weil man die gute Absicht so überdeutlich spürt. *Zoom, 5/98*

(...) Ein wehmütiger Blick auf das Ende einer Epoche, der überfrachtet ist mit bedeutungsschwer daherkommender platter Symbolik: Hongkong als Hure, als sterbender Mann, als Mysterium. *Volker Gunske, tip, 14/98*

Sie haben zusammen mit Coppola eine Firma gegründet, die in China produzieren will. Ist das nicht eine Illusion angesichts der Schwierigkeiten, die zum Beispiel Zhang Yimou hat?

Wir haben uns gefragt, warum es die jungen Filmemacher nach Hollywood zieht und warum in Hongkong ausschließlich Action-Filme inszeniert werden. Die Firma wird von Pandora Film finanziell unterstützt und soll jungen Leuten die Produktion von Low-Budget-Filmen ermöglichen. Man muß sie ermutigen, weiterhin interessante Film im Land zu drehen. Ich weiß natürlich, wie schwer das ist. Die Zensoren wollen alles verbieten, was Gewalttätigkeiten und Verbrechen zeigt. Das ist für sie noch schlimmer als ein politisches Statement oder ironische Kommentare. Sie legen den Regisseuren schon beim Drehen Steine in den Weg. Die Filmemacher haben aber unter der Zensur eine großartige Film-

sprache entwickelt und erkennen jetzt die ganze Tragweite der Möglichektien ihrer Kunst. Sie werden nuancierter und klüger, um die Zensoren zu überlisten.
Wayne Wang im Interview mit Katharina Dockhorn, epd Film, 7/98

Brigitte Desalm in: Kölner Stadt-Anzeiger, 4.7.98; Sebastian Feldmann in: Rheinische Post, 3.7.98; Fritz Göttler in: SZ, 2.7.98; Jan Gympel in: Zitty, 14/98; Tobias Kniebe in: SZ, 2.7.98 (Interview J. Irons); Rupert Koppold in: Stgt. Zeitung, 2.7.98; Christiane Peitz in: Die Zeit, 2.7.98; Veronika Rall in: Chinese Box, 2.7.98; Sigrid Schmitt in: Rheinische Post, 8.1.99; Thilo Wydra in: Die Welt, 2.7.98

City of Industry – Tödliche Freundschaft

159
***

CITY OF INDUSTRY

Regie: John Irvin
Darsteller: Harvey Keitel (Roy Egan), Stephen Dorff (Skip Kovich), Timothy Hutton (Lee Egan), Wade Dominguez (Jorge Montana), Famke Janssen (Rachel Montana), Michael Jai White (Odell), Reno Wilson (Keshaun Brown), Elliott Gould
Drehbuch: Ken Solarz
Kamera: Thomas Burstyn (Farbe)
Musik: Stephen Endelman
Schnitt: Mark Conte
Prod.-Des.: Michael Novotny
Prod.: Even Kolar, Ken Solarz für Largo Ent./, USA 1997; 97 Min.
Verleih: MFA/top-film/-/Warner Home Video, Titel: City of Crime; 28.5.1998
FSK: ab 16, ffr.

Der Rachefeldzug eines introvertierten Ganoven gegen seinen ehemaligen Partner, der sich nach erfolgreichem Überfall auf ein Juweliergeschäft der Beute bemächtigt und sich der übrigen Beteiligten entledigt hatte. Gangsterfilm, der in seinen einzelnen formalen Bestandteilen professionell absolviert wird, dem aber jegliche persönliche Handschrift fehlt. Ein Produkt, das am Computer arrangiert worden zu sein scheint, seelenlos, mit dem »Charme« einer Steuerabschreibung. *Zoom, 8/98*

(...) Stilsicher genug, um keinen Moment spekulative Gewalt aufkommen zu lassen, gelingt dem vielseitigen John Irvin ein souverän atmosphärischer Genre-Thriller. *Frauke Hanck, AZ, 28.5.98*

Harvey Keitel in ›City of Industry‹

(...) Insgesamt wirkt dieser von John Irvin inszenierte Film – wie so viele Filme dieses Regisseurs –, als wäre er aus zweiter Hand. Eine schlechte Kopie anderer Filme. Und weil »City of Industry« nichts eigenes zu bieten hat, übertreibt er halt, läßt eine Schwarzen-Gang und die Chinesen-Mafia mitschießen, führt sich überhaupt recht halbstark auf und protzt mit unmotivierten Brutalitäten. (...) *Rupert Koppold, Rheinische Post, 13.6.98*

Heike Kühn in: FR, 28.5.98; Hans-Joachim Neumann in: Zitty, 8/98; Oliver Rahayel in: Kölner Stadt-Anzeiger, 1.6.98; Anke Sterneborg in: SZ, 2.6.98

City of Love

160
**
Video

LITTLE CITY

Regie: Roberto Benabib
Darsteller: Jon Bon Jovi (Kevin), Penelope Ann Miller (Rebecca), Josh Charles (Adam), Annabella Sciorra (Nina), JoBeth Williams (Anne), Joanna Going (Kate), Joe Bellan (Landlord), Peter Gardiner (Priester)
Drehbuch: Roberto Benabib
Kamera: Randall Love (Farbe)
Musik: Mader
Schnitt: Sloane Klevin, Norman Buckley
Prod.-Des.: Don Defina
Prod.: Beau Flynn, Stefan Simchowitz, Jeffrey L. Davidson, Ron Wechsler für Bandeira Ent., USA 1997; 90 Min.
UA: 4.4.1997, Independent Film Festival Los Angeles

Vertrieb: Ascot Video; 23.10.1998
FSK: ab 16 J.

Promiment besetzter Liebesreigen aus dem pittoresken San Francisco. Ein Celluloid gewordener Lore-Roman der späten Neunziger.

Claude Muret – unseren Diensten bekannt 161

CONNU DE NOS SERVICES ***

Regie: Jean-Stéphane Bron
Darsteller: Claude Muret, Ernest Hartmann
Drehbuch: Jean-Stéphane Bron, Antoine Jaccoud
Kamera: François Bovy (Farbe)
Musik: Arthur Besson
Schnitt: Daniel Gibel
Prod.: Robert Boner für Ciné Manufacture/TSR, Schweiz 1997; 64 Min.
UA: Int. Filmfestspiele Locarno 1997
Verleih: -/-/JMH; August 1998

Das 2,3 Kilo schwere Dossier des linken Lausanners Claude Muret ergibt ein fast lückenloses Tagebuch eines Teils seines Lebens – von der ersten Demo 1964 bis zur Hochzeit 1977. Gelassen berichtet der einstige »Staatsfeind« über seine Erfahrungen, über politisch-gesellschaftliche Ideale und Utopien und deren (teilweises) Scheitern. Da auch seine einstigen »Gegner«, die fichierenden Beamten, zu Wort kommen, ergibt sich ein facettenreicher, ebenso komischer wie erstaunlicher und empörender Bericht über ein Stück jüngster Schweizer Vergangenheit. *Zoom, 8/98*

Conan 162

CONAN **
Video

Regie: Charles Bail, Martin Denning, Mark Roper, Rob Stewart, Frank Wayne
Darsteller: Ralph Möller (Conan), Danny Woodburn (Otli), T.J. Storm (Bayu), Robert McRay (Zzeben), Jeremy Kemp (Hissah Zul), Ally Dunne (Karella); in anderen Folgen mit: Jacob Chase, Jacqueline Collen, Anthony DeLongis
Kamera: Adolfo Bartoli, Raphael Smadja (Farbe)
Musik: Charles Fox
Schnitt: Ken Bornstein, Stephen Butler
Prod.: Peter Chesney für Western Int./ZDF/Balenciaga Prod./Keller Ent., BRD/USA 1997; 88 Min.
Vertrieb: Ufa Video; 30.3.1998
FSK: ab 12 J.

Als ob wir's wirklich wissen wollten, wie alles begann: Dürftige TV-Fantasy-Produktion mit Ralph Moeller in der Rolle von Schwarzenegger.

Cop Land 163

COP LAND ****

Regie: James Mangold
Darsteller: Sylvester Stallone (Freddy Heflin), Harvey Keitel (Ray Donlan), Ray Liotta (Gary Figgis), Robert De Niro (Moe Tilden), Peter Berg (Joey Randone), Janeane Garofalo (Cindy Betts), Robert Patrick (Jack Rucker), Michael Rapaport (Murray Babitch)
Drehbuch: James Mangold
Kamera: Eric Edwards (Technicolor/Deluxe)
Musik: Howard Shore
Schnitt: Craig McKay
Prod.-Des.: Lester Cohen
Prod.: Cary Woods, Cathy Konrad, Ezra Swerdlow; Kerry Orent (Koprod.) für Woods Ent., USA 1997; 105 Min.
UA: 15.8.1997, New York
EA: Hamburger Filmfest 1997
Verleih: Kinowelt/dto./Rialto; VCL Video, 29.1.1998
FSK: ab 12, ffr.

Der naive Sheriff eines Ortes nahe New York, in dem sich erfolgreiche Polizisten niedergelassen haben, wird mit der Tatsache konfrontiert, daß seine verehrten Vorbilder Verbrechen begehen und ihn in eine blutige Konfrontation mit ihnen treiben. Der hochkarätig besetzte Film, in dem Sylvester Stallone von seinem Rocky- und Rambo-Image ins Fach des einfältigen, loyalen Gesetzeshüters gewechselt ist, der zum High Noon gezwungen wird, ist ein überdurchschnittliches Cop-Movie mit guter Charakterisierung, ansprechender Themengestaltung und interessanter Darstellerleistung. *multimedia*

Sylvester Stallone besinnt sich auf seine Anfänge: So gut wie in diesem Polizei-Thriller von Jungregisseur James Mangold war er seit »Rocky« (1976) und seinem eigenen Autorenfilm »Vorhof zum Paradies« (1978) nicht mehr. Für die Rolle eines vom Schicksal gebeutelten Sheriffs in einem Vorort von New York hat er sich nicht nur auf seine darstellerischen Fähigkeiten besonnen, sondern auch 15 Kilo zugenommen und auf seine Million-Dollar-Gage verzichtet.

Mangold, von dem auch das Originaldrehbuch stammt, erzählt seine Korruptionsstory als soziale Milieustudie mit Thriller-Elementen. Der kleine Ort am anderen Ufer des Hudson River wird ausschließlich von Cops und deren Familien bewohnt. In diesem Cop Land, bei dessen Entstehung auch Mafia-Gelder im Spiel waren, ist Ray der Boß. Er läßt seinen Neffen, der aufgeregt zwei junge Schwarze erschossen hat, einfach »verschwinden«. (...)

Keiner in Mangolds atmosphärischem Film ist nur gut oder nur böse. Selbst die Cop-Frauen lottern in fremden Betten. Nichts ist in diesem Außenseitermilieu in Ordnung. Mangold inszeniert mit Gespür für Kino-Realismus, wenn ihm auch die Vielschichtigkeit seiner Story auf Kosten der Intensität etwas zu schaffen macht. Am Ende setzt er schöne Showdown-Effekte, wenn Sheriff Heflin das Ausmaß der Korruption begreift und Stallone doch noch Action zelebrieren darf. Hochspannung.

Frauke Hanck, AZ, 29.1.98

Stallone gelingt endlich die Travoltasche Kehrtwendung: Für einen Bruchteil seiner sonst üblichen 20-Millionen-Dollar-Gage beweist er – wie die amerikanische Presse jetzt endlich auch entdeckt und hymnisch feiert –, daß sich in dem aalglatten Muskelpacket ein ernster, großartiger Schauspieler verbirgt. Mit 15 zusätzlichen Kilos hat er sein Action-Image im Fett ertränkt. Seine kraftvolle Präsenz und sein melancholisches Wesen lassen selbst der erstklassigen Riege von Scorsese-Darstellern wenig Raum zur Entfaltung. *Angela Schmitt-Gläser, FR, 29.1.98*

(...) Wie gestaltete sich die Zusammenarbeit mit den sonst so kritischen Stars?

Ich glaubte an meinen Film, und dieses Selbstvertrauen übertrug sich auf alle. Wenn mir etwas nicht gefiel oder ich nicht weiter wußte, habe ich ungeniert

Harvey Keitel, Sylvester Stallone, Robert DeNiro und Ray Liotta in ›Cop Land‹

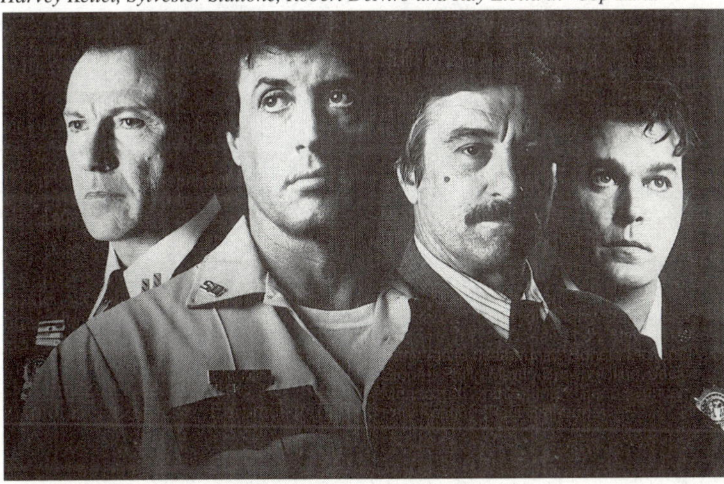

um Rat gefragt. Man darf sich als Regisseur nicht aufs hohe Roß setzen, sondern muß gemeinsam eine Lösung finden; schließlich bin ich kein Strippenzieher im Marionettentheater.

James Mangold im Interview mit Margret Köhler, AZ, 29.1.1998

Sebastian Feldmann in: Rheinische Post, 30.1.98; Thomas Klingenmaier in: Stgt. Zeitung, 29.1.98; Hans-Joachim Neumann in: Zitty, 3/98; Frank Noack in: Der Tagesspiegel, 29.1.98; Hanns-Georg Rodek in: Die Welt, 28.1.98; Hans Schifferle in: SZ, 29.1.98; Christian Seebaum in: Kölner Stadt-Anzeiger, 31.1.98

Countdown 164

COUNTDOWN STORIES *
Video

Regie: Hiroyuki Utatane
Prod.: Japan 1995; je 55 Min.
Vertrieb: OVA Video; 4.3.1998

Softsex-Episoden in kaum einstündigem Zeichentrickfilm aus Japan und in japanisch mit Untertiteln.

Cover Hard 3 165

DAI MOUHIGMA *
Video

Regie: Ringo Lam
Darsteller: Andy Lau, Rosamund Kwan, Wu Chien-lien
Prod.: Hongkong 1996; 105 Min.
Vertrieb: Pacific Video; 30.6.1998
FSK: ab 18 J.

Kind muß die Ermordung seiner Familie mitansehen und schwört Rache. Sinnloses Action- und Pyro-Delirium.

Crash Dive II 166

COUNTER MEASURES *
Video

Regie: Ed Raymond
Darsteller: Michael Dudikoff, James Horan, Alexander Keith, Scott Maröowe, Lada Boder, Robert Donavan, Rick Cramer, Tracy Brooks Swope
Drehbuch: Steve Latshaw
Kamera: Tom Callaway (Farbe)
Musik: Jay Bolton (supervisor)
Schnitt: Brett Hedlund, W. Peter Miller
Prod.-Des.: Steve Ralph
Prod.: Ed Raymond für Royal Oaks/ USA 1997; 89 Min.
Vertrieb: New Vision Video; Sept. 1998
FSK: ab 16 J.

Terroristen krallen sich russisches Atom-U-Boot, lassen aber ungeschickterweise US-Arzt von Bord. Einfallsloser Action-Müll.

Cybergate 167

LAST LIVES *
Video

Regie: Worth Keeter
Darsteller: C. Thomas Howell (Aaron), Jennifer Rubin (Adrienne), Billy Wirth (Malakai), Judge Reinhold (Merkhan), David Lenthall (Benza), Robert Pentz (Khafar), Richard Fullerton (Roma), Rick Wagner (Dad)
Drehbuch: Dan Duling
Kamera: Kent L. Wakeford; Dan Kneece (Farbe)
Musik: Greg Edmonson
Prod.-Des.: C. Daniel Hall, David Rawlins
Prod.: Steve Beswick für Promark/Videal/C.E.G., USA 1997; 92 Min.
Vertrieb: Starlight Video; 6.7.1998
FSK: ab 18 J.

Medial begabter Knacki flieht aus der Zukunft in die Gegenwart und landet auf einer Hochzeit. Jämmerlicher Science-Fiction-Zeitreise-Abklatsch von »12 Monkeys«.

Cypher 168

DOUBLE TAP **
Video

Regie: Greg Yaitanes
Darsteller: Stephen Rea (Cypher), Peter Greene (Nash), Mykelti Williamson (Hamilton), Kevin Gage (Burke), Robert La Sardo (Rodriguez), Richard Edson (Fischer), A Martinez (Escobar), Greg Collins (Nunns)
Drehbuch: Alfred Gough, Miles Millar, Erik Saltzgaber
Kamera: John Peters
Musik: Moby
Schnitt: Anthony Adler
Prod.-Des.: Marcia Hinds
Prod.: Gilbert Adler; F.A. Miller, Alan Schechter für Kushner-Locke/ Decade/Dypher, USA 1997; 87 Min.
Vertrieb: VMP Video
FSK: ab 16 J.

Serienkiller vergreift sich an Unterwelt-Größen und läßt stets am Tatort eine Hasenpfote zurück. Allenfalls mittelmäßiger Thriller, dem Stephen Rea seinen unverwechselbaren Stempel aufdrückt – was man von Heather Locklear nicht behaupten kann.

Da Capo – Noch einmal mit Gefühl 169
ANKOR, YESCHYO ANKOR! ***
TV

Regie: Pjotr Todorowski
Darsteller: Jewgeni Mironow (Poletajew), Irina Rosanowa (Ljubow Iwanowna Antipowna), Valentin Gaft (Oberst Winogradow), Jelena Jakowlewa (Hauptmannsfrau Krjukowa), Sergej Nikonenko (ihr Mann), Vladimir Ilyin, Alexander Pashutin
Drehbuch: Pjotr Todorowski
Kamera: Yuri Raisky (Farbe)
Musik: Pjotr Todorovski
Schnitt: Olga Kolotikova
Prod.-Des.: Valentin Konovalow
Prod.: Mira Todorovskaja für Domino XXI/Krug/Mosfilm, Rußland 1992; 96 Min.
TV: 6.3.1998, Arte, 23.40

In einer winterlichen Garnison Sibiriens versuchen Offiziere und Soldaten, der Monotonie des militärischen Alltags ein bißchen privates Glück abzugewinnen.

Dabei: Ein Clown 170
LARMAR OCH GÖR SIG TILL ****
TV

Regie: Ingmar Bergman
Darsteller: Börje Ahlstedt (Carl Akerblom), Marie Richardson (Pauline Thibault), Erland Josephson (Osvald Vogler), Pernilla August (Karin Bergman), Peter Stormare (Peter Landahl), Anita Björk (Anna Akerblom), Lena Endre (Märta Lundberg), Agneta Ekmanner (Rigmor)
Prod.: Schweden 1997; 119 Min.
TV: 24.5.1998, Arte, 21.45

Eine kleine Geschichte über lauter Lebenswerke (in wenigen Wochen ist Bergmans Achtzigster fällig): über Onkel Carl zum Beispiel, der, in einer Anstalt in Uppsala, einen frühen Ton-Film (1925!) drehen will um Schubert und seine Gräfin Mizzi, die jungfräuliche Prostituierte, oder über Professor Vogler, der von einer Liga der Furzer träumt. Wie immer bei Bergman sind die Männer rührend in ihrer Tölpelhaftigkeit, und die Einsamkeit der Frauen greift einem ans Herz.

Fritz Göttler, SZ, 23.5.98

Dad Savage 171
DAD SAVAGE **
Video

Regie: Betsan Morris Evans
Darsteller: Patrick Stewart (Dad Savage), Kevin McKidd (H), Helen McCrory (Chris), Jake Wood (Sav), Marc Warren (Vic), Joe McFadden (Bob)
Drehbuch: Steve Williams
Kamera: Gavin Finney; Alf Tramontin (Steadycam) (Technicolor)
Musik: Simon Boswell
Schnitt: Guy Bensley
Prod.-Des.: Michael Carlin
Prod.: Gwynneth Lloyd, Robert Jones; Diana Pokorny (Koprod.) für Sweet Child Film/PolyGram, GB 1997; 100 Min.
Vertrieb: PolyGram Video; Dez. 1998
FSK: ab 16 J.

Nanu? Picard von der »Enterprise« plötzlich als Zöglings-Schinder? Patrick Stewart spielt einen Mann, der blutige Rache an seinen Söhnen nimmt, die ihn betrügen wollten – oder so ähnlich. Die Story wird nur deutlich bei einigen Blutbädern, ansonsten bleibt sie nebulös und kryptisch.

Dämon – Trau keiner Seele 172
FALLEN ***

Regie: Gregory Hoblit
Darsteller: Denzel Washington (John Hobbes), John Goodman (Jonesy), Donald Sutherland (Lt. Stanton), Elias Koteas (Edgar Reese), Embeth Davidtz (Gretta Milano), Gabriel Casseus (Art), James Gandolfini (Lou), Michael J. Pagan (Sam)
Drehbuch: Nicholas Kazan
Kamera: Newton Thomas Sigel (Technicolor)
Musik: Tan Dun
Schnitt: Lawrence Jordan
Prod.-Des.: Terence Marsh
Prod.: Charles Roven, Dawn Steel; Kelley Smith-Wait (Koprod.) für Turner/Atlas Ent., USA 1998; 124 Min.
Verleih: Warner Bros./dto/-/Warner Home Video; 26.3.1998
FSK: ab 16 J.
FBW: Wertvoll

Ein vom Geist alter E.C.-Horror-Comics und klassischer Detektivfilme beseelter okkulter Thriller, nach konventionellem Muster gestrickt und nicht durchgängig fesselnd. Denzel Washington wird in der Rolle eines anständigen amerikanischen Kripobeamten von einem mordenden Dämon gepeinigt, der per Handschlag von einem menschlichen Wirtskörper zum anderen wechseln kann.

Ralph Umard, tip, 8/98

Entstanden ist so ein diabolischer Happen Hochspannungskino, der voller Finten, Finessen und falscher Fährten steckt. Ein teuflisch gutes Unternehmen, das einen bis zum Schluß in den Bann zieht und mit einer Auflösung aufwartet, die selbst erfahrene Kinogänger vom Hocker reißen wird.

Albert Baer, Rheinische Post, 27.3.98

(...) Das feig und verdruckst von fern umschlichene Vorbild dieses »Dämons« ist David Finchers Schocker »Seven«, nur, daß diesem epigonalen Biedergrusler jeder Mumm fehlt, eine schräge, düstere Welt zu entwerfen. Er bleibt bei braven, übersichtlichen Bildern, und seine faden Polizisten reagieren auf die Enthüllung höllischen Treibens so dröge, als ginge es um die Verfolgung eines Autodiebs. Was den steten Körperwechsel der Dämonen erklärt, hier muß man aus der Haut fahren vor Langeweile.

Thomas Klingenmaier, Stgt. Zeitung, 26.3.98

Michael Althen in: SZ, 1.4.98; Michael Kohler in: FR, 27.3.98

Dämonische Nachbarn 173

NOT LIKE US **
TV

Regie: Dave Payne
Darsteller: Joanna Pacula (Anita), Peter Onorati (Sam), Rainer Grant (Janet), Morgan Englund (John), Billy Burnette (Jody), Annabelle Gurwitch (Vicki), Paul Bartel (Mortician), Clint Howard (Wede)
Prod.: USA 1995; 85 Min.
TV: 30.12.1998, RTL, 0.35

Anita möchte dem langweiligen Kleinstadtleben entfliehen. Eine rätselhafte Mordserie ändert ihre Meinung.

Dance of the Wind 174

SWARA MANDAL ***

Regie: Rajan Khosa
Darsteller: Kitu Gidwani (Pallavi), Bhaveen Gosain (Ranmal), Roshan Bano (Tara), Kapila Vatsyayan (Karuna Devi, Pallavis Mutter), B.C. Sanyal (Munir Baba), Punarnava Mehta (Schülerin), Vinod Nagpal (Kritiker)
Drehbuch: Rajan Khosa, Robin Mukherjee
Kamera: Piyush Shah (Farbe)
Musik: Shubha Mugdal, Shanti Hirandand
Schnitt: Emma Matthews
Prod.-Des.: Armadeep Behl, Yogesh Tyagi
Prod.: Karl Baumgartner für NFDC/ Moonson/Pandora/JBA/Illumiations, Indien/BRD/Frankreich/GB/NL 1997; 87 Min.
Verleih: Pegasos/-/trigon; 1.10.1998
FSK: o. A., ffr.

Die Sängerin Pallavi verliert nach dem Tod ihrer Mutter die Stimme und stürzt in eine Krise, aus der sie niemand herausholen kann. Ein Kind und ein Guru helfen ihr auf einen eigenständigen Lebensweg. Faszinierend bebilderte, aber etwas langatmig und vorhersehbar erzählte Selbstfindungsgeschichte. Sie erkundet gleichzeitig die philosophischen Wurzeln der seit 5000 Jahren nur mündlich überlieferten klassischen indischen Musik. *Zoom, 7/98*

(...) Aus jedem Bild springt einen die gewollte Poesie geradezu an: »Ich bin schön«, schreit jede Einstellung. Die Einbindung der Musik in das Geschehen hält sich dagegen tapfer auf Kulturfilm-Niveau, immer nach der Devise »Der Wind hat mir ein Lied erzählt«. Sehenswert allerdings ist die schauspielerische Kraft von Hauptdarstellerin Kitu Gidwani, in Indien ein populärer TV-Star. Ihr Spiel ist weit entfernt vom schwerfällig-ambitionierten Stil der Inszenierung. Mit einem Blick erzählt sie beispielsweise mehr über den Zusammenprall traditioneller und moderner Denkweisen im heutigen Indien als der bedeutungsschwangere Rest. Leider dominiert letzterer den Film.

Zitty, 20/98

Kitu Gidwani, die Darstellerin der Tochter, ist in Indien ein Soap-Opera-Star. Wird das Ihrem Film helfen?

Kiefer Sutherland in ›Dark City‹

Sie ist einer der größten Fernsehstars, ich kenne sie seit der Filmschule. Sie hat auch schon in einem meiner Kurzfilme gespielt. Ich bin mir aber nicht so sicher, ob das meinem Film hilft, in Indien herauszukommen, denn es gibt eigentlich keine Programmkinos oder entsprechende Verleihe. Nur riesige Kinos, in denen Melodramen und Liebesfilme gezeigt werden. *Rajan Khosa im Interview mit Katja Nicodemus, tip, 21/98*

Heiko R. Blum in: Rheinische Post, 23.10.98; Thomas Klingenmaier in: Stgt. Zeitung, 5.10.98; HJM in: FAZ, 15.10.98

Dark City
175
DARK CITY
***

Regie: Alex Proyas
Darsteller: Rufus Sewell (John Murdoch), Kiefer Sutherland (Dr. Daniel Schreber), Jennifer Connelly (Emma Murdoch), Richard O'Brien (Mr. Hand), Ian Richardson (Mr. Book), William Hurt (Det. Frank Bumstead), Colin Friels (Walenski), Mitchell Butel (Husselbeck)
Drehbuch: Alex Proyas, Lem Dobbs, David, S. Goyer, nach einer Story von Alex Proyas
Kamera: Dariusz Wolszki (Atlab)
Musik: Trevor Jones
Schnitt: Dov Hoenig
Prod.-Des.: Patrick Tatopolous, George Liddle
Prod.: Andrew Mason, Alex Proyas für Mystery Clock Prod., USA 1998; 103 Min.
Verleih: Kinowelt/Constantin/Focus/VMP Video; 27.8.1998
FSK: ab 16 J., ffr.

Ein Mann erwacht in einem Hotelzimmer, ohne zu wissen, wo und wer er ist. Auf der Suche nach seiner Identität entdeckt er nach und nach das Geheimnis der finsteren Stadt: Eine außerirdische Intelligenz hält sich die Menschen wie Laborratten und manipuliert zu Experimentierzwecken ihre Erinnerungen. Diese Auflösung ist etwas gar platt. Was eigentlich als paranoider Alptraum angelegt wäre, ist nur gerade zu einer mäßig gruseligen SF-Story gediehen, die einem Vergleich mit »Blade Runner« oder »Brazil« nicht standhält.
Zoom, 9/98

In hypnotischen Bildern von dunklem Glanz (Kamera: Dariusz Wolski) und einem kafkaesken Noir-Ambiente in Design und Ausleuchtung erzählt Regisseur Alex Proyas eine Science-Fiction-Parabel von der scheinbar unerklärlichen Alptraumwelt des Seins. Nach seinem melancholischen Rache-Comic »Die Krähe« (1994) setzt Proyas jetzt auf existentialistische

Thriller-Effekte von immer wieder beunruhigender Qualität. Der deutsche Filmexpressionismus von Caligari bis Nosferatu läßt grüßen, wenn bleiche »Fremde« dem bislang unbescholtenen John Murdoch auf der Spur sind, der bar jeden Erinnerungsvermögens aufwacht, in einem finsteren Hotelzimmer mit einer Frauenleiche neben sich. (...) Für Genre-Liebhaber ist dieser bewußt eklektische Fantasy-Thriller apart, weckt auch Assoziationen an »Blade Runner«, »Total Recall« und »Metropolis«. Bei aller Paranoia-Finsternis aber hätte dem Film ein bißchen Humor nicht geschadet. *Frauke Hanck, AZ, 27.8.98*

(...) Die Story wirkt wie ein Mix aus Kafkas »Der Prozeß«, Terry Gilliams »Brazil« und Don Siegels »Invasion der Körperfresser«. Also alles schon mal dagewesen. Doch Proyas' zitategespickte Zukunftsvision funktioniert und fasziniert, weil sie nicht mehr sein will, als was sie ist: ein kafkaesker Horror-Trip in beklemmenden Bildern. Und der ist vielleicht nicht jedermanns Sache, aber auf jeden Fall alptraumhaft gut gelungen. *Albert Baer, Rheinische Post, 28.8.98*

Brigitte Desalm in: Kölner Stadt-Anzeiger, 29.8.98; Monika Djebbar in: Der Tagesspiegel, 27.8.98; Thomas Klingenmaier in: Stuttg. Zeitung, 27.8.98; Michael Kohler in: FR, 27.8.98; Hans-Joachim Neumann in: Zitty, 19/98; Anke Sterneborg in: SZ, 27.8.98

Dark Rain 176

DISASTER AT THE MALL *

Video

Regie: Norberto Barba
Darsteller: Rob Estes (Glenn), Shannon Sturges, Kai Wiesinger (Chris), Angeline Ball (Suzanne), Terence Maynard, George Anton
Drehbuch: John M. Mandel
Kamera: Christiano Pogany (Farbe)
Musik: Christopher Franke
Schnitt: Roberto Silvi
Prod.: Konstantin Thoeren für Wolper UFA, USA/BRD 1997; 85 Min.
Vertrieb: Ufa (Universum) Video; 4.8.1998
FSK: ab 16 J.

Ausbrecher fliehen in Einkaufzentrum und nehmen auf der Suche nach einem Geldkoffer (!) Geiseln. Nichtssagende Action-Routine auf TV-Niveau.

Dark World 177

SHADOWBUILDER *

Video

Regie: Jamie Dixon
Darsteller: Michael Rooker (Pater Vassey), Leslie Hope (Jenny), Tony Todd (Covey), Shawn Alex Thompson (Sam), Andrew Jackson (der Schattenmacher), Kevin Zegers
Drehbuch: Michael Stokes, nach einer Kurzgeschichte von Bram Stoker
Kamera: David Pelletier (Farbe)
Musik: Eckart Seeber
Schnitt: Craig Nisker
Prod.: Andy Emilio für Imperial/Applecreek/Hammerhead, USA/Kanada 1997; 97 Min.
Vertrieb: VCL Video; 21.4.1998
FSK: ab 18 J.

Revolverschwingender Priester macht Jagd auf unheimliche Ween, die die Bewohner seiner Heimatstadt verhexen. Gibt es etwas Schlimmeres als unfreiwillig komischer Horror? Billig inszenierter Genre-Schrott.

Days of being wild 178

A FEI JING JUEN ***

Regie: Wong Kar-wai
Darsteller: Leslie Cheung (Yuddy), Maggie Cheung (Su Lizhen), Andy Lau (Tide), Carina Lau (Leung Fung-Ying), Rebecca Pan (Rebecca), Jacky Cheung (Zeb), Tony Leung Chiu Wai (Smirk), Danilo Antunes
Drehbuch: Wong Kar-wai
Kamera: Christopher Doyle (Farbe)
Musik: Terry Chan
Schnitt: Patrick Tam, Hai Kit-wai
Prod.-Des.: William Chang
Prod.: Rover Tang, Joseph Chan für In-Gear Film, Hongkong 1991; 94 Min.
Verleih: MFA, OmU/polyfilm/Xenix; 4.6.1998

Der Dandy Yuddy erobert die Verkäuferin Su Lizhen, verläßt sie für ein Barmädchen und reist schließlich auf die Philippinen, wo er seine unbekannte Mutter zu finden hofft, die ihn ein zweites Mal verstößt. Ein stoischer Polizist verbringt eine regnerische Nacht mit der verzweifelten Su Lizhen, die für ihn jedoch keine Augen hat. Als Seemann begegnet er in Manila Yuddy wieder, und gemeinsam begeben sie sich auf

eine tödliche Reise. In seinem zweiten Film treibt Wong Kar-wai die Poetisierung der Wirklichkeit auf die Spitzen jeder Realismus ist aus den Bildern vertrieben. In der Einheit von Christopher Doyles expressionistischer Kameraarbeit und einem raffiniert gewobenen musikalischen Geräuschteppich ist Wongs Stil zur Perfektion gereift.
Christoph Terhechte, tip, 12/98

(...) Wong Kar-wais zweiter Film ist eine artifizielle Hommage an den französischen Existentialismus und beschreibt die Suche nach einer unbestimmten Idee von Geborgenheit. Erzählt wird die Geschichte vor allem in den Monologen der zentralen Figur bei betont zurückgenommener Stilisierung, die sich von allen Genre-Konventionen abwendet. *Zoom, 11/98*

(...) Die stimmige Charakterisierung von Unvermögen und Sehnsucht im Zusammenhang mit engen Beziehungen, vor allem aber eine ausgeprägt originäre Bildsprache machen den zwischen Resignation, Romantik und Ironie pendelnden Film zu einem sehenswert dichten Kunstwerk. *multimedia*

Heiko R. Blum in: Rheinische Post, 18.9.98; Thomas Klingenmaier in: Stuttgarter Zeitung, 2.7.98

›Days of being wild‹

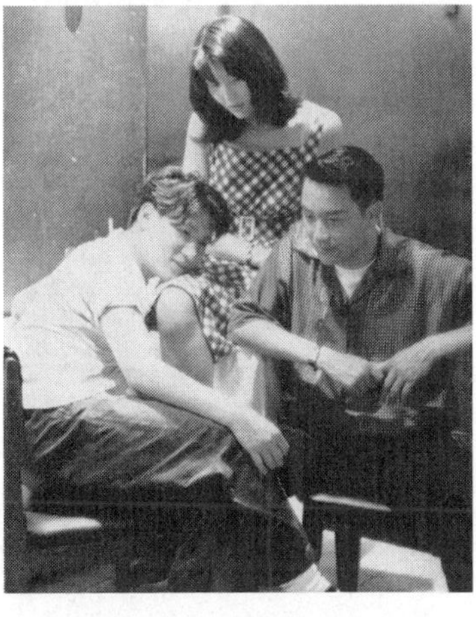

Dazlak 179

**

Regie: Helke Sander
Darsteller: Jenny Schlenzka (Jenny), Florian Lukas (Dazlak), Mizrajim Komi Togbonou (Kola), Gaby Herz (Schwester Ingeborg), Holger Trillsch (Polizist 1), Dietmar Mössmer (Polizist 2), Joel Olano (Handwerker), Arik-Benjamin Seils (Skinhead)
Drehbuch: Helke Sander, Silvo Lathela
Kamera: Eigil Bryld (Farbe)
Schnitt: Barbara von Weitershausen
Prod.-Des.: Jürgen Rieger
Prod.: Susanne Schlaepfer für Agora mit BR, BRD 1997; 89 Min.
UA: Int. Hofer Filmtage 1997
Verleih: MFA/-/-; 30.10.1997

Eine Mischung aus Roadmovie und Comedy: Jenny gerät durch ihre Hilfsbereitschaft in Teufels Küche. Bei einem Versuch, einem 18jährigen Skinhead, der besoffen sein Auto gegen einen Baum gefahren hat, zu helfen, verstrickt sie sich in Umstände, die das Ziel ihrer Reise in immer weitere Ferne rücken lassen.

Dead Silence 180

DEAD SILENCE ***

Video

Regie: Daniel Petri jr.
Darsteller: James Garner (John Potter), Kim Coates (Theodore Handy), Marlee Matlin (Melanie Charrol), Lolita Davidovich (Sharon Foster), Charles Martin Smith (Roland W. Marks), Kenneth Welsh (Lenny Budd), James Villemaire (Ray »Sonny« Bonner), Gary Basaraba (Shephard Wilcox)
Drehbuch: Jeffery Deaver, nach seinem Roman »A Maiden's Grave«
Kamera: Thomas Burstyn (Farbe)
Musik: Jonathan Goldsmith
Schnitt: Ronald Sanders
Prod.-Des.: William Beeton
Prod.: John Kemeny für Maiden/Alliance/HBO, USA/Kanada 1997; 105 Min.
Vertrieb: Marketing Film Video; März 1998
FSK: ab 16 J.

Drei entflohene Brutalo-Knackis kapern Schulbus mit taubstummen Kindern und nehmen diese als Geiseln. James Garner als FBI-Agent erweist sich neben Marlee Matlin als einziger Lichtblick in dieser vorhersehbaren US-Kabel-TV-Produktion.

›Deep Impact‹

Deadly Speed – Todesrennen auf dem Highway 181

RUNAWAY CAR **

Regie: Jack Sholder
Darsteller: Judge Reinhold (Ed), Nina Siemaszko (Jenny Cole), Alec Murdock (Dr. Mason), Brian Hooks, Paul Eiding, Glenn Morshower, Brian Reddy
Drehbuch: Paul F. Edwards
Kamera: Anghel Decca (Farbe)
Musik: J. Peter Robinson
Schnitt: Alan Geik
Prod.-Des.: Anthony Tremblay
Prod.: Hard Time Prod., USA 1997; 89 Min.
TV: 18.6.1998, Pro7, 20.15

Das Gaspedal klemmt, das Auto rast und die Insassen können es nicht stoppen. Was tun? Abschalten!

Deep Impact 182

DEEP IMPACT **

Regie: Mimi Leder
Darsteller: Robert Duvall (Spurgeon Tanner), Tea Leoni (Jenny Lerner), Elijah Wood (Leo Biederman), Vanessa Redgrave (Robin Lerner), Maximilian Schell (Jason Lerner), Morgan Freeman (Präsident Beck), Leelee Sobieski (Sarah Hotchner), James Cromwell (Alan Rittenhouse)
Drehbuch: Bruce Joel Rubin, Michael Tolkin, John Wells
Kamera: Dietrich Lohmann (Technicolor Deluxe)
Musik: James Horner
Schnitt: David Rosenbloom
Prod.-Des.: Leslie Dilley
Prod.: Richard D. Zanuck, David Brown für Paramount/DreamWorks, USA 1997; 121 Min.
Verleih: UIP/UIP/UIP/CIC Video; 14.5.1998
FSK: ab 12, ffr.
FBW: Wertvoll

Ein weiteres Beispiel dafür, daß der »neue« Katastrophenfilm ganz der alte ist: Beim Versuch, seriös zu sein und die Emotionen der Menschen in den Mittelpunkt zu stellen, produziert dieser Film um einen Meteoriten, der auf die Erde zurast, nur Gefühle vom Reißbrett. So bleiben dem Zuschauer die Figuren herzlich egal, die eigentliche Katastrophe füllt kaum Filmzeit, und von der Darstellung einer beklemmenden Atmosphäre angesichts des drohenden Weltuntergangs kann nicht die Rede sein. *Frank Arnold, tip, 11/98*

(...) In konventioneller »Cliffhanger-Dramaturgie« und nach einem Vorbild aus dem Jahre 1951 gedrehter Weltuntergangs-Katastrophenfilm, der tricktechnisch nicht durchwegs überzeugt. Blasse Charaktere beleben nur unzulänglich eine platte Parabel, die einmal mehr klischeehaft Familie und Heldentum hochhält. *Zoom, 6/98*

Michael Althen in: SZ, 14.5.98; Milan Pavlović in: Kölner Stadt-Anzeiger, 16.5.98; Ruprecht Skasa-Weiß in: Stgt. Zeitung, 14.5.98

Defenceless – Ausgeliefert 183

SIN AND REDEMPTION **
Video

Regie: Neema Barnette
Darsteller: Richard Grieco (Jim McDaniels), Cynthia Gibb (Billie Simms), Cheryl Pollak (Maryanne), Concetta Tomei (Marina Preston), Chapelle Jaffe (Emma Simms), Ralph Waite (Cal Simms), Ashleigh Aston Moore (Sally Simms), Kelly Sheridan (Sarah Simms)
Drehbuch: Ellen Weston
Prod.: Loucas George für Paramount, USA 1994; 94 Min.
Vertrieb: CIC Video; April 1998
FSK: ab 12 J.

Religiös erzogenes Vergewaltigungsopfer versucht Familie zu gründen und gerät an den Falschen. Ein für das weibliche Publikum spekulativ zurechtgeschustertes Schicksalsdrama.

Defenders – Die Vergeltung 184

THE DEFENDERS: THE PAYBACK ***
Video

Regie: Andy Wolk
Darsteller: Beau Bridges (Donald Preston), E.G. Marshall (Lawrence Preston), Martha Plimpton (Anwältin M. J. Preston), Roma Maffia (Richter Julie Bishop), John Larroquette (Michael Lane), Rachael Leigh Cook (Tracey Lane), Clea DuVall (Jessica Lane)
Drehbuch: Andy Wolk, Peter Wolk
Kamera: John Newby (Farbe)
Musik: Mark Isham
Schnitt: Lauren Schaffer
Prod.: Sy Fischer, Beau Bridges, Stan Rogow für Paramount/Showtime, USA/Kanada 1997; 90 Min.
Vertrieb: CIC Video; 15.6.1998
FSK: ab 16 J.

Ein sehr anspruchsvoller, ambitionierter und gleichwohl moraltriefender US-TV-Pilotfilm zu Justizserie: Die Geschworenen sitzen über einen männlichen Angeklagten zu Gericht, der den Vergewaltiger seiner achtjährigen Tochter erschoß.

Deine Schönheit ist dein Verderben 185

CROWNED AND DANGEROUS ***
TV

Regie: Christopher Leitch
Darsteller: Yasmine Bleeth (Danielle Stevens), Jill Clayburgh (Kathy Stevens), Cassidy Rae (Shauna Langley), Gates McFadden (Patrice Baxter), Troy Evans (Carl Wallace), Lily Knight (Meyers), Oliver Muirhead (Bryan Donahue), Mathea Webb (Carla Mathewson)
Drehbuch: Carey W. Hayes, Chad Hayes, Alan Hines
Musik: Starr Parodi, Jeff Eden Fair
Prod.: USA 1997; 88 Min.
TV: 26.11.1998, Pro7, 20.15

(...) Hier drillt die Mutter (hervorragend: Jill Clayburgh) ihre Pin-up-Tochter, damit die ewige Zweite der ewigen Ersten endlich das Krönchen entreiße. Im Duell der charaktermiesen Cheesecake-Larven um Miss-Titel und reichen Lover hilft nur Auslöschung der Rivalin durch Mord – während die Glanzlack-Tussis mit angelerntem Sozialschmus (»ich will etwas für Behinderte tun«) um die Gunst der Schnulzenkundschaft buhlen und Wunsch und Wahn verwechseln. Böse Realsatire der weiblichen Versagergesellschaft: Frau ist nur durch Schönheit und Mannbesitz vorhanden. *Ponkie, AZ, 28.11.98*

Dem Tod auf der Spur 186

TERRITORIO COMANCHE ****
TV

Regie: Gerardo Herrero
Darsteller: Imanol Arias (Mikel Uriarte), Carmelo Gómez (José), Cecilia Dopazo (Laura Riera), Mirta Zecevic (Jadranka), Bruno Todeschini (Olivier), Gaston Pauls (Manuel), Natasa Lusetic (Helga), Ecija Ojdanic (Jasmina)
Drehbuch: Arturo Pérez-Reverte, Salvador García, Gerardo Herrero, nach dem Buch von Arturo Pérez-Reverte
Kamera: Alfredo Mayo (Farbe und s/w)
Musik: Ivan Wyszogrod
Schnitt: Carmen Frias
Prod.-Des.: Luis Valles
Prod.: Javier López Blanco, Gerardo Herrero für Tornasol/Road Movies/Blue Dahlia/B. M. G. Ent./Kompel, Spanien/BRD/Frankreich/Argentinien 1996; 90 Min.
UA: 15.2.1997, Int. Filmfestspiele Berlin, »Wettbewerb«
TV: 23.22.1998, ZDF, 22.15

Journalistenerfahrung beim Buhlen um die beste Kamerabeute im Bürgerkriegswahn zwischen Serben und Bosniern: Die Reporter im TV-Fotokrieg produzieren Chaos-Zynismus und TV-Perversion. *Ponkie, AZ, 2.12.98*

Demain et encore demain (Tagebuch 1995) 187

DEMAIN ET ENCORE DEMAIN (JOURNAL 1995) ***

Regie: Dominique Cabrera
Schnitt: Réjane Fourcade
Prod.: Sylvie Blum, Gérald Colas, Claude Guisard für Institut National de l'Audiovisuel, Frankreich 1997;
79 Min.
EA: 19.2.1998, Int. Forum des Jungen Films, Berlin
Verleih: Freunde/-/-; 19.11.1998

Eine Frau filmt die Tage des Jahres '95 und ihren Pariser Alltag – Freunde, Verwandte, ihren Sohn, das rudimentäre Leben der Stadt. Unversehens tauchen wir mit diesem Film in eine Welt wie unter Wasser ein. Video (Hi 8) in Film verwandelt, erzeugt hier verblüffende Fehlfarben des Vertreuten. Die Auseinandersetzung mit ihrem körperlichen Leiden (Anfälle von Freßsucht) hat Dominique Cabrera zur Kamera wie zu einem heilenden Spiegel greifen lassen; wir haben es bald vergessen, denn wir sind eingetaucht in die »picture cure« und lassen uns durch das Labyrinth ihres Alltags führen. *tip, 24/98*

Kerstin Decker in: Der Tagesspiegel, 19.11.98

... denn zum Küssen sind sie da 188

KISS THE GIRLS ***

Regie: Gary Fleder
Darsteller: Morgan Freeman (Alex Cross), Ashley Judd (Kate Mctiernan), Cary Elwes (Nick Ruskin), Alex McArthur (Sikes), Tony Goldwyn (Will Rudolph), Jay O. Sanders (Kyle Craig), Bill Nunn (Sampson), Brian Cox (Chief Hatfield)
Drehbuch: David Klass, nach einem Roman von James Patterson
Kamera: Aaron Schneider (Farbe)
Musik: Mark Isham
Schnitt: William Steinkamp, Harvey Rosenstock
Prod.-Des.: Nelson Coates
Prod.: David Brown, Joe Wizan für Paramount/Rysher Ent., USA 1997;
116 Min.
Verleih: UIP/-/-/CIC Video; 5.3.1998
FSK: ab 16, ffr.
FBW: Wertvoll

Wie kann man das abgenutzte Serienkiller-Genre noch einmal aufpeppen? Ganz einfach, dachte sich Regisseur Gary Felder und schickte nicht einen, sondern gleich zwei Serienkiller auf die Leinwand. Doch die Verdopplung der Täteranzahl führt leider nur zu einer Häufung der altbekannten Schockmomente und dramaturgischen Täuschungsmanöver. Allein das wirre Drehbuch verhindert die frühe Enttarnung der beiden Killer, die zusammen lediglich einen Bruchteil der kriminellen Energie von Dr. Hanibal Lecter aufbringen. Uninspirierter Verschnitt aus »Seven«, »Copy Kill« und natürlich »Das Schweigen der Lämmer«.
Volker Gunske, tip, 6/98

Abgesehen von manchen Unwahrscheinlichkeiten, die sich das Kino aber immer leisten kann, weil es eben Kino ist und nicht Realität, sind Handlung und Montage gut aufbereitet, spannend erzählt und routiniert inszeniert. (...)
Thomas Engel, Der Gildendienst, 1/98

(...) Leider bleibt die mit Brutalitäten zurückhaltende, allerdings auch arg konventionelle Inszenierung außer einer sehr cleveren Wendung gegen Schluß einiges an Spannung schuldig. Casanova liebt intelligente Frauen. Wer intelligente Thriller liebt, ist hier im falschen Film. *W.O.P. Kistner, AZ, 5.3.98*

Fritz Göttler in: SZ, 9.3.98; Thomas Klingenmaier in: Stgt. Zeitung, 5.3.98; Daniel Kothenschulte in: FR, 7.3.98

Desperate Measures 189

DESPERATE MEASURES ***

Regie: Barbet Schroeder
Darsteller: Michael Keaton (Peter McCabe), Andy Garcia (Frank Connor), Marcia Gay Harden (Dr. Samantha Hawkins), Brian Cox

Morgan Freeman in ›... denn zum Küssen sind sie da‹

(Jeremiah Cassidy), Joseph Cross (Matthew Connor), Efrain Figueroa (Vargus), Janet Maloney (Sarah Davis), Richard Riehle (Ed Fayne)
Drehbuch: David Klass
Kamera: Luciano Tovoli (Technicolor)
Musik: Trevor Jones
Schnitt: Lee Percy
Prod.-Des.: Geoffrey Kirkland
Prod.: Barbet Schroeder, Susan Hoffman, Gary Foster, Lee Rich für Edglepoint/Schroeder/Hoffman, USA 1997; 100 Min.
Verleih: Constantin/-/-; 14.5.1998
FSK: ab 16, ffr.

Die Polizei jagt einen gefährlichen Massenmörder, der aus dem Gefängnis ausgebrochen ist. Zugleich ist der entflohene Verbrecher aber auch der einzig mögliche Rückenmarkspender für den an Leukämie erkrankten Sohn des Polizisten Frank. Da er nur lebendig das Leben des Kindes retten kann, muß der Vater den Gejagten vor der Polizei schützen und gerät so aber selber als Polizist zwischen die Fronten. Die durch die vielversprechende Exposition ausgelösten Erwartungen kann der Action-Film wegen der im Laufe des Filmes zunehmenden Schwäche des Drehbuchs und Defiziten in der Charakterentwicklung jedoch keineswegs einlösen. *multimedia*

Barbet Schroeder, der französische Regisseur mit US-Karriere, versucht sich hier an einer Kombination aus Psycho- und Action-Thriller. Ein Polizist muß um seines todkranken Sohnes willen einen Massenmörder schützen. Diesen Konflikt löst Schroeder im coolen Wettlauf zwischen Berufsethos, Verbrecher-Raffinesse und emotionalen Motivationen mit nicht immer ganz durchgehaltener Spannung. Doch das schauspielerische Duell zwischen Andy Garcia und Michael Keaton versöhnt mit kleinen Inszenierungsschwächen.
Die Story ist gradlinig in ihrer Struktur, bietet aber viele Möglichkeiten zu psychologischem Tiefgang. (...)
Der Nervenkitzel funktioniert ziemlich perfekt: Geiselnahme im Krankenhaus, Erschießung Unschuldiger, die immer diffuser werdenden Grenzen zwischen Gut und Böse. Ein nachdenklicher Thriller. *Frauke Hanck, AZ, 14.5.98*

Albert Baer in: Rheinische Post, 15.5.98; Gerhard Midding in: Kölner Stadt-Anzeiger, 16.5.98; Anke Sterneborg in: SZ, 14.5.98

Destination Zero 190

THE SENDER **
Video

Regie: Richard Pepin
Darsteller: Michael Madsen (Dallas Grayson), R. Lee Ermey (Rosewater), Robert Vaughn (Fairfax), Dyan Cannon (Gina Fairfax), Steven Williams (Lockwood), Shelli Lether (Angel), Brian Bloom (Jack Grayson)
Drehbuch: Richard Preston, Nathan Long
Kamera: Mike Weaver (Farbe)
Musik: John Sponsler
Schnitt: Stephen Adrianson
Prod.: Joseph Merhi, Richard Pepin für PM Ent., USA 1997; 95 Min.
Vertrieb: Ascot Video; 19.6.99
FSK: ab 16 J.

Krimineller General will die Fähigkeit eines Mädchens, mit Aliens kommunizieren zu können, für seine irren Zwecke nutzen. Die übliche Destruktionsorgie dieses Science-Fiction-Actioners wird höchstens durch die Besetzung ein wenig abgemildert.

Der Detonator – Das Spiel mit dem Terror 191

DETONATOR **

Video

Regie: Garrett Clancy
Darsteller: Scott Baio (Zack Ramses), Charlene Tilton (Gail Davies), Shannon Bruce (Jaime Angeline), Don Stroud (Whip O'Leary), Emile Levisetti (Max Jones), Rich Dean
Drehbuch: Garrett Clancy
Kamera: Mike Mickens, Christopher Landy (Farbe)
Musik: Paul Di Franco
Schnitt: Folmer Wiesinger
Prod.: Mike Elliott, Mike Upton für Concorde-New Horizons/Califilm, USA 1997; 82 Min.
Vertrieb: MVW Video; 26.3.1998
FSK: ab 18 J.

Sprengstoff-Experte Zack verliebt sich in eine junge Frau, der er gegen den Willen der Polizei bei einem Einsatz das Leben rettete.
Unausgegorene, auf Action getrimmte Genre-Unterhaltung.

Devil's Island 192

DJÖFLAEYJAN ****

Regie: Fridrik Thor Fridriksson
Darsteller: Baltasar Kormakur (Baddi Tomasson), Gisli Halldorsson (Tomas Tomasson), Sigurveig Jonsdottir (Karolina Tomasson), Sveinn Geirsson (Danni Tomasson), Hallorda Geirhardsdottir (Dolly), Gudmundur Olafsson (Grettir), Ingvar E. Sigurdsson (Grjoni), Magnus Olafsson (Hreggvidur)
Drehbuch: Einar Karason
Kamera: Ari Kristinsson (Farbe)
Musik: Hilmar Orn Hilmarsson
Schnitt: Steingrimur Karlsson, Skule Eriksen
Prod.-Des.: Arni Pall Johansson
Prod.: Fridrik Thor Fridriksson, Peter Rommel, Egil Odegaard, Peter Aalbaeck Jensen für Icelandic Film/Peter Rommel Filmprod./Filmhuset/Zentropa Ent., Island/BRD/Norwegen/Dänemark 1996; 103 Min.
UA: 18.2.1997, Int. Filmfestspiele Berlin
Verleih: Ventura/-/-; 15.1.1998
FSK: ab 12, ffr.

Ein Teil einer isländischen Großfamilie sucht sein Glück in Amerika, der Rest haust in einer Kasernensiedlung. Der Traum vom Glück zerplatzt, und einige der Auswanderer kehren ernüchtert zurück. Aber das Leben geht weiter, wenn auch oft mit Suff und Schlägerei. Eine unterhaltsame Familiengeschichte vor dem Hintergrund des Amerika-Fiebers der fünfziger Jahre auf der kalten Insel. Die skurrilen Charaktere entschädigen für manchen kleinen Durchhänger.

Margret Köhler

Marry Bernhard in: Die Welt, 15.1.98; Thomas Klingenmaier in: Stgt. Zeitung, 15.1.98; Martina Knoben in: SZ, 15.1.98; Heike Kühn in: FR, 15.1.98; Frank Noack in: Der Tagesspiegel, 19.2.97; Oliver Rahayel in: Kölner Stadt-Anzeiger, 17.1.98

Diana – Ein Leben für die Liebe 193

PRINCESS IN LOVE **

TV

Regie: David Greene
Darsteller: Julie Cox (Diana), Christopher Villiers (Captain James Hewitt), Christopher Bowen (Charles)
Drehbuch: Nach dem Roman von Anna Pasternak
Prod.: Movie Screen Ent., USA 1996; 94 Min.
TV: 29.8.1998, SAT.1, 20.15

Nochmal Diana, jetzt mehr mit dem Rittmeister Hewitt.

Diana – Königin der Herzen 194

THE PEOPLE'S PRINCESS ***

TV

Regie: Gabrielle Beaumont
Darsteller: Amy Clare Seccombe (Diana), George Jackos (Dodi Al Fayed), Anthony Valentine (William Reede), Lisa Eichhorn (Rachel), Rory Jennings (Prinz Harry), Freddie Sayers (Prinz William), Antony Zaki (Hasnat Khan), Sarah Vandenbergh (Jemima Khan)
Drehbuch: Gabrielle Beaumont
Kamera: Michael Davis (Farbe)
Musik: Roger Webb
Prod.: Artemis, GB 1998; 100 Min.
TV: 10.7.1998, ARD, 20.15
FSK: ab 6 J.

Schmonzette über das Leben der Lady Diana Spencer, gar nicht mal so übel.

Didn't do it for Love 195

***

Regie: Monika Treut
Drehbuch: Monika Treut
Kamera: Ekkehart Pollack, Christopher Landerer (Farbe)

Musik: Georg Kajanus
Schnitt: Eric Marciano, Jeff Lunger
Prod.: Irene von Alberti für Filmgalerie 451, BRD 1998; 80 Min.
UA: 13.2.1998, Int. Filmfestspiele Berlin, »Panorama: Dokumente«
Verleih: Die Wand/-/-/Filmgalerie 451; 26.3.1998

Eva Norvind war Showgirl, Prostituierte und Domina. In jungen Jahren wurde die Norwegerin in Mexiko als B-Movie-Star und Sexbombe gefeiert. Wegen ihrer emanzipierten, frechen Haltung warf man sie aus dem Land. Eva Norvind ging nach New York und eröffnete eine berühmte Sado-Maso-Agentur.
In ihrem Dokumentarfilm porträtiert Monika Treut die Norvind als Über-Mutter und Hohepriesterin des Sexus, folgt ihrem schillernden Schicksal mit Filmausschnitten, Fotos und Interviews, zeigt sie mit ihrer Familie, bei S/M-Inszenierungen, in ihrer Agentur und bei provozierenden Aktionen.
Katja Nicodemus, tip, 7/98

Der Dieb von Ulan Bator 196

ARGAMSHAA
***
TV

Regie: Nansalmaagin Uranchimeg
Darsteller: Sodnomdorsh Gombo-Ochir (Toguldur), Njam Zegmid (Großvater), Munchtur Tschuluunbaatar (Enchee), Churlaat Tomur (Sainaa), Njamdawaa Badral (Nergi)
Drehbuch: Nansalmaagin Uranchimeg
Kamera: Shigshid Binder
Musik: Zeden-Isch Chinzorig
Prod.-Des.: Tudew Goosh
Prod.: Mongolkino, Mongolei 1991; 75 Min.
EA: 12.2.1994, Int. Forum des Jungen Films, Berlin
TV: 16.7.1998, Arte, 21.35

In ausgeklügelt schönen, schwarzweißen Bildern, in denen immer wieder der Atem des Neorealismus spürbar wird, entfaltet der Film seine Geschichte. Liebevoll, poetisch und doch ohne falsche Sentimentalität versetzt er sich in die Perspektive des Jungen, der in diesem Film 1991 noch keine Chance hat. *Anke Sterneborg, SZ, 15.2.94*

(...) Weil er sich nach dem Tod des Vaters von der Mutter alleingelassen fühlt, reißt der Junge von zu Hause aus. Fortan lebt er mit einer Gruppe Obdachloser zusammen und arbeitet für eine Diebesbande. Eines Tages faßt er Vertrauen zu einem älteren Mann, der ihn mit in den Tempel nimmt. Ein Mönch versucht, ihn mit dem Buddhismus vertraut zu machen. Der Junge schöpft wieder Hoffnung. Doch die Diebe wollen ihn nicht gehen lassen: Er soll wieder einmal über das Dach in ein Haus einbrechen. *Pressetext Arte*

Dies verlauste nackte Leben 197

***
TV

Regie: Hans-Christoph Blumenberg
Darsteller: Vadim Glowna, Heikko Deutschmann
Drehbuch: Hans-Christoph Blumenberg
Prod.: BRD/Polen 1997; 95 Min.
TV: 22.3.1998, Arte, 23.30

Zwar viel Papier und Theatralik in diesem fiktiven Dialog zwischen dem gefangenen George und einem unverbittlich schnöselhaften russischen Verhör-Offizier – doch der Film bekommt von Vadim Glowna in der George-Rolle eine ungeheuer private Vitalität: Der »Herr Schauspieler«, gedemütigt vom Genossen Offizier (eisig im Haß des ehemaligen Bewunderers: Heikko Deutschmann), in einem bitteren Solo der Abstürze. *AZ, 24.3.98*

Diese Tage in Terezin 198

***

Regie: Sibylle Schönemann
Drehbuch: Sibylle Schönemann, Lena Makarova, Victoria Hanna Gabbay
Kamera: Hans Rombach (Farbe)
Musik: Karel Svenk, Victoria Hanna Gabbay (Lieder)
Schnitt: Renate Merck
Prod.: Heino Deckert, Hannes Schönemann für Ma.Ja.De/Der Ochsenkopf mit Czech TV, BRD 1997; 80 Min.
UA: 18.2.1997, Int. Forum des Jungen Films, Berlin
Verleih: Basis/-/-; 15.1.1998
FSK: ab 6, ffr. – *FBW:* Besonders wertvoll

Im KZ Theresienstadt gab es einen Mann, den man den »Chaplin von Theresienstadt« nannte. Drei Frauen – Victoria, Sängerin aus Israel, Lena, Schriftstellerin aus Rußland und Sibylle Schöbermann – begeben sich auf seine Spur. Ihre Motive sind so unterschiedlich wie ihre Lebenswege. (...) Leider verbindet sich diese sehr persönliche Herangehensweise nicht mit den Schilderungen der Zeitzeugen. Streckenweise glaubt man zwei Filme zu sehen. *Annette Leweke, tip, 3/98*

Dieser verflixte Kater 199

THAT DARN CAT **
Video

Regie: Bob Spiers
Darsteller: Doug E. Doug (Zeke Kelso), Christina Ricci (Patti Randal), Dean Jones (Patty Flint), Elvis (Kater D.C.), George Dzundza (Boetticher), Peter Boyle (Pu), Dyan Cannon, Bess Armstrong
Drehbuch: S.M. Alexander, L.A. Karaszewski, nach »Undercover Cat« von The Gordons
Kamera: Jerzy Zielinski (Farbe)
Musik: Richard Kendall Gibbs
Schnitt: Roger Barton
Prod.-Des.: Jonathan Carlson
Prod.: Robert Simonds für Walt Disney Prod., USA 1996; 86 Min.
Vertrieb: Walt Disney Video; 28.5.1998
FSK: ab 6 J.

Gelangweiltes High-School-Girl gerät durch ihre Katze in ein harmloses Geheimdienstabenteuer. Überflüssiges Remake des Disney-Klassikers von 1965 im sterilen Look der neunziger Jahre.

Diesseits von Afrika 200

THE HAPPY VALLEY ***
TV

Regie: Ross Devenish
Darsteller: Holly Aird (Juanita Carberry), Denholm Elliott (Sir Henry »Jock« Delves Broughton), Kathryn Pogson ((June Carberry), Michael Byrne (John Carberry), Amanda Hillwood (Lady Diana Delves Broughton), Cathryn Harrison (Helen Tapsell), Peter Sands (Lord Erroll), Richard Heffer (Asst. Supt. Poppy)
Drehbuch: David Reid (II)
Kamera: John Baker (II), Nicholas Squires (Farbe)
Musik: Geoffrey Burgon
Schnitt: Clare Douglas
Prod.-Des.: Don Taylor (II)
Prod.: Chris Cherry, Cedric Messina für BBC/Centre Films, GB 1986; 90 Min.
TV: 19.1.1998, ZDF, 1.33; 23.7.98, 3sat, 20.15

Kenia 1940. Weit entfernt vom Kriegsgeschehen in Europa benutzen britische Kolonialherren das Land als Schauplatz für ihre dekadenten Vergnügungen. Der Film erzählt einen authentischen Mordfall aus der Perspektive einer Sechzehnjährigen. Der Film verbindet die Spannung des Kriminalfalls mit der sensiblen Darstellung von Juanitas Leidens- und Befreiungsgeschichte und einem Porträt der amoralisch-morbiden Kolonialgesellschaft.

Dilemma 201

DILEMMA **
Video

Regie: Eric Larsen
Darsteller: C. Thomas Howell (Thomas Quinlan), Sofia Shinas (Lydia Contrell), Danny Trejo (Rudy Salazar), Courtney Gains (Tex), Alexander Folk (Herb Endres)
Drehbuch: Ira Israel, Chuck Conaway, nach einer Story von Chuck Conaway
Kamera: Mark Melville (Farbe)
Musik: Albritton McClain
Schnitt: James J. Munoz, Jim E. Nowna
Prod.-Des.: Daniel Bronstein
Prod.: Eric Louzil, Colin Bates für Carpe Diem II, USA 1997; 84 Min.
Vertrieb: VCL Video; 26.5.1998
FSK: ab 18 J.

Unansehnlicher Billig-Thriller nach dem Muster des Kinoflops »Desperate Measures«: Zum Tode Verurteilter stimmt Knochenmark-Transplantation zu, um lebenslängliche Haft zu ergattern – und flieht aus der Klinik.

Dirty Little Secret – Keiner schweigt für immer 202

DIRTY LITTLE SECRET *
Video

Regie: Rob Fresco
Darsteller: Sarah Wheatley (Tracey Gold), Jack Wagner (Sheriff), Ben Cardinal, Peter Flemming, Mary Page Keller, Terry David Mulligan, Michal Suchánek, Ian Tracey
Drehbuch: Rob Fresco
Kamera: Henry M. Lebo (Farbe)
Musik: Mark Legett

Prod.-Des.: Douglas Higgins
Prod.: Carol Dunn Trussel für Paramount/Wilshire Court, USA 1997; 88 Min.
Vertrieb: CIC; Okt. 1998 – *FSK:* ab 12 J.

Adoptivsohn wird von seiner leiblichen Mutter, einer Stripperin, seinen Pflegeeltern entrissen. Unendlich langweiliges und ebenso uninteressantes Krimidrama.

Dobermann 203

DOBERMANN ***

Regie: Jan Kounen
Darsteller: Vincent Cassel (Dobermann), Monica Bellucci (Nat la Gitane), Tcheky Karyo (Christini), Antoine Basler (Moustique), Dominique Bettenfeld (Abbe), Chick Ortega (Pitbull), Stephane Metzger (Sonia), Marc Duret (Baumann)
Drehbuch: Joel Houssin, nach der Kriminalreihe »Le Dobermann«
Kamera: Michel Amathieu (Farbe)
Musik: Schyzomaniac
Schnitt: Bénédicte Brunet
Prod.-Des.: Michel Barthelemy
Prod.: Frédérique Dumas, Eric Neve für Noe Prod./La Chauve-Souris/Tawak Pic./Canal+/Polygram Audiovisuel/France 3 Cinéa/Comstock Prod. mit Canal+ Ecriture, Frankreich 1997; 103 Min.
Verleih: Senator/Commerz/Alhéna/BMG Video; 7.5.1998 – *FSK:* ab 18, ffr.

Der »Dobermann« ist Chef einer gleichnamigen Gangsterbande, die Banken der französischen Hauptstadt mit einer Serie besonders gewalttätiger Überfälle heimsucht. In einem skrupellosen Cop hat sich jedoch ein gleichwertiger Gegenspieler gefunden, der ihm ein finales Blutbad liefert. An amerikanischen Vorbildern ausgerichteter französischer Film, der diese an Brutalität noch zu überbieten trachtet. Die digitalen Effekte, abenteuerlichen Kostüme und sich pausenlos überbietenden Gewalttaten können aber nicht seine Substanzlosigkeit aufwiegen.
Zoom, 6/98

(...) Regisseur Jan Kounen, der seine handwerklich perfid perfekte Produktion »wie eine Kriegsmaschinerie sorgsam vorbereitete«, schnitt eine zwischen kafkaesk und bekifft anmutende Bilderflut zusammen, die 112 Minuten die Sinne auf »Ballermann 7«-Niveau zudröhnt. Mit diesem sadistischen, blasphemischen, frauenfeindlichen und primitiven Gewaltakt wollte Kounen wohl partout ein französisches Update zu »Pulp Fiction« schaffen. Hätte er es doch bleiben lassen.
W.O.P. Kistner, AZ, 7.5.98

(...) Die Vorbilder des Debütanten Jan Kounen sind nicht zu übersehen: früher Tarantino und Hongkong-Gemetzeltes mit Soße. Laut, schnell, hart und mit einer etwas zu bemüht entfesselten Kamera eingefangen. *tip, 10/98*

Kerstin Decker in: Tagesspiegel, 7.5.98; Martin Schwarz in: Zitty, 10/98

Don't Look Back – Die Killer im Nacken 204

DON'T LOOK BACK *
TV

Regie: Geoff Murphy
Darsteller: Eric Stoltz (Jesse Parish), John Corbett (Morgan Rose), Josh Hamilton (Steve Criss), Billy Bob Thornton (Marshall), Amanda Plummer (Bridget), Annabeth Gish (Michelle), Dwight Yoakam (Skipper), R.G. Armstrong (Isaiah Parish)
Drehbuch: Tom Epperson, Billy Bob Thornton, nach der Story von William Petrowitch, Tom Epperson, Billy Bob Thornton
Kamera: Mark Irwin (CFI)
Musik: J. Steven Soles
Schnitt: Dan Lebental
Prod.-Des.: Toby Corbett
Prod.: Elliot Lewis Rosenblatt für Alphaville/HBO, USA 1996; 87 Min.
TV: 16.2.1998, Premiere, 21.45

Die alten Freunde helfen ihrem zurückgekehrten Kumpel gegen die Drogenmafia.

Doppeltes Risiko 205

DOUBLE JEOPARDY **
Video

Regie: Deborah Dalton
Darsteller: Brittany Murphy (Julia Neuland), Joe Penny (Jimmy Dubroski), Frederic Forrest (Jack), Shawn Hatosy, Teri Garr, Rutanya Alda, Ken James
Drehbuch: Deborah Dalton
Kamera: Ron Orieux (Farbe)
Musik: Arthur B. Rubinstein
Schnitt: Joel Goodman

Prod.: Robert Baker für Wilshire Court Prod., USA/Kanada 1996; 87 Min.
Vertrieb: CIC Video; 13.7.1998 – *FSK:* ab 12 J.

Völlig wirres und verwirrendes Drama um einen untreuen Polizisten, seine schwangere Freundin und schließlich einen Mord.

Downhill Willy – Der Schrecken der Piste 206

DOWNHILL WILLY **
TV

Regie: David Mitchell
Darsteller: Keith Coogan (Willie), Lochlan Monroe (Spider), Staci Keanan (Annie), Estelle Harrris (Mama), Fred Stoller (Mel), Lee Reherman (Hans)
Drehbuch: Michael Paseornek
Kamera: David Pelletier (Farbe)
Musik: Norman Orenstein
Schnitt: Mark Sanders
Prod.: USA 1996; 86 Min.
TV: 2.1.1998, Pro7, 14.10

Schnelle Ski gegen hohe Schulden.

Dr. Berg – Nur das Leben zählt 207

LA PASSION DE DOCTEUR BERGH **
TV

Regie: Josée Dayan
Darsteller: Rüdiger Vogler (Werner Berg), Evelyne Bouix (Marie Létechin), Pierre Arditi (Bernard Létechin), Julie Depardieu (Valerie Létechin), Catherine Wilkening (Gabrielle Calderon), Klaus Händl (Thomas), Simon de la Brosse (Orsini), Maria Schell (Madame Herstäl)
Drehbuch: Christian Rullier, nach dem Roman »Rostender Ruhm« von Heinz G. Konsalik
Kamera: Jean-Jacques Bouhon (Farbe)
Musik: Marcel Barsotti
Prod.: BRD/Frankreich 1996; 88 Min.
TV: 16.10.1998, ARD, 20.15

Nach Lebenskrise entwickelt Arzt sein Anti-Krebsserum gegen alle Widerstände weiter. Konsalik-Ärzt-Schmonzette.

Dr. Dolittle 208

DR. DOLITTLE ***

Regie: Betty Thomas
Darsteller: Eddie Murphy (Dr. John Dolittle), Ossie Davis (Archer Dolittle), Oliver Platt (Dr. Mark Weller), Peter Boyle (Calloway), Richard Schiff (Dr. Gene Reiss), Kristen Wilson (Lisa Dolittle), Jeffrey Tambor (Dr. Fish), Kyla Pratt (Maya Dolittle)
Drehbuch: Nat Mauldin, Larry Levin, nach Erzählungen von Hugh Lofting
Kamera: Russell Boyd (Deluxe)
Musik: Richard Gibbs
Schnitt: Peter Teschner
Prod.-Des.: William Elliott
Prod.: John Davis, Joseph M. Singer, David T. Friendly für Davis/Joseph M. Singer Ent., USA 1998; 85 Min.
Verleih: 20th Century Fox//dto./dto./Fox Video; 1.10.1998 – *FSK:* o. A., ffr.

(...) Mit seiner entnervenden deutschen Fistelstimme fertigt Eddie Murphy als tolpatschiger Tierarzt ein Vieh nach dem nächsten ab und stolpert von einer Katastrophe in die andere. Lieblos zusammengeschluderte Nummernrevue, die nicht mal ansatzweise an den Witz der Toyota-Werbung heranreicht.
Volker Gunske, tip, 21/98

Die berühmten Kinderbuchgeschichten von Hugh Lofting um Dr. Dolittle, der die Sprache der Tiere versteht, in einer bis aufs Skelett abgemagerten modernen Fassung, die den kindgerechten Humor des Originals weitgehend durch Zoten ersetzt. Statt den ursprünglichen Charme der Geschichte in eigenständige filmische Bilder umzusetzen, verläßt sich der Film allzu sehr auf den sprücheklopfenden Hauptdarsteller.
Zoom, 10/98

Sebastian Feldmann, Rheinische Post, 2.10.98; Thomas Klingenmaier in: Stgt. Zeitung, 1.10.98; Tobias Kniebe in: SZ, 5.10.98; Milan Pavlović in: Kölner Stadt-Anzeiger, 3.10.98

Dream Date – Die schönste Frau der Welt 209

THE RAFFLE **
TV

Regie: Gavin Wilding
Darsteller: Nicholas Lea (David), Bobby Dawson (Frank), Jennifer Clement (Margo Miller), Mark Hamill (Bernard Wallace), Jay Underwood
Drehbuch: John Fairley
Kamera: Jon Houtman (Farbe)
Musik: Robert O. Ragland
Schnitt: John Houtman
Prod.: Gavin Wilding, USA 1994; 96 Min.
TV: 21.4.1998, Premiere, 22.10

Buddy-Komödie oder ob Freud oder Leid, wir gehen durch Dick und Dünn.

Eddie Murphy in ›Dr. Doolittle‹

Dream with the fishes 210

DREAM WITH THE FISHES ***

Regie: Finn Taylor
Darsteller: David Arquette (Terry), Brad Hunt (Nick), Kathryn Erbe (Liz), Cathy Moriarty (Tante Elise), Allyce Beasley (Sophia), Patrick McGaw (Don), J.E. Freeman (Joe, Nick's Vater)
Drehbuch: Jeffrey D. Brown, Finn Taylor
Kamera: Barry Stone (Farbe)
Musik: Tito Larriva
Schnitt: Nick LeCompte
Prod.-Des.: Justin McCartney
Prod.: Johnny Wow, Mitchell Stein für 3 Ring Circus, USA 1997; 97 Min.
Verleih: -/-/Rialto; Mai 1998

Beim Versuch sich umzubringen, trifft ein einsamer Voyeur die Objekte seiner Beobachtung: Er hilft einem Todkranken, in dessen letzten Lebenswochen noch einige wilde Träume zu verwirklichen, und lernt so schließlich, selbst wieder das Leben zu lieben. Grobkörnige Bilder signalisieren Authentizität. Doch die zwischen schwarzer Komödie, Road-Movie und ernsthafter Selbstfindungsgeschichte pendelnde Handlung wirkt zu konstruiert und neigt wegen der allzu skurrilen Figuren zur Beliebigkeit. *Zoom, 5/98*

Dreamland 211

DREAMLAND **

Regie: Susi Graf
Darsteller: Eric Mitchell, Scot Vighi, Mark Bendo, Lisa Lawley, Rosy Hall, John Fiske, Zoe Lund, Lisa Welti
Drehbuch: Martin Booe, Kevin Bartelme, Susi Graf
Kamera: Giselle Chamma (Farbe)
Musik: Robert Een, Adam Cohen
Schnitt: Anton Salaks jr., Pam Martin
Prod.: Susi Graf, Franz Harland, Veit Heiduschka für Susi Graf Motion Pic./ WEGA-Film, USA/Österreich 1996; 80 Min.
Verleih: -/WEGA, OmU/-; April 1998

Junge Frau gerät auf der Suche nach ihrem kriminellen Geliebten in ein Lokal, in dem Taxi-Girls die Illusion romantischer Liebe verkaufen, der Chef aber mit Rauschgift dealt. Eine Art verrückte Reise in ein zerfallendes, schäbiges Amerika, das aber mehr durch eine naive und verworrene Ganovengeschichte dargestellt wird, als durch Charakter- und Milieuschilderungen. Wohl nur für Kenner der New Yorker Independentszene. *multimedia*

Der dreckige Tod 212

*** TV

Regie: Michael Mackenroth
Darsteller: Heiner Lauterbach (Oskar Kunze), Ina Weisse (Greta Kunze), Franziska Bolik (Sasna Kunze), Francis Fulton-Smith (Stefan Euler), Janusz Cichocki (Stanis), Paul Faßnacht (Chef), Gerd Wameling (Prof. Moltke)
Drehbuch: Karl Heinz Willschrei
Prod.: Odeon Film, BRD 1997; 95 Min.
TV: 24.3.1998, SAT.1, 20.15

(...) Ein Mann, der nichts mehr zu verlieren hat – da wird auf einmal alles möglich für einen stinknormalen LKW-Fahrer. Der fürchtet keine rattengesichtigen Killer mehr und scheut vor keiner Kamikaze-Handlung zurück. Für die

Dramaturgie von »Der dreckige Tod« bedeutet das: Der Zuschauer ist vor keiner Überraschung sicher. (...)
Rainer Tittelbach, Stgt. Zeitung, 24.3.98

Die drei aus der Haferstraße 213

***

Regie: Pal Erdöss
Darsteller: Guram Meschia (Ogu), Daniel Lebedjew (Harald), Wladimir Schachbas (Rizwan), Ekatarina Fedulowa (Alexa), Vladimir Ilijn (Hamman), Peter Aust (Kommissar Kohlke)
Drehbuch: Utz Rüdiger Kaufmann, Gerd Meister
Kamera: Ferenc Pap (Farbe)
Musik: János Másik
Schnitt: Judith Futár-Klahn
Prod.: Thees Klahn, Alexander Mikhailov für Dragon Cine Venture/Filmstudio 12A/Stargate/ZDF, BRD/Rußland/USA 1994; 82 Min.
Verleih: Silver Cine/-/-; 12.3.1998
FSK: ab 6, ffr.

Ein elfjähriger Türkenjunge, der sich in ein deutsches Mädchen verliebt hat, wird Zeuge eines dreisten Einbruchs. Da er durch unglückliche Umstände als Mittäter verdächtigt wird, muß er mit Hilfe einiger Freunde seine Unschuld beweisen. Ein in getragenem Tempo entwickelter Kinderkrimi mit einigen Unstimmigkeiten und Klischees, der dennoch ansprechend unterhält. Auf sympathische Weise bezieht er dabei den Alltag der kleinen Zuschauer mit ein und ermuntert zur Selbstbehauptung. *Ursula Vossen, film-dienst, 7/98*

Drei Herren 214

***

Regie: Nikolaus Leytner
Darsteller: Karl Merkatz, Karl Markovics, Ottfried Fischer, Regina Fritsch, Erni Mangold, Franz Buchrieser, Dietmar Mössmer, Peter Faerber
Drehbuch: Nikolaus Leytner, nach einer Idee von Max Lindner, Nikolaus Leytner, Helmut Grasser
Kamera: Hans Selikovsky (Farbe)
Musik: Hans-Jürgen Buchner, Christoph Dienz
Schnitt: Andreas Prochaska
Prod.: Helmut Grasser, Peter Rommel für Allegro Film/Home Run Pic., Österreich/BRD 1998; 89 Min.
Verleih: -/filmladen/-; Dez. 1998

Drei schrullig liebenswürdige Herren, durch Zufall in Freiheit geratene Psychiatriepatienten, erweisen sich in einem Waldviertler Dorf als die eigentlich Normalen. Einerseits ein humanpoetisches Märchen, das den Gegensatz normal – verrückt gegen den Strich bürstet, durch die grell überzogene Darstellung des ländlichen Mikrokosmos aber andererseits auf schräges Kabarett im Nummernrevuestil setzt und damit sein inhaltliches Potential nicht ausschöpft. *multimedia*

Um Richard Richter zu zitieren: »Der Holzhammerschmäh erschlägt das kritische Potential«.

Drei Leben und ein einzelner Mord 215

TROIS VIES ET UNE SEULE MORT ***

Regie: Raoul Ruiz
Darsteller: Marcello Mastroianni (Mateo Strano/Georges Vickers/Butler/Luc Allamand), Anna Galiena (Tania), Marisa Parades (Maria), Melvil Poupaud (Martin), Chiara Mastroianni (Cecile), Arielle Dombasle (Helene), Feodor Atkine (Andre), Jacques Pieller (Tania's Mann)
Drehbuch: Pascal Bonitzer, Raoul Ruiz
Kamera: Laurent Machuel (Kodak)
Musik: Jorge Arriagada
Schnitt: Rudolfo Wedeless
Prod.-Des.: Luc Chalon
Prod.: Paulo Branco für Gemini/La Sept Cinema mit Madragoa Filmes/Canal Plus, Frankreich/Portugal 1996; 124 Min.
UA: 17.5.1996, Int. Filmfestspiele Cannes
Verleih: -/polyfilm/Monopole Pathé; April 1997 (CH), März 1998

Raoul Ruiz erzählt vier skurrile Kurzgeschichten, die als abgeschlossene Einheiten funktionieren würden, deren Hauptfigur aber, wie sich allmählich herausstellt, ein und dieselbe Person sind. Zwischen Komödie und Horrorgeschichte angesiedelt, kreist der Film um die immer wieder aktuelle Frage der individuellen Identität. Spielerisch und mit viel Sarkasmus gewürzt, bringt der Regisseur sein Publikum auf verschiedene Fährten und führt weitverzweigte Elemente zusammen. Ein amüsanter und intellektueller Genuß für Cineasten. *multimedia*

Drei Schwestern 216
****

SHALOSH AHAYOT

Regie: Tsipi Reibenbach
Drehbuch: Tsipi Reibenbach
Kamera: Roni Katsenelson, David Gurfinkel, Yoram Milo (Farbe)
Schnitt: Era Lapid
Prod.: Tsipi Prod. für ZDF/Israel Broadcast Authority, Israel 1998; 67 Min.
EA: 21.2.1998, Int. Forum des Jungen Films, Berlin
Verleih: Freunde/-/-; Sept. 1998

Vor fünf Jahren hat Tsipi Riebenbach in »Wahl und Schicksal« ihre Eltern, beide Überlebende der Shoah, porträtiert. Ihre Mutter, die den Erzählungen des Vaters schweigend folgte, steht nun mit ihren Geschwistern im Mittelpunkt des Nachfolgefilms »Drei Schwestern«. Behutsam beobachtet, und manchmal sanft mitinszeniert, ist das ein Essay über das Älterwerden, den Tod und gegenseitige zärtliche Fürsorge. Geschichte wird zum Homemovie: ganz nah und unerhört privat.

Robert Weixlbaumer, tip, 19/98

Drei Tage Angst 217
**

Regie: Klaus Knoesel
Darsteller: Esther Schweins (Linda Kohler), Ralf Bauer (Nils Gärtner), Hans Jörg Assmann (Theo Bockmann), Werner Karle jun. (Telly Hahn), Miguel Herz-Kestranek (Kommissar Weber), Julia Heinemann (Astrid Sommers), Florian Fitz (Martin Fischer), Aline Metzner (Carla)
Drehbuch: Michael Zagor
Kamera: Ekkehart Pollack (Farbe)
Musik: Tom Dokoupil
Schnitt: G.B. Moraine
Prod.-Des.: Frank Bollinger
Prod.: Michael Smeaton für Frankfurter Filmprod., BRD 1998; 86 Min.
TV: 11.4.1998, ZDF, 20.15

Die Bösen im eigenen Haus und Flucht verwehrt durch Agoraphobie. Ein echtes Drama.

23 218
****

Regie: Hans-Christian Schmid
Darsteller: August Diehl (Karl Koch), Fabian Busch (David), Dieter Landuris (Pepe), Jan Gregor Kremp (Lupo), Stephan Kampwirth
Drehbuch: Hans-Christian Schmid, Michael Gutman
Kamera: Klaus Eichhammer (Farbe)
Schnitt: Hansjörg Weißbrich
Prod.: Jakob Claussen, Thomas Wöbke für Claussen+Wöbke Filmproduktion, BRD 1998; 99 Min.
UA: Filmfest München 1998; Filmfestspiele Locarno 1998
Verleih: Buena Vista/ato/-; 14.1.1999
FSK: ab 12, ffr. – *FBW:* Besonders wertvoll

Angeregt durch die Lektüre des Romans »Illuminatus!« von Robert Anton Wilson, einem Kultbuch für die erste Generation der Computerhacker, engagiert sich der sensible und politisch interessierte Oberstufenschüler Karl Koch für eine Umverteilung des in den Datennetzen verfügbaren, aber von den Machthabern kontrollierten Wissens. Eine Weltverschwörung wird ihm zunehmend plausibler, seine eigene Funktion in einem alles umspannenden Informationsnetz immer diffuser: Thriller von beeindruckender atmosphärischer Dichte, die die bundesdeutsche Wirklichkeit der achtziger Jahre in einer spannenden Erzählung von der Freundschaft zweier Jugendlicher wiedergibt. Angesichts der deutschen Filmproduktion ein ästhetisch eigenständiger, souverän gemeisterter Film.

multimedia, 27.12.98

(...) Da die Schauspieler dieses Charakter-Puzzle zwischen Jugendtollheit, Zukunftsangst und Spielergier glänzend durchhalten, ist das auch ein Gesichterfilm: Verschlossene Jungdenkerköpfe, verschlagene Klassenkampfschwätzer, brutale Nutznießer-Schlaumeier. Scheinbare Dämonie und mystische Selbstsuggestion – ein deutscher Film, der Inszenierungs-Klasse hat.

Ponkie, AZ, 14.1.99

Was ist Ihre Vision vom »guten« Film?

Ein Film, der anspruchsvoll unterhält. Schließlich zahlt das Publikum für eine Kinokarte 12 bis 15 Mark. Allerdings sollte mehr hängenbleiben als nur »ein gutes Gefühl«. Ich möchte Filme drehen, die Neugierde wecken, unsere Wirklichkeit widerspiegeln. Ich bin ein

Fan von schlicht und einfach gemachten Filmen; digitale Spielereien dienen oft nur dem Selbstzweck. MTV-Look ist nach fünf Jahren out. Es ist ein Jammer, daß Film nicht mehr als Kulturgut zählt, sondern nur noch als Kassenknüller. *Hans-Christian Schmid im Interview mit Margret Köhler, AZ, 14.1.1999*

Tobias Kniebe in: SZ, 14.1.99; Susan Vahabzadeh in: SZ, 13.1.99

Der dritte Zwilling 219

KEN FOLLETT'S THE THIRD TWIN ***

TV

Regie: Tom McLoughlin
Darsteller: Kelly McGillis (Dr. Jeannie Ferrami), Jason Gedrick (Steve Logan/Harvey Jones/Dennis Pinker), Larry Hagman (Dr. Berrington Jones), Lisa Vidal (Lisa Hoxton), Marion Ross (Lila Ferrami), Regina Taylor (Mish), Ralph Waite (Senator Proust), Kenneth Welsh
Drehbuch: Cindy Myers
Musik: Don Davis
Prod.: USA 1997; 88 Min.
TV: 7.9./8.9.1998, Pro7, jeweils 20.15

Der amerikanische TV-Zweiteiler schürte seine Horrorthrillerspannung mit der These, daß Kriminalität ein erblicher Gen-Defekt sei. Und als die Zwillingsforscherin in den Testreihen ihres Chefs einen Klon entdeckt, hüpft das Verbrechen wie der Geist aus der Flasche. Kleiner Hirnschreckschuß für die Zombie-Zukunft. *Ponkie, AZ, 9.9.98*

Christian Bartels in: FAZ, 8.9.98

Drop Out 220

**

Regie: Beatrice Manowski, Wolfgang Büld
Darsteller: Beatrice Manowski (Nippelsuse), Erdal Yildiz (Bulle), Axel Pape (Louis), Martina Schiesser (Karin Semmelrogge), Robert Victor Minich (Micky), Lars Pape, Barbara Philipp
Drehbuch: Beatrice Manowski, Wolfgang Büld
Kamera: Uwe Bohrer (Farbe)
Musik: ZZup Comanche, Martin Sid Behrend, Lennart Krarup
Schnitt: Madgolna Rokob, Matthias Morick
Prod.: Wolfgang Büld Filmprod., BRD 1997; 104 Min.
UA: 25.10.1997, Int. Hofer Filmtage
Verleih: Progress/-/-; 1.10.1998
FSK: ab 18 J., ffr.

Ohne Wohnung, ohne Geld und ohne Job mietet sich die Sängerin Marion Niplowski einen heruntergekommenen Büroraum und gibt sich als Privatdetektivin aus. Was lediglich als Tarnung für den mißtrauischen Hausmeister gedacht war, beschert der Amateurermittlerin bald schon ihren ersten Auftrag, der sie mitten in die Club-Szene, den Polit-Sumpf und den Kokskrieg von Hamburg führt. Ein wildes, rasantes Stück Underground-Kino, aus der Hüfte geschossen und mit viel Herz gedreht. *Annette Kilzer, tip, 21/98*

Junge, blonde, nicht ganz helle Tussie wird durch Zufall Privatdetektivin, gerät dabei auf drogen-, blut- und spermagesäumte Abwege, bis sie nur noch eins will: mit heiler Haut davonkommen. Warum nicht? Von der Grundsituation ist der Film o. k. Was sein Getriebe allerdings mächtig zum Knirschen bringt, ist der ganze Rest.

(…) Die Lust vergeht einem schnell und die Story interessiert einen bald nicht mehr. Das ist aber noch nicht alles. Den Abschluß liefert erst die Detektivin. Man fragt sich wirklich, was das für ein Charakter sein soll, der da am liebsten nackig über die Leinwand hüpft, affige Monologe hält und dabei Kokain schnupft, bis die geschwollene Nase bald platzt. Nur bedauern müssen wir die Schauspielerin um diesen miesen Part nicht. Denn als Koautorin und Regisseurin hat sich Beatrice Manowski die Rolle ja selbst geschrieben. *Jörg Buttgereit, Zitty, 20/98*

Silvia Hallersleben in: Der Tagesspiegel, 8.10.98

Du stirbst, wie ich es will! 221

***

TV

Regie: Thomas Jauch
Darsteller: Hans-Werner Meyer (Dominik Born), Astrid M. Fünderich (Eva Glaser), Michael Mendl, Robert Victor Minich
Drehbuch: Wahnfried J. Betz
Prod.: BRD 1997; 90 Min.
TV: 10.3.1998, RTL, 20.15

Der »große TV-Roman« tönte hohl von »Wissenschaft« und tiefschürfender

»Kriminologie«, hatte es aber nur auf das lüsterne Angstgruseln abgesehen. Der deutsche TV-Psychothriller trieb das alte Killerspiel vom Serienmörder, der sein Rache-Pensum an gemeuchelten Psychiatern mit einem eitlen Bekennerbuch dokumentiert. Michael Mendl ist überzeugend als Psychopath, der vom Psychologen nach etlichen Blutbädern ausgetrickst wird: Ein Gänsehautkrimi. *Ponkie, AZ, 12.3.98*

Du wirst um Gnade betteln 222
OUTRAGE ***
TV

Regie: Robert Allan Ackerman
Darsteller: Rob Lowe (Tom Casey), Jennifer Grey (Sally Casey), Eric Michael Cole (Jeffrey), Kathryn Harrold (Deena), Shane Meier, Cyrus Theideke, Nathaniel Deveaux, Jerry Wasserman
Drehbuch: Ellen Weston
Kamera: Tobias A. Schliessler (Farbe)
Musik: David Mansfield
Schnitt: Ralph Brunjes
Prod.-Des.: Jill Scott
Prod.: Preston Fischer für Polygram TV/ American Zoetrope/Pacific Motion Pic., USA 1998; 87 Min.
TV: 10.12.1998, PRO7, 20.15

Der läppische Deutschtitel ramponiert einen Horrorthriller: Jugendlicher Wohlstandskrüppel hat Freude am Bürgerquälen. Das Jungmonster jagt ein Ehepaar fast zu Tode und nutzt die Schwäche der Justiz (Mutti ist Anwältin!). *AZ, 12.12.98*

Die dunkle Seite des Herzens 223
EL LADO OSCURO DEL CORAZON ****

Regie: Eliseo Subiela
Darsteller: Dario Grandinetti (Oliviero), Sandra Ballesteros (Ana), Nacha Guevara (der Tod), Jean-Pierre Reguerraz (Gustavo), André Melancon, Inés Vernengo, Monica Galan, Mario Benedetti
Drehbuch: Eliseo Subiela
Kamera: Hugo Colace (Farbe)
Musik: Osvaldo Montez
Schnitt: Marcela Saénz
Prod.: Eliseo Subiela für CQ2/Max Films, Argentinien/Kanada 1992; 127 Min.
UA: Montreal Filmfestival 1992
Verleih: Kairos OmU/Cinematograph/trigon-Film; Januar 1994 (CH), 22.1.1998

Oliverio, ein junger Dichter in Buenos Aires, ist ein geborener Bohemien, der sich sein Geld mehr schlecht als recht mit Werbesprüchen für eine Agentur verdient. Daneben verbringt er seine Zeit damit, Liebesgedichte gegen Steaks einzutauschen oder Autofahrern Verse vorzutragen.
(...) Was die selbstherrlichen und selbstmitleidigen Männerphantasien angeht, ist der filmische Diskurs doppelbödig: Er versucht, ihre Beschränktheit vorzuführen und wälzt sich gleichzeitig genüßlich darin.
Bettina Bremme, tip, 3/98

Durchgebrannt – Hilfeschrei aus L. A. 224
BORN INTO EXILE **
TV

Regie: Eric Laneuville
Darsteller: Mark Paul Gosselaar (Chris), Gina Philips (Holly Nolan), Talia Shire (Donna Nolan), Bryan Traylor (Tuna), Heather Gottlieb (Rosie), Mark Pellegrino (Wiley), Ever Carradine (Betty), Michael Wyle (Walter)
Drehbuch: Danielle Hill
Kamera: Steve Shaw (Farbe)
Musik: Dana Kaproff
Prod.: USA 1997; 87 Min.
TV: 16.10.1998, ARD, 0.25

Von zu Hause abgehauen und von Texas nach L. A. unterwegs merken die beiden, daß ihre Autoreise unschöne Überraschungen mit sich bringt.

Dust & Diamonds – Ein tödlicher Coup 225
THE HEIST **

Regie: Peter Rossi
Darsteller: Robert Pastorelli, James Russo, Glenn Plummer, Myriam Cyr, Daniel Benzali
Kamera: Bruce Dorfman (Farbe)
Musik: Scott Spock
Schnitt: Robert Meyer Burnett, Tom Barger
Prod.: Triad Ent., USA 1997; 97 Min.
Vertrieb: VMP Video; 31.7.1998
FSK: ab 16 J.

Überflüssiger Billigheimer-Krimi vom gescheiterten »großen Ding« einer Handvoll zusammengewürfelter Verlierer. Dumm und brutal.

E

East Palace, West Palace 226
DONG GONG XI GONG ***

Regie: Zhang Yuan
Darsteller: Si Han (A-Lan), Hu Jun (Shi Xiahua), Liu Yuxiao (Female Thief), Ma Wen (Yamen Runner), Wang Quan (A-Lan als Junge), Ye Jing (A-Lan als Jugendlicher), Zhao Wei (Streetcar), Lu Rong (A-Lans Mutter)
Drehbuch: Wang Xiaobo, Zhang Yuan
Kamera: Zhang Jian (Farbe)
Musik: Xiang Min
Schnitt: Vincent Levy
Prod.: Zhang Yuan; Christophe Jung, Christophe Menager (Ass.-Prod.) für Quelqu'un d'Autre, China/Frankreich 1997; 94 Min.
UA: 9.5.1997, Int. Filmfestival Cannes
Verleih: MFA/-/Elite; 25.6.1998

Zhangs Film erzählt von einem Polizisten, der einen Homosexuellen über seine Andersartigkeit verhört und sich wider Willen von ihm angezogen fühlt. Da Homosexualität hier wohl erstmals im chinesischen Kino so offen thematisiert wird, und der Regisseur sie zudem als Chiffre für alle Formen von unterdrücktem Nonkonformismus setzt, rief sein Film die chinesische Zensurbehörde auf den Plan. Ein zwar streckenweise pathetisch und kitschig wirkendes Kammerstück, insgesamt aber eigenwillig und einprägsam. *Zoom, 6/97*

Der Titel bezeichnet die beiden Toiletten in Pekings altem Kaiserpark, einem Treffpunkt für Homosexuelle. Hier sucht der schmächtige Schriftsteller A-Lan Kontakt, läßt sich dabei immer wieder von dem Polizisten Shi beobachten und erwischen, bis der kräftige Bulle ihn für eine lange Nacht mit aufs Revier nimmt. Eine Nacht der Demütigungen für A-Lan, der dennoch bis zum Morgengrauen selbstbewußt sein Begehren verteidigt. Seine Ehrlichkeit und Verletzlichkeit demonstrieren letztlich nur die Ohnmacht des Polizisten. Shis Schläge gehen nach hinten los, verweisen nur auf dessen eigenes Begehren. Bis jetzt durfte der Film, der das Thema Homosexualität unmittelbar aufgreift, in China nicht gezeigt werden. *Annette Leweke, tip, 14/98*

Christiane Peitz in: Die Zeit, 2.7.98

Eastern Heroes 227
EASTERN HEROES *
Video

Regie: Philip Ko
Darsteller: Conan Lee, Robin Shou, Mark Houghton
Prod.: Hongkong 1996; 90 Min.
Vertrieb: MVW Video; 25.11.1998

Toller Einfall! Zwei Polizisten-Brüder treten gegen Gangster-Brüderpaar an. Primitive Hongkong-Ware vom Celluloid-Grabbeltisch.

Echsenjagd – Etwas überlebt immer 228
ABERRATION ***
Video

Regie: Tim Boxell
Darsteller: Simon Bossell (Marshall), Pamela Gidley (Amy), Valery Nikolaev (Uri)
Drehbuch: Scott Lew, Darrin Oura
Kamera: Allen Guilford (Farbe)
Schnitt: John Gilbert
Prod.-Des.: Grant Major
Prod.: Chris Brown, Tim Sanders für Grundy/Victor, Neuseeland 1998; 89 Min.
EA: Fantasy Filmfest München 1997
Vertrieb: Warner Home Video; 21.8.1998
FSK: ab 16 J.

Frau flieht vor brutalem Liebhaber in die Berge – und muß dort gegen zu Monstern mutierte Eidechsen kämpfen. Klingt nach Genre-Klischees – die gibt's auch, aber ebenso Ironie, Gags und viel Hämoglobin.

Echt Blond 229
THE REAL BLONDE ***

Regie: Tom DiCillo
Darsteller: Matthew Modine (Joe), Catherine Keener (Mary), Daryl Hannah (Kelly), Maxwell Caulfield (Bob), Elizabeth Berkley (Tina), Marlo Thomas (Blair), Bridgette Wilson (Sahara), Buck Henry
Drehbuch: Tom DiCillo

Kamera: Frank Prinzi (Farbe)
Musik: Jim Farmer
Schnitt: Camilla Toniolo
Prod.-Des.: Christopher A. Nowak
Prod.: Markus Viscidi, Tom Rosenberg für Lakeshore Ent., USA 1997; 105 Min.
EA: Filmfest München 1998
Verleih: Concorde/dto./Rialto/VCL Video; 23.7.1998
FSK: ab 12 J., ffr.
FBW: Wertvoll

Die realistische Mary will etwas gegen Anpöbeleien von Männern tun. Ihr Freund, Softie Joe, kellnert und wäre gerne Schauspieler. Sahara ist Model, dümmlich wirkend und doch clever. Bob ist ein auf Blondinen fixierter Soap-Opera-Darsteller. Auch Kelly ist Soap-Opera-Darstellerin, in Wirklichkeit aber ganz schön tough. Die Wege der fünf jungen Leute in New York kreuzen sich in dieser lockeren Geschichte über Beziehungen und Befindlichkeiten. Ein dramaturgisch nicht ganz gelungener, doch witziger und erfrischender Film mit starken Frauen.
Zoom, 4'/98

Elizabeth Berkley in ›Echt Blond‹

Das Gefühl für Integrität ist ein wesentliches Thema in »Echt blond«: Wie schwierig ist es für einen Regisseur und Autor, im Filmgeschäft integer zu bleiben?

Es beginnt damit, wer dir Geld gibt. Nur selten ist es jemand, der ein paar Millionen Dollar übrig hat und sie ohne Bedingungen herschenkt. Im Prinzip will jeder das Investierte zurückkriegen, nach Möglichkeit mehr. Bei »Echt blond« betrug das Budget sieben Millionen Dollar – so viel hatte ich noch nie. Endlich konnte ich auch mal Szenen wiederholen, mehrere Takes drehen. Aber die Kämpfe, die ich mit den Produzenten durchstehen mußte bei der Inszenierung der Stars, beim Schnitt, um die Art, wie der Film herausgebracht werden sollte, das kostete enorm viel Kraft. Wenn ein Film Geld macht, ist alles bestens. Aber damit konnte ich nicht dienen.

Wie war denn der Erfolg in den USA?

Nicht weltbewegend. Dabei dachte ich, weil mein Produzent die Paramount als Verleiher hatte, jetzt würde alles anders. Aber die haben den Film nicht begriffen und nach der ersten ganz guten Woche im Kino nichts mehr für die Werbung getan. Das war tödlich. Aber ich glaube weiter an den Film, er ist – bis auf eine Einstellung – so, wie ich ihn haben wollte: ehrlich, unterhaltsam und brillant gespielt.
Tom DiCillo im Interview mit Frauke Hanck, AZ, 23.7.98

Heiko R. Blum in: Rheinische Post, 4.8.98; Kerstin Decker in: Der Tagesspiegel, 23.6.98; Fritz Göttler in: SZ, 23.7.98; Michael Kohler in: FR, 24.7.98; Ullrich Lössl in: tip, 15/98; Christian Seebaum in: Kölner Stadt-Anzeiger, 25.7.98

Eddie
230
EDDIE
**
Video

Regie: Steve Rash
Darsteller: Whoopi Goldberg (Eddie), Frank Langella (Wild Bill Burgess), Dennis Farina (Coach Bailey), Richard Jenkins (Asst. Coach Zimmer), Lisa Ann Walter (Claudine), John Benjamin Hickey (Joe Nader), John Salley

(Nate Wilson), Rick Fox (Terry Hastings)
Drehbuch: Jon Connolly, David Loucka, Eric Champnella, Keith Michell, Steve Zacharias, Jeff Buahi
Kamera: Victor Kemper (Technicolor)
Musik: Stanley Clarke
Schnitt: Richard Halsey
Prod.-Des.: Dan Davis
Prod.: David Permut, Mark Burg; Andrew Gunn (Koprod.) für David Permut Prod. mit PolyGram/Island Pic., USA 1996; 100 Min.
Vertrieb: VCL Video; Juli 1998
FSK: ab 6 J.

New Yorker Hausfrau darf als Gewinnerin eines Preisausschreibens ihre Lieblingsbaskettballmannschaft für ein Spiel trainieren – und wird für länger engagiert. Vorhersehbares, steriles Sportlerfilmchen, dem nur Whoopi ein wenig Lebendigkeit einhaucht.

Ehe aus Berechnung – Bis daß dein Tod uns scheidet 231

VOWS OF DECEPTION **
TV

Regie: Bill W. L. Norton
Darsteller: Cheryl Ladd (Lucinda/Lucy Ann Michaels), Nick Mancuso (Matt Harding), Mike Farrell (Clay Spencer), Michael Woolson (Nick Spencer), Clair Marie Hooker (Britaney Michaels), Cody Tucker (Samantha Pace), Cady Huffman (Mary Jo), Ed Hooks (Sam Haley)
Drehbuch: Frank Abatemarco, nach einer wahren Story
Kamera: Zoltan David (CFI)
Musik: Chris Walden
Schnitt: Hibah Sherif Frisina, Trudy Yee
Prod.-Des.: Corey Kaplan
Prod.: Bernadette Caulfield, Ardythe Goergens; Susan Rosner (Koprod.); Linda Ferrero (Ass.-Prod.) für Frank Abatemarco Prod., USA 1997; 90 Min.
TV: 8.7.1998, RTL, 20.15

Berechnendes Biest heiratet edlen Promianwalt und beginnt eine Affäre mit dem knackigen Stiefsohn. Als mit der Scheidung auch das Ende ihres Luxuslebens droht, wird die Kindfrau zur kaltblütigen Gatten-Mörderin.
Die wahre Begebenheit, die die Vorlage lieferte, war sicher um ein Vielfaches komplexer als der Film. Der kam nach langem Anlauf zu einem wenig überraschenden, aber schroff aufgesetzten Schluß samt Richterspruch: »60 Jahre Gefängnis« für die schwarze Witwe. Ein Zuschauerurteil: rund anderthalb Stunden Zeitvergeudung vor dem Bildschirm. *Sigrid Feuerstein, AZ, 10.7.98*

Die Ehre meiner Familie 232

L'HONNEUR DE MA FAMILLE ***
TV

Regie: Rachid Bouchareb
Darsteller: Séloua Hamsé (Nora), Karole Rocher (Carole), Roschdy Zem (Hamid), Alex Descas (Malcolm), Firmine Richard (Jacqueline), Fatouma Bouamari (Noras Mutter), Chafia Boudra (hamids Mutter), Faouzi Saichi (Noras Vater)
Drehbuch: Alain Broders, Gilles Adrien, Rachid Bouchareb
Kamera: Youcef Sahraoui (Farbe)
Schnitt: Nadia Ben Rachid
Prod.-Des.: Jean Marc Tran Tan Ba
Prod.: Jean Bréhat für 3.B. Prod. mit La Sept Cinéma, Frankreich 1997; 83 Min.
TV: 30.1.1998, Arte, 20.45

Nora, Tochter arabischer Einwanderer, und ihre Freundin führen ein lockeres Leben, ohne sich um die Tradition zu kümmern. Als Nora schwanger wird, kann nur noch eine arrangierte Heirat die Katastrophe für »Die Ehre meiner Familie« aufhalten. *Pressetext*

Die einzige Chance 233

***
TV

Regie: Hartmut Griesmayr
Darsteller: Moritz Bleibtreu (Mike), Stefanie Stappenbeck (Lena), Leslie Malton (Lenas Mutter), Nina Hoger (Eva), Thomas Goritzki (Karl), Monica Bleibtreu (Frau in Villa), Nino Kasradze (Nino)
Drehbuch: Hartmut Griesmayr
Kamera: Charly Steinberger (Farbe)
Musik: J.J. Gerndt
Schnitt: Walter Schellemann
Prod.: Dirk R. Düwel für Studio Hamburg, BRD 1997; 83 Min.
UA: Filmfest Hamburg 1997
TV: 27.4.1998, ZDF, 20.15

Autoknacker Mike und Freundin Lena haben nie eine Chance gehabt. Als Lena schwanger wird, beschließen sie, das Kind zu verkaufen, um sich mit dem Geld eine bescheidene Existenz aufzubauen. Mike knüpft Kontakt mit der

Russen-Mafia, um den Deal zu organisieren. Doch als sie dann die 30.000 Mark in der Hand halten, den Preis für ihre Tochter, überlegt Lena es sich anders: Sie kann ohne ihr Kind nicht leben. Mike macht sich also auf die Suche nach ihrem Baby. (…)

Katalog Filmfest Hamburg

Der Eisbär 234

***

Regie: Til Schweiger; Granz Henman (Koregie)
Darsteller: Til Schweiger (Leo), Karina Krawczyk (Nico), Benno Fürmann (Fabian), Florian Lukas (Reza), Vladimir Weigl (Thomas), Jürgen Tarrach (Manni), Robert Victor Minich (Boris), Thierry van Werveke (Norbert)
Drehbuch: Granz Henman
Kamera: Greg Littlewood
Musik: Henning Lohner, Klaus Babelt
Schnitt: Alexander Berner
Prod.: Vesna Jovanoska; Til Schweiger, Thomas Zickler (Koprod.); Alexander Berner (Ass.-Prod.) für Ena/Mr. Brown Ent., BRD 1998; 90 Min.
UA: 11.11.1998, Cinedom, Köln
Verleih: Constantin/dto./-; 12.11.1998
FSK: ab 12, ffr. – *FBW:* Wertvoll

Eine formal recht effektvolle Krimikomödie mit schwarzem Humor und Ironie (teilweise etwas infantil), guten Schauspielerleistungen und etlichen originellen Puzzleteilen, die aber keinen einheitlichen, überzeugenden Gesamteindruck hinterläßt. *multimedia*

Die beiden Berufskiller Leo und Nico vermasseln erst ihre Aufträge und verlieben sich dann in einer Eckkneipe bei Tequila und deutschem Schlager ineinander. Währenddessen heizen die beiden Loser Fabian und Reza mit Nicos geklautem Mercedes durch die nächtliche Stadt – ohne zu ahnen, daß im Kofferraum eine Bombe tickt. Eine bestechende Idee für einen 15minütigen Kurzfilm, doch Regiedebütant Til Schweiger zieht die trashige Angelegenheit durch witzfreie Dialoge und umständliche Abschweifungen unangemessen in die Länge. Wieder ein »Pulp Fiction«-Epigone, der seinem Vorbild nicht das Wasser reichen kann.

Volker Gunske, tip, 24/98

Karina Krawczyk in ›Der Eisbär‹

Ich habe mich vor kurzem gefragt: »Ist dein Leben jetzt geiler als früher?« Die Antwort war: »Eigentlich nicht!« Mein Leben ist schöner, weil ich eine Frau habe und drei wunderbare Kinder, also eine Familie. Und nicht, weil ich in Deutschland ein Superstar bin, oder in den letzten Jahren gut Kohle gemacht habe. *Til Schweiger im Interview mit Ulrich Lössl*

Christoph Amend in: SZ, 12.11.98 (über T. Schweiger); Brigitte Desalm in: Kölner Stadt-Anzeiger, 14.11.98; Christian Geinitz in: FAZ, 13.11.98; Julian Hanich in: Der Tagesspiegel, 12.11.98; Rupert Koppold in: Stuttgarter Zeitung, 12.11.98; Daniel Kothenschulte in: Frankfurter Rundschau, 13.11.98; Hans-Joachim Neumann in: Zitty, 23/98; Hans Schifferle in: SZ, 14.11.98

Eisige Stille 235

HUSH ***

Video

Regie: Jonathan Darby
Darsteller: Jessica Lange (Martha Baring), Gwyneth Paltrow (Helen), Johnathon Schaech (Jackson Baring), Nina Foch (Alice Baring), Debi Mazar (Lisa), Kaiulani Lee (Schwester O'Shaughnessy), David Thornton (Gavin), Hal Holbrook (Dr. Hill)
Drehbuch: Jonathan Darby, Jane Rusconi, nach einer Story von Jonathan Darby

Kamera: Andrew Dunn (Technicolor)
Musik: Christopher Young
Schnitt: Dan Rae, Lynzee Klingman, Robert Leighton
Prod.-Des.: Thomas A. Walsh, Michael Johnston
Prod.: Douglas Wick; Ginny Nugent für Douglas Wick Prod./TriStar, USA 1998; 92 Min.
Vertrieb: Columbia TriStar Video; 29.12.1998
FSK: ab 16 J.

Mit allen Mitteln versucht psychotische Mutter in die Beziehung ihres Sohnes einzugreifen, der erstmals eine Freundin mit aufs elterliche Gestüt brachte. Schmalbrüstige, oft nicht nachvollziehbare Story.

Ekstasen 236

EXTASIS ***
TV

Regie: Mario Barroso
Darsteller: Javier Bardem (Rober), Federico Luppi (Daniel), Silvia Munt (Lola), Daniel Guzman (Max), Leire Berrocal (Ona)
Drehbuch: Mario Barroso, Joaquin Oristrell
Kamera: Flavio Martínez (Farbe)
Musik: Bingen Mendizabal, Kike Suarez Alba
Schnitt: Fernando Pardo
Prod.: Gerardo Herrero für Tornasol Films, Spanien 1995; 93 Min.
EA: 25.2.1996, Int. Filmfestspiele Berlin, »Wettbewerb«
TV: 17.5.1998, ARD

Der Film erzählt die Geschichte des 25jährigen Rober, eines ebenso ehrgeizigen wie rebellischen jungen Mannes, der sich für einen erklärten Feind des Establishments hält. Die einzigen Menschen, die ihm wirklich nahestehen, sind sein Freund Max und die Freundin Ona. Gemeinsam führen sie an der Küste von Almeria das kompromißlose Leben einer Außenseiterbande, das keine andere Verbindlichkeit kennt als die Freundschaft zueinander. (...)
Katalog Filmfestspiele Berlin

El Hazard 1 237

EL HAZARD 1 **
Video

Regie: Hiroli Hayashi, Akihiko Nishiyama
Darsteller: Shigeru Kimiya
Prod.: Japan 1996; 75 Min.
Vertrieb: Pioneer Video; 1.7.1998
FSK: ab 12 J.

Lehrer und Schüler finden sich in einer anderen Dimension wieder, wo sie viele Abenteuer zu überstehen haben. Japanische Science-Fiction-Action für die Fangemeinde. Fortsetzung folgt.

Elizabeth 238

ELIZABETH ****

Regie: Shekhar Kapur
Darsteller: Cate Blanchett (Elizabeth I), Geoffrey Rush (Sir Francis Walsingham), Christopher Eccleston (Duke of Norfolk), Joseph Fiennes (Robert Dudley, Earl of Leicester), Richard Attenborough (Sir William Cecil), Fanny Ardant (Mary of Guise), Kathy Burke (Königin Mary I)
Drehbuch: Michael Hirst
Kamera: Remi Adefarasin
Musik: David Hirschfelder
Schnitt: Jull Bilcock
Prod.-Des.: John Myhre
Prod.: Alison Owen, Eric Fellner, Tim Bevan für Working Title mit Channel Four, GB 1998; 123 Min.
UA: 7.9.1998, Int. Filmfestspiele Venedig »außer Wettbewerb«
EA: 24.9.1998, Filmfestspiele Hamburg
Verleih: PolyGram/dto./Monopole Pathé; PolyGram Video, 29.10.1998
FSK: ab 12 J., ffr.
FBW: Besonders wertvoll

In diesem stellenweise etwas bombastischen Historienfilm wird der Weg von Königin Elizabeth I. (1533–1603) nachgezeichnet, von ihren Auseinandersetzungen mit ihrer Schwester und Rivalin Mary bis zu jenem Zeitpunkt, an dem die von Liebesverrat und politischen Intrigen enttäuschte Frau sich nur noch als Verkörperung des Staates und als Symbol der Einheit der Nation versteht und deshalb jeder Beziehung zu Männern entsagt. Etwas zu konventionell gestaltet, ist der Film bemerkenswert eigentlich nur durch die außerordentliche darstellerische Leistung von Cate Blanchett. *Zoom, 11/98*

(...) Ein feudales Politdrama, in dem das Postengeschacher und die Heiratsabsichten der rivalisierenden Clans meist tödlich enden, und das nicht zufällig an die mafiose Erfolgsgeschichte in Coppolas »Paten« erinnert. Leider erinnert Elizabeths Herz-

Joseph Fiennes und Cate Blanchett in ›Elizabeth‹

schmerz aber auch immer wieder an herkömmliche Kostümschinken.

Volker Gunske, tip, 23/98

(...) Es wird der Aufstieg der von der Filmgeschichte bislang eher geschmähten Elizabeth Tudor zur Queen of England als Lebensweg einer Frau gezeigt, die sich vom lebenslustigen jungen Mädchen aus Staatsräson in eine eiserne Jungfrau verwandelt. Man habe dabei, läßt die Produktion verlauten, eher an Coppolas »Pate« als an die Kostümdramen von Merchant-Ivory gedacht. Das ist zwar hübsch gesagt, zeugt aber vor allem von dem Mißverständnis, eine möglichst plakative Umsetzung historischer Vorbilder sei ein irgendwie riskantes Unterfangen. Tatsächlich ist der Film flott gemacht und gut gespielt – aber letztlich vertraut er viel mehr auf seine Kostüme, als das James Ivory je nötig hätte. *Michael Althen, AZ, 9.9.98*

Michael Althen in: SZ, 21.10.98; Patrick Bahners in: FAZ, 4.11.98; Heiko R. Blum in: Rheinische Post, 30.10.98; Kerstin Decker in: Der Tagesspiegel, 29.10.98; Brigitte Desalm in: Kölner Stadt-Anzeiger, 1.11.98; Thomas Klingenmaier in: Stgt. Zeitung, 29.10.98; Veronika Rall in: FR, 30.10.98

Emily und der kleine Bär 239

MS. BEAR **

Video

Regie: Paul Ziller
Darsteller: Kaitlyn Burke (Emily Bradley), Kimberley Warnat (Melissa Bradley), Nahla Jamaan (Sara Bradley), Ed Begley jr. (Greg Bradley), Shaun Johnston (Barney Porter), Dennis Arduini (Patrick Porter), Devin Douglas Drewitz (Eldridge Porter), Arthur Brauss (Schröder)
Drehbuch: Jane Scout Roeuen, Robert Jason, Paul Ziller, Antony Andersen
Kamera: Paul Van Der Linden (Farbe)
Musik: Christian Francke, Andy Kirnberger
Schnitt: Rob Zaitzow
Prod.-Des.: Niels Knudsen
Prod.: Mary Sparacio für Blue Bear/Teleworld/ Chesler/Perlmutter, Kanada/BRD 1997; 91 Min.
EA: 14.2.1998, Int. Filmfestspiele Berlin, »Kinderfilmfest«
Vertrieb: Warner Home Video; 24.4.1998
FSK: o. A., ffr.

Grauenvoll kitschiges und unerträglich klischeehaftes Märchen von einem kleinen Mädchen und seiner Freundschaft zu einem kleinen Braunbären. (...) In »Ms. Bear« überwindet die kleine Emily ihre Trauer über den Umzug in die Wildnis, als sie im Wald ein mutterloses Bärenjunges findet und sich seiner annimmt. (...)

Lennart Paul, Der Tagesspiegel, 11.2.98

Ein Engel schlägt zurück 240

***
TV

Regie: Angelina Maccarone
Darsteller: Jale Arikan (Ayse), Tatjana Blacher (Charlotte), Marek Harloff (Torsten), Silvan-Pierre Leirich (Hannes), Jessica Kosmalla (Sybille), Uwe Rohde (Knut), Jan Peter Heyne (Horst), Peter Franke (Torstens Vater)
Kamera: Judith Kaufmann (Farbe)
Prod.: BRD 1998; 85 Min.
TV: 4.11.1998, ARD, 23.00

Deutsch-türkische Prostituierte erbt vom Stammfreier Imbißbude auf Helgoland und freundet sich dort mit Bibelfanatikerin an, die sie für einen Engel, die Vorbotin der Apokalypse hält. Angelina Maccarone trug bei ihrer Inszenierung mitunter etwas dick auf, und die Musik sägte arg herb am Ohr, doch die Eiland-Parabel über zwei Außenseiterinnen im hohen Norden blieb sympathisch.

W.O.P. Kistner, AZ, 6.11.98

(...) Hier gibt es keine platten Sprüche, keine plumpen Männerfratzen, dies ist eine kleine, romantische Helgolandgeschichte, mit Ironie und Feingefühl erzählt. Warum aber die ARD die eigenen Schmuckstücke so unter Wert verkauft, bleibt ein Rätsel. Hier hätte man stärker werden sollen.

Karin Steinberger, SZ, 4.11.98

Enter the Hitman 241

ENTER THE HITMAN
*
Video

Regie: Michael Preece
Darsteller: Chuck Norris, Eddie Cibrian, James Gammon
Prod.: USA 1998; 90 Min.
Vertrieb: Highlight Video; 28.12.1998
FSK: ab 16 J.

Durch Mord zum Vollwaisen geratener Elitesoldat sinnt nach Jahren auf Rache. Selbstjustiz-Thriller im ärmlichen US-TV-Format.

Entführung nach Schulschluß 242

ABDUCTION OF INNOCENCE
**
TV

Regie: James A. Contner
Darsteller: Katie Wright (Clare Steves), Lucie Arnaz (Helen Steves), Lochlyn Munro (Eddie Spencer), Dean Paras (Buckle), Jill Teed (Agent Karen Carter), Dirk Benedict (Robert Steves), Conor O'Farrell (John Loomis), Garry Chalk (Sheriff Evans)
Drehbuch: Derek Marlowe
Kamera: Robert McLachlan (Farbe)
Musik: Stacy Widelitz
Prod.: USA 1996; 86 Min.
TV: 7.11.1998, ARD, 0.55

Töchterchen gerät in den Verdacht, ihre Entführung selbst inszeniert zu haben.

Die Entführung von Häuptling Rothaut 243

THE RANSOM OF RED CHIEF
**
TV

Regie: Bob Clark
Darsteller: Christopher Lloyd (Sam), Michael Jeter (Bill), Haley Joel Osment (Andy Dorset), Alan Ruck (Ambrose Dorset), Richard Moll (Filthy McNasty), Kaitlin Hopkins
Drehbuch: Ed Naha
Kamera: Stephen M. Katz (Farbe)
Musik: Irwin L. Fisch
Schnitt: Stan Cole
Prod.: Ed Naha, Boyce Harman jr., USA 1996; 87 Min.
TV: 19.4.1998, Premiere, 7.10

Zwei schusselige Kleinkriminelle verheben sich an einem Entführungsfall.

Erklärt Pereira 244

SOSTIENE PEREIRA
***

Regie: Roberto Faenza
Darsteller: Marcello Mastroianni (Pereira), Daniel Auteil (Dr. Cardoso), Stefano Dionisi (Monteiro Rossi), Nicoletta Braschi (Marta), Joaquim De Almeida (Manuel), Marthe Keller (Signora Delgado), Teresa Madruga, Nicolau Breyner
Drehbuch: Roberto Faenza, Sergio Vecchio, Antonio Tabucchi, nach dem gleichn. Roman von Antonio Tabucchi
Kamera: Blasco Giurato (Technicolor)
Musik: Ennio Morricone, Dulce Pontes
Schnitt: Ruggero Mastroianni
Prod.: Elda Ferri für Mikado Film/KG Prod./Fabrica de Imagens, Italien/Frankreich 1995; 103 Min.

EA: Jan. 1996, Int. Filmwochenende Würzburg
Verleih: Schwarz Weiss, OmU/-/-; 19.11.1998
FSK: ab 12 J.

Biedere Literaturverfilmung, die immer wieder den gleichnamigen Roman von Antonio Tabucchi aus dem Off vorlesen läßt. Aber mit seinem markanten Minimalismus trotzt Marcello Mastroianni (in seiner letzten Rolle!) der Behäbigkeit der Inszenierung eine filmische Figur ab. Als Kulturredakteur einer kleinen Lissabonner Tageszeitung will er eigentlich nur noch seine Ruhe, die er braucht, um sich in Gedanken mit dem Tod auseinanderzusetzen. Aber die Zeit bringt Pereira noch einmal in Bewegung: Der deutsche Nationalsozialismus schlägt seine Wellen bis Portugal, die Geheimpolizei läßt politische Gegner ermorden. Der alte Mann beginnt zu begreifen, daß sich Politik und Kultur nicht mehr trennen lassen.

Annette Leweke, tip, 24/98

(...) »Erklärt Pereira« (1995) ist formal sein schönster Film. Allein die wunderbare Rollengestaltung durch Marcello Mastroianni dürfte ihm auch bei uns ein Publikum sichern.

Heiko R. Blum, Rheinische Post, 11.9.98

Es gibt Filme, die nisten sich ganz still ins Herz ein, sind Kontrapunkt gegen Schnellebigkeit und Vergessen. Zu dieser seltenen Kategorie zählt Roberto Faenzas Adaption von Antonio Tabucchis Erfolgsroman. Das anrührende Porträt eines Menschen, der nach Jahren politischer Lethargie im Alter noch einmal Zivilcourage beweist, beginnt wie das Buch mit den Worten »Erklärt Pereira«. Eine immer wiederkehrende Wendung, die durch philosophische und politische Exkurse hinleitet zum sehr menschlichen Aspekt. (...)
»Sostiene Pereira« ist handwerklich gutes Kunstkino: die Art von Film, ohne die jede Filmkultur vor lauter Irrelevanz im tristen Immergleichen stirbt. Daß es drei Jahre gebraucht hat, bis der Film nach Deutschland kam, und daß es dafür auch noch der Quasi-Privat-Initiative eines Bonner Kinobetreibers bedurfte, sagt allerdings allerhand über den maroden Zustand der hiesigen Filmlandschaft aus.

Kölner Stadtanzeiger, 12.9.98

Martina Knoben in: SZ, 21.11.98; Hans-Dieter Seidel in: FAZ, 23.11.98; Josef Schnelle in: Frankfurter Rundschau, 18.11.98; Jan Schulz-Ojala in: Der Tagesspiegel, 19.11.98; Ruprecht Skasa-Weiß in: Stuttgarter Zeitung, 19.11.98

Das erste Mal — 245

***

Regie: Connie Walther
Darsteller: Lavinia Wilson (Fili), Eva Hassmann (Nina), Benno Fürmann (Ike), Anna Kasprik (Helga), Hannes Jaenicke (George), Andreas Herder (Johnny), Oriana Schrage (Becky), Emma Hipp (Millie)
Drehbuch: Connie Walther, Anke Schenkluhn
Kamera: Peter Nix (Farbe und s/w)
Musik: Reinhold Heil
Schnitt: Carola Hülsebus
Prod.-Des.: Monika Nix
Prod.: SFW mit WDR/MDR/dffb, BRD 1996; 90 Min.
UA: 20.3.1998, New Directors/New Films, New York
EA: Int. Hofer Filmtage 1996
Verleih: Atlantic/-/-; 17.9.1998

Johnny Depp ist der große, heimliche Schwarm der 15jährigen Feli. Als sie bei den Vorbereitungen für ihre USA-Reise erfährt, daß ihr Johnny doch eher auf erfahrene Frauen steht, beschließt sie noch vor der Abreise ihre Jungfräulichkeit zu verlieren. Wie sich bald herausstellt, ein eher schwieriges Unterfangen, scheiden doch die Klassenkameraden mangels Kompetenz aus.

Filmecho/Filmwoche

»Eine einfühlsam und mit Verständnis für das jugendliche Zielpublikum inszenierter Film, der zwar einige dramaturgische Schnitzer aufweist, insgesamt aber abwechslungsreich und auch tiefsinnig unterhält, indem er den seelischen Reifungsprozeß des Mädchens thematisiert.«

Ursula Vossen, film-dienst, 20/98

Es ist ein langer Weg — 246

OLA INE DROMOS

***

Regie: Pantelis Voulgaris
Darsteller: Thanassis Vengos, Giorgos Armenis, Dimitris Katalifos

Drehbuch: Giorgos Skabardonis, Pantelis Voulgaris
Kamera: Giorgos Frentzos (Farbe)
Prod.-Des.: Julia Stavridou
Prod.: Alco Film/Greek Film Center, Griechenland 1997; 112 Min.
EA: 19.2.1998, Int. Forum des Jungen Films, Berlin
Verleih: Freunde/-/-; Okt. 1998

Ein Film über drei Menschen am Wendepunkt ihres Lebens. Ein Archäologe denkt über die Beziehung zu seinem Sohn nach, der sich in einem Militärcamp selbst verbrannt hat. Der Jagdaufseher einer Ornithologengruppe gerät außer sich, als die letzte Graugans von einem Wilderer getötet wird. Ein Fabrikbesitzer verzweifelt und beginnt ein Zerstörungswerk, als seine Frau ihn mit beiden Kindern verläßt.
(...) Aus der Summe der individuellen Storys entsteht das beklemmende Bild einer allgemeinen Krise, in der Gewalt die Zukunft zu vernichten droht.
Zoom, 1/99

Escape – Flucht ohne Ausweg 247

THE ESCAPE ***
Video

Regie: Stuart Gillard
Darsteller: Patrick Dempsey (Jake Clayton), Brigitte Bako (Sarah Clarke), Colm Feore (Hickman), Vincent Gale (Newby), Nathaniel Deveaux (Moses), Gouchy Boy (Pooch), Jason Gray-Stanford, J. B. Bivens
Drehbuch: Scott Busby
Kamera: Tobias A. Schliessler (Farbe)
Musik: Loek Dikker
Schnitt: Rick Martin
Prod.-Des.: Michael Joy
Prod.: George Horie, Tom Rowe für MGM/UA Telecomm./Pacific Motion Pic./Showtime Networks, Kanada 1997; 91 Min.
Vertrieb: Warner Home Video; 20.2.1998
FSK: ab 16 J.

Poetisch ambitioniertem Sträfling gelingt die Flucht aus dem Arbeitslager, doch ein sadistischer Aufseher heftet sich an seine Fersen. Optisch vergleichsweise anspruchsvoll gestaltete, wenngleich nicht immer überzeugende Mixtur aus Action-, Sozio- und Liebensdrama.

Event Horizon – Am Rande des Universums 248

EVENT HORIZON ***

Regie: Paul Anderson
Darsteller: Laurence Fishburne (Capt. Miller), Sam Neill (Dr. William Weir), Kathleen Quinlan (Peters), Joely Richardson (Starck), Richard T. Jones (Cooper), Jack Noseworthy (Justin), Jason Isaacs (D.J.), Sean Pertwee (Smith)
Drehbuch: Philip Eisner
Kamera: Adrian Biddle (Rank)
Musik: Michael Kamen
Schnitt: Martin Hunter
Prod.-Des.: Joseph Bennett
Prod.: Lawrence Gordon, Lloyd Levin, Jeremy Bolt für Golar mit Impact Pic., USA 1997; 96 Min.
UA: 15.8.1997, New York
Verleih: UIP/UIP/UIP/CIC Video; 15.1.1998
FSK: ab 16, ffr.

Im Jahr 2040 startet das Raumschiff »Event Horizon« zur Suche nach den Grenzen des Universums, wozu es die Lichtgeschwindigkeit überwinden muß. Der Versuch »glückt«, das Raumschiff bleibt verschwunden. Als sieben Jahre später ein Notruf die Erde erreicht, macht sich ein Rettungsschiff auf den Weg. Die Expeditionsteilnehmer finden ein Bild des Grauens und geraten durch unerklärliche Dinge in einen halluzinären Bann. Dem Science-Fiction-Horror-Thriller gelingt es wegen Drehbuchschwächen nicht, einige an sich originelle Ideen zu einem stringenten Ganzen zusammenzufügen.
Zoom, 1/98

(...) An der Schwelle zu einem Schwarzen Loch verschwimmt die Grenze zwischen Vision und Wirklichkeit. Ein optimal besetztes, streckenweise spannendes, aber arg konventionell erzähltes Science-Fiction-Schauermärchen. *Ralph Umard, tip, 2/98*

Albert Baer in: Rheinische Post, 16.1.98; W.O.P. Kistner in: AZ, 15.1.98; Rupert Koppold in: Stgt. Zeitung, 15.1.98; Daniel Kothenschulte in: FR, 16.1.98; Hans Schifferle in: SZ, 16.1.98

Evil Creatures 249

THE CREEPS *
Video

Regie: Charles Band
Darsteller: Phil Fondacaro (Dracula), Rhonda Griffin (Anna Quarrels), Justin Lauer (David

›Event Horizon‹: Suche nach den Grenzen des Universums

Raleigh), Bill Moynihan (Winston Berber), Kristin Norton (Miss Christina), Jon Simanton (Wolfman), Joe Smith (Mummy), Thomas Wellington (Frankenstein's Monster)
Kamera: Adolfo Bartoli (Farbe)
Prod.: Charles Band für Full Moon, USA 1997; 71 Min.
Vertrieb: VPS Video; 30.12.1997
FSK: ab 16 J.

Bibliothekarin und Detektiv fahnden nach gestohlenen Horror-Büchern und stoßen auf Wissenschaftler, der mit seiner Erfindung Romanfiguren zum Leben erwecken kann. Abstruse Billig-Produktion.

Executive Power – Tod im Weißen Haus

250
**
TV

EXECUTIVE POWER

Regie: David Corley
Darsteller: Craig Sheffer (Nick Seger), John Heard (Cy Walker), William Atherton (Präsident Fields), Joanna Cassidy (First Lady), Denise Crosby (Christine Rolands), Andrea Roth (Susan Mitchell), Doug Steindorf (Greg Monroe), Wanda de Jesus (Debra)
Drehbuch: David L. Corley
Kamera: Troy Cook (Farbe)
Musik: Tim Truman
Schnitt: Dennis M. O'Connor
Prod.-Des.: Jerry Fleming
Prod.: USA 1997; 92 Min.
TV: 18.3.1998, Pro7, 20.15

Trotz hochaktueller Thematik schaffte dieser lustlos entwickelte und aalglatt abgespulte US-Politkrimi locker Faktor 10 auf der nach oben offenen Zeitverschwendungsskala. Eine Angestellte des Weißen Hauses segnet beim Rendezvous mit dem US-Präsidenten unerwartet und unerklärlich das Zeitliche. Selbstredend wird der Fall vertuscht, findet aber im Wahlkampf wenige Jahre später zu neuer Brisanz, als man einen der vier Mitwisser tot auffindet. Da turnten mäßig synchronisierte Pappkameraden auf gefährlichem Polit-Parkett – wobei die noch mäßigeren Dialoge sicherlich denen des Originals entsprachen – und absolvierten viel Action und ein wenig Sex als visuelle Sättigungsbeilage.

W.O.P. Kistner, AZ, 20.3.98

Executive Target 251
EXECUTIVE TARGET **
Video

Regie: Joseph Merhi
Darsteller: Michael Madsen (Nick), Roy Scheider (Präsident Carlson), Keith David (Lamar), Angie Everhart (Lacey), Dayton Callie (Bela), Kathy Christopherson (Nadia), Gareth Williams (Clay Ripple), Robert Miano
Drehbuch: Jacobsen Hart, Dayton Callie
Kamera: Ken BlakeyKen Blakey (Farbe)
Musik: John Sponsler
Schnitt: John Gilbert, David Kern
Prod.: Joseph Merhi, Richard Pepin für Pepin/Merlin Prod., USA 1997; 91 Min.
Vertrieb: VMP Video; 12.3.1998
FSK: ab 16 J.

Stuntman wird von Terror-Organisation zur Teilnahme an der Entführung des US-Präsidenten genötigt. Nicht von der attraktiven Besetzung täuschen lassen: Die brauchten alle mal wieder leicht verdiente Kohle durch die Rolle in einem billigen Action-Thriller.

Expedition in die Geisterschlucht 252
THE PLACE OF THE DEAD **
TV

Regie: Suri Krishnamma
Darsteller: Greg Wise (Corporal Hugh Brittan), Ralph Brown (Bob Mann), Dougray Scott (Richie Mayfield), Anna Bolt (Kathy), Dave Nellist (Steve Page), Phil McKee (Pete Shearer), Simon Dutton (Lt. Col. Robert Neill), John McArle (Major Ron Foster)
Drehbuch: Jeff Pope
Prod.: GB 1996;
95 Min.
TV: 5.2.1998, Pro7, 20.15

Unter der Führung von Oberstleutnant Robert Neill macht sich im Februar 1994 eine Gruppe von zehn Männern auf, um eine sagenumwobene Schlucht zu finden. Doch was zunächst wie ein grandioses Abenteuer beginnt, wird schließlich für alle Beteiligten zu einer Reise in die Hölle. *Pressetext*

F. est un salaud
253

F. EST UN SALAUD ****

Regie: Marcel Gisler
Darsteller: Frédéric Andrau (Fögi), Vincent Brancher (Beni), Urs Peter Halter (Töbe), Martin Schenkel (Ritch), Jean-Pierre Von Dach (Wäde), Jessica Früh (Benis Mutter), Gilles Tschudi (Wirsling), Sebastian Krähenbühl
Drehbuch: Marcel Gisler, Rudolf Nadler, nach dem Roman »Ter Fögi ische Souhung« von Martin Frank
Kamera: Sophie Maintigneux (Farbe)
Musik: Rainer Lingk,
Schnitt: Bettina Böhler
Prod.: Ruth Waldburger für Vega/Arena/Avventura/SFDRS, Schweiz/Frankreich 1998; 92 Min.
EA: Int. Hofer Filmtage 1998
Verleih: -/-/Filmcoopi; Sept. 1998

Sensibel inszenierte, hervorragend besetzte Verfilmung des Szenenromans des Berner Autors Martin Frank. Erzählt wird von der Liebestragödie zwischen dem Jüngling Beni und dem libertären Rock-Musiker Fögi. Obwohl hauptsächlich an den Züricher Originalschauplätzen gedreht, wird Französisch gesprochen. Die homoerotische Männerbeziehung im Umfeld der Drogen- und Stricherszene wird durch die Intimität der Inszenierung zu einer universalen Hommage an eine tragische Liebe. *Zoom, 9/98*

Face
254

FACE ***

Regie: Antonia Bird
Darsteller: Robert Carlyle (Ray), Ray Winstone (Dave), Steven Waddington (Stevie), Philip Davis (Julian), Damon Albarn (Jason), Lena Headey (Connie), Peter Vaughan (Sonny), Sue Johnston (Alice)
Drehbuch: Ronan Bennett
Kamera: Fred Tammes (Farbe)
Musik: Andy Roberts
Schnitt: St. John O'Rorke
Prod.-Des.: Chris Townsend
Prod.: David M. Thompson, Elinor Day; Paul Trivers (Koprod.); Helena Spring (Ass.-Prod.) für BBC Films/Distant Horizon mit British Screen, GB 1997; 103 Min.
UA: 4.8.1997, Edinburgh Film Festival
EA: Filmfest München 1998
Verleih: Prokino/-/Frenetic; 30.7.1998

(...) Interessanter Genrefilm, der trotz einiger dramaturgischer Löcher und unmotivierter Rückblenden durch die Schilderung des sozialen Milieus in East-End-London und die gute Besetzung überzeugt. *Zoom, 7/98*

Aus dem politischen Idelisten Ray ist unter der restriktiven Thatcher-Ära ein zynischer Gangster geworden, der mit seinen Kumpels ein Gelddepot überfällt und nicht mehr an soziale Veränderung glaubt, sondern nur noch an die Macht des Geldes. Ein spannendes Sozialdrama über den Verlust von Utopie, das aber mit äußerster Brutalität das Auseinanderbrechen der Gruppe nach der Tat zeigt, die Vereinzelung derer, die sich einst Freunde nannten.
Margret Köhler, AZ, 27.6.98

Hans-Jörg Rother in: Der Tagesspiegel, 13.8.98

Fahr zur Hölle Hollywood
255

AN ALAN SMITHEE FILM: BURN HOLLYWOOD BURN ***

Regie: Alan Smithee
Darsteller: Eric Idle (Alan Smithee), Ryan O'Neal (James Edmunds), Richard Jeni (Jerry Glover), Sandra Bernhard (Ann Glover), Cheri Lunghi (Myrna Smithee), Stephen Tobolowsky (Bill Bardo), Harvey Weinstein (Sam Rizzo), Leslie Stefanson (Michelle Rafferty)
Drehbuch: Joe Ezsterhas
Kamera: Reynaldo Villalobos (Farbe)
Musik: Gary G-Wiz, Chuck D.
Schnitt: Jim Langlois, Marcus Manton
Prod.-Des.: David L. Snyder
Prod.: Joe Eszterhas, Ben Myron; Fred Caruso (Koprod.) für Cinergi/Cinergi Prod., USA 1997; 85 Min.
Verleih: Tobis/Constantin/-/BMG Video; 11.6.1998
FSK: ab 12, ffr.

Wenn ein Regisseur seinen Namen von einem Film zurückzieht, wird das Pseudonym der Regisseurs-Gilde, »Alan Smithee«, benutzt. Das ist der Hintergrund für diesen Versuch einer

Eric Idle in ›Fahr zur Hölle Hollywood‹

Satire über den Kampf um den »final cut«, wobei besonders originell ist, daß der vom Studio ausgebootete Regisseur tatsächlich Alan Smithee heißt. Doch die halbherzig im Stil einer Fake-Doku aufgezogene Geschichte ist lahm und ungelenk, bekommt von der deutschen Synchronisation den Todesstoß und hat so gute Chancen auf den Titel »langweiligster Film des Jahres«. Daß Regisseur Arthur Hiller sich mit Joe Eszterhas (Buch und Produktion) verkrachte und seinen Namen zurückzog, ist die eigentliche Pointe des Films.

Christian Seebaum, Kölner Stadt-Anzeiger, 13.6.98

(...) Diesen Status des Films unterstreicht noch das Paradox, daß er zwischen Dreh und Premiere selbst »ein Alan-Smithee-Film« wurde. Genau dies war nämlich sein ursprünglicher Titel.

Wer heute in seinem Vorspann liest, »directed by Alan Smithee« dürfte das für einen Werbegag halten – es ist jedoch keiner. Autor Joe Eszterhas, der das Projekt initiierte, nachdem die Verfilmungen seiner letzten beiden Drehbücher, Paul Verhoevens »Showgirls« und William Friedkins »Jade«, katastrophale Flops waren, hat in einem Artikel für »Entertainment Weekly« beschrieben, wie es dazu kam: Nachdem das Publikum von Testvorführungen den Film als zu langatmig einstufte, schnitt er eigenhändig 22 Minuten heraus, gab sein Autorenhonorar in Höhe von 250.000 Dollar zurück und fügte als ironische Kommentare zeitgenössische Songs hinzu, darunter auch einen selbstverfaßten mit dem hübschen Titel »I wanna be Mike Ovitz« (womit dem einstigen Super-Agenten Hollywoods Tribut gezollt wurde). Regisseur Arthur Hiller stand ihm dabei zwar mit Rat und Tat zur Seite, beschloß aber schließlich doch, seinen Namen zurückzuziehen. So wurde aus »An Alan Smithee Film« ein »Alan-Smithee-Film«. *epd Film 7/98*

Albert Baer in: Rheinische Post, 13.6.98; Frauke Hanck in: AZ, 10.6.98; Thomas Klingenmaier in: Stgt. Zeitung, 13.6.98

Die Fahrt ins Nirgendwo 256

JOYRIDE **
TV

Regie: Quinton Peeples
Darsteller: Tobey Maguire (J.T.), Amy Hathaway (Tanya), Wilson Cruz (James), Christina Naify (Smith), James Karen (Der Klient), Adam West (Harold), Benicio Del Toro (Det. Lopez), Steven Gilborn (Arthur), J. P. Bumstead
Drehbuch: Quinton Peeples
Kamera: S. Douglas Smith (Farbe)
Musik: Evyen Klean
Prod.: USA 1996; 89 Min.
TV: 2.10.1998, ARD, 0.25

Dank Tanya und Killerin kommt Leben in die Kleinstadt.

La faille 257

LA FAILLE ***

Regie: Marion Hänsel
Darsteller: John Lynch (Der Mann), Jonny Phillips (Capt. Mong), Serge-Henri Valcke (Rev. Frans Niemand), Sylvia Esau (Die Frau), Oscar Petersen (Valentine April), Jody Abrahams
Drehbuch: Marion Hänsel, nach einem Roman von Damon Galgut

Kamera: Bernard Lutic, Raymond Fromont (Farbe)
Musik: Takashi Kako
Schnitt: Michèle Hubinon
Prod.: Marion Hänsel, Jeremy Nathan für Man's Film/Tschin/Wanda/Nieuwe Gronden/RTBF/, Belgien/Frankreich/ Spanien/Niederlande 1998; 112 Min.
Verleih: -/-/Columbus; Okt. 1998

Ein Mann auf der Flucht wird von einem baptistischen Pfarrer, der auf dem Weg in seine neue Gemeinde ist, sexuell bedrängt. Er schlägt ihn tot und übernimmt dessen neues Amt. Als zwei Unschuldige des Mordes angeklagt werden, nimmt seine innere Zerrissenheit zu.
Ein in Südafrika gedrehter, wortkarger Film mit eindringlichen Bildern, der um Fragen nach dem Schicksal, nach Wahrheit und Identität kreist und durch gute Darsteller und formale Meisterschaft besticht. *Zoom, 10/98*

Die Falle – Tödliches Spiel zwischen den Fronten 258

THE FALL ***

Video

Regie: Andrew Piddington
Darsteller: Craig Sheffer (Adam), Jürgen Prochnow (Kovac), Helene De Fougerolles, Kim Huffman
Drehbuch: Emma Frost
Kamera: Tamas Sas (Farbe)
Musik: Fred Mollin
Prod.-Des.: Brian Savegar
Prod.: Nigel Thomas, Peter Watson-Wood, Stephen Alix, Laszlo Helle für Movie Screen/TMA/Moxie Movie, GB/Kanada/Ungarn 1998; 90 Min.
Vertrieb: BMG Video; 4.8.1998
FSK: ab 16 J.

Die scheinbar zufällige Begegnung mit einer mysteriösen Frau stürzt einen Schriftsteller in ein halsbrecherisches Abenteuer. Zuweilen filmisch und optisch nett aufgelöst, aber ansonsten eine ziemliche Räuberpistole.

Falsche Liebe 259

***

TV

Regie: Sibylle Tafel
Darsteller: Andrea Sawatzki (Yvonne), Susanne Bormann (Jenny), Dieter Landuris (Jonas), Peter Lerchbaumer (Kolping), Marie-Lou Sellem (Cora), Götz Schubert (Benno), Jürgen Mai (Laktus), Klaus Tilsner (Rene)
Drehbuch: Sibylle Tafel, Christian Limmer
Kamera: Wolfgang Aichholzer (Farbe)
Musik: »4. Stock«
Schnitt: Brigitta Tauchner
Prod.: Dieter Ulrich Aselmann, Caroline von Senden (Red.) für NdF für ZDF/Arte, BRD 1997;
90 Min.
UA: Filmfest München 1998
TV: 26.10.98, ZDF, 20.15

Das Mutter-Tochter-Dilemma »Falsche Liebe« spiegelte die Verschlossenheit einsam verliebter Teenager – wobei der Eindruck erweckt wurde, die berufstätige Mutter habe sich eben nicht genügend »gekümmert«. Aber die Situation wäre mit einer dauernd besorgt hinterherflatternden Familienglucke nicht anders: Das Kind Jenny hatte Liebeskummer und verharrte in verbocktem Schweigen, als es bei einem Raubüberfall mit Todesfolge erwischt wurde. Jennys Liebe zum Chef einer Sprayer-Gang, auf den prompt auch die Mutter hereinfällt, ist ein Pubertätsdrama introvertierter Gefühle, heilbar nur durch den Schock.

Ponkie, AZ, 28.10.98

Karin Steinberger in: SZ, 28.10.98

False Pretense – Der Schein trügt 260

FALSE PRETENSE **

Video

Regie: Doug Jackson
Darsteller: Eric Roberts, Jacob Tierney, Eliza Roberts, Frank Schorpion, Jack Langedjik
Drehbuch: Karl Schiffman
Kamera: Georges Archambault (Farbe)
Schnitt: Claude Palardy
Prod.: Stefan Wodoslawsky, Tom Bery für Westwind/Libra Pic./Allegro, USA 1998; 87 Min.
Vertrieb: VMP Video; Okt. 1998
FSK: ab 16 J.

Reichlich konventioneller und gemächlicher, kanadischer TV-Film über einen Polizisten, der durch den Selbstmord seiner Exfrau nach zwölf Jahren mit seinem Sohn konfrontiert wird.

Familientreffen der Chaoten 261
REUNION IN HAZZARD **
TV

Regie: Lewis Teague
Darsteller: Tom Wopat (Luke Duke), John Schneider (Bo Duke), Catherine Bach (Daisy Duke), Denver Pyle (Onkel Jesse Duke), James Best (Boss/Sheriff Roscoe P. Coltrane), Cynthia Rothrock (Bertha Jo), Stella Stevens (Max)
Drehbuch: Gy Waldron
Kamera: Barry M. Wilson (Farbe)
Musik: Steve Wariner
Schnitt: Russell Livingstone
Prod.: Ira Marvin, USA 1997; 87 Min.
TV: 8.1.1998, Premiere, 20.15

Der Ausgang eines Autorennens soll über ein umweltzerstörendes Immobilienprojekt entscheiden.

Family of Cops 262
FAMILY OF COPS III **
Video

Regie: Sheldon Larry
Darsteller: Charles Bronson, Loe Penny, Sebastian Spence, Barbara Williams, Kim Weeks
Drehbuch: Noah Jubelirer
Kamera: Bert Dunk (Farbe)
Musik: Fred Mollin
Schnitt: James Bredin
Prod.-Des.: James McAteer
Prod.: Nicholas J. Gray für Alliance/CBS Ent., USA 1998; 86 Min.
Vertrieb: VPS Video; Juli 1998
FSK: ab 12 J.

Dritter Teil der US-TV-Mini-Serie über eine Polizistenfamilie. Mord, Korruption und andere Verbrechen werden nahezu spannungslos einer Aufklärung zugeführt.

Family of Cops 2 – Der Beichtstuhlmörder 263
FAMILY OF COPS II ***
TV

Regie: David Greene
Darsteller: Charles Bronson (Paul Fein), Angela Featherstone (Jackie Fein), Joe Penny (Ben Fein), Barbara Williams (Kate Fein), Sebastian Spence (Eddie Fein), David Hemblen (Mr. Ivanov), Kim Weeks (Anna Meyer), Diane Ladd (Tante Shelly)
Drehbuch: Joel Blasberg
Schnitt: Michael Pacek
Musik: Peter Manning Robinson
Prod.: Kanada 1997; 89 Min.
TV: 15.10.1998, Pro7, 20.15

Charles Bronson jagt einen verrückten Priestermörder.

Fast 264
FAST ***
TV

Regie: Dante Desarthe
Darsteller: Frederic Gelard (Jean-Louis), Jean-François Stevenin (Francis), Nathalie Schmidt (Henriette), Karin Viard, Georges Claisse, Paul Crauchet, Gael Baron, Edouard Montoute
Drehbuch: Dante Desarthe, Jackie Berroyer, Dodine Henry
Kamera: Ariane Damain, Kevin Morrisey (Farbe)
Musik: Krishna Levy
Schnitt: Martine Mory
Prod.-Des.: Laurent Allaire
Prod.: Philippe Martin für Les Films Pelleas/Les Films du Bois Sacre/La Sept Cinema/M6 Films/King mit Canal Plus/CNC/SACEM, Frankreich 1995; 99 Min.
TV: 16.2.1998, Arte, 20.45

Die erstaunlich schnelle Wandlung eines »Land-Eis«. Mit Humor und Ironie werden die Personalpolitik und Marketingstrategien der amerikanischen Schnellrestaurants aufs Korn genommen.

Eine fast perfekte Scheidung 265
***

Regie: Reinhard Schwabenitzky
Darsteller: Elfi Eschke, Andreas Vitasek, Claudia Kment, Alexander Goebel, Dietmar Schönherr, Hans Clarin, Monika John, Heinz Petters
Drehbuch: Reinhard Schwabenitzky
Kamera: Fabian Eder (Farbe)
Musik: Hannes M. Schalle
Schnitt: Ingrid Koller
Prod.: Reinhard Schwabenitzky, Reinhard Pyrker, Dieter Iszter für Star Film/Drefa/ORF/MDR, Österreich/BRD 1997; 103 Min.
Verleih: -/Buena Vista/-; Sept. 1998

In der Fortsetzung von »Ein fast perfekter Seitensprung« kommt es zwar zur

Scheidung von Sigi und seiner Frau, obwohl sich Tochter Julia sehr bemüht sie zu verhindern, aber der »Scheidungsgrund« zieht zum Anwalt des Geliebten. Reinhard Schwabenitzky baut wieder auf das deutsch-österreichische Schauspielerteam, auf die Sprachunterschiede und die bewährten Mittel des Volksstückes. Eine Berufung auf das dahinterliegende Problem Scheidung ist unerheblich, der Scherz regiert. *multimedia*

Fast Track – Im Rausch der Geschwindigkeit 266

FAST TRACK **

Video

Regie: T. J. Scott
Darsteller: Keith Carradine (Dr. Richard Beckett), Duncan Regehr (Christian Chandler jr.), Brandy Sanders (Mimi Chandler), Guylaine St-Onge (Nicole Chandler), Tristan Rogers (Harry), Fred Williamson (Lowell Carter), Anais Granofsky (Vanessa Carter), Jenny Levine (Wendy Servine)
Drehbuch: Gary Markowitz
Kamera: Bod Saad (Farbe)
Musik: Jim McGrath
Schnitt: Gordon McCellan
Prod.-Des.: David Davis
Prod.: Sean Ryerson für Alliance/Showtime Netw./Screenventures, USA 1997; 89 Min.
Vertrieb: VPS Video; Juli 1998
FSK: ab 12 J.

Pilotfilm zu einer kurzlebigen US-TV-Serie über das Rennfahrer-Milieu. Hauptplot: Exrennfahrer und Arzt soll tödlichen Unfall untersuchen. Ein absoluter Serien-Müll.

Fatal Contract 267

THE LANDLADY **

Video

Regie: Robert Malenfant
Darsteller: Talia Shire (Melanie), Jack Coleman (Patrick Forman), Bruce Weitz (Pepper McAllen), Melissa Behr, Bette Ford, Dee Freeman
Drehbuch: George Saunders, Frank Dehwaldt
Kamera: Darko Suvak
Schnitt: Julian Semilian
Prod.: Pierre David, USA 1997; 92 Min.
Vertrieb: VCL Video; Okt. 1998
FSK: ab 16 J.

Melanie tötet ihren untreuen Ehemann und versucht mit ähnlichen Methoden an einen neuen zu kommen. Durch keinen nennenswerten Einfall getrübter, unterdurchschnittler Thriller.

Fatal Desire 268

THE SPREE **

Video

Regie: Tommy Lee Wallace
Darsteller: Jennifer Beals (Xinia Kelly), Powers Boothe (Bram), Garry Chalk (Colin), John Cassini (Ray), Nathaniel Deveaux (Salvador), Eric Keenley (Madden), Rita Moreno (Irma), Eric Keenleyside (Madden)
Drehbuch: Livia Linden, Percy Angress
Kamera: Richard Leiterman (Farbe)
Musik: peter Manning Robinson
Schnitt: Judy Andreson
Prod.-Des.: David Fischer
Prod.: Bona Fife/MGM/Pacific Motion Pic., USA 1997; 94 Min.
Vertrieb: Warner; 21.8.1998
FSK: ab 16 J.

Profi-Einbrecherin lernt Polizisten lieben, der Dienst quittiert und mit ihr auf Raubzug geht. Dumpf dahindümpelnder Krimi ohne Pfiff und Drive.

Fear – Im Angesicht der Angst 269

PAPERTRAIL **

Video

Regie: Damian Lee
Darsteller: Jennifer Dale (Dr. Alyce Robertson), Chad McQueen (William Frost), Terry Hawkes (Rachel Quinn/Anruferin), Catherine Blythe (Gail Morgan), Audrey Lupke (Molly Darrow), Michael Madsen (Brad Abraham), Chris Penn (Jason Enola), Michelle Johnson
Drehbuch: Damian Lee, Joseph O'Brien
Kamera: Nicholas von Sternberg (Farbe)
Musik: Electronic Dream Factory
Schnitt: Paul Day
Prod.-Des.: Tim Boyd
Prod.: Damian Lee; Helder Goncalves für Paper Trail Film, Kanada 1997; 89 Min.
Vertrieb: VCL Video; 25.8.1998
FSK: ab 16 J.

Nach zehn Jahren Jagd auf einen Serienkiller findet FBI-Agent eine heiße Spur: Sie führt zu einer Psychologin … Ungeschickt entwickelte Story, achtbare Darsteller, wenig Überraschungen.

Benicio Del Toro und Johnny Depp in ›Fear and Loathing in Las Vegas‹

Fear and Loathing in Las Vegas 270

FEAR AND LOATHING IN LAS VEGAS ***

Regie: Terry Gilliam
Darsteller: Johnny Depp (Raoul Duke), Benicio del Toro (Dr. Gonzo), Tobey Maguire (Hitchhiker), Michael Lee Gogin (Uniformed Dwarf), Larry Cedar (Car Rental Agent), Brian LeBaron (Parking Attendant), Katherine Helmond (Clerk), Michael Warwick
Drehbuch: Terry Gilliam, Tony Grisoni, Tod Davies, Alex Cox, nach dem gleichn. Roman von Hunter S. Thompson
Kamera: Nicola Pecorini (Farbe)
Schnitt: Lesley Walker
Prod.-Des.: Alex McDowell
Prod.: Laila Nabulsi, Patrick Cassavetti, Stephen Nemeth für Rhino Films, USA 1998; 116 Min.
UA: Int. Filmfestspiele Cannes 1998
Verleih: Tobis/Constantin/Elite; BMG (Universum) Video, 24.9.1998
FSK: ab 16 J., ffr.

Der Journalist Raoul Duke und sein Anwalt Dr. Gonzo, die mehr oder weniger permanent unter Drogen stehen, fahren zu einem Drogenfahnderkongreß nach Las Vegas. Im Zerrspiegel ihrer Visionen und Horrortrips bündelt der Film präzise die Misere des »american way of life«, demontiert aber auch die (Drogen-)Träume der Hippie- und 68er-Generation. Der mit seiner beeindruckenden Bilderflut dennoch rasch ermüdende Erzählstil ist in seinem kritischen Potential leider bald ausgeschöpft. *Zoom, 9/98*

(...) Der Film selbst hat dem Buch außer ein paar digitalen Mätzchen nicht viel hinzuzufügen. Das wäre auch verschmerzbar, wenn Gilliam nicht jeden Witz auf Leinwandgröße breittreten würde. Insbesondere Johnny Depp als der wandelnde Hirnriß nervt. *tip, 20/98*

(...) Beim Festival von Cannes und beim US-Start im Sommer sorgte Gilliams rigorose Trash-Orgie für Empörung. Die liberale »New York Times« warnte gar das Kinopublikum. Aber nun, im amerikanischen Herbst, ist ja die reale Welt noch viel irrer und häßlicher geworden, als Autor Thompson und Regisseur Gilliam sie sich in ihrer exzessiven Phantasie vorstellen konnten. Dennoch: Sensible Ästheten müssen draußen bleiben.

Angie Dullinger, AZ, 24.9.98

Das ganze Filmbusineß ist doch mittlerweile eine einzige großangelegte Gehirnwäsche – und bei den meisten, die darauf abfahren, gibt es wahrlich nicht mehr viel zu waschen. Das kreative Chaos, von dem ich vorher sprach, kann sich bei mir nur in Ruhe formen. Statt in Hollywood bei den Studiobossen Klinken zu putzen, verziehe ich mich lieber nach Italien und baue dort Steinmauern mit meinen eigenen Händen. Ich warte auf den perfekten Moment, die richtige Inspiration. Ich bin wie ein Maler, der an verschiedenen Leinwänden gleichzeitig arbeitet: Ab und zu male ich das Bild eben fertig. Aber niemand kann mich dazu zwingen. *Terry Gilliam im Interview mit Ulrich Lössl, Zitty, 20/98*

Wie kam Johnny Depp zu dem Projekt?

Er war früher an Bord als ich, und seine Teilnahme war ein wichtiger Grund, warum ich den Film machte. Johnny ist einer der wandelbarsten Schauspieler, die ich kenne. Er könnte längst ein Megastar sein, wenn er andere Rollen spielen würde. Aber er verschmäht die sicheren Hits. Er ist frei von Eitelkeit und selbst ein Suchender.
Terry Gilliam im Interview mit Gunther Baumann, Kurier, Wien, 6.10.98

»Ich spiele gerne Außenseiter, Leute, die von der Gesellschaft nicht akzeptiert werden und sich deshalb etwas ganz Besonderes einfallen lassen müssen, um zu überleben. Im Grunde meines Herzens bin auch ich einer, der in keine Schablone paßt – schon gar nicht in die von Hollywood.«
Wie viel Geld braucht man denn? Wissen Sie, ich bin ein ziemlich normaler Mensch, schlicht gestrickt – ich brauche nicht viel. Wenn Leonardo das braucht, ist es doch okay. Aber ich finde diese Art von Ruhm ziemlich einengend für die Persönlichkeit eines Schauspielers. Aber er soll diese Tour doch so lange reiten, wie es geht, und möglichst viel Spaß dabei haben.
Johnny Depp im Interview mit Focus, 26.9.98

Lars Olav Baier in: FAZ, 25.9.98; Brigitte Desalm in: Kölner Stadt-Anzeiger, 26.9.98; Fritz Göttler in: SZ, 25.9.98; Michael Kohler in: FR, 24.9.98; Hans-Joachim Neumann in: Zitty, 20/98; Karim Zendagui in: Rheinische Post, 25.9.98

Feindesland – Lebenslänglich IRA 271

LIFE AFTER LIFE ***

TV

Regie: Tim Fywell
Darsteller: Lorcan Cranitch (Leo Doyle), Michelle Fairley (Roisin Donaghy), Bridget Turner (Frances Doyle), Ingrid Craigie
Prod.: GB 1995; 81 Min.
TV: 9.1.1998, Arte, 20.45

Leo, ein ehemaliger IRA-Terrorist, wird nach vierzehn Jahren aus der Haft entlassen. Der fast 40jährige muß sich von Grund auf neu zurechtfinden im heutigen Nordirland, einem Land voller Desillusionierung nach einem blutigen Bürgerkrieg. *Pressetext*

Feindliche Freundschaften 272

THE GREAT MOM SWAP **

TV

Regie: Jonathan Prince
Darsteller: Hillary Tuck (Karen Ridgeway), Mary Kate Schellhardt (Terry Venessi), Shelley Fabares (Millie Ridgeway), Valerie Harper (Grace Venessi), Vasili Bogazianos (Jack), Andrew Kavovit (David)
Drehbuch: Maryedith Burrell nach dem Roman von Betsy Haynes
Prod.: Brent Shields, Art Levinson, USA 1995; 89 Min.
TV: 24.12.1997, SaT1. 11.45

Terry und Karen können sich nicht ausstehen. Nach einem handfesten Streit verkündet der Schuldirektor eine drakonische Strafe: Die Mädchen müssen für einen Monat in der Familie der jeweils anderen leben. *Pressetext*

Felicidat! – Dornenwege zum Glück 273

**

Regie: N. Tomtschek
Darsteller: Aloisia Happl, Evchen Szirota, Claudia Fellner, Roland Faltlhansl, Christian Moser, Thorwald van Brock
Drehbuch: HC Leitich, Patrick Dax
Musik: Manfred Schmeczka, Peter Hartwig, Matias del Campo

Schnitt: Thomas David Falte
Prod.: Gruppe H.A.P.P.Y., Österreich 1998; 89 Min.
Verleih: -/Schikaneder/-; April 1998

Film einer Gruppe kunstsinniger junger Leute, die im Stile der lateinamerikanischen Telenovelas die Geschichte vom armen Waisenmädchen Felicidat erzählen, die nach vielen Drangsalen ihr Glück findet. Professionelle Ton- und auch Bildtechnik paaren sich mit simpler Dramaturgie und laienhafter Darstellung zu einem Kinoprodukt, das einerseits den Spaß des Filmemachens dokumentiert, andererseits in die Bereiche der Persiflage vorstößt.
multimedia

La femme de chambre du titanic 274

LA FEMME DE CHAMBRE DU TITANIC ***

Regie: Bigas Luna
Darsteller: Olivier Martinez (Horty), Romane Bohringer (Zoe), Aitana Sanchez Gijon (Marie), Didier Bezace (Simeon), Aldo Maccione (Zeppe), Jean-Marie Juan (Pascal), Arno Chevrier (Al), Marianne Groves
Drehbuch: Bigas Luna, Cuca Canals, Jean-Louis Benoit, nach der Novelle von Didier Decoin
Kamera: Patrick Blossier (Farbe)
Musik: Alberto Iglesias
Schnitt: Kenout Peltier
Prod.: Yves Marmion, Daniel Toscan du Plantier für UGC YM/La Sept Cinéma, Frankreich/Italien/Spanien/BRD 1997; 99 Min.
Verleih: -/-/Xenix; Juni 1998

Ein wortkarger lothringischer Arbeiter darf die Abfahrt der »Titanic« in Southampton miterleben und kehrt mit dem Foto einer attraktiven Zimmerfrau zurück, die bei ihm übernachtet hat. Weil er seine Frau des Ehebruchs verdächtigt, erfindet er für seine Freunde eine Romanze mit der Zimmerfrau und wandelt sich zum begnadeten Geschichtenerzähler. Eine »virtuelle« Dreiecksbeziehung in erlesenen Bildern, die dank der überzeugend besetzten Hauptrollen viele Facetten der Vorstellungskraft entfaltet. *Zoom, 6/7/98*

Ferkel Fritz 275

** TV

Regie: Peter Timm
Darsteller: Klaus J. Behrendt (Martin), Barbara Rudnik (Sophie), Sophie Rois (Doris), Jenny Stiebel (Vicki), Fjodor Olev (Max), Alexander Beyer (Tammop), Ursula Lingen (Therese), Hermann Lause (Friedrich)
Drehbuch: Timo Berndt
Kamera: Achim Poulheim (Farbe)
Musik: Thomas Bauer
Schnitt: Julia von Frihling
Prod.: Heike Wiehle-Timm für Relevant Film, BRD 1997; 90 Min.
UA: 28.9.1997, Filmfest Hamburg
TV: 4.1.1998, RTL, 20.15

(...) Ein Borstenvieh steckt seinen Rüssel überall hinein, beispielsweise in die Beziehung zwischen dem Witwer Martin und seiner Freundin Doris. Oder in das Liebesleben der geschiedenen Sophie. Martins Tochter Vicki lernt während der Ferien auf dem Bauernhof Sophies Sohn Max kennen. Schnell sind sich die Kinder darüber einig, daß sie das Ferkel Fritz vor dem Grillrost retten müssen. (...)
Katalog Filmfest Hamburg

Ferngully 2 – Die magische Rettung 276

FERNGULLY 2 – THE MAGICAL RESCUE ** Video

Mit den Stimmen von: Judith Brand (Christa), Dennis Schmidt-Foss (Pips), Hans-Jürgen Dittberner (Batty), Gerald Paradies (Mac), Georg Tryphon (Mr. Chuckles), Jan Spitzer (Captain), Sabine Manke (Bandy), Björn Schalla (Nugget)
Drehbuch: Richard Tulloch, nach Motiven von Diana Young
Prod.: FAI Films mit Youngheart Prod./ Young & Faiman Prod., USA 1997; 71 Min.
Vertrieb: Fox; 22.5.1998
FSK: ab 6 J.

Gerade mal 71 Minuten haben die Macher dieses Öko-Märchen-Remakes aus den fast unberührten Tiefen des Regenwalds zustande gebracht – und die bestehen zu einem Großteil aus Gesangsnummern. Einschlafhilfe für das aufgeweckte Kind...

Feuerläufer – Der Fluch des Vulkans

277
**
TV

Regie: Rainer Matsutani
Darsteller: Jochen Horst (Martin), Katja Woywood (Ida), Dominic Raacke (Philip), Rolf Hoppe (Professor van Geyken), Grigorio Milano (Chano), Annette Hellwig (Evelyn)
Drehbuch: Eckhard Vollmar, Rainer Matsutani, nach einer Vorlage von Harald Braem
Kamera: Gerhard Schirlo
Schnitt: Moune Barius
Prod.-Des.: Harald Turzer
Prod.: Jürgen Hebstreit für Engram Pictures, BRD 1998; 91 Min.
UA: Filmfest München 1998
TV: 20.9.1998, Pro7, 20.15

Fantasy-Horrorkino saftigen Öko-Zombie-Grusels aus apokalyptischen Götterflüchen (sieben Feueräugler fackeln rächend den Tourismus in La Palma ab). Jochen Horst turnt als feuerfester Weißkopf durch das Reich der dunklen Mächte: Pyromanenlust.
Ponkie, AZ, 22.9.98

(...) Wie schön sind sie doch immer wieder, diese Special Effects der feuerspeienden Augen. Wie gewaltig tosen Feuerbälle quer durch Straßen, lassen Autos explodieren, verschonen aber brav den Helden, der nur den Kopf einziehen muß, damit sie über ihn hinwegbrausen. (...) *Mechthild Zschau, SZ, 22.9.98*

Feuerreiter

278
***

Regie: Nina Grosse
Darsteller: Martin Feifel (Hölderlin), Marianne Denincourt (Susette Gontard), Ulrich Matthes (Baron Isaac von Sinclair), Ulrich Mühe (Jacob Gontard), Nina Hoss (Marie Rätzer), Margit Carstensen (Mme. von Proeck), Matthias Faber (Henry), Pierre Besson (Schelling)
Drehbuch: Susanne Schneider
Kamera: Egon Werdin; Mike Bartlett, Stefan Biebl (Steady-cam) (Farbe)
Musik: Biber Gullatz, Eckes Malz
Schnitt: Patricia Rommel
Prod.-Des.: Andrzej Przedworski
Prod.: Jürgen Haase für Provobis mit Flach/Filmowe Studio Tor/SWF/ARTE/Canal+/La Sept Cinema/ORF/TVA, BRD/Frankreich/ Polen 1997; 132 Min.
UA: Int. Hofer Filmtage 1998
Verleih: Progress/-/-; 3.12.1998
FSK: ab 12 J., ffr.
FBW: Wertvoll

Der junge Dichter Friedrich Hölderlin wird Hauslehrer beim Bankier Gontard und verfällt dessen Gattin Susette. Sein eifersüchtiger Verehrer und Mentor Baron von Sinclair verrät das Paar. Die Geliebte stirbt an gebrochenem Herzen, Hölderlin verliert den Verstand.
Martin Feifel zerreibt sich als deutscher Dichter mit wehendem Mantel und Michael-Jackson-Stirnlocke zwischen lyrischem revolutionärem und libidinösem Sturm und Drang. Das kann natürlich nicht gutgehen. Genauso wie Dichtergenie-und-Dichterwahnsinn-Verfilmungen nur selten gutgehen.
Volker Gunske, tip, 24/98

(...) »Ich ahnte etwas von einer großen Passion, von einer Hitze des Gefühls, die uns Kindern des endenden 20. Jahrhunderts abhanden gekommen ist«, schreibt Nina Grosse im Presseheft zu ihrem Film – und landet mit ihrer Ablehnung des Alltäglichen im Niemandsland eines Kostümfilms, der trotz eindringlicher Momente schön und wirkunglos an uns vorrüberzieht.
Martin Knoben, SZ, 3.11.98

(...) »Feuerreiter« beginnt viel, führt nichts zu Ende und manövriert sich zwischen sämtliche Stühle der Erwartungen: »Amadeus«-Lektion nicht gelernt. *Hanns-Georg Rodek, Die Welt, 3.12.98*

Friedrich Hölderlin ist ein seit 150 Jahren toter Dichter, der heute hauptsächlich noch von Germanisten gelesen wird. Warum sollte sich ein Kinozuschauer des Jahres 1998 für ihn interessieren?

Weil Hölderlin bis heute aktuell ist. Viele wissen es bloß nicht. Er hat ein Leben geführt, das ein großer kühner Aufbruch war in die Welt, der brutal gescheitert ist. Sein Entwurf von sich selber, der Liebe und dem Leben war so groß gedacht, daß sein Scheitern um so tragischer sein mußte. Mich berührt sein Schicksal sehr. Dem Zuschauer geht es hoffentlich genauso.

Nina Grosse im Interview mit Christian Schröder, Der Tagesspiegel, 3.12.98

Thomas Klingenmaier in: Stuttgarter Zeitung, 3.12.98; Margret Köhler in: AZ, 3.12.98; Eva-Maria Lenz in: FAZ, 5.12.98; Veronika Rall in: Frankfurter Rundschau, 3.12.98; Sigrid Schmitt in: Rheinische Post, 4.12.98; Jan Schulz-Ojala in: Der Tagesspiegel, 3.12.98

Film ist. 279

***

Regie: Gustav Deutsch
Drehbuch: Gustav Deutsch
Schnitt: Gustav Deutsch
Prod.: Manfred Neuwirth für Loop-TV-Video, Österreich 1998;
60 Min.
Verleih: -/Sixpack/-;
Dez. 1998

Experimentalfilm, der – ausgehend von einer Collage aus Bruchstücken bestehender wissentschaftlicher Lehr- und Aufzeichnungsfilme – Fragen nach Prinzipien, Mechanismen und Wirkungen des Mediums Film aufzuspüren versucht.
Dabei werden keine vorgefertigten Antworten, sondern eine umfangreiche Materialsammlung angeboten, die zu eigenständigen Nachforschungen einlädt. *multimedia*

Final Escape 280

OUT OF CONTROL **
Video

Regie: Richard Trevor
Darsteller: Sean Young, Tom Conti, Larry Day, Jayne Heitmeyer
Drehbuch: Richard Trevor
Prod.: Jamie Brown für Kingsborough, USA/Kanada 1998; 89 Min.
Vertrieb: VPS Video; 25.8.1998
FSK: ab 16 J.

Mafia-Paten-Liebchen reist nach Texas aus, wo sie der lange Arm der ehrenwerten Gesellschaft einholt. Hanebüchen konstruierter Krimi mit zwei in die Bedeutungslosigkeit abgestiegenen Hauptdarstellern.

Das Finale 281

**
TV

Regie: Sigi Rothemund
Darsteller: Francis Fulton-Smith (Tobias Bender), Christoph Waltz (Kant), Axel Milberg (Hauptkommissar Deutler), Nele Mueller-Stöfen (Jacky), Armin Rohde (Harry Andresen)
Drehbuch: Timo Berndt, Borris Brandt
Musik: Dominic Roth
Prod.: Pro7, BRD 1998; 93 Min.
TV: 9.6.1998, Pro7, 20.15

Expolizist zeigt, daß er ein guter Sicherheitschef ist und vereitelt den Überfall im Berliner Stadion.

Fire down Below 282

FIRE DOWN BELOW ***
Video

Regie: Felix Enriquez Alcala
Darsteller: Steven Seagal (Jack Taggart), Marg Helgenberger (Sarah Kellogg), Harry Dean Stanton (Cotton), Stephen Lang (Earl Kellogg), Kris Kristofferson (Orin Hanner sr.), Levon Helm (Goodall)
Drehbuch: Jeb Stuart, Philip Morton
Kamera: Tom Houghton (Farbe)
Musik: Nick Glennie-Smith
Schnitt: Robert A. Ferretti
Prod.-Des.: Joe Alves, Mark Mansbridge, Bill Hiney
Prod.: Steven Seagal, Julius R. Nasso; Ronald G. Smith für Segal/Nasso Prod., USA 1997; 100 Min.
Vertrieb: Warner Video; 11.9.1998
FSK: ab 16 J.

Um die Mörder seines Partners zur Strecke zu bringen, legt sich Umwelt-Agent mit Giftmüll-Mafia an. Der übliche, grün angestrichene Action-Öko-Schmonzes, handwerklich gefällig abgespult.

Firestorm – Brennendes Inferno 283

FIRESTORM **

Regie: Dean Semler
Darsteller: Howie Long (Jesse Graves), Scott Glenn (Wynt Perkins), William Forsythe (Earl Shaye), Suzi Amis (Jennifer), Christiane Hirt (Monica), Garwin Sanford (Pete), Sebastian Spence (Cowboy), Michael Greyeyes (Andy)
Drehbuch: Chris Soth
Kamera: Stephen F. Windon (Deluxe)
Musik: J. Peter Robinson

Schnitt: Jack Hofstra
Prod.-Des.: Richard Paris, Linda Del Rosario
Prod.: Joseph Loeb III, Matthew Weisman, Thomas M. Hammel; Douglas C. Metzger für Loeb/Weisman Prod., USA 1997; 86 Min.
Verleih: 20th Century Fox/dto.//Fox Video; 28.5.1998
FSK: ab 16 J., ffr.

Was Jan de Bont und Mikael Salomon können, das kann ich auch, mag sich der renommierte Kameramann Dean Semler gesagt haben. Wie seine beiden Kollegen hat er genügend Actionfilme fotografiert. Leider setzt er in seinem Regiedebüt nicht auf die Kraft der Naturgewalten oder ein gradliniges Drehbuch. Die Geschichte um einen Trupp von Waldbrandbekämpfern, der es auch noch mit einer Gruppe entflohener Zuchthäusler zu tun bekommt, bedient sich zu offensichtlich bei Erfolgsfilmen der letzten Zeit und wird dadurch furchtbar beliebig.

Frank Arnold, tip, 12/98

Während eines mächtigen Waldbrandes gelingt einigen als Löschhilfen eingesetzten Häftlingen (angeführt vom wunderbar fiesen William Forsythe), die Flucht, doch sie bekommen es mit dem nahezu superheldenhaften Chief (Howie Long, ehemaliger Footballstar und wandelnder Muskelberg mit Bürstenschnitt) einer Feuerwehr-Spezialeinheit zu tun. Dean Semler, Kameramann von »Mad Max« und »Der mit dem Wolf tanzt«, hat mit seinem Regiedebüt einen soliden, wenn auch äußerst schlichten Abenteuerfilm abgeliefert.

Christian Seebaum, Kölner-Stadtanzeiger, 1.6.98

Karim Zendagui in: Rheinische Post, 29.5.98

Fistful of Flies — 284

FISTFUL OF FLIES ****

Regie: Monica Pellizzari
Darsteller: Tasma Walton (Maria Lupi 'Mars'), Dina Panozzo (Grace Lupi), John Lucantonio (Joe Lupi), Anna Volska (Großmutter Virginia), Maria Venuti (Magda), Rachael Maza (Dr. Powers), Giordano Gangl (Ercole), Cathren Michalak (Innocentha)
Drehbuch: Monica Pellizzari
Kamera: Jane Castle (Atlab)
Musik: Felicity Fox
Schnitt: James Manche
Prod.-Des.: Lissa Coote
Prod.: Julia Overton für Long Black Prods. mit Australian Film Commission, Australien 1996; 85 Min.
UA: 4.8.1996, Int. Filmfestspiele Venedig
EA: Filmfest Hamburg 1996
Verleih: Arsenal/-/-; 8.10.1998

Katholisch in Australien. Die hübsche Mars ist 17 und lebt im zwanghaften Gartenzwergidyll ihrer italienischstämmigen Eltern. Eine surreal-brutale Welt, in der Fliegenschwärme aus dem Bauchnabel krabbeln und die knallblau angezogene Mutter den erwachten Geschlechtstrieb der Tochter mit der knallblauen Handbürste wegschrubbt, bis das knallrote Blut fließt. Da ist es ästhetisch wahrscheinlich nur folgerichtig, daß das junge Mädchen mit geladenem Gewehr und Mutters Hochzeitskleid auf die Erwachsenenwelt losgeht.

Iris Depping, tip, 21/98

(...) Die junge Regisseurin Monica Pellizzari beweist in ihrem Debüt zwar surrealistische Phantasie und schrägen Humor, aber sie strapaziert auch die Geduld. *Angie Dullinger, AZ, 6.10.98*

(...) »Fistful of Flies« ist weder ein Drama noch ein Melodram und auch keine Komödie, sondern ein sehr widersprüchlicher Film, ein schräges, widerborstiges Stück Zelluloid, das in Australien trotzdem Publikumserfolge verbuchen konnte. Das ist ihm auch in Deutschland zu wünschen. Wer jedoch dem Verleih auf den Leim geht und wähnt, eine Komödie zu sehen, wird heillos enttäuscht werden.

Veronika Rall, FR, 13.10.98

Bodo Fründt in: SZ, 12.10.98; Richard Kämmerlings in: FR, 10.10.98

Flame — 285

FLAME ***

Regie: Ingrid Sinclair
Darsteller: Marian Kunonga (Florence »Flame«), Ulla Mahaka (Nyasha »Liberty«), Norman Madawo (Danger), Moise Matura (Che), Dick »Chinx« Chigaira (Rapo), Jackie

Jojo (Shingi), Stanford Sengu (Panther), Sithembiso Gumbo (Pedzi)
Drehbuch: Ingrid Sinclair, Barbara Jago, Philip Roberts
Kamera: Joao Costa (Eastmancolor)
Musik: Philip Roberts, Dick »Chinx« Chingaira, Keith Goddard
Schnitt: Elisabeth Moulinier
Prod.-Des.: Catherine Tredgold
Prod.: Simon Bright, Joel Phiri; Jacques Bidou, Bridget Pickering (Koprod.) für Black & White/JBA/Onland Prod., Zimbabwe 1996; 90 Min.
UA: Int. Filmfestpiele Cannes 1996, »Directors Fortnight«
Verleih: Kairos/-/-;
15.3.1998

Rhodesien Ende der siebziger Jahre: Die Freundinnen Florence und Nyasha versorgen versteckte Guerillas mit Essen. Als Florences Vater verhaftet wird, schließen sich die beiden den Kämpfern an. Auch wenn Nyasha im Kampf ihrem neuen Namen, Flame, alle Ehre macht, muß sie als Frau doch immer zurückstecken, auch nach dem Krieg.

(...) In Zimbabwe gab es bereits vor der Fertigstellung des Films heftige Proteste. Männlichen Kriegsveteranen paßte weder, daß zwei Frauen im Mittelpunkt des Kriegsgeschehens standen, noch, daß die Rebellen als Vergewaltiger dargestellt werden. Tatsächlich rekonstruiert die Regisseurin Ingrid Sinclair ein realistisches Bild vom Lagerleben, unter dessen Druck sich menschliche Bedürfnisse manchmal gewaltsam entladen. *Eva Apraku, tip*

Flamenco 286
FLAMENCO ***

Regie: Carlos Saura
Mit: Paco de Lucia, Manolo Sanlucar, Lole y Manuel, Joaquin Cortés, Enrique Morente Farruco, La Paquera de Jerez, Fernando de Utrera, Mario Maya
Drehbuch: Carlos Saura
Kamera: Vittorio Storaro (Farbe)
Musik: Isidro Munoz (Leitung)
Schnitt: Pablo del Amo
Prod.-Des.: Rafael Palmero
Prod.: Juan Lebrón Prod., Spanien 1995; 100 Min.
EA: 17.2.1996, Int. Forum des jungen Films, Berlin
Verleih: MFA, OmU/top/Frenetic; 10.9.1998

Flamenco pur: In einem großen, mit Stellwänden variabel gestaltbaren Raum paradiert ein virtuoser Reigen von Tänzern, Sängern und Instrumentalisten der Spitzenklasse und dokumentiert die dramatische und poetische Vielfalt dieser Spezialität spanischer Kultur. Für »aficionados« ein packender, aber auch etwas steriler Augen- und Ohrenschmaus, der allerdings nie Informationsgehalt und Vielschichtigkeit von Reni Mertens und Walter Martis »Flamenco vivo – Die Schule des Flamenco« (Schweiz 1985) erreicht.
Zoom

(...) Die fast enzyklopädische Dichte und die herausragenden Tänzer, Musiker und Sänger ermöglichen einen Einblick in die dichterische Vielfalt, die Virtuosität und die Fortentwicklung des Flamenco. Die Vitalität des Vorgeführten läßt sogar den Schickimicki-Ehrgeiz verzeihen, mit dem Saura edelspießiger Bühnenbeleuchtung frönt.
tip, 20/98

Reinhard J. Brembeck in: SZ, 24.9.98; Eberhard von Elterlein in: Berliner Morgenpost, 23.2.96; Daniel Kothenschulte in: Kölner Stadt-Anzeiger, 26.9.98; Frank Noack in: Der Tagesspiegel, 17.2.96

Ein Fleisch und Blut 287
***
TV

Regie: Käthe Niemeyer
Darsteller: Catherine Flemming (Britta), Petra Kleinert (Angela), Wilfried Hochholdinger (Marcel), Hubert Mulzer (Dr. Winter), Hannah Herzsprung, Josephine Jacob, Peter Prager
Drehbuch: Friederike Rosen
Kamera: Clemens Messow (Farbe)
Prod.: E & P, BRD 1998; 87 Min.
TV: 14.12.1998,
ZDF, 20.15

Das seltsame Erbschaftsdrama ging davon aus, daß das ehemals häßliche Entlein Britta einst in Mamas Auto eine Schraube locker machte (Mama tot, Schwester Angela im Rollstuhl), und nun, nach Papas Tod, als Miterbin ins

Haus zieht: Britta und Angela, dazwischen Brittas Lover, der sich beiden als Mordsbube anbietet – sowas macht Arbeit. Catherine Flemming als Komplexliesel Britta, Star-Model in der Früh-Alterskrise (niemand will mich), und Petra Kleinert als massiv-autoritäre Rollstuhl-Angela – eine Mordkomplott-Maskerade (Hilfs-Lover: Wilfried Hochholdinger) für den kleinen Erben-Hausgebrauch und die Psychotherapeutenzunft. *Ponkie, AZ, 16.12.98*

Mechthild Zschau in: SZ, 18.12.98

Flipping – Falsches Spiel 288
FLIPPING **
Video

Regie: Gene Mitchell
Darsteller: Keith David (Leo), David Proval (Billy White), David Amos (Michael Moore), Barry Primus (Joey), Mike Starr (C.J.), Tony Burton (Chuckie), Gene Mitchell (Shot), Shant Bejamin (Hooker)
Drehbuch: Gene Mitchell
Kamera: Phil Parmet (Farbe)
Musik: Pat Siciliano, Keely Dietrick
Schnitt: Kevin Krasny
Prod.-Des.: Diane Hughes
Prod.: Gene Mitchell, David Amos für Mon Frere Motion, USA 1995; 98 Min.
Vertrieb: VMP Video; 18.6.1998
FSK: ab 18 J.; gekürzte Fass. 90 Min., ab 16 J.

Fünf Kleinganoven planen die Ermordung ihres Bosses und verlieren bei der Ausführung die Nerven. Noch ein Tarantino-Trabant, diesmal wird vor dem Blutbad viel geplappert.

Flirting – Spiel mit der Liebe 289
FLIRTING ***
TV

Regie: John Duigan
Darsteller: Noah Taylor (Danny Embling), Thandie Newton (Thandiwe Adjewa), Nicole Kidman (Nicola Radcliffe), Bartholomew Rose (»Gilby« Fryer), Felix Nobis (Jock Blair), Josh Picker (»Backa« Rourke), Kiri Paramore (»Slag« Green), Marc Gray (Christopher Laidlaw)
Drehbuch: John Duigan
Kamera: Geoff Burton (Farbe)
Musik: Christine Woodruff
Schnitt: Robert Gibson, Marcus D'Arcy
Prod.-Des.: Roger Ford
Prod.: George Miller, Doug Mitchell, Terry Hayes für Kennedy Miller, Australien 1989; 99 Min.
TV: 26.6.1998, RTL2, 15.25

In einer australischen Kleinstadt verlieben sich während der 60er Jahre gegen alle Widerstände der weiße, stotternde Danny und die schwarze Thandiwe ineinander.

Flubber 290
FLUBBER ***

Regie: Les Mayfield
Darsteller: Robin Williams (Prof. Philip Brainard), Marcia Gay Harden (Sara Jean Reynolds), Christopher McDonald (Wilson Croft), Raymond Barry (Chester Hoenicker), Clancy Brown (Smith), Ted Levine (Wesson), Wil Wheaton (Bennett Hoenicker), Edie McClurg (Martha George)
Drehbuch: Frank John Hughes, Bill Walsh
Kamera: Dean Cundey (Technicolor)
Musik: Danny Elfman
Schnitt: Harvey Rosenstock, Michael S. Stevenson
Prod.-Des.: Andrew McAlpine
Prod.: John Hughes, Ricardo Mestres; Michael Polaire (Koprod.) für Great Oaks Prod. für Walt Disney Pic., USA 1997; 94 Min.
Verleih: Buena Vista/dto./dto./Buena Vista Home Ent.; 19.3.1998

Robin Williams in ›Flubber‹

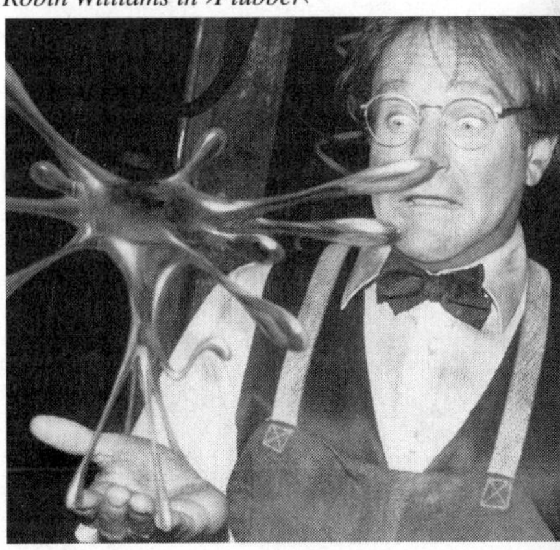

FSK: o.A., ffr.
FBW: Wertvoll

Radikal: Erstmals in der Geschichte des Studios verzichtet eine Disney-Produktion völlig auf eine plausible Handlung. Statt dessen erforscht der Regisseur über einen Zeitraum von 90 Minuten gewissenhaft die Gesichtsmuskeln von Robin Williams und führt einen fliegenden gelben Computer sowie eine gelbe Glibbermasse mittels fortschrittlicher Tricktechnik zu schauspielerischen Höchstleistungen. Ein Film für sechsjährige Avantgardisten und alle, die sich so fühlen. *tip, 7/98*

Vor 38 Jahren entstand in den Walt-Disney-Studios die höchst harmlose Komödie »Der fliegende Pauker« über einen zerstreuten Professor, der per Zufall das »fliegende Gummi« (Flying Rubber – Flubber) erfindet.
In der manischen Wiederaufbereitungswut Hollywoods fiel nun John Hughes, dem Schöpfer von »Kevin – Allein zu Haus« und seiner zahllosen Hybriden, die Aufgabe zu, mit dem Autor des Originalfilms, Bill Walsh, eine 90er-Jahre-Version des Stoffs zu kreieren – und das ist den beiden gelungen. Denn der Film ist hastig, holzschnittartig, effekthascherisch, selbstverliebt und vor allem seelenlos. (…) *W.O.P. Kistner, AZ, 19.3.98*

Albert Baer in: Rheinische Post, 20.3.98; Daniel Kothenschulte in: Kölner Stadt-Anzeiger, 21.3.98; Dorothee Schöpfer in: Stgt. Zeitung, 19.3.98

Flucht im roten Cadillac 291
GIRL IN THE CADILLAC ***
TV

Regie: Lucas Platt
Darsteller: Erika Eleniak (Amanda Baker), William McNamara (Rick Davis), Michael Lerner (Pal), Bud Cort (Bud), Valerie Perrine (Tilly Baker), Ed Lauter (Ben Wilmer), William Shockley (Lamar)
Drehbuch: John Warren, nach dem Roman »The Enchanted Isle« von James M. Cain
Kamera: Nancy Schreiber (Farbe)
Musik: Anton Sanko
Schnitt: Norman Hollyn
Prod.-Des.: Pamela Marcotte
Prod.: Thomas Baer für Steinhardt Baer Pic., USA 1994; 89 Min.
UA: 12.1.1995, Palm Springs Film Festival
TV: 18.4.1998, VOX, 14.00

Temporeiches Roadmovie mit allerlei Verwicklungen.

Flucht von Atlantis 292
ESCAPE FROM ATLANTIS **
Video

Regie: Stratford Hamilton
Darsteller: Jeff Speakman (Matt Spencer), Tim Thomerson (Liam), Brian D. Kline (Quan), Justin Burnette (Adam), Mercedes McNab (Claudia), Breck Wilson (Chris), Brian Bloom (Joriath)
Prod.: Jim Michaels für Universal Home Ent., USA 1997; 92 Min.
Vertrieb: CIC Video; 14.4.1998
FSK: ab 12 J.

Alleinerziehender Vater segelt mit seinen Kindern ins Bermuda-Dreieck. TV-Film mit sattsam bekannten Motiven aus dem Science-Fiction- und Abenteuer-Genre. Nur die Besetzung von Muskelmann Speakman als Familienvater überrascht.

Four Corners 293
FOUR CORNERS ***

Regie: James Benning
Darsteller: Sprecher: Hartmut Bitomsky, James Benning, Yae Sup Song, Billy Woodberry
Drehbuch: James Benning
Kamera: James Benning (Farbe)
Musik: Little Wolf Band »Song for the Journey«, Last Poets »I Sang the Blues«
Schnitt: James Benning
Prod.: James Benning für Cal Arts Film, USA 1997; 80 Min.
EA: 16.2.1998, Int. Forum des Jungen Films, Berlin
Verleih: Freunde/-/-; Okt. 1998

Der renommierte Avantgardist James Benning verfolgt in seinem ungewöhnlichen Werk eine umfassende Weltsicht, will die Geschichte seines Landes im Geographischen wie im Historischen reflektieren. Dazu hat er sich das Vier-Länder-Eck zwischen New Mexico, Arizona, Colorado und Utah ausgesucht, einen Ort wie ein Quadrat mit vier Ecken, dem Zufall der Politik überlassen. (…) *Katalog Forum*

Fragments * Jerusalem 294
SHIVREI TMUNOT YERUSHALAIM ***

Regie: Ron Havilio
Drehbuch: Ron Havilio
Kamera: Ron Havilio (Farbe)
Schnitt: Tor Ben Mayor
Prod.: Ron Havilio, Jacqueline Havilio für Ron Havilio/Israel Film Service/Israel Broadcasting Authority, Israel 1986-1997; 358 Min.
EA: 19.2.1998, Int. Forum des Jungen Films, Berlin
Verleih: Freunde/-/-; Sept. 1998

In sieben großen Kapiteln spannt der israelische Filmemacher Ron Havilio Selbstporträt, Familienhistorie und Jerusalemer Stadtgeschichte zum sechsstündigen Monumentalessay zusammen. Postkarten, autobiographische Romane, Wochenschaumaterial, Gemälde, alte Fotographien, Flauberts Reisetagebuch, Homemovies, Erinnerungen alle nur denkbaren Schätze aus dem Gedächtnis der Archive werden im Sprung durch die Jahrhunderte assoziativ aufgerufen. Immer freier, immer subjektiver wird der Blick auf Familie und Geschichte, zu dem Havilio in den zehn Jahren seiner Arbeit findet. Fortsetzung folgt.

Robert Weitlbaumer, tip, 15/98

Der Film, sechs Stunden lang, in sieben Kapitel gegliedert, in zwölf Jahren Arbeit entstanden, ist das bisher umfangreichste filmische Fresko über Werden und Wandel der Stadt Jerusalem, reflektiert an Familien- und Weltgeschichte. (...) *Katalog Forum*

Frank 295
ARLETTE **
Video

Regie: Claude Zidi
Darsteller: Josiane Balasko (Arlette). Christopher Lambert (Frank), Ennio Fantastichini (Angelo), Jean Marie Bigard (Victor), Armelle (Lucie), Martin Lamotte, Jean-Pierre Castaldi, France Zobda
Drehbuch: Claude Zidi
Kamera: Jean-Jacques Tarbés (Farbe)
Musik: William Sheller
Schnitt: Nicole Saunier
Prod.-Des.: Christian Marti
Prod.: Pierre Gauchet, Claude Berri für Katharina/Renn/TF1 Films/MDG/Les Films Flam mit Canal Plus, Frankreich 1996; 95 Min.
Vertrieb: Highlight Video; 30.3.1998
FSK: ab 12 J.

US-Heiratsschwindler macht sich in mörderischer Absicht an französische Millionenerbin in spe heran – und verliebt sich versehentlich in sie. Unausgegorener Komödienstoff, der mit schrillen Effekten von seiner Dürftigkeit abzulenken versucht.

Das Frankfurter Kreuz 296
***
TV

Regie: Romuald Karmakar
Darsteller: Michael Degen (Walter), Manfred Zapatka (Harry), Jochen Nickel (Mannie), Kajsa Reingardt (Roswita), Ulrich von Dobschütz (Herr Faltermann), Birol Ünel (Mustafa), Dagmar Manzel (Ärztin), Christina Kruse
Drehbuch: Romuald Karmakar, Michael Farin, nach dem Hörspiel »Für eine Mark und acht« von Jörg Fauser
Kamera: Fred Schuler (Farbe)
Schnitt: Juliane Lorenz, Margarete Rose
Prod.: Frank Henschke, Caroline Benjo, Carole Scotta für Die Zweite Hauskunst/Haut Et Court/WDR/La Sept/Arte, BRD/Frankreich 1997; 58 Min.
UA: 15.2.1998, Int. Filmfestspiele Berlin, »Panorama: art & essai«
TV: 27.11.1998, Arte, 20.45

Romuald Karmakar präsentiert seinen einstündigen Jahrtausendwende-Beitrag. Nach einem Hörspiel von Jörg Fauser inszeniert er eine Trink-Kiosk-Szenerie am Silvesterabend 1999 als Mikrokosmos einer eingeschworenen Gesellschaft von Eigensinnlern. Die Kneipe als menschlicher Spielort, mit Michael Degen als Wirt und Manfred Zapatka als Stammgast – ein Film theatralischer Augenblicke.

Frauke Hanck, AZ, 20.2.98

Christian Schröder in: Der Tagesspiegel, 17.2.98

Eine Frau gibt nicht auf 297
TWO SMALL VOICES ***
TV

Regie: Peter Levin
Darsteller: Mary McDonnell (Sybil Goldrich), Gail O'Grady (Kathleen Anneken), Nicolas

Martina Gedeck, Jeanette Hain und Iris Berben in ›Frau Rettich, die Czerni und ich‹

Surovy (Dr. Jimmy Goldrich), Frederic Lane (David Anneken), Casey Biggs (Joshua Norton), Brock Pierce (Brad), Richard Gilliland, Dennis Creaghan
Drehbuch: Jim Macak, nach einem authentischen Fall
Kamera: James Glennon (Farbe)
Musik: J.A.C. Redford
Schnitt: John A. Martinelli
Prod.-Des.: Diane Hughes
Prod.: Hearst Ent./Freyda Rothstein Prod., USA 1997; 90 Min.
TV: 24.8.1998, ZDF, 20.15

Frau Rettich, die Czerni und ich 298

**

Regie: Markus Imboden
Darsteller: Iris Berben (Frau Rettich), Martina Gedeck (Czerni), Jeanette Hain (Sophie), Olli Dittrich (Bart), Thomas Heinze (Bakunin), Pep Munni (Felipe), Dirk Bach (Dickie), Badesalz
Drehbuch: Simone Borowiak, Hans Kantereit, nach dem gleichn. Roman von Simone Borowicek
Kamera: Benedict Neuenfels (Farbe)
Musik: Stefan Zacharias
Schnitt: Dana Beauvais
Prod.-Des.: Dieter Bächle
Prod.: Peter Zenk, Uschi Reich für Lunaris/Bavaria mit ZDF, BRD 1997; 100 Min.
Verleih: Jugendfilm/Constantin/-/VMP Video; 14.5.1998
FSK: ab 6, ffr.
FBW: Wertvoll

Drei Freundinnen reisen von Frankfurt nach Barcelona, weil eine von ihnen einen reichen Spanier heiraten will – ein komödiantisches »road movie« der besonderen Art; voll köstlicher Selbstironie (hinsichtlich Emanzipation, Geschlechterkampf und Beziehungskisten) und teils skurril angehauchtem, teils slapstickartigem Humor, mit vielen originellen Wendungen und frechwitzigen Dialogen, vor allem aber mit einer sehr gelungenen Charakterzeichnung und adäquaten schauspielerischen Leistungen. Auch die abwechslungsreiche Inszenierung garantiert für den Unterhaltungswert dieses unbeschwerten, trotz mancher kleiner Boshaftigkeiten liebenswerten Lustspiels.

multimedia

(...) Hier sind die Damen zu blöde, um Diesel von Super zu unterscheiden, und hier endet der westeuropäische Frauenhorizont beim Traum, von einem schmierigen Spanier im Hausflur ge-

rammelt zu werden. Markus Imbodens Film liefert nicht mal glatte Klischees, sondern schlampig inszenierte Schablonen, die mühsam einen Haufen Vorurteile zusammenhalten.
Katja Nicodemus, tip, 11/98

(...) Die Scherze verpuffen, samt Dirk Bach und Badesalz, im Paarungsgestolper des Reiseprospektkinos – obwohl man von der literarischen Ausgangslage mehr Skurrilwitz erwarten konnte. Als schwacher Trost für den Regisseur ein altes Schlöndorff-Zitat aus den Tagen des »jungen deutschen Films«: »Man muß auch mal danebenhauen dürfen.« *Ponkie, AZ, 14.5.98*

Heiko R. Blum in: Rheinische Post, 15.5.98; Gerald Jung in: Zitty, 10/98; Martina Knoben in: SZ, 14.5.89; Frauke Hartmann in: FR, 15.5.98; Oliver Rahayel in: Kölner Stadt-Anzeiger, 16.5.98

Frauen lügen nicht 299
**

Regie: Michael Juncker
Darsteller: Jennifer Nitsch (Marie), Martina Gedeck (Hannah), Peter Sattmann (Xaver), Dominique Horwitz (Xavier), Andrea Eckert (Funny), Rebecca Horner (Yasmin), Monica Bleibtreu (Hausmeisterin), Jonathan Kinsler (Hassan)
Drehbuch: Michael Juncker, Siegbert Kammerer, Helmut Trunz
Kamera: Helmut Trunz (Eastmancolor)
Musik: Tom Morrison, Rachel Morrison, Manu Kurz
Schnitt: Ulrike Pahl
Prod.-Des.: Jörg Neumann
Prod.: Gerd Huber, Renate Seefeldt, Danny Krausz, Kurt Stocker für Cobra/Dor mit ZDF/ORF, BRD 1997; 91 Min.
Verleih: Buena Vista/dto./-/Buena Vista Video; 30.4.1998
FSK: ab 12, ffr.

Bindungsscheuer Arzt überreicht seiner Zufallsbekanntschaft die Visitenkarte eines ihm unbekannten Automechanikers, was zu weitreichenden Verwechslungen führt. Liebeskomödie von geringem Anspruchsniveau. *multimedia*

(...) Die einfachen Dialoge strapazieren weniger den Intellekt als die Geduld; Juncker fällt die Gratwanderung zwischen Klamauk und Komik schwer. Zwar schlagen sich Martina Gedeck und Jennifer Nitsch, vor allem aber Allroundtalent Dominique Horwitz tapfer trotz undankbarer Rollen, und Monica Bleibtreu als widerborstige wienerische Hausmeisterin ist ein Vergnügen. Aber die besten Schauspieler können aus diesem Trauerspiel kein Lustspiel machen.
Margret Köhler, AZ, 30.4.98

(...) Eine Komödie, die ein weiteres Mal in ausgelatschten Gefühlspfaden herumtrampelt und sich in der zur Schau getragenen Selbstironie sonnt.
tip, 11/98

Heiko R. Blum in: Rheinische Post, 2.5.98; Thomas Klingenmaier in: Stgt. Zeitung, 2.5.98

Fräulein Niemand 300
PANNA NIKT ***
TV

Regie: Andrzej Wajda
Darsteller: Anna Wielgucka (Marysia), Anna Mucha (Kasia), Anna Powierza (Ewa), Stanislawa Celinska (Marysias Mutter), Jan Janga Tomaszewski (Marysias Vater), Malgorzata Potocka (Ewas Mutter), Leszek Teleszynski (Ewas Vater), Malgorzata Pieczynska (Kasias Mutter)
Drehbuch: Radoslaw Piwowarski, nach dem gleichn. Roman von Tomek Tryzna
Kamera: Krzysztof Ptak (Farbe)
Musik: Andrzej Korzynski
Schnitt: Wanda Zeman
Prod.: Janusz Morgenstern für Studio Filmowe Perspektywa/Telewizja Polska/BR/WFDiF/Syrena Ent. Group/ Com Engineering, Polen/BRD 1996; 98 Min.
EA: 23.2.1997, Int. Filmfestspiele Berlin, »Wettbewerb«
TV: 4.3.1998, ARD, 23.05

Die 15jährige Marysia ist neu in der Stadt. In ihrer Klasse freundet sie sich mit der hochmusikalischen Kasia und der reichen Ewa an. Bald hat sie für ihre Eltern nur noch Verachtung übrig.
Zitty, 4/97

Fritz Göttler in: SZ, 4.3.98

Fred 301
FRED ****

Regie: Pierre Jolivet
Darsteller: Vincent Lindon (Fred), Clotilde Courau (Lisa), Stephane Jobert (Michel), Albert Dray (Yvan), François Berleand (Barre-

re), Roschdy Zem (Nouchi), Carine Lemaire (Corinne), Kevin Morice (Julien)
Drehbuch: Pierre Jolivet, Simon Michael
Kamera: Patrick Blossier (Farbe)
Musik: Serge Perathoner, Jannick Top
Schnitt: Luc Barnier
Prod.: Frédéric Bourboulon für Les Films Alain Sarde/Little Bear, Frankreich 1996; 88 Min.
UA: 21.2.1997, Int. Filmfestspiele Berlin, »Panorama: art & essai«
Verleih: Arsenal/Stadtkino/-; 5.11.1998

Die schlichte Story über einen arbeitslosen Kranführer, der seine end- und sinnlose freie Zeit dazu verwendet, seinem besten Freund einen Gefallen zu tun, und dadurch in eine Mordsache verwickelt wird, ist gar nicht so wichtig; im Mittelpunkt steht ein fast dokumentarischer Blick in das Leben »einfacher« Menschen, sozial Benachteiligter und sonstiger Pechvögel – kein denunzierender, sondern ein liebevoller Blick, der den Protagonisten beachtliche Reserven an Charakterstärke zugesteht. Der formal etwas spröde, aber auch reizvolle Streifen fesselt vor allem mit seiner stimmigen Atmosphäre, der treffenden Charakterzeichnung und adäquaten Schauspielerleistungen.
multimedia

Gerhard Midding in: Frankfurter Rundschau, 5.11.98; Olaf Möller in: Kölner Stadt-Anzeiger, 7.11.98

Free Willy 3 302

FREE WILLY 3: THE RESCUE **

Regie: Sam Pillsbury
Darsteller: Jason James Richter (Jessie), August Schellenberg (Randolph Johnson), Annie Corley (Drew), Vincent Berry (Max Wesley), Patrick Kilpatrick (John Wesley), Tasha Simms (Mary Wesley), Peter Lacroix (Sanderson), Stephen E. Miller (Dineen)
Drehbuch: John Mattson, nach Charakteren von Keith A. Walker
Kamera: Tobias Schliessler (Technicolor)
Musik: Cliff Eidelman
Schnitt: Margie Goodspeed
Prod.-Des.: Brent Thomas
Prod.: Jennie Lew Tugend; Douglas C. Merrifield, Mark Marshall für Regency/Shuler Donner/Donner Prod., USA 1997; 85 Min.
UA: 8.8.1997, New York
Verleih: Warner Bros./dto./-/Warner Home Video; 5.2.1998
FSK: o.A., ffr.
FBW: Wertvoll

Der Sohn eines Walfängers gerät in einen ernstlichen Gewissenskonflikt, als er merkt, daß sein Vater nicht nur auf Lachsjagd geht, sondern es auf die Meeresriesen abgesehen hat. Mit einem älteren Buben kann er den schon aus zwei Willy-Folgen bekannten Orca-Wal retten. Das simple dramaturgische Strickmuster und der oft penetrant pädagogische Gestus lassen kaum Spannung oder Interesse aufkommen, so daß das Resultat nur ein höchst anspruchsloser Familienfilm ist. *multimedia*

(...) Willy neues Abenteuer wirkt weniger spannend als die ersten beiden, überzeugt eher durch die differenzierte Charakterisierung der Waljäger, deren Motive und Verhaltensweisen verständlich gemacht werden, anstatt sie einfach als Verbrecher zu verteufeln. Politisch korrekte Kinounterhaltung für Kinder.
Ralph Umard, tip, 3/98

Thomas Klingenmaier in: Stgt. Zeitung, 5.2.98

Freedom on my Mind 303

FREEDOM ON MY MIND ***
TV

Regie: Connie Field, Marilyn Mulford
Darsteller: Mit: Victoria Gray, Bob Moses, Endesha Ida Mae Holland, L.C. Dorsey, Cleveland Sellers, Pam Allen, Marshall Ganz, Curtis Hayes
Drehbuch: Michael Chandler
Kamera: Michael Chinn, Steve Devita, Vicente Franco (Farbe)
Musik: Mary Watkins
Schnitt: Michael Chandler Sprecher Ronnie Washington
Prod.: Connie Field, Marilyn Mulford für Clarity Film, USA 1994; 120 Min.
EA: Filmfest München 1994
TV: 28.1.1998, Arte, 20.45

Die spannende Chronik eines der dramatischsten Kapitel in der Geschichte der amerikanischen Bürgerrechtsbewegung: der Kampf um die Wahlberechtigung der Schwarzen in Mississippi.
Katalog Filmfest München 1994

Freeway 304

FREEWAY ***

Video

Regie: Matthew Bright
Darsteller: Kiefer Sutherland (Bob Wolverton), Reese Witherspoon (Vanessa Lutz), Bokeem Woodbine (Chopper), Brooke Shields (Mimi Wolverton), Wolfgang Bodison (Detective Breer), Dan Hedaya (Detective Wallace), Amanda Plummer (Ramona), Michael Weiss (Larry)
Drehbuch: Matthew Bright
Kamera: John Thomas (DeLuxe 35mm)
Musik: Danny Elfman
Schnitt: Maysie Hoy
Prod.-Des.: Pam Warner
Prod.: Chris Hanley, Brad Wyman; Mark Ezralow für Davis/Illusion/Kushner-Locke/ Muse/August Ent., USA 1996; 95 Min.
UA: 19.1.1996, Sundance Film Festival 1996
EA: Fantasy Filmfest München 1996
Vertrieb: VMP Video; 25.9.1998
FSK: ab 16 J.

16jährige, deren Eltern im Knast gelandet sind, steigt auf dem Weg zur Großmutter ins Auto eines dubiosen Jugendpsychologen. »Rotkäppchen« als rüder Thriller – was für eine Idee!

(...) »Die Mädchenrolle ist mit Reese Witherspoon zwar gut besetzt, aber gegen die argen Schicksalsklischees kann sie nicht anspielen. Ebensowenig gegen den abstrusen Verlauf der Handlung, die sich Formen billigsten Horrors bedient. So verkommt Vanessas Zorn auf eine Welt, die sie zur geborenen Asozialen abstempelt und ihr die Würde und die Freiheit nimmt, zum Vehikel für einen rüden Ton und eine schockierende Gewaltdarstellung.«
Anselm Jungeblodt, film-dienst

Freeze – Alptraum Nachtwache 305

NIGHTWATCH ***

Regie: Ole Bornedal
Darsteller: Nick Nolte (Insp. Thomas Cray), Ewan McGregor (Martin Bells), Patricia Arquette (Katherine), Josh Brolin (James Gallman), Alix Koromzay (Joyce), Lauren Graham (Marie), John C. Reilly (Insp. Bill Davis), Brad Dourif (Duty Doctor)
Drehbuch: Steven Soderbergh, Ole Bornedal, nach dem Film »Nattevagten« von Ole Bornedal
Kamera: Dan Lausten (Deluxe)
Musik: Joachim Holbeck
Schnitt: Sally Menke
Prod.-Des.: Richard Hoover
Prod.: Michael Obel für Dimension Films für Miramax, USA 1998; 101 Min.
EA: Fantasy Filmfest 1997
Verleih: Kinowelt/dto./Monopole-Pathé/VMP Video; 13.8.1997
FSK: ab 16 J.

Zur selben Zeit, in der ein Serienmörder die Stadt unsicher macht, tritt ein Student in der Pathologie eines Krankenhauses einen Nebenjob als Nachtwächter an. Als während seiner Schicht Leichen geschändet werden, gerät er in den Verdacht, der gesuchte Mörder zu sein. Noch mehr als in seinem Original »Nattevagten« reiht Ole Bornedal in diesem Eigenremake effektsicher verschiedene Genretopoi aneinander. Trotz dramaturgischer Schwächen vermittelt der Horrorthriller dank detailgenauer Inszenierung gekommt Gefühle von Furcht und Paranoia. *Zoom, 8/98*

(...) Neuverfilmung des dänischen Thrillers »Nightwatch« (1995), die durch minimale, aber gewichtige Drehbuchadaptionen an inhaltlicher Geschlossenheit und atmosphärischer Dichte deutlich unter dem Niveau des Originals bleibt. *multimedia, 2.8.98*

»Freeze« ist mindestens so spannend wie das Original, und der Film läßt einem das Blut in den Adern gefrieren – das liegt zum einen an der Kälte der neonbeleuchteten Gänge des Krankenhauses und zum anderen an der eisigen, brutalen Willkür des geheimnisvollen Mörders. Daß der Mann eine Vorgeschichte hat, deutet Bornedal zwar an, aber sie interessiert ihn nicht wirklich. Das ist zwar schrecklich, weil es keinen Schutz gibt gegen Willkür. Aber auch wahrhaftig – denn für Mord gibt es nie einen guten Grund, weder im Film noch im richtigen Leben. *SZ, 13.8.98*

Wie waren Ihre Erfahrungen in Amerika?

Die Produzenten Bob und Harvey Weinstein investierten immerhin 15

Millionen Dollar und ließen mich anfangs in Ruhe. Erst bei der Postproduktion begann der Alptraum. Sie mäkelten an Musik und Sound herum, verschoben ständig den Start und entwarfen ein konfuses Marketingkonzept. Die Weinstein-Brüder sind völlig verrückte Typen. Wer sich mit ihnen einläßt, macht einen faustischen Deal, verkauft seine Seele.

Inwieweit mußten Sie Kompromisse machen? Im Remake fehlen Sexszenen und der Hauch von Blasphemie aus dem Original.

Wir mußten diese Szenen nach Testvorführungen wieder entfernen. Die Amerikaner sind ein prüdes Volk und sehr konservativ, wenn es um Kunst geht. Das religiöse Thema verstanden sie überhaupt nicht, reagierten beleidigt. Ein attraktives und intelligentes Mädchen wird bei ihnen Rechtsanwältin und fährt Mercedes. Daß so eine Frau auch Theologie studieren könnte, liegt außerhalb ihres Vorstellungsvermögens. Wenn es ans Nachdenken geht, schalten die Amerikaner ab.

Ole Bornedal im Interview mit Margret Köhler, AZ, 13.8.1998

Julian Hanich in: Der Tagesspiegel, 13.8.89; Martin Schwarz in: Zitty, 17/98; Thilo Wydra in: Die Welt, 13.8.98

Die Fremde in meiner Brust

306
**
TV

Regie: Dominique Othenin-Girard
Darsteller: Gottfried John (Richard Keller), Eleonore Weisgerber (Beate Keller), Bojana Golenac (Sarah Ludwig), Karin Düwel (Paula Ludwig), Henri Arnold (Dominik Flemming), Stefanie Schimanski (Alice Keller), Manfred Andrae (Kurt), Evelyn Meyka (Marie)
Drehbuch: Rosamond Orde-Powlett
Kamera: Sven Kirsten (Farbe)
Prod.: BRD 1998; 94 Min.
TV: 14.10.1998, RTL, 20.15

Das falsche Herz schlägt, ach, in meiner Brust. Transplantations-Schmonzette.

French Lolita

307
FRENCH LOLITA
*
Video

Regie: Pierre Reinhard
Darsteller: Cecilia Fleury, Richard Suen
Prod.: Hongkong 1993; 82 Min.
Vertrieb: VPS Video; 24.2.1998

Jane Marchs Bodydouble (in »Der Liebhaber«) in einer Hauptrolle – welch Sensation! Peinlich primitives Sexfilmchen ohne Hardcore und ohne erkennbare Handlung.

Freundinnen und andere Monster

308
**

Regie: Mika Kallwass
Darsteller: Wolke Hegenbarth (Katja), Ivonne Schönherr (Anika), Ina Balint (Miriam), Steffanie Mühlhan (Nic), Jasmin Schöler (Doro), Dirk Meier (Marc), Raisulih El Hadi, Pascal Rehnolt
Drehbuch: Katya Kleiner, Thomas Springer, nach einer Idee von Gert K. Müntefering und Michael Braun
Kamera: Reinhard Köcher (Farbe)
Musik: Andreas Bruhn, Stevo Wilcken Egoism Inc.
Schnitt: Ingo Ehrlich, Ulrike Leipold
Prod.-Des.: Bertram Strauss
Prod.: Michael Braun, Alexander Buchmann, Thomas Springer für Delta Media/Avrora Media/PolyGram/WDR, BRD 1998; 89 Min.
Verleih: PolyGram/dto./PolyGram Video; 9.7.1998
FSK: ab 6 J., ffr.

Um in die coolste Mädchen-Gang ihrer neuen Schule aufgenommen zu werden, muß Landpomeranze Katja ihre Unschuld verlieren. Es folgen Fehlversuche, die große Liebe, Intrigen, Selbsterkenntnis, Versöhnung – Adoleszenz pur. Schade. Da wird endlich ein deutscher Film über Teenagerliebe und -leben produziert, da stimmen die Mischung aus kecken Serienstars und schnoddrigen Laien, und da intoniert die Girlie Group am Ende so wahr »Mädchen sind Monster«. Und dann ist das Ganze auf unterstem Niveau hingeschludert! Regie und Drehbuchbearbeitung scheinen nicht stattgefunden zu haben. Um so ärgerlicher, da hier mit

einem großen Verleih im Rücken, einem TV-Sender als Koproduzenten und Fördergeldern beste Arbeitsbedingungen herrschten. Der nächste Versuch wird's wieder schwerer haben.
Annette Kilzer, tip, 15/98

(...) Da kommt doch glatt Sehnsucht auf nach den Pauker-Filmen der sechziger und siebziger Jahre, als Karikaturen von Schülern wie Ilja Richter Karikaturen von Lehrern wie Theo Lingen Feuer unterm Hintern machten. Das war wenigstens konsequent klamottig. Dieser Film ist nur in einem konsequent: Er hält das zahlende Publikum aller Altersklassen für bescheuert. *Zitty, 14/98*

(...) Als Mischung aus Bravo-Fotoroman und »Hurra, die Schule brennt« kommt diese Generationsklamotte daher. Da wird kein Klischee ausgelassen, was die sogenannte Jugendkultur widerspiegeln soll. Die Mädels fahren auf Skates durch die Fußgängerzonen, flirten mit Jungs und wollen schließlich noch eine Band gründen. Stimmt, das ist alles nicht so doll, irgendwie ziemlich belanglos, und die Regie bringt auch keine Rasanz in das Teenie-Treiben.
Aber genug gemeckert. Wahrscheinlich finden Gleichaltrige (also Kids, die genau so alt sind wie die Kids im Film) diesen Schabernack ja »supercool« und der Verfasser dieser Zeilen ist einfach »mega-out«. Ach ja: Die älteren Semester sind ja hier auch sowieso nur Monster. *Albert Baer, Rheinische Post, 10.7.98*

Frauke Hanck in: AZ, 9.7.98; Frank Noack in: Der Tagesspiegel, 9.7.98; Milan Pavlovic in: Kölner Stadt-Anzeiger, 11.7.98

The Frighteners 309
THE FRIGHTENERS ***

Regie: Peter Jackson
Darsteller: Michael J. Fox (Frank Bannister), Trini Alvarado (Lucy Lynskey), Peter Dobson (Ray Lynskey), John Astin (Judge), Jeffrey Combs (Milton Dammers), Dee Wallace Stone (Patricia Bradley), Jake Busey (Johnny Bartlett), Chi McBride (Cyrus)
Drehbuch: Fran Walsh, Peter Jackson
Kamera: Alun Bolliner, John Blick
Musik: Danny Elfman
Schnitt: Jamie Selkirk
Prod.-Des.: Grant Major
Prod.: Jamie Selkirk, Peter Jackson für Wingnut Films, Neuseeland/USA 1996; 104 Min.
UA: 19.7.1996, New York
Verleih: UIP/-/-/CIC Video; 2.1.1998
FSK: ab 18 J.; geänderte Fass. auf Video; 104 Min. ab 16 J.

Mit über einem Jahr Verspätung kommt nun doch die irrwitzige Geisterjäger-Klamotte des Neuseeländers Peter Jackson, der bisher vornehmlich mit Splatterkomödien wie »Braindead« überzeugte, in unsere Kinos. Ghostbuster Michael J. Fox treibt Geister aus, die er selber mitgebracht hat, und zieht verschreckten Hausfrauen das Geld aus der Tasche, bis er es mit einem höllisch verliebten Serienmörder zu tun bekommt. Produziert wurde das Hollywood-Spektakel von Robert Zemeckis, dem Regisseur von gepflegten Blockbustern wie »Zurück in die Zukunft« und »Forrest Gump«. Das Resultat ist durchgeknallte Unterhaltung auf tricktechnisch hohem Niveau, blutleer und familiengerecht. *tip, 1/98*

(...) Stellte Peter Jackson in seinem vorangehenden Film »Heavenly Creatures«, mit dem er sich eindrucksvoll über den Splatter-Bereich hinaus profilieren konnte, die Spezialeffekte ganz in den Dienst der Story, so ist es in dem von Robert Zemeckis produzierten »The Frighteners« eher umgekehrt. Zwar bleibt der Ekelgrad in dieser Mischung aus Horrorfilm und Komödie deutlich hinter Jacksons »Braindead« zurück, doch ist sein tabuloser Humor geblieben. Der kommt auch zum Zuge, als der knochige Judge, der gelegentlich seinen Unterkiefer verliert, im Historischen Museum über eine ägyptische Mumie herfällt und den skurrilen Sex im Sarkophag anschließend kommentiert: »I like it when they lie still like that«. *Christian Seebaum, Kölner Stadt-Anzeiger, 3.1.98*

Sabine Horst in: FR, 5.1.98; Heiko R. Blum in: Rheinische Post, 2.1.98

Frivole Lola 310

MONELLA **

Video

Regie: Tinto Brass
Darsteller: Anna Ammirati (Lola), Patrick Mower (Andre), Mario Parodi (Masetto), Susanna Martinkova (Michelle), Antonio Salines (Pepe), Francesca Nunzi, Vittorio Attene, Laura Trotter
Drehbuch: Tinto Brass, Carla Cipriani
Prod.: Cardinal/C.R.C./Production Group/P.F.C. 2000, Italien 1998; 100 Min.
Vertrieb: Splendid Video; 6.4.1998
FSK: ab 18 J.

Die Geschichte einer Dorfschönen, die unter anderem gern nackt durchs Dorf radelt.

Frühstück mit Einstein 311

BREAKFAST WITH EINSTEIN **

TV

Regie: Craig Shapiro
Darsteller: Thomas Gottschalk (Martin), Priscilla Presley (Keelin), Shia Lebeouf (Joey), Ben Foster (Ryan), Jessica Bowman (Marlena), Ben Stein (Jack)
Kamera: Wally Pfister
Prod.: Kelli Konap, USA 1998; 90 Min.
TV: 24.5.1998, SAT.1, 20.15

Thomas Gottschalk als Hundehasser.

Fuck Hamlet 312

***

Regie: Cheol-Mean Whang
Darsteller: Till Sarrach (Till), Marion Berdat (Anna), Oliver Marlo (Oliver), Otto Zonschitz (Knoblauch)
Drehbuch: Cheol-Mean Whang
Prod.: dffb Berlin, BRD 1996; 88 Min.
UA: 14.2.1997, Int. Forum des Jungen Films, Berlin, »Sonderprogramme«
Verleih: fsk/-/-; 19.6.1997

Anna kommt aus der Provinz nach Berlin, um hier nach ihrem alten Freund Till zu suchen. Parallel dazu ist Till auf der Suche nach einem Job als Schauspieler. Er hat nicht die Theaterkarriere gemacht, die Anna ihm zugetraut hatte. Sein Loser-Alltag bekommt auch keine Wendung, als er doch noch mit Anna zusammentrifft. Der aus Korea stammende dffb-Absolvent Cheol-Mean Whang hat einen über große Strecken lebendigen, an die Traditionen des Cinéma vérité anknüpfenden Berlin-Film gedreht, der seinen Charme jedoch nicht ganz bis zum Schluß zu halten vermag. *Claus Löser, tip, 12/97*

»Berlin war die letzte Station meines Aufenthalts in Deutschland. Mit dem Film wollte ich mich von diesem Land und zugleich von einem wichtigen Abschnitt meines Lebens verabschieden. So ist das Berlin meines Films überlagert von vielen anderen, persönlichen Deutschlandbildern, die ich in 15 Jahren gesammelt habe. Ich lebte in drei Städten, jobbte an fünf Orten und erlebte zwei Wenden. Mit der ersten Wende kam die deutsche Nationalhymne ins Fernsehen, zu sehen vor Beginn und nach Sendeschluß. Die zweite Wende erlebte ich hier in Berlin, und zwar auf dem Alexanderplatz: Ich erinnere mich noch deutlich an den haßerfüllten Blick, den ein Passant mir zuwarf, nachdem er mir einen plötzlichen Stoß gegeben hatte. Meine Berlin-Bilder sind ebenso überlagert von den Geschichten meiner Freunde und netter Nachbarn, von denen ich mich verabschieden wollte.«
Cheol-Mean Whang

Fuochi d'artificio 313

FUOCHI D'ARTIFICIO **

Regie: Leonardo Pieraccioni
Darsteller: Leonardo Pieraccioni (Ottone), Vanessa Lorenzo (Luna), Massimo Ceccherini (Germano), Barbara Enrichi (Barbara), Mandala Tayde (Demiu), Claudia Gerini (Lorenza), Luigi Petrucci (Psychoanalytiker), Roberto Brunetti (Patata)
Drehbuch: Gianni Veronesi, Leonardo Pieraccioni
Kamera: Roberto Forza (Farbe)
Musik: Claudio Guidetti
Schnitt: Jacopo Quadri
Prod.: Mario Cecchi Gori, Vittorio Cecchi Gori, Rita Cecchi Gori für CGG Tiger Prod., Italien 1997; 94 Min.
Verleih: -/-/Elite; August 1998

In einem toskanischen Dorf arbeitet Ottone in einer Tierhandlung, kümmert sich um Hunde, Frauen und Freunde, so daß sich das Beziehungskarussell munter dreht. Davon erzählt er in Rückblenden einem Psychiater auf Urlaub in den Malediven. Sie sind voll derber Witze, Zoten und abgedroschener Gags, in denen nicht nur das Feuerwerk eine Fehlzündung hat. *Zoom, 8/98*

Für einen Augenblick von Zärtlichkeit 314

SEASON OF CHANGE □

Regie: Robin P. Murray
Darsteller: Michael Madsen (Randy Parker), Nicholle Tom (Sally Mae Parker), Jo Anderson (Martha Parker), Hoyt Axton (Big Upton), Ethan Randall (Bobby)
Drehbuch: Shirley Hillard
Kamera: Steve Slocomb (Farbe)
Musik: Alby Potts
Schnitt: Alain Jakubowicz, Gerard Jakubowicz
Prod.: Charles Lipitz, Robin P. Murray, Robert Spiotta für Sterling Films, USA 1994; 98 Min.
TV: 5.12.1998, RTL2

Das Fußballdrama von Sheffield 315

HILLSBOROUGH ****

Regie: Charles McDougall
Darsteller: Christopher Eccleston (Trevor Hicks), Ricky Tomlinson (John Glover), Annabelle Apison (Jenni Hicks), Rachel Davis (Teresa Glover), Mark Womack (Eddie Spearitt), Tracey Wilkinson
Drehbuch: Jimmy McGovern
Kamera: Barry Ackroyd (Farbe)
Musik: Rob Lane
Schnitt: Barry Vince
Prod.-Des.: Tom Brown
Prod.: Nicola Shindler für Granada TV, GB 1997; 100 Min.
EA: Filmfest München 1997
TV: 29.5.1998, Arte, 20.45

Basierend auf authentischem Recherchematerial rekonstruiert der Film die Hintergründe der größten Katastrophe in der britischen Sportgeschichte, den Tod Hunderter von Fußball-Fans im Hillsborough-Stadion 1989.

Gabbeh
316
GABBEH
***

Regie: Mohsen Machmalbaf
Darsteller: Shaghayeh Djodat (Gabbeh), Hossein Moharami (Alter Mann), Rogheih Maharami (Rogheih), Abbas Sayah (Onkel)
Drehbuch: Mohsen Machmalbaf
Kamera: Mahmoud Kalari (Farbe)
Musik: Hossein Alizadeh
Schnitt: Mohsen Makhmalbaf
Prod.: Khalil Daroudtchi, Khalil Mahmoudi für Sanayeh Dasti/MK2 Prod., Iran 1996; 74 Min.
UA: Int. Filmfestival Cannes 1996 »Un Certain Regard«
Verleih: Silver Cine, Kairos/-/Frenetic; März 1997 (CH), 26.3.1998
FSK: o.A., ffr.

Mohsen Makhmalbaf wollte einen Dokumentarfilm über Nomaden des iranischen Südostens drehen, die die Gabbeh knüpfen, eine besondere Art von Bildteppichen. Aber das Projekt geriet ihm unter der Hand mehr und mehr zum Spielfilm (für den er sogar nachdrehen mußte), ja zum Poem über die Menschen und Landschaften jener Gegend. Entstanden ist eine Art von kolorierter Textur auf Filmleinwand, ein Gebilde, das wie gewoben wirkt. Wie es die Gabbeh tun, versucht auch der Film, der Natur direkt nachzuleben und mit ihren Farben zu arbeiten. *Zoom*

Thomas Klingenmaier in: Stgt. Zeitung, 18.6.98; Martina Knoben in: SZ, 10.9.98; Olaf Möller in: Kölner Stadtanzeiger, 16./17.5.98

Gadjo Dilo
317
GADJO DILO
****

Regie: Tony Gatlif (= Michel Dahmani)
Darsteller: Romain Duris (Stéphane), Rona Hartner (Sabina), Izidor Serban (Izidor), Ovidiu Balan (Sami), Dan Astileanu (Dinitru), Valentin Teodosiu (Denech), Dan Astileanu, Valentin Teodosiu
Drehbuch: Tony Gatlif
Kamera: Eric Guichard (Farbe)
Musik: Tony Gatlif
Schnitt: Monique Dartonne
Prod.: Princes Film mit Canal+/Centre National de la Cinemathographic/Ministére de la Culture/SACEM, Frankreich 1997; 101 Min.
UA: Int. Filmfestspiele Locarno 1997
EA: Filmfest München 1998
Verleih: Senator/polyfilm/Filmcoopertive; 27.8.1998
FSK: ab 12 J., ffr.

Ein junger Franzose ist in die karge rumänische Winterlandschaft gereist, weil er eine Sängerin sucht, deren Zigeunerlied sein verstorbener Vater liebte. Nach einem nächtlichen Zwangsbesäufnis mit dem Anführer eines Roma-Dorfes, lädt dieser ihn zu sich ein. Obwohl er als Franzose ein »Gadjo«, ein Fremder, für die Zigeuner ist, schließt er Freundschaft mit den Be-

Romain Duris und Rona Hartner in ›Gadjo Dilo‹

Izidor Serban in ›Gadjo Dilo‹

wohnern des Dorfes, lernt ihre Kultur ein wenig verstehen und verliebt sich in eine Zigeunerin.

Authentisch durch Laiendarsteller in den Nebenrollen und trotz schmerzlicher Augenblicke ein anarchischer und höchst sinnlicher Film über die Begegnung zweier grundverschiedener Welten. *Iris Depping, tip, 18/98*

(…) Gatlifs starkes Plädoyer für Toleranz besticht durch Authentizität und erinnert manchmal an einen Dokumentarfilm. Vor allem das Dorfoberhaupt Izidor, das Stéphane beschützt, erweist sich als urwüchsiges Naturtalent. Seinem Charisma und der Natürlichkeit der anderen Laienschauspieler, die Gatlif an rumänischen Originalschauplätzen fand, verdankt der tragikomische Film seine archaische Kraft. Dagegen wirken die beiden Profidarsteller fast blaß.

Die sinnliche Mischung aus Poesie, ungestümer Gefühlsgewalt, Sozialwirklichkeit und einer leidenschaftlichen, fast magischen Musik entwickelt einen faszinierenden und verstörenden Sog, der anfängliche Schlichtheit vergessen läßt. *Margret Köhler, AZ, 27.8.98*

(…) Die Filme von Tony Gatlif sind so nahe an der Wirklichkeit und am Alltag, daß sie fast schon wie Dokumentationen wirken. Das liegt nicht nur an der unaufgeregeten Selbstverständlichkeit, mit der er die Kamera auf dieses karge, einfache Land und seine verfolgten Menschen richtet, sondern auch daran, daß er vor allem Laiendarsteller engagiert. Nur Stéphane und Sabina werden von jungen, unverbrauchten Schauspielern verkörpert. (…)

Anke Sterneborg, SZ, 27.8.98

Gadjo Dilo zeichnet sich durch seine hohe Authentizität aus. Haben Sie sich von den Erlebnissen vor Ort stark beeinflussen lassen?

Während des Drehs für »Latcho Drom« war ich auch in Rumänien. Dieses Abenteuer war die Grundlage. Ich hatte ein solides, wunderbar geschriebenes Skript, das noch nicht richtig lebte. In Rumänien habe ich mich vom Alltag und den Erzählungen der Zigeuner inspirieren lassen. Sie sollten einfach ihrem normalen Tagesablauf nachgehen. *Tony Gatlif im Interview mit Katharina Dockhorn, Zitty, 18/98*

Heiko R. Blum in: Rheinische Post, 28.8.98; Frauke Hartmann in: FR, 28.8.98; Rupert Koppold in: Stgt. Zeitung, 27.8.98; Hans-Joachim Neumann in: Zitty, 18/98; Carla Rhode in: Der Tagesspiegel, 27.8.98; Anke Sterneborg in: SZ, 27.8.98

Galera 318

**

Regie: Gerd Kroske
Drehbuch: Gerd Kroske
Kamera: Dieter Chill (Farbe)
Prod.: Christop Bicker für D.U.R.A.N. Films/Caligari/WDR/BR/SFB/Arte, BRD 1996; 100 Min.
Verleih: Athos/-/-; 6.11.1997

Sie sind weder hip, noch cool oder gestylt. Sie wohnen am Rande großer Städte, in Slums, Kinderheimen oder Elendsquartieren. Schon der Wohnort macht sie zu Freiwild für die Polizisten. In St. Petersburg, Rio oder Berlin holt Gerd Kroske Jugendliche vor seine Kamera, deren Leben sich grundlegend vom gängigen Medienbild der Generation X unterscheidet.
Ständig springt der Film zwischen den Kontinenten hin und her, so daß ein näheres Einlassen in den trostlosen Alltag verwehrt wird.
Annette Leweke, tip, 3/98

Thomas Klingenmaier in: Stgt. Zeitung, 31.10.97

Gangland – Cops unter Beschuß 319

GANG RELATED ***

Video

Regie: Jim Kouf
Darsteller: James Belushi (Divinci), Tupac Shakur (Rodriguez), Lela Rochon (Cynthia), Dennis Quaid (William), James Earl Jones (Arthur Baylor), David Paymer (Elliot Goff), Wendy Crewson (Helen Eden), Gary Cole (Richard Simms)
Drehbuch: Jim Kouf
Kamera: Brian J. Reynolds (DeLuxe)
Musik: Mickey Hart
Schnitt: Todd C. Ramsay
Prod.-Des.: Charles Breen
Prod.: Brad Krevoy, Steve Stabler, John Bertolli; Jeffrey D. Ivers (Koprod.) für Orion, USA 1997; 107 Min.
Vertrieb: Warner Video; 14.8.1998
FSK: ab 16 J.

Zwei Cops erledigen manche Fälle auf ihre Weise und töten die Beteiligten. Als sie einen Kollegen erschießen, werden sie erfinderisch. Halbwegs solider, mit immerhin wenigen originellen Klischee-Varianten aufwartendes Thriller-Drama.

Gänseblümchen im Dezember 320

DAISIES IN DECEMBER ***

TV

Regie: Mark Haber
Darsteller: Joss Ackland (Gerald Carmody), Jean Simmons (Katherine Palmer), Pippa Guard (Miss Glaistow), Judith Barker (Miss Bunch), Barbara Lott (Mrs. Carmichael), Muriel Pavlow (Miss Dean)
Drehbuch: John Kane
Kamera: Brian West (Farbe)
Musik: Mark Thomas
Schnitt: Ian Sutherland
Prod.: Alan Clayton, Huw Davies, GB 1995; 93 Min.
TV: 1.3.1998, Premiere, 15.00

Spätes Glück im Altersheim.

Gänsehaut: Die Nacht im Turm der Schrecken 321

GOOSEBUMPS – THE NIGHT IN THE TERROR TOWER **

TV

Regie: William Fruet
Darsteller: Kathryn Short (Sue), Corey Sener (Eddie), Robert Collins (Scharfrichter), Diego Matamoros (Morgred)
Drehbuch: Billy Brown, Dan Angel, nach dem Buch von R.L. Stine
Kamera: Brian R.R. Herb (Farbe)
Musik: Brad Mac Donald, Jack Lenz
Schnitt: Robert K. Sprogis
Prod.: Deborah A. Forte, USA 1997; 44 Min.
TV: Pro7; 13.8.1998
FSK: ab 12 J.

Der Kinder-Grusel-Thriller läßt in London Wachsfiguren zum Leben erwachen und führt die Kids zurück ins Mittelalter. In einem weiteren Abenteuer dieser Serie geht es um Werwölfe.

Uma Thurman und Ethan Hawke in ›Gattaca‹

Gargantua – Das Monster aus der Tiefe 322

GARGANTUA **

TV

Regie: Bradford May
Darsteller: Adam Baldwin (Jack Ellway), Julie Carmen (Alyson Hart), Emile Hirsch (Brandon), Bobby Hosea (Colonel Wayne), Doug Penty (Paul Bateman), Peter Adams (Dr. Hale), Monroe Reimers (Präsident Moki), Alexander Petersons (Derek)
Prod.: Ronald Parker für Fox TV, USA 1998; 90 Min.
Drehbuch: Ronald Parker
TV: 6.9.1998, SAT.1, 20.15

Das Ur-Reptil, in Polynesien nach einem Vulkanausbruch an Land gespült, hat Junge. Und jeder weiß, daß es nichts Niedlicheres gibt als nackte, hilflose Reptilienkinder: Der Mini-Lurch hat den Charme von E.T. und möchte Cracker essen. Damit kann der Fantasyfilm »Gargantua« dem TV-Hausgebrauch possierlicher Vater-Sohn-Bewährungsmärchen zugeführt werden: Mutterloser Sohn betreut verwaisten Lurchi, dessen Monsterverwandtschaft röhrend und schnaubend aus der Meerestiefe herbeieilt, während US-Militär die Kanonen in Stellung bringt. Ein simpel schwanzschlagender Kinderzimmergrusel, einfältig gemimt, mit einem glotzäugigen grünen Jungsalamander zum Liebhaben.

Ponkie, AZ, 8.9.98

Gattaca 323

GATTACA ****

Regie: Andrew Niccol
Darsteller: Ethan Hawke (Vincent/Jerome), Uma Thurman (Irene), Alan Arkin (Det. Hugo), Jude Law (Jerome/Eugene), Loren Dean (Anton), Gore Vidal (Direktor Joseph), Ernest Borgnine (Cäsar), Blair Underwood (Gen-Spezialist)
Drehbuch: Andrew Niccol
Kamera: Slawomir Idziak (Technicolor)
Musik: Michael Nyman
Schnitt: Lisa Zeno Churgin
Prod.-Des.: Jan Roelfs, Sarah Knowles
Prod.: Danny DeVito, Michael Shamberg, Stacey Sher; Gail Lyon für Jersey Films, USA 1997; 112 Min.
EA: Filmfest München 1997
Verleih: Columbia TriStar/dto./20th Century Fox/Columbia TriStar Video; 9.7.1998
FSK: ab 12 J., ffr.

In der nahen Zukunft ist die Gesellschaft in zwei genetische Klassen aufgeteilt: in natürlich entstandene und im Labor erzeugte Menschen. Dem nach alter Methode gezeugten Vincent ist deshalb jede höhere Ausbildung versperrt.
Durch einen Trick gelingt es ihm, eine Anstellung bei der Elitefirma Gattaca zu erhalten, um seinen Traum, Astronaut zu werden, erfüllen zu können. Als jedoch in der Firma ein Mord passiert, scheint Vincent entlarvt.
Interessantes Dekor und ungewöhnliche Thematik – einer der ersten Hollywoodfilme, der Genmanipulation aufgreift – können die dramaturgischen Schwächen und die blassen Schauspielerleistungen jedoch nicht wettmachen.
Zoom, 6,7/98

(...) Exzellente Schauspieler. Und eine Atmosphäre, die einst progressive Science-Fiction-Filme wie »Alphaville – Lemmy Caution gegen Alpha 60« von Jean-Luc Godard zu übertönen droht. Dieser Film lehrt uns das Fürchten. Es wird schrecklich, was wird, wenn es zu werden scheint, wie es zu werden droht. Das normalerweise auf Hauruck-Filme eingestellte, sehr jugendliche Preview-Publikum in Düsseldorfs Ufa-Palast reagierte gebannt und nachdenklich.
Sebastian Feldmann, Rheinische Post, 10.7.98

(...) Perfekt ist dieser Film nicht gerade, vielmehr im dramaturgischen Entwurf etwas flach, lückenhaft, mit ein paar Ungereimtheiten in der zeitlichen Entwicklung.
Aber Niccol hat mit dem richtigen Instinkt die altmodischen Qualitäten seiner Geschichte verstärkt, die ein Off-Erzähler kommentiert, und die Liebesgeschichte mit Uma Thurman völlig zu Recht als dekorative Episode behandelt. (...)
Brigitte Deslam, Kölner Stadt-Anzeiger, 11.7.98

Julian Hanich in: Der Tagesspiegel, 9.7.98; Sabine Horst in: FR, 10.7.98; Thomas Klingenmaier in: Stgt. Zeitung, 9.7.98; Margret Köhler in: AZ, 9.7.98; Hans-Joachim Neumann in: Zitty, 14/98; Anke Sterneborg in: SZ, 9.7.98

Der gebuchte Mann 324

PICTURE PERFECT ***

Regie: Glenn Gordon Caron
Darsteller: Jennifer Aniston (Kate), Illeana Douglas (Darcy), Kevin Bacon (Sam), Jay Mohr (Nick), Olympia Dukakis (Rita), Kevin Dunn (Mr. Mercer), Anne Twomey (Sela), Faith Prince (Mrs. Mercer)
Drehbuch: Arlenn Sorken, Paul Slansky
Kamera: Paul Sarossy (Technicolor)
Musik: Carter Burwell
Schnitt: Robert Reitano
Prod.-Des.: Larry Fulton
Prod.: Erwin Stoff, USA 1997; 102 Min.
UA: 1.8.1997, New York
Verleih: 20th Century Fox/dto/dto/Fox Video; 4.6.1998
FSK: ab 6, ffr. – *FBW:* Wertvoll

Um Karriere machen zu können, erfindet die adrette Werbeassistentin einen Verlobten. Als ihr Chef das »Paar« zum Essen einlädt, präsentiert sie einen Leihmann, der sich prompt in sie verliebt. Sie liebt aber natürlich einen anderen. Fast zu spät erkennt sie den Wert des Goldjungen.
Die locker-leichte Beziehungskomödie erzählt die nicht mehr ganz taufrische Story vom Frosch, der sich zum Prinzen wandelt. Nette, aber harmlose Unterhaltung trotz dicker Klischees und bemühter Dialoge.

Kevin Bacon, Jennifer Aniston und Jay Mohr in ›Der gebuchte Mann‹

(...) So richtig amerikanisch kommt diese Komödie daher, bei der am Ende wieder traditionelle Familienwerte triumphieren. Glenn Gordon Caron gelingt mit der nicht gerade frischen Story vom Frosch, der sich zum Prinzen wandelt, nicht der große Wurf, sondern nur harmlose Unterhaltung. Jay Mohr als »der gebuchte Mann« hat die Ausstrahlung einer Valium Forte. Aber Newcomerin Jennifer Aniston macht diesen Fehlgriff durch Charme und Temperament wett, läßt zeitweise sogar die Klischees und bemühten Dialoge vergessen. Ganz zu schweigen von Olympia Dukakis, die als nervige Mama einen wunderbaren Auftritt hinlegt.

Margret Köhler, AZ, 4.6.98

Albert Baer in: Rheinische Post, 5.6.98; Dorothee Schöpfer in: Stuttgarter Zeitung, 4.6.98

Gefährliche Lust – Ein Mann in Versuchung 325

**
TV

Regie: Bodo Fürneisen
Darsteller: Gedeon Burkhard (Leon), Denise Virieux (Miriam), Nadja Uhl (Sophie), Stefan Kurt (Vermeyer), Thure Riefenstein (Reimers), Wilfried Hochholdinger (Seidl), Sophie Rois
Drehbuch: Stefan Kolditz
Kamera: Dieter Chill (Farbe)
Prod.: Alexander Gehrke, Antaeus für SAT.1, BRD 1998; 91 Min.
TV: 1.9.1998, SAT.1, 20.15

Grafiker spielt Detektiv und gerät dabei in Versuchung. »Die gefährliche Lust« hält sich in Grenzen, und der Schurke (Stefan Kurt als Abgrund-Saatsanwalt und durchgeknallter Vater einer toten Tochter) versucht sich in weiteren Badewannenmorden. Ein erotisches Absauf-Desaster.« Meinte Ponkie in der AZ dazu.

Barbara Nolte in: SZ, 3.9.98

Gefährliche Wasser 326

FARLIG FARVANN
***
TV

Regie: Lars Berg
Darsteller: Eli Marie Fallet (Oddrun), Sven Erik Brodal (Arnold), Elisabeth Molie (Bente), Kari Viken (Birthe), Erik Öksnes (Koblik), Petter Naess (Holmsen), Roger Hilleren (Li), Rikke Christensen (Linn)
Drehbuch: Axel Helistenius, Lars Berg
Kamera: Kjell Vassdal (Farbe)
Musik: Bendik Hofseth, Reidar Skaar
Schnitt: Sophie Hesselberg
Prod.: Christian Wildhagen für Wildhagen/Schibsted Film, Norwegen 1995; 83 Min.
TV: 12.1.98, ZDF, 22.15

Beachtlicher norwegischer Geiselnehmer-Thriller. Der Intelligenz-Bankräuber, sein dummer Zufallskumpan und die als Geisel mitgeschleppte Bankfrau mit dem Leuchtturmwärter auf einsamer Fjord-Insel – ein Psycho-Katz-und-Maus-Spiel im »gefährlichen Wasser«.

AZ, 14.1.98

Gefangene der Liebe 327

**
TV

Regie: Hans-Jürgen Tögel
Darsteller: Lena Stolze (Susanne Reinisch), Michael Greiling (Rolf Reinisch), Miroslav Nemec (Jan Radek), Saskia Preil (Nadine), Sami Boussaid (Sascha), Horst Sachtleben (Prof. Wickenburg), Klaus Guth, Rhoda Kaindl
Drehbuch: Beatrice Ferolli
Kamera: Rolf Greim (Farbe)
Musik: Dario Farina – *Schnitt:* Gabriele Doll
Prod.: Holger Schulz für Arbor TV, BRD 1998; 92 Min.
TV: 22.3.1998, ZDF, 20.15

Politiker holt sich für seinen Hausanbau Arbeiter aus der Strafanstalt. Seine vernachlässigte Ehefrau entwickelt für den polnischen Handwerker Gefühle. TV-Kitsch.

Gegen Ende der Nacht 328

****
TV

Regie: Oliver Storz
Darsteller: Stefan Kurt (Dave Gladbaker), Karoline Eichhorn (Karin Katte), Bruno Ganz (Inspektor Fehleisen), Felix Eitner (Rudy), Heidy Forster (Line), Ueli Jäggi, Patrique Pinheiro
Drehbuch: Oliver Storz
Kamera: Hans Grimmelmann (Farbe)
Musik: Werner Fischötter
Schnitt: Jürgen Lenz
Prod.: Thomas Martin, Brigitte Diethard für SDR/Maran Film mit ORF/SF-DRS, BRD 1998; 103 Min.
TV: 29.4.1998, ARD, 20.15; 16.11.1998, 3sat, 20.15

August 1945. In einer einsam gelegenen Mühle im amerikanisch besetzten Württemberg geschieht ein fünffacher Mord. Das Müllerpaar, zwei Söhne und die Tochter Irma werden regelrecht exekutiert. Zwei Mitbewohner der Mühle, die sich durch Zufall zur Tatzeit nicht dort aufhielten, entgingen dem Gemetzel: Rudi, ein desertierter Soldat, und Karin Katte, eine junge Flüchtlingsfrau aus dem Osten.
Mit der Ermittlung ist Dave Gladbaker vom amerikanischen Army-Geheimdienst CIC betraut. Ihm zur Seite steht der deutsche Kriminalinspektor Walter Fehleisen.
Beide sind sich schnell darüber einig, daß der Mord offensichtlich ein Racheakt war, die Mörder die Müllerstochter jedoch mit jemand anderem verwechselt haben müssen. (...)

Der Geheimagent 329

THE SECRET AGENT ***
Video

Regie: Christopher Hampton
Darsteller: Bob Hoskins (Doppelagent Verloc), Patricia Arquette (seine Frau Winnie), Gérard Depardieu (Ossipon), Jim Broadbent (Chefinspektor Heat), Christian Bale (Stevie), Eddie Izzard (Vladimir), Elizabeth Spriggs, George Spelvin
Drehbuch: Christopher Hampton, nach dem Roman »Geheimagent« von Joseph Conrad
Kamera: Denis Lenoir (Technicolor)
Musik: Philip Glass
Schnitt: George Akers
Prod.-Des.: Caroline Amies
Prod.: Norma Heyman, Joyce Herlihy für Heyman-Hoskins Prod. mit Capitol, USA/GB 1996; 94 Min.
UA: 10.9.1996, Toronto Film Festval
EA: Filmfest Hamburg 1996
Vertrieb: VCL Concorde Video; Januar 1998
FSK: ab 12 J.

Theatral-behäbiges Remake von Hitchcocks »Der Geheimagent« (1936): Im London des letzten Jahrhunderts läßt sich biederer Anarchist zu einem Bombenanschlag nötigen. Die Besetzung sehr prominent und recht überzeugend, das Dekor passabel, nur die Posten Spannung und Tempo glänzen durch Abwesenheit.

Geheimnisse des Herzens 330

SECRETOS DEL CORAZON ***
TV

Regie: Montxo Armendáriz Barrios
Darsteller: Carmelo Gomez (Tio), Charo Lopez (Maria), Silvia Munt (Mutter), Vicky Pena (Rosa), Andoni Erburu (Javi), Alvaro Nagore (Juan), Inigo Garces (Carlos), Joan Valles (Abuelo)
Drehbuch: Montxo Armendáriz Barrios
Kamera: Javier Aguirresarobe (Farbe)
Musik: Bingen Mendizabal
Schnitt: Rori Sainz de Rozas
Prod.-Des.: Felix Murcia
Prod.: Imanol Uribe, Andres Santana für Aiete Films/Ariane Films/D.M.U.B./Fabrica de Imagens Largo do Contador, Spanien/Frankreich/Portugal 1996; 105 Min.
UA: 17.2.1997, Int. Filmfestspiele Berlin, »Wettbewerb«
TV: 25.11.1998, BR, 22.00

Ein siebenjähriger Junge entdeckt seine Umwelt und weckt durch seine Fragen wieder alte Gefühle bei seiner Familie auf.
Dieser spanische Spielfilm bediente sich der Perspektive eines Neunjährigen, der die wundersame Welt der Erwachsenen zu enträtseln versucht. Es gehört nun zu den Abstrusitäten unserer Zeit, daß Filme wie dieser zwar für den Oscar vorgeschlagen und auf der Berlinale mit einem Preis dekoriert werden, aber niemals dorthin gelangen, wo sie hingehören: ins Kino.
Dabei ist dieses Werk von Montxo Armendáriz Barrios den obligaten »Coming-of-age«-Dramen aus Hollywood filmisch wie inhaltlich weit überlegen. Eine poetische Programm-Perle, die wohl auch im Fernsehen vor die Säue geworfen wurde.

W.O.P. Kistner, AZ, 27.11.98

Das geheimnisvolle Kleid 331

DE JURK ****

Regie: Alex van Warmerdam
Darsteller: Henri Garcin (Van Tilt), Ariane Schluter (Johanna), Alex van Warmerdam (De Smet), Ricky Koole (Chantalle), Rijk de Dooyer (Martin), Elisabeth Hoijtink (Stella), Olga Zuiderhoek (Marie), Eric van der Donk (Herman)
Drehbuch: Alex van Warmerdam
Kamera: Marc Felperlaan (Farbe)
Musik: Vincent van Warmerdam

Schnitt: René Wiegmans
Prod.: Marc van Warmerdam, Ton Schippers, Alex von Warmerdam für Graniet Film, Niederlande 1996; 103 Min.
Verleih: Arthaus/Kinowelt/-/Arthaus Video; 24.9.1998
FSK: ab 16 J., ffr.

Es ist das wahrscheinlich häßlichste Kleid der Welt, doch wer es sieht, der will es haben. Und wer es hat, dem bringt es Unglück. Der Stoffdesigner wird von seiner Freundin verlassen, ein Manager geht seinem Chef an die Gurgel, die erste Trägerin des Kleids stirbt, die Haushaltshilfe Johanna wird wegen ihm beinahe zweimal vergewaltigt. Van Warmerdam hat seine Figuren zu einem bizarren Reigen drapiert, in dem Sehnsüchte geweckt, Gefühle mißbraucht und Perversionen offenbar werden, getaucht in das fahle Licht alltäglicher, absurder Tristesse.

Annette Kilzer, tip, 20/98

(...) Der Holländer Alex van Warmerdam reiht groteske Episoden aneinander, erinnert mit seinem schwarzen Humor an Buñuels Surrealismus. Die kurzfristigen triebhaften Beziehungen sind an Abgründigkeit kaum zu übertreffen; und wenn der zügellose Zugschaffner De Smet (gespielt von Warmerdam selbst) seinen weiblichen Opfern das Fürchten lehrt, bleibt einem das Lachen im Halse stecken. (...)

Margret Köhler, AZ, 1.10.98

Albert Baer in: Rheinische Post, 9.10.98; Fritz Göttler in: SZ, 6.10.98; Daniel Kothenschulte in: FR, 28.9.98

Geheimsache 332

SECRET DEFENSE ****

Regie: Jacques Rivette
Darsteller: Sandrine Bonnaire (Sylvie), Jerzy Radziwilowicz (Walser), Laure Marsac (Véronique/Ludivine), Grégoire Colin (Paul), Françoise Fabian (Geneviève), Christine Vouiloz, Mark Saporta, Sara Louis
Drehbuch: Pascal Bonitzer, Emmanuelle Cuau, Jacques Rivette
Kamera: William Lubtchansky (Farbe)
Musik: Jordi Savall
Schnitt: Nicole Lubtchansky
Prod.: Martine Marignac, Maurice Tinchant für Pierre Grise/La Sept Cinéma/T&C

Alex van Warmerdam und Ricky Koole in ›Das geheimnisvolle Kleid‹

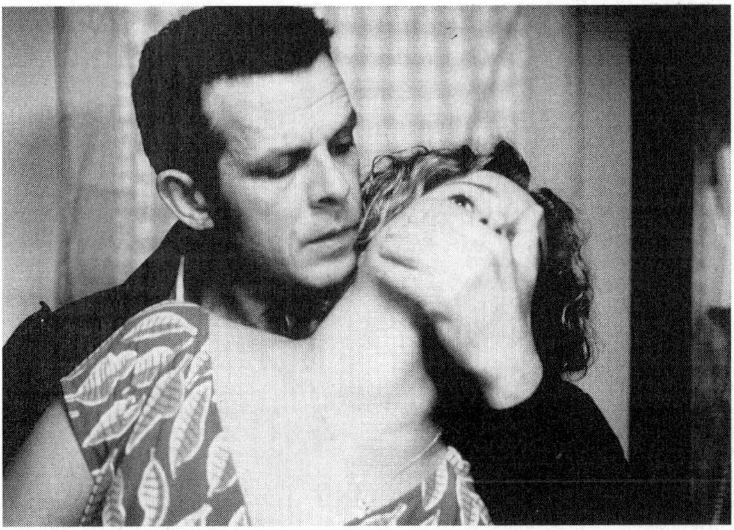

Sandrine Bonnaire in ›Geheimsache‹

Film/Alia/Canal+/Sofica Sofinergie 4,
Frankreich/Schweiz/Italien 1998;
173 Min.
EA: Filmfest München 1998
Verleih: Advanced/Stadtkino/Frenetic;
22.10.1998
FSK: ab 12 J., ffr.

Sylvie und Paul glauben nicht an den Selbstmord ihres Vaters. In einem seiner Geschäftsfreunde sehen sie dessen Mörder. Ihrem Bruder zuvorkommend, schreitet Sylvie zur Rache. Doch die Wahrheit ist komplexer. Ein im Geiste einer antiken Tragödie inszenierter Kriminalfilm. Dessen Plot und die Figurenpsychologie weisen zwar Schwächen auf, doch eine hervorragende Hauptdarstellerin und eine kunstvolle Regie wiegen diese auf. *Zoom, 10/98*

(…) Sandrine Bonnaire, in deren Gesicht sich jede Emotion spiegelt – die Angst, das Entsetzen, die (Un-) Schuld – ist Jägerin und Gejagte, Täterin und Opfer.

Der Altmeister des französischen Films zeigt in diesem Meisterwerk, was Kino auch heute noch sein kann: feinste und feinsinnigste Unterhaltung für Kopf, Bauch, Seele und Sinne, mit brillanten Dialogen und beredtem Schweigen.

In drei kurzen Stunden erzählt er vom Rachefeldzug einer jungen Frau (grandios: Sandrine Bonnaire), die glaubt, den Mörder ihres Vaters gefunden zu haben und aus Versehen die Geliebte des Verdächtigen erschießt. Langsam enthüllt sich ein Familiendrma. Kaum scheint etwas klar, stellt Rivette alles in Frage, schafft Spannung, überrascht mit unverhofften Wendungen. Ein Meisterwerk.

Margret Köhler, AZ, 4.7.98/12.11.98

Was in knappen Worten wie das Handlungsgerüst seines Thrillers klingt, zerdehnt sich unter der Regie von Jacques Rivette, wen wundert's, zum 170minütigen Kammerspiel mit langen Einstellungen und noch längeren Zugfahrten. Jacques Rivette, in den frühen sechziger Jahren mit der Nouvelle Vague bekanntgeworden, ohne ihr je so recht anzugehören, betreibt seit Jahr und Tag sein eigenes Kino, ohne Rücksicht auf

Branchenregeln oder gar Publikumserwartungen. So dürfen wir uns in »Geheimsache« ausführlich an Sandrine Bonnaires Gesicht sattsehen, wir erfahren so einiges über den TGV- und Bummelzugbetrieb rund um Paris und werden Zeuge, wie ein Gewebe aus Geheimniskrämereien, Schuld und Unschuld in einem seifig-tragischen Finalschluß seine dramaturgische Auflösung findet. Wer's mag, wird's mögen. Der Rest ist lange vorher im Kinosessel weggedämmert.

Gerald Jung in: Zitty, 22/98

Heiko R. Blum in: Rheinische Post, 27.11.98; Gregor Dotzauer in: SZ,. 13.11.98; Silvia Hallensleben in: Der Tagesspiegel, 29.10.98; Peter W. Jansen in: FR, 27.10.98; Hans-Dieter Seidel in: FAZ, 28.10.98; Karlheinz Oplustil in: epd Film, 10/98; Christiane Peitz in: Die Zeit, 29.10.98

Gehetzt – Der Tod im Sucher 333

LIVE SHOT **

TV

Regie: Joe Coppoletta
Darsteller: Hannes Jaenicke (Frank Bardes), Minh-Khai Phan-Thi (Vanessa), Francis Fulton-Smith (Jimmy Drews), Sylvia Leifheit (Katharina Philipp)
Drehbuch: David Michael Williamson
Musik: Christoph Gracian Schubert
Prod.: Pro7, BRD 1997; 94 Min.
TV: 29.4.1998, Pro7, 20.15

Medienthriller über zwei konkurrierende TV-Reporter, die in einen Kriminalfall geraten.

Geiselfahrt ins Paradies 334

***

Regie: Hans-Erich Viet
Darsteller: Hubertus Hartman (Hubert), Gesa Badenhorst (Gesine), Anna Sophie Luhn (Marie), Armin Rohde (Max), Martin Wuttke (Taxifahrer), Horst Frank (Mann im Hotel), Hermann Lause (Chef), Wolfgang Schenk (Radiohändler)
Drehbuch: Hans-Erich Viet
Kamera: Konrad Kotowski (Farbe)
Musik: Kambiz Giahi
Prod.: BRD 1998; 88 Min.
Verleih: Filmemacher/-/-; 5.11.1998

Der Ostfriese und Schnapsbrenner Hubert verliert seine Arbeit, braucht aber Geld für ein Ticket nach China. Als Pistolenheld ein absoluter ABC-Schütze, gerät ihm der Überfall auf eine Lotto-Annahmestelle zur Farce, und er findet sich als unfreiwilliger Geiselnehmer auf der Flucht wieder. Mit viel Sinn für aberwitzige Situationen entwickeltes Roadmovie, in dem gerade Charaktere für eine überraschende Wendung nach der anderen sorgen.

Roland Oelfke, tip, 23/98

Frank Noack in: Der Tagesspiegel, 5.11.98

Das Geisterschiff 335

GHOST SHIP *

TV

Regie: James T. Flocker
Darsteller: Jay Robinson (Crusoe), Matt Boston (Fred Townsend), Anne Howard (Doris Seneke), Ryan Cash (Willard), Heidi Lucas (Christy), Art Hoffman (Mark Stevens)
Drehbuch: James T. Flocker
Kamera: David E. Jackson (Farbe)
Musik: Conrad Pope
Prod.: David E. Jackson, USA 1994; 84 Min.
TV: 1.5.1998, Pro7, 14.10

Sieben Schüler auf Schatzsuche.

Gejagt und in Ketten gelegt 336

DOGBOYS ***

TV

Regie: Ken Russell
Darsteller: Bryan Brown (Captain Brown), Dean Cain (Julian Taylor), Tia Carrere (Dern), Ken James (Wakefield), Sean McCann (Pappy), Richard Chevolleau (Willy B.), Hardee Lineham (Wilkins), Von Flores
Drehbuch: David Taylor, Robert Stork, Ken Russell
Kamera: Jamie Thompson
Musik: John Altman
Prod.: Goodstuff/Showtime, USA 1998; 88 Min.
TV: 10.9.1998, Pro7, 20.15

(...) Der Regisseur heißt Ken Russell, und seine Pranke ist es in der Tat, die aus dem amerikanischen Knastthriller (Kopfgeldgeschäft der Bewacher mit von Hunden erlegten »Ausbrechern«) ein wüstes Brutalomänner-Moralstück herausschlägt, bei dem der Oberdreckskerl vom eigenen Hund zerfleischt wird. *Ponkie, AZ, 12.9.98*

Der Gejagte 337
AFFLICTION ****

Regie: Paul Schrader
Darsteller: Nick Nolte (Wade Whitehouse), Sissy Spacek (Margie Fogg), James Coburn (Glen Whitehouse), Willem Dafoe (Rolfe Whitehouse), Mary Beth Hurt (Lillian), Jim True (Jack Hewitt), Marian Seldes (Alma Pittman), Homes Osborne (Gordon LaRiviere)
Drehbuch: Paul Schrader, nach einem Roman von Russell Banks
Kamera: Paul Sarossy (Deluxe)
Musik: Michael Brook
Schnitt: Jay Rabinowitz
Prod.-Des.: Anne Pritchard
Prod.: Linda Reisman; Eric Berg, Frank K. Isaac für Reisman/Kingsgate Prod., USA 1997; 113 Min.
UA: Int. Filmfestspiele Venedig 1997
Verleih: Kinowelt/polyfilm/-/Arthaus Video; 12.2.1998
FSK: ab 12, ffr.

Ein von privaten Rückschlägen frustrierter Polizist einer kleinen amerikanischen Ortschaft versucht einen mysteriösen Todesfall aufzuklären und gerät während seiner Untersuchung in eine persönliche Lebenskrise, in der er – als Kind von seinem Vater mißhandelt – seine Frustration zunehmend als aggressiven und gewalttätigen Zorn formuliert. Paul Schrader zeichnet eine formal-künstlerisch hochwertige und inhaltlich intelligente wie feinfühlige Charakterstudie einer Vater-Sohn-Beziehung und schafft damit eine ernsthafte Reflexion über männliche Gewalttätigkeit und die Macht von sich über Generationen wiederholenden Verhaltensmustern. *multimedia*

Nick Nolte in ›Der Gejagte‹

Paul Schraders neues Werk ist ein Beweis intelligenter Filmkunst. Die Geschichte eines verletzten, gewalttätigen Mannes, einer zerstörerischen Vater-Sohn-Beziehung, als düsterer psychologischer Thriller: Es ist das Drama eines Menschen in Einsamkeit und Isolation. (...)
Paul Schrader erzählt diese Geschichte einer grenzenlosen Einsamkeit in schweren, dunklen Bildern, die auch die innere Verfassung der Hauptfigur reflektieren: Depression und Aggression. Ein Film, der einen nicht in Ruhe läßt. *Frauke Hanck, AZ, 12.2.98*

Ralph Eue in: Focus, 2.2.98; Katja Nicodemus in: tip, 4/98; Christina Tilmann in: Der Tagesspiegel, 12.2.98; Anke Sterneborg in: SZ, 12.2.98

Die Gejagte – Eine Frau kämpft um ihr Leben 338
HUNTED **
TV

Regie: Stuart Cooper
Darsteller: Harry Hamlin (Doc), Hannes Jaenicke (Jan), Mädchen Amick (Sam), Robert Moloney (Dorse), Andy Thompson (Fielder), Sean Campbell (Jogger), Peter Bryant (Officer), Garvin Cross (Augerman)
Drehbuch: Bennett Cohen, David Ives
Kamera: Curtis Petersen (Farbe)
Musik: Charles Bernstein
Schnitt: William Butler
Prod.: Stuart Cooper, Colleen Nystedt; Jennifer Davis, Martin Ganz, Elke Keck, Doris Kirch (Ass.-Prod.) für Wilshire Court/New City/SAT.1, USA/BRD 1998; 95 Min.
TV: 28.4.1998, SAT.1, 20.15

Ehrgeizige Versicherungsagentinnen, die allein in der kanadischen Wildnis

Versicherungsbetrüger suchen und dort Leute finden, die ein finsteres Geheimnis haben, müssen damit rechnen, daß es ihnen naß hineingeht. Es spielt aber sowieso keine Rolle, weil TV-Thriller wie »Die Gejagte« nur dazu da sind, die Pausen zwischen der Werbung zu stopfen. *AZ, 30.4.98*

»Mit Koproduktionen dieser Art sichern wir uns qualitativ hochstehende Produktionen mit einem relativ geringen finanziellen Anteil«, begründet SAT.1-Sprecherin Tina Ziegler solch einen internationen Deal.
Hamburger Abendblatt, 28.4.98

Geklont – Babys um jeden Preis 339
CLONED **
TV

Regie: Douglas Barr
Darsteller: Elizabeth Perkins (Skye Weston), Bradley Whitford (Rick Weston), Scott Paulin (John Gryce), Enrico Colantoni (Steve Rinker), Tina Lifford (Claire Barnes), Alan Rosenberg (Dr. Wesley Kozak), Hrothgar Mathews (Dr. Mason), Chilton Crane (Beth Colton)
Drehbuch: Carmen Culker, David Taylor
Kamera: Malcolm Cross (Farbe)
Musik: Mark Snow
Prod.: USA 1997; 84 Min.
TV: 7.8.1998, ARD, 20.15

Wir haben es befürchtet: Jetzt wird auch schon heimlich geklont. Der hier heißt Timmy und ist kein Schaf.

Geliehenes Glück 340
**
TV

Regie: Ben Verbong
Darsteller: Uwe Ochsenknecht (Hendrik Jansen), Maria Pia Calzone (Giuliana), Stella Vordemann (Sabine Jansen), Karl-Friedrich Gerster (Karl Thewes), Gaetano Amato (Stefano Pinel), Marian Rolle (Otiti), Remo Remotti (Professor Ferrara), Christina Giani (Dr. Mendini)
Drehbuch: Kerstin Cantz, Ulrike Weis
Musik: Nick Glowna
Prod.: Pro7, BRD 1997; 94 Min.
TV: 17.3.1998, Pro7, 20.15

(…) Am Ende des Melodrams, das an einer ernsthaften Auseinandersetzung mit der ethisch heiklen Problematik der Leihmutterschaft nicht im geringsten interessiert ist, sind alle dann reichlich mit Glück beschenkt worden: Giuliana hat das Lokal gekauft, wo sie einst kellnerte, und Sabine und Hendrik sind strahlende Eltern eines putzigen Sohnes. Und Luca hat jetzt endlich seine Ruhe. *Jörg Thomann, FAZ, 19.3.98*

Genealogien eines Verbrechens 341
GENEALOGIES D'UN CRIME ***

Regie: Raoul Ruiz
Darsteller: Catherine Deneuve (Jeanne/Solange), Michel Piccoli (Georges), Melvil Poupaud (René), Andrzej Seweryn (Christian), Bernadette Lafont (Esther), Mathieu Amalric (Yves), Hubert Saint Macary (Verret), Monique Mélinand (Louise)
Drehbuch: Raoul Ruiz, Pascal Bonitzer
Kamera: Stephan Ivanov (Farbe)
Musik: Jorge Arriagada
Schnitt: Valeria Sarmiento
Prod.-Des.: Luc Chalon
Prod.: Paulo Branco für Gemini Films/Canal Plus, Frankreich 1996; 113 Min.
UA: 19.2.1997, Int. Filmfestspiele Berlin, »Wettbewerb«
Verleih: fsk/-/-; 6.8.1998

Als Anwältin Solange verteidigt Catherine Deneuve einen jungen Mann, der seine Tante, Anhängerin einer orthodoxen Richtung der Psychoanalyse, umgebracht hat. Zwischen den beiden entspinnt sich eine seltsame, von symbiotischen Rollenspielen geprägte Haßliebe. Gleichzeitig spielt Deneuve das rothaarige Mordopfer – unnahbar, ganz Diva mit Kopftuch, Seidenkleidern und Sonnenbrille. Unter dem undurchschaubaren Einfluß einer von Michel Piccoli geleiteten belgischen Gesellschaft für Psychoanalyse erfüllt sich das Schicksal der Tante in dem der Anwältin. Die kriminalistische Verschwörung hat durchaus ihre Durchhänger aber die fantastische Grundstimmung, die gemäldegleichen Arrangements und natürlich die doppelte Deneuve kriegt man nicht mehr aus dem Kopf. *Katja Nicodemus, tip, 17/98*

(...) Das klingt erst einmal ganz interessant, und tatsächlich ist es Regisseur Raoul Ruiz und seinem Koautor, dem ehemaligen »Cahier du Cinema«-Kritiker und Filmemacher Pascal Bonitzer, gelungen, mehrere gut funktionierende und überraschende Wendungen in ihre Story einzubauen. Dennoch verliert sich der Plot zu sehr in Einzelheiten und Manierismen, so daß der Zuschauer mit einem großen Fragezeichen im Kopf entlassen wird.

Jörg Buttgereit, Zitty, 16/98

Claudius Seidel in: SZ, 22.2.97; Simone Mahrenholz in: Der Tagesspiegel, 20.2.97/6.8.98

George, der aus dem Dschungel 342

GEORGE OF THE JUNGLE **

Regie: Sam Weisman
Darsteller: Brendan Fraser (George), Leslie Mann (Ursula Stanhope), Thomas Haden Church (Lyle Van de Groot), Richard Roundtree (Kwame), John Cleese (Stimme des Affen), Greg Cruttwell (Max), Abraham Benrubi (Thor), Holland Taylor (Beatrice Stanhope)
Drehbuch: Dana Olsen, Audrey Wells, nach einer Story von Dana Olsen und Charakteren von Jay Ward
Kamera: Thomas Ackerman (Farbe)
Musik: Marc Shaiman
Schnitt: Stuart Pappe, Roger Bondelli
Prod.-Des.: Stephen Marsh
Prod.: David Hoberman, Jordan Kerner, Jon Avnet; Lou Arkoff (Koprod.) für Mandeville/Avnet/Kerner Prod. für Walt Disney Pic., USA 1997; 91 Min.
Verleih: Buena Vista/dto./dto./Buena Vista Home Video; 5.2.1998
FSK: ab 6, ffr.
FBW: Wertvoll

Als Baby von Affen aufgezogen, hat sich George zu einem Dschungelhelden entwickelt, der sich wie Tarzan elegant an einer Liane von Baum zu Baum schwingt, nur mit dem Unterschied, daß er dabei am Ende meistens unsanft mit dem Baum kollidiert. Nachdem George einer reichen Erbin im Urwald das Leben gerettet hat, wird er in San Francisco zur Attraktion. Brendan Fraser ist die Idealbesetzung für die Titelrolle, muskulös, naiv und dabei mit einer lässigen Selbstironie. Dummerweise wird dieser Tonfall durch massives Chargieren der meisten anderen Darsteller des Films unterminiert.

Frank Arnold, tip, 4/98

(...) Eine nach Comic-Vorlagen erstellte Realfilmklamotte, die Komik mit Albernheit verwechselt und mit übersteigertem Slapstick krampfhaft die Aufmerksamkeit ihrer sehr jungen Zielgruppe sucht. *Zoom, 2/98*

Gesches Gift 343

*** TV

Regie: Walburg von Waldenfels
Darsteller: Geno Lechner (Gesche Gottfried), Stefan Kurt, Antje Westermann, Margit Carstensen
Drehbuch: Walburg von Waldenfels, Christian Frosch
Kamera: Krzysztof Ptak (Farbe)
Musik: Peter Ludwig
Schnitt: Christel Orthmann
Prod.: Jost Hering für Jost Hering Filmprod., BRD 1996; 95 Min.
UA: Filmfest Hamburg 1997
TV: 25.1.1998, ZDF, 22.30

(...) Die skrupellose Giftmörderin Gesche Gottfried gilt als gute Christin, liebevolle Mutter und treue Ehefrau – und sie vergiftet innerhalb von 15 Jahren ihre Eltern, ihren Bruder, zwei Ehemänner, drei Kinder und etliche Freunde. (...) Vorsichtig spürt der Film den Widersprüchen seiner Titelfigur nach: Hinter der biederen Fassade tobt ein unkontrollierbarer, tödlicher Trieb. (...)

Katalog Filmfest Hamburg

Der Geschmack der Kirsche 344

TA'M E GUILASS ****

Regie: Abbas Kiarostami
Darsteller: Homayon Ershadi (Mr. Radii), Abdolrahman Bagheri (Museumswärter), Safar Ali Moradi (Soldat), Afshin Khorshid Bakhtiari, Mir Hossein Noori (Soldat)
Drehbuch: Abbas Kiarostami
Kamera: Homayon Payvar (Farbe)
Schnitt: Abbas Kiarostami
Prod.: Abbas Kiarostami, Iran 1997; 98 Min.

UA: Int. Filmfestspiele Cannes 1997
Verleih: Pandora, OmU/filmladen/Filmcooperative; 16.7.1998
FSK: ab 6 J., ffr.

Ein Mann mittleren Alters will sich das Leben nehmen. Er bittet drei Mitmenschen, im Morgengrauen seinen toten Körper mit Erde zu bedecken. Alle drei versuchen, den Lebensmüden umzustimmen: Einer rennt davon, einer überhäuft ihn mit theologischer Theorie und der Dritte schenkt ihm die Entscheidungsfreiheit. Über den Diskurs zum Selbstmord thematisiert der mit der Goldenen Palme von Cannes 1997 ausgezeichnete Film das Leben und seine Genüsse und führt in sinnlichen Bildern das Paradies auf Erden vor Augen. Ein verführerisch leuchtendes Bekenntnis zur Freiheit. *Zoom, 2/98*

Noch vor Drucklegung des Katalogs wurde der iranische Wettbewerbsbeitrag aus Zensurgründen zurückgezogen, am ersten Tag des Festivals war er wieder im Wettbewerb, und am letzten Tag teilte sich Abbas Kiarostami die Goldene Palme zusammen mit Shohei Imamura.
Das iranische Ministerium für Kultur blieb erst einmal hart, weigerte sich, Abbas Kiarostamis Film für Cannes freizugeben. Man verdächtigte den Filmemacher islamischen Fehlverhaltens, er habe die Fertigstellung des Films herausgezögert, um ihn nicht auf dem Teheran-Festival im Februar präsentieren zu müssen, die obligatorische Voraussetzung für eine öffentliche Vorführung im Ausland. Erst die Intervention des französischen Außenministeriums überzeugte die Mullahs, daß es ihrem Ansehen diene, Kiarostamis Wettbewerbsteilnahme doch noch zu ermöglichen. (…)
FAZ nach: Der Gildendienst, 6/98

Jennifer Bleek in: Zitty, 15/98; Heiko R. Blum in: Rheinische Post, 4.9.98; Gregor Dotzauer in: AZ, 30.7.98; Angie Dullinger in: AZ, 30.7.98; Fritz Göttler in: Kölner Stadt-Anzeiger, 18.7.98; Andreas Kilb in: Die Zeit, 16.7.98; Rupert Koppold in: Stgt. Zeitung, 16.7.98; Peter Körte in: FR, 15.7.98; Annette Leweke in: tip, 15/98; Jan Schulz-Ojala in: Der Tagesspiegel, 16.7.98

Ghetto

345
***

Regie: Thomas Imbach
Darsteller: Mit: Xhumasije Serifi, Markus Bollerter, Daniel Donatsch, Ana-Maria Bopp, Steffi Lauterburg
Drehbuch: Thomas Imbach, Monika Gsell
Kamera: Jürg Hassler, Thomas Imbach (Farbe)
Musik: Peter Bräker
Schnitt: Jürg Hassler, Thomas Imbach
Prod.: Bachim, Schweiz 1997; 122 Min.
Verleih: Real Fiction/-/Bernard Lang; September 1997 (CH), Sept. 1998

(…) Nie stellt sich das Gefühl eines onkelhaften, schulterklopfenden Verhältnisses des Filmemachers zu seinen viel jüngeren Partnern ein. Durch den Verzicht auf einen wertenden Kommentar und die spürbare Präsenz der Kamera läuft das Unterfangen keine Gefahr, in eine voyeuristische Perspektive abzugleiten. Nur einen Hauch kürzer hätte das Ganze geraten können.
Claus Löser, tip, 19/98

Die Virtuosität der Montage interessierte offenkundig weitaus stärker als die Menschen, denen sich Imbach und Team aufdrängten. Ablesen läßt sich deren Grundhaltung auch daran, daß kaum Gesichter ins Blickfeld rücken, Hände, Details der Kleidung, Schuhe dominieren die Kapitel mit Schlagworten wie »Sex« und »Drugs« als Überschriften. Die unausgegorene Ich-Bezogenheit des Regisseurs wird schließlich an einem Zitat aus seinen Arbeitsthesen deutlich: »Maßlos drehen, so maßlos, daß der Schmerz des Verlustes beim Schnitt nicht mehr spürbar ist.« Dumm nur, daß dabei auch alle denkbare Substanz flöten ging.
Zitty, 19/98

Hans-Jörg Rother in: Der Tagesspiegel, 10.9.98

Gianni Versace – Der Mord

346
**
THE VERSACE MURDER
Video

Regie: Menahem Golan
Darsteller: Franco Nero (Gianni Versace), Steven Bauer (FBI-Agent John Jacoby), Shane Perdue (Andrew Cunahan), Matt

Servito (David Madson), Oscar Torres (Antonio), David Wolfson, David Pizzuto
Drehbuch: Menahem Golan
Kamera: William G. Randall (Farbe)
Musik: Claudio Simonetti
Schnitt: Michael Yanovich
Prod.: Sam Lupowitz für PanAm Pic./Splash Films, USA 1997; 89 Min.
Vertrieb: VMP Video; 27.4.1998
FSK: ab 16 J. (gek. Fassung ab 12 J.)

Versace und der durchgeknallte Callboy. Kolportageartiges, zynisches Ausschlachten des spektakulären Mordfalls im Schnellschuß-Verfahren, das allenfalls die Sensationsgier befriedigt.

Gigolo – Bei Anruf Liebe

347
**
TV

Regie: Michael Rowitz
Darsteller: Johannes Brandrup (Daniel Matzen), Sonja Kirchberger (Lisa), Katharina Böhm (Kim Clausen), Gesche Tebbenhoff (Donna), Eva Diele (Lotte), Michael Zittel (Phillip), Christiane Hagedorn (Ruth), Wilfried Meyendriesch (Benno)
Drehbuch: Christos Yiannopoulos
Kamera: Dietmar Koelzer (Farbe)
Musik: Jürgen Ecke
Prod.: BRD 1997; 90 Min.
TV: 25.2.1998, RTL, 20.15

Gigolo entdeckt die wahre Liebe und will ehrbar werden.

Gingerbread Man – Gefährliche Träume

348
***

THE GINGERBREAD MAN

Regie: Robert Altman
Darsteller: Kenneth Branagh (Rick Magruder), Embeth Davidtz (Mallory Doss), Daryl Hannah (Lois Harlan), Robert Downey jr. (Clyde Pell), Tom Berenger (Pete Randle), Famke Janssen (Leeanne), Robert Duvall (Dixon Doss), Clyde Hayes (Carl Alden)
Drehbuch: Al Hayes, nach einem Roman von John Grisham
Kamera: Changwei Gu (CFI)
Musik: Mark Isham
Schnitt: Geraldine Peroni
Prod.-Des.: Stephen Altman
Prod.: Jeremy Tannenbaum für Island Pic. mit Enchanter Ent., USA 1997; 114 Min.
EA: Int. Filmfestspiele Berlin 1998, »Wettbewerb: Sondervorführung«
Verleih: Concorde/dto./Elite/VCL Video; 21.5.1998
FSK: ab 12, ffr. – *FBW:* Besonders wertvoll

Ein Anwalt wird durch eine junge Frau in ein Netz von Intrigen und Gewalt gelockt, wobei er fast seine Kinder, seine berufliche Stellung und seine gesellschaftliche Reputation verliert. Nach einer Originalstory von John Grisham inszenierter Thriller, der zunächst in einer geheimnisvollen Schwebe bleibt, sich am Ende aber in einer banalen, vordergründigen Kolportage verliert.
Zoom, 5/98

(...) Altman hat sich ganz auf atmosphärische Dichte konzentriert, auf Kosten einer schlüssigen Psychologie. Warum sich der smarte Anwalt auf die psychotische Asphaltpflanze und deren kriminelle Partner so fatal einläßt, bleibt diffus. Die Moral von der Geschicht': Traue vielen Cocktails nicht.
Angie Dullinger, AZ, 20.5.98

Was ist denn an Gingerbread Man nun anders als in Grishams Skript-Vorlage?

Das meiste, es ist ja ein altes Skript, das er vor seinen berühmten Büchern geschrieben hat. Und es wurde gekauft, weil sein Name draufstand. Dann hatten sie Branagh, und er kam auf mich zu, und wir einigten uns darauf, daß es funktionieren könnte, wenn wir aus dem Helden eine gebrochene Figur machen. Grisham gab uns die Grundlage der Geschichte über einen Anwalt, der von einem ziemlich amoralischen Mädchen verführt wird. Er gerät in eine verzwickte Falle, aber er löst das Problem dabei nicht, er ist das Problem. Das ist der Unterschied zu Grisham.

Und wie fand Grisham das?

Ich habe ihm die erste fertige Schnittfassung geschickt, weil ich wissen wollte, was er davon hält. Er hat ihn sich wohl angesehen und mich dann wissen lassen – ich bin ihm weder begegnet, noch habe ich mit ihm gesprochen –, daß das ja ganz nett sei, aber nichts mit seiner Geschichte zu tun habe. Also wollte er seinen Namen zurückziehen, was wiederum dem pro-

Regisseur Robert Altman bei ›Gingerbread Man – Gefährliche Träume‹

duzierenden Studio arge Kopfschmerzen bereitete. Denn eigentlich wollten sie nicht Branagh oder mich, sie wollten Grishams Namen.

Und daraufhin hatte das Studio dann erhebliche Probleme mit Ihrer fertigen Arbeit?

Sie hatten das Gefühl, daß sie nicht das Mainstream-Publikum bekämen. Ich sagte, ihr kriegt nie das Mainstream-Publikum, wenn das Mainstream-Publikum 18 Jahre alt sein soll. Aber das wollten sie unbedingt. Dann haben sie mir den Film weggenommen und ihn umgeschnitten. Und ich bin zur Director's Guild gegangen und habe meinen Namen zurückgezogen. Dann haben sie ihre Version getestet, und die fiel noch mehr durch, weil es ja nur eine bestimmte Menge Film gab, und die hatte ich auch schon benutzt. Ein paar Close-Ups mehr, konventionelle Musik und Kürzungen bei Charakteren brachten auch nichts. Also haben sie mir den Film zurückgegeben und gesagt, ich solle ihn so und so verändern. Aber nicht mit mir, lautete meine Antwort. Entweder ganz oder gar nicht. Und darauf haben sie sich dann eingelassen.

Daß Sie nicht von vornherein den Final Cut als Vertragsgrundlage hatten, wundert etwas.

Bei einem Studioprojekt dieser Größenordnung bekomme ich keinen Final Cut zugesichert. Aber ich habe ihn schließlich ja doch bekommen. Viele Wege führen nach Rom.

Robert Altman im Interview mit Alex Soyez, Zitty, 11/98

Wieviel hat der Film gekostet?

Ich weiß es nicht so genau. Wie gesagt, das Studio hat eine Menge Geheimnisse, so um die 24 Millionen Dollar.

Fellini behauptete, daß er erst durch die Schwierigkeiten, die er hatte, die Filme drehen konnte, die er machte. Ist das bei Ihnen ähnlich?

Nein, ganz im Gegenteil. Es macht mir keinen Spaß, ständig irgendwelche Schwierigkeiten mit irgendwelchen Studios zu haben, aber es scheint unvermeidbar.

Dementsprechend hatten Sie auch schon häufiger mit Anwälten zu tun.

Als es um meine Bezahlung für »Prêt-à-Porter« ging, mußte ich Miramax verklagen. Und mit Disney-Anwälten zu verhandeln, ist so, als habe man es mit Nazis zu tun. Ich habe zwar schon mit vielen Anwälten zu tun gehabt, aber ich mag sie nicht besonders.

Robert Altman im Gespräch mit Richard Pleuger, Blickpunkt Film, 20/98

Lars-Olav Beier in: FAZ, 21.2.98; Heiko R. Blum in: Rheinische Post, 21.5.98; Gregor Dotzauer in: SZ, 20.5.98; Norbert Grob in: Kölner Stadt-Anzeiger, 23.5.98; Simone Mahrenholz in: Der Tagesspiegel, 20.2.98; Veronika Rall in: FR, 22.5.98

Girl's Night 349

GIRL'S NIGHT ****

Regie: Nick Hurran
Darsteller: Brenda Blethyn (Dawn), Julie Walters (Jackie), Sue Cleaver (Rita), Meera Syal (Carmen), Margo Stanley (Irene), Maggie Tagney (Anne Marie), Finetime Fontayne (Ken), Philip Jackson (Dave)
Drehbuch: Kay Mellor
Kamera: David Odd (Farbe)
Musik: Ed Shearmur
Schnitt: John Richards
Prod.-Des.: Taff Batley
Prod.: Bill Boyes für Granada/, GB/USA 1998; 103 Min.
Verleih: Arthaus/dto./Frenetic/Arthaus Video; 12.11.1998
FSK: ab 6 J., ffr.

Eine nordenglische Arbeiterin knackt beim Bingo den Jackpot. Kurz darauf erkrankt sie an Krebs. Die wirkungslos bleibende Strahlenbehandlung bricht sie heimlich ab, um in Würde sterben zu können.
Ihre beste Freundin will sich damit nicht abfinden und überredet die Kranke, sich ihren Lebenstraum zu erfüllen und nach Las Vegas zu reisen. Dank eines hervorragenden Drehbuches und überzeugender Hauptdarstellerinnen findet der außergewöhnliche Film die Balance zwischen Unterhaltung und tiefen Gefühlen und macht eine existentielle Auseinandersetzung mit dem Thema möglich. *Zoom, 12/98*

Einziger Lichtblick für die Arbeiterinnen Jackie und Dawn ist die Girl's Night am Freitag, wo sie ihre Männer zu Hause lassen und bei Bingo und Bacardi-Cola träumen. Sie gewinnen 100.000 Pfund und düsen nach Las Vegas. Eine letzte Reise, denn Dawn ist krebskrank.
Wieder ein Meisterwerk aus der englischen Filmszene. Nick Hurran erzählt mit Biß und Mutterwitz von zwei Freundinnen, die sich nicht unterkriegen lassen. Zum Lachen und ungehemmten Weinen.

Margret Köhler

Rupert Koppold in: Rheinische Post, 6.11.98; Martin Schwarz in: Zitty, 23/98; Christian Seebaum in: Kölner Stadt-Anzeiger, 7.11.98

Glas – Mörderische Leidenschaft 350

GLASS **
TV

Regie: Chris Kennedy
Darsteller: Lisa Peers (Julie Vickery), Allan Lovell (Richard Vickery), Adam Stone (Peter Breen), Natalie McCurry (Alison Baumer), Bernard Clisby (Inspector Ambrosoll), Rowan Jackson (Charlie), Lucinda Walker-Powell (Dianne), Julie Herbert (Brenda)
Drehbuch: Chris Kennedy
Kamera: Pieter de Vries (Farbe)
Musik: Mario Gregory
Schnitt: James Bradley
Prod.-Des.: Kerry Ainsworth
Prod.: Patrick Fitzgerald, Chris Kennedy für Oilrag Prod., Australien 1989; 93 Min.
TV: 30.9.1998, SAT.1. 00.45

Ehrgeizling will seinen Chef umbringen, weil der vom Unternehmertum die Nase voll hat und verkaufen will.

Gnadenschuß im Flammenmeer 351

WOMAN UNDONE ***
TV

Regie: Evelyn Purcell
Darsteller: Mary McDonnell (Teri Hansen), Randy Quaid (Allan Hansen), Sam Elliott (Ross Bishop), Benjamin Bratt (Jim Mercer), Charles Noland (Jim), Cheryl Anderson (Nina), Troy Evans (Mac), Tara Hartman (Miranda)
Drehbuch: William Mickelberry

Kamera: Toyomichi Kurita (Farbe)
Musik: Daniel Licht
Schnitt: Quincy Z. Gunderson, Stan Salfas
Prod.-Des.: Steven Legler
Prod.: Thomas Herod jr., David Lancaster für Neufeld Rehme Prod./Pictureshow/Showtime Networks, USA 1996; 88 Min.
TV: 22.12.1997, Pro7, 20.15

Teri Hansen wird völlig verstört in der Nähe eines ausgebrannten Autos aufgefunden, in dem die Leiche ihres Mannes Allan liegt. Alles sieht zunächst nach einem Unfall aus – bis der Leichenbeschauer im Gehirn von Allan eine Kugel entdeckt. Im folgenden Mordprozeß gegen Teri wird auch das ganze Ausmaß ihrer zerrütteten Ehe deutlich. *Pressetext*

The God Suzaku 352
MOE NO SUZAKU ***

Regie: Naomi Kawase
Darsteller: Jun Kunimura, Machiko Ono, Sachiko Izumi
Drehbuch: Naomi Kawase
Kamera: Masaki Tamura (Farbe)
Musik: Masamichi Shigeno
Schnitt: Shuichi Kakesu
Prod.: Wowow/Japan Satellite/Bitters Ens, Japan 1997; 95 Min.
Verleih: -/filmladen/-; Okt. 1998

Während die meisten Familien eines japanischen Bergdorfes in die nahe gelegene Stadt abwandern, versucht die Familie Tahara den wirtschaftlich schwierigen Bedingungen zu trotzen. Als auch das Projekt einer neuen Bahnverbindung, die neue Impulse in die abgelegene Region hätte bringen sollen, gestoppt wird, müssen auch die Taharas ihr Heimatdorf verlassen. Spielfilm mit dokumentarähnlichen Stilelementen und extrem langsamem bis teilweise meditativem Erzählrhythmus über die Zerstörung traditionell-bäuerlicher Familienstrukturen. *multimedia*

Godzilla 353
GODZILLA ***

Regie: Roland Emmerich
Darsteller: Matthew Broderick (Dr. Niko Tatopoulos), Jean Reno (Philippe Roche), Maria Pitillo (Audrey Timmonds), Hank Azaria (Victor »Animal« Palotti), Kevin Dunn (Colonel Hicks), Arabella Field (Lucy Palotti), Michael Lerner (Mayor Ebert), Philippe Bergeron (Jean-Claude)
Drehbuch: Dean Devlin, Roland Emmerich, nach einer Story von Dean Devlin, Ted Elliott, Roland Emmerich, Terry Rossio

Jean Reno, Matthew Broderick und ›Godzilla‹-Regisseur Roland Emmerich

Kamera: Ueli Steiger
Musik: David Arnold
Schnitt: Peter Amundson, David Siegel
Prod.-Des.: Oliver Scholl
Prod.: Dean Devlin für TriStar Pic./
Fried Films/Centropolis/Independent Pic.,
USA 1998; 138 Min.
EA: 30.8.1998, München
Verleih: Columbia TriStar/dto./Columbia TriStar Video; 10.9.1998
FSK: ab 12 J., ffr.

Eine durch Atomwaffentests entstandene riesige Echsenmutation nistet sich im Untergrund von Manhattan ein und legt Hunderte von Eiern, die den Fortbestand der Menschheit gefährden. Neuverfilmung des »Godzilla«-Stoffes, der inhaltlich und dramaturgisch viele Voräufer zitiert, aber nie zu einer eigenen Handschrift findet.
Ein düsterer, ermüdender Monsterfilm mit klischeehaften computergenerierten Szenen, dessen Handlung konventionellen Mustern verhaltet bleibt.
Zoom, 9/98

»Unser« Roland Emmerich hat in Hollywood eine amerikanisch aufgeblasene Neuversion des japanischen Originals »Gojira« (1954) gedreht. Ohne den damals relevanten Hintergrund des atomaren Holocaust von Hiroshima, mit langweiligen Schauspielern und einer Prise zuviel »Jurassic Park« ignoriert Emmerich die historischen Wurzeln und das von Fans geliebte Camp-Appeal der japanischen Ikone Godzilla. (…) *Jörg, Buttgereit, tip, 19/98*

›Godzilla‹

(…) Als er (Prof. Harry Balsack, Dekan für homosexuelle Studien an der Columbia-Universität, N.Y.; die Red.) wankend aufsteht, um sich zu verabschieden, weil ihm plötzlich einfällt, daß er zurück zur Columbia muß, um seinen Studenten einen Vortrag über »Die Zweideutigkeit in Barbara Stanwycks Sprache« zu halten, plädiert er noch dafür, daß die GLAAD, die die Darstellung von Schwulen in den amerikanischen Medien überwacht, Godzilla einen Sonderpreis verleiht. »Das ist ein bedeutender Film für Homosexuelle auf der ganzen Welt«, sagt er. »Seine Botschaft ist klar und deutlich: Godzilla ist hier, und er ist schwul – an den Gedanken solltet ihr euch gewöhnen!«
Dennis Dermody, SZ Magazin, 11.9.98

Aber ist die Story nicht ein bißchen hühnchenbrüstig? Darf man das sagen, oder sind Sie jetzt gekränkt?

Quatsch. Gekränkt haben mich die muffigen deutschen Kritiken meiner Anfangsjahre, wo man mich in einer schwäbischen Bastelecke abstellen wollte. Inzwischen habe ich ja bewiesen, daß ich was drauf habe, daß ich mit meinem Team immer wieder Bilder herstellen kann, die es bisher nicht gegeben hat, die an die Grenze technischer Möglichkeiten gehen. Mich fasziniert das, und die Leute mögen es. Godzilla war mir als Hauptperson halt wichtiger als die Story drumherum.
Roland Emmerich im Interview mit Angie Dullinger, AZ, 10.9.98

Wenn Sie auf den »Godzilla«-Dreh zurückschauen: Wo lagen die größten Schwierigkeiten?

»Godzilla« war sehr viel schwieriger zu drehen als »Independence Day«. Zum einen, weil wir mit zweihundert Leuten eine einzige Figur kreiert haben, die es ja nicht gibt. Diese zweihundert immer an diese Vision zu erinnern, das ist schon schwer. Außerdem mußte ich den ganzen Film im Regen drehen. Das war bei den Effekten nicht einfach. Und dann haben wir »Godzilla« im Gegensatz zu »Independence Day« vor allem auf der Straße und nicht auf der Bühne gedreht.

Können Sie sich vorstellen, Ihre Filme bald ganz im Computer zu animieren?

Hoffentlich nicht. Als ich angefangen habe, Filme zu machen, wollte ich immer Produktionsdesigner werden. Irgendwie ist dann ein Regisseur aus mir geworden. Am Anfang war für mich nur der Look eines Films wichtig. Heute ist das anders, heute sind mir die Schauspieler und die Geschichte am wichtigsten. Niemand würde sich für »Godzilla« interessieren, wenn der Film nicht über Figuren und Charaktere erlebbar ist. Über Special Effects kann ein Film nicht funktionieren. Schauspieler sind der wichtigste Faktor. Ohne Matthew Broderick, Hank Azaria oder Jean Reno wäre der Film nicht, was er ist.

Roland Emmerich im Interview mit Holger Hoetzel, Focus, 25.5.98

Die deutschen Journalisten waren es angeblich, die Sie mit Spott wie »schwäbisches Spielbergle« aus dem Land getrieben haben. Stimmt das?

Ein bißchen schon. Es gab zwei Faktoren. Das eine war die wirtschaftliche Situation: Daß ich in Deutschland sowieso englischsprachige Filme drehen mußte, weil ich alles über Auslandsverkäufe finanziert habe. Das andere war die Ideologie der Filmkritik damals, die auf ein bestimmtes Muster des neuen deutschen Autorenfilms eingeschworen war, und alles, was da nicht reinpaßte, wurde abgekanzelt. Für die war ich ein rotes Tuch.

War das schon auf der Münchner Filmhochschule (HFF) so?

Teilweise. Alle wollten der nächste Wenders oder der nächste Herzog sein. Ich war die Ausnahme: Mein Vorbild war George Lucas. Ein paar Freunde und ich, wir haben uns damals Autoaufkleber drucken lassen: »HFF See you in Hollywood.« War nur ein Witz, aber Sie können sich nicht vorstellen, wie die sich aufgeregt haben an der Filmhochschule! Die hatten keinen Humor damals.

Bereuen Sie es, überhaupt Film studiert zu haben?

Nein, eigentlich habe ich sehr gute Erinnerungen an München. Unsere Klasse von damals – wir sind heute noch befreundet. Es gab auch mehr Lehrer als Studenten, das war schon ein Privileg. Und ich wäre nie zur Regie gekommen ohne die Hochschule. Ich wollte ja eigentlich Ausstatter werden, aber das durfte ich bei der Aufnahmeprüfung nicht sagen, sonst hätten sie mich nicht genommen. Also kam ich in die Regieklasse. Wenn es heute ein Problem gibt, dann das, daß die Studenten schon zu kommerziell denken.

Roland Emmerich im Interview mit Tobias Kniebe, SZ, 10.9.98

Andreas Kilb in: Die Zeit, 10.9.98; Rupert Koppold in: Stgt. Zeitung, 10.9.98; Christine Kruttschmitt in: Stern, 28.5.98; Hans-Joachim Neumann in: Zitty, 19/98; Ponkie in: AZ, 10.9.98; Andreas Platthaus in: FAZ, 10.9.98; Hanns-Georg Rodek in: Die Welt, 10.9.98; Claudius Seidl in: SZ, 9.9.98

Gold Coast 354

GOLD COAST ** Video

Regie: Peter Weller
Darsteller: David Caruso (Maguire), Barry Primus (Ed Grossi), Jeff Kober (Roland Crowe), Marg Helgenberger (Karen DiCilia), Wanda De Jesus (Vivian), Richard Bradford (Frank DiCilia), Rafael Baez, Michael Daves
Drehbuch: Harley Peyton, nach einem Roman von Elmore Leonard
Kamera: Jacek Laskus (Farbe)
Musik: Peter Harris
Schnitt: Dean Goodhill
Prod.: Jana Sue Memel, Richard Maynard, Peter Weller für Showtime Networks, USA 1997; 89 Min.
Vertrieb: CIC Video; März 1998
FSK: ab 16 J.

Weder inhaltlich noch filmisch sonderlich überzeugende Regiearbeit des Schauspielers Peter Weller (»Robocop«): Witwe eines Mafiabosses bekommt das Geld des verblichenen Gatten nur dann, wenn sie künftig auf Männer verzichtet. Ein Delphin-Dompteur führt sie in Versuchung... Unterdurchschnittlicher US-TV-Thriller.

Gomez – Kopf oder Zahl 355

***

Regie: Edward Berger
Darsteller: Antonio Wannek (Dominik), Jenny Deimling (Vivian), Lou Bihler (Mustafa), Heinz-Werner Kraehkamp (Paul), Jasmin Tabatabai (Suat), Dagmar Manzel (Friede)
Drehbuch: Edward Berger
Kamera: Wolfgang Held (Farbe)
Musik: Jacki Engelken, Ulrik Spies
Schnitt: Sabine Krayenbühl
Prod.-Des.: Angelika Mende
Prod.: Claudia Tronnier für Medias Res für ZDF, BRD 1997; 87 Min.
EA: Max Ophüls Preis, Saarbrücken 1998
Verleih: Eigenverleih/-/-; Juni 1998

Der kleinkriminelle Berliner Jugendliche Nick erlebt Freundschaft, Frustration und erste Liebe. Einen besseren Hauptdarsteller hätte Autorenfilmer Edward Berger kaum finden können. Er hat Antonio Wannek in einer Kreuzberger Gesamtschule aufgespürt und vom Fleck weg engagiert. Indem der Film die Ereignisse, den Tonfall und die Ästhetik konsequent mit Berliner Orten verknüpft, erreicht er ungewöhnliche Authentizität. *Iris Depping, tip, 12/98*

Gonin 356

GONIN

****

Regie: Takashi Ishii
Darsteller: Koichi Sato (Bandai), Masahiro Motoki (Mitsuya), Jinpachi Nezu (Hizu), Kippei Shiina (Jimmy), Naoto Takenaka (Ogiwara), Megumi Yokoyama, Kazuya Kimura, Shingo Tsurumi
Drehbuch: Takashi Ishii
Kamera: Yasushi Sasakibara (Farbe)
Musik: Goro Yasukawa
Schnitt: Akimasa Kawashima
Prod.: Taketo Niitsu, Katsuhide Motoki für Bunkasha Publishing/Image Factory mit From First Prod./Kanox, Japan 1995; 109 Min.
UA: 5.8.1995, Int. Filmfestspiele Locarno »Wettbewerb«
EA: Fantasy Filmfest 1996
Verleih: REM/VMP (Adrena) Video; 16.7.1998, 23.12.1998

Fünf Desperados im Großstadtdschungel Tokios rauben ein Gangster-Hauptquartier aus und büßen dafür mit dem Leben. Extravaganter Yakuza-Krimi, der Genrekonventionen sprengt und mit krassen Gewaltausbrüchen, verstörenden Figuren sowie konsequent pessimistischer Weltsicht erschüttert: Ein existentialistischer Film noir über die Bestie Mensch und die Absurdität menschlichen Lebens und Sterbens.
Ralph Umard, tip, 15/98

OM in: Kölner Stadt-Anzeiger, 22.8.98; Hans Schifferle in: epd Film, 7/98; Christina Tilmann in: Der Tagesspiegel, 16.7.98

Good Burger – Die total verrückte Burger Bude 357

GOOD BURGER

**

Video

Regie: Brian Robbins
Darsteller: Kenan Thompson (Dexter Reed), Kel Mitchell (Ed), Abe Vigoda (Otis), Dan Schneider (Mr. Baily), Shar Jackson (Monique), Jan Schweiterman (Kurt Bozwell), Linda Cardellini (Heather), Sinbad (Mr. Wheat)
Drehbuch: Dan Schneider, Kevin Kopelow, Heath Seifert
Kamera: Mac Ahlberg (Deluxe)
Musik: Stewart Copeland
Schnitt: Anita Brandt-Burgoyne
Prod.-Des.: Steve J. Jordan
Prod.: Brian Robbins, Mike Tollin, Kevin Kopelow, Heath Seifert; Diane Batson-Smith (Koprod.) für Nickelodeon/Tollin/Robbins Prod./Paramount, USA 1997; 91 Min.
Vertrieb: CIC Video; 17.4.1998
FSK: o. A.

Zwei Blödiane wollen ihren Imbißladen vor der übermächtigen Konkurrenz retten. Ein mühsamst auf Spielfilmlänge getrimmter TV-Sketch mit Primitiv-Slapstick.

Good Will Hunting 358

GOOD WILL HUNTING

****

Regie: Gus Van Sant
Darsteller: Robin Williams (Sean McGuire), Matt Damon (Will Hunting), Ben Affleck (Chuckie), Minnie Driver (Skylar), Stellan Skarsgard (Lambeau), Casey Affleck (Morgan), Cole Hauser (Billy), John Mighton (Tom)
Drehbuch: Matt Damon, Ben Affleck
Kamera: Jean-Yves Escoffier (Farbe)

Musik: Danny Elfman, Jeffrey Kimball (supervisor)
Schnitt: Pietro Scalia
Prod.-Des.: Melissa Stewart
Prod.: Lawrence Bender, Kevin Smith, Scott Mosier; Chris Moore (Koprod.) für Be Gentlemen/A Band Apart, USA 1997; 126 Min.
EA: Int. Filmfestspiele Berlin 1998
Verleih: Scotia/Constantin/Monopole Pathé/BMG (Ufa) Video; 19.2.1998
FSK: ab 12, ffr.

Die neueste Variante der an sich unendlichen Geschichte des einsamen Genies. Ein Hilfsarbeiter aus den Arbeiterbezirken Bostons entpuppt sich als einzigartiges Mathematiktalent, dem es allerdings an adäquaten Gesprächspartnern mangelt und der erst mit der Unterstützung eines Therapeuten aus seiner emotionalen Isolation ausbrechen kann. In Anklängen ist die kaltschnäuzige Poesie und die bissige Satire, durch die der Regisseur Anfang der Neunziger auf sich aufmerksam machte, zu erkennen, wiewohl sich der Film insgesamt paßgenau in die lange Reihe solider und konventioneller Mainstreamprodukte einreiht. *multimedia*

(...) Lehrbuchhaft aufgebautes Sozialmärchen, das einzig durch seine Humanität, die pointierten Dialoge und soliden Schauspielleistungen einigermaßen gefällt. *Zoom, 2/98*

Lars-Olav Beier in: FAZ, 14.2.98; Angie Dullinger in: AZ, 19.2.98; Thomas Klingenmaier in: Stgt. Zeitung, 21.2.98; Simone Mahrenholz in: Der Tagesspiegel, 13.2.98; Milan Pavlović in: Kölner Stadt-Anzeiger, 21.2.98

Goodbye South, Goodbye 359
NANGUO ZAIJAN, NANGUO ****

Regie: Hou Hsiao-hsien
Darsteller: Jack Koa (Kao), Hsu Kuei-ying (Ying), Lim Giong (Flachkopf), Annie Shizuka Inoh (Brezel), Hsi Hsiang (Hsi), Lien Pi-tung, Kao Ming, Vicky Wei
Drehbuch: Chu Tien-wen, nach einer Story von King Jieh-wen, Jack Kao
Kamera: Lee Ping-bin, Chen Hwai-en, Han Yong-chong (Farbe)
Musik: Lim Giong
Schnitt: Liao Ching-song
Prod.-Des.: Hwang Wen-ying
Prod.: Katsuhiro Mizuno, Shozo Ichiyama, King Jieh-wen, Huang Chong, Ben Hsieh für 3-H Films, Taiwan/Japan 1996; 115 Min.
UA: 12.5.1996, Int. Filmfestspiele Cannes »Wettbewerb«
EA: Filmfest München 1996
Verleih: -/-/trigon; März 1998

Taiwan 1996: Der politische Überdruck, dem die Insel kurz vor der Rückgabe Hongkongs hilflos und allein ausgeliefert ist, beeinflußt auch das Leben dreier Kleingangster. Hou Hsiao-hsien, der in seinen letzten Filmen die Geschichte Taiwans konsequent aufgerollt hat, stößt hier in die unmittelbare Gegenwart vor. Sein kompromißloser Regiestil wird noch radikaler: Anstatt mit zeitgeistigem visuellem Schnellfeuer beeindruckt Hou mit langen Einstellungen und erstaunt mit gewagten Ellipsen. *Zoom*

Gott schütze diese Stadt 360
NOT IN THIS TOWN ***
Video

Regie: Donald Wrye
Darsteller: Kathy Baker (Tammy Schnitzer), Adam Arkin (Brian Schnitzer), Max Gail jr. (Wayne Inman), Ed Begley jr. (Henry Whitcomb), Bradford Tatum (Roy Flanders), Douglas Greer, Hannah Driggs, Anne Sward
Drehbuch: Adam Gilad
Kamera: Reed Smoot (Farbe)
Musik: Don Davis
Schnitt: Bill Butler
Prod.: Scott White für Universal, USA 1997; 91 Min.
Vertrieb: CIC Video; 24.8.1998
FSK: ab 6 J.

Arztfamilie aus der Stadt fährt in ihrer neuen ländlichen Heimat rechtsradikalen Bauernfängern in die Parade. Farbloses, hochkorrektes US-TV-Krimidrama mit Anspruch nach einer wahren Begebenheit.

Die göttliche Komödie 361
A COMEDIA DE DEUS ***
TV

Regie: Joao César Monteiro
Darsteller: Joao César Monteiro (Max Monteiro), Claudia Teixeira (Joaninha), Manuela de Freitas (Judite), Raquel Ascensao (Rosarinho)
Drehbuch: Joao Cesar Monteiro
Kamera: Mario Barroso (Farbe)

Musik: Claudio Monteverdi, Joseph Haydn, Richard Wagner, Johann Strauß
Schnitt: Carla Bogalheiro
Prod.: Joaquim Pinto für G.E.R./Pierre Grise Prod./Mikado Films/Zentropa/La Sept, Portugal/Frankreich 1995; 163 Min.
UA: Filmfestspiele Venedig 1995
TV: 9.10.1998, Arte, 23.50, OmU

(...) Max Monteiro ist Erotomane und Libertin, maliziös und nur der eigenen Phantasie verpflichtet. Eine menschliche Herausforderung, die mit ihrem Diskurs im Gewand der surrealen Komödie den diskreten Charme der Bourgeoisie entlarvt, die Sehgewohnheiten auf eine Geduldsprobe stellend. (...)
film-dienst, 20/98

Ein Grab zuviel 362
CATHERINE'S GROVE **
Video

Regie: Rick King
Darsteller: Jeff Fahey (Jack Doyle), Andy Fiscella (Nick Pirelli), Jeffrey Donovan (Thomas Mason), Maria Conchita Alonso (Charley Vasquez), Michael Madsen (Onkel)
Prod.: Harmon Kaslow, USA 1998; 87 Min.
Vertrieb: Starlight Video; Juli 1998
FSK: ab 12 J.

Serienkiller wütet im Transvestiten-Milieu und bekommt es mit zwei unerschrockenen Polizisten zu tun. Thriller-Ware von der Stange, zwar um Psychologie bemüht und gut besetzt, aber dennoch nur Konfektion.

Eine grauenvolle Familie 363
DINNER AT FRED'S **
Video

Regie: Shawn Alex Thompson
Darsteller: Gil Bellows (Richard Wilson), Parker Posey (Celia), Christopher Lloyd (Freds Vater), Kevin McDonald (Fred), Joseph Kell (Dennis), Valerie Mahaffey (Susan), John Neville
Drehbuch: Shawn Alex Thompson
Kamera: Robert C. New (Farbe)
Musik: Carlos Lopes
Schnitt: Michael Pacek
Prod.-Des.: Marian Wihak
Prod.: Jon Slan für Paragon Prod./Handmade Films, Kanada 1997; 94 Min.
EA: Filmfest Hamburg 1997
Vertrieb: Highlight Video; Juli 1998
FSK: ab 12 J.

Statt am Weihnachtsabend bei seiner steinreichen Verlobten zu landen, strandet Yuppie Richard in einem Provinzkaff und findet bei der mit einem ziemlich blöden Fluch beladenen Familie Unterschlupf. Eine dieser Komödien, die – trotz netter Ausgangsidee, guter Darsteller und skurriler Figuren – einen kein einziges Mal zum Lachen bringt.

Grenzenlose Liebe 364
NO ORDINARY LOVE **
TV

Regie: Doug Witkins
Darsteller: Smith Forte (Kevin Parker), Ericka Klein (Wendy), Robert Pecora (Andy Cuomo), Mark S. Larson (Ben Bolton), Koing Kuoch (Vince), Tymme Reitz (Ramon Garcia), Dan Frank (Tom), Kathleen Gibson (Rona)
Drehbuch: Doug Witkins
Kamera: Armando Basulto (Farbe)
Musik: Bob Christianson
Schnitt: John Orland
Prod.-Des.: Scott Carruth
Prod.: Eli Kabillio für Eli Kabillio Prod., USA 1995; 104 Min.
TV: 11.7.1998, Pro7, 2.10

Nach dem Tod eines Mieters bekommen auch die anderen Mitbewohner Probleme.

Grenzenloser Haß 365
NOTHING PERSONAL ***
TV

Regie: Thaddeus O'Sullivan
Darsteller: Ian Hart (Ginger), John Lynch (Liam Kelly), James Frain (Kenny), Michael Gambon (Leonard Wilson), Gary Lydon (Eddie), Ruaidhri Conroy (Tommy), Maria Doyle Kennedy (Ann), Jeni Courtney (Kathleen)
Drehbuch: Daniel Mornin, nach seinem Roman »All Our Fault«
Kamera: Dick Pope (Metrocolor)
Musik: Philip Appleby
Schnitt: Michael Parker
Prod.-Des.: Mark Geraghty
Prod.: Jonathan Cavendish, Tracey Saeaward für Little Bird Prod., GB/Irland 1995; 86 Min.
UA: 21.8.1995, Int. Filmfestspiele Venedig
EA: Filmfest München 1996
TV: 28.9.1998, ZDF, 22.15

Das englisch-irische Politdrama läßt Ursachen und irrationale Antriebe des Nordirlandkonflikts beiseite. Es schildert grausam, wie mit dem Hackebeil die beispiellos brutalen, sinnlosen Totschlägerexzesse sadistisch geprägter junger Männer, die ihre virile Mordlust nur notdürftig mit patriotischem Gequatsche tarnen. *Ponkie, AZ, 30.9.98*

Grenzgänge 366

***

Regie: Edwin Beeler, Louis Naef
Darsteller: Gregor Vogel, Ivo Dolder, Walter Hess, Max Huwyler
Drehbuch: Edwin Beeler, Louis Naef
Kamera: Edwin Beeler (Farbe)
Musik: Peter Schärli
Schnitt: Edwin Beeler
Prod.: Calypso Film, Schweiz 1998; 118 Min.
Verleih: -/-/Calypso; Dez. 1998

Diese filmische Recherche zum Sonderbundskrieg von 1847 verknüpft Landschaften, historische Figuren, Menschen von heute, Familiengeschichten, Dokumente und Erinnerungsstücke zu einer Spurensuche, durch die nicht nur Hintergründe und Verlauf des historischen Ereignisses, sondern auch Beziehungen zwischen damals und heute sichtbar werden. Obwohl manchmal vor lauter Details der Blick aufs Ganze abhanden zu kommen droht, entspricht die originelle filmische Struktur – der ständige Wechsel von Dokumentar- und Spielszenen, von Raum, Zeit und Personen – der Komplexität des Themas. *Zoom, 12/98*

Die Grenzgänger 367

BAJARSE AL MORO ***

TV

Regie: Fernando Colomo
Darsteller: Antonio Banderas (Alberto), Ofelia Angélica (Angelita), Manolo Caro (Soldat), Joan Climent (junger Polizist), Antonio Diaz (King Baltasar), Vicente Diez (Jeringa), Juan Echanove (Jaimito), Maria Elena Flores
Drehbuch: Fernando Colomo, Joaquin Oristrell, nach dem Schauspiel von José Luis Alonso de Santos
Kamera: Javier G. Salmones (Farbe)
Musik: Pata Negra
Schnitt: Miguel Angel Santamaria
Prod.-Des.: Alberto Gutiérrez
Prod.: Oriol Regas, Spanien 1988; 90 Min.
TV: 1.1.1998, Arte, 01.10

Antonio Banderas spielt einen Polizisten, der ständig zwischen seinem Beruf und seinem Privatleben hin- und hergerissen wird. Viele seiner Freunde kennt er noch aus seiner Hippie-Vergangenheit; sie konsumieren alle möglichen weichen Drogen. Er selbst raucht hin und wieder auch ganz gerne die Joints, die seine Freundin ihm mitbringt, wenngleich er auch keine Ahnung hat, wo sie diese herbekommt. *Pressetext*

Griff nach den Sternen 368

LITTLE GIRLS IN PRETTY BOXES **

TV

Regie: Christopher Leitch
Darsteller: Swoosie Kurtz (Allison Bryant), Courtney Peldon (Katie Bryant), Philip Casnoff (Greg Radkin), John Ashton (Peter Bryant), Nike Douglas (Teri Hayes), Linda Hart
Drehbuch: Bruce Franklin Singer, nach dem Roman von Joan Ryan
Kamera: Eric van Haren Norman (Farbe)
Musik: Starr Parodi, Jeff Eden Fair
Schnitt: Martin Nicholson
Prod.: Jay Benson, USA 1997; 91 Min.
TV: 19.4.1998, Premiere, 15.40

Talent im Kunstturnen kämpft sich an die Spitze. Alles wie gehabt.

Groovy Connections 369

THE RIGHT CONNECTIONS **

Video

Regie: Chuck Vinson
Darsteller: M. Hammer (Kendrick Bragg), Elizabeth Hart (Jamie Tomkins), Brian Hart (Chase Tomkins), Emily Hart (Marnie Tomkins), Mehach Tylor (Lionel Clark), Melissa Joan Heart, Belinda Metz
Drehbuch: Paul Bernbaum
Kamera: Richard Leiterman (Farbe)
Musik: Michael Colombier
Schnitt: Christopher Ellis
Prod.: Mary Burch, Richard Davis für Paramount/Viacom, USA 1997; 92 Min.
Vertrieb: CIC Video; 15.6.1998
FSK: ab 6 J.

Vier Geschwister wollen mit dem Preisgeld eines Hip-Hop-Gesangswettbewerbs das Studium der Mutter finanzieren. Unsäglich dümmliches und noch überflüssigeres Vehikel für den US-TV-Teenie Star Melissa Joan Heart.

Große Erwartungen 370
GREAT EXPECTATIONS ****

Regie: Alfonso Cuaron
Darsteller: Ethan Hawke (Finnegan Bell), Gwyneth Paltrow (Estella), Hank Azaria (Walter Plane), Chris Cooper (Joe), Anne Bancroft (Miss Dinsmoor), Robert De Niro (Gefangener Lustig), Josh Mostel (Jerry Ragno), Kim Dickens (Maggie)
Drehbuch: Mitch Glazer, nach dem gleichn. Roman von Charles Dickens
Kamera: Emmanuel Lubezki (Technicolor)
Musik: Patrick Doyle
Schnitt: Steven Weisberg
Prod.-Des.: Tony Burrough
Prod.: Art Linson; John Linson (Koprod.) für Art Linson Prod., USA 1997; 107 Min.
UA: Int. Filmfestspiele Berlin 1998 »außer Konkurrenz«
Verleih: 20th Century Fox/dto./dto./ 20th Centurx Fox Video; 5.3.1998
FSK: ab 12, ffr.
FBW: Wertvoll

Diese moderne Version von Charles Dickens' Roman erzählt den Aufstieg eines naiven Fischerjungen zum gefeierten Star der New Yorker Kunstszene. Trotz des Erfolges, den ihm ein unbekannter Gönner finanziert hat, kann er nicht alle Erwartungen verwirklichen. Mit seiner Postkartenästhetik bewegt sich der Film lange in seichtem Gewässer, verwandelt sich aber dank einer überraschenden Wendung in eine spannende Reflexion über das Erwachsenwerden und den Verlust von Träumen.
Zoom, 2/98

Wie unterläuft man als junger Filmemacher so große Erwartungen, wie Hollywood sie aufbürdet mit einer starbestückten Adaption des 1861 erschienenen Roman-Klassikers von Charles Dickens? Am besten so, wie Alfonso Cuaron es gewagt hat: mit radikaler Modernisierung der Spielorte, Dialoge, Charaktere – und vor allem mit kühnsurrealistischer Phantasie und hemmungsloser Emotionalität. Das ergibt atmosphärische Bild-Kompositionen, die im Gedächtnis bleiben. (…)
Angie Dullinger, AZ, 5.3.98

(…) Der sehr sensibel und gefühlvoll inszenierte, ausdrucksstark gespielte

Ethan Hawke und Robert DeNiro in ›Great Expectations‹

Film erzielt mit seiner opulenten Bildsprache eine eindringliche, poesievolle Atmosphäre, die aber zuweilen zur Gratwanderung zwischen Verinnerlichung und stark betonten äußeren Effekten gerät. Besonders ansprechend für Freunde romantischer Kinoerlebnisse.
multimedia

(…) Dickens ist es egal, die Rechte sind frei, das weiche Licht läßt unsere Gwyneth wie eine Madonna der Ikonenmalerei erscheinen (leider manchmal genauso statisch). Es geht irgendwie um Anerkennung, Ambition und Liebe, so ist das immer in der Weltliteratur, und Regisseur Alfonso Cuaron, das wenigstens ist sicher, ist nicht der kommende Mann. Schade, Gwyneth!
Peter Körte, FR, 6.3.98

(…) Der Film erzählt seine Geschichte als emotionale Projektion von Erinnerungen. Und jeder erinnert sich immer in selektiver Weise. Im Mexiko sieht man die Wirklichkeit ohnehin auf eine bestimmte Art – »magischer Realismus« ist das Stichwort. Für mich sind Magie und Realität eins. Unsere mexikanische Kultur beruht traditionell auf magischen Erfahrungen. Mitten in einer Großstadt-Szenerie tauchen plötzlich Mariachis auf und musizieren, ein

Indianer im Federschmuck kommt dazu, und aus heiterem Himmel fliegen Tausende von Schmetterlingen durch die Stadt. Manchmal sieht man statt der Schmetterlinge aber auch Kakerlaken. (…) *Alfonso Cuaron im Interview mit Frauke Hanck, AZ, 5.3.98*

Thomas Klingenmaier in: Stgt. Zeitung, 5.3.98; Hans Schifferle in: SZ, 5.3.98

Große weite Welt 371

***

Regie: Andreas Voigt
Drehbuch: Andreas Voigt
Kamera: Sebastian Richter, Rainer M. Schulz (Farbe und s/w)
Schnitt: Angela Wendt
Prod.: Marco Voß für A Jour mit MDR, BRD 1997; 88 Min.
UA: 40. Int. Leipziger Dokumentarfestival
EA: 18.2.1998, Int. Filmfestspiele Berlin, »Neue deutsche Filme«
Verleih: Basis/-/-;
12.3.1998

Fünfter Teil eines Dokumentations-Zyklus über Leipzig. Träume und Hoffnungen aus der einstigen »Heldenstadt«, deren Montagsumzüge 1989 den Zusammenbruch der DDR markierten, werden mit aktuellen Bildern und Lebenserfahrungen verschnitten. Durch dieses naheliegende Montageprinzip erfahren die Defizite der Lebensentwürfe eine überdeutliche Darstellung. Die Konfrontation von Damals und Heute ist nicht sonderlich originell, durch die Breite des Personenspektrums droht sich zudem die Position der Filmemacher zu verwischen. Als Langzeitbeobachtung jedoch von bleibendem Wert.
Claus Leweke, tip, 6/98

Der grüne Planet – Besuch aus dem All 372

LA BELLE VERTE

**
Video

Regie: Coline Serreau
Darsteller: Coline Serreau (Mila), Vincent Lindon (Max), Philippine Leroy-Beaulieu (Florence), James Thierree (Mesaje), Samuel Tasinaje, Paul Crauchet, Marion Cotillard, Claire Keim
Drehbuch: Coline Serreau
Kamera: Robert Alazraki (Farbe)
Musik: Coline Serreau
Schnitt: Catherine Renault
Prod.-Des.: Guy-Claude François
Prod.: Alain Sarde für Les Films Alain Sarde/TFI Film/Canal+/Studio Images 2, Frankreich 1996; 95 Min.
Vertrieb: VMP Video;
9.10.1998
FSK: ab 12 J.

Hochentwickelte Aliens wollen den Menschen auf die Sprünge helfen und entsenden eine Frau auf die Erde. Leider weitgehend gescheiterter Versuch einer Science-Fiction-Komödie: zu viel Moral, zu wenig Humor.

Guiltrip – Der Ehekrieg 373

GUILTRIP

***
TV

Regie: Gerard Stembridge
Darsteller: Jasmine Russell (Tina), Andrew Connolly (Liam), Peter Hanly (Ronnie), Michelle Houlden (Michele), Frankie McCafferty (Frank)
Drehbuch: Gerard Stembridge
Kamera: Eugene O' Connor (Farbe)
Musik: Brenda Power
Schnitt: Mary Finlay
Prod.-Des.: David Wilson
Prod.: Ed Guiney für Temple Films/ Fandango/ Smile Prod., Irland 1995; 90 Min.
UA: Int. Filmfestspiele Venedig, 1995
EA: Filmfest München 1996
TV: 14.9.1998, arte, 22.10

(…) Wenige Stunden im Leben eines jungen Ehepaars: Die Beziehung ist längst kaputt, die Scheidung von der katholischen Kirche strikt untersagt. Die Iren stellen keine Fragen, sagt der Regisseur, aber unter der Oberfläche entwickeln sich hier aggressive Konflikte, die zur Explosion drängen.
Fritz Göttler, SZ, 8.9.95

A Gun for Jennifer 374

A GUN FOR JENNIFER

**

Regie: Todd Morris
Darsteller: Deborah Twiss (Jennifer/Allison), Benja Kay (Detective Billie Perez), Rene Alberta (Becky)
Drehbuch: Todd Morris, Deborah Twiss
Kamera: Don Lenzer (Farbe)

Musik: Lee Holdridge
Schnitt: Kate Amend
Prod.: Deborah Twiss für Outcast Ent., USA 1996; 91 Min.
Verleih: Kinoinitiative/-/-; 29.10.1998, Berlin

Schüchternes traumatisiertes Landei trifft im schmutzigen New York auf eine Gang militanter Riot Girls, die ihr Heil darin finden, mit Vergewaltigern kurzen, blutigen Prozeß zu machen. Die Neue schließt sich ihnen an, kellnert in der Tabledance-Bar der Racheengel und übt fleißig Selbstjustiz an Supermachos und Gewalttätern. Valerie Solanas' Ideen gepaart mit der Lust an John Waters' Trash – ein Film für gutmütige feministische Splatterfans, für die Logik und Stringenz einer Story nicht alles ist. *Jennifer Zylka, tip, 23/98*

Gunshy

375
GUNSHY
**
Video

Regie: Jeff Celentano
Darsteller: William L. Petersen (Jake Bridges), Michael Wincott (Frankie McGreg), Diane Lane (Melissa), Kevin Gage (Ward), Michael Byrne (Lange), Eric Schaeffer (Gwynne), Meat Loaf (Low Collins), Musetta Vander (Grace)
Drehbuch: Larry Gross
Schnitt: Andy Horvitch
Prod.-Des.: Randal P. Earnest
Prod.: Larry Gross, Neal Stevens für Periscope Pic., USA 1998; 90 Min.
Vertrieb: Ascot Video; 11.12.1998
FSK: ab 16 J.

Eine Dreiecksstory im Mafia-Milieu plus Männerfreundschafts-Glorie – dem unterentwickelten Plot vermögen die Darsteller auch nicht auf das Pferd zu helfen.

Hacks

376
***

Drehbuch und Regie: Christine Bader
Prod.: BRD 1998

Ist ganz interessant, was Christine Bader über die Hacker-Ethik recherchiert hat. Blöd nur, daß sich das Faszinosum der weltweiten, von Politik und Großkonzernen angeblich noch weitgehend unkontrollierten und damit per se potentiell subversiven Vernetzung nicht in einem klassischen Interview-Film vermitteln läßt. Denn Hacker-Aktionen sind illegal. Vor allem aber – welch Handicap für jeden Filmemacher – geben sie optisch so schrecklich wenig her. *Annette Kilzer, tip, 24/98*

Die Hafenratte

377
THE WHARF RAT
***
TV

Regie: Jimmy Huston
Darsteller: Lou Diamond Phillips (Petey Martin), Judge Reinhold (Doc), Rachel Ticotin (Dexter Ireland), Rita Moreno (Mom), Scott Cohen (Matt Martin), William Dunlop (Bucko), Judge Reinhold (Doc), Alan Vint (Eli)
Drehbuch: Jimmy Huston, nach der Story von Paul Kimatian, Jimmy Huston
Kamera: Levie Isaacks (DeLuxe)
Musik: Mervyn Warren
Schnitt: Christopher Rouse
Prod.-Des.: Rocco Matteo
Prod.: Paul Kimatian für All Media/Showtime Networks, USA 1995; 88 Min.
TV: 27.4.1998, Premiere, 20.15

Polizist will den Tod seines Bruders rächen, der von einem korrupten Kollegen ermordet wurde.

Haifa

378
HAIFA
****

Regie: Rashid Masharawi
Darsteller: Mohammad Bakri (Haifa), Hiyam Abbas (Oum Said), Ahmed Abu Sal'oum (Abu Said), Fadi el-Ghoul (Siad), Mahmoud Qadah (Said), Nawal Zaquot (Sabah), Khalid Awad (Abbas), Areen Omari (Samira)
Drehbuch: Rashid Masharawi
Kamera: Edwin Verstegen (Farbe)
Musik: Said Morad-Sabrin
Schnitt: Hadara Oden
Prod.: Peter van Vogelpoel, Erik Schut, Henri Kuipers, Rashid Masharawi für Argus Film Prod./Ayloul Film Prod./WDR/Arte, Palästina/Niederlande/BRD/Frankreich 1996; 96 Min.
UA: Int. Filmfestspiele Cannes 1996
Verleih: -/filmladen/-; September 1997, Berlin; März 1998, Österreich

Vorsicht und unterdrückte Leidenschaftlichkeit kennzeichnen die Aufbruchsstimmung in einem palästinensischen Flüchtlingslager in Ghaza, 1993, wo die Familie eines ehemaligen Polizisten um ein normales, gutes und ehrbares Leben kämpft, während ihr »verrückter« Freund Nabil immer wieder auf die Zerbrechlichkeit ihrer Existenz und das kaum zu verdrängende Leid aufmerksam macht. Ein berührender, eindringlich gespielter, gefühlvoller, aber auch sehr behutsam und maßvoll-zurückhaltend inszenierter Film, der seine Geschichte weniger von der politischen als von der allgemein verständlichen menschlichen Ebene her beleuchtet. *multimedia*

Susanna Nieder in: Der Tagesspiegel, 28.8.97

Halloween H20 – 20 Jahre später

379
HALLOWEEN H20 – TWENTY YEARS LATER
***

Regie: Steve Miner
Darsteller: Jamie Lee Curtis (Laurie Strode/Keri Tate), Adam Arkin (Will), Josh Hartnett (John), Michaelle Williams (Molly), Adam Hann-Byrd (Charly), Jodi Lynn O'Keefe (Sarah), Janet Leigh (Norma), LL Cool J (Ronnie)
Drehbuch: Robert Zappia, Matt Greenberg, nach einer Idee von Kevin Williamson und den Charakteren von Debra Hill und John Carpenter
Kamera: Daryn Okada (Farbe)
Musik: John Ottman, Marco Beltrami; John Carpenter (Halloween-Thema)
Schnitt: Patrick Lusser
Prod.-Des.: John Willett
Prod.: Paul Freeman für Nightfall Prod., USA 1998; 86 Min.
Verleih: Kinowelt/Constantin/Elite; 29.10.1998
FSK: ab 16 J., ffr.

›Hamam‹: *Selbstfindung im türkischen Bad*

Zum 20. Jahrestag seiner Bluttaten kehrt ein Massenmörder ins Haus seiner Schwester zurück, um sein Gemetzel an ihr und den Freunden ihres Sohnes fortzusetzen. Wie bereits die vorangehenden Fortsetzungen versucht auch der siebte Aufguß, die unheimliche Atmosphäre des Originals zu erzeugen. Die wenig originelle Handlung und die übermäßig strapazierten Schockeffekte sorgen jedoch eher für Überdruß als Spannung. Einziges »Highlight« ist Jamie Lee Curtis in der Rolle der geplagten Schwester. *Zoom, 11/98*

(...) Ein zitatreicher »Jubiläumsfilm«, der im Umgang mit den Motiven und filmischen Mitteln des Originals seine Spannung aus den Erinnerungen Strodes alias Keri Tate erzielen will. Die Wirkung bleibt hinter der Konstruktion zurück, die Hommage dominiert über den Horror. *multimedia*

(...) Horror-Routinier Steve Miner bringt Selbstzitate bis zum Abwinken. Das Slasher-Genre feiert sich und kreist um sich selbst. *Jörg Buttgereit, tip, 23/98*

(...) Zum 20. Geburtstag von John Carpenters genialem »Halloween« hätte man sich Besseres einfallen lassen können. Zum Beispiel das Verbot jeder weiteren Fortsetzung. *Milan Pavlović, Kölner Stadtanzeiger, 1.11.98*

W.O.P. Kistner in: AZ, 30.10.98; Tobias Kniebe in: SZ, 29.10.98; Rupert Koppold in: Stgt. Zeitung, 29.10.98; Rupert Koppold in: Rheinische Post, 30.10.98; Jürgen Richter in: FAZ, 3.11.98

Hamam – Das türkische Bad 380

IL BAGNO TURCO – HAMAM ***

Regie: Ferzan Ozpetek
Darsteller: Alessandro Gassman (Francesco), Francesca d'Aloja (Marta), Carlo Cecchi (Oscar), Halil Ergün (Osman), Serif Sezer (Perran), Mehmet Gunsur (Mehmet), Basak Koklukaya (Fusun), Alberto Molinari (Paolo)
Drehbuch: Stefano Tummolini, Ferzan Ozpetek, nach der gleichn. Story von Ferzan Ozpetek
Kamera: Pasquale Mari (Farbe)
Musik: Pivio, Aldo De Scalzi
Schnitt: Mauro Bonanni
Prod.: Marco Risi, Maurizio Tedesco, Cengiz Ergun, Aldo Sanbrell für

Sorpasso/Promete/Asbrell/RAI, Italien/Türkei/Spanien 1997; 98 Min.
UA: Int. Filmfestspiele Cannes 1997 »Directors Fortnight«
Verleih: MFA/Polyfilm/Regina; 29.10.1998
FSK: ab 12 J., ffr.

Ein römischer Architekt erbt von seiner Tante einen Hamam, ein türkisches Bad, und fährt, um ihn zu verkaufen, nach Istanbul. Angezogen von Stimmung und Menschen bleibt er und restauriert den Hamam. Seine Frau reist ihm nach und findet ihren Mann verändert vor. Das Erstlingswerk des italienisch-türkischen Regisseurs weist zwar formale Mängel auf und endet klischeehaft tragisch. Doch erzählt es atmosphärisch dicht von einer Selbstfindung dank Sinnlichkeit und kreativer Langsamkeit orientalischer Lebensweise.
Zoom, 6/7/98

Michael Althen in: SZ, 29.10.98; Silvia Hallensleben in: Der Tagesspiegel, 29.10.98; Heike Kühn in: FR, 28.10.98; Josef Lederle in: Rheinische Post, 30.10.98; Hans-Jörg Rother in: FAZ, 31.10.98; Claudia Schülke in: FAZ, 9.11.98; Ruprecht Skasa-Weiß in: Stgt. Zeitung, 30.10.98

Hana-Bi 381

HANA-BI ****

Regie: Takeshi Kitano
Darsteller: Takeshi Kitano (Nishi), Kayolko Kishimoto (Miyuki), Ren Osugi (Horibe), Susumu Terajima (Nakamura), Tetsu Watanabe, Hakuryu (Yakuza-Killer)
Drehbuch: Takeshi Kitano
Kamera: Takeshi Kitano, Yoshinori Ota (Farbe)
Musik: Joe Hisaishi
Prod.-Des.: Norihiro Isoda
Prod.: Masayuki Mori, Yasushi Tsuge, Takio Yoshida; Hiroshi Ishikawa, Kazushiro Furukawa (Koprod.) für Office Kitano/Bandai Visual/TV Tokyo/Tokyo FM, Japan 1997; 103 Min.
Verleih: Pandora/polyfilm/Frenetic/Arthaus Video; 22.1.1998
FSK: ab 16, ffr.

In seinem siebten Film ist Takeshi Kitanos poetischer Hyperrealismus so schön wie noch nie. Als Beat Takeshi spielt er einen hartgesottenen Polizisten, der durch den Tod seiner Tochter, die Krankheit seiner Frau, den Unfall seines Freundes, an dem er sich mitschuldig fühlt, zu ungesetzlichen Mitteln greift, um die Welt für einen Moment wieder ins Lot zu bringen. Die letzte Reise mit seiner todkranken Frau wird zu einer der skurrilsten und schönsten Liebesgeschichten, die das Kino bis dahin erzählt hat.
Zoom, 2/98

Eine Geschichte von Liebe und Tod, Thriller und Poesie. Der japanische Autorenfilmer und Stand-up-Komiker Takeshi Kitano erzählt seine vergleichsweise einfache Geschichte in einer raffiniert lakonischen, assoziativen Bildersprache. In Venedig bekam er letztes Jahr den Goldenen Löwen für dieses vielschichtige, abgründige Meisterwerk. (...)

Schüsse beenden auch diese kompromißlos atemberaubende Geschichte von Gewalt und Liebe, in der es immer wieder Momente absurden, schwarzen Humors gibt. Und es gibt wunderschöne, fast magisch wirkende Gemälde und Zeichnungen Takeshis zu sehen, so

pointiert wie poetisch als Kommentare eingesetzt. *Frauke Hanck, AZ, 22.1.98*

»Es gibt in Japan die Politiker-Yakuza und die Mafia-Yakuza. Der einzige Unterschied zwischen den beiden ist, daß die Mafia-Yakuza wissen, daß sie nichts Gutes tun und die Politiker nicht. Beide zusammen regieren Japan. Bei uns hat jeder auf irgendeine Weise mit der Yakuza zu tun.«

Takeshi Kitano im Interview mit Christiane Peitz, Der Tagesspiegel

Sebastian Feldmann in: Rheinische Post, 23.1.98; Norbert Grob in: SZ, 22.1.98; Urs Jenny in: Der Spiegel, 19.1.98; Tobias Kniebe in: Focus, 19.1.98; Peter Körte in: FR, 21.1.98; Olaf Möller in: Kölner Stadt-Anzeiger, 24.1.98; Jan Schulz-Ojala in: Der Tagesspiegel, 22.1.98; Andrea Seitz in: Der Tagesspiegel, 22.1.98; Ruprecht Skasa-Weiß in: Stgt. Zeitung, 22.1.98; Anke Sterneborg in: SZ, 21.1.98

Der Handymörder

382
***
TV

Regie: Hans Werner
Darsteller: Jochen Horst (Victor Roth), Natalia Wörner (Nicola Helling), Rolf Hoppe (Wolfgang Dreher), Max Volkert Martens (Stefan König), Axel Wandtke (Robert Bennat), Karlheinz von Hassel (Töteberg), Hanns Zischler (Kanzler)
Drehbuch: Holger Karsten Schmidt
Kamera: Charles Finkbeiner (Farbe)
Prod.: Ivo Alexander Beck, Janus für SAT.1, BRD 1998; 94 Min.
TV: 22.9.1998, SAT.1, 20.15

Der alte Agentengrusel: Wer ist der Maulwurf? Im deutschen BKA-Thriller unterwandert Jochen Horst die Kollegin Natalia Wörner in alter Stasi-Treue zu Rolf Hoppe. Explosiv-Spannung mit Pathos-Finale. *Ponkie, AZ, 2.4.98*

Arnold Hohmann in: SZ, 24.9.98

Hard proof

BOOGIE BOY

383
**
Video

Regie: Craig Hamann
Darsteller: Mark Dacascos (Jesse), Emily Lloyd (Hester), Jaimz Woolvett (Larry), Traci Lords (Shonda), Frederic Forrest (Easel Dundee), Joan Jett (Jerk), Jonathan Scarfe (Leland), Ben Browder
Drehbuch: Craig Hamann
Prod.: Cathryn James für Imperial Ent./ Sterling Home Ent., USA 1997; 100 Min.
Vertrieb: VCL Video; 28.7.1998
FSK: ab 18 J.

Exknacki läßt sich von Freunden zum »allerletzten Coup« überreden, der natürlich schiefgeht. Mit Pseudo-Sozialkritik und ein paar Absonderlichkeiten aufgepeppte Dutzend-Story von einem gut(mütig)en Rückfall-Ganoven.

Hard Rain

HARD RAIN

384
***

Regie: Mikael Salomon
Darsteller: Morgan Freeman (Jim), Christian Slater (Tom), Randy Quaid (Sheriff), Minnie Driver (Karen), Edward Asner (Charlie), Richard Dysart (Henry), Betty White (Doreen), Mark Rolstor (Wanne)
Drehbuch: Graham Yost
Kamera: Peter Menzies jr. (Deluxe)
Musik: Christopher Young
Schnitt: Paul Hirsch
Prod.-Des.: J. Michael Riva
Prod.: Mark R. Gordon, Gary Levinson, Ian Bryce für Mutual/PolyGram/Marubeni/ Thoho-Towa/Tele München/BBC für Paramount, USA 1998; 97 Min.
Verleih: Concorde/dto./-/VCL Video; 16.4.1998
FSK: ab 16, ffr.
FBW: Wertvoll

Verwässerte Action vom Reißbrett. Heftigste Regenschauer führen zur Überschwemmung eines Flusses im Mittleren Westen der USA, der Staudamm droht zu brechen. Die Bewohner verlassen die sinkende Stadt, die Ratten, in diesem Fall die Plünderer, bleiben. Doch zu früh gefreut, denn Sympathikus und Geldtransporter Jim (Christian Slater) hütet den kompletten Bargeldbestand des Ortes wie seinen Augapfel. Und schwimmen kann er auch. Während das Wasser immer reißerischer strömt, plätschert die Story in den gewohnten Bahnen dahin. Nach mir die Sintflut.

Annette Leweke, tip, 9/98

(...) Mit Gespür für visuelle Effekte und eine bedrohliche Atmosphäre inszenierte der aus Dänemark stammende Exkameramann Mikael Salomon seinen zweiten Spielfilm, einen temporei-

chen Action-Thriller, der nicht ganz so vordergründig wie üblich daherkommt und einige forcierte Spannungssequenzen von ziemlich abgehobener Qualität zu bieten hat.
Natürlich sollte man auch an dieses Skript von Graham Yost nicht unbedingt die Elle der Logik anlegen, aber wer bereit ist, in dieser Hinsicht einige Kröten zu schlucken (die größte zum Schluß: ein irreal überzogener Showdown), darf mit sympathischer Genre-Unterhaltung rechnen.

W.O.P. Kistner, AZ, 16.4.98

Rupert Koppold in: Rheinische Post, 17.4.98; Richard Pleuger in: Focus, 20.4.98 (Interview M. Freeman)

Harlem N.Y.C. 385

HOODLUM ***
Video

Regie: Bill Duke
Darsteller: Laurence Fishburne (Ellsworth »Bumpy« Johnson), Tim Roth (Dutch Schultz), Vanessa Williams (Francine Hughes), Andy Garcia (Lucky Luciano), Cicely Tyson (»Queen« Stephanie St. Clair), Chi McBride (Illinois Gordon), Clarence Williams III (Bub Hewlett), Richard Bradford (Capt. Jerrod Foley)
Drehbuch: Chris Brancato
Kamera: Frank Tidy (Deluxe)
Musik: Elmer Bernstein
Schnitt: Harry Keramidas
Prod.-Des.: Charles Bennett
Prod.: Frank Mancuso Jr.; Paul Eckstein, Chris Brancato (Koprod.) für Frank Mancuso Jr. Prod., USA 1997; 130 Min.
Vertrieb: Warner Video; 11.12.1998

(...) Das knapp zweieinhalbstündige Mobster-Drama folgt dem gewaltvollen Aufstieg in der Unterwelthierarchie des emotional zunächst ambivalenten Protagonisten, der dadurch allmählich sämtliche persönliche Bindungen zerstört. Es ist unschwer zu erkennen, daß Coppolas meisterhafte »Der Pate«-Trilogie als Blaupause diente, doch der Ethno-Variante mangelt es ebenso sichtbar an durchgreifender Substanz. So sind involvierender Realismus und erschütternde Tragik fragmentarisch vorhanden, doch sie bilden kein Ganzes. Einige abrupte Übergänge lassen den Erzählton überdies stellenweise zu abgehackt erscheinen. (...)

Blickpunkt: Filme, 38/97

Harry außer sich 386

DECONSTRUCTING HARRY ****

Regie: Woody Allen
Darsteller: Caroline Aaron (Doris), Woody Allen (Harry Block), Kirstie Alley (Joan), Bob Balaban (Richard), Richard Benjamin (Ken), Eric Bogosian (Burt), Billy Crystal (Larry), Judy Davis (Lucy)
Drehbuch: Woody Allen
Kamera: Carlo DiPalma (DuArt)
Schnitt: Susan E. Morse
Prod.-Des.: Santo Loquasto
Prod.: Jean Doumanian; Richard Brick für Jean Doumanian Prod., USA 1997; 96 Min.
UA: 26.8.1997, Int. Filmfestspiele Venedig
Verleih: Kinowelt/dto./20th Century Fox/ VMP Video; 21.5.1998
FSK: ab 12 J., ffr.

Der Schriftsteller Block ist ein nimmersatter Frauenheld, der plötzlich an akuter Schreibhemmung leidet. Als ihn ein Kollege für sein Lebenswerk ehren will, spitzen sich die Probleme mit Exgattinen und -geliebten dramatisch zu. Eine frivole Charakterstudie mit schwarzem jüdischem Humor, visuellen Spielereien, Zitat-Interpretationen von Federico Fellini bis Luis Buñuel und Ingmar Bergman und originellen Gastauftritten wie dem von Robin Williams als bildlich-unscharfer Mann »out of focus«. *Zoom, 8/98*

Wie ähnlich sind sich eigentlich Harry und Sie?

Was Harry über Gott, das Jenseits und die Frauen sagt, ist auch meine Meinung, auf jeden Fall.

Und sind Sie auch unerträglich außerhalb Ihrer Arbeit?

Vielleicht, ja, deshalb arbeite ich auch soviel.

In Ihren Filmen tragen Sie meist die gleichen Cordhosen und diese schlabbrige Unterwäsche. Da hat die Kostümbildnerin aber nicht viel zu tun.

Woody Allen, Elisabeth Shue und Billy Crystal in ›Harry außer sich‹

Ja, die Kostümbildnerinnen wollen mich immer umziehen. Ich frage sie dann: Warum soll ich die Cordhose, die ich jetzt trage, gegen eine andere austauschen, die genauso aussieht? Die Cordhose, die ich heute trage, habe ich auch in »Harry außer sich« an. Und die Schuhe hier, das sind Harrys Schuhe. Aber Kostümbildnerinnen wollen prinzipiell immer alle umziehen.

Woody Allen im Interview mit Lorenz Schröter, Zeitmagazin, 14.5.98

Eberhard von Elterlein in: Die Welt, 20.5.98; Sebastian Feldman in: Rheinische Post, 21.5.98; Volker Gunske in: tip, 11/98; Milan Pavlović in: Kölner Stadt-Anzeiger, 23.5.98; Sabine Rutkowski in: Zitty, 11/98; Anke Sterneborg in: SZ, 20.5.98

Härtetest 387

***

Regie: Janek Rieke
Darsteller: Janek Rieke (Jonas), Lisa Martinek (Lena), Gerhard Garbers (Vater), Katrin Saß (Mutter), Sebastian Münster (Thilo), Florian Lukas (Robert), Sigi Terpoorten (Max), Katie Eckerfeld (Lilly)
Drehbuch: Janek Rieke
Kamera: Florian Ballhaus (Farbe)
Musik: Jan Dvorak
Schnitt: Brigitte Kirsche, Margot Neubert
Prod.-Des.: Zazie Knepper
Prod.: Helga Bähr für Lichtblick Filmprod. mit NDR, BRD 1997; 84 Min.
UA: Filmfest Hamburg 1997; Max Ophüls Preis 1998
Verleih: Jugendfilm/Constantin/; 2.4.1998
FSK: ab 12, ffr. – *FBW:* Wertvoll

Jonas, Muttersöhnchen aus reichem Elternhaus, hat kein Glück bei den Frauen. Als er sich ausgerechnet in die exaltierte Öko-Aktivistin Lena verknallt, spielt er ihr den engagierten Umweltschützer und Autogegner vor. Doch seinen eigentlichen Härtetest besteht er, als er sich einer Horde Skins entgegenstellt. Arm trifft auf Reich, Schrill auf Scheu – das ist der Stoff, aus dem turbulente Komödien sind.

Annette Kilzer, tip, 8/98

(...) Wenn ein 26jähriger seinen ersten abendfüllenden Film dreht und dabei neben der Regie auch Drehbuch und Hauptrolle übernimmt, verhebt er sich dabei zumeist. Trotzdem ist Janek Riekes flott inszeniertes, um Situationskomik bemühtes Debüt eine angenehme Überraschung. Es krankt jedoch daran, daß er nicht mehr Mut zu Originalität oder auch Sarkasmus hat: Unterm Strich ist der Film eben doch nur die zirka 267. Auflage der typischen deutschen Beziehungskomödie aus der Welt der Besserverdienenden.

Jan Gympel, Zitty, 7/98

Michael Althen in: SZ, 9./10.4.98; Rupert Koppold in: Rheinische Post, 3.4.98; Daniel Kothenschulte in: Kölner Stadt-Anzeiger, 4.4.98; Angela Schmitt-Gläser in: FR, 1.4.98

Harvey und der Käpt'n 388

CAPTAINS COURAGEOUS **
TV

Regie: Michael Anderson
Darsteller: Robert Urich (Capt. Matthew Troop), Kenny Vadas (Harvey Cheyne jr.), Kaj-Erik Eriksen (Dan Troop), Sandra Nelson (Mary Ann Troop), Robert Wisden, Duncan Fraser, Robert Thurston
Drehbuch: John McGreevey, nach dem Roman von Rudyard Kipling
Kamera: Glen MacPherson (Farbe)
Musik: Claude Desjardins, Eric Robertson
Schnitt: Bernadette Kelly
Prod.: Lisa Towers, USA 1995; 89 Min.
TV: 1.3.1998, Premiere, 7.50

Luxussöhnchen fällt bei einer Kreuzfahrt über Bord, wird aufgefischt und lernt bei seinen Rettern ein anderes Leben kennen.

Das häßliche Entlein 389

UGLY DUCKLING ***
Video

Regie: Martin Gates, David Elvin
Darsteller: Mit den Originalstimmen: Paul Panting (Häßliches Entlein), Imelda Staunton (Scruffy), Hugh Laurie (Trquin), Alison Steadman (Henne), Peter Bayliss (Theaterdirektor)
Drehbuch: Sue Radley, Martin Gates, nach dem Märchen von Hans Christian Andersen
Kamera: (Farbe)
Musik: Chris Caswell
Schnitt: David Hillier
Prod.: Martin Gates für MGA/CPI, GB 1989; 81 Min.
Vertrieb: Warner Home Video; Juni 1998
FSK: o.A.

Um Didaktik bemühter, handwerklich wenig ansprechender Kinderfilm, der das Motiv des häßlichen Entleins variiert und ihm ein freches Rattenmädchen an die Seite stellt.

Janek Rieke, Lisa Martinek und Sigi Terpoorten in ›Härtetest‹

Die Hawkings-Affäre 390

BLUE MOTEL **

Video

Regie: Sam Firstenberg
Darsteller: Sean Young (Lana Hawking), Soleil Moon Frye (Agent Kyle Rivers), Robert Vaughn (Chief MacIntyre), Rob Stewart (Agent Larimer), Barry Sattels (Wayne Hawking), Spencer Rochfort (Steven Butler), Malcolm Yates (Dr. Jeremy Marks), Sal Landi (Detective Cerone)
Drehbuch: Cormac Wibberley, Marianne Wibberley
Kamera: Moshe Levin (Farbe)
Musik: Lauren Dunn, Robert O. Ragland
Schnitt: Phil Russman, Peter Zinner
Prod.-Des.: Brooke Wheeler
Prod.: Frank DeMartini, Raymond Kwong für De Martini/Anderson Prod., USA 1997; 92 Min.
Vertrieb: Warner Video; 30.10.1998
FSK: ab 16 J.

Jung-Agentin soll erfolgreiche Wissenschaftlerin beschatten und gerät in den berühmten Strudel aus Sex, Gier und Gewalt. Schon vom Plot-Ansatz ein Flop, aber Regie und Darsteller haben dem nicht viel entgegenzusetzen.

Heartless – Erinnerung an meinen Mörder 391

HEARTLESS **

TV

Regie: Judith Vogelsang
Darsteller: Mädchen Amick (Annie O'Keefe), Louise Fletcher (Tante Lydia), David Packer (Johnny), Tom Schanley (Alexander Hawks), Pamela Bellwood (Jennifer), Bo Svenson (Sheriff), Monique Parent (Suzanne Hawks)
Drehbuch: Leslie Lehr Spirson
Kamera: Stevan Larner (Farbe)
Musik: Mike de Martino
Schnitt: Bob Wyman
Prod.: Ami Artzi, Judith Vogelsang, USA 1997; 100 Min.
TV: 6.1.1998, Premiere, 21.50

Herztransplantation ging technisch o. k. – aber leider wurden auch Erinnerungen und Gefühle mit übertragen. Komplikationen sind also vorprogrammiert.

Die heilige Hure 392

**

TV

Regie: Dominique E. Othenin-Girard
Darsteller: Susanna Simon (Dr. Marie Steiner), Felix Bresser (Pater Stefan), Manfred Andrae (Pater Ludwig), Sven Martinek (Paul Gruber)
Drehbuch: Petra Welzel, Christos Yiannopoulos, Wolfgang Kirchner, nach der Autobiografie »Credo an Gott und sein Fleisch« von Heide-Marie Emmermann
Prod.: BRD 1997; 90 Min.
TV: 11.2.1998, RTL, 20.15

(…) »Die Heilige Hure« erreicht mit 7,08 Millionen Zuschauern die beste Tagesquote nach der »Tagesschau« der ARD. In dem Film geht es um eine Dozentin an der katholischen Fakultät, die sich nach beruflichen und privaten Problemen für die Arbeit als Domina entscheidet. Ein schwuler Geistlicher begeht Selbstmord, weil ihm die Kirche die Liebe zu einem anderen Mann nicht gestattet, ein anderer Geistlicher zwingt eine junge Frau zur Abtreibung. (…)
dpa/jbh

Heimliche Freunde 393

LAWN DOGS ***

Regie: John Duigan
Darsteller: Sam Rockwell (Trent Burns), Christopher McDonald (Morton Stockard), Kathleen Quinlan (Clare Stockard), Bruce McGill (Nash), Mischa Barton (Devon Stockard), David Barry Gray (Brett), Eric Mabius (Sean), Tom Aldredge (Jake)
Drehbuch: Naomi Wallace
Kamera: Elliot Davis (Rank)
Musik: Trevor Jones
Schnitt: Humphrey Dixon
Prod.-Des.: John Myhre
Prod.: Duncan Kenworthy; David Rubin für Toledo Pic., USA 1997; 101 Min.
UA: 24.8.1997, Int. Filmfest Montreal
EA: Int. Hofer Filmtage 1997
Verleih: Pandora/-/Filmcooperative; 6.8.1998
FSK: ab 12 J., ffr.

Die Freundschaft zwischen einem zehnjährigen Mädchen aus wohlhabendem Haus und einem jungen Außenseiter, der sich als Gartenarbeiter verdingt, führt wegen der hysterischen Reaktion der Eltern zur familiären Katastrophe. Was wie ein modernes Märchen angelegt ist, erweist sich als scharfsinniger Spiegel der US-Gesellschaft am Ende der Reagan-Ära. Eine ironische Brechung verleiht dem Film seinen Reiz. Streckenweise sind Geschichte und Figuren jedoch etwas zu eindimensional geraten. *Zoom, 8/98*

(...) Das Freundschaftsverhältnis eines frühpubertären Mädchens mit einem virilen Gartenarbeiter führt zum Gewaltausbruch in dieser unausgegorenen Genremixtur aus Sozialsatire, Jugenddrama und Märchenfilm.
Ralph Umard, tip, 17/98

Hatten Sie keine Angst, daß Ihr Film nach den Verbrechen der Dutroux-Bande mißverstanden werden könnte?

Wer den Film sieht, wird ihn als Geschichte einer außergewöhnlichen Freundschaft begreifen. Ich finde es tragisch, daß fast jede Beziehung zwischen einem Kind und einem Erwachsenen schon verdächtig scheint. Als Mann muß man ständig aufpassen; jede liebevolle Geste gerät aufgrund der furchtbaren Ereignisse schnell in Mißkredit. Das führt dazu, daß manche Freundschaften aus Angst heraus nicht mehr möglich sind. So interpretieren die Erwachsenen der Vorzeigesiedlung die unschuldige Annäherung zwischen den Einzelgängern als sexuell gefährlich, weil die Phantasie mit ihnen durchgeht. Kindesmißbrauch gibt es nicht erst seit Dutroux. Kinder waren immer das schwächste Glied der Gesellschaft. Nur die Sensibilität ist gestiegen. *John Duigan im Interview mit Margret Köhler, AZ, 6.8.98*

Boris Erdtmann in: Die Welt, 6.8.98; Sylvia Hallersleben in: Der Tagesspiegel, 6.8.98; Martina Knoben in: SZ, 6.8.98; Rupert Koppold in: Stgt. Zeitung, 6.8.98; Hans-Joachim Neumann in: Zitty, 16/98

Heimwehkranke Augen 394

WANG HSIANG ***

Regie: Hsu Hsiao-Ming
Drehbuch: Hsu Fu-Chun, Hsu Hsiao-Ming
Kamera: Han Yun-Chung (Farbe)
Musik: Wu Jia-Li
Schnitt: Hsu Hsiao-Ming, Hsiao Ru-Guan
Prod.: Arc Lights Films/Hsu Hsiao-Ming Film, Taiwan 1997; 85 Min.
EA: 15.2.1998, Int. Forum des Jungen Films, Berlin
Verleih: Freunde/-/-

Vier Schicksale von ausländischen Arbeitern, die nach Taiwan kamen, um ihre Lebenssituation zu verbessern, verfolgt Hsu Hsiao-Ming in seinem ungewöhnlichen Dokumentarfilm. (...)
Katalog Forum

Heirat nicht ausgeschlossen 395

THE MATCHMAKER ***

Regie: Mark Joffe
Darsteller: Janeane Garofalo (Marcy Tizard), David O'Hara (Sean Kelly), Milo O'Shea (Dermot), Jay O. Sanders (Sen. John McGlory), Rosaleen Linehan (Millie), Paul Hickey (Declan), Denis Leary (Nick), Maria Doyle Kennedy (Sarah)
Drehbuch: Karen Janszen, Louis Nowra, Graham Linehan, nach einem Drehbuch von Greg Dinner
Kamera: Ellery Ryan (Technicolor)
Musik: John Altman
Schnitt: Martin Smith
Prod.-Des.: Mark Geraghty
Prod.: Tim Bevan, Eric Fellner, Luc Roeg; Debra Hayward, Liza Chasin für Working Title Prod., GB/USA 1997; 97 Min.
Verleih: PolyGram/-/Elite/PolyGram Video; 23.4.1998
FSK: ab 6 J., ffr. – *FBW:* wertvoll

Eine amerikanische Wahlkampfmanagerin gerät bei einem ihr unangenehmen Auftrag in ein irisches »Ehestiftungs-Festival« und muß sich der Werbung eines heiratswütigen Mannes erwehren. Trotz ihrer abweisenden Haltung ist sie chancenlos, weil ein gewiefter Kuppler im Hintergrund die Fäden zieht. Leichtgewichtige romantische Komödie, die ganz auf ihre Hauptdarstellerin ausgerichtet ist, der es jedoch an Witz und Originalität mangelt, um jenseits eines Werbefilms für Irland zu überzeugen. *Zoom, 6/7/98*

Eine romantische Komödie, ein frühlingshaftes Leichtgewicht, mit pfiffiger Ironie inszeniert und gespielt. Entspannungskino. *Frauke Hanck, AZ, 23.4.98*

Rupert Koppold in: Rheinische Post, 24.4.98; Heike Kühn in: FR, 22.4.98; Christian Seebaum in: Kölner Stadt-Anzeiger, 25.4.98

Janeane Garofalo und David O'Hara in ›Heirat nicht ausgeschlossen‹

Heiraten ist Glücksache 396

THANK GOD HE MET LIZZIE ***

TV

Regie: Cherie Nowlan
Darsteller: Richard Roxburgh (Guy Jamieson), Cate Blanchett (Lizzie), Frances O'Connor (Jenny), Linden Wilkinson (Poppy), John Gaden (Dr. O'Hara), Genevieve Mooy (Mrs. Jamieson), Michael Ross (Mr. Jamieson), Jeanette Cronin (Yvette)
Drehbuch: Alexandra Long
Kamera: Kathryn Milliss (Farbe)
Musik: Martin Armiger
Schnitt: Suresh Ayyar
Prod.: Jonathan Shteinman, Australien 1997; 90 Min.
TV: 25.2.1998, VOX, 20.15

Zwei Singles verlieben sich ineinander; aber sich richtig kennenzulernen ist schwerer als erwartet.
Wie alle Singles Mitte Dreißig sucht auch Guy nach der perfekten Frau. Doch Partys und Rendezvous bringen nichts.
Eines Tages lernt er die 30jährige Lizzie kennen, ebenfalls Single. Guy ist fasziniert, auch Lizzie verliebt sich. Doch am Tag der Trauung kommen Guy plötzlich Zweifel. Ihm wird bewußt, daß Lizzie für ihn eigentlich eine vollkommen Fremde ist. *AZ TV Journal*

Heiße Scheine 397

WE'RE TALKIN' SERIOUS MONEY **

TV

Regie: James Lemmo
Darsteller: Dennis Farina (Sal), Leo Rossi (Charlie), Fran Drescher (Valerie), Denis Arndt (Jacubicki), Robert Costanzo (Michael), John La Motta (Gino the Grocer), John Kapelos (Marty the Greek)
Drehbuch: James Lemmo
Schnitt: Steve Nevins
Prod.: USA 1992; 88 Min.
TV: 29.3.1998, SAT.1, 0.05

Um den Geldeintreibern zu entkommen, flüchten die kleinen Gauner Sal und Charlie nach Los Angeles und geraten vom Regen in die Traufe.

Der Held der zwei Welten 398

L' EROE DI DUE MONDI **

Video

Regie: Guido Manuli
Drehbuch: Guido Manuli, Maurizio Nichetti
Musik: Stefano Pulga, Pino Santapag, Giuseppe Verdi
Schnitt: Rita Rossi
Prod.-Des.: Victor Togliani
Prod.: Istituto Luce/RAIDUE, Italien 1996; 72 Min.
Vertrieb: EuroVideo; Sept. 1998 – *FSK:* o.A.

Zeichentrickfilm über den italienischen Nationalhelden Giuseppe Garibaldi.

Helden in Tirol 399

**

Regie: Niki List
Darsteller: Christian Schmidt, Elke Winkens, Christian Pogats, I. Stangl, Gregor Seberg, Andreas Vitasek, Rudolf Strobl, Ludger Pistor
Drehbuch: Niki List, Walter Kordesch
Kamera: Martin Stingl (Farbe)
Musik: Peter Janda
Schnitt: Evi Romen
Prod.: Niki List für CULT/Bernhard Lang/ Film- und Fernsehprod./Zeitsprung, Österreich/Schweiz 1998; 108 Min.
Verleih: -/Buena Vista/-; Sept. 1998
FSK: ab 14 J.

Max Adler und andere »Helden« verhindern im gleichnamigen Tiroler Bergdorf den Ausverkauf ihrer alpinen Heimat an den Massentourismus. Die »schräge Heimatkomödie im Sound der 90er« von Niki List kombiniert mehr als zwanzig Rockmusical-Nummern mit unbeholfen dümmlichen bis zynischen Klamaukelementen. Die vorgebliche Aufweichung von Klischees und Schablonen des Heimatfilms findet nicht statt, ganz im Gegenteil werden sie durch den mehr als nur befremdlichen Humor des Drehbuchs bestätigt. Ein von der ersten bis zur letzten Minute verzichtbarer Film. *multimedia*

Helden und andere Feiglinge

400
***

Regie: Dennis Satin
Darsteller: Ralf Bauer (Alexander Tunold), Carin C. Tietze (Carla Louvrie), Edgar M. Böhlke (Carlas Vater), Andreas Wisniewski (Ernesto), Dieter Bach (Georg), Peter Nottmeier (Bernie), Nikolaus Paryla (Pfarrer), Alexander Schottky (Gerry)
Drehbuch: Dennis Satin
Kamera: Frank Grunert
Musik: Brynmor Jones
Schnitt: Dennis Satin
Prod.-Des.: Thomas Kuhn
Prod.: Vesna Javanoska für ena Film/ Extrafilm, BRD 1998; 96 Min.
Verleih: Jugendfilm/-/-; 10.12.1998
FSK: ab 12 J., ffr.

(...) Satin setzt auf die Verführungskünste der tiefblauen Augen von Ralf Bauer und würzt die Mischung aus Gaunerparodie und Liebesgeschichte mit einigen pointierten Dialogen, spektakulären Explosionen, Stunts und Autojagden. Den Betrachter läßt das aber kalt. Jede kleine Wendung ist vorausschaubar, solch ein Stoff jeden Abend auf der Mattscheide zu sehen. *Zitty, 25/98*

Dennoch: Der Film hat Witz und Tempo. Ralf Bauer verbreitet täppischen Charme, Carin C. Tietze eher Komik mit ihrer verbissenen Miene hinter der Zorro-Maske. Ein Spaß für alle, die gern Räuber und Gendarm gespielt haben. *FAZ, 14.12.98*

Albert Baer in: Rheinische Post, 11.12.98

Hemoglobin

401
**
Video

HEMOGLOBIN

Regie: Peter Svatek
Darsteller: Roy Dupuis (John), Rutger Hauer (Dr. Marlowe), Kristin Lehman Kathleen), Joanna Noyes (Byrde), John Dunn-Hill (Hank), Leni Parker
Drehbuch: Charles Adair, Dan O'Bannon, Ronald Shusett
Kamera: Barry Gravelle (Farbe)
Musik: Alan Reeves
Schnitt: Heidi Hames
Prod.: Julie Allan, Pieter Kroonenburg für Fries/Schultz Film Group/Kingsborough Greenlight Pic., USA 1996; 93 Min.
EA: Fantasy Filmfest München 1997
TV: 5.7.1998, 23.15 Pro7; März 1998
FSK: ab 18 J.

Wegen Inzucht müssen zwei holländische Adelige nach Maine auswandern. Als sich drei Jahrzehnte später ein seltsames junges Paar ausgerechnet diesen unheilvollen Ort für ein wenig Ahnenforschung aussucht, stoßen sie dabei auf ein fürchterliches Geheimnis. Halbwegs ambitionierter B-Movie-Horror mit relativ intelligenter Story.

Henry Fool

402
****

HENRY FOOL

Regie: Hal Hartley
Darsteller: Thomas Jay Ryan (Henry Fool), James Urbaniak (Simon Grim), Parker Posey (Fay), Maria Porter (Mary), James Saito (Mr. Deng), Kevin Corrigan (Warren), Liam Aiken (Ned), Miho Nikaido
Drehbuch: Hal Hartley
Kamera: Mike Spiller (Farbe)
Musik: Hal Hartley
Schnitt: Steve Hamilton
Prod.-Des.: Steve Rosenzweig
Prod.: Hal Hartley für True Fiction/ The Shooting Galleery, USA 1997; 141 Min.
Verleih: -/-/Rialto; Sept. 1998

Der stille Müllmann Simon wird dank dem Drifter Henry zum Lyriker und hat durchschlagenden Erfolg. Aber der lasterhafte Henry erweist sich ebensosehr als Bürde wie als Förderer, und Simon gerät in Loyalitätskonflikte. Hartleys faustische, komplexe Studie über Kreativität, Inspiration und deren Konsequenzen fasziniert trotz Überlänge und bestischt durch exzellente Dialoge und gute Darsteller. *Zoom, 9/98*

Henry und Verlin
403
HENRY & VERLIN
***
Video

Regie: Gary Ledbetter
Darsteller: Gary Farmer (Henry), Keegan Macintosh (Verlin), Nancy Beatty (Minnie), Robert Joy (Ferris), Joan Orenstein (Agnes), Eric Peterson (Lovejoy), Margot Kidder (Mabel), David Cronenberg (Doc. Fisher)
Drehbuch: Gary Ledbetter, nach Geschichten von Ken Ledbetter
Kamera: Paul van der Linden (Farbe)
Musik: Mark Korven
Schnitt: Miume Jan Eramo
Prod.-Des.: Lillian Sarafinchan
Prod.: John Board für Original Motion Pic./ Act of God Prod./Opeongo Film, Kanada 1994; 90 Min.
UA: 11.9.1994, Toronto Film Festival
EA: 6.11.1995, Viennale, Wien
Vertrieb: Matthias Film; Sept. 1998

Die Geschichte zweier Behinderter, die zu besten Freunden werden, wobei sich noch ein einbeiniges Mädchen dazugesellt. Pädagogisch wertvoller Beitrag zum Kinder- und Jugendfilm, aber manchmal etwas aufgesetzt wirkend.
Während der großen Depression in den 30er Jahren auf dem Land nahe Ontario. Verlin ist neun Jahre alt und ein stiller Junge. Er spricht nicht und läßt niemanden an sich heran. Die Mutter ist ungeduldig und verbittert, sein Onkel Henry ist selbst wie ein Kind und zeigt Verlin die einfachen Dinge, die er kennt: Hühner stehlen, Zigaretten drehen, Kastanienspiele. Nur er bringt ihn zum Lachen. Verlins Mutter hat dafür kein Verständnis, sie verbietet Henry den Umgang mit Verlin. Als eine Scheune niederbrennt und beide knapp dem Feuer entkommen können, fühlt sie sich bestätigt. Die Dorfgemeinde bedrängt die Familie, Henry in eine Anstalt zu stecken. Aber Henry und Verlin lassen sich dadurch nicht trennen. (...) *Katalog Viennale*

Herbstgeschichte
404
CONTE D'AUTOMNE
****

Regie: Eric Rohmer
Darsteller: Didier Sandre (Etienne), Béatrice Romand (Magali), Marie Rivière (Isabelle), Alain Libolt (Gérald), Alexia Portal (Rosine), Stéphane Darmon (Léo), Aurelia Alcais (Emilia), Matthieu Davette (Grégoire)
Drehbuch: Eric Rohmer
Kamera: Diane Baratier (Farbe)
Musik: Claude Marti, Gérard Pansanel
Schnitt: Mary Stephen
Prod.: Margret Menegoz für Le Films du Losange/La Sept Cinéma mit Canal+/ Sofilmka/Rhone-Alpes Cinema, Frankreich 1998; 110 Min.
UA: Int. Filmfestspiele Venedig 1998
Verleih: Prokino/polyfilm/Filmcoopi/Arthaus Video; 1.10.1998
FSK: o. A., ffr.

In seinem »Herbst-Märchen« des Jahreszeitenzyklus läßt Eric Rohmer eine verwitwete südfranzösische Weinbäuerin neue Lebensfreude schöpfen, als sie durch die Vermittlung von zwei Freundinnen einen potentiellen Partner kennenlernt. Eine vorwiegend aus treffsicheren, zuweilen philosophischen Dialogen und einer präzise komponierten Szenenfolge bestehende Liebeskomödie und ein amüsanter Blick auf die späte Liebe und die Diskrepanz zwischen Gefühl und Verstand.
Zoom, 10/98

Rohmers Film hat im Sinne der traditionellen Motive von Einsamkeit, Ab-

Beatrice Romand und Marie Riviere

Alexia Portal und Didier Sandre in ›Herbstgeschichte‹

geschiedenheit, Liebeswerbung, Lokkung, Zurückweisung und einer alles durchdringenden Intrige durchaus opernhafte Züge. Dabei gelingt es Rohmer mit unspektakulären Bildern, das ländliche Leben Frankreichs uns so vertraut zu machen, daß wir uns in der Gegend, wo diese moralische Komödie spielt, wie zu Hause wähnen. *tip, 20/98*

(...) Wem der Sinn nach ein wenig Sonne steht, der reise also mit Rohmer nach Südfrankreich. Man wähle allerdings unbedingt die Originalfassung, denn die Übersetzung gehört zu den Verbrechen deutscher Synchronisationskunst. Da ist weder ein Sprachgestus eingefangen, wenn die Leute vom Land alle perfekt manieriertes Hochdeutsch von sich geben, noch gewinnen einzelne Personen an Charakter. Kaum vermag man eine Stimme von der anderen zu unterscheiden, wenn die Darsteller einmal mit dem Rücken zur Kamera sprechen, auch ist die Geräuschkulisse zugunsten der gesprochenen Sprache radikal zurückgefahren. Warum das so sein muß, bleibt einfach unverständlich. *Veronika Rall, FR, 2.10.98*

Albert Baer in: Rheinische Post, 2.10.98; Fritz Göttler in: SZ, 26.9.98; Peter W. Jansen in: Der Tagesspiegel, 24.9.98; Andreas Kilb in: Die Zeit, 1.10.98

Hercules & Xena – Der Kampf um den Olymp 405

HERCULES & XENA – THE BATTLE FOR MOUNT OLYMPUS **

Video

Regie: Lynne Naylor
Mit den Originalstimmen von: Kevin Sorbo (Hercules), Lucy Lawless (Xena), Michael Hurst (Iolaus), Reneé O'Connor (Gabrielle), Kevin Smith (Ares), Alexandra Tydings (Aphrodite), Josephine Davidson (Alcemene), Joy Watson (Hera)
Prod.: Universal, USA 1998;
90 Min.
Vertrieb: CIC Video; 16.2.1998
FSK: ab 6 J.

Nur vage der Sage folgendes Zeichentrick-Abenteuer ohne Piff, aber mit viel Musik.

The Heroic Trio 406

TONG FONG SAM HOP/ DONGFAN SAN XIA ***

Regie: Johnny To, Kei Fung
Darsteller: Anita Mui (Tung), Maggie Cheung (Chat), Michelle Yeoh (Ching), Anthony Wong (Kau), Damian Lau (Inspektor), James Pak
Drehbuch: Sandy Shaw, Susanne Chan
Kamera: Poon Hang Sang, Tom Lau (Farbe)
Musik: William Hu
Schnitt: Kam Wah Prod.
Prod.: Johnny To, Ching Siu-tong für Taka Hill Prod., Hongkong 1993;
105 Min.
Verleih: REM/polyfilm/-/Highlight Video; 5.3.1998

Eine mit magischen Kräften kämpfende Kidnapperin verschleppt im Auftrag eines dämonischen Eunuchen Babies, bis sie von zwei Superheldinnen zur Räson gebracht wird, um gemeinsam das Böse zu besiegen. Ein Fantasy-Krimi mit hanebüchener Handlung und Trash-Appeal, der extrem unterhält – mit grotesken Gewaltexzessen, atembe-

raubenden Kung-Fu-Duellen und aberwitzigen Actionszenen. Nichts für zartbesaitete Cineasten.
Ralph Umard, tip, 6/98

(...) Eine jener Martial-Art-Studioproduktionen aus Hongkong, in denen perfekte Choreographie von Kampfszenen den offensichtlichen Mangel an Schlüssigkeit und handwerklicher Genauigkeit kompensieren soll, die aber im Vergleich zu anderen Filmen dieser Gattung doch merklich zurückbleibt.
multimedia

Fritz Göttler in: SZ, 4.4.98

Herzbeben – Die Nacht, die alles veränderte 407

**
TV

Regie: Thomas Jahn
Darsteller: Mark Keller (Peter Becker), Sonsee Ahray (Lena Becker), Romi Maria Goehlich (Moon), Steffen Wink
Drehbuch: Thomas Jahn
Prod.: Dreamer Joint für RTL, BRD 1998; 90 Min.
TV: 2.12.1998, RTL, 20.15

Weil er die Karriere seiner Familie vorzieht, bekommt er Stunk mit seiner Angetrauten.

High Voltage – Vergebung ist keine Option 408

GAO YA XIAN
*
Video

Regie: Andrew Kam
Darsteller: Donnie Yen, Roy Cheung, Lily Lee, Joel Torre, Gabriel Romulo
Drehbuch: Cincy Chau
Kamera: Pat Rike Jim (Farbe)
Musik: Marco Wan, Anthony Lee
Schnitt: K.S. Chan
Prod.: David Ng, Jose Yu für Movie Master, Hongkong 1995; 87 Min.
Vertrieb: Adrena Video; 26.5.1998

Die Ermordung eines Kronzeugen ruft einen Polizisten auf den Plan, der dahinter seinen Erzfeind vermutet, der auch schon seine Frau tötete. Rache-Thriller mit endlosen sinnentleerten Action-Sequenzen.

Hilfe, ich komm' in den Himmel 409

DEAR GOD
**
Video

Regie: Garry Marshall
Darsteller: Greg Kinnear (Tom Turner), Laurie Metcalf (Rebecca Frazen), Maria Pitillo (Gloria McKinney), Tim Conway (Herman Dooly), Hector Elizondo (Vladek Vidov), Jon Seda (Handsome), Roscoe Lee Browne (Idris Abraham), Anna Maria Horsford (Lucille Barnett)
Drehbuch: Ed Kaplan, Warren Leight
Kamera: Charles Minsky (Farbe)
Musik: James Patrick Dunne, Jeremy Lubbock
Schnitt: Debra Neil-Fisher
Prod.-Des.: Albert Brenner
Prod.: Steve Tisch, Angel Pine, Karen Stirgwolt; Ellen H. Schwartz für Paramount/Rysher Ent., USA 1996; 92 Min.
Vertrieb: CIC Video; 20.4.1998
FSK: ab 6 J.

Gewiefter Trickbetrüger wird zu Zwangsarbeit in ein Postamt verdonnert und stößt dort auf unzählige an Gott gerichtete Briefe – die Läuterung kann beginnen. Leidlich liebenswerte, aber nie sonderlich pointierte, eher an Sentimentalitäten interessierte Herzwärm-Komödien, deren Gags verpuffen. Für den deutschen Videomarkt um 20 (!) Minuten gekürzt – daher die holprige Story.

Himalaya Extrem – Unter Lawinen begraben 410

SURVIVAL ON THE MOUNTAIN
***
TV

Regie: John D. Patterson
Darsteller: Markie Post (Amy Hoffman), Dennis Boutsikaris (Joe Hoffman), Ian Tracey (Eric), Anthony Holland (Jonathan), Hiromoto Ida (Norbu), Jan D'Arcy (Kay), Hiro Kanagawa (Ang), Kameron Louangxay (Hari Ram)
Drehbuch: Dennis Turner, nach einer wahren Begebenheit
Musik: Jonathan Goldsmith
Prod.: USA 1997; 89 Min.
TV: 18.12.1998, Pro7, 20.15

Trekking-Tour im Himalaya gerät in einen Wetterumschwung und ein Ehepaar lernt im Eis zu überleben.

Robin Williams und Cuba Gooding Jr. in ›Hinter dem Horizont‹

Eine himmlische Kupplerin 411

A MATCH MADE IN HEAVEN **

TV

Regie: Paul Wendkos
Darsteller: Olympia Dukakis (Helen Rossner), Delia Reese (Katie Beal), John Stamos (Tom Rossner), Mitchell Whitfield (Gordon Rossner), Kelly Rowan (Jane Cronin), Estelle Getty
Drehbuch: Susan Rice
Kamera: Chuck Arnold (Farbe)
Musik: Don Davis
Schnitt: Paul La Mastra
Prod.: David R. Ginsburg, Leanne Moore, USA 1996; 88 Min.
TV: 29.3.1998, Premiere, 14.10

Sonny-Boy Tom wehrt sich eine Zeit erfolgreich gegen die Verkuppelungsbemühungen seiner Mutter.

Hinter dem Horizont 412

WHAT DREAMS MAY COME ***

Regie: Vincent Ward
Darsteller: Robin Williams (Chris Nielsen), Annabella Sciorra (Annie Nielsen), Cuba Gooding jr. (Albert), Max von Sydow (Spurenleser), Jessica Brooks Grant (Marie Nielsen), Josh Paddock (Ian Nielsen), Rosalind Chao (Leona)
Drehbuch: Ron Bass, nach dem gleichn. Roman von Richard Matheson
Kamera: Eduardo Serra; Richard Michalak (2nd unit)
Musik: Michael Kamen
Schnitt: David Brenner, Maysie Hoy
Prod.-Des.: Eugenio Zanetti
Prod.: Stephen Simon, Barnet Bain für Interscope/Metafilmics, USA 1998; 106 Min.
Verleih: PolyGram/dto./Monopole Pathé; 26.11.1998
FSK: ab 12 J., ffr. – *FBW:* Besonders wertvoll

Ein Toter sehnt sich im Jenseits nach seiner Frau. Auch diese kann seinen Tod nicht überwinden, begeht Selbstmord, bleibt aber im Jenseits von ihrem Mann getrennt. Bis sich dieser aufmacht, sie aus der selbstgewählten »Hölle« zu retten. Eine Variante des Orpheus-Mythos, die mit Kitsch und Platitüden nicht geizt, der aber dennoch einige eindrückliche, magische Bilder gelingen. Ein nicht uninteressanter, wenn auch gescheiterter Versuch, das Jenseits in Form eines Fantasy-Märchens auf die Leinwand zu bringen.

Zoom, 12/98

(…) Zwei Sequenzen des Films sind sehenswert: Wenn Robin Williams durch ein virtuelles Ölgemälde stapft, lassen (selbstredend neuentwickelte),

Computer-Techniken eindrucksvoll ihre Muskeln spielen; das immense Vakuum der banalen Story vermögen sie freilich nicht zu füllen. So mutet das Ganze eher wie ein Pilot-Projekt für neue visuelle Verfahren an denn als ein Kinofilm. Und wenn Williams mit Max von Sydow in das Reich der unerlösten Seelen hinabsteigt, zeigt Ward Gespür für düstere Atmosphäre und morbides Dekor. Der Rest ist schlicht(er) Kitsch.

W.O.P. Kistner, AZ, 26.11.98

Heike Kühn in: Frankfurter Rundschau, 30.11.98; Joseph Heinrichs in: Rheinische Post, 27.11.98; Thomas Klingenmaier in: Stuttgarter Zeitung, 26.11.98; Milan Pavlović in: Kölner Stadt-Anzeiger, 28.11.98; Christina Tillmann in: Der Tagesspiegel, 26.11.98

Hinterholz 8 413

***

Regie: Harald Sicheritz
Darsteller: Roland Düringer, Nina Proll, Wolfgang Böck, Alfred Dorfer, Lukas Resetarits, Herwig Seeböck, Eva Billisch
Drehbuch: Roland Düringer, Harald Sicheritz, nach dem gleichn. Bühnenstück von Roland Düringer
Kamera: Walter Kindler (Farbe)
Musik: Lothar Scherper, Peter Herrmann
Schnitt: Ingrid Koller
Prod.: Danny Krausz, Kurt Stocker für DOR Film, Österreich 1998; 105 Min.
Verleih: -/filmladen/-; Sept. 1998
FBW: Wertvoll (Österreich)

Komödie um eine Familie aus Wien, die im Versuch, sich den Traum vom eigenen Haus zu verwirklichen, in eine Katastrophe schlittert. Neben einigen gelungenen und berührenden Momenten dieser »Häuslebauer-Saga«, in denen Komödie und Tragödie ineinanderfließen, verläßt sich die holprige Dramaturgie allein auf eine mehr oder weniger witzige Dialogführung.

multimedia, 27.9.98

Hip Hop Holiday 414

PHAT BEACH

**

Video

Regie: Doug Ellin
Darsteller: Jermaine »Huggy« Hopkins (Danny King), Brian Hooks (Durel Jackson), Gregg D. Vance (Mikey Z), Tom »Tiny« Lister jr. (Tiny), Claudia Kaleem (Candace Williams), Alma Collins (Janet), Eric Fleeks (Carl), Candice Merideth (Tasha King)
Drehbuch: Doug Ellin, Ben Morris, Brian E. O'Neal, Cleveland O'Neal
Kamera: Jürgen Baum, James A. Lebovitz (Farbe)
Musik: Joseph Williams
Schnitt: Jeremy Craig Kasten, Richard Nord
Prod.-Des.: Colleen Devine, Terri L. Schaetzle
Prod.: Eric Manes, Cleveland O'Neal für Connection III/Orion, USA 1996; 86 Min.
Vertrieb: VCL Video; 28.7.1998
FSK: ab 16 J.

Zwei Nachwuchs-Volltrottel wollen am Venice Beach Mädels aufreißen. Nackte Haut statt Gags, Hip-Hop-Sound statt Story.

Eine Hochzeit zum Verlieben 415

THE WEDDING SINGER

***

Regie: Frank Coraci
Darsteller: Adam Sandler (Robbie Hart), Drew Barrymore (Julia Sullivan), Alexis Arquette (George), Christine Taylor (Holly), Matthew Glave (Glen Gulia), Angela Featherstone (Linda), Allen Covert (Sammy), Ellen Albertini Dow (Rosie)
Drehbuch: Tim Herlihy
Kamera: Tim Suhrstedt (Farbe)
Musik: Teddy Castellucci
Schnitt: Tom Lewis
Prod.-Des.: Perry Andelin Blake
Prod.: Robert Simonds, Jack Giarraputo; Ira Shuman für Robert Simonds/Brad Grey Prod., USA 1997; 96 Min.
UA: 13.2.1998, New York
Verleih: Kinowelt/dto./Rialto/BMG Video; 25.6.1998
FSK: ab 6 J., ffr.

Als Hochzeitssänger macht Robbie die Menschen glücklich – außer seine Braut, die ihn seiner fehlenden Ambitionen wegen an der Hochzeit sitzenläßt. Rettung aus dem seelischen Tief bringt die Kellnerin Julia. Aus Freundschaft wird Liebe und diese führt nach Irrungen und Wirrungen zum Traualtar. Eine eher oberflächliche Liebeskomödie mit einigen Längen, die aber in ihrer ironischen Spiegelung der achtziger Jahre und im komödiantisch-sängerischen Talent des Hauptdarstellers durchaus Unterhaltungswert hat.

Zoom, 8/98

Drew Barrymore und Adam Sandler in ›Eine Hochzeit zum Verlieben‹

»The Wedding Singer« ist kein wirklich guter Film – aber ein schrecklich sympathischer! *Milan Pavlović, Kölner Stadt-Anzeiger, 27.6.98*

(...) Aber am Ende muß man dann halt das kritisieren, was da ist. Nämlich ein bunter Bilderreigen zu Songs von Culture Club, Billy Idol oder Nena, in dem die Handlung doch ein bißchen stört. *Rupert Koppold, Stgt. Zeitung, 25.6.98*

Heiko R. Blum in: Rheinische Post, 26.6.98; Gerald Jung in: Zitty, 13/98; Margret Köhler in: AZ, 25.6.98

Hollywood Undercover 416

HOLLYWOOD CONFIDENTIAL ***
Video

Regie: Reynaldo Villalobos
Darsteller: Edward James Olmos (Stan Navarro), Rick Aiello (Joey Di Rosa), Anthony Yerkovich (Jack Hansen), Richard T. Jones (Dexter), Brendan Kelly (Mike Mooney), Charlize Theron (Sally), Angela Alvarado (Teresa), Christine Harnos (Shelly Katz)
Drehbuch: Anthony Henden Yerkovich
Kamera: Reynaldo Villalobos (Farbe)
Musik: Marc Bonilla
Schnitt: Skip Schoolnik
Prod.-Des.: Jeffrey Howard
Prod.: Jeffrey Howard, James Herbert für Paramount TV, USA 1997; 88 Min.
Vertrieb: CIC Video; 12.1.1998
FSK: ab 16 J.

Von Excop geleitete Detektei übernimmt Aufträge aus der Traumfabrik, unter anderem den Fall eines verheirateten Regisseurs, der seine schwangere Freundin loswerden will. Optisch knallig aufgepeppter Durchschnittskrimi aus dem US-Fernsehen.

L' homme est une femme comme les autres 417

L' HOMME EST UNE FEMME COMME LES AUTRES ****

Regie: Jean-Jacques Zilbermann
Darsteller: Antoine de Caunes (Simon), Elsa Zylberstein (Rosalie), Gad Elmaleh (David), Michel Aumont (Onkel Salomon), Catherine Hiegel (Rosalies Mutter), Maurice Benichon, Judith Magre
Drehbuch: Gilles Taurand, Jean-Jacques Zilbermann, Joele Van Effenterre
Kamera: Pierre Aim (Farbe)
Musik: Giora Feidman (Klarinette)
Schnitt: Monica Coleman
Prod.: Regine Konckjer, Jean-Luc Ormières für Balenciaga/M6, Frankreich 1997; 100 Min.
Verleih: -/-/Filmcoopi

Simon ist Jude, schwul und alles andere als orthodox. Der begnadete Klezmer-Klarinettist jobbt lieber als Barpianist und hält sich von Familienfesten fern. Bis sich die chassidisch-orthodoxe New Yorker Sängerin Rosalie in Simons Klezmertöne verliebt. Es ist ihr Glück und ihr Pech zugleich, daß Simons reicher Onkel den Familiennamen erhalten möchte und Simon ein Vermögen verspricht, falls er heirate und Nachwuchs zeuge. Doch plötzlich verliebt sich Simon tatsächlich. Eine feine Komödie um die Anstrengungen der Liebe. *Zoom, 6/7/98*

Hongkong Love Affair 418

TIAN MI MI / COMRADES, ALMOST A LOVE STORY ****

Regie: Peter Chan
Darsteller: Leon Lai (Li Xiao-jun), Maggie Cheung (Li Qiao), Eric Tsang (Pow), Kristy Yeung (Fang Xiao-ting), Christopher Doyle (Jeremy), Joseph Cheung (Restaurantbesitzer), Irene Tsu (Tante Rosie), Ting Yu (George)
Drehbuch: Ivy Ho
Kamera: Jingle Ma (Farbe)

Musik: Chau Tsang-hei
Schnitt: Chan Kei-hop, Kwong Chi-leung
Prod.-Des.: Yee Chung-man
Prod.: Peter Chan, Jo-jo Hui, Chan Wai-yee für United Filmmakers Org., Hongkong 1996; 115 Min.
EA: Int. Filmfestspiele Berlin 1997, »Panorama«
Verleih: Pegasos/-/-; 3.12.1998
FSK: ab 6 J., ffr.

Hongkong in den 80er Jahren: Für zahllose chinesische Einwanderer verkörpert die Metropole den Traum vom anderen Leben. Auch für den schüchternen Jun und die ehrgeizig-burschikose Qiao. Trotz ihrer Verschiedenheit entwickeln die beiden bald eine tiefe Freundschaft füreinander. Doch als aus der Freundschaft mehr zu werden droht, trennen sich ihre Wege zunächst einmal für Jahre.

(...) Das gefühlvolle Drama erzählt von Liebe und der Angst, sich zu verlieren, von Hoffnungen und Enttäuschungen der Einwanderer, vom Verlust kultureller Identität, vom ungleichen Kampf zwischen Materialismus und Menschlichkeit. Der in Hongkong geborene Regisseur Chan, der in Thailand aufwuchs und in Los Angeles studierte, verbindet gekonnt westliches und fernöstliches Denken, fasziniert mit fein komponierter Bildsprache und psychologisch spannender Figurenzeichnung. »Hongkong Love Affair« ist auch ein Stimmungsbild aus der alles verschlingenden asiatischen Mega-City. Maggie Cheung (»Chinese Box«, »As Tears Go By«) beweist durch ihre einfühlsame Darstellung, daß sie zurecht als Hongkongs Superstar gilt.

Margret Köhler, AZ, 11.12.98

Silvia Hallensleben in: Der Tagesspiegel, .12.98; Daniel Kothenschulte in: Kölner Stadt-Anzeiger, 5.12.98; Heike Kühn in: Frankfurter Rundschau, 4.12.98; Christian Peitz in: Die Zeit, 3.12.98; Silke Scheuermann in: FAZ, 8.12.98; Anke Sterneborg in: SZ, 11.12.98

Hoop Dreams 419

HOOP DREAMS ***
TV

Regie: Steve James
Mit: William Gates, Arthur Agee, Emma Gates, Curtis Gates, Arthur »Bo« Agee, Earl Smith
Kamera: Peter Gilbert (Farbe)
Musik: Ben Sidran
Schnitt: Fred Marx, Steve James, Bill Haugse
Prod.: Kartemquin Films/KTCA, USA 1993; 170 Min.
EA: 24.10.1994, Viennale, Wien
TV: 27.1.1998, Arte, 21.35

William Gates und Arthur Agee besuchen die Junior High School, als eines Tages ein Talentscout auf die beiden aufmerksam wird. Er versucht, sie für St. Joseph's zu gewinnen, in Sachen Basketball die wichtigste Schmiede von Nachwuchstalenten in ganz Chicago. (...) Der Film zeichnet die folgenden vier Jahre im Leben der beiden Jugendlichen nach, eine Odyssee, in deren Verlauf Gates und Agee unabhängig voneinander als Profisportler Karriere zu machen versuchen.

Katalog Viennale

Hundert Jahre Brecht 420

***

Regie: Ottokar Runze
Darsteller: Udo Samel (Flüchtling), Jürgen Hentsch (Flüchtling), Christian Redl (Baal), Meret Becker (Jenny), Hanne Hiob, Matthias Fuchs, Peter Franke, Margret Homeyer
Drehbuch: Ottokar Runze, Hanne Hiob (Mitarbeit)
Kamera: Michael Epp (Farbe)
Musik: Kurt Weill, Hanns Eisler
Schnitt: Rebecca Runze
Prod.-Des.: Gerd Staub
Prod.: Ottokar Runze, Bernd Hellthaler, Hanne Hiob für Runze/EuroArts, BRD 1997; 103 Min.
Verleih: Basis/-/Stamm; 26.2.1998
FSK: ab 6, ffr.
FBW: Besonders wertvoll

Eine vorwiegend auf den »Flüchtlingsgesprächen« und auf »Furcht und Elend des Dritten Reiches« basierende Spielfilm-Collage, die aus Anlaß von Bertolt Brechts 100. Geburtstag entstanden ist. In sparsamer Dekoration und ohne formale Spielereien springt der Film von Station zu Station, verleugnet dabei nie seinen didaktischen Auftrag. Der mitunter etwas spröde, sich ganz auf inhaltliche Aussagen konzentrierende

Stil ist sowohl dem Unterfangen als auch Brechts Selbstverständnis durchaus angemessen. *Zoom, 9/98*

Szenen aus den Theaterstücken »Baal«, »Dreigroschenoper«, »Furcht und Elend des Dritten Reiches«, Dialoge aus den »Flüchtlingsgesprächen«, Lieder, Gedichte und biographische Notizen werden zu einer vielschichtigen Handlung und zu einer Hommage an Bertolt Brecht verknüpft. Brecht nacherlebbar mit seinen Liedern, Texten, Tagebuchaufzeichnungen und Spielsequenzen.

H.G. Pflaum in: SZ, 26.3.98; Ingrid Seidenfaden in: AZ, 28.3.98

Der 100.000 Dollar Fisch 421

GONE FISHIN' **

Video

Regie: Christopher Cain
Darsteller: Joe Pesci (Joe Waters), Danny Glover (Gus Green), Rosanna Arquette (Rita), Lynn Whitfield (Angie), Willie Nelson (Billy 'Catch' Pooler), Nick Brimble (Dekker Massey), Gary Grubbs (Phil Beasly), Carol Kane
Drehbuch: Jill Mazurzky Cody, Jeffrey Abrams
Kamera: Dean Semler (Technicolor)
Musik: Randy Edelman
Schnitt: Jack Hofstra
Prod.-Des.: Lawrence Miller
Prod.: Roger Birnbaum, Julie Bergman Sender für Roger Birnbaum Prod., USA 1997; 94 Min.
Vertrieb: Buena Vista Home Video; 25.6.1997
FSK: ab 6 J.

Zwei Dumpfbacken wollen Angelwettbewerb gewinnen und tauchen ihre Umwelt ins totale Chaos. Jede Pointe kündigt sich vorher an, die Figuren sind Pappnasen, die Story ist zum Vergessen – nur an den »production values« gibt's wenig zu meckern.

Hunting List 422

ZHONG JI LIE SHA *

Video

Regie: Kevin Chu (= Yim-Ding Chu)
Darsteller: Ray Lui (Kit), Tan Lap-Man (Cramp), Paul Chun (Lui), Vivian Shu (Siu Hung), Jackson Lou (Hong)
Drehbuch: Foo Laap
Kamera: Chan Wing Shu (Farbe)
Musik: Foo Laap
Schnitt: Chan Bok Man
Prod.: Mark Wu für Chang-Hong Channel Film & Video, Hongkong 1994; 86 Min.
Vertrieb: Adrenafilm Video; 31.3.1998
FSK: ab 18 J.

Einst Freunde, jetzt Feinde – und dann auch noch Triadenbanden-Krieg. Billigster Hongkong-Kracher für Action-Fetischisten.

Hurenmord – Ein Priester schweigt 423

***

TV

Regie: Josef Rödl
Darsteller: Harald Krassnitzer (Thomas Fauser), Florian Martens (Klaus Schreier), Ann-Kathrin Kramer (Anna Kleine), Philine Zölls (Nora Kleine), Felix von Manteuffel (Dieter Kleinschmidt)
Drehbuch: Hermann Kirchmann, Christiane Sadlo
Prod.: Hermann Kirchmann für Fontana TV, BRD 1998; 92 Min.
TV: 8.9.1998, SAT.1, 20.15

(...) Eine gelungene Mischung aus Genre-Variation und Themenfilm. Daß hier engagiert gearbeitet und auf Stimmigkeit Wert gelegt wurde, sieht man von der ersten Minute an. Einer der Garanten für Qualität ist Regisseur Josef Rödl, der einst die bayerische Provinz kinoträchtig verfilmte. *Rainer Tittelbach, Berliner Morgenpost, 8.9.98*

I want you

424
I WANT YOU
****

Regie: Michael Winterbottom
Darsteller: Rachel Weisz (Helen), Alessandro Nivola (Martin), Luka Petrusic (Honda), Labina Mitevska (Smokey), Carmen Ejogo (Amber), Ben Daniels (Bob), Graham Crowden (Alter Mann), Geraldine O'Rawe (Sonja)
Drehbuch: Eoin McNamee
Kamera: Slawomir Idziak (Farbe)
Musik: Adrian Johnston
Schnitt: Trevor Whidte
Prod.-Des.: Mark Tildesley
Prod.: Andrew Eaton für Revolution Films, GB 1998; 87 Min.
UA: 18.2.19998, Int. Filmfestspiele Berlin
Verleih: PolyGram/-/-/PolyGram Video; 1.10.1998
FSK: ab 16 J., ffr. – *FBW:* Besonders wertvoll

Ein aus dem Gefängnis Entlassener drängt sich wieder in das Leben seiner Exfreundin, deren Vater er einst im Affekt erschlagen haben soll. Aus der Sicht eines nur via Tonbandaufnahmen kommunizierenden 14jährigen erzählte Geschichte einer »amour fou«, die erneut das Thema Minderjährigkeit aufgreift und tödlich endet. Teilweise abstrakte oder verfremdete Bilder, laszive Musik und die karge Landschaft der südenglischen Küste bilden einen reizvollen Gegensatz zu der kraftvollen, gut besetzten Schilderung dieser elternlosen »lost generation«.
Zoom, 9/98

Rachel Weisz und Alessandro Nivola

Wie aus bösen Träumen erwacht fühlt man sich nach diesem Melodram um Schuld und Sühne. Der britische Regisseur Michael Winterbottom, stilsicher und innovativ in verschiedensten Genres scheut das Risiko nicht, sein Publikum zu verstören, zu ängstigen – und damit zu faszinieren. Düstere Obsessionen und seelische Abgründe sind sein Thema. (…) *Angie Dullinger, AZ, 1.10.98*

Heiko R. Blum in: Rheinische Post, 2.10.98; Kerstin Decker in: Der Tagesspiegel, 1.10.98; Thomas Klingenmaier in: Stgt. Zeitung, 1.10.98; Veronika Rall in: FR, 1.10.98; Jan Schulz-Ojala in: Der Tagesspiegel, 18.2.98; Anke Sterneborg in: Focus, 26.9.98; Heinrich Wefing in: FAZ, 20.2.98

Ich liebe eine Hure

425
***
TV

Regie: Ernst Josef Lauscher
Darsteller: Uwe Bohm (Martin Korte), Alexandra Kamp (Lissy Seibold), Maren Schumacher (Monika Elsner), Ronja Muth (Klara Korte), René Steinke (Rudi), Gertrud Roll (Helga Korte), Achim Wolff (Ludwig Korte), Max Volkert Martens (Dr. Reinicke)
Drehbuch: Eva Kummeth, Horst Kummeth
Kamera: Wolf Siegelmann (Farbe)
Prod.: Klaus André für NDF für SAT.1, BRD 1998; 95 Min.
TV: 17.11.1998, SAT.1, 20.15

Uwe Bohm als alleinerziehender Karrierevater und Alexandra Kamp als Aussteigerin eines Luxusbordells spielen glaubwürdig den Sackgassen-Konflikt einer bürgerlichen Gesellschaftsblockade – da »die Hure« allen »Honoratioren« der Stadt bettbekannt ist. Ein Sozialmelodram. *Ponkie, AZ, 19.11.98*

Ich und meine Liebe

426
COMMENT JE ME SUIS DISPUTE…
**
(MA VIE SEXUELLE)
TV

Regie: Arnaud Desplechin
Darsteller: Mathieu Amalric (Paul), Emmanuelle Devos (Esther), Emmanuel Salinger (Nathan), Marianne Denincourt (Sylvia), Thi-

bault de Montalambert (Bob), Chiara Mastroianni (Patricia), Denis Podalydes (Jean-Jacques), Jeanne Balibar (Valerie)
Drehbuch: Arnaud Desplechin, Emmanuel Bourdieu
Kamera: Eric Gautier (Farbe)
Musik: Krishna Levy
Schnitt: Francois Gedigier, Laurence Briaud
Prod.-Des.: Antoine Platteau
Prod.: Pascal Caucheteux, Gregoire Sorlet für Why Not/La Sept Cinema/France 2 Cinema mit Canal Plus/CNC, Frankreich 1996; 178 Min.
UA: 11.5.1996, Int. Filmfestival Cannes
TV: 5.10.1998, Arte, 20.45

Mit einem knappen Dutzend Hauptfiguren und drei Stunden Länge hält sich der Film nicht eben an die Konventionen. Im Gegenteil, es hat den jungen Regisseur Arnaud Desplechin erklärtermaßen gejuckt, die Kritik zu provozieren: Sein dritter Film spielt gänzlich im akademischen Milieu, aus Dialogen entwickeln sich seitenlange, psychoanalytisch gefärbte Monologe, die Erzählung springt scheinbar willkürlich zwischen Orten und Zeiten.

Ich weiß, was du letzten Sommer getan hast 427

***

I KNOW WHAT YOU DID LAST SUMMER

Regie: Jim Gillespie
Darsteller: Jennifer Love Hewitt (Julie James), Sarah Michelle Gellar (Helen Shivers), Ryan Phillippe (Barry Cox), Freddie Prinze jr. (Ray Bronson), Johnny Galecki (Max), Bridgette Wilson (Elsa Shivers), Anne Heche (Melissa Egan), Muse Watson (Benjamin Willis)
Drehbuch: Kevin Williamson
Kamera: Denis Crossan (Farbe)
Musik: John Debney, Alex Steyermark (supervisor)
Schnitt: Steve Mirkovich
Prod.-Des.: Gary Wissner
Prod.: Neal H. Moritz, Erik Feig, Stokely Chaffin für Mandalay Ent., USA 1997; 100 Min.
Verleih: Constantin/dto./20th Century Fox/Columbia TriStar Video; 19.3.1998
FSK: ab 16, ffr., ungekürzt ab 18 J.

Nach den Festivitäten zum Nationalfeiertag überfahren zwei Mädchen und zwei Jungen nachts auf einsamer Küstenstraße einen Mann. Um die Tat

Ryan Philippe und Jennifer Love Hewitt

zu vertuschen, werfen sie die Leiche ins Meer. Von Schuldgefühlen geplagt, treffen sie sich ein Jahr später wieder. Da erhält jeder einen Brief mit den Worten: »Ich weiß, was du letzten Sommer getan hast.« Nach bewährtem Strickmuster werden die vier darauf von einen psychopathischen Killer verfolgt. Gelungener Horrorfilm, der auf der Erfolgswelle von »Scream« mitreitet. *Zoom*

(...) Diese lächerliche Schauermär bringt's nicht mal zu unfreiwilliger Komik. Die Musik dröhnt, die Kamera zoomt und schwankt, die bescheiden talentierten Jung-Mimen benehmen sich wie Fische: Sie rollen mit den Augen und reißen den Mund auf. Das alles injiziert der Handlung keine Dynamik, die Story verharrt im Koma.
W.O.P. Kistner, AZ, 19.3.98

Der Film ist kein Schauerstück der billigen Sorte, sondern ein brillant konstruierter Alptraum- und Angst-Trip, der auf derbe Bluteffekte verzichtet, ein überraschend tiefschürfendes Porträt der Figuren zeichnet und aus Stimmungen seine große, gruselige Wirkung bezieht. *Albert Baer, Rheinische Post, 20.3.98*

(...) Dabei setzt der Film weniger auf ausgewalzte Splattereffekte als auf klassische Thrillerelemente und hat einige wirklich hübsche Schocks aufzuweisen. Das Interesse an den vier Protagonisten und dem Kleinstadtmilieu, das den Anfang der Erzählung prägt, verflüchtigt sich allerdings zunehmend.
Frank Arnold, tip, 7/98

Auf käsige Weise verzerrt das US-Debüt des schottischen Regisseurs Jim Gillespie Trauer und Beschädigung des Lebens zu bloßen Deformationen von Geisterbahnfiguren. Am Ende ist der Film so unangenehm arrogant wie seine Figuren schon zu Anfang.
Thomas Klingenmaier, Stgt. Zeitung, 19.3.98

Ich will meine Kinder zurück 428

A MOTHER'S INSTINCT **
TV

Regie: Sam Pillsbury
Darsteller: Lindsay Wagner (RayAnn Gilbaine), Debrah Farentino (Holly Mitchell), John Terry (Carl Gibbons/Gilbaine), Lynn Thigpen (»Mike« Wheelwright), Alana Austin (Amanda), Lee Norris (Jeremy/Joey), Andres Nichols (Ronald/Robby), Barbara Babcock (Mrs. Mitchell)
Drehbuch: Norman Morrill, nach einer wahren Begebenheit
Kamera: Matthew Williams, Daryn Okada (Farbe)
Musik: James McVay
Schnitt: Sabrina Plisco-Morris
Prod.-Des.: Bryan Ryman
Prod.: Joel S. Rice, Ronnie Z. Rice für Erica Film/Wildrice, USA 1995; 84 Min.
TV: 28.1.1998, Premiere, 20.15

Die zweite Liebe endet im Chaos.

Ihre Majestät: Mrs. Brown 429

MRS. BROWN ****

Regie: John Madden
Darsteller: Judi Dench (Königin Victoria), Bill Connolly (John Brown), Geoffrey Palmer (Sir Henry Ponsonby), Anthony Sher (Disraeli), Gerard Butler (Archie Brown), Richard Pasco (Doctor Jenner), David Westhead (Bertie, Prince of Wales)
Drehbuch: Jeremy Brock
Kamera: Richard Greatrex (Farbe)
Musik: Stephen Warbeck
Schnitt: Robin Sales
Prod.-Des.: Martin Childs
Prod.: Sarah Curtis für BBC Scotland/Ecosse Films, GB/USA/Irland 1997; 103 Min.
Verleih: Kinowelt/dto./Frenetic/Arthaus Video; 9.7.1998
FSK: ab 6 J.

Nach dem Tod ihres Gatten versinkt Queen Victoria 1861 in tiefe Depression, aus der sie erst der Diener John Brown erlöst. Der schottische Naturmensch erregt wegen seiner unstandesgemäß intensiven Beziehung zur Königin am Hof schnell Argwohn und

Judi Dench als Königin Victoria

wird zu einem Faktor im politischen Machtspiel. Die sorgfältig inszenierte, überzeugend gespielte Studie konzentriert sich auf die platonisch bleibende Beziehung und zeigt psychologisch präzis, wie dem Diener keine andere Wahl bleibt, als seine Gefühle in absolute, sich gegen ihn richtende Loyalität zu kanalisieren. *Zoom, 5/98*

Eberhard von Elterlein in: Die Welt, 9.7.98; Frauke Hartmann in: FR, 11.7.98; Rupert Koppold in: Rheinische Post, 10.7.98; Susan Vahabzadeh in: SZ, 9.7.98

Ihre zweite Chance 430

THEIR SECOND CHANCE **
TV

Regie: Mel Damski
Darsteller: Lindsay Wagner (Barbara Colvin), Perry King (Larry Kellum), Tracy Griffith (Laurie), Chris Owens (Jeff), Sheila Moore, Melanie Shatner
Drehbuch: Michael Zagor, Stephen Harrigan
Kamera: Ron Stannett (Farbe)
Musik: Craig Safan
Schnitt: Barbara Pokras
Prod.: Barbara Kelly, USA 1997; 91 Min.
TV: 13.5.1998, Premiere, 20.15

Familien-Schmonzette mit Adoption, Hochzeit, Wiedersehen.

Im Atem der Berge 431

***
TV

Regie: Wolfgang Limmer
Darsteller: Gerd Silberbauer (Christian Bott), Barbara Rudnik (Karin), Elisabeth Romano (Anna), Doris Schade (Mutter), Dietrich Mattausch (Buschinger), Nina Franoszek, Antje Schmidt, Cornelia Corba
Drehbuch: Wolfgang Limmer, frei nach dem Roman »Medalges« von Jürgen König
Kamera: Clemens Messow (Farbe)
Musik: Norbert Jürgen Schneider
Schnitt: Henry Hauck
Prod.-Des.: Frank Polosek
Prod.: Jan Hinter für Colonia Media für ZDF, BRD 1997; 89 Min.
UA: Filmfest München 1997
TV: 18.1.1998, ZDF, 22.35

(...) Das Selbsterfahrungsexperiment eines Autors (schwerblütiger Eigensinn: Gerd Silberbauer) auf einer Almhütte. Die Stille, die Weite und die Zeit. *Ponkie, AZ, 20.1.98*

Im Auftrag des Teufels 432

THE DEVIL'S ADVOCATE ***

Regie: Taylor Hackford
Darsteller: Keanu Reeves (Kevin Lomax), Al Pacino (John Milton), Charlize Theron (Mary Ann Lomax), Jeffrey Jones (Eddie Barzoon), Judith Ivey (Mrs. Lomax), Connie Neilsen (Christabella), Craig T. Nelson (Alexander Cullen), Tamara Tunie (Jackie Heath)
Drehbuch: Jonathan Lemkin, Tony Gilroy, nach einem Roman von Andrew Neiderman
Kamera: Andrzej Bartkowiak (Technicolor)
Musik: James Newton Howard
Schnitt: Mark Warner
Prod.-Des.: Bruno Rubeo
Prod.: Arnold Kopelson, Anne Kopelson, Arnon Milchan; Stephen Brown für Regency/Kopelson Ent., USA 1997; 144 Min.
Verleih: Warner Bros./dto./dto./Warner Home Video; 22.1.1998
FSK: ab 16, ffr. – *FBW:* Besonders wertvoll

Der überraschend erfolgreiche, gläubige Provinzanwalt Lomax wird von einer renommierten New Yorker Anwaltskanzlei angeheuert. Er avanciert sofort zum Protégé des im wörtlichen Sinne diabolischen Chefs, derweil seine Ehefrau in alptraumhafte Seelennot gerät. Der Psychothriller orientiert sich an Filmen wie Polanskis »Rosemary's Baby« (1968), kostet aber alle visuellen Möglichkeiten des Großstadtdramas aus. Fantasyeffekte und Handlungsszenarien verleihen dem Ganzen die Aura einer ironisierenden, bunten »schwarzen Messe«. *Zoom, 1/98*

Faustisches Format allerdings gewinnt Hackfords allzu effektheischende Inszenierung nicht. Und die Story vom Karrieristen, der seine Frau vernachlässigt und dem Sex im Büro erliegt, gewinnt nirgends realistische Überzeugungskraft. In der zweiten Hälfte widmet sich der Film mehr den Horror-Elementen des Satanischen, stürzt damit aber eher ins Ridiküle ab. Und die Schlußapotheose bringt sogar Marmor zum Schmelzen. Man traut seinen Augen nicht. *Frauke Hanck, AZ, 22.1.98*

(...) Es sind die Juristen, die die USA kontrollieren. Der Präsident und seine Frau sind Anwälte, 90 Prozent im Kongreß sind Anwälte. Sie biegen sich die

Gesetze zurecht. Gerechtigkeit hat ihren Preis, und je mehr Geld man hat, um so eher bekommt man sie. Mein Film ist eine Satire. Die Aufgabe der Satire ist es, mächtige Institutionen zu untersuchen, zu provozieren, Fragen zu stellen, sie sogar lächerlich zu machen. Wie oft verstecken wir uns hinter unserem beruflichen Eid, unseren Verpflichtungen, um vor moralischen Grundsätzen zurückzuweichen. Und die Anwälte sind darin spitze, sie sind die ultimativen Profis, die Gladiatoren unserer Zeit. Und der Gerichtssaal ist die Arena. (…) *Taylor Hackford im Interview mit Martin Schwarz, Zitty, 2/98*

Brigitte Desalm in: Kölner Stadt-Anzeiger, 24.1.98; Gregor Dotzauer in: SZ, 22.1.98; Thomas Klingenmaier in: Stgt. Zeitung, 22.1.98; Michael Kohler in: FR, 20.1.98; Karim Zendagui in: Rheinische Post, 23.1.98

Im Dschungel gefangen 433
DEAD MEN CAN'T DANCE **
TV

Regie: Stephen M. Anderson
Darsteller: Michael Biehn (Hart), Kathleen York (Cpt. Victoria Elliot), Adrian Paul (Shooter), Barbara Harris (Sgt. Beverly Rhodes), Kelly Jo Minter (Chrissie Brooks), Joel Miller (Bear Claw), Rodney Eastman (David Porter), Mark Edward Anderson (Wayne Northrop)
Drehbuch: Paul Sinor, Mark Sevi, Bill Kerby
Musik: Richard Marvin
Prod.: USA 1997; 87 Min.
TV: 29.12.1998, Pro7, 22.00

Spezialeinheit soll in Nordkorea Gefangene befreien und gestohlenen Kernwaffenzünder zurückholen.

Im Inneren des Bernstein 434
**
TV

Regie: Ilse Hofmann
Darsteller: Antje Schmidt (Silvia Berger), Rufus Beck (Thomas Kast), Ulrich Pleitgen
Drehbuch: Ines Veith, Orkun Ertener
Kamera: Edward Klosinski (Farbe)
Prod.: Karl Heinz Knippenberg, Susanne Eimer (Prod.-Ltg.), PlazaMedia für Pro7, BRD 1995; 88 Min.
TV: 15.12.1998, Pro7, 20.15

Kleiner deutscher Politthriller von der russischen Plutonium-Mafia, einem doppelzüngigen Staatssekretär und dem lausigen BND. Antje Schmidt und Rufus Beck graben im Bernstein-Geheimnis. *Ponkie, AZ, 17.12.98*

Im Lichtbild der Großstadt – Berlin-Fragment 435
***

Regie: Manfred Wilhelms
Drehbuch: Manfred Wilhelms
Kamera: Manfred Wilhelms (Farbe)
Schnitt: Manfred Wilhelms
Prod.: Manfred Wilhelms für Lassoband-Filmprod./WDR, BRD 1998; 90 Min.
UA: 20.2.1998, Int. Filmfestspiele Berlin, »Neue deutsche Filme«
Verleih: Eigenverleih/-/-

(…) Der Film begleitet das Berlin dieser Tage eine kurze Strecke auf seinem Weg in die Metropole. Er zeigt eine Stadt im Umbruch – Berlin als work in progress –, verweilt bei neuer und alter Architektur, ihren Bewohnern, Benutzern und Planern. Im Vordergrund stehen die Bau- und Planungsaktivitäten an zentralen Plätzen des Stadtbildes. (…) *Manfred Wilhelms, Katalog Berlinale*

Im Namen der Ehre 436
GOODBYE AMERICA **
Video

Regie: Thierry Notz
Darsteller: John Haymes Newton (Lt. William Hawk), Corin Nemec (Lt. John Stryzack), Nanette Medved (Lisa), Alexis Arquette (Lt. Paul Bladon), Alma Concepcion (Emma)
Drehbuch: Michael Sellers, Robert Couttie, Frederick Bailey
Kamera: Sharon Meir (Farbe)
Musik: Roy Hay
Schnitt: Brent Schoenfeld
Prod.: Michael Sellers für Star Pacific Cinema/Splendid, USA/Philippinen 1997; 115 Min.
Vertrieb: Ascot Video; 22.5.1998
FSK: ab 12 J.

Zwei US-Soldaten geraten in der Zeit des Abzugs von den Philippinen in die Mühlen von Justiz, Polizei und Familienintrigen. Der soziologische Ansatz wird bereits nach kurzer Zeit zugunsten von Action-Sequenzen über Bord geworfen.

Im Sog der Leidenschaft 437
LA PASION TURCA ***
TV

Regie: Vincente Aranda
Darsteller: Ana Belen (Desideria), Georges Corraface (Yamam), Ramon Madaula (Ramiro), Silvia Munt, Helio Pedregal, Francis Lorenzo, Blanca Apilanez, Rasim Oztekin
Drehbuch: Vincente Aranda, nach dem Roman von Antonio Gala
Kamera: José Luis Alcaine (Farbe)
Musik: José Nieto
Schnitt: Teresa Font
Prod.: Andres Vicente Gomez für Lolafilms/Cartel mit Sogepaq, Spanien 1994; 113 Min. – *TV:* 21.7.1998, VOX, 22.10

Bei einer Reise in die Türkei lernt Desideria in Istanbul Yaman kennen und lieben. Aber das Glück ist nicht von langer Dauer.

Im Spiegelbild der Gewalt 438
THE THREE LIVES OF KAREN ***
Video

Regie: David Burton Morris
Darsteller: Gail O'Grady (Karen Winthrop/ Emily Riggs), Dennis Boutsikaris (Karen's Ehemann), Tim Guinee (Karen's Verlobter), Monica Bugajski (Karen's Tochter), Bonnie Johnson, Ana Harrison, Kelsey Elizabeth Boulware, Alex Williams
Drehbuch: David Chisholm
Kamera: John L. Demps jr. (Farbe)
Musik: Pray for Rain
Schnitt: Scott Conrad
Prod.-Des.: Diane Hughes
Prod.: Mark Levinson für MCA TV, USA 1997; 85 Min.
Vertrieb: CIC Video; März 1998
FSK: ab 12 J.

Antiquitätenhändlerin wird vor ihrer Vermählung mit einem Mann konfrontiert, der behauptet, ihr Gatte zu sein.

Im Warteraum Gottes 439
***
TV

Regie: Stefan Schwietert
Kamera: Stefan Schwietert
Prod.: BRD 1998; 65 Min.
TV: 13.9.1998, 3sat, 21.20

Dokumentarfilm über die Rentnersiedlung Wynmoor im Hinterland von Fort Lauderdale/Florida. Dort gibt es auch den Emerald Club mit über 300 Mitgliedern – Überlebende des Holocaust.

Im Zwielicht 440
TWILIGHT ***

Regie: Robert Benton
Darsteller: Paul Newman (Harry Ross), Susan Sarandon (Catherine Ames), Gene Hackman (Jack Ames), Reese Witherspoon (Mel Ames), Stockard Channing (Verna), James Garner (Raymond Hope), Giancarlo Esposito (Reuben), Liev Schreiber (Jeff Willis)
Drehbuch: Robert Benton, Richard Russo
Kamera: Piotr Sobocinski (Technicolor Deluxe)
Musik: Elmer Bernstein
Schnitt: Carol Littleton
Prod.-Des.: David Gropman
Prod.: Arlene Donovan, Scott Rudin für Cinehaus Prod., USA 1998; 94 Min.
Verleih: UIP/UIP/UIP/CIC Video; 6.8.1998
FSK: ab 12 J., ffr. – *FBW:* Wertvoll

Privatdetektiv Harry verbringt seinen Lebensabend als Hilfskraft für ein befreundetes Schauspielerpaar, das nur noch von Erinnerungen zehrt. Durch einen Botengang gerät er in einen Erpressungsfall gegen seine Freunde, der längst Vergessenes wieder zutage fördert. Die Handlung des eigentümlich »old fashioned« erzählten Krimis ist zu durchsichtig und vorhersehbar. Die großartigen darstellerischen Leistungen der drei Altstars Paul Newman, Susan Sarandon und Gene Hackman machen ihn dennoch zu einem Genuß.
Zoom, 9/98

Es gibt Filme, die sind einfach rundherum geglückt: Regisseur Robert Benton schrieb mit Richard Russo gleich drei Oscar-Preisträgern eine Story auf den Leib, die wunderbar altmodisch daherkommt, Raum für spritzige Dialoge läßt und sich in puncto Spannung an den großen Vorbildern des Film noir orientiert. (...)
Wer forcierte Action für das Nonplusultra hält, sollte um diesen kultivierten Krimi einen Bogen machen, denn Benton legt mehr Wert auf die psychologisch stimmige Entwicklung seiner Figuren als auf Effekte. So gelang ihm ein Werk, das mehr zu bieten hat als eine Grundversorgung mit Suspense: Der ausgereifte Plot und die reife Besetzung harmonieren aufs Schönste

Paul Newman in ›Im Zwielicht‹

miteinander, lassen fast vergessene Kino-Tugenden wieder auferstehen. Ein reines Vergnügen.

W.O.P. Kistner, AZ, 6.8.98

Kerstin Decker in: Der Tagesspiegel, 6.8.98; Eberhard von Elterlein in: Die Welt, 6.8.98; Fritz Göttler in: Süddeutsche Zeitung, 6.8.98; Norbert Grob in: Die Zeit, 13.8.98; Daniela Sannwald in: FR, 5.8.98

Immer noch ein seltsames Paar 441

ODD COUPLE 2 ***

Regie: Howard Deutch
Darsteller: Jack Lemmon (Felix Ungar), Walter Matthau (Oscar Madison), Christine Baranski (Thelma), Barnard Hughes (Beaumont), Jonathan Silverman (Brucey Madison), Jean Smart (Holly), Lisa Waltz (Hannah Unger), Mary Beth Peil (Felice)
Drehbuch: Neil Simon
Kamera: Jamie Anderson (Deluxe)
Musik: Alan Silvestri
Schnitt: Seth Flaum
Prod.-Des.: Dan Bishop
Prod.: Neil Simon, Robert W. Cort, David Madden für Cort/Madden Prod., Paramount Pict., USA 1997; 96 Min.
Verleih: UIP/UIP/UIP/CIC Video; 20.8.1998
FSK: o.A., ffr. – *FBW:* Wertvoll

Streitereien sind Weg und Ziel dieses Pointen-Pingpongs auf Roadmovie-Basis. Walter Matthau und Jack Lemmon heißen Oscar und Felix wie seinerzeit als »Seltsames Paar« von 1968 und sind mehr denn je ganz die alten bei sarkastischem Wortwitz hier und Senioren-Sentimentalitäten dort. Regisseur Howard Deutch hat das Originaldrehbuch von Broadway-Dauerbrenner Neil Simon angemessen klamottig inszeniert und dem eingespielten und ausgebufften Star-Duo jede Menge Freiraum zu unverwechselbarem Granteln gelassen. Mögen auch die Situationen einer Reise mit Hindernissen nicht die originellsten sein – Simons verbale Gagfabrik läuft auf Hochtouren.

Lothar Lambert, tip, 18/98

Eberhardt von Elterlein in: Die Welt, 20.8.98; Kerstin Decker in: Der Tagesspiegel, 20.8.98; Hans Schifferle in: SZ, 20.8.98

In alter Freundschaft 442

*** TV

Regie: Dennis Satin
Darsteller: Leonard Lansink (Georg Wilsberg), Barbara Rudnik (Ines), Marie Zielcke (Tanja), Heinrich Schafmeister (Manni), Rita Russek (Kommissarin Springer), Thorsten Nindel (Karl-Hermann), Georg-Martin Bode (Droste), Thomas Schücke (Detlef Hinz)

Christine Baranski, Walter Matthau, Jean Smart und Jack Lemmon

Drehbuch: Bernd Schadewald, frei nach dem gleichn. Roman von Jürgen Kehrer
Kamera: Klaus Liebertz (Farbe)
Musik: Martin Ernst
Prod.-Des.: Gudrun Roscher
Prod.: Gerhard Schmidt für Colon Filmprod., BRD 1997; 82 Min.
TV: 25.5.1998, ZDF, 20.15

(…) Lansink hätte das Zeug zu einem deutschen »Fitz«. Weiches Herz in harter Schale, sensibel und doch unbestechlich dabei. Jetzt müßten sie nur noch die entsprechenden Bücher für ihn schreiben. Bernd Schadewalds Drehbuch blieb Lansinks Möglichkeiten jedenfalls einiges schuldig: ein netter Kleinstadtkrimi, der mit der ausschweifenden Präsentation seiner Hauptfigur, des Münsteraner Privatschnüfflers Georg Wilsberg, wie der Pilot für eine Krimiserie wirkt, die – wie sich die Macher wünschen mochten – lange hält. (…) *Wilfried Geldner, SZ, 25.5.98*

In and Out

443
***

IN & OUT

Regie: Frank Oz
Darsteller: Kevin Kline (Howard Brackett), Joan Cusack (Emily Montgomery), Tom Selleck (Peter Malloy), Matt Dillon (Cameron Drake), Debbie Reynolds (Berniece Brackett), Wilford Brimley (Frank Brackett), Bob Newhart (Tom Halliwell), Gregory Ibara (Walter Brakett)
Drehbuch: Paul Rudnick
Kamera: Rob Hahn (Farbe)
Musik: Mark Shaiman
Schnitt: Dan Hanley, Johnny Jympson
Prod.-Des.: Ken Adam
Prod.: Scott Rudin; G. Mac Brown für Spelling mit Paramount, USA 1997; 91 Min.
UA: 19.9.1997, New York
Verleih: Tobis/Constantin/-/BMG (Universum) Video; 29.1.1998
FSK: ab 6, ffr.

Das friedliche Leben in einem Provinznest in Indiana wird durcheinandergewirbelt, als ein Jungschauspieler bei der Oscar-Verleihung seinen ehemaligen Lehrer als Homosexuellen bezeichnet. Der Lehrer, der endlich seine langjährige Geliebte heiraten wollte, muß sich vor allem der Nachstellungen eines Fernsehreporters erwehren. Die leidlich unterhaltsame Komödie mit Anklängen an die Filme von Frank Capra wird vorwiegend von guten Darstellern und Seitenhieben auf moderne Lebensart getragen. Sympathisch ist,

Joan Cusack und Kevin Kline in ›In and Out‹

daß das »Anderssein« nicht denunziert wird. *Zoom, 2/98*

Eine ausgelassene, nie plumpe Screwball-Komödie zum Thema Homosexualität gelingt dem »Sesamstraße«- und »Muppets«-Miterfinder Frank Oz hier mit gewohnt leichter Hand.
Wie einst Frank Capra läßt auch Frank Oz seine Geschichte von unerwarteten Entdeckungen, spießigen Irritationen, Vorurteilen und verrückten Medienauswirkungen in einem Provinzkaff spielen. (...) *Frauke Hanck, AZ, 29.1.98*

(...) In and Out ist sympathischer, manchmal allzu netter Mainstream, schwankend zwischen Satire und Sentimentalität. Nach Ende dieses Feelgood-Films möchte man am liebsten seinem Nachbarn irgendein intimes Geständnis machen. Und eine Szene bleibt wirklich haften: wenn Tom Selleck – ohne Schnurrbart – den am Scheideweg angelangten Kevin Kline plötzlich küßt. Als würde er Dornröschen erwecken.
Hans Schifferle, SZ, 29.1.98

(...) Aber trotz aller schauspielerischen Einsatzfreude verliert dieser Schabernak spätestens nach einer Stunde an Schwung. Das liegt zum einen am Drehbuch, das auf Dauer dem moralischen Mainstream-Rahmen verfällt. Zum anderen an der behäbigen Inszenierung von Ex-»Muppets«-Macher Frank Oz. Der kann zwar mit Puppen, aber nicht mit Schauspielern umgehen. Ähnlich wie in »Zwei hinreißend verdorbene Schurken«, wo Michael Caine und Steve Martin von Oz alleingelassen wurden, schleppen sich auch die Stars in »In and Out« im Grunde ohne Steuermann durch die Gegend. Wirklich schade um die originelle Idee.
Albert Baer, Rheinische Post, 30.1.98

Ina Bockholt in: Der Tagesspiegel, 29.1.98; Eberhard von Elterlein in: Die Welt, 29.1.98; Jan Gympel in: Zitty, 3/98; Thomas Klingenmaier in: Stgt. Zeitung, 29.1.98; Angela Schmitt-Gläser in: FR, 31.1.98

In den Straßen von Brooklyn 444

A BROOKLYN STATE OF MIND **
Video

Regie: Frank Rainone
Darsteller: Vincent Spano (Al), Maria Grazia Cucinotta (Gabriella), Danny Aiello (Frank Parente), Ricky Vetrino (Nicky), Abe Vigoda (Onkel Guy), Tony Danza (Louie), Morgana King (Tante Rose)
Drehbuch: Frank Rainone, Frederick Stroppel
Kamera: Ken Kelsch (Farbe)
Musik: Paul J. Zaza
Schnitt: Nick Rotundo
Prod.-Des.: William Barclay
Prod.: Peter R. Simpson für Norstar mit Storm Ent., Kanada 1997;
87 Min.
Vertrieb: Warner Home Video; Juni 1998
FSK: ab 12 J.

Statt Schlagzeuger zu werden, muß sich Al mit einem Job als Mafia-Handlanger begnügen. Als er erfährt, daß »sein Pate« vor 20 Jahren seinen Vater meuchelte, gerät er in Lebensgefahr ... Schier unerschöpflich, das New Yorker Mafia-Milieu, aber dieser Krimi hat den üblichen Motiven nichts hinzuzufügen.

In der Haut des Killers 445

IN A MOMENT OF PASSION **
TV

Regie: Zbigniew Kaminski
Darsteller: Maxwell Caulfield (Victor Brandt), Chase Masterson (Tammy Brandon), Vivian Schilling, Julie Araskog, Joe Estevez, Robert Z'Dar, Stefanie Sergakis, Lonnie Quinn
Prod.: USA 1993; 115 Min.
TV: 11.3.1998, VOX, 22.20

Karrieregeilheit und Intrigenspiel im Filmgeschäft.

In jenem Land 446

W TOJ STRANJE ****

Regie: Lidija Bobrowa
Darsteller: Anna Owsjannikowa, Dmitri Klopow, Wladimir Borchaninow, Swetlana Gajtan
Drehbuch: Lidija Bobrowa, nach Erzählungen von Boris Jekimow
Kamera: Sergej Astachow, Waleri Rerich (Farbe)
Schnitt: Alexander Purtow, Natalja Milaschkina
Prod.-Des.: Gennadi Popow
Prod.: Alexander Golutwa für Lenfilm/Narodny Film, Rußland 1997; 85 Min.
EA: 14.2.1998, Int. Forum des Jungen Films, Berlin
Verleih: Freunde/-/-; 19.3.1998

Liebevoll zwischen Melancholie und Humor angesiedeltes Porträt eines Dorfes irgendwo in der russischen Provinz. Man brennt den Wodka selbst und arrangiert sich, so gut es geht, mit den herrschenden Verhältnissen. Moskau ist weit. Ganz ohne Folklorismus entwirft die Filmemacherin das Gemälde eines archaischen Lebens, das bestimmt wird von den elementaren Rhythmen der Jahreszeiten, von Geburt und Tod, nicht zuletzt vom allgegenwärtigen Alkohol.
Claus Löser, tip, 7/98

(...) Der russischen Regisseurin Lidija Bobrowa ist das Kunststück gelungen, vom Dorfleben unter der Armutsgrenze ganz selbstverständlich zu erzählen. Schlicht und einfühlsam, humorvoll, ja komisch, voller Empathie und ganz ohne falsches Mitleid.
Silvia Hallensleben, Der Tagesspiegel, 14.2.98

In Search of Kundun With Martin Scorsese 447

A LA RECHERCHE DE KUNDUN AVEC MARTIN SCORSESE ****

Regie: Michael Henry Wilson
Mit: Martin Scorsese, Dalai Lama, Dante Ferretti
Drehbuch: Michael Henry Wilson
Kamera: Jean-Jacques Flori, Frédéric Vassort (Farbe)
Musik: Ken Lauber
Schnitt: Rick Blue, Thelma Schoonmaker (consultant)
Prod.: T. Celal, Jean Labib, Dale Ann Stieber, Michael Henry Wilson für Panoptique Prod. mit Ray Prod./Canal+, Frankreich/USA 1998; 94 Min.
UA: 8.8.1998, Locarno Film Festival
Verleih: -/-/Columbus; Nov. 1998

Der Dokumentarfilm verbindet geschickt Reflexion über das Filmhandwerk – ein vielschichtiger Einblick in die Arbeitsweise von Martin Scorsese bei den Dreharbeiten zu »Kundun« – mit einer politisch-philosophischen Ebene: Durch ältere Bilder aus Tibet, ein aktuelles Gespräch mit dem Dalai Lama selbst und Statements der tibetischen Laiendarsteller aus »Kundun« wird wahrnehmbar, wie deren Teilnahme an der filmischen Rekonstruktion ihrer teilweise zerstörten Kultur das Bewußtsein für kulturelle Identität stärken kann. *Zoom, 11/98*

Incognito 448

INCOGNITO ***
Video

Regie: John Badham
Darsteller: Jason Patric (Harry Donovan), Irene Jacob (Prof. Marieke Van Den Broeck), Simon Chandler (Ian), Ian Holm (John), Rod Steiger (Milton A. Donovan), Ian Richardson (Turley), Thomas Lockyer (Alistair Davies), Pip Torrens (White)
Drehbuch: Jordan Katz
Kamera: Denis Crossan (Technicolor)
Musik: John Ottman
Schnitt: Frank Morriss
Prod.-Des.: Jamie Leonard
Prod.: James G. Robinson; William P. Cartlidge (Koprod.) für Morgan Creek Prod., USA 1997; 103 Min.
Vertrieb: Warner Home Video; 10.12.1998
FSK: ab 12 J.

Vergnüglicher Krimi um amerikanischen Bilderfälscher in Paris, der sich auf einen gefährlichen Coup einläßt: Er soll einen »Rembrandt« liefern. Alles im grünen Bereich: Story, Regie, Darsteller und Drehorte. Grundsolide Unterhaltung – nicht mehr, aber auch nicht weniger.

Insemination – Wiege des Grauens 449

MISBEGOTTEN **
Video

Regie: Mark L. Lester
Darsteller: Kevin Dillon (Billy Crapshoot), Nick Mancuso (Paul Bourke), Lysette Anthony (Caitlan Bourke), Robert Lewis (Det. Cross), Matthew Walker (Dr. Dotterweigh), Stefan Arngrim (Conan Cornelius), Megan Leitch (Serena), Jo Bates (Dr. Rory Sorensen)
Drehbuch: Larry Cohen, nach einem Roman von James Gabriel Berman
Kamera: Mark Irwin (Farbe)
Musik: Paul J. Zaza
Schnitt: David Berlatsky
Prod.-Des.: Paul Joyal
Prod.: Dana Dubovsky, Mark L. Lester für Cinepix/American World Pic., USA 1997; 92 Min.
Vertrieb: VPS Video; 30.12.1997
FSK: ab 18 J.

Als sich ein junges Paar von der Samenbank ein paar Spermien abhebt, geraten sie an die Seite eines Serienkillers. Brutaler Thriller, dessen realistische Ansätze in Gewalt erstickt werden.

Institut Benjamenta 450

THE INSTITUTE BENJAMENTA OR THIS DREAM PEOPLE CALL HUMAN LIFE ***
TV

Regie: Brothers Quay (Stephen Quay, Timothy Quay)
Darsteller: Mark Rylance, Alice Krige, Gottfried John, Daniel Smith
Drehbuch: Alan Passes, Brothers Quay, nach der Novelle »Jakob von Gunten« und anderen Texten von Robert Walser
Kamera: Nic Knowland (Farbe)
Musik: Lech Jankowski
Schnitt: Larry Sider
Prod.: Keith Griffiths, Janine Marmot für Koninck/Image Forum/Pandora, GB 1995; 105 Min.
UA: Int. Filmfestspiele Locarno 1995 »Wettbewerb«
TV: 7.8.1998, Arte, 23.50

Jakob von Gunten will sich am Institut Benjamenta zum Dienstboten ausbilden lassen. Zwischen den Wiederholungen der immer gleichen Lektion wird er für das seltsame, weltabgewandte Geschwisterpaar Benjamenta zum Objekt der Faszination. Jakob ergründet die Geheimnisse der unheimlichen Schule und wird Zeuge ihres Untergangs. Robert Walsers Novelle ist die Keimzelle dieser düsteren Märchenphantasie über Macht und Ausbeutung, Entfremdung und Abhängigkeit. Wie in den Animationsfilmen der Quays dominieren Atmosphäre und Suggestion, hier allerdings auf Kosten von Spannung und Schauspielkunst.

Zoom, 9/95

Inventing the Abbotts 451

INVENTING THE ABBOTTS ***

Regie: Pat O'Connor
Darsteller: Joaquin Phoenix (Doug Holt), Billy Crudup (Jacey Holt), Liv Tyler (Pamela Abbott), Will Patton (Lloyd Abbott), Kathy Baker (Helen Holt), Jennifer Connelly (Eleanor Abbott), Joanna Going (Alice Abbott), Barbara Williams (Joan Abbott)
Drehbuch: Ken Hixon, nach einer Story von Sue Miller
Kamera: Kenneth MacMillan (Deluxe)
Musik: Michael Kamen
Schnitt: Ray Lovejoy
Prod.-Des.: Gary Frutkoff
Prod.: Ron Howard, Brian Grazer, Janet Meyers für Image Ent. Prod., USA 1997; 107 Min.
UA: 4.4.1997
Verleih: 20th Century Fox/; 14.8.1997, (geplant, nicht gestartet)

Amerikanische Kleinstadt in den fünfziger Jahren. Die Abbotts sind reich, die Holts sind arm. Die Reichen haben drei heiratsfähige Töchter, die Armen zwei halbwüchsige Söhne. Keine Frage, daß die Jungens hinter diesen hübschen Frauen her sind und daß, ebenso keine Frage, Vater Abbott für seine Mädels keine armen Schlucker will. Zumal die Beziehungen zwischen den beiden Familien auch noch anderweitig getrübt sind: Einst kam der Vater der Buben durch eine Wette mit dem Alten Herrn der Mädchen ums Leben, und auch über ein Verhältnis des Herrn Abbott mit Frau Holt wird gemunkelt. (…)
Die Vorlage mag zunächst nicht sehr originell erscheinen, als um so sorgfältiger erweist sich die Zeichnung der einzelnen Charaktere, der verwickelten

Beziehungen zwischen ihnen, des kleinstädtischen Milieus, der Epoche und der Schauplätze. Die pubertären Nöte Halbwüchsiger und gesellschaftsimmanente Differenzen sind fast immer gleichzeitig alltäglich und weltbewegend. Das spürt man in diesem Film unmittelbar, weil die Balance zwischen allen Elementen so gut gehalten wird.
Thomas Engel, Der Gildendienst, 5/97

Irma Vep 452

IRMA VEP ****
TV

Regie: Olivier Assayas
Darsteller: Maggie Cheung (sie selbst), Jean-Pierre Leaud (Rene Vidal), Nathalie Richard (Zoe), Antoine Basler (Journalist), Nathalie Boutefeu (Laure), Bulle Ogier (Mireille), Lou Castel (Jose Murano), Arsinee
Drehbuch: Olivier Assayas
Kamera: Eric Gautier (Farbe)
Schnitt: Luc Barnier
Prod.: Georges Benayoun für Dacia Films Prod., Frankreich 1996; 99 Min.
UA: Int. Filmfestspiele Cannes 1996 »Un Certain Regard«
Verleih: Kouros/Polyfilm/Ideal
TV: 13.11.1998, Arte
FSK: ab 12, ffr.

Eine zauberhafte Hommage an den Hongkong-Moviestar Maggie Cheung und zugleich ein Hohelied des Filmemachens. Das Remake eines französischen Stummfilmklassikers droht zu scheitern, der Nouvelle-vague-Regisseur bekommt einen Nervenzusammenbruch, die Kostümbildnerin verliebt sich in die Hauptdarstellerin. Hongkong-Star Maggie Cheung spielt Maggie Cheung, umgeben von den improvisationsfreudigen Kollegen Nathalie Richard, Jean-Pierre Léaud und Bulle Ogier. Assayas, wirklich und wahrhaftig verliebt in seine Hauptdarstellerin, führt einmal quer durch Paris und das französische Kino – eine Reise voller Überraschungen. *tip, 12/98*

Weitere Besprechungen im Heyne Film Jahrbuch 1998.

Fritz Göttler in: Kölner Stadt-Anzeiger, 17.10.98; Alexander Horwath in: Die Zeit, 18.6.1998; Michael Kohler in: FR, 4.6.98

Irrlichter 453

***

Regie: Christoph Kühn
Darsteller: Barbara Auer, Tobias Langhoff, Adolf Spälinger, Christian Redl, Walo Lüond, Hilde Ziegler, Andrej Lajovic
Drehbuch: Carlo Meier, Christoph Kühn
Kamera: Peter Indergang (Farbe)
Musik: Alex Kirschner – *Schnitt:* Birgit Klingl
Prod.: Andres Pfäffli für Ventura cinekas/Dor/SFDRS/ZDF, Schweiz/BRD/Österreich 1997; 90 Min.
UA: Int. Filmfestspiele Locarno 1997
Verleih: -/-/Titanicfilm; Sept. 1998

Ein kauziger Angestellter ist bereit, für ein Experiment drei Wochen allein in einer Höhle zu leben. Doch eine seismische Erschütterung schließt ihn zusammen mit einer ihm unangenehmen TV-Journalistin ein. Die Notsituation zwingt sie zur Zusammenarbeit, aus der Sympathie und schließlich Liebe wird. Zügig erzähltes, mit mystischen Elementen angereichertes Höhlendrama, das allerdings der profillosen Figuren und der holzschnittartigen Dramaturgie wegen spannungsarm bleibt. *Zoom, 9/98*

Island of Darkness 454

MORKETS OY ***
Video

Regie: Trygve Allister Diesen
Darsteller: Sofie Grabol, Paul-Ottar Haga, Sina Langfeldt
Drehbuch: Trygve Allister Diesen
Kamera: Harald G. Paalgard (Farbe)
Musik: Sören Hyldgaard
Prod.: Axel Helgeland für Northern Lights/Jar/Balboa Enterp., Norwegen/Dänemark 1997; 80 Min.
Vertrieb: VPS Video; 22.9.1998 – *FSK:* ab 18 J.

Als die Lehrerin Julie ihren neuen Job auf einer entlegenen Insel antritt, wird sie mit mysteriösen Todesfällen konfrontiert.

Ist die Erinnerung wasserlöslich? 455

LA MEMOIRE EST-ELLE SOLUBLE DANS L'EAU ...? ***

Regie: Charles Najman
Darsteller: Solange Najman, Jean-Chrestien Silbertin-Blanc, Henia Goldzajder, Salka Rosenberg, Helene Alembrik, Simon Fenigjstein, Henry Dymant

Drehbuch: Charles Najman
Kamera: Pierre Novion (Farbe)
Schnitt: Lise Beaulieu
Prod.: Jean-Marc Rouget, Patrice Jacquet für SEM mit CNC, Frankreich 1995; 95 Min.
Verleih: Ventura, OmU/-/-;
22.10.1998

Vor gut 50 Jahren sind sie dem Nazi-Terror entkommen und Solange Najman ist eine von ihnen. Heute gehört sie zu einem Kreis Pariser Juden, der ein halbes Jahrhundert später zusammentrifft, um die Tatsache zu feiern, daß sie damals mit dem Leben davonkamen. »Ist die Erinnerung wasserlöslich?« dokumentiert diese Treffen – leider mitunter etwas überzogen inszeniert. (…)

Thilo Wydra, Filmecho/Filmwoche 43/98

Steffen Jacobs in: FAZ, 26.10.98; Katja Nicodemus in: tip, 22/98

Istanbul 456

ISTANBUL

*

TV

Regie: Mats Arehn
Darsteller: Timothy Bottoms (Frank), Twiggy Lawson (Maud), Robert Morley (Atkins), Emma Kihlberg (Mia), David Gartenkraut (Bill), Lena Endre (Ingried), Merdan Taner, Engin Inal
Kamera: Erling Thurmann-Andersen (Farbe)
Prod.: Peter Kropenin für Venture Capital/ Svenska Filminstitutet/Four Season/ SVT Drama/Omega, Schweden 1990; 86 Min.
TV: 28.9.1998, SAT.1, 1.00

Zeitungskorrespondent gerät in die Schußlinie von Waffenhändlern.

J'ai horreur de l'amour 457
J'AI HORREUR DE L'AMOUR ***

Regie: Laurence Ferreira Barbosa
Darsteller: Jeanne Balibar (Dr. Annie Simonin), Jean Quentin Chatelain (Richard Piotr), Laurent Lucas (Laurent Blondel), Patrick Catalifo, Bruno Lochet, Alexandra London, Eric Savin, Luc Moullet
Drehbuch: Laurence Ferreira Barbosa, Denyse Rodriguez Tome
Kamera: Emmanuel Machuel (Farbe)
Schnitt: Emmanuelle Castro
Prod.: Paulo Branco für Gemini Films/France 2 Cinema mit Canal Plus/CNC, Frankreich 1997; 133 Min.
UA: 30.4.1997, Int. Filmfestival Cannes
Verleih: Kinoinitiative/-/-; August 1998

Burn out im Ärztinnen-Alltag. Dr. Annie Simonin fährt mit ihrem Motorroller durch Paris zu ihren Patienten und hört sich deren echte und eingebildete Sorgen an. Nach Dienstschluß kann Annie dann die mittelmäßigen emotionalen Jammertäler ihrer Freunde erleben. Das freudlose Dasein wird psychopathisch gekrönt durch einen hypochondrischen Exverehrer, der fest davon überzeugt ist, sich bei Annie Aids geholt zu haben. Als dann doch noch die Liebe in Annies Leben tritt, ist man auch als Zuschauer knapp dem Burn out entgangen. *Iris Depping, tip, 19/98*

Jack Frost – Der eiskalte Killer 458
JACK FROST **
Video

Regie: Michael Cooney
Darsteller: Scott MacDonald (Jack Frost), Christopher Allport (Sam), Stephen Mendel (Agent Manners), F. William Parker (Paul Davrow), Eileen Seeley (Anne), Rob LaBelle (Stone), Zack Eginton (Ryan Tiler), Jack Lindine (Jake Metzner)
Drehbuch: Michael Cooney, nach einer Story von Jeremy Paige
Kamera: Dean Lent (Farbe)
Musik: Chris Anderson, Carl Schurtz
Schnitt: Terry Kelley
Prod.-Des.: Deborah Raymond, Dorian Vernacchio
Prod.: Jeremy Paige, Vicki Slotnick für Moonstone Ent., USA 1996; 86 Min.
Vertrieb: Highlight Video; Okt. 1998
FSK: ab 16 J.

Serienkiller mutiert nach gelungener Flucht »versehentlich« zum Schneemann – und mordet eiskalt weiter.

Jackie Brown 459
JACKIE BROWN ****

Regie: Quentin Tarantino
Darsteller: Pam Grier (Jackie Brown), Samuel L. Jackson (Ordell Robbie), Bridget Fonda (Melanie), Robert DeNiro (Louis Gara), Robert Forster (Max Cherry), Michael Keaton (Ray Nicolette), Michael Bowen (Mark Dargus), Chris Tucker (Beaumont Livingston)
Drehbuch: Quentin Tarantino, nach dem Roman »Rum Punch« von Elmore Leonard
Kamera: Guillermo Navarro (Farbe/CFI)
Musik: 70er Jahre Soul
Schnitt: Sally Menke
Prod.-Des.: David Wasco
Prod.: Lawrence Bender; Paul Hellerman (Koprod.) für A Band Apart, USA 1997; 155 Min.
EA: Int. Filmfestspiele Berlin 1998
Verleih: Scotia/Constantin/Frenetic/BMG Video; 16.4.1998
FSK: ab 16 J.

Die Stewardeß Jackie Brown wird von der Polizei geschnappt, als sie für einen Waffenhändler gewaschenes Geld von Mexiko nach Los Angeles transportiert. Mit einer Kaution kommt sie vorübergehend auf freien Fuß, doch geht sie mit der Polizei einen Deal ein. Quentin Tarantino gelingt ein großartiger »film noir« der siebziger Jahre, der von den ausgezeichneten Charakteren und Schauspielern lebt. »Jackie Brown« ist vielleicht nicht so hip, wie es »Pulp Fiction« war, dafür geht er tiefer unter die Haut. *Zoom, 8/98*

(...) »Jackie Brown« mag eine halbe Stunde zu lang sein, vielleicht auch etwas zu selbstverliebt in seine Szenen, die er alle etwas zu sehr ausspielt, und er wirkt doch zugleich wie das Bekenntnis eines schüchternen Verehrers, der der wunderbaren Pam Grier die Blumen lieber schickt als persönlich

Pam Grier und Samuel L. Jackson in ›Jackie Brown‹

übergibt. Das macht den Film liebenswert, aber nicht großartig, und es beschert einem die ziemlich merkwürdige Erfahrung, daß »Jackie Brown« dort, wo er uns »den Tarantino macht« – in ein paar hochgerissenen Dialogen für Samuel L. Jackson, in den drei Versionen einer Szene aus verschiedener Perspektive –, am uninteressantesten ist. *Peter Körte, FR, 15.4.98*

(...) Und endlich, in einer überraschenden Parkplatzszene, kommen De Niro und Bridget Fonda auf Touren. Das ist zu kurz, um den Gesamteindruck entscheidend zu verändern. Aber doch genug, um Hoffnung auf den nächsten Schritt von Tarantino zu machen. Im Moment sieht es so aus, als sei »Jackie Brown« ein Schritt zurück für seinen Regisseur – doch wer weiß, ob es für ihn nicht in die richtige Richtung ging.
Milan Pavlović, Kölner Stadt-Anzeiger, 18.4.98

Die erste Wellessche Lektion, scheint es, hat Tarantino bereits gelernt: Du kannst die epochemachenden Werke nicht einfach aus dem Ärmel schütteln. »Jackie Brown« ist keine Kopie von »Pulp Fiction«, sondern eine Weiterentwicklung. Nur läßt sich noch nicht so recht ausmachen, wohin.
Hanns-Georg Rodek, Die Welt, 16.4.98

Heiko R. Blum in: Rheinische Post, 17.4.98; Angie Dullinger in: AZ, 16.4.98; Gerald Jung in: Zitty, 8/98; Tobias Kniebe in: SZ, 16.4.98 (Interview mit Quentin Tarantino); Annette Leweke in; tip, 9/98; Uwe Schmitt in: FAZ, 19.2.98; Claudius Seidl in: SZ, 15.4.98

Jackie Chan ist Nobody 460

NGO HAI SUI/WHO AM I? ***

Regie: Jackie Chan, Bennie Chan
Darsteller: Jackie Chan (Jackie Whoami), Michelle Ferre (Christine), Mirai Yamamoto (Yuki), Ron Smerczak (Morgan), Ed Nelson (Gen. Sherman), Tom Pompert (CIA Chairman), Yannick Mbali (Baba), Washington Sixolo (Village Chief)
Drehbuch: Susanne Chan, Lee Reynolds
Kamera: Poon Hang Sang (Farbe)
Musik: Nathan Wang
Schnitt: Peter Cheung, Yau Chi Waig
Prod.: Barbie Tung für Golden Harvest Prod., Hongkong 1998; 124 Min.

Verleih: Splendid/-/Elite/Ascot Video; 26.11.1998
FSK: ab 12 J., ffr.

Ein Mitglied der vom CIA mit der Bergung eines Meteoritenstücks in Afrika beauftragten Einheit erwacht im Busch. Er weiß nicht mehr, wer er ist, und wird von Einheimischen aufgenommen. Eine Autorallye bzw. eine verunglückte Teilnehmerin führt zu seiner Rückkehr in die »Zivilisation«, wo er reichlich Aufsehen erregt. Hier wird nicht etwa eine Selbstfindungsgeschichte erzählt, vielmehr handelt es sich um einen weiteren Actionfilm des wohl begabtesten »Martial-arts«-Künstlers Jackie Chan, in dem die furiosen Kampfszenen mit bis zu 100 Gegnern wichtiger sind als die Geschichte. *Zoom, 12/98*

Gerald Jung in: Zitty, 24/98; Rupert Koppold in: Stuttgarter Zeitung, 26.11.98; Frank Noack in: Der Tagesspiegel, 26.11.98; Jürgen Richter in: FAZ, 28.11.98

Die Jagd nach dem Baby 461

WHEN THE CRADLE FALLS **
TV

Regie: Paul Schneider
Darsteller: Scott Reeves (Brian), Martha Byrne (Donna), Cathy Lee Crosby (Joan), Linda Gray (Helen), Dorian Harewood (Dugger)
Drehbuch: Rob Hedden
Kamera: Tom Del Ruth (Farbe)
Musik: Joseph Conlan
Schnitt: Andrew Cohen
Prod.: USA 1997; 87 Min.
TV: 27.7.1998, ZDF, 20.15

Professioneller Kidnapperring entführt Babys und wird von einem Elternpaar entlarvt.

Jahre später 462

****

Regie: Christian Schocher
Drehbuch: Christian Schocher, Werner Lüdi, Anita Lüdi, Thomas Pfister, Franz Rickenbach
Kamera: Christian Schocher (Farbe)
Musik: Nathan Schocher
Schnitt: Christian Schocher
Prod.: Christian Schocher für Christian Schocher Prod., Schweiz 1997; 70 Min.
UA: Int. Filmfestspiele Locarno 1997
Verleih: -/-/Camera Obscura; August 1998

20 Jahre später dreht Christian Schocher einen neuen Film über die Kinder von Furna. Sie sind nun erwachsen und wollen ihre damaligen Wünsche der heutigen Wirklichkeit gegenüberstellen. Der Film ist um die Figur von Heinz Lüdi konstruiert, den damaligen Lehrer, der nun Pfarrer geworden ist. (...) *Katalog Locarno*

Jailbreak – Auf der Flucht 463

CROSSROADS OF DESTINY **
Video

Regie: Victoria Muspratt
Darsteller: Ally Sheedy (Susan Reed), David Carradine (Coley), Charles Napier (Sheriff Dempsey), Todd Kimsey (Hilfssheriff Hobie), Mark Pellegrino (Dan Oldum), Tom Allard
Drehbuch: Victoria Muspratt, nach einem Drehbuch von Donald Stewart
Kamera: Steve Gainer, Harry Box (Farbe)
Musik: Michael Elliot, Timothy Wynn
Schnitt: Nancy Rosenblum
Prod.-Des.: Michael Pearce
Prod.: Darin Spillman, Marta M. Mobley für Concorde-New Horizons, USA 1997; 88 Min.
Vertrieb: VMP Video; 13.3.1998
FSK: ab 16 J.

Susan verliert erst Job, dann Freund, dann Auto, schließlich auch noch Geld, Anstand und Würde – und sie findet sich mit Exknacki auf der Flucht vor der Polizei wieder. Miserabel inszeniertes Road-Movie.

James Dean: Schnelles Leben, schneller Tod 464

JAMES DEAN: RACE WITH DESTINY **
Video

Regie: Mardi Rustam
Darsteller: Casper Van Dien, Carrie Mitchum, Diane Ladd, Mike Connors, Connie Stevens, Joseph Campanella, Casey Kasem, Janelle Paradee
Drehbuch: Dan Sefton
Kamera: Irv Goodnoff, Gary Graver (Farbe)
Musik: Gordon Waller
Schnitt: Richard S. Brummer
Prod.: Mardi Rustam für Mardi Rustam Prod., USA 1996; 111 Min.
Vertrieb: New Vision Video; 29.4.1998
FSK: ab 12 J.

Armseligst geratener und obendrein völlig aus der Luft gegriffener, weil hemmungslos geschönter Abriß der letzten Jahre Deans. Außer dem Auftritt von Robert Mitchum: eine Dilettanten-Orgie.

Jeckes – Die entfernten Verwandten 465

****

Regie: Jens Meurer, Carsten Hueck
Drehbuch: Carsten Hueck, Jens Meurer
Kamera: Bernd Fischer (Farbe)
Schnitt: Gaby Kull-Neujahr
Prod.: Jens Meurer für Egoli mit BR/Arte/Channel Four, BRD 1997; 98 Min.
UA: 20.4.1997, Filmmuseum München, Titel: Die Jeckes – Deutsche Juden in Israel; Int. Hofer Filmtage 1997
Verleih: Salzgeber/-/-; 15.1.1998

Jeckes, so heißen die deutschen Juden in Israel. Die Filmemacher Jens Meurer und Carsten Hueck haben sieben von ihnen aufgesucht. Die vier Frauen und drei Männer erzählen mit Esprit und Witz von Deutschland und Israel. Doch begnügen sich die Filmemacher nicht mit den Geschichten und Erinnerungen ihrer Zeitzeugen. Immer wieder drängen sie sich selbst ins Bild und äußern voller Betroffenheit Dinge, die auf der Peinlichkeitsskala ziemlich weit oben stehen. Das muß man für ein ansonsten sehr unterhaltsames und lebendiges Gruppenporträt in Kauf nehmen.

Volker Gunske, tip, 2/98

(...) Die sieben Israeli, die Jens Meurer und Carsten Hueck in ihrer Dokumentation »Jeckes« porträtieren, besitzen alle diese Aura von Originalen: Die Mischung aus bürgerlicher Haltung und radikaler jüdischer Ausgrenzungserfahrung, aus Weltoffenheit alter Berliner Tradition und dem europäischen Kulturbegriff von Leuten, die zwischen Bücherregalen leben. Ein Film der Gesichter, der Sprache, der Lebensläufe und Entwicklungen – ein wichtiger Beitrag zunm Psycho-Bild »50 Jahre Israel«. *Ponkie, AZ, 30.4.98*

Die Jerky Boys 466

THE JERKY BOYS **

TV

Regie: James Melkonian
Darsteller: Johnny Brennan (er selbst), Kamal Ahmed (er selbst), Alan Arkin (Lazarro), William Hickey (Onkel Freddy), Alan North (Mickey), Brad Sullivan (Worzic), James Lorinz (Brett Weir), Suzanne Shepherd (Mrs. B.)
Drehbuch: James Melkonian, Rich Wilkes, John G. Brennan, Kamal Ahmed
Kamera: Ueli Steiger (Technicolor)
Musik: Ira Newborn
Schnitt: Dennis M. Hill
Prod.-Des.: Dan Leigh
Prod.: Joe Roth, Roger Birnbaum; Randy Ostrow (Koprod.) für Touchstone Pic., USA 1995; 81 Min.
TV: 26.3.1998, Premiere, 20.15

Zwei arbeitslose anonyme Anrufer werden durch ihre unverschämten, humorvollen Sprüche im ganzen Land bekannt. Klar, daß der Weg des einzigartigen Komödiantenduos nach Hollywood führt.

Jerusalem 467

JERUSALEM ***

Regie: Bille August
Darsteller: Ulf Friberg (Ingmar), Maria Bonnevie (Gertrud), Pernilla August (Karin), Reine Brynolfsson (Tim), Lena Endre (Barbro, Ingmars Ehefrau), Jan Mybrand (Gabriel), Sven-Bertil Taube (Hellgum
Drehbuch: Bille August, nach dem gleichn. Roman von Selma Lagerlöf
Kamera: Jörgen Persson (Farbe)
Musik: Stefan Nilsson
Schnitt: Janus Billeskov-Jansen
Prod.-Des.: Anna Asp
Prod.: Ingrid Dahlberg; Mads Egmont Christensen (Koprod.) für AB Svensk Filmindustri/Metronome/Schibsted/Marko Röhr Prod./Nordiska Film/Danish Broadcasting/Norwegian Broadcasting/Icelandic Broadcasting/YLE Finland, Schweden 1996; 165 Min.
Verleih: MFA/-/-; 2.7.1998
FSK: ab 12, ffr.

Ein schwedisches Dorf 1880: Kälte, Armut und allerlei andere Unwirtlichkeiten lasten auf den gebeutelten Menschen. Flucht in den Alkohol ist an der Tagesordnung. Ein religiöser Fanatiker predigt den nahen Weltuntergang und

Maria Bonnevie als Gertrud

fordert zur Reise ins Paradies im fernen Jerusalem auf.
Bille August verfilmt diesen Roman von Selma Lagerlöf in totaler Werktreue, folkloristischer Sorgfalt und so ganz ohne heutigen Gedanken zum Thema. Die Story vom sektiererischen Wahn, dem Menschen in hoffnungslosen oder zumindest harten Lebenssituationen gern erliegen, gibt eigentlich mehr her als nur einen opulenten, atmosphärischen, brillant gespielten Kostümfilm. (…) *Frauke Hanck, AZ, 2.7.98*

Eberhard von Elterlein in: Die Welt, 27.7.98; Fritz Göttler in: Kölner Stadt-Anzeiger, 4.7.98; Thomas Klingenmaier in: Stgt. Zeitung, 30.7.98; H. G. Pflaum in: SZ, 3.7.98; Daniela Sannwald in: FR, 1.7.98

John Woo's Blackjack 468

BLACKJACK **
Video

Regie: John Woo
Darsteller: Dolph Lundgren (Jack), Kam Heskin (Cinder James), Phillip MacKenzie (Rory), Padraigin Murphy (Casey), Saul Rubinek (Thomas), Kate Vernon (Dr. Rachel Stein), Fred Williamson (Hastings)
Drehbuch: Peter Lance
Kamera: Bill Wong (Farbe)
Musik: Micky Erbe, Maribeth Solomon
Schnitt: Ron Wisman
Prod.-Des.: Karen Bramley
Prod.: John Ryan, John Woo für Alliance mit USA Pictures/CTV Television Network, Kanada 1998; 94 Min.
EA: Filmfest München 1998
Vertrieb: BMG (Ufa) Video; Juli 1998
FSK: ab 18 J.

Bodyguard mit Weiß-Phobie gerät bei der Bewachung eines Top-Models in Kalamitäten. Fernsehfilm, der nur eines klar vor Augen führt: den Niedergang eines Regisseurs.

Johnny & Clyde – Eine haarige Freundschaft 469

JOHNNY & CLYDE **
TV

Regie: William Bindley
Darsteller: John White (Johnny), Michael Rooker (Mr. Tennant), Jethro, Sam Malkin (Pernell), David B. Nichols (Lt. Sanders), Diane Douglass (Lipke), Diana Reiss
Drehbuch: Scott Bindley
Kamera: Steve Shaw (Farbe)
Musik: Kevin Kiner
Schnitt: Mallory Gottlieb
Prod.: Brad Krevoy, Steve Stabler, Brad Jenkel, USA 1995; 81 Min.
TV: 17.5.1998, Premiere, 7.40

Kind und Hund raufen sich zusammen.

Johnny 2.0 – Die Replikantenfabrik 470

JOHNNY 2.0 **
Video

Regie: Neill Fearnley
Darsteller: Jeff Fahey (Johnny Dalton/Johnny 2.0), Megan Fahlenbock, Michael Ironside (Frank Donahue), John Neville (Konzernchef Bosch), Tahnee Welch (Nikki Holland), Michael Rhoades (Taylor), Von Flores (Carlos), Cliff Saunders (Dan-O)
Drehbuch: Wynne McLaughlin
Prod.: Pebblehut/Promark Ent./Spectacor Films, USA 1997
Vertrieb: Starlight Video; 19.8.1998

Geklonter Genforscher soll sein »Original«, das zu den Öko-Kämpfern übergelaufen ist, liquidieren. Absurdes Science-Fiction-Spektakel.

Journal de Rivesaltes 1941–42 471

JOURNAL DE RIVESALTES 1941–42 ****

Regie: Jacqueline Veuve
Mit: Friedel Bohny-Reiter

Drehbuch: Jacqueline Veuve, nach dem gleichn. Tagebuch von Friedel Bohny-Reiter
Kamera: Thomas Wüthrich, Edwin Horak (Farbe)
Musik: Thierry Fervant
Schnitt: Fernand Melgar
Prod.: Robert Boner für Ciné Manufacture, Schweiz 1997; 77 Min.
EA: 12.2.1998, Int. Forum des Jungen Films, Berlin, »Sonderprogramme«
Verleih: -/-/Yves Peyrot; Febr. 1998

Dokumentarfilm nach Friedel Bohny-Reiters 1993 veröffentlichtem Tagebuch über ihren Hilfsdienst als Rotkreuzschwester im Sammellager Rivesaltes bei Perpignan, wo Juden und Zigeuner während des Zweiten Weltkriegs auf ihren Transport nach Auschwitz zusammengepfercht warten mußten. Eindrückliches, weil ebenso unsentimentales wie informatorisch genaues Werk, das gerade heute hohes Interesse herausfordert. *Zoom, 2/98*

Die Jüdin Edith Stein 472
SETTIMA STANZA
***
TV

Regie: Marta Meszaros
Darsteller: Maia Morgenstern (Edith Stein), Elide Melli (Rosa), Adriana Asti (Auguste), Jan Nowicki (Franz Heller), Giovanni Capalbo (Paul), Ileana Carusio (Erna), Iwona Budner (Elsa)
Drehbuch: Marta Meszaros, Eva Pataki
Prod.: RAI UNO/Tor Film/Budapest Film/Eurofilm/Tellux-Film/BR/SDR, Italien/Polen/Ungarn 1997; 95 Min.
TV: 11.10.1998, ARD, 23.30

Lebensgeschichte der Jüdin und Karmeliterin Edith Stein, die 1891 in Breslau geboren und 1942 in Auschwitz ermordet wurde. 1987 war sie von Papst Johannes Paul II. seliggesprochen und am 11.10.1998 heiliggesprochen worden.

Julia – Kämpfe für deine Träume! 473
**
TV

Regie: Gabi Kubach
Darsteller: Carol Campbell (Julia Wilkins), Gesche Tebbenhoff (Anna Bauer), Lars Kamper (Teddy Martens), Torsten Buchsteiner (Klaus-Peter Hoffmann), Angela Pschigode (Mami), Rolf Kanies (Dr. Erwin Gräbert), Uwe Zerbe (Dr. Wilhelm Meister), Ken Duken (Jens Leininger)
Drehbuch: Elisabeth Prack, Sebastian von Werau, Gabi Kubach
Kamera: Otto Kirchhoff (Farbe)
Prod.: Rialto Film für RTL, BRD 1998; 94 Min.
TV: 30.8.1998, 31.8.1998, 1.9.1998, RTL, jeweils 20.15

Nach dem Ende des RTL-Dreiteilers unterscheiden wir bei diesem Allzweck-Groschenfummel die Teenie-Phase (1. Teil: Julia als Lehrerin an einem Münchner Gymnasium), die Model-Phase (2. Teil: Julia als Titelblatt-Rakete im Fitneß-Milieu) und die Antidrogen-Zeigefingerphase (3. Teil: Julia entlarvt Kokser-Puff ihres Geldprotz-Lovers). Damit dürften alle Spaßbedürfnisse der debilen Girlie- und Bodybuilder-Szene abgedeckt sein, und fassungslos stehen wir vor dem tollkühnen Ansinnen, das wirre Gestammel dieser Pappnasen vom Phantom-Standort München als Dialog wahrzunehmen. Trotz Langbein-Blickfang (Model Carol Campbell, im Langbein-Duett mit Gesche Tebbenhoff) ist alles für die Katz bei diesem grottenschlechten Fitneß-Doping. *Ponkie, AZ, 3.9.98*

Der junge Hercules 474
YOUNG HERCULES
**
Video

Regie: T. J. Scott
Darsteller: Ian Bohen (Hercules), Dean O'Gorman (Iolaos), Chris Conrad (Jason), Johna Stewart (Yvenna), Kevin Smith (Pelias/Ares), Nathaniel Lees (Kiron)
Drehbuch: Andrew Dettmann, Daniel Truly
Kamera: John Mahafee (Farbe)
Musik: Joseph La Duca
Schnitt: Steve Poliuka
Prod.: Liz Friedman, Eric Gruendemann für Universal, USA/Neuseeland 1997; 88 Min.
Vertrieb: CIC Video; 13.7.1998
FSK: ab 12 J.

Der junge Hercules auf der abenteuerlichen Jagd nach dem Goldenen Vlies. Fantasy-Abenteuer exklusiv nur für Dünnbrett-Bohrer.

Der Junge, der Weihnachten rettete! 475

THE BOY WHO SAVED CHRISTMAS **

Video

Regie: John Putch
Darsteller: Andre Bourque, Colin McLane, Amy Stromer, Walter Barrett, Robinson Dana Woods, Jerry Turner Capeless, Patrick Carlson, Thomas J. O'Flaherty
Drehbuch: Marc Vahanian
Kamera: Gary Graver (Farbe)
Musik: Dawn Zelig
Schnitt: Vanick Moradian
Prod.-Des.: Tom Salvitti
Prod.: Ashok Amritraj, Andrew Stevens für Royal Oaks/Cabin Fever Ent., USA 1998; 90 Min.
Vertrieb: Arcade Video; Dez. 1998

Weihnachts-Schmonzette für Einfältige.

Just in Time – Gerade zur rechten Zeit 476

JUST IN TIME **

Video

Regie: Shawn Levy
Darsteller: Mark Moses (Michael Bedford), Rebecca Chambers (Faith Zacarelli), Jane Sibbett, Steve Eckholdt (Jake Bedford), Brittany Alyse Smith (Lily Bedford), Micole Mercurio (Dotty Zacarelli)
Drehbuch: Eric Tuchman
Kamera: Matthew Williams (Farbe)
Musik: Jay Gruska
Schnitt: David Blangsted, Lori Petersen
Prod.: Don Schain, David Anderson für Leucadia, USA 1997; 90 Min.
TV: 29.1.1998, Premiere, 20.15; 26.3.1998
FSK: ab 6 J.

Herzensgute italienische Haushälterin hilft verwitwetem Schriftsteller, seine Alltagssorgen zu vergessen. Seifenoperseichte Familien-Dramödie mit Chiffren statt Figuren.

Just like Dad 477

JUST LIKE DAD **

Video

Regie: Blair Treu
Darsteller: Wallace Shawn (Stan Speigel), Nick Cassavetes (Joe), Bend Diskin (Charlie), Laura Innes (Rose), Michael Tucci (Frank Turner)
Drehbuch: Wayne Rice
Kamera: Brian Sullivan (Farbe)
Musik: William Goldstein
Schnitt: David G. Blangsted
Prod.: David Anderson für Leucadia, USA 1995; 100 Min.
Vertrieb: Splendid Video; 26.3.1998
FSK: ab 6 J.

Der Sohn in der Schule gehänselt, der Vater im Beruf drangsaliert. Dieses Duo versucht, die Verlierer-Seite zu wechseln. Einlullende Familienunterhaltung mit einer hanebüchenen Geschichte, aber passablen Darstellern.

Just married 478

JUST MARRIED ***

Regie: Rudolf Thome
Darsteller: Laura Tonke (Frangipani), Herbert Fritsch (Friedrich), Marquard Bohm (Willi Klein), Johannes Herrschmann (Harry Buntfuss), Alexander Höchst (Jochen), Katja Salm (Sabine), Alexander Malkowski (Bankdirektor), Stefan Felmy (Pfarrer)
Drehbuch: Rudolf Thome
Kamera: Carsten Thiele (Farbe)
Musik: Benjamin Rinnert
Schnitt: Bernd Euscher
Prod.: Rudolf Thome für Moana-Film, BRD 1997; 80 Min.
UA: Int. Filmfestspiele Berlin 1998, »Neue deutsche Filme«
Verleih: Prometheus/-/-; 24.9.1998
FSK: ab 12 J., ffr.

Friedrich Bär ist Betreiber eines Off-Kinos und heiratet die Tochter des etablierten Kinokettenbesitzers Klein. Wir sehen nun keinesfalls Friedrichs Aufstieg zum Kinokönig von Berlin, sondern werden 80 Minuten lang Zeugen sich ähnelnder Szenen einer modellhaften Ehe mit Kindern. Erheblich gelungen an diesem Film ist das Einkreisen von Normalität, und Normalität ist nicht immer leicht erträglich, schon gar nicht leicht zu beschreiben, egal, in welcher Kunstform. *tip, 20/98*

Was hier wohl – wie so oft bei Thome – als Versuchsanleitung eines zeitgenössischen Beziehungsmodells gedacht ist, erweist sich leider als Totgeburt mit lächerlichen Dialogen, papiernen Charakteren und entsprechend hölzernen Darstellern. Wie heißt es am gnädigerweise nach 81 Minuten eintretenden

Exitus: »Tja, jetzt geht's zu den Enten. Ist alles nicht so einfach.«

Gerald Jung, Zitty, 20/98

(...) Rudolf Thome, dieser Ethnograph des deutschen Alltags, ist einer der letzten wirklichen Autoren des Kinos hierzulande. Nicht, weil er zuletzt auch seine Bücher selbst geschrieben hat. Nicht, weil er immer auch Produzent war. Sondern weil alle seine Filme einen ganz eigenen Ton haben, eine ganz eigene Sicht auf die Menschen und die Welt, voller Ruhe und Gelassenheit, voller Lebens- und Liebeslust. Genau das macht es immer aufs neue so aufregend, sich seinen Filmen auszusetzen.

Norbert Grob, Die Zeit, 24.9.98

Christina Tilmann in: Der Tagesspiegel, 24.9.98

Justino – Der Mordbube 479

JUSTINO – UN ASESINO DE LA TERCERA EDAD ****

Regie: Luis Guridi, Santiago Aguilar
Darsteller: Saturnino Garcia (Justino), Carlos Lucas (Sansoncito), Francisco Maestre (Renco), Carmen Segarra (Reme), Concha Salinas (Angelines), Marta Fernandez-Muro (Cova), Alicia Hermida (Dona Pura), Carlos De Gabriel (Carlos)
Drehbuch: Luis Guridi, Santiago Aguilar
Kamera: Flavio Martinez Labiano
Musik: José Carlos Mac
Schnitt: Cristina Otero
Prod.-Des.: José Luis Arrizabalaga y Biaffra
Prod.: Flavio Martinez Labiano für La Cuadrilla/Canal plus, Spanien 1994; 94 Min.
UA: Sitges Filmfestival 1994
EA: Max Ophüls Festival, Saarbrücken 1998
Verleih: MOP, OmU/-/-; 14.5.1998

Justino hat 30 Jahre lang den Stieren in der Arena den Todesstoß versetzt – ein »Puntillero« mit Leib und Seele, den nun aber niemand mehr haben will. Die Weigerung des Titelhelden, sich aufs Altenteil zurückzuziehen, mündet in einen makabren Blutrausch. 1994 in seinem Ursprungsland Spanien mit einer ganzen Reihe von Preisen bedacht, dürfte der Film hierzulande vor allem die Liebhaber iberischen Lebensgefühls ansprechen – die sollten eine gewisse Vorliebe für schwarzen Humor mit ins Kino bringen.

Claus Löser, tip, 11/98

Hans-Joachim Neumann in: Zitty, 10/98

Kai Rabe gegen die Vatikankiller 480

**

Regie: Thomas Jahn
Darsteller: Steffen Wink (Kai Rabe), Klaus J. Behrendt (Krüger), Sandra Speichert (Maria Rall), Stefan Jürgens (Rufus Lindner), Heinz Hoenig (Egon Lütter), Hannelore Elsner (Hilde Strassburger), Mirco Nontschew (Salomon), Jan Josef Liefers (Marc Hohlmann)
Drehbuch: Thomas Jahn
Kamera: Piotr Lenar (Technicolor)
Musik: Tito Larriva
Schnitt: Andrea Mertens
Prod.-Des.: Monika Bauert
Prod.: Oliver Stoltz, Michael Souvignier, Thomas Jahn für Dreamer Joint Venture/ Warner Bros., BRD 1998; 95 Min.
Verleih: Warner Bros./dto./dto.; Warner Home Video, 26.11.1998
FSK: ab 16 J. ffr. – *FBW:* Wertvoll

Bei den Dreharbeiten zum Film »Die Vatikankiller« geht ein Serienmörder um, der den Leichen die Gedärme herausschneidet. Weder als Genreparodie noch als Satire auf das zynische Filmbusineß gelungen, rettet sich der Regisseur mit unzähligen Filmzitaten, mageren Gags und meist hemmungslos chargierenden Schauspielern über die Runden. *Zoom, 12/98*

(…) Jahn pfeift auf dramaturgische Regeln und sprachliche Tabus, laviert lustvoll zwischen Zoten und Zynismus. Da wimmelt es von »Kultkrähen«, four-letter-words und Sprüchen wie »Wer was werden will, geht immer durchs Unterholz«. Diese krude Komödie gewinnt sicherlich nicht den Preis für subtile Zwischentöne. Dennoch: Trotz aller bewußten Peinlichkeiten und Prototypen kann man sich das Lachen (mit schlechtem Gewissen!) nicht verkneifen. Für sensible Seelen ist dieses Popcorn-Movie im Tarantino-Look allerdings ein Purgatorium.
Margret Köhler, AZ, 26.11.98

(…) Was als penetrante Satire auf das Filmgeschäft angelegt ist, ist in sich selbst nur wiederum eine Ansammlung geistloser Klischees, die sich aber für humorvoll hält – was die Peinlichkeit komplettiert. Absolut verzichtbar und unnötig.
(…) Regisseur Thomas Jahn legt ein Bekenntnis zum Edgar-Wallace-Kino der 60er ab. Schöne Idee, doch die Geschichte hangelt sich leider nur von einer vermasselten Pointe zur nächsten, die Dialoge sind derrickhaltig, und die Schauspielerei ist größtenteils ein Fall für Scotland Yard. *Volker Gunske, tip, 25/98*

»Provozieren macht Spaß, ich bin nicht der brave Onkel von nebenan. Mein Zynismus ist aber nicht nur böse, sondern auch liebevoll. Ich wollte ausloten, wo bei uns die political correctness aufhört. In Deutschland ist alles so spießig. Mir fehlt ein Provokateur wie Pedro Almodovàr. Ich vermisse Sex im deutschen Film.« *Thomas Jahn im Interview mit Margret Köhler*

Die Kinogänger sind immer noch besser, als manche Marketingexperten meinen. Denn die peinliche Werbekampagne, u. a. mit dem Spruch »Heinz Hoenig fickt sie alle«, lockte die Massen auch nicht ins Kino.

Albert Baer in: Rheinische Post, 27.11.98; Steffen Jacobs in: FAZ, 26.11.98; Veronika Rall in: FR, 27.11.98

Kalle Blomquist: Sein neuester Fall 481

KALLE BLOMKVIST OCH RASMUS ***

Regie: Göran Carmback
Darsteller: Malte Forsberg (Kalle Blomkvist), Totte Steneby (Anders), Josefin Arling (Eva-Lotta), Bobo Steneby (Benke), Victor Sandberg (Sixten), Johan Stattin (Jonte), William Svedberg (Rasmus), Jan Mybrand (Professor)
Drehbuch: Göran Carmback, nach dem Roman von Astrid Lindgren
Kamera: Carl Sundberg (Farbe)
Musik: Per Grönwall
Schnitt: Dominika Daubenbuchel
Prod.: Waldemar Bergendahl für AB Svensk Filmindustri/Sveriges Television, Schweden 1997; 89 Min.

EA: 16.2.1998, Int. Filmfestspiele Berlin, »Kinderfilmfest«; Filmfest München 1998
Verleih: MFA/Einhorn; 1. Okt. 1998
FSK: ab 6 J., ffr.

Drei Kinder werden in die Entführung eines Professors und seines Sohnes Rasmus verwickelt. Gemeinsam gelingt es ihnen, den Plan der Kidnapper zu vereiteln und sie der Polizei auszuliefern. Neuverfilmung eines Jugendkrimis von Astrid Lindgren um ihren jungen Meisterdetektiv Kalle, die in ihrem Patriotismus leicht angestaubt wirkt. Doch die jungen Darsteller vermitteln in ihrem lebendigen Spiel überzeugend ein von Rollenklischees fast freies Bild jugendlicher Freundschaft.
Zoom, 9/99

Heiko R. Blum in: Rheinische Post, 2.10.98; Jürgen Richter in: FAZ, 5.10.98

Kampf der Mafia – Die Geschichte des Rosario Livatino 482

IL GIUDICE RAGAZZINO ***

TV

Regie: Alessandro di Robilant
Darsteller: Giulio Scarpati (Rosario Livatino), Sabrina Ferilli (Angela Guarnera), Leopoldo Trieste (Livatinos Vater), Regina Bianchi (Livatinos Mutter), Renato Carpentieri (Migliore), Paolo De Vita (Guazzelli), Roberto Nobile (Saetta), Turi Scalia (Gioacchino Vullo)
Drehbuch: Andrea Purgatori, Ugo Pirro, frei nach dem Buch von Nando Dalla Chiesa
Kamera: David Scott (Technicolor)
Musik: Franco Piersanti
Schnitt: Cecilia Zanuso
Prod.: RCS Films/RAI 2, Italien 1993; 92 Min.
UA: 13.2.1994, Int. Filmfestspiele Berlin
TV: 19.1.1998, RTL2, 1.05

(...) Der Italiener Alessandro di Robilant, der immerhin ein so ernsthaftes wie brisantes Thema wie die Mafia-Justiz behandelt, scheint von der Existenz einer Filmsprache, die noch nach grammatikalischen Regeln funktioniert, bereits keine Ahnung mehr zu haben. Er reiht Szenen wie Schlagwörter aneinander, in der Hoffnung, der vom Fernsehen deformierte Zuschauer werde sich schon seinen Reim darauf zu machen wissen. Daß dann bei seiner Geschichte über die Ermordung eines unbestechlichen Richters nicht mehr herauskommt, als man eh schon aus jeder Nachrichtensendung weiß, ist nur die logische Folge. *Peter Buchka, SZ, 15.2.94*

Kalle Blomquist löst einen neuen Fall

Karmapa – Zwei Wege, ein lebender Buddha zu sein 483
KARMAPA ***

Regie: Arto Halonen
Darsteller: Mit: Dalai Lama, Zhu Xiao-ming, Shamar Rinpoche; Erzähler: Esko Salminen (finnisch), Peter Coyote (englisch)
Drehbuch: Arto Halonen, Viliam Poltikovic
Kamera: Tinto Heinänen, Jari Pollari
Musik: Vesa Mäkinen
Schnitt: Arto Halonen
Prod.: Art Films/YLE/TV2/Tschechische TV/AVEK, Finnland/Tschechien 1998; 63 Min.
Verleih: -/-/Columbus; August 1998

Erstmals anerkennt China 1992 in Tibet die Reinkarnation eines hohen buddhistischen Lehrers, des 17. Karmapa. Doch 1994 wird in Indien ein zweiter 17. Karmapa inthronisiert. Der Konflikt erhellt die neue Taktik Chinas, die »Neubesetzung« der spirituellen Führung Tibets zu kontrollieren. Der Film läßt dies augenfällig werden im Kontrast von Interviews mit dem Dalai Lama und einem Vertreter Chinas sowie in poetisch montierten Bildern aus dem Leben der beiden Karmapas.

Zoom, 8/98

Karwoche 484
WIELKI TYDZIEN ****
TV

Regie: Andrzej Wajda
Darsteller: Beata Fundalej (Irena Lilien), Wojciech Malajkat (Jan Malecki), Magdalena Warzecha (Anna Malecka), Bozena Dykiel (Piotrowska), Jakub Przebindowski (Julek Malecki), Cezary Pazura (Piotrowski), Wojtek Pszoniak (Zamojski)
Drehbuch: Andrzej Wajda, nach der Kurzgeschichte von Jerzy Andrzejewski
Kamera: Wit Dabal (Farbe)
Schnitt: Wanda Zeman
Prod.-Des.: Allan Starski
Prod.: Lew Rywin für Heritage Films/Agency for Film Production/Polski TV/TVP SA/Canal Plus/Studio Babelsberg, Polen/BRD 1995; 97 Min.
EA: 20.2.1996, Int. Filmfestspiele Berlin, »Wettbewerb«
TV: 5.4.1998, ARD

(...) Lakonisch wie ein Chronist, und dennoch mit beklemmender Intensität schildert Wajda Menschen-Schicksale, die sich in der Osterwoche 1943 erfüllten, als die Juden im Warschauer Ghetto den Aufstand gegen die Nazi-Besatzer so grauenvoll büßen mußten, und die Polen sich entscheiden mußten, Helfer oder Mittäter zu sein. Die junge Jüdin Irena findet Unterschlupf bei ihrem alten Freund Jan und seiner gütigen schwangeren Frau, die couragierter als Jan der Angst, den Anfeindungen und gemeinen Bespitzelungen der Nachbarn trotzt. Wajda baut subtil-einfach ein Klima zunehmenden Horrors auf, entwickelt ein dramatisches Nebeneinander von Gut und Böse, Mut und Feigheit. Ein aufwühlender Film über die schwierigsten Fragen unseres Gewissens – damals und heute.

Angie Dullinger, AZ, 23.2.96

Jan Schulz-Ojala in: Der Tagesspiegel, 21.2.96

Katharina & Witt, Fiction & Reality 485
***

Regie: Mariola Brillowska, Charles Kissing
Drehbuch: Mariola Brillowska, Charles Kissing
Kamera: Jenni Tietze, Eric Schmidt (Farbe)
Musik: Felix Knoth
Schnitt: Mariola Brillowska
Prod.: Interpol Studios, BRD 1997; 100 Min.
UA: 15.2.1997, Int. Forum des Jungen Films, Berlin
Verleih: Freunde/-/-; Aug. 1997, Jan. 1998

Ein Animationsfilm über die Abenteuer der Interpol-Agenten Katharina & Witt, die im Auftrag einer Versicherung den größten Kunstdiebstahl aller Zeiten klären sollen.

Dietrich Kuhlbrodt in: epd Film, 8/97

Keine Chance 486
A CALL TO REMEMBER ***
Video

Regie: Jack Bender
Darsteller: Blythe Danner (Paula Tobias), Joe Mantegna (David Tobias), David Lascher (Jake Tobias), Kevin Zegers (Ben Tobias), Rita Zohar (Renya Weiss), Joe Spano (Dr. Green), Blu Mankuma (Hank McTier), Ingrid Kavelaars (Amy Miller)
Drehbuch: Max Eisenberg
Kamera: David Geddes (Farbe)
Musik: Lee Holdridge
Schnitt: Mark Melnick

Prod.-Des.: Richard Tom Sawyer
Prod.: John V. Stuckmeyer; Max Eisenberg, Ronna Slutske (Koprod.), USA 1997; 106 Min.
Vertrieb: CIC Video; Sept. 1998
FSK: ab 6 J.

Die jeweils einzigen Überlebenden ihrer Familien nach dem Holocaust, das Ehepaar David und Paula, erfährt in den 60er Jahren, daß Paulas totgeglaubter Sohn lebt. Anspruchsvolles Drama, das sein Thema ansprechend aufzubereiten versteht.

Kidnapping – Ein Vater schlägt zurück 487

***
TV

Regie: Cinzia Th. Torrini
Darsteller: Heinz Hoenig (Max Klausner), Michael Degen (Werner Schröder), Luca Zingaretti (Tonino Sanna), Dalila Di Lazzaro (Anwältin Iorio), Georg Tryphon (Vogel), Hanns Zischler (Professor), Massimo Bonetti (Kommissar Lorenzi)
Drehbuch: Renzo Martinelli, Fabrizia Fabbri, Cinzia Th. Torrini
Kamera: Blasco Giurato (Farbe)
Prod.: Progetto Imagine mit RAI/Taurus Film/ZDF, BRD 1997; 89 Min.
TV: 20.4.1998, ZDF, 20.15

Eine handfest spannende Hoenig-Oper mit Heinz Hoenigs speziellem Brutal-sentimental-Charme: Der Vaterhorror-Brüller nahm an, daß auch der Gangster ein Vaterherz hat. Mafiakerl Sanna entführt den Hoenig-Sohn – dafür entführt Hoenig mit Geheimdienst-Hilfe den Sanna-Sohn. Ein wackeres Wie-du-mir-so-ich-dir-Muskelspiel mit Happy-End, zwecks Väter-Erziehung.
Ponkie, AZ, 22.4.98

Kidnapping Mom & Dad 488

**
TV

Regie: Kai Wessel
Darsteller: Jan Josef Liefers (Roger), Ann-Kathrin Kramer (Katrin), Laura Syniawa (Mel), Mitja Daniel Krebs (Tommi), Armina Gusner (Sonja), Marion Breckwoldt (Elvira), Florian Martens (Siggi), Andreas Wisniewski (Holger)
Drehbuch: Tatjana Bliss, Jennifer Robinson, Stefan Sasse, Kai Wessel
Prod.: Pro7, BRD 1997; 95 Min.
TV: 5.5.1998, Pro7, 20.15

Deutscher Versuch, ein amerikanisches Disney-Muster der Kindergroteske ins deutsche Niemandsland zu übertragen: In der TV-Komödie wollen zwei nette Chaoten-Waisenkinder, die jedes Haus zum Einsturz bringen, ihren ekelhaften Kinderschinder-Pflegeeltern (fauler Wüterich: Florian Martens, feiste Saberjule: Marion Breckwoldt) entrinnen und suchen sich das Karriereanwaltspaar Jan Josef Liefers und Anne-Katrin Kramer als Papa und Mama aus. Eine Niedlichkeits-Kalauerklamotte mit Infantil-Schnuller für die Kinder-Anarchie. *Ponkie, AZ, 7.5.98*

Killing Friends – Zerstörerische Freundschaft 489

MY VERY BEST FRIEND
**
Video

Regie: Joyce Chopra
Darsteller: Jaclyn Smith (Dana Griffin), Jill Eikenberry (Barbara Wilkins), Tom Mason (Ted Marshall), Tom Irwin, Kimberley Warnat, Mary Kay Place (Molly Butler)
Drehbuch: Lindsay Harrison, John Robert Bensink
Kamera: James Glennon (Farbe)
Musik: Patrick Williams
Schnitt: Paul Dixon
Prod.: Sandra Saxon Brice, Richard Davis, Laurette Hayden für Paramount/Viacom., USA 1996; 89 Min.
Vertrieb: CIC Video; März 1998
FSK: ab 6 J.; Video (88 Min.) ab 12 J.

Frauenfilm auf (US-!)Fernsehniveau: Notorische Lügnerin killt Gatten und intrigiert die Ehe ihrer besten Freundin auseinander. Reizlose Routine-Veranstaltung vor wie hinter der Kamera.

Killing Grounds – Goldjagd in Kalifornien 490

KILLING GROUNDS
**
Video

Regie: Kurt Anderson
Darsteller: Anthony Michael Hall (Art Styles), Cynthia Geary (Janice Harper), Priscilla Barnes (Della)
Drehbuch: Thomas Ritz
Kamera: Theo Angeli
Musik: Kubilay Üner
Schnitt: Micky Blythe
Prod.: Image/Unapix, USA 1997; 89 Min.
Vertrieb: VCL (Concorde) Video; Okt. 1998
FSK: ab 16 J.

Vier Wanderer finden in einem einsamen Tal Flugzeugwrack mit brisanter Fracht: drei Mio. Dollar. Doch die Häscher lassen nicht auf sich warten … Action-Thriller mit bescheidenem Unterhaltungswert.

Killing Time – Tödliche Zeiten 491

KILLING TIME **

Video

Regie: Bharat Nalluri
Darsteller: Craig Fairbrass (Bryant), Nigel Leach (Jacob Reilly), Kendra Torgan (Maria), Peter Harding (Madison), Neil Armstrong (John), Ian McLaughlin (George), Stephen Thirkfeld (Charlie), Rick Warden (Smithy)
Drehbuch: Caspar Berry, Fleur Costello, Neil Marshall
Kamera: Sam McCurdy (Farbe)
Musik: Christopher Slaski
Schnitt: Neil Marshall
Prod.-Des.: Roland Gow
Prod.: Richard Johns für Metrodome Films, GB 1998; 86 Min.
Vertrieb: Columbia TriStar Video; 2.6.1998
FSK: ab 18 J.

Mordlüstern-perversem Brit-Millionär rückt italienische Profikillerin auf den Pelz. Viel Gelabere, keine »Dialoge«, viele Schüsse, viele, viele Tote – aber keine Pointe. In tumber Tarantino-Tradition.
Vor Gewalt und Blut nur so strotzende, hingegen jeglichen Einfall schuldig bleibende Tarantino-Gedächtnis-Orgie, die ausschließlich filmisch Qualitäten aufzuweisen in der Lage ist. Story? Berufskillerin aus Italien tötet, kaum in London, reihenweise Bösewichte und andere Menschen – in den Pausen: Laber-Dialoge.

Die Kinder von Beirut 492

WEST BEYROUTH – A L'ARBRI LES ENFANTS ***

TV

Regie: Ziad Doueiri
Darsteller: Rami Doueiri (Tarek), Mohamad Chamas (Omar), Rola Al Amin (May), Carmen Lebbos (Tareks Mutter), Joseph Bou Nassar (Tareks Vater)
Drehbuch: Ziad Doueiri
Kamera: Ricardo Jacques Gale (Farbe)
Prod.: Libanon/Frankreich 1997; 105 Min.
TV: 11.9.1998, Arte, 20.45

Im Beirut des Jahres 1975 werden zwei Schüler langsam aber unausweichlich in die politischen Konflikte hineingezogen.

Die Kinder von Furna 493

****

Regie: Christian Schocher
Darsteller: Mit: Heinz Lüdi
Drehbuch: Christian Schocher
Kamera: Christian Schocher
Musik: Ravi Shankar
Schnitt: Christian Schocher
Prod.: Christian Schocher für Christian Schocher Prod., Schweiz 1975/1997; 70 Min.
Verleih: -/-/Camera Obsuca; August 1998

Christian Schochers 1973–74 mit einfachsten Mitteln realisierter Dokumentarfilm in einer um 12 Minuten gekürzten Neufassung. Das Porträt eines bündnerischen Bergbauerndorfes und seiner Schüler, mit Szenen aus einem von einem Lehrer geschriebenen Schultheater und kommentiert von Aufsätzen der Kinder. Die einfühlsame Schilderung dieses einfachen, genügsamen Daseins wirkt wie ein Bericht aus einer fernen Zeit und beeindruckt noch immer durch ihren unmittelbaren Realitätscharakter und die Poesie der Schwarzweiß-Fotografie. Wird zusammen mit »Jahre später« in einem Programm gezeigt. *Zoom, 8/98*

Der Kinderhasser 494

*

TV

Regie: Maria Theresia Wagner
Darsteller: Marco Rima (Adrian Hoffmann), Johanna Christine Gehlen (Anna Kohlmorgen), Diether Krebs (Schmott), Claudia Grünberg (Nina), Anna Loos (Julia Sommer), Maximilian Wigger (Adrians Chauffeur), Tanja Schumann (Dr. Schrink), Ingolf Lück
Drehbuch: Michael Illner
Prod.: BRD 1998; 90 Min.
TV: 6.6.1998, RTL, 20.15

Sinneswandel durch Arbeit im Waisenhaus.

Kinderland ist abgebrannt 495

****

Regie: Sibylle Tiedemann
Drehbuch: Sibylle Tiedemann, Ute Badura
Kamera: Ute Badura (Farbe und s/w)
Musik: Loek Dikker
Schnitt: Inge Schneider
Prod.: Sibylle Tiedemann, Ute Badura für Tiba/SDR, BRD 1997; 94 Min.
UA: Int. Filmfestspiele Berlin 1998, Neue deutsche Filme
Verleih: Ventura/-/-; 1.10.1998
FSK: ab 6, ffr.
FBW: Besonders wertvoll

Gruppenporträt mehrerer Frauen, die 1933 alle um die zehn Jahre alt waren. Es ist die primäre Stärke dieses Filmes, den Gesprächspartnerinnen viel Zeit zu lassen, ihnen nicht mit vorgefaßten Meinungen entgegenzutreten. Die sich zaghaft entblätternden Biographien geraten dadurch sehr plastisch. Tausendfach dokumentierte, historische Fakten erleben lebendige, individuelle Darstellung und fügen sich zu einer aufregenden »Geschichtsschreibung von unten«. *Claus Löser, tip, 20/98*

Gerald Jung in: Zitty, 19/98; Thomas Klingenmaier in: Stgt. Zeitung, 1.10.98; Antje Schmelcher in: FAZ, 19.12.98

Kiss or kill 496

KISS OR KILL ***

Regie: Bill Bennett
Darsteller: Frances O'Connor (Nikki), Matt Day (Al), Chris Haywood (Det. Hummer), Barry Otto (Adler Jones), Andrew S. Gilbert (Crean), Barry Langrishe (Zipper Doyle), Max Cullen (Stan), Barry Otto (Det.) Jennifer Cluff
Drehbuch: Bill Bennett
Kamera: Malcolm McCulloch (Farbe)
Schnitt: Henry Dangar
Prod.-Des.: Andrew Plumer
Prod.: Bill Bennett, Jennifer Bennett; Corrie Soeterboek (Koprod.) für Australian Film Finance/Asset Management/South Australian Film/Movievision/Bill Bennett Prod., Australien 1997; 96 Min.
EA: Int. Hofer Filmtage 1997
Verleih: Pandora/-/-/VMP Video; 4.6.1998
FSK: ab 16, ffr,

Ein kleinkriminelles Pärchen auf der Flucht vor der Polizei durchs australische Hinterland. Als Leichen ihren Weg pflastern, verdächtigen sich Nikki und Al wechselseitig als Killer. Die verstörende Abgründigkeit dieser Konstruktion unterminiert der Film leider durch den Blick von außen. So amüsant die Streitereien des sie verfolgenden Polizistenduos auch sind, der Thrill wird dadurch ebenso veräußerlicht wie durch den Prominenten mit dem schmutzigen Geheimnis, der sich ebenfalls an die Fersen des Paares heftet.
Frank Arnold, tip, 12/98

(...) Bei diesem verstörenden Höllentrip durch menschliche Abgründe bietet Frances O'Connor eine aufregende Performance: Durch den Tod der Mutter traumatisiert, gibt sie sich in ihrer Verletzbarkeit preis, verschließt gleichzeitig die Seele mit einem Panzer aus Härte und Wut. »Kiss or Kill« erinnert streckenweise an Godards »Außer Atem« und beweist, daß Australien es mit Hollywood als Talentschmiede aufnehmen kann. *Margret Köhler, AZ, 4.6.98*

Fritz Göttler in: SZ, 9.6.98; Rupert Koppold in: Rheinische Post, 5.6.98; Helmut Schmitz in: FR, 6.6.98:; Christian Seebaum in: Kölner Stadt-Anzeiger, 6.6.98; Anke Sterneberg in: Focus, 30.5.98

Kleine Fische – Großes Geld 497

SHOOTING FISH ***

Regie: Stefan Schwartz
Prod.: GB 1997

Videotitel von PolyGram.
Siehe → Shooting Fish

Kleine Jessica – Ein Vaterherz in Not 498

ABDUCTED: A FATHER'S LOVE ***

TV

Regie: Chuck Bowman
Darsteller: Christopher Noth (Larry Coster), Loryn Locklin (Andrea), Peter MacNicol (Roy Dowd), Natalie Cole (Latisha Corbett), Stepfanie Kramer (Loretta Gaines), Megan Gallagher (Veronica), Daniel Roebuck
Drehbuch: Nach einer wahren Begebenheit
Prod.: Peter Katz, USA 1996; 91 Min.
TV: 18.8.1998, SAT.1, 20.15

Als Larry Coster feststellt, daß seine geschiedene Frau die gemeinsame Tochter vernachlässigt, entführt er Jessica und wird dabei ausgerechnet von einer radikalen Frauenorganisation unterstützt. Doch als er Jessica wegen einer Verletzung ins Krankenhaus bringen muß, fliegt seine Tarnung auf.

Pressetext

Silke Schauermann in: FAZ, 20.8.98

Kleine Millionärin in Not 499

LITTLE MISS MILLIONS **

TV

Regie: Jim Wynorski
Darsteller: Howard Hesseman (Nick Frost), Love Hewitt (Heather), Anita Morris (Sybil), James Avery (Noah Hollander), Steve Landesberg (Harvey Lipschitz), Robert Fieldsteel (Agnet Bellows)
Prod.: USA 1993;
85 Min.
TV: 30.1.1998, ZDF, 15.30

Die 13jährige Millionenerbin Heather entflieht ihrer geldgierigen Stiefmutter und macht sich auf die Suche nach ihrer leiblichen Mutter, wobei sie von dem Privatdetektiv Nick Frost verfolgt wird.

Der kleine Prinz 500

**

Video

Regie: Theo Kerp, Jaroslav Jakuba (Überarbeitung)
Drehbuch: Norbert Golluch, nach der gleichn. Erzählung von Antoine de Saint-Exupéry
Kamera: Walter Schmidt, Stefan Melchior, Heinz Busert (Farbe)
Musik: Johannes Roloff
Schnitt: Bernd-Rüdiger Zöhnel
Prod.: Alpha-Film, BRD 1990/97;
65 Min.
Vertrieb: Matthias-Film Video;
Januar 1998
FSK: ab 6, ffr.

Formal mißlungene Adaption der legendären Erzählung von Saint-Exupéry. Der film-dienst meinte: »So wirkt das Ergebnis über weite Strecken in der Tat wie eine Abfolge von Buchillustrationen – ohne überzeugenden Rhythmus, ohne eigenständige Form. Auch der Phantasie werden von dieser Bildfolge nur wenige Impulse gegeben, so daß der Betrachter fast ausschließlich auf das gesprochene Wort angewiesen bleibt. Ein bebildertes Hörspiel ist so entstanden, das viele, vor allem jüngere Zuschauer, vermutlich überfordern wird.«

Kleine Wunder 501

PEQUENOS MILAGROS ****

Regie: Eliseo Subiela
Darsteller: Julieta Ortega (Rosalia), Antonio Birabent (Santiago), Paco Rabal (Don Francisco), Ana Maria Picchio (Rosalias Mutter), Hector Altrio (Rosalias Vater), Monica Galan (Susana), Guadalupe Subiela (Hada)
Drehbuch: Eliseo Subiela
Kamera: Daniel Rodriguez (Farbe)
Musik: Osvaldo Montes
Schnitt: Arcela Saenz
Prod.: Martinez-Pucia für Promisa, Argentinien 1997; 100 Min.
EA: Filmfest München 1998
Verleih: -/Cinematograph, OmU/trigon; Juli 1998

Eine Verkäuferin in einem Supermarkt versucht ihrer Berufung als »Fee« gerecht zu werden, tut den Mitmenschen Gutes und findet schließlich Liebesglück bei einem einsamen Physiker. Eliseo Subielas siebenter Film erzählt nicht nur meisterhaft eine Beispielsgeschichte, sondern dringt mit seinen Bildern in die Bereiche des Immateriellen vor. *multimedia*

(...) Ein Märchen um die absolute Liebe, in wenigen Szenen etwas kitschig, sonst vorwiegend poetisch, mit feinem Humor und in metaphernreichen Bilder, stimmigen Bildern erzählt.

Zoom, 1/99

Gregor Dotzauer in: SZ, 1.7.98

Die kleine Zauberflöte 502

***

Regie: Curt Linda
Drehbuch: Curt Linda, nach der Oper von Emanuel Schikaneder und W.A. Mozart
Chefanimation: Susi Bauermann
Kamera: Marilena Voicu (Farbe)
Musik: Uli Kümpfel, Acapulco Terrace Orchestra

Schnitt: Barbara Zittwitz
Prod.: Curt Linda für Linda Film, BRD 1997; 62 Min.
UA: Filmfest München 1997
Verleih: MFA/filmladen/-/Taurus Video; 8.1.1998
FSK: o.A., ffr.
FBW: Wertvoll

(...) Das alternative Meisterstück dazu (Disney, die Red.), auf das der deutsche Film stolz sein kann, ist der Zeichentrickfilm »Die kleine Zauberflöte« von Curt Linda: Ein Kinderfilm, dessen ästhetische Qualitäten auch für Erwachsene offensichtlich sind und der trotzdem Kinder nie überfordert. Kunst und Volksvergnügen zugleich.
Lindas Opern-Pop »Die kleine Zauberflöte« ist Höhepunkt seines Gesamtwerks (Marksteine: 1969 »Die Konferenz der Tiere«, 1982 »Shalom Pharao«, 1992 »Das kleine Gespenst«) und mischt die vom Disney-System eingeebneten Sehgewohnheiten durch eine skurrile Komik auf, die auf biedere Niedlichkeit pfeift und Abstraktion mit Einfachheit koppelt. Dazu kommt die Märchenfrechheit, auf Kulturheiligtümern herumzuhüpfen: Servus Mozart. (...)

Abseits von allen Hollywood-Klischees einer der wenigen Fantasy-Zeichentrickfilme, die sich für die ganze Familie lohnen – nicht zuletzt als Einstieg in die große Mozart-Oper.
Ponkie, AZ, 8.1.98

In ungebrochenem Vertrauen auf Intelligenz, Geschmack und Phantasie seiner jugendlichen Zuschauer verweigert sich Curt Linda auch in seinem jüngsten Werk hartnäckig allen internationalen Trends des Zeichentrickfilms. Die sorgsam ausgeführten Bildhintergründe wirken wie Gemälde, und die Zeichnung der Frauenfiguren erinnert an japanische Holzschnitte. Bild für Bild Handarbeit anstelle von Computeranimation, das ist mühsam, teuer – und einfach schön. *tip, 2/98*

Heiko R. Blum in: Rheinische Post, 9.1.98; Daniel Kothenschulte in: Kölner Stadt-Anzeiger, 10.1.98; Thilo Wydra in: Die Welt, 8.1.98; Martin Zips in: SZ, 8.1.98

Die Kleinstadt 503
KASABA ***

Regie: Nuri Bilge Ceylan
Darsteller: Emin Toprak, Havva Saglam, Cihat Bütün, Fatima Ceylan, Emin Ceylan
Drehbuch: Nuri Bilge Ceylan
Kamera: Nuri Bilge Ceylan
Musik: Ali Kayaci
Schnitt: Ayhan Ergürsel
Prod.: NBC Film, Türkei 1997; 85 Min.
EA: 20.2.1998, Int. Forum des Jungen Films, Berlin
Verleih: Freunde/-/-; 9.4.1998

Ceylans Spielfilmdebüt betrachtet die Welt aus dem Blickwinkel zweier türkischer Kinder, einen Tag im Winter und einen Tag im Sommer. Ob in der Schule, als Zuhörer von Erwachsenengesprächen oder beim Spielen auf dem Friedhof sind Bruder und Schwester ständig mit dem eigentlichen Thema des Films konfrontiert: der Zeit und dem Altern. *Robert Weitlbaumer, tip, 8/98*

Das Kloster 504
O CONVENTO ***
TV

Regie: Manoel de Oliveira
Darsteller: Catherine Deneuve (Hélène Padovic), John Malkovich (Michael Padovic), Luis Miguel Cintra (Baltar), Leonor Silveira (Piedade), Duarte D'Almeida (Baltazar), Heloisa Miranda (Berta), Gilberto Gonçales (Fischer)
Drehbuch: Manoel de Oliveira, nach einer Idee von Agustina Bessa-Luis
Kamera: Mario Barroso (Kodak)
Musik: Sofia Gubadaidulina, Igor Stravinski, Toshiro Mayuzumi
Schnitt: Manoel de Oliveira, Valérie Loiseleux
Prod.-Des.: Maria José Branco, Ana Vaz da Silva
Prod.: Paulo Branco für Madragoa Filmes/Gemini/La Sept Cinema mit IPACA/Canal Plus, Portugal/Frankreich 1995; 90 Min.
UA: 24.5.1995, Int. Filmfestspiele Cannes, »Wettbewerb«
EA: Filmfest München 1995
TV: 3.12.1998, arte, 0.30

Portugals Altmeister Manoel de Oliveira überrascht hier mit einem esoterisch angehauchten Stück über die Lebenserfahrungen eines intellektuellen Ehepaares in einem portugiesischen Kloster.

Fazit: Der Teufel wohnt in uns allen. Sonst passiert, schön gefilmt wie stets, nicht viel. *Angie Dullinger, AZ 28.6.95*

Die verführerische Faszination, die von »O Convento« ausgeht, erreicht Oliveira mit einfachsten Mitteln: mit seiner simplen Überblendung von Piedade auf Hélène, mit dem sublimen Farbspiel der Kostüme, mit ironisch gigantischen Musikeinsätzen. Er spielt mit den Mythen des antiken und des christlichen Abendlands, erzählt eine sarkastische Parabel vom aktuellen Zustand der Religion zwischen den metaphysischen Polen von Gut und Böse, in der Gewißheit, daß ohne Versuchung und Sünde ein menschliches Leben kaum vorstellbar sei. Doch Oliveira beharrt nicht auf dem Tiefgang seiner Geschichte, selbst das rätselhafte Finale lebt vom Vergnügen am Kino und seiner Topologie. Die dabei entstehende, nur scheinbar unbeabsichtigte Komik sichert der Inszenierung Oliveiras eine wunderbare Leichtigkeit. (...)
SZ, 29.5.95

(...) Da wird in den vollbesetzten Pressevorführungen freudig geklatscht, während auf ein Meisterwerk wie Manoel de Oliveiras »O Convento« die überwiegende Mehrheit mit empörten Buhrufen reagiert. Wenn es eine Krise des Kinos gibt, so hat sie auch die Kritik erfaßt. (...) *H. G. Pflaum, SZ, 29.5.95*

Knight of the Apocalypse 505
THE MINION **
Video

Regie: Jean-Marc Piche
Darsteller: Dolph Lundgren, Françoise Robertson, Roc Lafortune
Kamera: Barry Parrell (Farbe)
Schnitt: Yvan Thibaudean
Prod.: Claudio Castravelli für Taurus 7 für Kushner-Locke, USA 1998; 90 Min.
Vertrieb: Starlight Video; 4.11.1998
FSK: ab 16 J.

Nach 1000 Jahren findet man bei U-Bahn-Bauarbeiten den Schlüssel zum Verlies des Antichristen. Grusel-Horror-Szenario mit Dolph Lundgren als Priester – saukomisch, das!

Knock off 506
KNOCK OFF **

Regie: Tsui Hark
Darsteller: Jean-Claude van Damme (Marcus Ray), Rob Schneider (Tommy Hendricks), Lela Rochon (Karen Leigh), Paul Sorvino (Johansson), Carmen Lee (Ling Ho), Wyman Wong (Eddi), Glen Chin (Skinney), Michael Fitzgerald Wong (Lieutenant Han)
Drehbuch: Steven E. De Souza
Kamera: Arthur Wong (DeLuxe)
Musik: Ron Mael, Russel Mael
Schnitt: Mak Chi Sin
Prod.-Des.: James Leung, Bill Lui
Prod.: Nansun Shi; Raymond Fung (Koprod.), Peter Nelson (Ass.-Prod.) für Film Workshop/Val D'Oro Ent., USA 1998; 91 Min.
Verleih: Highlight/Constantin/-; 15.10.1998
FSK: ab 18 J., nffr.; gekürzte Fassung (87 Min.) ab 16, ffr.

Jean-Claude Van Damme kämpft in der Rolle eines Verkaufsrepräsentaten für Markenjeans in Hongkong gegen russische Gangster, die mit Minibomben präparierte Jeans-Kopien fabrizieren. Die Hongkong-Produktion unterhält mit einigen Actionszenen und handfesten Kung-Fu-Duellen, das rudimentäre Handlungsgerüst jedoch wirkt abgenutzt und brüchig.
Ralph Umard, tip, 22/98

W.O.P. Kistner in: Rheinische Post, 6.11.98; Jürgen Richter in: FAZ, 10.11.98

Knutschen, kuscheln, jubilieren 507
**

Regie: Peter Kern
Darsteller: Udo Jermann (Mutter Colonia), Wolfgang Rendat (Biene), Johann Jaquemont (Hennes), Peter Jansen (Charlotte), Jürgen Wolf (Mutter Wolf), Ronny Wanowski
Drehbuch: Peter Kern
Kamera: Sven Kierst (Farbe)
Musik: Tote Hosen u. a.
Schnitt: Jean Christoph Burger
Prod.: Till Uhlenbrock, Joao Pedrosa, Peter Kern; Elke Peters (Koprod.) für Alma Film/ Bremer Institut Film-Fernsehen, BRD 1997; 82 Min.
UA: 15.2.1998, Int. Filmfestspiele Berlin, »Panorama: Dokumente«
Verleih: Filmverleih im Nordsee-Park; Alma-Kino/; 18.3.1998
FSK: ab 16 J., ffr.

(...) »Im Mittelpunkt unserer Dokumentation stehen die Schicksale und Lebensweisheiten von fünf älteren Homosexuellen.
Das Zentrum des Films ist ihre Stammkneipe, ›Le Clou‹.« (...)
Peter Kern, Katalog Berlinale

Eine Gruppe alter homosexueller Männer legt bereitwillig ihr zum Teil bizarr verlaufenes Leben offen. Ein von Sympathie für die Personen getragener Dokumentarfilm mit Spielszenen, der von lebenslanger Ausgrenzung und der Angst vor Einsamkeit und Alter erzählt und Menschen vorstellt, die fast krampfhaft Normalität herbeisehnen.
Hans Messias, film-dienst, 7/98

Der König der Masken 508

BIAN LIAN ***

Regie: Wu Tian Ming
Darsteller: Chu Xuk (Bian Lian Wang), Zhou Renying, Zhang Riuyang (Tien Che), Chao Kim Yim (Doggie)
Drehbuch: Wei Ming Lun
Kamera: Mu Da Yuan (Farbe)
Musik: Zhao Ji Ping
Prod.-Des.: Wu Xu Jing
Prod.: Wu Tian Ming für Shaw Brothers/ Beijing Youth Film Studio, China/Hongkong 1996; 90 Min.
EA: 21.2.1996, Forum des jungen Films, Berlin
Verleih: MFA, OmU/-/-; 6.8.1998

Ein alter chinesischer Maskenspieler möchte zu Beginn des 20. Jahrhunderts seine Kunst an einen Schüler weitergeben. Das elternlose Kind, das er einem Händler abkauft, erweist sich jedoch als Mädchen, das er laut Tradition nicht in das Geheimnis der Masken einweihen darf. Ein formal und inhaltlich beeindruckender Film, der mit dem sorgsamen Einsatz von warmen Farben das Anliegen des Wanderkünstlers umsetzt, durch sein Spiel Hoffnung und Licht in den unwirtlichen Alltag zu bringen. Zugleich handelt er von der Diskriminierung der Frauen und wirbt für eine tolerante Menschlichkeit sowie für Vertrauen in die eigenen Gefühle.
Ursula Vossen, film-dienst, 17/98

Wer gerne alte und junge Menschen weinen sieht, von nah und fern, für den ist »Der König der Masken« ein Muß. Gleiches gilt für Freunde platter Lebensweisheiten im Stil von »Glück und Unglück sind ein Paar« und für Zuschauer, die mißglückte Schnitte schätzen. Wer sich von einem hochdotierten chinesischen Film mehr erhofft, sollte zu Hause bleiben. »Der König der Masken« ist ein metaphernreiches Sozialdrama, in dessen Verlauf der Protagonist erst Unrecht tut, dann selbst wegen eines Unrechts in Gefahr gerät und schließlich, schnarch, geläutert daraus hervorgeht. (...) *MW, Zitty, 16/98*

(...) Regisseur Wu Tian Ming war ein Wegbereiter der Studentenproteste in China. Er kehrte 1994 aus dem amerikanischen Exil zurück. Sein »König der Masken« ist ein Film voll zauberischer Intimität und hat doch die Dramatik einer großen Oper. (...)
Kerstin Decker, Der Tagesspiegel, 7.8.98

Krambambuli 509

***

Regie: Xaver Schwarzenberger
Darsteller: Tobias Moretti, Gabriel Barylli, Christine Neubauer, Nina Franoszek, Fanny Zerz, Anne-Marie Bubke, Fred Stillkrauth
Drehbuch: Felix Mitterer, nach der Erzählung von Marie von Ebner-Eschenbach
Kamera: Xaver Schwarzenberger (Farbe)
Musik: Anna Lauvergnac
Schnitt: Daniela Padalewski-Junek
Prod.-Des.: Egon Strasser
Prod.: Michael Wolkenstein, Christina Krinner für Satel/Almaro Film/ORF/BR, Österreich/BRD 1998; 92 Min.
Verleih: -/Buena Vista/-; Sept. 1998
FSK: ab 12 J., – *FBW:* Wertvoll (Österreich)

Zwischen dem Oberförster und dem Wilderer verschärft sich die Auseinandersetzung, bis sie den einen das Leben und den anderen seine Ehe kostet. In klaren Bildern wird das Geschehen auf seine Konflikte hin inszeniert, deren archaische Züge fernab von Sentimentalitäten zur Reflexion einladen.
multimedia

(...) Ein starker Film – und ein steinerweichendes Ende: Wilderer totgeschossen, Hund verstoßen und erfroren, Jäger allein. *Ponkie, AZ, 23.12.98*

Norbert Hummelt in: Kölner Stadt-Anzeiger, 23.12.98

Die Kriegsmacher 510
THE SECOND CIVIL WAR ***
TV

Regie: Joe Dante
Darsteller: Beau Bridges (Gouverneur von Idaho), Joanna Cassidy (Helena Newman), Phil Hartman (Der Präsident), Dan Hedaya (Mel Burgess), James Earl Jones, James Coburn (Jack Buchan), Elizabeth Pena
Drehbuch: Martyn Burke
Kamera: Mac Ahlberg (Farbe)
Musik: Jummie Mann
Schnitt: Marshall Harvey
Prod.-Des.: Joe Lucky
Prod.: Guy Riedel für HBO Pic., USA 1997; 100 Min.
UA: 15.3.1997, HBO
TV: 2.3.1998, Premiere, 21.45

Grenzkonflikt: Wer darf ins Land mit wessen Zustimmung? Hilfsorganisation mit tausend pakistanischen Waisenkindern und Geleitschutz der US-Armee kontra Privatmilizen als Gouverneurs von Idaho. Der zweite amerikanische Bürgerkrieg bricht aus.

Kull – der Eroberer 511
KULL THE CONQUEROR **
Video

Regie: Joch Nicolella
Darsteller: Kevin Sorbo (Kull), Tia Carrere (Akivasha), Karina Lombard (Zareta), Thomas Ian Griffith (Taligaro), Litefoot (Ascalante), Roy Brocksmith (Tu), Harvey Fierstein (Juba), Edward Tudor-Pole
Drehbuch: Charles Edward Pogue, nach Charakteren von Robert E. Howard
Kamera: Rodney Charters (Deluxe)
Musik: Joel Goldsmith
Schnitt: Dallas Puett
Prod.-Des.: Benjamin Fernandez
Prod.: Raffaella De Laurentiis; Hester Hargett für Raffaella De Laurentiis Prod., USA 1997; 92 Min.
Vertrieb: CIC Video; 22.6.1998 – *FSK:* ab 16 J.

Der ehemalige Galerensklave Kull muß sich in seinem eigenen Reich gegen finstere Intrigen wehren. Nichtssagendes Fantasy-Action-Spektakel mit dicken Muskeln und hauchdünnem Plot.

Kundun 512
KUNDUN ****

Regie: Martin Scorsese
Darsteller: Tenzin Thuthob Tsarong (Dalai Lama als Erwachsener), Gyurme Tethong (Dalai Lama mit 12), Tulku Jamyang Kunga Tenzin (Dalai Lama mit 5), Tenzin Yeshi Paichang (Dalai Lama mit 2), Tencho Gyalpo (Mutter), Tsewang Migyur Khangsar (Vater), Sonam Phunstok (Reting Rinpoche), Gyatso Lukhang (Lord Chamberlain)
Drehbuch: Melissa Mathison, nach der Biographie von Dalai Lama
Kamera: Roger Deakins (Technicolor)
Musik: Philip Glass
Schnitt: Thelma Schoonmaker
Prod.-Des.: Dante Ferretti
Prod.: Barbara De Fina; Melissa Mathison für Cappa/De Fina Prod. für Touchstone, USA 1997; 134 Min.
Verleih: Kinowelt/dto./Focus/Arthaus Video; 19.3.1998
FSK: ab 6, ffr.

1937 wird der zweijährige Kundun von einem Mönch als Reinkarnation des

Tulku Jamyang Kunga Tenzin und Martin Scorsese

Tencho Gyalpo und Tulku Jamyang Kunga Tenzin in ›Kundun‹

13. Dalai Lama entdeckt. Bald schon zieht er mit seiner Familie in den Palast von Lhasa ein und wird neues Staatsoberhaupt und spiritueller Führer Tibets. 1950 überfallen die Rotchinesen Tibet, neun Jahre später flieht der Dalai Lama vor den Schergen Maos ins Exil. Eine mit viel Sorgfalt und Respekt inszenierte, dem dokumentarischen Blick verpflichtete Jugendbiographie des 14. Dalai Lama, die Scorsese unter seiner Mitarbeit realisierte. *Zoom, 3/98*

Hier gelingt dem wohl bedeutendsten Filmregisseur heute, Martin Scorsese, etwas sehr Ungewöhnliches: Ein meditativer Film, dessen genaue Bildkompositionen grandios montierte Szenenfolgen und kraftvolle Musik ganz sinnlich Spiritualität spürbar machen. Und politisches Bewußtstein wecken – für das Unrecht der chinesischen Invasion und bis heute andauernden Besetzung Tibets. (...) *Frauke Hanck, AZ, 19.3.98*

(...) Die Frage, die »Kundun« nicht lösen kann, ist eine größere. Es geht darum, ob die Weisheit des Buddhismus dem Kino nicht am Ende wesensfremd ist, weil es unaufhaltsam zu Drama und Exzeß tendiert – zumindest das Kino von Scorsese. Am Ende jedenfalls ertappt man sich bei dem Wunsch, sein nächster Held möge wieder die allerkatholischsten Qualen leiden, Böses tun und fehlbar sein, sich in der Gosse wälzen und um Vergebung flehen. Vielleicht ist das nur alte Gewohnheit –, vielleicht aber auch das Gefühl, daß die Kinogeschichte des Dalai Lama noch nicht wirklich begonnen hat. (...)

Tobias Kniebe, SZ, 18.3.98

Ich hätte gern einen richtig spirituellen, religiösen Film gemacht wie die von Dreyer und Bresson oder Rossellini. Aber an die reiche ich nicht ganz heran.

Sind Sie religiös?

Ich denke. Man verwechselt nur oft Religion mit Aberglauben.

Martin Scorsese im Interview von Harald Pauli, Focus, 10.11.97

Es gibt zwei Arten von Filmen, die ich gern machen würde, doch leider weiß ich, daß ich dafür gänzlich ungeeignet bin: Western oder Filme in der Art von Rossellinis »Franziskus, der Gaukler Gottes«. Man wird sich weiterhin mit Hybriden von mir begnügen müssen.

Also Filme irgendwo zwischen der Farbe des Geldes und der Farbe des Geistes?

Wenn Sie so wollen, ja. Ich mache Filme, die ich gewissermaßen einem Studio schulde, und andere, die ich uneingeschränkt meine Filme nennen würde. Aber um einen meiner Filme machen zu dürfen, muß ich erst ein bestimmtes Quantum an Schuldnerdiensten erbringen. Wenn ich noch drei von »meinen Filmen« schaffe, bin ich zufrieden. Ach was, genaugenommen bin ich dankbar, wenn ich einen davon machen kann.

Scorsese im Interview mit Ralph Eue und Michael Schumann, Der Tagesspiegel, 18.3.98

Thomas Klingenmaier in: Stgt. Zeitung, 19.3.98; Tobias Kniebe in: SZ, 14.3.98 (Interview Scorsese); Heike Kühn in: FR, 19.3.98; Milan Pavlović in: Kölner Stadt-Anzeiger, 21.3.98; Karim Zendagui in: Rheinische Post, 20.3.98

Kurz und schmerzlos 513

****

Regie: Fatih Akin
Darsteller: Mehmet Kurtulus (Gabriel), Aleksandar Jovanovic (Bobby), Adam Bousdoukos (Costa), Regula Grauwiller (Alice), Idil Üner (Ceyda), Ralph Herforth (Muhamer), Oscar Ortega Sanchez (Waffendealer), Cem Akin (Cenk)
Drehbuch: Fatih Akin
Kamera: Frank Barbian (Farbe)
Musik: Ulrich Kodjo Wendt
Schnitt: Andrew Bird
Prod.-Des.: Guido Amin Fahim
Prod.: Stefan Schubert, Ralph Schwingel für Wüste/ZDF mit Geyer-Media, BRD 1998; 100 Min.
UA: Int. Filmfestspiele Locarno 1998
Verleih: PolyGram/Buena Vista/Monopole Pathé/PolyGram Video; 15.10.1998
FSK: ab 16 J., ffr. – *FBW:* Besonders wertvoll

Drei befreundete Hamburger Gang-Mitglieder gehen eigene Wege: Der eben erst haftentlassene Türke Gabriel will ein normales Leben, der Grieche Costas bleibt Kleinkrimineller, und der Serbe Bobby sucht Ruhm und Geld bei der Mafia. Bobbys Traum stellt das Leben der drei und ihrer Freundinnen auf den Kopf. Temporeich und gradlinig inszeniert, schildert der Film Kon-

Aleksandar Jovanovic, Adam Bousdoukos, Mehmet Kurtulus in ›Kurz und schmerzlos‹

flikte um Liebe, Ehre und Freundschaft allzu plakativ und gewalttätig, erzählt aber glaubwürdig von multikulturellen Freundschaften. *Zoom, 10/98*

Fatih Akin ist ein herausragendes Talent mit cinéastischem Gespür für den Rhythmus zwischen Action und Stille. Grimmiger Dialogwitz, beklemmende Nachtbilder und individuell gezeichnete Charaktere lassen kleine Dramaturgiebrüche vergessen. Ein Debüt-Knüller. *Angie Dullinger, AZ, 15.10.98*

Albert Baer in: Rheinische Post, 16.10.98; Suzan Gülfirat in: Der Tagesspiegel, 15.10.98; Thomas Klingenmaier in: Stgt. Zeitung, 15.10.98; H.G. Pflaum in: SZ, 17.10.98; Hans-Jörg Rother in: FR, 17.10.98; Claudia Voigt in: Der Spiegel, 19.10.98; Martin Walder in: NZZ, 10.8.98

Der Kuß des Killers

514
**
TV

Regie: Michael Rowitz
Darsteller: Sandra Speichert (Vera), Oliver Korittke (Artur), Manfred Lehmann (Semmler), Henry Hübchen (Kühne), Jürgen Fliege, Carolin Reiber
Drehbuch: Christos Yiannopoulos
Kamera: Dietmar Koelzer (Farbe)
Prod.: BRD 1998;
90 Min.
TV: 23.9.1998, RTL Plus, 20.15

(...) Polizistin wird von LKA-Mann zu verdeckter Ermittlung gegen Gangster genötigt, der mit einem Mädchenhändler in Nachtclub-Villa residiert. Frau Bulle und Herr Killer verknallen sich, da verliert sie bei Schießerei ihr Gedächtnis, das erst wiederkehrt, als der geliebte Killer fast schon tot ist. Starke Darsteller hätten ein so schwaches Skript ein wenig auf Trab bringen können. Hier aber hatten sie Mühe, ihre popeligen Rollen außer mit Augenrollen auszufüllen, so daß Regisseur mit Kameramann auf extravagente Optik setzen mußten. (...)
W.O.P. Kistner, AZ, 25.9.98

(...) Was sich aber vielleicht noch spannend liest, bleibt als Film langweilig. Alles ist absehbar, jeder Blick und jede Geste verraten den nächsten Handlungsschritt, vermeiden mit penetrantem Ehrgeiz jede Überraschung. Die unterkühlte Musik simuliert einen Thrill, den die Bilder im Edelpuff, auf nächtlichen Straßen und in den ewiggleichen Tiefgaragen nicht einlösen. Die Geschichte wird vernachlässigt. Was zählt, ist das Design: erotische Kulissen für unerotische Belanglosigkeiten. Und wenn der junge Killer auf einmal sein Herz für seine Polizistin entdeckt, dann mutiert er gleichsam zum scheuen Oberprimaner, der jegliche Ambivalenz und erst recht jegliche kriminelle Energie vermissen läßt. Er ist halt ein netter Kerl – zu gut für einen Krimi. *Hans-Heinrich Obuch, SZ, 25.9.98*

Küß ihn nicht beim ersten Date

515
PORTRAIT OF AN ESCORT
**
TV

Regie: Steven Hilliard Stern
Darsteller: Edie Adams, Susan Anspach (Jordan West), Tony Bill, Cyd Charisse, Mary Frann, Lauri Hendler, Kevin McCarthy, Todd Susman
Prod.: USA 1980; 91 Min.
TV: 12.2.1998, Pro7, 9.40

Die geschiedene Jordan West entschließt sich, neben ihrem Job noch bei einem Escort-Service als »charmante Begleiterin« zu arbeiten. Doch schon bei ihrem ersten Rendezvous wird sie mit ungeahnten Problemen konfrontiert. *Pressetext*

Der Laden 516

****

TV

Regie: Jo Baier
Darsteller: Ole Brandmeyer (Esau als Kind), Bastian Trost (Esau), Carmen Maja Antoni (Großmutter), Martin Benrath (Großvater), Dagmar Manzel (Mutter), Jörg Schüttauf (Vater), Ingo Naujoks (Phile, Esaus Onkel)
Drehbuch: Jo Baier, Ulrich Plenzdorf, nach der gleichn. Romantrilogie von Erwin Strittmatter
Kamera: Gernot Roll (Farbe)
Musik: Thomas Osterhoff
Schnitt: Clara Fabry
Prod.: ORB/WDR/MDR/SWR/BR, Arte mit Studio Babelsberg, BRD 1998; 93 Min.
UA: Int. Hofer Filmtage 1998
TV: 20.,21.,24.11.1998, Arte, 20.45; 25., 27.,11., 3.12.1998, ARD, 21.00
Vertrieb: Arthaus Video
FSK: ab 12 J.

Für diese hervorragende Produktion wird es Preise regnen, die ARD wird sich mit ihr brüsten. Dabei werden die Fragen, warum es nicht öfter Fernsehen in dieser Qualität geben kann und warum Regisseur Jo Baier fünf Jahre für die Verwirklichung dieser Erwin-Strittmatter-Adaption kämpfen mußte, in den Hintergrund treten. Gewiß, elf Millionen Mark Budget – bei ursprünglich veranschlagten 1,5 Millionen – sind kein Klacks, aber die Investition hat sich sichtbar gelohnt: von der sorgsamen Licht- und Farbgestaltung, der eigenwilligen Musik über die sensible Kamera bis hin zu den ausnahmslos vorzüglichen und auch vorzüglich geführten Darstellern überzeugte alles. Ein wenig Sozialkitsch, etwas Sentimentalität und ein Schuß Theatralik störten da kaum in der Inszenierung, die eine vergessene Welt wiederauferstehen ließ: Die Abenteuer des neunjährigen Esau Matt, der im Sommer 1919 mit Eltern und Großeltern in die Niederlausitz nahe der polnischen Grenze zieht, spiegeln unaufdringlich die sozialen Strukturen zwischen den beiden Weltkriegen wider.

W.O.P. Kistner, AZ, 27.11.98

Laserhawk 517

LASERHAWK

**

Video

Regie: Jean Pellerin
Darsteller: Jason James Richter (Zach), Melissa Galianos (Cara), Gordon Currie (M. K. Ultra), Mark Hamill (Bob), Ivan Dale Rogers (Col. Teagarden), Michel Perron, Joseph Wynne, Richard Jutras
Drehbuch: John A. Curtis, nach einer Story von John A. Curtis
Kamera: Eric Moynier (Farbe)
Musik: Michael Richard Plowman
Schnitt: Petr Svab
Prod.-Des.: Alain Singher
Prod.: Pieter Kroonenburg, John A. Curtis für Everest Motion/Kingsborough Greenlight, Kanada 1997; 95 Min.
Vertrieb: New Vision Video; 26.5.1998
FSK: ab 12 J.

Als leidenschaftlicher Science-Fiction-Freak hat der junge Zach natürlich schlechte Karten, als er von der bevorstehenden Alien-Invasion der Erde erfährt. Niemand glaubt ihm zunächst. Effektgeladener, um Ironie bemühter Billig-Actioner.

Last Exit Reno 518

HARD EIGHT

***

Video

Regie: Paul Thomas Anderson
Darsteller: Philip Baker Hall (Sydney), John C. Reilly (John Finnegan), Gwyneth Paltrow (Clementine), Samuel L. Jackson (Jimmy), F. William Parker (Geisel), Philip Seymour Hoffman (Würfel-Spieler), Wynn White, Robert Ridgely
Drehbuch: Paul Thomas Anderson
Kamera: Robert Elswit (Farbe)
Musik: Jon Brion, Michael Penn
Schnitt: Barbara Tulliver
Prod.-Des.: Nancy Deren
Prod.: Robert Jones, John Lyons für Rysher Entertainment, USA 1996; 101 Min.
EA: Filmfest München 1997
Vertrieb: Columbia TriStar Home Video; 27.1.1998
FSK: ab 16 J.

Ambitioniertes, düsteres Zocker-Drama von Paul Thomas Anderson, der heuer mit »Boogie Nights« für Kino-Furore sorgte: Alternder Spieler zieht sich einen Nachfolger heran, zeigt ihm

seine Tricks, doch der will zu hoch hinaus. Warum? Wegen einer Frau natürlich. Ruhig entwickelte Story, die sich auf das Talent der Darsteller und das des Regisseurs stützen kann.
(...) So erzählt sie über den im letzten Jahr abgedrehten Krimi »Hard Eight«, in dem sie eine Prostituierte aus Reno spielt: »Ich traf den Regisseur Paul Thomas Anderson vor ein paar Jahren, und wir verstanden uns sofort. Manchmal begegnet man jemand beim Kaffeetrinken und merkt, daß er für immer mein Freund sein wird.«
Drei Jahre sammelte sie mit Anderson zusammen Geld, bis der Film gedreht werden konnte. »Viele Menschen fragten mich, warum ich nicht aufgebe?« erzählt sie. »Aber ich halte Paul einfach für ein Genie.«

Gwyneth Paltrow im Interview mit Vanessa Oelker, Gala, 5.3.98

The last ride 519

THE LAST RIDE *
Video

Regie: Karl Krogstad
Darsteller: David R. Ranger (Mike), Amy Newhavic (Debbie), Michael Regis Hilow (Philipp), Renn Reynolds (Doctor), William Winship (Sheriff Bolt)
Drehbuch: Ted Prior
Kamera: C. David Crowther (Farbe)
Musik: Charles Shepard, Tony Capelli
Schnitt: Charles Shepard
Prod.: Ashley Duncan für AIP, USA 1995; 90 Min.
Vertrieb: Madison Video; 16.7.1998
FSK: ab 16 J.

Kaum aus dem Knast, fällt der Protagonist schon einem psychopathischen Mörder in die Hände. Unmotivierter Thriller-Quatsch.

The Laughing Dead 520

THE LAUGHING DEAD *
Video

Regie: S. P. Somtow
Darsteller: Tim Sullivan (Father O'Sullivan), Wendy Webb (Tessie), Patrick Roskowick (Ivan), Premika Eaton (Laurie), Larry Kagen (Wilbur), Krista Keim (Clarisse), Gregory Frost, Raymond Ridenour
Drehbuch: S.P. Somtow
Kamera: David Boyd (Farbe)
Musik: S.P. Somtow
Schnitt: Rose Anne Weinstein
Prod.-Des.: Diane Hughes, Phillip Vasels
Prod.: Lex Nakashima, USA 1989; 91 Min.
Vertrieb: Incredibly Strange Video; 14.8.1998

Bei einem Ausflug nach Mexiko bemächtigt sich plötzlich ein Todesgott des Leibs des reiseleitenden Pfarrers. Unsäglicher Horror-Schrott, formal wie inhaltlich eine Zumutung.

Lautlose Jagd 521

Regie: Vivian Naefe
Prod.: BRD 1998

Produktions-/Originaltitel für → Rache für mein totes Kind

Lazarus – Der Junge mit den traurigen Augen 522

LAZARUS ***
Video

Regie: Waldemar Dziki
Darsteller: Musa Luvuno (Lazar), William Armstrong (Peter), Karen Austin (Anne), Ryszard Filipski (Großvater), Gary Wilmot (Sozialarbeiter), Musa Luvuno, Alan Stocks
Drehbuch: Cezary Harasimowicz
Kamera: Jaroslaw Jamojda (Farbe)
Musik: Michael Lorenz
Schnitt: Marek Denys
Prod.: Waldemar Dziki, Jacek Lipski für Pleograf/Tor, Polen 1994; 80 Min.
Vertrieb: KJF Video; April 1998
FSK: ab 12 J.

Kinderloses Ehepaar adoptiert 10jährigen, schwer kriegstraumatisierten Jungen aus Mosambik. Eine Produktion, die sich ihrem ernsten Sujet auf unspektakuläre, ernstzunehmende Weise nähert.

Lebe lieber ungewöhnlich 523

A LIFE LESS ORDINARY ***

Regie: Danny Boyle
Darsteller: Ewan McGregor (Robert), Cameron Diaz (Celine), Holly Hunter (O'Reilly), Delroy Lindo (Jackson), Ian Holm (Naville), Ian McNeice (Mayhew), Stanley Tucci (Elliot), Dan Hedaya (Gabriel)
Drehbuch: John Hodge
Kamera: Brian Tufano (Rank)

Musik: David Arnold; Randall Poster (supervision)
Schnitt: Masahiro Hirakubo
Prod.-Des.: Kave Quinn
Prod.: Andrew Macdonald für Figment Films für PolyGram, GB 1997; 103 Min.
Verleih: PolyGram/dto./Monopole Pathé/ PolyGram Video; 22.1.1998
FSK: ab 16, ffr.
FBW: Wertvoll

Der gefeuerte Putzmann Robert entführt Celine, die Tochter des Chefs. Einer göttlichen Order zufolge sollen Kidnapper und Opfer ein Liebespaar werden, sonst stranden die zwei entsandten Himmelsboten auf der Erde. Das führt zu absurden und dramatischen Verwicklungen, die in ein Happy-End von Gottes Hand münden. Das Trio Boyle/Hodge/Macdonald überdreht die klassische, »screwball comedy« ins Postmoderne, mit unausgeglichenem Ergebnis, aber auch mit viel Charme und Originalität. *Zoom, 1/98*

(...) Und die Darsteller knattern hier so unorganisiert drauflos, daß es mitunter schon wehtut. Ewan McGregor rollt munter mit den Augen, Cameron Diaz zieht sexy eine Schnute und Holly Hunter rackert sich hübsch als Himmelsbotin ab. Vergebene Liebesmüh'.
Was aber kein Wunder ist, denn die allzu bemüht auf schrill getrimmte Story gerät des öfteren ins Stottern, läßt Besetzung wie Betrachter ratlos dreinblicken und ist im Endeffekt trotz mancher Verwicklung der absurden Art alles andere als ungewöhnlich.
Albert Baer, Rheinische Post, 23.1.98

(...) Wir wurden schon oft mit Tarantino verglichen, und ich halte »Pulp Fiction« für einen großartigen Film. Aber seine Figuren sind cool angelegt, unsere handeln aus Leidenschaft. Wenn Gewalt ins Spiel kommt, grölt das Publikum bei uns nicht. Die Leute schweigen, weil sie den Schmerz spüren. Nur in diesem Sinn zeigen wir Gewalt. *Danny Boyle im Interview mit Markus Tschiedert, AZ, 22.1.98*

Thomas Klingenmaier in: Stgt. Zeitung, 22.1.98; Milan Pavlovic in: Kölner Stadt-Anzeiger, 24.1.98; Helmut Schmitz in: FR, 24.1.98; Anke Sterneborg in: SZ, 22.1.98

Cameron Diaz und Ewan McGregor

Das Leben – ein Sechserpack 524

SIX DEGREES OF SEPARATION ***

TV

Regie: Fred Schepisi
Darsteller: Stockard Channing (Ouisa Kittredge), Will Smith (Paul), Donald Sutherland (Flan Kittredge), Ian McKellen (Geoffrey), Mary Beth Hurt (Kitty), Bruce Davison (Larkin), Richard Masur (Dr. Fine), Anthony Michael Hall (Trent Conway)
Drehbuch: John Guare, nach seinem Bühnenstück
Kamera: Ian Baker (Deluxe)
Musik: Jerry Goldsmith
Schnitt: Peter Honess
Prod.-Des.: Patrizia von Brandenstein
Prod.: Fred Schepisi, Arnon Milchan für Maiden Movies/New Regency, USA 1993; 111 Min.
EA: Filmfest München 1995
TV: 11.1.1998, Vox, 20.15

»Die Verfilmung des preisgekrönten Bühnenhits von John Guare ist eine kunstvolle Mausefalle, in der gefangen zu werden riesigen Spaß macht«.
(Leonard Klady, Variety).

Das Leben geht weiter 525

CHANGING HABITS **

Video

Regie: Lynn Roth
Darsteller: Moira Kelly (Susan »Soosh« Teague), Christopher Lloyd (Theo Teagarden), Dylan Walsh (Felix Shepherd), Teri Garr (Connie), Eileen Brennan (Schwester Oberin), Shelley Duvall (Schwester Agatha), Marissa Ribisi (Erin), Frances Bay (Midge)
Drehbuch: Scott Davis Jones
Kamera: Michael Mayers (Farbe)
Musik: David McHungh
Schnitt: Susan Godfrey
Prod.: Abra Edelman, James Dodson für Initial Ent., USA 1996; 90 Min.
TV: 18.2.1998, Pro7, 9.45; 26.3.1998
FSK: ab 12 J.

Eine Künstlerin geht ihren Weg: Kein Geld, kein Ruhm und mit dem Vater Zoff, aber immer gute Laune. Mäßig vergnüglicher »Frauenfilm« um einen schwierigen Selbstverwirklichungs-Prozeß.

Leben in Angst 526

**

TV

Regie: Dagmar Damek
Darsteller: Ulrich Pleitgen (Dr. Johannes Steinberg), Eleonore Weisgerber (Anne Steinberg), Hans-Peter Hallwachs (Dr. Hugnagel), Fabian Busch (Oliver), Bastian Trost (Kaspar), Julia Brendler (Carolin), Heikko Deutschmann (Chris Maeder), Dietmar Bär (Wolfgang Roth)
Drehbuch: Axel Plogstedt
Kamera: Otto Kirchhoff (Farbe)
Prod.: Ufa Fernsehprod., BRD 1997; 2 Teile je 88 Min.
TV: 8.3./9.3.1998, ZDF, jeweils 20.15

Der ZDF-Zweiteiler profitierte von souveränen Darstellern und Dameks effektsicherer Regie, krankte aber an jenem Allzweck-Syndrom, das mittlerweile jedem besseren Drehbuchautor die Psychologie verhunzt: Alles muß hinein in die melodramatische Katastrophenkiste – Sex, Crime und Jugendtragödie samt Identitätskrise und katholischem Mediziner-Mobbing. Der zwiegenähte bisexuelle Chirurgenerpresserthriller, halb deutsches Familienidyll, halb Klinikintrige mit Kokser-Zugabe. (...) *Ponkie, AZ, 11.3.98*

Das Leben ist ein Chanson 527

ON CONNAIT LA CHANSON ****

Regie: Alain Resnais
Darsteller: Pierre Arditi (Claude), Sabine Azéma (Odile Lalande), Jean-Pierre Bacri (Nicolas), André Dussollier (Simon), Agnès Jaoui (Camille Lalande), Lambert Wilson (Marc Duveyrier), Jane Birkin (Jane), Jean-Paul Roussillon (Vater)
Drehbuch: Agnès Jaoui, Jean-Pierre Bacri
Kamera: Renato Berta (Farbe)
Musik: Bruno Fontaine
Schnitt: Hervé de Luze
Prod.: Michel Seydoux, Ruth Waldburger für Arena Films/Camera One/France 2 Cinéma/Vega Films, Frankreich/Schweiz/GB 1997; 122 Min.
EA: 16.2.1998, Int. Filmfestspiele Berlin, »Wettbewerb«
Verleih: Pandora/OmU/polyfilm/Filmcoopi; 9.4.1998
FSK: ab 6 J., ffr.

Durch Mißverständnisse, Vorspiegelung falscher Tatsachen und Zufallsbegegnungen verstricken sich zwei Frauen und vier Männer mittleren Alters in ein heilloses emotional-amouröses Beziehungsnetz. Der Film ist eine Hommage an Dennis Potters Fernsehserien und integriert ebenso nahtlos wie humorvoll bekannte französische Chansons in die Dialoge. Hervorragend gespielte, heiter-melancholische »comédie humaine« über das vergebliche Wahren äußeren Scheins. *Zoom, 8/98*

Wie ein kostbares Fundstück im berechenbaren Kino-Mainstream wirkt diese melancholische und gleichzeitig so vitale Komödie von Alain Resnais. Der auch mit 75 Jahren jugendliche Regiemeister versteht es, sein Publikum zu fesseln und immer wieder mit dramaturgischen Raffinessen zu überraschen – von »Hiroshima, mon amour«, 1959, bis »Smoking« und »No Smoking«, 1993. (...) *Angie Dullinger, AZ, 9.4.98*

Heiko R. Blum in: Rheinische Post. 11.4.98; Fritz Göttler in: Kölner Stadt-Anzeiger, 11.4.98; Thomas Klingenmaier in: Stgt. Zeitung, 9.4.98; Katja Nicodemus in: tip, 8/98; Helmut Schmitz in: FR, 11.4.98

Agnès Jaoui, Dominique Rozan, Sabine Azéma und Lambert Wilson in ›Das Leben ist ein Chanson‹

Das Leben ist ein Spiel

528

RIEN NE VA PLUS

***

Regie: Claude Chabrol
Darsteller: Isabelle Huppert (Betty), Michel Serrault (Victor), François Cluzet (Maurice), Jean-François Balmer (Monsieur K.), Jackie Berroyer (Chatillon), Jean Benguigui, Mony Dalmes, Thomas Chabrol
Drehbuch: Claude Chabrol
Kamera: Eduardo Serra (Farbe)
Musik: Matthieu Chabrol
Schnitt: Monique Fardoulis
Prod.: Marin Karmitz, Veronique Cayla für MK2/TF1/CAB/TSR/Teleclub/Rhone-Alpes Cinema/Canal 1, Frankreich/Schweiz 1997; 103 Min.
UA: 23.9.1997, Int. Filmfestspiele San Sebastian
Verleih: Concorde/dto./Frenetic/VCL Video; 8.1.1998
FSK: ab 16 J. ffr.
FBW: Besonders wertvoll

Victor und Betty sind ein ungleiches Gaunerpärchen. Er könnte ihr Vater sein, sie seine Geliebte. Sie erleichtern wohlsituierte Herren um verschmerzbare Teile ihres Vermögens. Ihre illegale Arbeitsgemeinschaft wird auf die Probe gestellt, als sie in eine Geldschieberaffäre geraten. Die vergnügliche Kriminalkomödie hat ihren stärksten Trumpf in Michel Serrault, der sich als erzbourgeoiser Betrüger profiliert. Ansonsten gehört Chabrols fünfzigster Film eher zu den Leichtgewichten.

Zoom, 1/98

Isabelle Huppert als Gaunerin

(…) Man sieht diesen runden Film des französischen Altmeisters mit den vorzüglich agierenden Schauspielern mit einigem Vergnügen an – und dies angesichts der zwar kompliziert gebauten, aber doch nachträglich dechiffrierbaren Story auch mit rundem Gefühl. Aufwärmen freilich sollte man sich woanders. *Jan Schulz-Ojala, Der Tagesspiegel, 8.1.98*

(…) Zwischen Krimi, Melodram und Komödie schwankt dieses Kabinettstückchen an doppelbödigem Witz. Isabelle Huppert und Michel Serrault könnten alles sein: Vater und Tochter, Liebhaber und Geliebte – oder auch nur eine liebevolle Geschäftsbeziehung pflegen.
Chabrol läßt die Verhältnisse offen, spielt mit Genres und Konventionen, garniert das Ganze mit einer Prise Trivialität, delikater Ironie und Sarkasmus.
Mag »Das Leben ist ein Spiel« auch nicht das ultimative Meisterwerk sein, ein intelligentes Vergnügen ist der Film allemal. Tip: Möglichst die OmU-Fassung sehen; die deutsche Synchronisation läßt es an Charme und Subtilität fehlen. *Margret Köhler, AZ, 8.1.98*

(…) In Hollywood gibt man zuviel Geld für Schauspieler und Regisseure aus. Das ist der pure Kapitalismus. Ich fühle mich nicht als Kapitalist, sondern als Regisseur.
Gemessen an meinen amerikanischen Kollegen bin ich arm, aber dafür kann ich in Frankreich meine Art des Filmemachens kultivieren. (…)

Ich werde Projekte realisieren, die mir gefallen, ohne mich unbedingt abzurackern.
Das Alter schreckt mich nicht. Noch gibt es keinen Grund, meinen Eifer zu zügeln. *Claude Chabrol im Interview mit Margret Köhler, AZ, 8.1.98*

Fritz Göttler in: Kölner Stadt-Anzeiger, 10.1.98; Rupert Koppold in: Stgt. Zeitung, 8.1.98; Joachim Kronsbein in: Der Spiegel, 2/98; Martina Meister in: FR, 9.1.98; Christiane Peitz in: Die Zeit, 8.1.98

Nicoletta Braschi und Roberto Benigni

Das Leben ist schön 529

LA VITA E BELLA ****

Regie: Roberto Benigni
Darsteller: Roberto Benigni (Guido), Nicoletta Braschi (Dora), Giorgio Cantarini (Giosuè), Giustiono Durano (Onkel), Sergio Bustric (Ferruccio), Marisa Paredès (Doras Mutter), Horst Buchholz (Dr. Lessing), Lydia Alfonsi (Guicciardini)
Drehbuch: Vincenzo Cerami, Roberto Benigni
Kamera: Tonino Delli Colli (Farbe)
Musik: Nicola Piovani
Schnitt: Simona Paggi
Prod.-Des.: Danilo Donati
Prod.: Elda Ferri, Gianluigi Braschi für Melampo, Italien 1998; 124 Min.
UA: Int. Filmfestspiele Cannes 1998
EA: Int. Hofer Filmtage 1998
Verleih: Scotia/Constantin/Elite; 12.11.1998
FSK: ab 6 J., ffr.
FBW: Besonders wertvoll

Lebenskünstler Guido erobert im faschistischen Italien auf komischen Umwegen die Lehrerin Dora. Als Juden werden er und sein kleiner Sohn ins KZ deportiert. Dort bemüht sich Guido, dem Kind das Leben im Vernichtungslager als enormes Spiel darzustellen und beschützt ihn bis zur letzten Konsequenz. Roberto Benignis gewagter Versuch, Komik und KZ zu verquicken, ist unausgeglichen, letztendlich aber gelungen und erstattet dem Grauen seine Unfaßbarkeit zurück. *Zoom, 8/98*

(...) Virtuos in der Verknüpfung von Komödie, Märchen und Tragödie entfaltet Roberto Benigni eine im europäischen Kino selten gewordene Form des Emotions- und Illusionskinos, die er zugleich inhaltlich und visuell reflektiert. Formal geschlossen und thematisch sensibel balanciert, wird »La Vita E Bella« zu einem unbedingt empfehlenswerten Filmkunstwerk. *multimedia*

(...) Sehr kühl nahm Angelopoulos seine Palme entgegen – während Roberto Benigni, der für sein KZ-Märchen den Grand Prix gewann, vor Freude ganz aus dem Häuschen geriet: Er umarmte jeden Juroren einzeln und fiel vor Scorsese sogar auf die Knie, um dem Meister die Füße zu küssen, während das Publikum diese Entscheidung feierte.
Tobias Kniebe, SZ, 26.5.98

Mein Film ist außerdem eine große Liebesgeschichte zwischen Vater und Sohn. Ihr Motiv ist das Prinzip, Traumata von Kindern fernzuhalten, ihre Reinheit zu schützen. Andererseits aber müssen Kinder auch wissen, was los ist, man darf sie nicht in einem Kokon verstecken. Ich habe versucht, den Jungen in meinem Film wie im Märchen durch meinen Blick leben zu lassen. Es ist, als wüßte er alles, wenn ich sterbe.
R. Benigni im Interview mit Frauke Hanck, AZ, 7.11.98

Gibt es auch Leute, die ihrer Vision nicht folgen wollen? Die sagen, man dürfe über den Holocaust nicht lachen?

Ja. Vor allem Leute, die ein Vorurteil gegen Komiker haben – es gibt da fast eine Art künstlerischen Rassismus. Wir werden oft als die niedrigsten Unterhalter angesehen. Ich halte dagegen: Gerade Clowns können die größten Tragödien darstellen. Und ich erkläre meinen Standpunkt: Ich habe keine Komödie über den Holocuast gemacht – ich bin ein Komiker, der eine Tragödie gemacht hat. Auf seine Art. Das ist ein großer Unterschied. Aber das Thema des Films ist ein so unfaßbares Verbre-

Roberto Benigni, Giorgio Cantarini und Nicoletta Braschi in ›Das Leben ist schön‹

chen, daß ich die Kritik absolut respektiere. Ich respektiere jede Art von Reaktion. *Roberto Benigni im Interview mit Tobis Kniebe, SZ, 12.11.98*

Es gibt in Ihrem Film einige Bezüge auf Chaplin. Lieben Sie Chaplin?

Das ist, als würden Sie fragen, ob ich den Himmel mag. Ja, ich mag den Himmel! Aber Chaplin ist wie das Meer ... Was soll man über Chaplin sagen, er ist einfach der Größte! Man schaut zu ihm hoch wie zu einer Giraffe, es ist wie ein Geschenk des Himmels. Ja, es gibt eine kleine Hommage an Chaplin (das verrate ich hier zum ersten Mal): Die Nummer, die ich auf dem Anzug trage, ist dieselbe, die Chaplin im »Großen Diktator« hat, als er im Konzentrationslager ist. (Lachen) Aber der Zuschauer kann die Nummer gar nicht sehen ...

Ihr Film knüpft an die Tradition der amerikanischen humanistischen Komödie an. Gefallen Ihnen diese Filme?

Ich liebe die humanistische Komödie der Amerikaner sehr, weil das großes Erzählkino ist. Für mich ist das ein Kino von großer Schlichtheit, gleichzeitig aber voller Hinweise und Zeichen.
Diese Filme mochte ich aus als Kind am meisten. Aber auch die italienischen Filme aus dieser Zeit habe ich sehr geschätzt. Bevor ich »Das Leben ist schön« gemacht habe, habe ich mir die meisten dieser Filme noch einmal angeschaut.

Ich habe keine Fragen mehr. Möchten Sie noch etwas sagen?

Wie geht's Ihnen?

Ich fühle mich sehr wohl in Ihrer Gesellschaft. Ich könnte noch stundenlang mit Ihnen zusammensitzen.

Mir geht das genauso! Ihre Fragen haben mir sehr gefallen. Da ist das ungewöhnlichste Interview, das man mit mir geführt hat. Vielleicht sollten wir uns zum Abschluß vor der Kamera umarmen ... (Lachen, Umarmung) Danke! Ciao! *Roberto Benigni im Interview mit Eric Morfant und Christian Cools, Arte*

Heiko R. Blum in: Rheinische Post, 13.11.98; Thomas Klingenmaier in: Stuttgarter Zeitung, 12.11.98; Peter Körte in: FR, 12.11.98; Harald Martenstein in: Der Tagesspiegel, 12.11.98; Milan Pavlovic in: Kölner Stadt-Anzeiger, 14.11.98; H. G. Pflaum in: SZ, 12.11.98; Andreas Platthaus in: FAZ, 11.11.98; Jan Schulz-Ojala in: Der Tagesspiegel, 12.11.98; Georg Seeslen in: Die Zeit, 12.11.98

Leben mit deinen Augen 530

LEVEN MIT JE OGEN ****

Regie: Ramon Gieling
Drehbuch: Ramon Gieling
Kamera: Goert Giltaij (Farbe)
Schnitt: Barbara Hin
Prod.: Allegri Producties/NPS Televisie, Niederlande 1997; 55 Min.
EA: 12.2.1998, Int. Forum des Jungen Films, Berlin
Verleih: Freunde/-/-; Juli 1998

Porträt von Johan van der Keuken, dem vielleicht wichtigsten unabhängigen Filmemacher der Niederlande. Anhand der Entstehung von dessen Film »To Sang studio« werden die ästhetischen Methoden van der Keukens vermittelt, vor allem aber seine künstlerischen Prämissen. Darüber hinaus äußern sich Freunde, Mitarbeiter und Kritiker bewundernd, Filmausschnitte aus früheren Arbeiten sind zu sehen. Ein Film über das Bildermachen im doppelten Sinne, zugleich eine subtile Liebeserklärung an die Wirklichkeit. *tip, 14/98*

Leidenschaftliche Berechnung 531

CONCEIVING ADA ***

Regie: Lynn Hershman Leeson
Darsteller: Tilda Swinton (Ada Byron King), Timothy Leary (Sims), Karen Black (Lady Byron/Mutter Coer), Francesca Faridany (Amy Coer), John O'Keefe (Charles Babbage), J. D. Wolfe (Nicholas Clayton), John Perry Barlow (John Crosse), Owen Murphy (William Lovelace)
Drehbuch: Lynn Hershman Leeson, Eileen Jones
Kamera: Hiro Narita (Deluxe)
Musik: The Residents

Schnitt: Robert Dalva
Prod.-Des.: Lynn Hershman Leeson
Prod.: Lynn Hershman Leeson, Henry Rosenthal für Hotwire/Complex Corp./ZDF/Arte, USA/BRD/Frankreich 1997; 85 Min.
UA: 12.9.1997, Toronto Film Festival
EA: 16.2.1998, Int. Forum des Jungen Films, Berlin
Verleih: Freunde/-/-

Emmy Coer ist spezialisiert auf die Erforschung künstlichen Lebens und besessen von Ada Byron King (1815–1852), der brillanten, obsessiven Tochter des Dichters Lord Byron. Bekannt als »Zauberin der Zahlen«, sagte Ada nicht nur die Möglichkeiten von künstlichem Leben voraus, sondern auch die digitale Revolution, die sich 144 Jahre nach ihrem Tod ereignen sollte. Als Emmy an ihrem heimischen Computer-Bildschirm Zeugin von Adas Passionen, Kämpfen und ihrem skandalösen Verhalten wird, entwickelt sie den unbezähmbaren Wunsch nach unmittelbarem Kontakt mit ihr. In einem Experiment läßt Emmy einen DNS-Code zur Wiedererlangung des Erinnerungsvermögens auf ihren Körper einwirken. *Katalog Forum*

Silvia Hallensleben in: Der Tagesspiegel, 16.2.98

Leise Stimmen 2 532

NAZN MOKSORI 2 ***

Regie: Byung Young-Joo
Kamera: Kim Yong-Taek (Farbe)
Musik: Film Music Factory Ventriloquism
Schnitt: Park Gok-Ji
Prod.: Docu-Factory Vista, Korea 1997; 71 Min.
EA: 12.2.1998, Int. Forum des Jungen Films, Berlin
Verleih: Freunde/-/-

»Comfort-Women« hießen jene Koreanerinnen, die zu Tausenden im 2. Weltkrieg von der japanischen Armee zur Prostitution gezwungen wurden. (...) Gemeinsam bezogen die alten Frauen ein Landhaus in Kwangju, wo sie in einer fast utopischen Atmosphäre zusammenleben. In ihrer zweiten filmischen Annäherung hat Byung Young-Joo dies dokumentiert und zugleich eindringlich verdeutlicht, wie sehr auf dem veränderten Leben dieser Frauen die Vergangenheit lastet. *Katalog Forum*

Let it be me 533

LET IT BE ME **
Video

Regie: Eleanor Bergstein
Darsteller: Jennifer Beals (Emily), Campbell Scott (Dr. Gabriel Rudman), Patrick Stewart (John C.), Leslie Caron (Marguerite), Yancy Butler (Corinne), Jamie Goddwin (Bud), J. Smith-Cameron (Clarice), Daniel McDonald (Fred)
Drehbuch: Eleanor Bergstein
Kamera: Miroslav Ondricek (Farbe)
Musik: Joseph Vitarelli; Jim Ervin (supervisor)
Schnitt: Bill Pankow, Patricia Bowers
Prod.-Des.: David Chapman
Prod.: David Kirkpatrick, Keith Samples; Eleanor Bergstein (Koprod.) für Rysher Ent., USA 1995; 93 Min.
Vertrieb: Columbia TriStar Home Video; 12.5.1998
FSK: ab 6 J.

Um seine Ehe auf Trab zu bringen, nimmt Psychoanalytiker heimlich Tanzunterricht und verliebt sich in seine Lehrerin. Über weite Strecken fast identisch mit dem japanischen Film »Shall We Dance«. Nicht unsympathisch vor sich hinplätschernde Unterhaltung, die mit einer zusätzlichen Lovestory zwischen Leslie Caron und Patrick Stewart abendfüllende Länge verpaßt wurde.

Lethal Invasion – Attacke der Alien-Viren 534

ROBIN COOK'S INVASION **
TV

Regie: Armand Mastroianni
Darsteller: Rebecca Gayheart (Cassy Winslow), Luke Perry (Beau Star), Kim Cattrall (Dr. Sheila Moran), Christopher Orr (Pitt Henderson), Jon Polito (Det. Walt Kemper), Louis Crugnali (John Ochoa), Rosana DeSoto (Nancy Ochoa), Castulo Guerra (Eugene Ochoa)
Drehbuch: Robin Cook, Rockne S. O'Bannon
Kamera: Bryan England; Clyde Krump (steadicam) (Farbe)
Musik: Don Davis
Schnitt: Scott Vickrey
Prod.-Des.: Donald Light-Harris

Prod.: Jeffrey Morton; Ted Babcock (Koprod.) für Von Zerneck-Sertner Films, USA 1997; 88 Min.
UA: 4.5.1997, USA TV
TV: 28.12.und 29.12.1997, Pro7, 20.15

Nach einem Meteoritenregen bleiben überall in Phoenix kleine, schwarze Steine zurück. Wer sie berührt, aktiviert in seinem Körper ein Virus, das ihn zum ergebenen Diener einer außerirdischen Macht werden läßt. Einer der ersten ist der junge Beau, der auftragsgemäß immer mehr Menschen mit den Steinchen in Berührung bringt. (Teil 1)
Während ihres Kampfes gegen die Außerirdischen gerät Cassy in die Hände ihres Exverlobten Beau, der sie selbst mit dem Alien-Virus infiziert. Doch sie kann fliehen – und wenig später kehrt sie mit Pitt und zahlreichen Ampullen eines inzwischen entwickelten Antikörpers zu Beaus Basis zurück. (Teil 2) *Pressetext*

Lethal Weapon 4 – Zwei Profis räumen auf 535
LETHAL WEAPON 4 ***

Regie: Richard Donner
Darsteller: Mel Gibson (Martin Riggs), Danny Glover (Roger Murtaugh), Joe Pesci (Leo Getz), Rene Russo (Lorna Cole), Chris Rock (Lee Butters), Jet Li (Wah Sing Ku), Steve Kahan (Captain Murphy), Kim Chan
Drehbuch: Channing Gibson, nach Figuren von Shane Black und der Story von Jonathan Lemkin, Alfred Gough, Miles Millar
Kamera: Andrzej Bartkowiak (Technicolor)
Musik: Michael Kamen, Eric Clapton, David Sanborn
Schnitt: Frank J. Urioste, Dallas Puett
Prod.-Des.: J. Michael Riva
Prod.: Richard Donner, Joel Silver für Silver Pictures mit Doshudo Prod., USA 1998; 125 Min.
Verleih: Warner Bros./dto./dto./Warner Home Video; 13.8.1998
FSK: ab 16 J., Langfassung ab 18 J.
FBW: Wertvoll

Zum viertenmal stehen die ungleichen Polizisten Riggs und Murtaugh im Einsatz. Diesmal gegen die chinesische Mafia, die Menschenschmuggel betreibt. Der Film widmet sich genreuntypisch ausführlich, aber klischeehaft dem familiären Umfeld der Detektive und ihrem Verhältnis zum Älterwerden. Im Mittelpunkt stehen leicht zynische Sprüche sowie effektvolle Action und Kämpfe, die in einem blutrünstigen Schluß gipfeln. Insgesamt handwerklich gekonnt, aber inhaltlich dünn.
Zoom, 8/98

(...) Der Film besticht vor allem durch das abgeklärt-witzige Zusammenspiel der beiden Hauptdarsteller und das amerikanischen Debüt des chinesischen Actionstars Jet Li. In Anbetracht der 12jährigen Tradition ein erstaunlich vitales Sequel, das innerhalb dieses Genres trotz unübersehbarer Schwächen Unterhaltung auf überdurchschnittlichem Niveau bietet. *multimedia*

(...) Das Drehbuch entstand erst während der Dreharbeiten, was die unausgegorene Mischung aus privaten Belanglosigkeiten und beliebig eingestreuten Action-Sequenzen erklärt. Die Jagd nach einem Menschenschmuggler-Ring zieht sich orientierungslos durch diesen Film, bei dem auch die üblichen Kabbeleien zwischen dem erfahrenen Schwarzen (Glover) und dem heißspornigen Weißen (Gibson) nicht recht zünden. Die beiden Protagonisten scheinen sich selbst in dem undurchsichtigen Drehbuchgespinst, bei dem Polizeiarbeit und Privatleben sich zunehmend ineinander verwirren, zu verlaufen. So werden aus zwei stahlharten Profis zwei zahnlose Weicheier. Fortsetzung folgt? *Eberhard von Elterlein, Die Welt, 13.8.98*

Im Grunde verweist »Lethal Weapon 4« vor allem auf ein bracheninternes Problem: All die großen Actionhelden der achtziger Jahre – Schwarzenegger, Ford, Stallone, Gibson – werden von der aktuellen Generation der Kinogänger längst als Opas betrachtet. Bruce Willis ist noch leidlich frisch, aber danach ist außer Nicolas Cage weit und breit kein neuer Superstar in Sicht. Hollywood wird seine Formeln verändern müssen – und Richard Donner hat der Wahrheit hier schon mal ins Gesicht gesehen. *Tobias Kniebe, SZ, 13.8.98*

Diesmal gibt es lange Sequenzen, in denen einfach nur gequatscht wird. Ziemlich ungewöhnlich für ein Action-Movie.

Ich glaube, daß wir uns mit unseren Action-Sequenzen wieder einmal selbst übertroffen haben. Der Kinozuschauer bekommt schon etwas für sein Eintrittsgeld zu sehen, das einzigartig ist. Trotzdem waren auch die Non-Action-Szenen für die Struktur des Films sehr wichtig. Action ohne emotionalen Background ist flach und im Endeffekt langweilig. Um ehrlich zu sein, hat mir das »Gequatsche« – wie Sie es nennen – diesmal besonders gut gefallen.
Richard Donner im Interview mit Ulrich Lössl, Zitty, 17/98

Letting Go 536
***
TV

Regie: Luke McBain
Darsteller: John Lambert (Dave), Dorothea Myller (Kathi), Markus Perschmann (Markus), Tom Petry Strauß (Dad), Ingeborg Westphal (Mom), Lydia Billiet (Frau Grützmacher), Klaus Tilsner (Dr. Gruba), Axel Prahl (Manager)
Drehbuch: Luke McBain
Kamera: Kolja Brandt (Farbe)
Prod.: McBain Filmprod. für ZDF, BRD 1998; 63 Min.
TV: 18.5.1998, ZDF, 0.10, »Das kleine Fernsehspiel«

Der Kanadier David zieht nach Berlin, der Stadt seiner Kindheit. Er will Schriftsteller werden, alte Freunde wiedertreffen und vor allem seiner besorgten deutschen Mutter entfliehen. Die Wirklichkeit holt ihn jedoch schnell ein.

Der letzte Engel der Geschichte 537
LAST ANGEL OF HISTORY
***
TV

Regie: John Akomfrah
Darsteller: Eddie George (Daten-Dieb), Dr. Bernard Harris jr. (Astronaut), Nichelle Nichols (Schauspielerin), John Corbett, Kodwo Eshun (Journalisten), Carolivia Herron, Greg Tate, Samuel R. Delany
Drehbuch: John Akomfrah
Kamera: David Scott (Farbe)
Musik: Trevor Mathison; Sun Ra, Lee Perry, George Clinton u. a.
Schnitt: Justin Amsden, Peter Hodges, Clive Mattock
Prod.: Black Audio Film, GB/BRD 1995; 45 Min.
TV: 20.7.1998, ZDF, 0.15; 18.12.1995, ZDF

(...) Es geht Akomfrah um moderne Mythen, die von einem neuen Selbstbewußtsein zeugen, nicht mehr so sehr um die rückgewandte Suche der amerikanischen oder europäischen Schwarzen nach ihren Wurzeln in Schwarzafrika. (...) Der Film trägt zur aktuellen Diskussion um schwarze Identität einen ungewohnten und überraschenden Blickwinkel bei, der sich auch in seiner ungewöhnlichen künstlerischen Gestaltung zeigt. (...) *Pressetext*

Der letzte Kunde 538
THE SELLER
*
TV

Regie: Craig Schlattman
Darsteller: Brian Brophy (Bartholomew Trust), Kathy Morozova (Melissa Barnstead), Arthur Roberts (Derrick Murdock), Adam Paul (Dwight Lately)
Drehbuch: Craig Schlattman
Kamera: Wes Llewellyn, Bubba Bukowski (Farbe)
Musik: Garic Cargi Trio
Prod.: USA 1996; 117 Min.
TV: 15.4.1998, WDR, 23.30

Der letzte Autoverkauf eines bankrotten Gebrauchtwagenhändlers verläuft extrem dramatisch.

Der letzte Pate 539
THE LAST DON
***
TV

Regie: Graeme Clifford
Darsteller: Danny Aiello (Don Domenico Clericuzio), Joe Mantegna (Pippi De Lena), Daryl Hannah (Athena Aquitane), Jason Gedrick (Croccifixio »Cross« De Lena), Rory Cochrane (Dante Santadio), Robert Wuhl (Bobby Bantz), Kirstie Alley (Rose Marie Clericuzio), David Marciano (Giorgio)
Drehbuch: Joyce Eliason, nach dem gleichn. Roman von Mario Puzo

Kamera: Gordon Lonsdale; Paul A. Edwards (2nd unit) (Farbe)
Musik: Angelo Badalamenti, Roger Bellon
Schnitt: Tod Feuermann, Kimberly Ray
Prod.-Des.: Christiaan Wagener
Prod.: James T. Davis für Koenigsberg/ Sanitsky Comp., USA 1997; 90 Min.
TV: 3./4. und 6.1.1998, Sat1, 20.15

In den sechziger Jahren kämpfen zwei Familien um den Führungsanspruch in der amerikanischen Mafia: die Santadio und die Clericuzio. Aufwendiger TV-Dreiteiler, bei dem das Original von Coppola immer wieder durchscheint, der aber nie auch nur annähernd dessen Qualität erreicht.

Level 5 540

LEVEL FIVE ****

Regie: Chris Marker
Darsteller: Nagisa Oshima, Kenji Tokitsu, Catherine Belkhodja, Révérend Shigeaki Kinjo
Drehbuch: Chris Marker
Kamera: Chris Marker, Gérard de Battista, Yves Angelo (Farbe)
Schnitt: Chris Marker
Prod.: Anatole Dauman, Françoise Widhoff für Argos Films/Les Films de l'Astrophore/ La Sept Cinéma, Frankreich 1996; 106 Min.
EA: 19.2.1997, Int. Filmfestspiele Berlin, »Special Event«
Verleih: MaxFilm/-/Xenix/; 12.1.1998

Die Geliebte eines toten Computerprogrammierers versucht, dessen Lebenswerk, ein Computerspiel, das die historische Schlacht um Okinawa zum Erfolg für die Japaner ummünzt, zu Ende zu programmieren. Sie muß einsehen, daß sich Realität und Geschichte keiner virtuellen Wirklichkeit unterordnen lassen. Ein pessimistisches Alterswerk, geprägt von einem tiefen Mißtrauen gegen die Medien, das sich mit vielen Anspielungen, Bezügen und Querverweisen zu einem intellektuellen, nicht immer leicht verständlichen Vexierbild verdichtet. *Zoom, 10/98*

Chris Marker, der von Le joli mai (1962) bis Sans Soleil (1982) seiner Zeit schon immer einen Schritt voraus war und unlängst durch Terry Gilliams Verwandlung von La jetée in 12 Monkeys unerwartet Aufmerksamkeit erfahren hat, gelingt auch in »Level 5« wieder ein aufregender Essay über das Verhältnis von Bild und Wirklichkeit, Maske und Persönlichkeit, Emotion und Technologie – und dazu braucht er nicht mehr als einen kleinen Raum, einen Computer (Macintosh 8100) und eine Schauspielerin.
Michael Althen, SZ, 25.2.97

Fritz Göttler in: SZ, 12.1.98; Laurent Roth in: taz, 19.2.97

Lichter aus dem Hintergrund 541

***

Regie: Helga Reidemeister
Drehbuch: Helga Reidemeister, Guntram Weber
Kamera: Lars Barthel (Farbe und s/w)
Musik: Konrad Bauer
Schnitt: Dörte Völz-Mammarella
Prod.: Helga Reidemeister, Frank Löprich, Katrin Schlösser für Ö-Filmprod., BRD 1998; 93 Min.
UA: 16.2.1998, Int. Filmfestspiele Berlin, »Panorama: Dokumente«
Verleih: Basis/-/-; 10.9.1998 – *FSK:* o. A., ffr.

Porträt einer sinnsuchenden und teilweise frustrierten Generation von jungen Ossis im westlich okkupierten Baustellen-Berlin. Dokumentarfilmerin Helga Reidemeister filmt das Leben, Eltern und Freunde des Fotografen Robert Paris, Jahrgang 1962. Fast therapeutisch nimmt sie das Befinden ihrer Interviewpartner ernst: diffuse existenzielle Ängste, Ablehnung der geldbestimmten Konsumgesellschaft. Dazu spürt die Kamera dem leisen, aber unbeugsamen Individualismus nach, indem sie sich in Roberts fotografischen Blick versetzt. *Iris Depping, tip, 19/98*

(...) Sie zeigt junge Vereinigungsverlierer, zeichnet subtil das für manche »Wessis« vielleicht nicht ganz nachvollziehbare Lebensgefühl einer Generation, die nicht weiß, wohin sie gehört. Manchmal hätte man sich etwas mehr Nachbohren gewünscht, z. B. wenn der

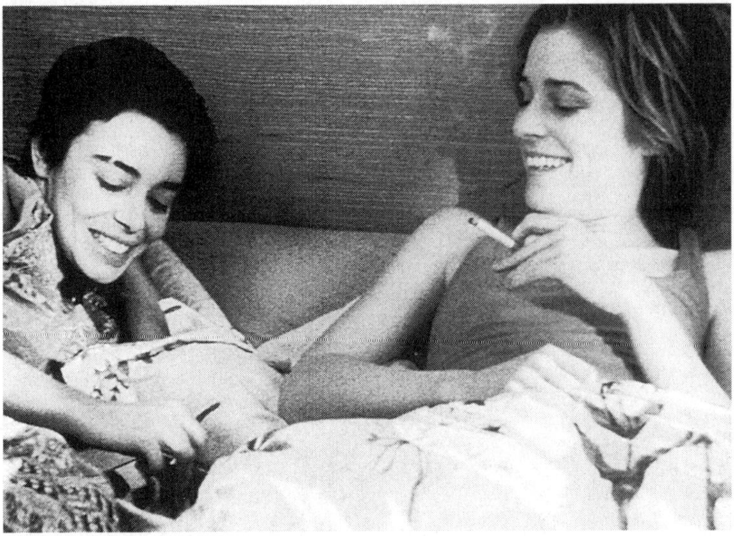

Elodie Bouchez und Natacha Régnier in ›Liebe das Leben‹

Künstler das Wirken der Stasi beschönigt. *Margret Köhler, Blickpunkt Film, 37/98*

Stefan Reinecke in: epd Film, 10/98

Liebe Cousine 542

BELLE AL BAR ***

TV

Regie: Alessandro Benvenuti
Drehbuch: Ugo Chiti, Nicola Zavagli, Alessandro Benvenuti
Kamera: Blasco Giurato (Farbe)
Musik: Patrizio Fariselli
Schnitt: Carla Simoncelli
Prod.: Giorgio Leopardi für Union P.N., Italien 1994; 100 Min.
TV: 21.10.1998, Arte, 22.35

Leo ist verwirrt angesichts der neuen Mischung der Geschlechterrollen. So macht ihn die Tatsache verlegen, daß ein Stripper auf einem Fest seiner Frau auftritt. Was wird erst geschehen, wenn er entdeckt, daß sein Vetter Giulio eine Frau geworden ist und daß »sie« nun alle Tugenden in sich zu vereinen scheint, die ein Mann von einer Frau erwartet? Ein Film mit einem ungewöhnlichen Humor.

Liebe das Leben 543

LA VIE REVEE DES ANGES ****

Regie: Erick Zonca
Darsteller: Elodie Bouchez (Isa), Natacha Régnier (Marie), Grégoire Colin (Chriss), Jo Prestia (Fredo), Patrick Mercado (Charly)
Drehbuch: Erick Zonca, Roger Bohbot, Virginie Wagon
Kamera: Agnès Godard (Farbe)
Musik: Yann Thiersen
Schnitt: Yannick Kergoat
Prod.-Des.: Jimmy Vansteenkiste
Prod.: Francois Marquis für Bagheere/Diaphana/France 3 Cinéma mit Canal+, Centre National, Frankreich 1998; 113 Min.
UA: Int. Filmfestspiele Cannes 1998
EA: 2.7.1998, Filmfest München
Verleih: Concorde/dto./Alhéna; 15.10.1998
FSK: ab 12 J., ffr. – *FBW:* Besonders wertvoll

In Lille lernt Isa, eine von Stadt zu Stadt ziehende Lebenskünstlerin, Marie kennen, die im Gegensatz zu Isa sehr verletzlich und manchmal aufbrausend durchs Leben geht. Trotz aller Ge-

gensätzlichkeit freunden sich die beiden jungen Frauen an und wohnen eine Zeitlang zusammen in einer geborgten Wohnung. Der erste abendfüllende Spielfilm von Erick Zonca sieht seinen beiden Protagonistinnen mit viel Sympathie dabei zu, wie sie vergeblich versuchen, kleine Utopien in die Tat umzusetzen. Die zurückhaltende und gleichzeitig differenzierte Erzählweise macht den Film zu einer dichten, in sich geschlossenen Reflexion über die ungeahnte Reichhaltigkeit oberflächlich ereignisloser Lebensläufe. *multimedia*

Die Geschichte schleppt sich einem absehbaren Ende entgegen und überläßt die hervorragend gemimten Rebellinnen ihrem Schicksal. Solche kleinen Fluchten sah man vor mehr als zwanzig Jahren schon im Kino – und dazu noch besser. *Zoom, 10/98*

Eine Rarität im häufig so prätentiösen jungen französischen Film: Uneitles cinéma verité mit ebenso realistischen Gefühlen gelingt Erick Zonca mit seinem ersten Spielfilm. Bis in Details stimmig beobachtet der Regisseur seine Protragonistinnen: Isa und Marie (zurecht in Cannes als beste Darstellerinnen ausgezeichnet) lernen einander am Fließband einer öden Fabrik in Lille kennen. (...) Ein starker, kleiner Film, der mit dem ambivalenten Lebensgefühl junger Leute zu tun hat. Tief gedacht und tief empfunden.
Angie Dullinger, AZ, 15.10.98

(...) Viel passiert nicht in diesem Film. Das aber, was passiert, geschieht mit einer solchen Intensität und Lebendigkeit, mit einer solchen Echtheit und psychologischen Präzision, daß man staunt. Und doch hätte Zonca das »Traumleben« nicht zustande gebracht, nicht zustande bringen können, hätte er nicht die beiden Mädchen zur Verfügung gehabt, die nicht nur spielen, sondern erleben, was sie spielen, und die dafür in Cannes zu Recht ausgezeichnet wurden. *Thomas Engel, Der Gildendienst, 8.9.98*

Über das visuelle Konzept habe ich mir lange den Kopf zerbrochen. Ich wollte unbedingt eine Kamerafrau für die Geschichte der zwei Mädchen. Agnes Godard entwickelt mit der Kamera eine große Zärtlichkeit und Sinnlichkeit, sie streichelt fast die Körper. Am Anfang benutzten wir die Handkamera, um ein Gefühl von Authentizität zu vermitteln. Diese intimen Momente erlauben es, die Protagonistinnen kennenzulernen. Wir drehten viel mit Tageslicht und wählten Filmmaterial, das Farben gedämpft erscheinen läßt. Dann entschieden wir uns für Super 16, das weniger scharf konstrastiert als 35 mm. So entstand eine ganz bestimmte Atmosphäre.
Erick Zonca im Interview mit Margret Köhler, Blickpunkt Film, 42/98

»Ich fühle mich dem Kino von Maurice Pialat nahe: Sobald die Dialoge nach »Text« klingen, gehen sie mir auf den Nerv. Die Dialoge bei Patrice Chéreau, André Téchiné oder Olivier Assayas wirken immer sehr literarisch. Mich beeindruckten die Filme von Claire Denis oder Leos Carax. Ich mag die Inszenierungen von Desplechin oder Assayas, aber ihre Geschichten berühren mich nicht. Vielleicht weil ihre Figuren zu intelligent sind (lacht). Ich will bei den Gefühlen gepackt werden. Daher liebe ich es, Geschichten zu erzählen, die die Zuschauer von A nach Z führen.« *Eric Zonca im Interview mit Marcus Rothe, Der Tagesspiegel, 15.10.98*

Jennifer Bleek in: Zitty, 21/98; Gregor Dotzauer in: SZ, 19.10.98; Joseph Heinrichs in: Rheinische Post, 17.10.98; Alexander Horvath in: Die Zeit, 15.10.98; Rose-Maria Gropp in: FAZ, 16.10.98; Thomas Klingenmaier in: Stgt. Zeitung, 15.10.98; Margret Köhler in: AZ, 15.10.98; Peter Körte in: FR, 15.10.98; Gerhard Midding in: Kölner Stadt-Anzeiger, 17.10.98

Liebe deine Nächste! 544

***

Regie: Detlev Buck
Darsteller: Moritz Bleibtreu (Tristan), Lea Mornar (Josefine), Heike Makatsch (Isolde), Heribert Sasse (Adlatus Lutz), Marc Hosemann (Butsche), Eleonore Zetzsche (Alte Soldatin), Sophie Rois (Forox), Adolfo Assor
Drehbuch: Detlev Buck, J.-F. Otto

Heike Makatsch, Moritz Bleibtreu, Detlef Buck und Lea Molnar

Kamera: Joachim Berc (Farbe)
Schnitt: Peter Adam
Prod.-Des.: Agi Dawaachu
Prod.: Claus Boje für Boje Buck mit WDR, BRD 1998; 96 Min.
Verleih: Delphi/Constantin/Buena Vista; 24.12.1998
FSK: ab 12 J., ffr.

Zwischen einer christlichen Soldatin Gottes und einem skrupellosen Unternehmens-Controler bahnt sich so etwas wie eine Liebesgeschichte an. Er will sie vögeln (aus Gründen der Omnipotenz), sie will sein Geld (für ein Obdachlosen-Asyl). Gleichzeitig macht sich der Penner Butsche an Schwester Isolde ran, die er unbedingt nageln will. Weil Regisseur Buck nicht weiß, wohin mit dem Gang der Geschichte, flüchtet er sich ständig ins Reich der Zote. Wo Buck früher seine Figuren lakonisch und liebevoll auf die Leinwand brachte, herrscht jetzt abgrundtiefe Verachtung. Verbittert und ohne Witz führt er seine leblosen Figuren vor.
Volker Gunske, tip, 1/99

(...) Unentschlossen zwischen Melodram und Komödie, Moritat und urbanem Bilderclip schwankend, läßt der enttäuschende Film weder eine inhaltliche Absicht noch einen sonderlichen Unterhaltungswert erkennen. *Zoom, 1/99*

(...) Passen würde dazu die komisch-verquere Herrenwitz-Mentalität, mit der hier unentwegt die Kamera auf Frauenhintern fährt oder sich sonstwie aufdringlich an attraktive Körperzonen herandrängelt. Klar doch, Frauen sind was Wunderbares. Aber der Unterschied zwischen Erotik und Herrenwitz ist der Besitz oder Nichtbesitz von Stil im Umgang der Geschlechter. Das aber ist das Grundübel von »Liebe Deine Nächste«: Der Film hat keinen Stil, deswegen ist er nicht ironisch, ohne Ironie aber kein Humor und ohne Humor leider gar nichts. Schade, dreimal schade. *Hans-Joachim Neumann, Zitty, 26/98*

Fritz Göttler in: SZ, 23.12.98; Daniel Kothenschulte in: Kölner Stadt-Anzeiger, 24.12.98; Peter Körte in: FR, 22.12.98; Eva-Maria Lenz in: FAZ, 22.12.98; Jan Schulz-Ojala in: Der Tagesspiegel, 23.12.98

Liebe im Schatten des Drachen 545
CHINADREAM ***
TV

Regie: Otto Alexander Jahrreiss
Darsteller: Jürgen Prochnow (Paul Konen), Sarah Lam (Wang Liyun), Burt Kwouk (Min Ju), Christine Reinhart (Helen Schmidt), Klaus Grünberg (Detektiv Probst), Stuart Ong (Ninglin), Christian Doermer (Bankier Leonhardt)
Drehbuch: Scott Busby, Otto Alexander Jahrreiss, Wolfgang Limmer, Friedemann Schulz, nach dem Roman »Der schwarze Mandarin« von Heinz G. Konsalik
Kamera: Egon Werdin (Farbe)
Musik: Marcel Barsotti
Prod.: Gerhard Schmidt, Peter Paulich, BRD 1997; 87 Min.
TV: 9.10.1998, ARD, 20.15; 20.4.1998, Premiere, 20.15

Liebe und Mafia in China nach Heinz G. Konsalik.

Liebe in jeder Beziehung 546
THE OBJECT OF MY AFFECTION ***

Regie: Nicholas Hytner
Darsteller: Jennifer Aniston (Nina Borowski), Paul Rudd (George Hanson), Alan Alda (Sidney Miller), Nigel Hawthorne (Rodney Fraser), John Pankow (Vince McBride), Tim Daly (Dr. Robert Joley), Allison Janney (Constance Miller), Steve Zahn (Frank Hanson)
Drehbuch: Wendy Wasserstein, nach einem Roman von Stephen McCauley

Jennifer Aniston und Paul Rudd

Kamera: Oliver Stapleton (Duart)
Musik: George Fenton
Schnitt: Tariq Anwar
Prod.-Des.: Jane Musky
Prod.: Laurence Mark; Diana Pokorny
USA 1998; 112 Min.
Verleih: 20th Century Fox/dto./dto./Fox Video; 3.9.1998
FSK: ab 6 J., ffr. – *FBW:* Wertvoll

George verliert seinen schwulen Freund, zieht in Ninas Wohnung ein, die mit Vince liiert ist, von dem sie ein Kind erwartet. Nina verliebt sich in George und möchte, daß er die Vaterrolle übernimmt. Dazu ist George gerne bereit, aber nicht in der Rolle des Ehemanns, denn er hat einen neuen Freund gefunden. Der Film plädiert für das Recht von Heterosexuellen und Schwulen auf ein eigenes Leben und dafür, daß Freundschaft wichtiger sei als Sex, wirkt jedoch durch seine Harmonisierung am Schluß von der Wirklichkeit allzu abgehoben. *Zoom, 8/98*

Thomas Klingemaier in: Stgt. Zeitung, 3.9.98; Michael Kohler in: FR, 3.9.98; Christian Seebauer in: Kölner Stadt-Anzeiger, 5.9.98; Karim Zendagui in: Rheinische Post, 4.9.98

Liebe Lügen 547

***

Regie: Martin Walz
Darsteller: Meret Becker (Maria), Bernd-Michael Lade (Ben), Ralph Herforth (Jack), Udo Samel (Kleiner), Peter Lohmeyer (Großer), Otto Sander (Vater)
Drehbuch: Martin Walz
Kamera: Alexander Honisch (Farbe)
Musik: Emil Viklicky
Schnitt: Simone Klier
Prod.-Des.: Alexander Hübner
Prod.: Luciano Gloor, Christina Kallas für Metropolis Filmprod./WDR für ARD »Wilde Herzen«, BRD 1997; 89 Min.
UA: Filmfest München 1997
Verleih: Eigenverleih; 5.11.1998
TV: 1.4.1998, ARD, 20.15

Seit Jahr und Tag schippern die Männer des Hansen-Clans über die Weltmeere, nur Benjamin, der Jüngste, wird schon seekrank, wenn er einen Kutter nur im Hafen liegen sieht. Daß er statt dessen als Wachmann und Geldbote eines Pfandhauses jobbt, kommt dem zwielichtigen Jack gerade recht. Er befiehlt seinem Mädchen, Ben schöne Augen zu machen und ihn zu einem krummen Ding zu verführen. *Frank Noack in: Der Tagesspiegel, 5.11.98*

Was angelegt ist wie eine angenehm altmodische Liebesgeschichte mit wunderbar klassischem Plot, offenbart sich in der Ausführung als Reminiszenz an die Bieder- und Betulichkeit deutscher Nachkriegskomödien. Typisch norddeutschen, verhalten trockenen Humor jedenfalls sucht man in dieser Gaunerkomödie vergeblich.
Annette Kilzer, tip, 23/98

Autor und Regisseur Martin Walz taumelte im stilistischen Nirvana, wandelte abwechselnd auf den Spuren eines Schelmenstreichs, eines Gaunerklamauks und einer Romantikkomödie, driftete dann wieder in eine Kasperl-Klamotte ab und in eine Kolportage mit kümmerlichen Scherzen (ARD). Dabei erlag er auch noch der Versuchung, das Ganze mit Kamera-Mätzchen, einer Prise Sex und ein wenig Blut zum provinziellen »Pulp Fiction« von der Waterkant aufpeppen zu wollen. (…)
W.O.P. Kistner, AZ, 3.4.98

Liebe mich bis in den Tod 548

**
TV

Regie: Michael Keusch
Darsteller: Christine Neubauer (Lydia Arndt), Claude-Oliver Rudolph (Uwe Fedder), Sabine

von Maydell (Anita Herrmann), Dietrich Adam (Professor Bensen), Karl-Michael Vogler (Herr Arndt), Louise Martini (Frau Arndt), Alice Treff (Tante Käthe), Ralf Richter (Kollege Krause)
Drehbuch: Claude-Oliver Rudolph
Kamera: Edward Klosinski (Farbe)
Prod.: crea tv für RTL, BRD 1998; 90 Min.
TV: 7.10.1998, RTL Plus, 20.15

(...) Und sollte man nicht auch Rudolphs Wunsch verstehen, endlich zu zeigen, daß er von hinten ganz anders aussieht als von vorn? Gleich viermal kriegt man die rosigen Hinterbacken zu Gesicht, und ich muß sagen: allerhand! Nur eine kleine Frage noch: Gibt es für Rudolph zwischen »Chinesen-Fiete« und Drehbuch-Selberschreiben nicht auch ein paar sinnvolle Möglichkeiten, sich der Erstarrung im Rollenstereotyp zu widersetzen? *Sybille Simon-Zülch, SZ, 9.10.98*

Liebe und Lügen 549
L' APPARTEMENT ***

Regie: Gilles Mimouni
Darsteller: Vincent Cassel (Max), Romane Bohringer (Alice), Jean-Philippe Ecoffey (Lucien), Monica Bellucci (Lisa), Sandrine Kiberlain (Muriel), Olivier Granier, Paul Pavel
Drehbuch: Gilles Mimouni
Kamera: Thierry Arbogast (Farbe)
Musik: Peter Chase
Schnitt: Caroline Biggerstaff, Françoise Bonnot
Prod.-Des.: Philippe Chiffre
Prod.: Georges Benayoun für IMA/UGC Images/La Sept/M6/Mate Prods./Cecchi Gori Group, Frankreich 1996; 116 Min.
UA: San Sebastian Festival 1996
Verleih: -/polyfilm/Filmcooperative/Filmverlag Video, Titel: Lügen der Liebe; Juni 1997 (CH), Juni 1998
FSK: ab 12 J.

In einem Lokal meint Max die Stimme seiner früheren Geliebten Lisa zu hören, was in ihm sofort wieder die alte Leidenschaft aufkeimen und nach Lisa suchen läßt. Statt Lisa findet er allerdings Alice, die ihrerseits ein abgekartetes Spiel mit Max treibt. Das als eine Mischung zwischen Liebeskomödie und Thriller konzipierte Spielfilmdebüt beeindruckt durch seine formale Konsequenz und erheitert mit seinem teils skurrilen, teils märchenhaften Einfallsreichtum. *multimedia*

Die Liebenden von Notre Dame 550
THE HALFBACK OF NOTRE DAME ** TV

Regie: René Bonnière
Darsteller: Scott Hylands (Coach »Les« Modeau), Gabriel Hogan (Craig »Crazy« Modeau), Allen Cutler (Archie Shaughnessy), Sandra Nelson (Françoise Martin), Emmanuelle Vaugier (Esmeralda), Nicole Parker (Darla Vossler), Laura R. Harris (Jill), Enuka Okuma (Penny)
Drehbuch: Mark Trafficante, Richard Clark, J. Michael McClary, Larry Sugar
Kamera: Maris H. Jansons (DeLuxe)
Musik: George Blondheim
Schnitt: Bill Goddard
Prod.-Des.: Andrew Wilson
Prod.: Larry Sugar; Richard Clark, Mark Trafficante (Ass.-Prod.) für Sugar Ent./ Showtime Networks, USA 1995; 93 Min.
TV: 22.2.1998, Premiere, 15.00

Jugend-Liebesfilm um die französische Austauschschülerin Esmeralda, die an ein College in Portland gekommen ist und mit ihrem Charme ihre männlichen Mitschüler erobert. Dürfte als Französin in Portland auch nicht so schwer sein.

Liebes-Serenade 551
LOVE SERENADE ***

Regie: Shirley Barrett
Darsteller: Miranda Otto (Dimity Hurley), Rebecca Frith (Vicki-Ann Hurley), George Shevtsov (Ken Sherry), John Alansu (Albert Lee), Jessica Napier (Deborah)
Drehbuch: Shirley Barrett
Kamera: Mandy Walker (Farbe)
Musik: Christine Woodruff (supervisor), Barry White u.a.
Schnitt: Denise Haratzis
Prod.-Des.: Steven Jones-Evans
Prod.: Jan Chapman für Jan Chapman Prod. mit Australian Film Finance/NSW Film, Australien 1996; 101 Min.
UA: Int. Filmfestspiele Cannes 1996 »Un Certain Regard«
EA: Filmfest München 1996
Verleih: Highlight/-/-; Januar 1998

Als ein berühmter Discjockey in das Nachbarhaus zweier junger Schwestern in einer australischen Kleinstadt einzieht, entbrennt zwischen ihnen die Rivalität um seine Zuneigung. Was Abba für »Muriels Hochzeit« ist Barry Whites Schmusesoul für »Love Serenade« – ein weiteres Debüt vom fünften Kontinent, das postpubertäre Liebeswirren mit einem Gespür für die Absurditäten des Lebens verbindet.

Frank Arnold, tip, 2/98

Liebling, jetzt haben wir uns geschrumpft 552

HONEY, WE SHRUNK OURSELVES **

Video

Regie: Dean Cundey
Darsteller: Rick Moranis (Professor Szalinski), Stuart Pankin (Gordon Szalinski), Eve Gordon (Diane), Robin Barlett (Patty), Bug Hall (Adam), Allison Mack (Jenny), Jake Richardson, Lisa Wilhoit
Drehbuch: Karey Kirkpatrick, Nell Scovell, Joel Hodgson
Kamera: Raymond Stella (Farbe)
Musik: Michael Tavera
Schnitt: Charles Bornstein
Prod.-Des.: Carol Winstead Wood
Prod.: Barry Bernardi für Walt Disney Prod., USA 1997; 71 Min.
Vertrieb: Buena Vista Home Video; 28.5.1998
FSK: o. A.

Jetzt reicht's dann wirklich: Der dritte Aufguß des Originals scheint von Schrumpfköpfen für Schrumpfköpfe produziert worden zu sein: Diesmal schrumpfen nicht die Babies oder Kinder, sondern die Erwachsenen.

Der Lieblingssohn 553

LES FILS PREFERE ***

TV

Regie: Nicole Garcia
Darsteller: Gérard Lanvin (Jean-Paul), Bernard Giraudeau (Francis), Jean-Marc Barr (Philippe), Roberto Herlitzka (Raphael), Margherita Buy (Anna Maria), Pierre Mondy Zahnarzt), Antoinette Moya, Jean-Pierre Becker
Drehbuch: Nicole Garcia, François Dupeyron, Jacques Fieschi, Jerome Tonnerre
Kamera: Eric Gautier (Farbe)
Musik: Philippe Sarde
Schnitt: Yann Dedet, Agnes Guillemot
Prod.-Des.: Antoine Platteau
Prod.: Alain Sarde, Philippe Carcassonne für Les Films Alain Sarde/Cinéa/France 3 Cinéma/Angel's Co. mit CNC/Sofinergie 3/ Sofiarp 2 /Investimage 3/Canal Plus, Frankreich 1994; 105 Min.
UA: 4.11.1994, Sarasota French Film Festival, Florida
EA: 11.2.1995, Int. Filmfestspiele Berlin, »Panorama«
TV: 8.4.1998, Hessen3, 22.30

Weil seine Schulden ihn erdrücken, fährt Jean-Paul nach Mailand, um seinen Bruder Philippe anzupumpen.

Peter E. Müller in: Berliner Morgenpost, 13.2.95

Ein Lied zum Abschied 554

BYE BYE BLUES ***

TV

Regie: Anne Wheeler
Darsteller: Rebecca Jenkins (Daisy Cooper), Luke Reilly (Max Gramley), Michael Ontkean (Teddy Cooper), Stuart Margolin (Slim Godfrey), Wayne Robson (Pete), Robyn Stevan (Frances Cooper), Leon Pownall (Bernie Blitzer), Sheila Moore (Doreen Cooper)
Drehbuch: Anne Wheeler
Kamera: Vic Sarin (Farbe)
Musik: George Blondheim
Schnitt: Christopher Tate, Anne Wheeler
Prod.-Des.: John Blackie
Prod.: Anne Wheeler, Arvi Liimatainen für Allarcom/True Blue Films, Kanada 1989; 116 Min.
EA: Filmfest München 1990
TV: 13.1.1998, ZDF, 23.55

Als Pianistin und Sängerin in einer Band beginnt Daisy wieder aufzuleben. Als ihr Mann nach Beendigung des Zweiten Weltkriegs wieder zurück kommt, muß sie eine schwierige Entscheidung treffen.

Lifebreath 555

LIFEBREATH **

Video

Regie: P. J. Posner
Darsteller: Luke Perry (Martin Devoe), Francie Swift (Chrystie Devoe), Gia Carides (Gale Pullman), Lisa Gay Hamilton, Jack Gilpin, David Margulies, Karen Shallo, Diane Kagan
Drehbuch: P.J. Posner, Joel Posner
Kamera: Oliver Bokelberg (Farbe)
Musik: Michael Kessler; Ramsey McLean
Schnitt: David Zieff
Prod.-Des.: Daniel Goldfield
Prod.: William H. Watkins, Alexa Fogel, P. J. Posner; Bruna Papandrea (Koprod.) für Felder Pomus/Two-Pound Bag/First Look, USA 1997; 86 Min.
Vertrieb: VMP Video; 30.6.1998 – *FSK:* ab 16 J.

Während die junge Chrystie auf den Spender einer Niere wartet, macht sich ihr Mann auf eigene Faust auf die Suche – und entwickelt einen Mordplan. Nicht immer stimmiges, aber wenigstens ernstzunehmendes Thrillerdrama mit pseudopsychologischen Abstürzen.

Lifeline – Die Todesmutigen 556

SHI WAN HUO JI **

Video

Regie: Johnny To
Darsteller: Alex Fong (Cheung), Ching Wan Lau (Yau Sui), Carmen Lee (Annie Chan), Ruby Wong (Madam), Man-Lei Schan, Damian Lau, Ho-Yin Wong
Drehbuch: Nai-Hoi Yau
Kamera: Siu-keung Cheng (Farbe)
Musik: Ying-Wah Wong
Schnitt: Wing-ming Wong
Prod.: Mona Fong für Cosmopolitan Films, Hongkong 1996; 104 Min.
Vertrieb: VPS Video; 24.3.1998
FSK: ab 16 J.

Aus der Liebesgeschichte zwischen dem Chef der Hongkong-Feuerwehr und der depressiven Brandwunden-Ärztin entwickelt sich ein gewaltiges Action-Spektakel, das jedoch eine genuine Story schuldig bleibt.

Lilies – Theater der Leidenschaft 557

LILIES ***

Regie: John Greyson
Darsteller: Brent Carver (Gräfin de Tilly), Marcel Sabourin (Bischof Bilodeau), Jason Cadieux (Simon, jung), Danny Gilmore (Graf Vallier, jung), Matthew Ferguson (Bilodeau, jung)
Drehbuch: Michel Marc Bouchard, nach seinem Bühnenstück
Kamera: Daniel Jobin (Farbe)
Musik: Mychael Danna
Schnitt: André Corriveau
Prod.: Triptych Media/Gala Film, Kanada 1996; 92 Min.
EA: Int. Filmfestspiele Locarno 1996, »Wettbewerb«
Verleih: GM/-/-/Pro-Fun Media; 26.2.1998
FSK: ab 12 J.

John Greyson erzählt die Liebesgeschichte zweier Jungmänner aus dem Jahre 1912 und davon, wie ein Dritter, selbst verliebt in einen der beiden, das frische Glück auf die denkbar rabiateste Weise zerstört, gerade als es sich gegen die bürgerlichen Konventionen durchzusetzen scheint. Um diese Geschichte herum arrangiert der Regisseur eine Vielzahl von Spiegeln, Maskeraden und christlich-schwülen Symbolen. Dabei schöpft er mit vollen Händen in der Genetschen Trickkiste, aber was an Genets kraftvollem Anti-Theater verstört, verkommt hier zu aufwendiger Kulissenschieberei und theatralischen Spiegeleffekten. Am Ende leuchtet der Kitsch. *tip, 6/98*

(...) Greyson vermischt die romantische homoerotische Geschichte mit religiösen Elementen, benutzt die Stilmittel des epischen Theaters und jongliert versiert mit den verschiedenen, sich beständig auflösenden und neu zusammenfügenden Erzählebenen. »Lilies« ist ein artifizieller, aber nie künstlicher Film, nicht zuletzt aufgrund seiner allgegenwärtigen, aber nicht vordergründigen humanistischen Botschaft. (...)
Steffen Heinke, Filmecho–Filmwoche, 10/98

Lissabonner Requiem 558

REQUIEM ****

Regie: Alain Tanner
Darsteller: Francis Frappat, André Marcon, Alexander Zloto, Cécile Tanner, Zita Duarte
Drehbuch: Alain Tanner, Bernard Comment, Antonio Tabucchi, nach dem gleichn. Roman von A. Tabucchi
Kamera: Hugues Ryffel (Farbe)
Musik: Michel Wintsch
Schnitt: Monica Goux
Prod.: CAB/Filmograph/Gemini/Madragoa, Schweiz/Frankreich/Portugal 1997; 100 Min.
Verleih: -/-/Frenetic; Sept. 1998

An einem glühendheißen Julisonntag irrt ein Mann während zwölf Stunden durch Lissabon und erlebt Begegnungen mit Lebenden und Verstorbenen. Sein Ziel ist eine Verabredung mit einem geheimnisvollen Gast, mit dem der Buchautor den Dichter Fernando Pessoa meint, was im Film indes nicht

deutlich wird. Eine Art Gegenstück zu Tanners 1983 entstandenem Lissabon-Film »Dans la ville blanche«.
Zoom, 9/98

Little Witches – Wächter des Teufels 559
LITTLE WITCHES **
TV

Regie: Jane Simpson
Darsteller: Mimi Reichmeister (Faith), Sheeri Rapaport (Jamie), Jennifer Rubin (Schwester Sherilyn), Zelda Rubinstein (Mutter Clodah), Jack Nance (Pater Michael), Eric Pierpoint (Sheriff Gordon), Zoe Alexander (Nicole), Clea DuVall (Kelsey)
Drehbuch: Brian DiMuccio, Dino Vindeni
Kamera: Ron Turowski (CFI)
Musik: Nicholas Rivera
Schnitt: Kristina Trirogoff
Prod.-Des.: Jodi Ginnever
Prod.: Donald P. Borchers für Planet Prod./ Le Monde Ent., USA 1996; 90 Min.
TV: 7.5.1998, Pro7, 20.15

Schülerin will die bösen Geister in ihrem Mädchenpensionat wieder aktivieren.

Live Flesh 560
CARNE TREMULA ****

Regie: Pedro Almodóvar
Darsteller: Liberto Rabal (Victor), Javier Bardem (David), Francesca Neri (Elena), Angela Molina (Clara), Pepe Sancho (Sancho), Pilar Bardem (Dona Centro), Penelope Cruz (Isabelle), Alex Angulo (Busfahrer)
Drehbuch: Pedro Almodovar, Ray Loriga, Jorge Guerricaechevarria, nach dem Roman »In blinder Panik« von Ruth Rendell
Kamera: Alfonso Beato (Farbe)
Musik: Alberto Iglesias
Schnitt: José Salcedo
Prod.-Des.: Antxon Gomez
Prod.: Augustin Almodovar für El Deseo/ Ciby 2000/France 3, Spanien/Frankreich 1997; 110 Min.
EA: Int. Hofer Filmtage 1997
Verleih: Prokino/filmladen/Monopole Pathé/VMP Video; 7.5.1998
FSK: ab 12 J., ffr.

Die Begegnung mit dem Sohn einer Prostituierten verändert schicksalhaft das Leben einer Diplomatentochter, zweier Polizisten und der Frau des einen Ordnungshüters. Auf einem Kriminalroman basierendes Melodrama, das alte und neue Beziehungsmuster im heutigen Spanien einander gegenüberstellt. Regisseur Pedro Almodóva pendelt in überraschenden Wendungen geschickt zwischen Pathos und Ironie, ohne völlig in den schrillen Erzählton früherer Werke zu kippen. *Zoom, 8/98*

Jan Gympel in: Zitty, 10/98; Thomas Klingenmaier in: Stgt. Zeitung, 7.5.98; Klaus Müller in: FR, 7.5.98; Christian Seebaum in: Kölner Stadt-Anzeiger, 9.5.98

Lockruf des Meeres 561
CALM AT SUNSET **
TV

Regie: Daniel Petri jr.
Darsteller: Michael Moriarty (Russell Pfeiffer), Peter Facinelli (James Pfeiffer), Kevin Conway (Kelley), Melvin Van Peebles (Bucket), Christopher Orr (Joseph Pfeiffer), Kate Nelligan (Margaret Pfeiffer), Gretchen Mol (Emily)
Drehbuch: Pamela Gray, John Kent Harrison, David Young
Kamera: Glen MacPherson (Farbe)
Musik: Ernest Troost
Schnitt: Benjamin A. Weissman
Prod.: Daniel Petri jr., USA 1996; 94 Min.
TV: 20.5.1998, Premiere, 20.15

Der Traum von einem Hummerkutter endet anders als erwartet.

Ein Lockvogel für den Mörder 562
INDECENT BEHAVIOUR III **
TV

Regie: Kelley Cauthen
Darsteller: Shannon Tweed (Dr. Rebecca Mathis), Sam Hennings (Frank Pavan), Colleen Coffey (Ellie Maddox), Doug Jeffery (Billy Palmer), Griffin Drew (Janet Colby), Charles Lucia (Dekland Colby)
Drehbuch: Hel Styverson
Kamera: Paul Douglass (Farbe)
Musik: Steven M. Stern
Schnitt: Kelley Cauthen
Prod.: Mookie Rubin, USA 1995; 96 Min.
TV: 6.3.1998, Premiere, 23.50

Sexualtherapeutin als Lockvogel für Serienkiller, der ihren Berufsstand dezimiert.

Lola rennt 563

*****

Regie: Tom Tykwer
Darsteller: Franka Potente (Lola), Moritz Bleibtreu (Manni), Herbert Knaup (Lolas Vater), Armin Rohde (Herr Schuster), Joachim Król (Penner), Heino Ferch (Ronnie), Nina Petri (Frau Hansen), Suzanne von Borsody (Frau Jäger)
Drehbuch: Tom Tykwer
Kamera: Frank Griebe (Farbe)
Musik: Tom Tykwer, Johnny Klimek, Reinhold Heil
Schnitt: Mathilde Bonnefoy
Prod.-Des.: Alexander Manasse
Prod.: Stefan Arndt für X-Filme Creative Pool/Arte/WDR, BRD 1998; 79 Min.
UA: 3.9.1998, Filmfest München 1998; Int. Filmfestspiele Venedig 1998
Verleih: Prokino/Stadtkino/Filmcoopi/ VPS Video; 20.8.1998
FSK: ab 12. J., ffr.
FBW: Besonders wertvoll

Um ihren Freund aus einer verzweifelten Lage zu retten, muß eine junge Frau in 20 Minuten 100.000 DM besorgen. Aus dieser Grundkonstellation entwickelt der Film drei Variationen der Geschichte. Unter Einsatz unterschiedlichster formaler Mittel erzeugt der Regisseur überaus gekonnt einen stakkatoartigen, mitreißenden Rhythmus. Die Ansätze zu einer Vertiefung des brillanten visuellen Feuerwerks in Richtung Reflexion über Zeit und Zufall überzeugen nicht völlig, da die Geschichte in ihren Dimensionen eng begrenzt und zu wenig übertragbar ist.

Zoom, 9/98

Das wohlfeile Genöle, daß der deutsche Film nichts tauge, trifft immer nur dann zu, wenn der deutsche Film in Buhlschaft mit dem Kommerzfernsehen jenem Sex- und Crime-Müll hinterherläuft, der mittlerweile in immer gleichen Dutzendvariationen das deutsche TV-Movie zur Stinke-Ware ruiniert. In Wahrheit ist der deutsche Film immer so gut wie die Leute, die sich von den TV-Movie-Zwängen auf Biegen und Brechen befreien.

Tom Tykwer hat, nach seinem interessanten Debüt »Die tödliche Maria« und den preisgekrönten Filmen »Das Leben ist eine Baustelle« (Drehbuch) und »Winterschläfer« (Buch und Regie), mit »Lola rennt« für das Kino der Jahrtausendwende eine ähnliche Explosionsspur ins Lebensgefühl gepflügt wie etwa 1960 die Godard-Generation mit »Außer Atem« erlebte: die elektrisierende Anarchie von Idee und Form – die Kamikazelust am Spontanchaos.

Moritz Bleibtreu und Franka Potente

»Lola rennt« ist ganz wörtlich ein Rennfilm. Er reißt den Zuschauer vehement mit auf die Straßen von Berlin, hinter dieser atemlos keuchenden, tempojapsenden, rabiaten Turnschuh- und T-Shirt-Lola her, die Franka Potente, jenseits aller »Traumfrau«-Mätzchen, als stämmige Truppirothaar-Pippi-Langstrumpf über Stock und Stein jagt, ungeschützt der kurzbehoste Naturbreithintern, schnaubend wie ein Kampfstier die Seele im Gesicht (beim Rennen für Freund Manni, der so blöd war, 100.000 Mark zu verlieren und totgemacht wird, wenn er sie nicht in 20 Minuten abliefert). (…)

Der Endspurt-Purzelbaum vorwärts und rückwärts holt surreale Elemente in den Dauerlauf (tödliches Finale oder das Ganze von vorn?). Doch wo man sich auch hinschleudern läßt bei dem Wadenkrampf-Marathon – die Assoziationsattacken kommen kurz und schnell und der Technosound macht Dampf

Moritz Bleibtreu und Franka Potente in ›Lola rennt‹

wie selten in einem Film. Es sind immer wieder die simpelsten Muster, die die raffiniertesten Filme abgeben: Bahn frei für die Renn-Lola.

Ponkie, AZ, 20.8.98

(…) Wenn Tykwer vorher nicht schon »Winterschläfer« gedreht hätte, dann könnte man sagen, daß »Lola rennt« womöglich mehr Etüde als Meisterwerk und vielleicht nicht halb so neu und aufregend sei, wie er auf den ersten oder zweiten Blick wirkt. Aber ganz sicher vermittelt er erstmals das Gefühl, hier werde ein neues Kapital der deutschen Filmgeschichte aufgeschlagen. »Lola rennt« ist ganz und gar auf der Höhe seiner Zeit und braucht den Vergleich mit nichts und niemandem zu scheuen. Also darf man sagen: So sieht der Film aus, von dem das deutsche Kino all die Jahre geträumt hat.

Michael Althen, SZ, 19.8.98

(…) Mochte auch der Beifall nach der Pressevorführung großzügig sein, die Artikel in den großen Tageszeitungen vom Samstag waren es nicht. Daß jemand Franka Potente heißen und kein Wort italienisch sprechen könne, wunderte sich »La Repubblica«, die zum Ausgleich Tykwer hartnäckig mit einem »v« schrieb. Moritz Bleibtreu dagegen, der der Moderatorin während der Pressekonferenz arge Aussprache-

Tom Tykwer

probleme bereitete, hatte einheimische Herzen mit seinem flüssigen Italienisch kurzfristig schmelzen lassen.

Den älteren Herrschaften der italienischen Kritik war das alles ein wenig zu schnell und laut. Eher etwas »für die jüngeren Zuschauer«, befanden »Corriere della Sera« und »La Repubblica« in gönnerhafter Einmütigkeit. Ein »Megavideoclip«, der aufgrund seines »ritmo frenetico« besser in der Mitternachtsreihe aufgehoben sei, »als im Wettbewerb die angekündigte Wiedergeburt des deutschen Kinos zu bezeugen«, setzte »La Repubblica« ein wenig atemlos nach. Und der »Corriere« beklagte gar, Tykwers Film sei »auf schamlose Weise ohne Seele«, »aseptisch, mechanisch« und, welch ein schönes Wort, »videoclippistico«. Allein der venezianische »Il Gazzettino« pries die »Entdeckung« Franka Potente und attestierte dem Film, er sei »modern«, »explosiv« und »unwiderstehlich sympathisch«. (…) *Peter Körte, Frankfurter Rundschau, 7.9.98*

»Ich wollte einen Film machen, der ein Gefühl beschreibt, auf den Zuschauer zu, aber auch aus ihm heraus, mit einer Lust an einer klaren Entscheidung, mit einer Geste gegen den Stillstand. »Lola« ist ein Befreiungsschlag, weil ich nicht noch einen Film wie »Winterschläfer« machen wollte, der das Phlegma und diese Stagnation reflektiert. »Lola rennt« ist eine kleine Handgranate, die scheinbar unbewegliche Mechanismen auseinanderdrischt. Dabei sehe ich Leute, die eine Kraft haben und sich nur trauen müßten. Man kann durchaus Filme machen, die sich dem Publikum öffnen, ohne deswegen völlig verblödet zu sein.«

Was war denn die Zündung für »Lola rennt«?

»Das Bild einer Frau, die rennt. Frauen sind für Befreiung einfach der bessere Part – Männer sind da eher immer die Problemmacher. Ich wollte diesen Impuls verfilmen, daß ein Film nach draußen tritt, daß er ein Angebot macht, das man nicht ablehnen kann. In diesem Bild der rennenden Frau steckt alles: Verzweiflung, Emotionen, Dynamik – all das, weswegen du mal Kino machen wolltest – das ist für mich genauso gut wie einst ›King Kong‹.«

Tom Tykwer im Interview mit Michael Althen, SZ, 20.8.98

Brigitte Desalm in: Kölner Stadt-Anzeiger, 22.8.98; Sebastian Feldmann in: Rheinische Post, 21.8.98; Wolfgang Höbel in: Der Spiegel, 17.8.98; Peter Körte in FR, 7.9.98; Hans-Joachim Neumann in: Zitty, 17/98; Christian Schröder in: Der Tagesspiegel, 13.9.98; Jan Schulz-Ojala in: Der Tagesspiegel, 20.8.98

Lolita 564

LOLITA ***

Regie: Adrian Lyne
Darsteller: Jeremy Irons (Humbert Humbert), Melanie Griffith (Charlotte Haze), Frank Langella (Clare Quilty), Dominique Swain (Lolita), Suzanne Shepherd (Miss Pratt), Keith Reddin (Reverend Rigger), Erin J. Dean (Mona), Joan Glover (Miss LeBone)
Drehbuch: Stephen Schiff, nach dem gleichn. Roman von Vladimir Nabokov
Kamera: Howard Atherton
Musik: Ennio Morricone; Stephan R. Goldman (supervisor)
Schnitt: Julie Monroe, David Bremner
Prod.-Des.: Jon Hutman
Prod.: Joel B. Michaels, Mario Kassar für Pathe Prod., USA 1997
UA: 20.9.1997, Int. Filmfestival San Sebastian
Verleih: Tobis/-/Monopole Pathé/BMG Video; 1.1.1998
FSK: ab 16, ffr.
FBW: Wertvoll

Amerika 1947: Der Literaturprofessor Humbert Humbert verliebt sich in die zwölfjährige Lolita, macht sie zu seiner Geliebten und zieht mit ihr von Motel zu Motel. Dominique Swain als Lolita muß viel Milch schlabbern, mit langer Zunge Eis schlecken und hingebungsvoll an Bananen saugen, bis Humbert Humbert ihr endgültig verfallen ist. Vladimir Nabokovs Roman sorgte in den Fünfzigern für einen handfesten Skandal. Adrian Lynes Verfilmung beschränkt sich darauf, eine altherrenhafte, romantische Liebesgeschichte zu

Dominique Swain in ›Lolita‹

erzählen, in der Lolita das Luder und Humbert Humbert das verführte Opfer ist. So bleibt Adrian Lyne, der Regisseur von »9 1/2 Wochen« und »Eine verhängnisvolle Affäre«, sich selbst treu.

Volker Gunske, tip, 1/98

»Zuviel an Political Correctness halte ich für ungesund. Bestimmte Themen gelten als tabu. Das Pendel schlägt zurück in das Klima der 50er Jahre. Heile Welt Amerika ist angesagt, niemand darf an diesem, für mich falschen Bild kratzen. Gewalt verkauft sich gut. Aber Sexualität macht Amerikanern Angst. Es ist doch verrückt, wenn im Oklahoma von 1997 ein Video mit Volker Schlöndorffs »Die Blechtrommel« wegen Pornographie beschlagnahmt wird. Unter dem Deckmantel der Political Correctness kochen die Konservativen ihr Süppchen.«

Adrian Lyne im Interview mit Margret Köhler, AZ, 31.12.97

Brigitte Desalm in: Kölner Stadt-Anzeiger, 3.1.98; Sebastian Feldmann in: Rheinische Post, 2.1.98; Sabine Horst in: FR, 31.12.97; Andreas Kilb in: Die Zeit, 2.1.98; Claudius Seidl in: SZ, 30.12.97; Jan Schulz-Ojala in: Der Tagesspiegel, 31.12.97; Ruprecht Skasa-Weiß in: Stgt. Zeitung, 31.12.97

The Long Way Home 565

THE LONG WAY HOME ***
TV

Regie: Mark Jonathan Harris
Darsteller: Mit den Originalstimmen von: Richard Amend, Edward Asner, Sean Astin, Morgan Freeman, Martin Landau, Kurt Lowens, Miriam Margolyes, David Paymer
Drehbuch: Mark Jonathan Harris
Prod.: Marvin Hier, Richard Trank für Moriah Films/The Simon Wiesenthal Center, USA 1997; 114 Min.
TV: 16.5.1998, WDR, 22.15

Die Zeit zwischen Kriegsende und der Staatsgründung Israels 1948 – eine von Einzelschicksalen berstende historische Phase: Sie wird mittels authentischer Aufnahmen und den Aussagen von Zeitzeugen rekonstruiert. Allerdings handelt es sich weniger um einen Dokumentarfilm, als um eine offizielle filmische Festschrift zum 50. Jahrestag des jüdischen Staates. Zu didaktisch-eindimensional gerät die Aufarbeitung, ertrinkt in einem pathetischen Soundtrack und läßt dem Zuschauer keinen Hauch von Mündigkeit. Als hätte es eine Grundlagenarbeit wie Claude Lanzmanns »Shoah« nie gegeben.

Claus Löser, tip, 23/98

Silvia Hallensleben in: Der Tagesspiegel, 5.11.98

Lonny, der Aufsteiger 566

***
TV

Regie: Tom Toelle
Darsteller: Roman Knizka (Lonny), Anna Thalbach (Emilie), Jannis Kyriakidis (Max), Eva Kinsky (Sieglinde), Rufus Beck (Guido Sprüngli), Thomas Bestvater (Freddy Plava), Wilfried Hocholdingo, Michael Hausemann
Drehbuch: Tom Toelle
Kamera: Jo Heim (Festivalprojektion Beta SP)
Musik: Nick Glowna
Schnitt: Margret Borsche
Prod.-Des.: Jana Karen
Prod.: Bernd Burgemeister TV-60 für WDR, BRD 1997; 89 Min.
UA: 30.6.1998, Filmfest München
TV: 11.11.1998, ARD, 20.15

Da wurde man mal wieder in eine vor Hektik atemlos flirrende Story geschleudert – mit einem gehörig umtriebigen Protagonisten, der zwischen Kebab-Heim-Service und Pianisten-

Nachtdienst seinen Schuldenberg abschleifen will. Ein wenig zu oft wurden da die Nebengleise fokussiert: Daß Lonnys Imbiß-Klitschen-Chef nebenher als mafioser Autoschieber Kohle macht, Lonnys Kollege aus der DDR stammt, Hühnlein heißt und am liebsten Liederabende gibt, daß Lonnys Fast-Freundin Jana eine blonde und materialistische Einstellung zum Leben besitzt. Bis der recht naive Lonny sich zum blindwütig-gierigen Yuppie mit Porsche wandelt und in einer Schwindelfirma per Telefon Beteiligungen an noch profitgeilere Anleger verhökert, dauert es ein wenig lange. Tom Toelle kontrastierte dieses Motiv mit der Lovestory zwischen Lonny und der Tänzerin Emilie, um auf unterhaltsame Weise den authentischen Geldgier-Wildwuchs nicht nur auf dem Kapitalmarkt, sondern in unserer Gesellschaft anzuprangern. Doch völlig überzeugen konnte er nicht, dazu war's denn doch zu zahm, streifte zuweilen die Farce und mogelte sich nur sehr unelegant aus einigen Story-Seitensträngen heraus.

W.O.P. Kistner, AZ, 13.11.98

Thomas Thieringer in: SZ, 13.11.98

Lost in Space 567

LOST IN SPACE ***

Regie: Stephen Hopkins
Darsteller: William Hurt (John Robinson), Mimi Rogers (Maureen Robinson), Heather Graham (Judy Robinson), Lacey Chabert (Penny Robinson), Jack Johnson (Will Robinson), Gary Oldman (Dr. Smith/Spider Smith), Matt LeBlanc (Don West), Jared Harris (Will alt)
Drehbuch: Akiva Goldsman
Kamera: Peter Levy (Farbe)
Musik: Bruce Broughton
Schnitt: Ray Lovejoy
Prod.-Des.: Norman Garwood
Prod.: Mark W. Koch, Stephen Hopkins, Akiva Goldsman, Carly Fry; Tim Hampton für Prelude Pic. mit Irwin Allen Prod. für New Line, USA 1998; 131 Min.
Verleih: Kinowelt/Constantin/Focus; BMG (Universum) Video, 24.9.1998
FSK: ab 12 J., ffr.

Weil die Rohstoff-Reserven im Jahr 2058 nahezu erschöpft sind, bricht die Familie eines Physik-Professors zu einer Reise ins All auf, um die Übersiedlung der Menschheit in neue Welten vorzubereiten. Wegen eines Terroristen gerät ihr Raumschiff in eine fremde Galaxie voller Abenteuer. Nach dem Vorbild einer 60er-Jahre-Fernsehserie

Jack Johnson, William Hurt, Mimi Rogers und Lacey Chabert in ›Lost in Space‹

entstandener Film, der eindrucksvolle Schauplätze und Spezialeffekte präsentiert, inhaltlich aber nur eine konfuse Mixtur diverser Science-Fiction-Motive bietet. Zudem bleiben die Charaktere blaß, so daß die Familie niemals als organische Einheit überzeugt.

Zoom, 10/98

Albert Baer in: Rheinische Post, 25.9.98; Lars Olav Baier in: FAZ, 28.9.98; W.O.P. Kistner in: AZ, 26.9.98

Lost Paradise 568

SHITSURAKUEN ***

Regie: Morita Yoshimitsu
Darsteller: Yakusho Koji, Kuroki Hitomi, Terao Akira, Shiba Toshi, Kimura Yoshino, Kim Kumiko
Drehbuch: Tsutui Tomomi, nach dem gleichn. Roman von Watanabe Junichi
Kamera: Takase Hiroshi (Farbe)
Musik: Oshima Michiru
Schnitt: Tanaka Shinji
Prod.: Hara Masato für Kadokawa Shoten, Japan 1997; 119 Min.
Verleih: -/-/Columbus; Sept. 1998

Eine Kalligraphielehrerin und ein Redakteur, beide verheiratet, verlieben sich leidenschaftlich ineinander. Als ihre Beziehung bekannt wird, sehen sie nur im Suizid einen Ausweg. Der Film stellt den Anspruch auf individuelles Glück gegen Normen und Leistungsdenken im heutigen Japan, bleibt aber trotzdem traditionellen Mustern verhaftet. Die Bildgestaltung gleitet in der zweiten Hälfte zwar in Manierismen ab, fasziniert aber zu Beginn mit psychologischer Kohärenz und durchdachter Metaphorik. *Zoom, 9/98*

Lotterie des Schreckens 569

THE LOTTERY **
TV

Regie: Daniel Sackheim
Darsteller: Dan Cortese (Jason Smith), Keri Russell (Felice Dunbar), Veronica Cartwright (Mrs. Dunbar), Stephen Root (Dr. Dunbar), William Daniels (Reverend Hutchinson), W. Morgan Sheppard (Warner), Joe Crest (Deputy Jeb Simmons), Salome Jens (Faith Lloyd)
Drehbuch: Anthony Spinner, nach der Kurzgeschichte von Shirley Jackson
Kamera: Rick Maguire (Farbe)
Musik: David Michael Frank
Prod.: USA 1996; 86 Min.
TV: 14.3.1998, ARD, 22.50

Sohn will den Wunsch seines verstorbenen Vaters erfüllen und dessen Asche auf das Grab der Mutter in seinem Heimatort streuen. Dort angekommen stellt er fest, daß die Einwohner jährlich einen Ritualmord begehen. *SZ TV-Beilage*

Lou Reed: Rock and Roll heart 570

LOU REED: ROCK AND ROLL HEART ****
TV

Regie: Timothy Greenfield-Sanders
Mit: Paul Auster, David Bowie, David Byrne, John Cale, Joe Dallesandro, Brian Eno, Philip Glass, Nan Goldin
Drehbuch: Timothy Greenfield-Sanders
Kamera: Timothy Greenfield-Sanders, Fran De Marco, John Chimpeles, Cees Samson (Farbe und s/w)
Musik: Lou Reed
Schnitt: Jed Parker, Kate Schmitz
Prod.: Karen Bernstein, Timothy Greenfield-Sanders für Thirteen/WNET, USA 1997; 75 Min.
EA: 15.2.1998, Int. Filmfestspiele Berlin, »Panorama: Dokumente«
TV: 20.6.1998, Arte, 23.30

Der Fotograf Timothy Greenfield-Sanders hat mit seiner aufwendigen und humorvollen Collage aus Archivmaterial, Interviews und Konzertaufnahmen einen exzellenten Film abgeliefert. Wenn Holly Woodlawn und Joe Dallesandro »ihre« Strophen von »Walk On The Wild Side« mitsummen, dann wird hinter einem inzwischen in Einkaufszentren runtergeschrummelten Klassiker plötzlich Geschichte lebendig, daß es einem Ehrfurchtsschauer über den Rücken jagt. *Annette Kilzer, tip, 24/98*

Love and Death on Long Island 571

LOVE AND DEATH ON LONG ISLAND ****

Regie: Richard Kwietniowski
Darsteller: John Hurt (Giles De'Ath), Jason

Priestley (Ronnie Bostock), Fiona Loewi (Audrey), Sheila Hancock (Mrs. Barker), Maury Chaykin (Irving Buckmuller), Gawn Grainger (Henry), Elizabeth Quinn (Mrs. Reed)
Drehbuch: Richard Kwietniowski, nach dem gleichn. Roman von Gilbert Adair
Kamera: Oliver Curtis (Farbe)
Musik: The Inserts, Richard Grassby-Lewis
Schnitt: Susan Shipton
Prod.-Des.: David McHenry
Prod.: Steve Clark-Hall, Christopher Zimmer für Skyline/Imagex/British Screen/Telefilm Canada/Arts Council of England/BBC/ Mikado/The Sales Company, GB/Kanada 1997; 93 Min.
UA: 11.5.1997, Int. Filmfestspiele Cannes »Un Certain Regard«
Verleih: Arsenal/filmladen/Stamm; 29.10.1998

Ein weltfremder englischer Autor landet bei einem Kinobesuch im falschen Film. Er sieht sich eine Teenager-Klamotte an und verguckt sich dabei in einen amerikanischen Jungstar. Der Autor beschließt nun, den Akteur in Long Island (New York) zu suchen. Er findet ihn, was zum Anfang einer ungewöhnlichen Freundschaft wird. Das Spielfilmdebüt ist überzeugend interpretiert und erzählt unverkrampft heiter von der Melancholie einer unerfüllten Männerliebe. *Zoom, 11/98*

(…) »Love and Death on Long Island« ist die moderne, freilich stark veränderte Variation von Thomas Manns »Der Tod in Venedig«. Doch im Kern behält Richard Kwietniowski den Mannschen Topos in seiner Inszenierung, die auf einem Roman von Gilbert Adair basiert, bei: Ein alternder Künstler trifft auf einen Jüngling, verliebt sich in ihn und verfolgt diese Liebe mit einer fatalen Leidenschaft, die zur Obsession gerät. (…) *Thilo Wydra, Filmecho, 42/98*

(…) Wie John Hurt aus dem Elfenbeinturm der Sublimation herabsteigt und dabei zwischen Overacting und Understatement belanciert, ist so köstlich wie kurios. Die attraktive Projektionsfläche für seine Begierden gibt Jason Priestley mit der Schönheit, die aus einem Lächeln kommt. Der Zusammenprall unterschiedlichster Kulturen, Karrieren

Derek Jacobi als Francis Bacon in ›Love is the Devil‹

und Gemütslagen führt hier eher zu Situationskomik als zu vom Titel suggerierter Tragik. Bei aller Skurrilität auch bewegend. *Lothar Lambert, tip, 23/98*

Kerstin Decker in: Der Tagesspiegel, 1.11.98; Ulrich Herrmann in: Die Zeit, 29.10.98; Gerald Jung in: Zitty, 22/98; Dieter Kuhlbrodt in: FR, 29.10.98; Felicitas von Lovenberg in: FAZ, 29.10.98; Stefan Lux in: Rheinische Post, 11.12.98

Love is the Devil 572

LOVE IS THE DEVIL ***

Regie: John Maybury
Darsteller: Derek Jacobi (Francis Baccon), Daniel Craig (George Dyer), Tilda Swinton (Muriel Belcher), Anne Lambton (Isabel Rawsthorne), Annabell Brooks (Henrietta Moraes), Adrian Scarborough (Daniel Farson), Karl Johnson (John Deakin), Richard Newbold
Drehbuch: John Maybury
Kamera: John Mathieson (Farbe)
Musik: Ryuichi Sakamoto
Schnitt: Daniel Goddard
Prod.-Des.: Alan Macdonald
Prod.: Chiara Menage für BFI/BBC mit Premiere Heure/Uplink/Arts Council of England, GB/Kanada 1998; 90 Min.
UA: Int. Filmfestspiele Cannes 1998 »Un Certain Regard«
EA: Filmfest München 1998
Verleih: TiMe/top/Look Now!; 1.10.1998
FSK: ab 16 J., ffr.

Im Zentrum des Films über den englischen Maler Francis Bacon steht dessen zerquältes Verhältnis zu seinem Liebhaber George Dyer, das ihn im Zenit seiner Laufbahn beflügelte, aber 1971 mit Dyers Selbstmord endete. Dabei wird das Phänomen Bacon nicht in einer konventionellen Erzählform abgehandelt, vielmehr hat es der Regisseur riskiert, Bacons Ausdrucksmittel in die visuelle Sprache seines Films aufzunehmen. So ist ein außergewöhnliches Werk entstanden, das mit der Wahrheit konfrontiert, daß hier großer Kunst ein Menschenleben geopfert wurde. *Zoom, 11/98*

(...) Es ist schade, daß man von den expressiven Schmerzensbildern Bacons so gut wie nichts sieht. Wer sie kennt, wird diesen Film mit anderen Augen sehen. *Frauke Hanck, AZ, 1.10.98*

Alexander Bartl in: Stgt. Zeitung 1.10.98; Amine Haase in: Kölner Stadt-Anzeiger, 3.10.98; Joseph Heinrichs in: Rheinische Post, 2.10.98; Dietrich Kuhlbrodt in: FR, 5.10.98

Loved 573

LOVED ****

Regie: Erin Dignam
Darsteller: Robin Wright (Hedda), William Hurt (K.D. Dietrichson), Amy Madigan (Brett), Lucinda Jenney (Kate), Joanna Cassidy (Eleonore), Paul Dooley (Leo), Sean Penn, Anthony Lucero
Drehbuch: Erin Dignam
Kamera: Reynaldo Villalobos (Farbe)
Musik: David Baerwald
Schnitt: Gillian Hutchings, David Rogow
Prod.-Des.: Barry Robison
Prod.: Philippe Caland, Sean Penn, USA 1997; 109 Min.
Verleih: Kinowelt/-/Rialto; 27.2.1998

Um einen Mann, der Frauen mißhandelt hat, überführen zu können, lädt ein Bezirksanwalt Betroffene als Zeuginnen vor. Bei den Recherchen spürt er, daß seine Hauptzeugin nicht auf pure Schuldzuweisung aus ist, sondern für den Täter tiefe Gefühle aufbringt. Der sensible Jurist muß nun seine Position als Rechtsvertreter und Mann überprüfen. Ein kammerspielartiger, stimmiger Versuch über eine Liebe, die jenseits aller Vernunft um Bestätigung ringt. Sehr überzeugend ist das brillante Zusammenspiel zwischen William Hurt und Robin Wright. *Zoom, 6/7/98*

Lover Girls 574

LOVER GIRLS **
Video

Regie: Lisa Addario, Joe Syracuse
Darsteller: Sandra Bernhard (Marci), Kristy Swanson (Darlene), Tara Subkoff (Jake), Loretta Devine (Coco), Susan Barnes (Jean), Renée Humphrey (Teddy), Sahara Lotti (Bambi), Tim Griffin (Wright)
Drehbuch: Lisa Addario, Joe Syracuse
Kamera: Dean Lent (Farbe)
Musik: Mark Killian
Schnitt: Poppy Das
Prod.-Des.: Elisabeth A. Scott
Prod.: Ehud Bleiberg, Mark Pierce, Yitzhak Ginsberg, Larry Rattner; Ross Hammer, Lansing Parker (Koprod.) für Penisula/Dream Ent., USA 1997; 84 Min.
UA: 11.9.1997, Filmfestival Toronto
Vertrieb: Warner Home Video; 30.10.1998
FSK: ab 16 J.

Zwei verfeindete Schwestern landen zufällig in demselben Bordell – als neue Arbeitskräfte. Erotikdrama und Teenie-Comedy oder Teenie-Drama und Erotik-Komödie – irgendwie wußten die Autoren/Regisseure nicht so recht, was sie wollten, und wir nicht so recht, was wir davon halten sollen.

Macarena
575
LOOKING FOR LOLA
**
Video

Regie: Boaz Davidson
Darsteller: Mark Kassen (Mike Greenbaum), Ara Celi (Lola Gomez), Adam Biesk (Benny), Michael Kagan (Max Greenbaum), Brenda Pickelman (Doris Greenbaum), Vincent Vitressa (Tony), Tony Perez (Jose Gomez)
Drehbuch: Les Weldon
Kamera: Irek Hartowicz (Farbe)
Musik: John Fishman, Paul Fishman
Schnitt: Alain Jakubowicz, Sabine El Gemayel
Prod.: John Thompson, Boaz Davidson für Nu Image, USA 1997;
95 Min.
Vertrieb: VMP Video; 25.8.1998
FSK: ab 6 J.

Liebesgeschichte zwischen erfolgloser Tänzerin und erfolglosem Schriftsteller, die sich beide für etwas anderes ausgeben, als sie sind. Naives, allenfalls vom Charme der Hauptdarsteller getragenes Romantik-Märchen.

Macht
576
**
TV

Regie: Miguel Alexandre
Darsteller: Katja Riemann (Franziska Sommer), Peter Sattmann (Peter Sommer), Louisa Herfert (Katja Sommer), Nicole Heesters (Anna Sommer), Dietmar Schönherr (Richard Moll), Giulio Ricciarelli (Oliver Gärtner), Dietrich Hollinderbäumer (Oskar Kollmann), Gerhard Garbers (Klaus Petersen)
Drehbuch: Miguel Alexandre, Clemens Murath
Kamera: Jörg Widmer (Farbe)
Musik: Dominic Roth
Prod.: André Fahning, Henrik Meyer für Studio Hamburg, BRD 1998;
95 Min.
TV: 13.9.1998, SAT.1, 20.15

Immer noch besser ein schlechter Tatort als eine schlechte SAT.1-Weltpremiere aus der Sensations-Ramschkiste. Was sich hier Politthriller nennt, ist ein Flickenteppich aus Entführungs- und Erpressungsmustern mit Wahlkampf-Verzierung. Der entführte Kandidat im Kellerloch, Waffenhändler-Deal mit dem Altparteischurken und die Leiden der Kandidatengattin in einem Niemandsland zwischen US-Wahlkampf-Inszenierung und Bananenrepublik: Zeitvergeudung. *Ponkie, AZ, 15.9.98*

(...) Damit hätte ein Wettlauf zwischen Polizei, Entführern und Holtmanns bösen Buben in Gang gesetzt werden können, der actionreichen Thrill hergegeben hätte. Regisseur Alexandre aber nutzt die Zeit, das Ehepaar Riemann und Sattmann im Charakterfach üben zu lassen: die Enttäuschung, der Entlarvte. Der Rest war bumm bumm und platte Sterotypie: die Polizei unfähig, der Ehemann bekehrt, die Familie gerettet, der Politskandal aufgedeckt. So gleicht der Fernsehabend dem Urnengang: Die Wahl bleibt eine Qual, zwischen langweilender Elefantenrunde und elefantöser Langeweile.
Rüdiger Heimlich, FR, 15.9.98

Wilfried Geldner in: SZ, 15.9.98

Die Macht der Gewalt
577
SOMEONE TO DIE FOR
***
TV

Regie: Clay Borris
Darsteller: Corbin Bernsen (Jack Davis), Ally Walker (Alex Donaldson), Shell Danielson (Lydia Kellermann), Robert Stewart (Sergeant Holliman), Peter Williams (Det. Ray Jackson), Collin Bernsen (Det. Bob Paulson), Sean Milliken (Jared Richardson), Lily Shavick (Stephanie Davis)
Drehbuch: Douglas J. Sloan, Shuki Levy
Prod.: USA 1995;
93 Min.
TV: 29.12.1998, RTL, 0.35

Detektiv will aus seiner Lebenskrise heraus, gerät in falschen Verdacht und muß deshalb den wahren Täter überführen. Der Detektiv und alleinerziehende Vater Jack Davis ist verzweifelt, weil er sich für den Tod seiner kleinen Tochter Stephanie verantwortlich fühlt. Bald darauf gerät er in den Verdacht, drei seiner Kollegen getötet zu haben. Er muß trotz der erdrückenden Beweislast seine Unschuld beweisen und den wahren Täter überführen.

Mad City 578

MAD CITY ***

Regie: Constantin Costa-Gavras
Darsteller: John Travolta (Sam Baily), Dustin Hoffman (Max Brackett), Mia Kirshner (Laurie), Alan Alda (Kevin Hollander), Robert Prosky (Lou Potts), Blythe Danner (Mrs. Banks), William Atherton (Dohlen), Ted Levine (Lemke)
Drehbuch: Tom Matthews, nach einer Story von Tom Matthews, Eric Williams
Kamera: Patrick Blossier (Technicolor)
Musik: Thomas Newman
Schnitt: Françoise Bonnot
Prod.-Des.: Catherine Hardwicke
Prod.: Arnold Kopelson, Anne Kopelson für Arnold Kopelson Prod. mit Punch Prods., USA 1997; 115 Min.
UA: 18.10.1997, Denver Film Festival
Verleih: Warner Bros./dto./-/Warner Home Video; 19.2.1998
FSK: ab 12, ffr. – *FBW:* Wertvoll

Ein entlassener Museumswärter möchte mit der Waffe in der Hand ein Gespräch mit seiner ehemaligen Chefin erzwingen und verletzt durch einen mißglückten Warnschuß seinen Kollegen. Ein zufällig anwesender Reporter macht eine lange Geschichte daraus, versucht jedoch bald aus Mitleid dem tolpatschigen Zufallstäter zu helfen, scheitert aber an der Mechanik öffentlicher Berichterstattung. *multimedia*

Ein Medienthriller: Costa-Gavras hat ihn so schwunglos routiniert inszeniert, daß der Verlauf der Handlung vorhersehbar bleibt. Selbst die Star-Besetzung Dustin Hoffman/John Travolta läßt kaum Spannung aufkommen. Dabei könnte die Story unter einer einfallsreichen, politisch risikofreudigen Regie durchaus beklemmend funktionieren. Nicht umsonst erinnert sie in ihren Grundzügen an Billy Wilders Meisterstück »Reporter des Satans« aus dem Jahre 1951 mit Kirk Douglas als skrupellosem Reporter, der eine Rettungsaktion bei einem Mineneinsturz bewußt verzögert, um durch Sensationsberichte seiner Karriere einen neuen Aufschwung zu geben. (…)
Frauke Hanck, AZ, 20.2.98

Fritz Göttler in: Kölner Stadt-Anzeiger, 21.2.98; Rupert Koppold in: Rheinische Post, 20.2.98

Mad Rex – Gegen das Gesetz 579

AGAINST THE LAW **

Video

Regie: Jim Wynorski
Darsteller: Richard Grieco (Rex), Nick Mancuso (Shepard), Nancy Allen (Marrie Hewitt), Steven Ford (Lt. Carpenter), Jaime Pressly (Sally)
Drehbuch: Steve Mitchell, Bob Sheridan
Prod.: Hans C. Ritter, Betsy Chasse, USA 1997; 90 Min.
Vertrieb: Marketing Video; Nov. 1998
FSK: ab 16 J.

Kurz vor der freiwilligen Versetzung in den Ruhestand jagt Detektiv Shepard einen scheinbar irren Polizistenkiller. Selten erfolgreich um Originalität bemühter Thriller mit typischen Western-Vorbildern.

Die Mädchenfalle – Der Tod kommt online 580

**

TV

Regie: Peter Ily Huemer
Darsteller: Alexandra Maria Lara (Silke Hartmann), Sigmar Solbach (Axel Hartmann), Andrea L'Arronge (Kirsten Hartmann), Thomas Kretschmann (Magnus Sieber), Bernd Stegemann (Sheldon/Fiehr), Julia Richter (Dagmar Matius), Henry Meyer (Gero Jelinski), Alexandra Neldel (Heidi)
Drehbuch: Peter Ily Huemer
Kamera: Andreas Köfer (Farbe)
Musik: Tom Dokoupil
Prod.: BRD 1997; 93 Min.
TV: 18.2.1998, RTL, 20.15

Serienmörder benutzt das Internet, um sich an seine Opfer heranzumachen. Bei der Schülerin Silke geht's aber schief.

Made in Germany 581

MADE IN GERMANY ****

Regie: Thomas Hausner
Drehbuch: Thomas Hausner
Musik: Noel Coward
Schnitt: Thomas Schürer
Prod.: Jens Meurer, Egoli Films mit BR/Arte, BRD 1997; 87 Min.
UA: Int. Hofer Filmtage 1997
Verleih: movienet/-/-; 3.9.1998

Kompilationsfilm aus Wochenschauen, Fernsehshows, Werbetrailern. Der Weg der (West-)Deutschen aus der Kapitulation über das Wirtschaftswunder bis hin zur Wiedervereinigung wird in mehrfach gebrochenen Perspektiven der Selbstdarstellung und in Betrachtungen durch das Ausland nachgezeichnet. Eine grundwegs amüsante, sehr gründlich recherchierte und vor allem hervorragend montierte Arbeit.
Claus Löser, tip, 19/98

(...) Hausner hat einen Flickenteppich aus kollektiver Erinnerung geknüpft, an dessen Ende man sich besser und realistischer informiert fühlt als nach einer mühevollen Fernsehdokumentation. (...) *FAZ, 21.11.98*

Silvia Hallensleben in: Der Tagesspiel, 10.9.98; Frauke Hanck in: AZ, 13.11.98

Mafia! 582

JANE AUSTIN'S MAFIA! ***

Regie: Jim Abrahams
Darsteller: Lloyd Bridges (Vincenzo Cortino), Christina Applegate (Diane), Billy Burke (Joey Cortino), Jay Mohr (Anthony Cortino), Pamela Gidley (Pepper Giannini), Olympia Dukakis (Sophia), Jason Fuchs, Joe Viterelli
Drehbuch: Jim Abrahams, Greg Norberg, Michael McManus
Kamera: Pierre Letarte (35mm)
Musik: Gianni Frizelli
Schnitt: Terry Stokes
Prod.-Des.: William Elliott
Prod.: Bill Badalato, USA 1998; 86 Min.
Verleih: Buena Vista/dto./dto./Buena Vista Video; 10.9.1998
FSK: ab 12 J., ffr.

Aus Angst vor der örtlichen Mafia muß der kleine Vincenzo Anfang des Jahrhunderts von Sizilien nach New York flüchten. Dort steigt er im Laufe der Jahrzehnte zum Ober-Mafioso auf. Liebevolle Parodie, die vor allem auf Francis Ford Coppolas »Paten« zielt. Die Witzpalette reicht vom unscheinbaren Nebengag bis zum groben Klamauk, doch halten sich Respektlosigkeit und Respekt vor dem Paten die Waage. So bleibt alles im netten familiären Rahmen. *Volker Gunske, tip, 19/98*

Lloyd Bridges in ›Mafia!‹

Parodie auf die großen Mafia-Filme, die – ohne Eigenständigkeit zu entwickeln – die einschlägigen Vorbilder durch den Kakao zieht, deren lärmende Scherze sich jedoch schnell totlaufen. Coppolas »Godfather«-Trilogie findet ebenso ihren Niederschlag wie Scorseses »Casino«, doch trotz großer Wiedererkennungseffekte erzeugt der wenig geschmackssichere Film rasch gähnende Langeweile. Lloyd Bridges in seiner letzten Rolle ist dem Klamauk eines uninspirierten Drehbuchs hoffnungslos ausgeliefert. *Zoom, 8/98*

Joseph Heinrichs in: Rheinische Post, 11.9.98; Frank Noack in: Der Tagesspiegel, 10.9.98; Milan Pavlović in: Kölner Stadt-Anzeiger, 12.9.98; Susan Vahabzadeh in: SZ, 12.9.98

Magische Kräfte des Bösen 583

SORCERESS II **
TV

Regie: Richard Styles
Darsteller: Julie Strain (Tara), Greg Wrangler (Paul Stevens), Sandahl Bergman (Virginia), Julie K. Smith (Katlin), Jenny Bair (Noella), Lynn Daly (Rachel), Christian Noble (Deacon), Jay Richardson (Dr. Condon)
Prod.: USA 1995; 85 Min.
TV: 7.11.1998, SAT.1, 0.05

Erotikthriller, in dem Alpträume zur Realität werden.

Das magische Schwert – Die Legende von Camelot 584

THE MAGIC SWORD: QUEST FOR CAMELOT ***

Regie: Frederik Cu Chau
Mit den Stimmen von:
Nena/Andrea Corr (Kayley, Gesang), Nana Spier/Jessalyn Gilsig (Kayley, Sprache), Hartmut Engler/Bryan White (Garrett, Gesang), Simon Jäger/Cary Elwes (Garrett, Sprache), Joachim Hübner/Gary Oldman (Ruber, Gesang), K. Dieter Klebsch/Gary Oldman (Ruber, Sprache), Heike Gentsch (Lady Juliana, Gesang), Cornelia Meinhardt/Jane Seymour (Lady Juliana, Sprache)
Drehbuch: Kirk de Micco, William Schifrin, nach einer Story von Jacqueline Feather, David Seidler, nach dem Roman »The King's Damosel« von Vera Chapman
Musik: Patrick Doyle; David Fost/Carole Bayer Sager (Songs)
Prod.: Dalisa Cooper Cohen für Warner Bros., USA 1998;
86 Min.
Verleih: Warner Bros.//Warner Home Video; 25.6.1998
FSK: o.A./ffr
FBW: wertvoll

König Artus wird sein magisches Schwert Excalibur gestohlen, der jungen Kayley und dem blinden Garrett gelingt es, das Schwert wiederzufinden und das Königreich zu retten. Ein unsorgfältig und lieblos gemachter Zeichentrickfilm, der soziale Rollenklischees reproduziert und der kreative und anregende Phantasie durch oberflächliche Geschichten von Zauberern ersetzt. *multimedia*

Leider läßt die zweite Produktion der bei Warner Bros. neugegründeten Zeichentrickfilme jedwede Magie vermissen: Die Entwürfe der Figuren scheinen direkt aus Disneys Papierkorb zu stammen. Die Animation wirkt holprig, die Hintergründe wirken seltsam blaß. Und die weichgespülten Songs möchte man seinen ärgsten Feinden nicht einmal als Berieselung im Supermarkt zumuten. (…) *tip, 14/98*

Rupert Koppold in: Stgt. Zeitung, 25.6.98; Daniel Kothenschulte in: Kölner Stadt-Anzeiger, 27.6.98

The Maker 585

THE MAKER **
Video

Regie: Tim Hunter
Darsteller: Matthew Modine (Walter Schmeiss), Jonathan Rhys-Myers (Josh Minell), Mary-Louise Parker (Emily Peck), Michael Madsen (Skarney), Fairuza Balk (Bella Sotto), Jesse Borrego (Felice A. Beato), Matthew David James, Marc Worden
Drehbuch: Rand Ravich
Kamera: Hubert Taczanowski (Farbe)
Musik: Paul Buckmaster
Schnitt: Scott Chestnut
Prod.-Des.: Jane Ann Stewart
Prod.: Andrew Lazar, Demitri Samaha für Nu Image/Mad Chance Prod., USA 1997; 95 Min.
UA: 28.4.1997, San Francisco Film Festival
Vertrieb: VMP Video; Okt. 1998
FSK: ab 16 J.

Adoptivkind Josh bekommt Besuch von seinem kriminellen Bruder, der ihn aus der bürgerlichen Welt lockt. Bei diesem Soziodrama stört vor allem die Konzession ans Action-Publikum zum Schluß – ansonsten passables Entertainment.

Das Mambospiel 586

***

Regie: Michael Gwisdek
Darsteller: Corinna Harfouch (Maria), Michael Gwisdek (Martin), Jürgen Vogel (Gregor), Franziska Petri (Julia), Uwe Kokisch (Winne), Henry Hübchen (Chris), Michael Schweighöfer (Peter), Anna Loos (Claudia)
Drehbuch: Michael Gwisdek
Kamera: Roland Dressel (Farbe)
Musik: Detlef Petersen
Schnitt: Michael Gwisdek, Andreas Helm
Prod.: Hermann Florin für NDF/MDR/SDR/Arte, BRD 1997; 106 Min.
UA: 14.2.1998, Int. Filmfestspiele Berlin, »Wettbewerb«
Verleih: Kinowelt/-/-/VMP Video; 26.3.1998, 27.11.1998
FSK: ab 16, ffr.

Der arbeitslose Schauspieler Martin will unbedingt einen Film drehen. Als seine Exfreundin Maria nach zwei Jahren Abwesenheit unangekündigt wieder auftaucht, wird sein Leben nicht gerade leichter. Fortan herrscht Beziehungskrieg, bei dem Gwisdek und Harfouch groß aufspielen. Wild springt »Das Mambospiel« durch das heutige Berlin

und die Filmgeschichte. Komödie, Vergewaltigungsdrama, »Pulp Fiction«-Hommage – Regisseur Gwisdek läßt nichts aus. Auch kein Fettnäpfchen.
Volker Gunske, tip, 7/98

Einen Bärendienst hat man Regisseur und Schauspieler Michael Gwisdek erwiesen mit der Präsentation seines Filmes im Wettbewerb der Berlinale. In einer Nebenreihe wäre sein »Mambospiel« besser aufgehoben gewesen; so bezog Gwisdek mürrische Prügel, vor allen von deutschen Kritikern. (...)
»Du hast Probleme mit dem Rhythmus«, muß sich Martin da vom jungen Potenz-Macho Gregor sagen lassen. Ein Gag, der einer gewissen männlichen Größe bedarf. Mach's noch einmal, Martin, besser vielleicht.
Angie Dullinger, AZ, 26.3.98

(...) Schon vor Jahren hatte sich Gwisdek mit einer filmischen DDR-Nostalgiekiste versucht, die sich als unbrauchbar erwies, und leider scheint solches Schicksal auch dem »Mambospiel« zu drohen. Zwar ist er ein guter Schauspieler, doch glaubte er sich erneut zu Höherem berufen, und diese Annahme beruht auf einem Irrtum. Dieser ist zweifacher Art. Erstens setzt sich der Autor und Regisseur ununterbrochen mit einer derartig ungenierten Eitelkeit und Selbstgefälligkeit ins Bild, daß im Verlaufe der 106 Minuten der Peinlichkeiten doch sehr viele werden. Und zweitens, was noch erheblich schlimmer erscheint, hat er nichts zu sagen. Fast alles kreist um die kaputte Beziehung zwischen ihm und seiner Partnerin Corinna Harfouch – hier nehmen wahrlich die Trivialität und der Mangel an öffentlichem Interesse filmische Gestalt an. Ein paar schöne Ideen und Szenen nicht zu vergessen. Aber die hat schließlich auch der verkorksteste und nutzloseste Film. *Thomas Engel, Der Gildendienst, März 98*

(...) Sie können auf eine große Karriere in der DDR zurückblicken. Fühlen Sie sich noch ost- oder inzwischen gesamtdeutsch?

Weder noch. Natürlich kann ich meine Herkunft nicht verleugnen, aber dieses Ossi-Wessi-Denken halte ich für überholt. Wenn ich allerdings sehe, wie die Ostfilmemacher quotenmäßig verschwinden, die Verteilung der Mittel in den sogenannten West-Seilschaften besser funktioniert und das Kino fest im Griff der Wessis ist, dann fühle ich mich manchmal schon als Klassenkämpfer. *Michael Gwisdek im Interview mit Margret Köhler, AZ, 26.3.98*

H.G. Pflaum in: SZ, 26.3.98; Hans-Dieter Seidel in: FAZ, 16.2.98; Ruprecht Skasa-Weiß in: Stgt. Zeitung, 26.3.98

Mammamia

587
****
TV

Regie: Sandra Nettelbeck
Darsteller: Senta Berger (Clara), Christiane Paul (Paula), Peter Lohmeyer (Daniel), Michael Mendl (Martin), Ulrike Grote (Anne), Natalia Wörner (Lena), Jophi Ries (Christian), Regula Grauwiller (Marie)
Drehbuch: Sandra Nettelbeck
Kamera: Michael Bertl (Farbe)
Musik: Peter Blegvad, Axel Donner
Schnitt: Sandra Nettelbeck, Gudrun Steinbrück
Prod.-Des.: Steffen Gnade
Prod.: Richard Schöps für Dom Film für ZDF/Arte, BRD 1997; 87 Min.
EA: Max Ophüls Preis, Saarbrücken 1998
TV: 8.5.1998, Arte, 20.45; 30.11.1998, ZDF, 20.15

Der Witz an der TV-Komödie ist der Interpretationsterror: Jeder harmlos klingende Satz kann als Waffe gegen jeden verwendet werden. Die Allzweckmunition der Wörter verwandelt sich fortwährend in unterschwellige Vorwürfe. Mutter will nach 30 Jahren den ungeselligen Gatten verlassen – Tochter Paula ist ungeplant schwanger und fürchtet bissige Mutterkritik am Sportlehrer-Lover. Jeder hat eigene Probleme und keiner hört hin. Das Generationenduell Senta Berger (Explosivmischung aus Gluckensorge, Ehefrust, Weiberwut und Schönheitszauber) und Christiane Paul als Tochter Paula (Nestsehnsucht contra Glucken-haß) ist brillant – dezent flankiert von

Vater-Phlegma und Lover-Gemütsruhe. Eine elegante Charakterfalle.

Ponkie, AZ, 2.12.98

Der Film überzeugt durch seine differenzierte Beobachtung eines bürgerlichen Milieus und der subtilen Zeichnung seiner Figuren. Sandra Nettelbeck gelingt es mit Leichtigkeit und auf intelligente Weise, die übliche Fernsehkonvention zu überwinden.

Aus der Begründung der Jury, Max-Ophüls-Preis, Saarbrücken

Man of her Dreams 588

MAN OF HER DREAMS **

Video

Regie: Martin Kitrosser
Darsteller: William R. Moses (Walter Kane), Lysette Anthony (Faith Moore), Patrick Cassidy (Richard Moore), Wanda Acuna (Willa Martinez), Gordon Thomson (Leo Carson), Gwen McGee, Alina Thompson, Devon Michael
Drehbuch: Frank Rehwaldt, Greg Walker
Kamera: M. David Muller (Farbe)
Musik: Richard Bowers
Schnitt: Julian Semilian
Prod.: Ken Sanders, Noel A. Zanitsch; Clark Peterson; Lysette Anthony (Ass.-Prod.) für P. David Prod./M.O.D. Prod./The Image Org., USA 1996; 90 Min.
Vertrieb: VCL (Concorde) Video; 22.9.1998
FSK: ab 16 J.

Untreue Gattin fällt psychopathischem Galan anheim, der sie, als das Ende der Affäre droht, töten will. Gebrauchsfilm der untersten Sorte, der nur mit expliziter Gewalt aufwarten kann.

Manche mögen's anders 589

THE TREAT **

Video

Regie: Jonathan Gems
Darsteller: Julie Delpy (Francesca), Daniel Baldwin (Tony), Yancy Butler (Wendy), Michael York (Simon), Alfred Molina (Colonel), Seymour Cassel (Abgeordneter), Vincent Perez (Pierre), Fenton Lawless (Leo)
Drehbuch: Jonathan Gems
Kamera: Joey Forsyte (Farbe)
Musik: Stephen Croes
Schnitt: Ned Bastille
Prod.-Des.: Peter Paul Raubertas
Prod.: Robert Mickelson, Susan Shapiro; Marcus Wylde (Koprod.), USA 1997; 82 Min.
Vertrieb: VCL Video; 23.6.1998
FSK: ab 16 J.

Prostituierten-Trio spezialisiert sich auf die kraß ausgefallenen Wünsche ihrer Klientel, träumt aber heimlich von einer soliden Existenz. Verqueres Erotikdrama mit geschmacklichen Ausrutschern.

Der Mann in der eisernen Maske 590

THE MAN IN THE IRON MASK ***

Regie: Randall Wallace
Darsteller: Leonardo DiCaprio (König Ludwig XIV./Philippe), John Malkovich (Athos), Jeremy Irons (Aramis), Gerard Dépardieu (Porthos), Gabriel Byrne (d'Artagnan), Judith Godreche (Christine), Anne Parillaud (Königin Anne), Edward Atterton (Leutnant Andre)
Drehbuch: Randall Wallace, nach dem Roman von Alexandre Dumas
Kamera: Peter Suschitzky (Deluxe)
Musik: Nick Glennie-Smith
Schnitt: William Hoy
Prod.-Des.: Anthony Pratt
Prod.: Randall Wallace, Russell Smith; Paul Hitchcock, Rene Dupont (Koprod.) für MGM/UA, USA 1997; 132 Min.
Verleih: UIP/UIP/UIP/Warner Home Video; 9.4.1998
FSK: ab 12 J., ffr. – *FBW:* Wertvoll

Die alternden drei Musketiere retten den seit seiner Geburt eingesperrten Zwillingsbruder des zynisch-arroganten Königs und tauschen ihn gegen diesen aus, auch wenn sie dabei d'Artagnan zum Gegner haben. Drehbuch und Inszenierung von Randall Wallace fehlen leider Ironie, Witz, Tempo und die augenzwinkernde Action, die zu diesem Genre gehört, so daß selbst die hochkarätige Besetzung den Film nicht mehr wirklich retten kann. Nur bescheidene Unterhaltung, mit Elementen von falschem Pathos und Kitsch.
Die mit Starbesetzung inszenierte Verfilmung des legendären Stoffes steigert sich nach anfänglichen dramaturgischen Schwächen zu einem dramatischen Finale, das seine Spannung aus dem Spiel mit vertauschten Identitäten bezieht. *Zoom, 4/98*

(…) DiCaprio wirkt eher wie die Fehlbesetzung in einer Schüleraufführung.

Leonardo DiCaprio in ›Der Mann in der eisernen Maske‹

Aber das paßt zur Inszenierung. Fehlbesetzt ist nämlich auch der Regiestuhl. (...)
Wallace gibt sich als Regisseur unzählige Blößen, vertraut allzusehr auf seine prominente Besetzung, die er dann aber zeitweise, auch als Drehbuchautor, schmählich im Stich läßt. Keiner für alle, alle für keinen.

W.O.P. Kistner, AZ, 9.4.98

(...) Ein prachtvolles, heroisches Melodram, das der epischen Form und dem romantischen Geist der Romane von Alexandre Dumas gerecht wird.

Ralph Umard, tip, 8/98

Wie ist es, sein eigenes Buch zu verfilmen?

Es fehlt eine Art permanente Kontrollinstanz, was für die tägliche Arbeit meistens von Vorteil ist. Die Diskussionen und Auseinandersetzungen, die ich mit Mel Gibson hatte (als Drehbuch-Autor von »Braveheart«), haben dem Film letztlich sehr gut getan. Diesmal hatte ich nicht so eine Reibungsfläche, deshalb habe ich mir anders geholfen, indem ich mir die Vorschläge der Schauspieler sehr genau angehört habe. Die meisten von ihnen haben schon selbst Theateraufführungen inszeniert oder Filme gemacht. Da wäre es dumm und ignorant, sich nicht von ihnen inspirieren zu lassen.

Randall Wallace im Interview, Blickpunkt Film, 16/98

Brigitte Desaken in: Kölner Stadt-Anzeiger, 11.4.98; Sebastian Feldmann in: Rheinische Post, 11.4.98; Tobias Kniebe in: SZ, 9./10.4.98; Rupert Koppold in: Stgt. Zeitung, 9.4.98

Männer & Frauen – Die Gebrauchsanleitung 591

HOMMES FEMMES: MODE D'EMPLOI ***

Regie: Claude Lelouch
Darsteller: Bernard Tapie (Benoit Blanc), Fabrice Luchini (Fabio Lini), Alessandra Martines (Dr. Nitez), Pierre Arditi, Caroline Cellier (Jeanne Blanc), Ophelie Winter (Myriam), Anouk Aimee, Ticky Holgado
Drehbuch: Claude Lelouch, René Bonnell, Jean-Philippe Chatrier
Kamera: Claude Lelouch, Philippe Pavans de Ceccatty (Farbe)
Musik: Francis Lai
Schnitt: Helene de Luze
Prod.-Des.: Jacques Bufnoir
Prod.: Claude Lelouch für Les Films 13/ TF1 Films mit Canal Plus, Frankreich 1996; 122 Min.
UA: 25.8.1996, Filmfestpiele Venedig
Verleih: Kinowelt/-/-; 11.6.1998
FSK: ab 6 J., ffr.

Lelouchs 35. Film, mit Anklängen an durchstilisierte Werbeästhetik gedreht, ist eine versöhnliche Komödie um hypochondrische Männer und Frauen mit Rachegelüsten. Absichtlich vertauschte Krankenberichte bringen zwei gegensätzliche Typen auf einem bizarren Heilungstrip zusammen. Im Mittelpunkt ein Lebemann und Frauenheld, gespielt von Bernard Tapie in seiner ersten Filmrolle, und ein arbeitsloser Schauspieler, gespielt von dem wunderbar zerfahrenen Fabrice Luchini. Neben Alessandra Martines als Rächerin im Arztkittel gibt es einige souverän bizarre Frauengestalten in einem winterlich irrealen Paris. *tip, 13/98*

Albert Baer in: Rheinische Post, 13.6.98; Angie Dullinger in: AZ, 10.6.98; Thomas Klingenmaier in: Stgt. Zeitung, 10.6.98; Gerhard Midding in: Kölner Stadt-Anzeiger, 13.6.98; Veronika Rall in: FR, 13.6.98; Anke Sterneborg in: SZ, 13.6.98

Manny und Lo 592

MANNY & LO ***

Video

Regie: Lisa Krueger
Darsteller: Mary Kay Place (Elaine), Scarlett Johansson (Manny), Aleksa Palladino (Lo), Glenn Fitzgerald (Joey), Angie Phillips (Connie)
Drehbuch: Lisa Krueger
Kamera: Tom Krueger (Technicolor)
Musik: John Lurie
Schnitt: Colleen Sharp
Prod.-Des.: Sharon Lomofsky
Prod.: Dean Silvers, Marlen Hecht für Silvers-Hecht Prod./Paramount, USA 1996; 85 Min.
UA: Sundance Filmfestival 1996
Vertrieb: CIC Video; Okt. 1998
FSK: ab 12 J.

Zwei Schwestern fliehen vor ihren Adoptiveltern, ziehen streunend durchs Land und als eine schwanger wird, entführen sie einfach eine Drogerie-Verkäuferin. Blauäugige, aber nicht unsympathische Familien-Komödie.

Marion 593

MARION ***

Regie: Manuel Poirier
Darsteller: Marie-France Pisier (Frau aus Paris), Jean-Luc Bideau (Mann aus Paris), Coralie Tetard (Marion), Elisabeth Commelin (Mutter), Pierre Berriau (Vater)
Drehbuch: Manuel Poirier, Jean-François Goyet, Celine Poirier
Kamera: Naro Keo Kosal (Farbe)
Musik: Ann-Marie Fijal
Schnitt: Yann Dedet
Prod.: Aissa Djabri, Farid Lahouassa, Manuel Munz für Vertigo/Le Studio Canal Plus/France 2 Cinéma, Frankreich 1996; 105 Min.
UA: 16.2.1997, Int. Filmfestspiele Berlin, »Panorama«
Verleih: -/Stadtkino/-; Januar 1998

Marion lebt mit ihren Eltern und Geschwistern in einem kleinen Haus auf dem Land. Im gleichen Ort wohnt auch ein wohlhabendes Paar aus Paris, das Marion zu sich nehmen will, um ihr in Paris eine bessere Schulbildung zu ermöglichen und um sich selbst einen alten Kinderwunsch zu erfüllen. Regisseur Poirier verleugnet zwar nicht die sozialpolitische Perspektive seines Films, erweitert sie jedoch auf beeindruckende Weise um einen sehr persönlich gestimmten Diskurs über Wünsche, Begehren und Identität. *multimedia*

Michael Althen in: SZ, 19.2.97

Marius und Jeanette – Eine Liebe in Marseille 594

MARIUS ET JEANETTE: UN CONTE DE L'ESTAQUE ****

Regie: Robert Guediguian
Darsteller: Ariane Ascaride (Jeannette), Gerard Meylan (Marius), Pascale Roberts (Caroline), Jacques Boudet (Justin), Fréderique Bonnal (Monique), Jean-Pierre Darroussin (Dede), Laetitia Pesenti (Magali), Miloud Nacer (Malek)
Drehbuch: Jean-Louis Milesi, Robert Guédiguian
Kamera: Bernard Cavaliér (Farbe)
Musik: Vivaldi, Johann Strauss
Schnitt: Bernard Sasia
Prod.: Gilles Sandoz für Agat Films mit La Sept Cinema/Canal Plus, Frankreich 1997; 101 Min.
UA: 7.5.1997, Int. Filmfestival Cannes »Un Certain Regard«
Verleih: Arsenal/filmladen/Alhéna; 29.1.1998

Liebesgeschichte zwischen einer arbeitslosen Mutter mit zwei Kindern und einem Wachmann einer stillgelegten Fabrik in einem Hafenviertel von Marseille. Dem Film gelingt es, ein überzeugendes Gleichgewicht zu halten zwischen realistischer Darstellung der Lebensumstände im Arbeiterviertel, den ironisch gebrochenen politischen Diskursen und einer fast operettenhaften Stilisierung der nachbarschaftlichen Verhältnisse wie auch der leichthändig erzählten Liebesgeschichte. Die mitunter recht schlichten formalen Mittel mindern geringfügig den Gesamteindruck. *Zoom, 1/98*

Michael Althen in: SZ, 29.1.98; Frank Arnold in: Kölner Stadt-Anzeiger, 31.1.98; Heiko R. Blum in: Rheinische Post, 27.3.98; Ralph Eue in: Der Tagesspiegel, 29.1.98; Rupert Koppold in: Stgt. Zeitung, 29.1.98; Veronika Rall in: FR, 29.1.98

Marquise – Gefährliche Intrige 595

MARQUISE ***

Video

Regie: Véra Belmont
Darsteller: Sophie Marceau (Marquise), Bernard Giraudeau (Molière), Lambert Wilson (Racine), Patrick Timsit (Gros-Rene), Thierry Lhermitte (Louis XIV.), Anemone (La Voisin), Remo Girone (Lully), Georges Wilson (Floridor)
Drehbuch: Jean-François Josselin, Vera Belmont, Marcel Beaulieu, Gerard Mordillat
Kamera: Jean-Marie Dreujou (Farbe)
Musik: Jordi Savall
Schnitt: Martine Giordano
Prod.: Vera Belmont für Stephan Films/France 3 Cinema/AMLF/3 Emme/Alhena/Multivideo mit Cofimage 5/Canal Plus, Frankreich/ Italien/Schweiz/Spanien 1997; 117 Min.
UA: 6.8.1997, Toronto Film Festival
Vertrieb: Warner Home Video; 22.5.1998
FSK: ab 12 J.

Im vorrevolutionären Frankreich stößt eine ambitionierte Tänzerin und Dirne auf Molière und Racine – ein dramatisches Dreiecksspiel beginnt. Temperamentvolles Kostüm- und Schicksalsdrama, üppig ausgestattet und flott erzählt.

Martha trifft Frank, Daniel und Laurence 596

MARTHA MEET FRANK, DANIEL AND LAURENCE ***

Regie: Nick Hamm
Darsteller: Monica Potter (Martha), Rufus Sewell (Frank), Tom Hollander (Daniel), Joseph Fiennes (Laurence), Ray Winstone (Dr. Pedersen), Debora Weston, Jan Pearson, Steve O'Donnell
Drehbuch: Peter Morgan
Kamera: David Johnson (Farbe)
Musik: Ed Sheamur
Schnitt: Michael Bradsell
Prod.-Des.: Max Gottlieb
Prod.: Grainne Marmion für Film Four/ Banshee/, GB 1998; 88 Min.
EA: Filmfest München 1998
Verleih: PolyGram/dto./Elite/PolyGram Video; 6.8.1998
FSK: ab 6 J., ffr.
FBW: Besonders wertvoll

Langer Titel, simple Story: Frustriert schmeißt Martha ihren Billig-Job in L.A. und klettert in den nächstbesten

Monica Potter und Tom Hollander

Flieger: für 99 Dollar One-Way nach London. Dort trifft sie Frank, Daniel und Laurence. Alle drei verknallen sich in sie. Doch ausgerechnet der, in den sich Martha verguckt, ist der schüchternste und loyalste des Trios. Simple Story, clever konstruiert: Denn so wie alle Beteiligten das Geschehen anders interpretieren, wechselt auch die Erzählperspektive. Was Sie schon immer über Männer um die 30 wissen wollten, aber bisher trotz intensiven Fragens nicht beantwortet bekamen – in dieser englisch-eleganten Komödie erfahren Sie's. *Annette Kilzer, tip, 17/98*

Gregor Dotzauer in: SZ, 6.8.98; Tobias Kniebe in: SZ, 2.7.98; Margret Köhler in: AZ, 6.8.98; Rupert Koppold in: Stgt. Zeitung, 6.8.98; Tobias Riegel in: Der Tagesspiegel, 6.8.98

Martin (Junior) 597

MARTIN (HACHE) ****

Regie: Adolfo Aristarain
Darsteller: Federico Luppi (Martin), Juan Diego Botto (Junior), Eusebio Poncela (Dante), Cecilia Roth (Alicia), Sancho Gracia, Ana Maria Picchio
Drehbuch: Adolfo Aristarain, Kathy Saavedra
Kamera: Porfirio Enriquez (Farbe)
Musik: Fito Paez
Schnitt: Fernando Pardo
Prod.: Gerardo Herrero, Javier Lopez Blanco,

Adolfo Aristarain für Tornasol/Adolfo Aristarain mit Television Espanola/Canal Plus, Argentinien/Spanien 1997; 123 Min.
UA: 22.9.1997, San Sebastian Film Festival 1997
Verleih: -/Cinematograph/trigon; Juli 1998

Der seit 20 Jahren exilierte argentinische Filmregisseur Martin holt aus Buenos Aires seinen gleichnamigen 19jährigen Sohn nach dessen (vermeintlichen) Suizidversuch zu sich nach Madrid. Die Präsenz des jungen Martin und schmerzvolle Ereignisse in seinem kleinen Freundeskreis helfen dem Vater, seine verschütteten Gefühle wieder zuzulassen. Dialogstarker und psychologisch vielschichtiger Schauspielerfilm, der ein kritisches Porträt der 68er Generation Argentiniens zeichnet. *Zoom, 8/98*

(…) Hervorragend geschriebenes und eindringlich gespieltes Kammerspiel um die tödlichen Folgen der Verweigerung von Liebe und Beziehung. *multimedia*

Marys Schweigen 598

SILENCING MARY **
Video

Regie: Craig R. Baxley
Darsteller: Melissa Joan Hart (Mary Stuartson), Corin Nemec (David MacPherson), Lisa Dean Ryan (Holly Shavers), Peter MacNicol (Lawrence Dixon), James McDaniel (Harvey Thiel), Josh Hopkins (Clay Roberts), Lochlyn Munro (Clay Roberts), Teryl Rothery
Drehbuch: Steven Johnson
Kamera: Joao Fernandes (Farbe)
Musik: Gary Chang
Schnitt: Sonny Baskin
Prod.-Des.: Ian D. Thomas
Prod.: Kay Hoffman; Trisha Hart (Koprod.) für Viacom/Hartbreak Film, USA 1998; 85 Min.
Vertrieb: CIC Video; 17.8.1998
FSK: ab 12 J.

Engagierte Studentin versucht gegen alle Widerstände den Vergewaltiger ihrer Freundin, den Footballstar des College, zu überführen. Einfach gestricktes TV-Drama mit hehren Intentionen.

Die Maske des Zorro 599

THE MASK OF ZORRO ***

Regie: Martin Campbell
Darsteller: Antonio Banderas (Alejandro Murrieta/Zorro), Anthony Hopkins (Zorro/Don Diego de la Vega), Catherine Zeta-Jones (Elena), Stuart Wilson (Don Rafael Montero), Matt Letscher (Capt. Harrison Love), Maury Chaykin (Warden), Tony Amendola (Don Luiz), Pedro Armendariz (Don Pedro)
Drehbuch: John Eskow, Ted Elliott, Terry Rossio, nach einer Story von Ted Elliott, Terry Rossio, Randall Jahnson
Kamera: Phil Meheux, Kim Markus (2nd unit) (CFI/Technicolor)
Musik: James Horner
Schnitt: Thom Noble
Prod.-Des.: Cecilia Montiel
Prod.: Doug Claybourne, David Foster für Amblin Ent. mit Zorro Prod., USA 1998; 136 Min.
Verleih: Columbia TriStar/UIP/UIP/Columbia TriStar Video; 8.10.98
FSK: ab 12 J.

Nach 20 Jahren Kerker kann der mexikanische Freiheitsheld Zorro fliehen und mit seinem Schüler gegen den Exgouverneur kämpfen, der mit gestohlenem, von Sklaven ausgebeutetem Gold Kalifornien kaufen will. Spektakuläre

Antonio Banderas als Zorro‹

Fechtszenen, opulente Feste, teils pointenreiche Dialoge und ein lustvoll-ironisches Schwelgen im Kitsch bereiten großes Vergnügen an dieser Wiederbelebung des Mantel-und-Degen-Genres. Doch die oberflächliche Darstellung der Unterdrückten hinterläßt einen bitteren Nachgeschmack. *Zoom, 10/98*

Heiko R. Blum in: Rheinische Post, 23.10.98; Kerstin Decker in: Der Tagesspiegel, 22.10.98; Christian Geinitz in: FAZ, 24.10.98; Rupert Koppold in: Stgt. Zeitung, 22.10.98; Milan Pavlović in: Kölner Stadt-Anzeiger, 24.10.98; Anke Steineborg in: SZ, 24.10.98

Massive Protection 600

THE PROTECTOR **

Video

Regie: Bret McCormick
Darsteller: Ed Marinaro (John Templeton), Lee Majors (Austin), Kate Rodger (Alex Johnson), Ciryl O'Reilly (Tony Angenelo), Keith K. Jones (Lou), Chris Heldman (Bob), Joette Rhodes (Molly)
Drehbuch: Chris Heldman
Kamera: R. Scott Wilson (Farbe)
Musik: Roy Machado
Schnitt: Haley Richter
Prod.: Chris Heldman für Transpacific/Twin Tigers/Libra, USA 1997; 85 Min.
Vertrieb: VMP Video; 22.5.1998
FSK: ab 16 J.

Verwitweter Exagent nimmt via Internet Aufträge zum Schutz bedrohter Frauen entgegen. Mit Action, High-Tech-Optik und »Erotik« aufgepeppter Billig-Actioner.

Masterminds – Das Duell 601

MASTERMINDS **

Video

Regie: Roger Christian
Darsteller: Patrick Stewart (Ralph Bentley), Vincent Kartheiser (Ozzie Paxton), Brenda Fricker (Claire Maloney), Brad Whitford (Miles Lawrence), Matt Craven (Jake Paxton), Annabelle Gurwitch (Helen Paxton), Katie Stewart (Melissa Randall), Michael MacRae (Foster Deroy)
Drehbuch: Floyd Byars, Alex Siskin, nach einer Story von Floyd Byars, Alex Siskin, Chris Black
Kamera: Nic Morris (Technicolor)
Musik: Anthony Marinelli
Schnitt: Robin Russell
Prod.-Des.: Douglas Higgins
Prod.: Robert Dudelson, Floyd Byars für Byars/Dudelson/Pacifs Motion Pic., USA 1997; 101 Min.
Vertrieb: Columbia TriStar Video; 24.11.1998
FSK: ab 16 J.

Skrupelloser Verbrecher nimmt in einer Schule die Kinder der reichsten Eltern als Geiseln. Ein Computerfreak kann sie retten. Chic gestyltes, grob erdachtes Actionteil mit den üblichen Versatzstücken des Genres.

Mäusejagd 602

MOUSEHUNT ***

Regie: Gore Verbinsky
Darsteller: Nathan Lane (Ernie Smuntz), Lee Evans (Lars Smuntz), Vicki Lewis (April Smuntz), Maury Chaykin (Alexander Falko), Eric Christmas (Der Anwalt), Michael Jeter (Quincy Thorpe), Debra Christofferson (Ingrid), Camilla Soeberg (Hilde)
Drehbuch: Adam Rifkin
Kamera: Phedon Papamichael (Farbe)
Musik: Alan Silvestri
Schnitt: Craig Wood
Prod.-Des.: Linda DeScenna
Prod.: Alan Riche, Tony Ludwig, Bruce Cohen für Dreamworks Pic., USA 1997; 99 Min.
Verleih: UIP/UIP/UIP/CIC Video; 26.3.1998
FSK: ab 6, ffr. – *FBW:* Wertvoll

Ein vom Leben nicht gerade verwöhntes Brüderpaar erbt ein vergammeltes Haus. Als sich herausstellt, daß es sich um ein vergessenes Meisterwerk eines Klassikers der architektonischen Moderne handelt, renovieren sie die Immobilie, um bei einer Versteigerung den großen Reibach zu machen. Sie haben jedoch ihre Rechnung ohne einen widerspenstigen Mieter gemacht: eine Maus, die sich hartnäckig und wirkungsvoll gegen jede Veränderung ihrer Behausung zur Wehr setzt. Ein stilvoller, aber auch wild-turbulenter Unterhaltungsfilm, der erfolgreich die Verfolgungsdramaturgien des Trickfilms in den Realfilm überführt. *Zoom, 8/98*

(...) Der Werbefilmer Gore Verbinsky nutzt diesen einfachen Plot, um zu zeigen, was er so alles kann, nämlich: mit tiefer gelegter Kamera wilden Slapstick inszenieren. Aber nach der zehnten überraschenden Kamerafahrt ist die »Tom und Jerry«-Dramaturgie verbraucht, und auch die Maus fängt irgendwann an, höllisch zu nerven.

tip, 7/98

Albert Baer in: Rheinische Post, 27.3.98; Gerald Jung in: Zitty, 7/98; Daniel Kothenschulte in: Kölner Stadt-Anzeiger, 28.3.98; Anke Sterneborg in: SZ, 26.3.98

Maximum Security – Streng geheim 603

MAXIMUM REVENGE *

Video

Regie: Fred Olen Ray
Darsteller: Paul Michael Robinson (Richard Mace), John Lazar (Murdock), Landon Hall (Tracy Quinn), Neil Delama (Stefan), J. C. Johnson (Chapel), Arthur Roberts (Warden Glover), Monique Parent (Katya), Michelle Bauer (Shana)
Drehbuch: Sean O'Bannon
Prod.: Royal Oaks, USA 1997; 85 Min.
Vertrieb: MVW Video; 15.10.1998
FSK: ab 18 J.

Polizist kämpft ganz allein gegen Super-Schurken, der ein Gefängnis als Basis für einen Schlag gegen die USA gewählt hat. »Stirb langsam« trifft »The Rock« – allerdings im Kindergarten – eher eine peinliche Discount-Action.

Mayday – Flug in den Tod 604

**

Video

Regie: Chris Bould
Darsteller: Robert John Burke (Tom Hutton), Heinz Hoenig (Frank Wilkens), Annabeth Gish (Maria Phillips), Renate Becker (Frau Berning), Ivo Dolder (Klaus Berning), Martin Lüttge (Professor Raab), Pierre Shrady, Frank Albrecht
Drehbuch: Sytze van der Laan, David Howard, Chris Bould, nach dem Roman »Mayday, Mayday« von Heinz G. Konsalik
Kamera: Michael Faust (Farbe)
Musik: Marcel Barsotti
Prod.-Des.: Norbert Scherer
Prod.: Gerhard Schmidt, Peter Paulich; Dagmar Konsalik für Gemini mit Portman/Premiere/D.G.K. für Degeto/ARD, BRD 1997; 89 Min.
Vertrieb: BMG (Universum) Video
TV: 9.2.1998, Premiere, 20.15; 3.10.1998, ARD

Selbst bei der geringen Erwartung, die an die ARD-Reihe der »Konsalik-Collection« zu knüpfen ist, hat das Piloten-Männergeseife den Unterhaltungswert eines kaputten Fahrradschlauchs.

AZ, 5.10.98

McCinsey's Island 605

MCCINSEY'S ISLAND **

Video

Regie: Sam Firstenberg
Darsteller: Hulk Hogan (Joe McGray), Grace Jones (Alonzo Richter), Robert Vaughn (Walter Denkins), Todd Sheeker (Billy), Anya Hofman (Sabrina)
Drehbuch: Kristina Dubin
Kamera: David Worth (Farbe)
Musik: Steve Edwards
Schnitt: Cari Coughlin
Prod.: Andrew Sugerman, Kristina Dubin, Robert Redlin für Big Island Prod., USA 1998; 90 Min.
Vertrieb: Highlight Video; 23.2.1998
FSK: ab 12 J.

Exagent kommt seinem Lieblingsfeind auf die Spur, der sich als Frau entpuppt. Es entbrennt ein gnadenloser Kampf um einen vergrabenen Schatz. Schauderhaft inszeniert und debil konzipiert – nur Robert Vaughn landet ein paar Miniatur-Pointen.

McHale's Navy 606

MCHALE'S NAVY **

Video

Regie: Bryan Spicer
Darsteller: Tom Arnold (Lt. Cmdr. Quinton McHale), David Alan Grier (Ensign Charles T. Parker), Tim Curry (Maj. Vladikov), Dean Stockwell (Capt. Wallace B. Binghampton), Debra Messing (Lt. Penelope Carpenter), Ernest Borgnine (Cobra), Tommy Chong (Armando/Ernesto), Bruce Campbell (Virgil)
Drehbuch: Peter Crabbe, nach einer Story von Peter Crabbe, Andy Rose, basierend auf einer Fernsehserie
Kamera: Buzz Feitshans IV (Deluxe)
Musik: Dennis McCarthy
Schnitt: Russell Denove
Prod.-Des.: Gene Rudolf
Prod.: Sidney Sheinberg, Bill Sheinberg, Jonathan Sheinberg für Bubble Factory, USA 1997; 108 Min.
UA: 18.4.1997

Vertrieb: CIC Video; Jan. 1998
FSK: ab 12 J.

Im Windschatten des Gesetzes betreibt Exmarineleutnant in der Karibik schwunghaften Handel mit Alkohol, Tabak und sonstiger Grundversorgung. Da spuckt ihm ein Top-Terrorist in die Suppe. Vorhersehbarer Komödien-Klamauk, der dem Zuschauer kaum jemals einen Gag gönnt.

Medusa's Child – Atombombe an Bord der 737 607

MEDUSA'S CHILD **
TV

Regie: Larry Shaw
Darsteller: Lori Loughlin (Dr. Linda McCoy), Vincent Spano (Scott Nash), Gail O'Grady (Vivian Henry), Martin Sheen (Präsident), Christopher Noth (Tony DiStefano), Kevin Dillon (Jerry Carnell), John Glover (Rogers Henry), Daniel Kamin (Doc Hazzard)
Drehbuch: Nach dem Roman »Pandora's Clock« von John T. Nance
Prod.: USA 1997; 89 Min.
TV: 13. und 14.11.1998, SAT.1, jeweils 20.15

Zweiteiliger Katastrophenfilm über eine Atombombe an Bord eines Passagierflugzeuges.

Megacities 608

MEGACITIES ***

Regie: Michael Glawogger
Drehbuch: Michael Glawogger
Kamera: Wolfgang Thaler (Farbe)
Schnitt: Andrea Wagner
Prod.: Erich Lackner, Rolf Schmid für Lotus/Fama, Österreich/Schweiz 1998; 94 Min.
Verleih: -/-/Fama; Sept. 1998

Michael Glawogger zeigt dokumentarisch Überlebenskünstler in den vom materiellen Wohlstand nicht begünstigten Quartieren der Riesenstädte Bombay, Moskau, Mexiko und New York: Färber, Kesselflicker, Nutten, Zuhälter, Betrüger, Diebe und Süchtige. Die formale Sorgfalt und das erzählerische Geschick täuschen über eines nicht hinweg: Wer mitfühlt, kann mitfühlen, wer sich aber an Leid und Elend anderer ergötzen will, der kann auch das tun. Der Voyeurismus kommt auf beide Arten zum Zug. *Zoom, 9/98*

Mehr Pech als Verstand 609

THE CURSE OF INFERNO **
Video

Regie: John Warren
Darsteller: Pauly Shore (Chuck Betts), Janine Turner (Layla Moanes), Ned Beatty (Moles Huddenel), Max Perlich (Harold Cantrell), Stephen Tobolowsky (Lonnie Martin), Blue Deckert (Sheriff Gibson), Wes Foreshaw (Harv), Ben Loggins (Jimmy)
Drehbuch: John Warren
Kamera: Nancy Schreiber (Farbe)
Musik: Jeffrey »Skunk« Baxter
Schnitt: Barry Zetlin
Prod.: Dan Etheridge für Motion Pic./, USA 1996; 83 Min.
Vertrieb: Warner Home Video; 16.10.1998
FSK: ab 12 J.

Zwei Chaoten überfallen zur gleichen Zeit wie zwei »Profis« eine Bank. Unausgegorene, wenig professionelle Mixtur aus Klamauk, Krimi und Romantic-Comedy.

Mein Chef: Das Schwein! 610

BADGE OF BETRAYAL **

Regie: Sandor Stern
Darsteller: Harry Hamlin (Sheriff Dave Ward), Michele Greene (Annie Walter), Linda Doucett (Patty Renault), Gordon Clapp
Kamera: Henry M. Lebo (Farbe)
Prod.-Des.: Michael Ritter
Prod.: USA 1996; 88 Min.
TV: 14.7.1998, SAT.1, 20.15

TV-Movie der üblichen Art. Alleinerziehende Mutter wird in der Provinz Assistentin des Sheriffs und stellt fest, daß der zwar gut aussieht, aber kein guter Mensch ist.
Die alleinerziehende Mutter Annie Walker wagt einen Neuanfang in der Provinz und ist froh, gleich einen Job als Assistentin des attraktiven Ortssheriffs Dave Ward zu bekommen. Die Freude schwindet, als sie die gewalttätige und korrupte Seite ihres Chefs entdeckt – und Dave hat Annie als nächstes Opfer auserkoren. *Pressetext*

Mein Freund der Bulle 611

**

TV

Regie: Johannes Hebendanz
Darsteller: Benno Fürmann (Christian), Muriel Baumeister (Elsa), Tobias Schenke (Max), Gerhard Garbers (Gruber), Petra Kleinert (Maria)
Drehbuch: Brian Finch
Kamera: Diethard Prengel (Farbe)
Prod.: Telefilm Saar, BRD 1998; 89 Min.
TV: 29.12.1998, ZDF, 22.15

Scheußliche Machenschaften im Boxermilieu.

Mein Kind muß leben 612

****

TV

Regie: Diethard Klante
Darsteller: Heinz Hoenig (Franz Wagner), Margarita Broich (Claudia Wagner), Jürgen Hentsch (Prof. Schwarz), Johanna Klante (Marion Wagner), Barbara Herschbach (Evi), Stefan Kurt (Dr. Klee)
Drehbuch: Diethard Klante
Kamera: Johannes Hollmann (blow up 35mm von Super 16mm)
Schnitt: Bernd Lorbiecki
Prod.-Des.: Frank Chamier
Prod.: Dietrich Mack für SWF, BRD 1997; 90 Min.
UA: Filmfest München 1998
TV: 13.2.1998, Arte, 20.45; 3.2.1999, ARD, 20.15

Vaterzorn gegen überlastete Routine-Mediziner, jugendliche Koma-Patientin als Anlaß für ein längst fälliges Therapiezentrum: Einer jener sorgfältigen Fernsehfilme mit Moralanspruch, die in der Form des Kammerspiels Familiendramen als exemplarische Erfahrung kenntlich machen. *Ponkie, AZ, 27.6.98*

Mein Liebling, der Tyrann 613

THE BEAUTICIAN AND THE BEAST ***

Video

Regie: Ken Kwapis
Darsteller: Timothy Dalton (Boris Pochenko), Fran Drescher (Joy Miller), Ian McNeice (Grushinsky), Lisa Jakub (Katrina), Patrick Malahide (Kleist), Michael Lerner (Jerry Miller), Phyllis Newman (Judy Miller), Heather DeLoach (Masha)
Drehbuch: Todd Graff
Kamera: Peter Lyons Collister (Deluxe)
Musik: Cliff Eidelman
Schnitt: Jon Poll
Prod.-Des.: Rusty Smith
Prod.: Howard W. Koch jr., Todd Graff für High School Sweethearts/Koch Company/ Paramount, USA 1997; 103 Min.
Vertrieb: CIC Video; 28.5.1998
FSK: ab 6 J.

Durch eine Verwechslung wird US-Kosmetikerin als Hauslehrerin für die Kinder eines alleinerziehenden Ost-Diktatoren engagiert. Eine One-Woman-Show für die schrille Fran Drescher – der Rest Klischees und Kitsch.

Mein millionenschwerer Märchenprinz 614

THE CON **

Video

Regie: Steven Schachter
Darsteller: Rebecca de Mornay (Barbara/ Nancy), William H. Macy (Bobby), Mike Nussbaum (Harry), Frances Sternhagen (Hadabelle), Angela Paton, Tony Frank, Don Harvey, Matt Hill
Drehbuch: William H. Macy, Steven Schachter
Kamera: Peter Stein (Farbe)
Musik: Peter Manning Robinson
Schnitt: Cari Coughlin
Prod.-Des.: Alfred Sole
Prod.: Bob Roe, Howard Griffith für Wilshire Court/Mi Sammy Prod., USA 1997; 87 Min.
Vertrieb: CIC Video; 20.7.1998
FSK: ab 12 J.

Pfiffige Serien-Betrügerin versucht Tankwart zu becircen – auf den Ahnungslosen wartet nämlich ein Millionenerbe. Mit Klischees vollgestopfte, aber mit einigen Pointen und Wendungen aufwartende TV-Komödie.

Mein süßer kleiner Arsch 615

MON BEAU PETIT CUL ***

Regie: Simon Bischoff
Mit: Jean Neuenschwander, Abdenbi
Drehbuch: Simon Bischoff
Kamera: Simon Bischoff (Farbe)
Musik: Jilala, Daka Marakschia, Sidi Sliman
Schnitt: Sergio Buzi
Prod.: Simon Bischoff für SFD RS, Schweiz 1997; 105 Min.
Verleih: -/-/Rialto; Nov. 1998
FSK: ab 16 J.

Der Film porträtiert weiße homosexuelle, die als Rentner im libertären Klima der einstigen Freihandelsstadt Tanger mit jungen marokkanischen Liebhabern ihren Lebensabend genießen. Ohne ein moralisches Urteil zu fällen, sucht der Autor dieses symbiotische Verhältnis als Überschneidung europäischer Subkultur mit arabischer Tradition darzustellen, scheitert aber, weil er kaum insistierend fragt und wichtige Themen vernachlässigt. Zu voyeuristisch bedient er sich zudem der außergewöhnlichen Offenheit des Protagonisten. *Zoom, 11/98*

Meine gefilmten Gespräche 616

MES ENTRETIENS FILMES ***

Regie: Boris Lehman
Mit: Dimitri Declercq, Luc Remy, Henry Storck, Philippe Simon, Jean-Marie Buchet, Serge Meurant, Daniel Fano, Patrick Leboutte
Kamera: Antoine-Marie Meert (Farbe)
Schnitt: Daniel De Valck
Prod.: Dovfilm, Belgien 1995-1997; 125 Min.
EA: 16.2.1998, Int. Forum des Jungen Films, Berlin
Verleih: Freunde/-/-; Okt. 1998

Der Belgier Boris Lehman zählt zu den großen Einzelgängern des europäischen Kinos, die niemals aufgeben, ungeachtet aller Marktstrukturen, die Filmen wie seinen eigentlich keine Chance bieten. Mit der ihm eigenen Wärme und Ironie zeigt er in diesem Film sich selbst und die Arbeit an seinen Filmen. *Katalog Forum*

Melodrama 617

MELODRAMA ***

Regie: Rolando Diaz
Darsteller: Verónica López, Héctor Eduardo Suárez, Javier Avila, Carlos Cruz, Maria Isabel Diaz, Celia Garcia
Drehbuch: Rolando Diaz
Kamera: Roberto Fernández (Farbe)
Musik: Pedro Luis Ferrer
Schnitt: Osvaldo Donatién
Prod.: ICAIC, Kuba 1995; 52 Min.
EA: 16.2.1996, Int. Forum des Jungen Films, Berlin
Verleih: -/-/Cinematograph; März 1998

Esperanza sagt am kubanischen Fernsehen das Wetter an und das tut sie am liebsten dann, wenn atmosphärische Tiefs ihren eigenen jämmerlichen Seelenzustand spiegeln. Die Bedauernswerte muß lernen, vom Leben wieder mehr zu erwarten als Sintflut und Apokalypse. Die vorwitzige, gelegentlich frivole und larmoyante Komödie, die sich auch über die kubanische Zensur lustig macht, ist die dritte in der Folge der sogenannten Havanna-Geschichten (nach »Madagascar«, 1994, von Fernando Pérez und »Quiereme y veras«, 1995 von Daniel Diaz Torres).
Zoom, 3/97

(...) Was wie eine weibliche Konterrevolution im modernen Kuba anmutet, entschärft sich selbst durch stilistische und darstellerische Albernheiten.
Iris Depping, tip, 13/98

Memorial Day – Das letzte Attentat 618

MEMORIAL DAY **
Video

Regie: Worth Keeter
Darsteller: Jeff Speakman, Stephanie Niznik, Jeff King, Paul Mantee, Frederick Coffin, Rob Labelle, Mongo Brownlee, Oscar Dillon
Drehbuch: Steve Latshaw
Kamera: W. Doyle Smith (Farbe)
Prod.-Des.: Candi Gutterres
Prod.: Ashok Amritraj, Andrew Stevens für Royal Oaks Ent., USA 1998; 91 Min.
Vertrieb: Arcade Video; 30.11.1998
FSK: ab 16 J.

Vom CIA heimlich entwickelter Killer-Satellit gerät in die Hände von ruchlosen Terroristen. Die bleihaltige Mär vom Spezialagenten, der – mit weiblicher Verstärkung – die Welt rettet, langweilt auf allen Ebenen.

Mendel 619

MENDEL ***
Video

Regie: Alexander Rösler
Darsteller: Thomas Jungling Sörensen (Mendel Trotzig), Teresa Harder (Bela Trotzig), Hans Kremer (Aaron Trotzig), Martin Meingast (David Trotzig), Charlotte Trier (Frau Freund), Wolfgang Pintzka (Herr Freund), John

Henning Göbring Hermstad (Markus Freund), Lene Bragli (Frau Rosen)
Drehbuch: Alexander Rösler
Kamera: Helge Semb (Farbe)
Musik: Geir Böhren, Bent Aserud
Schnitt: Einar Egeland
Prod.-Des.: Jack van Domburg
Prod.: Axel Helgeland, Peter Aalbaek Jensen, Helga Bähr für Northern Lights/Zentropa Ent./Lichtblick, Norwegen/Dänemark/ BRD 1996; 98 Min.
UA: 18.2.1997, Int. Filmfestspiele Berlin, »Panorama«
Vertrieb: KJF Video; April 1998
FSK: ab 6 J.,

Eine Handvoll Überlebende des Holocausts wandert 1954 nach Norwegen aus. Der pädagogisch ambitionierte Film erzählt von der schwierigen Identitätssuche des neunjährigen Mendel in einer fremden Umgebung.

Die Menschen sind kalt 620

**

Regie: Andreas Dorau
Darsteller: Heiner Ebber (Heiner), Dolly Dollar (Danielle), Horst Frank (Museumsdirektor), Gerda Gmelin (Heiners Mutter), Ingeborg Kannstein (Pflegerin)
Drehbuch: Andreas Dorau, Jan Becker
Kamera: Tom Kimmig, Marcel Hüppauf, Jutta Pohlmann (Digi Beta)
Musik: Andreas Dorau, Anne Schulte, Marcus Rossknecht, Tim Lorenz
Schnitt: Sahinaz Akalin
Prod.: Glenn Bernstein für Markenfilm/ Elektro Motor, BRD 1998; 90 Min.
Verleih: Eyz/-/-; 17.9.1998

Am Sterbebett seiner Mutter erfährt Museumsführer Heiner, daß er der illegitime Sohn von Uri Geller ist. Er fährt aufs Land, hat im Kuhstall einen komischen Traum voller sprechender Hunde und Andreas-Dorau-Videos und setzt schließlich sein ganzes Erbe, einen verbogenen Goldlöffel, beim Kuhfladenroulette. Pop-Ikone Andreas Dorau bürgt auch mit seinem »Spielfilm zur Single« für niedliche Irritation und Abgedrehtheit. *Annette Kilzer, tip, 20/98*

(...) Ein harmlos-dilettantischer (Video-)Film des Dancefloor-Liedermachers Andreas Dorau, konzipiert als dreiste Gratwanderung zwischen maßloser Selbstüberschätzung und konsequenter Image-Vermarktung. Allenfalls für Fans akzeptabel, als Film-»Erlebnis« ausgesprochen öde.
Horst Peter Koll, film-dienst, 19/98

Die menschliche Bombe – Todesangst im Klassenzimmer 621

HUMAN BOMB ***
TV

Regie: Anthony Page
Darsteller: Jürgen Prochnow (Gerhardt Dach), Patsy Kensit (Marcia), Robert Spitz (Lud), Dorian Healey (Jon), Nicholas Day (Polizeidirektor), Kate Harper (Harriet)
Drehbuch: Lionel Chetwynd, nach einer wahren Begebenheit
Kamera: Remi Adefarasin (Farbe)
Musik: John Powell
Schnitt: Chris Blunden
Prod.: Matthew Bird für Griffin Prod. für Pro7, BRD/GB 1996; 92 Min.
TV: 26.5.1998, Pro7, 20.15

(...) Die Geiselnahme einer Schulklasse von Promi-Kindern durch einen Öko-Terroristen wird in dem Action-Thriller zum Prüfstein für den GSG-9-Einsatz und die Nerven der Lehrerin. Das ist simpel und schlüssig konstruiert: Ein Spiel mit technischen Killermacht-Phantasien und dem nötigen Anteil von Brachialgewalt und Psychologie, um die Erpresser-Energien zu brechen. Horrorspannung mit Moral.
Ponkie, AZ, 28.5.98

Das Mercury-Puzzle 622

MERCURY RISING ***

Regie: Harold Becker
Darsteller: Bruce Willis (Art Jeffries), Alec Baldwin (Lt. Colonel Nicholas Kudrow), Miko Hughes (Simon), Chi McBride (Tommy B. Jordan), Kim Dickens (Stacey), Robert Stanton (Dean Candrell), Bodhi Pine Elfman (Leo Pedranski), Carrie Preston (Emily Lang)
Drehbuch: Lawrence Konner, Mark Rosenthal, nach dem Roman »Simple Simon« von Ryne Douglas Peardon
Kamera: Michael Seresin (Deluxe)
Musik: John Barry
Schnitt: Peter Honess
Prod.-Des.: Patrizia von Brandenstein

Bruce Willis mit Regisseur Harold Becker in ›Das Mercury-Puzzle‹

Prod.: Brian Grazer, Karen Kehela; Maureen Peyrot, Paul Neesan für Brian Grazer Prod., USA 1998; 111 Min.
Verleih: UIP/UIP/UIP/CIC Video; 28.5.1998, 21.12.1998
FSK: ab 16, ffr. – *FBW:* Wertvoll

Der verbitterte FBI-Agent Jeffries nimmt sich des autistischen Jungen Simon an, der unwissentlich einen Geheimcode der National Security Agency (NSA) geknackt hat. Das Paar entkommt diversen Anschlägen und kann schließlich den bösen NSA-Boß zur Strecke bringen. Bruce Willis gibt sich als fürsorglicher Beschützer; Alec Baldwin ist der menschenfeindliche Realpolitiker. Politisch korrekter Formel-Thriller, sauber inszeniert, mit guten Darstellern. *Zoom, 5/98*

(...) Zum Schluß steht fest: Ebensowenig wie Becker als Regisseur überzeugt, wird der ewige Welt-Retter Bruce Willis jemals ein Charakterdarsteller werden. Dessen Rollen und Filme gleichen sich nicht nur wegen des mangelnden Einfallsreichtums der Autoren allmählich wie (s)ein kahlrasierter Eierkopf dem anderen.
W.O.P. Kistner, AZ, 28.5.98

Heiko R. Blum in: Rheinische Post, 29.5.98; Thomas Klingenamier in: Stgt. Zeitung, 30.5.98; Hans-Joachim Neumann in: Zitty, 8/98:; Milan Pavlović in: Kölner Stadt-Anzeiger, 1.6.98

Das merkwürdige Verhalten geschlechtsreifer Großstädter zur Paarungszeit 623

***

Regie: Marc Rothemund
Darsteller: Christoph Waltz (Charly), Heio von Stetten (Sven), Ann-Kathrin Kramer (Manuela), Oliver Korittke (Jimmy), Gudrun Landgrebe (Cornelia), Michaela May (Hilde), Isabella Parkinson (Birgit), Markus Knüfken (Peter)
Drehbuch: Peter Gersina
Kamera: Hans-Günther Bücking (Farbe)
Musik: Reinhard Besser
Schnitt: Barbara von Weiterhausen
Prod.-Des.: Josef Sankt Johanser
Prod.: Ewa Karlström, Andreas Ulmke-Smeaton für SAM-Film, BRD 1998; 89 Min.
Verleih: Buena Vista/dto./dto./Buena Vista Video; 27.8.1998
FSK: ab 12 J., ffr.

Während zwölf Stunden kreuzen sich die Wege mehrerer Städterinnen und Städter, was zu Verwechslungen und Mißverständnissen führt. Die Episoden

fließen ineinander, lösen sich ab und ergänzen sich zu einem durchaus nicht unsympathischen Liebens- und Lebensreigen. Da aber keiner der Charaktere vertieft wird, entwickelt sich alles im Rahmen unverbindlicher Nettigkeiten zu einer hübschen Sommerfilmkost.
Zoom, 8/98

(...) Nach vielen an den Haaren herbeigezogenen Turbulenzen und Verwechslungen gibt es am Ende vier frischverliebte Pärchen, eine neue Frauenfreundschaft, einen abgeblitzten Schwulen und einen toten Schriftsteller. Den frivolen Höhepunkt markiert geklaute Reizwäsche. Freudloser, aber betriebsarmer Frohsinn ganz in der Tradition von Heinz Rühmann und Marika Rökk. *Volker Gunske, tip, 18/98*

(...) Wie man einen romantischen Stoff handhabt und dabei nicht in die Kitschfalle tappt, zeigt dagegen Marc Rothemunds Debüt, »Das merkwürdige Verhalten ...« – kunstvoll satirisch gebrochen und Episode für Episode vollgepackt mit poetischer Exzentrik. Das Drehbuch, dessen Inhalt bereits im Titel erklärt wird, ist die melodramatische Übersteigerung einer Schnulze. Was man (besonders auf dem Hintergrund des didaktischen Dörrie-Desasters) zu schätzen weiß. Rothemund gibt der Dörrie-Thematik »Liebe, Schmerz und das ganze verdammte Zeug« lediglich 12 Stunden Zeit und siedelt sie an im Biotop München, unter, wie gesagt, geschlechtsreifen Großstädtern. Eine Beschränkung mit Sinn. Zudem verfügt Rothemunds Liebesreigen, der sich im Rhythmus des Mambos dreht, über die notwendige Portion Ironie, die Dörrie abgeht. Wenn der Film in der Schlußsequenz einen gescheiterten Schriftsteller, einen fliegenden Ferrari und den Pabst vereint, so heißt das soviel wie: Der merkwürdige Humor eines geschlechtsreifen Regisseurs hat dem deutschen Kinosommer wenigstens eine Schwalbe geschenkt. *Daniele Muscionico, Neue Zürcher Zeitung, 11.9.98*

Angie Dullinger in: AZ, 27.8.98; Rupert Koppold in: Rheinische Post, 28.8.98; Susan Vahabzadeh in: SZ, 27.8.98

Merlin 624
MERLIN ***
TV

Regie: Steve Barron
Darsteller: Sam Neill (Merlin), Isabella Rossellini (Nimue), Miranda Richardson (Königin Mab/Dame im See), Martin Short (Frik), Helena Bonham-Carter (Morgan Le Fey), Rutger Hauer (König Vortigern), John Gielgud (König Constantin), Mark Jax (König Uther)
Drehbuch: Ed Khmara, David Stevens
Musik: Trevor Jones
Prod.: Hallmark Ent., USA 1998; Jeweils 87 Min.
TV: 18. und 19.10.1998, RTL, jeweils 20.15

Oh Avalon, oh Artus! von John Boormans phantasievollem Kinofilm »Excalibur« verwöhnt, fallen wir beim US-Abenteuer-Epos »Merlin« nicht in Ekstase – zumal Königin Mab auf eine krächzige Bronchitis-Nummer synchronisiert ist. Aber in Ermangelung richtiger Poesie – warum nicht.

Mesmer 625
MESMER **
TV

Regie: Roger Spottiswoode
Darsteller: Alan Rickman (Franz Anton Mesmer), Amanda Ooms (Maria Theresa Paradies), Gillian Barge (Mesmers Frau), Simon McBurney (Franz), Herbert Prikopa (Gregor), Martin Schwab (Herr Paradies), Jan Rubes (Prof. Stoerk), David Hemben (Dr. Ingehousz)
Drehbuch: Dennis Potter
Kamera: Elemer Ragalyi (Farbe)
Musik: Michael Nyman
Schnitt: Susan Shipton
Prod.-Des.: Jan Schulbach
Prod.: Weiland Schulz-Keil, Lance Reynolds, Robert Goodale; Andras Hamori, Susan Cavan für Levergreen/Accent/Studio Babelsberg, Kanada/Ungarn/BRD/Österreich 1994; 107 Min.
UA: 28.8.1994, World Film Festival Montreal
EA: 25.10.1994, Viennale, Wien
TV: 30.8.1998, ZDF, 23.30

Die Liebesgeschichte zwischen dem charismatischen Heiler Mesmer und der schönen, blinden Pianistin Maria-Theresa Paradies, verknüpft in ihrer ganzen Intimität mit den großen historischen Ereignissen der Zeit.

Katalog Viennale

Meteoriten! 626

METEORITES! **

Video

Regie: Chris Thomson
Darsteller: Tom Wopat (Tom Johnson), Roxanne Hart (Cath Johnson), Abby Meates (Renee Johnson), Darrin Klimek (Mac Johnson), Pato Hoffmann (Sheriff John Whitehorse), Marshall Napier (Mayor Cass Cassidy), Amiel Daemion (Crystal Cassidy), Leo Taylor (Filbo)
Drehbuch: Bart Baker
Kamera: John Stokes
Musik: Peter Bernstein
Schnitt: Mary Markey
Prod.: Michael Lake für Village Roadshow/Wilshire Court/USA Network, USA 1998; 86 Min.
Vertrieb: CIC Video; Nov. 1998 – *FSK:* ab 12 J.

Auch das Ausrufezeichen im Titel macht den Plott von der US-Provinzfamilie, die von herabstürzenden Klein-Kometen bedroht wird, auch nicht aufregender. Preiswert gestaltete TV-Produktion.

Die Metzger 627

***

TV

Regie: Samir
Darsteller: Wilfried Dziallas (Ferdinand Schmölling), Brigitte Böttrich (Bärbel Schmölling), Katja Studt (Desiree Schmölling), Kazim Demir (Yilmaz Kaya), Leyla Demir (Semira Kaya), Süleyman Galis (Hevjin Kaya), Irmelin Beringer (Isabell Heyse-Forberg), Axel Wandtke (Daniel Heyse-Forberg)
Drehbuch: Mechthild Heckmann, Rosemarie Motzko
Kamera: Hans Meier (Farbe)
Musik: Bruno Spoerri
Schnitt: Kathrin Plüss
Prod.: Von Vietinghoff Filmprod. für ZDF mit Arte, BRD 1997; 87 Min.
TV: 11.5.1998, ZDF, 20.15

Diese satirische Naivkomödie ist eine Mixtur aus Spottmärchen und Flüchtlingsgroteske und gesellt ein paar klassische Verhaltensweisen schlichter und weniger schlichter Gemüter – Ausländerhaß, Wohltätigkeitsgesülze, Abzocker-Mentalität, Kulturen-Häme – zum üblichen Elterndilemma: Kurdenjüngling Yilmaz macht Metzger Ferdinands Tochter Désirée ein Kind. (...) Aber auch wenn sich die Väter, beide Metzger mit Schlachtkünstler-Ehrgeiz, als Handwerker verbünden und der Ausländer-Ferdi mit Kurde Hevjin eine Fabrik für International Flüchtlings-Food gründet – alle diese Schnuckelfiguren schweben in der Luft. Ihr Realitätsbezug ist der von Comic-Heften.

Ponkie, AZ, 13.5.98

M. G. Geist II – Most Dangerous Ever 628

M.G. GEIST II *

Video

Regie: Hayato Ikeda, Koichi Ohata
Drehbuch: Riko Sanjo, nach der Story von Koichi Ohata
Prod.: Hiro Medial Nippon Columbia/Central Park Media, Japan 1996; 55 Min.
Vertrieb: U.S. Manga Corp.; 10.11.1997
FSK: ab 18 J.

Auf dem Planeten Jura regieren Kampfroboter, die Menschen werden dezimiert. Blutrünstiges Beispiel aus dem völlig abartigen »Manga«-Genre.

Midnight 629

MEIA NOITE ***

TV

Regie: Walter Salles, Daniela Thomas
Darsteller: Fernanda Torres (Maria), Luis Carlos Vasconcellos (Joao), Carlos Vereza (Pedro), Mateus Nachtergaele
Drehbuch: Walter Salles, Daniela Thomas, Joao Emanuel Carneiro
Kamera: Walter Carvalho (Farbe)
Musik: Antonio Pinto, Eduardo Bid, Nana Vasconcellos
Schnitt: Felipe Lacerda
Prod.: Carole Scotta, Caroline Benjo, Simon Arnal für Haut & Court/La Sept-Arte/Video Films/RioFilme, Frankreich/Brasilien 1998; 66 Min.
UA: 12.8.1998, Locarno Film Festival
TV: 11.12.1998, Arte, 20.45

Der Killer als Retter. Ein kleiner gelungener Film des Berlinale-Siegers Walter Salles (»Central Station«).

Mighty Ducks 3 630

D3: THE MIGHTY DUCKS **

TV

Regie: Robert Lieberman
Darsteller: Emilio Estevez (Gordon Bombay),

Jeffrey Nordling (Coach Ted Orion), Joshua Jackson (Charlie Conway), David Selby (Dean Buckley), Heidi Kling (Casey Conway), Joss Ackland (Hans), Elden Ryan Ratliff (Fulton), Shaun Weiss (Goldberg)
Drehbuch: Steven Brill, Jim Burnstein, nach Charakteren von Steven Brill
Kamera: David Hennings (Technicolor)
Musik: J.A.C. Redford
Schnitt: Patrick Lussier, Collen Halsey
Prod.-Des.: Stephen Storer
Prod.: Jordan Kerner, Jon Avnet für Avnet/Kerner Prod., USA 1996; 104 Min.
TV: 1.11.1998, Premiere, 12.40

Eishockey zum Dritten.

Milk 631
MILK ***

Regie: Edgar Honetschläger
Darsteller: Yukika Kudo, Serge Pinkus, Sherri Weiner
Drehbuch: Edgar Honetschläger, Leza Lowitz
Kamera: Miyano Hiroki (Farbe)
Musik: The Yemoto
Schnitt: Kurt Hennrich
Prod.: Fischer Film/OSY, Österreich/Japan 1997; 102 Min.
Verleih: -/filmladen/-; März 1998

Der europäische Künstler Simon, die amerikanische Radiosprecherin Helen und das japanische Aufzugmädchen Rika sind wichtigste Figuren des Films. Er berichtet über das Leben von Fremden in Brooklyn und Tokio. Mit der Kombination von Formwillen, Humor und dem Rückgriff auf Mainstreammuster versteht es der Film, die Konfrontation und Durchdringung verschiedener Identitäten beziehungsweise Kulturen zu reflektieren, zu ironisieren und aus kulturpessimistischen oder naiv euphorischen Mystifizierungen zu lösen.
multimedia

Millennium – Der jüngste Tag/Gehenna 632
MILLENNIUM **
Video

Regie: David Nutter
Darsteller: Lance Henriksen (Lt. Frank Black), Megan Gallagher (Catherine, seine Frau), Don Mackay (Jack Meredith); »Der jüngste Tag«: Mike Puttonen (Pathologe Massey), Jim Thorburn (Bestatter); »Gehenna«: George Josef (Mr. Bolow), Stephen Holmes (Eedo), Henry Watson (Detektiv)
Drehbuch: Chris Carter
Kamera: Rod Pridy, Greg Middleton (Farbe)
Musik: Matt Beck
Prod.: USA 1996; 97 Min.
Vertrieb: Fox Video; 19.3.1998
FSK: ab 16 J.

Die ersten beiden Folgen der US-TV-Science-Fiction-Thriller-Serie.

Mimic 633
MIMIC ***

Regie: Guillermo Del Toro
Darsteller: Mira Sorvino (Susan Tyler), Jeremy Northam (Peter Mann), Josh Brolin (Josh), F. Murray Abraham (Dr. Gates), Charles S. Dutton (Leonard), Giancarlo Giannini (Manny), Alexander Goodwin (Chuy), Alix Koromzay (Remy)
Drehbuch: Matthew Robbins, Guillermo Del Toro, Matthew Greenberg, John Sayles, nach einer Kurzgeschichte von Donald A. Wolheim
Kamera: Dan Lausten (Deluxe)
Musik: Marco Beltrami
Schnitt: Patrick Lussier
Prod.-Des.: Carol Spier
Prod.: Bob Weinstein, B.J. Rack, Ole Bornedal; Scott Shiffman, Michael Zoumas, Cary Granat, Richard Potter, Andrew Roman für Miramax, USA 1997; 105 Min.
Verleih: Kinowelt/dto./Rialto/VCL Video; 26.2.1998
FSK: ab 16, ffr.

Drei Jahre nach der erfolgreichen Verwendung genmanipulierter Insekten gegen eine unheilbare Kinderkrankheit wachsen diese im Kanalsystem New Yorks auf Menschengröße heran und machen sich über die Bevölkerung her. Im Untergrund der Megapolis führt ein Häuflein Unerschrockener einen verzweifelten Kampf gegen die Monster. Handwerklich sorgfältig gestalteter Horrorfilm, der es jedoch bei puren Oberflächenreizen beläßt und der Geschichte kaum wirklich interessante Aspekte abzugewinnen vermag.
Zoom, 6/7/98

Mutierte Riesenkakerlaken bedrohen New York. Was als Schädlingsbekämpfung mittels gentechnologischer Methoden anfänglich erfolgreich begonnen hat, ist außer Kontrolle geraten. Die

für diese Katastrophe verantwortliche Wissenschaftlerin Dr. Tyler nimmt im Labyrinth der U-Bahn- und Abwasserschächte den Kampf gegen die überdimensionalen Kreaturen auf. Auf den Strategien des Thrillers basierend und die Grausamkeit eines Horrorfilms vermeidend, entwickelt Regisseur Del Toro mit unverhohlenen Anleihen aus verschiedensten Filmen kein originelles, aber durch ein für dieses Genre überdurchschnittlich stilistisches und filmtechnisches Niveau. Ein beachtenswertes Remake einer vor allem in den 50er Jahren beliebten Filmgattung.
multimedia

(...) Dieser banale Möchtegern-Schocker erschreckt höchstens durch seine dümmliche, vorhersehbare Konstruktion und erstaunt einzig mit zwei Namen auf der Besetzungsliste: Oscar-Preisträgerin Mira Sorvino mimt eine Insektenforscherin, die, um eine Epidemie unter Kindern einzudämmen, Killer-Küchenschaben züchtet und so den Mammut-Mutationen die genetische Tür öffnet. Und Giancarlo Giannini spielt einen Schuhputzer, dessen grenzdebiler Enkel mit den Monstern akustisch in Kontakt tritt.
Man könnte dieses mit nur wenigen netten Versatzstück-Variationen gesegnete Genrewerk als Parodie verstehen, wenn es auch nur ansatzweise versteckt Humor bieten würde. Aber auch der fehlt völlig. *W.O.P. Kistner, AZ, 26.2.98*

Rupert Koppold in: Stgt. Zeitung, 26.2.98; Heike Kühn in: FR, 2.3.98; Anke Sterneborg in: SZ, 26.2.98; Karim Zendagui in: Rheinische Post, 27.2.98

Das Miststück

634
**
TV

Regie: Carlo Rola
Darsteller: Iris Berben (Anna Maron), Leon Boden (Alex Lee), Christian Brückner (Marek Maron), Hans-Michael Rehberg (Wolfgang Lohnert), Barbara Focke (Karola Bendig)
Drehbuch: Douglas Scott Hessler
Kamera: Thomas Merker (Farbe)
Schnitt: Friederike von Normann
Prod.-Des.: Detlef Provvedi
Prod.: Oliver Berben für Moovie Entertainment, BRD 1997; 90 Min.
UA: Filmfest München 1998
TV: 11.11.98; RTL; 20,15

›Mimic‹ – Bei Horrorfilmen scheiden sich die Geister

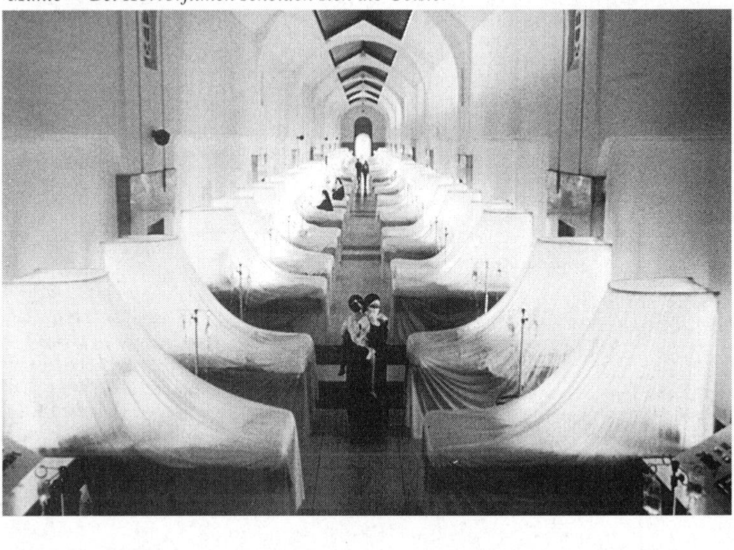

(...) Diese Räuberpistole wollte wohl nichts anderes als eine Räuberpistole sein, eine zuweilen bombastisch aufgedonnerte Mischung aus Action-Drama und Romantik-Schmarren aus dem frustrierten High-Society-Milieu, angereichert mit einer hohen Dosis an Lore-Roman-Dialogen. (...)

W.O.P. Kistner, AZ, 13.11.98

(...) Und wie ein Kitschroman ist dieser »erotische film noir« nicht nur geschrieben – so ist er auch inszeniert. Das hat zwar seinen Grund, wie man nach der Schlußpointe im nachhinein rekonstruieren kann. Aber das ändert leider auch nichts mehr daran, daß man sich neunzig Minuten lang mit wachsendem Befremden fragt: Meinen die das nun ernst, oder ist es eine Persiflage auf den »film noir«, die gleich nach dem Start den Humor verloren hat?

Sybille Simon-Zülch, SZ

Les Misérables 635

LES MISERABLES ***

Regie: Bille August
Darsteller: Liam Neeson (Valjean), Geoffrey Rush (Javert), Uma Thurman (Fantine), Claire Danes (Cosette), Hans Matheson (Marius), Reine Brynolfsson (Capt. Beauvais), Peter Vaughan (Bischof), Mimi Newman (Cosette mit 8)
Drehbuch: Rafael Yglesias, nach dem gleichn. Roman von Victor Hugo
Kamera: Jorgen Persson (Technicolor)
Musik: Basil Poledouris
Schnitt: Janus Billeskov-Jansen
Prod.-Des.: Anna Asp
Prod.: Sarah Radclyffe, James Gorman; Caroline Hewitt für Mandalay Ent., USA 1998; 133 Min.
Verleih: Constantin/Constantin/20th Century Fox; 24.12.1998
FSK: ab 12 J., ffr. – *FBW:* Wertvoll

Die Filmadaption von Victor Hugos gleichnamigem Roman-Klassiker reduziert den epischen Stoff auf die Fehde zwischen dem überlebensgroßen Tugendbold Valjean und seinem unerbittlichen Häscher Javert. Weder der historische Zeitgeist noch das Milieu, das solche Persönlichkeiten prägt, wird vermittelt. Dröges Ausstattungsdrama.

Ralph Umard, tip, 1/99

(...) Im Grunde wurde nicht Victor Hugos Roman verfilmt, sondern das britische Erfolgsmusical aus dem Jahre 1985, das völlig anders funktioniert als ein Film. Das nun ist alles nicht verboten, beleuchtet aber vielleicht die Ursachen, die bei aller offensichtlichen Sorgfalt und Mühe, trotz guter Darsteller und exzellenter Kameraführung, schließlich doch nur eine »Reader's Digest«-Fassung führten. Ein Film, der wenig bewegt und nur eine abstrakte Idee illustriert: Am Ende triumphiert die menschliche Güte über die Ungerechtigkeit dieser Welt.

Bodo Fründt, SZ, 29.12.98

Bodo Fründt in: SZ, 29.12.98 (Interview B. August); Kerstin Decker in: Der Tagesspiegel, 24./25./26.12.98; Fritz Göttler in: Kölner Stadt-Anzeiger, 24.12.98; Sandra Kegel in: FAZ, 23.12.98; Hans-Joachim Neumann in: Zitty, 26/98

Mit aller Macht 636

PRIMARY COLORS ****

Regie: Mike Nichols
Darsteller: John Travolta (Gov. Jack Stanton), Emma Thompson (Susan Stanton), Adrian Lester (Henry Burton), Billy Bob Thornton (Richard Jemmons), Maura Tierney (Daisy), Paul Guilfoyle (Howard Ferguson), Larry Hagman (Gov. Fred Picker), Kathy Bates (Libby Holden)
Drehbuch: Elaine May, nach einem Roman von Joe Klein
Kamera: Michael Ballhaus (Deluxe)
Musik: Ry Cooder
Schnitt: Arthur Schmidt
Prod.-Des.: Bo Welch
Prod.: Mike Nichols; Michele Imperato für Mutual Film für Universal, USA 1998; 143 Min.
Verleih: Concorde/dto./Focus; 3.9.1998
FSK: ab 12 J., ffr.
FBW: Wertvoll

Gouverneur Jack Stanton will Präsident der USA werden. Die innerparteilichen Vorwahlen geraten zur Schlammschlacht, zur Achterbahnfahrt aus Triumph und Niederlage. Basierend auf dem Clinton-Wahlkampf 1992 erzählt Regisseur Mike Nichols von Ehre, Sex und Politik. »Mit aller Macht« beginnt als amüsante Satire und wird zuneh-

John Travolta ist der Präsident

mend zum melancholischen Politdrama, zu einer Meditation über den Verlust von einstigen politischen Idealen.
Volker Gunske, tip, 19/98

(...) Die Story legt mehr Wert auf Sensationen als auf Politik. Nur durch die Nebenfiguren vermag der Film eine Ahnung vom Pragmatismus im Wahlkampf zu vermitteln. *Zoom, 9/98*

(...) Der Charme des ganzen, mit 65 Mio. Dollar recht teuren Prestigestücks beruht allerdings einfach darauf, daß es als Film und Geschichte funktioniert, ob es nun von wahren Begebenheiten beeinflußt ist oder nicht.
Andreas Fuchs, Filmecho/Filmwoche, 14/98

»Eine starke Libido und ein starker Führer sind eine Einheit, eins bedingt das andere. Das ist Vitalität. Überall auf der Welt wird das akzeptiert, nur wir puritanischen Amerikaner regen uns darüber auf. Macht, Protokoll, Sitten sind transparenter geworden, liegen bloß. Privatheit von Personen im öffentlichen Leben wird nicht mehr respektiert. Im Fall Clinton konnte man nicht vorhersehen, daß der gegnerische Anwalt Starr so mächtig werden würde. Plötzlich wird das Privatleben zum Thema Nr. 1 – ein Alptraum!«
Mike Nichols im Interview mit Frauke Hanck, AZ, 3.9.98

Michael Althen in: SZ, 28.3.98; Hella Boschmann in: Die Welt, 26.3.98; Gregor Dotzauer in: SZ, 3.9.98; Thomas Klingenmaier in: Stgt. Zeitung, 3.9.98; Tobias Kniebe in: SZ, 3.9.98 (Interview E. Thompson); Harald Martenstein in: Der Tagesspiegel, 25.8.98; Veronika Rall in: FR, 3.9.98; Elke Schmitter in: Die Zeit, 3.9.98; Martin Schwarz in: Zitty, 18/98; Anke Sterneborg in: Focus, 31.8.98

Mit dem Lächeln des Todes 637

BAD TO THE BONE **
Video

Regie: Bill W.L. Norton
Darsteller: Kristy Swanson (Francesca Wells), Jeremy London (Danny), David Chokachi (Waldo), Patti D'Arbanville (Francesca's Mutter), Christine Tucci, Ben Browder, John Bourgeois, Kevin Hicks
Drehbuch: Rob Fresco
Kamera: Paul Maibaum (Farbe)
Musik: Joseph Conlan
Schnitt: Lance Luckey
Prod.-Des.: Tim Bider
Prod.: Carol Dunn Trussell für Wilshire Court, USA 1997;
91 Min.
Vertrieb: CIC Video;
15.5.1998
FSK: ab 16 J.

Francesca tötet aus Habgier ihre Mutter und stiftet kurz danach ihren Bruder zum Mord an ihrem Lover an. Wenig ansprechendes TV-Krimi-Drama.

Mit Schirm, Charme und Melone 638

THE AVENGERS **

Regie: Jeremiah Chechik
Darsteller: Ralph Fiennes (John Steed), Uma Thurman (Dr. Emma Peel), Sean Connery (Sir August De Wynter), Patrick Macnee (Invisible Jones), Jim Broadbent (Vater), Fiona Shaw (Mutter), Eddie Izzard (Bailey), Eileen Atkins (Alice)
Drehbuch: Don MacPherson, nach den Figuren der TV-Serie »Mit Schirm, Charme und Melone«

Kamera: Roger Pratt (Technicolor)
Musik: Joel McNeely; Avengers The
Schnitt: Mick Audsley
Prod.-Des.: Stuart Craig
Prod.: Jerry Weintraub für Jerry Weintraub Prod. für Warner Bros., USA 1998; 89 Min.
Verleih: Warner Bros./dto./dto./Warner Home Video; 27.8.1998
FSK: ab 12 J., ffr.

Jonathan Steed und Emma Peel, die Helden der gleichnamigen »klassischen« Fernsehserie aus den sechziger Jahren, nehmen es auf der Kinoleinwand mit einem machtbesessenen Schotten auf, der das globale Wetter nach Lust und Laune manipulieren kann. Ein trotz der akzeptablen Besetzung der Hauptrollen fehlinszenierter Film, dem es für eine Satire an Leichtigkeit und für einen Actionfilm an Einfällen mangelt. *Zoom, 9/98*

(...) Die durchaus tauglichen Einfälle des Drehbuchs werden vom Regisseur jedoch geradezu exemplarisch fehlinszeniert. Krampfhafte Übertreibungen statt absurd leichter Satire, uninspirierte Paraphrasen des Batman-Ambientes statt kreativem Understatement und das Fehlen des ironischen Charmes reduzieren die Geschichte zunehmend auf Comicformat, die zuletzt nicht einmal durch ihre eher läppisch wirkende Action punkten kann. *multimedia*

(...) Bis zuletzt tat sich Warner Bros. schwer mit dem Film. Immer wieder wurde das Drehbuch umgeschrieben, in letzter Minute der Komponist gefeuert, der die legendäre Serienmusik nicht übernehmen wollte, und kurz vor Kinostart die 131 Filmminuten radikal auf 89 gestutzt. Da blieb nicht nur der eine oder andere Handlungsfaden, sondern auch die Logik auf der Strecke. Und so mag das Studio auch zum Endprodukt nicht stehen. Erstmals gab es für einen Blockbuster dieser Größenordnung (70 Mio. Dollar Produktionskosten) keine Pressevorführung. Selbst bei der Premiere in London wurde dem erstaunten Publikum statt des Films nur der Soundtrack präsentiert. Damit hat Warner Bros., mitten in ihren Feierlichkeiten zum 75jährigen Bestehen, die ganze Kinobranche düpiert. *Peter Zander, Berliner Morgenpost, 26.8.98*

Michael Althen in: SZ, 26.8.98; Helmut Böttinger in: FR, 26.8.98; Frauke Hanck in: Rheinische Post, 28.8.98; Thomas Klingenmaier in: Stgt. Zeitung, 29.8.98; Harald Martenstein in: Der Tagesspiegel, 26.8.98; Milan Pavlović in: Kölner Stadt-Anzeiger, 29.8.98

Mit vollem Einsatz 639

ON THE LINE **

Regie: Elodie Keene
Darsteller: Linda Hamilton (Jean Martin), Jeff Fahey (Dan Collins), Coolio (Gil Suggs), Samaria Graham (Lorette), Dan Ferro (W. Featherhill), Jay Acovone (Captain Unander), Marcia del Mar (Maria Aguilar), Paul Herman (Ed Carlin)
Drehbuch: Walter Halsey Davis, Vickie Patik
Kamera: Tony C. Jannelli (Farbe)
Musik: Stanley Clarke
Schnitt: Suzanne Pettit
Prod.-Des.: Stuart Blatt
Prod.: Guy J. Louthan für All American TV, USA 1997; 90 Min.
UA: 15.1.1998, ABC
TV: 3.8.1998, ZDF, 20.15

Jean Martin arbeitet erfolgreich als Kommissarin in der Abteilung Sitte. Sie läßt sich ins Morddezernat versetzen. Aber die Einsätze dort sind wesentlich gefährlicher, und die Kollegen akzeptieren keine Frau in ihrer Mitte. *Pressetext*

Mitternacht im Garten von Gut und Böse 640

MIDNIGHT IN THE GARDEN OF GOOD AND EVIL ***

Regie: Clint Eastwood
Darsteller: Kevin Spacey (Jim Williams), John Cusack (John Kelso), Jack Thompson (Sonny Seiler), The Lady Chablis (selbst), Alison Eastwood (Mandy Nichols), Irma P. Hall (Minverva), Paul Hipp (Joe Odom), Jude Law (Billy Hanson)
Drehbuch: John Lee Hancock, nach einem Roman von John Berendt
Kamera: Jack N. Green (Technicolor)
Musik: Lennie Niehaus
Schnitt: Joel Cox
Prod.-Des.: Henry Bumstead
Prod.: Clint Eastwood, Arnold Stiefel; Tom Rooker (Koprod.) für Malpaso Prod. mit Silver Pic., USA 1997; 155 Min.

Verleih: Warner Bros./dto./dto./Warner Home Video; 12.3.1998
FSK: ab 12, ffr.
FBW: Besonders wertvoll

Die bessere Gesellschaft von Savannah trifft sich im Haus eines Antiquitätenhändlers zur traditionellen Weihnachtsfeier. Das verschwiegene Einverständnis der Bürger auch mit unorthodoxem Lebensstil wird gestört, als im Haus die Leiche eines jungen Mannes gefunden wird. Zunächst mit viel Gespür für die Exzentrizitäten von Figuren und Atmosphäre gestalteter Film, der leider in seiner zweiten Hälfte in die Konventionalität eines nicht einmal richtig spannenden Gerichtsfalls abrutscht.

Zoom, 1/98

(...) Dem Charme des Südens, der historischen Grandezza von Savannah, Georgia, ist Regisseur und Produzent Clint Eastwood in seiner Verfilmung von John Berendts gleichnamigem Bestseller voll erlegen. So schwelgt er in atmosphärischen Prachtbildern und Südstaaten-Klischees. Obwohl Drehbuchautor John Lee Hancock die verzweigten Nebenhandlungs-Stränge des authentischen Kriminalfalles geschickt gerafft hat, verlangt Eastwoods Faszination für gepflegte Langsamkeit dem Zuschauer einiges an Geduld ab. Wer sie aufbringt, wird entlohnt mit dem exotischen Sittengemälde einer bizarren Gesellschaft der obersten Tausend. (...) *Angie Dullinger, AZ, 12.3.98*

Heiko R. Blum in: Rheinische Post, 13.3.98; Daniel Kothenschulte in. FR, 12.3.98; Gerhard Midding in: Kölner Stadt-Anzeiger, 14.3.98

M. O. D. – Maximum Overdrive

641
***
Video

OVERDRIVE

Regie: Lev L. Spiro
Darsteller: Stephen Meadows (Cray), Richmond Arquette (Harding), Kaela Dobkin (Wendy Sheehan), Steve Guttenberg (Matt Stricker), Robert Wagner (Freddie)
Drehbuch: Dan Holland
Kamera: Christopher Baffa (Farbe)
Musik: Nigel Holton

Clint Eastwood, John Cusack und Alison Eastwood in ›Mitternacht im Garten von Gut und Böse‹

Prod.: Cheryl Parnell, Darin Spillman; Marta M. Mobley (Koprod.) für Concorde-New Horizons, USA 1997; 90 Min.
Vertrieb: VMP Video; 18.6.1998
FSK: ab 16 J.

Suizidgefährdeter Rennfahrer lernt in Striplokal die Frau seines Lebens kennen – doch auch die schwebt in Lebensgefahr. Lahmes Actionfilm-Surrogat mit überraschend prominent besetzten Nebenrollen.

Moglis große Abenteuer 642

MOWGLI'S FIRST ADVENTURE **
Video

Regie: Michael McGreevey
Darsteller: Gary Collins, Michael Beck, Lindsey Peter, Sean Price-McConnell, Antonio Baker, Michael Des Barres (Kohabeez)
Drehbuch: Timothy Scott Bogart, nach den Geschichten »Das Dschungelbuch« von Rudyard Kipling
Prod.: Timothy Scott Bogart für Le Monde, USA 1998; 90 Min.
Vertrieb: BMG Video; 7.12.1998
FSK: ab 6 J.

»Das Dschungelbuch« als Teenie-Abenteuer: Lindsey und Travis unternehmen mit ihren Vätern eine Expedition nach Indien – und treffen dort Mogli. Banal, spekulativ, überflüssig.

Moldiver 1/2: Metamorforce Overzone 643

MOLDIVER **
Video

Regie: Hiroyuki Kitazume, H. Fujiwara
Darsteller: Joji Yanami (Prof. Amagi), Emi Shinohara (Isabelle), Yumiko Shibata (Elizabeth), Yukana Nogami (Oozora Mirai), Kumiko Nishihara (Vivien), Toshiyuki Morikawa (Oozora Hiroshi), Rika Matsumoto (Oozora Nozomu), Izumi Kikuchi (Sayuri)
Drehbuch: Manabu Nakamura (Teile 1 & 4), Ryoei Tsukimura (Teile 2 & 3)
Musik: Kei Wakakusa
Prod.: AIC, Japan 1993; 60 Min.
Vertrieb: ACOG Video; 10.11.1997
FSK: ab 12 J.

Leicht vertrottelter, aber genialer Techniker kann seine kindische, aber agile Schwester mit unglaublichen Kräften versehen. In 666 Sekunden müssen sie jeweils die Welt retten, was auch im Jahre 2045 nicht immer leicht ist. Science-Fiction-Action-Animation mit miserabler Synchronisation. Auf der zweiten Kassette »Moldiver 2« sind die Folgen 3: »Longing« und 4: »Destruction« veröffentlicht.

Money Talks – Geld stinkt nicht 644

MONEY TALKS ***

Regie: Brett Ratner
Darsteller: Chris Tucker (Franklin Hatchett), Charles Sheen (James Russell), Heather Locklear (Grace Cipriani), Gerard Ismael (Raymond Villard), Paul Sorvino (Guy Cipriani), Elise Neal (Paula), Paul Gleason (Det. Pickett), Larry Hankin (Roland)
Drehbuch: Joel Cohen, Alec Sokolow, Vince McKuwin
Kamera: Russell Carpenter, Robert Primes (Deluxe)
Musik: Lalo Schifrin
Schnitt: Mark Helfrich
Prod.-Des.: Robb Wilson King
Prod.: Walter Coblenz, Tracy Kramer; Art Schaefer für New Line Cinema, USA 1997; 96 Min.
Verleih: Kinowelt/Constantin/Monopole Pathé/VMP Video; 16.7.1898
FSK: ab 16 J., ffr.

Nachdem er irrtümlicherweise hinter Gittern landete, gelangt ein harmloser Betrüger bei einem Angriff auf einen Gefangenentransport in Freiheit. Als ihm ein sensationshungriger Fernsehreporter Hilfe anbietet, verstricken sich die beiden in eine Reihe von Abenteuern. Überdrehte, etwas vorhersehbare Actionkomödie, die vom entwaffnenden Charme des Komikers Chris Tucker getragen wird. Sein geschwätziges, hypernervöses Spiel strotzt vor naivem Humor und erinnert stark an Eddie Murphy. *Zoom, 6/7/98*

Ins Kino geht man, wenn schon nicht zur Erbauung, so doch zur Unterhaltung, gewiß aber wohl nicht, um einer Dauernervensäge bei der Arbeit zuzusehen und zuzuhören.
Der Mann, der einen ganzen Film hindurch zappelt, kreischt und mit den

Augen kullert, heißt Chris Tucker und absolvierte in Luc Bessons »Das fünfte Element« schon mal einen aufsehenerregenden Auftritt als Glitzer-Tucke in einer Nebenrolle. Jetzt ergatterte er eine Hauptrolle in dieser Action-Komödie, die nun mit voller Wucht ins Kino-Sommerloch plumpst. (…)

W.O.P. Kistner, AZ, 16.7.98

Sebastian Feldmann in: Rheinische Post, 17.7.98; Ralph Geisenhauslücke in: Der Tagesspiegel, 16.7.98; Gerald Jung in: Zitty, 15/98; Thomas Klingenmaier in: Stgt. Zeitung, 16.7.98

Moon over Broadway 645

***
TV

Regie: Chris Hegedus, D.A. Pennebaker
Darsteller: Carol Burnett, Philip Bosco, Ken Ludwig, Tom Moore
Kamera: D.A. Pennebaker, Nick Doob, James Desmond (Farbe)
Schnitt: Chris Hegedus, D.A. Pennebaker
Prod.: Wendy Ettinger, Frazer Pennebaker für Pennebaker Hegedus Films/McEttinger Films mit Bravo Cable, USA 1997; 92 Min.
UA: 18.2.1998, New York; 8.9.1997, Toronto Film Festival
TV: 28.1.1998, arte, 23.20

Dokumentarfilm.

Mord aus Eifersucht – Wenn Schüler töten 646

LOVE'S DEADLY TRIANGLE: THE TEXAS CADET MURDER
**
TV

Regie: Richard Colla
Darsteller: Holly Marie Combs (Diane Zamora), David Lipper (David Graham), Cassidy Rae (Adrianne Jones), Dee Wallace Stone (Linda Jones), Chad Carlberg (Bryan McMillan), Jack Landry (Larry Sweet), Karyn Beach (Donna), Keith Harris (Ben)
Drehbuch: Steve Johnson, nach dem Artikel von Skip Hollandsworth und der wahren Geschichte von Diane Zamora und David Graham
Kamera: James L. Carter (Farbe)
Musik: Dennis McCarthy
Schnitt: John A. Martinelli
Prod.-Des.: Donna J. Hattin
Prod.: John Perrin Flynn; Megan Callaway für Steve White Ent., USA 1997; 90 Min.
TV: 27.5.1998, RTL, 20.15

Treueschwur eines Paares hält nicht lange, und die betrogene Freundin stellt unübliche Forderungen.

Mord im Weißen Haus 647

MURDER AT 1600
***

Regie: Dwight Little
Darsteller: Wesley Snipes (Det. Harlan Regis), Diane Lane (Nina Chance), Alan Alda (Alvin Jordan), Daniel Benzali (Nick Spikings), Ronny Cox (Präsident Jack Neil), Dennis Miller (Det. Stengel), Diane Baker (Kitty Neil), Tate Donovan (Kyle Neil)
Drehbuch: Wayne Beach, David Hodgin
Kamera: Steven Bernstein (Technicolor)
Musik: Christopher Young
Schnitt: Billy Weber, Leslie Jones
Prod.-Des.: Nelson Coates
Prod.: Arnold Kopelson, Arnon Milchan für Regency Ent., USA 1997; 107 Min.
Verleih: Warner Bros./dto./dto./Warner Home Video; 11.6.1998
FSK: ab 16 J., ffr.

Ein schwarzer Beamter des Washingtoner Morddezernats soll den Tod einer Frau aufklären, die im Weißen Haus ermordet wurde. Nicht nur durch die Secret-Service-Beamtin, die ihm an die Seite gestellt wird, merkt er, daß er nur frisierte Informationen erhält, weil der Präsident, dessen Sohn und der Sicherheitschef selbst zu den Verdächtigen zählen. Polizei-Thriller, der bloß die Mechanismen des Genres routiniert in Gang setzt. Kurzatmige Anspielungen auf aktuelle Zusammenhänge verpuffen ohne inhaltlichen Widerhall.

Zoom, 6/98

Angie Dullinger in: AZ, 10.6.98; Karim Zendagui in: Rheinische Post, 13.6.98

Mörder ohne Reue 648

APOCALYPSE WATCH
*
TV

Regie: Kevin Connor
Darsteller: Patrick Bergin (Drew Latham), John Shea (Harry Latham), Virginia Madsen (Karin de Vries), Benedick Blythe (Frederick de Vries), Malcolm Tierney (Clive Morrow), Al Matthews (Sorenson), Christopher Neame (Ulrich von Schnabe), Ted Maynard (Stanley Witkowski)
Drehbuch: Nach dem Roman von Robert Ludlum

Prod.: GB 1996; 89 Min.
TV: 29. und 30.12.1998, SAT.1, jeweils 20.15

Selbst Sam Peckinpah ist daran gescheitert, ein Ludlum-Spionage-Verschwörungs-Elaborat in einen ordentlichen Film umzusetzen (»Ostermann-Weekend«). Wie soll es da Kevin Connor mit diesem Neonazi-Gemisch gelingen.

Der Mörder unserer Mutter 649

OUR MOTHER'S MURDER **
Video

Regie: Bill W.L. Norton
Darsteller: Holly Marie Combs (Alex Morell), Roxanne Hart (Anne), Sarah Chalke (Annie), Jonathan Scarfe (Jimmy), James Wilder (Scott Douglas)
Drehbuch: Richard De Long Adams
Kamera: Andreas Poulsson (Farbe)
Musik: Joseph Conlan
Schnitt: Hibah Sherif Frisina
Prod.: John L. Roman für Universal/ Spinnaker, USA 1997; 87 Min.
Vertrieb: CIC Video; 22.6.1998 – *FSK:* ab 12 J.

Zwei Schwestern müssen ihre Mutter vor dem wildgewordenen Stiefvater schützen. Formelhafte Story in glanz- und spannungslosem TV-Filmchen.

Mörderische Freunde 650

DEAD MAN'S CURVE ***

Regie: Dan Rosen
Darsteller: Matthew Lillard (Tim), Michael Vartan (Chris), Randall Batinkoff (Rand), Keri Russell (Emma), Tamara Craig Thomas (Natalie), Anthony Griffith (Detective Shipper), Bo Dietl (Detective Amato), Kevin Ruf (Ernie)
Drehbuch: Dan Rosen
Kamera: Joey Forsyte (Farbe)
Musik: Shark
Schnitt: Glenn Garland
Prod.-Des.: Robert Harbour
Prod.: Michael Amato, Theodore Schipper, Jeremy Lew für Mount Royal Ent., USA 1998; 91 Min.
UA: Sundance Film Festival 1998
EA: Fantasy Filmfest 1998
Verleih: TiMe/-/-; 17.9.98
FSK: ab 12 J., ffr.

Die karrieregeilen Freunde Chris, Tim und Rand wollen unbedingt an der Harvard University studieren. Leider sind sie zu schlecht in der Schule. Da entdeckt Chris eine Bestimmung, nach der die Mitbewohner eines erfolgreichen Selbstmörders notenmäßig heraufgesetzt werden, um besser mit der Situation fertig zu werden. Die Dinge nehmen ihren mörderischen Lauf, Komplikationen treiben die Geschichte thrillermäßig voran. Selten sah man – trotz oder wegen des Verzichts auf physische Gewaltszenen – einen sadistischeren Propagandafilm für fanatische Antiamerikaner. *tip, 20/98*

(...) Der ganz paranoide Alptraum wird garniert von den collegetypischen coolen Sprüchen und Dialogen der ehrgeizigen Mörderbande, die dem bitteren Plot eine pikant-komische Note geben. Eine spannende Sex-&-Crime-Satire, ein Thriller mit komödiantischen Obertönen und einem Soundtrack aus bewährten »Depressiva« von The Cure, Suzanne Vega, Joy Division und anderen einschlägigen todessüchtigen Pop-Hymnen der 80er Jahre.
Joseph Heinrichs, Rheinische Post, 18.9.98

(...) Zwar nimmt die Handlung zwei völlig unvorhergesehene Wendungen, doch der Effekt, den das macht, ist verschenkt: an eine zähe Exposition, eine lieblose Milieuzeichnung und an Schauspieler, die führungslos vor der Kamera herumagieren. Da Dan Rosen zudem über die Natur des Bösen wenig zu sagen weiß, zählt »Mörderische Freunde« zu jener Spezies Film, die man schon am Kinoausgang fast vergessen hat. *Steffen Jacobs, FAZ, 19.9.98*

Thomas Klingenmaier in: Stgt. Zeitung, 17.9.98; Michael Kohler in: FR, 16.9.98; Frank Noack in: Der Tagesspiegel, 17.9.98

Mörderische Gefühle 651

MURDEROUS INTENT **

Regie: Gregory Goodell
Darsteller: Corbin Bernsen (Brice Talbot), Lesley Ann Warren (Gayle Bernish), Tushka Bergen (Colleen), Dash Mihok (Kevin), Tammy Arnold (Sgt. Marci Simon), David Cutting (Tyler Talbot), Aubrey Dollar (Lisa Talbot), Stan Kang (Detective Kahn)

Drehbuch: Gregory Goodell
Kamera: Jeffrey Jur (Farbe)
Musik: David Shire
Schnitt: Paul Dixon
Prod.: Jeffrey Morton für Norton Wright Prod./CBS, USA 1995; 88 Min.
TV: 12.2.1998, Premiere, 22.30

Schwere Familienturbulenzen: Kinder zeigen die Mutter an, jeder will jedem ans Leder.

Mörderischer Tausch 2 652

THE SUBSTITUTE 2: SCHOOL'S OUT! *** Video

Regie: Steven Pearl
Darsteller: Treat Williams (Thomasson), B. D. Wong (Drummond), Angel David (Joey 6), Michael Michele (Kara), Larry Gillard jr. (Duncan X), Susan May Pratt Anya), Edoardo Ballerini (Danny), Daryl Edwards (Bartee)
Drehbuch: Roy Frumkes, Rocco Simonelli
Kamera: Larry Banks (Farbe)
Musik: Joe Delia
Schnitt: Mayin Lo
Prod.-Des.: Wing Lee
Prod.: Morrie Eisenman, Robert Salerno für Live/Mediaworks/Dinamo Ent., USA 1997; 87 Min.
Vertrieb: BMG Video; 26.10.1998
FSK: ab 18 J.,

US-TV-Nachzügler zum Kino-Original, mit dem er herzlich wenig zu tun hat: Bruder eines ermordeten Paukers nimmt Stelle als Lehrer an, um die bösen Buben zur Strecke zu bringen. Formelhafte Rache-Action mit nur wenig sozialem Bezug.

Mörderisches Erbe – Tausch mit einer Toten 653

** TV

Regie: Peter Patzak
Darsteller: Christoph Waltz (Moritz Fink), Nadja Uhl (Helen Braddy), Heikko Deutschmann (Dr. Jens von Fabian), Rolf Hoppe (Raimund Kaschke), Maria Perschy (Lucy Bloomsbury), Ulrich Wildgruber (Paul Bloomsbury), Julia Bremermann (Fanny zu Dittfurth), Dieter Laser (Dr. Rabenalt)
Drehbuch: Knut Boeser
Kamera: Andreas Köfer (Farbe)
Prod.: Regina Ziegler für Regina Ziegler Filmprod. für SAT.1, BRD 1998; 93 Min.
TV: 20.10.1998, SAT.1, 20.15

Susan Herder hätte es so gut haben können, wenn sie für ein paar Momente vernünftiger gewesen wäre. Dann könnte man dieser jungen Frau mit Vergnügen zuschauen, wie aus einer mittellosen Drogenabhängigen in New York wohl eine schöne, selbstsichere Millionärin im neuen Berlin werden würde. Aber Autor Knut Boeser macht Susan zum ersten Opfer.
Sie kauft sich mit Hilfe des aus Deutschland angereisten Detektivs Moritz Fink billigen Stoff auf einem Parkplatz vor der Kulisse Manhattans, und das TV-Märchen um die fatale Attraktivität des Geldes nimmt in Peter Patzaks schneller Regie stolpernd seinen Lauf. (...) *Thomas Thieringer, SZ, 20.10.98*

Mortal Kombat 2 – Annihilation 654

MORTAL KOMBAT II – ANNIHILATION *

Regie: John R. Leonetti
Darsteller: Robin Shou (Liu Kang), Talisa Sato (Kitana), James Remar (Rayden), Sandra Hess (Sonya Blade), Lynn Red Williams (Jax), Brian Thompson (Shao-Kahn), Reiner Schoene (Shinnok), Musetta Vander (Sindel)
Drehbuch: Brent V. Friedman, Bryce Zabel
Kamera: Matthew F. Leonetti (Foto-Kem)
Musik: George S. Clinton
Schnitt: Peck Prior
Prod.-Des.: Charles Wood
Prod.: Lawrence Kasanoff; Kevin Reidy für Threshold Ent./New Line, USA 1997; 91 Min.
UA: 21.11.1997, USA
Verleih: Kinowelt/-/-/VMP Video; 2.9.1998
FSK: ab 18 J., geschnittene Fass. ab 16 J.

Der erste war schon mega-schlimm, aber einen zweiten Teil der Comicverfilmung hätte es nun wirklich nicht gebraucht. Story? Welche Story?
(...) Während der Plot des Erstlings noch einer gewissen »Der Mann mit der Todeskralle«-Turnierstruktur folgte, wird nun in langgezogenen 93 Minuten ein wenig lustlos ein Kampf an den nächsten gereiht und ohne rechten Höhepunkt für die Rettung der Erde gekämpft. (...) *Blickpunkt: Film, 50/97*

Mr. Magoo 655

MR. MAGOO **

Regie: Stanley Tong
Darsteller: Leslie Nielsen (Mr. Magoo), Kelly Lynch (Luanne leseur), Matt Keeslar (Waldo), Nick Chinlund (Bob Morgan), Stephen Tobolowsky (Agent Chuck Stupak), Ernie Hudson (Agent Gus Anders), Jennifer Garner (Stacey Sampanahoditra), Malcolm McDowell (Austin Cloquet)
Drehbuch: Pat Proft, Tom Sherohman, nach Charakter »Mr. Magoo« von UPA Prods. of America
Kamera: Jingle Ma (Farbe)
Musik: Michael Tavera
Schnitt: Stuart Pappe, David Rawlins, Michael R. Miller
Prod.-Des.: John Willett
Prod.: Ben Myron; Justis Greene für Walt Disney Prod., USA 1997; 87 Min.
Verleih: Buena Vista/dto./dto./Buena Vista Home Video; 7.5.1998
FSK: ab 6 J., ffr. – *FBW:* Wertvoll

Aus Versehen gerät der stark kurzsichtige Millionär Magoo in den Bestiz eines kostbaren Rubins, den ihm ein tolpatschiges Gaunerduo wieder abjagen will. Simpel gestrickte Realfilmkomödie, die weit vom Charme der gleichnamigen Trickfilmserie aus den fünfziger und sechziger Jahren entfernt ist. Vielmehr ist der Film mit seinem grobschlächtigen Humor und der ermüdenden Slapstickparade des Hauptdarstellers ein Verschnitt der »Naked Gun«-Komödien. *Zoom, 5/98*

Der größte Lacher dieses Films ist ganz und gar unfreiwillig: Dem Nachspann vorangestellt ist der Hinweis, daß es sich hier nicht um eine akkurate Darstellung von Blindheit handele, sondern daß Blinde sehr wohl kreative Menschen sein können. Das ist mehr als sich von dieser abendfüllenden Realversion des Cartoons um den extrem kurzsichtigen und schusseligen Multimillionär Magoo sagen läßt. Leslie Nielsen in der Titelrolle wirkt wie ein schlafwandelndes Remake seines Alter egos aus der »Nacken Kanone«. Ermüdend in seiner Hektik, stellt der Film definitiv keine Herausforderung für die Lachmuskeln dar. *Frank Arnold, tip, 10/98*

Die »nackte Kanone« kann kaum noch was sehen: Leslie Nielsen als fleischgewordene und nahezu blinde Comicfigur Mr. Magoo. Multimillionär und Wohltäter Magoo dürfte eine der bescheuertsten Kinofiguren seit langem sein. Kalauerqualität und Vorhersehbarkeit der simplen Handlung aktivieren die Lachmuskeln nur selten. Hongkong-Regisseur Stanley Tong ist eben ohne Kung-Fu-Star Jackie Chan nichts wert. (...) *Frauke Hanck, AZ, 7.5.98*

Frank Noack in: Tagesspiegel, 7.5.1998

Mr. Spitz – Nichts auf dem Kasten und doch die Nr. 1 656

THE REAL HOWARD SPITZ **
Video

Regie: Vadim Jean
Darsteller: Kelsey Grammer, Amanda Donohoe, Geneviève Tessier, Joseph Rutten, Patrick McKenna
Drehbuch: Jürgen Wolff
Kamera: Glen MacPherson (Farbe)
Musik: John Murphy, David Hughes
Schnitt: Pia Di Ciaula
Prod.-Des.: Chris Townsend
Prod.: Paul Brodes, Christoph Zimmer für Metronome/Imagex mit Telefilm Canada, USA 1997; 97 Min.
Vertrieb: Arcade Video; Sept. 1998
FSK: ab 6 J.

Von Geldnot geplagter Krimiautor sattelt auf Bücher für Kinder um – nur die kann er auf den Tod nicht leiden. Familienkomödie, die sich mit bärtigen Gags versucht.

Mr. Vincent 657

MR. VINCENT ***
TV

Regie: Robert Celestino
Darsteller: Frank John Hughes (Johnny Vincent), Lisa LoCicero (Lisa), Mimi Scott, Robert Bruzio, Shoshana Ami
Drehbuch: Robert Celestino, John Mollica
Kamera: Dick Fisher (Farbe und s/w)
Musik: Steven Louis Infante
Schnitt: Robert Celestino
Prod.: Phil Katzman; Brian Smyj (Koprod.) für Alchemy Pic., USA 1997; 90 Min.
UA: Sundance Film Festival 1997
EA: Filmfest Hamburg 1997
TV: 1.4.1998, West3, 23.40

(...) Tatort Yonkers, vor den Toren New Yorks. Hier träumt der Lehrer Johnny Vincent von einer Karriere als Songschreiber und einem Happy-End mit Freundin Lisa. Doch Lisas Familie lehnt Johnny aufgrund seiner italienischen Herkunft ab, und Lisa selbst legt starken Wert auf ihre Unabhängigkeit. Je mehr sich Lisa zurückzieht, desto verzweifelter und fordernder wird Johnny. (...) *Katalog Filmfest Hamburg*

Ms. Scrooge – Ein Wunder voller Engel

658
**
MS. SCROOGE
Video

Regie: John Korty
Darsteller: Cicely Tyson (Ebenita Scrooge), Katherine Helmond (Maude Marley), Michael Beach (Scrooge's Neffe), John Bourgeois (Cratchit), William Greenblatt (Tiny Tim), Michael J. Reynolds (Geist), Rae'ven Kelly, Karen Glave
Drehbuch: John McGreevey, nach dem Roman »A Christma Carol« von Charles Dickens
Kamera: Elemér Ragalyi (Farbe)
Musik: David Shire
Schnitt: Louise Innes
Prod.-Des.: Gerry Holmes
Prod.: Julian Marks für Wilshire Court/ Power Pic., USA 1997; 84 Min.
Vertrieb: CIC Video
FSK: ab 6 J.

Dickens' »Weihnachtsgeschichte« als TV-Tränendrücker mit einer Frau, noch dazu einer farbigen, in der Hauptrolle. Damit sind freilich die Einfälle bereits erschöpft ...

Mulan

659
****
MULAN

Regie: Barry Cook, Tony Bancroft
Darsteller: Charaktere und ihre deutschen Sprecher: Cosma Shiva Hagen (Mulan/Sprache), Caroline Vasicek (Mulan/Gesang), Hannes Jaenicke (Hauptman Li Shang/Sprache), Stefan Erz (Hauptmann Li Shang/Gesang), Otto Waalkes (Mushu), Thomas Piper (Yao), Wilfried Herbst (Ling/Sprache), Uwe Adams (Ling/Gesang)
Drehbuch: Rita Hsiao, Christopher Sanders, Philip LaZebnik, Raymond Singer, Eugenia Bostwick-Singer, nach einer Geschichte von Robert D. Sansouci
Musik: Jerry Goldsmith, Matthew Wilder (Songs), David Zippel (Texte)
Schnitt: Michael Kelly
Prod.-Des.: Hans Bacher
Prod.: Pam Coates für Walt Disney Prod., USA 1998; 88 Min.
Verleih: Buena Vista/dto./dto.; 19.11.1998
FSK: o. A., ffr. – *FBW:* Besonders wertvoll

Eine junge Frau bewährt sich im alten China in Männerkleidung in der Armee und bewahrt dabei nicht nur ihren Vater vor dem Kriegseinsatz, sondern rettet die gesamte Nation. Ein abenteuerlicher, von chinesischer Kunst inspirierter Zeichentrickfilm von außergewöhnlicher visueller Geschlossenheit. Darüber hinaus entspinnt er einen auch für Erwachsene spannenden Diskurs über Geschlechterrollen und Männlichkeitsbilder. *Zoom, 12/98*

Selbst bei Disney ist die Zeit der hilflos dem Bösen ausgelieferten Prinzessinnen à la Schneewittchen, Cinderella oder Dornröschen vorbei. Auch animierte junge Frauen können emanzipiert und clever sein. Barry Cook und Tony Bancroft arbeiten schon seit Jahren im Disney-Team und erweisen sich in ihrer ersten Regie als moderne, wenn auch politisch korrekte Erzähler mit Talent für einen unpathetischen Zeichen- und Animationsstil.

Disney in China: »Mulan«

(...) Die Zeit der zuckersüßen Disney-Märchen ist passé – Mulan bietet Kindern und Eltern neben spannender Unterhaltung viel Diskussionsstoff.

Frauke Hanck, AZ, 19.11.98

Patrick Bahners in: FAZ, 19.11.98; Gerald Jung in: Zitty, 24/98; Michael Kohler in: FR, 21.11.98; Rupert Koppold in: Rheinische Post, 20.11.98; Daniel Kothenschulte in: Kölner Stadt-Anzeiger, 21.11.98; Frank Noack in: Der Tagesspiegel, 19.11.98

Münchner Freiheit 660
*** TV

Regie: Harald Rumpf
Drehbuch: Harald Rumpf
Kamera: Harald Rumpf
Musik: Ivan Hajek, Paula Theuersbacher-Rumpf
Schnitt: Thomas Balkenhol, Sabine Bornemann
Prod.: Harald Rumpf mit BR, BRD 1997; 96 Min.
TV: 15.3.1998, BR3

Ein Dokumentarfilm, der über einen Zeitraum von zwölf Jahren entstanden ist und von den besonderen Umständen des Straßenlebens erzählt.

Munster's fröhliche Weihnachten 661
THE MUNSTERS' SCARY LITTLE CHRISTMAS
*** Video

Regie: Ian Emes
Darsteller: Arturo Gil (Lefty), Bug Hall (Eddie Munster), Elaine Hendrix (Marilyn Munster), Sam McMurray, Ann Magnuson, Sandy Baron, Mary Woronov
Drehbuch: Ed Ferrara, Kevin Murphy
Kamera: Roger Lanser (Farbe)
Musik: Christopher Stone
Schnitt: Scott Smith
Prod.: Michael R. Joyce für Universal, USA 1996; 87 Min.
Vertrieb: CIC (Universal) Video; 17.12.1998
FSK: ab 6 J.

Die US-TV-Kultserie der 60er Jahre – diesmal in Farbe: Die Grusel-Familie erlebt allerlei rund ums Fest der Liebe. Das ist familienfreundlich, adrenalinschonend und manchmal sogar etwas komisch.

Muriel treibt ihre Eltern zur Verzweiflung 662
MURIEL FAIT LE DESESPOIR DE SES PARENTS
***

Regie: Philippe Faucon
Darsteller: Catherine Klein (Muriel), Dominique Perrier (Nora), Serge Germany (Fred), David Bigiaoui (Antoine), Marie Rivière (Muriels Mutter), Jean-Louis Caillat (Muriels Vater)
Drehbuch: Catherine Klein, Philippe Faucon
Kamera: Pierre Millon (Farbe)
Schnitt: Christian Dior
Prod.: Humbert Balsan für La Sept/Arte/Ognon, Frankreich 1995; 74 Min.
Verleih: fsk, OmU/-/-; 2.7.1998

Muriel ist unglücklich verliebt in ihre Freundin Nora. Sie schockiert ihre Mutter mit Beichten ihrer angeblichen Beziehung; mehr aus Trotz schläft sie mit einem Verehrer. Das Liebesglück aber macht sich rar. Einfühlsam und leise schildert Faucons dritter Spielfilm die Verwirrungen seiner Protagonistin; ihr zuzuschauen ist ein Vergnügen, ungetrübt von jeder Drehbuchschreiberdramatik.

Christoph Terhechte, tip, 14/98

Die Musterknaben 663
***

Regie: Ralf Huettner
Darsteller: Jürgen Tarrach (Docker), Oliver Korittke (Dretzke), Ellen ten Damme (Wanda), Herbert Knaup (Kamphausen), Gerald A. Held (Wempe), Walter Gontermann (Lineisen), Wolfgang Maria Bauer (Leo), Annette Renneberg (Diana)
Drehbuch: Ralf Huettner, Dominic Raacke
Kamera: Hannes Hubach (Farbe)
Musik: DCS Die coolen Säue
Schnitt: Veronika Zaplata
Prod.-Des.: Ingrid Buron
Prod.: Dieter Aselmann, NdF für ZDF, BRD 1997; 96 Min.
UA: Filmfest München 1997
Verleih: Senator/-/-/BMG Video; 12.3.1998
FSK: ab 12, ffr.
FBW: Wertvoll

(...) Prolo-Polizistenheimatkrimikomödie aus Köln-Porz, mit einer kräftigen Underdog-Wut der »Musterknaben« auf die eingebildeten LKA-Schnösel aus Düsseldorf, von denen sie die unbequeme Nachtschicht-Obser-

Jürgen Tarrach, Ellen ten Damme und Oliver Korittke in ›Die Musterknaben‹

vierung einer Dealer-Wohnung aufgebrummt kriegen. (...) Der Clou dieser Milieukomödie ist der Schmuddeleffekt: Alles sieht nach dreckigem Geschirr und dreckiger Wäsche aus, nach ranzig triefendem Fett und Soßenflecken auf der Hose, nach Sozialwohnungs-Mief und verstopftem Klo. Auch die Kölner Hip-Hop-Band »Die coolen Säue« paßt ins Bild der coolen geilen Verlierer-Gefühle in der heimatlichen Kohlenkiste.

Das ist witzig, frech, komisch und echt scheußlich fast-food-real: Docker und Dretzke als die neuen Kripo-Fettfleckproleten gegen die Hummerfresser-Mafia. *Ponkie, AZ, 12.3.98*

Die Musterknaben war ursprünglich eine Fernseh-Auftragsarbeit: Denkt ein Regisseur beim Inszenieren an das Medium?

Eigentlich nicht. Ich versuche, einen Film immer so gut zu drehen, wie es geht und wie es das Budget erlaubt. Bei so einer kleinen Geschichte, die ja nicht auf große Effekte angewiesen ist, gibt es kaum einen Unterschied zwischen Kino und Fernsehen. Der einzige ist die Erzählgeschwindigkeit, die im Kino eine andere ist als im Fernsehen. Bei diesem Film war das Budget für ein flottes Tempo ausreichend. Ich vergleiche das immer mit dem Rudern: Die Schlaggeschwindigkeit war bei den »Musterknaben« sehr hoch. Außerdem haben wir beim Drehen immer darauf geachtet, sehr empfindliches Material zu verwenden, das dann für einen eventuellen Kinoeinsatz mühelos auf ein größeres Format aufgeblasen werden kann.

Die Musterknaben 2 ist ja bereits fertig...

Ich hatte wahnsinnige Angst vor dem zweiten Teil. Wenn einem der erste Teil gelungen ist – wobei ich gar nicht so genau sagen kann, warum es manchmal funktioniert und dann wieder nicht – dann liegt die Latte beim zweiten Teil sehr hoch. *Ralf Huettner im Interview, Zitty, 6/98*

Brigitte Desalm in: Kölner Stadt-Anzeiger, 14.3.98; Hans Hoff in: Rheinische Post, 13.3.98; Annette Kilzer in: tip, 6/98; Dieter Kuhlbrodt in: FR, 5.3.98

Mutter Teresa – Im Namen der Armen Gottes 664

MOTHER TERESA: IN THE NAME OF GOD'S POUR ***
Video

Regie: Kevin Connor
Darsteller: Geraldine Chaplin (Teresa), Charu Ma (Veena), Helena Carrol (Oberin), David Byrd (Erzbischof), William Katt (Harry Harper)
Drehbuch: Jan Hartman, Dominique Lapierre, Carol Kaplan
Kamera: Michael Frift (Farbe)
Musik: Irwin Fisch
Schnitt: Barry Peters
Prod.: Peter Shepherd, Robert Halmi, Dominique Lapierre für Hallmark/The Family Channel/RHI, England 1997; 93 Min.
TV: 10.4.1998, ARD, 17.45
FSK: ab 6 J.

Englischer Fernsehfilm über das karitative Wirken der Schulschwester, Ordensgründerin und Friedensnobelpreisträgerin Mutter Teresa.

Mutter und ihre Schwestern 665

CHOICE AND DESTINY ***

Regie: Tsipi Reibenbach
Prod.: Israel/BRD 1998

TV-Titel für → ›Drei Schwestern‹.

Mutterliebe – Eine Frau kämpft um ihr Kind 666

WHEN INNOCENCE IS LOST *
TV

Regie: Bethany Rooney
Darsteller: Keri Russell (Erica French), Jill Clayburgh (Susan French), Vincent Corazza (Scott Stone), Deborah Grover (Barbara Stone), Alan Jordan (Al Stone), Roberta Maxwell, Charlotte Sullivan, Barry Flatman
Drehbuch: Deborah Jones
Kamera: Laszlo George (Farbe)
Musik: Dennis McCarthy
Schnitt: Michael S. Murphy
Prod.-Des.: Carmi Gallo
Prod.: Sandra Saxon Brice für Diana Kerew Prod./Hearst Ent., USA 1997; 90 Min.
TV: 31.8.1998, ZDF, 20.15

Kind und College miteinander zu verbinden verursacht der 17jährigen Erica Probleme.

Mutti, hol mich aus dem Bordell 667

INTO THE ARMS OF DANGER **
TV

Regie: Chuck Bowman
Darsteller: Morgan Fairchild (Diana), Chandra West (Carly), Ricky Paul Goldin (Brad Winters), Michael Woods (Bob Lenic), Venus Terzo (Adrian), Teryl Rothery (Jane Price), Peter Williams (Frank), Laura R. Harris (Jan)
Prod.: Kristine Bamattre (Ass.-Prod.) für O'Hara-Horowitz, USA 1996; 87 Min.
TV: 21.7.1998, SAT.1, 20.15

Mutter versucht Tochter aus den Klauen eines Nachtclubs zu befreien.

My Name is Joe 668

MY NAME IS JOE ****

Regie: Ken Loach
Darsteller: Peter Mullan (Joe Kavanagh), Louise Goodall (Sarah Downie), David McKay (Liam), Anne-Marie Kennedy (Sabine), David Hayman (McGowan), Gary Lewis (Shanks), Lorraine McIntosh (Maggie), Scott Hannah
Drehbuch: Paul Laverty
Kamera: Barry Ackroyd (Farbe)
Musik: George Fenton
Schnitt: Jonathan Morris
Prod.-Des.: Martin Johnson
Prod.: Rebecca O'Brien, Ulrich Felsberg für Parallax/Road Movie/Channel Four/WDR/Arte, GB/BRD 1998; 105 Min.
EA: Filmfest München 1998
Verleih: PolyGram/-/Monopole-Pathé/ PolyGram Video; Nov. 1998 (CH), 7.1.1999
FSK: ab 12 J. ffr. – *FBW:* Besonders wertvoll

Die Hauptfigur dieses Films ist ein in einem Armenviertel von Glasgow lebender ehemaliger Trinker, der sich mit Gelegenheitsarbeiten über Wasser hält. Er trainiert eine Mannschaft chancenloser Fußballamateure, versucht einem in der Klemme sitzenden Freund zu helfen und knüpft eine Beziehung mit einer Sozialarbeiterin an. Einmal mehr läßt Ken Loach einen Film unter Außenseitern der Gesellschaft spielen, und einmal mehr überzeugt er durch seine dichte Milieu- und Charakterschilderung. *Zoom, 11/98*

Peter Mullan, Scott Hannah und Anne-Marie Kennedy in ›My Name is Joe‹

Drei Dinge sind klar, wenn man in einen Film von Ken Loach geht: Die Menschen werden arm sein, sie werden nicht hübscher aussehen als du und ich, und sie werden einen Slang reden, den man außerhalb ihres Viertels kaum verstehen kann. So verlangt es der soziale Realismus – und davon wird Ken Loach im Leben nicht mehr abweichen. Wenn »My Name ist Joe« trotzdem ein schöner Film ist, dann deshalb, weil er diese Voraussetzungen unwichtig macht. (...) *Tobias Kniebe, SZ, 3.7.98*

Im Armenviertel Glasgows trainiert der arbeitslose Exalkoholiker Joe einen kleinen Fußballclub. Als sich einer der Spieler wegen Schulden mit dem örtlichen Drogenboß anlegt, mischt sich Joe ein und stellt damit seine neue Liebesbeziehung auf eine harte Probe.
Ken Loach gelingt ein rührendes Sozialdrama, eine wunderbare Mischung aus Milieubeschreibung und Love-Story mit grandiosen Schauspielern. Ein Meisterwerk, das die Kraft des britischen Kinos beweist. *Margret Köhler*

Olaf Möller in: Die Welt, 7.1.99; H.G. Pflaum in: SZ, 7.1.99

Mystery Science Theater 3000: The Movie 669

MYSTERY SCIENCE THEATER 3000: THE MOVIE **
Video

Regie: Jim Mallon
Darsteller: Michael J. Nelson (Mike Nelson), Trace Beaulieu (Crow T. Robot/Dr. Clayton Forrester), Jim Mallon (Gypsy), Kevin Murphy (Tom Servo), John Brady (Benkitnorf)
Drehbuch: Joel Hodgson, Michael J. Nelson, Trace Beaulieu, Jim Mallon u.a.
Kamera: Jeff Stonehouse (Farbe)
Musik: Billy Barber; Charlie Erickson, Joel Hodgson (love theme)
Schnitt: Bill Johnson
Prod.-Des.: Jef Maynard
Prod.: Jim Mallon für Best Brains/Universal, USA 1996; 73 Min.
Vertrieb: CIC Video; 1.4.1998
FSK: ab 12 J.

Zwei Roboter und ein Astronaut kommentieren mehr oder wenig witzig Ausschnitte aus dem SF-Streifen »Metaluna IV antwortet nicht«. Nicht gerade ein Ausbund an Schlagfertigkeit und Wortwitz, aber immerhin lieh TV-Kritiker Oliver Kalkofe einer Figur die Stimme.

Nach dem Spiel 670
***

Regie: Aysun Bademsoy
Darsteller: Sevgi Sari, Sonur Cetin, Safiye Kök, Türkan Arslan, Arzu Calkilic
Drehbuch: Aysun Bademsoy
Kamera: Sophie Mantigneux (Farbe)
Schnitt: Bettina Blickwedel
Prod.: Harun Farocki für Harun Farocki Filmprod./ZDF, BRD 1997; 60 Min.
UA: 19.2.1998, Int. Filmfestspiele Berlin, »Neue deutsche Filme«
Verleih: Eigenverleih/-/-; 9.4.1998

Die Regisseurin porträtiert fünf junge Türkinnen aus Kreuzberg, die in der Mannschaft Agrispor Fußball spielen, sich aber allmählich von Trikot und Kindheit auf der einen Seite und elterlichen Traditionen auf der anderen Seite lösen und in die Widersprüchlichkeit des Erwachsenenlebens hineinbewegen. Wieviel Freiheit werden sie sich erkämpfen? Sehr geschickt tastet sich die Filmemacherin an diese Kernfragen heran. *Sönke Lars Neuwöhner, tip, 8/98*

Nach der Eiszeit 671
***

Regie: Trevor Peters
Drehbuch: Trevor Peters
Kamera: Julia Kunert (Farbe)
Musik: Peter Kroemer
Schnitt: Margot Neubert-Marik
Prod.: Trevor Peters für Trevor Peters Filmprod., BRD 1998; 88 Min.
Verleih: Salzgeber/-/-; 10.12.1998

Gruppenporträt lesbischer Frauen aus Mecklenburg-Vorpommern, deren Coming-out mit dem Zusammenbruch der DDR zusammengefallen war. Vor der sensiblen Kamera des in Hamburg lebenden Neuseeländers Peters entwickeln sich Biographien, die erst nach vielen inneren und äußeren Widerständen zu ihrer psychisch-physischen Ausgewogenheit gefunden haben. Das Vertrauensverhältnis, das sich zwischen dem Regisseur und seinen Interviewpartnerinnen während der Dreharbeiten aufgebaut hat, wird geradezu körperlich spürbar. Nur hin und wieder fährt sich der Film durch überstrapazierte Metaphern und eine allzu besinnliche Musikuntermalung selbst in die Parade. *Claus Löser, tip, 26/98*

Nach gefährlichen Regeln 672
EXCEPTION TO THE RULE **
TV

Regie: David Winning
Darsteller: Kim Cattrall (Carla Rainer), Sean Young (Angela Bayer), Eric McCormack (Timothy Bayer), William Devane (Lawrence Kellerman), Diego Wallraff (Detective Garcia), Stephen Mendel (Dr. Harold Beeson), Bob Lujan (Ron Lansing), Mark Acheson (Burt Ramsey)
Drehbuch: Shell Danielson, Shuki Levy
Kamera: John Houtman (Farbe)
Musik: Richard Bronskill
Schnitt: Michael John Bateman
Prod.-Des.: Lana Kozak
Prod.: Jeff Sackman, James Shavick für Lions Gate/Frankfurter Filmprod./Shavick Ent., USA 1997; 98 Min.
TV: 23.6.1998, Pro7, 20.15

Ein Seitensprung hat böse Folgen.

Nachrichten aus dem Untergrund 673
****

Regie: Andreas Hoessli
Drehbuch: Andreas Hoessli
Kamera: William Turnley, Matthias Kälin (Farbe)
Schnitt: Jakob Nägeli, Regula Bill
Prod.: Wolfgang Frei, Peter Stahel für NZZ Format, Schweiz 1997; 60 Min.
EA: 14.2.1998, Int. Forum des Jungen Films, Berlin
Verleih: Freunde/-/-

Was konnte man während des Krieges im deutsch besetzten Europa von der »Endlösung« wissen? Gerhart Riegner sandte die erste Nachricht von Genf aus in die USA. Jan Karski, Kurier im polnischen Widerstand, legte persönlich Zeugnis vor den politischen Führern der Allierten ab. Rudolf Vrba, aus Auschwitz entflohen, berichtete den jüdischen Führern in der Slowakei. Drei Menschen sprechen über ihren Versuch, die freie Welt von den Tatsachen der

»Endlösung« wissen zu lassen, um das scheinbar Unaufhaltsame aufzuhalten.

Katalog Forum

Nachts kam die Angst 674

NIGHT VISITORS **
TV

Regie: Jorge Montesi
Darsteller: Faith Ford (Kelly Wells), Thomas Gibson (Ross Williams), Stephen Tobolowsky (Colonel Taylor), Todd Allen (David Wells), Eric McCormack (Andy Robinson), Christopher Gray (Peter Wells), Roman Podhora (Captain Roselli), Charles S. Dutton (Dr. Eldon James)
Drehbuch: D. Brent Mote
Kamera: Philip Linzey (Farbe)
Musik: Irvin Fisch
Prod.: USA 1996; 85 Min.
TV: 21.3.1998, ARD, 22.10

Wissenschaftler kontra Militär bei der UFO-Aufklärung.

Nachts, wenn alles schläft 675

WHEN DANGER FOLLOWS YOU HOME **
Video

Regie: David Peckinpah
Darsteller: JoBeth Williams (Anne Werden), Bill Switzer (Andrew Werden)
Drehbuch: Sharon Elisabeth Doyle
Prod.: John L. Roman, USA 1997; 89 Min.
Vertrieb: CIC Video; 24.8.1998
FSK: ab 12 J.

Der gewaltsame Tod eines scheinbar paranoiden Computer-Hackers gibt Gerichtspsychiaterin Rätsel auf. TV-Krimi der soliden Sorte und von bescheidener Spannung.

Naked Souls 676

NAKED SOULS **
Video

Regie: Lyndon Chubbuck
Darsteller: Brian Krause (Edward), Pamela Anderson (Britt), David Warner (Everett Longstreet), Dean Stockwell (Duncan), Clayton Rohner (Jerry), Justina Vail (Amelia), Victor Talmadge (Travis), Elizabeth Low
Drehbuch: Frank Dietz
Kamera: Eric J. Goldstein (Farbe)
Musik: Nigel Holton
Schnitt: Rebecca Ross
Prod.-Des.: Elisabeth A. Scott
Prod.: Ivana Chubbuck, Lyndon Chubbuck für Warner Vision/Mr. E Prod., USA 1995; 85 Min.
Vertrieb: Starlight Video; 19.1.1998
FSK: ab 16 J.

Wissenschaftler gelingt der Transfer von Gedanken von Gehirn zu Gehirn und glaubt, damit das Rezept für ewige Jugend gefunden zu haben. Extrem dümmliches Science-Fiction-Surrogat mit Pamela Anderson als Veröffentlichungsgrund.

Natalie III – Babystrich online 677

**
TV

Regie: Dagmar Damek
Darsteller: Anne-Sophie Briest (Natalie Schneider), Nina Hoger (Elke Schneider), Simon Verhoeven (Sven Ritter), Julia Palmer-Stoll (Miriam Lerz), Sandra Cervik (Karina Wilfert), Alexander Strobele (Dr. Cato Cramer), Falk-Willy Wild (Nico), Rainer Grenkowitz (Kommissar Rink)
Drehbuch: Martin Kluger
Kamera: Rainer Gutjahr (Farbe)
Prod.: Christa Gerlach für Taunus Film, BRD 1998; 95 Min.
TV: 24.11.1998, SAT.1, 20.15

Da acht Millionen Fliegen nicht irren können und auch sechs Millionen Zuschauer bei Natalie II (Die Hölle nach dem Babystrich) eine ordentliche Quote waren, konnte analog zu den Schulmädchenreporten vergangener Zeiten kaum ausbleiben. (...) Dagmar Damek, die Ärmste, macht regieführend aus dem pädagogisierenden Schauerstück einen grellen Photo-Roman, der mit rauhen Schnitten und tiefblau eingefärbten Tableaus immer fein Gut gegen Böse hält. Brave Mädchen verkaufen Glücksklee in Frankfurts Lokalen; die bösen fahren mit dem dicken Porsche. Und während arme Mädchen im Keller des Porno-Fritzen leiden, schauen die liebenden hochdroben im Planetarium zum Sternenhimmel auf. Immerhin hat SAT.1 damit etwas, das es den österreichischen Äbten vorzeigen kann, wenn sie gegen hauseigene Serien (Die Neue) protestieren.

Wilfried Geldner, SZ, 26.11.98

Nénette et Boni 678
NENETTE ET BONI ***

Regie: Claire Denis
Darsteller: Grégoire Colin (Boni), Alice Houri (Nénette), Valéria Bruni-Tedeschi (Bäckerin), Vincent Gallo (Bäcker), Jacques Nolot, Alex Descas, Gérard Meylan, Alex Descas
Drehbuch: Claire Denis, Jean-Paul Fargeau
Kamera: Agnès Godard (Farbe)
Musik: Tindersticks
Schnitt: Yann Dedet
Prod.: Georges Benayoun für Dacia Films/ La Sept Cinema/Canal Plus, Frankreich 1995; 103 Min.
UA: Int. Filmfestspiele Locarno 1996, »Wettbewerb«
Verleih: peripher/polyfilm, OmU/-; Dezember 1997 (CH), 16.4.1998
FSK: ab 16 J., ffr.

Ein sinnlicher Streifzug durch Marseille mit der Musik von Tindersticks, eine Geschichte über Bruder und Schwester und postpubertäre Begierden. Pizzabäcker Boni hat sich mit seinem Zwergkaninchen und seiner Krups-Kaffeemaschine ganz gut eingerichtet im Alltag des Hafenviertels. Angehimmeltes Zentrum seiner Phantasien ist die Bäckersfrau von nebenan (Valéria Bruni-Tedeschi), eine blonde Sahnetortenprinzessin. Als sich Bonis 15jährige Schwester – auch noch schwanger – kurzerhand in seiner Wohnung einnistet, bricht das Leben bei ihm ein.

Katja Nicodemus, tip, 9/98

Thomas Klingenmaier in: Stuttgarter Zeitung, 19.11.98; Gerhard Midding in: Kölner Stadt-Anzeiger, 20.6.98; Veronika Rall in: FR, 18.4.98

Nettoyage a sec 679
NETTOYAGE A SEC ****

Regie: Anne Fontaine
Darsteller: Miou-Miou, Charles Berling, Stanislas Merhar, Mathilde Seigner, Noe Pflieger
Drehbuch: Gilles Taurand, Anne Fontaine
Kamera: Caroline Champetier (Farbe)
Schnitt: Luc Barnier
Prod.-Des.: Antoine Platteau
Prod.: Cinea/Les Films Alain Sarde/ Maestranza mit CNC/Canal+ Prod.: Philippe Carcassone, Alain Sarde, Frankreich/ Spanien 1997; 97 Min.
UA: 3.9.1997, Film Festival, Toronto
Verleih: -/-/Monopole Pathé; Febr. 1998

Der Besuch eines Nachtklubs verändert das Leben eines Ehepaars in einer französischen Provinz. Sie lernen einen Travestiekünstler kennen, den sie, nachdem er sich von seiner Schwester und zugleich Partnerin getrennt hat, bei sich zu Hause aufnehmen, wo sich der attraktive Jüngling in eine gefährliche Doppelrolle hineinbegibt. Eine sensible Milieustudie mit hervorragenden Darstellern über einen Balanceakt zwischen spießiger Anpassung und freier Liebe. *Zoom, 2/98*

Ein Netz aus Lügen 680
BRILLIANT LIES ***
TV

Regie: Richard Franklin
Darsteller: Gia Carides (Susy Connor), Anthony LaPaglia (Gary Fitzgerald), Zoe Carides (Katie Connor), Ray Barrett (Brian Connor), Michael Veitch (Paul Connor), Catherine Wilkin (Marion), Neil Melville (Vince), Grant Tilly (Lovett)
Drehbuch: Richard Franklin, Peter Fitzpatrick, nach einem Stück von David Williamson
Kamera: Geoff Burton (Cinevex)
Musik: Nerida Tyson-Chew
Schnitt: David Pulbrook
Prod.-Des.: Tracy Watt
Prod.: Richard Franklin, Sue Farrelly für Bayside Prod., Australien 1996; 93 Min.
TV: 31.10.1998, ARD

Ein Prozeß wegen sexueller Belästigung einer jungen Frau am Arbeitsplatz bringt andere, längst verdrängte Vorfälle wieder ans Licht.

Neue Freiheit/Keine Jobs 681
****

Regie: Herbert Achternbusch
Darsteller: Herbert Achternbusch (Hick), Dieter Dorn, Georg Ringsgwandl, Jörg Huber, Axel Milberg, Horst Kotterba, Josef Bierbichler, Rudi Eydmann
Drehbuch: Herbert Achternbusch
Kamera: Michael Wagner (Farbe)
Schnitt: Micki Joanni
Prod.: Herbert Achternbusch mit Münchner Kammerspiele, BRD 1997; 81 Min.
UA: 13.2.1998, München Kammerspiele
EA: 19.2.1998, Int. Filmfestspiele Berlin, »Panorama«
Verleih: Filmwelt-Prokino/-/-; 15.2.1998

In der Rekordzeit von neun Tagen hat Münchens surrealistischer Don Quichote Herbert Achternbusch seinen jüngsten Film fertiggestellt – beflügelt von einer irrtümlichen Überweisung des ORF von 500.000 Mark (statt Schilling) für die Ausstrahlung seines Films »Picasso in München«. (Als sich der Irrtum aufklärte, war das Filmen schon voll im Gange, der kreative Schub also nicht mehr rückgängig zu machen: Die glücklichste Art, sich neue Schulden einzuhandeln).
Von Dieter Dorn zu freiwilliger Fron angefeuert, legte sich das Kammerspiele-Ensemble samt Schauspielschülern ins Zeug, um Achternbuschs poetisch-groteske Obdachlosen-Visionen mit edler Mimenlist zu adeln. (…)
Diese handfest höhnischen Szenen aus dem deutschen Leben im Verbund mit dem Vorzeit-Brummen sind von jener absurden Linksdenker-Komik, die auch bei Valentin-Texten im Hinterhalt lauert. Und immer wenn einer sagen möchte, was ist denn das für ein Schmarrn, dann ist er schon durch den doppelten Boden gefallen.
Ein böser Poeten-Giftpfeil, mit geballter Künstler-Wucht und Komikertücke in den verdorrten Gemüsegarten der Ära Kohl geschleudert.

Ponkie, AZ, 14.2.98

Thomas Klingenmaier in: Stuttgarter Zeitung, 23.7.98; Josef Lederle in: film-dienst, 12/98; Annette Leweke in: tip, 11/98; Georg Seeßlen in: epd film, 6/98

Die Newton Boys 682
THE NEWTON BOYS ***

Regie: Richard Linklater
Darsteller: Ethan Hawke (Jess), Matthew McConaughey (Willis), Skeet Ulrich (Joe), Vincent D'Onofrio (Dock), Gail Cronauer (Mutter), Julianna Margulies (Louis Brown), Dwight Yoakam, Charles Gunning
Drehbuch: Richard Linklater, Claude Stanush, Clark Lee Walker, nach einem Buch von Claude Stanush
Kamera: Peter James (Deluxe)
Musik: Bad Livers, Edward Dr. Barnes (score)
Schnitt: Sandra Adair
Prod.-Des.: Catherine Hardwicke
Prod.: Anne Walker-McBay; Clark Lee Walker für Detour Film, USA 1998; 122 Min.
EA: 30.6.1998, Filmfest München
Verleih: 20th Century Fox/-/-/Fox Video; 26.11.1998 – *FSK:* ab 12 J., ffr.

Banken ausrauben bis zum Abwinken, niemanden töten und ein Leben in Saus und Braus. Das war die Devise der Newton Boys, der erfolgreichsten Gang in der Geschichte der USA. Auf der Leinwand: Ausstattungs-Fetischismus, Kalauer bei Gericht, Eitelkeit statt Mythos. Vielleicht der langweiligste kleinbürgerliche Anarcho-Traum in der Geschichte der USA, der je zu Ende geträumt wurde. *Iris Depping, tip, 25/98*

Ralph Geisenhanslüke in: Der Tagesspiegel, 29.11.98; Michael Kohler in: FR, 26.11.98; Silke Scheuermann in: FAZ, 27.11.98; Christian Seebaum in: Kölner Stadt-Anzeiger, 28.11.98; Claudius Seidl in: SZ, 1.7.98

Nicholas – Ein Kinderherz lebt weiter 683
NICHOLAS' GIFT **
TV

Regie: Robert Markowitz
Darsteller: Jamie Lee Curtis (Maggie Green), Alan Bates (Reginald Green), Gene Wexler (Nicholas), Nazareno Costantini (Angelo), Anita Zagaria (Anna), Manrico Gammarota (Paolo Bianchi), Roberto Bisacco (Dr. Cipriano), Isabella Ferrari (Grascia)
Drehbuch: Christine Berardo, nach einer wahren Begebenheit
Kamera: Raffaele Mertes (Farbe)
Prod.: Lorenzo Minoli, Judd Parkin, USA 1998; 86 Min.
TV: 7.10.1998, SAT.1, 20.15

(…) Ein amerikanischer Junge wird durch eine Verwechslung Opfer eines Mafia-Anschlags, die Eltern stimmen einer Organspende zu, sein Herz wird einem schwerkranken kleinen Italiener eingesetzt. Der Film nach einer wahren Begebenheit ist zunächst erschütternd. Jamie Lee Curtis überzeugt als Mutter zwischen Angst und Verzweiflung. Alan Bates als Vater wirkt allerdings mit Perücke lächerlich entstellt. Zum Schluß kippt der Film allerdings in eine schrecklich rührselige Geschichte um. Thema verschenkt. *Maggie Riepl, Berliner Morgenpost, 8.10.98*

Nicht aus Liebe 684
CORPS PLONGES ***
TV

Regie: Raoul Peck
Darsteller: Geno Lechner (Chase Dellal), Jean-Michel Martial (Dimitri Sanville), Bob Meyer (Ralph Benton), Israel Horovitz (Timothy), Dominic Gould (Bernard), Jeane Manson (Beatrice), Joe Sheridan (Harvey), Susan Moncur (Denise Mellroy)
Drehbuch: Raoul Peck
Kamera: Pascal Marti (Farbe)
Musik: Mino Cinelu
Schnitt: Jacques Comets
Prod.-Des.: Denis Renault
Prod.: Jacques Bidou für JBA mit Arte/ Le Sept Cinema/Velvet Films, Frankreich/Deutschland/Haitii 1998; 100 Min.
UA: 31.8.1998, Film Festival, Montreal
TV: 1.6.1998, arte, 23.20

Unglücklich im Beruf, enttäuscht von einer Liebesbeziehung und innerlich zerrissen hofft Chase in New York auf einen Neuanfang mit ihrem Jugendfreund Dimitri, der den Militärputsch in Haiti überlebt hat.

Nichts als Kleinigkeiten 685
LA MOINDRE DES CHOSES ***

Regie: Nicolas Philibert
Drehbuch: Nicolas Philibert
Kamera: Katell Djian, Nicolas Philibert (Farbe)
Musik: André Giroud
Schnitt: Nicolas Philibert
Prod.: Serge Lalou für Les Films d'Ici/La Sept Cinéma/Canal Plus/Centre National de la Cinématographie/WDR, Frankreich/GB/BRD/Schweiz 1996; 105 Min.
UA: Int. Filmfestspiele Locarno 1996
Verleih: -/-/Filmcoopi; Februar 1998 (CH)

In der psychiatrischen Pionier-Reformklinik »La Borde«, nahe dem französischen Blois, proben Betreuende und Betreute wie jedes Jahr ein Theaterstück – diesmal die »Operette« von Witold Gombrowicz – und führen es an einem schönen Augustnachmittag vor zahlreichem Publikum auf. Zurückhaltend und doch anteilnehmend nähert sich Nicolas Philibert einer verdrängten Welt. Er beobachtet die Menschen dieser schützenden Institution im Alltag und bei der Probenarbeit und dokumentiert, wie sensible Kommunikation den Patienten und Patientinnen ermöglicht, ihr kreatives Potential zu öffnen. *Zoom*

Aber jenseits des Theaters erzählt er das Leben in La Borde, das Alltagsleben, die Zeit, die vergeht, die kleinen Nichtigkeiten, die Einsamkeit und die Müdigkeit, aber auch die geteilten fröhlichen Momente und die extreme Aufmerksamkeit, die alle einander zukommen lassen. (...) *Katalog Locarno*

Nie wieder vierzehn 686
NOT FOURTEEN AGAIN ***
TV

Regie: Gillian Armstrong
Drehbuch: Gillian Armstrong
Kamera: Steve Arnold (Farbe)
Schnitt: Suresh Ayyar
Prod.: Jenny Day, Gillian Armstrong für Spirited Films, Australien 1995; 108 Min.
UA: 18.2.1996, Int. Filmfestspiele Berlin, »Panorama: Dokumente«
TV: 1.2.1998, BR, 22.30

Vor 20 Jahren drehte Gillian Armstrong einen Film über drei 14jährige Mädchen aus bescheidenen Verhältnissen, die in einem Vorort von Adelaide aufwuchsen. »Smokes and Lollies« ging den Träumen, Hoffnungen und Plänen der drei Jugendlichen nach. Über die Jahre ist aus diesem Projekt eine Langzeitbeobachtung geworden, deren vierter Teil hier zu sehen ist. (...)
Katalog Filmfestspiele Berlin

Night Call 687
THE NIGHT CALLER **
Video

Regie: Robert Malenfant
Darsteller: Shanna Reed (Dr. Lindsay Roland), Tracy Nelson (Beth Needham), Mary Crosby (Nikki Rogers), Cyndi Pass (Marge Hampton), Eve Sigall (Mama), Howard S. Miller (Lee Dixon)
Drehbuch: Mark Bomback, Frank Rehwaldt, nach einer Story von George Saunders
Kamera: M. David Mullan (Farbe)
Prod.: Pierre Davi, Shanna Reed für Image Org., USA 1998; 90 Min.
Vertrieb: VCL (Concorde) Video; Nov. 1998
FSK: ab 16 J.

Radio-Psychologin engagiert Psychopathin als Babysitter.

Night Vision – Der Nachtjäger 688

NIGHT VISION **
Video

Regie: Gil Bettman
Darsteller: Cynthia Rothrock (Kristin O'Connor), Fred Williamson (Dakota Smith), Robert Forster (»Teak Taylor«), Frank Pesce (Mike Mahoney), Willie Gault (FBI-Agent Coleman), Amanda Welles (Julie Paulson)
Drehbuch: Michael Montgomery
Kamera: Trey Smith (Farbe)
Musik: Tony Camillo
Schnitt: Robert J. Castaldo
Prod.: Fred Williamson, Linda Williamson für Po' Boy Prod., USA 1997; 93 Min.
Vertrieb: VMP Video; 21.4.1998
FSK: ab 16 J. (gekürzte Fassung)

Ungleiches Polizisten-Außenseiter-Duo jagt mordenden Moralfanatiker. Ein Abgrund an Dilletantismus und Spekulativität.

Nightscream – Der Schrecken der Nacht 689

NIGHTSCREAM **
TV

Regie: Noel Nosseck
Darsteller: Candace Cameron Bure (Drew Summers/Laura), Teri Garr (Julie Ordwell), Ned Vaughn (Charles Pendleton), Denis Arndt (Ray Ordwell), Bobby Hosea (Sheriff R. J. Turnage), Casper Van Dien (Teddie Ray jr.), Marie Stillin (Maggie Johnson), Bill Dow (Will Benson)
Drehbuch: Eugenia Bostwick-Singer, Raymond Singer, Gary Tieche, nach dem Roman »The Soul Of Betty Fairchil«
Musik: Garry Schyman
Prod.: USA 1997; 87 Min.
TV: 16.7.1998, Pro7, 20.15

Konfuser Krimi um die Tagebücher einer Ermordeten.

Nina – Vom Kinderzimmer ins Bordell 690

**
TV

Regie: Torsten C. Fischer
Darsteller: Marie Zielke (Nina Ritter), Thomas Kretschmann (Michael Brandt), Sylvia Haider (Maria Heine), Gerd Silberbauer (Reinhard), Marek Harloff (Lukas), Friederike Euler (Lisa), Ingrid van Bergen (Molly), Udo Kier (Bongo)
Drehbuch: Carl-Christian Demke
Prod.: Janus Film für RTL, BRD 1997; 90 Min.
TV: 29.4.1998, RTL, 20.15

Jugendliche wehrt sich, als sie merkt, daß ihre große Liebe sie »anschaffen« lassen will.
Die 17jährige Nina, die seit dem Tod ihrer Mutter im Heim lebt, ist fest entschlossen, mit ihrer großen Liebe Michael ein neues Leben zu beginnen. Sie ahnt nicht, daß Michael plant, sie in Berlin für sich »anschaffen« zu lassen. Gegenwehr scheint nicht möglich, denn Michael droht ihr auf gemeinste Art und Weise. Doch Nina ist weniger hilflos, als Michael denkt. *AZ TV Journal*

Ninja Turtles: Im Osten viel Neues 691

TURTLES-EAST MEETS WEST **
Video

Regie: Dan Clark
Darsteller: Jarred Blanchard, Lauro Chartran (Michelangelo), Mitchell Lee Yeun, Dean Choe (Raphael), Richard Yee, Geoff Wong (Donatello), Gabe Khouth, Larry Lam (Leonardo)
Drehbuch: Dan Clark, Michael Mayhew, nach den Figuren von Kevin Eastman und Peter Laird
Kamera: Henry Chan (Farbe)
Musik: Barren Abramovitch, Shuki Levy, Kussa Mahchi
Schnitt: Joseph Fitzpatrick, Dona Noga
Prod.-Des.: Cathy Robertson
Prod.: James Shavick, USA 1998; 71 Min.
Vertrieb: Fox Video; 10.9.1998 – *FSK:* ab 12 J.

Die grünen, ninjagestählten Schildkröten müssen in China eine attraktive Mutantin gegen das Böse verteidigen.

Nix zu verlieren 692

NOTHING TO LOSE ***

Regie: Steve Oedekerk
Darsteller: Martin Lawrence (T. Paul), Tim Robbins (Nick Beame), John C. McGinley (Davis »Rig« Lanlow), Giancarlo Esposito (Charlie Dunt), Kelly Preston (Ann), Michael McKean (Phillip Barrow), Rebecca Gayheart (Danielle), Susan Barnes
Drehbuch: Steve Oedekerk
Kamera: Donald E. Thorin (Technicolor)
Musik: Robert Folk, Kathy Nelson, Jeff Carson (supervision)
Schnitt: Malcolm Campbell
Prod.-Des.: Maria Caso
Prod.: Martin Bregman, Michael Bregman, Dan Jinks für Touchstone, USA 1997; 97 Min.
Verleih: Buena Vista/dto./dto./

Martin Lawrence und Tim Robbins

Buena Vista Home Video; 1.1.1998
FSK: ab 12, ffr.
FBW: Besonders wertvoll

Aus Wut über den vermeintlichen Ehebruch seiner Frau stürzt sich ein gutsituierter Werbekaufmann aus Los Angeles gemeinsam mit einem farbigen Kleingangster in eine Reihe von grotesken Abenteuern. Steve Oedekerks Actionkomödie mit Tim Robbins und dem Komiker Martin Lawrence erinnert in der Dramaturgie an Walter Hills »48 Hours« (1982), ohne jedoch dessen formale Brillanz zu erreichen. Trotz unterhaltsamer Actionszenen ermüdet der Film durch Wiederholungen, vermeidet aber unnötige Brutalitäten. *Zoom, 1/98*

Andres Conrad in: Der Tagesspiegel, 31.12.97; Thomas Faltin in: Stgt. Zeitung, 31.12.97; Uwe Gepp in: Rheinische Post, 2.1.98; Tobias Kniebe in: SZ, 5.1.98

No Night Stand 693
TROJAN WAR **
Video

Regie: George Huang
Darsteller: Will Friedle (Brad), Jennifer Love Hewitt (Leah), Marley Shelton (Brooke), Lee Majors (Officer Austin), Eric Balfour (Kyle), John Finn (Ben Kimble), Wendie Malick (Beverly Kimble), Jennie Kwan (Trish)
Drehbuch: Andy Burg, Scott Myers, Marc Sternberg
Kamera: Dean Semler (Farbe)
Musik: George S. Clinton
Schnitt: Ed Marx
Prod.-Des.: Cecil Gentry
Prod.: Charles Gordon, Gene Levy für Warner Bros./Daybreak, USA 1997; 88 Min.
Vertrieb: Warner Home Video; 6.8.1998
FSK: ab 12 J.

Brad läßt die scharfe Blondine Brooke im Liebesnest zurück, um Kondome zu kaufen – Beginn einer schrillen City-Night-Odyssee, bei der jeder Ansatz von Komik durch Klischees und Klamauk im Keim erstickt wird.

Noch dümmer 694
TRIAL AND ERROR ***
Video

Regie: Jonathan Lynn
Darsteller: Michael Richards (Richard Rietti), Jeff Daniels (Charles Tuttle), Charlize Theron (Billie Tylor), Jessica Steen (Elizabeth Gardner), Austin Pendleton (Judge Paul Z. Graff), Rip Thorn (Renny Gibbs), Alexandra Wentworth (Tiffany Whitfield), Jennifer Coolidge
Drehbuch: Sarah Bernstein, Gregory Bernstein, nach einer Story von Sarah Bernstein, Gregory Bernstein, Cliff Gardner
Kamera: Gabriel Beristain (CFI)
Musik: Phil Marshall
Schnitt: Tony Lombardo
Prod.-Des.: Victoria Paul
Prod.: Gary Ross, Jonathan Lynn; Jane DeVries Cooper, Edward Lynn für Larger Than Life, USA 1997; 98 Min.
Vertrieb: VCL (Constantin) Video; 21.4.1998
FSK: ab 6 J.

Glückloser Mime und Yuppie-Advokat tauschen bei einem Prozeß ihre Identitäten und geraten gemeinsam in Teufels Küche. Sehr milde, sehr harmlose Komödie, die ihr Humorpotential nicht einmal ansatzweise ausschöpft.

Kai Mihm in: epd Film, 8/97

Normal Life 695
NORMAL LIFE ***

Regie: John McNaughton
Darsteller: Luke Perry (Chris Anderson), Ashley Judd (Pam Anderson), Bruce Young (Agent Parker), Jim True (Mike Anderson), Dawn Maxey (Eva), Penelope Milford, Tom Towles
Drehbuch: Peg Haller, Bob Schneider
Kamera: Jean De Segonzac (Farbe)
Musik: Robert McNaughton, Ken Hale
Schnitt: Elena Maganini
Prod.-Des.: Rick Paul
Prod.: Richard Maynard, John Sariano, Steven A. Jones für Normal Life Prod., USA 1995; 104 Min.

UA: 26.1.1996, Sundance Film Festival
EA: Filmfest München 1996
Verleih: Atlantik/-/-/AVU Video; Nov. 1998
FSK: ab 16 J.

Weil sie das solide bürgerliche Mittelklasse-Dasein nicht wollen, flippen der Expolizist Chris und seine unberechenbar neurotische Frau Pam aus und überfallen Banken. Glänzend inszenierte Kritik am amerikanischen Traum und seinen nicht mehr funktionierenden Idealen: Regisseur John McNaughton (»Henry: Portrait of a Serial Killer«) beschreibt faszinierend schlüssig den logischen Kreislauf von Verbrechen und Gewalt. *Frauke Hanck, AZ, 6.7.96*

Normale Menschen haben nichts Besonderes 696

LES GENS NORMAUX N'ONT RIEN D'EXCEPTIONNEL ****

Regie: Laurence Ferreira Barbosa
Darsteller: Jackie Berroyer (Mr. Jacquet), Valeria Bruni-Tedeschi (Martine), Marc Citti (Pierre), Serge Hazanavicius (François), Sandrine Kiberlain (Florence), Claire Laroche (Anne), Melvil Poupaud (German)
Drehbuch: Santiago Amigorena, Laurence Ferreira Barbosa, Jackie Berroyer, Cédric Kahn
Kamera: Antoine Héberle (Farbe)
Musik: Melvil Poupaud, Cuco Valoy, Cesaria Evora
Schnitt: Emmanuelle Castro
Prod.: Paulo Branco, Frankreich 1993; 100 Min.
Verleih: -/-/-; Sept. 1998

Von ihrem Job angewidert, vom Freund verlassen, stolpert Martine richtungslos durch Paris. Als sie mit dem Kopf durch eine Fensterscheibe will, landet sie schnurstracks in der Psychiatrie – und beschließt zu bleiben: Die Probleme der anderen sind ja soviel leichter zu lösen als die eigenen. So stellt sie das labile Gleichgewicht der Mitpatienten auf eine harte Probe. Das ist oft komisch, aber niemals voyeuristisch, kein Flug über das Kuckucksnest. Immer wieder findet Laurence Ferreira Barbosas Regiedebüt zu intimen Momenten zurück. Das ist vor allem ein Verdienst der überragenden Hauptdarstellerin Valeria Bruni Tedeschi, deren Leinwandpräsenz in einer schauspielerischen Tour de Force keine Sekunde nachläßt. *Christoph Terhechte, tip, 9/96*

Nous sommes tous encore ici 697

NOUS SOMMES TOUS ENCORE ICI ****

Regie: Anne-Marie Miéville
Darsteller: Aurore Clément, Bernadette Lafont, Jean-Luc Godard
Drehbuch: Anne-Marie Miéville, nach Texten von Plato und Hannah Arendt
Kamera: Christophe Beaucarne, Jean-Paul Rosa da Costa, Christophe Pollock (Farbe)
Musik: Dimitrij Schostakovich, Lester Bowie, Liszt, Schumann, Nicolas Hafner, David Darling
Schnitt: Anne-Marie Miéville
Prod.-Des.: Yvan Niclass
Prod.: Alain Sarde für Alain Sarde/Les Films du Losange/Vega/Peripherie/TSR mit Canal+, Frankreich/Schweiz 1996; 80 Min.
UA: Int. Filmfestspiele Locarno 1997
Verleih: -/-/Vega, OF; August 1998

Der Film überbrückt 2000 Jahre unserer Geschichte: Er kombiniert Platons »Gorgias«-Dialog, Textpassagen Hannah Arendts über den Totalitarismus und Ehe-Szenen voll feinen Humors eines älteren Paares dialektisch zu einem filmischen Triptychon. Die leichthändige Inszenierung verknüpft die drei Reflexionen über Macht und Einsamkeit, Liebe und Unabhängigkeit, Privates und Politisches zu einer vielschichtigen Stellungnahme über das Menschsein. *Zoom, 8/98*

November 1–30 698

***

Regie: Jan Peters
Kamera: Jan Peters (Farbe)
Schnitt: Jan Peters
Prod.: Jan Peters für JP Film, BRD 1998; 92 Min.
Verleih: Eigenverleih/-/-; 10.12.1998

Der Hamburger Jan Peters hat im November 1996 jeden Tag eine dreiminütige Rolle Film belichtet und parallel dazu seinen Kommentar aufgezeichnet. (...) Das Ganze nennt sich

Filmtagebuch und könnte unsäglich nerven, wenn Peters nicht, vielleicht zufällig, einen geheimen Verbindungskanal zwischen Narzißmus und Humor entdeckt hätte. *tip, 26/98*

Nowhere 699
NOWHERE **

Regie: Gregg Araki
Darsteller: James Duvall (Dark), Rachel True (Mel), Nathan Bexton (Montgomery), Chiara Mastroianni (Kriss), Debi Mazar (Kozy), Kathleen Robertson (Lucifer), Joshua Gibran Mayweather (Zero), Jordan Ladd (Alyssa)
Drehbuch: Grogg Araki
Kamera: Arturo Smith (Farbe)
Musik: Slowdive, Stacy Q, Chemical Brohers
Schnitt: Gregg Araki
Prod.-Des.: Patti Podesta
Prod.: Gregg Araki, Andrea Sperling für Desperate/Blurco/Why Not Prod., USA 1997; 85 Min.
EA: Filmfest München 1997
Verleih: Kinowelt/dto./-/Arthaus Video; 8.1.1998
FSK: ab 16, ffr.

Spaß macht der dritte Teil von Gregg Arakis Trilogie über eine hoffnungslos aus den Fugen geratene Jugend dann, wenn der Regisseur schonungslos seine Protagonisten vorführt, deren Liebesleben, Idole und Ängste. So darf Baywatch-Star Jason Simmons eine schöne Unschuld vergewaltigen. Verschwörungsängste nehmen als rülpsende Außerirdische Gestalt an. Gekonnt greift Araki die Zeichen der Pop- und Populärkultur auf und wirbelt sie durcheinander. Leider übernimmt er auch die hysterische Perfektion des Lifestyles, der keine Risse und Kanten kennt, inszeniert über jeden Abgrund hinweg. Das unterscheidet den dritten Teil von seinen Vorgängern, die sich hinter der hippen Fassade auch Trostlosigkeit und Leere stellten.
Annette Leweke, tip, 2/98

Rachel True und James Duvall in ›Nowhere‹

Auf dem letzten schwullesbischen Filmfestival lief auch dieser Film, der wie die Quintessenz der allermeisten Schwulenfilme neueren Datums wirkt: Ein knackiger junger Mann wird ausgiebig beim Duschen abgefilmt, wobei er zu masturbieren beginnt. Und obwohl auch späterhin in fast jeder Szene nacktes Jungmännerfleich zu sehen ist, geht es eigentlich nur am Rande um Homosexualität. Worum es statt dessen geht, ist allerdings auch nicht klar. (…)
Jan Gympel, Zitty, 1/98

Rupert Koppold in: Rheinische Post, 16.1.98; Simone Mahrenholz in: Der Tagesspiegel, 8.1.98; Christina Seebaum in: Kölner Stadt-Anzeiger, 10.1.98

O Amor Natural 700
O AMOR NATURAL ***

Regie: Heddy Honigmann
Drehbuch: Heddy Honigmann, nach dem Gedichtband »O Amor Natural« von Carlos Drummond
Kamera: José Guerra (Farbe)
Schnitt: Marc Nolens
Prod.: Pieter van Huystee für Pieter van Huystee Film/NPS TV, Niederlande 1996; 76 Min.
UA: 3.2.1997, Rotterdam Filmfestival
EA: Filmfest Hamburg 1997
Verleih: Pagasos/-/-; 5.3.1998
FSK: ab 12, ffr.

Ein einfaches Experiment: Die holländische Filmemacherin Heddy Honigmann streift mit einem Band erotischer Gedichte von Carlos Drummond de Andrade durch Rio de Janeiro und bittet alte Männer und Frauen, ihr daraus vorzulesen. Die Herrschaften schwärmen und schwelgen, plaudern und phantasieren. Mindestens ebenso wichtig wie der Genuß, in erotische Erinnerungen einzutauchen, ist die Demonstration nach außen. Lustvoll zertrümmern sie das Klischee vom alten Menschen als innerlich vertrocknetem, asexuellem Wesen.
Bettina Bremme, tip, 6/8

Gregor Dotzauer in: SZ, 5.3.98; Rupert Koppold in: Stgt. Zeitung, 5.3.98; Dietrich Kuhlbrodt in: Rheinische Post, 3.4.98

Octalus – Der Tod aus der Tiefe 701
DEEP RISING **

Regie: Stephen Sommers
Darsteller: Treat Williams (John J. Finnegan), Famke Janssen (Trillian St. James), Kevin J. O'Connor (Joey Pantucci), Anthony Heald (Simon Canton), Wes Studi (Hanover), Derrick O'Connor (Kapitän der »Argonautica«), Clifton Powell (Mason), Trevor Goddard (T-Ray Jones)
Drehbuch: Stephen Sommers
Kamera: Howard Atherton, Dean Cundey (2nd unit Regie) Farbe
Musik: Jerry Goldsmith
Schnitt: Bob Ducsay, John Wright
Prod.-Des.: Holger Gross, Kevin Ishioka, Sandy Cochrane
Prod.: Laurence Mark, John Baldecchi; Howard Ellis für Laurence Mark Prod. mit Cinergie, USA 1997; 105 Min.
Verleih: Tobis/Constantin/Elite/BMG Video; 28.5.1998
FSK: ab 16, ffr.

Banditen mieten ein kleines Boot und wollen ein chinesisches Luxuspassagierschiff auf seiner Jungfernfahrt kapern. Das Spiel wird ihnen durch ein Seemonster verdorben, das alle Passagiere plus Besatzung überfällt und verspeist. Ein nach dem Abzählreim »Zehn kleine Negerlein« aufgebauter, absehbarer Horrorfilm, der sich seine Anleihen von »Alien« bis »Titanic« holt, ohne dabei in neue Gewässer vorzustoßen. *Zoom, 6/98*

(...) Teurer Schund also, der sein sichtlich hohes Budget an siebtklassige Optik verschwendet. Schund, der noch vor einigen Jahren direkt in den Videotheken gelandet wäre. Und langweiliger Schund obendrein, denn bis alle gefressen und nur noch Finnegan und die schöne Trickdiebin übrig sind, wird nicht nur der Geschmack, sondern auch noch die Geduld strapaziert.

Eines dürfte feststehen: Dieses schändlich zusammengeschusterte Schauermärchen wird die »Titanic« nicht beerben. *W.O.P. Kistner, AZ, 28.5.98*

(...) Ein klassisches B-Picture, das den halben Film kreuchelt, bis das vielarmige Monster endlich auftaucht. Dann kommt aber doch noch Schwung in die Angelegenheit, die gelegentlich wirkt, als hätten sich die Macher von »Angriff der Killertomaten« an »Alien auf See« versucht. *Christian Seebaum, Kölner Stadt-Anzeiger, 1.6.98*

Albert Baer in: Rheinische Post, 29.5.98; Thomas Klingenmaier in: Stgt. Zeitung, 28.5.98

Office Killer 702
OFFICE KILLER ***

Regie: Cindy Sherman
Darsteller: Carol Kane (Dorine Douglas), Molly Ringwald (Kim Poole), Jeanne Tripple-

horn (Norah Reed), Barbara Sukowa (Virginia), Michael Imperioli (Daniel), David Thornton (Gary Michaels), Mike Hodge (Landau), Alice Drummond (Dorine's Mutter)
Drehbuch: Elise MacAdam, Tom Kalin, nach einer Story von Cindy Sherman, Elise MacAdam
Kamera: Russell Fine (Technicolor)
Musik: Evan Lurie; Randall Poster (supervision)
Schnitt: Merril Stern
Prod.-Des.: Kevin Thompson
Prod.: Christine Vachon, Pamela Koffler für Good Fear Prod., USA 1997; 85 Min.
UA: 11.8.1997, Locarno Film Festival
Verleih: Scotia/-/Frenetic; Januar 1998

Die Journalistin Dorine verliert zusammen mit weiteren Angestellten ihren Arbeitsplatz und muß neu von zu Hause aus arbeiten. Ihr freier Status macht ihr zu schaffen. Sie beginnt, der Reihe nach ihre ehemaligen Mitarbeiter umzubringen und ihre Leichen bei sich zu Hause im Keller wie in einer Puppenstube auszustellen. Dilettantisch gemachter Horrorfilm, der einzig im Zusammenhang mit dem fotographischen Werk Cindy Shermans von Interesse sein kann. *Zoom, 1/98*

Vera Graaf in: SZ, 10.12.97

Ohne Gewissen 703

THIS WORLD, THEN THE FIREWORKS ***

Video

Regie: Michael Oblowitz
Darsteller: Billy Zane (Marty Lakewood), Gina Gershon (Carol), Sheryl Lee (Lois Archer), Rue McClanahan (Mom), Seymour Cassel (Detectiv Harris), Will Patlon (Lt. Morgan)
Drehbuch: Larry Gross, nach der gleichnamigen Kurzgeschichte von Jim Thompson
Kamera: Tom Priestley Jr. (Farbe)
Musik: Pete Rugolo
Schnitt: Emma E. Hickox
Prod.-Des.: Maia Javan
Prod.: Chris Hanley, Brad Wyman, Larry Gross für Largo Entertainment, USA 1997; 102 Min.
EA: Filmfest München 1997
Vertrieb: Warner Home Video; März 1998
FSK: ab 18 J., gekürzte Fassung 91 Min.; ab 16 J.

Stilunsicherer Psychothriller um ein inzestuös verbundenes Zwillingspärchen, mit Kindheitstrauma und amoralischen Racheambitionen. Hübsch verfilmt, nett gespielt, kippt das Ganze leider schnell in einen ermüdenden Leerlauf der Brutalismen ab.

Gina Gershon und Billy Zane

O. K. Garage – Die Masche mit den Autos 704

O.K. GARAGE ***

TV

Regie: Brandon Cole
Darsteller: Lili Taylor (Rachel), Will Patton (Sean Wiggins), John Turturro (Johnny Candellano), Joe Maher (Mr. Lilly), John Spencer (Bill Gunter), Gemma Jones (Mrs. Wiggins)
Drehbuch: Brandon Cole
Kamera: Rob Sweeney (Farbe)
Musik: Evan Lurie
Schnitt: Suzanne Pillsbury
Prod.: Keith Rotman, USA/BRD 1996; 85 Min.
TV: 7.5.1998, Premiere, 22.10

Zu hohe Autowerkstatt-Rechnung löst umfangreiche Nachforschungen aus.

Ombres 705

OMBRES ***

Regie: Edna Politi
Darsteller: Mitwirkende: Heinz Holliger, Thomas Zehetmair
Drehbuch: Edna Politi, Philippe Albéra
Kamera: Axel Brandt, Denis Jutzeler (Farbe)
Musik: Heinz Holliger
Schnitt: Edna Politi, Elizabeth Waelchli
Prod.: Edna Politi/Contrechamps, Schweiz 1997; 135 Min.
Verleih: -/-/Eigenverleih; Juni 1998

Der Musikfilm zeigt Probenarbeit und integrale Uraufführung von Heinz Holligers Komposition »Concerto pour violon – hommage à Louis Soutter«. Er verbindet ein Porträt Holligers, eine Annäherung an das bildnerische Werk des Musikers und Malers Louis Soutter (1871–1942) sowie intensive Einblicke in die Transformation eines Musikstücks von der Komposition zum Konzert zu einem stimmigen und gleichzeitig offenen Dokument, da vor allem durch sensible Interviews und eine geschickte Montage überzeugt.

Zoom, 11/98

On the border 706

ON THE BORDER **
Video

Regie: Bob Misiorowski
Darsteller: Casper van Dien, Bryan Brown, Bentley Mitchum, Camilla Overbye Roos, Daniel Baldwin
Drehbuch: Josh Olsen, nach einer Story von Josh Olsen und Christopher Harwood
Kamera: Larry Sher (Farbe)
Schnitt: Alain Jakubowicz
Prod.-Des.: Don Day
Prod.: Christopher Webster, Rodney Montague für Nu Image/Millennium Films, USA 1997; 99 Min.
Vertrieb: VPS Video; 20.10.1998
FSK: ab 16 J.

Mehrere Gaunergespanne wollen Mafia-Millionen mopsen. Semiprominent besetztes Thrillerchen, das sein Heil in erotischen Intermezzi sucht.

Operation Delta Force II 707

OPERATION DELTA FORCE II: MAYDAY **
Video

Regie: Yossi Wein
Darsteller: Michael McGrady (Captain Skip Long), Simon Jones (Vickers), Robert Patteri (McKinney), Todd Jensen (Lombardi), Spencer Rochfort (Hutch), Gavin Hood (Sparks), J. Kenneth Campbell (Lukosh), Dale Dye (Captain Halsey Long)
Drehbuch: David Sparling, nach einer Story von Danny Lerner
Prod.: Nu Image, USA 1997; 104 Min.
Vertrieb: VPS Video; Sept. 1998
FSK: ab 18 J.

US-Bürger werden auf Passagierschiff im Eismeer von russischen Putschisten überfallen. Laut lärmender und absolut hohler TV-Actionfilm.

Operation Delta Force III 708

OPERATION DELTA FORCE III: CLEAR TARGET **
Video

Regie: Mark Roper
Darsteller: Jim Fitzpatrick, Greg Collins, Darcy LaPier
Prod.: Nu Image, USA 1997; 90 Min.
Vertrieb: VPS Video; Nov. 1998
FSK: ab 18 J.

Von Satellitensystem bedrohte Drogenbarone hacken sich ins Computernetzwerk des Gegners ein.

Operation Noah 709

***
TV

Regie: Achim Bornhak
Darsteller: Uwe Ochsenknecht (Kommissar Taller), Jörg Schüttauf (Jan Brand), Stephanie Philipp (Lucky Benson), Lutz Herkenrath (Noah), Walter Gontermann (Klaus Dronte), Volkmar Kleinert (Peter Kerz), Radek Skvor (Erik), Marek Wlodarczyk (Torben)
Drehbuch: Horst Freund
Kamera: Antonio Paladino (Farbe)
Musik: Ulrich Reuter
Schnitt: Jens Klueber
Prod.-Des.: Gerald Damovsky
Prod.: Dirk Scharrer, Werner Possardt für Novamedia, BRD 1998; 94 Min.
UA: Filmfest München 1998
TV: 18.10.1998, Pro7, 20.15

Sprengstoffattentat mit Bundeskanzler-Erpressung auf der Nordsee-Bohrinsel: Viel Öko-Moral, Explosions-Chaos und Bombenentschärfer-Nervenkitzel, garniert mit Polit-Satire. Der Thriller ist etwas wirr, aber nicht ohne Logik (Rache des Alternativ-Forschers, dem die Strom-Lobby einst den Geldhahn abgedreht hat). *Ponkie, AZ, 20.10.98*

Opernball 710

***
TV

Regie: Urs Egger
Darsteller: Heiner Lauterbach (Kurt Frazer), Franka Potente (Gabrielle), Caroline Goodall

Wolfgang Kleinert, Uwe Ochsenknecht und Walter Gontermann in ›Operation Noah‹

(Heather Frazer), Gudrun Landgrebe (Claudia Röhler), Richard Bohringer (Rebouisson), Walter Schmidinger (Justizrat Leitner), Tonio Anrango (Joe), Frank Giering (Ingenieur)
Drehbuch: Gundula Leni Ohngemach, nach dem gleichn. Roman von Josef Haslinger
Kamera: Lukas Strebel (Farbe)
Musik: Dominic Roth
Schnitt: Hans Funk
Prod.-Des.: Peter Manhardt
Prod.: Bernd Eichinger, Martin Moszkowicz; Michael Wolkenstein für Constantin/ Satel Prod., BRD 1997;
2 x 90 Min.
TV: 15./16.3.1998, SaT.1, 20.15

Film ist nicht Buch – also wollen wir hier gar nicht Wort gegen Bild ausspielen. Doch selbst das hochkarätige Thriller-Konzentrat, das die Drehbuchautorin Gundula Leni Ohngemach aus Josef Haslingers gesellschaftspolitisch brisantem, satirischem Wien-Roman herausgefiltert hat, reichte dann eben nur für den groben Schocker, nicht für die »Opernball«-Parabel. (...)
Höhepunkte der politischen Drahtzieher-Story sind Frazers Dialoge mit dem Justizrat Leitner: eine perfide Jovialtype von Walter Schmidinger. Andere Details bleiben blaß (Trauer-Smalltalk mit Opernballgast Gudrun Landgrebe; Ehrgeiz-Smalltalk mit Jungreporterin Franka Potente).
Der Film, der wie ein Spionagereißer endet (die neue Gestapo wird ausgetrickst), sorgt für Unterhaltungsgrusel. Unter die Haut geht er nicht.

Ponkie, AZ, 17.3.1998

Mechthild Zschau in: SZ, 18.3.98

Ort der Wahrheit 711

TRUTH OR CONSEQUENCES, N. M. ***

Regie: Kiefer Sutherland
Darsteller: Vincent Gallo (Raymond Lembecke), Mykelti Williamson (Marcus Weans), Kiefer Sutherland (Curtis Freley), Kevin Pollak (Gordon Jacobson), Kim Dickens (Addy Monroe), Grace Phillips (Donna Moreland), Rick Rossovich (Frank Thompson), John C. McGinley (Eddie Grillo)
Drehbuch: Brad Mirman
Kamera: Ric Waite (Technicolor)
Musik: Jude Cole
Schnitt: Lawrence Jordan
Prod.-Des.: Anne Stuhler
Prod.: J. Paul Higgins, Kevin J. Messick, Hilary Wayne für Triumph Films, USA 1997;
106 Min.
UA: 23.4.1997, New York

EA: Int. Hofer Filmtage 1998
Verleih: Columbia TriStar/-/Columbia TriStar Video; 5.11.1998 – *FSK:* ab 18 J., ffr.

Mit seinen Kumpels Curtis und Marcus überfällt Ray den Drogendealer, für den er im Knast gesessen hatte. Alles geht natürlich schief: Curtis, ein nervöser Rock'n'Roller Mitte 30, der sich für PSI-Phänomene begeistert, erschießt den Drogenhändler und dessen Hofschranzen. Auf der Flucht Richtung Mexiko nimmt man noch ein unbedarftes Pärchen als Geisel. Daß die Gangster keine Chance haben werden, ist von vornherein klar. Nicht nur die Polizei, sondern auch ziemlich toughe Mafiosi jagen am Ende die Jungs, die einem irgendwie doch ans Herz gewachsen sind. Actionreicher Gangsterfilm, bei dem einem nie langweilig wird. Nicht mehr und nicht weniger.
Daniel Kothenschulte, tip, 23/98

Nach zwei Jahren Knast will Raymond Lembecke mit seiner Freundin ein neues Leben beginnen. Der letzte Coup zur Aufbesserung der Finanzen mit ein paar Freunden schlägt fehl. Bald wird die Gruppe von Polizei und Mafia gejagt. Es kommt zum blutigen Show-Down.
Kiefer Sutherland, der auch einen durchgedrehten Gangster spielt, entwickelt in seinem Debütfilm eine völlig unlogische Krimigeschichte mit wild agierenden Personen und einer Prise Moral. Die Spannung hält sich in Grenzen. *Margret Köhler*

Kiefer Sutherland in ›Ort der Wahrheit‹

Lars-Olav Beier in: FAZ, 7.11.98; Andreas Conrad in: Der Tagesspiegel, 5.11.98; Rupert Koppold in: Rheinische Post, 6.11.98

Ein Ort namens Chiapas 712
A PLACE CALLED CHIAPAS ***

Regie: Nettie Wild
Drehbuch: Nettie Wild, Manfred Becker
Kamera: Kirk Tougas, Nettie Wild (Farbe)
Musik: Joseph Pepe Danza, Salvador Ferreras
Schnitt: Manfred Becker
Prod.: Nettie Wild, Betsy Carson, Kirk Tougas für Canada Wild mit Canadian Broadcasting/Telefilm Canada, Kanada 1998; 90 Min.
EA: 20.2.1998, Int. Forum des Jungen Films, Berlin
Verleih: Freunde/-/-; 7.5.1998

Nettie Wild dokumentiert den Befreiungskampf der Zapatisten in Mexiko. In der Region Chiapas führt sie Gespräche mit Campesinas und Großgrundbesitzern, Zapatisten, Priestern und Paramilitärs. Eine Mischung aus Reportage und Hintergrundfeature, politisch engagiert, handwerklich versiert und schlüssig präsentiert. Leider vertraut die Regisseurin Nettie Wild nur selten der Ausdrucksstärke der Situation. *Bettina Brenne, tip, 10/98*

Oscar und Lucinda 713
OSCAR AND LUCINDA **

Regie: Gillian Armstrong
Darsteller: Ralph Fiennes (Oscar Hopkins), Cate Blanchett (Lucinda Leplastrier), Ciaran Hinds (Rev. Dennis Hasset), Tom Wilkinson (Hugh Stratton), Richard Roxburgh (Mr. Jeffris), Clive Russell (Theophilus), Billy Brown (Percy Smith), Josephine Byrnes (Miriam Chadwick)
Drehbuch: Laura Jones, nach einem Roman von Peter Carey
Kamera: Geoffrey Simpson, Russell Boyd (Atlab)
Musik: Thomas Newman
Schnitt: Nicholas Beauman
Prod.-Des.: Luciana Arrighi

Cate Blanchett und Ralph Fiennes

Prod.: Robin Dalton, Timothy White für Dalton Films Prod. mit Meridian Films, USA 1997; 132 Min.
Verleih: 20th Century Fox/-/-/Fox Video; 25.6.1998
FSK: ab 6, ffr.
FBW: Besonders wertvoll

(...) Aber das größte Manko dieser Romanze ist, daß man ebendiese Romanze nie richtig zu spüren bekommt. Ralph Fiennes als schüchterner Unruhegeist mit Hosenträgern und Cate Blanchett als spröde Unternehmerin in Pumphose mühen sich zwar redlich, uns die Zuneigung der Hauptfiguren vor Augen zu führen, doch der Funke will nicht recht überspringen. Denn die zaudernde und dadurch mitunter zähe Handlung legt ihnen und damit auch dem Betrachter immer wieder Steine in den Weg. *Albert Baer, Rheinische Post, 26.6.98*

Eberhard von Elterlein in: Die Welt, 25.6.98; Fritz Göttler in: SZ, 27.6.98; Frauke Hanck in: AZ, 25.6.98; Thomas Klingenmaier in: Stgt. Zeitung, 25.6.98; Gerhard Midding in: Kölner Stadt-Anzeiger, 27.6.98

Oskar und Jack 714

***

Regie: Frauke Sandig
Prod.: BRD 1998

Dokumentarfilm, der die Schicksalslinien des deutsch-jüdischen Zwillingspaares Oskar und Jack nachzeichnet. Als Kinder einer deutschen Mutter und eines jüdischen Vaters kamen sie 1933 in Trinidad zur Welt, wuchsen getrennt unter völlig verschiedenen politischen Vorzeichen auf: Oskar wird in Deutschland zum begeisterten Hitlerjungen, Jack bleibt beim Vater in der Karibik, geht später als Zionist nach Israel. Ein Film über die aberwitzigen Zusammenhänge zwischen Weltgeschichte und Individuum. *tip, 21/98*

Christina Tilmann in: Der Tagesspiegel, 1.10.98

Out of Control – Gefährliche Begierde 715

SINS OF THE MIND ***
Video

Regie: James Frawley
Darsteller: Missy Crider (Michaelle), Jill Clayburgh (Michelle Widener), Louise Fletcher (Dr. Anna Bingham), Chris Conrad (Peter), Kenneth Johnson (Anders), David Grant Wright (Bob Richter), Jason Sutliff (Andy), Douglas Rowe (Dr. Kessler)
Drehbuch: Sharon Elizabeth Doyle
Kamera: Billy Dickson (Farbe)
Musik: David Bergeaud
Schnitt: Chip Masamitsu
Prod.-Des.: Ross Silverman
Prod.: Chip Masamitsu für USA Pic. mit Paramount Pic., USA 1997; 89 Min.
Vertrieb: CIC Video; Jan. 1998
FSK: ab 16 J.

Michelle kann nach einem Unfall nicht resozialisiert werden, ihr Verlangen nach Sex wird durch ein Hirntrauma unkontrollierbar. Um Seriosität bemühter, der Sentimentalität verhafteter TV-Film mit soliden Darstellern.

Out of sight 716

OUT OF SIGHT ****

Regie: Steven Soderbergh
Darsteller: George Clooney (Jack Foley), Jennifer Lopez (Karen Sisco), Ving Rhames

(Buddy Bragg), Don Cheadle (Maurice Miller/ Snoopy), Dennis Farina (Marshall Sisco), Albert Brooks (Richard Ripley), Steve Zahn (Glenn Michaels), Luis Guzman (Chino)
Drehbuch: Scott Frank, nach dem gleichn. Roman von Elmore Leonard
Kamera: Elliot Davis (Deluxe)
Musik: David Holmes
Schnitt: Anne V. Coates
Prod.-Des.: Gary Frutkoff
Prod.: Danny DeVito, Michael Shamberg, Stacy Sher für Jersey Film, USA 1998; 123 Min.
Verleih: UIP/UIP/UIP/CIC VIdeo; 17.9.98
FSK: ab 12 J., ffr., – *FBW:* Wertvoll

Die Affäre zwischen Jack und Karen beginnt im Kofferraum eines Fluchtautos. Doch die vielversprechende Begegnung hat keine Zukunft: Jack ist ein notorischer Verbrecher, Karen eine ebenso notorische Gesetzeshüterin. Ganz entspannt macht uns Regisseur Steven Soderbergh in dieser Elmore-Leonard-Verfilmung mit seinen Helden bekannt – mit dem charmanten Bankräuber, der toughen Polizistin oder dem zugedröhnten Autodieb. Und dann ist da noch der geplante große Coup. Leider. Denn hier gibt »Out of Sight« seinen lakonischen Blick auf die Unterwelt auf zugunsten einer konventionellen Kriminalhandlung. *Volker Gunske, tip, 20/98*

Aber Leonard und Soderbergh schlagen den Publikumserwartungen noch mehrere Schnippchen. So intelligent und elegant hat man sich schon lange nicht mehr unterhalten im Kino.

Frauke Hanck, AZ, 17.9.98

George Clooney

(...) Läßt man die Bestseller-Garanten Crichton, Grisham und King mal außen vor, ist kein Schriftsteller in Hollywood derzeit so gefragt wie Leonard. Das war schon mal anders. »Vor »Schnappt Shorty« wollte eigentlich niemand mehr an Elmores Bücher ran«, sagt Danny De Vito, dessen Produktionsfirma Jersey Films sowohl für »Schnappt Shorty« als auch für »Out of Sight« verantwortlich zeichnet.
Inzwischen kaufte jedoch der Independent-Riese Miramax für Quentin Tarantino die Filmrechte zu gleich vier Romanen. Fünf weitere Bücher des 72jährigen sind derzeit bei verschiedenen Studios in Entwicklung. Aus seinem aktuellen Bestseller »Cuba Libre« fabrizierten die Coen-Brüder (»Fargo«) gerade ein Drehbuch. »Von 35 Romanen, die ich geschrieben habe, sind 32 in Hollywood gelandet«, erzählt der Autor, »entweder sind sie noch in Entwicklung oder bereits als Filme adaptiert.«
Geändert haben sich in den letzten 30 Jahren vor allem die Honorare. 10.000 Dollar bekam er für die Filmrechte von »Hombre«. »Out of Sight« brachte Leonard nun 2,5 Millionen. »Wenn Schauspieler heute 20 Millionen kriegen«, kommentiert er, »dann geht eben auch die Rate für die Autoren nach oben.«
Er selbst will mit der eigentlichen Skript-Arbeit nichts zu tun haben. »Ich liebe das Kino, aber die Drehbuch-Form macht mich krank. Und die Art, wie heute Skripts immer wieder umgeschrieben werden, das brauche ich nicht. Da hast du es dann mit Leuten zu tun, die Beverly Hills seit 20 Jahren nicht verlassen haben und dir erzählen wollen, wie Menschen wirklich reden.«

Holger Hoetzel, Focus, 14.9.98

Hollywood hat mit Leonard – abgesehen von »Get Shorty« und Quentin Ta-

Jennifer Lopez

rantinos »Jackie Brown« – nur schlechte Erfahrungen gemacht. Aber der Fehler war meist schlampige Routine: Meistens nehmen Studios von Bestsellern nur die Inhaltsangabe und werfen die Eigenheiten hinaus. Wen würde das Spiel Bankräuber-verliebt-sich-in-Polizistin interessieren, wenn die Figuren nicht etwas Besonderes hätten? In unserem Fall denkt sich das vor allem der Drehbuchautor Scott Frank, von dem Leonard selbst meint, er könne seine lakonischen Dialoge weiterschreiben wie kein anderer.

Ist der Erfolgsdruck sehr hoch?

Es hängt ganz davon ab, wie man damit umgeht. Meine Großmutter Rosemary Clooney, die Anfang der Fünfziger als Sängerin ein Superstar war, verschwand 1955 plötzlich aus den Charts. Das bedeutete nun aber keineswegs, daß sie als Künstlerin auch nur um einen Deut schlechter war – auch wenn man ihr das mit Erfolg weisgemacht hat. Meinem Vater, der ein bekannter TV-Moderator war, ging es ähnlich. Solche Lektionen habe ich beherzigt. Ich bin sehr froh, wenn ich Filme machen kann, die ich selbst am liebsten sehen möchte.

Sie haben zuletzt bei einem sagenumwobenen Projekt mitgearbeitet – Terrence Malicks Adaption von James Jones' »The Thin Red Line« ...

Ja, Malick hat bekanntlich seit gut 20 Jahren keinen Film mehr gemacht, und als ich von der Sache hörte, habe ich sofort bei ihm angerufen: »Badlands« ist einer meiner Lieblingsfilme. Ja, und er hat sich wirklich mit mir getroffen, und da sagte ich: »Mister, ich würde sogar als Kabelträger arbeiten, wenn Sie mich nur aufs Set lassen.« Letztlich erhielt ich eine kleine Nebenrolle, so wie John Travolta und ein paar andere Fans. Auf so etwas bin ich stolz.

George Clooney im Gespräch mit Claus Philipp, Der Standard, 18.9.98

Michael Althen in: SZ, 17.9.98; Heiko R. Blum in: Rheinische Post, 18.9.98; Gunter Göckenjahn in: tip, 20/98 (Interview E. Leonard); Carla Rhode in: Der Tagesspiegel, 17.9.98; Dorothee Schöpfer in: Stgt. Zeitung, 17.9.98; Christian Seebaum in: Kölner Stadt-Anzeiger, 19.9.98

Das Paar des Jahres 717

**

TV

Regie: Olaf Kreinsen
Darsteller: Ellen ten Damme (Lisa), Markus Knüfken (Tom), Markus Majowski (Jerry), Kerstin Drager (Cordula), Josef Ostendorf (David)
Drehbuch: Olaf Kreinsen
Kamera: Klaus Merkel (Farbe)
Musik: Jens Fischer, Wildflowers, Ellen ten Damme
Schnitt: Daniela Wellach
Prod.-Des.: Börries Hahn-Hoffmann
Prod.: Kirsten Ellerbrake für Objektiv-Film, BRD 1997; 87 Min.
TV: 9.11.1998, ZDF, 20.15

Liebe auf den ersten Blick für die Yogalehrerin Lisa und den fallschirmspringenden Werbe-Kreativmanager Tom.

Der Pakt – Wenn Kinder töten 718

**

Video

Regie: Miguel Alexandre
Darsteller: Daniel Brühl (Nikolas Koll), Marlene Meyer-Dunker (Eva Kirsch), Martin Krassnitzer (Dieter Koll), Susanne Victoria Czepl (Karin Kirsch), Herrmann Toelke (Rolf), Heike Falkenberg (Sigrid Schneider), Werner Eichhorn (Heinrich Valentin), Karl Knaup
Drehbuch: Ben Taylor
Kamera: Brendan Galvin (Farbe)
Musik: Dominic Roth
Schnitt: Eva Schnare
Prod.: Dirk R. Düwel, Studio Hamburg für SAT.1, BRD 1996; 98 Min.
TV: 10.2.1998, Sat.1, 20.15; Sept. 1998

Mißbrauchter Junge und mißhandeltes Mädchen planen »kreuzweise« die Beseitigung ihrer Peiniger. Hitchcocks »Der Fremde im Zug« auf Pennäler-, d. h. SAT.1-Level: simpel, spekulativ, aber TV-Quoten-produktiv.

Die beiden Jugendlichen Nikolas und Eva haben ein furchtbares Geheimnis: Nikolas wird von seinem Vater sexuell mißbraucht, und Eva muß ständig befürchten, von ihrer Mutter oder deren neuem Liebhaber zu Tode geprügelt zu werden. Sie fassen einen teuflischen Plan … *Pressetext*

Palmetto 719

***

Regie: Volker Schlöndorff
Darsteller: Woody Harrelson (Harry Barber), Elisabeth Shue (Rhea Malroux), Gina Gershon (Nina), Chloe Sevigny (Odette Malroux), Michael Rapaport (Donnelly), Rolf Hoppe (Felix Malroux), Tom Wright (John Renick)
Drehbuch: E. Max Frye, nach dem Roman »Just Another Sucker/Dumme sterben nicht aus« von James Hadley Chase
Kamera: Thomas Kloss (Technicolor)
Musik: Klaus Doldinger
Schnitt: Peter Przygodda
Prod.-Des.: Claire Jenora Bowin
Prod.: Matthias Wendlandt für Rialto/Castle Rock Ent., BRD 1998; 114 Min.
UA: 20.2.1998, New York
Verleih: Tobis/Constantin//Columbia TriStar Video; 2.4.1998
FSK: ab 16 J., ffr. – *FBW:* Wertvoll

Harry, ein gerade aus dem Gefängnis entlassener Journalist, wird von zwei Frauen überredet, durch eine fingierte Erpressung auf bequem-schnellem Weg dringend benötigtes Geld zu ergaunern. Der Plan scheint verführerisch einfach, doch schon bald merkt Harry, daß er als Mittelpunkt eines tödlichen Komplotts bloß benutzt wird. In beabsichtigter Anleihe an den Film noir der sechziger Jahre modelliert Schlöndorff aus deren Versatzstücken nichts essentiell Neues, sondern überträgt das bekannte Handlungsschema in eine videoclipartige Filmästhetik. Dadurch verliert der Film jegliche – dem Genre eigene – spannend-dunkle Charakteristik und verfehlt bei weitem die Intention einer Hommage. *multimedia*

Ein liebgewordener Kinotopos: die femme fatale und der Mann, der ihr verfällt. Mit einer gegen den Strich besetzten Elisabeth Shue und Woody Harrelson als williges Opfer und Pechvogel bietet der Film schauspielerisch die besten Voraussetzungen, die klassische Geschichte um eine ironische Variante zu bereichern. Das gelingt ihm jedoch nur in wenigen Szenen, die meiste Zeit wirkt er blutleer und schematisch.

Frank Arnold, tip, 8/98

(…) Das künstlerische Honorar für die prominenten Schauspieler mag darin bestanden haben, daß sie sich hemmungslos produzieren konnten. Im Fall von Elisabeth Shue mit geradezu peinigendem Ergebnis; Gina Gershon als Woodys Bilderhauer-Freundin hat den ersten nichtssagenden Auftritt ihrer Karriere, Chloe Sevigny (»Kids«) wurde falsch geführt und Rolf Hoppe macht aus dem reichen Patriarchen à la »Big Sleep« eine Knallcharge. Woody Harrelson allein hat Schlöndorffs Abenteuer-Urlaub überlebt. Da müssen wohl schon andere kommen, um ihn auf den Boden zu zwingen.

Brigitte Desalm, Kölner Stadt-Anzeiger, 4.4.98

Heiko R. Blum in: Rheinische Post, 3.4.98; Thomas Klingenmaier in: Stgt. Zeitung, 27.3.98 und 2.4.98; Heike Kühn in: FR, 4.4.98; Hans-Joachim Neumann in: Zitty, 7/98; H.G. Pflaum in: SZ, 2.4.98; Thilo Wydra in: Die Welt, 1.4.98

Volker Schlöndorff und Woody Harrelson

Paradies mit kleinen Fehlern 720

THE LOTUS EATERS ***

TV

Regie: Paul Shapiro
Darsteller: Sheila McCarthy (Diana Kingswood), Aloka McLean (Zoe Kingswood), Tara Frederick (Cleo Kingswood), Frances Hyland (Flora Kingswood), Paul Soles (Tobias Spittle), Michèle-Barbara Pelletier (Anne-Marie Andrews), R.H. Thomson (Hal Kingswood)
Drehbuch: Peggy Thompson
Kamera: Thomas Burstyn (Farbe)
Prod.: Kanada 1993; 97 Min.
TV: 19.4., ZDF, 15.30; 17.9.1998, 3sat, 20.15

Der Schulleiter Hal Kingswood lebt 1964 mit seiner Frau und zwei Töchtern auf einer kleinen Insel vor der Küste von British Columbia. Die Familienidylle zerbricht, als die 16jährige Cleo schwanger wird und die 10jährigen Zoe die Liebesaffäre ihres Vaters mit ihrer neuen Lehrerin entdeckt.

Paranormal 721

***

Regie: Gerda Lampalzer, Manfred Oppermann
Drehbuch: Gerda Lampalzer, Manfred Oppermann
Kamera: Manfred Neuwirth, Manfred Oppermann, Gerda Lampalzer
Musik: Heinz Leonhardsberger
Schnitt: Manfred Neuwirth
Prod.: Loop TV-Video-Film, Österreich 1997; 50 Min.
Verleih: -/filmladen/-; April 1998

Die beiden Filmkünstler dokumentieren in diesem Film ihre Erkundungsreise in den Bereich der Stimmenforscher und jener Menschen, die sich mit paranormalen Phänomenen beschäftigen. Ohne Partei zu ergreifen, lassen sie Experten zu Wort und Bild kommen, zeigen die Ergebnislosigkeit ihrer eigenen Bemühungen und verweisen auf die Grenzen der Abbildungs- und Transformationsfunktion der Medien Ton und Bild. Interessant durch seinen Ansatz einer Dokumentation subjektiver Erfahrungen. *multimedia*

Paulie 722
PAULIE – A PARROT'S TALE ***

Regie: John Roberts
Darsteller: Gena Rowlands (Ivy), Tony Shalhoub (Mischa), Cheech Marin (Ignacio), Bruce Davison (Dr. Reingold), Jay Mohr (Stimme von Paulie/Benny), Trini Alvarado (Marie), Buddy Hackett (Artie), Hallie Kate Eisenberg (Marie als Kind)
Drehbuch: Laurie Craig
Kamera: Tony Pierce-Roberts (Technicolor)
Musik: John Debney
Schnitt: Bruce Cannon
Prod.-Des.: Dennis Washington
Prod.: Mark Gordon, Gary Levinsohn, Allison Lyon Segan für Mutual Film, USA 1998;
91 Min.
Verleih: UIP/UIP/UIP/CIC Video; 23.7.1998
FSK: o. A., ffr.
FBW: Wertvoll

Ein Papagei fristet im Keller eines Instituts für Verhaltensforschung sein Dasein und erzählt einem Gebäudereiniger seine bewegte Lebensgeschichte. Dies veranlaßt den Mann dazu, das Tier zu seiner ersten Besitzerin zurückzubringen: einem vor Jahren stotternden Mädchen, das mit ihm sprechen lernte. Ein gefühlvoller Kinderfilm ohne übertriebene Effekthascherei, dessen ausgefeiltes Buch von überzeugenden Darstellern getragen wird. *Zoom, 9/98*

(…) Idee, Drehbuch und Umsetzung nehmen jedoch keine eindeutige Zielgruppe in den Blick: Kleinkindern ist das Sprachphänomen nicht zugänglich, älteren Kindern die Erzählung zu sentimental, auch wenn die Spannungsbögen ihre sind, Jugendlichen ist die Weltsicht zu märchenhaft, und Erwachsenen … *multimedia*

(…) Angenehmer Kinderfilm, bei dem sich Erwachsene nicht langweilen müssen. Die übliche Geschichte von der archaischen Affinität zwischen Kindern und Tieren ist hier zugleich witziger Diskurs über Sprache und Spracherwerb. *Claus Leweke, tip, 16/98*

Heiko R. Blum in: Rheinische Post, 24.7.98; Gerald Jung in: Zitty, 15/98; Lennart Paul in: Der Tagesspiegel, 24.7.98

Pecker 723
PECKER ***

Regie: John Waters
Darsteller: Edward Furlong (Pecker), Christina Ricci (Shelley), Martha Plimpton (Tina), Brendan Sexton III (Matt), Lili Taylor (Rorey), Mary Kay Place (Joyce), Mark Joy (Jimmy), Lauren Hulsey (Little Chrissy)
Drehbuch: John Waters
Kamera: Robert Stevens (Technicolor)
Musik: Stewart Copeland
Schnitt: Janice Hampton
Prod.-Des.: Vincent Peranio
Prod.: John Fiedler, Mark Tarlov für Polar Ent., USA 1998; 87 Min.
UA: Toronto Filmfestival 1998
Verleih: Concorde/dto./Rialto; 10.12.1998
FSK: ab 12 J., ffr.

Der Hobbyfotograf Pecker aus dem provinziellen Baltimore wird von einer New Yorker Galeristin entdeckt und macht Karriere in der schicken Kunstszene. Das führt zu Konfusionen in der Familie des Stars wider Willen. Flotte Chronik eines sympathischen Außenseiters im Strudel des Zeitgeistes. Waters gibt sich in Sachen Sex, Drugs and Rock'n'Roll ungewohnt brav, läßt seine typische radikale, ätzende Establishment-Kritik selten aufblitzen. Dennoch, eine unterhaltsame und intelligente Filmsatire mit Gastauftritten unter anderem von Cindy Sherman und Patty Hearst. *Zoom, 12/98*

Ist John Waters jemand, der vom Publikum geliebt werden möchte?

Ich wollte immer von meinem Publikum geliebt werden. Jeder will das. Speziell Menschen im Showbiz sind verdammt unsicher. Sie leben von einer Industrie, die vom Wohlwollen des Publikums, also von ihnen völlig fremden Leuten, abhängt.

1982 standen Sie in Berlin auf der Bühne des Kant-Kinos, um ihren damals neuen Geruchsfilm (in Odarama!) »Polyester« vorzustellen. Damals sagten Sie, es sei Ihre Mission, Ihren schlechten Geschmack wie ein cineastisches Krebsgeschwür über die Erde zu verbreiten. Haben Sie's geschafft?

Edward Furlong

Ich denke schon. Ich reise ständig um die Welt und stelle meine Filme und Bücher vor. Ich drehe keine Kassenknüller, aber überall laufen sie einigermaßen. Dieser Erfolg, auch speziell in Europa, macht meine Filme finanzierbar. Schlechter Geschmack ist international geworden. Ich muß meine Filme nicht mehr heimlich irgendwo im Wald drehen und kann alle Beteiligten bezahlen. *John Waters im Interview mit Jörg Buttgereit, tip, 26/98*

Haben Sie sich mit zunehmendem Alter verändert?

Der Geschmack, der Sinn für Humor haben sich sehr verändert. Wir befinden uns nicht mehr im Kulturkrieg wie in den späten 60er Jahren. Niemand begreift mehr diesen Humor, aus dem heraus »Pink Flamingos« 1972 entstanden ist und der zu meinem Markenzeichen geworden ist. Seitdem lebe ich in der Zeit danach – das ist, als hätte man ein Massenmörderkind: Ich fühle mich wie Charles Mansons Mutter.

John Waters im Interview mit Frauke Hanck, AZ, 10.12.98

Joseph Heinrichs in: Rheinische Post, 11.12.98; Thomas Klingenmaier in: Stuttgarter Zeitung, 10.12.98; Gerald Koll in: Die Welt, 10.12.98; Simone Mahrenholz in: Der Tagesspiegel, 10.12.98; Veronika Rall in: FR, 12.12.98

Pelym

724
****

Regie: Andrzej Klamt, Ulrich Rydzewski
Drehbuch: Andrzej Klamt
Kamera: Ulrich Rydzewski (Farbe)
Musik: Wladimir Korygin
Schnitt: Ulrich Rydzewski, Andrzej Klamt
Prod.: Ulrich Rydzewski, Andrzej Klamt für Halbtotal Filmprod./Ulrich Rydzewski Filmprod., BRD 1998;
115 Min.
UA: 20.2.1998, Int. Forum des Jungen Films; Münchner Dokumentarfilm-Festival 1998
Verleih: Halbtotal/-/-

Mit ihrem stillen Film über Pelym, eine Straflager-Region am Nordrand des Urals, in die seit vierhundert Jahren Missetäter und Mißliebige deportiert werden, zeichnen die Regisseure das Porträt eines Landes, das immer von Gewalt bestimmt war, und der Menschen, die es hervorgebracht hat. Kommentarlos sammeln sie Impressionen und lassen Häftlinge wie Anwohner zu Wort kommen, die das alte Urteil bestätigen, daß Rußland nur im Suff zu ertragen ist. *Jan Gympel, Zitty, 25/98*

Hans-Jörg Rother in: FAZ, 22.2.98

Percy & Thunder – Der Preis des Siegens

725
PERCY AND THUNDER
*
TV

Regie: Ivan Dixon
Darsteller: Mick E. Jones (Leatherhead), Ron Shipp (VFW Referee), James Earl Jones (Percy Banks), Courtney B. Vance (Wayne »Thunder« Carter), Mike Finneran (Promoter), Henry Darrow (Manuel Valencia), John Pleshette (Bill Slocum), Billy Dee Williams (Ralph Tate)
Drehbuch: Art Washington
Prod.: USA 1993; 86 Min.
TV: 26.7.1998, tm3, 20.15

Noch eine Boxergeschichte mit guten Kämpfern und bösen Manipulatoren.

Perdita Durango

726
PERDITA DURANGO
**

Regie: Alex de la Iglesia
Darsteller: Rosie Perez (Perdita Durango), Javier Bardem (Romeo Dolorosa), Aimee Graham (Estelle), Harlex Cross (Duane),

James Gandolfini (Woody Dumas), Screamin' Jay Hawkins (Adolfo), Don Stroud (Marcello »Mad Eyes« Santos), Carlos Bardem (Reggie)
Drehbuch: Barry Gifford, David Trueba, Jorge Guerricaechevarria, Alex de la Iglesia, nach dem Roman »59 Degrees and Raining: The Story of Perdita Durango« von Barry Gifford
Kamera: Flavio Martinez Labiano (Farbe)
Musik: Simon Boswell
Schnitt: Teresa Font
Prod.: Andrés Vicente Gómez für Andrés Vincente Gómez Prod. für Sogetel S.A./Lolafilms/Mirador/Canal+/Sogepac/Imcine, Spanien/Mexiko 1997; 128 Min.
EA: 29.6.1998, Filmfest München
Verleih: Advanced/filmladen/-; BMG (Universum) Video; 29.10.1998
FSK: ab 18, nffr.

Das Gangsterpärchen Perdita Durango und Romeo Dolorosa chauffieren für einen Großdealer einen Truck mit tiefgefrorenen Embryos von Mexiko nach Las Vegas. Auf dem Weg kidnappen sie zwei unbedarfte Teenager und nehmen sie auf ihren mit Sex und Crime erfüllten Trip mit. Das Epigonentum dieses Actionfilms im Kielwasser von »Pulp Fiction« und »Natural Born Killers« reduziert das Geschehen auf ein die Publikumsschaulust bedienendes Spektakel, an dem man sich schon deutlich vor dem Showdown sattgesehen hat.
multimedia

Der spanische Regisseur Alex de la Iglesia versucht in seinem dritten Film besonders unartig zu sein. Glücklicherweise hat er zwei tolle Hauptdarsteller, die sich immer am Rande zur Karikatur bewegen und den Film, trotz aller Exzesse, frisch und fröhlich halten. Sex, Gewalt und Easy Listening.
Jörg Buttgereit, tip, 23/98

(...) Vieles ist möglich – Alex de la Iglesia zeigt's. Daß die moralfreie Geschichte vom hemmungslos seine Triebe auslebenden Gangsterpärchen handwerklich perfekt in Szene gesetzt und schauspielerisch blendend (mit Rosie Perez und Javier Bardem in den Hauptrollen) dargeboten wird, macht das Ganze erst so richtig perfide.
Gerald Jung, Zitty, 17/98

Niemand behält das letzte Wort, nur weil er viel redet. Niemand erklärt Gewalt, nur weil er viel von ihr zeigt. Alex de la Iglesias Film »Perdita Durango« suhlt sich in Gewalt. Sie quillt bei jedem Schritt zwischen seinen Zehen hervor, dringt tief in seine Poren und überzieht ihn mit einem grauen, faulen Leder. Dieser Film stinkt. Nicht die Gewalt selbst ist widerlich, sondern das Vergnügen, mit der sie inszeniert wird – ohne Maß, ohne Ziel und daher ohne Berechtigung. (...) *FAZ, 30.10.98*

Fritz Göttler in: Kölner Stadtanzeiger, 1.11.98; Hans Schifferle in: SZ, 28.10.98; Karim Zendagui in: Rheinische Post, 30.10.98

Perfect Deal 727

MUSKETEERS FOREVER **

Video

Regie: Georges Chamchoum
Darsteller: Michael Dudikoff, Lee Majors, Sabine Karsenti
Prod.: USA 1998; 90 Min.
Vertrieb: Ascot Video; 27.11.1998
FSK: ab 18 J.

Vier Jugendfreunde wollen in der US-Provinz einen Nachtclub eröffnen – doch genau das will auch ein fieser Mafioso. Wenig ergiebiges Action-Machwerk.

Ein perfekter Mord 728

A PERFECT MURDER ***

Regie: Andrew Davis
Darsteller: Michael Douglas (Steven Taylor), Gwyneth Paltrow (Emily Bradford Taylor), Viggo Mortensen (David Shaw), David Suchet (Mohamed Karaman), Sarita Choudhury (Raquel Martinez), Constance Towers (Sandra Bradford), Michael P. Moran (Bobby Fain), Novella Nelson
Drehbuch: Patrick Smith Kelly, nach dem Theaterstück »Dial M For Murder« von Frederick Knott
Kamera: Dariusz Wolszki (Technicolor)
Musik: James Newton Howard
Schnitt: Dennis Virkler, Dov Hoenig
Prod.-Des.: Philip Rosenberg
Prod.: Arnold Kopelson, Anne Kopelson, Peter Macgregor-Scott, Chris Mankiewicz für Kopelson Ent., USA 1998; 107 Min.
UA: Int. Filmfestspiele Venedig 1998

Verleih: Warner Bros./dto./dto./Warner Home Video; 22.10.1998
FSK: ab 12 J., ffr. – *FBW:* Wertvoll

Von dem Remake eines Alfred-Hitchcock-Films erwartet man eigentlich wenig Gutes. Aber »Bei Anruf Mord« basierte auf einem Bühnenstück, und dessen Grundkonstellation versteht dieser Film für eine zeitgemäße Version über Ehebruch und mörderische Intrige zu nutzen. Nicht länger mehr ist die Ehefrau des verschuldeten Bankers (mit gewohnt bösartigem Charme: Michael Douglas) ein blondes Unschuldslamm à la Grace Kelly, genauso wie ihr Liebhaber nicht nur ein mittelloser Maler ist. Dank wiederholter Wendungen der Geschichte bleibt die Spannung bis zum Ende gewährt, auch wenn dies auf Kosten der Sympathien für die Figuren geht.

Frank Arnold, tip, 22/98

(...) Eines aber kann Geld nicht kaufen, nicht einmal in Hollywood: Inspiration. Das ist der Unterschied zwischen Original und Fälschung: Hitchcock war in einem engen Zimmer eben besser als Davis und Douglas in zehn 1000-Quadratmeter-Lofts.

Stefan Grissemann, Die Presse, 8.9.98

Alexander Bartl in: Stgt. Zeitung, 22.10.98; Brigitte Desalm in: Kölner Stadt-Anzeiger, 24.10.98; Joseph Heinrichs in: Rheinische Post, 23.10.98; Anke Sterneborg in: SZ, 23.10.98

Michael Douglas in ›Ein perfekter Mord‹

Der Pferdeflüsterer 729

THE HORSEWHISPERER ****

Regie: Robert Redford
Darsteller: Robert Redford (Tom Booker), Kristin Scott Thomas (Annie MacLean), Sam Neill (Robert MacLean), Dianne Wiest (Diane Booker), Scarlett Johansson (Grace MacLean), Chris Cooper (Frank Booker), Cherry Jones (Liz Hammond), Ty Hillman
Drehbuch: Eric Roth, Richard LaGravenese, nach dem gleichnamigen Roman von Nicholas Evans
Kamera: Robert Richardson (Technicolor)
Musik: Thomas Newman
Schnitt: Tom Rolf, Freeman Davies, Hank Corwin
Prod.-Des.: Jon Hutman
Prod.: Robert Redford, Patrick Markey für Wild Wood Ent. für Touchstone, USA 1998; 169 Min.
UA: 15.5.1998, N.Y.
EA: 4.7.1998, Filmfest München 1998
Verleih: Buena Vista/dto./dto./Buena Vista Video; 24.9.98
FSK: ab 6 J., ffr. – *FBW:* Besonders wertvoll

»Der Pferdeflüsterer« ist einer der seltenen Fälle, in denen es gelungen ist, eine (freilich mittelmäßige) literarische Vorlage bei der Adaption zu verbessern. Erzählt wird von einem Mädchen und ihrem Pferd, die beide nach einem schweren Unfall wieder im Leben Tritt fassen müssen, und die einer Karrierefrau, die sich in einen Cowboy verliebt und versucht, ihre Gefühle im Zaum zu halten. Leider schaffen es die Drehbuchautoren Eric Roth und Richard LaGravenese sowie Regisseur Redford nicht, die zwei Geschichten, die sie erzählen wollen, in eine Balance zu bringen. *Lars Olav Baier, tip, 20/98*

(...) Ein zu behäbig geratenes Melodrama in schönen Bildern, aber ohne wirklichen Tiefgang, bei dem eine klischeehafte Liebesgeschichte vom eigentlichen Kern der Geschichte ablenkt.

Zoom, 9/98

Kristin Scott Thomas und Robert Redford in ›Der Pferdeflüsterer‹

Man kann den neuen Film von Robert Redford als romantische Liebesgeschichte zwischen einem Cowboy und einer Großstadt-Intellektuellen in Marlboro Country sehen. Aber diese Kino-Adaption von Nicholas Evans' Roman, nach dem Richard LaGravenese ein sehr kinematographisches, in Bildern erzählendes Skript verfasste, hat mehr als die bloße Opulenz und große Emotion des ersten Blicks. Wer auf den heutigen Ballast klischeehafter Sehgewohnheiten verzichtet und sich ganz auf den Film einläßt, erlebt eine große Geschichte von der Sinnlichkeit des Seins. (…)

Robert Redford

So wird »Der Pferdeflüsterer« zum außerordentlichen Film, bei dem am Ende nicht nur Pferd und Reiterin das Trauma des schrecklichen Unfalls überwunden haben, sondern für Tom und Annie nichts mehr so sein wird wie zuvor. Redford macht deutlich, wie wohltuend ein respektvoller Umgang mit der Natur und den Menschen ist. So glaubt man, das persönliche ökologische und ethnische Engagement des Stars zu verstehen. Denn auch das ist nichts anderes als eine Liebesgeschichte.

Frauke Hanck, AZ, 23.9.98

Warum haben Sie sich bei »Der Pferdeflüsterer« gegen das kitschige Ende der Romanvorlage gewehrt?

Ich finde, daß der Schluß des ansonsten sehr guten Romans von Nicholas Evans etwas zu sehr ins Melodramatische abdriftet. Das halte ich für unnötig. Die Geschichte ist so reich an anderen Dingen. Außerdem wollte ich einen Film über Liebe und Verzicht machen, der gleichzeitig Emotionen und Intellekt anspricht. Es ist ziemlich gefährlich, mit der Liebe herumzuspielen. Die meisten Leute verschanzen sich in diesem Punkt hinter einer zynischen Haltung oder reduzieren Liebe auf Sex. Ich glaube, daß das mit ein Grund war, warum ich zum Beispiel die Beischlafszene, die am Anfang noch im Skript stand, schließlich gestrichen habe. Die erotische Spannung zwischen den beiden entsteht aus dem Gefühl heraus, aus Blicken, Gesten und beiläufigen Berührungen. Es hat mich viel mehr gereizt, das körperliche Verlangen in einem Tanz auszudrücken als in einer plumpen Bettaffäre. *Robert Redford im Interview mit Ulrich Lössl, Zitty, 20/98*

Joseph Heinrichs in: Rheinische Post, 25.9.98; Thomas Klingenmaier in: Stgt. Zeitung, 24.9.98; Daniel Kothenschulte in: Kölner Stadt-Anzeiger, 26.9.98; Mariam Lau in: SZ, 23.9.98; Carla Rhode in: Der Tagesspiegel, 24.9.98; Hans-Georg Rodek in: Die Welt, 23.9.98

Die phantastische Geisternacht 730

GRAVE SECRETS: THE LEGACY OF HILLTOP DRIVE **
TV

Regie: John D. Patterson
Darsteller: Patty Duke (Jean Williams), David Selby (Shag Williams), Kiersten Warren (Tina), Blake Clark (W.D. Marshall), Kelly Rowan (Gayla), Jonelle Allen (Madeline Garrick), David Soul (Sam Haney), Kimberly Cullum (Carli)
Drehbuch: Gregory Goodell
Kamera: Shelly Johnson (Farbe)
Musik: Patrick Williams
Schnitt: Edward M. Abroms
Prod.-Des.: Roy Alan Amaral
Prod.: Gregory Goodell (Supervising); Dennis Stuart Murphy (Line Prod.); Angela Bronstad (Ass.-Prod.) für Hearst Ent., USA 1992; 89 Min.
TV: 25.10.1998, RTL, 2.15

Geistermumpitz, nur weil die Häuslebauer nicht wußten, auf welchem Grund sie gebaut hatten.

The Phantom 731

THE PHANTOM **
Video

Regie: Simon Wincer
Darsteller: Billy Zane (Phantom/Kit Walker), Treat Williams (Xander Drax), Kristy Swanson (Diana Palmer), Catherine Zeta Jones (Sala), James Remar (Quill), Cary-Hiroyuki Tagawa (Kabai Sengh), Casey Siemaszko (Morgan), Samantha Eggar (Lilly Palmer)
Drehbuch: Jeffrey Boam, nach Charakteren von Lee Falk
Kamera: David Burr (Deluxe)
Musik: David Newman
Schnitt: O. Nicholas Brown
Prod.-Des.: Paul Peters
Prod.: Robert Evans, Alan Ladd jr. für Village Roadshow Prod., USA 1996; 100 Min.
Vertrieb: CIC Video; 16.10.1997
FSK: ab 12 J.

Comic-Verfilmung wie gehabt: Maskierter Unbekannter rettet immer dann die Welt, wenn sich böse Buben ihrer bemächtigen wollen. Alles drin: Action, Sex und ein paar Gags. Die ansprechende Gestaltung vermag nicht über die sterile, blutleere Atmosphäre hinwegzutäuschen.

Phantoms 732

PHANTOMS **

Regie: Joe Chappelle
Darsteller: Peter O'Toole (Timothy Flyte), Rose McGowan (Lisa Pailey), Joanna Going (Dr. Jennifer Pailey), Liev Schreiber (Deputy Stu Wargle), Ben Affleck (Sheriff Bryce Hammond), Clifton Powell (General Copperfield), Nicky Katt, Rick Otto
Drehbuch: Dean R. Koontz, nach dem gleichn. Roman von Dean Koontz
Kamera: Richard Clabaugh (Foto-Kem)
Musik: David C. Williams
Schnitt: Randolph K. Bricker
Prod.-Des.: Deborah Raymond
Prod.: Steve Lane, Bob Pringle, Joel Soisson, Michael Leahy für Neo Motion mit Raven House, USA 1998; 95 Min.
Verleih: Kinowelt/-/-/VCL Video; 6.8.1998
FSK: ab 16 J.

Wenn die renitente Lisa zu Beginn des Films jammert, im Kaff Snowfield sei's »actionmäßig weniger interessant als in L. A.«, dann ahnt nicht nur der versierte Horrorfan, daß die Gute bald mehr Action erleben wird, als ihr lieb ist. Mit großem Appetit hat ein unheimliches Wesen alle Bewohner des Dorfes verschlungen und nur unverdauliche Teile wie Knöpfe und Herzschrittmacher wieder ausgeschieden. Lisa, ihre Schwester Jennifer und Ben Affleck als schnuckeliger Sheriff Bryce Hammond versuchen in dieser öden Dean-Koontz-Verfilmung 96 Minuten lang verzweifelt, dem Ort des Grauens zu entkommen. Aber erst Peter O'Toole in einer peinlichen Altersrolle macht dem Biest den Garaus. *Annette Kilzer, tip, 17/98*

Gerald Jung in: Zitty, 16/98; Susan Vahabzadeh in: SZ, 10.8.98

Phoenix – Blutige Stadt 733

PHOENIX **

Video

Regie: Danny Cannon
Darsteller: Ray Liotta (Harry Collins), Anthony LaPaglia (Mike Henshaw), Anjelica Huston (Leila), Daniel Baldwin (James Nutter), Jeremy Piven (Fred Shuster), Tom Noonan (Chicago), Xander Berkely (Clyde Webber), Giancarlo Esposito (Louie)
Drehbuch: Eddie Richey
Kamera: James L. Carter (Farbe)
Musik: Craeme Revell
Schnitt: Zack Staenberg
Prod.-Des.: Charles Breen
Prod.: Victoria Nevinny, Tracie Graham; Ray Liotta, Candace Veach für Paradox/Lakeshore Ent., USA 1997; 103 Min.
UA: 14.5.1998, Filmfestspiele Cannes
Vertrieb: UMP Video; Okt. 1998
FSK: ab 18 J.

Spielsüchtiger Polizist mit jeder Menge Schulden plant den ultimativen Coup. Sattsam bekannte Genreabfälle zum x-ten Mal im Aufgußbeutel aufgebrüht – ein düsterer Aktionthriller voller Stereotypen.

PI – Die Polizistin 734

***

TV

Regie: Carolin Otto
Darsteller: Marie-Lou Sellem (Lilo Pleschinski), Andreas Herder (Fritz Merker), Klaus Grünberg (Werner Buckow), Barbara De Koy (Marion Dehner), Michael Sideris (Dieter Kron), Annekathrin Bürger (E. v. Scharffenberg), Wilfried W. Pucher (Direktor Golz), Stefan Ostertag (Heinz Gellert)
Drehbuch: Carolin Otto
Kamera: Jan Fehse (Farbe)
Musik: Andreas Hoge
Schnitt: Gudrun Steinbrück
Prod.-Des.: Uwe Riemer
Prod.: Frank Löprich, Katrin Schlösser für Ö-Filmprod. für ZDF, BRD 1997; 79 Min.
UA: Int. Hofer Filmtage 1997
TV: 3.2.1998, ZDF, 22.20

Lilo Pleschinski, 30, ist eine gute Polizistin, scharf, schnell, intelligent und ledig. Sie liebt ihre Arbeit beim Landeskriminalamt Berlin. Mit dem Auftrag, sich mit einem Informanten zu treffen, der Beweise für einen Korruptionsskandal im örtlichen Stahlwerk haben soll, wird Lilo nach Eisenhüttenstadt geschickt. Die Arbeit scheint zunächst Routine. Plötzlich wird sie mit ihrer Vergangenheit konfrontiert. Werner Buckow, Ende 50, jetziger Polizeichef von Eisenhüttenstadt, war vor Jahren in Westdeutschland ihr Ausbilder und ihre große Liebe. (...)

(...) Dabei werden die beiden Hauptchancen jedoch vertan: Zum einen verliert die Heldin ihre mühsam ertrotzte Selbständigkeit, zum andern sind ihre Widersacher nichts als Pappnasen. Weder der zerknitterte Hexenmeister, noch der frische Prinz geben mehr her als ein Klischee, und demzufolge büßt auch die junge Polizistin ihre beabsichtigten Facetten ein. (...)
Uta-Maria Heim, Der Tagesspiegel, 3.2.98

Pianese Nunzio, 14 Jahre im Mai 735

PIANESE NUNZIO, 14 ANNI A MAGGIO ***

Regie: Antonio Capuano
Darsteller: Fabrizio Bentivoglio (Pater Borrelli), Emanuele Gargiulo (Nunzio Pianese), Manuela Martinelli (Ada), Tonino Taiuti (Cuccarini), Rosaria de Cicco (Tante Rosaria), Pica Teresa Saponangelo, Nando Triola
Drehbuch: Antonio Capuano
Kamera: Antonio Baldoni (Farbe)
Musik: Umberto Guarino
Schnitt: Giogio Franchini
Prod.-Des.: Mario di Pace
Prod.: Gianni Minervini für A.M.A. Film/Istituto Luce/G.M.F mit Mediaset, Italien 1996;
114 Min.

›Pianese Nunzio, 14 Jahre im Mai‹

UA: 3.9.1996, Int. Filmfestspiele Venedig
EA: Filmfest München 1997
Verleih: MOP; 24.9.1998

Ein Politdrama über den aussichtslosen Kampf eines neapolitanischen Geistlichen gegen die übermächtige Camorra. Oder doch eher ein Psychogramm über die von Abhängigkeiten und Lust geprägte erotische Beziehung zwischen dem dreizehnjährigen Firmling Nunzio und einem Priester.

Vielleicht ist der Film auch eine Sozialkritik an den Lebensbedingungen in Süditalien: Armut, Drogen, Prostitution, Ausbeutung. Antonio Capuano kann sich für keine Geschichte entscheiden, setzt allerlei formalen Schnickschnack drauf und verspielt durch diese Unentschlossenheit die Komplexität seiner Themen. *tip, 20/98*

Emanuele Gargiulo und Fabrizio Bentivoglio

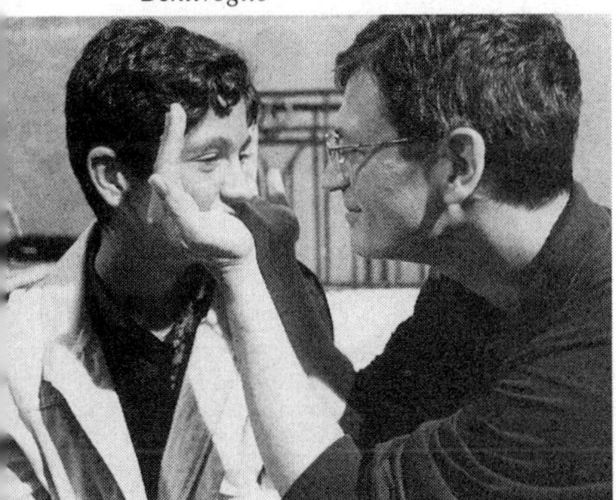

Der Pianist

736
***
TV

EL PIANISTA

Regie: Mario Gas
Darsteller: Jordi Molla (Lluis Doria 20), Pere Ponce (Albert Rossell 25-35), Paulina Galvez (Teresa 20-30), Laurent Terzieff (Lluis Doria, als alter Mann), Serge Reggiani (Albert Rossell, als alter Mann), Walter Vidarte
Drehbuch: Gustavo Hernandez, nach einer Novelle von Manuel Vazquez Montalban
Kamera: Tomas Pladevall (Farbe)
Musik: Carles Santos
Schnitt: Raul Roman
Prod.-Des.: Pep Olive
Prod.: Maria Luisa Passola für Nassa d'Or/Tornasol Films, Spanien 1998; 90 Min.
UA: 14.9.1998, Film Festival, Toronto
TV: 16.11.1998, arte, 22.45

Picado Fino 737
PICADO FINO ***

Regie: Esteban Sapir
Darsteller: Facundo Luengo (Thomas), Belén Blanco (Ana), Marcela Guerty (Alma), Fanny Robman (Abuela)
Drehbuch: Esteban Sapir
Kamera: Esteban Sapir, Víctor González
Musik: Francisco Sicilia
Schnitt: Marcelo Dujo, Miguel Martín
Prod.-Des.: Christina Tavano
Prod.: Esteban Sapir für 5600 Film, Argentinien 1996; 80 Min.
EA: 15.2.1997, Int. Forum des Jungen Films, Berlin
Verleih: Freunde/-/-; 12.3.1998

Ein junger Punk in Buenos Aires träumt vom Ausbruch aus der Monotonie seines Daseins und verdingt sich als Kurier für eine Kokainlieferung. In seinem symbolistischen Jugenddrama lenkt Sapir das Auge wie mit einer Lupe auf Gesten und Details, das Ohr wie mit einem Richtmikrophon auf sonst kaum wahrgenommene Alltagsgeräusche. So wirkt die Realität surreal, wirken normale Vorgänge verstörend – und man sieht die Welt plötzlich mit ganz anderen Augen. *Ralph Umard, tip, 6/98*

(...) Buenos Aires hat in dieser Schwarzweißskizze nichts von Touricharme, sieht eher aus wie Bochum an den dreckigsten Ecken. Kantig wie die Kamera, die oft über extreme Großaufnahmen Nähe zu den Handelnden erzwingt und doch Distanz wahrt, sind auch die knappen Dialoge. So entsteht ein spannend-sperriges Zeitbild, nicht von Ewigkeitswert, aber gültig für den Tag. *Zitty, 6/98*

Pippi Langstrumpf 738
PIPPI LONGSTOCKING ***

Regie: Clive Smith
Mit den Originalstimmen von: Melissa Altro (Pippi Longstocking), Catherine O'Hara (Mrs. Prysselius), Carole Pope (Lehrerin), Dave Thomas (Thunder-Karlsson), Gordon Pinsent (Capt. Longstocking), Robin Budd, Bill Giggie (Animation)
Drehbuch: Susan Snooks, Ken Sobol, Frank Nissen (zusätzliche Dialoge), nach dem gleichn. Buch von Astrid Lindgren
Musik: Anders Berglund, Great Big Music, Thinkmusic
Schnitt: Noda Tsamardos
Prod.: Hasmi Giakoumis, Merle-Anne Ridley für Nelvana/TFC Trickompany/Svensk Filmindustri/Iduna Film mit Telefilm Canada, Kanada/BRD/Schweden 1997; 77 Min.
Verleih: Columbia TriStar/Constantin/-/ Columbia TriStar Video; 22.1.1998
FSK: o.A., ffr.
FBW: Besonders wertvoll

Der Versuchung, die gute alte Pippi modernistisch aufzupeppen, haben die Macher dieser Zeichentrickproduktion glücklich widerstanden. Nahezu unverzeihlich erscheint allerdings, daß die undifferenzierte Animation auf TV-Trickserien-Niveau die kleine anarchische Vorreiterin der Frauenemanzipation zu einem ewig feixenden Honigkuchenpferd degradiert. Doch der bis heute andauernde Charme von Astrid Lindgrens Geschichten um phantasievolle Kinder, inkompetente Einbrecher und pikierte Spießbürger rettet den Film über die Runden. *tip, 4/98*

Der erste Zeichentrickfilm zu Astrid Lindgrens berühmtem Kinderbuch »Pippi Langstrumpf« verzichtet auf eine Aneinanderreihung von Episoden aus dem »Alltag« Pippis und formt statt dessen einzelne Erlebnisse zu einer Geschichte um, in der Pippi von verschiedenen Erwachsenen bedroht wird und schließlich – ebenfalls von einem Erwachsenen – gerettet wird. Der ursprüngliche Kern der Geschichte, die Betonung der Unabhängigkeit Pippis, geht so verloren. *multimedia*

Albert Baer in: Rheinische Post, 22.1.98; Rupert Koppold in: Stgt. Zeitung, 23.1.98

Der Pirat 739
*** TV

Regie: Bernd Schadewald
Darsteller: Jürgen Vogel (Jan), Christiane Paul (Meike), Laura Tonke (Sabine), Sebastian Rudolph (Ludwig), Anna Thalbach (Elke), Peter Lohmeyer (Cramberg), Ingolf Lück (Theo), Ulrike Kriener (Mutter)
Drehbuch: Bernd Schadewald, Jürgen Dünn-

wald, Frank Göhre, Ingeborg Janiczek, frei nach dem gleichn. Buch von Stefan Aust
Kamera: Jochen Radermacher (Farbe)
Musik: Originalmusik »Selig«
Schnitt: Hedy Altschiller
Prod.-Des.: Bärbel Menzel
Prod.: Jochen Ludwig für Manufactum Film- und Fernsehprod. für ZDF/ORF/SF-DRS/Arte, BRD 1997; 105 Min.
UA: Int. Hofer Filmtage 1997
TV: 6.2.1998, Art, 20.45;9.2.1998, ZDF, 20.15

(...) In Bernd Schadewalds schmerzhaft realistischem Resignationsdrama spielt Vogel eine Familientragödie der 68er Epoche durch: Als Mitläufer der Freiheits-Euphorie im Jugendrausch von Hasch und Kultmusik wird einer im Großmaul-Übermut zum Hasch-Dealer. Und begreift nicht die Wandlung des schicken Spaß-Marktes in den kriminellen Heroin-Markt. Reißt den Bruder mit in die Junkie-Gosse, scheitert an Entzug, Knast und Familiengeduld. Als HIV-infiziertes Wrack gibt er seine Biographie zu Protokoll.
Die Kraßheit der Selbsterniedrigung im würdelosen Kampf um den Stoff, die Zwickmühle von Sex und Verrat: Ein Teufelskreis von Sucht und Selbstbetrug.
Fragwürdiger Nebeneffekt wie bei vielen 68er-Filmen: Das Zeitgefühl auf simple Enthemmung zu reduzieren und damit den politisch-historischen Zusammenhang zu denunzieren.

Ponkie, AZ, 11.2.98

La Place Royale 740

LA PLACE ROYALE □ TV

Regie: Benoît Jacquot
Darsteller: Anne Consigny (Angélique), Marie-Armelle Deguy (Phylis), Philippe Denarle (Alidor), Eric Genovese (Cléandre) Nicolas Delpeyrat (Doraste)
Drehbuch: Benoît Jacquot
Kamera: Jacques Bouquin (Farbe)
Musik: Marc-Olivier Dupin
Schnitt: Martine Bouquin
Prod.: INA/La Sept/Arte, Frankreich 1994; 104 Min.
EA: Int. Filmfestspiele Locarno, 1994, »Sondervorführung«
TV: 18.8.1998, arte, 22.50

Plädoyer für einen Killer 741

MELANIE DARROW ** Video

Regie: Gary Nelson
Darsteller: Delta Burke (Melanie Darrow), Brian Bloom (Det. Lou Darrow), Christopher Birt (Dwight), Jonathan Banks (Arthur Abbot), Bruce Abbott (Alex Kramer), Shawn Ashmore (David), Wendel Meldrum (Diane), Bill MacDonald (Harper)
Drehbuch: Joyce Burditt, Dean Hargrove
Kamera: Gayne Rescher (Farbe)
Musik: Richard DeBenedictis
Schnitt: David Solomon
Prod.-Des.: Harold Thrasher
Prod.: Delta Burke, Julian Marks für USA Pic./Wilshire Court/Dean Hargrove Prod./Perseverance/Power Pic., USA 1997; 89 Min.
Vertrieb: CIC Video; Juni 1998 – *FSK:* ab 12 J.

Clevere Anwältin versucht die Unschuld ihres Klienten, den angeblichen Mörder ihrer Freundin, auf unkonventionelle Art zu beweisen. Pilotfilm zu TV-Serie von unterdurchschnittlicher Machart.

Plan B – Für besondere Fälle 742

PLAN B ** Video

Regie: Gary Leva
Darsteller: Jon Cryer (Stuart Winer), Lisa Darr (Clare Sadler), Lance Guest (Jack Sadler), Mark Matheisen (Ricky Stone), Sara Mornell (Gina Ferris)
Drehbuch: Gary Leva
Kamera: Yoram Astrakhan (Farbe)
Musik: Andrew Rose
Schnitt: Jane Allison Fleck
Prod.: Nacy Joslin, Lulu Baskins-Leva, Gary Leva für Pony But Loud Prod., USA 1997; 98 Min.
Vertrieb: Splendid Video; 26.3.1998
FSK: ab 12 J.

Fünf um die dreißig mühen sich in diesem banalen Alltagsdramachen frustriert, ihren Lebenstraum zu erfüllen: ein Kind zu kriegen, ein Buch zu schreiben, Schauspieler zu werden oder einen Mann zu finden.

Plätze in Städten 743

** TV

Regie: Angela Schanelec
Darsteller: Sophie Aigner (Mimmi), Friederike

Kammer (Mimmis Mutter), Katie Eckerfeld (Mimmis Freundin), Martin Jackowski (Christoph), Jerome Robart (Nicolas), Sebastian Charles (Marc), Vincent Brancher (Yves), Marie-Lou Sellem (Irene)
Drehbuch: Angela Schanelec
Kamera: Reinhold Vorschneider (Farbe)
Schnitt: Angela Schanelec, Bettina Böhler
Prod.: Florian Körner, Michael Weber, Angela Schanelec für Schramm Film mit ZDF, BRD 1997; 115 Min.
UA: 22.5.1998, Int. Filmfestival Cannes
TV: 7.12.1998, ZDF, 0.00, »Das kleine Fernsehspiel«

(...) Dort spielt sich die Geschichte einer Schülerin ab, die nach Paris fährt, einen jungen Mann trifft, zurück in Deutschland feststellt, daß sie schwanger ist und wieder nach Paris fährt. Aber mit solchen Abläufen kommt man dem Film nicht bei, weil die Kamera jede Einstellung so lange hält, bis fast jede Hoffnung auf einen Fortgang der Handlung geschwunden ist. Das ist die Schwäche des Films, daß sein ästhetisches Konzept zu bald durchschaubar wird und die wiederkehrenden Kompositionen von Fremdheit und Unbehaustheit zu wenig bieten. (...)

Michael Althen, SZ, 25.5.98

Playing God 744

PLAYING GOD **
Video

Regie: Andy Wilson
Darsteller: David Duchovny (Eugene Sands), Timothy Hutton (Raymond Blossom), Angelina Jolie (Claire), Michael Massee (Gage), Peter Stormare (Vladimir), Andrew Tiernan (Cyril), Gary Dourdan (Yates), John Hawkes (Flick)
Drehbuch: Mark Haskell Smith
Kamera: Anthony B. Richmond (Farbe)
Musik: Richard Hartley
Schnitt: Louise Rubacky
Prod.-Des.: Naomi Shohan, Troy Sizemore
Prod.: Marc Abraham, Laura Rickford; Melanie Greene, Nancy Rae Stone für Beacon/MDP Worldwide, USA 1997; 94 Min.
Vertrieb: VMP Video; 30.6.1998
FSK: ab 16 J.

Süchtiger Pfusch-Chirurg avanciert zum »Hausarzt« eines psychotischen Gangsterbosses, der ihm zwielichtige Patienten zuführt. Dramaturgich schleppend bis konfus, schauspielerisch fragwürdig, optisch passabel und mit viel zuviel schlechtem Tarantino-Touch.

Plus-Minus Null 745

****

Regie: Eoin Moore
Darsteller: Andreas Schmidt (Alex), Tamara Simunovic (Svetlana), Kathleen Gallego Zapata (Ruth)
Kamera: Bernd Löhr, Eoin Moore (Farbe)
Schnitt: Dirk Gau, Eoin Moore
Prod.-Des.: Gudrun Schröter
Prod.: dffb, BRD 1997; 80 Min.
UA: 27.6.1998, Filmfest München
Verleih: dffb/-
TV: 24.7.1998, 3sat, 23.20

Hektischer Underdog-Film im Lärm einer Berliner Baustelle, in der Müllkippen-Atmosphäre von Container-Winkeln für Schwarzarbeiter, Amateurnutten, Flüchtlinge ohne Arbeitserlaubnis und Wende-Gestrandete: Einsame Verlierer, die sich aneinanderklammern und immer wieder mit den gleichen Illusionen auf die Nase fallen. Gut besetzt und mit fast dokumentarischen Mitteln als Überlebens-Odyssee ins Bewußtsein gehämmert.

Ponkie, AZ, 27.6.98

Point Blank – over and out! 746

POINT BLANK **
Video

Regie: Matt Earl Beesley
Darsteller: Mickey Rourke (Rudy Ray), Danny Trejo (Wallace), Kevin Cage (Joe Ray), Michael Wright (Sonny), Frederic Forrest
Drehbuch: James Bannon, Chuck Konzelman, Daniel Raskov, nach der Story von Daniel Rasko, Cary Solomon
Prod.: Patrick Choi, Nile Niami; Michael Beckner, Cary Solomon, Chuck Konzelman, Daniel Raskov für Interlight/New Cinema, USA 1997; 86 Min.
Vertrieb: BMG (Ufa) Video; 24.8.1998
FSK: ab 18 J.

Exsoldat soll seinen kriminellen Bruder mit seiner Bande besänftigen, die ein Einkaufszentrum in Schach halten. Belangloser, gewalttätiger Actionthriller – vorläufiger Tiefstpunkt in Mickey Rourkes »Karriere«.

Kathleen Gallego Zapata, Andreas Schmidt, Tamara Simunovic in ›Plus-Minus Null‹

Polish wedding 747
POLISH WEDDING ***

Regie: Theresa Connelly
Darsteller: Lena Olin (Jadzia Pzoniak), Gabriel Byrne (Bolek Pzoniak), Claire Danes (Hala Pzoniak), Adam Trese (Russell Schuster), Daniel LaPaine (Ziggy Pzoniak), Mili Avital (Sofie Pzoniak), Rade Serbedzija (Roman)
Drehbuch: Theresa Connelly
Kamera: Guy Dufaux (Farbe)
Musik: Luis Bacalow
Schnitt: Curtiss Clayton, Suzanne Fenn
Prod.-Des.: Kara Lindstrom
Prod.: Tom Rosenberg, Julia Chasman, Geoff Stier; Greg Goodman (Koprod.) für Lakeshore Ent., USA 1997; 106 Min.
EA: Int. Filmfestspiele Berlin 1998, Panorama
Verleih: -/-/Rialto Film; Sept. 1998

Das Leben einer katholischen polnischen Einwandererfamilie in Detroit gerät in Aufruhr, als die älteste Tochter als personifizierte Unschuld eine Prozession anführen soll. Die Mutter ist stolz, doch die Tochter ist von einem Polizisten schwanger. Nostalgisch gefärbter Familienfilm, der Integrationsprobleme und Bigotterie unterschwellig anspricht, ins Zentrum aber ein plakatives Loblied auf die Familie stellt.

Rustikaler Humor und gute Darsteller helfen dem eher schlicht inszenierten Erstling über die Runden. *Zoom, 9/98*

»The Polish Wedding« ist der mißlungene Versuch, Stars eine kulturelle Indentität per Kostüm und bemühten Akzent annehmen zu lassen, die ihnen fremd ist. Lena Olin, Gabriel Byrne und Clare Danes sind wunderbare Schauspieler, aber hier mangels Authentizität fehl am Platze.
Frauke Hanck, AZ, 20.2.98

Frank Noack in: Der Tagesspiegel, 12.2.98; Hans-Dieter Seidel in: FAZ, 14.2.98

Die polnische Braut 748
DE POOLSE BRUID □ TV

Regie: Karim Traidia
Darsteller: Jaap Spijkers, Monic Hendrickx, Rudi Falkenhagen, Roef Ragas, Hakim Traidia
Drehbuch: Kees van der Hulst
Kamera: Jacques Laureys (Farbe)
Musik: Fons Merkies
Schnitt: Chris Teerink
Prod.: Jeroen Beker, Frans van Gestel für RCV Film/Motel Films/Ijswater Film, Niederlande 1998; 86 Min.
UA: 3.2.1998, Film Festival, Rotterdam
TV: 20.10.1998, Berlin1, 23.30

Ponette 749
PONETTE ****

Regie: Jacques Doillon
Darsteller: Victoire Thivisol (Ponette), Delphine Schiltz (Delphine), Matiaz Bureau Caton (Mathiaz), Léopoldine Serre (Ada), Marie Trintignant (Die Mutter), Xavier Beauvois (Der Vater), Claire Nebout (Die Tante), Aurélie Vérillon
Drehbuch: Jacques Doillon
Kamera: Caroline Champetier (Farbe)
Musik: Philippe Sarde
Schnitt: Jacqueline Lecompte
Prod.: Alain Sarde, Christine Gozlan für Les Films Alain Sarde/Rhone-Alpes Cinema mit Region Rhone-Alpes/Centre National de La Cinématographie/Canal Plus, Frankreich 1996; 97 Min.
UA: 25.9.1996, Int. Filmfestspiele Venedig
EA: Filmfest München 1998
Verleih: TiMe, OmU/-/Alhéna; Mai 1997 (CH); 29.10.1998 – *FSK:* o. A., ffr.

Die fünfjährige Ponette stellt die Abwesenheit in Abrede – den Tod der Mutter. Die Beharrlichkeit, mit der sich die Kleine weigert, die unwiderrufliche Leere zu akzeptieren, hat geradezu existentielle Größe. Ponette kämpft gegen die albernen Jesusgeschichten der Tante. Dabei stellt sich die Kindlichkeit der Fünfjährigen vor das Pathos der sogenannten letzten Dinge, während der Ernst der Dialoge den Film vor pittoreskem Kinderkitsch bewahrt. Man kann sich Doillons Heldin einfach nicht entziehen, ihrem nachdenklichen Trotz, ihrem skeptischen Blick, ihrer Entschlossenheit, es allen zu zeigen, inklusive Jesus, »diesem Blödmann«.

Katja Nicodemus, tip, 23/98

(...) Wie selbstverständlich werden Themen wie Tod und Auferstehung aus der Kinderperspektive diskutiert, mit einer so überzeugenden kleinen Hauptdarstellerin (Victoire Thivisol wurde dafür in Venedig ausgezeichnet), daß es zutiefst zu Herzen geht. Darf man Kindern einen solchen Film zumuten? Man darf, wenn man sich den Gesprächen hinterher gewachsen fühlt.

Tobias Kniebe, SZ, 3.7.98

Manfred Hobsch in: Zitty, 23/98; Veronika Rall in: FR, 31.10.98; Hans G. Rodek in: Die Welt, 29.10.98

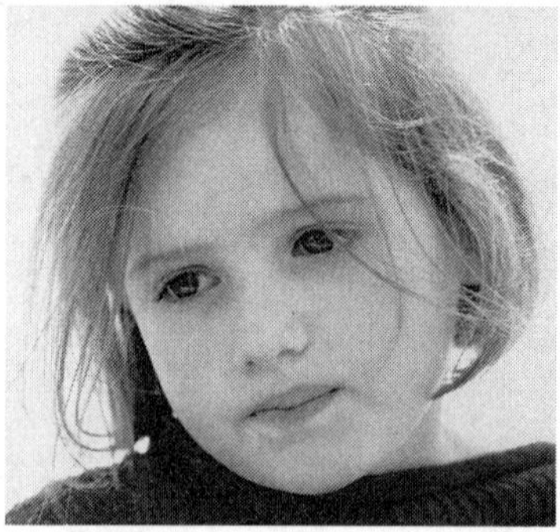

Victoire Thivisol in ›Ponette‹

A Portrait of Joe Coleman 750
R.I.P. – REST IN PIECES ****

Regie: Robert-Adrian Pejo
Darsteller: Mit: Joe Coleman, Bill Coleman, Katharine Gates, Dian Hanson, Jim Jarmusch, Hasil Adkins, Harold Schechter, Manuel De Landa
Drehbuch: Walt Michelson
Kamera: Wolfgang Lehner (Farbe)
Musik: Hasil Adkins, Charlie Feathers, Link Wray, Wanda Jackson
Schnitt: Robert-Adrian Pejo
Prod.: Michael Seeber, Heinz Stussak für Prisma, USA 1997; 90 Min.
UA: Int. Filmfestspiele Locarno 1997
Verleih: -/Prisma, OmU/-; Okt. 1998

Die interessante, formal lebendig, ansprechend und eindringlich gestaltete Dokumentation über den New Yorker Performancekünstler und Maler Joe Coleman. Seine schillernde, zwiespältige, wuchtige Persönlichkeit ist auch thematisch fesselnd, dürfte aber wegen der nihilistischen Ideen des Künstlers und seiner bizarr-bestürzenden Bilder sehr kontrovers aufgenommen werden.

multimedia

Post Coitum, Animal Triste 751
APRES LE COIT LA BETE EST TRISTE **

Regie: Brigitte Roüan
Darsteller: Brigitte Roüan (Diane Clovier), Boris Terral (Emilio), Patrick Chesnais (Philippe Clovier), Nils Tavernier (François Narou),

Jean-Louis Richard (Weyoman-Lebeau), Françoise Arnoul (Mme. Lepluche), Emmanuelle Bach (Caroline), Carmen Chaplin (Copine Narou)
Drehbuch: Brigitte Rouan, Santiago Amigorena, Jean-Louis Richard, Guy Zilberstein, Philippe Le Guay
Kamera: Pierre Dupouey (Farbe)
Musik: Michek Musseau, Umberto Tozzi
Schnitt: Laurent Rouan
Prod.-Des.: Roland Deville
Prod.: Humbert Balsan; Jean-Francois Rouan (Ass.-Prod.) für Ognon Pic./Pinou Film mit Canal Plus/Gan Foundation/Club Med., Frankreich 1997;
99 Min.
UA: 18.5.1997, Int. Filmfestival Cannes
Verleih: -/-/Alhéna; Januar 1998

Die vierzigjährige Diane, gespielt von der Regisseurin selbst, stürzt sich mit Haut und Haaren in eine Affäre mit dem zwanzigjährigen Emilio. Ehemann, Familie und Job geraten gefährlich ins Hintertreffen. Als der junge Lover mal eben so das Interesse verliert, hat man das tragikomische Vergnügen, Dianes bemerkenswert uneitles Siechtum bis zur Genesung mitzuverfolgen. *tip, 20/98*

Verlagslektorin Diane, verheiratet und Mutter, verfällt in einem »amour fou« dem Studenten Emilio. Als er sie verläßt, stürzt sie in eine Depression, aus der sie der Schriftsteller François herausreißt. Der Versuch, das zeitlose Thema obsessiver Liebe zeitgemäß zu variieren, bleibt trotz geglückter Einfälle im Klischeehaften stecken. Den schauspielerischen Leistungen mangelt es an Glaubwürdigkeit, so daß die leidenschaftliche Geschichte eher kühl läßt. *Zoom*

Christina Tillmann in: Der Tagesspiegel, 17.9.98

Postman 752

THE POSTMAN **

Regie: Kevin Costner
Darsteller: Kevin Costner (Postman), Will Patton (Bethlehem), Larenz Tate (Ford), Olivia Williams (Abby), James Russo (Idaho), Daniel von Bargen (Sheriff Briscoe), Tom Petty (Bürgermeister von Bridge City), Scott Bairstow (Luke)
Drehbuch: Eric Roth, Brian Helgeland, nach einem Roman von David Brin
Kamera: Stephen F. Windon (Alpha Cine)
Musik: James Newton Howard
Schnitt: Peter Boyle
Prod.-Des.: Ida Random
Prod.: Kevin Costner, Jim Wilson, Steve Tisch für Tig Prod., USA 1997;
177 Min.
UA: 26.12.1997
Verleih: Warner Bros./dto./dto./Warner Home Video; 12.2.1998
FSK: ab 12, ffr.

Nach dem Ende der Zivilisation und inmitten politischer Anarchie beflügeln die Uniform und die Lügen eines falschen Postboten die Überlebenden im amerikanischen Nordwesten zum heroischen Kampf gegen einen selbsternannten tyrannischen General. Ohne jede Spur von Kraft, Tempo und Humor erzählte Utopie, deren phlegmatischer Held zur messianischen Heilsfigur hochstilisiert wird. Selbstverliebter, filmisch uninspirierter und über die Maßen langweiliger Inszenierungsversuch von Kevin Costner. *Zoom, 2/98*

(...) Wieder einmal ist Costner mit missionarischem Charisma als Retter der Menschheit unterwegs, und wie in seinem oscarprämierten Film »Der mit dem Wolf tanzt« setzt er auf Western-Mythen, grandiose Landschaftsbilder, gelungene Action-Sequenzen, Romantik und hehre Gefühle. (...)
Der neuerweckte Patriotismus treibt groteske Blüten. Alles wird gut, und

Kevin Costner in ›Postman‹

dazu orgelt die Musik. So viel Pathos ist schon wieder lustig.
Angie Dullinger, AZ, 12.2.98

Fritz Göttler in: SZ, 16.2.98; Ralph Umard in: tip, 5/98

Pour rire! – Es darf gelacht werden 753

POUR RIRE! ****

Regie: Lucas Belvaux
Darsteller: Ornella Muti (Alice), Jean-Pierre Léaud (Nicolas), Antoine Chappey (Gaspard), Tonie Marshall (Juliette), Philippe Fretun, Bernard Mazzinghi, Phillipe Saal, Bernard Fau
Drehbuch: Lucas Belvaux
Kamera: Laurent Barès (Farbe)
Musik: Riccardo del Fra
Schnitt: Danielle Anezin
Prod.-Des.: Frédérique Belvaux
Prod.: Paulo Branco für Gemini Films/Canal plus/CNC, Frankreich 1996; 100 Min.
EA: Filmfest München 1997
Verleih: -/filmladen/-; März 1998
FBW: Wertvoll (Österr.)

Alice lebt mit Nicolas, sie liebt Gaspard und tröstet Juliette, die gerade von Michel wegen Romance sitzengelassen worden ist. Als Nicolas Wind von der Affäre seiner Frau bekommt, entwickelt er einen durchtriebenen Plan, um seinen Nebenbuhler noch einmal auszustechen. Die Komödie porträtiert das routinierte Alltagsleben langjähriger Beziehungen und wie sie durch Eifersucht und andere Erschütterungen aus der Bahn geworfen werden. Bei aller Skurrilität des Handlungsverlaufs macht der Film seine Figuren nie lächerlich. *multimedia*

Premutos – Der gefallene Engel 755

** Video

Regie: Olaf Ittenbach
Darsteller: Olaf Ittenbach, Andre Stryi, Ella Wellamann
Prod.: BRD 1998; 106 Min.
Vertrieb: Imas Video; 16.11.1998

Splatter made in Oberbayern: Pseudoambitioniertes Filmchen über ein seit Jahrhunderten mordendes Wesen, das nun in einen Fürstenfeldbrucker Teenie schlüpft. Krank!

Der Prinz von Ägypten 756

THE PRINCE OF EGYPT ****

Regie: Brenda Chapman, Steve Hickner, Simon Wells
Die Figuren und ihre Sprecher: Val Kilmer (Moses), Ralph Fiennes (Ramses), Sandra Bullock (Miriam), Michelle Pfeiffer (Zippora), Jeff Goldblum (Baron), Patrick Stewart (Pharao Seti), Helen Mirren (Königin), Steve Martin (Hotep), Martin Short, Danny Glover
Drehbuch: Philip LaZebail
Musik: Hans Zimmer; Stephen Schwartz (Songs)
Schnitt: Nick Fletcher
Prod.-Des.: Darek Gogol
Prod.: Penney Finkelman Cox, Sandra Rabins für DreamWorks, USA 1998; 99 Min.
Verleih: UIP/dto./dto.; 17.12.1998
FSK: ab 6 J., ffr. – *FBW:* Wertvoll

Mit den besten Mitteln der Computertechnik inszeniertes Drama über die Befreiung der Hebräer vom Sklavenjoch des ägyptischen Pharaos Ramses durch den Gesetzgeber Moses. Erste Produktion des ehemaligen Disney-Animationsfilm-Tycoons Jeffrey Katzenberg für die DreamWorks-Studios. Der dramaturgisch an Cecil B. De Milles »The Ten Commandments« (1956) angelehnte Film ist formal brillant, hinterläßt durch die Darstellung von Gewalt und Verwüstung allerdings einen ambivalenten Eindruck, ist jedoch insgesamt erstaunlich sensibel umgesetzt. *Zoom, 12/98*

(...) Der Verzicht auf die sprechenden Tiere, die als Gefährten der Helden sonst für Kurzweil sorgen, verlagert das Gewicht ganz auf das Drama zwischen den menschlichen Protagonisten Moses und Ramses. Indem die Produktion mehr an epische Realfilme anknüpft, könnte sie dem Zeichentrickfilm neue Impulse geben. *Frank Arnold, tip, 26/98*

Mit Pauken und Trompeten hält der Monumentalfilm triumphalen Einzug in die Welt des Zeichentricks: Klotzen, nicht kleckern war die Devise der Zeichner aus dem Spielberg-Hause

›Der Prinz von Ägypten‹

DreamWorks, um die Geschichte von Moses und dem Auszug des Volkes Israel aus Ägypten in all ihrer biblischen Pracht festzuhalten. (…) Doch wie so oft, wenn Hollywood sich zu technischen Superlativen versteigt, bleiben die Emotionen auf der Strecke. Im Binsenkörbchen von der Frau des Pharaos gefunden und neben ihrem leiblichen Sohn Ramses aufgezogen, muß sich Moses von seiner Vergangenheit lösen, um als Statthalter Gottes die Führung der Hebräer zu übernehmen. Stoff für ein spannendes Drama. Doch das Diktat der Effekte will es, daß das Spektakel siegt und Moses' moralische Konflikte mitsamt leisester Ansätze zu Humor vom Wüstenwind verweht werden. *Thomas Schulze, AZ, 17.12.98*

Worin besteht der wesentliche Unterschied zu den bekannten Disney-Trickfilmen?

Chapman: Ich finde, den Film kann man überhaupt nicht mit Disney-Animationsfilmen vergleichen. Er ist komplett anders: vom Thema, den Figuren, von der Animation, wie die Musik eingesetzt wird, vom Erzählstil. Das hat alles sehr wenig mit der bekannten Disney-Formel zu tun. Wir wollten einen Film machen, der nicht nur Kinder, sondern auch Jugendliche und Erwachsene anspricht. Ich glaube, hierin liegt die große Zukunft des Trickfilms: Großartige, herzergreifende Geschichten mit den unendlichen Möglichkeiten des Genres, neu und anders zu erzählen.

Am beeindruckendsten ist zweifellos die siebenminütige Sequenz von der Teilung des Roten Meeres.

Hickner: Dafür waren nicht weniger als 318.000 Rechenstunden am Computer nötig. Das ist mehr als die Computer-Spezial-Effekte im ganzen »Jurassic Park«. Dabei haben wir uns um ein Höchstmaß an Realismus bemüht.

Wells: Diese Art von Realismus wechselt mit puren phantastischen Sequenzen ab, was dem Film den besonderen Rhythmus gibt. Immerhin arbeiteten an »Der Prinz von Ägypten« 350 Künstler, Animationsspezialisten und Techniker aus 35 Ländern. 146.000 Charaktere wirken in der Story mit und fast 1.000 Hintergründe wurden handkoloriert. Ein gigantischer Aufwand.

Brenda Chapman, Steve Hickner, Simon Wells im Interview mit Ulrich Lössl, Zitty, 26/98

Holger Hoetzl in: Focus, 7.9.98; Gerald Jung in: Zitty, 26/98; Andreas Kilb in: Die Zeit, 16.12.98; Michael Kohler in: FR, 17.12.98; Rupert Koppold in: Rheinische Post, 18.12.98; Daniel Kothenschulte in: Kölner Stadt-Anzeiger, 19.12.98; Andreas Platthaus in: FAZ, 16.12.98

Provocateur – Liebe war nicht ihr Auftrag 757

LE PROVOCATEUR **

Video

Regie: Jim Donovan
Darsteller: Jane March (Sookie/Miya), Stephen Mendel (Col. Greg Finn), Lillo Brancato jr. (Chris Finn), Nick Mancuso (Toynbey Bates), Cary-Hiroyuki Tagawa (Captain Jong)
Drehbuch: Roger Kumble
Kamera: Jean Pierre Trudel (Farbe)
Musik: Mark Nakamura, Mark Shannon
Schnitt: Heidi Haines
Prod.-Des.: Sylvain Gingras
Prod.: Eris Salvatori, Claudio Castravelli, Ken Nakamura für Capella Int./Via Appia Comm., USA/Kanada 1997; 99 Min.
Vertrieb: BMG (Ufa) Video; 21.4.1998
FSK: ab 16 J.

Nordkoreanische Agentin treibt als Luxusnutte und Haushälterin ihr Unwesen in der westlichen Welt, bis ihr die Liebe zwischen die Ideologie gerät. Action-Verschnitt von erbärmlicher Schlichtheit, der nur optisch Ambitionen erkennen läßt.

Der Psycho-Pate 758

THE DON'S ANALYST **

Video

Regie: David Jablin
Darsteller: Robert Loggia (Don Vito), Kevin Pollak (Dr. Riceputo), Angie Dickinson, Joseph Bologna, Sherilyn Fenn, Joe Flaherty, Lucy Webb, Rick Aiello
Kamera: Levie Isaacks (Farbe)
Musik: Mader
Schnitt: Christopher Ellis
Prod.-Des.: Jeff Ginn
Prod.: Larry Rapaport; James P. Jimirro (Koprod.) für Showtime Networks, USA 1997; 100 Min.
Vertrieb: CIC Video; 28.5.1998
FSK: ab 6 J.

Nichtsnutzige Söhne eines schwer depressiven Mafia-Bosses entführen Analytiker zwecks Zwangstherapie. Die bekommt dem Vater schlecht: Er will ehrlich werden. Leidlich komische Persiflage auf Genre und Psycho-Klischees mit ansehnlicher Besetzung.

Punk! 759

S. L. C. PUNK **

Regie: James Merendino
Darsteller: Matthew Lillard (Stevo), Michael Goorjian (Bob), Til Schweiger (Mark), Annabeth Gish, Jennifer Lien, Christopher McDonald, Summer Phoenix
Drehbuch: James Merendino
Kamera: Greg Littlewood (Farbe)
Musik: Ramones, The Stooges, Exploited, Dead Kennedys, Ludwig van Beethoven, Wolfgang Amadeus Mozart
Schnitt: Esther P. Russel
Prod.: Sam Maydew, Peter Ward für Blue Tulip, USA 1998; 98 Min.
Verleih: Highlight/Constantin/-/New Vision Video; 24.9.1998
FSK: ab 16 J., ffr.

Ein Punker träumt in der Mormonenhochburg Salt Lake City von Anarchie und bekämpft seinen öden Alltag mit Drogen, Sex, Parties und Prügeleien. Schockerlebnisse bringen den pubertären Rebellen zur Besinnung, und er beschließt, an einer Elite-Uni Jura zu studieren. Gekünstelt wirkendes tragikomisches Jugend-Drama.

Ralph Umard, tip, 20/98

(...) Und Merendino kann noch so sehr in der filmischen Trick- und Schnittkiste wühlen: Spätestens nach gut der Hälfte des Films ist der nicht brennend an spätpubertären Phrasen und kleinen Provinz-Exzessen Interessierte genauso gelangweilt wie die Helden. Daß einer von ihnen sich immer wieder direkt an den Zuschauer wendet, kostet den Film noch mehr von der Sympathie, die man ihm ja entgegenbringen wollte. *W.O.P. Kistner, AZ, 25.9.98*

Tobias Kniebe in: SZ, 29.9.98; Veronika Rall in: FR, 26.9.98

Q

Quotenkönig im Affenstall 760

THE BAREFOOT EXECUTIVE **

TV

Regie: Susan Seidelman
Darsteller: Jason London (Billy Murdock), Eddie Albert (Ernest Gower), Michael Marich (Wayne), Terri Ivens (Lisa), Jay Mohr (Matt), Shannon O'Hurley (Blair), Alan Blumenfeld (Herb), Chris Elliott (Jase Wallenberg)
Prod.: USA 1995; 86 Min.
TV: 1.3.1998, RTL, 12.15

Wir haben es geahnt: Schimpansen wissen am besten, was im TV Quoten macht… Oder, wie werde ich Programmdirektor.

Rache

761
***
TV

Regie: Bernd-Michael Lade
Darsteller: Sven Martinek (Axel), Christian Kuchenbuch (Robert), Dirk Nocker (Mark), Torsten Ranft (Peter), Leander Haußmann (Verräter)
Drehbuch: Thomas Brussig, Bernd-Michael Lade
Kamera: Michael Heiter (Farbe)
Musik: Michael Kobs
Schnitt: Alida Babel
Prod.-Des.: Karin Bierbaum
Prod.: Katrin Schlösser, Frank Löprich für Ö-Film/HFF Potsdam-Babelsberg/MDR/ORB, BRD 1996; 85 Min.
UA: Filmfest München 1996
TV: 28.7.1998, MDR, 22.45

Vier Freunde haben die Enge der DDR satt und wollen auf die andere Seite der Mauer. Doch der Helfer ist ein Verräter, und so endet die Flucht im Gefängnis. Als sie ihre dreijährige Haftstrafe abgesessen haben, ist das Land, aus dem sie entfliehen wollten, nicht mehr vorhanden. Und der Verräter lebt wohlsituiert. Die als Denkzettel geplante Racheaktion gerät außer Kontrolle.

Die Rache des Halbbluts

762
SIRINGO
**
TV

Regie: Kevin G. Cremin
Darsteller: Brad Johnson (Charlie Siringo), Chad Lowe (Winton Powell), Crystal Bernard (Kaitlin Mullane), Stephen Macht (Wade Lewis), Keith Szarabajka (Harvey Baits), Barry Corbin (Marshal John Llewellyn)
Drehbuch: Peter Kinloch
Kamera: John C. Finn III. (Farbe)
Musik: Steve Dorff
Schnitt: Susan Sternlicht
Prod.: John Copeland, USA 1994; 86 Min.
TV: 23.1.1998, Premiere, 22.15

Neuwestern mit Halbindianer und Gangster.
Der Halbindianer Siringo, Deputy des Marshalls, und der blutjunge Deputy Winton Powell sollen die beiden Schwerverbrecher Harvey Bates und Wade Lewis aufspüren und verhaften. Ihre Spur führt sie zu der Ranch von Kaitlin Mullane, der Freundin und Komplizin von Bates. Als die beiden Gangster auftauchen, kommt es zu einer blutigen Schießerei.

Rache für mein totes Kind

763
***
TV

Regie: Vivian Naefe
Darsteller: Susanna Simon (Julie), Christoph Waltz (Paul), Hansa Czypionka (Fred), Claudia Mihm (Freds Exfrau), Kim Hardt (Freds Tochter Rachel), Tobias Pipping
Drehbuch: Harald Göckeritz
Kamera: Peter Döttling
Schnitt: Margot v. Schliefen
Prod.: Stephan Bechtle, Bavaria Film für SAT.1, Deutschland 1996; 94 Min.
UA: Filmfest München 1996
TV: 31.3.1998, Sat1, 20.15

Daß die Regisseurin ihren Namen zurückgezogen hat, ist den Hundefutterverkäufern von SaT.1 schnurzpiepegal, denn Regisseurnamen wie Naefe benutzt man höchstens wie ein geklautes Marken-Etikett.
Der Film, der 1996 »Lautlose Jagd« hieß und in dem nach einem tödlichen Kinderunfall im verwinkelten Bauernhaus am Meer eine vage Angstpsychose in der Schwebe gehalten wird – dieser Film ging nun als 1998er-Melodram »Rache für mein totes Kind« in die Horrorkurve.
Es ist trotzdem immer noch eine sensible psychologische Trauma-Geschichte – durch Susanna Simon (Mutter mit Schuldkomplex), Christoph Waltz (sarkastisch-rationaler Ehemann) und Hansa Czypionka (der ortsansässige Schiffer, dessen Tochter in der Scheune ums Leben kam) in Realität und Alptraum überzeugend. *Ponkie, AZ, 2.4.98*

The Rage – Im Rausch der Gewalt

764
THE RAGE
**
Video

Regie: Sidney J. Furie
Darsteller: Lorenzo Lamas, Gary Busey, Roy Scheider

Prod.: Kanada 1996; 91 Min.
Vertrieb: VCL Video; 23.6.1998

Spezialagent soll mit unerfahrener Kollegin Jagd auf einen Serienkiller machen. Nicht der Hauch eines Einfalls, nicht die Spur von Inspiration, nur gewalttätige Allerwelts-Action.

Rasputin 765
RASPUTIN ***
TV

Regie: Uli Edel
Darsteller: Alan Rickman (Rasputin), Greta Scacchi (Alexandra), Ian McKellen (Nikolaus II.), David Warner (Doktor Botkin), John Wood (Stolypin), James Frain (Prinz Yussoupow), Ian Hogg (Purishkevich), Sheila Ruskin (Prinzessin Marisa)
Drehbuch: Peter Pruce, nach einer wahren Begebenheit
Kamera: Elemer Ragalyi (DeLuxe)
Musik: Brad Fiedel
Schnitt: Seth Flaum, Dan Rae
Prod.-Des.: Miljen Kreka Kljakovic
Prod.: Nick Gillott; Galina Tuchinsky für Rysher/Citadel Ent./HBO, USA 1996; 100 Min.
TV: 18.2.1998, Premiere, 22.05

Filmbiographie aus dem zaristischen Rußland zu Beginn des Jahrhunderts über den russischen Bauern und Wanderpropheten Rasputin, der sich mit angeblichen mystischen Heilkräften Zugang zum St. Petersburger Zarenhof verschaffte. Der russische Kronprinz litt an einer unheilbaren Bluterkrankheit und war dementsprechend beeinflußbar.

The Ravager – Die Virusfalle 766
THE RAVAGER **
Video

Regie: James D. Deck
Darsteller: Bruce Martyn Payne (Cooper Wayne), Yancy Butler (Avedon Hammond), Salvator Xuereb (Lazarus), Robin Sachs (Dr. Shepard), Stanley Kamel (Clean), Juliet Landau (Sarra)
Drehbuch: Donald J. Loperfido, James D. Deck
Kamera: Adam Kane (Farbe)
Musik: John E. Nordstrom
Prod.-Des.: Ron Mason
Prod.: Stanley Isaacs, Scott McGinnis, Robert Patrick für Le Monde Ent./ Republic Pic., USA 1997; 88 Min.
UA: 6.9.1997, USA
Vertrieb: Starlight Video; 30.9.1998
FSK: ab 16 J.

Mit Killer-Viren beladenes Raumschiff muß auf fremdem Planeten notlanden. Haufenweise Klischees und Effekte – beides so billig wie möglich.

The Real Thing 767
THE REAL THING **
Video

Regie: James Merendino
Darsteller: Emily Lloyd, James Russo, Rod Steiger, Jeremy Piven, Ashley Laurence, Gary Busey, Esal Morales, Max Perlich
Drehbuch: James Merendino
Kamera: Greg Littlewood (Farbe)
Musik: Peter Leinheiser
Prod.-Des.: Sandy Grass
Prod.: Kürt Mac Carley für Windy City Int., USA 1995; 86 Min.
EA: Fantasy Filmfest München 1997
Vertrieb: VMP Video; 16.6.1998
FSK: ab 18 J.

Um für den Bruder eine Lebertransplantation finanzieren zu können, trommelt Exknacki seine Exkumpels zum Überfall auf Mafia-Club zusammen. Et voilà: der 4.761. Tarantino-Verschnitt: brutal, düster und gänzlich sinnfrei.

Rebecca 768
REBECCA **
TV

Regie: Jim O'Brien
Darsteller: Charles Dance (Maxim de Winter), Diana Rigg (Mrs. Danvers), Faye Dunaway (Mrs. van Hopper), Geraldine James (Beatrice), Emilia Fox (Die zweite Mrs. de Winter), Jean Anderson
Drehbuch: Arthur Hopcraft, nach dem Roman von Daphne du Maurier
Kamera: Rex Maidment (Farbe)
Musik: Christopher Gunning
Schnitt: Michael Parker
Prod.: Hilary Heath, GB 1996; 95 Min.
TV: 19. und 20.1.1998, Premiere, 20.15

Überflüssiges Hitchcock-Remake, obwohl sorgfältig gemacht.

Reckless – Von Rache getrieben 769
MERCHANT OF DEATH **
Video

Regie: Yossi Wein
Darsteller: Michael Paré, Linda Hoffman, Anthony Fridjhon
Drehbuch: Danny Lerner, David Sparling
Kamera: Peter Belcher (Farbe)
Schnitt: Felix Meyburgh
Prod.: Danny Lerner, Nicci Perrow für Nu World, USA 1997; 90 Min.
Vertrieb: VMP Video; 13.1.1998
FSK: ab 16 J.

Nach der Ermordung der Eltern und 23 Jahre später auch noch des Ziehvaters, sieht ein Bulle rot. Qualität? Keine erkennbar.

Record of the Lodoss War Episoden 1–3 770
RECORD OF THE LODOSS WAR **
Video

Regie: Akonori Nagaoka
Prod.: Kenshoo Ikeda für Kodakawa Shoten/Marubeni/Tokyo Broadcasting System, Japan 1990;
76 Min.
Vertrieb: OVA-Video; 1.7.1998
FSK: ab 16 J.

Drei Folgen der für das japanische Fernsehen produzierten 13teiligen Zeichentrickserie. Die Erlebnisse einer Gruppe von »Sechskämpfern« auf dem Weg durch das Fantasy-Land Locloss werden in vergleichsweise akzeptabler Qualität dargestellt.

Red Corner 771
RED CORNER **

Regie: Jon Avnet
Darsteller: Richard Gere (Jack Moore), Bai Ling (Shen Yuelin), Bradley Whitford (Bob Ghery), Byron Mann (Lin Dan), Peter Donat (David McAndrews), Robert Stanton (Ed Pratt), Tsai Chin (Chairman Xu), James Hong (Lin Shou)
Drehbuch: Robert King
Kamera: Karl Walter Lindenlaub (Deluxe)
Musik: Thomas Newman
Schnitt: Peter E. Berger
Prod.-Des.: Richard Sylbert
Prod.: Jon Avnet, Jordan Kerner, Rosalie Swedlin, Robert King, Charles B. Mulvehill; Martin Huberty, Lisa Lindstrom für Avnet/Kerner Prod. für MGM, USA 1997;
122 Min.
UA: 31.10.1997, N.Y.
Verleih: UIP/UIP/UIP/Warner Home Video;
22.1.1998
FSK: ab 12, ffr. – *FBW:* Wertvoll

Regisseur Jon Avnet in ›Red Corner‹

Ein amerikanischer Industrieller gerät in China unter Mordverdacht und sieht sich einem Rechtssystem ausgesetzt, das statt Gerechtigkeit nur seine Aburteilung vorsieht. Unverhoffte Hilfe erhält er von seiner Pflichtverteidigerin. Ein plump konstruierter Gerichtsfilm, dessen Absicht die Verunglimpfung chinesischer Lebensart und Rechtssprechung ist. Selbst den Grundanforderungen an das Genre vermag er nicht zu genügen. *Zoom, 2/98*

(...) Ein Propagandafilm in bester Hollywoodmanier, der das (Un-) Rechtssystem, Korruption, Schiebung und Vetternwirtschaft in China anprangert.
Ralph Umard, tip, 3/98

Brigitte Desalm in: Kölner Stadt-Anzeiger, 24.1.98; Rupert Koppold in: Stgt. Zeitung, 22.1.98; Angela Schmitt-Gläser in: FR, 27.1.98

Red Ribbon Blues – Geschäft mit dem Tod 772

RED RIBBON BLUES ***
TV

Regie: Charles Winkler
Darsteller: Paul Mercurio (Troy), John Epperson (Harold), Debi Mazar (Darcy), Paul Bartel (Fred der Apotheker), David Andriole (Gerry Brandt), David Spielberg (Yorkin), Margo Winkler (Helen)
Drehbuch: Charles Winkler
Schnitt: Clayton Halsey
Prod.-Des.: Robin Nixon
Prod.: Dale Rosenbloom, Brad Wyman; David Andriole für Red Ribbon/Kushner-Locke Prod., USA 1995; 94 Min.
TV: 5.3.1998, Premiere, 22.55

Um an ein lebenswichtiges Medikament gegen Aids zu gelangen, dessen Preis künstlich hochgehalten wird, überfallen zwei Freunde Apotheken und verteilen danach das Mittel an Bedürftige.

Der Regenmacher 773

JOHN GRISHAM'S THE RAINMAKER ****

Regie: Francis Ford Coppola
Darsteller: Matt Damon (Rudy Baylor), Claire Danes (Kelly Riker), Jon Voight (Leo F. Drummond), Mary Kay Place (Dot Black), Mickey Rourke (Bruiser Stone), Danny DeVito (Deck Schifflet), Dean Stockwell (Richter Harvey Hale), Teresa Wright (Miss Birdie)
Drehbuch: Francis Ford Coppola, nach dem gleichn. Roman von John Grisham, Sprechertexte/Erzählung von Michael Herr
Kamera: John Toll; Bo Yeoman (2nd unit) (Deluxe)
Musik: Elmer Bernstein
Schnitt: Barry Malkin, Melissa Kent
Prod.-Des.: Howard Cummings
Prod.: Michael Douglas, Steven Reuther, Fred Fuchs; George Kacandes für Douglas Reuther Prod. mit American Zoetrope, USA 1997; 135 Min.
Verleih: Constantin/dto./UIP/VMP Video; 3.4.1998
FSK: ab 12, ffr. – *FBW:* Wertvoll

Junganwalt Rudy Baylor übernimmt den Fall eines an Leukämie erkrankten Gleichaltrigen aus mittelloser Familie, dessen Versicherung sich weigert, die lebensrettende Therapie zu bezahlen. Da der Patient während der Verhandlungen stirbt, ist Rudy erst recht motiviert, die üblen Machenschaften des Konzerns zu entlarven. Eine David-und-Goliath-Geschichte, mit beeindruckendem Darstellerensemble, stilvoll und abwechslungsreich als spannendes Gerichtsdrama inszeniert.

Zoom, 8/98

Typisch amerikanisches David-gegen-Goliath-Märchen, das mit blassem Star und schwacher Bestseller-Vorlage vom Sieg eines jungen Anwalts der Armen gegen die Phalanx skrupelloser Super-Advokaten erzählt. Nachwuchs-Star Matt Damon kann gegen das Aufgebot überzeugender Darsteller wie Jan Voight, Mickey Rourke und Roy Scheider nur verlieren. Danny DeVito als listiger Kompagnon des naiven Helden rettet, was an Unterhaltsamkeit zu retten ist. *Lothar Lambert, tip, 8/98*

(...) »Der Regenmacher« ist ein grandios besetzter, sorgfältig komponierter und photographierter, atmosphärisch dichter und spannender Unterhaltungsfilm, der erst in seiner zweiten, schwächeren Hälfte zum braven Gerichtsfilm verkümmert. »Der Regenmacher« ist also die gediegene Arbeit eines Mannes, der weiß, was er tut. Es ist nicht der Versuch, das Kino zu revolutionieren – das hat Coppola schon hinter sich. (...)

Bodo Fründt, SZ, 2.4.98

Francis Ford Coppola, der Grishambezwinger

Matt Damon und Danny DeVito

Sie sind doch schon längst eine Ikone des amerikanischen Kinos.

»Auch Ikonen werden – und gerade in Hollywood – nach Erfolgen und Mißerfolgen taxiert. Es ist bisher noch niemand zu mir gekommen, der gesagt hätte: »Oh, Francis Coppola, ich gebe dir soviel Geld, wie du brauchst, damit du endlich den Film machen kannst, den du schon immer machen wolltest – ganz egal, wie er aussieht. Bei ›Der Regenmacher‹ zum Beispiel hat eine deutsche Firma viel Geld investiert, und die Leute wollten, daß ich ein ›Grisham-Movie‹ mache – aus den genannten Gründen. Aber ich will auch nicht verschweigen, daß es für einen Regisseur schon wichtig ist, an der Kinokasse gut abzuschneiden.«

F. F. Coppola im Interview mit Ulrich Lössl, Zitty, 7/98

Thierry Chervel in: SZ, 3.4.98 (Interview); Sebastian Feldmann in: Rheinische Post, 3.4.98; Brigitte Desalm in: Kölner Stadt-Anzeiger, 4.4.98; Thomas Huetlin in: Der Spiegel, 30.3.98; Thomas Klingenmaier in: SZ, 2.4.98; Heike Kühn in: FR, 2.4.98; Hans-Joachim Neumann in: Zitty, 7/98

Die Regierung 774

***

Regie: Christian Davi
Darsteller: Mitwirkende: Großfamilie Steinengässli
Drehbuch: Christian Davi
Kamera: Christian Davi, Hans Schürmann (Farbe)
Schnitt: Myriam Flury
Prod.: Magic Lantern, Schweiz 1997; 78 Min.
Verleih: -/-/Columbus; Januar 1998

»Die Regierung« heißt eine durch Konzerte und CDs bekannt gewordene MusikTheaterGruppe aus dem Toggenburg. Sie besteht aus fünf Behinderten und einigen »Normalbehinderten«, die in einer Großfamilie zusammenleben und -arbeiten. Der Dokumentarfilm über deren Alltag und das gemeinsame Musizieren zeigt eindrücklich und stellenweise bewegend, daß jede individuelle Entwicklung wesentlich von der Qualität stabiler zwischenmenschlicher Beziehungen bestimmt wird, in denen ein Klima der Geborgenheit und des Vertrauens entstehen kann – unverzichtbar nicht nur für Behinderte, sondern für alle menschlichen Beziehungen. *Zoom, 1/98*

Reise in die Nacht 775

***
TV

Regie: Matti Geschonneck
Darsteller: Ulrike Kriener (Irene Weber), Julia Brendler (Lili Weber), Renan Demirkan (Anwältin), Tayfun Bademsoy (Herr Ercan), Emine S. Özdamar (Frau Aziz), Anian Zollner (Stefan Weber), Albert Kitzl (Ali Dicle), Michael Kausch (Dr. Glaubner)
Drehbuch: Susan Cuscuna, Wolfgang Tumler
Kamera: Rudolf Blahacek (Farbe)
Musik: Hans P. Ströer
Schnitt: Heidi Handorf
Prod.: Wolfgang Tumler, Eikon für ZDF/Hearst Ent./Arte, BRD 1997; 87 Min.
EA: Filmfest München 1998
TV: 28.8.1998, Arte, 20.45; 11.1.1999, ZDF, 20.15

Zwei Frauen, Mutter und Tochter aus Berlin, machen Ferien im türkischen Teil von Zypern. Die Tochter wird von einem jungen Mann aus dem Ort vergewaltigt. Bei dem dabei entstehenden Kampf wird er getötet. Vor Gericht geht es um die Frage: Mord oder Notwehr? Mutter und Tochter drohen langjährige Haftstrafen. Erst in einem Revisionsverfahren werden die beiden Frauen freigesprochen.

Thomas Thieringer in: SZ, 9.1.99

The Replacement Killers 776

THE REPLACEMENT KILLERS **

Regie: Antoine Fuqua
Darsteller: Chow Yun-Fat (John Lee), Mira Sorvino (Meg Coburn), Michael Rooker (Stan »Zeedo« Zedkov), Jürgen Prochnow (Michael Kogan), Kenneth Tsang (Terence Wei), Til Schweiger (Ryker), Danny Trejo (Collins), Clifton Gonzalez Gonzalez (Loco)
Drehbuch: Ken Sanzel
Kamera: Peter Lyons Collister (Technicolor)
Musik: Harry Gregson-Williams
Schnitt: Jay Cassidy
Prod.-Des.: Naomi Shohan
Prod.: Brad Grey, Bernie Brillstein; Michael McDonnell (Koprod.) für Bernie Brillstein/Brad Grey und WCG Ent. Prod./ Columbia Pict., USA 1998; 86 Min.
Verleih: Columbia TriStar/dto./20th Century Fox/Columbia TriStar Video; 28.5.1998, 17.12.1998 – *FSK:* ab 18 J.; ffr.

Von plötzlichen Gewissensbissen geplagt, weigert sich ein Auftragskiller, den siebenjährigen Sohn eines Polizisten zu töten. Auf der Flucht vor den Handlangern seines Bosses zieht er eine Paßfälscherin in ein blutiges Katz-und-Maus-Spiel hinein. Nach dem Vorbild der Hongkong-Filme stilisierter Action-Thriller mit zahlreichen gelungenen technischen Effekten, der aber die Dramaturgie stark vernachlässigt und dem vielversprechenden Schauspieler-Ensemble keine Gelegenheit bietet, die Psychologie der Figuren zu entwickeln. *Zoom, 6/98*

(…) Der asiatische Schauspieler-Star Chow Yun-Fat, der mit diesem Action-Film sein Hollywood-Debüt gibt, und Mira Sorvino verkörpern das Ineinanderfließen stilistischer und inhaltlicher Elemente des Hongkong-Films mit der amerikanischen Filmästhetik des Video-Clips. Resultat dieser internationalfilmkulturellen Überlagerung ist ein Film mit eigenständiger Form und Identität, der dem Genre interessante, neue Akzente verleihen kann. *multimedia*

(…) Das Hollywooddebüt von Hongkong-Action-Ikone Chow Yun-Fat (und Til Schweiger) ist eine Geschichte vom Reißbrett: perfekt arrangiert, aber ohne Herz. Die Ersatzkiller sind reines Ersatzkino. Hongkong-Muckefuck.
Annette Kilzer, tip, 12/98

(…) Wer da nur den Actioner aus dem chinesisch-amerikanischen Mafiamilieu sieht, sieht bloß Dutzendware. Wer aber Konnotationen zu deuten versteht, findet in »Replacement Killers« einen hochstilisierten Kosmos männlicher Sexualpathologien. Sehr absonderlich.
Hans-Joachim Neumann, Zitty, 11/98

Brigitte Desalm in: Kölner Stadt-Anzeiger, 1.6.98; Rupert Koppold in: Rheinische Post, 29.5.98; Hans Schifferle in: SZ, 2.6.98

Rescuers – Die Geschichte der Helden 777

RESCUERS: THE TWO WOMAN ***
Video

Regie: Peter Bogdanovich
Darsteller: Elizabeth Perkins, Sela Ward, Fritz Weaver
Prod.: USA 1997; 102 Min.
Vertrieb: CIC Video; 12.1.1998 – *FSK:* ab 12 J.

Zwei Folgen (Mamusha, Woman Bicycle) aus der US-TV-Serie »Rescuers«, die Geschichten von mutigen Menschen in Europa zu Zeiten Hitlers zeigen. Prominent besetzt und solide inszeniert.

Rescuers – Die Geschichte der Helden, Teil 2 778

RESCUERS 2 – TWO COUPLES ***
Video

Regie: Tim Hunter, Lynne Littman
Darsteller: Linda Hamilton (Marie Taquet), Alfred Molina (Monsieur Taquet), Dana Delany (Johtje Vos), Martin Donovan (Aart Vos)
Drehbuch: Malka Drucker
Prod.: Jeff Freilich für Paramount Network TV/Showtime/Barwood Films, USA 1997; 105 Min.
Vertrieb: CIC Video; Okt. 1998
FSK: ab 12 J.

Zwei weitere Folgen der US-TV-Serie, die den unbekannten Helden des Zweiten Weltkrieges gewidmet sind, Personen, die mit Zivilcourage den Nazis widerstanden. Das Ehepaar Vos rettete 1942 im besetzten Holland über 100 Menschen das Leben.

Rescuers – Die Geschichte der Helden, Teil 3 779

RESCUERS III – TWO FAMILIES ***

Video

Regie: Tim Hunter, Tony Bill
Darsteller: Michael Rapaport, Robin Tunney, Daryl Hannah, Tim Matheson, Caterina Scorsone, Trent McMullen
Drehbuch: Adam Rodman, John Pielmeier
Kamera: Miroslaw Bazak
Schnitt: Peter Basinski
Musik: Pino Donaggio
Prod.: Jeff Freilich, Daryl Hannah, Tim Matheson für Paramount TV, USA 1997; 102 Min.
Vertrieb: CIC Video; Nov. 1998
FSK: ab 12 J.

Die letzten beiden Folgen der US-TV-Serie. Zwei Beispiele von Zivilcourage im Jahre 1944: In Ungarn und Deutschland helfen Privatpersonen Juden bei der Flucht.

Restoration 780

RESTORATION ***

Regie: Michael Hoffman
Darsteller: Robert Downey jr. (Robert Merivel), Sam Neill (Charles II.), David Thewlis (John Pearce), Polly Walker (Celia), Meg Ryan (Katharine), Ian McKellen (Will Gates), Hugh Grant (Fihn), Ian McDiarmid (Ambrose)
Drehbuch: Rupert Walters, nach einem Roman von Rose Tremain
Kamera: Oliver Stapleton (Farbe)
Musik: John Newton Howard
Schnitt: Garth Craven
Prod.-Des.: Eugenio Zanetti
Prod.: Cary Brokaw, Andy Paterson, Sarah Ryan Black für Segue/Avenue mit Oxford Film, USA 1995; 118 Min.
EA: Int. Filmfestspiele Berlin, 1996
Verleih: Scotia/Buena Vista/-/BMG (Universum); 29.5.1997 – *FSK:* ab 12, ffr.

England im 17. Jahrhundert. Absolutistischer Prunk, die Pest, der große Brand von London bilden die historische Kulisse für die Entwicklungsgeschichte eines liederlichen Lüstlings zum verantwortungsvollen Medikus. Kino als seelenloses Ausstattungstheater, das sich trotz einiger starker Momente zäh hinschleppt, bis zum gnadenlosen Happy-End.

Ralph Umard, tip, 12/97

Mit donnerndem Aufwand an Statisten und Dekors, an Armutselend, Königsprunk und Pestpanik und mit einem Ehrgeiz, so brennend wie das London von 1665, hat der Brite Michael Hoffman sein Epos »Restoration« in den Sand gesetzt. Außer opulenten Bildern, guten Schauspielerleistungen und aufflackerndem Situationswitz bleibt nicht viel in Erinnerung von Hoffmans Anspruch, die englische Restauration unter dem so kunstfreundlichen wie sinnesfrohen Charles II. mit unserer Katastrophen-Zeit zu vergleichen. (…)

Angie Dullinger, AZ, 21.2.96

Sebastian Feldmann in: Rheinische Post, 31.5.97; Daniela Mack in: Stgt. Zeitung, 31.5.97; Carla Rhode in: Der Tagesspiegel, 19.2.97; Anke Sterneborg in: SZ, 28.5.97

Resurrection Man 781

RESURRECTION MAN ***

Video

Regie: Marc Evans
Darsteller: Stuart Townsend (Victor Kelly), Geraldine O'Rawe (Heather Graham), James Nesbitt (Ryan), John Hannah (Darkie Larche), Brenda Fricker (Dorcas Kelly), James Ellis (Ivor Coppinger), Sean McGinley (Sammy McLure), Derek Thompson (Herbie Ferguson)
Drehbuch: Eoin McNamee, nach seinem gleichn. Buch
Kamera: Pierre Aim (Farbe)
Musik: David Holmes, Gary Burns, Keith Tenniswood
Schnitt: John Wilson
Prod.-Des.: Mark Tildesley
Prod.: Andrew Eaton, Gina Carter für Revolution Film, GB 1997; 98 Min.
EA: Int. Hofer Filmtage 1997
Vertrieb: PolyGram Video; 20.8.1998
FSK: ab 18 J.

Der seit Kindheit auf Haß gedrillte Victor macht mit einer Killerbrigade in Belfast Karriere. Der jedoch droht durch Größenwahn und Drogensucht ein jähes Ende. Harter, aber mutmaßlich realistischer Politthriller, in der auch und vor allem der Hauptdarsteller überzeugt.

Retroactive – Gefangene der Zeit 782

RETROACTIVE **
Video

Regie: Louis Morneau
Darsteller: James Belushi (Frank Lloyd), Kylie Travis (Karen), Shannon Whirry (Rayanne), Frank Whaley (Brian), M. Emmet Walsh (Sam), Jesse Borrego (Jesse), Sherman Howard (Trooper), Guy Boyd (Bud)
Drehbuch: Michael Hamilton-Wright, Robert Strauss, Phillip Badger
Kamera: George Mooradian (Deluxe)
Musik: Tim Truman
Schnitt: Glenn Garland
Prod.-Des.: Philip Duffin
Prod.: Brad Krevoy, Steve Stabler, David Bixler, Michael Nadeau für Orion mit Cohiba Pic., USA 1997; 90 Min.
Vertrieb: Starlight Video; 19.8.1998
FSK: ab 16 J.

Nach Autopanne steigt die junge Karen bei Pärchen ins Auto, das sich als psychopathisch entpuppt. Karen flieht und landet in einer Zeitschleife – das Abenteuer fängt von vorne an. Leider verschenkt dieser Abklatsch von »... und täglich grüßt das Murmeltier« mangels Einfällen weitgehend sein Potential.

The Return 783

THE RETURN OF ALEX KELLY **
Video

Regie: Ted Kotcheff
Darsteller: Matthew Settle, Cassidy Rae, Margot Kidder, Barry Flatman, Wanda Cannon, Ron White (I), Joel S. Keller, Allan Royal
Drehbuch: Graham Flashner, Joe Cacaci, nach seiner gleichn. Story
Kamera: François Protat (Farbe)
Musik: Asher Ettinger, Tony Kosinec
Schnitt: Jeff Warren
Prod.-Des.: Wendy Morrow
Prod.: Jan Peter Meyboom für Atlantis Releasing/CTV Television/Flashner/Gernon Prod., Kanada 1997; 91 Min.
Vertrieb: Concorde Video; 10.11.1998
FSK: ab 12 J.

Nach der Vergewaltigung einer Mitschülerin flieht der Täter. Erst Jahre später kann er zur Rechenschaft gezogen werden. Solide bis langweilige TV-Produktion über authentischen Fall.

Revolver Girls 784

HARD BOUNTY **
TV

Regie: Jim Wynorski
Darsteller: Matt McCoy (Martin Kanning), Kelly LeBrock (Donnie), John Terlesky (Carver), Kimberly Kelley (Glory), Rochelle Swanson (Jess), Felicity Waterman (Rachel), Jay Richardson (Bartell), Ross Hagen (Sheriff)
Drehbuch: Karen Kelly
Kamera: Zoran Hochstätter (Farbe)
Musik: Tai
Schnitt: Mark Speer
Prod.-Des.: David Blass
Prod.: Jim Wynorski; Tripp Reed für Workin' Man/Sunset Films, USA 1995; 83 Min.
TV: 7.2.1998, Pro7, 13.10

Weil er zwei Unschuldige getötet hat, hängt der Kopfgeldjäger Martin Kanning seinen Job an den Nagel. Er setzt sich zur Ruhe und kauft den Saloon, in dem seine Freundin Donnie und ihre Girls dem horizontalen Gewerbe nachgehen. Doch das friedliche Leben endet, als Donnies jüngere Schwester Rachel von dem üblen Carver ermordet wird. *Pressetext*

Richie Rich – Die Wunschmaschine 785

RICHIE RICH'S CHRISTMAS WISH **
Video

Regie: John Murlowski
Darsteller: David Gallagher (Richie Rich), Michelle Trachtenberg (Gloria), Eugene Levy (Prof. Keenbean), Lesley Ann Warren (Mrs. Rich), Martin Mull (Mr. Rich)
Drehbuch: Rob Kerchner, Mark Furey
Kamera: Christian Sebaldt (Farbe)
Musik: Deddy Tzur
Schnitt: John Gilbert
Prod.-Des.: Nava
Prod.: Mike Elliott; Rob Kerchner, Amy Goldberg für Saban/Harvey Ent., USA 1998; 85 Min.
Vertrieb: Warner Home Video; 11.12.1998
FSK: ab 6 J.

Der reiche, aber gute Richie verliert sein Vermögen an den armen, aber bösen Reggie. Lähmend läppische Comic-Verfilmung.

Rico's Game – Abgerechnet wird am Schluß 786

DEADLY CURRENCY *

Video

Regie: Margue Chase Chantal
Darsteller: William Smith, Deron McBee, Robert Z'Dar, Tracy Adell, Tanya Newbould
Drehbuch: Margue Chase Chantal, Christopher E. Prince
Kamera: Celiana Cardenas (Farbe)
Musik: Warren Cann, Lorelei McCollough
Prod.: M. Ch. Chantal für G. Macher Ent./ Miller Ent./Manline Pic., USA 1995; 89 Min.
Vertrieb: Warner Home Video; 23.1.1998
FSK: ab 18 J.

Excop & Co. knackt Casino – und erbeutet unter anderem Falschgeld. Entsetzliches Machwerk.

Ripper – Der Schlitzer 787

THE RIPPER **

Video

Regie: Janet Meyers
Darsteller: Patrick Bergin, Gabrielle Anwar, Michael York
Prod.: USA 1997; 96 Min.
Vertrieb: CIC (Universal) Video; 17.12.1998
FSK: ab 16 J.

Australische Fernsehproduktion über einen Londoner Prostituierten-Mörder, dessen Spur ins britische Königshaus führt. Gut besetzter Historien-Krimi mit ein paar Schauereffekten.

Road Ends 788

ROAD ENDS **

Video

Regie: Rick King
Darsteller: Dennis Hopper (Gilchrist), Mariel Hemingway (Kat), Chris Sarandon (Maceda), Peter Coyote (Gene Gere), Miguel Nájera (Orosco), Geoffrey Thorne, Joanna Gleason
Drehbuch: Bill Mesce
Kamera: Bruce Douglas Johnson (Farbe)
Schnitt: Daniel Loewenthal
Prod.: Anthony Esposito, Rick King für PM Ent., USA 1997; 94 Min.
Vertrieb: Ascot Video; 2.1.1998
FSK: ab 12 J.

Geflohener Kronzeuge gerät in US-Provinznest zwischen die Mühlen von Mafia-Killer-Horden und FBI-Agenten. Außer klangvollen Namen, die freilich nicht halten, was sie versprechen, ein kaum erwähnenswertes Routineprodukt.

Ronin 789

RONIN ***

Regie: John Frankenheimer
Darsteller: Robert De Niro (Sam), Jean Reno (Vincent), Natascha McElhone (Deirdre), Stellan Skarsgard (Gregor), Sean Bean (Spence), Skipp Sudduth (Larry), Michael Lonsdale (Jean-Pierre), Jonathan Pryce (Seamus)
Drehbuch: J.D. Zeik, Richard Weisz, nach einer Story von J.D. Zeik
Kamera: Robert Fraisse (Deluxe)
Musik: Elia Cmiral
Schnitt: Tony Gibbs
Prod.-Des.: Michael Z. Hanman
Prod.: Frank Mancuso jr. für FGM Ent., USA 1998; 121 Min.
Verleih: UIP/-/-; 3.12.1998
FSK: ab 16 J., ffr. – *FBW:* Wertvoll

Eine Handvoll arbeitsloser Exagenten ist hinter einem Koffer her, der das Interesse der Russen ebenso erregt wie das der IRA. Am Ende liegt eine stattliche Anzahl Leichen am Boden, und das Objekt der Begierde ist zur Bedeutungslosigkeit degradiert. Ein Thriller nach klassischem Muster, der drei furiose Autoverfolgungsjagden ebenso vorweisen kann wie eine Riege erstklassiger Darsteller. Nicht immer ganz logisch und durchschaubar, liefert der Film, der als Hommage an Jean-Pierre Melville verstanden werden will, zwar spannende, aber auch sehr gewalttätige Unterhaltung. *Zoom, 12/98*

(...) John Frankenheimer ist auf seine alten Tage noch einmal ein schönes Beispiel für körperliches, hochemotionales Bewegungskino gelungen, bei dem das Warum allemal unwichtiger ist als das Wie. Und warum auch nicht? Stören tut da allenfalls der prätentiöse Titel samt altjapanischem Vorspann, in dem es von herrenlosen Samurai, eben den Ronin, schwurbelt. Aber wir wollen nicht mäkeln: Der Film hätte auch heißen können »Sechse hauen auf den Putz« und wäre trotzdem sehenswert.

Hans-Joachim Neumann, Zitty, 25/98

(...) »Alles ist in Originalgeschwindigkeit gefilmt. Und es gibt keine Sekunde Computeranimation. Nur so kann man in meinen Augen den hyperrealen

Jean Reno als Profi-Killer

Effekt erzielen, auf den es mit in erster Linie ankam. Wenn Sie wollen, ist ›Ronin‹ ein guter altmodischer Krimi.«

John Frankenheimer im Interview mit Ulrich Lössl, Zitty, 25/98

Was hat sich im Laufe Ihrer Karriere in Hollywood verändert?

Es gab zwei große Veränderungen: Zum einen beim Publikum, das im Prinzip jetzt männlich und zwischen 18 und 25 Jahren ist. Zum anderen bei den Kosten. Ein durchschnittlicher Film muß inzwischen rund 135 Millionen Dollar einspielen, nur um auf Null zu kommen. Es lassen sich also nur noch Themen realisieren, die einen Appeal für ein großes Publikum haben. Ich befürchte, daß bei allem technischen Fortschritt, den es gegeben hat, die Qualität der Geschichten und der Filme sehr nachgelassen hat.

Nun sind Sie nicht mehr zwischen 18 und 25. Vielleicht möchten Sie ganz andere Geschichten erzählen?

Das ist eine harte Sache. Und ich kann auch nicht behaupten, daß ich das so erfolgreich bewältigt habe. Aber das sind eben die Tatsachen des Lebens. Ich versuche Filme zu drehen, die ich selbst gerne sehen möchte. Und etwas anderes kann ich auch gar nicht. Wenn ich versuche, es allen recht zu machen, und nicht in erster Linie mir selbst, dann versage ich jedesmal. Ich muß also hoffen, daß das, was mir gefällt, auch beim Publikum ankommt. Wenn das nicht mehr klappt, dann lassen sie mich keine Filme mehr drehen.

John Frankenheimer im Interview mit Bodo Fründt, SZ, 3.12.98

Lars-Olav Beier in: Focus, 49/98; Norbert Grob in: Die Zeit, 10.12.98; Brigitte Desalm in: Kölner Stadt-Anzeiger, 5.12.98; Bodo Fründt in: SZ, 2.12.98; Christian Geinitz in: FAZ, 4.12.98; Rupert Koppold in: Rheinische Post, 4.12.98; Heike Kühn in: FR, 7.12.98; Frank Noack in: Der Tagesspiegel, 3.12.98

Ronnie & Julie – Verbotene Küsse 790

RONNIE AND JULIE **

TV

Regie: Philip Spink
Darsteller: Teri Garr (Elizabeth Monroe), Joshua Jackson (Ronnie Monroe), Margot Finley (Julie), Tom Butler (Arthur Cappell), Alexandra Purvis (Willa), Iris Quinn (Trudy), Jade Pawluk (Paul Reese), Billy O'Sullivan (Marty Monroe)
Drehbuch: Richard Clark, Larry Sugar, William J. Conway, nach der Story von Richard Clark, Larry Sugar
Kamera: Bruce Worrall (DeLuxe)
Musik: Jim Guttridge, Daryl Bennett
Schnitt: Frank Irvine, Katrina Westendorp
Prod.-Des.: Andrew Wilson
Prod.: Larry Sugar für Vidatron/Evergreen Ent./Showtime Networks, USA 1996; 99 Min.
TV: 26.4.1998, Pro7, 13.20

Moderne Romeo-und-Julia-Variante.

Eine Rose für den Maharadscha 791

ROSE ET MARGUERITE **

TV

Regie: Denys Granier-Deferre
Darsteller: Sophie Broustal (Rose/Marguerite), Ralf Bauer (Nadjah), Horst Janson (Schwartz), Gulshan Grover (Rebellenführer), Ravindra Randeniya (Oberst Taradjahi), Julien Freoa (Gus), Cyril Dharmawadhana (Balaram), Felix Premawardana (Mahradjah)
Drehbuch: Michel Leviant
Kamera: Hugues de Haeck (Farbe)
Musik: Eric Demarsan
Prod.: Frankreich/BRD 1996; 87 Min.
TV: 31.5.1998, ARD, 15.05

Abenteuer und Verwechslungen mit Rebellen, Prinzen und schönen Frauen.

Der Rosenmörder

792
**
TV

Regie: Matti Geschonneck
Darsteller: Natalia Wörner (Bettina), Sebastian Koch (Bernd), Christian Redl (Georg Taubert), Joachim Kemmer (Kommissar), Michael Greiling (Anwalt), Jochen Nickel (Jürgen Sponholz), Horst Sachtleben (Bettinas Chef)
Drehbuch: Detlef Michel
Kamera: Rudolf Blahacek (Farbe)
Musik: Stephan Zacharias
Prod.: Eberhard Jost für Telefilm Saar, BRD 1997; 87 Min.
TV: 27.2.1998, Arte, 20.45; 23.5.1998, ZDF, 20.15

Junge Rechtsanwältin rollt auf einen Insidertip hin einen Mordfall auf, zu dem ihr labiler Ehemann einst das entscheidende (aber leider verfälschte) Indiz lieferte. Ehekrach und Lebensgefahr sind vorprogrammiert. Ebenso lascher wie durchsichtiger Möchtegernthriller. *SZ, TV tip, 23.5.98*

Die rote Violine

793
***

LE VIOLON ROUGE/
THE RED VIOLIN

Regie: François Girard
Darsteller: Samuel L. Jackson (Charles Morritz), Don McKellar (Evan Williams), Carlo Cecchi (Nicolo Bussotti), Irene Grazioli (Anna Bussotti), Jean-Luc Bideau (Georges Poussin), Christoph Koncz (Kaspar Weiss), Jason Flemyng (Frederick Pope), Greta Scacchi (Victoria Byrd)
Drehbuch: Don McKellar, François Girard
Kamera: Alain Dostie (Farbe)
Musik: John Corigliano; gespielt vom Philharmonia Orchestra, London, Leitung: Esa-Pekka Salonen; Joshua Bell (Solo-Violine)
Schnitt: Gaetan Huot
Prod.-Des.: François Seguin
Prod.: Niv Fichman; Daniel Iron, Giannandrea Pecorelli (Koprod.) für Rhombus Media/Mikado/Sidecar, Kanada/Italien 1998; 131 Min.
UA: Int. Filmfestspiele »Night and Stars« Venedig 2.9.1998
Verleih: Concorde/dto./-; 26.11.1998
FSK: ab 6 J., ffr.
FBW: Besonders wertvoll

In fünf kunstvoll verbundenen Episoden wird die Geschichte der berühmten roten Violine, Meisterwerk des italienischen Geigenbauers Bussotti aus dem 17. Jahrhundert, erzählt. Im Vordergrund steht jeweils das Schicksal jener Menschen, deren musikalisches Potential erst durch das herausragende Musikinstrument zur Entfaltung gelangt. In der Vielschichtigkeit, in der die unvergängliche Liebe und Leidenschaft zur Musik in poetischen Bildern umgesetzt wird, liegt der Charme diese Films. (…)
multimedia

(…) Visuell aber ist Regisseur Girard, der schon in »32 Variationen über Glenn Gould« die Beziehung Mensch und Musik untersuchte, weniger experimentierfreudig. Etwas bieder, konventionell und drucklos ist seine Inszenierung ausgefallen, womit der nicht leicht vermittelbare Stoff auf seine prominenten Interpreten setzen muß, um nicht nur Programmkinoveteranen anzulocken.
Peter Koberger, Blickpunkt Film, 39/98

Sebastian Feldmann in: Rheinische Post, 27.11.98; Silvia Hallensleben in: Der Tagesspiegel, 26.11.98; Andreas Obst in: FAZ, 26.11.98; Ruprecht Skasa-Weiß in: Stuttgarter Zeitung, 26.11.98

Sabbath in Paradise

794
***

Regie: Claudia Heuermann
Drehbuch: Claudia Heuermann
Kamera: Rainer Hartmann (Farbe und s/w)
Musik: John Zorn
Prod.: Claudia Heuermann für Heuermann Prod., BRD 1997; 91 Min.
Verleih: Ventura/-/-; 19.3.1998
FSK: o.A., ffr. – *FBW:* Wertvoll

Ein Porträt der jüdischen Musikszene New Yorks: Angesiedelt zwischen orthodoxen Hochzeiten und der Knitting Factory, hat die Regisseurin die Musiker bei der Arbeit beobachtet und sie zu ihrem Selbstverständnis befragt. Allerdings gelingt ihr nicht, aus dem heterogenen Material ein überzeugendes Bild zu entwickeln. *tip, 7/98*

Christian Seebaum in: Kölner Stadt-Anzeiger, 19.12.98; Daland Segler in: FR, 20.4.98

Sabrina, the Teenage Witch

795
SABRINA, THE TEENAGE WITCH
**
TV

Regie: Tibor Takacs
Darsteller: Melissa Joan Hart (Sabrina), Sherry Miller (Hilda), Charlene Fernetz (Zelda), Michelle Beaudoin (Marny), Ryan Reynolds (Seth), Tobias Mehler (Harvey), Lalaina Lindbjerg (Katy), Laura R. Harris (Freddie)
Drehbuch: Barney Cohen, Kathryn Wallack, nach einer Story von Barney Cohen, Kathryn Wallack, Nicholas Factor
Kamera: Bernard Salzmann (Farbe)
Musik: Greg De Belles
Schnitt: Daria Ellerman
Prod.-Des.: John Kavellin
Prod.: Richard Davis, Alana H. Lambros, USA 1996; 88 Min.
TV: 4.1.1998, Pro7, 14.40

An ihrem sechzehnten Geburtstag erfährt Sabrina, daß ihre beiden exzentrischen Tanten Hexen sind – und sie selbst auch. Bisher in der High School eher ein Mauerblümchen, setzt sie nun gezielt ihre neuen Zauberkräfte ein: In kürzester Zeit wird sie zur beliebtesten Schülerin.

Sakikos Schatz

796
HIMITSU NO HANAZONO
****

Regie: Shinobu Yaguchi
Darsteller: Naomi Nishida (Sakiko), Go Riju (Edogawa), Taketoshi Naito (Prof. Morita)
Drehbuch: Shinobu Yaguchi, Takuji Suzuki
Kamera: Masahiro Kishimoto (Farbe)
Musik: Kuniaki Yagura
Schnitt: Miho Yoneda
Prod.: Hideynki Takai, Hiroshi Yanai für Toho/Pia Corp., Japan 1996; 83 Min.
EA: 22.2.1997, Int. Forum des Jungen Films, Berlin
Verleih: Freunde/-/-; 17.12.1998

Sakiko ist ein ungewöhnliches Mädchen. Anstatt sich zum Kaffee einladen zu lassen, läßt sie sich lieber das Geld dafür geben. Entsprechend materialistisch verfolgt sie ihren Lebenstraum: die Bergung eines im Wasser versunkenen Koffers mit 500 Millionen Yen. Da sich der »Schatz« in einem gefährlichen Naturschutzgebiet befindet, gilt es, die erforderlichen Fertigkeiten der Landvermessung, des Schwimmens und Tauchens zu erlernen. Mit drastischem Slapstick und subtiler Demontage des scheinbar Normalen zeichnet Regisseur Shinobu Yaguchi ein satirisches Abbild (nicht nur) der japanischen Gesellschaft. *Iris Depping, tip, 26/98*

Kerstin Decker in: Der Tagesspiegel, 17.12.98; Silvia Hallensleben in: Der Tagesspiegel, 23.2.97

Salut Cousin!

797
SALUT COUSIN!
***
TV

Regie: Merzak Allouache
Darsteller: Gad Elmaleh (Alilo), Mess Hattou (Mok), Magaly Bertly (Fatoumata), Ann Gisel Glass (Laurence)
Drehbuch: Marzak Allouache, Caroline Thivel
Kamera: Pierre Aim, Georges Diane (Farbe)
Musik: Safy Boutella
Schnitt: Denise de Casabianca
Prod.: Frankreich/Algerien/Belgien 1996; 98 Min.
UA: Int. Filmfestspiele Cannes, 1996
TV: 1.11.1998, ARD, 23.30

Junger Mann aus Algerien versucht sich in Paris zurechtzufinden und muß auch noch die Probleme mit dem Koffer lösen.

Sam & Dave – Zwei Ballermänner auf Tauchstation 798

NATIONAL LAMPOON'S SCUBA SCHOOL **
Video

Regie: Rafal Zielinski
Darsteller: Corey Feldman (Sam), Corey Haim (Dave), Maureen Flannigan (Sonja), Demetra Hampton (Alex), Robert Mandan (Hemlock), Geoffrey Lewis (Rex Carver), Milton Selzer (Irv), Eda Reiss Merin (Ida)
Drehbuch: Patrick Laborteaux, Damian Lee, nach einer Story von Patrick Laborteaux
Kamera: Peter Benison (Farbe)
Musik: Ronald J. Weiss, Matthew Claener
Schnitt: David Mitchell
Prod.-Des.: Peter Kanter
Prod.: Damian Lee, Jeff Sackman, James A. Holt für Scuba School National Lampoon Prod., USA 1994; 90 Min.
Vertrieb: Warner Home Video; 6.3.1998
FSK: ab 12 J.,

»Blöd & Blöder« legen sich in der Karibik mit ehemaligen Piraten und despotischen Tauchclub-Besitzern an. Eine nicht mal kindische Komödie jenseits jeglicher Qualität.

Ein Samstag auf Erden 799

UN SAMEDI SUR LA TERRE ***
TV

Regie: Diane Bertrand
Darsteller: Elsa Zylberstein (Claire), Eric Caravaca (Martin), Kent (Arnaud), Johan Leysen (Franck), Dominique Pinon (Morel), Sylvie Laguna (Agathe Morel)
Drehbuch: Diane Bertrand, Guillaume Laurant
Kamera: Michel Amathieu (Farbe)
Musik: Pascal Comenade
Schnitt: Maryline Monthieux
Prod.: Georges Benayoun, Michel Propper für Ima Films/M.P. Prod./La Sept Cinéma/Lumière/Studio Images 2, Frankreich 1996; 92 Min.
TV: 12.10.1998, Arte, 20.45

Wie bei einem Puzzle setzt sich durch Spielszenen und Interviews nach und nach das Bild einer jungen Frau zusammen.

Sanctuary 800

SANCTUARY **
Video

Regie: Tibor Takacs
Darsteller: Mark Dacascos, Kylie Travis, Alan Scarfe
Drehbuch: Michael Stokes
Musik: Norman Drenstein
Prod.: Andy Emilio für New City Releasing, USA 1997; 99 Min.
Vertrieb: VCL Video; 30.11.1998
FSK: ab 18 J.

Erst meucheln Gangster seine Eltern, dann wird Luke auch noch von seinem Pflegevater für finstere Pläne mißbraucht. Mäßig spannender und mäßig inszenierter Actioner.

Savior 801

SAVIOR ***
Video

Regie: Peter Antonijevic
Darsteller: Dennis Quaid (Joshua Rose/Guy), Nastassja Kinski (Maria), Stellan Skarsgard (Peter), Natasa Ninkovic (Vera), Sergej Trifunovic (Goran), Nebojsa Glogovac (Vera's Bruder), Vesna Trivalic (Frau im Bus)
Drehbuch: Robert Orr
Kamera: Ian Wilson (Delux)
Musik: David Robbins
Schnitt: Ian Crafford, Gabriella Cristiani
Prod.-Des.: Vladislav Lasic
Prod.: Oliver Stone, Janet Yang für Initial Ent. Group, USA 1998; 103 Min.
Vertrieb: Ascot Video; Sept. 1998
FSK: ab 16 J.

Im Jugoslawienkrieg begegnen sich Exelitesoldat Josh und die Serbin Maria. Beide geraten zwischen die Fronten. Um realistische Härte und Authentizität bemühtes Kriegsdrama.

Scarred city 802

SCARRED CITY **
Video

Regie: Ken Sanzel
Darsteller: Stephen Baldwin, Chazz Palminteri, Tia Carrere, Michael Rispoli
Drehbuch: Ken Sanzel
Kamera: Michael Slovis (Farbe)
Musik: Anthony Marinelli
Schnitt: Troy T. Takaki
Prod.-Des.: Anne Stuhler
Prod.: Avi Lerner, Eli Samaha für Millennium/Nu Image, USA 1998; 92 Min.
Vertrieb: VPS Video; 24.11.1998
FSK: ab 16 J.

Jungpolizist soll Geheimeinheit beitreten, die illegal Verbrecher beseitigt, doch er gerät zwischen die Fronten. Höchst konventionell und recht spannungsarm entwickelter Action-Krimi mit guter Besetzung.

Der Schakal 803
THE JACKAL ***

Regie: Michael Caton-Jones
Darsteller: Bruce Willis (Der Schakal), Richard Gere (Declan Mulqueen), Sidney Poitier (Cater Preston), Diane Venora (Valentina Koslova), Tess Harper (The First Lady), J. K. Simmons (Witherspoon), Mathilda May (Isabella), Stephen Spinella (Douglas)
Drehbuch: Chuck Pfarrer, nach einem Drehbuch des Films »The Day of the Jackal« von Kenneth Ross
Kamera: Karl Walter Lindenlaub (Deluxe)
Musik: Carter Burwell
Schnitt: Jim Clark
Prod.-Des.: Michael White
Prod.: James Jacks, Sean Daniel, Michael Caton-Jones, Kevin Jarre für Alphaville, USA 1997; 124 Min.
Verleih: Concorde/dto./Focus/VCL Video; 12.3.1998
FSK: ab 16, ffr. – *FBW:* Wertvoll

Russische und amerikanische Sicherheitskräfte auf der Jagd nach dem internationalen Top-Terroristen »Schakal«, welcher im Auftrag der sogenannten »Russen-Mafia« einen prominenten Repräsentanten der westlichen Welt eliminieren soll. Das ambitionslose Remake eines Fred-Zinnemann-Films von 1972 wartet zwar mit zwei hochbezahlten Superstars und modischen Effekten auf, vermag aber seiner Vorlage keine neuen Facetten abzugewinnen. Im Gegenteil: Die Neuinszenierung fällt in jeder Hinsicht ab. *Zoom, 3/98*

(…) Auch Drehbuchschwächen in der gar zu melodramatisch geratenen Schlußphase des Films ändern nichts am Eindruck eines insgesamt ansehnlichen Stücks Spannungsunterhaltung. *multimedia*

(…) Riesige logische Löcher, ein Bruce Willis weit unter seinem Niveau, vor allem aber ein politisch korrekter Weichspülgang, der jeden Zynismus aus Forsyths Roman gewaschen hat, sind die Ingredienzen dieser lauwarmen Melange. *Annette Kilzer, tip, 6/98*

Joseph Heinrichs in: Rheinische Post, 13.3.98; Milan Pavlović in: Kölner Stadt-Anzeiger, 14.3.98; Veronika Rall in: FR, 14.3.98

Scharfe Täuschung 804
LIAR ***

Regie: Jonas und Joshua Pate
Darsteller: Tim Roth (Wayland), Chris Penn (Braxton), Michael Rooker (Kennesaw), Renee Zellweger (Elizabeth), Ellen Burstyn (Mook), Rosanna Arquette (Mrs. Kennesaw), Michael Parks (Dr. Banyard), Mark Damon (Waylands Vater)
Drehbuch: Jonas und Joshua Pate
Kamera: Bill Butler (Foto-Kem)
Musik: Harry Gregson-Williams
Schnitt: Dan Lebenthal
Prod.-Des.: John Kretschmer
Prod.: Peter Glatzer; Don Winston (Koprod.) für MDP Worldwide, USA 1998; 102 Min.
UA: 31.8.1997, Filmfestival Venedig
EA: Filmfest München 1998

Renee Zellweger

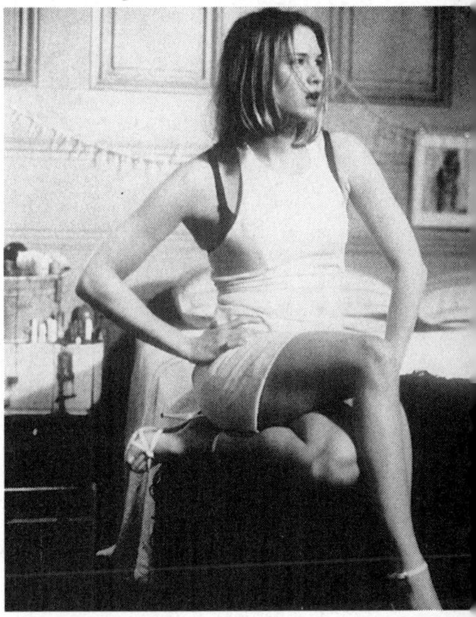

Verleih: Jugenfilm/Constantin/Elite/Fox Video; 6.8.1998
FSK: ab 12 J.

Angeschlossen an einen Lügendetektor, wird ein des Mordes an einer Prostituierten Verdächtigter aus gutem Haus von zwei Polizisten verhört. Dem intelligenten Beschuldigten gelingt es, das Verhörkonzept der beiden Beamten zu durchkreuzen und den Spieß sogar umzudrehen: Einer der Polizisten steht schließlich ebenfalls als möglicher Täter da. Der Regie-Erstling der Zwillingsbrüder Pate, eine Reflexion über die Schwierigkeit, Wahrheit zweifelsfrei festzustellen, zeigt trotz vielversprechender Ansätze noch zu viele Schwächen der Dramaturgie und mangelnde Profilierung der Figuren.

Zoom, 8/98

Jan Gympel in: Zitty, 16/98; Julian Hanich in: Tagesspiegel, 6.8.98

Schatten eines Zweifels 805

SHADOW OF DOUBT **

Video

Regie: Randal Kleiser
Darsteller: Melanie Griffith (Kitt Devereux), Tom Berenger (Jack Campioni), Wade Dominguez (Bobby), Jey Lewis (Al Grodon), Nina Foch (Sylvia Saxon), Craig Sheffer, Huey Lewis, John Ritter
Drehbuch: Myra Byanky, Raymond DeFelitta
Prod.: Adam Kline für Largo Ent., USA 1998; 98 Min.
Vertrieb: Starlight Video; Okt. 1998
FSK: ab 16 J.

Die Geliebte des US-Präsidentschaftskandidaten fällt einem Mord zum Opfer und mutige Verteidigerin stochert in dem Wespennest der Verdächtigen herum. Verwegener Thriller, mit einer der hanebüchensten Stories der letzten Zeit. Die namhafte Besetzung muß schwere Überzeugungsarbeit leisten.

Schau mich nicht so böse an 806

***

Regie: Michael Chauvistre
Darsteller: Rainer Huhn, Andreas Taglinger, Viktor Herzberg (Weihnachtsmänner), Connie Liese (Weihnachtsengel)
Drehbuch: Michael Chauvistré, Andreas Taglinger
Kamera: Michael Chauvistré, Konstantin Kröning, Erik Krambeck (Farbe)
Musik: Georg Fischer, Christoph Seil
Prod.: Happy Endings Film für ORB/SFB, BRD 1997; 66 Min.
UA: Int. Hofer Filmtage 1997; 21.11.1997, Biberacher Filmfestspiele
Verleih: Salzgeber/-/-; Dez. 1977, Dez. 1998

Weihnachtsmann-Vollversammlung im Uni-Hörsaal. Über 350 Weihnachtsmänner und mehr als 50 weibliche Engel stimmen sich hier auf den großen Einsatz ein: Heiligabend sollen sie fast 5000 Familien in Berlin und im Land Brandenburg bescheren. Drei Kamerateams begleiten drei von ihnen auf ihrem Weg durch die weihnachtlich geschmückten Wohnstuben.

Carmen Böker in: Berliner Zeitung, 11.12.97; Joachim Dicks in: taz, 11.12.97; Gerald Jung in: Zitty, 25/97; Thomas Klingenmaier in: Stuttgarter Zeitung, 11.12.98; Margret Köhler in: AZ, 19.12.98; Lennart Paul in: Der Tagesspiegel, 11.12.97

Schizophren! Eine Mutter als Callgirl 807

SHATTERED MIND ***

TV

Regie: Stephen Gyllenhaal
Darsteller: Heather Locklear (Suzy), Stephanie Beaton (Waitress), Brett Cullen, Kevin Dunn
Drehbuch: Thomas Braum
Kamera: John Campell (Farbe)
Prod.: Stephen Gyllenhaal, Christine Sacani, Darrah Cloud für Jaffe-Braunstein Films, USA 1996; 90 Min.
EA: Filmfest München 1998
TV: 1.12.1998, RTL2, 20.15

(…) »Heather Locklear läuft zu großer Form auf, wenn sie Suzys Schmerz und Pein vergegenwärtigt. Obwohl das Drehbuch nichts anderes als in Sybil offeriert, erzählt Regisseur Stephen Gyllenhaal die Geschichte durch einen sprunghaften, stark elliptischen Stil so packend, daß man Suzys qualvolle Disorientierung am eigenen Leib zu verspüren glaubt.« *(Entertainment Weekly)*

Katalog Filmfest München 1998

Die Schläfer

808
**
TV

Regie: Roman Kuhn
Darsteller: Gesine Curkrowski (Claire Castien), Michael Mendl (Björn), Axel Milberg (Günther), Michael Brandner (Hansen), Teresa Harder (Marlies), Thorsten Nindel (Dr. Hechtler), Christine Kaufmann (Stationsleiterin)
Drehbuch: Timo Berndt, Roman Kuhn, Lutz Schmökel
Kamera: Axel Sand
Prod.: Pro Sieben, BRD 1998; 95 Min.
TV: 22.11.1998, Pro7, 20.15

Viel Brimborium, viele Schnitte, viel Selbstfindung, viel Wasser, aber schwacher Inhalt.

Schlange auf dem Altar

809
***
TV

Regie: Hans-Erich Viet
Darsteller: Armin Rohde (Georg Färber), Joana Adu-Gyamfi (Mambele), Edgar Selge (Reinhardt), Illa Gedergott (Roswitha Gross), Heike Falkenberg (Uta Blumenthal), Brigitte Janner (Hermine Pohl), Wilfried Dziallas (Konzen), Gustav-Peter Wöhle (Peter Maybach)
Drehbuch: Georg Heinzen
Prod.: BRD 1998;
90 Min.
TV: 16.12.1998, ARD, 20.15

Aus Gutmütigkeit und Gutgläubigkeit gewährt Pfarrer Färber der nervigen Nigerianerin Mambele Kirchenasyl. Daraus klöppelte Autor Georg Heinzen einen bemüht ausgewogenen Komödien-Stoff mit betulichem Humor, plakativ demonstrierten Intentionen und handelsüblichen Klischees, über die häufig nicht einmal die guten Darsteller hinwegtäuschen konnten. Von dürftigem Amüsier-Nährwert.
W.O.P. Kistner, 18.12.98

Der evangelische Knast-Seelsorger Georg Färber wird ins Hamburger Schanzenviertel strafversetzt, weil er ein Bankräuberpaar entkommen ließ. Schnell bringt er wieder Schwung in die schrumpfende Gemeinde. Als die feurige Nigerianerin Mambele um Kirchenasyl vor der angeblich drohenden Abschiebung bittet, gerät Georg in Schwierigkeiten.

Der Schnapper – Blumen für den Mörder

810
***
TV

Regie: Vadim Glowna
Darsteller: Horst Krause (Paul Schrader »Schnapper«), Stephanie Philipp (Dr. Claudia Lost), Beate Jensen (Maria Sandel), Jacques Breuer (Thomas Nowak), Wolfgang Maria Bauer (Kurt Lagoda), Andreas Schmidt (Klaus Dorfmann), Hans Schenker (Heiner Gatoschek), Barbara-Magdalena Ahren (Marlies Schrader)
Drehbuch: Horst Freund, Thomas Wittenburg
Kamera: Jörg Seidl (Farbe)
Musik: Gast Waltzig
Schnitt: Guido Krajewski
Prod.-Des.: Joe Hattenhauer
Prod.: Werner Possardt für Calypso-Film für ZDF, BRD 1997; 85 Min.
TV: 6.6.1998, ZDF, 20.15

Die Besitzerin eines Blumenladens wird erstochen aufgefunden – der erste Fall für den Dortmunder Kommissar Paul Schrader, genannt »der Schnapper«. Zusammen mit der couragierten Polizeipsychologin Dr. Claudia Lost nimmt er die Suche nach dem Täter auf. Der Fall scheint schon bald erledigt. Doch dann kommt der Verdacht auf, daß der als Täter festgenommene, morphiumsüchtige Polizist Klaus Dorfmann nur als Werkzeug für den Mord benutzt wurde, der einen ganz anderen Hintergrund zu haben scheint.
(...) Dennoch erschien der neue ZDF-Samstagskrimi in seiner aufgeladenen Attitüde überladen – vom morphinistischen Polizisten, der eine Blumenhändlerin ersticht, bis zur psychopathischen Wunderheilerin, die weitere Todesfälle verursacht.
Zu viel Horrorfiguren auf einem Haufen (und wie immer ist der busengrapschende Kripo-Chef ein dämlicher Kotzbrocken) – aber Schrader und seine Sensibel-Psychologin könnten ein gutes Team abgeben. *AZ, 8.6.98*

Die Schneekönigin

811
***
Video

THE SNOW QUEEN

Regie: Martin Gates
Drehbuch: Martin Gates, nach dem Märchen von Hans Christian Andersen

Kamera: Frank Eagles (Farbe)
Musik: Chris Caswell
Schnitt: Mike Fraser
Prod.: Martin Gates, Marion Edwards für Gates/Carrington, GB 1995; 75 Min.
Vertrieb: Warner Home Video; Dez. 1998
FSK: ab 6 J.

Zeichentrickfilm nach dem Märchen von Hans Christian Andersen.

Schnell, billig und außer Kontrolle 812

FAST, CHEAP & OUT OF CONTROL ***
TV

Regie: Errol Morris
Darsteller: Mit: Dave Hoover (Wild Animal Trainer), George Mendonça (Topiary Gardner), Ray Mendez (Mole-Rat Specialist), Rodney Brooks (Robot Scientist)
Drehbuch: Errol Morris
Kamera: Robert Richardson (Farbe)
Musik: Caleb Sampson
Schnitt: Sondra Merrill, Karen Schmeer
Prod.-Des.: Ted Bafaloukos
Prod.: Lindsay Law, Errol Morris für Fourth Floor Prod., USA 1997;
82 Min.
EA: Filmfest München 1997
TV: 2.6.1998, West3, 23.30

Der Film beschreibt die äußerst seltsame Welt von vier exzentrischen Figuren, die sich im Lauf der Jahre ein originelles poetisches und utopisches Umfeld geschaffen haben. Als Leitfaden durch die ineinander verwobenen Geschichten dient die Leidenschaft, die jeder von ihnen für Tiere empfindet – ob diese nun wirklich sind (wie jene des Dompteurs und des Zoologen), oder symbolisch dargestellt (wie die in die Büsche geschnittenen Tiere des Gärtners oder die Roboter des Polytechnikers). Der Dokumentarfilm begleitet uns durch den Lebensraum, den sich diese sanften Träumer geschaffen haben. (…) *Katalog Locarno*

Schock – Eine Frau in Angst 813

***
TV

Regie: Ben Verbong
Darsteller: Jennifer Nitsch (Katja Janning), Richy Müller (Toni Strate), Christoph Waltz (Kommissar Kaul), Herbert Knaup (Helmut Janning), Leslie Malton (Ellen Reiss), Marcel Sandberg (Elias), Lars Rudolph (Schönborn), Gilles Gavois (El Bitar)
Drehbuch: Peter Probst
Kamera: Gerhard Schirlo (Farbe)
Musik: Dominic Roth
Schnitt: Gaby Kull-Neujahr
Prod.: Bernd Burgemeister, TV 60 für ZDF, BRD 1997;
2 x 90 Min.
TV: 1.5./2.5.1998, ZDF, 21.15/20.15

Der ZDF-Zweiteiler versuchte es mit den Psychothrillermätzchen eines Gedächtnisverlusts durch Schock: Immer wieder fegt die Kamera die Momentaufnahmen eines Fenstersturz-Mordes ins Bild, damit sich im Kopf der Amnesiepatientin ihr Lebenspuzzle zusammenfügen kann (der fürsorgliche Gatte ein Verbrecher, die eigene Schwester die wahre Mörderin, im Hintergrund ein politischer Bauskandal). Zuvor aber stolpert der Zuschauer dauernd hinter der panikgejagten Frauensperson her und verläßt sich auf die Schauspieler. (…) Als Thriller Mittelmaß, als Spielwiese für Charakterdarsteller attraktiv.

Ponkie, AZ, 4.5.98

Die Schöne und das Biest – Weihnachtszauber 814

THE BEAUTY AND THE BEAST – THE ENCHANTED CHRISTMAS **
Video

Regie: Andy Knight, Keith Ingham
Drehbuch: Flip Kobler, Cindy Marcus, Bill Motz, Bob Roth
Musik: Rachel Portman, Michael Starobin; Rachel Portman, Don Black (songs); Titelmelodie »As Long As There's Christmas« gesungen von Kisha
Prod.: Susan Kapigian für Walt Disney TV, USA 1997;
72 Min.
UA: 2.12.1993, Texas
EA: 5.12.1997, Stuttgart
Vertrieb: Buena Vista Video;
8.10.1998
FSK: o. A.

US-TV-Zeichentrickfilm, der die Story vor der Story von »Die Schöne und das Biest« erzählt. Bunter Kitsch für die Feiertage.

Das schönste Alter 815
LE PLUS BEL AGE ***
TV

Regie: Didier Haudepin
Darsteller: Elodie Bouchez (Delphine), Melvil Poupaud (Axel), Sophie Aubry (Claude), Gael Morel (Bertrand), Myriam Boyer (Delphines Mutter), Marcel Bozonnet (Professor), Benjamin Mercier (Pierre)
Drehbuch: Claire Mercier, Didier Haudepin
Kamera: Jean-Marc Fabre (Farbe)
Musik: Alexandre Desplat
Schnitt: Juliette Welfling
Prod.-Des.: Michel Vandestien
Prod.: Didier Haudepin für Bloody Mary Prod., Frankreich 1995; 83 Min.
UA: Int. Filmfestspiele Cannes 1995
TV: 9.2.1998, Arte, 20.45

Der Tod einer Schülerin führt zu Nachforschungen von Delphine, die sich mit den vertuschenden Erklärungen nicht zufrieden gibt. Der Regisseur stand schon als Achtjähriger neben Jeanne Moreau in »Moderato Cautabile« vor der Kamera.

Der Schrei der Seide 816
LE CRI DE LA SOIE ****

Regie: Yvon Marciano
Darsteller: Marie Trintignant (Marie), Sergio Castellitto (Gabriel de Vilemer), Anémone (Cecile), Alexandra London (Aude), Adriana Asti (Gabriels Mutter), Monique Couturier
Drehbuch: Yvon Marciano, Jean-François Goyet
Kamera: William Lubtchansky (Farbe)
Musik: Alexandre Desplat
Schnitt: Catherine Quesemand
Prod.: Sylvain Bursztejn für Mimosa/La Sept/Scarabée/Ingrid/T&C/TSR/CMC, Frankreich/Schweiz/Belgien 1996; 110 Min.
UA: 29.4.1996, Paris
Verleih: Salzgeber/-/Columbus; Sept. 1996 (CH), 12.2.1998 – *FSK:* ab 12, ffr.

Eine Pariser Schneiderin nähert sich immer wieder zwanghaft Seidenstoffbahnen in Warenhäusern und gerät ob dem Gewebe in sexuelle Erregung. Ein Psychiater untersucht das Fetisch-Phänomen und baut dabei zur Patientin eine schicksalhafte, tragische Beziehung auf, die weit über das Wissenschaftliche hinausreicht. Formal weitgehend geglücktes Spielfilmdebüt, interessant besetzt, aber auch geprägt von einem kopflastigen, nüchtern unemotionalen Erzählstil, der die Perversion und ihre Bedeutung im Kontext des Zeitgeistes von 1914 nur bedingt spiegelt. *Zoom, 9/96*

(…) Seide ist hier ein Stoff, aus dem Kinoträume sind. Der aufregende Pas de deux der Geschlechter entfaltet magische Wirkung, nimmt mit auf eine abenteuerliche Reise ins Reich sexueller Phantasien, in der das Begehren mehr zählt als die Erfüllung.
Margret Köhler, AZ, 9.7.98

Martina Knoben in: Südd. Zeitung, 11./12.7.98; Karim Zendagui in: Rheinische Post, 18.9.98

Schritte der Achtsamkeit 817
***

Regie: Thomas Lüchinger
Mit: Thich Nhat Hanh
Drehbuch: Thomas Lüchinger
Kamera: Thomas Lüchinger (Farbe)
Musik: Raga Puna
Schnitt: Anja Bombelli
Prod.: Beat Curti für Roses for you, Schweiz 1998; 83 Min.
Verleih: -/-/Columbus; Mai 1998

Thich Nhat Hanh aus Vietnam, ein in Frankreich exilierter Zenmönch, ist einer der bekanntesten Exponenten des Buddhismus im Westen. Der Film zeigt den renommierten Prediger während einer Reise nach Indien an die historischen Quellen seiner Religion.

Die Schwächen der Frauen 818
ELLES ***

Regie: Luis Galvao Teles
Darsteller: Carmen Maura (Linda), Miou-Miou (Eva), Marisa Berenson (Chloe), Guesch Patti (Branca), Marthe Keller (Barbara), Joaquim de Almeida (Gigi), Didier Flamand (Edgar), Morgan Perez (Luis
Drehbuch: Luis Galvao Teles, Don Bohlinger
Kamera: Alfredo Mayo (Farbe)
Musik: Alejandro Masso
Schnitt: Regina Bärtschi
Prod.-Des.: Véronique Sacrez
Prod.: Frederique Dumas, Marc Baschet, Patrick Quinet, Jacqueline Pierreux, Clara Agapiot, Luis Galvao Teles, Rolf Schmid, Juan Gordon für Samsa/Noé/Artémis/RTBF/

Marisa Berenson, Carmen Maura, Guesch Patti und Marthe Keller

Action/Fama/Esicma, Luxemburg/Belgien/ Frankreich/Portugal/Spanien 1997; 97 Min.
Verleih: TiMe/filmladen/Fama; 12.3.1998
FSK: ab 12, ffr.

Für ihre Reportage über die Wünsche der Frauen ab 40 interviewt die Fernsehmoderatorin Linda ihre besten Freundinnen. An einer Stelle geraten alle ins Stammeln: Wenn sie nach ihrem Alter gefragt werden. Die Schwächen der Frauen liegen in diesem Film in ihrer eigenen Angst vor dem Verrinnen der Zeit. Die französischsprachige Europroduktion, die in Lissabon spielt, trägt in puncto zielgruppenorientiertem Lifestyle ziemlich auf. Weniger Ambiente hätte den teils ganz netten Geschichten gut getan. Zum Schluß geht die dicke Schminke endlich den Tränenbach runter. *Bettina Bremme, tip, 6/98*

Um 1985 habe ich erste Notizen zu meinem Buch gemacht, den Stoff lange reifen lassen, ab 1995 mit meinem Koautor zweieinhalb Jahre daran gefeilt, und dann sagten alle potentiellen Produzenten, wie gut es ihnen gefalle, wollten aber nicht einen Pfennig rausrücken. Erst als ich die fünf Hauptdarstellerinnen präsentieren konnte, floß das Geld. *Luis Galvao Teles im Interview mit Peter Claus, Zitty, 6/98*

Dietrich Kuhlbrodt in: FR, 11.3.98; Oliver Rahayel in: Kölner Stadt-Anzeiger, 14.3.98; Martin Schwarz in: Zitty, 6/98; Karim Zendagui in: Rheinische Post, 13.3.98

Die Schwanenprinzessin und das verzauberte Königreich 819

THE SWAN PRINCESS AND THE MYSTERY OF THE ENCHANTED KINGDOM ***
Video

Regie: Richard Rich
Drehbuch: Brian Nissen, Richard Rich
Musik: Lex De Azevedo, Clive Rommey
Prod.: Richard Rich, Sheldon Young für Nest Ent./Rich Anim., USA 1998; 71 Min.
Vertrieb: Columbia TriStar Video; Okt. 1998
FSK: o. A.

Hexe gerät an Zauberformel, mit deren Hilfe man Menschen in Schwäne verwandeln kann. Die Zauberformel, mit der man Kinder-Kitsch genießbar macht, bleibt in diesem Zeichentrickfilm unerwähnt.

Schwarze Katze, weißer Kater 820

BLACK CAT, WHITE CAT ****

Regie: Emir Kusturica
Darsteller: Severdzan Bajram (Matko Destanov), Florijan Ajdini (Zare Destanov), Salija Ibraimova (Afrodita), Branka Katic (Ida), Srdjan Todorovic (Dadan Karambolo), Zabit Memedov (Zarije Destanov), Sabri Sulejman (Grga Pitic), Jasar Destani (Grga Veliki)
Drehbuch: Emir Kusturica, Gordan Mihic
Kamera: Thierry Arbogast, Michel Amathieu
Musik: Nele Karajilic, Vojislav Aralica, Dejo Sparavalo
Schnitt: Svetolik Mica Zajc
Prod.-Des.: Mile Jeremic
Prod.: Karl Baumgartner für Pandora Film/CiBy 2000/Komuna, Frankreich/ Jugoslawien/BRD 1998; 129 Min.
UA: Int. Filmfestspiele Venedig 1998
Verleih: Arthaus/-/Filmcoopi; Nov. 1998 (CH), 28.1.1999 – *FSK:* ab 6, ffr.

Mit unbändiger Vitalität und unerschöpflichen Einfällen wird ein fiktives Zigeunerleben an den Ufern der Donau geschildert – mit Liebespaaren, Schlaumeiern, Gaunern und übersteigerten Klischees. Dank den exaltierten, grotesken Episoden und Figuren ist Emir Kusturica das Kunststück gelungen, die meist häßlichen und überzeichneten Figuren im Verlauf des Films immer sympathischer erscheinen zu lassen – geradezu ein Lehrstück in Toleranz. *Zoom, 11/98*

Mit »Black Cat, White Cat« kehrt Kusturica nun zur grellen Poesie von »Time of the Gypsies« (1989) zurück, in ein Tollhaus ohne zeitgeschichtliche Bedeutungen. Er erfindet balkanische Geschichten, in denen sich die Beteiligten zwar die Köpfe einschlagen, aber ohne daß es wehtut. »Black Cat, White Cat« ist ein lebendig gewordener Cartoon, bei dem das Tempo nie nachläßt und Knallerbsen nachgeworfen werden, sobald der Rauch der Detonationen sich verzogen hat. Es ist eine Welt, in der Schweine Trabis fressen und geheimnisvolle Matronen mit dem Hinterteil Nägel aus Holzbalken ziehen, in der Tote wiederauferstehen und Gangsterbosse für ihre Herrschsucht mit einem Sturz in die Latrinengrube bestraft werden. Kusturica läßt keinen Gag aus. Darin liegt die größte Schwäche dieses Films, dessen Plot, die Verhinderung einer angeordneten Hochzeit und die Förderung einer Liebesehe, unter dem Dauerbeschuß fast ebenso zusammenbricht wie die teils wunderbaren Einfälle.

Gregor Dotzauer, SZ, 12.9.98

Schwarze Messen auf dem Campus 821

DYING TO BELONG **

TV

Regie: William A. Graham
Darsteller: Hilary Swank (Lisa Connors), Sarah Chalke (Dana), Jenna von Oy (Shelby), Laurel Holloman (Shannon), Mark Paul Gosselaar (Steven Tyler), Tracy Middendorf (Kim), Jennifer Warren (Dean Curtis), Gregory Alan Williams (Carl Ridgeley)
Kamera: Robert Steadman (Farbe)
Prod.-Des.: Roger Crandall
Prod.: Gregory Prange, USA 1997; 120 Min.
TV: 15.1.1998, Pro 7, 20.15

Junge Studentin stellt fest, daß in ihrer Verbindung nicht alles so ist, wie es sein sollte.

Die schwarzen Panther 822

ALL POWER TO THE PEOPLE! *

TV

Regie: Lee Lew-Lee
Drehbuch: Lee Lew-Lee
Kamera: Lee Lew-Lee (Farbe und s/w)
Schnitt: Ruby Yang
Prod.: Lee Lew-Lee; Kristin Bell, Nico Panigutti (Koprod.) für Electronic News Group mit ZDF/Arte, USA 1996; 116 Min.
TV: 6.7.1998, ZDF, 0.30;
16.5.1997, Arte

(...) Der Film zeigt die Black-Panther-Bewegung von ihren Anfängen als Untergrundorganisation in den sechziger Jahren zu der geächteten Guerilla-Partei Anfang der siebziger Jahre bis zu ihrer Zerstörung in den Achtzigern. (...) Er nutzt die Geschichte der Black-Panther-Partei als Spiegel, um Rassenpolitik, Gewalt, Armut, Drogen und Angst im Amerika von heute anzusehen. (...) *Pressetext*

Schwarzer Schnee 823

BEN MIN NIAM ***

TV

Regie: Fei Xie
Darsteller: Jiang Wen (Li Huiquan genannt Quanzi), Cheng Lin (Zhao Yaqiu), Cai Hongxiang (Chui Yongli), Liang Tian (Ma Yipu »Shuazi«), Liu Xiao Ning (Fang Chazi), Liu Bin (Liu Baotie), Yue Hong (Luo Yiofen)
Prod.: China 1989;
99 Min.
TV: 26.5.1998, ZDF, 0.30

Der junge Quanzi wird aus dem Gefängnis entlassen. Seine Verwandten sind inzwischen gestorben. Quanzi kann keine Arbeit finden, in seiner alten und doch so veränderten Umgebung findet er sich nicht mehr zurecht. Er lebt ohne Freunde, trinkt und prügelt sich wahllos. Eines Tages wird er tödlich verletzt. (...) *SZ TV-Beilage*

Sci-Fighter 824

SCI-FIGHTER *

Video

Regie: Peter Svatek
Darsteller: Billy Drago (Adrian Dunn), Roddy Piper (Cameron), Jayne Heitmeyer (Kirbie), Tyrone Benskin (Washington), Richard Raybourne (Casper), Donna Sarrasin (Tricia), Karen Elkin (Zombie Frau), Chip Chuipka
Drehbuch: Mark Sevi
Kamera: Barry Gravelle (Farbe)
Musik: Milan Kymlicka
Schnitt: Jean-Marie Drot

Prod.-Des.: Michael Devine
Prod.: Danny Rossner für Shostak-Rossner Prod., USA 1996;
90 Min.
Vertrieb: Warner Home Video; 13.2.1998
FSK: ab 18 J.

Der Biß eines Außerirdischen verwandelt Adrian in ein blut- und sexgieriges Weltraummonster. Ungenießbare Mischung aus Action, Sex und Gewalt.

Scream 2 825
SCREAM 2 **

Regie: Wes Craven
Darsteller: David Arquette (Dewey Riley), Neve Campbell (Sidney Prescott), Courteney Cox (Gale Weathers), Sarah Michelle Gellar (Cici), Jamie Kennedy (Randy Meeks), Elise Neal (Hallie), Jerry O'Connel (Derek), Timothy Olyphant (Mickey)
Drehbuch: Kevin Williamson
Kamera: Peter Deming (Fotokem)
Musik: Marco Beltrami
Schnitt: Patrick Lussier
Prod.-Des.: Bob Ziembicki
Prod.: Cathy Konrad, Marianne Maddalena; Daniel Lupi (Koprod.) für Dimension Films mit Craven/Maddalena/Konrad Pic., USA 1997;
119 Min.
Verleih: Kinowelt/dto./Frenetic/VMP Video; 23.4.1998
FSK: ab 16 J., ffr. (OF ab 18 J., nffr.)

Unvermeidliche Fortsetzung des Überraschungserfolges von Horror-Veteran Wes Craven: Die wenigen Überlebenden des Vorläufers finden sich als Studenten einer Filmhochschule wieder und werden selbstverständlich erneut vom unberechenbaren Mörder heimgesucht. Weniger noch als im ersten Teil wird das Geschehen von Suspense-Momenten getragen (die ja einen intelligenten Thriller erst ausmachen). Spannung reduziert sich auf mit großem orchestralem Aufwand untermalte, spekulative Schock-Effekte, die sich ebenfalls beizeiten abnutzen.
Zoom, 4/98

(...) Rehabilitierte Craven mit seinem ersten Teil sich und das Horror-Subgenre des Slasher-Films gleich mit, so trägt er es mit »Scream 2« gleich wieder zu Grabe. *Jörg Buttgereit, tip, 9/98*

Neve Campbell

(...) Die mitunter vergnüglichen Klischee-Brechungen, die überzogenen Genre-Zutaten, die übertriebenen Genre-Zitate, der Versuch, auf mehreren, sich tangierenden Ebenen zu erzählen, das alles wirkt für einen solch oberflächlichen, für die jugendliche Popcorn-Sixpack-Fun-Fraktion zugeschnittenen Teenie-Horror-Plot verschwendet.
Die Frage, warum das Genre des Teenie-Slasher-Movies sich derzeit derart im Aufwind befindet (Autor Kevin Williamson hat »Scream 3« bereits angedroht), kann nicht die Filmkritik, sondern vielleicht allenfalls die Soziologie beantworten. *W.O.P. Kistner, AZ, 23.4.98*

(...) Wes Craven hat mit seinem Kameramann Peter Deming (Lost Highway) den Film so präzise und intuitiv inszeniert, daß er vom Zuschauer in jeder Sekunde der 121 Minuten alles abverlangt. Der ganz besondere Thrill aber rührt aus der Tatsache, daß am Set niemand außer dem Regisseur wußte, hinter welcher Rolle sich der Mörder verbirgt. Bis zuletzt mußte jeder Schauspieler agieren, als wäre er selbst der Schlitzer. Das macht die Fortsetzung noch authentischer und nervenzerreißender als das Original.
Angela Schmitt-Gläser, FR, 24.4.98

»Popkultur bedeutet mir alles, da geht es mir wie meinen Filmcharakteren. Ich bin ein Produkt der Popkultur der achtziger Jahre, der Reagan-Ära. Ich kann nie genug Querverweise in meine Drehbücher schreiben. Meine Charaktere beziehen sich fast ausschließlich auf Filme, die sie gesehen haben.«

Kevin Williamson im Interview mit Richard Plenger

»Alle meine Filme habe ich mit Kommentaren aufgeladen, die sozusagen als Subjekt mitlaufen. ›The People Unter The Stairs‹ enthält zum Beispiel eine sozialpolitische Aussage, andere wie ›The House On The Left‹ haben einen religiösen Aspekt und mit den ›Nightmare‹-Filmen habe ich mich auf meine Weise mit der Freudschen Traumdeutung auseinandergesetzt. Im Grunde genommen kommen meine Filme einer intellektuellen Reflektion sehr nahe. Manchmal versuche ich tatsächlich, auch meine eigenen Probleme in meine Filme zu packen. Das hat oft – da dies meist mit sehr viel Humor geschieht – eine kathatische Wirkung.«

Wes Craven im Interview mit Ulrich Lössl, Zitty, 9/98

Albert Baer in: Rheinische Post, 24.4.98; Thomas Hüetlin in: Der Spiegel, 27.4.98; Thomas Klingenmaier in: Stgt. Zeitung, 23.4.98; Tobias Kniebe in: SZ, 23.4.98; Christian Seebaum in: Kölner Stadt-Anzeiger, 21.3.98

Sebastian 826

NÄR ALLA VET ***

Regie: Svend Wam
Darsteller: Hampus Björck (Sebastian), Nicolai Cleve Broch (Ulf), Ewa Fröling (Mutter), Rebecka Hemse (Lisbeth), Helge Jordal (Vater), Emil Lindroth (Jan), Lena Olander (Linda), Karin Hagas
Drehbuch: Per Knudsen, Hansi Mandoki, Petter Venneröd, Svend Wam, nach der Novelle von Suart Cayal
Kamera: Per Källberg (Farbe)
Schnitt: Einar Egeland
Prod.: Hansi Mandoki, Petter Venneröd für Mefistofilm/Miramar/Nordisk, Norwegen/Schweden 1995; 87 Min.
Verleih: -/-/-/Pro-Fun Video; Sept. 1998
FSK: ab 6 J.

»Wollen wir Waffeln backen?« Ziemlich ungeschickte Anmache, aber der sechzehnjährige Sebastian ist schwer verwirrt. Denn er hat sich in seinen besten Freund Ulf verknallt. »Bist Du …?« Das Wort »schwul« trauen sich die Eltern nicht auszusprechen. Und Sebastian kann nicht antworten, weil er sich sexuell noch orientieren und nicht in Kategorien pressen lassen will. Im Surfer-Stil des Zeitgeistes probt der skandinavische Film das Coming-Out. Aus der Erwachsenenperspektive wirken die langen Passagen, in denen Sebastian im Off überlegt, ein wenig didaktisch. Doch gerade in pubertären Krisensituationen tut es wohl, wenn einfache Dinge in einfachen Worten gesagt werden: »Ich bin wie ich bin.« *Iris Depping, tip, 17/98*

(…) Dabei bemüht sich der Streifen durchaus darum, dem Geschmack heutiger Heranwachsender nahezukommen, von der gerade wieder heraufdräuenden Zottelmode bei den Jungmännern bis hin zu einer Bildästhetik, die teilweise der einer Reklame für Jeans oder braune Brause oder einer dieser sterilen Vorabendserien nahekommt. Und wie die Szenen aneinandergestoppelt sind, mag durchaus dem Lebensgefühl und den zappinggeschulten Sehgewohnheiten gelangweilter Jugendlicher entsprechen. Also ein pädagogisch womöglich wertvolles Werk für alle unter zwanzig. Und natürlich für die Fans von »Boys«.

Jan Gympel, Zitty, 17/98

Kerstin Decker in: Der Tagesspiegel, 13.8.98

Sechs Tage, sieben Nächte 827

SIX DAYS, SEVEN NIGHTS ***

Regie: Ivan Reitman
Darsteller: Harrison Ford (Quinn Harris), Anne Heche (Robin Monroe), David Schwimmer (Frank Martin), Jacqueline Obradors (Angelica), Temuera Morrison (Jager), Allison Janney (Marjorie), Douglas Weston (Philippe), Cliff Curtis (Kip)
Drehbuch: Michael Browning
Kamera: Michael Chapman
Musik: Randy Edelman
Schnitt: Sheldon Kahn, Wendy Greene Bricmont
Prod.-Des.: J. Michael Riva

Prod.: Ivan Reitman, Wallis Nicita, Roger Birnbaum; Sheldon Kahn, Gordon Webb (Koprod.) für Touchstone Pictures, USA 1998; 102 Min.
Verleih: Buena Vista/dto./dto./Buena Vista Video; 25.6.1998
FSK: ab 6 J. – *FBW:* wertvoll

Die karrieregestreßte Journalistin Robin chartert von einer Karibikinsel aus einen Flug nach Tahiti. Ein gewaltiges Gewitter überrascht den Piloten, eine Notlandung ist die Folge. Als ungleiches Paar sitzen die beiden jetzt mutterseelenallein auf einer einsamen Insel. Die zu bestehenden Abenteuer lassen die beiden ihre persönlichen Differenzen vergessen und immer näher zusammenrücken. Bei handwerklich durchschnittlicher Arbeit des Filmstabes setzt sich der Film aus längst hinlänglich bekannten Klischees zusammen, die auch durch die Ausstrahlung von Harrison Ford und Anne Heche nicht glaubwürdiger und nur wenig erträglicher werden. *multimedia*

(...) Nette Beziehungskomödie, die zwar mit Vorbildern von »African Queen« bis »Romancing the Stone« liebäugelt, aber eigenständigen Humor vermissen läßt. *Zoom, 8/98*

Anne Heche und Harrison Ford in unwegsamem Gelände

Eine New Yorker Redakteurin muß den romantischen Traumurlaub mit Verlobtem wegen eines Auftrags kurz unterbrechen und chartert ein klappriges Flugzeug samt ruppigem Piloten. Nach einer Notlandung sitzt das gegensätzliche Paar auf einer einsamen Südseeinsel fest.
Eine amüsante Mischung aus Love-Story und Abenteuerfilm mit gefährlichen Piraten und allerlei Getier sowie jeder Menge Erotik. Wie sich Harrison Ford und Anne Heche näherkommen, ist ein Vergnügen. *M. K.*

Brigitte Desalm in: Kölner Stadt-Anzeiger, 27.6.98; Hanns-Georg Rodek in: Die Welt, 25.6.98; Ruprecht Skasa-Weiß in: Stgt. Zeitung, 25.6.98; Karin Zendagui in: Rheinische Post, 26.6.98

Sechs-Uhr-Nachrichten 828

SIX O'CLOCK NEWS ***
TV

Regie: Ross McElwee
Darsteller: Ross McElwee (Erzähler)
Kamera: Ross McElwee (Farbe)
Schnitt: Ross McElwee
Prod.: Ross McElwee für First Run Features, USA 1997; 103 Min.
UA: 20.1.1997, Sundance Film Festival, American Spectrum
TV: 12.3.1998, Arte, 0.25

Dokumentarfilm.

36 Stunden Angst 829

**

Regie: Jörg Grünler
Darsteller: Uwe Bohm (Rüdiger Martens), Johannes Brandrup (Michael Steiger), Oskar Ortega-Sanchez (Thomas Retzbach), Susanne Schäfer (Dina Steiger), Ulrich Mühe (Rudolph), Lars Rudolph (Dehnert)
Drehbuch: Holger Karsten Schmidt
Prod.: BRD 1998; 95 Min.
TV: 27.10.1998, SAT.1, 20.15

Rudolf, der von Mitgliedern der Polizei betrogen wurde, entführt aus Rache den Sohn eines Polizisten, der nicht daran beteiligt war.

Der See 830

***

Regie: Thomas Roth
Darsteller: Gabriel Barylli (Paul Eck), Heribert Sasse (Der Kommissar), Roland Düringer (Laposa), Mercedes Echerer (Journalistin Gartner), Herwig Seeböck (Dr. Sonnenberg), Rainer Egger (Robert Eck)
Drehbuch: Gerhard Roth, Thomas Roth, nach dem Roman von Gerhard Roth
Kamera: Helmut Pirnat (Farbe und s/w)
Musik: Lothar Scherpe
Schnitt: Evi Romen
Prod.-Des.: Florian Reichmann
Prod.: Kurt J. Mrkwicka, Andreas Kamm für MR-Film für ORF, Österreich 1997; 115 Min.
UA: Filmfest München 1997
Verleih: -/filmladen/-; Februar 1998

Den medikamentensüchtigen Pharmavertreter Paul Eck verschlägt es in die Gegend seiner Kindheit, an den Neusiedler See. Nach einem Sturm ist sein Vater verschwunden und Eck einer der Hauptverdächtigen eines mutmaßlichen Mordfalls. Gerhard Roths Erfolgsroman wird von seinem Sohn Thomas mit sichtlicher Lust an visuellen Effekten, die jedoch kaum jemals über inhaltsarme Attitüden hinausgehen, fürs Kino adaptiert. Analog zu diesem oberflächlichen ästhetischen Konzept geraten inhaltliche Aspekte von Anfang an zu einer relativ beliebigen Nummernrevue betulich-bedeutsamer Dialoge. *multimedia*

Sehr verdächtig 831

WRONGFULLY ACCUSED

***

Regie: Pat Proft
Darsteller: Leslie Nielsen (Ryan Harrison), Melinda McGraw (Cass Lake), Richard Crenna (Fergus Falls), Kelly LeBrock (Lauren Goodhue), Michael York (Hibbing Goodhue), Aaron Pearl (Killer), Gerard Plunkett (UN-Generalsekretär), Ben Ratner (Sergeant Orono)
Drehbuch: Pat Proft, nach den Charakteren von Roy Huggins
Kamera: Glen MacPherson (Technicolor)
Musik: Bill Conti
Schnitt: James R. Symons
Prod.-Des.: Michael S. Bolton
Prod.: Bernd Eichinger, James G. Robinson, Pat Proft für Morgan Creek/Constantin, USA 1998; 87 Min.
UA: 23.7.1998, BRD
Verleih: Constantin/dto./Monopole Pathé; 23.7.1998
FSK: ab 12 J., ffr. – *FBW:* Wertvoll

Ein berühmter Geiger wird für einen Mord verurteilt, den er nicht begangen hat. Dank eines Unfalls beim Transport ins Gefängnis kann er fliehen und die wahren Täter überführen. Die derbe Slapstick-Persiflage auf »The Fugitive« (1993) ist das Regiedebüt des Drehbuchautors der »Naked Gun«- und »Hot Shots«-Komödien. Wie bei diesen ist auch hier die Komik auf Hauptdarsteller Leslie Nielsen ausgerichtet und besteht vorwiegend aus verfremdeten Film- und TV-Serien-Zitaten, die in mitunter deftige Pointen münden.

Zoom, 8/98

»Ich bin ein Clown. Mein Vater hat in Esbjerg/Dänemark als Clown gearbeitet. Nach unserer Übersiedlung nach Kanada wurde er Polizist und gab das Hobby auf. Mein Bruder und ich haben mit seinem Kostüm und seinem Schminkkoffer gespielt. Das ist mir ins Blut übergegangen.«

Leslie Nielsen im Interview mit Katharina Dockhorn, Zitty, 15/98

Volker Gunske in: tip, 16/98; Hans-Joachim Neumann in: Zitty, 15/98; Karim Zendagui in: Rheinische Post, 24.7.98

Sein Bodyguard 832

HIS BODYGUARD

**

Video

Regie: Artie Mandelberg
Darsteller: Robert Bockstael (Al), Michael Copeman (Field), Elivs Dressler (Clark), Kristin Dressler (Mary), Robin Gammell (Rollston), Robert Guillaume (Garrett), Steve Jackson (Ken), Mitzi Kapture (Jenny Farrell)
Drehbuch: Emma Samms
Kamera: Paul Maibaum (Farbe)
Musik: Daniel May
Schnitt: Michael Economou
Prod.-Des.: Taavo Soodor
Prod.: Julian Marks, Mark Winemaker für Wilshire Court Prod., USA 1997; 85 Min.
Vertrieb: CIC Video; Okt. 1998
FSK: ab 12 J.

Stummer Junge wird Zeuge eines Verbrechens und bekommt eine Leibwächterin zugeteilt. Läppisches, vorhersehbares TV-Krimidrama.

Selena – Ein amerikanischer Traum 833

SELENA ***

Video

Regie: Gregory Nava
Darsteller: Jennifer Lopez (Selena Quintanilla), Edward James Olmos (Abraham Quintanilla), Jon Seda (Chris Perez), Constance Marie (Mercela Quintanilla), Jacob Vargas (Abie Quintanilla), Lupe Ontiveros (Yolanda Saldivar), Jackie Guerra (Suzette Quintanilla), Richard Coca
Drehbuch: Gregory Nava
Kamera: Edward Lachman (CFI/Technicolor)
Musik: Dave Grusin (original score); Sidney James (supervisor)
Schnitt: Nancy Richardson
Prod.-Des.: Cary White
Prod.: Moctesuma Esparza, Robert Katz für Q Prod./Esparza/Katz Prod., USA 1997;
127 Min.
Vertrieb: Warner Bros. Video; 20.2.1998
FSK: ab 6 J.

Das dramatische Leben der Latino-Amerikanerin Selena, die unter dem Druck ihres Vaters Karriere als Sängerin machte. Spannende und ausgewogene, glaubwürdige und zeitweise sogar mitreißende Biographie mit Spitzendarstellern.

Selma & Johanna 834

ALDRIG MER 4 B ***

Video

Regie: Ingela Magner
Darsteller: Anna Sjögren (Johanna), Grete Havnesköld (Selma), Jakob Eklund (Goran), Kjell Bergarist (Kjellvan), Johan Widerberg (Conny)
Drehbuch: Staffan Erstam
Kamera: Dan Myrnian (Farbe)
Musik: Coste Apetrea, Anders Henriksson
Schnitt: Lasse Lundberg
Prod.: Lennart Duner für Cinetofon/Sandrew/Sveriges Television, Schweden 1997; 91 Min.
Vertrieb: Matthias-Film; Dez. 1998

Weil die 11jährige Johanna gegen ihre Lehrerin vor den Europäischen Gerichtshof zu Felde ziehen will, reißt sie mit ihrer gleichaltrigen Freundin aus, um nach Straßburg zu gelangen. Nett gestalteter und flüssig erzählter Kinderfilm.

Senseless 835

SENSELESS ***

Regie: Penelope Spheeris
Darsteller: Marlon Wayans (Darryl Witherspoon), David Spade (Scott Thorpe), Matthew Lillard (Tim LaFlour), Brad Dourif (Dr. Wheedon), Tamara Taylor (Janice), Rip Torn (Randall Tyson), Richard McGonagle (Robert Bellweather), Esther Scott (Denise Witherspoon)
Drehbuch: Greg Erb, Craig Mazin
Kamera: Daryn Okada (Deluxe)
Musik: »Yello«, Stephen E. Smith
Schnitt: Ross Albert
Prod.-Des.: Peter Jamison
Prod.: David Hoberman für Mandeville Films/Gold-Miller Prod., USA 1998;
93 Min.
Verleih: Kinowelt/dto.//VMP Video; 3.9.1998
FSK: ab 12 J.

Der Held dieser szenenweise ulkigen College-Komödie ist ein bettelarmer Student schwarzer Hautfarbe, der sich im Clinch mit einem weißen Oberschichtschnösel um einen Traumjob bewirbt – mit Hilfe einer Wunderdroge, die ihm nicht nur Vorteile, sondern auch erhebliche Peinlichkeiten und Rückschläge beschert. Ein zeitgemäßies Kinomärchen, das soziale Ungerechtigkeit aufzeigt, aber verharmlost, und den Glauben an den »american dream« propagiert, den Traum vom möglichen Reichtum und Erfolg für alle.

Ralph Umard, tip, 19/98

Rupert Koppold in: Rheinische Post, 4.9.98; Hans Schifferle in: Kölner Stadt-Anzeiger, 5.9.98; Stefan Schirmer in: Der Tagesspiegel, 3.9.98

Sergej Eisenstein. Mexikanische Phantasie 836

SERGEJ EISENSTEIN. MEXIKANSKAJA FANTASIJA ****

Regie: Oleg Kowalow
Drehbuch: Oleg Kowalow
Kamera: Eduard Tissé; Jewgeni Schermergor (Bild); Wladimir Smirnow, Andrej Fokitschew (Trick)
Musik: Wjatscheslaw Gajworonski
Prod.: STW-Filmstudio/Gosfilmofond/Goskino, Rußland 1998; 100 Min.
EA: 12.2.1998, Int. Forum des Jungen Films, Berlin
Verleih: Freunde/-/-; Nov. 1998

Im Dezember 1930 kam Sergej Eisenstein nach Mexiko, um ein Filmepos über die Vergangenheit und Zukunft dieses Landes zu schaffen: Mexiko in der Zeit vor Kolumbus, versunken in uralten Geheimnissen; (...) und Mexiko, das sich zielstrebig dem 20. Jahrhundert öffnet – das war die Spannweite dieses ungewöhnlichen Projekts. Daraus sollte jedoch nichts werden. Die Dreharbeiten wurden abgebrochen, und Eisenstein kehrte nach Moskau zurück, ohne die Fülle seines blendendschönen Materials jemals gesehen zu haben. Mein Film ist nun kein Versuch, das große Filmfresko zu rekonstruieren, das er beabsichtigt hatte. Es ist eine freie Reflexion über das Thema des unvollendeten Films, ein Versuch der vorsichtigen Annäherung an seine Geheimnisse. (...)

Oleg Kowalow, Katalog Forum

Sex/Life in L.A. 837

SEX/LIFE IN L.A. ***

Regie: Jochen Hick
Darsteller: Tony Ward, Ron Athey, John Garwood, Rick Castro, David Kendall, Patrick Morgan, Cole Tucker, Matt Bradshaw
Drehbuch: Jochen Hick
Kamera: Jochen Hick (Farbe)
Musik: David Harrow
Schnitt: Ingrid Molnar
Prod.: Jochen Hick für Galeria Alaska Prod., BRD 1998; 91 Min.
UA: 14.2.1998, Int. Filmfestspiele Berlin, »Panorama: Dokumente«
Verleih: Alaska/-/-/Galeria Alaska; August 1998
FSK: ab 16, ffr. (gekürzte Fass. 89 Min.)

Jochen Hick bietet in seiner Dokumentation einen Einblick in die Hierarchie schulmännlicher Sexualität, Prostitution und Pornographie, wie sie sich im Los Angeles der ausgehenden Neunziger darstellt. Er zeigt aber auch, daß sich die Grenzen zwischen Ausbeutung und Egotrip oft heillos vermischen. Ohne naheliegender Legendenbildung zu erliegen, entwirft er ein differenziertes Bild von Markt, Lust und Utopie. Sein Kaleidoskop aus dem Epizentrum schwuler Ikonographie ist auf seltene Weise zugleich sinnlich und distanziert.

Claus Löser, tip, 18/98

Jan Gympel in: Zitty, 18/98; Susan Vahabzadeh in: Süddeutsche Zeitung, 28.10.98; Christian Seebaum in: Kölner Stadt-Anzeiger, 16.5.98; Ruprecht Skasa-Weiß in: Stuttgarter Zeitung, 30.7.98

Shadowzone – Die Vampire von Manhattan 838

SHADOWZONE: THE UNDEAD EXPRESS ** TV

Regie: Stephen Williams
Darsteller: Ron Silver (Valentine), Chauncey Leopardi (Zach), Natanya Ross (Gabe), Tony T. Johnson (J.T.), Sherry Miller (Mom), Ron Lea (Dad), Ron White (Sims), Frank Moore (Harv)
Drehbuch: Roy Sallows, nach dem Roman von J. R. Black
Kamera: Curtis Petersen (Farbe)
Musik: Reg Powell
Schnitt: Ralph Brunjes
Prod.-Des.: David M. Davis
Prod.: John Danylkiw; Gary L. Stephenson (Koprod.) für Hallmark/Lynch Ent./Showtime Networks, USA 1996; 95 Min.
TV: 14.3.1998, Pro7, 17.30

Der freundliche Vampir Valentine will mit Hilfe des New Yorker Schülers Zach seine unfreundliche Behausung in der U-Bahn und seine anstrengende Tätigkeit aufgeben.

Shoemaker 839

SHOEMAKER ***

Regie: Colleen Murphy
Darsteller: Randy Hughson, Alberta Watson, Hardee T. Lineham, Carl Marotte, Ellen Ray Hennessy, George Buza
Drehbuch: Jaan Kolk
Kamera: Christophe Bonnière (Farbe)
Musik: Bill Thompson
Schnitt: Wiebke von Carolsfeld
Prod.: Subjective Eye, Kanada 1996; 82 Min.
EA: Filmfest Braunschweig 1997; Mannheim-Heidelberg 1997
Verleih: Kairos/-/-; 22.10.1998
FSK: ab 12 J.

In einem angestaubten Schuhmacherladen am Rand von Toronto wartet Carey auf die große Liebe. Aber weil der bald vierzigjährige Simplizissimus für im-

mer mit dem Gemüt eines Kindes gesegnet ist, läßt sich sein Traum nur schwer realisieren. Das Drehbuch zu dieser freundlichen Forrest-Gump-Variante verzichtet auf politische Korrektheit und setzt lieber auf leicht geschärften Humor, ohne dabei je die Sympathien für die untypischen Helden zu verlieren. Ein mildes Vergnügen.
tip, 22/98

Kerstin Decker in: Der Tagesspiegel, 22.10.98; Veronika Rall in: FR, 24.10.98

The Shooter – Der Scharfschütze 840

THE SHOOTER **
Video

Regie: Ed Raymond
Darsteller: Michael Dudikoff (Fremder), Valerie Wildman (Wendy), Matthew Anderson (Deputy Casey)
Kamera: Gary Graver (Farbe)
Musik: Boris Zelkin
Schnitt: Brett Hedlund
Prod.: Ashok Amritraj, Andrew Stevens für Royal Oaks Prod., USA 1997; 88 Min.
Vertrieb: MVW Video; 19.2.1998
FSK: ab 18 J. (gekürzte Fass. 82 Min., ab 16 J.)

Pistolenprofi sorgt in Präriestadt für Aufruhr. Ärmlicher Italowestern-Verschnitt, der nur auf Effekte spekuliert.

Showdown 841

TOP OF THE WORLD **
Video

Regie: Sidney J. Furie
Darsteller: Peter Weller (Ray Mercer), Dennis Hopper (Charlie Atlas), Tia Carrere (Rebecca Mercer), David Alan Grier (Augustus), Joe Pantoliano (Vince Castor), Cary-Hiroyuki Tagawa (Capt. Hefter), Peter Coyote (»Der Metzger«), Julie McCullough (Ginger)
Drehbuch: Bart Madison
Kamera: Alan Caso (Farbe)
Musik: Robert O. Ragland
Schnitt: Alain Jakubowicz
Prod.-Des.: Aaron Osborne
Prod.: Avi Lerner, Elie Samaha für Millenium Films/NuImage, USA 1997; 95 Min.
Vertrieb: Warner Home Video; 22.5.1998
FSK: ab 18 J.,

Kaum aus dem Knast, wird ein Exbulle in Las Vegas, wo er sich scheiden lassen will, in einen Casino-Überfall verwickelt. Die klischeestrotzende Story hält die durchaus starken Action-Szenen nicht einmal notdürftig zusammen. Ein Rätsel: die prominente Besetzung.

Sie liebt ihn – sie liebt ihn nicht 842

SLIDING DOORS ***

Regie: Peter Howitt
Darsteller: Gwyneth Paltrow (Helen), John Hannah (James), John Lynch (Gerry), Jeanne Tripplehorn (Lydia), Zara Turner (Anna), Douglas McFerran (Russell), Paul Brigthwell (Clive), Nina Young (Claudia)
Drehbuch: Peter Howitt
Kamera: Remi Adefarasin (Technicolor)
Musik: David Hirschfelder
Schnitt: John Smith
Prod.-Des.: Maria Djurkovic
Prod.: Sydney Pollack, Phillippa Braithwaite, William Horberg für Mirage Prod., GB/USA 1998; 108 Min.
UA: 13.1.1998 Sundance Film Festival
EA: Filmfest München 1998
Verleih: Jugendfilm/Constantin/Elite; 19.11.1998
FSK: ab 6 J., ffr.

Als einer fristlos entlassenen PR-Beraterin auch noch die U-Bahn vor der Nase wegfährt, beginnt sie, parallel zu ihrem eher problemreichen Alltag ein Leben mit Erfolg und Liebe zu erträumen – bis Realität und Traum plötzlich zusammenfallen. Die zügig, aber oberflächlich erzählte moderne Romanze konzentriert sich zu sehr auf dieses Bauprinzip und verliert darüber die Psychologie ihrer Figuren aus den Augen. In den Dialogen wird teils geistreicher britischer Humor gepflegt. Der Film als Ganzes berührt aber wenig. *Zoom, 5/98*

(…) Auch abgesehen vom unsinnigen deutschen Titel und der wenig sensiblen Synchronisation wäre diese Produktion wohl nicht zu retten gewesen: Spürbar am Reißbrett entworfen, geht die dramaturgische Konstruktion zwar in groben Zügen auf, bleibt aber völlig fern und fremd. *Claus Löser, tip, 24/98*

Anders als Resnais in »Smoking/No Smoking«, den die Anschlußstellen der

Gwyneth Paltrow zwischen Realität und Traum

möglichen Handlungen und die unwahrscheinlichsten Verknüpfungen interessieren oder Tom Tykwers »Lola rennt«, der Erzählungen als Zeitschleifen generiert, erprobt Howitt, wie bedeutsam ein Zufall, was wahrscheinlich, was Glück und was Schicksal ist. Zwei ineinander übergehende Erzählstränge ergeben ein schönes Tempo für eine Beziehungskomödie, die mit treffenden Dialogen und noch treffenderen Handlungen dem neuen britischen Kino eine weniger sozialkritische, dafür aber zwischenmenschlich reife Beobachtung hinzufügt. *multimedia*

Sebastian Feldmann in: Rheinische Post, 20.11.98; Julian Hanich in: Der Tagesspiegel, 19.11.98; Thomas Klingenmaier in: Stuttgarter Zeitung, 19.11.98; Tobias Kniebe in: SZ, 19.11.98; Veronika Rall in: FR, 20.11.98; Antje Schmelcher in: FAZ, 18.11.98

Sieben Monde

843
***

Regie: Peter Fratzscher
Darsteller: Jan Josef Liefers (Thomas Krömer), Marie Bäumler (Alexandra), Ulrich Mühe (Hans Eschbach, Lektor), Christoph Waltz (Hauptkommissar Becker), Peter Lohmeyer (Hauptkommissar Graf), Andreas Hoppe (Voss, der Nachbar)
Drehbuch: Nils-Morten Osburg
Kamera: Thomas Merker (Farbe)
Musik: Ali N. Askin
Schnitt: Barbara Gies
Prod.-Des.: Josef Sanktjohanser
Prod.: Herbert Rimbach, Avista Film mit Roxy/Pro Sieben,
BRD 1997; 96 Min.
Verleih: Buena Vista/Einhorn/-/Touchstone Video; 21.5.1998, 17.12.1998
FSK: ab 16 J., ffr.

Bei Vollmond schlägt der Mörder zu und richtet seine Opfer dabei sehr bestialisch zu, daß die Polizei bald an einen Werwolf glaubt. In Verdacht gerät der Schriftsteller Krömer. Mutiert er nachts zum Untier? Nach diversen Blackouts glaubt er es selbst. Viel Hokuspokus macht die durchaus guten Ansätze eines grundsoliden Serial-Killer-Thrillers rasch zunichte.

Annette Kilzer, tip, 11/98

(...) Regisseur Peter Fratzscher hat viel und gut im Fernsehen gearbeitet. Das merkt man, denn er rollt seine schräge Geschichte mit der Gelassenheit des Profis auf, der nichts mehr beweisen muß. Minutiös seziert er die gruseligen Höhepunkte des Films. Unauffällig und konsequent treibt er die Handlung voran, die Nils-Morten Osburgs Buch souverän nach bekannten Mustern des Genres arrangiert hat. Die Darsteller sind bis in die kleinsten Rollen erst-

Jan Josef Liefers trägt wieder zu dick auf

klassig. Christoph Walz und Peter Lohmeyer spielen das Kommissar-Duo, das sich nicht ausstehen kann, Burckhard Driest den motzigen Chefbullen, Andreas Hoppe den vollkommen abgefuckten Nachbarn und Michael Gwiskdek den arroganten Verleger im Glaskasten. Nur manchmal, vor allem gegen Ende, wird das Böse zum langatmigen Spektakel und büßt damit seine Sprengkraft ein. *Angela Schmitt-Gläser, FR, 26.5.98*

(...) Die Geschichte verliert sich im Niemandsland zwischen einem Thriller und dessen Parodie. So beginnt der Film für eine Farce zu ernsthaft, und Freunde des Spannungskinos werden bis zum lächerlichen Finale zunehmend enttäuscht. *Christian Seebaum, Kölner Stadt-Anzeiger, 23.5.98*

Rupert Koppold in: Rheinische Post, 21.5.98; Hans-Joachim Neumann in: Zitty, 11/98; Thilo Wydra in: Die Welt, 20.5.98

Der siebte Himmel 844

LE SEPTIEME CIEL ***

Regie: Benoît Jacquot
Darsteller: Sandrine Kiberlain (Mathilde), Vincent Lindon (Nico), Francois Berléand (Doktor), Francine Bergé (Mathildes Mutter), Pierre Cassignard (Etienne), Philippe Magnan (prakt. Arzt), Florence Loiret (Chloe), Leo Le Bevillon
Drehbuch: Jerome Beaujour, Benoit Jacquot
Kamera: Romain Winding (Farbe)
Schnitt: Pascale Chavance
Prod.-Des.: Arnaud de Moleron
Prod.: Georges Benayoun, Philippe Carcassonne für Dacia/Cinéa/La Sept Cinema mit Canal+, Frankreich 1997; 92 Min.
UA: 27.8.1997, Filmfestspiele Venedig »Wettbewerb«
EA: Filmfest Hamburg 1998
Verleih: Peripher/-/-; 10.12.1998

Orgasmusprobleme, Hypnose und die Geschichte von Nils Holgersson – wie das alles zusammenpaßt, erzählt Benoît Jacquot als Katz-und-Maus-Spiel mit dem Unterbewußten. Eine Arztfrau wird von einem (womöglich nur erträumten) Psychiater von ihrer Kleptomanie geheilt und gewinnt neue Lust am Eheleben, was ihren Mann wiederum in eine Krise stürzt. Jacquot inszeniert diesen psychoanalytischen Stafettenlauf mit kühler Ironie und einem exzellenten Darstellerensemble, gerade so, als habe Lacan das Drehbuch einer Hollywood-Ehekomödie aus den Dreißigern überarbeitet. *tip, 26/98*

Veronika Rall in: FR, 10.12.98

Die Siebtelbauern 845

****

Regie: Stefan Ruzowitzky
Darsteller: Simon Schwarz (Lukas), Sophie Rois (Emmy), Lars Rudolph (Severin), Julia Gschnitzer (Old Nane), Ulrich Wildgruber (Danninger), Elisabeth Orth (Rosalind), Tilo Pruckner (Großknecht), Susanne Silverio (Lisbeth)
Drehbuch: Stefan Ruzowitzky
Kamera: Peter von Haller (Farbe)
Schnitt: Britta Burkert-Nahler
Prod.: Danny Krausz, Kurt Stocker für DOR Film mit ORF/BR/Austrian Film Institute, Österreich 1997;
90 Min.
UA: 2.2.1998, Filmfestival Rotterdam
EA: Max Ophüls Preis, Saarbrücken 1998
Verleih: Ventura/filmladen/Look Now!; April 1998 (Österreich), 4.3.99

Sieben Knechte und Mägde erben Anfang der dreißiger Jahre nach der Ermordung des Bauers seinen Hof und ziehen sich dadurch die Feindschaft der anderen Bauern im Dorf zu. Der zweite Spielfilm von Stefan Ruzowitzky erzählt mit den Mitteln des amerikanischen Western und der italienischen Oper des neunzehnten Jahrhunderts eine Geschichte voll Dramatik und archaischer Wucht, die aufgrund ihrer mythischen Erzählweise das Genre des »sozialkritischen Heimatfilms« merklich übersteigt. *multimedia*

Der zweite Spielfilm von Stefan Ruzowitzky erzählt von Mägden und Knechten, die einen Hof erben und von der Feindseligkeit, die ihnen von den alteingesessenen herrschenden Bauern des Ortes entgegenschlägt. »Ein Knecht kann niemals Bauer sein« – mit diesem Sprengsatz setzt der Regisseur ein furioses Spiel in Gang, das dem

Genre »Heimatfilm« respektlos begegnet. Er versteht es, durch poetische Kraft eine liebevolle Nähe zu den Menschen zu finden und läßt uns in einer lebendigen und überraschend modernen Umsetzung an ihrem Kampf um Selbstbetimmung teilnehmen.

Aus der Begründung der Jury: »Max-Ophüls-Preis«

Das Siegel 846

**

Regie: Xaver Schwarzenberger
Darsteller: Simon Schwarz, Vasiliki Roussi, Erwin Steinhauer, Reinhard Nowak
Drehbuch: Harald Schwarzmann
Kamera: Xaver Schwarzenberger (Farbe)
Musik: Anna Lauvergnac
Schnitt: Helga Borsche
Prod.: Dr. Heinz Scheiderbauer für Fernsehfilmprod. für ORF, Österreich 1997; 90 Min.
Verleih: -/filmladen/-; April 1998

Ausgehend von einer Serie von Frauenmorden entwickelt Xaver Schwarzenberger in der üblichen Kombination von Regisseur und Kameramann einen Krimi im Großstadtmilieu. Das Drehbuch läßt kein noch so klischeehaftes Muster des amerikanischen Krimis aus und konstruiert eine völlig unlogische und grob fehlerhafte Handlung. In keinem Land, in dem ernsthaft nach künstlerischen oder wirtschaftlichen Richtlinien Filme hergestellt werden, hätte dieser Stoff verfilmt werden können.

multimedia

Silvester Countdown 847

***

Regie: Oskar Roehler
Darsteller: Rolf Peter Kahl (Romeo), Marie Zielcke (Julia), Robert Victor Minich (Harry), Juliane Werner (Jessy), Laura Tonke (Käthe), Doreen Jacobi (Anja L.), Christoph Schlingensief (Pole), Wolfgang Wimmer
Drehbuch: Oskar Roehler
Kamera: Lorenz Haarman (Farbe)
Musik: Patrick Pulsinger, Fetisch Terranova
Schnitt: Christine Boock
Prod.-Des.: Katia Fouquet, Denize Dachsel
Prod.: Rolf Peter Kahl, Oscar Roehler für Erdbeermund Filmprod., BRD 1997; 85 Min.
UA: Filmfest München 1997
Verleih: FPV/Kinowelt/-; 12.3.1998
FSK: ab 16, ffr.

Marie Zielke und Rolf Peter Kahl

Die Beziehung von Romeo und Julia, zweier Berliner Großstadtindianer, ist auf Sex gegründet und dennoch irgendwann einmal nur mehr eintönig und leer. Die beiden machen zu Silvester eine Reise nach Warschau, um Klarheit in ihre Beziehung zu bringen. Unrealistische Anforderungen und weinerliche Selbstbezogenheit führen jedoch zum Bruch. Ein sichtlich um Authentizität und zeitgemäßes visuelles Design bemühter Film, der aber – wohl auch aufgrund des gewählten Plots – bereits nach wenigen Sequenzen nur mehr in einer dramaturgischen Endlosschleife kreist. Schwach und entbehrlich.

multimedia

(...) Oskar Roehler, der wiederholt mit Christoph Schlingensief zusammengearbeitet hat, gelingt mit seinen exzellenten Darstellern Rolf Peter Kahl und Marie Zielcke (zurecht mit dem Max-Ophüls-Preis für die beste Nachwuchsdarstellerin ausgezeichnet) ein Kunststück: Die Mischung aus Theatralik und Realismus, aus Generation-X-Frust, BRD-Wirklichkeit, Kino-Träumen und Nouvelle-Vague-Reminiszenzen macht Spaß – wenn man sich darauf einlassen kann. »Silvester Countdown« ist nämlich ein kleiner, genauer Film über die Liebe, reicher als die meisten deutschen Beziehungskomödien.

Hans Schifferle, SZ, 12.3.98

(...) Oskar Roehler war am Drehbuch zu Schlingensief-Filmen wie »Terror 2000« oder »Die 120 Tage von Bottrop« beteiligt. Bei seinem Regiedebüt bemüht er sich im Gegensatz zu seinem Exkompagnon immerhin um eine gewisse Professionalität. Herausgekommen ist dennoch nur schlecht verdauter Antonioni, zeitgemäß aufgemotzt mit ein bißchen S/M, einer Anmutung von Tablettensucht und vielen anderen Neurosen, dazu akustischer Lärm. Da Form und Inhalt, etwa das prollige Gebaren des Pärchens und der intellektuelle Gehalt mancher Dialoge, öfters nicht zusammenpassen, entstehen kleine Perlen unfreiwilliger Komik wie »Ey, biste jetzt verstimmt?«. Ja, so redet die heutige Jugend und so benimmt sie sich, wenn sie sich mal nicht gerade irgendwo ankettet.

Jan Gympel, Zitty, 6/98

Gregor Dotzauer in: FR, 13.3.98; Birgit Galle in: Rheinische Post, 13.3.98; Steffan Jacobs in: FAZ, 13.3.98; Christian Seebaum in: Kölner Stadt-Anzeiger, 14.3.98

Sitcom 848

SITCOM ***

Regie: Francois Ozon
Darsteller: Evelyne Dandry (Mutter), François Marthouret (Vater), Marina De Van (Tochter), Adrien De Van (Sohn), Lucia Sanchez (Hausangestellte), Stéphane Rideau (Freund), Jules-Emmanuel Eyoum Deido (Abdu)
Drehbuch: François Ozon
Kamera: Yorik Le Saux (Farbe)
Musik: Eric Neveux
Schnitt: Dominique Petrot
Prod.: Olivier Delbosc, Marc Missionier für Fidélité/Le Studio Canal Plus, Frankreich 1997; 80 Min.
EA: 17.2.1998, Int. Filmfestspiele Berlin, »Panorama«
Verleih: -/polyfilm/-; Dez. 1998

Eine weiße Ratte bringt die Ordnung einer bürgerlichen Familie, ihre moralischen Instanzen und zuletzt ihr Oberhaupt selbst zu Fall. Als harmloses Haustier gedacht, verleitet sie jeden, der sie berührt, zu einer sexuellen Extase: Mit den Mitteln der Sitcom wird deren Gegenteil, der Tabubruch, konsequent durchgespielt. Die Komödie baut allein auf ihre Grundidee, die Persiflage dominiert. *multimedia*

Skyjacker – Jagd in den Wolken 849

THE PERFECT GETAWAY ** TV

Regie: Armand Mastroianni
Darsteller: Adrian Pasdar (Colt Erikson), Antonio Sabato jr. (Randy Savino), Kelly Rutherford (Julia Robinson), Alicia Coppola (Alex Vaughn), Loryn Locklin (Sarah), Nancy Linehan-Charles (Thelma), Scott Wilkinson (Agent Morgan), Bill Mondy (Agent Lawrence)
Drehbuch: Tim Minear
Musik: Richard Marvin
Prod.: USA 1997; 85 Min.
TV: 30.12.1998, Pro7, 20.15

Helikopter-Pilot wird dazu gezwungen, bei einer Gefangenenbefreiuung mitzuwirken.

Slaves to the underground 850

SLAVES TO THE UNDERGROUND ***

Regie: Kristine Peterson
Darsteller: Molly Gross (Shelly), Marisa Ryan (Suzy), Jason Bortz (Jimmy), Bob Neuwirth (Big Phil), Natacha La Ferriere (Zoe), Claudia Rossi (Brenda), James Garver (Brian), Peter Szumlas (Dale)
Drehbuch: Bill Cody
Kamera: Zoran Hochstatter (Farbe)
Musik: Mike Martt
Schnitt: Eric Vizents
Prod.-Des.: Michael Moran
Prod.: Kristine Peterson, Bill Cody, Raquel Caballes Maxwell für Neo Motion Pic. für First Look Pic., USA 1996;
94 Min.
UA: Sundance Filmfestival 1996
EA: 13.2.1997, Int. Filmfestspiele Berlin, »Panorama: art & essai«;
Filmfest München 1998
Verleih: Arsenal/-/-; 9.7.1998

Girlie-Sein in Seattle. Shelley ist in einer Mädchenband und hat eine Beziehung mit der Sängerin Suzy. Wie man es von Riot girls erwartet, enthosen sie einen Pornoheftverkäufer, machen Polizisten schießunfähig, peinigen den dummgeilen Radiomoderator. Als Shelley sich erneut in ihren Exfreund verliebt, gibt es Streß mit Suzy und der Band. Latzhosencharme, der auf der mythischen Oberfläche herumschlurft und den eigenen Weg sucht.

Iris Depping, tip, 15/98

Gerlad Jung in: Zitty, 15/98

Sleeping Dogs 851

SLEEPING DOGS

*

Video

Regie: Michael Bafaro
Darsteller: C. Thomas Howell (Sanchez Boon), Scott McNeil (Harry Maxwell), Heather Hanson (Pandora Grimes), Ciara Hunter, Stephen Fisher (Morton), Richard Toth (Wallace), Michael Rogers (Haverly), Paul Jarrett (Willy Boy Pruitt)
Drehbuch: Andrew Chapman
Kamera: David Pelletier (Farbe)
Musik: Peter Allen
Schnitt: Derek Whelan, Richard Benwick
Prod.-Des.: Richard Horin
Prod.: Lloyd A. Simandl für North American Pic., Kanada/USA/Tschechien 1997; 93 Min.
Vertrieb: BMG (Ufa) Video; 23.6.1998
FSK: ab 18 J.

In Tiefschlaf versetzte Verbrecher-Gang wird beim Transport auf entfernten Planeten aus Versehen geweckt und richtet unter der Besatzung ein Blutbad an. Ein sich in exzessiver Gewaltdarstellung suhlendes Machwerk allerunterster Provenienz.

Slidin – Alles bunt und wunderbar 852

***

Regie: Barbara Albert, Reinhard Jud, Michael Grimm
Darsteller: Maria Kastner (Tagada), Maria Schöner (Sandra), Michael Hochmair, Georg Friedrich, Martina Pöltl (Asia Lu), Gerd Lukas Storzer, Doris Hick, Martina Schwabenitzky, Thomas Dirnhofer
Drehbuch: Barbara Albert (Tagada), Reinhard Jud (AsiaLu), Michael Grimm (Crash)
Kamera: Wolfgang Lehner (Farbe)
Musik: Kim Pil Jung
Schnitt: Karin Ressler
Prod.-Des.: Veronika Merlin
Prod.: Karin Novotny, Franz Novotny für Novotny & Novotny/EPO-Film, Österreich 1998; 96 Min.
Verleih: -/polyfilm/-; Sept. 1998

Episodenfilm über die unbefriedigte Suche junger Menschen nach sexueller und liebevoller Beziehung, nach dem Sinn des Lebens oder nur dem besonderen Kick des Autorasens, der in vielen Geschichten Formen der zwischenmenschlichen Kommunikation in der »Szene« abbildet. Die Autoren enthalten sich der Wertung, stellen weitgehend das Scheitern und die Enttäuschung der Erwartungen der jungen Leute dar und überlassen die Reflexion ganz dem Zuschauer. (...) *multimedia*

(...) Mit guten schauspielerischen Leistungen umgesetzt, ergeben die drei Geschichten einen glaubwürdigen, nicht wertenwollenden Film über heimische Jugendkultur. (...) *multimedia*

Small Soldiers 853

SMALL SOLDIERS

***

Regie: Joe Dante
Darsteller: Kirsten Dunst (Christy Fimple), Gregory Smith (Alan Abernathy), Jay Mohr (Larry Benson), Phil Hartman (Phil Fimple), Kevin Dunn (Stuart Abernathy), Denis Leary (Gil Mars), David Cross (Irwin Wayfair), Ann Magnuson
Drehbuch: Gavin Scott, Adam Rifkin, Ted Elliott, Terry Rossio
Kamera: Jamie Anderson (Technicolor)
Musik: Jerry Goldsmith
Schnitt: Marshall Harvey
Prod.-Des.: William Sandell
Prod.: Mike Finnell, Colin Wilson für Dream-Works/Universal, USA 1998; 110 Min.
Verleih: UIP/UIP/UIP/CIC Video; 15.10.1998
FSK: ab 12 J., ffr.
FBW: Wertvoll

Tolpatschige Marketing-Strategen rüsten Kriegsspielzeug mit geklauten Chips aus dem Verteidigungsministerium aus und richten damit im Kinderzimmer stattlichen Sachschaden an. Die Fabel von der manchmal durchdrehenden, letztlich aber immer kontrollierbaren Vernichtungstechnologie unterlegt Märchenonkel Joe Dante mit weltstrategischen Lehren: Auf die richtige Programmierung kommt's an!

Zoom, 10/98

(…) »Small Soldiers« ist eine direkte Weiterentwicklung von John Lasseters meisterhafter »Toy Story«, die vor drei Jahren dem Trickfilm eine neue Wirkungssphäre eröffnete; zugleich aber bleibt Dante in der Tradition des Puppenfilms und der verlebendigten Spielzeuge der Märchen Hans Christian Andersens. Wie in seinen »Gremlins« ist Joe Dante in der nostalgischen Rekonstruktion Disneyesker Idyllen so akurat wie in ihrer verblüffend-witzigen Dekonstruktion. (…)

Daniel Kothenschulte, FR, 16.10.98

Thomas Klingenmaier in: Stgt. Zeitung, 15.10.98; Tobias Kniebe in: SZ, 20.10.98; Milan Pavlović in: Kölner Stadt-Anzeiger, 17.10.98; Jürgen Richter in: FAZ, 17.10.98; Karim Zendagui in: Rheinische Post, 16.10.98

Small Time 854

SMALL TIME **

Regie: Shane Meadows
Darsteller: Mat Hands (Malc), Dena Smiles, Shane Meadows, Gena Kawecka, Jimmy Hynd
Drehbuch: Shane Meadows
Kamera: John Arnold (Farbe)
Musik: Gavin Clarke
Schnitt: David Wilson
Prod.: Dominic Dillon, Shane Meadows für Big Arty, GB 1996; 60 Min.
EA: Filmfest Hamburg 1997
Verleih: Kairos/-/Xenix; Februar 1998 (CH), Februar 1999

Armselig, wie der Titel schon sagt, ist das Milieu einer englischen Industriegegend, in der sich kleine Gaunereien und Auseinandersetzungen von ein paar arbeitslosen Kumpels abspielen. Der mit bescheidensten Mitteln gedrehte Film mag als Stellenbörse gedient haben, findet ab und zu auch witzige Momente in seiner Unbedarftheit, macht jedoch vor allem deutlich, daß gewöhnlicher Alltag einer Fiktionalisierung bedarf, um auf der Leinwand genießbar zu werden. *Zoom, 2/98*

Smoke Signals 855

SMOKE SIGNALS ****

Regie: Chris Eyre
Darsteller: Adam Beach (Victor Joseph), Evan Adams (Thomas Builds-the-Fire), Irene Bedard (Suzy Song), Gary Farmer (Arnold Joseph), Tantoo Cardinal (Arlene Joseph), Michelle St. John, Robert Miano, Molly Cheek
Drehbuch: Sherman Alexie, nach Stories aus seinem Buch »The Lone Ranger and Tonto Fistfight in Heaven«
Kamera: Brian Capener (CFI)
Musik: BC Smith
Schnitt: Brian Berdan
Prod.-Des.: Charles Armstrong
Prod.: Larry Estes, Scott M. Rosenfeldt, Chris Eyre; Sherman Alexie, Chris Eyre (Koprod.) für Shadow Catcher Ent., USA 1998; 88 Min.
EA: Filmfest München 1998
Verleih: Arthaus/Kinowelt/Frenetic/Arthaus Video; 3.12.1998

Victor und Thomas, zwei charakterlich recht gegensätzliche junge Indianer, fahren von ihrem Reservat in Idaho nach Arizona, um die Asche von Victors Vater heimzuholen, was ihnen fast gegen ihren Willen auch zur Reise in die Familienvergangenheit und zum Selbstfindungstrip gerät und ihre Beziehung harmonischer macht. Das formal solide, aber nicht spektakuläre Road-Movie beleuchtet in eigenwilliger, persönlicher, ironisch-witziger Form Ausschnitte aus der gegenwärtigen, immer noch sehr problematischen Lebenssituation der Ureinwohner Nordamerikas und stimmt über das Vergnügen an seiner heiteren Machart hinaus ziemlich nachdenklich. *multimedia*

Der erste US-Spielfilm, in dem Indianer alle Kreativ-Stellen besetzen und der ein breites Publikum erreichen kann: Chris Eyre inszeniert (nach dem Erfolgsbuch von Sherman Alexi, der auch Produktionspartner ist) ein Road-Movie von klugem Dialogwitz und ehrlichem Gefühl.

Angie Dullinger, AZ, 24.7.98

(…) Eyres und Alexies Ironie ist nie zynisch, sondern realistisch vital. »Smoke Signals« funktioniert poetisch und gerade deshalb politisch, weil Vorurteile umgekehrt werden. Ein Film, der lange weitergeht im Kopf und Lust aufs Leben macht.

Frauke Hanck, AZ, 3.12.1998

Ganz nebenbei räumen Sie in »Smoke Signals« mit Hollywood-Klischees auf. Indianer sind da entweder blutrünstige Skalpjäger oder edle Naturwilde.

»Amerikaner sehen Indianer so, wie es Karl May tat. Und sie verdrängen in hilfloser Arroganz den Völkermord an Indianern, die Enteignung und Entwurzelung, das soziale Elend in den Reservaten. Die Amis haben mehr Kriege auf fremdem Boden geführt als alle anderen Völker und gerieren sich als Weltpolizei. Ihr Deutschen geht mit eurer Nazi-Vergangenheit viel offensiver und bewußter um. Da wird diskutiert und erinnert. Ich verfolge das voller Interesse in den Medien.«

Immerhin erkennen auch Amerikaner Ihren grimmigen Witz in der Wut.

»Erstaunlich, nicht wahr? Gejammere will keiner hören, lesen oder sehen. Humor ist die beste Waffe gegen die Gewalt der Mächtigen und beinahe ein spiritueller Akt. Das haben Juden und Indianer gemeinam. Wir setzen Selbstironie und Witz gegen Ohnmacht und Unterdrückung ein. Meine Verleger sind übrigens alle jüdischer Herkunft.«

Sherman Alexie im Interview mit Angie Dullinger, AZ, 3.12.98

Frauke Hanck in: Rheinische Post, 4.12.98; Thomas Klingenmaier in: Stuttgarter Zeitung, 3.12.98; Tobias Kniebe in: SZ, 8.12.98; Heike Kühn in: FR, 2.12.98; Carla Rhode in: Der Tagesspiegel, 3.12.98; Shirin Sojitrawalla in: FAZ, 2.12.98

Der Soldat James Ryan 856

SAVING PRIVATE RYAN ****

Regie: Steven Spielberg
Darsteller: Tom Hanks (Capt. John Miller), Edward Burns (Pvt. Reiben), Tom Sizemore (Sgt. Horvath), Jeremy Davies (Cpl. Upham), Vin Diesel (Pvt. Caparzo), Adam Goldberg (Pvt. Mellish), Barry Pepper (Pvt. Jackson), Giovanni Ribisi (T/4 Medic Wade)
Drehbuch: Robert Rodat
Kamera: Janusz Kaminski (Technicolor)
Musik: John Williams
Schnitt: Michael Kahn
Prod.-Des.: Tom Sanders
Prod.: Steven Spielberg, Ian Bryce, Mark Gordon, Gary Levinsohn für Amblin/Mutual Film für DreamWorks, USA 1998; 160 Min.
Verleih: UIP/UIP/UIP/CIC Video; 22.10.1998
FSK: ab 16, ffr. – *FBW:* Besonders wertvoll

Nach der Invasion vom 6. Juni 1994, dem »D-Day«, soll ein amerikanischer Captain mit seinen Leuten im Feindesland einen jungen Soldaten aufspüren und aus propagandistischen Gründen heimholen. Spielbergs Werk beginnt mit einer halbstündigen Choreographie des Grauens, zeigt den entmenschlichten Vernichtungskampf in der Normandie, um dann erst die Figuren einzuführen, ihr Handeln verständlicher zu machen. Formal bestechendes, thematisch unbequemes, moralisch zwiespältiges, doch stets respektvolles Epos über das amerikanische Selbstverständnis im Zweiten Weltkrieg. *Zoom, 10/98*

Tom Hanks in einer gigantischen Show

(…) Ist Spielbergs Film ein Schlachtenbild von brutaler Wahrhaftigkeit oder eine so akribische wie konventionelle Rekonstruktion? Verneigung vor der amerikanischen Weltkriegsgeneration oder pathetische Heldenfeier?

Volker Gunske/Katja Nicodemus, tip, 21/98

Sam Fuller, der 1980 mit »The Big Red One« seinen Beitrag zum Thema leistete, meinte einmal, was den Krieg betrifft, sei Realismus im Kino nur zu erreichen, indem man ein Maschinengewehr postiere, wo sonst die Leinwand sei, und ins Publikum schieße. Ganz so weit geht Spielberg nicht. Aber er geht an die Grenze dessen, was mit den Mitteln des Films darstellbar und im Kinosaal auszuhalten ist. Nach einem kurzen Prolog stürzt er das Publikum für fast eine halbe Stunde ins Chaos, dem nur entrinnt, wer das Kino verläßt. Er wollte, so Spielberg, eine Erfahrung rekonstruieren. Konfusion, Panik, Angst ziehen uns in einen Raum, in dem es keine Welt gibt, und in ein Geschehen, das keine storyline ordnet und kein Held kontrolliert. (…)

FAZ, nach »Der Gildendienst«, Okt. 1998

Die Reaktionen des amerikanischen Kino-Publikums waren sehr unterschiedlich. Da gab es »So etwas Schlimmes darf man nicht zeigen«-Proteste. Etliche Besucher warfen Spielberg auch eine »schändliche Kommerzialisierung des menschlichen Leidens« vor, als ob die Zerrbild-Kriegsfilme alter Machart alles Wohltätigkeits- und Benefizveranstaltungen gewesen wären. Die meisten Besucher reagierten auf den Film aber eher benommen und schockiert. Und bei einigen Kriegsteilnehmern, Augenzeugen des wirklichen Krieges, verwischte der Film die Grenze zur verdrängten Realität. Die US-Medien berichteten von Veteranen, die sich in psychiatrische Behandlung begeben mußten. Wer das als »amerikanische Übertreibung« belächeln will, weiß nichts von psychiatrischen Anstalten in aller Welt, in denen sich auch heute noch alt gewordene Männer und Frauen befinden, die im und durch das Kriegsgeschehen »den Verstand verloren« haben. *Peter W. Schroeder, Washington, in »Filmecho-Filmwoche, Kinofenster«, 3.10.98*

Sie verstehen Ihren Film als eine Art Denkmal für die Veteranen?

Ja, als Memorial. Es ging mir darum, eine Geschichte zu erzählen, die in den USA fast in Vergessenheit geraten war. Der Zweite Weltkrieg ist vermutlich das wichtigste Ereignis dieses Jahrhunderts, weil sein Ausgang darüber entschieden hat, wie die Welt sich entwickelt, ob sie überhaupt das 21. Jahrhundert erreicht – ich als Jude wäre sicher längst von der Erdoberfläche verschwunden, hätten die Nazis gewonnen. (…)

Sie lassen die amerikanische Flagge sehr demonstrativ am Anfang und am Ende Ihres Filmes wehen.

Das tue ich mit Absicht. Ich dachte, daß viele Zuschauer mit einem Neunziger-Jahre-Zynismus ins Kino kommen. Und ich hoffe, daß die Jüngeren am Ende die Stars and Stripes mit einem Respekt sehen, den sie so noch nie empfunden haben.

Kann man das: einen gesunden Patriotismus wiederbeleben?

Ich als Filmemacher kann's wohl nicht. Aber ich würde gern sehen, wenn sich mein Land wieder der Werte, der Prinzipien einer Solidargemeinschaft besänne, die wir in der Weltkriegszeit und wohl auch noch während der Kennedy-Ära hatten. *Steven Spielberg im Spiegel-Gespräch, 28.9.1998*

Spielberg meint, daß Erinnerung eine Frage der Moral ist? Stimmen Sie ihm zu?

Steven ist manchmal sehr schwer zu begreifen. Für mich ist er ein höchst seltsames Genie, bei dem ich nicht genau weiß, wie er eigentlich tickt. Vielleicht meint er damit, daß diejenigen, die nicht fähig sind, aus der Geschichte zu lernen, dazu verdammt sind, sie zu wiederholen, was ich für absolut richtig halte. Aber man spricht oft so leichtfertig über Moral. Moral ist meistens Luxus. Von einer sicheren Warte aus kann man immer leicht darüber diskutieren, was moralisch ist und was nicht. Aber oft hat man eben nicht die Wahl. Man verhält sich instinktiv, will einfach überleben.

Wie ist die Stimmung am Set eines Kriegsfilms? Traurig? Melancholisch? Ernst?

Im Gegenteil. Wir waren alle sehr ausgelassen. Wir waren jeden Tag in der Natur, es gab bei jeder Kampfszene viele großartige Feuerwerke, das Essen war hervorragend, und da wir im Film einen Haufen dreckiger Soldaten darstellen, konnten wir uns, wo wie wir waren, jederzeit für einen kleinen Mittagsschlaf ins Gras legen. Niemand mußte sich Sorgen machen, daß er dabei seine Frisur ruinierte. Und sich tagelang nicht rasieren zu müssen – was gibt es Schöneres?

Klingt ein bißchen nach Lagerfeuer-Romantik?

Ein bißchen war es das auch. Seien wir doch ehrlich: Wir sind alle Schauspieler. Keiner von uns hat auch nur jemals eine Sekunde daran gedacht, an einem echten Krieg teilzunehmen. Natürlich haben wir uns die größte Mühe gegeben, es so realistisch wie möglich aussehen zu lassen, aber letztlich ist es doch nur eine gigantische Show. Ich war viel zu sehr damit beschäftigt, nicht den rotglühenden Lauf meiner Maschinenpistole anzufassen, nachdem ich ein Magazin Platzpatronen verschossen hatte, oder mich irrtümlich hinter einer Mauer zu verschanzen, die genau in dieser Szene in die Luft gejagt werden sollte. Manchmal wurde ganze zwei Minuten lang nonstop gedreht, und ich wußte am Ende oft nicht mehr, ob ich das, was ich eigentlich machen sollte, überhaupt gemacht hatte.

Tom Hanks im Interview mit Ulrich Lössl, Zitty, 21/98

Brigitte Desalm in: Kölner Stadt-Anzeiger, 10.10.98; Sebastian Feldmann in: Rheinische Post, 9.10.98; Erich Follath in: Der Spiegel, 28.9.98; Fritz Göttler in: SZ, 8.10.98; Vera Graaf in: SZ, 30.7.98; Pia Horlacher in: NZZ, 3.9.98; Rupert Koppold in: Stgt. Zeitung, 8.10.98; Hans-Joachim Neumann in: Zitty, 21/98

Solo für Klarinette 857

***

Regie: Nico Hofmann
Darsteller: Götz George (Bernhard Kominka), Corinna Harfouch (Anna Weller), Tim Bergmann (Freddie Bahlo), Barbara Auer (Lydia), Tobias Schenke (Theo), Christian Redl (Thomas Hecht), Katharina Thalbach (Louise Bethmann), Barbara Rudnik
Drehbuch: Susanne Schneider, nach dem gleichn. Roman von Elsa Lewin
Kamera: Hans-Günther Bücking
Musik: Nikolaus Glowna
Schnitt: Inge Behrens
Prod.: Regina Ziegler für Pro7, Deutschland 1998; 95 Min.
Verleih: Senator/Constantin/-/BMG (Universum) Video; 8.10.98
FSK: ab 16 J., ffr.

Als Kommissar Bernie Kominka gerät George an einen Mordfall, der sich zu einer persönlichen Angelegenheit entwickelt. Er verfällt der Mordverdächtigen und setzt alles daran, um sie nicht zu verlieren, auch nicht an die Justiz. Über die Kriminalgeschichte hinaus will »Solo für Klarinette« eine ambitionierte, düstere Geschichte über die Liebe und die Einsamkeit in der Großstadt erzählen. Dabei laufen Harfouch und George einzeln zwar immer wieder zu Hochform auf, doch zwischen ihnen will es einfach nicht funken. So steht der Zuschauer am Ende wie Kommissar Kominka mit leeren Händen da: ohne den Thrill des Verbrechens, aber auch ohne melodramatischen Herzschmerz.

Volker Gunske, tip, 22/98

Ein vom Leben enttäuschter Kriminalkommissar ermittelt in einem makabren Sexualverbrechen und verliebt sich im Zuge seiner Nachforschungen in die erste Tatverdächtige. Einer der ärgerlichsten Versuche, das deutsche Serienkrimiformat auf die Leinwand zu übertragen. Ein an Banalität kaum überbietbares Drehbuch, schematische

Corinna Harfouch, Götz George in ›Solo für Klarinette‹

Charaktere und der peinlich anbiedernde Versuch, über die engsten Genregrenzen hinaus etwas zu sagen zu haben, stellen eine gewaltige Herausforderung an den Langmut der Zuschauer dar. *multimedia*

Im abgenudelten Thrillergewerbe entwickelt diese kraftvolle Romanverfilmung von Nico Hofmann eine ungewöhnliche Wucht, windet sich mit einer schier atemlosen Brachialgewalt durch die privaten Schrecknisse verpfuschter Lebensläufe, unter denen sich neue Brandsätze entzünden.
Wenn dieser bemerkenswerte Film dennoch nicht die Höchstmarke erreicht, so scheint es mir daran zu liegen, daß das Konzentrat an Handlung das äußerst subtile und komplizierte Radarsystem einer sich leise aufbauenden und physisch explodierenden Leidenschaft zeitweise einfach zudeckt. So wird zwangsläufig aus dem introvertierten Grauen einer verdrängten Sexualkatastrophe eine laute Thrillerdetonation.
Nimmt man diese Psycho-Vergröberung in Kauf, ergibt sich die radikale Spannung eines hochkarätigen Milieukrimis. (…)
Die aus explosiver Mischung von Verzweiflung und Attraktion gespeiste Faszination eines Polizisten für eine Mordverdächtige führt zu einer einfühlsamen Milieu- und Menschenstudie, ist in ihrer Hoffnungslosigkeit aber eine Herausforderung für die aktuellen Sehgewohnheiten des großen deutschen Kinopublikums. *Peter Koberger, Blickpunkt Film, 32/98*

(…) Trotz all der argen, ärgerlichen Momente ist das eine Hoffnung: Nico Hofmann und Götz George und dazu noch die wunderbare, zerbrechliche Corinna Harfouch, blaß, scheu, schrecklich schön, schön schrecklich – da wird am Ende ein deutscher Thriller zu einem großen Melodram. Und das kann Kitsch und Klischees und diese Dialoge aushalten. *Heiko R. Blum, Rheinische Post, 16.10.98*

Mit »Land der Väter, Land der Söhne« verabschiedeten Sie sich vor zehn Jahren vom Kino. Was ist der Grund für das Comeback?

Die Story, das Drehbuch – ich wollte es einfach wieder wissen. Und die Ära Sönke Wortmann ist vorbei. Da gab es ja wirklich fast nur Komödien, und das ist ein Terrain, das ich nicht beherrsche. Regina Ziegler hatte bereits fünf Drehbuchentwürfe nach dem Roman von Elsa Lewin aufgeben müssen, weil sie nicht funktionierten. Wir haben den Roman auf den Kopf gestellt, den Krimi über den Polizisten erzählt, ihn zur Hauptfigur gemacht. Lewins Buch ist aus weiblicher Sicht geschrieben, eine Innenwelt-Betrachtung der Frau. (…)

Haben Sie den Unterschied gespürt in der Art fürs Kino und fürs Fernsehen?

Ich hatte das Kinomachen natürlich nicht verlernt. Aber vielleicht hat mich meine TV-Vergangenheit doch nicht ganz in Ruhe gelassen – in einigen »Voice-Over«-Texten von George, der seine eigene Situation, die Zerissenheit des Polizisten, überdenkt. Ich neige ein bißchen dazu, die Emotionen in die von mir gewünschte Richtung zu kanalisieren. Im Fernsehen kannst du dir eine gewisse Ruhe des Erzählens nicht nehmen – da liegt ein entscheidender Unterschied zum Kino, weil du einfach weißt, daß die Leute in der 15. Minute einschalten werden, in der 30. wieder wegschalten, weil du 38 Minuten Werbung in 90 Minuten hast.

Nico Hofmann im Interview mit Frauke Hanck, Blickpunkt Film, 41/98

Brigitte Desalm in: Kölner Stadt-Anzeiger, 17.10.98; Norbert Grob in: Die Zeit, 15.10.98; Volker Gunske in: tip, 22/98 (Interview N. Hofmann); Rupert Koppold in: Stgt. Zeitung, 15.10.98; Jan Schulz-Ojala in: Der Tagesspiegel, 15.10.98; H.G. Pflaum in: SZ, 15.10.98

Ein Sommer mit Fräulein Forbes 858

****

EL VERANO DE LA SENORA FORBES

Regie: Jaime Humberto Hermosillo
Darsteller: Hanna Schygulla (Fräulein Forbes), Francisco Gattorno (Aquiles), Alexis Castanares, Victor Cesar Villalobos (die Kinder), Guadalupe Sandoval (die Mutter), Fernando Balzaretti (der Vater), Yuriria Munguia (das Hausmädchen)
Drehbuch: Jaime Humberto Hermosillo, Gabriel Garcia Márquez,
Kamera: Rodrigo Garcia (Farbe)
Musik: Sergio Vitier
Prod.-Des.: Derubin Jacome
Prod.: Max Marambio für Televisión Espanola/ International Network, Mexiko/Spanien 1988; 90 Min.
EA: Filmfest München 1989
Verleih: -/Cinematograph/-; Mai 1998

Deutsche Gouvernante diszipliniert die zwei halbwüchsigen Söhne eines Schriftstellers so sehr, daß sie beschließen, sie zu vergiften. Die Frau scheitert aber an ihrer unerwiderten Liebe zum Tauchlehrer Achilles. Nach einem Drehbuch von Gabriel Garciá Márquez und Versen aus »Penthesilea« von Heinrich Kleist, meisterhaft ins Bild gesetzt und von Hanna Schygulla eindrucksvoll gespielt.

multimedia, 19.7.98

»Für mich ist das Bemerkenswerteste an dieser Geschichte die gespaltene Persönlichkeit der Miss Forbes. Sie erlaubt es dem Zuschauer, mit den Figuren zu sympathisieren. Eine weitere Folge ist, daß man Miss Forbes zunächst verabscheut, sie dann zu verstehen beginnt und sie einem am Ende sogar leid tut. Die Angst und die daraus resultierende Katharsis verleihen dieser Geschichte von Garcia Márquez etwas Grandioses und machen aus ihr eine moderne Tragödie«

Jaime Humberto Hermosillo

Sommergewitter 859

**

Regie: Dagmar Damek
Darsteller: Maruschka Detmers (Hanna Lorenz), Michael von Au (Michael von Daldorf), Claudia Messner (Irene Sahmer), Sophie Steiner (Nena Lorenz), Alexander May (Doc Martens), John-Hendrik Karsten (Benni Lorenz), Olaf Hensel-Kirscht (Jörg Michelsen)
Drehbuch: Christiane Sadlo
Kamera: Lothar Elias Stickelbrucks (Farbe)
Musik: Patrick Buttmann
Prod.: BRD 1998; 89 Min.
TV: 22.12.1998, ZDF, 20.15

Nach dem Tod ihres Mannes übernimmt die Münchner Tierärztin Hanna eine Praxis in Ostholstein. Aber die Bauern wollen keinen weiblichen Tierarzt.

Nach dem tödlichen Verkehrsunfall ihres Mannes zieht die Münchner Tierärztin Hanna mit ihren zwei Kindern nach Ostholstein, wo sie sich mit der Übernahme einer Tierarztpraxis ein neues Leben aufbauen will. Zunächst lehnen die Bauern Hanna ab, dazu bekommt sie Schwierigkeiten mit ihrer 16jährigen Tochter Nena. Als sich Hanna in den Grafen Daldorf verliebt, merkt sie bald, daß ihn ein Geheimnis umgibt. *Pressetext*

Sonatine 860

****

SONATINE

Regie: Takeshi Kitano
Darsteller: Takeshi »Beat« Kitano (Murakawa), Ren Osugi (Katagiri), Tonbo Zushi (Kitajima), Aya Kokumai (Miyuki), Tetsu Watanabe (Uechi), Ken'ichi Yajima (Takahashi)
Drehbuch: Takeshi Kitano
Kamera: Katsumi Yanagishima (Farbe)
Musik: Joe Hisaishi
Schnitt: Takeshi Kitano

Prod.: Masaynki Meri, Hisao Nabeshima, Takio Yoshida für Right Vision/Shochiku, Japan 1993; 94 Min.
UA: 10.9.1993, Toronto FilmFestival
Verleih: REM, OmU/-/Xenix; 21.5.1998

Yakuza-Unterboß Murakawa aus Tokio soll Streitigkeiten zwischen verfeindeten Gangs in Yokohama schlichten und wird mit einer Schar Bewaffneter zu Verhandlungen gesandt. Zu spät dämmert ihm und seinen Mannen, daß man sich auf einem Todeskommando ohne Rückfahrkarte befindet. Doch läßt sich die Zeit bis zum Showdown mit Spielereien verbringen. *Blickpunkt Film, 17/98*

(...) Ein Gangsterfilm, konzipiert als heimtückische Genre-Parodie, die virtuos mit den Erwartungshaltungen der Zuschauer spielt. Daß aus der Sicht eines Ganoven erzählt wird, spricht von der pessimistischen Weltsicht des Regisseurs selbst. *Claus Löser, film-dienst, 10/98*

Fritz Göttler in: Kölner Stadt-Anzeiger, 23.5.98; Martin Schwarz in: Zitty, 11/98; Karim Zendagui in: Rheinische Post, 10.7.98

Soul in the Hole — 861
SOUL IN THE HOLE ***

Regie: Danielle Gardner
Drehbuch: Danielle Gardner, Lilibet Foster
Kamera: Paul Gibson (Farbe)
Musik: Wu Tang Clan, Brand Nubians, Mobb Deep u. a.
Schnitt: Melissa Neidlich
Prod.: Lilibet Foster für Asphalt Films, USA 1996; 98 Min.
Verleih: Real Fiction/-/-; 14.5.1998

Der Film verfolgt einen Sommer lang die Streetball-Mannschaft »Kenny's Kings« aus Brooklyn bei ihrem Siegeszug durch die Stadtteilturniere von New York. Im Mittelpunkt stehen Ed »Booger« Smith, ein Genie mit dem Basketball, und sein Verhältnis zu seinem Adoptivvater und Trainer Kenny. Ein Porträt des »Community Spirit« der schwarzen Unterschicht, mit viel Hip-Hop-Musik unterlegt.
Filmecho/Filmwoche, 17/98

Martina Knoben in: SZ, 2.7.98

Sound of Fear — 862
BABY MONITOR **
Video

Regie: Walter Klenhard
Darsteller: Jason Beghe (Matt Whitson), Barbara Tyson (Carol Whitson), Josie Bissett (Anne), Jeffrey Noah, Liam Ranger
Drehbuch: Walter Klenhard
Kamera: David Geddes
Musik: Shirley Walker
Prod.: John L. Roman für Universal, USA 1998; 86 Min.
Vertrieb: CIC Video; Sept. 1998
FSK: ab 16 J.

Als sie von der Untreue des Gatten erfährt, schmiedet Carol einen raffinierten Plan zu seiner Beseitigung. Glatter, unglaubwürdiger TV-Routine-Krimi.

Space Virus — 863
FUTURE FEAR *
Video

Regie: Lewis Baummander
Darsteller: Jeff Wincott, Maria Ford, Stacy Keach
Prod.: Producer's Network, USA 1997; 92 Min.
Vertrieb: VCL Video; 25.8.1998
FSK: ab 16 J.

Dümmlicher Science-Fiction-Thriller um ein Wissenschaftler-Ehepaar, das sich entzweit: Er bleibt bei den guten, d. h. den Militärs, sie will mit durchgeknalltem General das vierte Reich etablieren.

Spark — 864
SPARK ***

Regie: Garret Williams
Darsteller: Terrence Howard, Nicole Parker, Brendan Sexton III
Drehbuch: Garret Williams
Kamera: Sam Ameen (Farbe)
Musik: Marc Anthony Thompson
Schnitt: Fabienne Rawley
Prod.-Des.: Kristin Gilmartin
Prod.: Rosefunk Pic., USA 1997; 92 Min.
EA: 21.2.1998, Int. Forum des Jungen Films, Berlin
Verleih: Freunde/-/-; Nov. 1998

Der Film spielt in der wilden Landschaft des amerikanischen Westens. Nina und Byron, ein junges afro-amerikanisches Paar aus Chicago, verschlägt es in eine abgelegene Wüstenstadt, als sie auf ihrem Weg nach Kalifornien eine Autopanne haben. Die beiden sind gerade mit der High School fertig. Byron fährt Nina nach Los Angeles, wo sie aufs College will. (...) Nina bekommt eine harte Lektion in Sachen Liebe und Gerechtigkeit. Ein außerordentlicher filmischer Kommentar zur latenten Gewalt in der US-amerikanischen Gesellschaft. *Katalog Forum*

Species II 865

SPECIES II **

Regie: Peter Medak
Darsteller: Michael Madsen (Press Lennox), Natasha Henstridge (Eve), Marg Helgenberger (Dr. Laura Baker), Mykelti Williamson (Dennis Gamble), George Dzundza (Col. Carter Burgess jr.), James Cromwell (Sen. Ross), Justin Lazard (Patrick Ross), Myriam Cyr (Anne Sampas)
Drehbuch: Chris Brancato, nach Charakteren von Dennis Feldman
Kamera: Matthew F. Leonetti (Deluxe)
Musik: Edward Shearmur
Schnitt: Richard Nord
Prod.-Des.: Miljen Kreka Kljakovic
Prod.: Frank Mancuso Jr. für MGM, USA 1998; 93 Min.
Verleih: UIP/UIP/UIP/MGM Video, Warner Home Video; 30.7.1998
FSK: ab 16 J.

Nach geglückter Mars-Mission kehrt der zum Alien mutierte Kommandant eines Raumschiffes zur Erde zurück und bringt Tod und Verderben über die Menschheit. Ein aus winzigen Zellresten geklontes weibliches Alien und ein unerschrockener Mann stellen sich der Bedrohung. Verspätete Fortsetzung eines blutrünstigen Science-Fiction-Films, die den Vorgänger an Ekeleffekten mühelos übertrifft, ihre Gewaltorgie jedoch ohne Sinn und Verstand abspult und durch fehlenden Suspense bloß ärgerliche Langeweile erzeugt.
Zoom, 8/98

(...) Was ganz anders beginnt als der Erfolgsfilm aus dem Jahr 1995, wird mit fortschreitender Handlung dem Original leider immer ähnlicher. Wegen Natasha Henstridge als Eve und vor allem Michael Madsen als freischaffendem Alienkiller dennoch unterhaltsames Mainstreamkino mit nicht wenig Sex und Gore. *Frank Arnold, tip, 16/98*

Tobias Kniebe in: SZ, 30.7.98; Michael Kohler in: FR, 30.7.98; Hans-Joachim Neumann in: Zitty, 16/98; Hans Schifferle in: Kölner Stadt-Anzeiger, 1.8.98

Sperelli setzt sich durch 866

IO SPERIAMO CHE ME LA CAVO ***
TV

Regie: Lina Wertmüller
Darsteller: Paolo Villagggio (Marco Sperelli), Isa Danieli, Gigio Morra, Sergio Solli, Esterina Carloni, Paolo Bonaceli
Drehbuch: Lina Wertmüller, Leo Benvenuti, Piero De Bernardi, Alessandro Bencivenni, Domenico Saverni, nach dem Buch von Marcello d'Orta
Kamera: Gianni Tafani (Farbe)
Musik: D'Angio Greco
Schnitt: Pierluigi Leonardi
Prod.: Ciro Ippolito, Mario Cecchi Gori, Vittorio Cecchi Gori für Eurolux/Cecchi Gori Group/Tiger Cinematografica/Penta Film, Italien 1993; 99 Min.
TV: 2.8.1999, RTL

Neapolitanisches Sozialdrama, das große Tragik mit Ernst und Leichtigkeit darstellt.

Sphere 867

SPHERE ***

Regie: Barry Levinson
Darsteller: Dustin Hoffman (Dr. Norman Goodman), Sharon Stone (Beth Halperin), Samuel L. Jackson (Harry Adams), Peter Coyote (Barnes), Liev Schreiber (Ted Fielding), Queen Latifah (Fletcher), Marga Gomez (Jane Edmunds)
Drehbuch: Stephen Hauser, Paul Attanasio, Kurt Wimmer, nach dem Roman »Gedanken des Bösen« von Michael Crichton
Kamera: Adam Greenberg (Farbe)
Musik: Elliot Goldenthal
Schnitt: Stu Linder
Prod.-Des.: Norman Reynolds
Prod.: Barry Levinson, Michael Crichton, Andrew Wald für Baltimore Pic./Constant C Prod. mit Punch Prod., USA 1998; 134 Min.
Verleih: Warner Bros./dto./dto. /Warner Home Video; 2.4.1998
FSK: ab 16, ffr. – *FBW:* Wertvoll

Sharon Stone in ›Sphere‹

Ein Wissenschaftlerteam untersucht ein unbekanntes Raumschiff auf dem Meeresboden und sieht sich zunehmend mit Bedrohungen konfrontiert, die Materialisierungen der eigenen Ängste sein könnten. Eine potentiell interessante Variante des Alien-Themas wird zunächst durchaus ansprechend und differenziert umgesetzt, doch zunehmend fehlt es dem Drehbuch an originellen weiter und tiefer führenden Ideen, so daß der Film schließlich in einen platten Schluß mündet. *multimedia, April 98*

(…) Wie diese Ängste jeden einzelnen der kleinen Gruppe terrorisieren und Phantasiegestalt annehmen, wie sich ihr Kampf schließlich panisch gegen sie selbst richtet, machen Levinson und seine Schauspieler glaubwürdig. Erholsam ist es, daß der Film ohne Materialschlachten auskommt – ein elegantes Science-Fiction-Abenteuer.
Frauke Hanck, AZ, 3.4.98

(…) Nach einem (älteren) Michael-Crichton-Roman stellenweise fesselnd inszenierter Science-Fiction-Film, der die hochgespannten Erwartungen mit seinen konventionellen Katstrophenszenen jedoch letztlich nicht befriedigen kann. *Zoom, 4/98*

(…) »Sphere« kombiniert das erwachende Interesse am Lebensraum Meer mit einer Anleihe bei Stanislaw Lems Science-Fiction-Klassiker »Solaris«, die unverschämt zu nennen wäre, wenn sich Crichton nicht so sehr damit schadete. »Solaris« wird immer das bessere Buch bleiben – ebenso wie Andrej Tarkowskis gleichnamige Verfilmung Barry Levinsons Adaption von »Sphere« beschämt. (…)*Heike Kühn, FR, 6.4.98*

Albert Baer in: Rheinische Post, 3.4.98; Thomas Klingenmaier in: Stgt. Zeitung, 2.4.98; Milan Pavlović in: Kölner Stadt-Anzeiger, 4.4.98

Spiceworld – Der Film 868

SPICE WORLD **

Regie: Bob Spiers
Darsteller: Emma Bunton (Emma, Baby Spice), Geraldine Halliwell (Geri, Ginger Spice), Melanie Brown (Mel B, Scary Spice), Melanie Chisholm (Mel C, Sporty Spice)
Drehbuch: Kim Fuller, nach einer Idee der Spice Girls und Kim Fuller
Kamera: Clive Tickner (Technicolor)
Musik: Paul Hardcastle
Schnitt: Andrea MacArthur
Prod.-Des.: Grenville Horner
Prod.: Uri Fruchtmann, Barnaby Thompson; Peter McAleese (Koprod.) für Fragile Films, GB 1997; 92 Min.
Verleih: PolyGram/PolyGram/Monopole Pathé/PolyGram Video; 1.1.1998
FSK: o.A., ffr.

Für ihr Kinodebüt haben die fünf Gewürzmädels einen Fleischklops angeheuert. Meat Loaf kutschiert sie zwei Tage lang mit ihrem Tourbus quer durch London, und wir dürfen überall dabei sein: bei der Tanzprobe und beim TV-Auftritt, beim Pinkeln in freier Natur und bei der Begegnung mit außerirdischen Autogrammjägern. So schrill, bunt, ironisch und mit kultursoziologischen Termini nicht zu fassen wie sie selbst, sind auch die Leinwandabenteuer von Emma, Geri, Mel B, Mel C und Victoria. Oft ins Surreale abdriftend, erinnert die Rockumentary an die Filme der Beatles, wobei Richard E. Grant den Part von Brian Epstein übernommen hat. *Annette Kilzer, tip, 1/98*

Markus Aretz in: Rheinische Post, 22.12.97; Rupert Koppold in: Stgt. Zeitung, 31.12.97; Daniel Kothenschulte in: Kölner Stadt-Anzeiger, 3.1.98

Spiel auf Zeit 869

SNAKE EYES ****

Regie: Brian De Palma
Darsteller: Nicolas Cage (Rick Santoro), Gary Sinise (Kevin Dunne), John Heard (Gilbert Powell), Carla Gugino (Julia Costello), Stan Shaw (Lincol Tyler), Kevin Dunne (Lou Logan), Michael Rispoli (Jimmy George), Joel Fabiani (Charles Kirkland)
Drehbuch: David Koepp, nach einer Story von Brian De Palma, D.K.
Kamera: Stephen H. Burum; Alex Funke (2nd Unit) (Farbe)
Musik: Ryuichi Sakamoto
Schnitt: Bill Pankow
Prod.-Des.: Anne Pritchard
Prod.: Brian De Palma; Jeff Levine für DeBart für Touchstone Pic., USA 1998; 99 Min.
Verleih: Buena Vista/dto./dto.; 19.11.1998
FSK: ab 12 J., ffr.

Während eines Pay-TV-Boxkampfes, der aus der Arena eines Spielkasinos in Atlantic City übertragen wird, erschießt ein beauftragter Attentäter den amerikanischen Verteidigungsminister. Ein exaltierter Polizeidetektiv enträtselt schrittweise das dahinterstehende Komplott. Ohne sich von der Unoriginalität der Story beirren zu lassen, nimmt Brian De Palma die Ereignisse nach klassischen Vorbilden filmisch brillant auseinander und setzt sie wieder zusammen. Ein anstrengender, aber kunstfertiger Parforceritt, der mehr an der Form als am Inhalt interessiert ist.

Zoom, 11/98

(...) Gleichwohl hat De Palma mit diesem Film einmal mehr bewiesen, wer unter den aktuellen Regisseuren der legitime Nachfahre des großen Hitchcock ist. Denn wie der dicke Mann aus England verfügt auch De Palma in seinen luzidesten Momenten über eine erstaunliche Fähigkeit, die den Grundregeln des erzählenden Kinos eigentlich diametral entgegengesetzt ist: Daß nämlich nicht der Inhalt der Story, sondern das Wie ihrer technischen Umsetzung Suspense entstehen läßt.

Hans-Joachim Neumann, Zitty, 24/98

Albert Baer in: Rheinische Post, 20.11.98; Lars-Olav Beier in: FAZ, 19.11.98; Brigitte Desalm in: Kölner Stadt-Anzeiger, 21.11.98; Ralph Geisen-

Nicolas Cage, Carla Gugino und Joel Fabiani am Boxring

hanslüke in: Der Tagesspiegel, 19.11.98; Fritz Göttler in: SZ, 19.11.98; W.O.P. Kistner in: AZ, 19.11.98; Rupert Koppold in: Stuttgarter Zeitung, 19.11.98; Heike Kühn in: FR, 19.11.98

Spiel mit höchstem Risiko 870

HIGH STAKES ***

TV

Regie: Donald Wyre
Darsteller: Cynthia Gibb (Annie Dreyer), Robin Thomas (Mike Fitzgerald), Brendan Fletcher (Sean Fitzgerald), Howard Hesseman (Wayne Dreyer), Susan Bain (Doctor Thornton), Campbell Lane (Tom Wilson), Hrothgar Mathews (Corcoran), Stephen E. Miller (Larry Henderson)
Drehbuch: Marshall Goldberg
Kamera: Brian Pearson (Farbe)
Musik: Joseph Conlan
Schnitt: Sharyn L. Ross
Prod.-Des.: Phil Schmidt
Prod.: Bill Kennedy, Wendy Kram, USA 1997; 90 Min.
TV: 10.8.1998, ZDF, 20.15

Exreporterin findet das Leben ohne Zeitung in Seattle zu langweilig, ergibt sich dem Glücksspiel und kriegt auch sonst noch einige Probleme an den Hals.

Annie Dreyer ist leidenschaftliche Reporterin, Aufregung und Abwechslung sind für sie lebensnotwendig. Um so schwerer fällt ihr die Umstellung, als sie mit ihrem Mann Mike nach Seattle zieht und dadurch ihren Job verliert. Die Zeit vertreibt sie sich mit Glücksspielen. Eine Fehlgeburt und massive Auseinandersetzungen mit Mikes Sohn aus erster Ehe ziehen Annie den Boden unter den Füßen weg. (...) *Pressetext*

Sigrid Feuerstein in: AZ, 12.8.98

Spielplatz der Mörder 871

BELOW UTOPIA **

Video

Regie: Kurt Voss
Darsteller: Alyssa Milano (Susanne), Justin Theroux (Daniel), Ice T (Jim), Tommy »Tiny« Lister jr. (Tiny), Jeanette O'Connor (Tante Estelle), Nicholas Walker (Justin), Eric Saiet (Cousin Allen), Marta Kristen (Marilyn)
Drehbuch: David Diamond, nach einer Story von Richard Shepard, David Diamond
Kamera: Denis Maloney (Farbe)
Musik: Joseph Williams
Schnitt: John Rosenberg
Prod.-Des.: Cecil Gentry
Prod.: Paul Hertzberg, Lisa M. Hansen für Subutopia, USA 1997; 85 Min.
UA: Nov. 1997, Video USA
Vertrieb: VMP Video; 26.3.1998
FSK: ab 18 J. (gekürzte Fass. 83 Min., ab 16 J.)

An Thanksgiving überfallen mordlüsterne Bösewichte eine Familie und schlachten sie bis auf ein »zufällig« im Keller turtelndes Pärchen ab. Ebenso boden- wie spannungsloser Pseudo-Psychothriller im Amateurfilm-Outfit.

Spuk aus der Gruft 872

***

Regie: Günter Meyer
Darsteller: Kurt Böwe (Hermann), Saskia Grasemann (Maja), Nina Hoger (Renate, Majas Mutter), Friedrich Lindner (Marco, Majas Bruder), Walter Plathe (Bürgermeister), Gudrun Ritter (Hanne)
Drehbuch: Günter Meyer, C.U. Wiesner
Kamera: Wolfgang Braumann (Farbe)
Musik: Martin Todsharow
Schnitt: Matthias Behrens
Prod.: Alexander Gehrke für Antaeus für ORB/NDR, BRD 1997; 92 Min.
Verleih: Progress/-/-; 3.9.1998
FSK: ab 6 J.,

Als die Köhlers aus Berlin ins ländliche Roggelin ziehen, sind Maja und ihr kleiner Bruder Marco erstmal ziemlich bedient: kein Kino, keine Disko und als Touristenattraktion nur die Mumie des Ritters Friedrich von Kuhlbanz. Als Maja mitternachts zur Gruft schleicht, erscheint ihr der alte Rittersmann und bittet sie um einen nicht ungefährlichen Gefallen. Witzige, teils überspannte Abenteuergeschichte mit Gruseleffekten und Lokalkolorit vom routinierten Spukteam Claus-Ulrich Wiesner und Günther Meyer. *tip, 19/98*

(...) Der naive Reiz der Vorgängerfilme weicht hier einem Beharren auf vermeintlichen Erfolgsfaktoren, doch der Spuk geht nach hinten los. Da kann auch die überaus prominente Besetzung nichts mehr retten.

Manfred Hobsch, Zitty, 18/98

Spuren verschwinden 873

****

Regie: Walo Deuber
Drehbuch: Walo Deuber
Kamera: Guido Noth (Farbe)
Musik: Dmitrij Schostakowitsch, Joel Rubin, Kol Simcha
Schnitt: Jürg Messmer
Prod.: Rose-Marie Schneider für Schneider Doc. Prod., Schweiz 1998; 80 Min.
Verleih: -/-/Eigenverleih; Mai 1998

Literarische Texte von Rose Ausländer und Paul Celan bis Joseph Roth und Bruno Schulz sowie Berichte von Überlebenden der Nazi-Judenvernichtung verbinden sich zu einer bewegenden Erinnerung sowohl an die Leiden der Opfer als auch an die reiche Tradition des größten zusammenhängenden jüdischen Kulturraums in Europa, der durch den Holocaust und die spätere politische Entwicklung zerstört worden ist. Der sorgfältig gemachte Dokumentarfilm holt diesen fast vergessenen Teil europäischer Geschichte auf dem Hintergrund einer zeitlosen Landschaft ins Gedächtnis zurück. *Zoom, 5/98*

Staatsfeind Nr. 1 874

ENEMY OF THE STATE

****

Regie: Tony Scott
Darsteller: Will Smith (Robert Clayton Dean), Gene Hackman (Brill), Jon Voight (Reynolds), Lisa Bonet (Rachel Banks), Regina King (Carla Dean), Stuart Wilson (Congressman Albert), Tom Sizemore (Pintero), Loren Dean (Hicks)
Drehbuch: David Marconi
Kamera: Dan Mindel (Technicolor)
Musik: Trevor Rabin, Harry Gregson-Williams
Schnitt: Chris Lebenzon
Prod.-Des.: Benjamin Fernandez
Prod.: Jerry Bruckheimer für Don Simpson/Jerry Bruckheimer Prod. mit Scott Free für Touchstone Pic., USA 1998; 127 Min.
Verleih: Buena Vista/dto./dto.; 17.12.1998
FSK: ab 12 J., ffr. – *FBW:* Wertvoll

Durch Zufall und unwissentlich gelangt ein junger Anwalt in den Besitz von belastendem Material, das die Verwicklung eines hohen Regierungsbeamten in eine politische Verschwörung beweist. Dieser lenkt alle hochtechnisierten Mittel der Spionage- und Terrorbekämpfung gegen den Privatmann, um den vermeintlichen Beweisträger zu eliminieren. Eine verspielte Darstellung von High-Tech-Innovationen und ein allzuleicht durchschaubarer Handlungsverlauf lassen den als Polit-Thriller konzipierten Film deutlich scheitern. *multimedia*

(...) Das vertraue Orwell-Thema dient als Auslöser eines technokratischen Actionkrimis, der zwar anfangs von den virtuos eingesetzten Techniken profitiert, aber mit Feuerwerksexzessen und Atemlosigkeit bald das Gefühl aufkommen läßt, es gehe ihm selbst die Luft aus. *Zoom, 1/99*

Lars-Olav Beier in: FAZ, 17.12.98; Heiko R. Blum in: Rheinische Post, 18.12.98; Fritz Göttler in: SZ, 17.12.98; Milan Pavlović in: Kölner Stadt-Anzeiger, 19.12.98; Dirk Schönlebe in: Der Tagesspiegel, 17.12.98; Ralph Umard in: tip, 26/98

Stadt der Engel 875

CITY OF ANGELS

****

Regie: Brad Silberling
Darsteller: Meg Ryan (Maggie), Nicolas Cage (Seth), Andre Braugher (Cassiel), Dennis Franz (Messinger), Colm Feore (Jordan), Robin Bartlett (Anne), Joanna Merlin (Teresa), Sarah Dampf (Susan)
Drehbuch: Dana Stevens
Kamera: John Seale (Technicolor)
Musik: Gabriel Yared
Schnitt: Lynzee Klingman
Prod.-Des.: Lilly Kilvert
Prod.: Dawn Steel, Charles Roven; Kelley Smith-Wait, Douglas Segal für Atlas Ent./Recency, USA 1998; 113 Min.
Verleih: Warner Bros./dto./dto./Warner Home Video; 23.7.1998
FSK: ab 12 J.

Herzspezialistin an einem Hospital in Los Angeles gerät nach dem Tod eines ihrer Patienten in eine Sinnkrise und wird daraufhin von einem Todesengel angesprochen, der sich in sie verliebt und sich auf die Erde »fallen läßt«, um sie mit allen irdischen Sinnen lieben zu können. Von Wim Wenders Vorlage »Der Himmel über Berlin« wurde nur das Verwandlungsmotiv eines »Engels« in einen Mann übernommen. Der an-

Nicolas Cage in ›Stadt der Engel‹

rührenden Liebesgeschichte geht eine durchaus achtbare Auseinandersetzung mit Fragen des Todes und die Grenzen menschlicher Bemühungen um das Leben voraus. *multimedia*

(...) Silberlings Remake von »Der Himmel über Berlin« ist das, was dabei herauskommt, wenn sich Hollywood mit dem Jenseits beschäftigt. Dabei ist die Existenz der Götterboten noch aseptischer als die ohnehin schon prüde Filmwirklichkeit. Beim Verlassen des Kinos träumt man von kleinen, dicken barocken Putten. *Katja Nicodemus, tip, 16/98*

Ein Schutzengel verliebt sich in eine Herzchirurgin und opfert seine Unsterblichkeit, um lieben zu können. Zwar ist sein irdisches Glück nur von kurzer Dauer, doch lernt er, daß auch Tod und Trauer Bestandteile des Lebens sind. Von einem überzeugenden Hauptdarsteller getragener Film, der zwar nicht gegen Klischees der Liebesromanze gefeit ist, jedoch genügend Ernst besitzt, um die spirituellen Dimensionen seines Themas auszuloten. Eine Auseinandersetzung mit Liebe, Leben und Tod, der es in ihren dichtesten Momenten gelingt, Trost zu spenden. *Zoom, 8/98*

Haben Sie Wenders in Ihre Arbeit einbezogen?

Von Angang an. Ich fand es beschämend, daß die Produktion sich nie mit ihm getroffen hatte, lediglich vor acht Jahren die Rechte erwarb. Ich schickte Wim das endgültige Drehbuch, das ich mit der Autorin Dana Stevens überarbeitet hatte. Er sollte das Gefühl haben, ein Teil von unserem Projekt zu sein. Ihm gefiel das Buch und er fand witzigerweise darin einiges, was er ursprünglich in seinem Film auch machen wollte. So sollte Wims weibliche Hauptfigur auch Ärztin sein; aber sein Budget reichte nicht. Ich fand das interessant; aber für Wim war diese Parallele eher unheimlich.

Probleme mit dem Budget hatten Sie wohl nicht?

Nein. Von den 50 Millionen Dollar ging der Großteil für Gagen drauf, der Dreh kostete 19 Millionen. Und um die 62 Drehtage hat Wim uns auch sehr beneidet, er hatte nur 28. Ich persönlich mag eine kurze Drehzeit sehr, das kenne ich von meiner TV-Arbeit her. Es ist aufregender, kreativer. Zufälle werden wichtig und aktivieren den Erfindergeist.

Hat Wim Wenders den Film gesehen?

Ja, und ich weiß nicht, wer bei der Vorführung nervöser war, er oder ich. Am Ende jedenfalls kam er, umarmte mich und meinte: Es ist ein schöner Film, auf den auch ich ein bißchen stolz bin.

Brad Silberling im Interview mit Frauke Hanck, AZ, 23.07.98

Torbjörn Bergflödt in: NZZ, 25.7.98; Joseph Heinrichs in: Rheinische Post, 24.7.98; Thomas Klingenmaier in: Stgt. Zeitung, 23.7.98; Daniel Kothenschulte in: FR, 27.7.98; Milan Pavlović in: Kölner Stadt-Anzeiger, 25.7.98

Standoff 876

PRAIRIE FIRE **
Video

Regie: Andrew Chapman
Darsteller: Natasha Henstridge (Mary), Robert Sean Leonard (Jamie Doolin), Dennis Haysbert (Bama Jones), Keith Carradine (Zeke), Paul Ben Victor (Hank), Tricia Vessey (Freebie), Paul Scherrer, Andre G. Ellingson
Drehbuch: Andrew Chapman
Kamera: Nancy Schreiber (Farbe)
Musik: Pray for Rain
Schnitt: Samuel Craven
Prod.-Des.: Amy B. Ancona
Prod.: Dan Stone, Lisa Zimble; Julio Caro, Jay Polstein, Paige Simpson (Koprod.) für Trimark Pic., USA 1996; 87 Min.
Vertrieb: BMG Video; 11.5.1998 – *FSK:* ab 18 J.

Zwei Angehörige einer Spezialeinheit flüchten mit verletztem Kameraden in eine Hütte auf dem Anwesen einer Sekte, die sie ausheben sollten. Psycho-Kammerspiel, das anspruchsvoller tut, als es ist und nicht mit Plattheiten oder Brutalismen geizt.

Star Kid 877

STAR KID/WARRIOR OF WAVERLY STREET ***

Regie: Manny Coto
Darsteller: Joseph Mazzello (Spencer Griffith), Joey Simmrin (Turbo Bruntley), Alex Daniels (Cybersuit), Arthur Burghardt (Cybersuit-Stimme), Brian Simpson (Broodwarrior), Richard Gilliand (Roland Griffith), Corinne Bohrer (Janet Holloway), Ashlee Levitch (Stacey Griffith)
Drehbuch: Manny Coto
Kamera: Ronn Schmidt (Foto-Kem)
Musik: Nicholas Pike
Schnitt: Bob Ducsay
Prod.-Des.: C.J. Strawn
Prod.: Jennie Lew Tugend für Manny Coto Prod., USA 1998; 96 Min.
Verleih: Senator//Ascot Video; 23.7.1998
FSK: ab 6 J., ffr.

Kinderfilm mit viel Spezialeffekt und wenig Kind. Der zwölfjährige Spencer ist schüchtern und hat Streß mit seinen Mitschülern. Eines nachts beobachtet er die Landung eines außerirdischen Kampfanzuges, den es durch einen Krieg im All auf die Erde verschlagen hat. Der Cybersuit mit Michael-Jackson-Nase und Dennis-Rodman-Figur läßt den Jungen einsteigen. Nach einigen lustigen Anlaufschwierigkeiten mit seinem neuen Freund kann Spencer es jetzt allen zeigen, am Ende sogar den bösen »Broodwarriors« aus dem All. Eine gewisse Abgebrühtheit der Kids in bezug auf Action und Computerwelt setzt der Film allerdings voraus.

Iris Depping, tip, 16/98

(...) Zum furiosen Showdown kommt es schließlich ganz dick: Aus Feinden werden Freunde, denn nichts weniger als die Rettung der Welt steht auf dem Programm.
Autor und Regisseur Manny Coto verbindet phantastische Elemente klassischer Superman-Stories mit Anspielungen auf Sci-Fi-Filme (Aliens im TV) zu amüsant-spannender Unterhaltung mit dem Rühr-Effekt von E.T. (Außerirdische müssen wieder nach Hause). Eine wahre Freude für Kids.

Manfred Hobsch, Zitty, 15/98

Albert Baer in: Rheinische Post, 24.7.98

Star Trek – Der Aufstand 878

STAR TREK – INSURRECTION ***

Regie: Jonathan Frakes
Darsteller: Patrick Stewart (Cap. Jean-Luc Picard), Jonathan Frakes (Comm. William

Riker), Brent Spiner (Comm. Data), Levar Burton (Lt. Comm. Geordi La Forge), Michael Dorn (Lt. Comm. Worf), Gates McFadden (Dr. Beverly C. Crusher), Marina Sirtis (Lt. Comm. Deanna Troi), F. Murray Abraham
Drehbuch: Michael Piller
Kamera: Matthew Leonetti (Farbe)
Musik: Jerry Goldsmith
Schnitt: Peter E. Berger
Prod.-Des.: Herman Zimmerman
Prod.: Rick Berman; Peter Lauritson (Koprod.) für Paramount, USA 1998; 103 Min.
Verleih: UIP/UIP/UIP; 31.12.1998
FSK: ab 12, ffr.

Die nächste »Enterprise«-Generation deckt auf dem Planeten der ewigen Jugend eine Verschwörung von bösen Aliens und fehlgeleiteten Sternenflotten-Offizieren auf und kann in der Entscheidungsschlacht die gute alte Föderationsordnung wieder herstellen. Regisseur Jonathan Frakes alias Commander Riker erweist sich als ambitionsloser Routinier, der viel Budenzauber entfaltet, ohne die Längen der Story überspielen zu können.
Fürs allgemeine Publikum zu unspektakulär und für die Fangemeinde zu uninspiriert, bestätigt das 70-Millionen-Dollar-Spektakel das alte Trekker-Vorurteil, daß auf »Enterprise«-Filmen mit ungerader Ziffer der Fluch des Scheiterns lastet. *tip, 1/99*

Woran liegt es Ihrer Meinung nach, daß »Star Trek« ein Millionenpublikum begeistert?

Weil die Charaktere zwar heroisch sind, aber niemals eindimensional. Und weil wir einfach gute Geschichten erzählen. (...) Knallige Spezialeffekte und exotische Kreaturen allein sind jedenfalls nicht genug. Man muß den Zuschauer fesseln und seine Neugier wachhalten. Deshalb haben wir schon die Fernsehserie mit einer Gewissenhaftigkeit produziert, als müßten wir jede Woche »König Lear« auf die Bühne bringen.

Patrick Stewart im Interview, Der Spiegel, 4.1.99

Andreas Conrad in: Der Tagesspiegel, 31.12.98; Thomas Klingenmaier in: Stgt. Zeitung, 31.12.98; Daniel Kothenschulte in: FR, 2.1.98; Freddy Langer in: FAZ, 30.12.98; Ulli Tückmantel in: Rheinische Post, 31.12.98

Stargate – Kommando SG-1 879

STARGATE – KOMMANDO SG-1 ***
Video

Regie: Allan Eastman, Mario Azzopardi, Brad Turner, Jonathan Glassner, William Gereghty, Jimmy Kaufmann
Darsteller: Richard Dean Anderson (Jack O'Neill), Michael Shanks (Daniel Jackson), Amanda Tapping (Samantha Carter), Don S. David (General Hammond), Christopher Judge (Teal'C)
Drehbuch: Katharyn Powers, Robert C. Cooper, Jeffrey F. King, Tom J. Astle
Kamera: Peter Woeste (Farbe)
Musik: Joel Goldsmith, Tim Truman, Kevin Kiner, Richard Band, Dennis McCarthy, David Arnold
Schnitt: Allan Lee, Charles E. Robichaud, Brad Rines, Peter Svab
Prod.: N. John Smith, Ron French für MGM TV/Double Secret Prod./Gekko, USA 1997; 85 Min.
Vertrieb: Warner Home Video; 27.2.1998
FSK: ab 12 J.

US-TV-Pilotfilm zu der Serie, die nach Roland Emmerichs Science-Fiction-Thriller »Stargate« entstand. Mittlerweile sind vier Kassetten auf dem Markt und weitere werden folgen.

Starship Osiris 880

THE WARLORD: BATTLE FOR THE GALAXY **
Video

Regie: Joe Dante
Darsteller: John Corbett (Justin Thorpe), Carolyn McCormick (Nova Thorpe), John Pyper-Ferguson (Sean), Elisabeth Harnois (Maggie), J. Madison Wright, Darryl Theirse, Marjorie Monaghan, Joel Swetow
Drehbuch: Caleb Carr
Kamera: Jamie Anderson (Farbe)
Musik: Karl Lundberg
Schnitt: Marshall Harvey
Prod.-Des.: Sandy Veneziano
Prod.: Dan Dugan für Paramount TV, USA 1998; 88 Min.
Vertrieb: CIC Video; 17.8.1998
FSK: ab 12 J.

Im Jahr 2391 herrscht nach Bürgerkrieg die Anarchie und ein alleinerziehender Vater fahndet nach seiner von Aliens entführten Tochter. Peinlicher Pilotfilm zu glücklicherweise nie realisierter US-TV-Serie.

Starship Troopers 881
STARSHIP TROOPERS **

Regie: Paul Verhoeven
Darsteller: Casper Van Dien (Johnny Rico), Dina Meyer (Dizzy Flores), Denise Richards (Carmen Ibanez), Jake Busey (Ace Levy), Neil Patrick Harris (Carl Jenkins), Clancy Brown (Sgt. Zim), Seth Gilliam (Sugar Watkins), Patrick Muldoon (Zander Barcalow)
Drehbuch: Edward Neumeier, nach einem Buch von Robert A. Heinlein
Kamera: Jost Vacano (Technicolor)
Musik: Basil Poledouris
Schnitt: Mark Goldblatt, Caroline Ross
Prod.-Des.: Allan Cameron
Prod.: Alan Marshall, Jon Davidson; Phil Tippett, Edward Neumeier, Frances Doel für TriStar/Touchstone, USA 1997; 129 Min.
Verleih: Buena Vista/dto./dto./Touchstone Home Video; 29.1.1998
FSK: ab 18, ffr.

In einem auf Autorität und Gewalt basierenden Zukunftsstaat werden junge Rekruten nach demagogischer Gehirnwäsche zum Kriegseinsatz gegen fliegende, kriechende und feuerspeiende Monsterkäfer in eine andere Galaxie geschickt. Mit technischer Perfektion im effektvollen Hochglanzstil von Werbespots und Magazin-Covers inszenierter Science-Fiction-Film, der nicht nur äußerst gewalttätig ist, sondern auch der Glorifizierung des Militarismus und der Verbreitung faschistischen Gedankenguts Vorschub leistet. *Zoom, 2/98*

(...) Mit überragenden Spezialeffekten protzende Space Opera nach einem Roman von Robert A. Heinlein, die die faschistoide Tendenz seiner Vorlage ausschlachtet, um in möglichst widerlichen Splatterszenen schwelgen zu können. (...) *tip, 3/98*

Eine besondere Art von Wehrertüchtigungsideologie scheint mit diesem bombastischen Science-Fiction-Thriller in den ansonsten weniger plumpen Paul Verhoeven gefahren zu sein. Gigantische Killer-Insekten greifen die Menschen an – und die rüsten eifrig zum Krieg.
Drehbuchautor Ed Neumeier verfaßte ein grob gerastertes Skript, in dem Gut

Jonny Rico mit Monster

und Böse von vornherein klar verteilt sind. Einem immensen Militarismus wird gehuldigt – »Bürger« wird man erst durch geleisteten Wehrdienst, alle anderen sind nur »Zivilisten«. Die Gesellschaft der Zukunft gibt sich ideal, kennt keine Rassen- oder Geschlechtertrennung. Und im Militär sind männliche und weibliche Soldaten zusammen an der Front und in Schlafsälen. (...)
Die Spezialeffekt-Schlachten zwischen den Käfern und den wie verrückt aus Maschinengewehren feuernden Menschen sind zwar computertechnisch perfekt, aber irgendwie leblos. Wie der gesamte Film eine klirrende Kälte ausstrahlt, die in den Kampfszenen auf dem fremden Planeten von Kameramann Jost Vacano mit greller Lichtsetzung noch eisiger wird. Seinen sonst so intelligenten Humor und satirischen Biß hat Verhoeven total ausgespart. Ein besonderer Zynismus?
Frauke Hanck, AZ, 29.1.98

Brigitte Desalm in: Kölner Stadt-Anzeiger, 31.1.98; Boris Erdtmann in: Die Welt, 29.1.98

Steel Man 882
STEEL **
Video

Regie: Kenneth Johnson
Darsteller: Shaquille O'Neal (John Henry Irons), Annabeth Gish (Susan Sparks), Judd Nelson (Nathaniel Burke), Richard Roundtree (Onkel Joe), Irma P. Hall (Großmutter Odes-

sa), Ray J. (Martin), Charles Napier (Col. David), Kerrie Keane (Senator Nolan)
Drehbuch: Kenneth Johnson, nach Charakteren von Louise Simonson, John Bogdanove
Kamera: Mark Irwin (Technicolor)
Musik: Mervyn Warren
Schnitt: John F. Link
Prod.-Des.: Gary Wissner
Prod.: Quincy Jones, David Salzman, Joel Simon; Mark Allan für Quincy Jones/David Salzman Ent., USA 1997; 97 Min.
Vertrieb: Warner Home Video; März 1998
FSK: ab 16 J.

Mit Mega-Kräften ausgestatteter ehemaliger Armeesoldat will in den Straßen von L. A. für Ordnung sorgen. Die Superman-Science-Fiction-Action-Comedy für schlichte Gemüter mit einem Basketballstar in der Titelrolle.

Steel Train 883

EVASIVE ACTION **
Video

Regie: Jerry P. Jacobs
Darsteller: Dorian Harewood, Ray Wise, Roy Scheider, Delane Matthews, Ed O'Ross, John Toles-Bey, Clint Howard, Don Swayze
Drehbuch: Sean McGinley, Tripp Reed, Brian Rudnick
Kamera: Ken Blakey (Farbe)
Musik: Jay Bolton
Schnitt: Lewis Schoenbrun
Prod.-Des.: Steve Ralph
Prod.: Ashok Amritraj, Andrew Stevens für Royal Oaks/Cabin Fever, USA 1997; 92 Min.
Vertrieb: New Vision Video; 27.10.1998
FSK: ab 16 J.

Familienvater tötet Mörder seiner Kinder, flieht aber in abenteuerlicher Aktion bei Gefangenentransport per Zug. Liebloser Aufguß gängiger Action-Rezepte der letzten Zeit.

Steinauer Nebraska 884

****

Regie: Karl Saurer
Drehbuch: Karl Saurer, Elena M. Fischli
Kamera: Rolf Rosenberg, Hansueli Schenkel, John Spence (Farbe)
Musik: Frank Steinauer, R. Carlos Nakai, Tim R. Crawford
Schnitt: Bernhard Lehner
Prod.: Karl Saurer für Karl Saurer Prod., Schweiz 1997; 75 Min.
Verleih: -/-/Cinematograph; Febr. 1998

1852 wanderten drei Einsiedler-Brüder namens Steinauer nach Nebraska aus. 145 Jahre später folgt Karl Saurer ihren Spuren, läßt in Erinnerungen ihrer Nachkommen und anderer jene Pionierzeit lebendig werden. Dieser historische Aspekt wird erweitert um das Thema der vertriebenen Ureinwohner, die unterschiedliche Nutzung der Umwelt durch Indianer und Weiße und die Folgen: Die heutigen Nachfahren der Auswanderer sind wieder von ökonomischer Unsicherheit bedroht. Dank starken Bildmotiven und assoziativer Montage fesselndes und komplexes Werk. *Zoom, 2/98*

Stephen King's Quicksilver Highway 885

QUICKSILVER HIGHWAY ***
TV

Regie: Mick Garris
Darsteller: Christopher Lloyd (Quicksilver), Matt Frewer (Dr. George), Raphael Sbarge (Kerry/Hogan), Silas Weir Mitchell (Tramper), Veronica Cartwright (Myra), Bill Bolender (Scooter), Cynthia Garris (Ellen), John Landis (Surgical Assistant)
Drehbuch: Mick Garris, nach einer Story von Clive Barker, Stephen King
Kamera: Shelly Johnson (Farbe)
Musik: Mark Mothersbaugh
Schnitt: Norman Hollyn
Prod.-Des.: Craig Stearns
Prod.: Mick Garris, Ron Mitchell für National Studios, USA 1997; 90 Min.
TV: 1.1.1998, SaT.1, 22.00

Aaron Quicksilver, Reisender, immer auf der Suche nach bizarren und gespenstischen Stories, erzählt zwei davon hier: die von einem mörderischen Spielzeug, das einem Mann das Leben rettet, indem es einen anderen tötet, und vom Aufstand der Hände, die ihren Besitzern nicht mehr gehorchen wollen. *Pressetext*

Mick Garris realisierte die Horrorstories stimmungsvoll in surrealistischer Wüsten-, Rummelplatz- und Klinikkulisse: Ein phantastisches Special-Effect-Spektakel als Nervenkitzel vom Feinsten. *Sigrid Feuerstein, AZ, 3.1.98*

Storm Trooper 886

STORM TROOPER **

Video

Regie: Jim Wynorski
Darsteller: Carol Alt (Grace Tolson), John Laughlin (Stark), Zach Galligan (Kreigal), Corey Feldman (Roth), Rick Hill (Denton)
Drehbuch: T.L. Lankford
Kamera: J.E. Bash (Farbe)
Musik: Terry Plumeri
Prod.: Hans C. Ritter, USA 1997; 90 Min.
Vertrieb: Starlight Video; 19.8.1998
FSK: ab 18 J.

Eigentlich perfekt konstruierter Cyborg-Cop macht sich selbständig und wendet sich gegen seine von niederen Motiven gelenkten Erfinder. Science-Fiction-Action wie vom Grabbeltisch.

Der Strand von Trouville 887

***

Regie: Michael Hofmann
Darsteller: Boris Aljinovic (Lukas), Antje Westermann (Alice), Karina Krawczyk (Nathalie), Lars Rudolph (Bill), Katja Zinsmeister (Elenor), Christoph Zapatka (Alex), Karl Markovics, Josef Ostendorf
Drehbuch: Michael Hofmann, Linda Seger
Kamera: Hans Fromm (Farbe)
Musik: Frank Will, Julius Block
Schnitt: Uta Schmidt
Prod.-Des.: Volker Schäfer
Prod.: Albert Kitzler für Trans-Film/TiMe/SWF/DRS, BRD 1997; 84 Min.
Verleih: TiMe/-/-; 7.5.1998
FSK: ab 12, ffr. – *FBW:* Wertvoll

Lukas verliebt sich in Nathalie, die er nur einmal getroffen hat. Auf der Suche nach ihr stößt er auf Alice und verliebt sich – oder auch nicht. Was nach französischer Leichtigkeit klingt, mischt Regisseur und Drehbuchautor Michael Hofmann mit ein paar eher unverdaulichen Ingredienzen deutscher Gegenwartskomödien. Der manchmal allzu deutsche Pointenzwang und die demonstrative Märchenmentalität können die Komik zum Glück nicht gänzlich tilgen. *Iris Depping, tip, 10/98*

(...) Fehler hat auch der gelernte Werbefilmer Michael Hofmann (36) gemacht in seinem Spielfilmdebüt mit dem Metaphern-Titel. Aber solche, die auch dem Publikum partiell Spaß machen können. Denn in der schlichten deutschen Komödien-Dramaturgie mit Ausflügen ins Irreale finden sich immer wieder Momente von lakonischem Witz. (...)
Hofmann beweist immerhin Gespür für schrullige Typen (»Stockinger« Karl Markowics als Kellner, Klaus Manchen als Metzger) und pseudophilosophische Nonsens-Dialoge. Und die Szene, in der Alice und Lukas sich in einer tristen Kneipe mit abscheulichsten Alkoholkombinationen zudröhnen, muß ihm erst mal einer nachmachen.

Angie Dullinger, AZ, 7.5.98

(...) Gerade dieses Miteinander von »high and low«, von Hoch- und Trivialkultur, ohne jede Bildungsattitüde ist so typisch für den schwer zu treffenden Ton in der aktuellen Jugendkultur. Erstaunlicherweise hört man für gewöhnlich mehr davon in den Filmen eines über siebzigjährigen Eric Rohmer als in den Arbeiten junger deutscher Regisseure. Gerade diese unaufdringliche Haltung wirkt so unglaublich unschuldig: Es ist eine Art Liebe, die sich von der hinreißend geschriebenen Geschichte auf die verspielte Form überträgt und den Zuschauer für emotionale

Antje Westermann und Boris Aljinovic

Feinheiten sensibilisiert, wie man sie in deutschen Komödien mit der Lupe suchen kann. Daß in der Produktion nicht immer alles klappte, daß ein knappes Budget aus einem »road movie« eher einen verhinderten Reisefilm machte und nicht jede visuelle Idee aufgehen ließ, schmälert das Vergnügen nicht: In der knappen Laufzeit steckt da Konzentrat eines filmischen Utopismus, der gespannt macht auf weitere Filme Michael Hofmanns. Und schließlich ist es ja auch ein Film über Notlösungen, die die ursprünglichen Ambitionen in den Schatten stellen.

Daniel Kothenschulte in: FR, 8.5.98

(...) Doch die sachte Heiterkeit, um die es Hoffmann geht, erstickt an eben jener Lakonie, aus der sie eigentlich entstehen sollte. Hoffmann beherrscht das kunstvolle Spiel mit Andeutung und Aussparung nicht, spult die Geschichte mit unbeholfener, gar nicht eleganter Beiläufigkeit ab. Seiner Inszenierung fehlt das Gespür für Timing und raumzeitliche Zusammenhänge. Wer von der Sehnsucht nach einem Anderswo erzählen will, sollte auch das Hier und Jetzt stimmig ausmalen können. Hoffmann versenkt sich indes kaum je in seine Schauplätze, schert sich nicht um deren Flair und Atmosphäre (dabei gäbe es auch in einem Einkaufszentrum oder einer Reihenhaussiedlung eine Menge zu entdecken).

So hat er einen Reisefilm gedreht, der nirgendwo wirklich ankommt, noch nicht einmal dort, wohin ihn die Patronage regionaler Filmförderungen verschlagen hat. *Gerhard Midding, Kölner Stadt-Anzeiger, 9.5.98*

Ralph Geisenhanslüke in: Tagesspiegel, 7.5.98

Streetgun 888

STREET GUN *

TV

Regie: Travis Milloy
Darsteller: Justin Pagel (Joe Webster), Scott Cooke (Danny Burke), Michael Egan (Jake Bailey), Philip Ray (Sid Donelly), Timothy Lee (Raleigh Donelly), Leslie Ball (Gretchen Krue), Ken Green (Chuck Witt), C. Todd Griffin (Tommy Simms)
Drehbuch: Timothy Lee, Travis Milloy
Kamera: Joel King (Farbe)
Musik: Michael Wandmacher
Prod.: Michael Jentsch, USA 1996; 92 Min.
TV: 12.4.1998, RTL, 0.50

Ganove will aufsteigen und macht Karriere im Verbrechersyndikat.

Streetlife 889

STREETLIFE ***

TV

Regie: Karl Francis
Darsteller: Helen McCrory (Jo), Rhys Ifans (Kevin), Donna Edwards (Gail), Ruth Lloyd (Andrea), Jeremi Cockram (Polizist), Huw Davies (Mark), Lynwen Hobbs (Lynwen), Clare Isaac (Sharon)
Drehbuch: Karl Francis
Kamera: Nigel Walters (Farbe)
Musik: John Hardy
Schnitt: Roy Sharman
Prod.: Ruth Caleb für BBC Wales, GB 1995; 102 Min.
UA: 24.2.1996, Int. Filmfestspiele Berlin, »Panorama«
TV: Okt.1998, ARD

Reflexe vom frühen Britenkino der Spülsteinwelle: Im Trash-Milieu des Primitivglücks (Mann, Fick, schwanger!) ist Jo auf trautes Heim fixiert und bringt am Ende das Neugeborene um. »Streetlife« ist als Prolo-Tragödie der Chancenlosen ein Hammer.

Ponkie, AZ, 11.9.98

Studio 54 890

54 **

Regie: Mark Christopher
Darsteller: Ryan Phillippe (Shane O'Shea), Salma Hayek (Anita), Neve Campbell (Julie Black), Mike Myers (Steve Rubell), Sela Ward (Billie Auster), Breckin Meyer (Greg Randazzo), Sherry Springfield (Viv), Louis Negin (Truman Capote)
Drehbuch: Mark Christopher
Kamera: Alexander Gruiszynski (Delux)
Musik: Marco Beltrami
Schnitt: Lee Percy
Prod.-Des.: Kevin Thompson
Prod.: Richard N. Gladstein, Dolly Hall, Ira Deutchmann für Redeemable Features/Dollface/FilmColony, USA 1998; 93 Min.
UA: 28.8.1998
Verleih: Kinowelt/Constantin/Rialto; 10.12.1998
FSK: ab 12 J., ffr.

Die Geschichte von Shane O'Shea, einem Tankwart aus New Jersey, der über Nacht zum Star-Barkeeper im legendären »Studio 54« in Manhattan wird. Angelegt im Stil großer Historienschinken präsentiert Mark Christopher eine ansprechende Musikauswahl, darüber hinaus allerdings – von kalkulierten Nostalgieeffekten abgesehen – kaum etwas, was den Film sehenswert macht. *multimedia*

(...) Der Regisseur spult brav die Zutaten ab, die man von einem Diskofilm erwartet: Im Glitzerlicht wird getanzt, im Schummerlicht gekokst und im Dunkeln – garantiert jugendfrei – geschmust. Ein paar Prominente schleichen durchs Bild, man hört die Hits von Diana Ross, Grace Jones und Blondie. Das ist so belanglos wie ein stinknormaler Discobesuch.

Gisa Funk, AZ, 10.12.98

Lars-Olav Beier in: FAZ, 10.12.98; Rupert Koppold in: Stuttgarter Zeitung, 10.12.98; Mariam Lau in: SZ, 9.12.98; Jan Schulz-Ojala in: Der Tagesspiegel, 10.12.98

Die Stunde der Teufelinnen 891

WEDDING BELL BLUES **

Video

Regie: Dana Lustig
Darsteller: Illeana Douglas (Jasmine), Paulina Porizkova (Tanya), Julie Warner (Micki), John Corbett (Cary), Jonathan Penner (Matt), Charles Martin Smith (Oliver), Richard Edson (Tom), Joe Urla (Jeff)
Drehbuch: Annette Goliti Gutiérrez, Dana Lustig, nach einer Story von Annette Goliti Gutierrez
Kamera: Kent L. Wakeford (Farbe)
Musik: Tal Bergman, Paul Christian Gordon
Schnitt: Caroline Ross
Prod.-Des.: Shay Austin
Prod.: Ram Bergman, Mike Curb, Dana Lustig, Carole Curb Nemoy für Bergman Lustig Prod./Curb Ent., USA 1996; 100 Min.
Vertrieb: Splendid Video; 26.3.1998
FSK: ab 12 J.

Drei Fast-30erinnen düsen nach Las Vegas, um sich Ehemänner zu angeln. Auch wenn die Regisseurin so heißt, lustig ist diese läppische Comedy nur ganz selten – und die Darstellerinnen wurden verschenkt.

Die Stunde des Lichts 892

WHEN THE LIGHT COMES ***

Regie: Stijn Coninx
Darsteller: Joachim Krol (Lars), Francesca Vanthielen (Ellen), Reidar Sörensen (Ragnar), Rick Engelkes (Robert), Morten Röhrt, Per Skjölsvik, Karin Lunden, Marit Bolling
Drehbuch: Jean van de Velde, nach dem Roman »Waar blijft het licht« von Heleen van der Laan; Sprechertext: Amelie Fried
Kamera: Theo Bierkens (Farbe)
Musik: Dirk Brossé
Schnitt: Ludu Troch
Prod.-Des.: Karl Juliusson
Prod.: Sven Burgemeister, Paul Voorthuysen für TV-60/Added Films/Favourites Films/Nordic Screen, Belgien/NL/BRD 1997; 111 Min.
EA: Int. Hofer Filmtage 1998
Verleih: Buena Vista/-/-; 31.12. 1999
FSK: ab 12 J., ffr. – *FBW:* Wertvoll

Der Wille zur Selbsterfahrung und -erhaltung ist Anlaß für eine Holländerin, mit einem eigenbrötlerischen Norweger auf Spitzbergen einen langen Winter zu verbringen.
Eigentlich steht Joachim Król, diesem Meister der Schüchternheit, die Rolle eines verschrobenen norwegischen Trappers gut zu Gesicht. Leider hat Regisseur Stijn Coninx ihn zum Markenzeichen seiner selbst degradiert. Król spielt einen kauzigen Einsiedler, der von einer munteren, geschwätzigen Großstadtgöre heimgesucht wird und sich prompt verliebt. Ein Eisbär sorgt für zusätzliche Action, und der Soundtrack verkitscht das Naturschauspiel des Polarwinters zur Disney-Kulisse.

tip, 1/99

Albert Baer in: Rheinische Post, 31.12.98; Sandra Kegel in: FAZ, 4.1.98; Thomas Klingenmaier in: Stgt. Zeitung, 31.12.98; Veronika Rall in: FR, 2.1.99; Fritz Göttler in: SZ, 5.1.99; Christina Tilmann in: Der Tagesspiegel, 31.12.98

Sturmflut – Inferno an der Küste 893

TIDAL WAVE: NO ESCAPE *

TV

Regie: George Miller
Darsteller: Corbin Bernsen (John Wahl), Julianne Phillips (Dr. Jessica Weaver), Gregg Henry (Edgar Purcell), Lawrence-Hilton Jacobs (Marlan Clark), Harve Presnell (Stanley Schiff), Lance Wilson-White (Chick), Gene

Wolande (Dr. Jules Bernard), Wendy Schenker (Richards)
Drehbuch: George Malko, Tedi Sarafian
Kamera: Corky Ehlers (Farbe)
Musik: Bruce Rowland
Prod.: USA 1997; 120 Min.
TV: 13.5.1998, Pro7, 20.15

Wissenschaftler vermuten, daß die mysteriösen Flutwellen, die Katastrophen auslösen, nur künstlich erzeugt werden.

Subdown – Das Portland-Inferno 894

CRUSH DEPTH **
Video

Regie: Alan Smithee (= Gregg Champion)
Darsteller: Stephen Baldwin (Rick Postley), Gabrielle Anwar (Laura Dyson), Tom Conti (Dr. Harry Rheinhardt), Chris Mulkey (Kommandant Kirsch), Tony Plans (Erster Offizier), Joseph Dain, Kevin Connolly, Eugene Williams
Drehbuch: Howard Chesley, Silvio Muraghlia, Daniel Jakub Sladek
Kamera: Hiro Narita, Rolf Buegler (Unterwasser) Farbe
Musik: Stephano Mainetti
Schnitt: Cary Shott, Gary Scott
Prod.-Des.: Chris Gorak
Prod.: Silvio Muraglia, Daniel Sladek, Howard Chesley für Emergent/Carousel/Cine-Grande/ USA Network, USA 1997; 98 Min.
Vertrieb: Warner Home Video; 14.1.1999
FSK: ab 12 J.

US-Atom-U-Boot kollidiert mit russischen Kollegen und läuft auf Grund. Klischees im Dutzend, platte Figuren, noch plattere Dialoge, kaum Action und ein Regisseur, der sich – zu recht! – hinter einem Pseudonym versteckt hat.

Sue 895

SUE ****

Regie: Amos Kollek
Darsteller: Anna Thomson (Sue), Matthew Powers (Ben), Tahnee Welch (Lola), Tracee Ellis Ross (Linda), Robert Kya-Hill (Willie), Austin Pendleton (Bob), John Ventimiglia (Larry), Edoardo Ballerini (Eddi)
Drehbuch: Amos Kollek
Kamera: Ed Talavera (Farbe)
Musik: Chico Freeman
Schnitt: Liz Gazzara
Prod.: Zack Habakuk, Osnat Shalev; Linda Moran, René Bastian (Koprod.); Kerry Barden (Ass.Prod.) für Amko Prod./Belladonna, USA 1997; 91 Min.
UA: 12.9.1997, Toronto Filmfestival
EA: 18.2.1998, Int. Filmfestspiele Berlin, »Panorama«: art & essai«
Verleih: Pandora/-/-; 10.9.1998
FSK: ab 12 J., ffr,

Sue sieht eigentlich viel zu elegant aus für jemanden ohne Job. Und weil ihre Kontakte zur Außenwelt ebenso zufällig wie von kurzer Dauer sind, bemerkt kaum einer das Elend, das sich in ihrem Leben zusammenrottet. Kein unbekanntes Großstadtschicksal, sicherlich, aber statt zu sozio- bzw. psychologisieren, übersetzt Kollek die Isolation der Hauptdarstellerin in die der Bilder. Wie ist diese Anhäufung von doppelten Whiskeys, Bettgeschichten und Vorstellungsgesprächen noch in eine sinnvolle Ordnung zu kriegen? Sues Unglück rührt letztendlich daher, daß sich die Szenen ihres Lebens wie zufällig aneinanderreihen, so als könnten sie nie eine Geschichte ergeben – zumindest keine mit Happy-End.

KS, tip, 19/98

(…) Unspektakulär, manchmal etwas zu emotionslos, zeichnet Amos Kollek, der Sohn von Jerusalems bekanntem Exbürgermeister, den psychischen Zerfall eines Menschen, ein New York von Randexistenzen, die sich sinnlos abstrampeln und im Konkurrenzkampf mit den Cleveren den Kürzeren ziehen. Der pulsierende Rhythmus der Metropole und pure Verzweiflung verbinden sich zu einer poetischen Großstadtsinfonie. Und Anna Thomsons Gesicht, das sich so vorbehaltlos preisgibt, vergißt man so schnell nicht.

Margret Köhler, AZ, 10.9.98

Das Ende des Films ist sehr lakonisch und fatalistisch …

… tatsächlich wurde uns viel Geld für ein anderes Ende angeboten. Danach hätte Sue herausgefunden, daß New York ihre Stadt sei, sie hätte einen Mann kennengelernt, mit dem sie

Anna Thomson ist ›Sue‹

glücklich wird … Doch wir haben uns dagegen entschieden. Denn im Zentrum des Films sollte eben keine Beziehungsgeschichte stehen, sondern eine Person, die aus irgendwelchen Gründen nicht durchhalten kann, deren Persönlichkeit nicht in die derzeitige amerikanische Kultur paßt.

Inwiefern?

Sue hat andere Werte. Sie ist großzügig, sanft und warmherzig. Damit kommt sie aber nicht durch. Um Erfolg zu haben, besonders in den großen Städten, braucht man heute ein gehöriges Maß an Aggression und Rücksichtslosigkeit. Es muß einem egal sein, wie viele Stunden man am Tag arbeitet und wen man auf dem Weg nach oben niedertrampelt. Aber sind das wirklich Werte? Ich glaube nicht.

Anna Thomson im Interview mit Jennifer Bleek, Zitty, 19/98

Thomas Klingenmaier in: Stgt. Zeitung, 10.9.98; Mariam Lau in: SZ, 10.9.98; Veronika Rall in: AZ, 12.9.98; Sigrid Schmitt in: Rheinische Post, 25.9.98; Christian Seebaum in: Kölner Stadt-Anzeiger, 12.9.98

Die Summe der Gefühle 896

THE SUM OF US ****

Video

Regie: Geoff Burton, Kevin Dowling
Darsteller: Jack Thompson (Harry Mitchel), Russell Crowe (Jeff Mitchel), John Polson (Greg), Deborah Kennedy (Joyce Johnson), Joss Moroney (Young Jeff), Mitch Mathews (Gran), Julie Herbert (Mary), Des James (Football-Trainer)
Drehbuch: David Stevens
Kamera: Geoff Burton (Farbe)
Musik: David Faulkner
Schnitt: Frans Vandenburg
Prod.-Des.: Graham Walker
Prod.: Miramax/Samuel Goldwyn, Australien 1994; 95 Min.
Vertrieb: Pro-Fun Video; 2.6.1998
FSK: ab 12 J.

Unter einem Dach: der Vater Witwer, der Sohn schwul – und beide auf der Suche nach Liebe. Dramaturgisch ungelenke, schauspielerisch aber überzeugende, außergewöhnliche Tragikomödie mit liebenswerten Figuren und klischeearmen Konflikten.

Sunday 897

SUNDAY ***

Regie: Jonathan Nossiter
Darsteller: David Suchet (Oliver/Matthew), Lisa Harrow (Madeleine Vesey), Jared Harris (Ray), Larry Pine (Ben Vesey), Joe Grifasi (Scottie Elster), Arnold Barkus (Andy)
Drehbuch: Jonathan Nossiter, James Lasdun
Kamera: Michael F. Barrow, John Foster, Dan Lerner (Farbe)
Musik: Jonathan Nossiter
Schnitt: Madeleine Gavin
Prod.-Des.: Deana Sidney
Prod.: Jed Albert, Alix Madigan, Jonathan Nossiter, D. J. Paul; Amy Hobby, Robert Jiras, Gus Rogerson (Koprod.) für Goatwork/Double A, USA 1996; 92 Min.
Verleih: -/-/Alhéna; August 1998

Der ausrangierte Manager Oliver wird von der arbeitslosen Schauspielerin Madeleine für den Filmemacher Matthew gehalten. Er steigt auf ihren Irrtum ein in der Hoffnung, sein mißliches Leben erträglicher zu gestalten. Aber die gegenseitigen Projektionen münden in eine Ernüchterung. Der lyrische, melancholische Film über die desorientierte Existenz der Beschäftigungslosen überzeugt dank einem originellen Drehbuch, hervorragenden Darstellern und stimmungsvollen Bildern.

Zoom, 8/98

Eine Sünde zu viel

898
**
TV

Regie: Udo Witte
Darsteller: Heiner Lauterbach (Bert Feltoff), Gudrun Landgrebe (Laura von Manstedt), Marion Mitterhammer (Sandra), Redbad Klynstra (Marek Zloska), Rolf Hoppe (Anwalt Bornstein), Elisabeth Goebel (Anna), Paul Faßnacht (Meißner), Lutz Herkenrath (Lorenz)
Drehbuch: Thomas S. Cook, Karin Howard, nach dem gleichn. Roman von Heinz G. Konsalik
Kamera: Jochen Radermacher (Farbe)
Musik: Marcel Barsotti
Schnitt: Ulrike Leipold
Prod.-Des.: Norbert Scherer
Prod.: Gerhard Schmidt, Peter Paulich; Dagmar Konsalik für Gemini mit Portman/ Premiere/D.G.K. für Degeto, BRD/Schweiz 1997;
90 Min.
TV: 9.3.1998, Premiere, 20.15; 25.9.1998, ARD, 21.15
Vertrieb: BMG (Universum) Video

In der Tat eine Sünde zuviel. Die Konsalik-Thriller-Tirade läßt die Textil-Lady Gudrun Landgrebe durch Chemieunfall erblinden und durch Ärztekunst fix wieder sehend werden – was sie aber verheimlicht, um ihrem treulosen Gatten das Techtelmechteln mit ihrer Schwester zu versalzen. Die Darsteller spenden für das knallig Vorhersehbare ihre gußeiserne Routine – wovon der Quark aber auch nicht viel anders wird. *Ponkie, AZ, 28.9.98*

Super Nachbarn – Krieg im Doppelhaus

899
**
TV

Regie: Maria Theresia Wagner
Darsteller: Markus Majowski (Rudi Falkner), Anna Loos (Maike Falkner), Johannes Brandrup (Ingo Buck), Esther Schweins (Katharina Buck), Christine Kaufmann (Frau Merk), Max Falkner (Timo Rinke), Tommy Falkner (Tobias Brass), Micky Falkner (Fabio Bülow von Dennewitz)
Drehbuch: Andreas Bauser
Prod.: BRD 1998;
90 Min.
TV: 18.12.1998, RTL, 20.15

Neid und Streit im Doppelhaus, beinahe wie im echten Leben.

Die Superbullen

900
**
TV

Regie: Otto W. Retzer
Darsteller: Wolfgang Fierek (Franz Faltinger), Ottfried Fischer (Hans Kleiber), Harald Krassnitzer (Thomas Torberg), Christina Plate (Claudia Torberg), Rebecca Horner (Fanny), Fritz Karl (Peter Bachler), Silvia Vas (Liane), Kurt Weinzierl (Leo)
Drehbuch: Erich Tomek
Kamera: Manfred Ensinger (Farbe)
Musik: Georg Gabler
Prod.: BRD 1997;
107 Min.
TV: 17.4.1998, ARD, 20.15

Zwar behauptet man bei der ARD voll Stolz, das Leute-Verkogeln mit dem Jugend-Doping nicht mitzumachen – aber was, bitteschön, war dann so ein Infantilisierungsschub in die Fünfziger wie die Wörthersee-Variante aus der Klamaukbude des Regiekünstlers Otto W. Retzer? Die Helden des Bayernbullengewerbes, Ottfried Fischer und Wolfgang Fierek, versackten beim Kampf mit dem Drehbuch in 50 Jahren vergärtem Deutschhumor. Aber einem gut trainierten Mehrzweck-Darsteller graust vor nichts. *Ponkie, AZ, 20.4.98*

Supersingle

901
**
TV

Regie: Sharon von Wietersheim
Darsteller: Ann-Kathrin Kramer (Alexa), Heio von Stetten (Philipp), Regula Grauwiller (Florentine), Jan Sosniok (Nick), Saskia Vester (Mae), Peter Rappenglück (Marketingchef), Ellen ten Damme (Conny), Viola von der Burg (Renate)
Drehbuch: Sharon von Wietersheim, Michael Rossié
Musik: Jörg Sieber
Prod.: BRD 1998; 90 Min.
TV: 4.11.1998, ARD, 20.15

Kurz bevor Lifestyle-Journalistin Alexa von der Hohenleite mit ihrem Chefredakteur Phillip von Gorres vor den Traualtar tritt, stellt sie ihn megaraffiniert auf die Probe. »Ich weiß alles!« ruft sie aus und wartet, bis er ihr einen Seitensprung beichtet. Dann engagiert sie eine Superfrau, um Phillip erneut zu testen und verliebt sich ihrerseits in deren Exfreund Nick.

Ein teenienaiver Photoroman für Weggetretene hoppelte da auf mausknietiefem Extra-Seicht-Niveau über den Bildschirm, aufgekratzt und aufgemotzt – aber ohne Pointen-Timing und mit schmerzhaften Dialogen. (…)

W.O.P. Kistner, AZ, 6.11.98

Surrender Dorothy 902

SURRENDER DOROTHY ***

Regie: Kevin Di Novis
Darsteller: Peter Pryor (Trevor), Kevin Di Novis (Lanh/Dorothy), Jason Centeno (Denis), Elizabeth Casey (Vicki), Marcos Muniz (Angel), Keri Merboth (Nadja), G. Rich alias Richard Goldberg (Troy)
Drehbuch: Kevin Di Novis
Kamera: Jonathan Kovel
Schnitt: Kevin Di Novis
Prod.-Des.: Kevin Di Novis
Prod.: Richard L. Goldberg für G. Rich Entertainment, USA 1998; 87 Min.
UA: Slamdance Filmfestival 1998
EA: Filmfest München 1998
Verleih: Werkstattkino/-/-; 20.11.1998, Werkstattkino, München

Trevor hat eine lähmende Angst vor Frauen. Als der Junkie Lanh hilfesuchend bei ihm auftaucht, beginnt ein seltsames Spiel: Trevor zwingt den wehrlos ausgelieferten Lanh, sich in die unterwürfige »Dorothy« zu verwandeln – die ideale Frau. »Der wildeste, seltsamste Film im Programm« schrieb John Powers in Vogue zum Slamdance Filmfest 1998, bei dem der Film den Großen Jurypreis erhielt.

Hans Schifferle in: SZ, 10.11.98

Das süße Jenseits 903

THE SWEET HEREAFTER ****

Regie: Atom Egoyan
Darsteller: Ian Holm (Mitchell Stephens), Sarah Polley (Nicole Burnell), Bruce Greenwood (Billy Ansell), Tom McCamus (Sam Burnell), Arisnee Khanjian (Wanda Otto), Alberta Watson (Risa Walker), Gabrielle Rose (Dolores Driscoll), Maury Chaykin (Wendell Walker)
Drehbuch: Atom Egoyan, nach einem Roman von Russell Banks
Kamera: Paul Sarossy (Farbe)
Musik: Mychael Danna
Schnitt: Susan Shipton
Prod.-Des.: Phillip Barker
Prod.: Atom Egoyan, Camelia Frieberg für Ego Film Arts mit Telefilm Canada/Harold Greenberg Fund/Movie Network, Kanada 1997; 112 Min.
UA: 14.5.1997, Int. Filmfestspiele Cannes
EA: Int. Hofer Filmtage 1997
Verleih: Pandora/polyfilm/Frenetic/ Arthaus Video; 5.3.1998
FSK: ab 12, ffr.

Ein Schulbus verunglückt, und fast alle Kinder eines Provinzortes in British Columbia sind tot. Ein Anwalt will die Eltern zu einer Klage überreden. Einige hoffen, die Tragödie dadurch rationalisieren zu können, andere sind dagegen. Formal bestechend und auf verschiedenen Zeitebenen spielend, thematisiert der Film die Verletzlichkeit einer Gemeinschaft, erzählt auf sensible Art vom Umgang mit persönlichen Katastrophen und gewinnt durch eine Mythologisierung des Alltags Gleichnischarakter. *Zoom, 1/98*

(…) Ein Leitmotiv des Films ist die Fabel vom Rattenfänger zu Hameln. Stephens ist ein hilfloser Helfer, ein Vater, der auch seine Tochter verloren hat – an Drogen, an Aids. Das Dorf ohne Kinder soll ihm dienen, eigene Verluste zu verwinden. In dieser Atmosphäre des seelischen Vakuums überwindet sich die seit dem Unfall gelähmte Nicole (anrührend: Sarah Polley), deren Eltern wild entschlossen sind, Schadensersatz einzuklagen, zu einer Falschaussage vor Gericht. Ihre barmherzige Lüge vermasselt Stephens das Geschäft, bringt aber endlich Ruhe in die Herzen. Nun ist Zeit für eine Trauerarbeit, die versöhnen kann – jenseits von kaltem Egoismus.

Angie Dullinger, AZ, 6.3.98

Fritz Göttler in: Kölner Stadt-Anzeiger, 7.3.98; Thomas Klingenmaier in: Stgt. Zeitung, 5.3.98; Annette Leweke in: tip, 6/98; Hans-Joachim Neumann in: Zitty, 5/98; Marcus Rothe in: SZ, 5.3.98 (Interview A. Egoyan)

Suzie Washington 904

****

Regie: Florian Flicker
Darsteller: Birgit Doll (Nana), August Zirner (Herbert Korn), Karl Ferdinand Kratzl (Fugitive

Mountain Lodge), Wolfram Berger (Manager), Nina Proll, Carmen Loley, Merab Ninidze, Goran Rebic
Drehbuch: Florian Flicker, nach einer Story von Michael Sturminger, Florian Flicker
Kamera: Robert Neumüller (Farbe)
Musik: Andi Haller
Schnitt: Monika Willi
Prod.: Helmut Grasser für Allegro-Film, Österreich 1998;
87 Min.
UA: Max Ophüls Preis, Saarbrücken 1998; 19.9.1998, Filmfestival San Sebastian
Verleih: Vision/filmladen/-; 31.12.1998

Einer russischen Staatsbürgerin wird am Flughafen Wien wegen gefälschter Papiere der Weiterflug in die Vereinigten Staaten verweigert. Noch bevor sie abgeschoben werden kann, gelingt ihr die Flucht. Als von der Polizei gesuchte Illegale setzt sie ihre Reise durch Österreich fort. Ohne eine moralisierende Position zu beziehen und daher in unaufdringlicher als auch unterhaltender Detailarbeit skizziert Florian Flicker die Reaktion des Tourismuslandes Österreich auf das unerwartete Fremde und enttarnt die Abgründe hinter der Fassade mozartgetränkter Alpenseeidylle. *multimedia*

(…) Verismus und genregerechte Fiktion reiben sich in dieser Exilgeschichte produktiv aneinander: Mal ist der Film ein kleiner Thriller, mal ethnographisches Roadmovie, mal alltäglich gewendete Alienstory. Ein ganz und gar untypischer österreichischer Heimatfilm. *Robert Weitlbaumer, tip, 25/98*

Der Traum vom besseren Leben in Los Angeles endet für eine Frau aus der Ex-UdSSR wegen des gefälschten Visums im Transitraum des Wiener Flughafens. Nach ihrer Flucht beginnt für die »Illegale« eine surreale Odyssee durch die Touristenidylle Österreich.
In dem »Heimatfilm« wechseln sich Situationskomik und Momente großer Intimität und Ehrlichkeit ab. Die Mischung aus Spannung, Humor und Gefühl stimmt. Eine großartige Birgit Doll überzeugt in der Titelrolle.
Margret Köhler

Tobias Kniebe in: SZ, 4.1.99

Birgit Doll ist ›Suzie Washington‹

Sweet angel mine 905

SWEET ANGEL MINE **
Video

Regie: Curtis Radclyffe
Darsteller: Alberta Watson (Megan), Anna Massey (Großmutter), Margret Langrick (Rauchine), Oliver Milburn (Paul), Mike Crimp, Joel Sapp, John P. Fulton, Robin Baker
Drehbuch: Sue Maheu, Tim Willocks, nach dem Drehbuch »Love's Executioners« von Tim Willocks
Kamera: Witold Stok (Farbe)
Musik: John McCarthy, Daniel Lanois
Schnitt: Anne Sopel
Prod.-Des.: Maria Djurkovic
Prod.: Sam Taylor, Christopher Zimmer für Mass Prods./Imagex mit British Screen/ Telefilm Canada/Nova Scotia/Statescreen/ Picture Palace, Kanada 1996;
86 Min.
UA: 21.8.1996, Edinburgh Film Festival
EA: Fantasy Filmfest 1997
Vertrieb: New Vision Video; 23.3.1998
FSK: ab 18 J.

Auf der Suche nach dem verschollenen Vater landet Motorradfahrer an einem abgelegenen Haus, in dem scheinbar nur drei Frauen wohnen. Mitunter spannender Psychothriller mit einigen überraschenden Wendungen, gegen Ende hin jedoch zu blutig und immer weniger überzeugend.

Sweet Revenge 906

THE GIRL GETS MORE **

Video

Regie: James Bruce
Darsteller: Tony Danza (Moe), Michael Madsen (Donnelly), Louise Fletcher (Gloria), Elizabeth Barondes (Monica), Rustam Branaman (Franco), Amy Loacane (Beth), Daniel Meyer (Ned), Christine Harnos (Dotty)
Drehbuch: Rustam Branaman, Monika Clemens
Kamera: Keith L. Smith (Farbe)
Musik: Barry Coffing
Schnitt: Gary Meyers
Prod.-Des.: Ladislav Wilheim
Prod.: Bill Barnett, Harel Goldstein für Goldbar Int., USA 1997; 98 Min.
Vertrieb: VMP (Concorde) Video; 20.10.1998
FSK: ab 18 J.

Exwaffenhändler schlittert sowohl in einen Mordfall als auch in eine geschäftliche Intrige. Der bei derlei Filmen übliche Leerlauf – hervorgerufen durch die Summe der Schwächen von Story, Inszenierung und Darsteller.

Swiss-Balkan-Connection 907

VALKANISATER/BALKANISATUER ***

Regie: Sotiris Goritsas
Darsteller: Gerassimos Skiadaressis, Stelios Mainas, Yiota Festa
Drehbuch: Sotiris Goritsas, nach einem Roman von Sakis Totlis
Kamera: Stamatis Yannoulis (Farbe)
Musik: Nikos Portokaloglou
Schnitt: Takis Koumoundouros
Prod.: Mythos/Thelma/Tchappline, Griechenland/Schweiz/Bulgarien 1997; 97 Min.
Verleih: -/-/Langfilm; Okt. 1998

Ein illegales Geldwechselgeschäft soll zwei ungleichen griechischen Freunden dazu verhelfen, ihrer defizitären Bar das benötigte Kapital zu liefern. Auf ihrer Reise nach Sofia und Zürich lernen die beiden spätpubertären Mittdreißiger interessante Menschen kennen und beginnen, erwachsen zu werden. Das humorvolle »road movie« überzeugt mit guten Darstellern und sozialkritischem Blick auf griechische, bulgarische und schweizerische Realitäten. *Zoom, 10/98*

Switchback – Gnadenlose Flucht 908

SWITCHBACK ***

Regie: Jeb Stuart
Darsteller: Dennis Quaid (Frank LaCrosse), Danny Glover (Bob Goodall), Jared Leto (Lane Dixon), R. Lee Ermey (Sheriff Buck Olmstead), Ted Levine (Dep. Nate Booker), William Fichtner (Chief Jack McGinnis), Leo Burmester (Shorty), Merle Kennedy (Betty)
Drehbuch: Jeb Stuart
Kamera: Oliver Wood (Deluxe)
Musik: Basil Poledouris
Schnitt: Conrad Buff
Prod.-Des.: Jeff Howard
Prod.: Gale Anne Hurd für Pacific Western Prod., USA 1997; 113 Min.
UA: 3.10.1997, Denver Film Festival
FSK: ab 16 J.

Wieder mal wütet ein Serienkiller, diesmal ein besonders teuflischer in den USA. Als Höhepunkt im Katz-und-Maus-Spiel mit seinem verbissensten Verfolger, dem FBI-Agenten Frank, entführt er dessen Sohn. Inhaltlich nicht viel Neues, aber dafür filmisch mit gewissem Pfiff präsentiert und in der Charakteristik der Figuren relativ sorgfältig.

Tango 909
TANGO ***

Regie: Carlos Saura
Darsteller: Miguel Angel Solá (Mario Suárez), Cecilia Narova (Laura Fuentes), Mia Maestro (Elena Flores), Juan Carlos Copes (Carlos Nebbia), Julio Bocca (Julio Bocca), Juan Luis Galiardo (Angelo Larroca), Carlos Rivarola (Ernesto Landi), Sandra Balesteros (Maria Elman)
Drehbuch: Carlos Saura
Kamera: Vittorio Storaro (Farbe)
Musik: Lalo Schifrin
Schnitt: Julia Juaniz
Prod.-Des.: Emilio Basaldua
Prod.: Luis A.Scalella, Carlos A. Mentasti, Juan C. Codazzi; José María Calleja de la Fuente, Alejandro Bellaba (Koprod.) für Astrolabio/Adela/Beco/Alma Ata/Terraplen/Pandora, Spanien/Argentinien 1998; 115 Min.
UA: Int. Filmfestspiele Cannes 1998 »außer Wettbewerb«
Verleih: Hollywood Partners/Constantin/Elite; 29.10.1998
FSK: ab 6 J., ffr.
FBW: Wertvoll

Privat steckt der argentinische Regisseur Mario zwar in der »Midlifecrisis«, arbeitet aber intensiv an einer neuen Tango-Revue, die auch von eigenen Erinnerungen inspiriert wird. Er verliebt sich in die Geliebte eines seiner Investoren, der auf Rache sinnt: eine klischeehafte Rahmenhandlung, deren ironische Brechung durch eine Film-im-Film-Inszenierung nicht ganz gelingt. Die zahlreichen Tangotänze aber, die auch Argentiniens Geschichte aufgreifen, sind hervorragend choreographiert und gefilmt. *Zoom, 9/98*

Cecilia Narova und Carlos Rivarola

(...) »Die Geschichte zeigt, daß sich alles wiederholt.« Carlos Saura scheint daraus zu schließen, er könne zum x-ten Mal Spiegelwände, getanzte Messerkämpfe und Schattenspiele an die Leute bringen. Die liebreizende Tango-Nymphe wird vom Ventilator angeweht und setzt sich zutraulich mit breiten Beinen auf des müden Künstlers Schoß. Während Sauras Alter ego Film und Privatleben miteinander verwurstet, bedauert man die Verschwendung der hervorragenden Tangotänzer.

Iris Depping, tip, 23/98

(...) Noch klischeehafter kann es im Kino kaum zugehen, hat sich wohl auch Saura gedacht und seinem Helden deshalb ein paar selbstironische Sätze in den Mund gelegt. Damit laviert er das Verhältnis zwischen lebensgeprüftem Regisseur und seiner unerfahrenen Schülerin zumindest an der Peinlichkeit vorbei. Doch unter dem dramaturgischen Make-up blinzeln die Mann-Frau-Klischees ganz unverholen hervor – etwa wenn der Regisseur, der aus dem Stück eine große politische und emanzipatorische Sache machen will, seine Tänzerin die Frage stellen läßt: »Warum könnt ihr Männer nicht einfach akzeptieren, daß eine Frau gleichzeitig schön und intelligent sein kann?« – Und das ist auch noch ernst gemeint.

Jörg Buttgereit, Zitty, 22/98

Eleonore Büning in: FAZ, 30.10.98; Joseph Heinrichs in: Rheinische Post, 30.10.98; Ruprecht Skasa-Weiß in: Stgt. Zeitung, 29.10.98

Tango gefällig? 910

OUT TO SEA ***

Regie: Martha Coolidge
Darsteller: Jack Lemmon (Herb), Walter Matthau (Charlie), Dyan Cannon (Liz), Gloria DeHaven (Vivian), Brent Spiner (Gil Godwyn), Elaine Stritch (Mavis), Hal Linden (Mac), Donald O'Connor (Jonathan)
Drehbuch: Robert Nelson Jacobs
Kamera: Lajos Koltai (Deluxe)
Musik: David Newman
Schnitt: Anne V. Coates
Prod.-Des.: James Spencer
Prod.: John Davis, David T. Friendly für Davis Ent. Co. Prod., USA 1997; 106 Min.
Verleih: 20th Century Fox/dto./20th Century Fox Home Ent.; 21.5.1998
FSK: ab 6, ffr. – *FBW:* Wertvoll

Die unverwüstlichen Hollywood-Kämpen Jack Lemmon und Walter Matthau angeln sich als Eintänzer bei einer Karibik-Kreuzfahrt hüftlahm und Toupetbewehrt die Frauen fürs Restleben. Regisseurin Martha Coolidge hält dabei Tragikomik in anrührender Balance. Romantische Rentnerküsse kontrastieren mit dem am ulkigsten mißratenen Rumba der Filmgeschichte. Um die Stars herum ein pittoresk ausgesuchtes Ensemble von Schabracken und Schlawinern. *Lothar Lambert, tip, 11/98*

(...) In dieser liebevoll altmodischen Komödie schlagen bei den Oldies im zweiten Frühling die Triebe gewaltig aus, auch wenn sie sich wie Pennäler (daneben-) benehmen und trotz hohem Alter nicht recht wissen, wie man mit dem anderen Geschlecht so richtig umgeht. Zwar wirkt manches Verhalten ziemlich albern, und der Vergnügungsdampfer schrappt knapp an der Klamotte vorbei, aber Matthau und Lemmon sind vor allem bei den Slapstickeinlagen ein souveränes Profi-Duo, dem man viel verzeiht und bei allem Nonsens doch gerne zusieht. *Marget Köhler, AZ, 20.5.98*

Bodo Fründt in: SZ, 20.5.98; Joseph Heinrichs in: Rheinische Post, 21.5.98

Tanz der Hände 911

**

Regie: Phil Dänzer, Peter Hemmi
Mit: Gehörlose und Hörende aus der Schweiz, Frankreich, Deutschland und Dänemark
Drehbuch: Phil Dänzer, Peter Hemmi
Kamera: Enrico de Marco (Farbe)
Musik: Pierre Favre
Schnitt: Edwige Ochsenbein
Prod.: Etoile/Radio DRS 2, Schweiz 1997; 68 Min.
Verleih: -/-/Etoile; Januar 1998

Die Filmautoren, von denen einer schwerhörig und einer gehörlos ist, wollen die fremdartige Welt der Gehörlosen aus deren eigener Sicht schildern. Sie nennen ihr Werk einen »Dokumentarfilm mit Poesie- und Theatersequenzen in Gebärdensprache«. Deren immanente Ästhetik soll auch Außenstehende überzeugen, doch sind diese auf die Untertitel angewiesen, die vom Bild ablenken und schwer lesbar sind. So wurde der Film zwar eine »Art Liebeserklärung Gehörloser an ihre Sprache«, läßt aber die Hörenden im Regen stehen. *Zoom, 1/98*

Tausend Morgen 912

A THOUSAND ACRES ***

Regie: Jocelyn Moorehouse
Darsteller: Michelle Pfeiffer (Rose), Jessica Lange (Ginny), Jennifer Jason Leigh (Caroline), Colin Firth (Jess), Keith Carradine (Ty Smith), Kevin Anderson (Peter Lewis), Pat Hingle (Jess' Vater), Jason Robards (Larry Cook)
Drehbuch: Laura Jones, nach dem gleichn. Roman von Jane Schmiley
Kamera: Tak Fujimoto (Farbe)
Musik: Richard Hartley
Schnitt: Maryann Brandon
Prod.-Des.: Dan Davis
Prod.: Marc Abraham, Steve Golin, Lynn Arost, Kate Guinzburg, Siqurjon Sighuatsson für Beacon/Propaganda/Via Rosa/Prairie Films, USA 1997; 105 Min.
Verleih: PolyGram/dto./Elite/PolyGram Video; 25.6.1998
FSK: ab 12, ffr. – *FBW:* Wertvoll

Die älteste von drei Schwestern erzählt aus ihrer Perspektive vom Zerfall einer Großbauernfamilie, dessen tiefere Ursache im sexuellen Mißbrauch zweier Töchter durch den Patriarchen liegt. Gedreht nach einem Roman, der seinerseits zentrale Motive aus Shakespeares

»King Lear« entlehnt, fängt der Film authentisch die Atmosphäre ländlicher US-Provinz ein. Eindrücklichen Leistungen der Hauptdarstellerinnen stehen kitschige Musik und psychologisch mangelhaft motivierte Handlungsumschwünge gegenüber. *Zoom, 6/98*

Fritz Göttler in: SZ, 29.6.98; Frauke Hanck in: AZ, 25.6.98; Joseph Heinrichs in: Rheinische Post, 26.6.98; Rupert Koppold in: Stgt. Zeitung, 25.6.98

Taxi

913

TAXI

***

Regie: Carlos Saura
Darsteller: Ingrid Rubio (Paz), Carlos Fuentes (Dani), Agata Lys (Reme), Angel de Andres Lopez (Velasco), Eusebio Lazaro (Calero), Paco Maestre, Maite Blasco
Drehbuch: Santiago Tabernero
Kamera: Vittorio Storaro (Farbe)
Musik: Gipsy Kings, Nano Negro
Schnitt: Julia Juaniz
Prod.-Des.: Juan Botella
Prod.: Javier Castro, Concha Diaz für P. C. Filmart/TVE/TF1/Canal Plus Espana, Spanien 1996; 110 Min.
Verleih: -/-/Monopole Pathé; Mai 1998

Auf nächtlichen Touren durch Madrid töten faschistische Taxifahrer als »Abfall« diskreditierte Außenseiter: Junkies, Farbige, Schwule. Unter den Kindern zweier Mitglieder entwickelt sich eine Liebesgeschichte, die den jungen Mann zur Entscheidung zwischen Liebe und Gewalt zwingt. Enttäuschend plakativ inszeniert Altmeister Carlos Saura den Gegensatz franquistisches/demokratisches Spanien als Generationenkonflikt. Realismus und Parabel werden ohne analytische Kraft kombiniert zu einem Glaubensbekenntnis zur Unschuld der Jugend. *Zoom, 5/98*

Taxi

914

TAXI

**

Regie: Gerard Pires
Darsteller: Samy Naceri (Daniel), Frederic Diefenthal (Emilien), Marion Cotillard (Lilly), Emma Sjöberg (Petra), Manuela Gourary (Camille), Bernard Farcy (Insp. Gibert), Edouard Montoute (Alain), Philippe du Janerand
Drehbuch: Luc Besson
Kamera: Jean-Pierre Sauvaire (Farbe)
Musik: IAM
Schnitt: Veronique Lange
Prod.: Michel & Luc Besson, Laurent Petin für ARP mit TF1/Les Studio Canal+, Frankreich 1998; 89 Min.
Verleih: Tobis/Constantin/Monopole Pathé/BMG Video; 20.8.1998
FSK: ab 12 J., ffr.

Ein Marseiller Taxifahrer muß als Gegenleistung für seine Temposünden der Polizei helfen, eine deutsche Bankräuber-Bande zu fassen, was nach zahlreichen Verfolgungsjagden und Stunts mit ausgebauten PS-Boliden auch gelingt. Die simpel gestrickte und auf dem Gegensatz »tumbe Polizisten – cleverer Bastler von der Straße« aufbauende Action-Komödie bedient in kurzweiliger, aber oberflächlicher Art Macho-Interessen wie schnelle Autos, faule Sprüche gegen Staat und Gesetz und sexuell verfügbare Frauen. *Zoom, 7/98*

Fritz Göttler in: SZ, 24.8.98; Frank Noack in: Der Tagesspiegel, 20.8.98; Thilo Wydra in: Die Welt, 20.8.98

Der Teamgeist

915

THE SIXTH MAN

**

Video

Regie: Randall Miller
Darsteller: Marlon Wayans (Kenny Tyler), Kadeem Hardison (Antoine Tyler), Kevin Dunn (Mikulski), Michael Michele (R.C. St. John), David Paymer (Coach Pederson), Chris Spencer (Jimmy Stubbs), Vladimir Cuk (Zigi Hrbacek), Travis Ford (Danny O'Grady)
Drehbuch: Christopher Reed, Cynthia Carle
Kamera: Mike Ozier (Farbe)
Musik: Marcus Miller
Schnitt: Eric A. Sears
Prod.-Des.: Michael S. Bolton
Prod.: David Hoberman; Justis Greene für Walt Disney/Mandeville/All Net/Touchstone Prod., USA 1997; 104 Min.
Vertrieb: Touchstone Home Video; 25.6.1998
FSK: ab 6 J.

Verstorbener Basketballcrack hilft dem Bruder als Geist auf dem Spielfeld. Nach »Feld der Träume« (1989) und »Angels – Engel gibt es wirklich« (1995) eine neuerliche Variante des Themas »Geister mischen im Sport mit«. Überflüssige Mischung aus Effekten und Sentimentalitäten.

Tempo 916

***

Regie: Stefan Ruzowitzky
Darsteller: Xaver Hutter (Jojo), Nicolette Krebitz (Clariss), Dani Levy (Bernd), Simon Schwarz (Bastian), Michou Friesz, Krista Stadler, Doris Schretzmayer
Drehbuch: Stefan Ruzowitzky
Kamera: Andreas Berger (Farbe)
Musik: Patrick Pulsinger, Erdem Tunakan, Peter Kruder, Christopher Just, Gerhard Potuznik, Memory Foundation, Satanic Soul, Dan Lodig, Silicon City
Schnitt: Britta Burkert
Prod.: Danny Krausz, Kurt Stocker für DOR Film/ORF, Österreich 1996; 92 Min.
Verleih: MOP/Filmladen/-; April 1996 (Österr.), 16.4.1998
FSK: ab 14 (BMUK)

Ein von zu Hause ausgerissener Junge sammelt als Fahrradkurier in Wien seine ersten Erfahrungen mit Drogen, Liebe, Freundschaft und Verrat. Trotz einer rasanten, mit fortschreitender Dauer aber etwas bemühend wirkenden Clip-Ästhetik und dröhnendem Techno-Beat gelingt es diesem Teenie-Film über den schmerzhaften Prozeß des Erwachsenwerdens nicht, die Jugendbewegung der Raves authentisch zu dokumentieren. Die überdrehte Geschichte karikiert das realistische Spiel der guten Darsteller, so daß am Ende trotz rasantem Erzähltempo nur einige witzige Bildeinfälle haftenbleiben. *Zoom*

Terminal Force II 917

THE SUBVIVOR

** Video

Regie: Nick Davis
Darsteller: Pat Asanti (O'Shack), Xavier De Cline (Tarkin), Richard Moll (Kyla), Lisa Robin Kelly (Devin), Stewart Finlay-MacLennan (Benter), Richard Herd (Bradford), Carlos Cestero (Skull), Ernesto Conception jr.
Drehbuch: Chuck Konzelman, Cary Solomon
Kamera: Russ Lyster (Farbe)
Musik: Nicolás Rivera
Schnitt: Edward R. Abroms
Prod.-Des.: Anthony R. Stabley
Prod.: Patrick D. Choi, Nile Niami, Gregory Vanger für Interlight Pic., USA 1998; 84 Min.
Vertrieb: BMG Video; 26.1.1998
FSK: ab 18 J.

Präsident muß auf mit Giftmüll vollgestopftem Gefängnisplaneten notlanden. Von großen Vorbildern abgekupferte Wegwerf-Produktion.

Terror in der Familie – Ein Teenager läuft Amok 918

TERROR IN THE FAMILY

** TV

Regie: Gregory Goodell
Darsteller: Joanna Kerns (Cynthia), Hilary Swank (Deena), Dan Lauria (Todd), Kathleen Wilhoite (Judith), Andy Kavovit (Garret), Adam Hendershott (Adam), Nan Martin (Ivy), Beau Billingslea (Richter Roubal)
Drehbuch: Gregory Goodell
Kamera: Steve Yaconelli (Farbe)
Musik: Ron Ramin
Prod.: USA 1996; 86 Min.
TV: 10.6.1998, RTL, 20.15

Erziehungsprobleme zwischen Mutter und Tochter.

Der teuflische Liebhaber 919

HER COSTLY AFFAIR

** TV

Regie: John D. Patterson
Darsteller: Bonnie Bedelia (Dr. Diane Weston), Brian Austin Green (Jeff Dante), Joe Spano (Carl Weston), Gina Philips (Tess Weston), Roma Maffia (Sally), Steven Gilborn
Drehbuch: Carmen Culver
Kamera: Mark W. Gray (Farbe)
Musik: Michael Hoenig
Schnitt: Michael Kewley
Prod.: Ed Lahti, USA 1996; 87 Min.
TV: 26.2.1998, Premiere, 20.15

Verheiratete Professorinnen sollen keine Affären mit Studenten eingehen, sonst gibt's wie hier Probleme.

Teurer als Rubine 920

A PRICE ABOVE RUBIES

***

Regie: Boaz Yakin
Darsteller: Christopher Eccleston (Sender), Renée Zellweger (Sonia), Glenn Fitzgerald (Mendel), Julianna Margulies (Rachel), Alan Payne (Ramon), Eddie Falco (Feiga), Kathleen Chalfant, John Randolph
Drehbuch: Boaz Yakin
Kamera: Adam Holender (Farbe)
Musik: Lesley Barber
Schnitt: Arthur Coburn
Prod.-Des.: Dan Leigh
Prod.: Lawrence Bender, John Penotti für Miramax/Pandora mit Channel Four, USA 1998; 117 Min.
UA: Sundance Filmfestival 1998

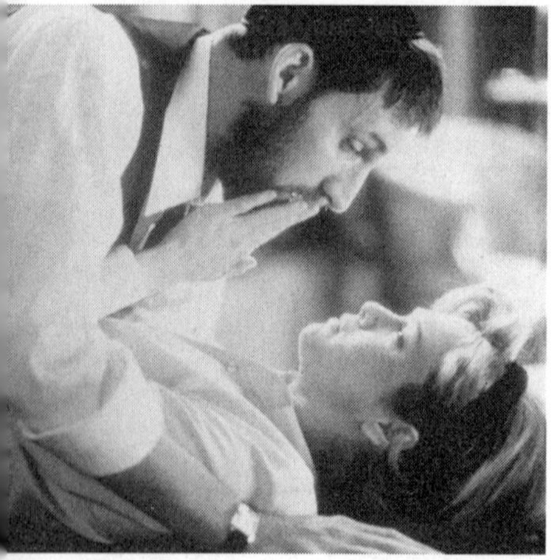

Renee Zellweger in ›Teurer als Rubine‹

EA: 30.6.1998, Filmfest München
Verleih: Advanced/-/-/BMG (Universum) Video; 26.11.1998
FSK: ab 12 J., ffr. – *FBW:* Wertvoll

Emanzipationsdrama im Bereich jüdisch-orthodoxer Lebenswelt in New York. Sonia hat Kind und einen gläubigen Ehemann, der sich mehr für die Thora interessiert als für sie. Die in ihr schlummernden Leidenschaften und die erwachte Lust am Beruf als Juwelenhändlerin lassen sich auf Dauer nicht mit der männlich dominierten jüdischen Spiritualität vereinbaren. Sie beginnt sich gegen die starren Regeln innerhalb der jüdischen Gemeinschaft aufzulehnen und nimmt die schmerzlichen Folgen in Kauf. Im Zuge der braven Rechtfertigungsszenen eher eine Biederrevolution. *Iris Depping, tip, 25/98*

Bodo Fründt in: SZ, 1.12.98; Frauke Hanck in: AZ, 27.11.98; Marion Löhndorf in: FAZ, 28.11.98; Martin Schwarz in: Zitty, 24/98

Thema Nr. 1 – Ran an den Speck 921

BOOTY CALL **

Video

Regie: Jeff Pollack
Darsteller: Jamie Foxx (Bunz), Tommy Davidson (Rushon), Vivica A. Fox (Lysterine), Tamala Jones (Nikki), Scott LaRose (Singh), Ric Young (Mr. Chiu), Gedde Watanabe (Chan), Art Malik (Akmed)
Drehbuch: Takashi Bufford, Bootsie Parker
Kamera: Ron Qrieux (Farbe)
Musik: Robert Folk
Schnitt: Christopher Greenbury
Prod.-Des.: Sandra Kybartas
Prod.: John Morrissey für Turman-Morrissey Comp., USA 1997;
76 Min.
Vertrieb: Columbia TriStar Home Video; 17.2.1998
FSK: ab 12 J.

Zwei Boys wollen zwei Girls flachlegen. Als sie sie endlich soweit haben, gebricht es ihnen an Kondomen… Flunderflache Sex-Komödie, derb, zotig und nur selten komisch.

Theresienstadt sieht aus wie ein Kurort 922

***

Regie: Nadja Seelich, Bernd Neuburger
Kamera: Bernd Neuburger (Farbe)
Musik: Zdenek Merta
Schnitt: Eliska Stibrová
Prod.: Bernd Neuburger für Extrafilm, Österreich 1997; 65 Min.
Verleih: -/filmladen/-; Sept. 1998

Kombiniert mit Fragmenten eines Nazi-Propagandafilms über das Ghetto-Durchgangslager Theresienstadt, bietet diese Dokumentation den klaren, anschaulichen, sehr subjektiven, aber gerade deshalb stark berührenden Tonbandbericht einer Überlebenden, die fast 70jährig drei Jahre in Theresienstadt überstanden hat; ergänzt wird dieser Bericht durch etliche persönliche Fotos von Josefa Stibitzova und einige Archivbilder. (…) *multimedia*

Thirteen 923

THIRTEEN ***

Regie: David Williams
Darsteller: Nina Dickens, Lillian Folley, Hermine Douglas, Alan Douglas, Anisa Dickens, Dynisha Dickens, Mary Aytes
Drehbuch: David Williams
Kamera: David Williams (Farbe)
Musik: Cecil Hooker, Shep Williams, Carlos Garza
Schnitt: David Williams

Prod.: David Williams für Bellevue Films, USA 1997; 87 Min.
EA: 18.2.1998, Int. Forum des Jungen Films, Berlin
Verleih: Freunde/-/-

»Thirteen« ist die komische und zugleich ergreifende Geschichte von Nina Dickens und der Odyssee, auf die sie sich an ihrem 13. Geburtstag begibt. Kurz nach ihrem Geburtstag läuft sie von zu Hause weg. Sie steigt auf den Gipfel eines fernen Berges und kehrt mit dem festen Entschluß nach Hause zurück, sich ein Auto zu kaufen. Wild entschlossen stürzt sie sich auf einen Job nach dem anderen. (...)

Katalog Forum

Tigerstreifenbaby wartet auf Tarzan 924

***

Regie: Rudolf Thome
Darsteller: Herbert Fritsch (Frank Mackay), Cora Frost (Luise), Valeska Hanel (Laura Luna), Irm Hermann (Birgit Kirchstein), Rüdiger Vogler (Franz, Tilo Werner (Theo), Dominik Bender
Drehbuch: Rudolf Thome, Peter Lund
Kamera: Carsten Thiele (Farbe)
Musik: Wolfgang Böhmer
Schnitt: Dörte Völz-Mammarella
Prod.: Moana-Film/WDR, BRD 1997; 118 Min.
UA: 16.2.1998, Int. Forum des Jungen Films, Berlin
Verleih: Prometheus/-/-; 27.8.98
FSK: ab 12 J., ff.

Frank Mackay beamt sich aus einem fernen Jahrtausend in die Berliner Gegenwart. Er ist auf der Suche nach einer Romanautorin, deren Bild er in der Zukunft entdeckt hat – und trifft erst mal auf Luise alias Cora Frost. Mit ihrem schwebenden Danebensein, ihrer nicht zu fassenden Mischung aus Präsenz und Abwesenheit, ist sie die schauspielerische Entdeckung der Saison. Der platinblonde Zukunftsmensch, die beiden Frauen, ein Haufen Goldbarren, eine Waldvilla im Berliner Umland und Dialoge mit Kultcharakter verbinden sich zu einer einzigartigen Mischung aus Science-Fiction, Krimi und utopischem Liebesfilm.

Katja Nicodemus, tip, 18/98

Das Ganze ist stellenweise leicht umständlich gefilmt. Die Zukunft, aus der Frank kommt, kriegt keinerlei Kontur, aber die Darsteller sind von eigentümlichem Ernst und eigentümlicher Intensität, und der Film hat Charme. Und natürlich die typischen Thome-Ikonen: Zeitreisen, üppige Sommer und badende Frauen am See.

Simone Mahrenholz, Der Tagesspiegel, 16.2.98

Eberhard v. Elterlein in: Die Welt, 27.8.98; Angela Schmitt-Gläser in: FR, 22.10.98; soj. in: FAZ, 27.10.98; Anke Sterneborg in: SZ, 5.12.98; Christina Tilmann in: Der Tagesspiegel, 27.8.98

Time under Fire 925

TIME UNDER FIRE

**
Video

Regie: Scott Levy
Darsteller: Jeff Fahey (Alan Deakins/John Deakins), Richard Tyson (Koda), Jack Coleman (Lance), Linda Hoffman (Marjorie), Brian Cronston (Craddock), Rick Batalla (Prentice), Larry Poindexter (Cole)
Drehbuch: Tripp Reed, Sean McGinley
Kamera: Gary Graver, Mark Allen Putnam (Farbe)
Musik: Eric Wurst und David Wurst
Schnitt: Brett Hedlund, Dan Holland
Prod.: Ashok Amritraj, Andrew Stevens für Royal Oaks Ent., USA 1996; 88 Min.
Vertrieb: VMP Video; 21.4.1998
FSK: ab 18 J., ab 16 J. (gekürzte Fassung 82 Min.)

Einziger Überlebender eines im Bermuda-Dreieck verschwundenen U-Boots wird auf eine Zeitreise geschickt. Wenn sich dieser Satz schon wirr anhört, dann sollten Sie erst den dazugehörigen Film sehen!

Timeless Bottomless Bad Movie 926

NA PUN YOUNG HWA

***

Regie: Jang Sunwoo
Drehbuch: Jang Sunwoo, Kim Soohyun
Kamera: Choi Jungwoo, Cho Yongkyou, Kim Woohyoung, Yum Jungsuk, Lee Hyeyoung (Farbe)
Musik: Kang Keeyoung (Pipi Longstocking)
Schnitt: Kim Yongsoo

Prod.: Miracin Korea Film, Korea 1997; 144 Min.
EA: 14.2.1998, Int. Forum des Jungen Films, Berlin
Verleih: Freunde/-/-

Film über Jugendliche im Geschwindigkeitsrausch: So jung und radikal haben sich die Protagonisten dieses Films von ihren Eltern verabschiedet, als wären sie bereits unwiderbringlich im nächsten Jahrtausend angekommen. Wild und verzweifelt verbringen sie ihre Tage und Nächte an anonymen Orten der Megalopolis Seoul – einer Stadt, die ihnen kein Zuhause bietet. (…) *Katalog Forum*

Titanic 927

TITANIC ***
TV

Regie: Robert Lieberman
Darsteller: Peter Gallagher (Wynn Park), George C. Scott (Capt. Smith), Catherine Zeta Jones (Isbella Paradine), Eva Marie Saint (Mrs. Foley), Tim Curry (Simon Doonan), Roger Rees (J. Bruce Ismay), Harley Jane Kozak (Bess Allison), Marilu Henner (Molly Brown)
Drehbuch: Joyce Eliason, Ross LaManna
Kamera: David Hennings (Farbe)
Musik: Lennie Niehaus
Schnitt: Tod Feuerman
Prod.-Des.: Christiaan Wagener
Prod.: Rocky Lang, Harold Tichenor, USA/Kanada 1996; 126 Min.
TV: 4.1.1998, Pro7, 20.15

TV-Movie über den Untergang der Titanic für die, die den Weg ins Kino nicht finden.

Titanic 928

TITANIC ****

Regie: James Cameron
Darsteller: Leonardo DiCaprio (Jack Dawson), Kate Winslet (Rose DeWitt Bukater), Billy Zane (Cal Hockley), Kathy Bates (Molly Brown), Frances Fisher (Ruth DeWitt Bukater), Gloria Stuart (Old Rose), Bill Paxton (Brock Lovett), Bernard Hill (Captain Smith)
Drehbuch: James Cameron
Kamera: Russell Carpenter, Michael Cameron (Tiefseekamera), James Cameron (Titanic Tiefseekamera), Caleb Deschanel (Halifex)
Musik: James Horner; Randy Gerston (supervisor)
Schnitt: Conrad Buff, James Cameron, Richard A. Harris
Prod.-Des.: Peter Lamont
Prod.: James Cameron, Jon Landau; Al Giddings, Grant Hill, Sharon Mann (Koprod.) für Lightstorm für Paramount/20th Century Fox, USA 1997; 194 Min.
UA: 31.10.1997, Tokio Film Festival
Verleih: 20th Century Fox/dto./dto./ 20th Century Fox Video; 8.1.1998
FSK: ab 12, ffr. – *FBW:* Wertvoll

Neuverfilmung des Untergangs der Titanic, die anhand einer die Klassenschranken übergreifenden Liebesgeschichte zwischen einem Maler und einer jungen Frau aus der »upper class« die viertägige Jungfernfahrt des englischen Luxusliners schildert. Trotz einer fast manischen Fixierung auf eine möglichst originalgetreue Rekonstruktion des Schiffes und des gigantischen Aufwandes entstand mehr als ein Kostüm- und Katastrophenfilm: Der angenehm ruhige Rhythmus, herausragende Schauspieler(innen) sowie die kunstvolle Kameraarbeit lassen das Epos zu einer berührenden Love-Story werden. *Zoom, 1/98*

(…) Bunt und sorglos die prassende Society-Sippschaft, ehern die Hierarchie-Spielregeln, bis die Stunde der Wahrheit Gerechte und Ungerechte mit dem berstenden Schiff in die Tiefe reißt. Daß noch ein Diamant im Spiel ist: Warum nicht zum Katastrophenfilm noch das Fantasy-Märchen? Man läßt nichts anbrennen.
Ordentlich durchgewalkt und bedröhnt rettet sich der Zuschauer ins Trockene. Das Wrack modert weiter ins Jahr 2000 – bis der nächste Titanic-Film vielleicht in einem Stück Eisberg die Kapitänsmütze findet. *Ponkie, AZ, 8.1.98*

(…) Das Melodram von Jack und Rose endet im Reich der Kälte. Nasse Haut gilt eigentlich als erotisches Standardsignal für überschäumende Sinnlichkeit. James Cameron unterzieht die Metaphorik einem Temperatursturz: Das Eismeer der Titanic gebiert nur

Leonardo DiCaprio und Kate Winslet

steife, tote Körper. Die Vertreibung der Erotik hat eine Welt ohne Unterleib hinterlassen. »Ich spüre meinen Körper nicht mehr«, sagt Rose, bevor Jack erfroren im Atlantik versinkt. Nicht der Untergang der Titanic reißt ihn mit in die Tiefe. Der begehrteste Liebhaber des ausgehenden 20. Jahrhunderts ist an Unterkühlung gestorben.

Christiane Peitz, Die Zeit, 29.4.98

Die Balance zwischen der Horrorkinetik des Katastrophenablaufs und den ›lyrisch‹ retardierenden Elementen ist immerhin perfekt. Faszinierend an den Bildern des ›Titanic‹-Versinkens ist denn auch ihr antinaturalistisch Synthetisches. (…)
Wasser steht für das Prinzip Horizontale, doch das Heck der Titanic wird hier zum Inbegriff der todbringenden Vertikale, eine Art maritimes Matterhorn. Auch dies ein Paradigmen-Shifting, das emotional eindeutig Wirkung zeigt.

Gerhard R. Koch, Frankfurter Allgemeine, 25.2.98

Ja, so kann man es auch sagen.

Brigitte Desalm in: Kölner Stadt-Anzeiger, 8.1.98; Andreas Kilb in: Die Zeit, 8.1.98; Rupert Koppold in: Rheinische Post, 7.1.98; Richard Pleuger in: Die Zeit (Magazin) 2.1.98 (Interview DiCaprio); H.G. Pflaum in: SZ, 7.1.98; Hanns-Georg Rodek in: Die Welt, 8.1.98; Angela Schmitt-Gläser in: FR, 8.1.98; Hans-Dieter Seidel in: FAZ, 25.3.98

To Sang Fotostudio 929

***

Regie: Johan van der Keuken
Drehbuch: Johan van der Keuken
Kamera: Johan van der Keuken (Farbe)
Schnitt: Barbara Hin, Johan van der Keuken
Prod.: Allegri Producties/NPS Televisie, Niederlande 1997; 35 Min.
EA: 12.2.1998, Int. Forum des Jungen Films, Berlin
Verleih: Freunde/-/-; Juli 1998

Alltagsbeobachtungen in der Amsterdamer Albert Cuypstraat, wo das Fotoatelier von Mijnheer Lee To Sang zum Kulminationspunkt des gesellschaftlichen Lebens wird. Der surinamische Reisebürobesitzer, das Paar aus dem Perückengeschäft, die Betreiber des kurdischen Lokals und die chinesischen Juweliere – sie kommen alle, um ein Bild aus dem Fluß der Zeit herauszureißen, um sich ihrer selbst mit einer Fotographie zu vergewissern. Ein sympathischer Film über das ganz normale Leben, dabei gleichzeitig die Grenzen des Dokumentarischen erweiternd.

Claus Löser, tip, 14/98

Tod aus erster Hand 930

ROUGH DRAFT **
Video

Regie: Alan Jacobs, Joshua Wallace
Darsteller: Gary Busey (Nelson Keece), Arnold Vosloo (Stefan), Michael Madsen (Haynes), Julia Campbell (Juliette), Reno Wilson
Drehbuch: Richard Filon, Jennifer Badham
Kamera: Keith L. Smith (Farbe)
Musik: Steve Edwards
Schnitt: Christopher Koefoed
Prod.: Kandice King, Lance King für Goldbar Int., USA 1997; 89 Min.
Vertrieb: Warner Home Video; 14.8.1998
FSK: ab 16 J.

Journalist erwischt Serienkiller in flagranti und dokumentiert von Stund an dessen Treiben. Diese Mutmaßung eines Einfalls verschwindet unter einer dicken Decke von Dilettantismus.

Tod einer Stripperin 931

STAG **

Regie: Gavin Wilding
Darsteller: Taylor Dayne, Kevin Dillon, Ben

Gazzara, Andrew McCarthy, Mario van Peebles, John Stockwell (Victor)
Drehbuch: Pat Bermel, Evan Tylor
Kamera: Maryse Alberti (Farbe)
Prod.: Kanada 1997; 92 Min.
EA: Fantasy Filmfest München 1997
TV: 24.10.1998, ARD, 22.40

Die feucht-fröhliche letzte Junggesellen-Party vor der Hochzeit entwickelt sich zu einem Alptraum.

Der Todesbus

932
**
TV

Regie: Richard Huber
Darsteller: Hannes Jaenicke (Markus Voss), Stefan Jürgens (Thomas Hansen), Pierre Britz (Peter Voss), Franziska Breckenfelder (Uschi), Chris Hohenester (Marianne), Luis Lamprecht (Schneider), Maria Bachmann (Maria Voss), Johanna Klante
Drehbuch: Nicholas Niciphor
Kamera: Tomas Erhart (Farbe)
Prod.-Des.: Mike Langgärtner, Jan Peters
Prod.: Claudia Sihler, NdF für RTL, BRD 1997; 93 Min.
TV: 10.11.1997, Premiere, 20.15, 27.3.1998, RTL, 20.15

Die RTL-Katastrophenplotte baute den Krater nach, setzte das genrebekannte Absauf-Personal in den Bus (Großmaul, Nörgelzicke, Babymutter, Problemjunge, Plapperkind – Schwache, die zu Helden werden) – und spielte das »Alarm-für-Cobra-II«-Szenario durch. Demnächst jede Frischkatastrophe ab Unfallort frei Haus, Versatzstücke aus dem RTL-Leichenfledderfundus stets vorrätig. *Ponkie, AZ, 29.3.98*

Todesdiät – Der Preis der Schönheit

933
WHEN FRIENDSHIP KILLS
**
TV

Regie: James A. Contner
Darsteller: Lynda Carter (Kathryn Archer), Katie Wright (Lexi Archer), Marley Shelton (Jennifer Harnsberger), Josh Taylor (Peter Archer), Ryan Reynolds (Ben Colson), Tobias Mehler (Justin Phelps), Sarah Sawatsky (Sarah), Lochlyn Munro (Nick)
Drehbuch: Elizabeth Gill
Kamera: Richard Leiterman (Farbe)
Musik: Stacy Widelitz – *Schnitt:* Thomas Fries
Prod.-Des.: Richard Wilcox
Prod.: Tracey Jeffrey für O'Hara-Horowitz/ Libra Pic., USA 1996; 87 Min.
TV: 24.6.1998, RTL, 20.15

Bei Betrachtung des ewigen Harmonieterrors amerikanischer Mütter (Meine Tochter ist schön, schlank, klug, erfolgreich, sportlich, beliebt und immer die Beste!) in den diversen US-Neurosenschleudern, wie z. B. »Todesdiät«, ist ein Bulimie-Anfall wirklich unvermeidlich. *Ponkie, AZ, 26.6.98*

Todesschüsse im Klassenzimmer

934
DETENTION: THE SIEGE AT JOHNSON HIGH
***
TV

Regie: Michael Watkins
Darsteller: Rick Schroder (Jason Copeland), Henry Winkler (Skip Fine), Freddie Prinze jr. (Aaron Sullivan), Ren Woods (Mrs. McGill), Katie Wright (Samantha Eckert), Pat Fin (Mr. Kroft), Alexis Cruz (Frankie Rodriguez), Patrick Y. Malone (Travis McGill)
Drehbuch: Larry Golin, nach einer wahren Begebenheit
Prod.: USA 1997; 89 Min.
TV: 15.7.1998, RTL, 20.15

Ein Arbeitsloser wird zum Amokläufer: Im US-Thriller erschießt Jason Lehrer Kroft, den er für sein Scheitern verantwortlich macht, und vier Schüler. Auch den 80 Geiseln, mit denen er sich verbarrikadiert, droht der Tod. Anders als es die inflationär gebrauchte Ankündigung »nach einer wahren Begebenheit« erwarten läßt, inszenierte Michael Watkins keinen bluttriefenden Reißer, sondern eine – lahm anlaufende – solide Entwicklungsgeschichte. Der blindwütige Pistolenheld verkümmert zum Häufchen Elend, der Cop, selbst ein Verlierer, wächst als Vermittler über sich hinaus. Und der hochintelligente Schüler erwacht endlich aus seiner Verweigerungshaltung.
Sigrid Feuerstein, AZ, 19.7.98

Tödliches Erwachen

935
SWEET DREAMS
***
TV

Regie: Jack Bender
Darsteller: Tiffani-Amber Thiessen (Alison Sullivan), A. Martinez (Doug Harrison), David

Newscom (Jack Renault), Amy Yasbeck (Laura Renault), Conchata Ferrell (Dr. Kate Lowe), Scott Paulin (Mateo), Natasha McPherson (Sara), Tamara McPherson
Drehbuch: Bruce Miller
Kamera: David Geddes (Farbe)
Musik: Pray For Rain
Prod.: USA 1996; 86 Min.
TV: 17.10.1998, ARD, 22.25

Mit Psychiater-Hilfe auf der Suche nach der Vergangenheit … und diese ist furchtbar.

Tödliches Los 936

THE TICKET **
Video

Regie: Stuart Cooper
Darsteller: Shannen Doherty (CeeCee Reicker), James Marshal (Keith Reicker), Phillip Van Dyke (Eric Reicker), Heidi Swedberg
Drehbuch: David Alexander
Kamera: Curtis Petersen (Farbe)
Musik: Charles Bernstein
Schnitt: Tim Tommasino
Prod.: Stuart Cooper für Wilshire Court Prod. für Paramount, USA 1997; 89 Min.
UA: 6.8.1997
Vertrieb: CIC Video; Dez. 1997
FSK: ab 16 J.,
gekürzte Fassung ab 12 J.

Ein millionenschweres Lotterielos reißt eine ganze Familie ins Unglück: Sie stürzt mit einem Charterflugzeug im Ewigen Eis ab. Zu keiner Minute ernstzunehmendes Action-Drama.
Um seinen Lotteriegewinn abzuholen, chartert Familienvater ein Flugzeug, doch das stürzt in der Einöde Kanadas ab. Reichlich primitives, uninspiriertes Action-Drama.

Ein tödliches Verhältnis 937

**

Regie: Michael Bartlett
Darsteller: Julia Jäger (Lisa), Floriane Daniel (Jenny), Dominique Horwitz (Ben), Dorothea Moritz (Frau Prack), Ingo Naujoks (Leo), Rainer Strecker (Vater)
Drehbuch: Michael Bartlett
Kamera: Ekkehart Pollack (Farbe)
Musik: Jens Holzkamp
Schnitt: Sabine Brose
Prod.-Des.: Sarah Horton
Prod.: Susan Nielebock für Rialto Film, BRD 1998; 112 Min.
Verleih: Tobis/-/-; 16.4.1998

Als die verschlossene Lisa in die Nachbarwohnung der labilen Jenny zieht, gleichen sich die beiden problembelasteten Frauen immer mehr einander an. Lisa kopiert Jennys Kleidung und Frisur, bis selbst deren Mann die Freundinnen nicht mehr auseinanderhalten kann. Unheilschwanger kündigt sich das blutige Finale an. Denn es kann nur eine geben. »Single White Female« goes deutsch in diesem schrecklich sterilen Thriller. Der Tatbestand des Plagiierens nervt dabei gar nicht einmal so sehr wie die Tatsache, daß die Kopie einfach grottenschlecht geraten ist.
Annette Kilzer, tip, 9/98

Hans-Joachim Neumann in: Zitty, 8/98; Hans-Georg Rodek in: Die Welt, 16.4.98; Anke Sterneborg in: Rheinische Post, 17.4.98

Tot Ziens 938

TOT ZIENS ***

Regie: Heddy Honigmann
Darsteller: Johanna ter Steege (Laura), Guy van Sande (Jan), Els Dottermans (An), Warren Borgmans (Walter), Nelleke Zitman (Ine), Stefan van der Staak (Stefan)
Drehbuch: Helena van der Meulen, Heddy Honigmann
Kamera: Stef Tijdink (Farbe)
Musik: Wouter van Bemmel
Schnitt: Sander Vos
Prod.: Suzanne van Voorst für Ariel/NPS TV, Niederlande 1995; 110 Min.
UA: Int. Filmfestspiele Locarno 1995, »Wettbewerb«
Verleih: Peripher, OmU/-/-; Mai 1996 (CH), 26.3.1998

Als Laura und Jan sich zum ersten Mal begegnen, verlieben sie sich Hals über Kopf. Um so schockierter ist Laura, als Jan ihr mitteilt, daß er glücklich verheiratet ist. Er hat Panik, daß sein Leben aus dem Trott gerät, sie kämpft mit verzweifelter Energie. Wie eine unsichtbare Vertraute rückt die Kamera Laura und Jan auf den Leib. Dabei verläßt sie sich ganz auf die Körpersprache. Sind die beiden in der Lage, das Muster der ersten Begegnung zu durchbrechen? Oder lebt ihre Leidenschaft gerade von der Unmöglichkeit, zusammenzuleben? *Bettina Bremme, tip, 7/98*

Total Force 2 939
TOTAL FORCE 2 **
Video

Regie: Steven Kaman
Darsteller: Timothy Bottoms (Lt. John Drake), Oleg Taktarov (Agent Borris Checkniov), Calista Carradine, Tom Breznahan, Tracy Miller, Paul Bollen, Ibi Stoeving, Dennis Kelly
Drehbuch: Steven Kaman
Kamera: Dwight F. Lay (Farbe)
Musik: Barry Coffing
Schnitt: Tucker Stilley
Prod.-Des.: Oliver French
Prod.: Rustam Branaman, Steven Kaman; Drew Phillips (Koprod.) für Cinequanon, USA 1997; 87 Min.
Vertrieb: VCL Video; 21.4.1998
FSK: ab 16 J.

Der wegen seiner unkonventionellen Methoden höhererseits unbeliebte Elitekämpfer Drake soll Nazi-Schergen hochbrisantes Forschungsmaterial wieder abjagen. Unglaublich einfallsloser Action-Schmarrn.

Total Reality 940
TOTAL REALITY *
Video

Regie: Phillip Roth
Darsteller: Thomas Kretschmann (Tunis), David Bradley (Rand), Ely Pouge (Cathy), Misa Kaprova (Wingate), Brian Faker (Frankel), Melik Malkasian (Uriah)
Drehbuch: Phillip Roth, Rob Trenton
Kamera: Andres Garreton (Farbe)
Musik: James Goodwin
Prod.: Phillip Roth, Ken Olandt, Elizabeth Weintraub für Deadly Dilettantes/Unified Film, USA 1997; 90 Min.
Vertrieb: VMP Video; 22.5.1998
FSK: ab 18 J.

Mit einer Handvoll Schwerverbrecher gondelt ein Widerstandskämpfer durch die Zeit, um eine Katastrophe abzuwenden. »Deadley Dilettantes« nennt sich folgerichtig eine der Produktionsfirmen dieses ungenießbaren Science-Fiction-Elaborates.

Toter geht's nicht 941
PEGGIO DI COSI SI MUORE ***
TV

Regie: Marcello Cesena
Darsteller: Rossy de Palma (Myrna), Jacky Nercessian (Inspektor Flanagan), Carla Signoris (Anna), Marcello Cesena (Claudio), Maurizio Crozza (Carlo), Ugo Dighero (Jack), Adolfo Margiotta, Mauro Marino
Drehbuch: Marcello Cesena, Ugo Dighero
Kamera: Régis Blondeau (Farbe)
Musik: Paolo Silvestri
Schnitt: Anna Rosa Napoli
Prod.-Des.: Gianni Quaranta
Prod.: Nella Banfi, Alessandro Verdecchi, Mate Cantero, Gabriella Carosio, Carlo Degli Esposti, Stéphane Sorlat für Lucky Red Distribuzione, Italien/Frankreich/Spanien 1995; 89 Min.
TV: 17.8.1998, Arte, 22.40, OmU

Auf dem Rückweg von ihrer Hochzeitsreise vertauschen Anna und Carlo versehentlich das Gepäck und sind plötzlich im Besitz eines Koffers voller Geld. Sie behalten das Geld, bald aber tauchen die Gangster Jack und Carmine auf und geben sich als Eigentümer des Koffers aus. Das alles kennen wir schon so, nur viel besser. Aber manchmal ist gut auch gut genug.

Toxic Affair – Eine gefährliche Liebe 942
TOXIC AFFAIR ***
TV

Regie: Philomène Esposito
Darsteller: Isabelle Adjani (Penelope), Clementine Celarie (Sophie), Sergio Castellitto (Mr. Ray-Ban), Hippolyte Girardot (Georges), Michel Blanc (Clumsy Man), Fabrice Luchini (Psychiater), Kim Kimberly
Drehbuch: Philomène Esposito
Kamera: Pierre Lhomme (Fuji)
Musik: Goran Bregovic
Schnitt: Noelle Boisson
Prod.: Michel Seydoux für Camera One/ France 2/Lilith Films, Frankreich 1993; 89 Min.
UA: 26.5.1993, Paris
TV: 11.6.1998, ZDF, 23.50

Die moderne Komödie und Liebesgeschichte spielt vor der charmant-pittoresken Kulisse von Paris. Dank der schauspielerischen Leistung von Isabelle Adjani wird die Figur der Penelope durch alle Höhen und Tiefen, von plötzlichem Weltschmerz über Hysterie bis zu Augenblicken der Hoffnung, eindringlich und verständnisvoll gezeichnet. Ihre Suche nach Liebe, Zärtlichkeit und Geborgenheit ergibt das tragikomische Bild eines gebrochenen Herzens.
Pressetext

Trained to Fight 943

BEST OF THE BEST **
Video

Regie: Andrew Lau
Darsteller: Cheung Chi Lam, Daniel Chan, Karen Mok
Prod.: Hongkong 1997; 101 Min.
Vertrieb: Splendid Video; 28.1.1998
FSK: ab 18 J.

Die Abenteuer einer Handvoll Cops in Hongkong, die zur Eliteeinheit trainiert werden. Geballer und Gezeter ohne Ende – ein nervtötender Vertreter des Action-Genres.

Träume bis ans Ende der Welt 944

DIGGING TO CHINA ***

Regie: Timothy Hutton
Darsteller: Kevin Bacon (Ricky Schroth), Mary Stuart Masterson (Gwen Frankovitz), Cathy Moriarty (Mars. Frankovitz), Evan Rachel Wood (Harriet Frankovitz), Marian Seldes (Leah Schroth)
Drehbuch: Karen Janszen
Kamera: Jörgen Persson (Farbe)
Musik: Cynthia Miller
Schnitt: Dana Congdon, Alain Jakubowicz
Prod.-Des.: Robert De Vico
Prod.: Alan Mruvka, Marilyn Vance, John Davis, J. Todd Harris für Moonstone/ Davis Ent./Ministry of Film, USA 1997; 98 Min.
UA: 23.1.1998, Sundance Filmfestival
Verleih: Arsenal/-/-/Warner Home Video; 15.10.1998
FSK: ab 6, ffr.

(...) In dichter Atmosphäre, wenn auch mit kleinen Längen, zeichnet Schauspieler Timothy Hutton (für sein Debüt in Robert Redfords »Eine ganz normale Familie« bekam er 1980 als Zwanzigjähriger einen Oscar) in seinem ersten langen Spielfilm die zarte Annäherung zwischen zwei Einzelgängern, die für einen Moment der emotionalen Einsamkeit entfliehen, sich in ihrer Verlorenheit gegenseitig Halt geben, bevor die harte Realität die Träume vom anderen Leben zerstört. Die anrührende und unprätentiöse Geschichte über das Ende der Kindheit und den ersten Schmerz der Trennung, über Rebellion gegen eine kalte Erwachsenenwelt, trifft mitten ins Herz.

Margret Köhler, AZ, 15.10.98

Gerald Jung in: Zitty, 21/98; Martin Knoben in: epd Film, 16.10.98; Jürgen Richter in: FAZ, 17.10.98

Traveller – Die Highway Zocker 945

TRAVELLER ***
TV

Regie: Jack Green
Darsteller: Bill Paxton (Bokky), Mark Wahlberg (Pat), Julianna Margulies (Jean), James Gammon (Double D), Luke Askew (Boss Jack), Nikki Deloach (Kate), Danielle Wiener (Shane), Michael Shaner (Lip)
Drehbuch: Jim McGlynn
Kamera: Jack Green (Farbe)
Musik: Andy Paley
Schnitt: Michael Ruscio
Prod.-Des.: Michael Helmy
Prod.: Bill Paxton, Brian Swardstrom, Mickey Liddell, David Blocker, USA 1996; 101 Min.
UA: 8.3.1996, South by Southwest Film Festival, Austin
TV: 15.11.1998, Sat1, 0.15

Zigeuner verliebt sich in Nicht-Zigeunerin, will »ehrbar« werden und wird folgerichtig von seiner Sippe verstoßen. Einen Coup will er aber noch landen, weil er damit eine gute Tat tun kann.

Tre uomini e una gamba 946

TRE UOMINI E UNA GAMBA ***

Regie: Aldo Venier, Giovanni Venier, Giacomo Venier, Massimo Venier
Darsteller: Aldo Baglio (Aldo), Giovanni Storti (Giovanni), Giacomo Poretti (Giacomo), Marina Massironi (Chiara), Carlo Croccolo (Eros), Carlo Croccolo
Drehbuch: Aldo Venier, Giovanni Venier, Giorgio Gherarducci
Kamera: Giovanni Fiore Coltellaci (Farbe)
Musik: Phil Palmer, Marco Forni
Schnitt: Marco Spoletini
Prod.: Marco Poccioni, Marco Valsania, Paolo Guerra für Rodeo Drive/A.GI.DI Scari/ Medusa, Italien 1997; 99 Min.
Verleih: -/-/Morandini; Mai 1998

Drei Angestellte einer Eisenwarenhandlung fahren von Mailand nach Apulien, wo einer von ihnen die dritte Schwester der Ehefrauen der beiden anderen heiraten will. Sie geraten jedoch unterwegs auf Abwege, so daß sie sich um Tage verspäten und sich der Ehekandidat in eine unterwegs aufgegabelte Mitfahrerin verliebt. Pittoreske, manchmal aberwitzige Komödie, die parodistisch Aspekte des heutigen Italien aufs Korn nimmt, aber mit fortschreitender Länge immer seltener ins Ziel trifft. *Zoom, 5/98*

Das Trio 947

***

Regie: Hermine Huntgeburth
Darsteller: Götz George (Zobel), Christian Redl (Karl), Jeanette Hain (Lizzi), Felix Eitner (Rudolf), Armin Rohde (Horst), Angelika Bartsch (Dorothee), Christine Harbot (Blumenverkäuferin), Willi Thomczyk (Motorradpolizist)
Drehbuch: Horst Sczerba, Volker Einrauch, Hermine Huntgeburth
Kamera: Martin Kukula (Farbe)
Schnitt: Renate Merck
Prod.-Des.: Katharina Wöppermann
Prod.: Laurens Straub, Pia Frankenberg für Next Film mit NDR/ORF, BRD 1997; 101 Min.
UA: 27.1.1998, Max-Ophüls-Preis, Saarbrücken »Eröffnungsfilm«
Verleih: Warner Bros./-/-/Warner Home Video; 29.1.1998
FSK: ab 12, ffr. – *FBW:* Wertvoll

(...) Ein freches Virtuosenstück mit schrägem Schwarzhumor, dessen grotesker Charme vor allem in den Balzritualen des Macho-Komödianten Götz George liegt. Und so etwas wie ein deutscher Alternativ-Familienfilm: Der schlimme Dreier als Beziehungskiste und Lebensform. Allerhand? Allerhand. *Ponkie, AZ, 29.1.98*

(...) Leider scheinen sowohl die Charaktere als auch die Handlung direkt dem kinematographischen Inventar der »kleinen dreckigen Problemfilme« entsprungen, für die sich seit geraumer Zeit zumindest im Kino kein Mensch mehr interessiert. Und würde nicht Götz George mit schwarz getuschten Augen den Schwulen geben, wäre auch »Das Trio« trotz allersolidestem Handwerk kaum mehr als einen Fernsehblick wert. *Gerald Jung, Zitty, 3/98*

Felix Eitner und Jeanette Hain

Heiko R. Blum in: Rheinische Post, 30.1.98; Kerstin Decker in: Der Tagesspiegel, 29.1.98; Brigitte Desalm in: Kölner Stadt-Anzeiger, 31.1.98; Gregor Dotzauer in: SZ, 29.1.98; Frauke Hanck in: Rheinische Post, 30.1.98; Peter Körte in: FR, 28.1.98

Tromeo & Juliet 948

TROMEO & JULIET

**

Regie: Lloyd Kaufman
Darsteller: Will Keenan (Tromeo Que), Jane Jensen (Juliet Capulet), Debbie Rochon (Ness), Valentine Miele (Murray Martini), Steve Gibbons (London Arbuckle), Sean Gunn (Sammy Capulet), Maximilian Shaun (Cappy Capulet), Steven Blackehart (Benny Que)
Drehbuch: James Gunn, nach dem Stück von William Shakespeare
Kamera: Brendan Flynt (Farbe)
Musik: Willie Wisely, Motorhead, Superchunk, Ass Ponys, The Meatmen
Schnitt: Frank Reynolds
Prod.-Des.: Roshelle Berliner
Prod.: Lloyd Kaufman, Michael Herz; Line Prod.: Franny Baldwin für Troma, USA 1995; 102 Min.
UA: Int. Filmfestspiele Cannes 1995

Wenn ein Chaosverband wie die Schmuddelfilmer von Troma sich Shakespeares annimmt, ist das deftige Ergebnis klar: Trash as trash can. Angesiedelt im Manhattan der Neunziger ist dieser Streifen vollgepropft mit allem, was der Troma Fan begehrt: Sex in allen Variationen, jede Menge blutrünstiger Gore-Effekte (inklusive Life Piercing) und Tabubrüche, wo immer es das zusammengehauene Drehbuch zuläßt. (...) *Zitty, 26/97*

Trucks – Out of Control 949

TRUCKS

**

Video

Regie: Chris Thomson
Darsteller: Timothy Busfield, Brenda Bakke, Sharon Bajer, Amy Stewart, Aidan Divine, Roman Podhora, Brendan Fletcher
Drehbuch: Brian Taggert, nach der gleichn. Kurzgeschichte von Stephen King
Kamera: Robert Draper (Farbe)
Musik: Michael Richard Plowman
Schnitt: Lara Mazur
Prod.: Jerry Leider, Richard S. Reisberg; Michael Scott Bruce, David Eisen, Jonathan Komack, Maertin Philip B. Goldfine (Koprod.) für Credo/Trimark Pic., USA 1997; 95 Min.
Vertrieb: Highlight Video; 30.6.1998
FSK: ab 16 J.,

Pkws, Lkws und alle technischen Geräte spielen verrückt und scheinen sich gegen die Menschheit verschworen zu haben. Rachitisches TV-Remake des ohnehin schon unsäglichen Stephen-King-Thrillers »Rhea M«.

Die Truman-Show 950

THE TRUMAN SHOW

****

Regie: Peter Weir
Darsteller: Jim Carrey (Truman Burbank), Laura Linney (Meryl), Noah Emmerich (Marlon), Natascha McElhone (Lauren/Sylvia), Holland Taylor (Trumans Mutter), Ed Harris (Christof), Brian Delate (Trumans Vater), Una Damon (Chloe)
Drehbuch: Andrew Niccol
Kamera: Peter Biziou (Deluxe)
Musik: Burkhard Dallwitz, Philip Glass
Schnitt: William Anderson, Lee Smith
Prod.-Des.: Dennis Gassner
Prod.: Scott Rudin, Andrew Niccol, Edward S. Feldman, Adam Schroeder; Richard Luke Rothschild für Scott Rudin Prod. für Paramount, USA 1998; 102 Min.
UA: Int. Filmfestspiele Venedig 1998
Verleih: UIP/UIP/UIP/CIC Video; 12.11.1998
FSK: ab 12 J., ffr. – *FBW:* Besonders wertvoll

Das Leben des Versicherungsagenten Truman Burbank ist ohne dessen Wissen seit 30 Jahren Gegenstand einer weltweit live übertragenen, erfolgreichen TV-»Seifenoper«. Satire und Nachdenklichkeit treffen sich vor dem Hintergrund einer gigantischen, »lebensechten« Fernsehkulisse. Der Zuschauer wird zum Voyeur der Voyeure bei Trumans allmählicher Entdeckung

Jim Carrey in ›Die Truman-Show‹

der eigentlichen Realität. Brillant inszeniert und gespielt, nimmt der Film Medienmanipulation, Konformismus und Kommerzialisierung aufs Korn und berührt gleichzeitig existentielle Fragen. *Zoom, 11/98*

(...) In seiner Fabel vom ahnungslosen Star einer Reality-Show macht sich Weir über die totale Fiktionalisierung des amerikanischen Alltags lustig. Alles, was nicht »product placement« ist, ist nur Schimäre: Amerika ist Hollywood, die Unterhaltungsindustrie hat alles aufgesogen. Dabei springt Weir mit seinem gequälten Helden noch gnädig um: Nur im Märchen finden die Opfer des Kapitalismus aus eigener Kraft Wege aus der Demütigung.
Stefan Grissemann, Die Presse, 8.9.98

Nach den ersten Testvorführungen der »Truman-Show« erschienen im Internet, aber auch in einigen meinungsbildenden Blättern in den USA, Kritiken, die – Gott sei Dank – alle sehr positiv ausfielen. Genau das hat mich dann aber mißtrauisch gemacht, und ich habe beim Studiochef angerufen, um ihn zu fragen, ob sie auch echt seien. Er versicherte mir, daß sie echt wären und nicht – wie sonst üblich – vom Studio selbst lanciert. Aber er gab zu, sie hätten auf einem Meeting tatsächlich darüber beraten, ob sie es tun sollten oder nicht.

In Amerika ist es also üblich, daß Studios selbstgefertigte Kritiken in Schlüsselmedien plazieren, die den Film hochjubeln?

Anscheinend. Und diese fingierten Artikel sind mit verschlüsselten Informationen durchsetzt, so daß das Studio sofort erkennen kann, wer wo was abgeschrieben hat. Das ist in meinen Augen abscheulich und unethisch.
Peter Weir im Interview mit Ulrich Lössl, Zitty, 23/98

Brigitte Desalm in: Kölner Stadt-Anzeiger, 14.11.98; Sebastian Feldmann in: Rheinische Post, 13.11.98; Vera Graaf in: SZ, 22.6.98; Helmuth Karasek in: Der Tagesspiegel, 11.11.98; Peter Körte in: FR, 11.11.98; Rupert Koppold in: Stuttgarter Zeitung, 12.11.98; Hans-Joachim Neumann in: Zitty, 23/98; Ponkie in: AZ, 12.11.98; Hanns-Georg Rodek in: Die Welt, 12.11.98; Jan Schulz-Ojala in: Der Tagesspiegel, 7.9.98; Hubert Spiegel in: FAZ, 12.11.98; Anke Sterneborg in: SZ, 12.11.98 (Interview P. Weir); Alexander Horwath in: Die Zeit, 12.11.98

Trust 951

ACTS OF BETRAYAL **
Video

Regie: Joakim Ersgard
Darsteller: Maria Conchita Alonso (Eva Ramirez), Matt McColm (Lance Hooper), Muse Watson (Trenton Fraser), David Groh (Martin Crispin), Susan Lee Hoffman (Sharon Granite), Lindsey Lee Ginter (Hydra), Joe Estevez (Winford Scott), David Stenstrom
Drehbuch: Steven Hartov, Patrick Highsmith, nach einer Story von Patrick Highsmith
Kamera: Jerry Sidell; John Burnett jr. (2nd unit) (Farbe)
Musik: Roger Neill
Schnitt: Randy Vandergrift
Prod.: Avis Nesher, Leslie Rowan; Kathy Jordan (Koprod.) für Mahagonny Pic., USA 1997; 90 Min.
Vertrieb: Starlight Video; 16.2.1998
FSK: ab 18 J.

Mafiabraut wird vom FBI mit fiesen Mitteln gezielt in die Kronzeugen-Enge getrieben. Action-Routine für Fans von B-Movies.

Tumult im Urwald 952

***

Regie: Lisa Faessler
Mit: Laura Rival (Ethnologin), Moi Enomenga, Mengatohue Huaorani
Kamera: Pio Corradi (Farbe)
Musik: Peter Musik
Schnitt: Jürg Hassler, Rainer Trinkler
Prod.: Andromeda/Teleclub, Schweiz 1998; 84 Min.
Verleih: -/-/Look Now!; Nov. 1998

Der dritte Dokumentarfilm – nach »Shuar« (1986) und »Die letzte Beute« (1990) – von Lisa Faessler über Indianerstämme des Amazonas führt zu den Huaorani in Ecuador. Dieses Volk ist wegen seiner kriegerischen Grausamkeit berüchtigt. Die Autorin nähert sich ihm vorsichtshalber über eine erfahrene Ethnologin und findet verbreitete Vorurteile bestätigt. Die Vorstellung vom edlen Wilden erleidet einen empfindlichen Schlag. *Zoom, 11/98*

Der Turbo Power Rangers Film 953

TURBO: A POWER RANGERS MOVIE **

Video

Regie: David Winning, Shuki Levy
Darsteller: Jason David Frank (Tommy, Red Ranger), Steve Cardenas (Rocky, Blue Ranger), Johnny Yong Bosch (Adam, Green Ranger), Catherine Sutherland (Katherine, Pink Ranger)
Drehbuch: Shuki Levy, Shell Danielson
Kamera: Ilan Rosenberg (Farbe)
Musik: Shuki Levy
Schnitt: Henry Richardson, B.J. Sears
Prod.-Des.: Yuda Ako
Prod.: Jonathan Tzachor für Saban Ent./Toei, USA 1997; 96 Min.
Vertrieb: Fox Video; 16.4.1998
FSK: ab 6 J.

Böse Weltraumpiratin will mit Hilfe von bösem Weltraummonster das Universum unterjochen. Angeblich mit moralischem Unterton versehener, plumper Quatsch für Kinder.

Tut mir leid wegen gestern 954

***

TV

Regie: Anna Justice
Darsteller: Katja Studt (Julia), Oliver Korritke (Lenny), Florian Lukas (Harri), René Hofschneider (Bernd Colasius), Mariella Ahrens (Marlene), Gunda Ebert (Jana Leverenz)
Drehbuch: Aglef Püschel
Kamera: Johannes Hollmann (Farbe)
Musik: Robby Fischer
Schnitt: Roswitha Gnädig
Prod.-Des.: Jörg Höhn
Prod.: Susan Schulte für SWF, BRD 1997; 87 Min.
EA: Max-Ophüls-Preis, Saarbrücken 1998
TV: 3.7.1998, Arte, 20.45

Die Beziehung von Julia und Lenny ist am Ende. Er ist der Typ Lebenskünstler, sie möchte Karriere machen. Alles scheint so klar zu sein – doch dann macht die Natur dem Ganzen einen Strich durch die Rechnung. *Pressetext*

Tutti giu per terra 955

TUTTI GIU PER TERRA ***

Regie: Davide Ferrario
Darsteller: Valerio Mastandrea (Walter), Carlo Monni (Walter's Vater), Benedetta Mazzini (Valeria), Gianluca Gobbi (Castracan), Anita Caprioli (Beatrice), Adriana Rinaldi (Walter's Mutter), Tommaso Ragno (Lurido), Andrea Moretti (Pasquale)
Drehbuch: Davide Ferrario, nach einem Roman von Giuseppe Culicchia
Kamera: Giovanni Cavallini (Technicolor)
Musik: CSI Consorzio Suonatori Indipendent
Schnitt: Luca Gasparini, Claudio Cormio
Prod.: Gianfranco Piccioli für Hera Int., Italien 1997; 88 Min.
UA: Int. Filmfestspiele Locarno 1997
Verleih: -/-/Filmcoopi; August 1998

Walter ist zwar schon 22, beruflich jedoch orientierungslos und sexuell noch unberührt. Was nun? Formal originell und gewitzt, wird in Form einer bittersüßen, gut gespielten Komödie erzählt, wie sich ein intelligenter, aber vom apathischen Nihilismus der neunziger Jahre geprägter junger Mann vom Elternhaus emanzipiert, Existenznöten besser begegnen kann und seine Libido allmählich in den Griff bekommt. Interessant: der Soundtrack mit Rockbands aus der alternativen Italo-Szene.

Zoom, 2/98

Twenty-four seven 956

TWENTYFOUR SEVEN ***

Regie: Shane Meadows
Darsteller: Bob Hoskins (Darcy), Danny Nussbaum (Tim), James Hooton (Knighty), Darren O. Campbell (Daz), Justin Brady (Gadget), Jimmy Hynd (Meggy), Johann Myers (Benny), James Corder
Drehbuch: Shane Meadows, Paul Fraser
Kamera: Ashley Rowe
Musik: Boo Hewerdine, Neill MacColl
Schnitt: William Diver
Prod.-Des.: John-Paul Kelly, Niall Moroney
Prod.: Imogen West für BBC/Scala Prod., GB 1997; 96 Min.
Verleih: Tobis/-/Rialto; 30.4.1998
FSK: ab 12 J., ffr.

Die Tristesse des Alltags junger Leute, die in einer englischen Kleinstadt herumhängen, wird durch einen Exboxer vorübergehend beendet, der sie für seinen Boxclub gewinnen kann. Erzählt in melancholischen Schwarzweißbildern, gelingt dem jungen Regisseur Shane Meadows mit seinem professionellen Debüt ein berührender Film, in dem Bob Hoskins als gealterter Boxer eine seiner besten Darstellungen seit langem zeigt. *Frank Arnold, tip, 10/98*

(...) Obwohl das Spielfilmdebüt in der Tradition des britischen Sozialkinos erzählerische Schwächen aufweist, lebt es doch von seiner sozialen Genauigkeit und stellt auch ästhetisch einen Talentbeweis dar. Kein makelloses Meisterwerk, aber lebendiges Kino.

Zoom, 8/98

Frank Arnold in: Kölner Stadt-Anzeiger, 2.5.98; Frauke Hartmann in: FR, 29.4.98; Thomas Klingenmaier in: Stgt. Zeitung, 28.5.98; H.G. Pflaum in: SZ, 30.4.98; Martin Schwarz in: Zitty, 9/98

Twisted 957

TWISTED ***

Regie: Seth Michael Donsky
Darsteller: Anthony Crivello (Eddie), David Norona (Angel), Billy Porter (Shiniqua), Ray Aranha (Can Man), Keivyn McNeill Grayes (Lee), William Hickey (Andre), Jean Loup Wolfam (Arthur), Elizabeth Franz (Sozialarbeiterin)
Drehbuch: Seth Michael Donsky
Kamera: Hernán Toro (Farbe)
Musik: Q. Lazzarus, Danny Z.
Schnitt: Seth Michael Donsky, Tom McArdle
Prod.-Des.: Scott Baily
Prod.: Seth Michael Donsky, Adrian Agramonte für Don Quixote/Mira Vista, USA 1996; 100 Min.
EA: 22.2.1997, Int. Filmfestspiele Berlin, »Panorama: art & essai«
Verleih: GM Films/-/-/Pro-Fun Video, OmU; Juni 1998
FSK: ab 16 J.

Mit Broadway-Schauspielern entwickelt Donsky im heutigen New York die Geschichte von Oliver Twist, hier einem zehnjährigen schwarzen Runaway, der in den Fängen eines Bordellbetreibers mit Familienanschluß landet. Der Stricher Angel nimmt sich seiner an und bewahrt ihn mutig vor dem Schlimmsten. *Zitty, 4/97*

U-Turn – Kein Weg zurück 958

U-TURN ***

Regie: Oliver Stone
Darsteller: Sean Penn (Bobby Cooper), Nick Nolte (Jake McKenna), Jennifer Lopez (Grace McKenna), Powers Boothe (Sheriff Potter), Claire Danes (Jenny), Joaquin Phoenix (Toby N. Tucker), Billy Bob Thornton (Darrell), Jon Voight
Drehbuch: John Ridley, nach seinem Roman »Stray Dogs«
Kamera: Robert Richardson
Musik: Ennio Morricone, Budd Carr (Exec.-music-producer)
Schnitt: Hank Corwin, Thomas J. Nordberg
Prod.-Des.: Victor Kempster
Prod.: Dan Halsted, Clayton Townsend; Richard Rutowski (Koprod.) für Illusion Entertainment Group mit Clyde Is Hungry Films, USA 1997; 125 Min.
UA: Telluride Film Festival 1997
Verleih: Columbia TriStar/-/20th Century Fox/Columbia TriStar Video; 23.4.1998
FSK: ab 18 J., nffr.

Ein kleines und heruntergekommenes Wüstenkaff als letzte Station eines vermeintlich Durchreisenden, dessen Autopanne ihn zwingt, sich in den »menschlichen Abschaum« einzureihen, der diese Müllkippe der Zivilisation bevölkert. Furios zusammengestückeltes Porträt von aus den Fugen geratenen Charakteren, das schamlos Fetzen aus Kino- und Literaturgeschichte ausbeutet und in dem schon genreüblichen Blutbad endet, ohne viel Belangvolles mitgeteilt zu haben.

Zoom, 4/98

Im Wechselbad der Komplotte und unterstützt von einer sprunghaften Kamera gewöhnt uns Stone die Identifikation mit egal wem ab, bis man nur noch die Position des unbeteiligten Beobachters einnehmen kann. Bei Stone hat man offenbar nur die Wahl zwischen multimedialem Gemeinschaftskundeunterricht oder gnadenloser Indifferenz. Schade. *tip, 9/98*

Mit surrealistischem Witz, subversiver Anarchie und vor allem phänomenaler Energie beweist Oliver Stone Holly-

Jennifer Lopez und Regisseur Oliver Stone bei den Dreharbeiten

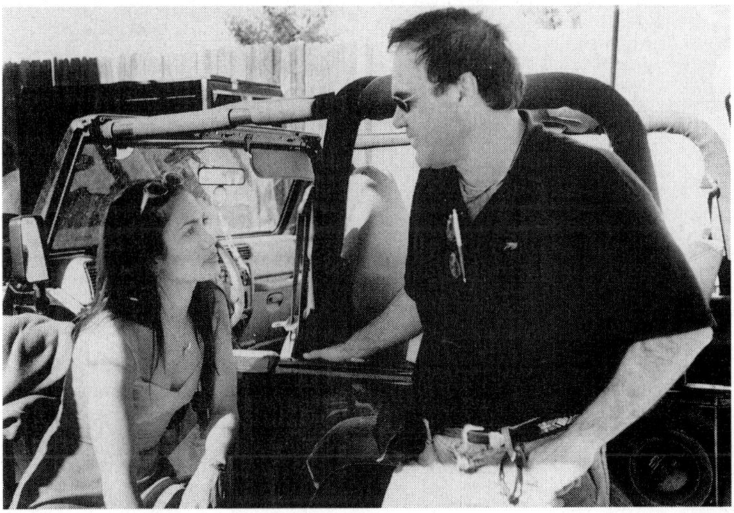

wood, sich selbst und uns allen, daß er immer noch kleine, rauhe, hitzige Filme machen kann. Sein existentialistischer Film Noir im Western-Ambiente vermittelt das Lebensgefühl der neunziger Jahre – ganz authentisch spürbar in der amerikanischen Originalfassung.

Frauke Hanck, AZ, 23.4.98

(…) Das hat nichts mit der unruhigen Suche nach versteckter Wahrheit zu tun, wie noch das rastlose Kreisen von Richardsons Kamera in älteren Stone-Filmen. Es ist nur die Protzgeste eines alternden Filmemachers, der MTV-Kids und Tarantino-Fans beweisen will, daß er der virilste und kapriolenreichste Kerl weit und breit ist. Die Mord- und Verführungsmär wirkt so meist peinlich, und der einzige Sinn des Genreaufgusses wäre, daß Oliver Stone ihn als Warnschild an sich selbst begreift: »U-Turn« steht darauf.

Thomas Klingenmaier, Stgt. Zeitung, 23.4.98

(…) Irgendwie sucht der Film einen emotionalen Höhepunkt, ähnlich dem von »Duel in the Sun«. Aber dann erinnert er trotz der existentiellen Exzesse doch wieder an die Banalität von »Pulp Fiction«. Ein moderner Schluß für einen herrlich altmodischen Film.

Angela Schmitt-Gläser, FR, 23.4.98

»Mir hingen die aufgeblasenen Budgets zum Hals raus. Deshalb wollte ich einen Film drehen, der weniger als 20 Millionen Dollar kostet. Ohne den großen Druck, den ich bei meinen politischen Epen auf den Schultern spürte – das war meine Vorstellung von Spaß.«

Oliver Stone im Interview mit Anke Sterneborg, Focus, 20.4.98

Heiko R. Blum in: Rheinische Post, 24.4.98; Thomas Klingenmaier in: Stgt. Zeitung, 23.4.98; Milan Pavlović in: Kölner Stadt-Anzeiger, 25.4.98; Hanns-Georg Rodek in: Die Welt, 23.4.98

Überwachung 959

MAI FU ***

TV

Regie: Huang Jianxin, Yang Yazhou
Darsteller: Feng Gong (Ye Minzhu), Jiang Shan (Bai Lin), Teng Rujun (Lao Tian), Zhang Xiaotong (Yang Gao), Niu Zhenhua (Der Weise), Shi Xiahong (Lin Daowei), Guo Donglin (Qui Jianguo), Lin Haihai (Xiao Tai)
Drehbuch: Sun Yian, nach der gleichn. Erzählung von Fang Fang
Kamera: Yang Wei (Farbe)
Musik: Zhang Dalong
Schnitt: Lei Quin
Prod.: Kang Jianmin für Xiao Xiang Film Studio/Shanxi Ginwa Ent. Group, China 1996; 105 Min.
UA: 20.2.1997, Int. Filmfestspiele Berlin, »Wettbewerb«
TV: 30.9.1998, WDR 23.30 (OmU)

Zwei kleine Angestellte werden mit der Überwachung einer gefährlichen Bande beauftragt. Nach zehn Tagen wird die Aktion erfolglos abgeblasen – doch einer wurde einfach vergessen. Hans Messias meint im film-dienst dann: »Ein inszenatorisch und kameratechnisch konventioneller Film, der in einigen Szenen leise Kritik an der bestehenden Gesellschaftsordnung übt und das Kollektiv zugunsten des einzelnen kritisch hinterfragt.« *Zitty, 4/97*

Ulee's Gold 960

ULEE'S GOLD ****

Regie: Victor Nunez
Darsteller: Peter Fonda (Ulee Jackson), Patricia Richardson (Connie Hope), Jessica Biel (Casey Jackson), J. Kenneth Campbell (Bill Floyd) , Christine Dunford (Helen Jackson), Steven Flynn (Eddie Flowers), Dewey Weber (Ferris Dooley), Tom Wood (Jimmy Jackson)
Drehbuch: Victor Nunez
Kamera: Virgil Mirano (Farbe)
Musik: Charles Engstrom
Schnitt: Alberto Garcia
Prod.-Des.: Pat Garner
Prod.: Jonathan Demme, Sam Gowan, Peter Saraf für Clinica Estetico/Orion, USA 1997; 118 Min.
Verleih: Movienet/-/-; 30.4.1998
FSK: ab 6 J., ffr.

In den Sümpfen Floridas lebt und arbeitet der eigenbrötlerische Ulee Jackson als Bienenzüchter und sorgt für seine Enkelkinder. Als seine Schwiegertochter Helen in Schwierigkeiten mit zwei Gangstern gerät, macht sich Ulee daran, ihr zu helfen und seine Familie zu

Jessica Biel, Peter Fonda und Christine Dunford

schützen. Regie und Drehbuch orientieren sich weniger am Topos des Mannes, der mit Gewalt und Wut auf die Irritation seines Alltags reagiert, sondern inszenieren in langsam rhythmisierten Bildern eine bedächtige, mühsame innere Reise der subtil charakterisierten Hauptfigur. *multimedia*

Nunez' Film ist die komplexe Geschichte von Menschen und ihren Veränderungen, Verschiedenheiten, Träumen und Utopien – und wie man mit ihnen ohne Grund zu Pessimismus leben kann. Ein großer kleiner Independent-Film, jenseits des Mainstreams und seiner Spezialeffekte. Einfach aufregend. *Frauke Hanck, AZ, 30.4.98*

Sie werden in Hollywood gefeiert wie der verlorene Sohn. Gefällt Ihnen das?

Die Leute vergessen dauernd, daß ich in »Easy Rider« genauso gespielt habe wie in »Ulee's Gold«. Im Moment bin ich das Comeback-Kid. Das gefällt mir, die Rolle kann ich auf jeden Fall spielen. Ich war zwar nie weg, aber ich finde es auch prima, daß ich wieder da bin. Und dann kann ich in Zukunft auch wieder ein paar richtig ausgeflippte Filme drehen. *Peter Fonda im Interview mit Susan Vahabzadeh, SZ, 30.4.98*

Rupert Koppold in: Rheinische Post, 2.5.98; Annette Leweke in: tip, 10/98; Heike Kühn in: FR, 29.4.98; Gerhard Midding in: Kölner Stadt-Anzeiger, 2.5.98; Anke Sterneborg in: SZ, 30.4.98

Unbeständig und kühl 961

***

Regie: Sandra Nettlebeck
Darsteller: Regula Grauwiller (Sara), Jasmin Tabatabai (Nina), Natascha Bub (Katharine), Andreas Herder (Nick), Horst-Günther Marx (Robert), Sandra Nettlebeck (Ella), Jorg Langkau, Peter Lohmeyer
Drehbuch: Sandra Nettelbeck
Kamera: Michael Bertl (Farbe)
Musik: Kevin Brown
Schnitt: Gudrun Steinbrück
Prod.-Des.: Peter Weber
Prod.: Gudrun Ruzickova-Steiner für Luna Film, BRD 1996; 90 Min.
Verleih: Atlantic/-/-/Universum Film
FSK: ab 12 J.

(...) Sieben Freunde suchen während einiger verregneter Sommertage nach Glück, Liebe und dem Partner fürs Leben, doch keiner schafft es. Eine stirbt, eine flieht, und die anderen driften weiter. (...) *Blickpunkt: Film, 38/97*

Und Gott erschuf das Make-up 962

**

Regie: Lothar Lambert
Darsteller: Heiko Behrens (Heike), Michael Sittner (Manfred), Anatoli Jalnin (Anastasia), Hans Marquardt (Ella), Dennis Buczma (Horst), Klaus Redlich (Klausine), Erika Rabau (Pelé), Lothar Lambert (Dr. Prinz)
Drehbuch: Lothar Lambert
Kamera: Albert Kittler (Farbe)
Schnitt: Lothar Lambert
Prod.: Lola-Films, BRD 1998; 70 Min.
UA: 12.2.1998, Int. Filmfestspiele Berlin, »Panorama: art & essai«
Verleih: fsk/-/-; 9.7.1998

Manfred, Dr. Prinz und eine therapeutische Wohngemeinschaft für Transvestiten voll skurriler Typen: Er hat schon bessere Geschichten und interessantere Darsteller präsentiert als in seiner Transvestiten-Tragikomödie »Und Gott erschuf das Make-Up«, aber die Beständigkeit des deutschen Regisseurs Lothar Lambert verdient Bewunderung. Und dann diese phantastischen Titel! *Frank Noack, Der Tagesspiegel, 13.2.98*

Jan Gympel in: Zitty, 14/98

Und vor mir die Sterne – Das Leben der Renate Kern 963

***

Regie: Ulrike Franke, Michael Loeken
Darsteller: Sprecher: Susanne Barth, Lutz Göhnermeier
Drehbuch: Ulrike Franke, Michael Loeken
Kamera: Jörg Adams, Uwe Schäfer, Reinhard Köcher, Andreas Zickgraf (Farbe)
Schnitt: Jean-Marc Lesguillons, Carry Breys
Prod.: Ulrike Franke, Michael Loeken für Loeken-Franke Filmprod./NDR, BRD 1998; 90 Min.
UA: 17.2.1998, Int. Filmfestspiele Berlin, »Neue deutsche Filme«
Verleih: Salzgeber/-/-; 30.4.1998

Die Dokumentation schildert das Leben der Schlagersängerin Renate Kern (1945–1991), die Kritikern als »Königin der Provinz« galt. 1965 entdeckt, hatte sie bald Hits wie »Du mußt mit den Wimpern klimpern«, sang später Country-Songs und trat kurz vor ihrem Freitod auf einem Fährschiff auf. Um dieses traurige Leben herum zeigt der Film alte Fans, die ihr Idol langsam vergessen, und erfolglos weiterarbeitende Schlagerkollegen. Angesichts ihrer tristen Auftritte in Einkaufszentren wirkt der Selbstmord von Renate Kern fast schon wieder wie eine mutige Entscheidung. *tip, 10/98*

Thomas Klingenmaier in: Stgt. Zeitung, 22.10.98; Silvia Hallersleben in: Der Tagesspiegel, 30.4.98; Sabine Rutkowski in: Zitty, 9/98; Hans Schifferle in: SZ, 4.1.98; Christian Seebaum in: Kölner Stadt-Anzeiger, 18.7.98

Under the skin 964

UNDER THE SKIN ****

Regie: Carine Adler
Darsteller: Samantha Morton (Iris), Claire Rushbrook (Rose), Rita Tushingham (Mutter), Mark Womack (Frank), Matthew Delamere (Gary), Christine Tremarco (Vron), Stuart Townsend (Tom), Clare Francis
Drehbuch: Carine Adler
Kamera: Barry Ackroyd (Farbe)
Musik: Ilona Sekacz
Schnitt: Ewa Lind
Prod.-Des.: John-Paul Kelly
Prod.: Kate Ogborn für Strange Dog mit Rouge/Merseyside, GB 1997; 81 Min.
UA: 21.8.1997, Film Festival Edinburgh
Verleih: Kairos, OmU/-/Frenetic; 10.12.1998
FSK: ab 16, ffr.

Die junge Iris wird vom Tod ihrer Mutter aus der Bahn geworfen und versucht mittels zwanghafter Promiskuität ihrer Trauer zu entfliehen und ihre Gefühlswelt wieder in den Griff zu bekommen. Erst die Versöhnung mit der zu Unrecht beneideten Schwester bringt die Hinwendung zu einem positiven Gedenken an die Mutter und einem Neubeginn. Carine Adler schickt ihre Protagonistin auf eine psychische Höllenfahrt, die teilweise lehrstückhaft wirkt, dank der ausgezeichneten Hauptdarstellerin und einer starken Bildgestaltung aber dennoch zu bewegen vermag. *Zoom, 10/98*

Kerstin Decker in: Der Tagesspiegel, 12.12.98; Iris Depping in: tip, 26/98

Under Western Eyes 965

LENEGED ENAYIM MAARAVIOT ****

Regie: Joseph Pitchhadze
Darsteller: Eyal Schehter (Gary), Liat Glick (Tom), Ezra Kafri (Wolf), Carmel Betto (Carmi), Yohanan Harrison (Mann am Empfang), Gidon Shemer (Izak), Picho Ben-Zur (Yoshua), Yehuda Lazarovitch (Igor)
Drehbuch: Joseph Pitchhadze, nach dem Roman »Under Western Eyes« von Joseph Conrads
Kamera: Shai Goldman (Farbe und s/w)
Musik: Berry Sakharof
Schnitt: Dov Steuer
Prod.: Dubi Baruch, Joseph Pitchhadze für November Films, Israel 1997; 95 Min.
EA: 23.2.1997, Int. Filmfestspiele Berlin, »Wettbewerb«
Verleih: -/-/trigon; Mai 1998 (CH)

Von einer fingierten Nachricht des israelischen Geheimdienstes nach Tel Aviv gelockt, beginnt ein junger Architekt die Suche nach seinem Vater, die ihn mit der verdrängten Erinnerung an die eigene Vergangenheit konfrontiert. Der Spielfilmerstling verbindet Elemente der »nouvelle vague« mit einem etwas sehr gewollt avantgardistischen, aber eigenständigen Montagestil und erzählt authentisch vom Aufeinanderprallen der Lebensentwürfe zweier Generationen im heutigen Israel. *Zoom, 5/98*

Undercurrent 966

UNDERCURRENT **
Video

Regie: Frank Kerr
Darsteller: Lorenzo Lamas, Brenda Strong, Frank Vincent, Christanne Gout
Drehbuch: Wayne Behar
Kamera: Carlos Gaviria (Farbe)
Musik: Christopher Lennertz
Schnitt: Tom Fries
Prod.: Paul T. Boghosian, Wyne Behar; Gary M. Bettman (Koprod.) für Fries mit Pritceff, USA 1997; 95 Min.
Vertrieb: VPS Video; 23.6.1998
FSK: ab 18 J.

Excop (neben Serienkiller wohl der meistgefragte Beruf im Action-Genre) soll in Puerto Rico mit Baulöwen-Gattin schlafen, damit sie deren Männe bei der Scheidung besser abzocken kann. Höchst fragwürdiges Action-»Entertainment« mit zweistelliger Leichenrate.

Underground – Die Vergeltung 967

THE UNDERGROUND **
Video

Regie: Cole S. McCay
Darsteller: Jeff Fahey (Donnegan), Gregory Scott Cummings (Singer), Willie C. Carpenter (»The Hound«), Debbie James (Candy), Michael McFall (Mills), Brion James
Drehbuch: William Lawlor
Kamera: Ken Blakey (Farbe)
Musik: John Gonzales
Schnitt: Stephen Adrianson, Desmond O'Connor, William Hayward
Prod.: Richard Pepin, Joseph Merhin für PM Ent., USA 1997; 89 Min.
Vertrieb: VMP Video; 12.2.1998
FSK: ab 18 J. (gekürzte Fass. 83 Min. ab 16 J.)

In der Hip-Hop-Szene werden ein Musiker und ein Polizist ermordet, dessen Kollege sinnt auf Rache. Stupides Formel-Kino nach dem Motto: laut, schnell, hohl.

Der Unfisch 968

****

Regie: Robert Dornhelm
Darsteller: Maria Schrader (Sophie Moor), Eva Herzig (Maria Johler), Andreas Lust (Carl), George Kern (Hundemann), August Schmölzer (Bürgermeister), Beatrice Frey (seine Frau), Rainer Egger (Sekretär), Karl Merkatz (Herr Johler)
Drehbuch: Michael Köhlmeier
Kamera: Michi Riebl (Fuji)
Musik: Harald Kloser
Schnitt: Klaus Hundsbichler
Prod.: Norbert Blecha für Terra Filmprod., Österreich 1996; 98 Min.
UA: Int. Filmfestspiele Berlin 1997, »Panorama«
Verleih: Movienet/Buena Vista/-; April 1997 (Österreich); 26.2.1998
FSK: ab 12, ffr.

(...) Der in Hollywood lebende Österreicher erzählt augenzwinkernd eine phantastische Geschichte über maßlose Gier und menschliche Schwächen, garniert das Ganze mit ausgeprägtem Hang zum Naturalismus und jeder Menge Skurrilität. Wie die Dorfdeppen den Kopf verlieren und sich die dümmsten Dinge wünschen, sogar der Pfarrer das Zölibat vergißt, das ist eine amüsante Mischung aus Magie und Kitsch, Poesie und Gesellschaftssatire. (...)
Margret Köhler, AZ, 26.2.98

Heiko R. Blum in: Rheinische Post, 27.2.98; Hellmuth Karasek in: Der Tagesspiegel, 21.2.97; Thomas Klingenmaier in: Stgt. Zeitung, 26.2.98; Martina Knoben in: SZ, 26.2.98; Heike Kühn in: FR, 26.2.98

Ungemachte Betten 969

UNMADE BEDS ***
TV

Regie: Nicholas Barker
Darsteller: Aimee Copp, Michael De Stefano, Brenda Monte, Mikey Russo
Drehbuch: Nicholas Barker
Kamera: William Rexer II (Farbe)

Musik: New State Ent., Rupert Lord, Tom Parkinson
Schnitt: Paul Binns
Prod.: Steve Wax; Sam Bickley für Chelsea Pic., USA 1997; 105 Min.
UA: 31.8.1997, Telluride Film Festival
TV: 28.6.1998, Arte, 20.45

Beziehungsgeschichten zwischen Singles.

Unheimlicher Besucher 970

A STRANGER IN TOWN **
TV

Regie: Peter Levin
Darsteller: Jean Smart (Kay Tarses), Gregory Hines (Barnes), Jeffrey Nordling (Larry), Lucinda Jenney (Jeanine), Dave Florek (Apotheker), Richard Riehle (Sheriff), Chad Cox (Bud), Anne Mattingley (Mrs. Bowden)
Drehbuch: Ara Watson, Sam Blackwell, nach dem Theaterstück »Higher Laws« von R.T. Marcs
Kamera: Kenneth Zunder (CFI)
Musik: Mark Snow
Prod.-Des.: Diane Hughes
Prod.: Hearst Ent./Avenue Pic., USA 1995; 90 Min.
TV: 17.8.1998, ZDF, 20.15

Junge Frau wird zur Geisel im eigenen Haus.

Die Unschuld der Krähen 971

***
TV

Regie: Horst Sczerba
Darsteller: Joachim Kròl (Georg Finke), Nina Petri (Paula Finke), Dieter Landuris (Taxifahrer), Kai Maerens (Geldverleiher), Lars Rudolph (Gast), Franz-Josef Steffens (Petersen), Samuel Fintzi (Ticketverkäufer)
Drehbuch: Horst Sczerba, nach der Erzählung »Montreal Express« von Cornell Woolrich
Kamera: Martin Kukula (Farbe)
Schnitt: Marcel Peragine
Prod.-Des.: Christian Bussmann
Prod.: Sabine Timmermann, Studio Hamburg, BRD 1997; 89 Min.
UA: Filmfest München 1998
TV: 14.8.1998, Arte, 20.45

(...) Einfache Fahrt hat auch Schorsch gelöst, Tage zuvor. Sein Arbeitgeber, der ihn nach acht Jahren treuer Dienste gefeuert hat, soll eine Entschädigung rausrücken. Doch ist er nicht da, statt dessen der Safe. Als Schorsch den knackt, kommt der Chef dazu und fuchtelt mit einer Pistole. Es knallt, Schorsch ist reich und ein Mörder. Als er sich in einer Pinte mit Cognac beruhigen will und der Wirt ihm dumm kommt, löst sich der nächste Schuß. So geht es weiter. Die einfache Fahrt ist eine Amokfahrt. (...) Schorsch stirbt im Bus an Paulas Schulter. Er ist am Ziel. Sie auch, obwohl sie hier unten noch ein paar Jährchen absitzen muß.

Barbara Sichtermann, Die Zeit, 20.8.98

Unser fremdes Kind 972

**
TV

Regie: Miroslaw Bork
Darsteller: Susanne Lüning (Maria Schneider), Oliver Stritzel (Horst Schneider), Danuta Stenka (Anna Kowalski), Maciej Robakiewicz (Pawel Kowalski), Grzegorz Ruda (Oskar Schneider), Pawel Krucz (Tomek Kowalski), Jan Machulski (Großvater), Jürgen Reuter (Dr. Wolf)
Drehbuch: Miroslaw Bork, Hans-Werner Honert
Kamera: Grzegorz Kedzierski (Farbe)
Musik: Marek Kuczynski
Prod.: BRD 1997; 90 Min.
TV: 9.12.1998, ARD, 20.15

Ihr Kind ist nach der Geburt vertauscht worden, dieser Verdacht, durch einen Unfall des achtjährigen Tomek provoziert, wird für Anna bald zur bestürzenden Gewißheit. Nicht nur die medizinischen Analysen sind eindeutig, auch das Zusammentreffen mit ihrem wirklichen Sohn in Dresden ist es.
»(...) ›Unser fremdes Kind‹ entpuppte sich lediglich als knochentrockenes Themenfernsehspiel, eine Kategorie der fiktionalen Unterhaltung, die man eigentlich längst für überholt hielt«, meint Thomas Thieringer in der SZ dazu.

Die unsichtbare Falle 973

THE SPANISH PRISONER ****

Regie: David Mamet
Darsteller: Campbell Scott (Joe Rosse), Rebecca Pidgeon (Susan Ricci), Steve Martin (Jimmy Bell), Ben Gazzara (Klein), Ricky Jay (George Lang), Felicity Huffman (McCune)
Drehbuch: David Mamet

Kamera: Gabriel Beristain (Farbe)
Musik: Carter Burwell
Schnitt: Barbara Tulliver
Prod.-Des.: Tim Galvin
Prod.: Jean Doumanian; Sarah Green (Koprod.) für J. Doumanian/Sweetland, USA 1997; 110 Min.
EA: Filmfest München 1998
Verleih: Kinowelt/dto./Elite; 22.10.1998
FSK: ab 12 J., ffr.

Joe Ross ist ein Wissenschaftler, der für seine Firma ein Produkt entwickelt hat, welches riesige Gewinnaussichten besitzt. Die Firma jedoch zögert, Joe den versprochenen Bonus auszubezahlen. Eine Zufallsbekanntschaft warnt Joe, er könne um seinen Anteil gebracht werden, eine Angestellte verliebt sich in ihn, und plötzlich schaltet sich da auch noch das FBI ein. David Mamet realisierte einen Thriller um Wirtschaftsspionage, ein Vexierspiel um Wahrheit und Betrug, der nicht an die Geschlossenheit seiner früheren Filme herankommt, und in dem die Hauptperson leider viel zu naiv gezeichnet ist.

Zoom, 9/98

(...) Der Film ist ein hochintelligentes Vergnügen; die Fäden der dramatischen Konstruktion sind so festgezurrt, daß das Auge keine Zeit zum Verweilen hat – als hätte ein Skript-Doctor alles auf den nackten Plot zurechtgestutzt.

Gregor Dotzauer, SZ, 3.7.98

Ein intelligenter Thriller um die klassischen Noir-Werte Karriere und Geld. Mamet spielt brillant Pingpong mit den Zuschauern und versetzt sie in atemberaubende Spannung. Ein junger Mann versucht bei einem geheimen Treffen auf einer Karibikinsel den entscheidenden Schritt in die Welt der gigantischen Wirtschaftsunternehmen – und landet in einer Serie von verschwörerischen Wendungen. Denen zu folgen, macht Vergnügen. *Frauke Hanck, AZ, 2.7.98*

Julian Hanich in: Der Tagesspiegel, 22.10.98; Thomas Klingenmaier in: Stgt. Zeitung, 22.10.98; Martina Knoben in: SZ, 22.10.98; Veronika Rall in: FR, 21.10.98; Christian Seebaum in: Kölner Stadt-Anzeiger, 24.10.98; Karim Zendagui in: Rheinische Post, 23.10.98

Unter dem Maulbeerbaum 974

ETZ HADOMIM TAFUS ****
TV

Regie: Eli Cohen
Darsteller: Kaipo Cohen (Aviya), Julino Mer (Ariel), Gila Almagor (Mutter), Ohad Knoller (Yurek), Orli Perl (Yola), Riki Blich (Mira)
Drehbuch: Gila Almagor, Eyal Sher, nach dem gleichn. Roman von Gila Almagor
Kamera: David Gurfinkel (Eastmancolor)
Musik: Benny Nagari, The Raanana Symphonette Orchestra
Schnitt: Danny Shik
Prod.-Des.: Eitan Levy
Prod.: Gila Almagor, Eitan Evan, Yaakov Agmon für H.S.A. Prod., Israel 1995; 102 Min.
UA: 24.5.1995, Int. Filmfestspiele Cannes, »Certain Regard«
EA: Filmfest München 1997
TV: 13.5.1998, BR, 22.15

Nach »Aviyas Sommer« nun die Fortsetzung über das Erwachsenwerden in Israel. Aviya lebt in einem Camp für junge Überlebende aus den deutschen Konzentrationslagern. Nachts kommen die Alpträume.
Regisseur Cohen verfilmte unprätentiös einfühlsam das autobiographische Buch von Gila Almagor, die hier ihre eigene Mutter spielt.

Frauke Hanck, AZ, 3.7.97

Der Untergang der Cosa Nostra 975

GOTTI **

Regie: Robert Harmon
Darsteller: Armand Assante (John Gotti), Anthony Quinn (Neil Dellacroce), William Forsythe (Sammy Gravano), Richard Sarafian (Paul Castellano), Frank Vincent (Robert Dibenedetto), Dominic Chianese (Joe Armone)
Drehbuch: Steve Shagan
Kamera: Alar Kivilo (Farbe)
Musik: Mark Isham
Schnitt: Zach Staenberg
Prod.: David Coatsworth für HBO, USA 1996; 117 Min.
TV: 4.1.1998, Premiere, 23.25

Aufstieg und Niedergang des skrupellosen, eleganten Mafiapaten John Gotti, den die Bevölkerung im New Yorker Stadtteil Little Italy als Volkshelden hochleben läßt.

Valentine's Day 976
VALENTINE'S DAY **
Video

Regie: Duane Clark
Darsteller: Mario Van Peebles, Rae Dawn Chong, Zerha Leverman, Randy Quaid, Stewart Bick, Frank Crudele, David Hemblen, John Burgeios
Drehbuch: Norman Snider
Kamera: Francois Protat (Farbe)
Musik: Lawrence Shragge
Schnitt: David Ostry
Prod.-Des.: Ed Hanna
Prod.: Lewis Chesler für Lions Gate, USA 1998; 92 Min.
Vertrieb: VPS Video; 21.12.1998
FSK: ab 16 J.

Mord im Mafia-Milieu: Der ermittelnde Polizist verliebt sich in eine verdächtige Zeugin. Selbst bei allerbescheidensten Kriterien ein enttäuschendes Fließband-Machwerk.

Vampirella 977
VAMPIRELLA **
Video

Regie: Jim Wynorski
Darsteller: Talisa Soto (Vampirella), Roger Daltrey (Vlad/Jamie Blood), Richard Joseph Paul (Adam Van Helsing), Brian Bloom (Demos), Corinna Harney (Sallah), Rusty Meyers (Quinn), Lee de Broux (Lt. Walsh), Tom Deters (Traxx)
Drehbuch: Gary Gerani
Kamera: Andrea V. Rossotto (Farbe)
Musik: Joel Goldsmith
Schnitt: Richard Gentner, Jud Pratt
Prod.: Angela Baynes für Concorde-New Horizons/Showtime Networks/Sunset Films, USA 1996; 82 Min.
Vertrieb: Marketing Video; 8.6.1998
FSK: ab 16 J.,

Trash-Verfilmung eines Trash-Comics um Weltraum-Vampire.

Velvet Goldmine 978
VELVET GOLDMINE ***

Regie: Todd Haynes
Darsteller: Jonathan Rhys Meyers (Brian Slade), Ewan McGregor (Curt Wild), Toni Collette (Mandy Slade), Christian Bale (Arthur Stuart), Eddie Izzard (Jerry Divine), Emily Woof (Shannon), Michael Feast (Cecil), Janet McTeer
Drehbuch: Todd Haynes, nach einer Idee von Todd Haynes und James Lyons
Kamera: Maryse Alberti (Farbe)
Musik: Carter Burwell
Schnitt: James Lyons
Prod.-Des.: Christopher Hobbs
Prod.: Christine Vachon für Zenith/Killer mit Single Cell/Newmarket Capital/Goldwyn Film/Channel Four, GB/USA 1998; 120 Min.
UA: Int. Filmfestspiele Cannes 1998
Verleih: Tobis/-/Monopole Pathé; 26.11.1998
FSK: ab 12 J., ffr.

Ein Zeitungsredakteur erhält den Auftrag, eine Reportage über einen Glam-Rock-Sänger zu schreiben, der zehn Jahre zuvor untergetaucht ist, nachdem sich seine angebliche Ermordung als Schwindel herausgestellt hatte. Im Gespräch mit Freunden des Stars wird dessen Leben in Rückblenden gezeigt. Die erste Hälfte entwirft eine farbige Karrierechronik, die nicht zuletzt durch die raffinierte, von »Citizen Kane« übernommene Erzählstruktur fasziniert. Im zweiten Teil hingegen verliert sich der Film in Konzertszenen, die einem zwar Look und Musik der Zeit näherbringen, nicht jedoch die Figur hinter der Maske. *Zoom, 12/98*

(...) Haynes hat den Drücker am Puls unserer Revival-Zeit. Die 70er Jahre sind halt in – in Mode (Glitzerfummel über Plateausohlen), Musik und Film. Der 37jährige Vertreter der schwulen Filmavantgarde verliert sich allerdings

›Velvet Goldmine‹

Stephen Dillane und Sophie Marceau in ›Verborgenes Feuer‹ von William Nicholson

in Manierismen und Zitate-Sucht (ja, wir erkennen David Bowie, Iggy Pop und die anderen). So bleibt nur Haynes' ambitionierte Bild-Ästhetik in Erinnerung. Die Filmfiguren verblassen trotz der schauspielerischen Leistungen. (...) *Angie Dullinger, AZ, 26.11.98*

»Wir haben David Bowie das Skript geschickt, das ja ganz locker auf seinem Leben basiert, aber er wollte weder mitmachen noch uns seine Songs zur Verfügung stellen. Der Grund war sehr einfach: Er plant wohl selbst einen Film über sich und über diese Zeit.«

Wer, glauben Sie, wird sich »Velvet Goldmine« anschauen?

»Alle, die sich für die Pop-Kultur interessieren. Dabei muß man die Zeit nicht selbst erlebt haben, denn letztlich wird ja nur ein wunderschönes, aufregendes Märchen erzählt. Nichts für Puristen also, sondern eher für Leute, die sich an opulenten Szenarien berauschen können.« *Todd Haynes im Interview mit Ulrich Lössl, Zitty, 24/98*

Heiko R. Blum in: Rheinische Post, 27.11.98; Ralph Geisenhanslüke in: Der Tagesspiegel, 26.11.98; Steffen Jacobs in: FAZ, 30.11.98; Thorsten Keller in: Kölner Stadt-Anzeiger, 28.11.98; Thomas Klingenmaier in: Stuttgarter Zeitung, 26.11.98; Daniela Sannwald in: FR, 25.11.98; Martin Schwarz in: Zitty, 24/98

Verborgenes Feuer 979
FIRELIGHT ***

Regie: William Nicholson
Darsteller: Sophie Marceau (Elisabeth), Stephen Dillane (Charles Godwin), Kevin Anderson (John Taylor), Joss Ackland (Lord Clare), Lia Williams (Constance), Dominique Belcourt (Louisa), Wolf Kahler, Sally Dexter
Drehbuch: William Nicholson
Kamera: Nic Morris (Farbe)
Musik: Christopher Gunning
Prod.-Des.: Rob Harris
Prod.: Brian Eastman für Carnival/Wind Dancer für Hollywood Pic., GB/Frankreich 1997; 103 Min.
UA: Festival of American Cinema, Dauville; San Sebastian Film Festival 1997
EA: Filmfest München 1998
Verleih: Buena Vista/dto./dto./Buena Vista Video
FSK: ab 12 J., ffr. – *FBW:* Besonders wertvoll

Mit einer jungen Schweizer Gouvernante als bezahlter »Leihmutter« zeugt ein englischer Aristokrat inkognito eine Tochter, was den beiden nicht nur als biologischer Akt in Erinnerung bleibt.

Sieben Jahre später spürt die Mutter ihr Kind auf, versucht, nur als Erzieherin in seiner Nähe zu leben, verliebt sich aber erneut in den Vater, dessen Frau im Koma liegt. Da er ihre Neigung erwidert, kommt es zu schwerwiegenden Komplikationen, ehe aus diesen drei unglücklichen Menschen eine Familie werden kann. Zeit der Handlung ist die Mitte des vorigen Jahrhunderts. Der formal sehr ansprechende Film erzählt eine psychologisch modern wirkende, romantisch-melodramatische Liebesgeschichte. *multimedia*

(...) Was als Anklage gegen Standesdünkel, als Zwiespalt der Gefühle und langsame Annäherung zwischen Mutter und Tochter beginnt, wird dann jedoch immer vorhersehbarer und entsprechend fader. *Frank Arnold, tip, 19/98*

Eberhard von Elterlein in: Die Welt, 13.8.98; Frauke Hanck in: SZ, 13.8.98; Martina Knoben in: SZ, 20.8.98; Carla Rhode in: Der Tagesspiegel, 13.8.98

Verführung einer Minderjährigen 980

INDECENT SEDUCTION *
TV

Regie: Alan Metzger
Darsteller: Gary Cole (Coach Nash), Mary Kay Place (Betty Ann Dustin), Nicholle Tom (Amy Dustin), Alyson Hannigan (Kelly), Sara Rue (Kimberly), Tom Virtue (Chuck Arnett), Teddi Siddall (Ellie Nash), W.K. Stratton (Tony Fox)
Drehbuch: Diana Gould, nach einem Bericht von Skip Hollandsworth
Kamera: Geoffrey Erb (Farbe)
Musik: James McVay
Prod.: USA 1996; 85 Min.
TV: 5.12.1998, ARD, 23.30

Trainer verführt Schülerin. Den Mitschülern paßt der Prozeß gar nicht, denn die Meisterschaft steht dadurch auf dem Spiel.

Vergewaltigt – Das Ende einer Liebe 981

***
TV

Regie: Susanne Zanke
Darsteller: Susanne Schäfer (Katrin Bach), Oliver Stritzel (Thorsten Bach), Doris Schretzmayer (Iris), Maximilian Fischer (Daniel), Kim Hardt (Lisa), Rainer Will (Thorstens Anwalt), Giulio Ricciarelli (Moritz Feldmann)
Drehbuch: Caroline Draber, Wolfgang Klein
Kamera: Tamas Ujlaki (Farbe)
Prod.: Micha Terjung-Schmidt für Colon Film, BRD 1998; 95 Min.
TV: 1.12.1998, SAT.1, 20.15

(...) Ein sehenswerter Film über den Leidensweg einer jungen Frau, die sich gegen erlittene Demütigungen zu wehren lernen muß. Insgesamt ein spannender und zugleich nachdenklich machender Beitrag zum Thema »Gewalt in der Ehe«. *Rainer Braun, FR, 3.12.98*

Vergewaltigt – Eine Frau schlägt zurück 982

**
TV

Regie: Martin Enlen
Darsteller: Iris Berben (Christine Wagner), Katja Studt (Tanya Becker), Antje Schmidt (Maria Holtz), August Schmölzer (Lutz Weber), Petra Kleinert (Gabriele Kroll), Teresa Harder (Frederike Bauer), Horst Cotterba (Robert Cremer), Carolin Fink (Beate Cremer)
Drehbuch: Andrew Findlay
Kamera: Klaus Merkel (Farbe)
Prod.: Heike Wiehle-Timm für Relevant Film für RTL, BRD 1997; 90 Min.
TV: 8.4.1998, RTL, 20.15

Dem Thema Vergewaltigung hat sich RTL angenommen. Kein Krimi sollte es werden, auch kein Thriller. Vielmehr soll der Film die Psyche dreier Betroffener vermitteln. So die Ankündigung des Senders. Doch am Ende bleibt nicht viel mehr übrig als drei Vergewaltigungsszenen, die Aussagen der Frauen bei der Polizei, eine Gerichtsverhandlung, der Tod des Täters. (...) *Marita Jüngst, Rheinische Post, 8.4.98*

Vergib mir, denn ich liebe unseren Sohn 983

MY STEPSON, MY LOVER **

Regie: Mary Lambert
Darsteller: Rachel Ward (Katharine Cory), Joshua Morrow (Eric Cory), Terry O'Quinn (Richard Cory), Marion Guyot (Mrs. Stuart), Tonea Steward (Delia), Alfred Wiggins

(Priester Talbot), Nina Repeta (Sharon), Robert Travelier (David)
Drehbuch: Ron Cutler
Kamera: Brian Capener (Farbe)
Musik: Joseph Conlan
Prod.: USA 1997; 88 Min.
TV: 17.6.1998, RTL, 20.15

Wie so oft: Erst nach der Heirat erkennt man, wie der andere wirklich ist. Aber wenn man dann mit dem Sohn turtelt, gibt's erst recht Ärger.

Vergiß nicht, daß du sterben mußt 984

N'OUBLIE PAS QUE TU VAS MOURIR ***
TV

Regie: Xavier Beauvois
Darsteller: Xavier Beauvois (Benoît), Roschdy Zem (Omar), Chiara Mastroianni (Claudia), Bulle Ogier (Benoîts Mutter), Emmanuel Salinger (Militärarzt)
Drehbuch: Xavier Beauvois, Anne-Marie Sauzeau, Emmanuel Salinger, Zoubir Tligui
Kamera: Caroline Champetier (Farbe)
Musik: John Cale
Schnitt: Agnes Guillemot
Prod.-Des.: Denis Barbier
Prod.: Xavier Beauvois für Why Not Prod., Frankreich 1995; 117 Min.
UA: 25.5.1995, Int. Filmfestspiele Cannes
TV: 9.2.1998, Arte, 22.15

Als der Kunstgeschichte-Student Benoît seine Einberufung zum Militärdienst erhält, drohen seine Zukunftspläne mit einem Schlag durchkreuzt zu werden. Er beschließt, alles zu versuchen, um bei der Musterung für untauglich befunden zu werden. Als Benoît schließlich vollgepumpt mit Aufputschmitteln zur Musterung erscheint, stellt sich bei der medizinischen Untersuchung heraus, daß er HIV-positiv ist. Ein Schock, der schlagartig alles verändert…

Verkaufte Unschuld – Der Killer vom Kinderstrich 985

**
TV

Regie: Axel de Roche
Darsteller: Hannes Jaenicke (Thomas Kopper), Karin Boyd (Tamara), Hannes Hellmann (Kolman), Rolf Becker (Dr. Mandlik), Isabelle von Siebenthal (Angelika Sawade), Holger Handtke (Kaki), Jörg Panknin (Erich), Jonathan Pitelli (Jojo)
Drehbuch: Wolfgang Limmer
Kamera: Frank Brünner, Jan Lehmann (Farbe)
Prod.: Martin Hofmann, Veith von Fürstenberg für Saxonia Media für SAT.1, BRD 1998; 91 Min.
TV: 29.9.1998, SAT.1, 20.15

Staatsanwalt deckt das Doppelleben des ermordeten Promijuweliers auf.

Vermächtnis des Herzens 986

WOUNDED HEART **
TV

Regie: Vic Sarin (= Victor Sarin)
Darsteller: Paula De Vicq (Tracy Lance), Jon Hensley (Sean Donnegal), Hank Stratton (Darren Connally), Stuart Whitman (Jake Lance), Anita Barone (Franny), William Anton (Graham Herrington), Bibi Besch (Joan Lance), Scott N. Stevens (T-Bone)
Drehbuch: Ron McGee
Kamera: Ernest Paul Roebuck, Victor Sarin (Farbe)
Musik: James Legg
Schnitt: John W. Carr
Prod.-Des.: Anthony Brockliss
Prod.: Perry Husman für Boardwalk Ent./ USA Pic./Stu Segall Prod., USA 1995; 89 Min.
TV: 16.5.1998, SAT.1, 20.15

Zwei Wallstreet-Haie wollen die verschuldete Farm ihrer Eltern retten.

Vermißt! Wo ist meine Tochter? 987

KILLING SECRET **
TV

Regie: Noel Nosseck
Darsteller: Ari Meyers (Nicole Voss), Soleil Moon Frye (Emily DeCapprio), Tess Harper (Tina DeCapprio), Mark Krassenbaum (Greg Dunleavy), John O'Hurley (Ted Dunleavy)
Drehbuch: Rob Fresco
Prod.: USA 1997; 90 Min.
TV: 3.6.1998, RTL, 20.15

Sportstudent liebt klassenübergreifend und handelt sich damit Probleme ein.

Wilfried Geldner in: SZ, 5.6.98

Verrückt nach Mary 988

THERE'S SOMETHING ABOUT MARY ***

Regie: Peter Farrelly, Bobby Farrelly
Darsteller: Cameron Diaz (Mary Jenson), Matt Dillon (Pat Healy), Ben Stiller (Ted

Cameron Diaz in ›Verrückt nach Mary‹

Stroehmann), Lee Evans (Tucker), Chris Elliott (Dom), Lin Shaye (Magda), Jeffrey Tambor (Sully), Markie Post (Mary's Mutter)
Drehbuch: Ed Decter, John J. Strauss, Peter Farrelly, Bobby Farrelly, nach einer Story von Decter und Strauss
Kamera: Mark Irwin (Farbe)
Musik: Jonathan Richman
Schnitt: Christopher Greenbury
Prod.: Frank Beddor, Michael Steinberg, Charles B. Wessler, Bradley Thomas für 20th Century Fox, USA 1998; 118 Min.
Verleih: 20th Century Fox/dto./dto.; 29.10.1998
FSK: ab 12 J., ffr.
FBW: Wertvoll

Ein tolpatschiger Teenager verliebt sich in seine Mitschülerin Mary. Doch das erste Rendezvous wird ein Fiasko. Jahre später will er sie wiederfinden und engagiert einen Privatdetektiv, der sich aber seinerseits in Mary verliebt. Zu Beginn eine etwas derbe Slapstick-Liebeskomödie, entwickelt sich der Film immer mehr zur Groteske, die ihre Pointen eher unter als über die Gürtellinie plaziert und trotz erzählerischer Beliebigkeit zu einem vorhersehbar glücklichen Ende findet. *Zoom, 11/98*

Das Verschwinden frisch produzierten Ejakulats und unfreiwilliger Oralverkehr mit einem Angelhaken zählen noch zu den harmloseren Problemen, mit denen der trottelige Ben Stiller zu kämpfen hat, während er die Gunst der schönen Cameron Diaz zu gewinnen sucht. In dieser derb-geschmacklosen Variante aus dem Genre der romantischen Komödie hat er es außerdem mit einer Legion von Konkurrenten zu tun, die wie er verrückt nach Mary sind und mit den härtesten Bandagen zur Sache gehen. Nichts für Cineasten mit Tendenz zur hochgezogenen Augenbraue. Für alle anderen ein Heidenspaß.

Frank Schnelle, tip, 23/98

Cameron Diaz hatte Bedenken wegen einer Szene, in der ihre Haare etwas strapaziert werden. Wenn dieser Witz nicht lustig geworden wäre, hätte er das Ende ihrer Karriere bedeuten können. Wir haben ihr versrpochen, daß wir den Witz vorher testen würden und – Gott sei Dank – haben die Leute sich krank gelacht. »Verrückt nach Mary« ist im Grunde ein Liebesfilm. Die Zuschauer wollen, daß der Held das Mädchen bekommt. Alles andere setzen wir nur noch obendrauf.

Peter Farrelly im Interview mit Tobias Kniebe, jetzt (Magazin der SZ), 44/98

Lars-Olav Beier in: FAZ, 29.10.98; Ralph Geisenhanslüke in: Der Tagesspiegel, 16.11.98; Alexander Horwath in: Die Zeit, 29.10.98; Rupert Koppold in: Stgt. Zeitung, 29.10.98; Rupert Koppold in: Rheinische Post, 30.10.98; Olaf Möller in: Die Welt, 29.10.98; Milan Pavlović in: Kölner Stadt-Anzeiger, 1.11.98; Hans Schifferle in: SZ, 29.10.98; Jan Schulz-Ojala in: Der Tagesspiegel, 29.10.98

Die verrückte Kanone 989

FAMILY PLAN **
Video

Regie: Fred Gerber
Darsteller: Leslie Nielsen (Harry Haber), Judge Reinhold (Jeffrey Shayes), Eddie Bowz (Matt Nolan), Emily Procter (Julie Rubins)
Drehbuch: Paul Bernbaum
Kamera: John Fleckenstein (Farbe)
Musik: Lee Holdridge
Schnitt: David Rawlins
Prod.: Abby Singer, Paul Bernbaum für Viacom Prod., USA 1997; 92 Min.
Vertrieb: Ascot Video; 25.8.1998
FSK: ab 6 J.

Eine Handvoll Kinder und ihre erwachsenen Verbündeten retten ihr Feriencamp vor Immobilien-Haien. Mit niedriger Gag-Quote aufwartende, aseptische Familienunterhaltung.

La vie de Jesus 990

LA VIE DE JESUS ****

Regie: Bruno Dumont
Darsteller: David Douche (Freddy), Marjorie Cottreel (Marie), Genevieve Cottreel (Yvette), Kader Chaatouf (Kader), Sebastien Delbaere, Sebastien Bailleul, Samuel Boidin, Steve Smagghe
Drehbuch: Bruno Dumont
Kamera: Philippe Van Leeuw (Farbe)
Musik: Richard Cuvillier
Schnitt: Guy Lecorne, Yves Deschamps
Prod.: Jehan Brehat, Rachid Bouchareb für 3B Prods./CRRAV/Norfilms mit CNC/Canal Plus, Frankreich 1997; 95 Min.
UA: 10.4.1997, Int. Filmfestival Cannes
EA: Int. Hofer Filmtage 1997
Verleih: Peripher, OmU/-/-; 8.10.1998
FSK: ab 12, ffr.

Ratlos schwenkt die Kamera in den Himmel, wendet sich von den fünf Jungs ab, die auf den wehrlosen Ausländer einschlagen. Als suche sie die Schuld in der platten Landschaft, in der dumpfen Umgebung der Protagonisten. Mit einer Unaufhaltsamkeit, die in keiner Dramaturgie begründet liegt, gehen Freddy und seine Clique irgendwann auf Ausländerhatz. Ein Film, der den monotonen Alltag von Jugendlichen in der Provinz mit wuchtiger Wahrhaftigkeit auf die Leinwand bringt.

Annette Leweke, tip, 22/98

Rupert Koppold in: Stgt. Zeitung, 17.12.98; Christiane Peitz in: Die Zeit, 1.10.98; Jan Schulz-Ojala in: Der Tagesspiegel, 8.10.98; Veronika Rall in: FR, 9.10.98

Vier Geschichten über fünf Tote 991

***

Regie: Lars Büchel
Darsteller: Thira Walke (Carla), Sibylle Brunner (Wolke), Rainer Bock (Polizist Kremers), Andreas Kunze (Otto Bude), Franziska Mense-Moritz (Brunhilde Bude), Matthias Zelic (Erik Heizer), Eva-Maria Kurz (Hedwig Heizer), Horst Vernunft (Hans-Herbert Bredens)
Drehbuch: Lars Büchel
Kamera: Andreas Zickgraf; Boscher Niels Theodor
Musik: Max Koczy
Schnitt: Betina Vogelsang
Prod.-Des.: Bettina Sasz
Prod.: Lars Büchel, Michael Fincke für Büchel Filmprod. mit NDR, BRD 1997; 100 Min.
UA: Int. Hofer Filmtage 1997
Verleih: Silver-Cine/-/-; 11.6.1998
FSK: ab 6, ffr.
FBW: Besonders wertvoll

Vom »Himmel« aus betrachten vier Tote (unterschiedlichen Alters) die Ereignisse, die sich vor und während ihrer Bestattung auf Erden abspielen. (...) Dem jungen Regisseur Lars Büchel ist es gelungen, mit einer selten gesehenen Souveränität zwischen allen Genres zu wandeln und ein kleines Kino-Juwel an den Tag zu zaubern, das nachdenklich macht, einen berührt, einen lachen und verstohlen die Träne aus dem Auge wischen läßt. Und Lars Büchel gelingen großartige Mentalitätsstudien aus dem hohen Norden. (...)

Eberhard von Elterlein, Die Welt, 23.4.98

Thomas Klingenmaier in: Stgt. Zeitung, 13.6.98

Violent Cop 992

SONO OTOKO KYOBO NI TSUKI ***

Regie: Takeshi Kitano
Darsteller: Takeshi »Beat« Kitano (Wagatsuma), Maiko Kawakami (Akari), Shiro Sano (Yoshinari), Shigeru Hiraizumi (Iwaki), Itoku Kishibe (Nindo)
Drehbuch: Hisashi Nozawa
Kamera: Yasushi Sakakibara (Farbe)
Musik: Daisuke Kume
Schnitt: Nobutake Kamiya
Prod.: Kazuyoshi Okuyama, Japan 1989; 103 Min.
Verleih: REM, OmU//VMP (Andrena) Video; 21.5.1998

Inspektor Azuma jagt einen jungen Gangster, der das Drogengeschäft von Tokio an sich zu reißen versucht. Im Zuge der Ermittlungen geht der Gejagte zum Gegenangriff über, und Azuma muß die unangenehme Erfahrung machen, daß die Fäden der Yakuza bis in seine Abteilung reichen. Nun sucht er das direkte Duell mit dem gefährlichen Jungspund. *Blickpunkt Film, 17/98*

Fritz Göttler in: Kölner Stadt-Anzeiger, 1.6.98

Le Violon de Rothschild 993

LE VIOLON DE ROTHSCHILD ***

Regie: Edgardo Cozarinsky
Darsteller: Serguei Makovetski, Dainius Kazlaukas, Miklós Székely, Zoltán Zsoter, Mari Töröcsik, Ferenc Jávori, Tõnu Kark, Tarmo Männard
Drehbuch: Edgardo Cozarinsky
Kamera: Jacques Bouquin (Farbe und s/w)
Musik: Benjamin Fleischmann, Dimitri Schostakowitsch, Budapester Klezmer Band
Schnitt: Martine Bouquin
Prod.: Serge Lalou für Les Films d'Ici/La Sept/Arte/Malyre/Hunnia, Frankreich/Schweiz/Finnland/Ungarn 1996; 110 Min.
UA: Int. Filmfestspiele Locarno 1996
Verleih: -/-/frenetic; Februar 1998

Bei der Verteidigung Leningrads 1941 stirbt der jüdische Komponist Benjamin Fleischmann. Er hinterläßt die Oper »Le violon de Rothschild«. Sein Lehrer und Mentor Dmitrij Schostakowitsch versucht, sie aufzuführen, scheitert aber an antisemitischen Tendenzen der KPdSU. Eine poetisch und formal überzeugende Kombination aus Operninszenierung und dokumentarisch inspiriertem Spielfilm, der zudem für beharrliches humanistisches Handeln plädiert. *Zoom, 2/98*

Virus C. I. A. – In feindlicher Absicht 994

HOSTILE INTENT **
Video

Regie: Jonathan Heap
Darsteller: Rob Lowe (Cleary), Sofia Shinas (Gina), James Kidnie (Agent Adams), John Savage (Bear), Saul Rubinek (Kendall), Louis Del Grande (Soames), Ronn Sarosiak (Gordon), Rino Romano (Press)
Drehbuch: Manny Coto
Kamera: Gerald R. Goozee (Deluxe)
Musik: Christophe Beck, Ken Greer
Schnitt: Paul G. Day
Prod.-Des.: John Gillespie
Prod.: Julian Grant für Chesler-Perlmutter/Hostile/Le Monde Prod., Kanada 1997; 90 Min.
Vertrieb: Starlight Video; 16.3.1998
FSK: ab 18 J.

Star-Informatiker, der eine bahnbrechende Erfindung gemacht hat, läßt sich am Wochenende auf ein simuliertes Kriegsspiel ein, bei dem auch das FBI mitmischt. Action-Schrott der schmerzhaften Sorte.

Der vollkommene Kreis 995

SAVRSENI KRUG ****

Regie: Ademir Kenovic
Darsteller: Mustafa Nadarevic, Almedin Leleta, Almir Podgorica, Josip Pejakovic, Jasna Diklic
Drehbuch: Ademir Kenovic, Abdulah Sidran, Pjer Zalica
Kamera: Milenko Uherka (Farbe)
Musik: Esad Arnautalic, Nadarevic, Almedin Leleta
Schnitt: Christel Tanovic
Prod.: Parnasse/Dokument Sarajevo, Frankreich/Bosnien-Herzegowina 1997; 108 Min.
Verleih: -/-/Xenix; Febr. 1998

Sarajevo während der Belagerung. Der Krieg hat den Dichter Hamza in eine tiefe Krise gestürzt. Zwei Waisenkinder suchen Zuflucht bei ihm. Die Sorge für sie gibt Hamzas Leben und Alltag einen neuen Sinn. Eine einfache, sentimentale Geschichte über Liebe und Solidarität zu Zeiten des Krieges. Ein bedrückendes Zeitdokument, das zunächst durch die Authentizität der Bilder beeindruckt, dann durch seine Poesie. *Zoom, 2/98*

Vollmond 996

****

Regie: Fredi M. Murer
Darsteller: Hanspeter Müller (Anatol Wasser), Lilo Baur (Irene Escher), Benedict Freitag (Max Escher), Mariebelle Kuhn (Emmi Escher), Sara Capreti (Yvonne Botta), Max Rüdlinger, Yolande Moreau, Joseph Scheidegger
Drehbuch: Fredi M. Murer
Kamera: Pio Corradi (Farbe)
Musik: Mario Beretta
Schnitt: Loredana Cristelli
Prod.-Des.: Susanne Jauch

Prod.: Marcel Hoehn für T&C/Pandora/ Aréna, Schweiz/BRD/Frankreich 1997; 156 Min.
EA: Int. Hofer Filmtage 1998
Verleih: Pegasos/-/Columbus; Juli 1998 (CH), 1.4.1999

In allen vier Sprachregionen der Schweiz verschwinden am selben Tag spurlos zwölf zehnjährige Kinder. Der als Leiter einer Sonderkommission eingesetzte Polizeikommissar ist überzeugt, einem organisierten Verbrechen auf die Spur gekommen zu sein, kann aber keine Motive und Täter finden. Nach Wochenfrist erhalten die verunsicherten Eltern von ihren Kindern ein Ultimatum. Vielschichtige, metaphorische Parabel über die Befindlichkeit unserer Zeit und Gesellschaft, ein ebenso dramatisches wie ironisches Plädoyer für mehr Phantasie in unserer Welt.

Zoom, /98

Vom Luxus der Liebe 997

***

Regie: Carl Andersen
Darsteller: Jessica F. Manera
Prod.: Carl Andersen, BRD 1998
Verleih: Eigenverleih/-/-; Mai 1998, Berlin

Das Filmkonzept der Regisseurin Jessica ist hinüber, als ihre Geliebte und Hauptdarstellerin den Film schmeißt. Sie dreht den Film trotzdem. Ohne Konzept. Und geniert sich nicht, ihre Probleme der erotischen Selbstfindung vor der Kamera auszuleben. Ein Egotrip, der funktioniert, weil Jessica F. Manera, die sich selbst spielt, mit ihrer trägen Intensität fasziniert. Der Sog ihrer eintönigen Off-Stimme verführt den Zuschauer, sich auf die Frage noch dem »Echten« im Kino einzulassen.

Iris Depping, tip, 10/98

Vorübergehend verstorben 998

**
TV

Regie: Sigi Rothemund
Darsteller: Karoline Eichhorn (Luise Rubato), Michael Reale (Enrique Delacorta), Rufus Beck (Schubert), Hans-Michael Rehberg (Prof. Werner Almquist), Walter Kreye (Kommissar Engel), Veit Stübner (Harry), Friedrich Lindner (Paul), Irmgard Rießen (Frau Funk)
Drehbuch: Ulli Stephan, nach dem Roman von Norbert Klugmann, Peter Mathews
Kamera: Dragan Rogulj (Farbe)
Musik: Michael Hofmann De Boer
Prod.: K.-D. Zeisberg für Polyphon, BRD 1997; 89 Min.
TV: 19.10.1998, ZDF, 20.15

In der ersten Hälfte so leicht durchschaubar, daß man an die Naivität der Hamburger Anwältin, für die Karoline Eichhorn ihr ausdrucksvolles Gesicht hinhält, kaum glauben mag. Deshalb verliert der Mafia-Love-Krimi schnell an Spannung. Erst im Endspurt der Geldwäscherstory wird Dampf gemacht mit Killerjagd, Tarntod und Einäscherung – aber am Ende bleibt es ein Ex-und-hopp-Film: schnell gesehen, schnell vergessen. *Ponkie, AZ, 21.10.98*

Thomas Thieringer in: SZ, 21.10.98

Wag the Dog

999

WAG THE DOG

****

Regie: Barry Levinson
Darsteller: Robert DeNiro (Ronnie Brean), Dustin Hoffman (Stanley Moss), Woody Harrelson (Sergeant Schumann), Anne Heche (Winifred Ames), Denis Leary (Fad King), Willie Nelson (Johnny Green), Andrea Martin (Liz Butsky), Michael Belson (Präsident)
Drehbuch: David Mamet, Hilary Henkin, nach dem Roman »American Hero« von Larry Beinhart
Kamera: Robert Richardson (Farbe)
Musik: Mark Knopfler
Schnitt: Stu Linder
Prod.-Des.: Wynn Thomas
Prod.: Jane Rosenthal, Robert De Niro, Barry Levinson; Eric McLeod (Koprod.) für Tribeca mit Balitmore Pic., USA 1997; 97 Min.
EA: Int. Filmfestspiele Berlin 1998, Wettbewerb
Verleih: Concorde/dto./Focus/VCL Video; 26.3.1998
FSK: ab 12, ffr. – *FBW:* Besonders wertvoll

In Levinsons waghalsiger Polit-Satire inszenieren ein sinistrer Medienberater und ein cleverer Hollywoodproduzent im Fernsehstudio einen Krieg gegen Albanien, um mit dem fiktiven Einsatz ebenso fiktiver Bomber von einer Sexaffäre des US-Präsidenten abzulenken. Daß Regisseur und Drehbuchautoren Clinton im Visier hatten, ist offensichtlich. Aber daß Bad Boy Bill ihnen dann tatsächlich den Gefallen tat, mit Säbelrasseln am Golf von seinem ganz persönlichen Zippergate abzulenken, ist beinahe zu gut, um wahr zu sein. Und jetzt auch noch eine echte Krise in Albanien! *Annette Kilzer, tip, 7/98*

Man wird ein bißchen müde nach der ersten halben Stunde von »Wag The Dog«, weil eine These eben auch im Kino nicht 100 Minuten dauert, und manchmal wird es – vor dem beißendstmöglichen Schlußgag – auch ein bißchen albern. Doch lasset uns verzeihen. »Wag The Dog« ist der intelligenteste Film dieser Berlinale, und auch das Kluge hat, wie man weiß, seine schwachen Momente. (…)
Jan Schulz-Ojala, Der Tagesspiegel, 20.2.98

Brigitte Desalm in: Kölner Stadt-Anzeiger, 28.3.98; Fritz Göttler in: SZ, 26.3.98; Joseph Heinrichs in: Rheinische Post, 27.3.98; Hanns-Georg Rodek in: Die Welt, 26.3.98; Peter Rzeznitzeck in: Rheinische Post, 30.1.98; Ruprecht Skasa-Weiß in: Stgt. Zeitung, 26.3.98; Anke Sterneborg in: SZ, 2.4.98

Dustin Hoffman, Anne Heche und Robert DeNiro schmieden Strategien

Wahnsinnsnacht 1000

A CRAN ***
TV

Regie: Solange Martin
Darsteller: Clementine Celarie (Clara), Bruno Todeschini (Robert), Sotigui Kouyate (Le Pompiste), Andree Damant (Marie-Rose), Asil Rais (Empfangsschef), Alou Sanogro (Taxichauffeur), Christophe Desenclos, Pierre Laplace
Drehbuch: Solange Martin
Kamera: Antoine Roch, Jean-René Duveau, Nicolas Quicheteau (Farbe)
Musik: Laurent Petitgrand
Schnitt: Camille Cotte, Valerie Arlaud, Emmanuelle Poinsot, Luc Golfin
Prod.: Odessa Films/La Sept Cinema mit CNC/Canal Plus/Procirep, Frankreich 1994; 112 Min.
UA: 31.1.1995, Paris
TV: 12.1.1998, Arte, 22.15

Weil ihr Ehemann sie betrügt, beschließt eine Frau spontan die Nacht mit einem Fremden zu verbringen. Kompakte Visitenkarte der Regiedebütantin, die mit wenigen Zutaten – ein Mann, eine Frau, eine Nacht – eine urbane Romanze mit impulsiven Gefühlen und überzeugenden Darstellern bereitet.

Wait till dawn 1001

LITTLE BOY BLUE ***
Video

Regie: Antonio Tibaldi
Darsteller: Ryan Phillippe (Jimmy West), Nastassja Kinski (Kate West), John Savage (Ray West), Jenny Lewis (Traci Connor), Shirley Knight (Doris Knight), Adam Burke (Mikey West), Tyrin Turner (Nate Carr), Devon Michael (Mark West)
Drehbuch: Michael Boston
Kamera: Ron Hagen (Farbe)
Musik: Stewart Copeland
Prod.-Des.: John Frick
Prod.: Amedeo Ursine; Ginger Sledge (line-prod.) für Jazzu Pic., USA 1997; 112 Min.
Vertrieb: Ascot Video; 13.11.1998
FSK: ab 16 J.

Überzeugend besetztes Drama um einen Familientyrann in der US-Provinz, ein Vietnam-Trauma und ein Geheimnis. Zeitweise von knisternder dramatischer Spannung, dann jedoch wieder holprig in der Inszenierung.

Walli, die Eisfrau 1002

***
TV

Regie: Wilhelm Engelhardt
Darsteller: Stefan Kurt (Prof. Janosch Berner), Claudine Wilde (Cora Thaler), Joost Siedhoff (Prof. Ehrenfels), Heinz Schenk (Wurzel), Peter Groeger (Kriminalrat Otto), Irm Hermann (Frau Gänzlein), Thilo Prückner (Zange), Utz Krause (Heribert)
Drehbuch: Thomas Kirdorf
Kamera: Thomas Mauch (Farbe)
Musik: Jörg Pfeil, Wolfram de Marco
Prod.: Ronald Knetschke für IFAGE Filmprod., BRD 1997; 87 Min.
TV: 30.3.1998, ZDF, 20.15

Professor Berner ist der Entdecker der Schweizer Gletschermumie »Walli«. Da er hohe Schulden bei einem Kredithai hat, entführt er die Mumie in seine Tiefkühltruhe, um anonym DM 120.000,– Lösegeld vom Museum zu erpressen. Bald ist ihm die Versicherungsexpertin Cora auf der Spur.

(…) Kurt ist eher der gesittete Schauspieler, der auf komisch macht. Ein bißchen Faxenschneiderei, ein bißchen Hektik und Gewusel. Wie's anders geht, zeigen Kurts Kollegen Thilo Prückner und Heinz Schenk: Brückner als Geldeintreiber mit brillanter Lust an der hohen Charge; Schenk als Hausmeister mit offensichtlich riesigem Spaß an der niveauvollen Klamotte. Zwei Altmeister als heimliche Stars dieses Fernsehspiels.

Hans-Heinrich Obuch, SZ, 1.4.98

Wally Sparks – König des schlechten Geschmacks 1003

MEET WALLY SPARKS **
Video

Regie: Peter Baldwin
Darsteller: Rodney Dangerfield (Wally Sparks), Debi Mazar (Sandy Gallo), Cindy Williams (Emily Preston), Burt Reynolds (Lenny Spencer), Mark Taylor (Harvey Bishop), David Ogden Stiers (Gov. Floyd Preston), Alan Rachins (Richter Randel Williams), Lisa Thornhill (Priscilla Preston)
Drehbuch: Harry Basil, Rodney Dangerfield, nach einer Story von Harry Basil
Kamera: Richard H. Kline (Farbe)
Musik: Michel Colombier
Schnitt: Raul Davalos

Prod.-Des.: Bryan Jones
Prod.: Leslie Greif; Harry Basil, Elliot Lewis Rosenblatt (Koprod.) für Largo Ent., USA 1997; 105 Min.
Vertrieb: Warner Home Video; 8.5.1998
FSK: ab 12 J.,

Trash-Show-Moderator landet unversehens auf der Party seines Erzfeindes, des stockkonservativen Gouverneurs von Alabama. Zoten, Gags und Kalauer mit einer Trefferquote von unter 20% und ein paar Stargästen.

Warnung aus dem Jenseits 1004

THE HAUNTING OF LISA *
TV

Regie: Don McBrearty
Darsteller: Cheryl Ladd (Ellen Downey), Duncan Regehr (Mitch Graham), Aemilia Robinson (Lisa Downey), Wayne Northrop (Bob Marsden), Tony Rosato (Dr. Perry Azzaro), Kate Lynch (Anne), Wayne Robson (Simon Falk), Phil Akin (Sergeant Hill)
Drehbuch: Don Henry
Kamera: François Protat (CFI)
Musik: Marvin Dolgay, Glenn Morley
Schnitt: Ronald Sanders
Prod.-Des.: William Fleming
Prod.: Julian Marks für PhiliPiCo/Power Pic., USA 1995; 85 Min.
TV: 4.4.1998, ZDF, 23.15

Genbedingte Hellseherin hat schreckliche Visionen.

Warum ist Joe so mies zu Josephine? 1005

JOE'S SO MEAN TO JOSEPHINE ***
TV

Regie: Peter Wellington
Darsteller: Eric Thal (Joe), Sarah Polley (Josephine), Don McKellar (Mike), Waneta Storms (Mona), Sabrina Grdevich (Florrie), Jason Cadieux (David), Dixie Seatle (Mrs. Collins), Semi Chellas
Drehbuch: Peter Wellington
Kamera: Adam Swica (Farbe)
Musik: Ron Sures
Schnitt: Jeff Warren, Roushell Goldstein
Prod.-Des.: Lisa Lev
Prod.: Susan Cavan, Victoria Hirst für Accent Ent. mit Telefilm Kanada/Ontario Film Development Corp., Kanada 1996; 89 Min.
UA: 2.2.1997, Sundance Film Festival, World Cinema
TV: 17.6.1998, WDR, 23.30

Emanzipationsgeschichte mit coolen Typen der Generation X.

Washington Square 1006

WASHINGTON SQUARE ***

Regie: Agnieszka Holland
Darsteller: Jennifer Jason Leigh (Catherine Sloper), Albert Finney (Dr. Austin Sloper), Maggie Smith (Tante Lavinia Penniman), Ben Chaplin (Morris Townsend), Judith Ivey (Mrs. Elizabeth Almond), Arthur Laupus (Mr. Almond), Jennifer Garner (Marian Almond), Robert Stanton (Arthur Townsend)
Drehbuch: Carol Doyle, nach einem Roman von Henry James
Kamera: Jerzy Zielinski (Farbe)
Musik: Jan A.P. Kaczmarek, gespielt von Wilanow Quartett
Schnitt: David Siegel
Prod.-Des.: Allan Starski
Prod.: Roger Birnbaum, Julie Bergman Sender für Hollywood Pic./Caravan Pic. mit Alchemy Film Works, USA 1997; 116 Min.
Verleih: prokino/filmladen/Focus/Arthaus Video; 2.4.1998
FSK: ab 6 J., ffr.

Die unscheinbare Tochter eines wohlhabenden Arztes überwindet trotz einer unglücklichen Liebe die Konventionen ihres Standes und findet gegen alle Widerstände zu ihrer Selbstachtung. Ein atmosphärisch dichtes Sittengemälde in epischer Breite, das den psychologischen Konflikt der zentralen Frauengestalt zum universellen Drama ausweitet. Die intensive Schauspielführung steht etwas im Gegensatz zur unsicheren Wahl der filmischen Mittel.

Zoom, 5/98

Anfangs glaubt man noch, daß sie sich gleich eine Zigarette anzündet und aus dem Film verschwindet. Aber dann schlägt sich Jennifer Jason Leigh in dieser Henry-James-Verfilmung erstaunlich gut als ewige Jungfer Catherine Sloper. Ihre spröde Präsenz bleibt im Gedächtnis – im Gegensatz zur behäbigen und süßlichen Inszenierung von Agnieszka Holland.

Katja Nicodemus, tip, 8/98

»Das Studiosystem ist für Europäer gewöhnungsbedürftig – da geht es tat-

Regisseurin Agnieszka Holland

sächlich nur um Geld. Originalität oder Persönlichkeit sind völlig uninteressant. Andererseits sind die Crews und die Schauspieler toll und sehr professionell. Genaugenommen waren meine Produzenten bei Disney sehr nett. Für Disney war »Washington Square« eine Low-Budget-Produktion. Sie fanden den Film seltsam, aber nicht so wichtig. Wahrscheinlich dachten sie, das wäre was im Stil von Jane Austen. In den USA war der Film nicht sehr erfolgreich, aber die wußten auch nicht, wie sie einen solchen Film verkaufen sollen.« *Agnieszka Holland im Interview mit Susan Vahabzadeh, SZ, 2.4.98*

Gregor Dotzauer in: SZ, 2.4.98; Frauke Hartmann in: FR, 3.4.98; Rupert Koppold in: Stgt. Zeitung, 2.4.98; Martina Müller in: Kölner Stadt-Anzeiger, 4.4.98; Karin Zendagui in: Rheinische Post, 3.4.98

Wasted! 1007
NAAR DE KLOTE! ***

Regie: Ian Kerkhof
Darsteller: Fem van der Elzen (Jacqueline), Tygo Gernandt (Martijn), Hugo Metsers III (JP), Mike Libanon (Winston), Afke Reijenga (DD), Jorinde Moll (Yoyo), Jimmy Gulzar (Fundi), Raymond Contein (Stanley)
Drehbuch: Ian Kerkhof, Ton van der Lee
Kamera: Joost van Gelder (Farbe)
Musik: Otto van den Toorn
Schnitt: JP Luijsterburg
Prod.: Bob van Hellenberg, Hubar, Denis Wigman, Ton van der Lee für Sahara Film 2 B.V., Niederlande 1996; 100 Min.
EA: 21.2.1997, Int. Filmfestspiele Berlin, »Panorama«
Verleih: MFA/-/Kinowelt; 5.3.1998

Der erste Techno-Spielfilm, in dem Partys keine Kulisse, Trance nicht nur Soundtrack und Fraktale lediglich ein hübscher optischer Effekt sind, sondern ein Film aus, über und mit Techno. Eine wilde Romanze und zugleich eine scharf beobachtete Beschreibung der holländischen Szene zwischen Gabber und Dream House, Kitsch und Kommerz, Mushrooms, Mode und Machismo. Im Mittelpunkt steht Jacky, die es auf der Suche nach Liebe und Abenteuer aus der Provinz nach Amsterdam verschlägt. Ihre verzweifelte Suche nach Sinn und Sinnlichkeit macht sie zum »kunstseidenen Mädchen« der Neunziger. *Annette Kilzer, tip, 6/98*

Olaf Möller in: Kölner Stadt-Anzeiger, 14.11.98;

A Weatherwoman 1008
OTENKI ONESAN ***

Regie: Tomoaki Hosoyama
Darsteller: Kei Mitzutani, Yasuyo Shirashima, Takashi Sumida
Drehbuch: Tomoaki Hosoyama, nach dem gleichn. Comic von Tetsu Adachi
Kamera: Yoichi Shiga (Farbe)
Musik: Kunihiko Ida
Schnitt: Naoki Kaneko
Prod.: Yoshihiro Ueno, Tetsuzi Hayashi für Office Border, Japan 1995; 84 Min.
EA: Filmfest Hamburg 1996

(...) Hosoyama karikiert in dieser fast hysterischen Satire auf Japans Medienwahn alle möglichen Klischees über seine Landsleute: Sadomaso- und Höschenkult, schwarze Magie, TV-Expertentum. Die Klischees demontieren sich zuletzt gegenseitig; zu sehen ist eine Kultur, wo die Frauen immer noch Schamaninnen sind und die Männer aufgeplusterte Jammerlappen. Wie so viele Komödien liefert Hosoyamas kleines Meisterwerk ein ungleich stimmigeres Porträt seiner Kultur, als es die meisten Kunstfilme könnten.

Olaf Möller, Kölner Stadt-Anzeiger, 18.7.98

Weekend mit Leiche 1009

***
TV

Regie: Sven Severin
Darsteller: Anica Dobra (Susi Schelle/Pia Brandt), Uwe Ochsenknecht (Tom Bundschuh), Oliver Korittke (Bodo Brandt), Tatjana Clasing (Marion), Heinz-Werner Kraehkamp (Dietrich Gilewsky)
Drehbuch: Manfred Birkl, Walter Steffen
Prod.: Kurt Rittig, Alexander Thies, NFP TV für SAT.1, BRD 1998; 94 Min.
TV: 13.10.1998, SAT.1, 20.15

Der Spaß an der SAT.1-Komödie lag im Milieu-Schwarzhumor: Pia, Starmoderatorin von Perversen-Talkshows (»Was ist dran am Sex mit Toten?«), wird von ihrer Doppelgängerin Susi, der doofen Supermarktmaus, angehimmelt. In beiden Rollen turnt Anica Dobra, gerahmt von Uwe Ochsenknecht (Prolo-Trampel) und Oliver Korittke (mordgieriger Star-Gatte), und sie lassen keine Leichenschändung aus.

Ponkie, AZ, 15.10.98

Der Weg nach Eden 1010

***

Regie: Robert-Adrian Pejo
Drehbuch: Robert-Adrian Pejo
Kamera: Wolfgang Lehner (Farbe)
Musik: Paul Winter
Schnitt: Robert-Adrian Pejo
Prod.: Michael Seeber, Heinz Stussak für Prisma, Österreich 1995; 82 Min.
Verleih: Real Fiction/-/-; Jan. 1998

Der Ungar Janos Keresu arbeitet als Seziermeister in einem Pathologischen Institut. Minutiös beobachtet der Dokumentarfilm den Tagesablauf dieses Mannes, der die Toten auf ihrem Weg zwischen dem Sterben und der letzten Ruhestätte begleitet. Der in seiner detaillierten Beobachtung bis an die Grenze des Erträglichen gehende Film beantwortet die Frage, ob es ein Leben nach dem Tod gibt, in einem christlichen Sinn. Ein eindringliches Plädoyer für die Würde des Menschen im Sterben, das dazu anregt, die Rolle des Todes in unserer Gesellschaft zu überdenken. *Ursula Vossen, film-dienst, 24/97*

Der Weihnachtsbaum 1011

THE CHRISTMAS TREE ***
TV

Regie: Sally Field
Darsteller: Julie Harris (Schwester Anthony), Andrew McCarthy (Richard Reilly), Suzi Hofrichter (Anna), Trini Alvarado (Beth), Beverly Owings (Schwester Oberin), Jessica Hecht (Schwester Mary), Shannon Holt (Schwester Lucia)
Drehbuch: Sally Field, Janet Brownell, nach der gleichn. Novelle von Julie Salamon
Prod.: USA 1996; 93 Min.
TV: 20.12.1998, RTL, 12.35

Schauspielerin Sally Field als Regisseurin einer weihnachtlichen Geschichte über die ungewöhnliche Freundschaft zwischen dem Gärtner des Rockefeller Centers, Richard Reilly, und einer Nonne.

Welcome to Sarajevo 1012

WELCOME TO SARAJEVO ****

Regie: Michael Winterbottom
Darsteller: Stephen Dillane (Henderson), Woody Harrelson (Flynn), Marisa Tomei (Nina), Emira Nusevic (Emira), Kerry Fox (Jane Carson), Goran Visnjic (Risto), James Nesbitt (Gregg), Emily Lloyd (Annie McGee)
Drehbuch: Frank Cottrell Boyce, nach dem Buch »Natasha's Story« von Michael Nicholson
Kamera: Daf Hobson (Farbe)
Musik: Adrian Johnston
Schnitt: Trevor Waite
Prod.-Des.: Mark Geraghty
Prod.: Graham Broadbent, Damian Jones für Dragon Pic. für Channel Four TV/Miramax, GB/USA 1997; 101 Min.
UA: Int. Filmfestspiele Cannes 1997 »Wettbewerb«
Verleih: Buena Vista/dto./Monopole Pathé/Buena Vista Video; 11.6.1998
FSK: ab 12 J., ffr.
FBW: Wertvoll

Reportageartiger Spielfilm, basierend auf einem Buch des britischen Journalisten Michael Nicholon. Im Zentrum steht ein Mädchen, das 1992 von einem Reporter unter großen Gefahren aus dem belagerten Sarajevo nach England gebracht wird. Als die Kindsmutter ihr Sorgerecht anmahnt, reist der Journalist ins Krisengebiet zurück, um das Schicksal seines Zöglings zu regeln. Ein ehrenwerter, aber idealisierender Versuch, den Konflikt von Kriegsberichterstattern im Spannungsfeld von Sensationsgier und Menschlichkeit abzuhandeln. *Zoom, 5/98*

(...) Aus der Distanz der abgebrühten Reporter wirkt der selbstverständliche Heroismus der Bewohner von Sarajevo um so eindrucksvoller. Und sarkastisch zeigt der britische Filmemacher im dokumentarischen Gegenschnitt westliche Politiker, die mit nichtssagenden Statements auf die Hilfeforderungen aus der eingeschlossenen Stadt reagieren. Daß dies ein jahrelanger Krieg gegen Zivilisten war, mitten in Europa, das an den TV-Geräten hilflos zusah, hat Winterbottom jedenfalls in den Ruinen der Stadt so mühelos nachinszenieren können, als sei es unmittelbare Realität. *Brigitte Desalm, Kölner Stadt-Anzeiger, 13.6.98*

Die Erzählung von einem Kriegsberichterstatter, der nicht länger vom alltäglichen Grauen nur berichten, sondern helfend eingreifen will, indem er ein Kind aus der Verwahrlosung rettet und mit nach England nimmt, kommt mit großem moralischem Geschütz daher. Bei der Kritik ist er einer der Favoriten; vermutlich weil er es sich auf fahrlässig altmodische Weise einfach macht: mit Schuldzuweisung an die Politik, mit dem Aufruf zum persönlichen Engagement.
Doch Winterbottom hat wenig von den heutigen Kriegen begriffen, weil er das gewöhnlich Katastrophale an ihnen übersehen hat. Daß im zerbrechenden Jugoslawien infolge von Weltverlust, Untergangsnot und Isolation bei den Individuen gänzlich unvorbereitet immense Urängste freigesetzt wurden,

Stephen Dillane und Emira Nusevic

die in schlimmster Panik die entsetzlichsten Reaktionen zeitigten, läßt sich weder mit politischen noch mit moralischen Kategorien fassen. Die zu verstehen, ist aber heute die eigentliche Herausforderung. *Peter Buchka, SZ, 16.5.98*

Zu Popsongs und Albinoni inszeniert Winterbottom ein abstraktes Opfertum, unabwendbar und folgenlos konsensfähig wie die Darstellung in den von ihm vorgeführten Medien – damit untergräbt er sein eigentlich ehrenwertes Anliegen. Durch die Rettung eines Kindes, Siegespfand der Nächstenliebe, wird man am Schluß symbolisch versöhnt, mit all dem vorgeführten Unrecht. *Katja Nicodemus, tip, 13/98*

Heiko R. Blum in: Rheinische Post, 13.6.98; Angie Dullinger in: AZ, 10.6.98; Rupert Koppold in: Stgt. Zeitung, 10.6.98; Heike Kühn in: FR, 10.6.98; Christiane Peitz in: Die Zeit, 18.06.98

Wenn der Postmann gar nicht klingelt 1013

BUDBRINGEREN/JUNK MAIL ***

Regie: Pal Sletaune
Darsteller: Robert Skjaerstad (Roy), Andrine Saether (Line), Per Egil Aske (Georg), Eli Anne Linnestad (Betsy), Trond Hovik, Henriette Steenstrup, Adne Olav Sekkelsten, Trond Fausa Aurvag

Drehbuch: Pal Sletaune, Jonny Halberg
Kamera: Kjell Vassdal (Farbe)
Musik: Joachim Holbek
Schnitt: Pal Gengenbach
Prod.-Des.: Karl Juliusson
Prod.: Dag Nordahl, Peter Boe; Tom Remlov, Anders Berggren (Koprod.) für Moviemakers mit Norsk Film/Atlas Film, Norwegen 1997; 81 Min.
UA: Febr. 1997, Norwegen
EA: Int. Hofer Filmtage 1997
Verleih: Jugendfilm/-/VP Cinétell; 16.4.1998
FSK: ab 12 J., ffr.

Ein nicht sonderlich diensteifriger Postbote, der gern die Briefe seiner Kunden öffnet oder sie in einem Versteck hortet, schleicht sich mit einem Nachschlüssel in die Wohnung und damit in das Leben einer jungen, von ihm verehrten Frau, womit er eine Lawine dramatischer Ereignisse auslöst. Eine mit skurrilem Humor gewürzte Tragikomödie mit liebenswerten unkonventionellen Figuren. Die präzise Inszenierung betont trotz aller surrealen Momente immer wieder die Lebensnähe der Geschichte. *Zoom, 8/98*

Roy ist der Prototyp des norwegischen Postbeamten. Das Briefgeheimnis existiert für ihn nicht, und wenn er keine Lust zum Lesen hat, wirft er die postalische Last einfach unter eine Eisenbahnbrücke. Erst eine Frau reißt ihn aus dem täglichen Einerlei und in neue Indiskretionen. Roy dringt in das Leben der schwerhörigen Line ein. Pal Sletaune inszenierte die Milieustudie in den fiesesten Vierteln Oslos. Und so heruntergekommen wie die Häuser sind auch die Protagonisten. Aber der Film ist nicht nur eklig realistisch, die Briefträgerstory ist auch ziemlich lustig.

tip, 9/98

(...) Es wird wenig geredet, wie bei den lakonischen Nordländern üblich. Aber es passiert viel – Selbstmordversuch, Raubüberfall, Verfolgungsjagd, jede Menge Schlägereien und eben Liebe, die das Chaos in Bewegung hält. Eine filmische Bizarrerie für Leute mit Sinn für Anarcho-Komik.

Frauke Hanck, AZ, 4.6.98

Michael Kohler in: FR, 16.4.98; Anke Sterneborg in: SZ, 4.6.98; Karim Zendagui in: Rheinische Post, 17.4.98

Robert Skjaerstad in ›Wenn der Postmann gar nicht klingelt‹

Wer durchdreht, darf nochmal

1014
MY LIFE'S IN TURNAROUND
***
TV

Regie: Eric Schaeffer, Donal Lardner Ward
Darsteller: Donal Lardner Ward (Jason), Eric Schaeffer (Splick), Lisa Gerstein (Sarah), Dana Wheeler Nicholson (Rachael), Debra Clein (Amanda), Casey Siemaszko (Casey), Martha Plimpton (Martha), Erica Jackson (Clarise)
Drehbuch: Eric Schaeffer
Kamera: Peter Hawkins (Farbe)
Musik: Reed Hayes
Prod.: USA 1994; 81 Min.
TV: 5.12.1998, ARD, 0.40

Erfolglose Amateur-Bühnenschauspieler wollen Spielfilm drehen, was sich aber auch nicht als leicht herausstellt.

Wer hat Angst vor Jackie-O

1015
THE HOUSE OF YES
***
TV

Regie: Mark Waters
Darsteller: Parker Posey (Jackie-O), Josh

Hamilton (Marty Pascal), Tori Spelling (Lesly), Freddie Prinze jr., Geneviève Bujold (Pascal)
Drehbuch: Mark Waters, nach dem Stück von Wendy McLeod
Kamera: Mike Spiller (Farbe)
Musik: Cliff Martinez
Schnitt: Pamela Martin
Prod.: Beau Flynn, Stefan Simchowitz für Bandeira Ent., USA 1996; 90 Min.
EA: Filmfest Hamburg 1997
TV: 20.4.1998, Premiere, 22.35

(…) Die naive Kellnerin Lesly fährt mit ihrem Verlobten Marty Pascal von New York aufs Land, um mit Martys Familie Thanksgiving zu feiern. Doch statt Truthahnessen steht der Wahnsinn einer zerrütteten Familie auf dem Plan. (…)

Katalog Filmfest Hamburg

Wer mich liebt, nimmt den Zug 1016

CEUX QUI M'AIMENT PRENDRONT LE TRAIN ***

Regie: Patrice Chéreau
Darsteller: Jean-Louis Trintignant (Lucien/Jean-Baptiste), Valéria Bruni-Tedeschi (Claire), Vincent Perez (Viviane), Charles Berling (Jean-Marie), Pascal Greggory (François), Roschdy Zem (Thierry), Bruno Todeschini (Louis), Sylvain Jacques (Bruno)
Drehbuch: Patrice Chéreau, Danièle Thompson, Pierre Trividic, nach einer Idee von Danièle Thompson
Kamera: Eric Gautier (Farbe)
Schnitt: François Gedigier
Prod.: Charles Gassot für Telema/Le Studio Canal+/France 2 Cinema/CNC, Frankreich 1997; 121 Min.
EA: Filmfest München 1998
Verleih: MFA/polyfilm/Monopole Pathé; 27.8.1998
FSK: ab 12 J., ffr.

Der Pariser Kunstmaler Emmerich will in Limoges beerdigt werden. Die ihn geliebt haben, reisen in die Provinz, und mit ihnen Reminiszenzen an den homosexuellen Patriarchen, aufgestaute Gefühle, verbockte Beziehungen und unausgestandene Konflikte. Formal sehr eigenwillig enthüllt der Film das Beziehungsgeflecht und zeichnet mehr das Bild der Lebenden als des Toten. Eine Hommage ans »cinéma vérité«. Sehr existentialistisch, französisch und atmosphärisch. *Zoom, 8/98*

(…) Chéreau hat von einer Unverträglichkeit zwischen dem Theater, seiner Heimat und dem Kino noch nie etwas wissen wollen. Sein Film ist trotzdem ein Zwitter. Denn das Kalkül von Chéreaus exzellenter Arbeit mit den Schauspielern verträgt sich schlecht mit der Pseudo-Spontaneität des erzählerischen Tons. Zwei Drittel dieses Films in Cinemascope sind mit der Handkamera gedreht, als müßte er dem Kino geben, was des Kinos ist.

Gregor Dotzauer, SZ, 29.6.98

Wurde improvisiert beim Drehen?

So wenig wie möglich, selbst bei der Handkamera nicht. Vierzehn Tage waren wir mit dem Zug unterwegs, 12.000 km insgesamt.

Patrice Chéreau im Gespräch mit Fritz Göttler, SZ, 30.6.98

Michael Althen in: SZ, 27.8.98; Christiane Peitz in: Die Zeit, 27.8.98; Veronika Rall in: FR, 27.8.98; Carla Rhode in: Der Tagesspiegel, 28.8.98; Ruprecht Skasa-Weiß in: Stgt. Zeitung, 27.8.98

Wettlauf mit dem Tod – Das Geiseldrama von Gladbeck 1017

***
TV

Regie: Geronimo Beckers
Darsteller: Gernot Schmidt (Dieter Degowski), Cornelius Schwalm (Hans-Jürgen Rösner), Dagmar Sachse (Marion Löblich), René Heinersdorff (Reinhold Alles), Ulrike Benkelmann (Andrea Blecker), Daniela Lebang (Ines Voitle), Heike Huhmann (Silke Bischoff)
Drehbuch: Geronimo Beckers
Prod.: BRD 1998; 95 Min.
TV: 19.8.1998, RTL, 20.15

Die drei Tage, die im August 1988 die Republik in Atem hielten, brachte Geronimo Beckers Doku-Drama beklemmend nahe. In einer Mischung aus Nachrichten-Ausschnitten, (selbst-)kritischen Erinnerungen von Beteiligten und – nicht deutlich genug abgegrenzten – Spielszenen entstand zwar kein Breloer-Format, aber eine seriöse, solide Arbeit, die durch die Darsteller besondere Glaubwürdigkeit bekam. (…) *AZ, 21.8.1998*

Widows 1018
**

Regie: Sherry Hormann
Darsteller: Katja Flint (Elisabeth Bernsdorf), Eva Mattes (Molly Dollinger), Ornella Muti (Maria Sommer), Uwe Ochsenknecht (Erich Dollinger), Martin Benrath (Charles Bernsdorf), Huub Stapel (Konrad Sommer), Heino Ferch (Vince Travelli), Hannes Jaenicke (David Markhahn)
Drehbuch: Kit Hopkins
Kamera: Hans-Günther Bücking (Farbe)
Schnitt: Christel Suckow
Prod.-Des.: Susann Bieling
Prod.: Kirsten Hager, Eric Moss für Hager Moss Film mit BR/SDR, BRD 1997; 94 Min.
Verleih: Buena Vista/dto./-/Buena Vista Home Video; 22.1.1998
FSK: ab 12, ffr.

Drei sehr unterschiedliche Frauen machen vor allem ihre Männer für die Unzufriedenheit mit ihrem Leben verantwortlich. Wäre das Leben als Witwe nicht erstrebenswerter? Was vermutlich als schwarze Komödie beabsichtigt war, scheitert jedoch: Zu schematisch sind die Personen, zu klischeehaft viele Situationen, vor allem zu unentschieden die Mischung aus oft allzu gewolltem Humor und melodramatischen Elementen. *multimedia*

(…) Dies ist aber leider keine englische Witwenkomödie, sondern eine Kreuzung aus deutscher Macho-Posse, feministisch durchgebeizter Weibersatire und sentimentaler Gemütsknete.
Daß diese Frauenpower im Dreierpack (»Erst die Ehe, dann das Vergnügen«) am Ende dann doch nicht den richtigen Windstoß bekommt für einen knallharten Durchzug in der Seelenkiste, ist schade. Denn die Regisseurin Sherry Hormann hat ein Gefühl für Bilder und für Exzentriker-Situationen (in ihrem Debütfilm »Leise Schatten« ebenso wie in »Irren ist männlich«) – aber dann verdampfen ihre Einfälle meist im Trüben und ihre Drehbuchautorin Kit Hopkins verdampft gleich mit. (…)
Ponkie, AZ, 22.1.98

Heiko R. Blum in: Rheinische Post, 23.1.98; Silvia Hallensleben in: Der Tagesspiegel, 22.1.98; Angela Schmitt-Gläser in: FR, 22.1.98

Wie du und ich 1019
***

Regie: Fritz E. Maeder
Drehbuch: Fritz E. Maeder; Ulrich Aebi (Fachberatung)
Kamera: Fritz E. Maeder
Musik: Dagmar Clottu
Schnitt: Silvia Horisberger
Prod.: Fritz E. Maeder für Fritz E. Maeder Prod., Schweiz 1997; 145 Min.
Verleih: -/-/Langfilm; Juni 1998

Anschließend an seinen 1971 herausgekommenen Dokumentarfilm »Eines von zwanzig« hat Fritz E. Maeder in einer Langzeitstudie das Schicksal von fünf seit ihrer Geburt mehrfachbehinderten Menschen während 25 Jahren weiterbegleitet und deren Entwicklung dokumentiert. Das Mitverfolgen des Films erfordert vom Publikum eine gewisse Mühe, für die es allerdings mit Erfahrungen belohnt wird, die mit dem Sinn des Lebens aller Menschen »wie du und ich« etwas zu tun haben.
Zoom, 6/7/98

Wie eine Kugel im Lauf 1020
D.A.N.G.A.N. RUNNER ***
TV

Regie: Sabu
Darsteller: Tomorowo Taguchi (Shinkichi Yasuda), Shinichi Tsutsumi (Kazuo Takeda), Diamond Yukai (Kenji Aizawa), Sabu (Mörder)
Drehbuch: Sabu
Kamera: Shinji Kuriyama (Farbe)
Musik: Daisuke Okamoto
Schnitt: Shinji Tanaka
Prod.: Moto Seta für Nikkatsu Corp., Japan 1996; 82 Min.
EA: 18.2.1997, Int. Filmfestspiele Berlin, »Panorama: art & essai«
TV: 7.10.1998, WDR, 23.40, OmU

Drei Männer rennen. Yasuda verfolgt Aizawa, weil dieser seinen Laden überfallen wollte; Takeda verfolgt Aizawa, weil ihn dieser umgerannt hat und ihm Geld schuldet. Doch irgendwie geht es den dreien wie manchem Jogger. Das Laufen wird zum Selbstzweck, zum schwebenden Zustand. (…) Yasuda will einfach nur zu Geld kommen, Aizawa möchte ein Rockstar werden und Takeda innerhalb der japanischen Mafia aufsteigen. Doch im Grunde sind alle drei

Verlierer, die Sabu in einem fulminanten Showdown zusammenführt. (...)
Zitty, 4/97

Wie eine Spinne im Netz
1021
**
TV

Regie: Heidi Kranz-Fischerauer
Darsteller: Udo Wachtveitl (Michael Hagedorn), Simone Thomalla (Vera Hagedorn), Mathieu Carriere (Dr. Werner Sigl), Dieter Kirchlechner (Dr. Ulrich Hagedorn), Anja Schiller (Julia Kessler)
Drehbuch: Theo Regnier
Kamera: Mike Gast (Farbe)
Prod.: BRD 1997; 85 Min.
TV: 6.7.1998, ZDF, 20.15

Die Sektenvariation »Wie eine Spinne im Netz« ist zwar von solider Bauart und schickt gute Darsteller in die Schlacht, aber man hat immer das Gefühl, diesen Film schon x-mal gesehen zu haben. Auch wichtige Themen nutzen sich ab. *Ponkie, AZ, 8.7.98*

Wiege der Angst
1022
MONTANA
***
Video

Regie: Jennifer Leitzes
Darsteller: Kyra Sedgwick (Claire), Stanley Tucci (Nick), Robbie Coltrane (Boss), Robin Tunney (Kitty), John Ritter (Dr. Wexler)
Drehbuch: Erich Hoeber, Jan Hoeber
Kamera: Ken Kelsch (Farbe)
Musik: Cliff Eidelmann
Schnitt: Norman Buckley
Prod.: Sean Cooley, Zane W. Levitt, Mark Yellen für Initial/Zeta/No Bones, USA 1997; 95 Min.
Vertrieb: Ascot Video; 8.5.1998 – *FSK:* ab 18 J.

Claire arbeitet als Auftragskillerin für die Mafia – wie ihr unheilbar kranker Kollege Nick. Durch eine Fülle von Ereignissen gerät das Paar zwischen alle Fronten. Ansehnlicher Thriller mit zumindest ansatzweise erkennbaren Intentionen, die ausgelatschten Genre-Pfade zu verlassen.

Wild America
1023
WILD AMERICA
***
Video

Regie: William Dear
Darsteller: Jonathan Taylor Thomas (Marshall Stouffer), Devon Sawa (Mark Stouffer), Scott Bairstow (Marty Stouffer), Frances Fisher (Agnes Stouffer), Jamie Sheridan (Marty Stouffer Sr.), Tracey Walter (Leon), Don Stroud (Stango), Zack Ward (D.C.)
Drehbuch: David Michael Wieger
Kamera: David Burr (DuArt)
Musik: Joel McNeely
Schnitt: O. Nicholas Brown, Stuart Pappe
Prod.-Des.: Steven Jordan
Prod.: James G. Robinson, Irby Smith, Mark Stouffer; Kearie Peak (Koprod. für Morgan Creek mit Steve Tisch Co., USA 1997; 106 Min.
Vertrieb: Warner Home Video; Januar 1998
FSK: ab 12 J.

Drei Brüder verfallen der Leidenschaft für das Kino und führen ihre Tierfilme zunächst nur ihren Freunden aus dem Dorf vor – doch das ist erst der Anfang. Mit Humor gewürzte, relativ intelligent gestaltete Story der Stouffer-Brüder, die in den USA mit Naturdokumentationen zu Ruhm gelangten.

Wild Man Blues
1024
WILD MAN BLUES
****

Regie: Barbara Kopple
Mit: Woody Allen (Klarinette), Dan Barrett (Posaune), Simon Wettenhall (Trompete), John Gill (Schlagzeug), Cynthia Sayer (Klavier), Greg Cohen (Bass), Eddy Davis (Banjo)
Kamera: Tom Hurwitz (Farbe)
Schnitt: Lawrence Silk
Prod.: Jean Doumanian, Barbara Kopple; Kathleen Bambrick (Ass.-Prod.) für Sweetland Films, USA 1997; 105 Min.
UA: 26.8.1997, Filmfestspiele Venedig
Verleih: Arthaus/Kinowelt/Elite/Arthaus Video; 18.6.1998
FSK: o.A., ffr.

Mit einer New-Orleans-Jazz-Band ging der Filmemacher Woody Allen (Klarinette) 1996 auf Europatournee, die renommierte Dokumentarfilmerin Barbara Kopple hat die Band begleitet. Entstanden ist kein eigentlicher Musikfilm, vielmehr hat sie Allen in verschiedenen Situationen beobachtet. Ein handwerklich gelungener, nie voyeuristisch wirkender Film, in dem man zwar nichts Aufsehenerregendes über den Privatmann Allen erfährt, der aber durch dessen Musikbegeisterung, Humor und Ironie besticht. *Zoom, 5/98*

Können Sie uns, als Dokumentarfilmerin und zweifache Oscar-Preisträgerin, eine Antwort darauf geben, warum Dokumentarfilmer im Kino – von Ausnahmen abgesehen – nicht gefragt sind?

In den USA ist die Situation zum Glück etwas besser als zum Beispiel in Deutschland. Um ehrlich zu sein, hat es mich ziemlich überrascht, daß »Wild Man Blues« hierzulande im Kino zu sehen sein wird. Bevor ich mich jetzt auf soziokulturelle Ursachen kapriziere, möchte ich lieber darauf hinweisen, daß auch der Dokumentarfilm ein Produkt ist, das an den Mann gebracht werden will. Sprich, hier sind neue Marketing-Konzepte gefragt. Dokumentarfilme sind viel zu gut, um ständig ins Fernseh-Nachtprogramm abgedrängt zu werden, denn sie zeigen doch, wie wir Menschen wirklich sind.

Barbara Kopple im Interview mit Ulrich Lössl, Zitty, 13/98

Fritz Göttler in: Kölner Stadt-Anzeiger, 20.6.98; Rupert Koppold in: Stgt. Zeitung, 18.6.98; Daniel Kothenschulte: FR, 20.6.98; Hans-Joachim Neumann in: Zitty, 13/98; H. G. Pflaum in: SZ, 17.6.98

Wild Things 1025

WILD THINGS ****

Regie: John McNaughton
Darsteller: Kevin Bacon (Ray Duquette), Matt Dillon (Sam Lombardo), Neve Campbell (Suzi Toller), Theresa Russell (Sandra Van Ryan), Denise Richards (Kelly Van Ryan), Daphne Rubin-Vega (Gloria Perez), Robert Wagner (Tom Baxter), Bill Murray (Ken Bowden)
Drehbuch: Stephen Peters
Kamera: Jeffrey L. Kimball (Technicolor)
Musik: George S. Clinton
Schnitt: Elena Maganini
Prod.-Des.: Edward T. McAvoy
Prod.: Rodney Liber, Steven A. Jones für Columbia/Mandalay Ent., USA 1998; 108 Min.
Verleih: Constantin/dto./20th Century; 20.8.1998
FSK: ab 16 J., ffr.

Von zwei Schülerinnen der Vergewaltigung angeklagt, beweist Studienberater Sam seine Unschuld und ergattert eine Entschädigung in Millionenhöhe. Der Polizist Ray ahnt, daß Sam mit den Mädchen ein abgekartetes Spiel trieb, und ermittelt – mit fatalen Folgen. Zwiebelgleich enthüllen sich immer neue Intrigenschichten in John McNaughtons überaus raffiniertem Film Noir, der bis in den Titelabspann hinein zu verblüffen vermag. Ein kunstvoll-erotisches Krimivergnügen mit guten Darstellern. *Zoom, 9/98*

So schräg, exzentrisch, raffiniert und verblüffend war schon lange kein amerikanischer Thriller mehr. Regisseur John McNaughton (»Henry: Portrait of a Serial Killer«) hat seinen sonst bevorzugten Realismus hintangestellt zugunsten einer erzählerisch glänzend verzwickten Überraschungsstruktur, die von einer unvorstellbaren Krimi-Spannung beherrscht wird. Man kommt einfach nicht drauf, wer warum und wie wirklich hinter all den intelligent gelegten falschen Fährten steckt. (…)
In kaum einem Film ist bisher wohl so viel gelogen worden wie in dieser bis zur letzten Minute hochspannenden

Neve Campbell und Denise Richards in ›Wild Things‹

Noir-Story, die McNaughton hieb- und stichfest mit immer wieder neuen Wendungen und Motivationen Schritt für Schritt aufrollt. Der Zuschauer wird nie ganz zum Komplizen und immer wieder neu und geschickt verwirrt – mit viel schwarzem Humor und einer souverän witzigen Erzählhaltung, die superbes Vergnügen macht. Und am Ende sollte man nicht zu früh das Kino ver-

Alison Elliott, Linus Roache und Helena Bonham Carter in ›The wings of the dove‹

lassen, denn bei den Abspanntiteln gibt es noch ein paar wichtige Szenenmomente, richtig wilde Dinger, zu entdecken. *Frauke Hanck, AZ, 20.8.98*

Eberhard v. Elterlein in: Die Welt, 20.8.98; Tobias Kniebe in: SZ, 20.8.98; Lennart Paul in: Der Tagesspiegel, 20.8.98; Susan Vahabzadeh in: SZ, 20.8.98 (Interview M. Dillon)

The wings of the dove 1026
THE WINGS OF THE DOVE ****

Regie: Iain Softley
Darsteller: Helena Bonha- Carter (Kate), Linus Roache (Merton Densher), Alison Elliott (Millie), Elizabeth McGovern (Susan), Michael Gambon (Kates Vater), Charlotte Rampling (Tante Maud), Alex Jennings (Lord Mark), Alexander John (Butler)
Drehbuch: Hossein Amini, nach einem Roman von Henry James
Kamera: Eduardo Serra (Farbe)
Musik: Gabriel Yared, Edward Shearmur
Schnitt: Tariq Anwar
Prod.-Des.: John Beart, Martyn John
Prod.: Stephen Evans, David Parfitt für Renaissance Films, GB 1997; 102 Min.
EA: Filmfest München 1998 »Eröffnungsfilm«

Verleih: Scotia/Buena Vista/Frenetic/BMG Universum Video; 23.7.1998
FSK: ab 6 J., ffr.

London 1910: Eine vermögende Tante hat Kate unter ihre Fittiche genommen, so daß sie ihren Geliebten Merton aus Standesgründen nicht heiraten kann. Während eines Aufenthalts in Venedig versucht sie, ihn mit der jungen, kranken Amerikanerin Millie zusammenzubringen. Kate hofft, Millie sterbe bald und vererbe ihr großes Vermögen an Merton, welchen sie dann heiraten könnte. Eine gelungene, emotional starke Literaturadaption mit überzeugenden Darstellern, guten Dialogen und einer stimmigen Dramaturgie.
Zoom, 67/98

(...) Die Romanvorlage sorgt für einen plausiblen Plot und für gehobene literarische Dialoge. Schauplätze, Ausstattung und Kamera, Schauspielkunst eingeschlossen, sind vom Feinsten, wenn auch zuweilen zu aalglatt, um als reales Bild der Epoche gelten zu können. Man wird, Sentimentalität und Tränen inbegriffen, den Film wie ein schönes Bild betrachten müssen. Dann wird er zum reinen Genuß. *Thomas Engel, Der Gildendienst, 533/98*

(...) Der Reiz des Films liegt in dieser Hingabe an den dunklen Glanz einer feudal kostümierten Standesgesellschaft: An den faulig-feuchten Zauber eines Karnevals in Venedig beim Zelebrieren des Todes. *Ponkie, AZ, 23.7.98*

»Das Filmgeschäft ist zu schnellebig, um planen zu können. Man darf sich nie für ein Projekt entscheiden aus Angst, sonst mit leeren Händen dazustehen. Druck zerstört jede Kreativität. Meine Idealvorstellung wäre, wieder mit amerikanischem Geld einen europäischen Film zu machen. Ich möchte genug Geld haben, um meine Vorstellung zu verwirklichen. Aber diese durch riesige Star-Gagen aufgeblasenen Super-Budgets halte ich für Schwachsinn.«
Iain Softley im Interview mit Margret Köhler, AZ, 27.7.98

Albert Baer in: Rheinische Post, 24.7.98; Gerhard Midding in: Kölner Stadt-Anzeiger, 25.7.98; Carla Rhode in: Der Tagesspiegel, 23.7.98; Daniela Sannwald in: FR, 23.7.98; Elke Schmitter in: Die Zeit, 23.7.98; Anke Sterneborg in: SZ, 27.7.98

Winterland 1027

INVIERNO MALA VIDA ***

Regie: Gregorio Cramer
Darsteller: Ricardo Bartis, Miguel Guerberoff, Susana Szperling
Drehbuch: Matias Oks, Gregorio Cramer
Kamera: Victor González (Farbe)
Musik: Diego Clemente
Schnitt: Ana Poliak
Prod.-Des.: Giselle Peisojovich
Prod.: Haku-a Prod./ASAVI/TS Prod., Argentinien/Frankreich 1997; 84 Min.
EA: 13.2.1998, Int. Forum des Jungen Films, Berlin
Verleih: Freunde/-/-

Das Ende der Welt heißt hier Patagonien, der tiefe Süden Argentiniens, ein mythenreicher, menschenfeindlicher, endlos leerer Ort, wo es nichts gibt als den ewig stürmischen Wind. Und Valdivia, der von Gelegenheitsjobs, meist vom Diebstahl lebt und dem Suff verfallen ist. Als er ein Auto knacken will, wird er von der Besitzerin überrascht. Es beginnt eine seltsame Beziehung zu dieser Schwimmlehrerin, die nachts in einer Bar einem anderen Job nachgeht. (...) *Katalog Forum*

Winterliebe – Späte Romanze im Schnee 1028

ALL THE WINTERS THAT HAVE BEEN *** TV

Regie: Lamont Johnson
Darsteller: Richard Chamberlain (Dane Corvin), Karen Allen (Hannah Raven), Hal Holbrook (Onkel Ren), Ben Cardinal (Waldo Raven), Chris Martin (Gabe), Sheila M. Tousey, Ken Pogue
Drehbuch: Vivienne Radkoff, nach dem Buch von Evan Maxwell
Prod.: USA 1996; 91 Min.
TV: 30.12.1998, RTL, 20.15

Melodramatischer Heimatfilm im Wildderermilieu, aber nicht in Oberbayern.

Wishmaster 1029

WES CRAVEN'S WISHMASTER *

Video

Regie: Robert Kurtzman
Darsteller: Tammy Lauren (Alexandra Amberson), Andrew Divoff (The Djinn), Robert Englund (Anthony Beaumont), Tony Todd (Johnny Valentine), Wendy Benson (Shannon Amberson), Tony Crane (Josh), Chris Lemmon (Nick Merritt), Jenny O'Hara (Wendy Derleth)
Drehbuch: Peter Atkins
Kamera: Jacques Haitkin (Eastman Kodak)
Musik: Harry Manfredini
Schnitt: Dorian Vernacchio
Prod.-Des.: Dorian Vernacchio, Deborah Raymond
Prod.: Pierre David, Clark Peterson, Noel A. Zanitsch; David Tripet für Artisan/Live Ent., USA 1997; 90 Min.
Vertrieb: Starlight Video; Juli 1998
FSK: ab 18 J.

Einem wundersamen Diamanten entführt ein Geist, der Böses im Schilde führt. Verstümmelte Leichen und Leichenteile pflastern fortan seinen Weg. Kruder Horror für abgestumpfte Fans.

Die Witman-Brüder 1030

WITMAN FIUK ***

TV

Regie: Janos Szasz
Darsteller: Maia Morgenstern (Frau Witman), Lajos Kovacs (Herr Witman), Alpar Fogarasi (Janos), Szabolcs Gergely (Ernö), Dominika Ostalowska (Irén), Péter Andorai, Juli Sandor
Drehbuch: Janos Szasz, nach einer Kurzgeschichte von Géza Csath
Kamera: Tibor Mathé (Farbe)
Musik: Verdi, Schubert, Bach
Schnitt: Anna Kornis
Prod.-Des.: Juzsef Romvary
Prod.: Ferenc Kardos, Jean-Paul Dekiss für Budapest Filmstudio, Ungarn 1997; 93 Min.
EA: Filmfest München 1997
TV: 8.6.1998, MDR3, 23.20

»Mich hat die unglaubliche Kaltblütigkeit der beiden Jungs sehr beschäftigt. Dieses völlige Fehlen jeglichen moralischen Bewußtseins erinnerte mich an unsere eigene soziale Realität … In diesem Sinne fühle ich mich Bergman und Tarkowskij sehr verwandt. Sie kommen meinen Idealvorstellungen von Film sehr nahe.« (Janos Szasz)
Katalog Filmfest München 1997

Wölfe heulen unter dem Mond 1031

GUO DAO FENG BI ***

Regie: Ho Ping
Darsteller: Annie Shizuka Inoh, Chang Shih, Gu Bao-Ming
Drehbuch: Kuo Cheng, Ho Ping
Kamera: Han Yun-chung (Farbe)
Musik: Jerry Huang
Schnitt: Chen Po-wen
Prod.-Des.: Chang Hung
Prod.: Scholar Films/Taiwan Film Center, Taiwan 1997; 121 Min.
EA: 14.2.1998, Int. Forum des Jungen Films, Berlin
Verleih: Freunde/-/-

Ein taiwanesisches Roadmovie der besonderen Art, in dem sich kuriose Geschichten kreuzen, als der Verkehr aus seiner gewohnten Bahn gelenkt wird. Jade stiehlt einen Geländewagen und nimmt über das Autotelefon Kontakt zu dem Besitzer des Wagens auf, einem Yuppie-Designer, zu dem sie eine zwiespältige Beziehung entwickelt. Bei einer Wahlkampfveranstaltung wird ein Kandidat ermordet. Der Todesschütze ist ein professioneller Killer, der damit den Tod seines Vaters rächt. Und schließlich ist Lo, der Chauffeur eines Regierungsbeamten, mit seiner Limousine unterwegs, um nach einer Freundin zu suchen, die ihn abserviert hat. *Katalog Forum*

Wolfsfrau 1032

WILDERNESS ***

TV

Regie: Ben Bolt
Darsteller: Amanda Ooms (Alice White), Owen Teale (Dan Somers), Michael Kitchen (Luther Adams), Gemma Jones (Jane Garth), Johanna Benyon (Serena), Mark Caven (Chuck), David Gillespie (Maurice), Terence Hillyer (Carl)
Drehbuch: Andrew Davies, Bernadette Davis
Prod.: Tim Vaughan, GB 1996; 99 Min.
TV: 14.3.1998, ARTE, 22.35; 5.7.1998, tm3, 21.55

Fantasyfilm, in dem sich endlich mal eine Frau bei Vollmond in einen Wolf verwandelt.

Die Wolke 1033
LA NUBE ***

Regie: Fernando E. Solanas
Darsteller: Eduardo Tato Pavlovsky, Angela Correa, Laura Novoa, Franklin Caicedo, Christophe Malavoy, Bernard Le Coq, Carlos Páez
Drehbuch: Fernando E. Solanas
Kamera: Juan Diego Solanas (Farbe)
Musik: Gerardo Gandini
Schnitt: Luis César D'Angiolillo
Prod.: Cinesur/Les Films du Sud/Continent/Bim/, Argentinien/Frankreich 1997; 120 Min.
EA: Int. Filmfestspiele Venedig 1998
Verleih: -/-/trigon; Nov. 1998

In Buenos Aires regnet es ohne Unterlaß. Über der Stadt hängt die im Titel angesprochene Wolke, die alles in ein fahles Zwielicht taucht. Viele haben den Widerstand aufgegeben und laufen rückwärts durch die Straßen. Doch die Schauspieler des einst revolutionären »Spiegel-Theaters« kämpfen weiter gegen Zuschauerschwund, Geldmangel und Bürokratie – und setzen sich durch. Der Film besticht durch seine Verbindung von metaphorischen Bildern und harter Realität. *Zoom, 11/98*

Am schlimmsten vielleicht Fernando Solanas, der mit »La nube« einen Film vorstellte, der wie eine Parodie auf ein lateinamerikanisches Kino wirkt, das sich aus der Wirklichkeit immer noch in trübe Metaphern flüchtet. Ein verdienstvolles Theater soll abgerissen werden, die alten Schauspieler nähren sich mühsam vom vergangenen Ruhm. Die jüngeren Talente sind längst fernsehen gegangen, und die Genossen von einst, die den Weg in die Kulturbürokratie genommen haben, geben vor, ihnen seien die Hände gebunden. Die Melancholie von »Sur« ist einer zwanghaften Tristesse gewichen, die allerlei altbackene filmische Mittel bemüht, um sich stets in den Vordergrund zu schieben. Es regnet fortwährend, und die Zeit (und das Bild) läuft immer wieder rückwärts.
Das Schicksal des Theaters ruft noch nicht mal Mitleid hervor, weil sich der Film ausschließlich in Selbstmitleid verliert. *Michael Althen, SZ, 9.9.98*

Wrong Guy 1034
WRONG GUY **
Video

Regie: David Steinberg
Darsteller: Dave Foley (Nelson Hubbert), David Higgings (Detective Arlen), Jennifer Tilly (Lynn Holden), Joe Flaherty (Fred Holden), Dan Redican (Ken Daly), Alan Scarfe (Farmer Brown), Colm Feore (Killer), Kenneth Welsh (Mr. Nagel)
Drehbuch: Dave Foley, David Higgins, Jay Kogen
Kamera: David A. Makin (Farbe)
Musik: Lawrence Shragge
Schnitt: Christopher Cooper
Prod.: Jon Slan für Paragon/Handmade, USA/England 1997; 92 Min.
Vertrieb: New Vision Video; Sept. 1998
FSK: ab 12 J.

Netter Versuch: Statt vom Chef die lang ersehnte Beförderung zu erhalten, findet Yuppie Nelson nur dessen Leiche vor – und alle halten ihn für den Mörder. Von (wenigen) netten Gags und einer hitchcockesken Grundidee abgesehen, ein flaches Krimifilmchen mit noch flacheren Darstellern.

Wuff! Mein Papa bellt 1035
HO UN SEGRETO CON PAPA **
TV

Regie: Gianpaolo Tescari
Darsteller: Elena Sofia Ricci (Barbara), Treat Williams (Vittorio), Rachel Rice (Giulia), Federico Pacifici (Luca), Florens Fanciulli (Francesca), Massimo Bellinzoni (Filippo), Stefania Sandrelli (Elena)
Drehbuch: Deborah Moggach, Roberta Colombo
Kamera: Nando Ciangola (Farbe)
Musik: Pino Donaggio
Prod.: Italien 1995; 91 Min.
TV: 22.12.1998, ARD, 14.00

Kind und Hund überwinden spielend alle Probleme.

Der wunderliche Mr. Cox 1036
THE STARS FELL ON HENRIETTA ***
TV

Regie: James Keach
Darsteller: Robert Duvall (Mr. Cox), Aidan Quinn (Don Day), Frances Fisher (Cora Day),

Brian Dennehy (Big Dave), Lexi Randall (Beatrice Day), Kaytlyn Knowles (Pauline Day), Francesca Ruth Eastwood (Mary Day)
Drehbuch: Philip Railsback
Kamera: Bruce Surtees (Technicolor)
Musik: David Benoit
Schnitt: Joel Cox
Prod.-Des.: Henry Bumstead
Prod.: Clint Eastwood, David Valdes für Malpaso Prod. mit Butcher's Run, USA 1995; 110 Min.
TV: 29.1.1998, Premiere, 22.20

Duvall gibt eine glänzende Vorstellung als sympathischer Underdog, neben der die restlichen Mitspieler ein wenig blaß wirken. Ähnlich wie bei »Feld der Träume« stellt Drehbuchautor Philip Railsback einen Außenseiter in den Mittelpunkt seiner Geschichte, der von seiner Umwelt verlacht wird, den Glauben an sich selbst und seine Aufgabe nicht verliert und dafür letztlich reichlich belohnt wird. (...)

Blickpunkt: Film, 22.5.95

Wunsch und Wirklichkeit 1037

THE PROPOSITION ***

Regie: Lesli Linka Glatter
Darsteller: Kenneth Branagh (Pater Michael McKinnon), Madeleine Stowe (Eleanor Barret), William Hurt (Arthur Barret), Neil Patrick Harris (Roger Martin), Robert Loggia (Hannibal Thurman), Josef Sommer (Pater Dryer), Blythe Danner (Syril Danning), David Byrd (Dr. Jenkins)
Drehbuch: Rick Ramage
Kamera: Peter Sova; Ralf Bode (Technicolor)
Musik: Stephen Endelman
Schnitt: Jacqueline Cambas
Prod.-Des.: David Brisbin
Prod.: Ted Field, Diane Nabatoff, Scott Kroopf für Interscope Com., USA 1998; 114 Min.
UA: 27.3.1998, N.Y.
Verleih: PolyGram/-/Elite/PolyGram Video; 21.5.1998

Den Wunsch nach leiblichen Kindern kann sich ein emanzipiertes Paar aus der Bostoner High Society der dreißiger Jahre wegen Unfruchtbarkeit des Mannes nur durch einen »Stellvertreter« erfüllen. Daraus entwickelt sich ein Melodrama um Liebe und Schuld, Haß und Vergebung, in welches mehrere

Kenneth Branagh

Familienmitglieder verwickelt sind. Den Figuren mangelt es etwas an psychologischen Konturen. Doch die komplexe Handlung wird einsichtig erzählt, und die vielgestaltigen Liebesbeziehungen geben dem Film Tiefe.

Zoom, 6/98

(...) Gar nicht mal wirklich schlecht ist das opulente Ausstattungs-Melo à la Courths-Mahler, aber absolut kinountauglich. Denn die Zielgruppe sitzt vorm Fernseher: weibliche TV-Zuschauer über 50. *Annette Kilzer, tip, 11/98*

Heike Kühn in: FR, 22.5.98; Joseph Lederle in: Rheinische Post, 21.5.98; Hans Schifferle in: SZ, 20.5.98

Eine wüste Bescherung 1038

I'LL BE HOME FOR CHRISTMAS ***

Regie: Arlene Sanford
Darsteller: Jonathan Taylor Thomas (Jake), Jessica Biel (Allie), Adam LaVorgna (Eddie), Gary Cole (Jakes Vater), Eve Gordon (Carolyn), Lauren Maltby (Tracey), Andrew Lauer (Nolan), Sean O'Bryan (Max)
Drehbuch: Harris Goldberg, Tom Nursall, nach der gleichn. Story von Michael Allin
Kamera: Hiro Narita (Technicolor)
Musik: John Debney
Schnitt: Anita Branst-Burgoyne
Prod.-Des.: Cynthia Charette
Prod.: David Hoberman, Tracy Trench, Justis Greene für Mandeville Film für Walt Disney, USA 1998; 86 Min.

Verleih: Buena Vista/dto./dto.; 3.12.1998
FSK: o. A., ffr.

Schon bemerkenswert, wie es Weihnachtsfilme immer wieder schaffen, ihre anfangs nicht sonderlich sympathischen Helden im Verlauf der Geschichte zu läutern. Hier ist es ein Collegestudent, den nur die Aussicht auf einen Porsche nach Hause locken kann. Dummerweise sieht er sich wenige Stunden vor der Bescherung in der Wüste ausgesetzt, im Weihnachtsmannkostüm inklusive festgeklebtem Bart. Gebrauchskino, spätestens an Sylvester längst vergessen, aber kurzweilig mit einigen wunderbar bizarren Figuren und Einfällen. *Frank Arnold, tip, 26/98*

(...) Die wenigen skurrilen Momente (ein Weihnachtsmann-Wettrennen und als Christbäume verkleidete Polizisten etwa) gehen leider in Albernheiten bis an die Grenze zum Fäkal-Humor unter. Vor allem aber hat Hauptdarsteller Jonathan Taylor Thomas die Ausstrahlung eines Zwerg-Elchs – und leider auch genausoviel Talent, einen abendfüllenden Film zu tragen.

W.O.P. Kistner, AZ, 10.12.98

Rupert Koppold in: Stuttgarter Zeitung, 11.12.98;
Hans-Joachim Neumann in: Zitty, 24/98;

Wutentbrannt 1039

ETAT DES LIEUX ***
TV

Regie: Jean-Francois Richet
Darsteller: Patrick Dell'Isola (Pierre Céphas), Denis Podalydes (Rekrut), Patrick Parroux (Cop 1), Sébastien Faure (Cop 2), Anne Cécile Crapie (Deborah), Marc de Jonge, Rémy Roubaka, Stéphane Ferrara (Uzi)
Drehbuch: Jean-François Richet, Patrick Dell'Isola
Kamera: Michel Abramowicz, Pierre Boffety, Valérie Le Gurun, Jean-François Richet
Musik: Assassin, Base Enemy
Schnitt: Jean-François Richet
Prod.: Jean-François Richet, Patrick Dell'Isola, Anne Fleschi, Georges Golderstern für Actes et Octobre/La Sept Cinéma, Frankreich 1995; 80 Min.
TV: 12.1.1998, Arte, 20.45

Pierre Céphas ist Arbeiter in einer riesigen Autowerkstatt und Marxist. Als der Boß sein kommunistisches Buch vernichten will, ist das Maß voll: Pierre wehrt sich und wird entlassen. Von einem Jobvermittler des Arbeitsamts wird er gedemütigt, auf der Straße von übereifrigen Polizisten hingehalten. Aber Pierre läßt sich nicht kleinkriegen. *Pressetext*

Xiao Wu
1040

XIAO WU ***

Regie: Jia Zhang Ke
Drehbuch: Jia Zhang Ke
Kamera: Yu Lik Wai (Farbe)
Schnitt: Lin Xiao Ling
Prod.-Des.: Liang Jing Dong
Prod.: Li Kit Ming, Jia Zhang Ke für Radiant Advertising/Hu Tong Communication, Hongkong/China 1997; 108 Min.
EA: 18.2.1998, Int. Forum des Jungen Films, Berlin
Verleih: Freunde/-/-; Juni 1998

Eine Provinzgeschichte aus jenem China, das man im Kino sonst nicht sieht. Der Regiedebütant Jia Zhang Ke hat die Tragödie des Taschendiebs Xiao Wu mit dokumentarischer Kamera, Laiendarstellern und im Originalton verfilmt. Er erzählt eine unscheinbare, kostbare Liebesgeschichte mitten im Straßenlärm, in Absteigen und Karaoke-Bars. Er zeichnet das bittere Porträt einer Gesellschaft, die für ihre Anti-Verbrechens-Kampagne einen Vorzeigedieb braucht. Und er ergreift Partei für einen verlorenen, mickrigen Helden, der sein schiefes Gesicht unentwegt hinter einer dicken Brille verbirgt.

Christian Peitz, tip, 12/98

Yakuza Connection
1041

CALIFORNIA ROLL **

Video

Regie: Larry Ring
Darsteller: Timothy Bottoms (Ward Derderian), Thomas Wagner (Bob Bartel), J. Cyntia Brooks (Audry), George M. Muschamp jr. (Madden), Scott Valentine (Mark Rictus)
Drehbuch: Larry Ring
Kamera: Angel Colmenres (Farbe)
Musik: Stephen J. Klong
Schnitt: James Fletcher
Prod.: Boyd Wiwon für Bridge/Hollywood Locations/Boyd Wiwon Prod., USA 1995; 91 Min.
Vertrieb: Warner Home Video; 20.3.1998
FSK: ab 16 J.

Golflehrer gerät bei Ausübung seines Berufs in eine Fehde zwischen italienischen Mafiosi und ihren japanischen Kollegen. Möchtegern-Tarantino: Filmisch wie inhaltlich ungenießbar.

Year of the horse
1042

YEAR OF THE HORSE ****

Regie: Jim Jarmusch
Mit: Ralph Molina, Frank »Poncho« Sampedro, Billy Talbot, Neil Young
Drehbuch: Jim Jarmusch
Kamera: L.A. Johnson, Jim Jarmusch (Farbe)
Musik: Neil Young & Crazy Horse
Schnitt: Elliot Rabinowitz
Prod.: L.A. Johnson für October Films, USA 1997; 107 Min.
Verleih: -/-/Filmcoopi; Juni 1998

Jim Jarmusch porträtiert praktisch kommentarlos die seit den siebziger Jahren bestehende amerikanische Rockband »Crazy Horse« und deren Songwriter und Vorsänger Neil Young. Die Musik erscheint als eine Art Rettung für die alternden Künstler, deren Existenz schwer belastet wirkt. Mit einfachsten technischen Mitteln realisiert, erzielt die dokumentarische Montage dank eines raffinierten Schnitts und einer hervorragenden Tonarbeit außerordentliche Effekte.

Zoom, 6/7/98

Zauberhafte Schwestern

1043
***
TV

Regie: Griffin Dunne
Darsteller: Sandra Bullock (Sally Owens), Nicole Kidman (Gillian Owens), Dianne Wiest (Tante Jet), Stockard Channing (Tante Frances), Aidan Quinn (Gary Hallet), Goran Visnjic (Jimmy), Evan Rachel Wood (Kylie), Alexandra Astrip (Antonia), Mark Feuerstein (Michael)
Drehbuch: Robin Swicord, Akiva Goldsman, Adam Brooks, nach dem Roman »Im Hexenhaus« von Alice Hoffman
Kamera: Andrew Dunn (Technicolor)
Musik: Alan Silvestri
Schnitt: Elizabeth Kling, Craig McKay
Prod.-Des.: Robin Standefer
Prod.-Fa.: Village Roadshow/Di Novi Pic. mit Fortis Film, USA 1998; 104 Min.
Verleih: Warner Bros./dto/dto; Warner Home Video, 17.12.1998
TV: 9.9.1998, RTL Plus, 20.15
FSK: ab 12, ffr.
FBW: Wertvoll

Die familienbedingte Fähigkeit, hexen zu können, erweist sich für zwei Schwestern eher als Fluch, gerade im Umgang mit den Männern. Nach der romantischen Komödie »In Sachen Liebe«, die er überzeugend mit bösen Untertönen versah, scheitert Griffin Dunne diesmal an einem überladenen und gestreckten Drehbuch, überzuckertem Bildarrangement und der Überbetonung von Elementen einer weiblichen »feelgood domedy«. Nicole Kidman als jüngere der beiden Schwestern ist allerdings eine echte Überraschung und stiehlt Sandra Bullock glatt die Show.
Frank Arnold, tip, 26/98

Albert Baer in: Rheinische Post, 18.12.98; Carla Rhode in: Der Tagesspiegel, 17.12.98

Die Zeitritter

1044
**

LES COULOIRS DU TEMPS – LES VISITEURS II

Regie: Jean-Marie Poire
Darsteller: Christian Clavier (Jacquouille/Jacquart), Jean Reno (Godefroy), Muriel Robin (Béatrice/Frénégonde), Marie-Anne Chazel (Ginette), Christian Bujeau (Jean-Pierre), Claire Nadeau (Cora), Patrick Burgel (Duc Flubert), Pierre Vial (Eusaebius/Ferdinand Eusebe), Philippe Morier Genoud (Bruder Ponce)
Drehbuch: Christian Clavier, Jean-Marie Poiré
Kamera: Christophe Beaucarne
Musik: Eric Levi
Schnitt: Catherine Kelber, Jean-Marie Poiré
Prod.: Alain Terzian für Gaumont/CinéComic/France 3 Cinéma mit Canal+, Frankreich 1998; 118 Min.
Verleih: Tobis/Constantin/Buena Vista, BMG (Universum) Video, 30.7.1998
FSK: ab 6, ffr.

Die Fortsetzung einer der erfolgreichsten französischen Kinokomödien wärmt die Erlebnisse um Ritter Godefroy und dessen Knappen Jacquouille, die auf der Suche nach einem verschwundenen Familienschatz erneut mittels Zaubertrank aus dem Mittelalter ins 20. Jahrhundert gelangen, wieder auf. Weder die teuren Spezialeffekte à la Hollywood noch die im Stil von Louis de Funés herumkaspernden Darsteller können von der Plattheit der Story ablenken.
Zoom, 9/98

Albert Baer in: Rheinische Post, 31.7.98; Milan Pavlović in: Kölner Stadt-Anzeiger, 1.8.98

Ein Zirkus für Sarah

1045
****

CIRCUS ILDEBRAND

Regie: Claus Bjerre
Darsteller: Sara Kristine Modegaard Mihn (Sarah), Maria Lundberg Baré (Maria), Morten Gundel (Morten), Anne Marie Helger (Fräulein Mirabella), Martin Brygmann (Arne), Timm Vladimir (Frank), Gordon Kennedy (Stoffer), Robert Hansen (Robert)
Drehbuch: Hans Henrik Koltze, Nikolaj Scherfig
Kamera: Dirk Bruel (Farbe)
Musik: Jacob Groth
Schnitt: Jesper Osmund
Prod.: Mads Egmont Christensen für Metronome Prod./, Dänemark 1995; 83 Min.
EA: Int. Filmfestspiele Berlin 1996 »KinderFilmFest«
Verleih: Wild Utopia/-/Stamm; 7.5.1998
FSK: o.A., ffr.

Drei Kinder, die in ihrer Freizeit gerne Zirkus spielen, werden von Bauspekulanten von ihrem Spielplatz vertrieben und lernen auf der Suche nach einem neuen Domizil eine skurrile Frau kennen. Als auch diese aus ihrem alten Feuerwehrhaus am Hafen vertrieben werden soll, bringen sie gemeinsam die betrügerischen Baulöwen zur Strecke. Humor- und phantasievoll inszeniertes modernes Märchen, in dem das frische Spiel der jungen Darsteller nicht nur Spaß macht, sondern die Zuschauer auch die Träume der Figuren mitträumen läßt. *Zoom, 9/98*

Zugvögel ... Einmal nach Inari 1046

****

Regie: Peter Lichtefeld
Darsteller: Joachim Król (Hannes), Outi Mäenpää (Sirpa), Peter Lohmeyer (Kommissar Franck), Oliver Marlo (Lako), Peter Franke (Karl-Heinz), Hilmi Sözer (Harry), Jochen Nickel (Lothar), Nina Petri (Frau Kößner)
Drehbuch: Peter Lichtefeld
Kamera: Frank Griebe (Farbe)
Schnitt: Bernd Euscher
Prod.-Des.: Anke Osterloh
Prod.: Jörn Rettig, Ira von Gienanth für Bosko Biati Film/Prokino Filmprod./WDR/Kinotuotanto, BRD/Finnland 1997;
87 Min.
UA: Filmfest Hamburg 1997
Verleih: prokino/filmladen/-/VPS Video; 9.7.1998
FSK: ab 6 J., ffr.
FBW: Wertvoll

Outi Mäenpää und Joachim Król

Auf der Fahrt zum Internationalen Wettbewerb der Kursbuchspezialisten im nordfinnischen Inari trifft der schüchterne Dortmunder Bierfahrer und Hobbyfahrplanexperte Hannes auf die finnische Rosenliebhaberin Sirpa und entdeckt durch sie eine neue Lebensqualität fern von Schnelligkeit und eigenbrötlerischer Einsamkeit. In langsamem Erzählfluß und klaren Bildern setzt sich Regisseur Lichtefeld auch formal von jeglicher Eile und Vordergründigkeit ab, denen er thematisch ein konträres Konzept entgegensetzt. Ein sehenswerter Film, der vor allem durch eine Poesie besticht, die – ohne hochtrabende filmtechnische Aufbereitung – über Erzählrhythmus und schauspielerische Leistung vermittelt wird. *multimedia*

»Nach meinem Geographie-Studium habe ich gejobbt, wollte aber schon damals Filme drehen. Meine ersten Übungen machte ich mit der Super-8-Kamera, dann entschied ich mich für die Ochsentour durch die Praxis, arbeitete zehn Jahre erst als Aufnahme-, dann als Produktionsleiter. Dabei habe ich viel gelernt und mein Ziel, einen eigenen Film zu realisieren, nicht aus den Augen verloren.«
Peter Lichtenfeld im Interview mit Margret Köhler, AZ, 9.7.98

Heiko R. Blum in: Rheinische Post, 10.7.98; Rupert Koppold in: Stgt. Zeitung, 9.7., 22.7.98; Dietrich Kuhlbrodt in: FR, 9.7.98; Christiane Peitz in: Die Zeit, 16.7.98; H.G. Pflaum in: SZ, 9.7.98; Ponkie in: AZ, 9.7.98; Martin Schwarz in: Zitty, 14/98; Christian Seebaum in: Kölner Stadt-Anzeiger, 11.7.98; Thilo Wydra in: Die Welt, 9.7.98

Zum Glück gibt's meine Frau 1047

***
TV

Regie: Xaver Schwarzenberger
Darsteller: Christiane Hörbiger (Carla Seyfried), Erwin Steinhauer (Florestan Seyfried), Petra Berndt (Sylvia Monti), Birgitt Linauer (Kitty), Herwig Seeböck (Schwarzwälder), Elfriede Ott (Fanninka), Christian Futterknecht (Smirnoff)
Drehbuch: Ulli Schwarzenberger
Prod.: BRD/Österreich 1995; 103 Min.
TV: 17.6.1998, SAT.1, 21.15

Mit weiblicher Raffinesse wird dafür gesorgt, daß »Ein Mann in der Krise« – so der ursprüngliche Titel – sein zur Bruchbude verkommenes Familientheater in neuem Glanz zurückbekommt und die jüngere Rivalin k.o. geht. Zum Glück gab's Christiane Hörbiger in dem hausbackenen Schwank. Die Meisterin der reduzierten Mimik machte aus dem klischeehaften Pflicht-Part »patente Ehefrau« eine brillante Kür. Überzeichnet bis zur Karikatur wirkt dagegen Erwin Steinhauer, der als weltfremder Künstler im zweiten Frühling zum Gespött zu werden droht: bei einem Bühnenauftritt als Romeo in den besten Jahren neben einer Playboymagazin-Julia. Szenen aus Shakespeare und Lessings »Minna von Barnhelm« gaben der Komödie immerhin eine gewisse Exotik: Klassik durch die Hintertür – eine kleine Sensation im Privatfernsehen. *Sigrid Feuerstein, AZ, 19.6.98*

Zum Teufel mit der Seele 1048

A LITTLE BIT OF SOUL ***

Regie: Peter Duncan
Darsteller: Geoffrey Rush (Godfrey Usher), David Wenham (Dr. Richard Shorkinghorn), Frances O'Connor (Kate Haslett), Heather Mitchell (Grace Michael), John Gaden (Dr. Sommerville)
Drehbuch: Peter Duncan
Kamera: Martin McGrath (Farbe)
Musik: Nigel Westlake
Schnitt: Simon Martin
Prod.-Des.: Tony Campbell
Prod.: Peter Duncan, Simon Martin, Martin McGrath, Peter J. Voeten für Faust Films/ Investors Prod., Australien 1997; 84 Min.
Verleih: TiMe/-/-; 2.7.1998
FSK: ab 12 J., ffr.

Ein junger Wissenschaftler und seine Exfreundin geraten an eine Mäzenin, die ihr Forschungsprojekt, den Alterungsprozeß des Körpers zu verlangsamen, fördern will. Bei einer Einladung ins Landhaus zeigen sich Gastgeberin und Gatte als gefährliche Satanisten. Rabenschwarze Komödie mit gelegentlichem Witz und Wahnsinn, Goethes

Geoffrey Rush und Heather Mitchell in ›Zum Teufel mit der Seele‹

»Faust« mal ganz anders – als schräge Irrfahrt durch verkaufte Seelen. *M. K.*

(...) Um Schrägheit bemüht, plätschert der wohl als »schwarze Komödie« gedachte australische Film recht ziellos dahin, bis überraschend satanistische Neigungen der Gastgeber enthüllt werden. Aber auch dann entstehen keine höllischen Temperaturen, sondern bleiben Humor wie Spannung der spinnerten Story lau. *Christian Seebaum, Kölner Stadt-Anzeiger, 4.7.98*

Joseph Heinrichs in: Rheinische Post, 3.7.98; Thomas Klingenmaier in: Stgt. Zeitung, 16.7.98; Martin Schwarz in: Zitty, 14/98; Anke Sterneborg in: SZ, 2.7.98

Zur Zeit zu zweit 1049

** TV

Regie: Anno Saul
Darsteller: Natalia Wörner (Vanessa van Helsing), Felix Eitner (Romeo Baier), Susanna Simon (Lili), Antje Schmidt (Karoline), Herbert Knaup (Jan Wolf), Peer Jäger (Kantus), Barbara Focke
Drehbuch: Karina Lübke, Christian Pfannenschmidt
Kamera: Gero Steffen (Farbe)
Musik: Torsten Breuer
Prod.: Katharina M. Trebitsch für Objektiv-Film, BRD 1998; 89 Min.
TV: 31.7.1998, Arte, 20.45; 16.11.1998, ZDF, 20.15

Der Fall ist klar: Die kreative Chaotin (Beruf? Natürlich Erfolgsjournalistin)

und der pingelige Ordnungsmensch (Optiker mit Brillenladen) sind wie Feuer und Wasser. In der Beziehungskomödie merken sie ganz schnell, daß der eine des anderen Dauernervensäge ist – aber da ist Vanessa (Natalia Wörner als Selbstverwirklichungsamazone) schon schwanger und überläßt ihren erzbiederen Kleinbürger-»Romeo« (Felix Eitner als eine Art Reserve-Heinz-Rühmann) herzlich gern ihrer nestgierigen Freundin (Susanna Simon), die ebenfalls schwanger wird. Da der lernfähige Konkurrenzkollege Jan willig in Vanessas Vaterlücke springt, ist das Idyll (plus eine weitere Freundin mit Baby plus Hund) eine gebrauchsfertige Anleitung zum Familienglück. Ab und zu dialogpointiert (sofern Natalia Wörner nicht zu unverständlich nuschelt) – aber meist nur von jener unverbindlich langweiligen Nettigkeit, die einem nach einer Viertelstunde Partnerzoff zum Hals heraushängt. *Ponkie, AZ, 18.11.98*

(...) Es ist, als ob Anno Saul, der mit »Alte Liebe, alte Sünde« eine schwierige Geschichte sehr spannend inszenierte, in »Zur Zeit zu zweit« jede klare Erzählhaltung zu vermeiden sucht, um nachhaltig mit den Wirrungen seiner Protagonisten zu verwirren. Das kann aber auch fad sein. *Thomas Thrieringer, SZ, 31.7.98*

Zwei Männer – zwei Frauen – vier Probleme?! 1050

***

Regie: Vivian Naefe
Darsteller: Heino Ferch (Nick), Aglaia Szyszkowitz (Eva), Gedeon Burkhard (Luis), Hilde van Mieghem (Charlotte), Clemens Jakubetz (Florian), Pamela Marquardt (Rosa), Jan Gregor Kremp (Lkw-Fahrer), Daniele Legler (Portier)
Drehbuch: Barbara Jago, Walter Kärger, Vivian Naefe, Pamela Katz
Kamera: Peter Döttling (Farbe)
Musik: Dieter Schleip
Schnitt: Hansjörg Weißbrich
Prod.-Des.: Pit Janzen
Prod.: Elvira Senft, Harald Kügler, Molly von Fürstenberg für Olga Film/ZDF, BRD 1997; 93 Min.

Heino Ferch, Aglaia Szyszkowitz, Clemens Jakubetz, Pamela Marquardt auf Quartiersuche in Venedig

Verleih: Buena Vista/dto./-/Buena Vista Home Video; 5.3.1998
FSK: ab 12, ffr. – *FBW:* Wertvoll

Die betrogene Ehefrau Eva zwingt Nick, den Mann ihrer Nebenbuhlerin, sie und ihre beiden Kinder nach Venedig zu bringen, wohin die beiden Ehebrecher auf Liebesurlaub gefahren sind. Als es nach vielen Reibereien zur Konfrontation kommt, haben sich Eva und Nick ineinander verliebt. Flott gespielte »kleine Komödie« mit guten Darstellerleistungen. *multimedia*

(...) Die sozial-konservative Grundhaltung, die in der Bundesrepublik vorherrscht, wird von diesem Film aufs Trefflichste wiedergegeben: Die Beschwörung spießigen Kleinfamilienglücks mit Kindern, die aussehen als seien sie einem klebrigen Werbespot entsprungen, und Frauen, die »für ihre Ehe kämpfen«, verbunden mit dem allseits beliebten Sozialneid, der sich in der genüßlichen Demontage der Reichen und Erfolgreichen austobt. Da mag sich Regisseurin Vivian Naefe noch so (und mit nachlassendem Erfolg) um eine flotte Inszenierung bemühen – das Buch ist nicht charmant und witzig und spult nur platte Klischees, Figurenkonstellationen und die üblichen »unvorhergesehenen« Ereignisse ab. *Jan Gympel, Zitty, 5/98*

(...) Vivian Naefe hat eine gute Hand für die Abgründe der Komik. Diese »Zwei Männer-Zwei Frauen«-Problemkatastrophen-Komödie ist in der ersten Hälfte eine bezaubernd grotesk zugespitzte Partnerschafts-Typologie: das vergammelte Schlamp-Paar und das gestylte Design-Paar. Die Schlamper (Luis brotloser Künstler, Eva kellnernde Pianistin) turnen im Sinnenrausch durchs Familienchaos. Die Yuppies (Nick Staranwalt, Charlotte Bankerin) haben im Karriererausch keine Zeit für sowas. (...)
Doch dabei gibt es einige Hänger, und wie sie sich schließlich ins Happy-End sülzen (Achtung: Märchen!), mit Seelengedröhn und Rausche-Pathos, das beschädigt die Balance der Komik und die Leichtigkeit der Form. Trotzdem ein hübscher Film. Und Heino Ferch ist Sonderklasse. *Ponkie, AZ, 5.3.98*

(...) »Ich mag das Komödien-Genre; es ist reizvoller, schwieriger als eine gradlinig dramatische Geschichte. Aber ich mache das nicht aus Berechnung. Die Komik im Leben zu erkennen, ist hilfreich und geschieht vielleicht aus Selbstverteidigung. Wenn man über ernste Dinge lacht, tun sie nicht so weh. Voraussetzung ist aber, daß man Humor hat. (...)«

Vivian Naefe im Interview mit Frauke Hanck, AZ, 5.3.98

Aglaia Szyszkowitz und Gedeon Burkhard

Eva-Maria Lenz in: FAZ, 5.3.98; Rupert Koppold in: Stgt. Zeitung, 5.3.98

Zwei Mütter für Zachary 1051

TWO MOTHERS FOR ZACHARY **

Regie: Peter Werner
Darsteller: Vanessa Redgrave (Nancy Shaffell), Valerie Bertinelli (Jody Ann Shaffell), Colleen Flynn (Maggie Fergus), Brett Brock (Keith Kinloe), James Gammon, Michael Marich, Kim Dickens
Drehbuch: Linda Voorheers, nach einem authentischen Fall
Kamera: Neil Roach (Farbe)
Musik: Peter Rodgers Melnik
Schnitt: Martin Nicholson
Prod.: Timothy Marx, USA 1996; 88 Min.
TV: 16.4.1998, Premiere, 20.15

Weil die Tochter lesbische Neigungen entwickelt, will die Mutter vor Gericht das Sorgerecht für ihren Enkel erstreiten.

Zwei Singles in L. A. 1052

TIL THERE WAS YOU ***
Video

Regie: Scott Winant
Darsteller: Jeanne Tripplehorn (Gwen Moss), Dylan McDermott (Nick Dawkan), Sarah Jessica Parker (Frencesca Lansfield), Nina Foch (Sophia Monroe), Alice Drummond (Harriet Keeney), Jennifer Aniston (Debbie), Karen Allen, Michael Tucker
Drehbuch: Winnie Holzman
Kamera: Bobby Bukowski (Farbe)
Musik: Miles Goodman, Terence Blanchard
Schnitt: Joanna Cappuccilli, Richard Marks
Prod.-Des.: Craig Stearns
Prod.: Penney Finkelman Cox, James McQuaide, Alan Poul für Lakeshore Ent./ Paramount, USA 1997; 120 Min.
Vertrieb: VCL Video; Jan. 1998 – *FSK:* ab 6 J.,

Komplizierte und stark stilisierte Love-Story zwischen der Schriftstellerin Gwen und dem Architekten Nick, die

109 Minuten brauchen, um sich endlich kennenzulernen. Selten scheiterte ein Film auf so hohem, vielversprechendem Niveau, aber leider wollen weder Humor, noch Darsteller, noch die Story, noch die Erotik so recht funktionieren. Nick ist Architekt, in Sachen Liebe allerdings eine Fehlkonstruktion. Gwen ist Schriftstellerin, neurotisch und auf der Suche nach dem Richtigen. Beide sind füreinander bestimmt, sich aber noch nie begegnet. *Verleihprogramm*

Andreas Fuchs in: Filmecho/Filmwoche, 24/97

Zwei Väter unterm Tannenbaum 1053

HOLIDAY AFFAIR **
TV

Regie: Alan Myerson
Darsteller: Cynthia Gibb (Jodie Ennis), David James Elliott (Steve Mason), Curtis Blanck (Timmy Ennis), Al Waxman (Mr. Crowley), Tim Irwin (Paul Davis), George Robertson (Mr. Ennis), Patricia Hamilton (Mrs. Ennis), Victor Ertmanis
Drehbuch: Isobel Lennart
Musik: Lee Holdridge
Prod.: Kanada 1996; 87 Min.
TV: 20.12.1997, Pro7, 13.10

Im Weihnachtsrummel lernt die verwitwete Jodie den Spielzeugverkäufer Steve kennen. Die beiden kommen sich rasch näher, auch Jodies Sohn Timmy mag Steve auf Anhieb. Doch nun kommt Jodie mit ihren Gefühlen durcheinander, denn eigentlich ist sie fest entschlossen, einen erfolgreichen Anwalt zu heiraten. *Pressetext*

2025 – Gejagt durch die Zeit 1054

YESTERDAY'S TARGET **

Regie: Barry Alan Samson
Darsteller: Daniel Baldwin (Paul), Stacy Haiduk (Jessica), T.K. Carter (Carter), Malcolm McDowell (Holden), LeVar Burton (Winstrom), Page Moseley (Ricky), Richard Herd (Aaron), David Netter (Roland)
Drehbuch: David Bourla
Kamera: Brian Capener (Farbe)
Prod.: Albert T. Dickerson, Larry Estes, USA 1996; 71 Min. – *TV:* 9.7.1998, Pro7, 20.15

Zeitreise verläuft anders als geplant.

Die 92 Minuten des Herrn Baum 1055

THE 92 MINUTES OF MR. BAUM ****

Regie: Assi Dayan
Darsteller: Assi Dayan (Mickey Baum), Rivka Noiman (Dalia Baum), Tomer Sharon (Guy Baum), Shira Gefen (Maya Baum), Sarit Seri (Mutter Baum), Adam Baruch (Museumsführer), Gil Alon (Professor Ziv), Debbi Besserglick (Chaya)
Drehbuch: Assi Dayan
Kamera: Avi Koren (Farbe)
Musik: Boaz Avni
Schnitt: Zohar Sela
Prod.-Des.: Ariel Glazer
Prod.: Yoram Kislev, Haim Mecklberg; Edgard Tenenbaum für H. L. S. Film/La Sept/Arte, Israel/Frankreich 1997; 80 Min.
EA: 14.2.1998, Int. Filmfestspiele Berlin, »Panorama«
Verleih: -/-/Look Now!; Mai 1998 (CH)

Ein mittelständischer Familienvater in Tel Aviv erfährt von seinem Arzt, daß er nur noch 92 Minuten zu leben habe. Was nun, Mr. Baum? Gewitzte und originelle Chronik eines angekündigten Todes im Schnelldurchlauf, wobei klar wird, daß dem Wahnsinn des Alltags auch der nicht entfliehen kann, der dem Tod ins Auge blickt. Intelligente, beim genauen Hinsehen sozial und sogar politisch hintergründige Tragikomödie. *Zoom, 5/98*

Assi Dayan, Sohn des früheren israelischen Verteidigungsministers Moshe Dayan, schickt in diesem Film seinen Helden ohne jede Vorwarnung auf die letzten eineinhalb Stunden seines scheinbar so bürgerlich geordneten Lebens. Die tödliche Krankheit läßt sich nicht mehr länger aufhalten, und Baum, gespielt von Dayan selbst, erledigt mit genauer Gelassenheit die nötigen Handlungen des Abschieds. *Frauke Hanck, AZ, 20.2.98*

Zwickel auf Bizyckel 1056

***

Regie: Reinhard Kahn, Michel Leiner, Jeanine Meerapfel, Ingeborg Nödinger, Pavel Schnabel, Rolf Scheimeister, Klaus Werner, Marion Zemann
Darsteller: Roswitha Balser (Doris), Gabi

Weber (Lieselotte), Viktor Huber (Robert), Sabine Ebner (Wiebke), Ruth Goldstein (Maria Staudacher)
Drehbuch: Reinhard Kahn, Michel Leiner
Kamera: Pavel Schnabel, Rolf Scheimeister
Schnitt: Reinhard Kahn, Michel Leiner
Prod.: Reinhard Kahn für Epplwoi Motion, BRD 1970/1997; 85 Min.
UA: Int. Hofer Filmtage 1997
Verleih: Freunde/-/-; 23.4.1998

Ende der sechziger Jahre arbeitete ein Kollektiv junger Filmemacher an einem halbdokumentarischen Film über das Leben »ganz normaler« Menschen, etwa der schlampigen Kindergärtnerin Doris und dem Hilfsarbeiter Robert. Doch dann blieb das Material 28 Jahre als Schnittkopie liegen. Bis es 1996/97 von Reinhard Kahn und Michel Leiner überarbeitet wurde. Heraus kam ein skurriles Zeitporträt. *Filmecho/Filmwoche*

Film als Zeitmaschine: Hinter dem Unsinnstitel verbirgt sich ein aberwitziges Dokument der sechziger Jahre, das triviale Geschichten mit der Filmästhetik der Nouvelle vague erzählt, das Apo-Ideen und deutsche Schlagerschnulzen aufeinanderhetzt. Für den schielenden Hilfsarbeiter Robert und die unachtsame Kindergärtnerin Doris hat das Leben keinen Platz. Zugespitzte Schicksalsschläge lassen die beiden und ihre Geschichte skurril erscheinen, doch die Beharrlichkeit, mit der sie auf ein bißchen Glück hoffen, ist auch berührend. Ein Film über die Bedeutung von Bausparverträgen und toupierten Frisuren, über Zimmerantennen, Gummibäume und den tanzenden Schäferhund Alf in der Kneipe um die Ecke. *Annette Leweke, tip, 13/98*

Ein Zwilling kommt selten allein 1057

THE PARENT TRAP ***

Regie: Nancy Meyers
Darsteller: Lindsay Lohan (Hallie Parker/ Annie James), Dennis Quaid (Nick), Natasha Richardson (Elizabeth James), Elaine Hendrix (Meredith Blake), Lisa Ann Walter (Chessy), Simon Kunz (Martin), Polly Holliday (Marva Kulp, sr.)
Drehbuch: David Swift, Nancy Meyers, Charles Shyer, nach dem Buch »Das doppelte Lottchen« von Erich Kästner
Kamera: Dean Cundey (Farbe)
Musik: Alan Silvestri
Schnitt: Stephan A. Rotter
Prod.-Des.: Dean Tavoularis
Prod.: Charles Shyer, Bruce A. Block für Walt Disney, USA 1998; 94 Min.
Verleih: Buena Vista/dto./dto./Buena Vista Video; 15.10.1998
FSK: o. A., ffr. – *FBW:* Wertvoll

Die durch Scheidung getrennten elfjährigen Zwillingsmädchen Annie und Hallie lernen sich zufällig in einem Feriencamp kennen. Sie schlüpfen in die Rolle der jeweils anderen und bringen die Eltern listreich wieder zusammen. Dank modernster Motion-Contro-Technik kann Lindsay Lohan zugleich die hippe Hallie aus San Francisco und die schrullige Annie aus London mimen. Die Doppeltes-Lottchen-Mythologie mit ihrem unbekümmerten Fünfziger-Jahre-Optimismus ist eben auch von den Amis nicht kaputtzukriegen. *Iris Depping, tip, 22/98*

Hollywood im Wiederholungswahn: Erich Kästners Klassiker »Das doppelte Lottchen« wurde von Disney schon 1961 verfilmt, jetzt gibt es ein Remake des Remakes. Der Plot, 1950 von Josef von Baky erstmals auf die Leinwand gebracht und unter anderem von Joseph Vilsmaier als »Charlie & Louise« neu aufgegriffen, ist bekannt: Zwei eineiige Zwillingsschwestern, durch Scheidung der Eltern nach der Geburt getrennt, treffen einander zufällig in einem Ferienlager und spinnen eine Intrige, um die Familie wieder zu vereinigen.

Albert Baer in: Rheinische Post, 16.10.98; Fritz Göttler in: SZ, 20.10.98

Zwischen Himmel und Erde 1058

KARLSVOGNEN ***
TV

Regie: Birger Larsen
Darsteller: Morten Schaffalizky (Mattias), Karen Moläbak Hansen (Linda), Sam Gylling (Tobbe), Anders Jönsson (Svempa), Annika Nordenskjöld-Olsen (Bittan), My Lindström

(Lill-Babs), Lars-Magnus Jonson (Leffe), Sös Egelind (Irma)
Drehbuch: Birger Larsen, Ulf Stark, nach seinem gleichn. Roman
Kamera: Björn Blixt (Farbe)
Musik: Frans Bak
Schnitt: Birger Möller-Jensen
Prod.: Bent Fabricius-Bjerre für Metronome/Det Danske Filminstitut/Sandrew Film & Teater AB/Svenska Filminstitutet/ TV2 Denmark/Sveriges TV Kanal 1 Drama, Dänemark/Schweden 1991; 90 Min.
UA: 27.1.1992, Int. Filmfestspiele Berlin, »Kinderfilmfest«
TV: 1.6.1998, ARD, 8.15

Neuer Wohnort auf dem Land, neue Schule, neue Probleme. Mysteriöse Dinge ereignen sich, aber die beiden Kinderlein werden schon alle Rätsel lösen.

Die zwölf Geschworenen 1059

TWELVE ANGRY MEN ***
Video

Regie: William Friedkin
Darsteller: Courtney B. Vance (Geschworener Nr. 1), Ossie Davis (Nr. 2), George C. Scott (Nr. 3), Armin Mueller-Stahl (Nr. 4), Dorian Harewood (Nr. 5), James Gandolfini (Nr. 6), Tony Danza (Nr. 7), Jack Lemmon (Nr. 8)
Drehbuch: Reginald Rose, nach seinem gleichn. Roman
Kamera: Fred Schuler (Farbe)
Musik: Kenyon Hopkins, Charlie Haden
Schnitt: Augie Hess
Prod.-Des.: Bill Malley
Prod.: Terence A. Donnelly für Showtime/MGM Worldwide TV, USA 1997; 120 Min.
UA: 17.8.1997, TV, USA
Vertrieb: MGM Video; März 1998
FSK: ab 6 J.

Unter den Jurymitgliedern in einem Mordprozeß kommt es zu turbulenten Auseinandersetzungen. Akzeptables US-TV-Remake des gleichnamigen Schwarzweiß-Kinoklassikers von Sidney Lumet aus dem Jahr 1957. Die hervorragenden Darsteller lassen die Textlastigkeit und die Bühnenschwere der Vorlage vergessen – intelligent und sehenswert!

Die Filmbranche: Jahresrückblick 1998

Januar

• Der ACHTERBAHN-VERLAG will völlig in eigener Regie drei neue *Werner*-Filme produzieren, ein Verleihvertrag mit CONSTANTIN wurde abgeschlossen.

• MGM/UA geben ein Drehbuch für den 19. Bond-Film in Auftrag. Pierce Brosnan wird ein drittes Mal im Auftrag Ihrer Majestät unterwegs sein.

• *Titanic* erhält bei der Verleihung der GOLDEN GLOBES vier Auszeichnungen.

• *Lea* von Ivan Fila, eine Produktion von AVISTA FILM, wird für den GOLDEN GLOBE nominiert.

• *Der König von St. Pauli* von Dieter Wedel ist Quotenrenner bei SAT.1.

• Die EU-Kommission fordert von UIP eine Stellungnahme und droht mit einer Auflösung des Joint-ventures von UNIVERSAL, PARAMOUNT und MGM.

• Der australische Kinokonzern GREATER UNION beteiligt sich mit 50 Prozent am Lübecker Familienunternehmen KIEFT & KIEFT.

• Der Münchner Lizenzhändler INTERTAINMENT erhält von der Vereinsbank einen Kredit von DM 100 Mio.

• ARTHAUS VIDEO übernimmt den VMP Videovertrieb.

• Das BR-Magazin *KinoKino* feiert 20jähriges Bestehen.

• Am 30. Januar unterzeichnen Sachsen, Sachsen-Anhalt und Thüringen die Verträge zur Gründung einer Mitteldeutschen Medienförderung (MDM), die zunächst mit 17,5 Mio. Mark ausgestattet werden soll.

• Der HDF gibt den Umzug seiner Geschäftsstelle nach Berlin bekannt.

Februar

• Claude Zidi (Regie), Claude Barri (Produzent) und Gérard Depardieu drehen in den BAVARIA STUDIOS *Asterix und Obelix.*

• Roland Emmerichs Produktionsfirma CENTROPOLIS schließt einen dreijährigen *First Look Deal* mit SONY PICTURES ab.

• Die FFA gibt ihre statistischen Zahlen für 1997 bekannt: 143,1 Mio. Besucher gingen im Vorjahr ins Kino, davon 23,9 Mio. in deutsche Filme.

• SONY und COLUMBIA TRISTAR geben ihr Engagement in Babelsberg bekannt. In diesem Zusammenhang wird auch erstmals ein schon 1997 aufgelegter Filmfonds mit der Commerzbank öffentlich vorgestellt.

• Caroline Link wird mit ihrem Kinodebüt *Jenseits der Stille* für den Oscar nominiert.

• Rudolf Reischel und Regina Ziegler gründen die Firma KINOFILM MÜNCHEN.

• Das BAYERISCHE FILMZENTRUM startet das Nachwuchsprojekt *First Movie Programm.*

• *Comedian Harmonists* von Joseph Vilsmaier sahen nach sieben Wochen bereits über zwei Millionen Zuschauer.

März

• PARAMOUNT gründet die autonome Speciality FilmDivision PARAMOUNT CLASSICS, die von Ruth Vitale und David Dinerstein geleitet wird.

• Peter Gubers MANDALAY ENTERTAINMENT verläßt das Sony-Gelände und schließt unter dem neuen Namen MANDALAY PICTURES einen Vertrag mit PARAMOUNT ab.

• *Titanic* überholt nach 86 Tagen Laufzeit in den USA *Krieg der Sterne* mit einem Einspielergebnis von 471,4 Mio. Dollar als erfolgreichstem Film aller Zeiten.

• *Titanic* gewinnt bei der Verleihung der Academy Awards elf Oscars und zieht mit *Ben Hur* gleich.

• Dominik Graf wird für *Dr. Knock* mit dem Adolf-Grimme-Preis ausgezeichnet.

• *Opernball,* eine CONSTANTIN/SATEL-Produktion, Regie Urs Egger, wird zum Fernsehereignis.

• Die UFA Film & TV Produktion stellt zusammen mit der Investitionsbank Brandenburg und der Staatskanzlei den 100 Mio. Mark starken Filmfonds Babelsberg vor.

• Bei der ersten Mitgliederversammlung des HDF nach der Verbandsreform wird Präsident Kuchenreuther mit 95 Prozent der Stimmen wiedergewählt.

• Der holländische Medienkonzern Endemol übernimmt 51 Prozent am Münchner Lizenzhändler und Produzenten Helkon.

• Joseph Vilsmaiers *Comedian Harmonists* wird sechsmal für den Deutschen Filmpreis nominiert.

• Am 27. März gründen 16 Schauspielagenturen den VERBAND DER AGENTUREN FÜR FILM, FERNSEHEN UND THEATER.

April

• TRISTAR PICTURES geht in COLUMBIA PICTURES auf. Die vereinigte Produktionsdivision wird von Amy Pascal als Präsidentin geleitet.

• Der Spezialist für Kinoausrüstungen, die Firma KINOTON, feiert ihren 50. Geburtstag.

• Die Ex-Carolco-Partner Mario Kassar und Andy Vajna tun sich zu einer neuen Firma zusammen und kündigen *Terminator 3* an.

• Als erster Titel der Filmgeschichte spielt *Titanic* im internationalen Geschäft mehr als eine Mrd. Dollar ein.

• KINOWELT kündigt den Börsengang für den 12. Mai an.

• Die britische ANCHOR BAY INTERNATIONAL beteiligt sich am Weltvertrieb ATLAS INTERNATIONAL.

Mai

• Studio Hamburg, DOM FILM, die ungarische FOCUS FILM und NELKA FILM aus Frankreich produzieren gemeinsam das Neun-Mio.-Mark-Projekt *Gloomy Sunday.* Regisseur Rolf Schübel dreht an Originalschauplätzen in Budapest.

• Philips kündigt an, seinen 75-Prozent-Anteil an POLYGRAM verkaufen zu wollen. SEAGRAM gibt die Absicht einer Übernahme bekannt.

• Das Filmtheaterunternehmen KIEFT & KIEFT feiert in Dortmund sein 50jähriges Bestehen.

• Die Theile-Gruppe (KINOPOLIS) und der australische Kinokonzern HOYTS gründen ein Joint-venture für deutsche Projekte.

• Vincent de La Tour wird neuer Geschäftsführer von FOX DEUTSCHLAND. Verleihchef wird Mychael Berg, Marketingleiterin Conny Roll.

• Im MEDIENCAMPUS/Bayern schließen sich 14 Institutionen der Aus- und Fortbildung im Medienbereich zusammen.

• CINEMAAZ, die monatliche Kinobeilage der Münchner Abendzeitung, erscheint zum erstenmal.

Juni

• Die US-Kinokette LOEWS CINEPLEX gibt bekannt, sich stärker in Europa engagieren zu wollen.

• Die KC MEDIEN AG und die Hamburgische Landesbank übernehmen jeweils 45 Prozent der Deyle

Media Holding GmbH (CAPELLA FILMS).

• Amon Milchans REGENCY ENTERPRISES erhält einen 600-Mio.-Dollar-Kredit von einer durch die Berliner Bank angeführten Bankengruppe.

• TSC gründet den ADVANCED FILMVERLEIH mit Geschäftsführer Alfred Schantz.

• Hans-Joachim Flebbe übernimmt die Anteile von Stella an den Flebbe FTB. Wenige Tage später verkündet er den Börsengang seiner CINEMAXX AG.

Juli

• Helmut Dietl beendet auf der Alm die Dreharbeiten zu *Late Show*, der 1999 ins Kino kommt.

• Nach mehreren Anläufen gelingt die Privatisierung des römischen Studiogeländes CINECITTÀ.

• Zur Durchführung der Kinokampagne gründen VdF und HDF die gemeinsame Firma ZUKUNFT KINO MARKETING GMBH.

• Marlies Kirchner, Betreiberin des THEATINER KINOS, erhält den Kulturpreis der Stadt München.

August

• Jakob Claussen und Thomas Wöbke produzieren *Undertaker's Paradise* von M. X. Oxberg.

• Dr. Rainer Kölmel, KINOWELT, produziert mit ALLIANCE *The Taste of Sunshine* von István Szabó.

• Caroline Link dreht in der Bavaria *Pünktchen und Anton* nach dem Roman von Erich Kästner.

• Doris Dörrie arbeitet an ihrer Männerkomödie *Erleuchtung garantiert.*

• Die britische Regierung stellt Pläne vor, die britische Filmförderung in einer Superbehörde zu fusionieren.

• Nach zweimonatigen Verhandlungen, Schlichtersprüchen und Warnstreiks ist der Tarifkonflikt zwischen HDF und IG Medien beigelegt.

• WARNER gründet eine Produktionsfirma in Deutschland.

• Der Filmfondsanbieter HOLLYWOOD PARTNERS startet einen Filmverleih.

September

• Das erste Prequel der *Krieg der Sterne*-Saga hat einen Namen: *Star Wars: Episode I – The Phantom Menace.*

• Doppeldreh für Hager Moss: In Hamburg entsteht Sönke Wortmanns *St. Pauli Nacht,* in Köln dreht Friedemann Fromm *Schlaraffenland.*

• *Das merkwürdige Verhalten geschlechtsreifer Großstädter zur Paarungszeit,* eine Produktion von Ewa Karlström und Andreas Ulmke-Smeaton, Regie Marc Rathemund, erreicht die Besucher-Million.

• Jan Josef Liefers ist Regisseur und Hauptdarsteller der DIANA-Filmproduktion *Jack's Baby.*

• Die beiden größten kanadischen Produktionsfirmen ALLIANCE und ATLANTIS vereinigen sich zu ALLIANCE ATLANTIS COMMUNICATIONS.

• Die Investitionsbank des Landes Brandenburg beteiligt sich mit 20 Prozent an STUDIO BABELSBERG INDEPENDENTS GMBH.

• CINEC, die Messe für Filmtechnik, findet zum zweitenmal in München statt. Den CINEC Award erhalten u. a. ARRI CINE TECHNIK, FGV SCHMIDLE und PANTHER.

• Peter Jackson gibt die Produktion seiner *Herr der Ringe*-Trilogie für ein Budget von 130 Mio. Dollar bekannt.

Oktober

• CLT-UFA übernimmt einen 85prozentigen Anteil an dem französischen

Verleih SOCIÉTÉ NOUVELLE DISTRIBUTION (SND).

- Eine Expertengruppe der Europäischen Union unter EU-Kommissar Oreja fordert die Ausweitung der Mittel für das MEDIA-Programm.
- MGM kauft von SEAGRAM für 250 Mio. Dollar den größten Teil der Filmbibliothek des POLYGRAM-Filmarms.
- Die Investorengemeinschaften APAX und PRICOA beteiligen sich mit 20 Prozent an der Ufa Theater AG und bringen 100 Mio. Mark ein.
- KINOWELT MEDIEN AG übernimmt PANDORA FILMVERLEIH und erwirbt die Verwertungsrechte der Kirch-Library mit 5000 Filmen für Video und DVD.
- INTERTAINMENT AG kündigt ihren Börsengang für 1999 an.
- WARNER CINEMAS steigt in Deutschland aus dem Joint-venture mit VILLAGE CINEMAS aus.
- Der FFF Bayern präsentiert MOVIES MADE IN BAVARIA mit Regisseuren, Schauspielern und Produzenten in Moskau, Kiew, beim Festival des deutschsprachigen Films in Hongkong und in Krakau.

November

- George Lucas gibt bekannt, daß die beiden letzten Teile der *Star-Wars*-Prequel-Trilogie in Sydney realisiert werden.
- Alberto Barbera wird Direktor der Filmfestspiele in Venedig.
- ICON PRODS., die Firma von Mel Gibson und Bruce Davey, gründet einen britischen Verleih.
- BAVARIA FILM vereinbart mit PARAMOUNT eine Kooperation.
- FOX und JUGENDFILM vereinbaren eine Kooperation: Der US-Major übernimmt Kinovertrieb und Videoauswertung für JUGENDFILM-Titel.
- Christine von Wahlert wird zur neuen SPIO-Geschäftsführerin ernannt.

Dezember

- POLYGRAM FILMED ENTERTAINMENT wird in die UNIVERSAL-Strukturen integriert.
- MOVIENET, Lothar Sealand wertet künftig die Filme von FOXTON ENTERTAINMENT in Deutschland aus.
- Der MDR-Kulturredakteur Manfred Schmidt wird Geschäftsführer der Mitteldeutschen Medienförderung.
- Stefan Drößler wird neuer Leiter des Filmmuseums München.
- Nach einer Beteiligung durch die ABN AMRO kündigt die SCHWEIZER HIGHLIGHT den Einstieg in die Produktion deutscher Spielfilme an.
- SENATOR übernimmt mit 51 Prozent die Mehrheit an Joseph Vilsmaiers Münchner Produktionsfirma PERATHON.

Mit freundlicher Genehmigung des Fachmagazins BLICKPUNKT:FILM.

Internationale Filmpreise

The Academy-Awards – »Oscars« 1998

»Amerika, du hast es besser. Du kannst wunderbar zynisch sein, aber auch – zum Ausgleich – so altmodisch pathetisch, daß man schon wieder darüber lachen möchte. Und in deinen besten Augenblicken, deren allerbester zweifellos die alljährliche Oscar-Zeremonie ist, gehen Zynismus und Pathos fast deckungsgleich auf.« (Jan Schulz-Ojala, »Der Tagesspiegel«)

Am 23. März präsentierte Billy Crystal die 70. »Oscar«-Verleihung, die in 125 Länder übertragen wurde und mit 87 Millionen Zuschauern allein in den USA einen neuen Rekord erreichte. Die Verleihung verlief diesmal wieder im traditionellen Fahrwasser, denn nachdem im Vorjahr von den insgesamt 65 Nominierungen 54 auf unabhängige Produktionen entfallen waren, gewannen 1998 erneut die Filme der großen Studios. Allen voran natürlich *Titanic*: nicht nur der teuerste und erfolgreichste Film weltweit, sondern mit elf »Oscars« auch in dieser Kategorie ungeschlagen – lediglich *Ben Hur* konnte 1960 genauso viele Trophäen auf sich vereinen. James Cameron nahm dann auch seine Auszeichnung für die beste Regie mit den Worten »I'm the king of the world!« entgegen. Nach so vielen Superlativen wird vermutlich kaum jemand mehr darüber trauern, daß die Darsteller von *Titanic* leer ausgingen; Leonardo DiCaprio wurde nicht einmal nominiert, und Kate Winslet mußte Helen Hunt (*Besser geht's nicht*) die Trophäe überlassen. Hunts Filmpartner Jack Nicholson holte sich gar seinen dritten »Oscar« bei der Academy of Motion Picture Arts and Science ab; die ersten beiden gewann er 1975 für *Einer flog über das Kuckucksnest* und 1983 für *Zeit der Zärtlichkeit.*

Mit Caroline Links *Jenseits der Stille* wurde zum ersten Mal seit *Schtonk!* (1993) wieder eine deutsche Produktion in der Kategorie des fremdsprachigen Films nominiert, und obwohl Caroline Link und die Produzenten Thomas Wöbke und Jakob Claussen keinen »Oscar« mit nach Hause nehmen konnten, war es einer der seltenen großen internationalen Erfolge des deutschen Films 1998. Ein »Oscar« ging schließlich doch noch nach Deutschland, denn die Academy verleiht auch alljährlich den »**Studenten-Oscar**«. Dieser ging im Juni in der Kategorie »Bester fremdsprachiger Film« an ***Rochade*** von Thorsten Schmidt, Absolvent der Filmakademie Baden-Württemberg.

Als eine positive Überraschung fiel die Nominierung von Atom Egoyan für *Das süße Jenseits* auf; weniger überraschend war dagegen, daß Egoyan den »Oscar« für die beste Regie doch nicht gewann. Einmal mehr wurde so die typisch konservative Prämierungspraxis der Academy deutlich, ebenso wie durch die Tatsache, daß ein Film wie *Jackie Brown* mit nur einer Nominierung – für Robert Forster als bester Nebendarsteller – bedacht wurde. *The Big Lebowski* von den Coen-Brüdern blieb sogar gänzlich unerwähnt, denn »die Academy mag keine Komödien, die ihren Schabernack mit dem amerikanischen Heldentum treiben«. (Christiane Peitz, »Die Zeit«)

Bester Film: *Besser geht's nicht, Ganz oder gar nicht, Good Will Hunting, L.A. Confidential, Titanic.*
Ausgezeichnet wurde ***Titanic.***
Regie: James Cameron für *Titanic*, Peter Cattaneo für *Ganz oder gar nicht*, Atom Egoyan für *Das süße Jenseits*, Curtis Hanson für *L.A. Confidential*, Gus Van Sant für *Good Will Hunting.*
Ausgezeichnet wurde **James Cameron.**
Hauptdarstellerin: Helena Bonham Carter für *Die Flügel der Taube*, Julie Christie für *Liebesflüstern*, Judi Dench für *Ihre Majestät, Mrs. Brown*, Helen Hunt für *Besser geht's nicht*, Kate Winslet für *Titanic.*
Ausgezeichnet wurde **Helen Hunt.**
Hauptdarsteller: Matt Damon für *Good Will Hunting*, Robert Duvall für *Der Apostel*, Peter Fonda für *Ulee's Gold*, Dustin Hoffman für *Wag the Dog*, Jack Nicholson für *Besser geht's nicht.*
Ausgezeichnet wurde **Jack Nicholson.**
Nebendarstellerin: Kim Basinger für *L.A. Confidential*, Joan Cusack für *In & Out*, Minnie Driver für *Good Will Hunting*, Julianne Moore für *Boogie Nights*, Gloria Stuart für *Titanic.*
Ausgezeichnet wurde **Kim Basinger.**
Nebendarsteller: Robert Forster für *Jackie Brown*, Anthony Hopkins für *Amistad*, Greg Kinnear für *Besser geht's nicht*, Burt Reynolds für *Boogie Nights*, Robin Williams für *Good Will Hunting.*
Ausgezeichnet wurde **Robin Williams.**
Originaldrehbuch: Mark Andrus und James L. Brooks für *Besser geht's nicht*, Paul Thomas Anderson für *Boogie Nights*, Woody Allen für *Deconstructing Harry*, Simon Beaufoy für *Ganz oder gar nicht*, Matt Damon und Ben Affleck für *Good Will Hunting.*
Ausgezeichnet wurden **Matt Damon** und **Ben Affleck.**
Adaptiertes Drehbuch: Paul Attanasio für *Donnie Brasco*, Brian Helgeland und Curtis Hanson für *L.A. Confidential*, Atom Egoyan für *Das süße Jenseits*, Hilary Henkin und David Mamet für *Wag The Dog*, Hossein Amini für *Die Flügel der Taube*
Ausgezeichnet wurden **Brian Helgeland** und **Curtis Hanson**.
Kamera: Janusz Kaminski für *Amistad*, Roger Deakins für *Kundun*, Dante Spinotti für *L.A. Confidential*, Russel Carpenter für *Titanic*, Eduardo Serra für *Die Flügel der Taube.*
Ausgezeichnet wurde **Russel Carpenter.**
Schnitt: Richard Francis Bruce für *Air Force One*, Richard Marks für *Besser geht's nicht*, Pietro Scalia für *Good Will Hunting*, Peter Honess für *L.A. Confidential*, Conrad Buff, James Cameron und Richard A. Harris für *Titanic.*
Ausgezeichnet wurden **Conrad Buff**, **James Cameron** und **Richard A. Harris.**
Produktionsdesign: Jan Roelfs und Nancy Nye für *Gattaca*, Dante Ferretti und Francesca Lo Schiavo für *Kundun*, Jeannine Oppewall und Jay R. Hart für *L.A. Confidential*, Bo Welch und Cheryl Carasik für *Men in Black*, Peter Lamont und Michael Ford für *Titanic.*
Ausgezeichnet wurden **Peter Lamont** und **Michael Ford.**
Originalmusik (Drama): John Williams für *Amistad*, Danny Elfman für *Good Will Hunting*, Philip Glass für *Kundun*, Jerry Goldsmith für *L.A. Confidential*, James Horner für *Titanic.*
Ausgezeichnet wurde **James Horner.**

Originalmusik (Komödie/Musical): Stephen Flaherty, Lynn Ahrens und David Newman für *Anastasia*, Hans Zimmer für *Besser geht's nicht*, Anne Dudley für *Ganz oder gar nicht*, James Newton Howard für *Die Hochzeit meines besten Freundes*, Danny Elfman für *Men in Black.*
Ausgezeichnet wurde **Anne Dudley**.
Originalsong: »Go The Distance« aus *Hercules*, »How Do I Live« aus *Con Air*, »Journey To The Past« aus *Anastasia*, »Miss Misery« aus *Good Will Hunting*, »My Heart Will Go On« aus *Titanic.*
Ausgezeichnet wurde »**My Heart Will Go On**«.
Ton: *Air Force One*, *Con Air*, *Contact*, *L.A. Confidential*, *Titanic.*
Ausgezeichnet wurde ***Titanic.***
Soundeffekte: *Das fünfte Element*, *Im Körper des Feindes*, *Titanic.*
Ausgezeichnet wurde ***Titanic.***
Spezialeffekte: *Vergessene Welt: Jurassic Park*, *Starship Troopers*, *Titanic.*
Ausgezeichnet wurde ***Titanic.***
Maske: *Ihre Majestät Mrs. Brown*, *Men in Black*, *Titanic.*
Ausgezeichnet wurde ***Men in Black.***
Kostüme: *Amistad*, *Kundun*, *L.A. Confidential*, *Men in Black*, *Titanic.*
Ausgezeichnet wurde ***Titanic.***
Bester fremdsprachiger Film: *Jenseits der Stille* (BRD), *Character* (Niederlande), *O Que É Isso, Companheiro/Four Days in September* (Brasilien), *Secretos del coraçon /Secrets of the Heart* (Spanien), *Vor/ The Thief* (Rußland).
Ausgezeichnet wurde ***Character.***
Beste Dokumentation: *Ayn Rand: A Sense of Life* von Michael Paxton, *Colors Straight Up* von Michèle Ohayon und Julia Schacter, *4 Little Girls* von Spike Lee und Samuel D. Pollard, *The Long Way Home* von Marvin Hier und Richard Trank, *Waco: The Rules of Engagement* von William Gazecki.
Ausgezeichnet wurde ***The Long Way Home.***
Beste Kurz-Dokumentation: *Alaska: Spirit of the Wild*, *Amazon*, *Daughter of the Bride*, *Still Kicking: The Fabulous Palm Springs Follies*, *A Story of Healing.*
Ausgezeichnet wurde ***A Story of Healing.***
Bester Kurzfilm: *Dance Lexie Dance*, *It's Good To Talk*, *Sweethearts?*, *Visas and Virtue*, *Wolfgang.*
Ausgezeichnet wurde ***Visas and Virtue.***
Bester Kurzfilm – Animation: *Famous Fred*, *Geri's Game*, *La vieille Dame et les Pigeons*, *The Mermaid*, *Redux Riding Hood.*
Ausgezeichnet wurde ***Geri's Game.***
Ehren-Oscar: Stanley Donen.

Preis der britischen Akademie für Film- und Fernsehkünste BAFTA 1998

Bei der diesjährigen Preisverleihung bedachte man **Gary Oldman** für sein Regiedebüt *Nil by Mouth* mit einem Sonderpreis, **Sean Connery** wurde für sein Lebenswerk ausgezeichnet. Die Hauptpreise erhielten in den Kategorien:
Bester Film: ***Ganz oder gar nicht*** von Peter Cattaneo.
Regie: Baz Luhrmann für *Romeo und Julia.*
Schauspielerin: Judi Dench für *Ihre Majestät Mrs. Brown.*
Schauspieler: Robert Carlyle für *Ganz oder gar nicht.*

Ehrenpreise der amerikanischen Berufsverbände

Career Achievement Award der Writers Guild of America: **John Sayles.**

D.W. Griffith Award des amerikanischen Regiseurverbandes DGA: **Francis Ford Coppola.**
Board of Governors Award der American Society of Cinematographers: **Francis Ford Coppola.**
Auszeichnung der Screen Actors Guild: Elizabeth Taylor.
»Eddie« der American Cinema Editors: **Saul Zaentz.**

Europäischer Filmpreis 1998

Erstmals wurde in London der europäische Filmpreis vergeben, der seit letztem Jahr neu gestaltet und weitgehend aus privaten Mitteln finanziert wird. Am 4. Dezember führten die französische Schauspielerin Carole Bouquet und der britische Schauspieler, Regisseur und Autor Mel Smith durch die Preisverleihung. Zwei der Hauptpreise – in den Kategorien bester europäischer Film und Schauspieler – gingen an Roberto Begnini, der vor Begeisterung beinahe sprachlos war; aber eben nur beinahe – schlug er doch letztendlich aus Freude vor, daß alle Anwesenden jetzt miteinander Sex haben sollten.

Europäischer Film: *Das Fest* von Thomas Vinterberg (Dänemark), *Das Leben ist schön* von Roberto Begnini (Italien), *Liebe das Leben* von Eric Zonca (Frankreich), *Live Flesh* von Pedro Almod (Frankreich), *Lola rennt* von Tom Tykwer (Deutschland), *My Name Is Joe* von Ken Loach (Großbritannien), *Der Schlächterbursche* von Neil Jordan (Irland).
Ausgezeichnet wurde ***Das Leben ist schön.***
Schauspielerin: Elodie Bouchez und Natacha Regnier für *Liebe das Leben*, Dinara Drukarova für *Pro Ourodov I Lioudiei (Of Freaks and Men)*, Annet Malherbe für *Kleine Teun (Little Tony).*
Ausgezeichnet wurden **Elodie Bouchez** und **Natacha Regnier.**
Schauspieler: Javier Bardem für *Live Flesh*, Roberto Begnini für *Das Leben ist schön*, Peter Mullan für *My Name Is Joe*, Ulrich Thomsen für *Das Fest.*
Ausgezeichnet wurde **Roberto Begnini.**
Drehbuch: Jean-Pierre Bacri und Agnes Jaoui für *Das Leben ist ein Chanson*, Peter Howitt für *Sie liebt mich, sie liebt mich nicht*, Lars von Trier für *Die Idioten*, Alex van Warmerdam für *Kleine Teun (Little Tony)*
Ausgezeichnet wurde **Peter Howitt.**
Kamera: Thierry Arbogast für *Schwarze Katze, weißer Kater*, Adrian Biddle für *Der Schlächterbursche*, Dany Elsen für *Le Nain Rouge*, Joseph Vilsmaier für *Comedian Harmonists.*
Ausgezeichnet wurde **Adrian Biddle.**
Europäischer Beitrag zum Weltkino: Antonio Banderas für *Die Maske des Zorro*, Pierce Brosnan für *Der Morgen sirbt nie*, Gérard Depardieu für *Der Mann mit der eisernen Maske*, Stellan Skarsgard für *Amistad* und *Good Will Hunting*, Emma Thompson für *Mit aller Macht*, Kate Winslet für *Titanic.*
Ausgezeichnet wurde **Stellan Skarsgard.**
Screen International: *The Big Lebowski* von Joel Coen, *Boogie Nights* von Paul Thomas Anderson, *The Castle* von Rob Sitch, *Harry außer sich* von Woody Allen, *Der Soldat James Ryan* von Steven Spielberg, *The Truman Show* von Peter Weir.
Ausgezeichnet wurde ***The Truman Show.***
FIPRESCI-Preis: *The Powder King* von Goran Paskaljevic.
Europäischer Dokumentarfilmpreis: Claudio Pazienza.

Europäischer Kurzfilmpreis: ***Un Jour*** von Marie Paccou.
Special Achievement Award: Jeremy Irons.
Der **Fassbinder-Preis** für die europäische Entdeckung ging an ***Liebe das Leben*** und ***Das Fest***.
»Der Publikumspreis dagegen zeigt, daß die von der Jury vergebenen Preise nicht unbedingt mit dem Zuschauergeschmack übereinstimmen, denn diese Auszeichnung ging an **Roland Emmerich** für *Godzilla*, **Antonio Banderas** für seine Rolle in *Die Maske des Zorro* und **Kate Winslet** für *Titanic*.« (epd Film).

23. Französischer Filmpreis »César«

Juliette Binoche führte durch den Abend des 28. Februar 1998, an dem im Theatre des Champs-Élysees der Preis der Académie des Arts et Techniques du Cinema verliehen wurde. Der Fernsehsender Canal+ übernahm die Rolle des Gastgebers und Produzenten, um einen frischen Wind in die Veranstaltung zu bringen, die 1975 nach dem Vorbild des »Oscars« konzipiert wurde. Die französische Akademie besteht dabei mittlerweile aus annähernd dreitausend Mitgliedern – ausschließlich Filmschaffende, denn der Gründer Georges Cravennes wollte nach eigenem Bekunden, daß die Künstler von Künstlern beurteilt werden, jenseits von »unerbittlichen Kritikern und dem schlechten Urteil der Öffentlichkeit«. Die Künstler votierten dieses Jahr vor allem für *Das Leben ist ein Chanson* von Alain Resnais: Der Film erhielt sieben Césars und wiederholte somit den Erfolg von Resnais' *Providence* von 1978. Die **Ehrenpreise** gingen an **Michael Douglas**, **Clint Eastwood** und **Jean-Luc Godard**.

Bester Film: ***Das Leben ist ein Chanson*** von Alain Resnais.
Regie: Luc Besson für *Das fünfte Element.*
Schauspielerin: Ariane Ascaride für *Marius et Jeannette.*
Schauspieler: André Dussolier für *Das Leben ist ein Chanson.*
Nebendarstellerin: Agnes Jaoui für *Das Leben ist ein Chanson.*
Nebendarsteller: Jean-Pierre Bacri für *Das Leben ist ein Chanson.*
Drehbuch: Agnes Jaoui und **Jean-Pierre Bacri** für *Das Leben ist ein Chanson.*
Bestes Debüt: ***Didier*** von Alain Chabat.
Vielversprechende Nachwuchsschauspielerin: Emma de Chaunes für *Un frère.*
Vielversprechender Nachwuchsschauspieler: Stanislas Merhar für *Nettoyage a sec.*
Bester ausländischer Film: ***Brassed Off*** von Mark Herman.
Kamera: Thierry Arbogast für *Das fünfte Element.*
Ton: Pierre Lenoir und **Jean-Pierre Laforce** für *Das Leben ist ein Chanson.*
Ausstattung: Dan Weil für *Das fünfte Element.*
Kostüme: Christian Gasc für *Le Bossu.*
Schnitt: Herve de Luze für *Das Leben ist ein Chanson.*
Musik: Bernardo Sandoval für *Western.*
Kurzfilm: ***Des majorettes dans l'espace*** von David Fournier.

55. Golden Globe

Das Rennen der beiden Schiffe *Amistad* und *Titanic* wurde klar vom größeren gewonnen, und insofern waren die Preise der Auslandsjournalisten Hollywoods einmal mehr ein deutlicher Indikator für die folgenden Academy Awards. James Camerons *Titanic* war mit vier Golden Globes (nach acht Nominierungen) auch bei dieser Preisverleihung der erfolgreichste Film, gefolgt von James L. Brooks' *Besser geht's nicht*, der es auf drei Trophäen brachte. Stark unterbewertet wurde erneut Tarantinos *Jackie Brown* mit lediglich zwei Nominierungen für Pam Grier und Samuel L. Jackson. Unter den fünf nominierten ausländischen Filmen war auch die deutsche Produktion *Lea* von Ivan Filas, Sieger dieser Kategorie wurde allerdings der belgische Film *Mein Leben in Rosarot* von Alain Berliner. Der **Cecil B. De Mille Award** für einen »außergewöhnlichen Beitrag zur Sparte Entertainment« ging an **Shirley MacLane**.

Film (Drama): *Amistad, The Boxer, Good Will Hunting, L.A. Confidential, Titanic.*
Ausgezeichnet wurde ***Titanic.***

Film (Musical/Komödie): *Besser geht's nicht, Ganz oder gar nicht, Men in Black, Die Hochzeit meines besten Freundes, Wag the Dog.*
Ausgezeichnet wurde ***Besser geht's nicht***.

Regie: James L. Brooks für *Besser geht's nicht*, James Cameron für *Titanic*, Curtis Hanson für *L.A. Confidential*, Jim Sheridan für *The Boxer*, Steven Spielberg für *Amistad.*
Ausgezeichnet wurde **James Cameron**.

Drehbuch: Mark Andrus und James L. Brooks für *Besser geht's nicht*, James Cameron für *Titanic*, Matt Damon und Ben Affleck für *Good Will Hunting*, Brian Helgeland und Curtis Hanson für *L.A. Confidential*, Hilary Henkin und David Mamet für *Wag the Dog.*
Ausgezeichnet wurden **Matt Damon** und **Ben Affleck**.

Darstellerin (Drama): Helena Bonham Carter für *Die Flügel der* Taube, Judi Dench für *Ihre Majestät, Mrs. Brown*, Jodie Foster für *Contact*, Jessica Lange für *1000 Morgen*, Kate Winslet für *Titanic.*
Ausgezeichnet wurde **Judi Dench**.

Darsteller (Drama): Matt Damon für *Good Will* Hunting, Daniel Day-Lewis für *The* Boxer, Leonardo Di Caprio für *Titanic*, Peter Fonda für *Ulee's Gold*, Djimon Hounsou für *Amistad.*
Ausgezeichnet wurde **Peter Fonda.**

Darstellerin (Musical/Komödie): Joey Lauren Adams für *Chasing* Amy, Pam Grier für *Jackie Brown*, Helen Hunt für *Besser geht's nicht*, Jennifer Lopez für *Selena.*
Ausgezeichnet wurde **Helen Hunt**.

Darsteller (Musical/Komödie): Jim Carrey für *Der Dummschwätzer*, Dustin Hoffman für *Wag the Dog*, Samuel L. Jackson für *Jackie Brown*, Kevin Kline für *In & Out*, Jack Nicholson für *Besser geht's nicht.*
Ausgezeichnet wurde **Jack Nicholson**.

Nebendarstellerin: Kim Basinger für *L.A. Confidential*, Joan Cusack für *In & Out*, Julianne Moore für *Boogie Nights*, Gloria Stuart für *Titanic*, Sigourney Weaver für *Der Eissturm.*
Ausgezeichnet wurde **Kim Basinger.**

Nebendarsteller: Rupert Everett für *Die Hochzeit meines besten Freundes*, Anthony Hopkins für *Amistad*, Gerg Kinnear für *Besser geht's nicht*, Burt Reynolds für *Boogie Nights*, Jon Voight für *Der Regenmacher*, Robin Williams für *Good Will Hunting.*
Ausgezeichnet wurde **Burt Reynolds**.

Fremdsprachiger Film: *Artemisia* (Frankreich), *Il testimone dello sposo/The Best Man* (Italien), *Lea* (Deutschland), *Mein Leben in Rosa-*

Kate Winslet, Leonardo DiCaprio und Kathy Bates in ›Titanic‹

rot (Belgien), *Vor/The Thief* (Rußland).
Ausgezeichnet wurde **Mein Leben in Rosarot**.
Filmmusik: Philip Glass für *Kundun*, Jerry Goldsmith für *L.A. Confidential*, James Horner für *Titanic*, Michael Nyman für *Gattaca*, John Williams für *Sieben Jahre in Tibet.*
Ausgezeichnet wurde **James Horner**.
Filmsong: »Go the Distance« aus *Hercules*, »Journey to the Past« aus *Anastasia*, »My Heart Will Go On« aus *Titanic*, »Once Upon a December« aus *Anastasia*, »Tomorrow Never Dies« aus *Der Morgen stirbt nie.*
Ausgezeichnet wurde **My Heart Will Go On**.

Premio Goya 1998

Die höchste spanische Filmauszeichnung erhielt **Ricardo Franco** für ***La buena Estrella***.

Prix Meliès 1998

Alain Resnais erhielt für ***Das Leben ist ein Chanson*** die seit 1946 vergebene Auszeichnung der französischen Filmkritiker; als bester ausländischer Film wurde das japanische Werk ***Hana-bi*** von und mit **Takeshi Kitano** geehrt.

Internationale Filmfestivals und Filmtage

48. Berlinale – Internationale Filmfestspiele Berlin

Kommt DeNiro oder kommt er nicht, war die Frage, die alle bewegte – er kam und das trotz des unangenehmen Intermezzos mit der Pariser Justiz, aber er kam erst nach der Berliner Premiere von *Wag the Dog*. Daß diese Frage zu einem derart bedeutenden Thema auf der Berlinale wurde, war bezeichnend für die Situation, die manchen Anlaß zur Klage gab. Viele Stars, darunter Quentin Tarantino, Barry Levinson und Dustin Hoffman, hatten abgesagt; »und die Stars, die schließlich doch erschienen – Ehrengast Catherine Deneuve, Samuel L. Jackson, der für *Jackie Brown* als bester Schauspieler ausgezeichnet wurde, und Robert DeNiro – wirkten nicht gerade als Stimmungsmacher.« (Tobias Kniebe, »SZ«) Nun kann man dem Festivalchef Moritz de Hadeln durchaus recht geben, wenn er auf derartige Vorwürfe entgegnet, daß für ein Festival die Qualität der Filme entscheidend sei. Aber wenn nach den Vorführungen von Altmans *The Gingerbread Man* und Levinsons *Wag the Dog* mangels anwesender Regisseure, Schauspieler und Produzenten gar die Pressekonferenzen ausfallen müssen, kann darunter auch das Ansehen eines Festivals leiden.

Kritik wurde auch einmal mehr an der **ausufernden Unübersichtlichkeit des Festivals geübt**: Knapp 154 Filme liefen in Wettbewerb, Panorama und Forum in den elf Tagen, und fast noch einmal soviel kamen durch die Retrospektive, die Kurz- und Kinderfilme hinzu. So schlug Peter Körte vor: »Schaden könnte es beispielsweise nicht, wenn der Wettbewerb schrumpfte. Das mag gegen den Trend sein, nachdem Venedig gerade verkündet hat, seinen Wettbewerb aufstocken zu wollen, doch es wäre wegweisend. Nicht mal Cannes schafft es, zwei Dutzend wirklich konkurrenzfähige Filme ins Rennen zu schicken.« – »Der Wettbewerb wird seit Jahren aus guten Gründen kritisiert: Die großen Verleiher nutzen ihn als billige Promotion für Filme, die noch während des Festivals in die Kinos kommen, der Wettbewerb hat kein Konzept«, konstatierte Anja Seeliger von der »TAZ«. Jan Schulz-Ojala vom »Tagesspiegel« schrieb: »Auch sonst steht es schlecht um Exklusivitäten – jene berühmten Weltpremieren, die der Stolz eines jeden Festivals sind. Während in Cannes in den letzten fünf Jahren im Durchschnitt drei Viertel der Wettbewerbsfilme Weltpremieren sind (letztes Jahr sogar 20 von 23), liegt Berlin im besten Fall bei zwei Dritteln. Dieses Jahr sind es so wenig wie nie, nur 14 von 29, weshalb man im Programmraster wohl gleich auf die üblichen Zusätze »WP« (Weltpremiere) und »IP« (Internationale Premiere) verzichtet hat.«

Dem gegenüber stand der von vielen Journalisten geteilte Eindruck, daß das **Niveau des Programms insgesamt recht gut** war. Für Peter Körte lag dies insbesondere an den amerikanischen Produktionen wie *The Big Lebowski* von den Coen-Brüdern, *Jackie Brown* von Quentin Tarantino oder *Good Will Hunting* von Gus Van Sant. »Fast ausnahmslos kamen sie aus Hollywood. Selbst wenn sie in Irland spielen wie Neil Jordans *Butcher Boy*, sind sie in Gestus und vor allem in der Vermarktung ›amerikanisch‹.« Joseph Lederle vom »film-dienst« sah die Stärke des Wettbewerbs in den Filmen, die sperrig genug waren, »um sich gegen simple Formeln zu wehren. Bereits der Eröffnungsfilm, in den letzten Jahren eher Anlaß zu Spott oder Ärger, schlug einen unmißverständlichen Ton an: Politisch brisant und formal ambitioniert, widmet sich Jim Sheridan in *The Boxer* erneut dem blutigen Bürgerkrieg in Nordirland.« Weitere Filme, die sich einfachen Kategorien entziehen, sah Lederle in *Central do Brasil* von Walter Salles, in Michael Winterbottoms *I Want You* und in Jeroen Krabbés Regiedebüt *Left Luggage*, der von Überlebenden des Holocausts, deren Verdrängungsmechanismen und sich daraus entwickelnden Generationenkonflikten erzählt. Neben dem Schwerpunkt des südamerikanischen Films im **Panorama** stachen auch Produktionen aus Asien heraus, wie der »größte Lacherfolg der Berlinale« (Marli Feldvoß, »epd Film«) *Welcome Back, Mr. McDonald* von Koki Mitani, »der nur von einer einzigen Idee lebt. Was geschieht, wenn sich die Protagonistin eines Hörspiels, das live auf Sendung gehen soll, plötzlich entscheidet, daß sie keine Japanerin in einem japanischen Melodram sein will, sondern die Strafverteidigerin Mary Jane aus New York.«

Die wenigen **deutschen Filme** konnten dagegen niemand richtig überzeugen, vor allem der deutsche Wettbewerbsbeitrag kam bei der Kritik schwer unter die Räder; so schrieb Peter Körte: »Ein Jahr ohne deutschen Film wäre eine geringere Blamage als die Auswahl von Michael Gwisdeks *Das Mambospiel*.« Dazu meldete Jan Schulz-Ojala: »Auch dem deutschen Film hat dieses Festival wieder einen katastrophalen Auftritt beschert. Das bewußt chaotisch-amateurhafte und insofern charmante *Mambospiel*: Wie kann man einen solchen Film international so aus- und bloßstellen? Die Berlinale mag beklagen, daß die deutschen Produzenten sie scheuen. Nach diesem Debakel werden sie sie um so mehr scheuen.« Horst Peter Koll vom »film-dienst« stellte fest, daß die »aktuelle Trendwende im deutschen Filmschaffen von der Berlinale ignoriert wird: Seit Jahren vertraute Namen werden gehegt und gepflegt – auch wenn sie im Kinogeschehen nicht die geringste Rolle spielen – die ›Zeichen der Zeit‹ aber werden gleichzeitig schlichtweg übersehen.« Wenn aber schon keine künstlerischen Erfolge zu verzeichnen waren, so konnten doch einige wirtschaftlichen erzielt werden. »So kaufte Miramax den Oscar-Anwärter *Jenseits der Stille* von der Bavaria ein und zeigte ebenso starkes Interesse an *Comedian Harmonists*.« (Ralf Bögner, »Filmecho/Filmwoche«)

»Am Ende war es eine gute Entscheidung, die der Jury-Vorsitzende Ben Kingsley verkünden konnte, und wieder mal ein **Sieg für das klassische Kino**. *Central do Brasil* hat den Goldenen Bären gewonnen: Die Geschichte einer unwahrscheinlichen Freundschaft zwischen einer älteren Frau und einem Straßenjungen in Rio de Janeiro. Da mußte keinerlei Bonus für die Dritte Welt vergeben werden, denn der Regisseur Walter Salles verstand es am besten, die feinen Fäden der Erzählung zu verweben, ... Der Preis für die beste weibliche Hauptrolle ging zugleich an seine Darstellerin Fernanda Montenegro – eine der unwahrscheinlichsten Filmheldinnen der letzten Zeit, und schon deshalb eine der schönsten.« (Tobias Kniebe, »SZ«).

Goldener Bär: ***Central do Brasil (Central Station)*** von Walter Salles.
Silberner Bär, Spezialpreis der Jury: ***Wag the Dog*** von Barry Levinson.
Silberner Bär für die beste Regie: **Neil Jordan** für *The Butcher Boy.*
Silberner Bär für die beste Darstellerin: **Fernanda Montenegro** für *Central Station.*
Silberner Bär für den besten Darsteller: **Samuel L. Jackson** für *Jackie Brown.*
Silberner Bär für seinen herausragenden Beitrag zur Filmkunst unserer Zeit: **Alain Resnais**.
Silberner Bär für Drehbuch und schauspielerische Leistung: **Matt Damon** für *Good Will Hunting.*
Goldener Bär (Kurzfilm): ***I Move So I Am*** von Gerrit van Dijk.
Silberner Bär (Kurzfilm): ***Cinema Alcazar*** von Florence Jaugey.
Goldener Bär für das Lebenswerk: Catherine Deneuve.
Blauer Engel (Preis der Europäischen Film- und Fernsehakademie): **Jeroen Krabbé** für *Left Luggage.*
Alfred Bauer Preis: ***Yue Kuai le, Yue duo Luo (Hold You Tight)*** von Stanley Kwan.

Preis der Kirchen der Ökumenischen Jury:

Central Station von Walter Salles.
Sue von Amos Kollek.
Wang Hsiang (Heimwehkranke Augen) von Hsu Hsiao-Ming.
Preise der FIPRESCI (Internationaler Verband der Filmkritiker):
Sada von Nobuhiko Obayashi.
Shivrei Tmunot Yerushalaim (Fragments *Jerusalem) von Ron Havilio
Sue von Amos Kollek.

Kinderfilmfest

UNICEF-Preis: ***The Climb*** von Bob Swaim.

Gläserner Bär: ***Where The Elefant Sits.***

Teddy (Schwul-Lesbischer Preis):

Yue Kuai le, Yue duo Luo (Hold You Tight) von Stanley Kwan.

The Brandon Teena Story von Susan Muska und Gréta Ólafsdu ***Tigh Peppermills*** von Isabel Hegner.

Preis der C.I.C.A.E. (Internationaler Verband der Filmkunsttheater): ***Le gone du chaaba (Der Bengel aus der Chaaba)*** von Christophe Ruggia.

Preis der Gilde Deutscher Filmkunsttheater: ***Left Luggage*** von Jeroen Krabbé.

Wolfgang-Staudte-Preis: ***Xiao Wu*** von Jia Zhang Ke.

Caligari-Preis: ***Kasaba*** von Nuri Bilge Ceylan.

Friedensfilmpreis: ***W toj stranje (In jenem Land)*** von Lidija Bobrowka.

Pierrot-Preis für den besten europäischen Erstlingsfilm: ***Liebespanne*** von Olivier Péray.

Preis der Leserjury der Berliner Morgenpost: ***The Boxer*** von Jim Sheridan.

Leserpreis der Berliner Zeitung: ***Das Jahr nach Dayton*** von Nikolaus Geyrhalter.

Die **Berlinale-Kamera** wurde in diesem Jahr an **Carmelo Romero de Andres**, den stellvertretenden Direktor des Instituto de la Cinematografia, »für seine langjährigen Verdienste um die Promotion des spanischen Films« verliehen.

51. Festival International du Film Cannes

»Cannes macht kirre. Cannes ist der alljährliche Amoklauf eines Business, bei dem alle Beteiligten vergessen, daß sie zu Hause ganz normale Menschen sind.« (»Der Spiegel«) Und die Beteiligten konnten sich, wenn es nicht gerade um Geschäfte ging, in den klimatisierten Sälen allein 45 Weltpremieren unter den gut hundert Beiträgen im Festivalprogramm ansehen. Die Ausmaße des dem Festival angeschlossenen Filmmarkts MIF (Marché International du Film) haben sich innerhalb von zwei Jahren sogar verdoppelt – zumindest was die Ausstellungsfläche betrifft; was die Filme angeht, waren es 583, davon 274 Weltpremieren. »Schneller, weiter, höher – was für die Olympischen Spiele gilt, gilt erst recht für Cannes.« Margret Köhler vom »film-dienst« meinte sogar: »Fast konnte man den Eindruck gewinnen, der Wettbewerb diene nur noch als das cineastische Feigenblatt für einen immer mehr expandierenden Filmmarkt.« Und selbst Pierre-Henri Deleau, Leiter der Reihe »Quinzaine des Réalisateurs«, klagt: **»Cannes ist zum Festival für ausländische Filmverkäufer geworden, ein Kommerzfestival!«**

Bei derartig viel Rummel verwundert es wenig, wenn selbst ein Film einer Kinolegende kaum wahrgenommen wird, zumal der achtzigjährige Ingmar Bergman es vorzog, seinen Film in Cannes nicht persönlich vorzustellen. Die Fernsehproduktion *Dabei: ein Clown* handelt von Glanz und Elend eines kleinen Kinounternehmens; Andreas Kilb von der »Zeit« sah darin den »Schlußstrich« unter Bergmans Filmschaffen: »In aller Stille nahm der Regisseur Bergman seinen Abschied vom Film, und niemand machte sich die Mühe es zu bemerken.«

Trotz – oder gerade wegen – dieses alljährlichen Festivaltrubels wurden gegenläufige Trends im Programm festgestellt. Einmal scheint es, wie Robert Fischer in »epd Film« schrieb, als ob sich das Kino verstärkt auf seine Anfänge besinnt; *Dark City* von Alex Proyas ist eine Hommage an Fritz Langs *Metropolis*, in Paul Austers Solo-Regiedebüt *Lulu on the Bridge* wird als Film im Film ein Remake von Pabsts *Büchse der Pandora* gedreht, *Gods and Monsters* von Bill Condon handelt von James Whale, dem Regisseur von *Frankenstein*, und *Leidenschaft* vom Ungarn György Fehér ist eine Neuverfilmung des Romans »The Postman Always Rings Twice«. Dieser Film sollte nach Fehér so aussehen wie »die wiederentdeckte letzte Kopie eines lange verschollenen Werkes«. In der »Quinzaine des Réalisateurs« lief eine wirkliche filmhistorische Entdeckung: der aus zwei wiedergefundenen Kopien rekonstruierte Stummfilm *The Man Who Laughs*, 1928 unter der Regie von Paul Leni gedreht.

Der andere Trend waren Filme zum Thema Familie, wobei sie nur höchst selten als Hort der Liebe und Geborgenheit dargestellt wurde. Die Großfamilie im weitesten Sinne findet in Patrice Chéreaus *Wer mich liebt, nimmt den Zug* bei einer Beerdigung eines exzentrischen Malers zusammen, um sich ganz fürchterlich in die Haare zu geraten. Letztlich kommt es dadurch zu einer Katharsis, die den Protagonisten in anderen Filmen nicht gegönnt ist, wie z. B. der Familie, die in *Das Fest* vom Dänen Thomas Vinterberg zusammentrifft, um den 60. Geburtstag des Familienpatriarchen zu feiern. Dieses

Fest wird allerdings zum Schauplatz für die Abrechnung untereinander und vor allem mit dem Vater, der zwei seiner Kinder jahrelang sexuell mißbraucht hatte. Andreas Kilb schrieb über *Das Fest*: »Vinterbergs Film hat die wilde Kraft eines Zorns, der die ästhetischen Gewohnheiten ebenso sprengt wie die Regeln des guten Benehmens. Während man *Das Fest* sieht, erinnert man sich daran, daß auch die Nouvelle Vague einst mit so ›häßlichen‹ Bildern begann.« Kindesmißbrauch und Inzest thematisierten ebenso Claude Millers *La classe de neige (Schneetreiben)*, Gaspar Noés *Seul contre tous*, die tiefschwarze Satire *Happiness* von Todd Solondz und auch am Rande Hal Hartleys *Henry Fool*. »In all diesen Filmen steckt die Frage, wie sehr sich gesellschaftliche Lebensformen verändert haben und was von den Veränderungen zu halten ist. … Daß manche Themen – Inzest, Pädophilie oder Kindesmißbrauch – mittlerweile zur strapazierten Metapher für die Kleinfamilie geworden sind, ausgeschlachtet in miserablen TV-Filmen, läßt sich nicht vermeiden. Begabte Filmemacher, das war in Cannes zu sehen, gewinnen den Reizthemen dennoch große Augenblicke ab. *Happiness* von Todd Solondz etwa, einer der besten Filme dieses Jahres, rankt sich um die sexuellen Traumata im Leben von drei Schwestern aus New Jersey.« (»Der Spiegel«)

Neben *Das Fest* von Thomas Vinterberg war auch Lars von Triers neuer Film *Die Idioten* zu sehen. Beide Filmemacher haben das Manifest »Dogma 95« unterzeichnet, in dem sie und andere sich dazu verpflichten, nur nach bestimmten, restriktiven Regeln zu drehen. So ist z. B. der Einsatz von künstlicher Beleuchtung und Requisiten verboten, die Kamera muß tragbar sein und eine Erzähleinheit von Ort und Zeit muß gewahrt werden. **Ziel ist ein »demokratisches Kino, das auf die Wahrheit der Charaktere setzt«**. Beiden Dänen sind unter diesen Vorgaben außergewöhnliche Filme gelungen, wobei von Triers *Idioten* sehr umstritten war. Für Andreas Kilb ist *Die Idioten* »nicht anders als von Triers frühere Filme, eine Sammlung virtuoser Mätzchen«. Jan Schulz-Ojala vom »Tagesspiegel« vermißte bei der Jury unter dem Vorsitz von Martin Scorsese den »Mut zur Tücke«, denn so ging eben jener »beunruhigend mehrdeutige und visuell teils schockierende« *Die Idioten* bei der Preisverleihung leer aus.

Im Wettbewerb lief dieses Jahr kein deutschsprachiger Film, und es war bereits das fünfte Jahr hintereinander, in dem keine deutsche Produktion im Wettbewerb zu sehen war. Da aber selbst Tom Tykwers *Lola rennt* abgelehnt wurde, muß man davon ausgehen, daß die ›Cannes-Misere‹ nicht nur an der Qualität des deutschen Films liegt, sondern auch an der fehlenden deutschen Lobby in Cannes.

Die Preise gingen meist an die »sicheren Filme« von berühmten Regisseuren, die zwar recht gute Filme nach Cannes gebracht haben, aber nach nahezu einstimmigem Urteil der deutschen Journalisten schon bessere Filme gemacht haben. Umstritten war lediglich Roberto Begninis KZ-Komödie *Das Leben ist schön*, für die er den Grand Prix erhielt. Daß die Goldene Palme an Theo Angelopoulos für *Die Ewigkeit und ein Tag* ging, überraschte wohl niemand, denn der Grieche mußte als »ewiger Zweiter« des Wettbewerbs immer wieder auf diese Auszeichnung verzichten; diesmal war er einfach an der Reihe.

Andreas Kilb urteilte: »*Die Ewigkeit und ein Tag* ist nicht der beste Film von Angelopoulos. Aber es war der beste Film im Wettbewerb von Cannes. So hat der griechische Regisseur endlich auch die Goldene Palme bekommen. Anschließend kam *Godzilla* und trampelte das Licht aus« – als Abschlußfilm lief Roland Emmerichs *Godzilla* direkt nach der Preisverleihung – »und zu einem Festival wie Cannes paßt ein Film wie *Godzilla* sowieso wie die Faust aufs cineastische Auge.« (Jan Schulz-Ojala)

Goldene Palme: *Die Ewigkeit und ein Tag* von Theo Angelopoulos.
Großer Preis der Jury: *Das Leben ist schön* von Roberto Benigni.
Beste Regie: John Boorman für *The General.*
Bester Darsteller: Peter Mullan in *My Name ist Joe.*
Beste Darstellerin: Elodie Bouchez und **Natacha Regnier** in *Liebe das Leben.*
Spezialpreise der Jury: *La classe de neige (Schneetreiben)* von Claude Miller und ***Das Fest*** von Thomas Vinterberg.
Bester künstlerischer Beitrag: *Velvet Goldmine* von Todd Haynes.
Drehbuchpreis: Hal Hartley für *Henry Fool.*
Cinematic Production: Vittorio Storaro für *Tango* von Carlos Saura.
Goldene Kamera für das beste Debüt: *Slam* von Marc Levin.
Goldene Palme für den besten Kurzfilm: *L'interview* von Xavier Giannoli.
Jurypreis für den besten Kurzfilm: ***Horseshoe*** von David Lodge und ***Gasman*** von Lynne Ramsey.
Cinéfondation: *Jakub* von Adam Guzinski.
Preis der Internationalen Filmkritik (FIPRESCI): *The Hole* von Tsai Mingh-liang und ***Happiness*** von Todd Solondz.
Preis der Ökumenischen Jury: *Die Ewigkeit und ein Tag* von Theo Angelopoulos.
Semaine de la critique: *Seul contre tous* von Gaspar Noé.

Kurzfilmfestival Clermont-Ferrand

Das größte Kurzfilmfestival feierte vom 23. bis 31. Januar seinen 20. Geburtstag mit 75 Filmen im internationalen Wettbewerb, 68 im nationalen Wettbewerb und einer Retrospektive, in der die Highlights aus 20 Jahren französischer Kurzfilmproduktion zu sehen waren. Die Organisatoren – und alle anderen – konnten dabei auf eine höchst erfolgreiche Geschichte des Festivals zurückblicken, stiegen doch die Besucherzahlen von 1.200 im Jahr 1979 auf 117.000 im Jahr 1997. »Kein Wunder, daß die Leistungsschau des Court Métrage in den nationalen Medien schon vor Jahren zum ›Cannes des Kurzfilms‹ erhoben wurde.« (Reinhard Kleber, »Filmecho/Filmwoche«)
Deutschland war im Wettbewerb durch drei Filme vertreten: *Ku'damm Security* von Ed Herzog, *Pensao Globo* von Matthias Müller und *Die letzte Sekunde* von Tim Trageser. Auf dem Filmmarkt zeigten 22 Organisationen ihre Kurzfilmprogramme, aus den deutschsprachigen Ländern führten hier die Hamburger Kurzfilmagentur, Sixpack Film aus Wien und die Schweizer Agence du Court Métrage ihre Filme vor.

Frauenfilmfestival in Créteil

Beim 20jährigen Jubiläum des größten und ältesten Frauenfilmfests gewann die Russin Lidija Bobrowka mit ***W toj stranje (In jenem Land)***, der auch mit dem Friedenspreis der Berlinale ausgezeichnet wurde, den **Preis der Jury** und den **Publikumspreis**. Der **Dokumentarfilmpreis** ging an ***A Bit of Scarlet*** von Andrea Weiss und ***Sexing the Label*** von Anna Broinowski. **Hanna Schygulla** wurde für ihr Lebenswerk ausgezeichnet.

Festival des amerikanischen Films in Deauville

Neben zehn Independent-Produktionen, die im Wettbewerb liefen, darunter auch der beim Sundance-Festival hochgelobte *Pi* von Darren Aronofsky, waren zwölf große Frankreich-Premieren der Majors zu sehen, und so erfreute sich das diesjährige Festival wieder großer Starpräsenz: Es kamen Steven Spielberg, die Miramax-Chefs Bob und Harvey Weinstein sowie Michael Douglas, der für seine Karriere als Schauspieler und Produzent geehrt wurde. Die Jury unter der Leitung von Regisseur Jean-Paul Rappenau, zu der auch die Schauspieler Liam Neeson, Ewan McGregor, Sandrine Kiberlain und der Filmkomponist Eric Serra gehörten, vergab an **Brad Andersons** Liebesgeschichte ***Next Stop Wonderland*** den **Grand Prix** des Festivals. Der **Jury-Preis** ging an Lisa Cholodenkos ***High Art***, ein Porträt zweier Lesbierinnen in der New Yorker Kunstszene, das auch mit dem Drehbuchpreis von Sundance ausgezeichnet wurde. Bill Condons spektakulärer Film über *Frankenstein*-Regisseur James Whale, ***Gods and Monsters***, erhielt den **Kritikerpreis**. Erstmals wurden auch Kurzfilme für den Wettbewerb zugelassen: Der **Grand Prix für den besten Kurzfilm** ging an ***Whacked*** von Rolf Gibbs, und der **Preis der Jury** ging an ***Four Second Delay*** von Rod Lurie.

6. The Hamptons – International Film Festival

Beim Festival des unabhängigen amerikanischen Films in Hampton, am Westende von Long Island, ging der **Golden Starfish** an ***Edge City*** von Eugene Martin. Als beste Kurzfilme wurden ***Raw Images from the Optic Cross*** von Karl Nussbaum und ***Human Remains*** von Jay Rosenblatt ausgezeichnet.

Golden Starfish für den besten Dokumentarfilm: *Alma* von Ruth Leitman.
Beste Originalmusik: ***Life Jacket is Under Your Seat***; Musik von Mario Grigorov.
Publikumspreis: ***Tic Code*** von Gary Winick.
Publikumspreis für den besten Dokumentarfilm: ***The Life & Times of Hank Greenberg*** von Aviva Kempner und ***Red, White & Yellow*** von Marshall Dostal.
Publikumspreis für den besten Kurzfilm: ***Mad Boy I'll Blow Your Blues Away*** von Adam Collis.
RKO Pictures: ***A Short Wait Beween Trains*** von Rick Wilkinson.
Lifetime Vision Award for Film Relevant to Women's Issues: ***Paulina*** von Vicky Funari.
Distinguished Achievement Award: Blake Edwards.

Hongkong Filmfestival 1998

Hongkongs Filmpreis ging an den Low-Budget-Film ***Made in Hong Kong*** von **Fruit Chan**, der noch im letzten Jahr – zwei Monate vor Übergabe der Kronkolonie an China – von der Jury wegen seiner zu pessimistischen Handlung abgelehnt wurde.

33. Internationales Film Festival Karlovy Vary

Vor zwei Jahren war es dem Prager Filmfestival gelungen, Karlovy Vary (Karlsbad) den Rang als das tschechische Festival mit A-Status des internationalen Produzentenverbandes abzulaufen. Doch dieses Jahr wurde, kurz vor der Durchführung des Festivals im traditionsreichen Kur- und Badeort, Karlovy Vary wieder der A-Status zuerkannt. Das Programm des Festivals war in elf Sektionen eingeteilt, die wichtigsten waren der Wettbewerb, der Dokumentarfilmwettbewerb, die Reihe »Horizons« mit aktuellen internationalen Produktionen, die Programmschiene »Another View« mit Filmen, die »neue Themen auf oft ungewöhnliche Art« darstellen und das »Forum of Independents«, in dem z. B. *The Big One* von Michael Moore und *Seul contre tous* von Gaspar Noé liefen. Die Retrospektive war Takeshi Kitano gewidmet, Alejandro Agresti aus Argentinien wurde im Regisseurporträt vorgestellt, und eine eigene Reihe informierte über die neuesten tschechischen und slowakischen Produktionen. Deutschland war im Dokumentarfilmwettbewerb durch *Münchner Freiheit* von Harald Rumpf und im Wettbewerb durch *Comedian Harmonists* von Joseph Vilsmaier vertreten, dem der Preis der Ökumenischen Jury verliehen wurde.

Der Publikumsandrang war dieses Jahr derartig groß, daß sogar die zu den traditionellen Festspielorten neu hinzugekommenen Kinos zu neunzig Prozent ausgelastet waren – insgesamt wurden 130.000 Eintrittskarten verkauft – 1996 waren es noch 80.000. So schrieb Conny E. Voester in »Filmecho/Fimwoche«: »Der Veranstalter kann mit der Arbeit der Programm- und Organisationsverantwortlichen zufrieden sein. Für die schwierige Aufgabe der Positionierung zwischen Cannes und Venedig einerseits und der geopolitisch-kulturellen Mittlerfunktion ist die Basis jedenfalls geschaffen. Mit Zuschauerrekorden und einem üppigen Filmprogramm inklusive einem beachtlichen Staraufgebot (u. a. Julia Ormond, Maggie Cheung und Christopher Walken) etabliert sich das Internationale Film Festival Karlovy Vary als Forum und Marktplatz zwischen Ost- und Westeuropa.«

Crystal Globe: ***Le Coeur au Poing*** von Charles Binamé.

Spezialpreis der Jury: ***Den Polnolunija (Vollmond)*** von Karen Sachnazarov.

Beste Regie: Charles Binamé für *Le Coeur au Poing.*

Beste Schauspielerin: Julia Stiles in *Wicked.*

Bester Schauspieler: Olaf Lubszenko in *Je treba zabit Sekala.*

Spezialpreis für bestes Debüt: ***The Governess*** von Sandra Goldbacher.

Hauptpreis der Dokumentarfilmjury: ***Sladke Stoleti*** von Helena Trestikova und ***Moment of Impact*** von Julia Loktev; besondere Erwähnungen erhielten ***Kisangani Tagebuch*** von Hubert Sauper und ***Golosa*** von Andrej Osipov.

FIPRESCI-Preis: ***Tic Tac*** von Daniel Alfredson; besondere Erwähnung erhielt ***Den Polnolunija*** von Karen Sachnazarov.

FICC-Preis: ***Tic Tac*** von Daniel Alfredson.

Besondere Erwähnung: ***The Sugar Factory*** von Robert Carter und ***Killer*** von Dershan Omirbaev.

Preis der Ökumenischen Jury: ***Comedian Harmonists*** von Joseph Vilsmaier; besondere Erwähnung erhielt

Je treba zabit Sekala von Vladimir Michalek.
Publikumspreis: *The Governess* von Sandra Goldbacher.

26. Filmfestival La Rochelle

Nachdem das Festival Gefahr lief, seine Pforten schließen zu müssen, weil mehrere Kinos in der Stadt geschlossen werden sollten, ließ sich der Bürgermeister von La Rochelle etwas einfallen: Die Stadt kaufte das Kino »Dragon Plus« mit drei Leinwänden und sicherte sich mit dem Fortbestehen des Festivals die dadurch angezogenen Touristen- und Kinogängerströme. Im Programm liefen 1998 Retrospektiven der Regisseurin Agnès Varda und der Regisseure Carol Reed, Henri Decoin, Montxo Armendariz und Giuseppe Bertolucci, dem Bruder von Bernardo.

51. Festival Internazionale del Film Locarno

Zwischen dem 5. und 15. August 1998 traf sich die Filmwelt wieder in der italienischen Schweiz, um zu handeln, zu diskutieren und Filme zu sehen. Letzteres natürlich vor allem auf der Piazza Grande, dem großen Freilichtkino inmitten der lombardischen Altstadt, wo Filme des Wettbewerbs und große internationale Produktionen vorgeführt wurden. Für Robert Richter vom »Tagesspiegel« ist dem Festivaldirektor Marco Müller in diesem Jahr ein »Spagat« geglückt: »Ein international beachtetes Programm auf die Beine zu stellen mit einem Etat, der wegen beschränkter Finanzierungsmöglichkeiten in der Schweiz eng bleibt. Trotz berechtigter Kritik an einzelnen Wettbewerbsentscheidungen ist Marco Müller gelungen, was viele vor ein paar Jahren für unrealistisch hielten. Sein Rezept, nur Weltpremieren oder zumindest europäische Erstaufführungen zum Wettbewerb zuzulassen, scheint Früchte zu tragen: In Europa hat das Festival an Attraktivität gewonnen. Jahr für Jahr zeigt Müllers Wettbewerbsauswahl ein klares Profil, indem es die Tendenzen in den verschiedensten Kinematographien sichtbar macht, auch wenn man auf den einen oder anderen Film getrost verzichten könnte.«
Der Wettbewerb umfaßte in diesem Jahr 20 Filme, darunter sieben Kinoerstlingswerke und drei zweite Spielfilme. Stark vertreten war Europa mit drei Filmen aus Frankreich: *Hors Jeu* von Karim Dridi, *Sombre* von Philippe Grandieux und *Dieu seul me voit* von Bruno Podalides, drei Filmen aus Deutschland: *Kurz und schmerzlos* von Fatih Akin, *23* von Hans-Christian Schmid und Jan Schüttes *Fette Welt*, sowie zwei Filmen aus der Schweiz: *Der Fögi ist ein Sauhund* von Marcel Gisler und *Le monde à l'envers* von Rolando Collas. Bronzene Leoparden gab es für die Darsteller in *Hors Jeu* und *Kurz und schmerzlos*, letzteres eine schöne Anerkennung für den deutschen Film, ebenso wie der »Euro '26«-Preis für Hans-Christian Schmid. Die Leoparden in Gold und Silber gingen jedoch ausnahmslos an Filme aus Asien: allen voran die chinesische Produktion *Herr Zhao* von Lü Yue, gefolgt von *Wirbelnder Staub* aus dem Iran und dem kirgisischen Film *Der Adoptivsohn.*
Außerhalb des Wettbewerbs bestand das Programm noch aus einer Marco Bellocchio gewidmete Retrospektive, den »Perspectives Suisses« (eine Auswahl von sieben aktuellen Schweizer Spielfilmen), den »Leo-

parden von Morgen« (18 Kurzfilmprogramme) und zehn großen Produktionen, darunter *Small Soldiers* von **Joe Dante**, dem der **Ehrenleopard** verliehen wurde.

Goldener Leopard (dotiert mit 30.000 Schweizer Franken): ***Zhao Xiansheng (Herr Zhao)*** von Lü Yue
Silberner Leopard (12.500 Franken): ***Raghs-e-khak (Wirbelnder Staub)*** von Abolfazl Jalili.
Silberner Leopard für das beste Debüt (12.500 Franken): ***Beshkempir (Der Adoptivsohn)*** von Akatan Abdikalikov.
Bronzener Leopard für die beste Schauspielerin: **Rossy de Palma** für ihre Rolle in *Hors Jeu* von Karim Dridi.
Bronzener Leopard für die besten Schauspieler: **Mehmet Kurtulus**, **Aleksandar Jovanovic** und **Adam Bousdouko** für ihre Rollen in *Kurz und schmerzlos.*
Spezialpreis der Jury (10.000 Franken): ***Vremya Tantsora*** von Vadim Abdrashitov.
Preis der Ökumenischen Jury: *Titanic Town* von Roger Michell.
FIPRESCI-Preis: *L'arbre de les cireres (Der Kirschbaum)* von Marc Recha, eine besondere Erwähnung erhielt ***Sib (Der Apfel)*** von Samira Makhmalbaf.
CICAE-Preis: *Raghs-e-khak (Wirbelnder Staub)* von Abolfazl Jalili.
Don Quichote: *Beshkempir (Der Adoptivsohn)* von Akatan Abdikalikov.
UBS Preis (7.000 Franken): **Pirjo Honksalo** für *Tulennielijä.*
UBS »New Cinema« Preis: Marcel Gisler für *Der Fögi ist ein Sauhund.*
UBS »Young Cinema« Preis: Rolando Colla für *Le monde à l'envers*
»Euro '26« Preis: Hans-Christian Schmid für *23.*
»Environment is quality of life« Preis: *Raghs-e-khak (Wirbelnder Staub)* von Abolfazl Jalili.

Moskauer Filmfest 1998

Das staatliche russische Kinokommitee Roskomiko hatte das Filmfestival Moskau wegen finanzieller Probleme abgesagt. »Das traditionsreiche Festival, das 1959 zum erstenmal veranstaltet wurde, galt immer als eine Insel der Liberalität. Es wechselte sich im zweijährigen Turnus mit dem Filmfest in Karlovy Vary ab und sollte ab diesem Jahr jährlich stattfinden.« (»Filmecho/Filmwoche«)

Independent Future Film in New York

Den Vorsitz über die Verleihung des **Gotham Awards** hatte 1998 Tom Rothman, der Produktionspräsident der Twentieth Century Fox. Der **Open Palm Award** wurde **Darren Aronofsky** verliehen, der für sein Werk *Pi* unter anderem auch beim Sundance Film Festival als bester Regisseur ausgezeichnet wurde. **Frances McDormand** erhielt den **Actor Award**, **Richard LaGravenese** den **Writer Award**, **Sonja Sohn** und **Paul Williams** wurde der **Perry Ellis Breaktrough Award** verliehen. Der Preis für das Lebenswerk ging an **Sidney Lumet**, und als Produzent wurde **David Picker** geehrt, der z. B. in den 60er und 70er Jahren *A Hard Days Night* und *Der letzte Tango in Paris* produziert hatte.

14. Sundance Film Festival in Park City

Der große Gewinner von Sundance war dieses Jahr zweifellos Chris

Eyres *Smoke Signals*, gingen doch mit der Filmmakers Trophy und dem Publikumspreis zwei der drei wichtigsten Auszeichnungen an das Roadmovie über zwei ungleiche Indianer. »Mit diesem Film nach einer Kurzgeschichte des indianischen Autors Sherman Alexie, gänzlich von Indianer geschrieben, gedreht, gespielt und finanziert, ist es den **Native Americans** zum erstenmal gelungen, sich aus den Zwängen weißer, sprich Hollywood-Produktionsfirmen zu lösen.« (Vera Graf, »SZ«) Trotz des großen Erfolgs beim Sundance-Publikum und dem Verkauf der Verleihrechte an Miramax für 1,5 Millionen Dollar fand der Film nicht nur Freunde: Gavin Smith von der amerikanischen Fachzeitschrift »Film Comment« sah in *Smoke Signals* ein typisches Beispiel für einen mittelmäßigen Film, der lediglich den »Durst der Menge« nach allem Indianischen befriedige. Für Smith hätte vielmehr *Buffalo '66*, das Regiedebüt des Schauspielers Vincent Gallo, einen Preis verdient – doch Gallos Porträt eines Loosers, im Stil zwischen Cassavetes und Jarmusch, ging leider leer aus.

Ein Film von dem nahezu jeder beeindruckt war und der folgerichtig auch noch einen Preis erhielt, nämlich den für die **beste Regie**, ist *Pi* von Darren Aronofsky. Die düstere, körnig schwarzweiße Low-Budget-Produktion erzählt von einem Mathematikgenie, das den Sinn des Lebens zwischen Computer, der Kabbala und der Form einer Spirale sich drehender Sahne im Kaffee sucht. Andreas Fuchs schrieb in »Filmecho/Filmwoche«: »Das hochgelobte Filmdebüt von Darren Aronofsky wird dabei mit der künstlerischen Intensität eines *Eraserhead* verglichen.« Wenn *Pi* auch zu »bizarr und intellektuell« war, »um bei diesem ernsthaften und sozial bemühten Festival gleich Megapreise wegzutragen« (Vera Graf), fand sich in Live Entertainment doch ein Verleih, der die Rechte für eine Million Dollar erwarb.

Etwas teurer waren die weltweiten Vertriebsrechte für *Slam*, den **Gewinner des Jurypreises** – Trimark Pictures zahlte immerhin 2,5 Millionen Dollar für den später in Cannes als bestes Regiedebüt ausgezeichneten Film von Marc Levin über einen schwarzen Rap-Dichter im Gefängnis. Und Miramax legte sogar sechs Millionen Dollar auf den Tisch für den später in Deauville prämierten *Next Stop Wonderland* von Brad Anderson.

Diese relativ hohen Summen forderten natürlich wieder die Stimmen derjenigen heraus, die das bedeutendste Independent-Festival durch eine grenzenlose Vermarktung verdorben sehen. Nicht zuletzt aus diesem Grund scheint in Park City der ideale Nährboden für Gegenfestivals zu bestehen: 1995 entstand ja bereits **»Slamdance«**, ein »Huckepack-Fest, das Robert Redford als ›Parasiten‹ seines eigenen Festivals beschimpft hatte.« (Vera Graf) Aber »Slamdance« ist selbst zur Institution, sprich: erwachsen geworden, die neuen Opponenten sind jetzt »Slamdunk«, ein Mini-Festival in einem Billiardzimmer und »Sleazedance«, ein »Festival für die künstlerisch Geilen«, von dem nur niemand wußte, wo es nun genau stattfand.

Der Produzent Chris Sievernich, der dieses Jahr in der Jury saß, hielt den Zweiflern entgegen, daß gerade »die Öffnung zum Markt in Sundance ein großes Plus« sei.

Vera Graf ergänzte: »Schließlich muß die Indie-Explosion ja irgendwo Abnehmer finden. 50 Independent-

Filme gab es in den USA 1985, 1997 ist ihre Zahl auf über 800 angewachsen. Da finden sowieso die wenigsten einen Verleih. Und selbst wenn: Ob dann der Film schließlich ein Publikumserfolg wird, steht in den Sternen.«

Großer Preis der Jury: ***Slam*** von Marc Levin.
Großer Preis der Jury (Dokumentation): ***The Farm*** von Jonathan Stack und Liz Garbus und ***Frat House*** von Todd Philips und Andrew Gurland.
Publikumspreis: ***Smoke Signals*** von Chris Eyre.
Publikumspreis (Dokumentation): ***Out of the Past.***
Filmmakers Trophy: ***Smoke Signals*** von Chris Eyre.
Filmmakers Trophy (Dokumentation): ***Divine Crash.***
Beste Regie: Darren Aronofsky für *Pi.*
Beste Regie (Dokumentation): Julia Loktev für *Moment of Impact.*
Beste Kamera: Declan Quinn für *2 by 4.*
Beste Kamera (Dokumentation): Tom Hurwitz für *Wild Man Blues.*
Freedom of Expression Award: ***The Decline of Western Civilization*** von Penelope Spheeris.
Waldo Salt Drehbuchpreis: Lisa Chlododenko für *High Art.*
Spezialpreis der Jury: Andrea Hart in *Miss Monday.*

4. Slamdance Festival in Park City

Vor vier Jahren bildete sich aus dem Club der »Refuses«, der abgelehnten Filme des Sundance Filmfestivals das Gegenfestival Slamdance – in gleicher Weise entstanden auch einmal das »Forum« der Berlinale und die »Quinzaine« in Cannes – und 1998 gab es zum ersten Mal einen richtigen Preis: eine vergoldete Hundefigur. Der »Slamdance Sparky« ging an ***Drying to Leave*** von Katherine Alfieri, ***Malevergreen*** von Arthur Bicknell und Ted Enik und ***Hallowed Ground*** von T. S. Faull. Kevin Di Novis' ***Surrender Dorothy*** erhielt den großen Preis der Jury.

17. Stummfilmfestival in Pordenone

In der ersten Oktoberhälfte 1998 erwachte erneut das »Brigadoon« der Filmgeschichte, wie die »New York Times« die oberitalienische Provinzhauptstadt Pordenone nannte. Das dort alljährlich stattfindende Festival ist das weltweit größte für den Stummfilm und hat zusammen mit der Kinemathek einen großen Anteil an der Rekonstruktion von Stummfilmen. »Weil Stummfilm auf Nitrofilm gedreht wurde, der starkem Verfall unterliegt, hat nur ein Bruchteil der Gesamtproduktion der Jahre zwischen 1895 und 1929 überlebt. Werkschauen einzelner Regisseure oder, wie in diesem Jahr, eines ganzen Studios wie der Fox sind daher nur in weltweiter Kooperation von Archiven und Kopierwerken möglich. Daß die internationale Zusammenarbeit mittlerweile so gediehen ist, zählt auch zu den Verdiensten von Veranstaltungen wie Pordenone.« (Caroline M. Buck)
Zu den Entdeckungen gehörten in diesem Jahr insbesondere zwei Filme, die als verschollen galten: William Wylers *The Shakedown* von 1929 und die erste Schneewitchen-Verfilmung von 1916, die Walt Disney zu seinem klassischen Zeichentrickfilm inspirierte.

46. Internationales Filmfest San Sebastían

Mit Neil LaButes Beziehungskomödie *Your Friends and Neighbours*, in der Nastassja Kinski neben Ben Stiller und Jason Patrick zu sehen ist, wurde am 17. September das Festival in San Sebastian eröffnet. Im Programm liefen so unterschiedliche Produktionen wie Bernardo Bertoluccis *L'assedio*, *Don* von Abolfazl Jalili, ein kritischer Film aus und über den Iran, ausgezeichnet mit dem Preis der Jury, und Martin Campbells *Die Maske des Zorro*. Die Hauptrollen in dieser Hollywoodproduktion spielen »Lokalmatador« Antonio Banderas und **Anthony Hopkins**, der den **Donostia-Preis** für sein Lebenswerk erhielt. Ein Schwerpunkt lag auf Filmen aus Spanien und Lateinamerika. Außerdem zeigte man eine Terry-Gilliam-Werkschau und eine Retrospektive des japanischen Regisseurs Mikeo Naruse.
Den Wettbewerb um die Goldene Muschel gewann überraschenderweise nicht der spanische Favorit *Barrio* von Fernando Leon de Aranoa, sondern die argentinisch-europäische Koproduktion *El viento se llevo lo que (Verweht vom Winde)* von Alejandro Agresti, eine Komödie über eine Taxifahrerin aus Buenos Aires und das letzte Kino in Patagonien. Außerdem wurde der bereits in Deauville prämierte *Gods and Monsters* zweifach ausgezeichnet – in San Sebastian erhielt er den Spezialpreis der Jury, und Hauptdarsteller Ian McKellen wurde als bester Schauspieler geehrt.

Bester Film: *El viento se llevo lo que (Verweht vom Winde)* von Alejandro Agresti.
Beste Regie: Fernando Leon de Aranoa für *Barrio*.
Preis der Jury: *Don* von Abolfazl Jalili.
Spezialpreis der Jury: *Gods and Monsters* von Bill Condon und ***A la place du coeur*** von Robert Guediguian.
Beste Kamera: *Un Embrujo.*
Beste Schauspielerin: Jeanne Balibar in *Fin aout debut septembre.*
Bester Schauspieler: Ian McKellen in *Gods and Monsters.*
Publikumspreis: *Central do Brasil (Central Station)* von Walter Salles.
Bester Film eines Nachwuchsregisseurs: *Mizu no naka no Hachigatsu (Fishes in August).*

Internationales Filmfestival Thessaloniki 1998

Auf dem bedeutendsten griechischen Filmfest ging der Regiepreis an den Griechen **Constantine Giannaris** für ***From the Edge of the City***, der eine Gruppe junger Einwanderer aus Kasachstan porträtiert, die am Rande Athens leben. Neben dem Wettbewerb, der für Erst- und Zweitfilme ausgeschrieben wird, widmet man in Thessaloniki die Nebenreihen den neusten Produktionen des Landes und des Balkans, sowie dem unabhängigen Kino der ganzen Welt.
Bei Simone Mahrenholz vom »Tagesspiegel« hinterließ die jüngere Filmproduktion Griechenlands einen zwiespältigen Eindruck: »Seit ein paar Jahren ist sie intensiv bemüht, aus der Flaute vom Ende der achtziger Jahre herauszufinden. Nicht erst seit Theo Angelopoulos' jüngstem Gewinn der Goldenen Palme in Cannes strebt man entschlossen auf den internationalen Markt. Das kürzlich neu strukturierte **Griechische Filmzentrum**, das in der Vergangenheit für seine undurchsichtige Geldverga-

be-Politik oft kritisiert wurde, stellte in diesem Jahr mit 7,3 Millionen Dollar 31 Prozent mehr als 1997 zur Verfügung: Geld, das außer vom Kulturministerium aus Lotto-Einnahmen und einer Kinosteuer stammt. Inhaltlich jedoch scheint die derzeitige Auf- und Umbruchzeit mit Orientierungsschwierigkeiten verbunden. Neben der Aufarbeitung von Landesgeschichte und modernen Varianten des griechischen Mythos finden sich vor allem Filme, die auf ein größeres, junges Publikum spekulieren. Deren Regisseure widmen sich mit auffallender Hingabe Nachtclubs, Designerlabels, Erotik samt fließenden Übergang zur Pornographie – und dem schnellen Geld.« Die stärksten Filme kamen für Marenholz vom Balkan: einmal die »wundervolle, düstere, tragikomische Groteske« *Bure Baruta* des Serben Goran Paskaljevic und das bosnische Werk *An Unexpected Walk*, das im belagerten Sarajevo unter der Regie von François Lunel und Senad Basic realisiert wurde.

11. Internationales Filmfestival Tokyo

Open Your Eyes von Alejandro Amenabar ist der Gewinner des **Großen Preises** von Tokyo 1998. Der **Spezialpreis der Jury** ging an ***Leaf on a Pillow*** von Garin Nugroho, während **Guy Ritchie** für *Bube, Dame, König, Gras* als bester Regisseur ausgezeichnet wurde.
Zur besten Schauspielerin wurde **Maki Miyamoto** für ihre Rolle in *The Geisha House* gekürt, und **Brad Renfro** in *Apt Pupil* war nach Meinung der Jury der beste Schauspieler. Für den besten künstlerischen Beitrag ehrte man ***Die rote Violine*** von François Girard und ***Smoke Signals*** von Chris Eyre, der 1998 auf den verschiedensten Festivals ausgezeichnet wurde. Die Retrospektive war Akira Kurosawa gewidmet, der einen Monat vor Beginn des Festivals verstorben war.

23. Toronto Film Festival

Eine Verbindung aus gegensätzlichen Qualitäten will dieses größte Festival des amerikanischen Kontinents sein, eine Verbindung aus »Kommerz und Kunst, Glamour und Integrität, Hollywood und internationalem Kino«, wie es sehr aufschlußreich in der selbstgeschriebenen Geschichte des Festivals zu lesen steht. Diese angestrebte Balance ist aber seit einigen Jahren immer schwieriger zu halten, denn Toronto ist zu einem bevorzugten **Treffpunkt der US-amerikanischen Filmbranche** und so zum Ort für den Abschluß von Millionenverträgen geworden. Wie Brendan Kelly von »Variety« berichtet, hat dies zur ganz normalen Folge, daß immer mehr Produzenten, Regisseure und Verkäufer ihre Filme im Festival plazieren wollen, was die Leitung des Festivals vor das Dilemma stellt, die Anforderungen der Industrie, mit denen eines über die Jahre angewachsenen Publikums in Einklang zu bringen.
Die Präsenz Hollywoods war unübersehbar: Warner schickte *Without Limits* von Robert Towne mit Donald Sutherland, von Paramount lief Sam Raimis *A Simple Plan* mit Bridget Fonda, New Line Cinema präsentierte das Regiedebüt des Drehbuchautors Richard LaGravenese *Living Out Loud* mit Danny DeVito, Holly Hunter und Martin Donovan, und auf der Abschlußgala fand die Weltpremiere von *Antz*, der computeranimierten Produktion von DreamWorks statt.

Der Festivalleiter Piers Handling möchte Toronto aber nicht zu einem Filmmarkt machen, deswegen verzichtet er darauf, nur Premieren zu zeigen. Vielmehr soll das Programm nach Handling auf einer breiteren Entscheidungsgrundlage ausgewählt werden, um dem Publikum, das letztlich ja für den großen Erfolg verantwortlich ist, weiterhin ein qualitativ hochstehendes Filmfestival zu bieten – aufgrund der unterschiedlichen geopolitischen Lage erfordert es offensichtlich in Nordamerika eine andere Strategie als in Europa, um ein anspruchsvolles Festival zu organisieren.

So waren dieses Jahr erneut nicht nur US-amerikanische Produktionen, sondern auch Filme aus dem **»Rest der Welt«** zu sehen – dazu zählten Produktionen aus Japan, Südamerika und natürlich auch aus Kanada wie François Girards *Die rote Violine*, was das Programm in jedem Fall bunter machte.

Metro-Media Award: ***Happiness*** von Todd Solondz.
FIPRESCI-Preis: ***West Beirut*** von Ziad Doueiri und ***Praise*** von John Curran.
NFB-John Spotton Award für den besten kanadischen Kurzfilm (dotiert mit 10.000 Dollar): ***When Ponds Freeze Over*** von Mary Lewis.
Citytv Award (15.000 Dollar): **Don McKellar** für *Last Night.*
Toronto-City Award (25.000 Dollar): **Robert Lepage** für *Nô.*
Publikumspreis: Roberto Benigni für *Das Leben ist schön.*

Camerimage – Filmfestival in Torun

Den **Lifetime Honory Award** des auf Filmfotographie spezialisierten Filmfests im polnischen Torun erhielt **Bob Arnold**, Geschäftsführer von Arri, für seinen Beitrag zur Entwicklung der Kameratechnik. Kameramann **Vilmos Zsigmond** – er drehte unter anderem *Sliver* und *Unheimliche Begegnung der dritten Art* – wurde mit einem **Lifetime Achievement Award** ausgezeichnet.

55. Mostra Internazionale d'Arte Cinematografica – Filmfestspiele Venedig

Für einen großen Knall sorgte am Tag der Preisverleihung der Festivalleiter Felice Laudadio selbst, bezeichnete er doch in seiner Rücktrittserklärung jede Art von Wettbewerb als »dumm und arrogant«. Pia Horlacher schrieb dazu in der »Neuen Zürcher Zeitung«: »Ob sich Laudadio trotz der offensichtlich erfolgreichen Politik zwischen Vermehrung von Publikum und Verknappung von Filmangebot noch ein weiteres Jahr hätte im Sattel halten können, war von Anfang an unsicher. Die italienische Gerüchteküche, dampfend wie eh und je, spekulierte seit längerem, daß seine Tage gezählt seien, habe er doch mächtige Feinde innerhalb der Biennale, der Dachorganisation der Mostra.«

Laudadio plädierte zum Ende seiner zweijährigen Amtszeit noch für eine weitere Reduzierung der Filme und die Abschaffung der Jury-Preise, die nach seiner Vorstellung durch einen einzigen Publikumspreis ersetzt werden sollten. »Damit düpierte er die diesjährige Jury unter dem Vorsitz von Ettore Scola, deren Entscheidungen allerdings gleichfalls auf Kopfschütteln stießen. Der **Goldene Löwe** an Gianni Amelios *Cosi ridevano* soll, einem Gerücht zufolge, gar auf Wunsch vom italienischen Kulturminister Walter Veltroni zustande gekommen sein. Das Drama um zwei sizilianische Brüder im Turin der fünfziger Jahre und ihre Suche nach Heimat ist zwar gefühlvoll und fotographisch ausdrucksstark in Szene gesetzt, aber doch eher gut gemeint als gut gemacht.« (»Blickpunkt: Film«) Andreas Kilb, »Die Zeit«, bewertete den Gewinner des Goldenen Löwen ähnlich: »Vor vier Jahren, als er mit *Lamerica* nach Venedig kam, hätte Amelio diesen Preis zehnmal mehr verdient gehabt. Jetzt bekam er ihn für ein Werk, das zu sehr unter der Last der Filmgeschichte leidet, um selbst ein Teil von ihr werden zu können. Oder wie es einer jener ewigen Veteranen formulierte, denen man hier alle Jahre wieder begegnet: ›Sie haben den richtigen Mann ausgezeichnet, aber den falschen Film.‹«

Insgesamt ergab sich dieses Jahr in Venedig fast ein verkehrtes Spiegelbild zu Berlin: Die Stars waren zwar zahlreich erschienen, wie Catherine Deneuve, George Clooney, Melanie Griffith, Tom Hanks und Steven Spielberg, dessen *Der Soldat James Ryan* die Mostra eröffnete, oder Jim Carrey, der in der vielgelobten *Truman Show* von Peter Weir erstmalig eine Rolle mit ernsthafteren Ansprüchen übernommen hatte. **Das Festivalprogramm** konnte dagegen niemanden so recht begeistern. »Amerika, Italien und Frankreich dominierten, der Rest der Welt trat nur vereinzelt auf. Dann freilich meist besser, als es die klassischen Filmländer taten (Mohsen Makmalbaf erhielt für *Die Stille* den Preis des Senates).« (Brigitte Werneburg, »TAZ«) Gregor Dotzauer konstatierte in der »SZ«: »Zum Stand der kinematographischen Kunst hat die Mostra heuer wenig Überraschendes beigetragen: keinen neuen Namen, keinen ungewöhnlichen Stoff und keinen erzählerischen Ton, den man nicht schon in den letzten Jahren so oder ähnlich vernehmen hätte können.« Peter Körte schrieb in der »Frankfurter Rundschau« über die Filme als »lauter existentielle Exerzitien, kleinere Apokalypsen, sentimentale Historienmalerei. Da blieb die Phantasie so zahm und flügellahm wie die Tauben von San Marco. Insofern gehörte Tom Tykwers *Lola rennt* zu den angenehmsten Überraschungen, weil er den Hang zum Behäbigen und Gravitätischen einfach überrannte.« Neben *Lola rennt* war der deutsche Film auch noch durch Doris Dörries *Bin ich schön?* sehr gut vertreten – auch hier ein Gegensatz zur Berlinale. Schwerlich konnte man einen **Trend in Venedig** ausmachen, Urs Jenny brachte dies im »Spiegel« auf den Punkt: »Natürlich ist ein Filmfestival, falls es das je war, längst nicht mehr der Ort, wo neue Stimmungen aufgespürt oder neue Trends durchgesetzt werden. Dazu ist der Ideen-Umschlag in der Multimedienwelt viel zu schnell; auch auf Modenschauen werden ja nicht mehr Rocklängen dekretiert. Es überrascht einen nur noch, was einen unvorbereitet trifft. Der Zufallsgenerator als Trendgenerator. Um immerhin Eckwerte zu geben, ließe sich in Sachen Venedig ’98 feststellen: Filme werden entweder immer länger oder immer kürzer.«

Neben dem schwachen Gesamteindruck konnten einige Routiniers unter den Filmemachern mit guten, soliden Produktionen bestehen, wie Woody Allens Filmstarsatire *Celebrity*, die gerade dieses Jahr hervorragend nach Venedig paßte, Emir Kusturicas *Schwarze Katze, weißer Kater* (ausgezeichnet für die beste Regie), dessen Bild- und Ton-Wucht sich kaum jemand entziehen konnte, und Eric Rohmers wundervoll amü-

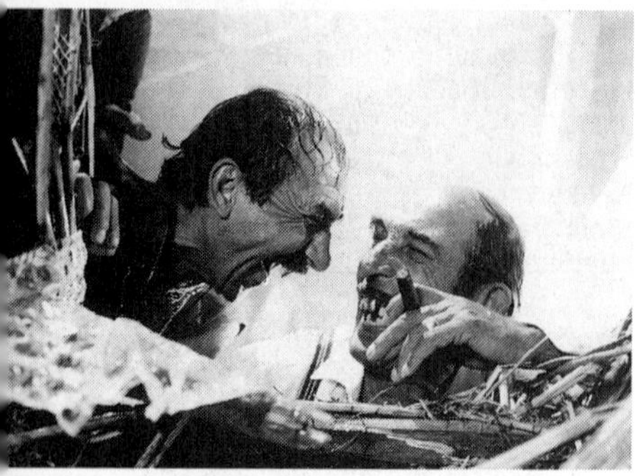

Szene aus ›Schwarze Katze, weißer Kater‹

sante *Herbstgeschichte* (ausgezeichnet für das beste Drehbuch), der letzte Teil seines Jahreszeitenzyklus. Daß die beiden letzteren ihre Preise verdient haben, darüber war man sich einig, wie auch über den Darstellerpreis für Sean Penn für seine Rolle in *Hurlyburly*. Der Film des bislang kaum bekannten Anthony Drazan über zwei einflußreiche Casting-Direktoren war aber eher umstritten: als »aufregendes Schauspielerkino« mit dem »stärksten Film-Schluß des Festivals« sah Jan Schulz-Ojala (»Der Tagesspiegel«) *Hurlyburly* und wünschte ihm den Goldenen Löwen. Peter Körte meinte dagegen: »Der Film beruht auf einem Theaterstück; den Staub der Bühne wird er nie los« und »den sorgfältig polierten Dialogen fehlt es an Schärfe und Abgründigkeit«.

Goldener Löwe: ***Cosi ridevano*** von Gianni Amelio.
Spezialpreis der Jury: ***Terminus Paradis*** von Lucian Pintilie.
Coppa Volpi für den besten Hauptdarsteller: Sean Penn für *Hurlyburly.*
Coppa Volpi für die beste Hauptdarstellerin: Catherine Deneuve für *Place Vendôme.*
Silberner Löwe für die beste Regie: Emir Kusturica für *Schwarze Katze, weißer Kater.*
Marcello-Mastroianni-Preis (bester Nachwuchsdarsteller): **Niccolo Senni** für *L'albero delle pere.*
Osella d'oro für das beste Drehbuch: Eric Rohmer für *Herbstgeschichte.*
Osella d'oro für die beste Fotografie: Luca Bigazzi für *L'albero delle pere.*
Osella d'oro für die beste Musik: Gerardo Gardini für *La nuvola.*
Goldmedaille des Senatspräsidenten: Mohsen Makmalbaf für *Sokout (Die Stille).*
Goldene Löwen für das Lebenswerk: Sophia Loren und **Warren Beatty.**
FIPRESCI-Preis: ***Zug des Lebens*** von Radu Mihaileanu.

Filmfestivals und Filmtage Deutschland/Österreich/Schweiz

14. Bonner Sommerkino

Restaurierten Stummfilmklassikern widmet sich dieses kleine, nicht nur unter Fachleuten sehr geschätzte Filmfest, das alljährlich unter offenem Himmel stattfindet. Zu den Höhepunkten zählten 1998 der wiederentdeckte und von der Stiftung deutsche Kinemathek restaurierte erste große Titanic-Film *In Nacht und Eis*, eine deutsche Produktion von 1912, Alfred Hitchcocks Frühwerk *Downhill*, das erstmals in viragierter Fassung zu sehen war, Wilhelm Dieterles von der Zensur verstümmelter *Geschlecht in Fesseln*, den das Filmmuseum München größtenteils wiederhergestellt hat, die Stummfilme des japanischen Regisseurs Yasujiro Ozu, Ernst Lubitschs großer Historienfilm *Anna Boleyn* und Stan Laurels legendäre »Dr. Jeckill & Mr. Hyde«-Parodie *Dr. Pickle and Mr. Pride*, die jahrelang als verschollen galt.

8. Filmfestival Cottbus

Das Filmfest in Cottbus, das Filmen aus den Ländern des früheren Ostblocks gewidmet ist, fiel 1998 schwach aus. So zumindest sah es Wilhelm Roth von »epd Film«: »Viele der Filme (oder ihre Protagonisten) changierten zwischen Selbstüberschätzung, Selbstmitleid, Zynismus und Sarkasmus. Oft kündeten sie trauernd von Kommunikationslosigkeit, fanden aber auch selbst kaum Zugang zum Publikum.«
Wie desolat auch die wirtschaftliche Lage des osteuropäischen Films ist, zeigt das Beispiel der baltischen Länder: »Die Zahl der Kinobesucher, 1990 zwischen 10,9 und 27,7 Millionen, liegt heute überall unter einer Million.« (Wilhelm Roth)
Die besten Filme, die in Cottbus liefen, waren für Roth: *Killer* von Dershan Omirbaev aus Kasachstan, *Die Knöpfler* vom Tschechen Petr Zelenka und *Beschkempir (Der Adoptivsohn)* vom Kirgisen Aktan Abdikalikov, der in Locarno mit dem silbernen Leoparden ausgezeichnet wurde. Der **Publikumspreis** ging jedoch an ***Zug des Lebens*** des rumänischen Regisseurs Radu Mihaileanu, der in Venedig den FIPRESCI-Preis erhielt, aber von Roth als klischeehafte Klamotte kritisiert wurde.

10. Internationales Festival für Animations- und Kurzfilm Dresden

Das erste Festival in Dresden fand 1989 statt – man konnte also bereits vor der Wende dort Filme sehen, deren Aufführung in der »DDR« eigentlich verboten war. Seit damals wurde das Filmfest enorm vergrößert. Neben dem Schwerpunkt, dem internationalen Wettbewerb mit 52 Kurzfilmen, fand 1998 erstmals ein nationaler Wettbewerb mit 30 Kurzfilmen statt.
Außerdem liefen Kinderprogramme, Porträtreihen von Dresdens Partnerstädten und zum »Filmland Australien«, sowie Reihen mit deutschen Puppentrickfilmen vor 1945 und französischen Animationsfilmen. Als »herausragende Realfilm-Arbeiten« lobte Leo Schönecker im »film-

dienst« den ukrainischen *Wir sahen keine Liebe – nur Krieg* von Murat Mamedov, die deutsche Produktion *Zoran* von Züli Aladag und den mit dem diesjährigen Kurzfilm-«Oscar« ausgezeichneten *Visas and Virtue* vom Amerikaner Chris Tashima, der von einem japanischen Diplomaten in Litauen handelt, welcher durch illegale Visa mehreren tausend Flüchtlingen das Leben rettete. »Dresden hat sich mit diesem Programm einen festen Platz in der Kurzfilm-Festivallandschaft erobert und überrascht immer wieder durch seine Vielfalt und eine gelungene Mischung aus Unterhaltendem und Experimentellem.« (Rudolph Worschech, »epd Film«)

22. Duisburger Filmwoche

Das Festival des deutschsprachigen Dokumentarfilms hatte 1998 nach Klaus Gronenborn, »epd Film«, einen gemeinsamen thematischen Nenner: »Geschichten vom Überleben zu erzählen.« Ums Überleben geht es vor allem in *Pelym*, der ein gleichnamiges Straflager im Ural schildert, von dem die umliegenden Dörfer abhängig sind, insofern sie nur solange Elektrizität beziehen können wie die Insassen des Lagers die umliegenden Wälder roden. »Der Zuschauer glaubt sich in *Pelym* gelegentlich in einen Spielfilm von Andrej Tarkovskij, etwa in die ›Zone‹ des *Stalker* versetzt, oder in die phantastischen Bildwelten Alexander Sokurovs. Doch *Pelym* zeigt in ruhig fließenden Bildsequenzen, ohne Kommentar und emotionalisierende Musikuntermalung, nichts anderes als postsowjetische Realität Ende der neunziger Jahre.« (Klaus Gronenborn) ***Pelym*** von Andrzej Klamt und Ulrich Rydzewski wurde mit dem von arte mit 10.000 DM dotierten **Preis der deutschen Filmkritik** ausgezeichnet; der ebenfalls mit 10.000 DM dotierte **3sat-Dokumentarfilmpreis** ging an ***Das Jahr nach Dayton*** von Nikolaus Geyrhalter.

Michael Glawoggers österreichisch-schweizerische Koproduktion *Megacities*, die auf der Viennale mit dem Filmpreis der Stadt Wien geehrt wurde, erzählt gleich ein Dutzend Geschichten vom Überleben in der Peripherie von vier Megalopolen. »Über die Qualität des ästhetischen Mehrwerts, den *Megacities* den gespielten Lebenserzählungen seiner ›Protagonisten‹ – Müllsammler in Bombay und Mexiko, eine mexikanische Prostituierte, Straßenkinder im winterlich kalten Moskau und ein wortgewandter ›Air Pussy‹-Verkäufer in New York City – entlockt, wurde in Duisburg kontrovers gestritten. Denn Michael Glawogger hat seine ›Protagonisten‹ dafür, daß sie ihm ihren Überlebenskampf vorspielen, bezahlt.

Sein Film, der auch ein Film über den Strukturwandel der Urbanität ist, zeigt eindrucksvoll, wie sie dies können – und bleibt dennoch ein Dokumentarfilm, der stets seine Konstruktionsprinzipien ästhetisch mitreflektiert.« (Klaus Gronenborn)

12. Fantasy Filmfest

»Dieses ›Internationale Festival für Science Fiction, Horror und Thriller‹ ist Freakshow und Schießbude, Lachkabinett und Trödelstand. Und ein Wanderzirkus ist es auch: Von München über Frankfurt, Stuttgart und Köln tingeltangelt es sich zu den letzten Stationen – Hamburg und Berlin. Treten Sie also ruhig näher. Hereinspaziert, hereinspaziert! Das Fantasy Filmfest: Revue der Absonderlichkeiten, Varieté des Trashs und Teufelsrad des guten Geschmacks. Schaurig schön«, meinte Julian Hanich im »Tagesspiegel« – andere Experten des phantastischen Films hatten aber schon bessere Jahrgänge als den 98er genossen. Gezeigt wurden inklusive John Carpenters *Vampires* und *Perdita Durango* von Alex de la Iglesia fast achtzig Filme, »in denen Pizzabäcker morden (*Delivered*), brutale Muttersöhnchen töten (*Six Ways to Sunday*), Serienkiller Oberschenkel per Post verschicken (*Bone Daddy*) und Menschen in Würfeln aufwachsen (*Cube*).« (Julian Hanich) Darüber hinaus wurde Jimmy Sangster eine Retrospektive gewidmet. Sangster schrieb von den 50ern bis in die 70er die Drehbücher zu zahllosen Filmen der legendären Hammer Studios.

Internationales Frankfurter Kinder- und Jugendfilm-festival

»Unter den fünfzehn Beiträgen des Wettbewerbs im Frankfurter Filmmuseum, den vornehmlich das Bundesinnenministerium und Sponsoren finanzieren, überzeugten durchweg die Kinderfilme. Schwer tat sich das Festival hingegen mit der kaum abgrenzbaren Sparte Jugendfilm, die zudem in Konkurrenz zum regulären Kommerzkino steht.«
Unter den Kinderfilmen lobte die zitierte Eva-Maria Lenz in der »FAZ« besonders den isländischen Film *Count Me Out – Und raus bist du* von Ari Kristinson, *Heather Mountain* von Angela Roberts und ***Naneh Lala und ihre Kinder*** vom iranischen Regisseur Kambozia Partovi, der den **Preis** der Kinderfilmorganisation **CIFEJ** erhielt.

Die Diagonale ’98 – Festival des österreichischen Films in Graz

In fünf Tagen kamen 12.500 Besucher, um in Graz den neuesten österreichischen Film zu erkunden. Stefan Grissemann von der »Presse« war äußerst begeistert: Für ihn war das Festival »exzellent programmiert«, und »filmkünstlerisch leistete die Diagonale Erstaunliches.« Zu diesen erstaunlichen Leistungen zählte er ein »hochklassiges« Kurzfilmprogramm, insbesondere aufgrund der Filme *Ägypten* von Kathrin Resetarits, *Speak Easy* von Mirjam Unger und *Sonnenflecken* von Barbara Alberts. Grisseman hofft, daß die drei jungen Filmemacherinnen das »Maß der Dinge im österreichischen Spielfilm bald mitbestimmen.« Im Kurzfilmprogramm war auch Martin Arnolds *Alone. Life Wastes Andy Hardy*, der spätere Gewinner von Oberhausen, zu sehen.
Neben **Avantgarde- und Animationsfilmen** lag der Schwerpunkt des Festivals auf der Dokumentation. »Ein besonderer Dokumentarfilm war der des Exilösterreichers Peter Kern. *Knutschen Kuscheln Jubilieren* erzählt von sechs alten, einsamen Homosexuellen. ... Viele proklamieren Toleranz, dieser führt sie uns vor Augen.« (Nikolaj Nikitin vom »Schnitt«)
Unter den Spielfilmen lobte man vor allem *Die Siebtelbauern* von Stefan Ruzowitzky, der bereits in Saarbrücken ausgezeichnet wurde, und *Suzie Washington* von Florian Flicker. ***Suzie Washington*** wurde in Graz als **bester Spielfilm** ausgezeichnet; der **Preis für innovatives Kino** ging an Resetarits' ***Ägypten*** und Arnolds ***Alone. Life Wastes Andy Hardy***. Eine Jugendjury prämierte

Nana Swiczinskys Animationsfilm ***Wieder Holung***.
Stefan Grissemann resümierte: »Der österreichische Film hat jedenfalls wieder ein Forum: kein staatliches Feigenblatt, keine simple Selbstfeier, sondern einen klug inszenierten Ausstellungsraum.« Ab April reiste die Diagonale durch Österreich.

7. Filmfest Hamburg

1998 waren im Programm des Hamburger Filmfests unter anderem der neue Spike Lee *He Got Game*, Hal Hartleys *Henry Fool*, Thomas Vinterbergs *Das Fest* und *Sturm in den Weiden*, eine böse Kinderbuch-Adaption der beiden Ex-Monty-Pythons Terry Jones und Eric Idle zu sehen.
Auf dem Filmfest wurde auch der **Studio Hamburg Nachwuchspreis** für Absolventen deutscher Filmhochschulen verliehen. Der erste Preis (dotiert mit 10.000 DM) ging dabei an **Lars Kraune** von der dffb für *Dunckel*. **René Heisig** von der HFF München gewann den zweiten Preis (6.000 DM) für *Pauls Reise*, und den dritte Preis (4.000 DM) erhielt **Benjamin Herrmann**, ebenfalls Absolvent der HFF, für *Der große Lacher*. Der Sonderpreis der Jury (3.000 DM) ging an **Daniel Nocke** und **Sylvia Sabiwalsky** von der Filmakademie Baden-Württemberg für *Der Peitschenmeister*.

14. Internationales Hamburger Kurzfilmfestival

Der mit 5.000 DM dotierte **Große Preis der Jury** des diesjährigen Festivals ging an den Experimentalfilm ***Blight*** von John Smith. Den **Publikumspreis** (2.500 DM) erhielt **Milos Radovic** für *Moja Domovina* und den **François-Ode-Preis** (2.500 DM) **Marie Paccou** für ihren Animationsfilm *Un Jour*. **Martha Colburn** aus Baltimore wurde für mehrere Beiträge mit dem **Spezialpreis der Jury** geehrt.

32. Internationale Hofer Filmtage

Für Rudolf Worschech (»epd Film«) ist das Geheimnis des Erfolgs von Hof, daß selbst in schwächeren Jahren jeder etwas für seinen Geschmack findet. »Hof ist ein Festival für Entdeckungen und Wiederentdeckungen, zum Nachholen und zum Sichten kurz vor dem Kinostart. Hof gilt als Tribüne für neue deutsche Filme, hat sich aber immer ein Herz für amerikanische Independents oder exotische Filmländer bewahrt.«
Den **Filmpreis der Stadt Hof** hat in diesem Jahr **Tom Tykwer** erhalten, ihm sei zu Verdanken, so Martina Knoben in der »SZ«, daß »deutsche Filmemacher selbstbewußter geworden sind«. Für den Laudator Michael Althen habe Tykwer gezeigt, was das Kino alles kann. Dies war von seiten der deutschen Produktionen auf den Filmtagen allerdings nur zu erahnen. Selbstbewußt, aber etwas verzettelt kam *Meschugge*, der neue Streifen von X-Filme daher. X-Filme, die Produktionsfirma von Tom Tykwer, Wolfgang Becker und Dany Levy, hat mit *Das Leben ist eine Baustelle*, *Winterschläfer* und *Lola rennt* den deutschen Film in jüngster Zeit enorm belebt. *Meschugge*, von Dani Levy nun, krankt jedoch an der Ambition, zu viel erzählen zu wollen: »vom neuen und vom alten Antisemitismus in Deutschland, von Nazijägern und Holocaust-Überlebenden, von orthodoxen und nicht so orthodoxen Juden, von Mord und Totschlag,

von Liebe und Leidenschaft, von Rettung und Verrat, vom Verlust der Identität und der schicksalhaften Verkettung von Lebensläufen. Alles wird angetippt, kaum etwas ausgespielt.« (Volker Gunske in »tip«)
Sehr ambitioniert war auch Nina Grosses *Feuerreiter*, der von Hölderlins Liebesleben und dem folgenden Weg in den Wahnsinn erzählt. Aber »Martin Feifel zerreibt sich als deutscher Dichter mit wehendem Mantel und Michael-Jackson-Stirnlocke zwischen lyrischem, revolutionärem und libidinösem Sturm und Drang. Das kann nicht gutgehen.« (Volker Gunske) Ein Wahnsinn ganz anderer Art wurde von Dominik Wessely in seiner Dokumentation über Staubsaugervertreter eingefangen. *Die Blume der Hausfrau* schildert den Alltag von fünf Männern, die ihr Geld mit einer »fast unwiderstehlichen Performance« verdienen: »Verführung und Verkauf, Staubsaugen und Abstauben – es ist nur der ganz normale Wahnsinn von Reihenhäusern und ihren Bewohnern. Das ist nicht viel, aber mehr als der ganze Wahnsinn von Hölderlin und Co.« (Gunske). Neben *Die Blume der Hausfrau* wird noch die Dokumentation *Kopfleuchten* von Mischka Popp und Thomas Bergmann den Weg in die Kinos finden, da sich kleine, ambitionierte Verleiher ihrer angenommen haben.
1999 wird dann auch *Happiness* in Deutschlands Lichtspielhäusern anlaufen. Der Film von Todd Solondz zählte wie schon auf etlichen anderen Festivals des Jahres auch in Hof zu den Höhepunkten des Programms. »*Happiness* ist ein Meisterwerk der Enthüllung und Personenführung: Erst nach und nach begreift man, wie die Protagonisten zusammengehören, und mehr und mehr brechen die Fassaden zusammen, die die Menschen um sich herum aufgebaut haben.« (Rudolf Worschech)

9. Feminale – Internationales FrauenFilmFestival Köln

»Mit ihren 15 Jahren ist die Feminale mittlerweile eine Institution. Trotzdem muß das drittgrößte internationale Frauenfilmfestival, das im jährlichen Wechsel mit der Dortmunder femme totale alterniert, für jede Ausgabe wieder neu um ständig schrumpfende Mittel kämpfen. Nicht der einzige, aber doch ein gewichtiger Grund, dieses Jahr mit einer vorsichtigen Neukonzeption und Umgewichtung der Sektionen auch eine ›Verschlankung‹ vorzunehmen«, berichtete Silvia Hallensleben in »epd Film«. Das Festival ist 1998 von der unfreundlichen Volkshochschulhalle in das »Residenz-Kino-Center« umgezogen, jedoch waren die beiden großen Säle leider häufig nur spärlich gefüllt. »Dabei hätten Filme wie der kanadische *Two Seconds* von Manon Briand, der von einer jungen Fahrradkurierin in Montreal berichtet, oder Hilary Broughers *The Sticky Fingers of Time* durchaus ein großes Publikum verdient.« (Hallensleben)
In einer kleinen Retrospektive waren Filme der französischen Regisseurin Claire Denis zu sehen, und im gut besuchten Lesbenprogramm lief mit dem »Trash-Splatter-Sci-Fi-Spektakel« *Dandy Dust* von Hans Scheirl erstmals ein Film von einem Frau-zu-Mann-Transsexuellen auf einem Frauenfestival. Silvia Hallensleben äußerte abschließend die Hoffnung, daß in Zukunft ein »noch schärferes Herausarbeiten zentraler Themenkomplexe« dem Festival mehr Profil geben möge. »Schließlich sind Filme von Regisseurinnen heutzutage auch im regulären Filmprogramm nicht

mehr so rar, daß allein schon das Label ›von einer Frau gemacht‹ reicht, um Interesse zu wecken.«

40. Nordische Filmtage Lübeck

»In der Konzentration liegt die Stärke der Nordischen Filmtage. Überschaubarkeit, Distanz zu Prominentenrummel und Nähe zum Gegenstand haben dem Festival über die vierzig Jahre seines Bestehens den Ruf als *die* Plattform für den nordischen Film eingebracht.« (Elisabeth Wagner, »epd Film«). Zu den Ländern, die auf diesem Festival vertreten sind, zählen neben den skandinavischen Nationen – die auch den Schwerpunkt bilden – Estland und Lettland sowie Schleswig-Holstein, das mit Filmen vertreten ist, die von der landeseigenen Filmförderung unterstützt wurden.

Elisabeth Wagner bezeichnete die Filme aus Dänemark »eindeutig und konkurrenzlos« als die »interessantesten Diskussionsanstöße« in diesem Jahr. »*Idioten* von Lars von Trier und *Das Fest* von Thomas Vinterberg mußten die Veranstalter angesichts des Zuschauerandrangs jeweils gar drei Vorstellungen einräumen.« Beide Filme und das zugrunde liegende Manifest Dogma 95 erregten hier im ruhigen Lübeck noch mehr Aufsehen, als es bereits im Mediengetümmel von Cannes der Fall war (zur Erläuterung des Dogma 95 siehe den Beitrag zu Cannes). ***Das Fest*** wurde einerseits der erfolgreichste Film in Lübeck, denn Vinterberg wurde für seinen Film mit dem **Baltischen Filmpreis**, dem **Preis der Interfilm-Jury** und dem **Publikumspreis der Lübecker Nachrichten** ausgezeichnet. Andererseits sorgten *Das Fest* und *Idioten* für erbitterte Diskussionen. »Vor allem Liv Ullman, Schauspielerin, Regisseurin und Ehrenpräsidentin der Nordischen Filmtage wurde nicht müde, gegen die vorgeblich nihilistischen Prinzipien von Dogma 95, ihre Philosophie eines epischen und identitätsstiftenden Kinos zu vertreten.« (Wagner) Ihre Position unterstrich Ullman durch eine von ihr konzipierte Reihe, in der neben anderen Filmen *Die Emigranten* von Jan Troell sowie Ingmar Bergmans *Persona* und *Szenen einer Ehe* zu sehen waren.

Im weiteren Programm liefen der schwedische *Tic Tac* von Daniel Alfredson, der bereits in Karlovy Vary zweifach ausgezeichnet wurde, und ***Nur Wolken bewegen die Sterne*** von der Norwegerin Torun Lian, der den Hauptpreis des Festivals, den mit 25.000 DM dotierten **NDR-Förderpreis**, erhielt.

18. Internationales Film-, Video- und Multimedia-Festival in Luzern – Viper 98

Mit einem Zuschauerrekord endete das Festival in Luzern, das unter dem Motto »Unterhaltungsmaschine/Arbeitswelten« stand. Im Wettbewerb des internationalen Programms gingen die jeweils mit 5.000 Schweizer Franken dotierten Preise an ***Today*** von Eija-Liisa Ahtila aus Finnland (**Viper-Filmpreis des Kantons Luzern**) und an ***Device*** der beiden Briten John Wood und Paul Harrison (**Panasonic-Videopreis**). Den **Preis der Videowerkschau Schweiz** gewann **Susanne Wallimann** für das Porträt *Berta Moser-Metzler*.

47. Internationales Filmfestival Mannheim-Heidelberg

»In Mannheim-Heidelberg erfüllt sich das, was man sich auf anderen

Festivals vergeblich wünscht, und das ist im speziellen Fall nicht nur eine gelungene, sondern eine höchst durchdachte Festivalstrategie, die zu ergiebiger Interaktion einlädt«, lobte Dietrich Kuhlbrodt in »epd Film« die Leitung des Festivals um den Direktor Michael Kötz. Um ein Profil in der enormen Menge von internationalen Filmfestivals zu gewinnen, gehört es zum Konzept des traditionsreichen Festivals, nur Erstlingsfilme zu zeigen, die entweder Welt- oder internationale Premieren sind.

Eva-Maria Lenz von der »FAZ« befand für das diesjährige Programm, daß »nach dem grandiosen Auftakt die Meßlatte so hoch zu liegen schien, daß der Nachwuchs dagegen erst einmal abfiel.« Der grandiose Auftakt war eine **Retrospektive**, die dem prominenten Gast Theo Angelopoulos gewidmet war. Dieser wurde 1970 mit seinem Debüt *Rekonstruktion* in Mannheim entdeckt – ein Film, der leider nicht in der Retrospektive zu sehen war, hätte er doch einen direkten Vergleich mit den Erstlingsfilmen dieses Jahrgangs ermöglicht, von denen dreizehn Spielfilme und sechs Dokumentationen für den Wettbewerb nominiert waren. Die mit den Hauptpreisen bedachten *Max et Bobo* vom Belgier Frédéric Fonteyne und der amerikanische *Confessions of a Sexist Pig* von Sandy Tung bewertete Eva-Maria Lenz lediglich als mittelmäßige Unterhaltungsfilme. Die senegalesische Produktion *TGV*, einer der Gewinner des Publikumspreises, wurde von Lenz immerhin als das »originellste Road-Movie« bezeichnet. Der Film von Moussa Tourré schildert die Reise in einem Linienbus von Senegal nach Guinea und führt damit zugleich in die Widersprüche zwischen afrikanischer Geschichte und Gegenwart ein. »Die beiden ästhetisch kühnsten Produktionen des diesjährigen Wettbewerbs« waren für Lenz der estnische Film *Georgica* von Sulev Keedus und *Brother Tied* vom Amerikaner Derek Cianfrance, der mit dem Preis der Ökumenischen Jury ausgezeichnet wurde. Auch Dietrich Kuhlbrodt wertete *Georgica*, der von einem Missionar erzählt, dem ein vernachlässigter und verstörter Junge anvertraut wird, als ›bildgewaltiges, großes Schauspiel, tarkovskijesk‹, seine eigene Legende«. Und in *Brother Tied*, der Geschichte einer Auseinandersetzung zwischen zwei Brüdern, sah er ein »geniales, künstlerisch perfektes Regiedebüt«.

International Independent Award (**Spielfilm**, dotiert mit 30.000 DM): ***Max et Bobo*** von Frédéric Fonteyne.
International Independent Award (**Dokumentation**, dotiert mit 10.000 DM): ***Titinaki-Jidai*** von Yoshihisa Shigeno.
International Independent Award (**Kurzfilm**, dotiert mit 5.000 DM): ***Troje*** von Igor Berschadski.
Spezialpreis in memoriam Rainer Werner Fassbinder: *Confessions of a Sexist Pig* von Sandy Tung.
Spezialpreis der Jury: *C Dniom Rozhdenia* von Larisa Sadilova.
Preis der Internationalen Filmkritik (FIPRESCI): ***Titinaki-Jidai*** von Yoshihisa Shigeno.
Preis der Ökumenischen Jury: *Brother Tied* von Derek M. Cianfrance.
Publikumspreis: *TGV* von Moussa Touré und ***Vive la Mariée et la Libération du Kurdistan*** von Hiner Saalem.

18. Internationales Festival der Filmhochschulen München

Dieses Jahr startete das Festival erstmals mit einem Tag, an dem nur die

sechs deutschen Filmschulen aus Berlin, Hamburg, Köln, Ludwigsburg, München und Potsdam ihre Beiträge präsentierten. Tags darauf begann dann das internationale Programm, in dessen Mittelpunkt der »Special Guest«, die Filmhochschule aus Havanna, stand. Insgesamt stellten 35 Filmschulen aus 25 Ländern ihre neuen Produktionen vor, diesmal nicht im November, sondern bereits vom 26. Juni bis 3. Juli, also fast genau im gleichen Zeitraum, in dem das Münchner Filmfest stattfand. Diese Terminverlegung, die wohl aus finanziellen Gründen notwendig wurde, brachte dem Filmfestleiter Eberhard Hauff herbe Kritik ein. So schrieb der »film-dienst«: »Im 18. Jahr befindet sich das Festival in einer Existenzkrise. Nicht nur, daß das übermächtige Cannes mit einem Studentenfestival aufwartet, schmälert die Relevanz. Die zeitliche Zusammenlegung mit dem Filmfest München stellte sich als falsch heraus, zog sie doch Besucher, vor allem interessierte TV-Redakteure, ab. So machte sich schnell Untergangsstimmung breit. Die Spareffekte mögen sinnvoll sein; von den im Vorfeld hochgelobten Synergie-Effekten war jedoch wenig zu spüren.«
Einer dieser wenigen Synergie-Effekte war die Anwesenheit von **Monte Hellmans**, einem bedeutenden Vertreter des unabhängigen amerikanischen Films, dem auf dem Filmfest eine Retrospektive gewidmet wurde und der den Vorsitz der Jury beim Hochschulfestival übernommen hatte. Dieser positive Effekt konnte allerdings die genannten Nachteile nicht aufwiegen. Letztlich sollte man doch bedenken, »daß ein Filmhochschulfestival ein sorgsam zu pflegendes Pflänzchen ist.« (Rudolf Worschech, »epd Film«)

Deutscher Filmschulpreis in Gold: *Waxwing* von Beryl Schennen (HFF)
Deutscher Filmschulpreis in Silber: ***Fünf Minuten Ikarus*** von Martin Eigler (dffb).
Deutscher Filmschulpreis in Bronze: ***Sherut Taxi*** von Holger Borggrefes (Hamburger Filmwerkstatt).
VFF Young Talent Award (1. Preis, dotiert mit 10.000 DM): ***Nighthawks*** von Dimitri Popov (HFF).
President's Prize: ***Halberstadt*** von Achim von Borries (dffb).
Student Camera Award (2.000 DM): ***Halberstadt.***
Preis für das interessanteste Schulprogramm: Filmhochschule Lodz.

16. Filmfest München

»Wollte man das Konzept des Münchner Filmfests auf einen knappen Slogan bringen, dann müßte es lauten: noch größer. Immer mehr Filme (150 in diesem Jahr), mehr Reihen, mehr Kinos, mehr Besucher – darauf setzten die Veranstalter.« Die Kritik von Rudolf Worschech, »epd Film« wurde vor allem in seiner geäußerten Hoffnung deutlich, daß sich bald »nicht nur Fachbesucher ein stringenteres Programm wünschen«. Aber um mit Oliver Rahayel vom »film-dienst« zu sprechen: »Das Filmfest München ist vor allem ein Publikumsfestival« – und die Besucher kamen eben zahlreich. Darüber hinaus ist der Markt, auf dem Filme für Festivals gewonnen werden, hart umkämpft, »und ein Publikumsfestival wie München steht dabei meist hinten an. So gab es kaum (europäische) Erstaufführungen, und wenn, dann vorwiegend in der Independent-Reihe.« (Oliver Rahayel) Folglich sind viele Filme, die in München zu sehen waren, schon auf anderen Festivals gelaufen. Jedoch besteht – wie Worschech zugeben mußte – gerade darin die Stärke des Münchner Festivals: »Filme zu präsentieren, die auf anderen Festivals schon reüssierten – Events für das städtische Publikum und Nachholbedarf für Kinobesitzer und Journalisten.« So konnte man in München beispielsweise einige **Gewinner von Cannes** sehen, wie Peter Mullan in *My Name Is Joe* von Ken Loach oder Natacha Reigner und Elodie Boucher in *Liebe das Leben* von Eric Zonca und *La classe de neige* von Claude Miller. Im weiteren muß erwähnt werden, daß die Vergrößerung des Filmfests um das Filmtheater am Sendlinger Tor durchaus als ein Erfolg zu werten ist, gewann man doch dadurch eine wunderbare Spielstätte, denn bei dem 1913 eröffneten Traditionshaus handelt es sich um das älteste noch existierende Kino der Stadt.

Im Programm fand das Publikum Unterschiedlichstes wie die Reihen »Focus On British Cinema« und »Un certain regard sur le cinéma français«, eine »Top-Television«-Reihe, eine Reihe mit neuen deutschen Filmen und ein Kinderfilmfest. Alle Filme des in Vergessenheit geratenen amerikanischen Slapstick-Komikers Charley Chase waren erstmals in restaurierter Form wiederzusehen. Die **Retrospektive** wurde Francesco Rosi gewidmet. Das **Tribut** ging an Monte Hellman, dessen Meisterstück *Two Lane Blacktop (Asphaltrennen)* von 1971, leider viel zu selten auf der großen Leinwand zu sehen ist.

Gerade diese Filme des Monte Hellman, einem der alten Vertreter des unabhängigen amerikanischen Kinos, paßten konzeptionell sehr gut nach München, ist das Filmfest doch für sein gutes Independent-Programm bekannt. Bei den »Indies« liefen in diesem Jahr natürlich die **Gewinner von Sundance**: *Slam* von Mark Levin und *Smoke Signals* von Chris Eyre, der mit *Naturally Native* von Jennifer Wynne Farmer und Valerie Red-Horse sowie *Tushka* von Ian Skorodin eine kleine Reihe von indianischen Produktionen komplettierte. Und es gab unter den Independents auch sehr mutige Filme zu entdecken, wie Kevin Di Novis' *Surrender Dorothy*. »Wer nach München kommt will solche Entdeckungen machen. Will Namen hören, die noch keiner kennt, Künstlern begegnen, die am Anfang ihrer Karriere stehen und vielleicht gerade ihr letztes Geld in ihren ersten Film investiert haben.«

Dieser Wunsch von Christina Tilmann und Julian Hanich vom »Tagesspiegel« wurde zumindest teilweise auch durch die Entdeckung Eoin Moore erfüllt. Moores Berlin-Film der Underdogs *plus-minus null* teilte sich mit Hans-Christian Schmids *23* den **Hypo-Regie-Förderpreis**.

Oliver Rahayels Entdeckung hieß *Pizza, Bier und Zigaretten*, das Debüt der beiden Argentinier Adrián Caetano und Bruno Stagnaro. Der Film über kriminelle Jugendliche in Buenos Aires »malt mit den Mitteln des cinéma verité ein nahezu uninszeniertes, düsteres Bild, bricht dies aber durch eine zaghafte Liebesgeschichte sowie einen eigentümlichen, trockenen Humor auf.«

Es gab also doch einiges zu entdecken, auf dem 16. Münchner Filmfest, auch wenn man vielleicht etwas tiefer danach graben mußte.

Hypo-Regie-Förderpreis: ***23*** von Hans-Christian Schmid und ***plus-minus null*** von Eoin Moore (der mit 80.000 DM dotierte Preis wurde geteilt).

TV Movie Award (50.000 DM): **Jo Willett** für die Produktion von *Our Boy* von David Evans und **Claudia Holldack** für die Produktion von *Sperling und der brennende Arm* von Dominik Graf.
CineMerit Award: Eric Pleskow.
Prix Elida Fabergé – internationaler Kurzfilmwettbewerb:
Erster Preis (15.000 DM): ***No Sunshine*** von Bjorn Melhus.
Zweiter Preis (10.000 DM): ***Der Sieg – Step towards Victory*** von Robert Krause.
Dritter Preis (7.500 DM): ***Schwimmen*** von Martin Repka.
Vierter Preis (5.000 DM): ***Bound*** von Fabian Grobe.

13. Internationales Dokumentarfilmfestival München

Was für das Münchner Filmfest galt, traf auch teilweise auf das Dokumentarfilmfest der Stadt zu, denn einiges, »was in München zu sehen war, hat man schon auf der 98er Berlinale sehen können, etwa Michael Moores bissige Gesellschaftskritik in *The Big One* oder die sehr persönliche Fassbinder-Hommage *Life, Love & Celluloid* von seiner langjärigen Cutterin Juliane Lorenz. Doch hat München den Vorteil, daß diese wichtigen Arbeiten hier nicht im Wust eines überfrachteten Programmes untergehen.« (Thilo Wydra, »Die Welt«) Neben dem internationalen Programm mit 60 Filmen aus mehr als 20 Ländern lief auch dieses Jahr die Sektion »Neue Filme aus Bayern«, in der z. B. Harald Rumpfs *Münchner Freiheit*, eine zehnjährige Langzeitstudie über eine Gruppe Obdachloser, zu sehen war. Thema der diesjährigen Retrospektive war der kubanische Dokumentarfilm der letzten vierzig Jahre mit Filmen von mehr oder weniger bekannten Regisseuren wie Tomás Gutiérrez Alea oder Santiago Alvarez, die großes Publikumsinteresse hervorriefen. Außerdem zeigte man in einer Werkschau zehn Filme von Vassilis Maros, dem »Vater des griechischen Dokumentarfilms«.
Der mit 5.000 DM dotierte **Preis des Festivals** ging an den bereits in Duisburg ausgezeichneten ***Pelym***, mit einer lobenden Erwähnung zeichnete die Jury das experimentelle Filmtagebuch ***November, 1–30*** von Jan Peters aus, und der beste Dokumentarfilm von Sundance, Julia Loktevs ***Moment of Impact***, gewann den **Dokumentarfilmpreis des Bayerischen Rundfunks** in Höhe von 20.000 DM.

44. Internationale Kurzfilmtage Oberhausen

Mit dem neuen Leiter des Festivals, Lars Henrik Gass, kam auch eine neue Spielstätte: Von der unwirtlichen Stadthalle siedelte man in die »Lichtburg« um, ein traditionsreiches Filmtheater, das inmitten der alten Einkaufszone liegt. Die von Gass initiierte Verlegung führte nicht nur zu einem Gewinn an Atmosphäre, sondern auch zu einem Publikumszuwachs. »Ein deutlich jüngeres Publikum strömte neugierig in die beiden Festival-Kinosäle, und über 35 Prozent zahlende Besucher belegten, daß die Ära der Fachmesse für Insider vorbei ist.« (Klaus Gronenborn, »epd Film«) »Für die Festivalgäste war die Lichtburg, ein schmukkes Fünfziger-Jahre-Kino mit zehn Metern Laufweg zwischen Kasse, Telefon, Briefkasten und Straßencafé ein magischer Ort.« (Silvia Hallensleben, »Der Tagesspiegel«)
Ansonsten setzte Gass größtenteils auf »inhaltliche Kontinuität«, das

heißt: »Kurzfilm als eigene Gattung, offen gegenüber dem Experiment, ohne dabei das politische Umfeld aus dem Blick zu verlieren.« (Silvia Hallensleben) Und so waren nach Ursula Vossen vom »film-dienst« unter den 64 Beiträgen des internationalen und den 33 Werken des deutschen Wettbewerbs »viele sehenswerte Filme mit starken Bildern, die in Erinnerung bleiben.« Reinhard Kleber von »Filmecho/Filmwoche« fiel auf, daß in den Wettbewerbsprogrammen »Kunstvideos, Experimentalfilme und reine Computeranimationen auf dem Rückmarsch sind, während sich Mischformen, etwa aus kurzen Spiel- und Dokumentarfilmen, weiter ausbreiten.«

Neben den Wettbewerben stand im **Sonderprogramm** »Nützliche Bilder« der Wirklichkeitsgrad wissenschaftlicher Abbildungen zur Diskussion. Besonders viele Zuschauer fand »Keep It Real?«, eine Reihe von Videoclips, die »Spex«, das Magazin für Popkultur, ausgewählt hatte. »Siehe da, es gibt starke Kurzfilme auch als Konsumartikel«, schrieb darauf Arno Orzessek in der »SZ«.

Ganz andere Zeiten beleuchtete die Retrospektive, die dem Festival von 1968 gewidmet war, als es noch »Westdeutsche Kurzfilmtage« hieß und von Hilmar Hoffmann geleitet wurde. »Damals ließ ein erigierter Penis in Hellmuth Costards Film *Besonders wertvoll*, der masturbierend über die Filmförderungsgesetzgebung sinnierte, die Wogen der Entrüstung hochschlagen. Daß dieser Skandalfilm damals nicht auf dem Festival gezeigt werden durfte, veranlaßte viele der jungen Filmemacher, ihre Werke aus dem Wettbewerb zurückzuziehen und statt dessen in spontan organisierten Vorführungen des Bochumer Studienkrieses Film in der Nachbarstadt zu zeigen.« (Ursula Vossen) Nun war dieses »Bochumer Programm« nach dreißig Jahren also doch noch in Oberhausen zu sehen, zusammen mit internationalen Produktionen der Zeit, z. B. Martin Scorseses *The Big Shave*, und Dokumentationen über die 68er Ereignisse auf dem Festival.

Die größte Aufmerksamkeit erregte in diesem Jahr wohl ein Film, der vom Wiener Martin Arnold aus »Found Footage« produziert wurde. ***Alone. Life Wastes Andy Hardy*** erhielt bereits bei der Diagonale in Graz eine Auszeichnung als innovativster Film und bekam nun von der internationalen Jury den mit 10.000 DM dotierten **Großen Preis der Stadt Oberhausen** verliehen. »Bis zum Einzelbild seziert Arnold Sequenzen aus einem von Hollywoods ›Andy Hardy‹-Filmen der 30er Jahre mit Mickey Rooney und Judy Garland, rhythmisiert diese Frames durch permanente Wiederholungen neu und macht so dahinter verborgene Strukturen wie die sexuelle Konnotation eines im Original durch den Production Code reglementierten Kusses sichtbar.« (Ursula Vossen)

Gleich drei Preise konnte der aserbaidschanische ***All for the Best*** von Vagif Mustafayev gewinnen. Die Groteske um den Irrweg, den die Leiche eines Soldaten während des Krieges zwischen Armenien und Aserbaidschan nimmt, erhielt den **Eulenspiegelpreis** für den humorvollsten Film, den **Preis der katholischen Filmarbeit** und den **Preis des internationalen Filmclubverbandes FICC**. Als **bester deutscher Kurzfilm** wurde ***Villeneuve*** vom Münchner Jakob Hilpert ausgezeichnet, der amüsant lakonisch vom partnerstädtlichen Austausch zwischen dem französischen Ort Villeneuve und dem

ostdeutschen Provinznest Wittstock erzählt. Die beiden mit 5.000 DM dotierten **Hauptpreise des Festivals** gingen an die schweizerisch-amerikanische Koproduktion ***The President*** von Robert Frank und an ***Der Frühling*** von Valdas Navasaitis aus Litauen. Den **Preis des nordrhein-westfälischen Kulturministeriums** (5.000 DM) erhielt die britische Videodokumentation ***2 into 1*** von Gillian Wearing, und die Oberhausener Kinderjury prämierte mit ***Poldermol*** von Erik de Goederen und ***Freemarket*** von Hans Hykelma zwei niederländische Produktionen.
»Nach Oberhausen sieht man – zumindest einige Wochen lang – Filme anders. Kann man mehr erwarten?« (Silvia Hallensleben)

5. Filmfest Oldenburg

Der erstmals verliehene **Levi's Independence Award** in Höhe von 10.000 DM ging an den Amerikaner Richard Schenkman für seinen Film ***Went To Coney Island On A Mission From God … Be Back By Five***.

Filmfest Potsdam

Die großen Anstrengungen, die die Festivalleitung unternahm, um mit einem winzigen Budget ein qualitativ gutes Programm mit 70 Filmen zu erstellen, stießen leider nur auf ein mäßiges öffentliches Interesse, so daß Silvia Hallensleben im »Tagesspiegel« provokativ fragte: »Haben die Potsdamer überhaupt ein Filmfestival verdient? Ließen sich die Energien nicht anderswo sinnvoller verausgaben?« Ungeachtet dieser Fragen ging der **Spielfilmpreis** an den auch in Saarbrücken ausgezeichneten ***Die Siebtelbauern*** von Stefan Ruzowsky und an den britischen Film ***My Son the Fanatic*** von Udayan Prasad. ***Kinderland ist abgebrannt*** von Sibylle Tiedemann erhielt den **Dokumentarfilmpreis**.

19. Max-Ophüls-Preis Saarbrücken

19 abendfüllende Spielfilme und 21 Kurzfilme waren dieses Jahr im Wettbewerb für deutschsprachige Nachwuchsregisseure zu sehen, während im Forum sieben Filme junger italienischer Regisseure liefen. Vervollständigt wurde das Programm durch andere europäische Produktionen, verschiedene Kurzfilmprogramme mit Filmen von Bernd Eichinger, Wim Wenders und Douglas Sirk sowie zwei Specials: die Vorführung der von der Cinémathèque Municipale de Luxembourg neu restaurierten Fassung des Stummfilms *Waterloo* von Karl Grune und eine in Zusammenarbeit mit dem Filmmuseum München neu untertitelte Fassung von Max Ophüls' *Caught*, den der Namenspatron des Festivals in seiner amerikanischen Zeit gedreht hat. Insgesamt ergab das ein Festival, das Horst Peter Knoll vom »film-dienst« als »anregend, inspirierend und im guten Sinne auch erschöpfend« bezeichnete. Annette Dombrowski attestierte in »Filmecho/Filmwoche« »ein vielseitiges Programm, das neben einigen schwerverdaulichen Brocken, Schräg-Skurriles und erstaunlich viel Professionelles aufwies.«
Zu den skurrilen Geschichten zählt die Reise des alleinstehenden Bierfahrers Hannes Joachim Kraufwies, der in *Zugvögel – einmal nach Inari* zur Weltmeisterschaft der Kursbuchexperten nach Finnland fährt und dort, anstatt Weltmeister zu werden, die Liebe entdeckt. Lichtefelds De-

büt gehörte zu den Publikumslieblingen des Wettbewerbs, ging jedoch zum Bedauern vieler Besucher bei der Preisvergabe leer aus. Denn Janek Rieke erhielt den Publikumspreis und den Interfilmpreis für *Härtetest*, der von einem ungleichen Liebespaar, dem »ödipalen Weichei Jonas und der Ökoaktivistin Lena«, erzählt. Eva-Maria Lenz lobte in der »FAZ«: »Wie Rieke in *Härtetest* Love-Story, Charakterkomödie und aktuelle Gesellschaftssatire ineinanderschiebt, zeigt Wagemut und Talent.«

Der **Gewinnerin des Max-Ophüls-Preises**, Sandra Nettelbeck, wurde auch der erstmalig vergebene Drehbuchpreis für die Fernsehproduktion *Mammamia* verliehen – eine Entscheidung, die kontrovers aufgenommen wurde: Trotz Qualitäten »bleibt der Film stets berechenbare Oberfläche« (Horst Peter Knoll), Annette Dombrowski bemängelte die »konventionelle, TV-gerechte Inszenierung gutaussehender Menschen in Schöner-Wohnen-Ambiente« und Silvia Hallensleben vom »Tagesspiegel« sah in *Mammamia* ein weiteres Beispiel dafür, »was in den letzten Jahren als Beziehungskomödie so viele Feinde gefunden hat«.

Deutlich positiver wurde da von den Kritikern die österreichische Produktion *Die Siebtelbauern* besprochen, für den der Regisseur Stefan Ruzowitzky den Filmpreis des saarländischen Ministerpräsidenten und der Hauptdarsteller Simon Schwarz den Max-Ophüls-Preis für den besten Nachwuchsschauspieler erhielt. Anke Leweke bescheinigte den *Siebtelbauern* in »tip« wahres Kinoformat, Horst Peter Knoll schrieb von einer »›süffigen‹, rundum kinotauglichen Alpen-Western-Saga«. Der Film spielt in den 20er Jahren und handelt von sieben Mägden und Knechten, die den Hof eines Großbauern im Mühlviertel erben. Ihr Versuch, mit der neuen Freiheit und dem Besitz umzugehen, wird allerdings von den Bauern der Gegend zunichte gemacht.

»Überhaupt fielen in Saarbrücken **begabte Österreicher** auf.« Eva-Maria Lenz zählte dazu noch Andreas Gruber, dessen *Verlassenschaft oder die schuldig gebliebene Liebe* außerhalb des Wettbewerbs lief und Florian Flicker, der mit *Suzie Washington* vertreten war. Für diesen Film über die Fluchtwege einer kaukasischen Emigrantin erhielt die Cutterin Monika Willi den Femina-Preis.

Max-Ophüls-Preis, dotiert mit 30.000 DM und einer Verleihförderung von 30.000 DM: **Sandra Nettelbeck** für *Mammamia.*

Max-Ophüls-Preis für die beste Nachwuchsdarstellerin (5.000 DM): **Marie Zielke** für ihre Rolle in *Silvester Countdown.*

Max-Ophüls-Preis für den besten Nachwuchsschauspieler (5.000 DM): **Simon Schwarz** für seine Rolle in *Die Siebtelbauern.*

Kurzfilmpreis (5.000 DM): **Sebastian Peterson** für *Fake!*

Drehbuchpreis (10.000 DM): **Sandra Nettelbeck** für *Mammamia.*

Förderpreis der Jury (5.000 DM): **Walburg von Waldenfels** für *Gesches Gift.*

Filmpreis des saarländischen Ministerpräsidenten, dotiert mit 10.000 DM und einer Verleihförderung von 10.000 DM: **Stefan Ruzowitzky** für *Die Siebtelbauern.*

Produzentenpreis: Schramm Film, Koerner & Weber für *Die Beischlafdiebin.*

Publikumspreis (3.000 DM): Janek Rieke für *Härtetest.*

Femina-Filmpreis des Verbandes der Filmarbeiterinnen (3.000 DM): **Monika Willi** für die Montage von *Suzie Washington.*
Interfilmpreis der internationalen evangelischen Filmarbeit (2.000 DM): **Janek Rieke** für *Härtetest.*

33. Solothurner Filmtage

Dem Schweizer Film geht es nicht gut: Weniger als ein Prozent beträgt der Marktanteil im eigenen Land, während die Präsenz europäischer Produktionen in den letzten Jahren gestiegen ist. Trotzdem schafft es insbesondere der Schweizer Dokumentarfilm immer wieder, das Publikum in die Kinos zu locken – auch in Kinos, die jenseits der Landesgrenzen liegen. Beispiele dafür sind *Das Wissen vom Heilen*, die semidokumentarische schweizerisch-deutsche Koproduktion *Broken Silence* oder der auf den diesjährigen Solothurner Filmtagen gelaufene *Die Salzmänner von Tibet* von Ulrike Koch. Dokumentarfilme waren auf dem Festival stark vertreten, und so waren die Filmtage ein Spiegel der Kinolandschaft, ganz im Sinne der Veranstalter, die ja »einen möglichst lückenlosen Überblick über das professionelle Filmschaffen in der Schweiz« geben wollen, was natürlich bedeutet, daß man auch Spiel-, Kurz-, Experimental-, Animations- und Kinderfilme sehen konnte.
Ursula Vossen schrieb im »film-dienst« von zwei »gattungsüberschreitenden Schwerpunkten: Da ging es zum einen um die Beschäftigung mit dem ›Fremden‹ und ›Anderen‹. Dies umfaßt sowohl Behinderte, die in der 25jährigen Langzeitstudie *Wie du und ich* von Fritz E. Maeder begleitet wurden, Drogenabhängige wie in Remo Leggazis *Abschied von der Gasse* oder Immigranten wie in *Colors of Schweiz* (Regie: Heinz Bütler und Beat Kuert) und – aus einer beeindruckenden Innenperspektive heraus – Mohammed Soudanis *Waalo Fendo – là où la terre gèle*. Zum anderen reflektierte eine große Zahl von Filmen die Zeit des Nationalsozialismus und der Judenverfolgung – darunter Esther van Messels *Fremd geboren*, Andreas Hoesslis *Nachrichten aus dem Untergrund* und *Le dernier été* von Claude Goretta sowie *La tregua* von Francesco Rosi nach Primo Levi.«
Von einer **»Renaissance des schweizerischen Kurzfilms«** (Ursula Vossen) wird insbesondere wegen des allseits gelobten *Blind Date* gesprochen. Die von Pierre-Alain Meier initiierte und produzierte Kurzfilm-Staffel zum Thema »Kennenlernen und Liebe« ist »das seit langem Witzigste, was in der Schweiz produziert wurde – und wohl auch das Zeitgeistgerechteste.« (Irene Genhardt, »Filmecho/Filmwoche«) Folgerichtig wurden auch zwei Kurzfilme der Staffel prämiert: *Angélique* von Samir und *Le chevalier à la Rose* von Blaise Piguet, wozu Wilhelm Roth in der »SZ« schrieb: »Gerade diese kleinen Filme sind es, die noch immer vom ästhetischen Reichtum des Films in der Schweiz zeugen. Aber sie sind nicht marktkompatibel, weder im eigenen Land und schon gar nicht im Ausland. Ihnen fehlen alle heute gewohnten Schauwerte und Erzählstrategien. Doch sie sind Voraussetzung für eine Filmkultur, die man noch nicht abschreiben sollte.« Daß auch von seiten der Offiziellen versucht wird, eine neue Basis für den Schweizer Film zu schaffen, sieht man an der Einrichtung eines in Solothurn erstmals vergebenen Schweizer Filmpreises, eine konzer-

tierte Aktion des Staats, der Schweizer Radio- und Fernsehgesellschaft, des Schweizerischen Filmzentrums und der Festivals in Solothurn, Nyon und Locarno.

Schweizer Filmpreis

Bester Spielfilm: ***Das Schweigen der Männer*** von Clemens Klopfenstein und ***Waalo Fendo – là où la terre gèle*** von Mohammed Soudani (die Preissumme von 50.000 Franken wurde geteilt).
Bester Dokumentarfilm (50.000 Franken): ***Journal de Rivesaltes 1941–1942*** von Jacqueline Veuve.
Bester Kurzfilm (20.000 Franken): ***Angélique*** von Samir.
UBS-Anerkennungspreise (dotiert mit je 5.000 Franken): **Martin Schütz** (Musik und Ton von *Marthas Garten*), **Fritz E. Maeder** (Kamera und Regie von *Wie Du und ich*) und **Pierre-Alain Meier** (Produzent der Kurzfilmserie *Blind Date*).
Nachwuchspreis Suissimage (20.000 Franken): **Blaise Piguet** für *Le chevalier à la rose.*
Publikumspreis des Concours SSA (5.000 Franken): **Hans-Jakob Fehr** und **Thomas Frey** für *Plam-Plem.*
Preis der Schweizerischen Trickfilmgruppe für ein bestes Erstlingswerk (2.000 Franken): **Lara Donno, Mario Arrigo** und **Domingo Gonzalez** für *Visitantes.*

9. Internationales Trickfilm-Festival Stuttgart

»Daß Trickfilm nicht komisch sein muß, hat das 9. Internationale Trickfilm-Festival Stuttgart nachdrücklich bewiesen. Unter mehr als 500 Einzeltiteln war der klassische Zeichentrickfilm ebenso vertreten wie der Modelltrick mit Puppen oder Collagen aus Fotos, ausgeschnittenen Figuren und Fundstücken. Zum erstenmal fand auch die – mittlerweile dritte – Film- & Medienbörse parallel zur vollen Länge des Festivals statt, bei der es anders als bei den Wettbewerben verstärkt um neueste Techniken der Computeranimation ging.« (Caroline M. Buck, »film-dienst«) Mit rund 42.000 Zuschauern erreichte das Festival, das vom 3.–8. April stattfand, die Rekordzahlen von 1996, was die Veranstalter sehr zufrieden stellte. Die Preisträger durften sich darüber hinaus über eine große Fülle von gut dotierten Preisen freuen; im Vergleich zum Vorjahr stieg die Gesamtsumme der Preise von 180.000 auf 230.000 Mark, wodurch versucht wurde, den hohen Produktionskosten von Animationsfilmen gerecht zu werden.

Preis des Landes Baden-Württemberg, dotiert mit 15.000 DM: **Craig Welch** für *How Wings Are Attached to the Backs of Angels.*
Preis der Landeshauptstadt Stuttgart (15.000 DM): **Valentin Olschwang** für *Pink Doll.*
Internationaler ProSieben-Preis für Animation (20.000 DM): **Iouri Tcherenkov** für *La Grande Migration.*
Preis für herausragenden Kindertrickfilm (5.000 DM): **Jacques-Rémy Girerd** für *L'enfant au grelot.*
Publikumspreis des Süddeutschen Rundfunks: 1. Preis, dotiert mit 15.000 DM: **Ruth Lingford** für *Death and the Mother*; 2. Preis (10.000 DM): **Mike Johnson** für *The Devil Went Down to Georgia*; 3. Preis (5.000 DM): **Vera Neubauer** für *Wheel of Life.*
Internationaler Mercedes-Benz-Förderpreis für Animationsfilm

(40.000 DM): **Marie Pacou** für *Un jour.*
Preis der Landesbank Baden-Württemberg (6.000 DM): **Silke Parzich** für *Frühling.*
Preis der Stiftung Landesgirokasse (15.000 DM): **Marion Thibau** für *Willy, the Voice of Europe.*
Preis der EuroArts (3.000 DM): **Bill Plympton** für *Sex & Violence.*

15. Französische Filmtage Tübingen–Stuttgart

»Das Niveau, vor allem im offiziellen Wettbewerb, wo nur Erstlings- und zweite Filme laufen, war erfreulich hoch. Fast jedem Beitrag war anzusehen, daß hier jemand eine Struktur, einen Tonfall, eine Haltung gefunden hat, mit der sich weiterarbeiten läßt. Allein unter 150 Erstlingswerken aus Frankreich können die Filmtage jedes Jahr auswählen – in keinem anderen Land in Europa ist mehr Geld für junge Filmer da.« (Oliver Fuchs, »Der Tagesspiegel«) Ausgezeichnet wurde auf dem schwäbischen Fest der Frankophilen Olivier Perays ***Petits desordres amoureux***.

36. Viennale – Internationale Filmfestwochen Wien

»Wien im Oktober ist für Cinephile immer eine Reise wert. Weil hier, auf dem vielleicht schönsten aller Stadtfestivals, nicht nur Filme gezeigt werden, sondern Kino geboten wird. Das Programm von Festivalleiter Hans Hurch wirkt zurückhaltend und dezent. Doch nach wenigen Filmen schon merkt man, mit wieviel Kenntnis und Liebe es zusammengestellt wird.« Nicht nur der eben zitierte Hans Schifferle, der in der »SZ« von der Viennale schwärmte, auch Bettina Thienhaus, »epd Film«, lobte das Festival: »Das Konzept, Gegensätzliches in einen spannenden Zusammenhang zu bringen, kam auch in diesem Jahr hervorragend an.«
Das Programm bestand 1998 einerseits aus mehreren Hommagen, die vier sehr unterschiedlichen Filmschaffenden gewidmet war: Dean Martin, Jeff Bridges – der Mann mit dem »canary-who-ate-the-cat-smile«, Luc Moullet – einer der wenigen berühmten Vertreter der Nouvelle Vague und Kenji Mizoguchi – nach Jean-Luc Godard »vielleicht der modernste Filmemacher aller Zeiten«. Und Godard selbst war eine ganze Retrospektive gewidmet, welche fast alle Kurz-, Episoden- und Langfilme beinhaltete, die er zwischen 1954 und 1998 für das Kino realisiert hat.
Andererseits liefen im Hauptprogramm **Dokumentarfilme**, z.B. *Fragments * Jerusalem*, Hollywood-Produktionen wie *Vampires* von John Carpenter und *The Truman Show* von Peter Weir und die Highlights diverser anderer Festivals, wie *Buffalo '66* von Vincent Gallo, *Happiness* von Todd Solondz, Benoît Jacquots *L'école de la chair* und *Killer* von Dershan Omirbaev.
Der **Preis der Internationalen Filmkritik** ging an Eric Zoncas ***Liebe das Leben***, der in Frankreich auch für den »Oscar« 1999 vorgeschlagen wurde und dessen beide Hauptdarstellerinnen Elodie Bouchez und Natacha Régnier 1998 in Cannes und mit dem Europäischen Filmpreis ausgezeichnet wurden. Den **Filmpreis der Stadt Wien** erhielt der Österreicher **Michael Glawogger** für seine Dokumentation *Megacities.*

Filmpreise und Auszeichnungen

10. Bayerischer Fernsehpreis

Der Bayerische Fernsehpreis ging 1998 unter anderem an: **Sir Peter Ustinov** für sein Lebenswerk, **Dominik Graf** für die Regie bei *Der Skorpion*, *Dr. Knock* und *Das Wispern der Berge*, **Karoline Eichhorn** für ihre Rolle in *Gegen Ende der Nacht*, **Klaus Löwitsch** für seine Rolle in *Das Urteil*, **Franka Potente** für ihre Rolle in *Opernball*, **Heiner Lauterbach** für seine Rollen in *Der Skorpion* und *Opernball*, **Roland Suso Richter** für die Regie bei *Die Bubi Scholz Story* und an **Nina Steinhauser** für das Drehbuch und die Regie von *Tötet die Hure – Der Fall Maria Stuart*.

19. Bayerischer Filmpreis

»Joseph Vilsmaiers Porzelansammlung wächst und wächst: Er hat wieder mal den bayerischen Filmpreis bekommen, diesmal für die beste Regie. … Auf den mit 500.000 Mark dotierten Hauptpreis muß Vilsmaier leider verzichten – den bekommt Eberhard Junkersdorf für den Zeichentrickfilm *Die furchtlosen Vier*. … Und dann gibt es da noch 100.000 Mark, die zwar von der Filmpreis-Jury vergeben werden, aber nicht aus Steuergeldern stammen: Die Verwertungsgesellschaft für Nutzungsrechte an Filmwerken (VGF) stiftet einen Nachwuchspreis – und den kriegt die Produktionsfirma X-Filme Creative Pool für Tom Tykwers *Winterschläfer*, einen der besten Filme des vergangenen Jahres: Heino Ferch, Ulrich Matthes, Floriane Daniel und Marie-Lou Sellem spielen die Hauptrollen in dem Drama mit vier Menschen um die Dreißig, die versuchen, sich im Leben zurechtzufinden. Herausragend und somit absolut preiswürdig ist Tykwers Film schon deswegen, weil er wirklich für die Leinwand gemacht ist; er beeindruckt auf eine Art durch Schnitte, Farben und Atmosphäre, wie sie im deutschen Kino lange nicht mehr vorgekommen ist.

Den warmen Geldregen verdankt X-Filme der 1981 gegründeten VGF. Die Verwertungsgesellschaft treibt für ihre Mitglieder, Produzenten und Regisseure Nutzungsgebühren ein, die sich aus der Fernsehausstrahlung ergeben, beispielsweise von den Herstellern von Videorecordern und Leercassetten – ähnlich wie die GEMA für Musiker und Komponisten. Ein bißchen Geld wird dabei sinnvollerweise für den Nachwuchs abgezweigt – die VFG vergibt Stipendien und seit einigen Jahren den Förderpreis.

Genaugenommen wäre den Besitzern der vor dreieinhalb Jahren gegründeten X-Filme – Tykwer, Dani Levy, Wolfgang Becker und Stefan Arndt – der Hauptpreis natürlich lieber gewesen, und verdient hätten sie ihn eigentlich auch.« (Susan Vahabzadeh, »SZ«)

Produktion: Eberhard Junkersdorf für *Die furchtlosen Vier*.
Regie: Sönke Wortmann für *Der Campus*.
Joseph Vilsmaier für *Comedian Harmonists*.
Hauptdarsteller: Barbara Sukowa für *Im Namen der Unschuld*.
Kai Wiesinger für *14 Tage lebenslänglich* und *Hunger*.
Nachwuchsdarsteller: Catherine Flemming für *Hunger*.

Nebendarsteller: Michael Mendl für *14 Tage lebenslänglich.*
Kinderfilm: Hans Peter Clasen für *Die Story von Monty Spinnerratz.*
Kamera: Tom Fährmann für *Der Campus.*
Sonderpreis der Jury: Ben Becker, Heino Ferch, Ulrich Noethen, Heinrich Schafmeister, Max Tidorf und **Kai Wiesinger** für *Comedian Harmonists.*
Musik im Film: Jasmin Tabatabai, Nicolette Krebitz und **Katja Riemann** für *Bandits.*
Ehrenpreis: Klaus Doldinger.
Preis der VGF: X-Filme Creative Pool für *Winterschläfer.*

Artur-Brauner-Stiftungspreis

Der mit 50.000 Mark dotierte Preis ging an **Joseph Vilsmaier** für *Comedian Harmonists.*

48. Deutscher Filmpreis

Comedian Harmonists von Joseph Vilsmaier gewann 1998 auch das **Filmband in Gold**, das mit einer Million DM dotiert ist – damit dürfte Vilsmaier der erfolgreichste deutsche Regisseur des Jahres sein, zumindest was die Preise angeht. Aber auch Tom Tykwer wurde in diesem Jahr von den Juroren mit etlichen Preisen ausgezeichnet. Sein ***Winterschläfer*** erhielt das mit 750.000 DM dotierte **Filmband in Silber**, das auch an ***Zugvögel – Einmal nach Inari*** von Peter Lichtefeld verliehen wurde.
Außerdem waren folgende Filme für den Deutschen Filmpreis nominiert und wurden damit mit je 500.000 DM prämiert:

Die Apothekerin von Rainer Kaufmann, ***Frau Rettich, die Czerni und ich*** von Markus Imboden, ***Härtetest*** von Janek Rieke, ***Obsession*** von Peter Sehr und der Dokumentarfilm ***Kinderland ist abgebrannt*** von Sibylle Tiedemann.
Die **Einzelpreise** (dotiert mit je 20.000 DM) gingen an:
Regie: Wim Wenders für *Am Ende der Gewalt.*
Hauptdarstellerin: Katja Riemann für *Die Apothekerin* und *Bandits.*
Hauptdarsteller: Ulrich Noethen für *Comedian Harmonists.*
Nebendarstellerin: Meret Becker für *Comedian Harmonists.*
Nebendarsteller: Peter Lohmeyer für *Zugvögel – Einmal nach Inari.*
Kamera: Frank Griebe für *Winterschläfer* und *Zugvögel – Einmal nach Inari.*
Schnitt: Peter R. Adam für *Comedian Harmonists.*
Ausstattung: Rolf Zehetbauer für *Comedian Harmonists.*
Fremdsprachige Filme: *Ganz oder gar nicht* von Peter Cattaneo und ***Brassed Off*** von Mark Herman.
Ehrenpreise: Heinz Badewitz (Hofer Filmtage) für herausragende Verdienste um den deutschen Film.
Gregory Peck für sein Lebenswerk.
Das mit 60.000 DM dotierte **Filmband in Gold für den besten deutschen Kurzfilm** erhielt ***Sunset in Venice*** von Spiro N. Taraviras. **Filmbänder in Silber** (je 40.000 DM) erhielten die Kurzfilme ***Les Pastilles*** von Manfred Berger und ***Ziganska musica*** von Joachim und Detelina Kreck.

Preis der Gilde Deutscher Filmkunsttheater

Die Gilde kam bei ihrer Preisverleihung fast zu dem selben Ergebnis wie die Jury des Deutschen Filmpreises: Bei den **deutschen Filmen** wurden ***Comedian Harmonists*** von Joseph

Vilsmaier und ***Winterschläfer*** von Tom Tykwer ausgezeichnet, bei den **ausländischen Filmen** ***Sieben Jahre Tibet*** von Jean-Jacques Annaud und ***Brassed Off*** von Mark Herman.

Goldene Kamera

Der Hörzu-Leserpreis ging unter anderem an **Jean-Paul Belmondo**, **Alain Delon**, **Kevin Costner**, **Heinz Hoenig**, **Til Schweiger**, **Hannelore Hoger**, **Ben** und **Meret Becker**, **Hans Brenner** und **Christiane Paul**.

Hessischer Filmpreis 1998

Der Hauptpreis in Höhe von 90.000 DM ging an **Thomas Mank** für *Signalstörung*, den zweiten Preis (35.000 DM) erhielt **Dagmar Knöpfel** für *Requiem für eine romantische Frau*. Der **Kurzfilmpreis** (25.000 DM) ging an **Mario Stahn** für *Chicago*, der **Hochschulfilmpreis** (15.000 DM) an **Michel Klöfkorn** für *Hobby Mensch* und der **Drehbuchpreis** (15.000 DM) an **Anja Neitzert** für *Verena Sputnik*.

Hessischer Kulturpreis 1998

Die Frankfurter Filmemacher **Thomas Bergmann** und **Mischka Popp** erhielten den Hessischen Kulturpreis 1998. Die beiden Regisseure haben mit der eigenen Produktionsfirma seit 1983 zahlreiche Filme gedreht, ihr jüngster Film *Kopfleuchten* wurde dieses Jahr auf den Hofer Filmtagen uraufgeführt.

Ernst-Lubitsch-Preis 1998

Der Preis des Clubs Berliner Filmjournalisten ging an **Moritz Bleibtreu** für die einfühlsame Darstellung von prägnanten Charakteren in den Filmen *Stadtgespräch* und *Knockin' on Heaven's Door*.

Marler Video-Kunst-Preis

Den Video-Kunst-Preis erhielt 1998 **Björn Melhus** für *No Sunshine* und **Aurelia Mihai** für *Endlose Bewegung*.

Filmpreis der Stadt München

Der mit 15.000 DM dotierte Preis ging 1998 an **Marlies Kirchner**, die mit dem »Theatiner« eines der besten Programmkinos Münchens betreibt.

Murnau-Kurzfilmpreis

Beim »Tag des deutschen Kurzfilms« in Wiesbaden erhielten die mit jeweils 3.000 Mark dotierten Murnau-Preise: ***Pas de deux*** von Michael Lehmann, ***Getürkt*** von Fatih Akin, ***Das Pflaumenhuhn*** von Hayo Freitag, ***Chainsmoker*** von Maria von Heland, ***Rendezvous*** von Werner Fuchs, ***M. S. Murder*** von Christine Wiegand und ***Living Dead*** von Dennis Gansel. »Interessant ist der Preis nicht nur wegen seiner Dotierung, sondern weil er für den Produzenten, hat sein Film schon ein Prädikat »wertvoll«, automatisch einen Anspruch auf Referenzförderung durch die FFA in Berlin bedeutet.« (»epd Film«)

Murnau-Preis 1998

Am 20.12. wurde in Bielefeld, der Geburtsstadt Murnaus, der mit 15.000 DM dotierte Preis an **Jacques Rivettes** überreicht. Bei der Veranstaltung führte man seinen Film *Le Pont Du Nord* von 1981 auf.

Erfolgreichster deutscher Film des Jahres 1998: ›Comedian Harmonists‹ von Joseph Vilsmaier

Schweizer Filmpreis

Siehe 33. Solothurner Filmtage.

Spielfilmpreis der deutschen Filmkritik

Die Arbeitsgemeinschaft der Filmjournalisten verlieh den mit 5.000 Mark dotierten Preis an ***Not a Love Song*** von Jan Ralske.

Verleihpreis des Bundesinnenministeriums

Der mit jeweils 100.000 DM dotierte Preis ging an den **Kairos-Film-Verleih Göttingen** und den **Senator Film Verleih Berlin**.

Konrad-Wolf-Preis

Michael Haneke erhielt den Konrad-Wolf-Preis in der Höhe von 10.000 DM.

Kunstpreis der Stadt Zürich

Der Filmregisseur **Daniel Schmid** (*Der Kuß der Tosca*) erhielt den mit 15.000 Franken dotierten Kunstpreis der Stadt Zürich.

Filmliteratur

Neuerscheinungen deutschsprachiger Filmliteratur

Lesenswertes über Film und Kino

Kino in Worten – informativ, unterhaltsam; kurz: erhellend; so wünscht sich der Kinofan ein Filmbuch. Und wer lesen will, der findet. Auch wenn einige ewig nörgelnde Rezensenten sich dabei gebärden, als seien sie auf der Suche nach dem hl. Gral der Filmliteratur. Zum Glück werden sie ihn nie entdecken; denn was sollten wir dann noch lesen?

So bieten die über 160 deutschsprachigen Filmbücher, die wir aufgelistet haben, Lesestoff mehr als genug. Highlights und Standardwerke, die den literarischen Alltag überdauern werden, stehen neben Buchleichtgewichten, die man bald schon vergessen haben wird. Ihr Inhalt ist so kurzlebig wie die zu Megahits aufgebauschten Zelluloidmärchen und der Starrummel, den sie nichtssagend begleiten. So hat James Camerons »Titanic« nicht nur die Kinosäle in Tränenmeeren ertränkt, sondern auch wahre Papierfluten erzeugt. Allein das mißglückte Emmerich-Giga-Remake von »Godzilla« brachte wenigstens etwas Gutes: In seinen gigantischen Werbefußstapfen feierte das japanische Original-Monster fröhlich Urständ; auch auf dem Buchmarkt. Zahlreiche Bildbände und Monographien informieren über das bewegte Kino-Leben des asiatischen Kult-Monsters. Eine längst verdiente Renaissance.

Auch der deutsche Film hat Kultiges zu bieten. »Hallo – Hier spricht Edgar Wallace« heißt es bei Joachim Kramp. Leider läßt der Autor die Geschichte der populären Kriminalfilmserie als Triumph des Trivialen aus allzu distanzloser Fanperspektive Revue passieren. Ein Fan-Buch, wie es sein sollte, ist dagegen das »Karl-May-Filmbuch«. Winnetou und Old Shatterhand im Kino – dem Autor Michael Petzel gelingt es, Liebe zum Gegenstand und kritische Distanz zu vereinen. Fakten- und kenntnisreich entrollt er kurzweilig die Geschichte der Karl-May-Filme von der Stummfilmzeit bis heute. Im Mittelpunkt steht dabei selbstverständlich die Erfolgsstory der Karl-May-Welle in den sechziger Jahren. Herrlich aufgemacht, mit vielen Fotos und einem ausführlichen Anhang versehen ist das »Karl-May-Filmbuch« ein Schatz im Bücherregal.

Wer die Anstrengung des Lesens nicht scheut, die eingängigen Trivial-Welten der jüngeren deutschen Kinovergangenheit hinter sich läßt und weiterlesend Film- und Zeitgeschichte erforschen will, der kommt an zwei gewichtigen Publikationen nicht vorbei. Helmut G. Asper hat mit »Max Ophüls« endlich eine umfassende Biographie über den weltberühmten Filmregisseur und Theatermann geschrieben. Ein Standardwerk. Und Felix Moeller legt mit »Der Filmminister« eine fesselnde historische Untersuchung über Goebbels und den Film im Dritten Reich vor. Detailliert und wissenschaftlich fundiert, dokumentiert Moeller Goebbels' Visionen eines NS-Kinos anhand zahlreicher unbekannter und bislang unveröffentlichter Materialien und vor allem durch die Auswertung der Tagebücher.

Beide Bände sind ein Glücksfall für die deutsche Filmliteratur. Sie beweisen zudem, daß wissenschaftlich-seriöse und spannende Film-Geschichtsschreibung auch hierzulande möglich ist, wenn sich engagierte Autoren und risikobereite Verleger finden, die nicht einzig und allein auf den Trend zur schnellvermarktbaren Light-Literatur setzen.

Was fällt sonst noch an diesem Filmbuchjahrgang auf?
Bücher über Regiestars und Leinwandidole locken wie eh und je mit der Glamourwelt der Traumfabrik. Viele wandeln dabei auf autobiographischen Pfaden. Doch von dem, was da alles ausgepackt wird, wäre manches besser zwischen Tagebuchdeckeln im Dunkeln geblieben. Helmut Bergers »Ich«-Ergüsse und Oliver Stones literarisch verquaster »Night Dream« seien als Beispiele genannt.
Die Faszination am Idol, der Abgesang des ewig Gleichen, das sind Haltepunkte und Erinnerungszeichen in unserer Massenkultur. Daß sich dabei Kult, Kitsch und Kommerz vereinigen, versteht sich von selbst. Das Sisi-Phänomen gehört ganz gewiß dazu.
Romy Schneider wäre 60 geworden, und der Buchmarkt feiert mit. Belangloses und Spekulatives wird da von Daniel Biasini und Alice Schwarzer ausgebreitet, und so ist das schönste Romy-Erinnerungsbuch, weil wirklich ganz nah am Star, Eva Serenys Fotoband »Romy in Rom – Zärtliche Blicke«. Faszinierende Porträt- und Aktaufnahmen zeigen eine Romy Schneider strahlend, voller Sinnlichkeit, aber sie lassen auch die Melancholie aufscheinen, die ihr das Leben verlieh.
Die Welt des Kinos im Buch, das ist in den letzten Jahren auch der Trend zum Hollywood-Roman. Kinoklassiker werden in unsäglichen Groschenroman-Fortsetzungen recycelt. 1998 hat es »Casablanca« getroffen. Daneben stehen aber auch eigenständige Werke wie z. B. Leslie Epsteins großartiger Peter-Lorre-Roman »Der Narr von Hollywood«. Virtuos verknüpft Epstein darin Filmhistorie und Fiktionen, ein packendes und nachhaltiges Leseerlebnis.
Vergnügliche Stunden verspricht auch das Quiz-Buch »Movie-Mania« allen Kinofans. In über 1500 Fragen aus 100 Jahren Kinogeschichte geht es um Fakten, Skurriles, Amüsantes und Kniffliges. Ein echter Härtetest für Cineasten und Kinofreaks. Oder wissen Sie auf Anhieb, »wie 1942 der Beitrag der Academy Awards zur Kriegshilfe aussah?« Die Antwort, ganz einfach: »Die Oscars wurden aus Gips gefertigt (aufgrund der Metallknappheit).« Soviel zur Filmliteratur 1998.

Viel Spaß beim Lesen.

Rolf Selas

1. Film-Geschichte und -Theorie, Genre

Günter Agde: **Flimmernde Versprechen.** Geschichte des Deutschen Werbefilms im Kino seit 1897. Verlag Das Neue Berlin, Berlin.

Christian Appelt u. a. (Red.): **Film & Computer. digital/media/visions.** Katalog zur Ausstellung. Deutsches Filmmuseum, Frankfurt a. M.

Rolf Aurich, Wolfgang Jacobsen (Hg.): **Selbstverständnis und Visionen von Filmleuten der zwanziger Jahre.** edition text + kritik, München.

Thomas Bertram (Hg.): **Der rote Korsar.** Traumwelt Kino der fünfziger und sechziger Jahre. Klartext Verlag, Essen.

Jörg Buttgereit: **Monster aus Japan greifen an – Godzilla, Gamera & Co.** belville Verlag, München.

Detlef Claus, Rolf Giesen: **Godzilla, Gamera, Gappa.** Die Geschichte der japanischen Monsterfilme. Schwarzkopf & Schwarzkopf Verlag, Berlin

Wibeirg Donnenberg, Andreas Ungerböck (Hg.): **Frauen und Wahnsinn im Film.** (U. a. Texte zu Filmen wie BELLE DE JOUR, GERTRUD und MARNIE). Sixpack Film, Wien

Oliver Fahle, Lorenz Engell: **Der Film bei Deleuze/Le cinema selon Deleuze.** Verlag Bauhaus – Universität Weimar.

Jürgen Felix (Hg.): **Unter die Haut – Signaturen des Selbst im Kino der Körper.** Gardez! Verlag, St. Augustin

Filmexil. (Über deutsche Film-Komponisten in der Emigration.) Hrsg. von der Stiftung Deutsche Kinemathek. Edition Hentrich, Berlin.

Axel Geiss: **Repression und Freiheit.** DEFA-Regisseure zischen Fremd- und Selbstbestimmung. Kostenlos, nur gegen Versandkosten zu bestellen bei der Brandenburgischen Landeszentrale für politische Bildung.

Daniel Gethmann: **Das Narvik-Projekt.** Film und Krieg. Bouvier Verlag, Bonn.

Rolf Giesen: **Metropolis 2001 – Traumfabrik Babelsberg.** (Mit Texten von Volker Schlöndorff, Ray Harryhausen und Bernhard Heinrich). Burgschmiet Verlag, Nürnberg.

Gernot Gricksch: **Godzilla.** Von Japan bis Hollywood. Alles über das berühmte Monster der Filmgeschichte. Heyne Verlag, München.

Stefan Hammond, Mike Wilkins: **Sex und Zen und eine Kugel in den Kopf.** Der Hongkong-Film. Heyne Verlag, München.

Mary Henderson: **Star Wars – Magie und Mythos.** vgs verlagsgesellschaft, Köln.

J. Hoberman, Jonathan Rosenbaum: **Mitternachtskino Kultfilme der 60er und 70er Jahre.** Hannibal Verlag, Andrä-Wördern.

Wolfgang Jacobsen: **Berlin im Film.** Argon Verlag, Berlin.

Christian Kessler: **Das wilde Auge.** Ein Streifzug durch den italienischen Horrorfilm. Corian Verlag.

Gabriele Kilchenstein: **Frühe Filmzensur in Deutschland.** Eine vergleichende Studie zur Prüfungspraxis in Berlin und München (1906–1914). diskurs film Verlag, München.

Kintop 7 – Jahrbuch zur Erforschung des frühen Films. Stroemfeld Verlag, Frankfurt a. M.

Thomas Koebner: **Lehrjahre im Kino – Schriften zum Film.** Gardez! Verlag, St. Augustin.

Joachim Kramp: **Hallo! Hier spricht Edgar Wallace.** Die Geschichte der Kriminalfilmserie 1959–1972. Schwarzkopf & Schwarzkopf, Berlin.

Rolf H. Krauss: **Walter Benjamin und der neue Blick auf die Photographie.** Cantz Verlag, Ostfildern.

Georg Langenhorst: **Jesus ging nach Hollywood.** Die Wiederentdeckung Jesu in Literatur und Film der Gegenwart. Patmos Verlag, Düsseldorf.

Ulrich Liebe: **Verehrt, verfolgt, vergessen.** Schauspieler als Naziopfer. Beltz Quadriga, Weinheim.

Wolfgang Lohmeyer: **Das Filmkind.** (Der 1919 in Berlin geborene Autor schildert sein Leben als Kinderdarsteller im deutschen Film seit 1930.) Rütten & Loening, Berlin.

Frank Lovece: **Godzilla.** Alles über den König der Monster. Econ Verlag, München.

Felix Moeller: **Der Filmminister.** Goebbels und der Film im Dritten Reich. Vorwort von Volker Schlöndorff. Henschel Verlag, Berlin.

Goefrey Nowell-Smith: **Geschichte des Internationalen Films.** Verlag J.B. Metzler, Stuttgart.

Michael Petzel: **Karl-May-Filmbuch.** Storys und Bilder aus der deutschen Traumfabrik. Karl-May-Verlag, Bamberg.

Thomas Richards: **Star Trek – Die Philosophie eines Universums.** Heyne Verlag, München.

Andreas Rost, Mike Sandbothe (Hg.): **Die Filmgespenster der Postmoderne.** Verlag der Autoren, Frankfurt a. M.

Rainer Rother (Hg.): **Mythen der Nationen: Völker im Film.** Koehler & Amelang Verlagsgesellschaft, München.

Horst Schäfer, Wolfgang Schwarzer: **Top secret. Agenten- und Spionagefilme.** Personen, Affären und Skandale. Henschel Verlag, Berlin.

Robert Schändlinger: **Erfahrungsbilder.** Visuelle Soziologie und dokumentarischer Film. UVK Medien, Konstanz.

Imbert Schenk: **Filmkritik.** Bestandsaufnahme und Perspektiven. Schüren Presseverlag, Marburg.

Heide Schlüpmann: **Abendröthe der Subjektphilosophie.** Eine Ästhetik des Kinos. Stroemfeld Verlag, Frankfurt a. M.

Heide Schlüpmann: **Ein Detektiv des Kinos.** Studien zu Siegfried Kracauers Filmtheorie. Stroemfeld Verlag, Frankfurt a. M.

Thomas Sieck, Peter Leveringhaus: **Godzilla & Co.** Bertler + Lieber Verlag, München.

Herbert F. Solow, Robert H. Justman: **Star Trek – Die wahre Geschichte.** Heyne Verlag, München.

Studienkreis Film (Hg.): **Um sie weht der Hauch des Todes.** Der Italowestern – die Geschichte eines Genres. Essays, Interviews und Register. Schnitt Verlag, Bochum.

The Magic Moment. 1968 und das Kino. (Begleitbuch zur Filmschau). Viennale, Wien.

Holger Theuerkauf: **Goebbels Filmerbe.** Das Geschäft mit unveröffentlichten Ufa-Filmen. Ullstein Verlag, Berlin.

Ingo Tornow: **Erich Kästner und der Film.** dtv, München.

Das Ufa-Plakat. (Katalog zur Ausstellung der Deutschen Kinemathek in Berlin) Verlag Edition Brauns, Heidelberg.

Ulrich von der Osten: **NS-Filme im Kontext sehen!** »Staatspolitisch besonders wertvolle« Filme der Jahre 1934–1938. diskurs film Verlag, München.

Ursula von Keitz (Hg.): **Früher Film und späte Folgen.** Restaurierung, Rekonstruktion und Neupräsentation historischer Kinematographie. Schüren Verlag, Marburg.

Margarete Wach: **Zwischen Realismus und Poesie.** Dokumentarfilm in Polen. Eine Retrospektive. Haus des Dokumentarfilms, Stuttgart.

Daniel Wildmann: **Begehrte Körper.** Konstruktion und Inszenierung des »arischen« Männerkörpers im Dritten Reich. (Leni Riefenstahls Olympia-Film ist Gegenstand der Untersuchung). Verlag Königshausen + Neumann, Würzburg.

2. Handbücher, Nachschlagewerke, Kataloge

Hans-Michael Bock (Hg.): **CineGraph.** Lexikon zum deutschsprachigen Film. Lieferung 30. edition text + kritik, München.

Bundesverband kommunale Kinoarbeit e. V. (Hg.): **Handbuch kulturelle Filmarbeit.** Bkf, Frankfurt.

Walter Dehnert: **Bibliographie zum volkskundlich-kulturwissenschaftlichen Film.** Arbeitskreis Volkskunde und Kulturwissenschaften, Marburg.

Filmplakate der Österreichischen Nationalbibliothek (1910–1955). CD-ROM Edition. K.G. Saur Verlag, München.

Andrea Gronemeyer: **Schnellkurs Film.** DuMont Buchverlag, Köln.

Ronald M. Hahn, Volker Jansen: **Die 100 besten Kultfilme von METROPOLIS bis FARGO.** Heyne Verlag, München.

Manfred Hobsch: **Liebe, Tanz und 1000 Schlagerfilme.** Ein illustriertes

Lexikon – Mit allen Kinohits des Deutschen Schlagerfilms, von 1930 bis heute. Verlag Schwarzkopf & Schwarzkopf, Berlin.

Junger Arbeitskreis Film und Video e. V. (Hg.): **abgezoomt – Das Buch zum Festival.** 10 Jahre Kinder- und Jugendfilm in Hamburg. KoPäd Verlag, München.

Lothar R. Just: **Film-Jahrbuch 1998.** Über 1000 Filme. Alle Erstaufführungen im Kino, Fernsehen, Video – Deutschland, Österreich, Schweiz. Heyne Verlag, München.

Steven D. Katz: **Die richtige Einstellung.** (Lehrbuch über Bildsprache und Filmgestaltung.) zweitausendeins, Frankfurt.

Harald Keller: **Kultserien und ihre Stars.** Bertz Verlag, Berlin.

Ulrich J. Klaus: **Deutsche Tonfilme Jahrgang 1938.** Band 9 des Lexikons der abendfüllenden deutschsprachigen Spielfilme 1929–1945. Ulrich Klaus Verlag, Berlin.

Jacqueline Leyfeld: **Movie Mania.** Cineasten und Kinofreaks im Härtetest. vgs verlagsgesellschaft, Köln.

Lexikon des internationalen Films 1997. (Ergänzungsband) Rowohlt Verlag, Reinbek.

Ludwig Moos (Hg.): **Making of … Wie ein Film entsteht.** (Zwei Bände) Rowohlt Verlag, Reinbek.

Oscar – Stars, Triumphe und Skandale. Heyne Verlag, München.

Horst Schäfer (Hg.): **Lexikon des Kinder- und Jugendfilms im Kino, im Fernsehen und auf Video.** (Loseblattsammlung. Grundwerk im Ordner ca. 600 Seiten). Corian-Verlag, Meitingen.

Horst Schäfer, Walter Schobert (Hg.): **Fischer Film Almanach 1998.** Fischer Verlag, Frankfurt.

Frank Trebbin, Markus Lehr (Hg.): **Die Angst sitzt neben Dir.** (Gebundene Gesamtausgabe der Horrorfilm-Lexikonreihe). Incredibly Strange Video, Berlin.

Andreas Ungerböck (Hg.): **Österreichisches Kinohandbuch 1998/99.** Alle Kinos, Filmclubs, Filmveranstalter, Festivals, Kinoförderung, Statistiken. Texte zum Kino. PVS Verleger, Wien.

Günther Wille: **Defa-Filme.** Bestandsverzeichnis. BIS Verlag, Oldenburg.

3. Autobiographien, Biographien, Monographien

a) Regisseure

Pedro Almodovar: **Filmen am Rande des Nervenzusammenbruchs.** Ein Gespräch mit Frederick Strauss. Verlag der Autoren, Frankfurt a.M.

Herlmut G. Asper: **Max Ophüls.** Eine Biographie. Bertz Verlag, Berlin.

Rolf Aurich, Ulrich Kriest (Hg.): **Der Ärger mit den Bildern.** Die Filme von Harun Farocki. UVK Medien, Konstanz.

Lars-Olav Beier, Robert Müller (Hg.): **Arthur Penn.** Bertz Verlag, Berlin.

Madeleine Bernstorff (Hg.): **Materialien zu Muriel Box.** Dokumentation über die vergessene britische Filmemacherin (1905–1991). Blickpilotin, Berlin.

Oskana Bulgakowa: **Eisenstein und Deutschland.** Texte, Dokumente, Briefe. Henschel Verlag, Berlin.

Antoine De Baecque, Serge Toubiana: **François Truffaut.** Biographie. vgs Verlagsgesellschaft, Köln.

Andy Dougan: **Martin Scorsese.** Rowohlt Verlag, Reinbek.

Thomas Dreibrodt: **Lang Lebe Das Neue Fleisch.** Die Filme von David Cronenberg. Paragon Verlag, Bochum.

Sergej M. Eisenstein: **Yo. Ich selbst.** (Eine um etwa 100 Seiten erweiterte Neuausgabe der Eisenstein-Memoiren). Henschel Verlag, Berlin.

H. Farocki, K. Silverman: **Von Godard sprechen.** Verlag Vorwerk 8, Berlin.

Robert Fischer, Peter Körte, Georg Seeßlen: **Quentin Tarantino.** (Aktualisierte Neuauflage.) Bertz Verlag, Berlin.

Achim Forst: **Breaking the Dreams – Das Kino des Lars von Trier.** Schüren Verlag, Marburg.

Philip French (Hg.): **Louis Malle über Louis Malle.** Alexander Verlag, Berlin.

Andreas Hutter, Klaus Kamolz: **Billie Wilder.** Eine europäische Karriere. Böhlau Verlag, Wien.

Wolfgang Jacobsen, Hans Helmut Prinzler (Hg.): **Siodmak Bros.** Berlin – Paris – London – Hollywood. Argon Verlag, Berlin.

Annette Kilzer, Stefan Rogall: **Das filmische Universum von Joel und Ethan Coen.** Schüren Verlag, Marburg.

Isabel Kobus: **Dialog in Roman und Film.** Untersuchungen zu Joseph Loseys Literaturverfilmungen. Peter Lang Verlag, Frankfurt a. M.

Gerald Koll: **Pandoras Schätze.** Erotikkonzeptionen in den Stummfilmen von G. W. Pabst. diskurs film Verlag, München.

Peter Körte, Georg Seeßlen (Hg.): **Joel & Ethan Coen.** Bertz Verlag, Berlin.

Daniel Kothenschulte: **Nachbesserungen am amerikanischen Traum – Der Regisseur Robert Redford.** Schüren Verlag, Reinbek.

Matthias Peipp: **Roland Emmerich.** Heyne Verlag, München.

George Perry: **Steven Spielberg.** Rowohlt Verlag, Reinbek.

Erika Richter (Red.): **Helma Sanders-Brahms.** Freunde der Deutschen Kinemathek, Berlin.

Christ Rodley (Hg.): **David Lynch.** Verlag der Autoren, Frankfurt a. M.

Chris Salewicz: **George Lucas.** Rowohlt Verlag, Reinbek.

Richard Schickel: **Clint Eastwood.** Eine Biographie. Goldmann, München.

Michael Schuster: **Malerei im Film: Peter Greenaway.** Olms Verlag, Hildesheim.

Jo Müller: **Roland Emmerich.** Eine Werkbiographie. vgs verlagsgesellschaft, Köln.

Oliver Stone: **Night Dream.** (Autobiographischer Roman). Kindler Verlag, München.

Will Tremper: **Große Klappe. Meine Filmjahre.** Rütten & Loening, Berlin.

Karsten Witte: **Die Körper des Ketzers.** Pier Paolo Pasolini. (Aus dem Nachlaß herausgegeben von Rainer Herrn) Verlag Vorwerk 8, Berlin.

Thilo Wydra: **Volker Schlöndorff.** Heyne Verlag, München.

Peter Zadek: **My Way.** Eine Autobiographie 1926–1969. Kiepenheuer & Witsch, Köln.

b) Stars

Dieter Bartezko: **»Wo meine Sonne scheint«.** Caterina Valente. Ein Wirtschaftswunder. dtv, München.

Daniel Basini: **Meine Romy.** Langen Müller, München.

Mark Bepo: **Leonardo DiCaprio – Romantic Hero.** vgs verlagsgesellschaft, Köln.

Helmut Berger: **Ich – Die Autobiographie.** Ullstein Verlag, Berlin.

Friedemann Beyer: **Sybille Schmitz.** (Biographie) belleville Verlag, München.

Katharina Blum: **Katja Riemann.** Heyne Verlag, München.

Poppy Z. Brite: **Courtney Love.** dtv, München.

Bert Büllmann: **Barbra!** (Streisand-Biographie) Quer Verlag.

Bruce Dessau: **To Bean Or Not To Bean.** Der unaufhaltsame Aufstieg des Rowan Atkinson. Trescher Verlag, Berlin.

Christopf Dompke: **Weil doch was blieb – Alte Frauen in schlechten Filmen.** Männerschwarm-Skript-Verlag, Hamburg.

Stephen Fry: **Columbus war ein Engländer.** Geschichte einer Jugend. (Autobiographischer Roman) Haffmans Verlag, Zürich.

Felix Hofmann, Stephen D. Youngkin: **Peter Lorre – Porträt des Schauspielers auf der Flucht.** belleville Verlag, München.

Julie Gilbert: **Erich Maria Remarque und Paulette Goddard.** List Verlag, München.

Alec Guinness: **Adel verpflichtet.** Tagebuch eines noblen Schauspielers. Henschel Verlag, Berlin.

Adolf Heinzlmeier: **Heiner Lauterbach.** Heyne Verlag, München.

Harald Juhnke, Harald Wieser: **Meine sieben Leben.** Rowohlt Verlag, Reinbek.

Hilde Krahl: **Ich bin fast immer angekommen.** Erinnerung. Verlag Langen Müller, München.

Hardy Krüger: **Wanderjahre.** Begegnungen eines jungen Schauspielers. Gustav Lübbe Verlag, Bergisch Gladbach.

Helen M. Lange: **Matt Damon.** Die Biographie. Ullstein Verlag, Berlin.

Barbera Leaming: **Katherine Hepburn.** Legende und Wahrheit. Heyne Verlag, München.

Peter Manso: **Marlon Brando.** Wunderlich im Rowohlt Verlag, Reinbek.

Werner Maser: **Heinrich George.** Mensch aus Erde gemacht. edition q, Berlin.

Marcello Mastroianni: **»Ja, ich erinnere mich«.** Herausgegeben von Francesco Tato. Paul Zsolnay Verlag, Wien.

Milton's Marilyn. Die Photographien von Milton H. Greene. Schirmer/Mosel, München.

Mariam Niroumand: **Mae West – Westwärts, junger Mann.** Econ & List Verlag, München.

Andreas Pittler: **Rowan Atkinson »Mr. Bean«.** Heyne Verlag, München.

Romy in Rom – Zärtliche Blicke. Photographien von *Eva Sereny.* Verlag Schirmer/Mosel, München.

Romy Schneider. Portraits und Filmstills 1954–1981. Mit einem Text von *Hanna Schygulla.* Schirmer/Mosel Verlag, München.

Frank Schnelle: **Tom Cruise.** Heyne Verlag, München.

Alice Schwarzer: **Romy Schneider – Mythos und Leben.** Kiepenheuer & Witsch, Köln.

Donald Spoto: **Ingrid Bergman.** Marion von Schröder Verlag, München.

Sharon Stone. Bildband. Schirmer/Mosel Verlag, München.

Kurt Weil, Lotte Lenya: **Sprich leise, wenn du Liebe sagst.** Kurt Weil und Lotte Lenya Briefwechsel. Kiepenheuer & Witsch, Köln.

Gunna Wendt: **Liesl Karlstadt.** Ein Leben. Piper Verlag, München.

Bill Zehme: **Frank Sinatra.** My Way oder die Kunst einen Hut zu tragen. dtv, München.

Sonja Ziemann: **Ein Morgen gibt es immer.** Verlag Langen Müller, München.

Meinolf Zurhorst: **Robert De Niro.** Überarbeitete Neuauflage. Heyne Verlag, München.

4. Film und Literatur

Jürgen Alberts: **Hitler in Hollywood.** Roman. Steidl Verlag.

Raymond Benson: **James Bond – Countdown!** Neues Abenteuer des Agenten 007. Heyne Verlag, München.

Stephen Bogart: **As Time Goes By.** Hollywoodkrimi. Knaur Verlag, München.

David Brin: **The Postman.** Heyne Verlag, München.

Ben Elton: **Popcorn.** (bitterböse Hollywoodsatire) Goldmann Verlag, München.

Leslie Epstein: **Der Narr von Hollywood.** Peter Lorre im Mittelpunkt eines Epos über deutschsprachige Emigranten in Hollywood. Claasen Verlag, Hildesheim.

Frank Lauria: **Dark City.** Roman. Ullstein Verlag, Berlin.

Elmore Leonard: **Out of Sight.** Roman (Neuausgabe) Goldmann Verlag, München.

Cornelius Schnauber: **Die Hausmanns – Eine Hollywood-Chronik.** Econ Verlag, München–Düsseldorf.

John Updike: **Gott und die Wilmots.** (Familiensaga die u. a. im guten alten Hollywood spielt.) Rowohlt Verlag, Reinbek.

Peter Ustinov: **Monsieur René.** Kiepenheuer & Witsch, Köln.

Michael Walsh: **Für immer Casablanca.** (Roman-Fortsetzung des Filmklassikers) Schneekluth Verlag, Augsburg.

5. Das Buch zum Film

(Drehbücher, Produktionsnotizen, Gespräche, Kommentare)

Paul Auster: **Lulu on the Bridge.** (Drehbuch) Rowohlt Verlag, Reinbek.

Simone Borowiak: **Erste Zeile, letzte Klappe. Aus der wundersamen Welt des Films.** (Erlebnisse während der Dreharbeiten zu »Frau Rettich, die Czerni und ich.«) Eichborn Verlag, Berlin.

James Camerons Titanic. Burgschmiet Verlag, Nürnberg.

Terry J. Erdmann: **The Making Of – Star Trek. Der Aufstand.** Heel Verlag, Königswinter.

Dominik Graf: **Verstörung im Kino.** (Der Regisseur im Gespräch mit Stefan Stosch über seinen Film DIE SIEGER. Mit einem Vorwort von Peter Körte.) Wehrhahn Verlag, Hannover.

Jürgen Haase (Hg.): **Feuerreiter.** (Drehbuch, Szenenfotos, Werkstattberichte) Parthas Verlag, Berlin.

Per Märhesheimer, Pea Fröhlich: **Die Sehnsucht der Veronika Voss.** (Drehbuch des R.W. Fassbinder-Films) belleville Verlag, München.

Andrew M. Nicol, Peter Weir: **Die Truman Show.** Das Drehbuch. Fischer Verlag, Frankfurt a. M.

Paula Parisi: **James Cameron und »Titanic«.** The Inside Story. Heyne Verlag, München.

The Spice Girls: **Spiceworld – Das offizielle Buch zum Film.** Heyne Verlag, München.

Michael Töteberg (Hg.): **Lola rennt!** Rowohlt Verlag, Reinbek.

Soundtracks 1998

Discographie von Wolfgang Maier & Viktor Rotthaler (SoundtrackResearch)

Verzeichnis sämtlicher Soundtracks zu Filmen, die 1998 ihre Deutschland-Premiere auf Leinwand, Video und im Fernsehen erlebten. Gelistet sind Originaltitel, Label und Referenznummer der Compact Disc. In der Regel handelt es sich dabei um den Score; Sampler und Songkompilationen sind mit * gekennzeichnet.

54	Tommy Boy/EastWest 5029831130361-2*
2 MÄNNER, 2 FRAUEN, 4 PROBLEME?!	BMG 74321-52263-2*
ABGEHAUEN	Amiga/BMG 74321-58023-2*
THE AFFLICTION	Citadel STC 77121
AIR BUD	Hollywood 162 134-2
AN AMERICAN WEREWOLF IN PARIS	Hollywood 162 131-2*
AMISTAD	Dreamworks DRD 50035*
ANASTASIA	Atlantic 7567-80753-2 (US)*
	Atlantic 7567-80815-2 (G)*
ANTZ	Angel 72435-56792-2
THE APOSTLE	MCA/Rising Tide RTD 53058*
ARMAGEDDON	Sony CK 69689
	Columbia 491384-2*
ARLETTE	BMG 74321-48274-2
ARTEMISIA	Virgin 72438-44867-2
AS GOOD AS IT GETS	Columbia 489502-2* (Promo)
THE AVENGERS	Atlantic 7567-83118-2*
	Silva Screen FILMCD 304
IL BAGNO TURCO	Tsunami TOS 0305
BASTARD	Colosseum CST 8073
THE BEAUTICIAN AND THE BEAST	Milan 73138-35798-2
THE BIG HIT	Cinerama/Edel 0022932CIN
THE BIG LEBOWSKI	Mercury 536 903-2*
BIN ICH SCHÖN?	Virgin 72438-46688-2*
BLACK DOG	MCA UMD 80537*
THE BLACKOUT	Mother MOMCD 9705*
BLADE	Sony 492884-2*
	Varèse Sarabande VSD 5976
BLISS	Varèse Sarabande VSD 5836
BLUE NOTE – A STORY OF MODERN JAZZ	Blue Note 72438-56399-2*
BLUES BROTHERS 2000	Universal UND 53116*
BOOGIE NIGHTS	Capitol 72438-55631-2*
	Capitol 72434-93076-2*
BOOTY CALL	Jive 01241-41610-2*
THE BOXER	MCA MCD 11751*
BUFFALO 66	Milan 74321-63123-2*
THE BUTCHER BOY	Cinerama 0022892 CIN
CAIPIRANHA	WEA 3948-24011-2*
DER CAMPUS	Virgin 72438-45492-2*

CASCADEUR	BMG 74321-60603-2
CENTRAL DO BRASIL	Milan 74321-63196-2*
CHINESE BOX	EMI 72434-93285-2*
CITY OF ANGELS	WEA 9362-46867-2*
CITY OF INDUSTRY	Island 524 308-2*
COMMENT JE ME SUIS DISPUTÉ	Milan 74321-39595-2
COP LAND	Milan 74321-53128-2
LES COULOIRS DU TEMPS	Philips 558 055-2
DARK CITY	TVT 8160-2*
DEEP IMPACT	Sony SK 60690
DEEP RISING	Hollywood 162 120-2
DEPERATE MEASURES	VELV 79715-2
THE DEVIL'S ADVOCATE	TVT 8140-2
DIE DIEBIN	SPV 084-175352
DOBERMANN	Island 524 444-2*
DR. DOLITTLE	Atlantic 7567-83113-2*
THE EDGE	RCA 09026-68950-2
DER EISBÄR	EMI 72434-98550-2*
ELIZABETH	London 460 796-2
ENEMY OF THE STATE	Hollywood/Edel 0102002HWR
EVENT HORIZON	London 828 939
EVER AFTER: CINDERELLA STORY	London 460 581-2
FAST	ACC 5027-2*
FEAR AND LOATHING IN LAS VEGAS	Geffen GED 25218*
FIRELIGHT	Silva Screen FILMCD 198
FIRESTORM	(Promo)
FLUBBER	Disney 60952
FREE WILLY 3	Varèse Sarabande VSD 5830
FREUNDINNEN & ANDERE MONSTER	Mercury 555 999-2*
THE FRIGHTENERS	MCA MCD 11469
G.I. JANE	Hollywood 162 109-2* Jane JCD 62109 (Bootleg)
GABBEH	ALCD/Fenn 217
GADJO DILO	WEA 3948-23045-2
GATTACA	Virgin 72438-45018
GEORGE OF THE JUNGLE	Disney 60444-2* (Promo)
GODZILLA	Epic 489610-2*
GONE FISHIN'	Hollywood 162 119-2
GONIN	COCY 78771
GOOD BURGER	Capitol 72438-57955-2*
GOOD WILL HUNTING	Capitol 72438-23338-2* Good Will GW-CD 62973 (Bootleg)
GREAT EXPECTATIONS	Atlantic 7567-83058-2* Atlantic 7567-83063-2
HALLOWEEN H20	Varèse Sarabande VSD 5986
HANA-BI	Milan 74321-57396-2
HARD BOUNTY	Prometheus PCD 138
HARD RAIN	Milan 74321-56425-2
HELDEN UND ANDERE FEIGLINGE	Koch Station 11*
HOMMES, FEMMES: MODE D'EMPLOI	Columbia 485123-2

THE HORSE WHISPERER	Hollywood 162 137-2
	Universal UMD 80503*
I KNOW WHAT YOU DID LAST SUMMER	JDCD 007 (Promo)
	Columbia 488663-2*
IN & OUT	Motown 530 841-2*
INCOGNITO	RCA 09026-68971-2
INVENTING THE ABBOTTS	Colosseum CTS 8062
THE JACKAL	MCA MCD 11688*
JACKIE BROWN	Maverick/WEA 9362-46841-2*
KAI RABE GEGEN DIE VATIKANKILLER	EastWest 3984-25991-2*
KISS THE GIRLS	Milan 74321-53380-2
DIE KLEINE ZAUBERFLÖTE	Milan 74321-54840-2*
KULL THE CONQUEROR	Varèse Sarabande VSD 5862
KUNDUN	Nonesuch 75599-79460-2
KURZ UND SCHMERZLOS	Motor 559 585-2*
EL LADO OSCURO DEL CORAZON	Milan 887 880
THE LAND GIRLS	Silva Screen FILMCD 300
LEAVE IT TO BEAVER	Varèse Sarabande VSD 5838
LIAR	CR 0012
LIEBE DEINE NÄCHSTE	Motor 559 841-2*
A LIFE LESS ORDINARY	A&M 540 837-2*
LILIES	Varèse Sarabande VSD 5868
LIVE FLESH	BMG 74321-54273-2
LOCK, STOCK & TWO SMOKING…	Island 524 578-2
LOLA RENNT	BMG 74321-60477-2
LOLITA	Milan 74321-52318-2
LOST IN SPACE	Intrada MAF 7086
	Epic 491303-2*
LOVE IS THE DEVIL	ASH 987
MAD CITY	Varèse Sarabande VSD 5887
THE MAGIC SWORD	Atlantic 7567-83112-2*
THE MAN IN THE IRON MASK	Milan 74321-56495-2
THE MAN WHO KNEW TOO LITTLE	Varèse Sarabande VSD 5886
MARTHA MEET FRANK…	Mercury 558 396-2*
THE MASK OF ZORRO	Sony SK 60627
MERCURY RISING	Varèse Sarabande VSD 5925
DAS MERKWÜRDIGE VERHALTEN …	EastWest 9548-36726-2*
MIDNIGHT IN THE GARDEN…	Malpaso/WEA 9362-46829-2*
MIMIC	Varèse Sarabande VSD 5863
LES MISERABLES	Hollywood 162 147-2
MONEY TALKS	Arista 07822-18975-2*
MOUSE HUNT	Varèse Sarabande VSD 5892
MR. MAGOO	(Promo)
MRS. BROWN	Milan 73138-35821-2
MULAN	Disney 60631-2 (US)*
	Disney 60477-2 (G)*
MURDER AT 1600	CD 96006 (Promo)
DIE MUSTERKNABEN	BMG 74321-56688-2*
THE NEWTON BOYS	Sony 489757-2*
NIGHT VISION	Ichiban ICH 4574-2*

NOTHING TO LOSE	RFCD 002 (Promo)
	Tommy Boy 1169-2*
NOWHERE	Mercury 534 522-2*
OBJECT OF MY AFFECTION	EMI 72434-96967-2
ODD COUPLE 2	Cinerama/Edel 0022912CIN
ON CONNAIT LA CHANSON	Odeon/EMI 4 93143-2*
OSCAR AND LUCINDA	Sony SK 60088
OUT OF SIGHT	MCA MCD 11799*
OUT TO SEA	Milan 74321-51453-2
PALMETTO	RCA 09026-63159-2
THE PARENT TRAP	Hollywood 162 167-2*
PAULIE	Varèse Sarabande VSD 5936
PECKER	RCA 09026-63339-2*
PERDITA DURANGO	Milan 74321-54116-2*
A PERFECT MURDER	Varèse Sarabande VSD 5946
THE PHANTOM	Milan 74321-39325
PONETTE	EMI 8 54684-2
THE POSTMAN	Warner Bros 9362-46842-2
PRACTICAL MAGIC	Warner Bros 9362-47140-2*
A PRICE ABOVE RUBIES	RCA 09026-63191-2
PRIMARY COLORS	MCA MCD 11775
PRINCE OF EGYPT	Dreamworks DRD 50041 (US)*
	Dreamworks DRD 50062 (G)*
	Dreamworks DRD 50045*
	Dreamworks DRD 50050*
PUNK	Hollywood 161 702-2*
THE RAINMAKER	Hollywood 162 141-2
THE REAL BLONDE	Milan 74321-54117-2*
RED CORNER	Cinerama/Edel 0022882CIN
THE RED VIOLIN	Sony SK 63010
THE REPLACEMENT KILLERS	Varèse Sarabande VSD 5915
RIDE	Tommy Boy/EastWest
	5029831122731-2*
RONIN	Varèse Sarabande VSD 5977
SAVING PRIVATE RYAN	Dreamworks DRD 50046
SCREAM 2	Varèse Sarabande VSD 5959
	Capitol 72438-21911-2*
SECRET AGENT	Nonesuch 7559-79442-2
SELENA	Capitol 72438-55535-2*
	Angel 72435-56579-2
SENSELESS	Gee Street 100136-2*
SIEBEN MONDE	Colosseum CST 34.8072*
SIX DAYS, SEVEN NIGHTS	Hollywood 162 163-2
SLIDING DOORS	MCA MCD 11715*
SMALL SOLDIERS	Varèse Sarabande VSD 5963
	Dreamworks DRD 50051*
SMOKE SIGNALS	TVT 8260-2*
SNAKE EYES	Hollywood 162 155-2
SOLO FÜR KLARINETTE	(Promo)
SONATINE	EMI TOCP 8066
SOSTIENE PEREIRA	Epic 480383-2
SOUL IN THE HOLE	RCA 09026-67531-2*

SPECIES 2	TVT 9040-2
SPHERE	Varèse Sarabande VSD 5913
STAR KID	Sonic Atmospheres SCI 8800-2
STAR TREK – INSURRECTION	GNP Crescendo GNPD 8059
STARSHIP TROOPERS	Varèse Sarabande VSD 5877
STEEL	QWest 9362-46678-2*
	MWCD 01 (Promo)
DER STRAND VON TROUVILLE	L'Age d'Or LADO 17057-2*
THE SWEET HEREAFTER	Virgin 72438-44955-2
SWEPT FROM THE SEA	London 458 793-2
TANGO	DGG 459 145-2
TAXI	Sony 489990-2*
THERE'S SOMETHING ABOUT MARY	Capitol 72434-95737-2*
THIS WORLD, THEN THE FIREWORKS	Varèse Sarabande VSD 5860
A THOUSAND ACRES	Varèse Sarabande VSD 5870
TITANIC	Sony SK 60691
	Sony SK 63213
EIN TÖDLICHES VERHÄLTNIS	Colosseum CST 8074
TRAVELLER	Elektra 7559-62030-2*
TRIAL AND ERROR	Private 01005-82156-2*
DAS TRIO	BMG Ariola 74321-55778-2
THE TRUMAN SHOW	Milan 74321-60822-2
TWENTYFOURSEVEN	Sony 489936-2*
TWILIGHT	Cinerama/Edel 0022902CIN
U.S. MARSHALS	Varèse Sarabande VSD 5914
U-TURN	Epic 489003-2
ULEE'S GOLD	Ryko RCD 10731
DER UNFISCH	Hoanzl HO 13
VELVET GOLDMINE	Motor 556 035-2*
THE VERSACE MURDER	Tsunami TOS 0308
LA VITA È BELLA	Virgin 72438-45418-2
WAG THE DOG	Mercury 536 864-2
WASHINGTON SQUARE	Varèse Sarabande VSD 5869
WEDDING BELL BLUES	Varèse Sarabande VSD 5853*
THE WEDDING SINGER	Warner Bros 9362-46840-2*
	Warner Bros 9362-46984-2*
WELCOME TO SARAJEVO	EMI 72434-93014-2*
	(Promo)
WHAT DREAMS MAY COME	London 460 858-2
WHEN THE LIGHT COMES	Philips 462 394-2
WIDOWS	BMG 74321-55777-2
WILD AMERICA	Prometheus PCD 147
	Cinerama/Edel 0022832CIN*
WILD MAN BLUES	RCA 09026-63353-2*
WILD THINGS	Varèse Sarabande VSD 5924
THE WINGS OF THE DOVE	Milan 74321-55881-2
WOMAN UNDONE	Citadel STC 77106
X-FILES – THE MOVIE	Elektra 7559-62217-2
	Elektra 7559-62266-2*

Verstorbene Filmschaffende 1998

A

Algar, James Nelson (85)
Der amerikanische Dokumentarfilmer drehte mit *Die Wüste lebt* (1953) den populärsten Film seiner Gattung. Algar erneuerte in Disney-Studios den klassischen Tierdokumentarfilm, indem er das Material zu fiktiven Handlungen montierte und den Tieren menschliche Verhaltenszüge verlieh.
Algar hatte für Disney bereits als Trickfilmzeichner bei *Schneewittchen und die 7 Zwerge* (1934) und *Fantasia* (1940) gearbeitet, als er zum Dokumentarsektor wechselte. Seine zahlreichen Dokumentationen, die er in den 50er und 60er Jahren inszenierte, erhielten insgesamt neun ›Oscars‹.

Alvarez, Santiago (79)
Geb. 8.3.1919, Havanna.
Gest. 20.5.1998, Havanna.
Der bedeutende Regisseur des lateinamerikanischen Dokumentarfilmes drehte *Ich bin ein Sohn Amerikas ...* (1972) und die Spielfilm-Dokumentation *Die Flüchtlinge aus der Todeshöhle* (1983).
»Mit ihm kam Power ins Kino von Kuba. Er war die Revolution in Person, euphorisch und emphatisch, und so rastlos dem Kino und dem Leben und dem Kinoleben hingegeben.« (Fritz Göttler, ›SZ‹)
Alvarez studierte Literatur und Philosophie in Havanna und New York. Der bekennende Marxist kämpfte mit Fidel Castro und wurde unter dem Regime von Batista mehrfach zu Gefängnisstrafen verurteilt. 1951 rief er mit Tomás Gutiérrez Alea die illegale Kulturgesellschaft »Nuestro tiempo« aus. 1959 gründete er ICAIC, das legendäre Filminstitut Kubas, und drehte für die Wochenschau *Noticiero* die Hälfte der rund 1.500 Beiträge selbst. *Now* (1965) über die Unterdrückung von Afroamerikanern in den USA gehört zu seinen wichtigsten Werken. In seinen 50 Dokumentationen wie *Hanoi, martes 13* (1967) oder *El tigre saltó y mató, pero morirá ... morirá* (1973) zeichnete er auf unnachgiebige Weise Porträts von Rassismus und Gewalt, dem Widerstandswillen der Vietnamesen und dem chilenischen Militärputsch. Er scheute nicht, den Klassenfeind anzugreifen und wurde nicht müde, das Leiden der Völker durch Faschismus und Krieg zu zeigen. Alvarez: »Wir. Marxisten müssen wissen, daß wir nicht im Besitz der absoluten Wahrheit sind, sondern lernfähig bleiben müssen.«

Ambler, Eric (89)
Gest. 22.10.1998, London.
Der englische Drehbuch- und Thrillerautor wurde für das Zweiter-Weltkrieg-Marine-Drama *Der große Atlantik* (1952) für den ›Oscar‹ nominiert.
Der Londoner Ambler wurde als Autor moderner Thriller bekannt, zu seinen Drehbüchern nach fremden Romanen gehören die Kriegs- und Hochseedramen *Flammen über Fernost* (1954), *Die letzte Nacht der Titanic* (1958) und *Die den Tod nicht fürchten* (1959).

Autry, Gene (91)
Geb. 29.9.1907, Tioga/Texas.
Gest. 2.10.1998, Los Angeles.
Der jodelnde Cowboydarsteller war Urvater der singenden Cowboys – nur Roy Rogers (der ebenfalls in diesem Jahr verstarb) konnte sich mit ihm messen.
Autry spielte in dem Western-Fantasy *Phantomreiter* (1935) und knapp 100 anderen B-Western wie *Der Jodeljunge vom Pinienwald* (1937), *Mountain Rhythm* (1939) oder *Melody Ranch* (1940), die im deutschen Fernsehen als *Western von Gestern* zu sehen waren. »Gene Autry sieht aus wie ein gemütli-

cher Kneipenwirt, der nach Eintritt der Polizeistunde ein sehr ungemütlicher Kneipenwirt werden kann«, schrieb Joe Hembus in »Western von Gestern«. Und weiter: »Er kann einigermaßen spielen, einigermaßen singen, einigermaßen reiten, er ist eine unattraktive, vielseitig mittelmäßig begabte Erscheinung.« Die Drehbuchautorin Betty Burbidge klagte: »Wie kann man für Gene etwas schreiben? Er ist ein sehr netter Kerl und beklagt sich nie, aber es gibt so wenig, was er wirklich kann. Also schreibt man eine Nebenhandlung für den Rest der Besetzung, damit es Action gibt, und läßt den Star manchmal auftreten, um ein Lied zu singen. Sie meinen das klingt einfach. Versuchen Sie's mal.« Hembus tadelte Autry freundlich als »offensichtlichen Langweiler«, der jahrzehntelang Massen mit Filmen und Konzerten begeisterte, als wäre er Elvis Presley. Autry, der sich mit seinem netten Auftreten allseitiger Beliebtheit erfreute, sah dies kaum anders. Er war der Ansicht, daß er nur Erfolg hatte, da er rechtzeitig nach dem Ende der Stummfilmgrößen wie Tom Mix die Lücke des singenden Cowboys ausfüllte. Autry war sogar populärer als John Wayne, der selbst zur Garde der singenden Cowboys gehörte, aber im Gesang gedoubelt wurde.

In den »Gene Autry Fantasies« sang bzw. jodelte er fleißig »Back in the Saddle again« und ritt mit seinem Pferd »Champion« gegen Gangstersyndikate und Verbrecherbanden oder bekämpfte auch schon mal als Förster den Borkenkäfer. Für den Helden hieß es: »Ich schieße niemals zuerst; schlage niemals zuerst; schlage niemals einen Schwächeren; trinke niemals; rauche niemals; setze mich niemandem gegenüber unfair in einen Vorteil; breche niemals mein Wort; vermeide es, meine Partnerin zu küssen.«

Autry zog 1940 in den Krieg und überließ Roy Rogers die Prärie. Nach dem Krieg spielte er nur noch in wenigen Filmen und trat in seiner TV-*Gene Autry-Show* auf. Er hielte seine Zeit als Cowboy für abgelaufen und setze der Karriere mit *The Last Of The Pony Riders* (1953) ein Ende. Lediglich ein Gastauftritt in der Bob-Hope-Burleske *Alias Jesse James* (1959) folgte.

Mit enormen Erfolg setzte er seine Musikkarriere fort und sang die zweiterfolgreichste Weihnachtssingle aller Zeiten: »Rudolph the rednosed reindeer«. Er besang 635 Schallplatten, die sich rund 100.000.000mal verkauften und Autry zu einem der reichsten Amerikaner machten.

»Jahrelang ist er in den Sonnenuntergang geritten – jetzt gehört er ihm.« (Michael Althen, ›SZ‹)

B

Babbs, Dorothy (71)
Gest. 17.5.1998, Thousand Oaks, Kalifornien.
Die amerikanische Schauspielerin und Tänzerin der »Jivin, Jacks und Jills« hatte im Kino Auftritte in *Lebenskünstler* (1937) neben James Stewart eine Tanzlehrerin und in *Star Maker* (1939) mit Bing Crosby.

Bardèche, Maurice (89)
Geb. 10.10.1908.
Gest. 30.7.1998.
Der französische Autor verfaßte mit Robert Brasillach mit »Histoire du Cinéma« die erste veritable Filmgeschichte. Doch ihre Begabung und ihr ästhetisches Gespür war durch Antisemitismus geprägt.
In den verschiedenen Ausgaben wurde die Filmgeschichte immer wieder umgeschrieben. *Jud Süß* war »bewundernswert« – nach dem Zweiten Weltkrieg änderte sich diese Ansicht, aber dafür fand sich ein antisemitisches Pamphlet gegen einen Filmkritiker neu im Band, dass wiederum in einer späteren Ausgabe entfiehl. Der »Jude« Charlie Chaplin durfte jedoch zeitlebens ein Genie bleiben. »Irrungen und Wirrungen eines Intellektuellen und der französischen Filmgeschichte.« (Ulrich von Thüna,

›epd-film‹) Brasillach war bereits 1945 als Kollaborateur hingerichtet worden.

Barnes, Binnie (geb. Gertrude Maude Barnes) (95)
Geb. 25.3.1905, London.
Gest. 27.7.1998, Beverly Hills/ Kalifornien.
Die englische Schauspielerin wurde neben Charles Laughton in *Das Privatleben Heinrichs VIII.* (1933) bekannt.
Barnes arbeitete als Tanzmädchen und Komödiantin, bis sie 1929 in London zum Film kam und mit Stanley Lupino in Zwei-Akt-Komödien auftrat. Mitte der 30er ging sie nach Hollywood und spielte in Dutzenden von Filmen wie *Diamanten-Jim* (1935) mit Edward Arnold, *Die Abenteuer des Marco Polo* (1937) mit Gary Cooper, *Eheposse* (1941) mit Claudette Colbert und *Boccaccios große Liebe* (1952) mit Joan Fontaine tragende Nebenrollen.
Mit dem von ihr produzierten exotisches Liebesdrama *Im Sturm der Leidenschaft* (1955) beendete Barnes vorerst ihre Karriere. Für die Komödie *Immer Ärger mit den Engeln* (1965) von ihrer Freundin Ida Lupino kehrte sie zurück. Als Mutter von Liv Ullmann spielte sie ihre letzte Rolle in *Vierzig Karat* (1972).

Bartok, Eva (geb. Eva Ivanova Szoeke) (69)
Geb. 18.6.1929, Kecskemèt
Gest. 1.8.1998, London.
Die ungarische Schauspielerin war ein Star der 50er Jahre in dem Piratenabenteuer *Der rote Korsar* (1952) neben Burt Lancaster und dem Zirkus-Milieu-Eifersuchtsdrama *Der Rummelplatz der Liebe* (1955) zwischen Curd Jürgens und Bernhard Wicki. Bartok verfügte über Sex-Appeal und eine gewisse Verruchtheit, so daß in ihr kurzzeitig eine neue Leinwandgöttin von der Größe Marlene Dietrichs gesehen wurde.
Als Jugendliche wurde sie in einem KZ inhaftiert und mit einem Nazi verheiratet. Nach dem Zweiten Weltkrieg floh sie aus Ungarn und trat in Revuen auf.

Eva Bartok

Ihr verheißungsvoller US-Karrierestart in *Der rote Korsar, 10.000 Schlafzimmer* (1957) mit Dean Martin und *Operation Amsterdam* (1959) endete im deutschen Kino: *Dunja* (1955), *Viktoria und ihr Husar* (1954) und *Der Arzt von Stalingrad* (1958) boten keine passenden Rollen wie die der rebellischen Piratin. In ihrer Erfolgszeit der 50er und 60er Jahre drehte sie rund 40 Filme. Im Filmgeschäft blieb sie durch ihre mitteleuropäische Erdgebundenheit eine Fremde und zudem »fehlte Grandezza und ein wenig Pathos, ein Hauch von Operette war um sie statt vom großen Melodram.« (Fritz Göttler, ›SZ‹)
Mit Curd Jürgens drehte sie *Orient-Express* (1954), beide verband eine stürmische Beziehung als Paar vor und hinter der Leinwand. Sie gehörte zu den begehrtesten Frauen der Welt, und ihre zahlreichen Affären mit Schauspielern und Prinzen gaben den Paparazzi reichlich Stoff. Nach der Geburt ihrer Tochter Anfang der 60er zog sie sich aus dem Filmgeschäft zurück, siedelte nach Hawaii um und trat in die journalistischen Spuren des Vaters. 1983 kehrte

sie nach Europa zurück und gab ein kurzes Theater-Comeback.

Bergmann, Helmut (72)
Geb. 15.2.1926, Niederkaina.
Gest. 13.3.1998, Potsdam.
Der deutsche Kameramann überzeugte durch seinen sachlich-realistischen Stil in Filmen wie *Sie nannten ihn Amigo* (1958) von Heiner Carow.
Mit seinem älteren Bruder Werner drehte Bergmann gemeinsam Spielfilme wie *Der Hauptmann von Köln* (1956). Dann trennten sich ihre Wege, mit Konrad Wolff entwarf Werner expressive Bilder. Helmut prägte dagegen in *Zeit zu leben* (1959) von Horst Seemann, den Western *Apachen* (1973) und *Ulzana* (1974) von Gottfried Kolditz einen sachlichen Stil. In seinem Leben verband ihn die Arbeit mit Helmut Dziuba, zusammen mit Dziubas drehte er dessen Filme von *Mohr und die Raben von London* (1969) bis *Jana und Jan* (1992). »All diese Werke zeichnen sich durch Detailgenauigkeit und Realismus, atmosphärische Dichte und die Suche nach unaufdringlichen, aus der Handlung resultierenden optischen Metaphern aus.« (Ralf Schenk, ›filmdienst‹) Extreme Stilisierungen erlaubte sich Bergmann nur in Märchenfilmen wie *Rotkäppchen* von Götz Friedrich. Mit dem Ende der Defa endete Bergmanns Arbeit.

Beyer, Edward (64)
Gest. 12.10.1998, Los Angeles.
Der amerikanische Schauspieler hatte kleine Auftritte in *Licht im Dunkel* (1962), *Pferdewechsel in der Hochzeitsnacht* (1972), *Die Scheinwerfer verlöschen* (1980), *Cotton Club* (1984) und *Romero* (1989).

Bixby, Jerome (Jerome Jay Lewis Bixby) (75)
Gest. 28.4.1998, San Bernadino/ Kalifornien.
Der amerikanische Drehbuchautor schrieb die Bücher zu den Science-Fiction-Filmen *Die phantastische Reise* (1966) und *Das rote Telefon ... Alarm!* (1958). Bixby lieferte die Story zu Joe Dantes Comic-Familien-Episode in *Unheimliche Schattenlichter – Twilight Zone* (1982) und schrieb das Drehbuch zu dem Trash-Klassiker *It! The Terror From Beyond Space* (1958), der quasi ein Vorläufer zu *Alien* ist.

Bono, Sonny (62)
Gest. 5.1.1998, South Lake Tahoe.
Der amerikanische Sänger spielte den spießigen Familienvater Franklin von Tussle in *Hairspray* (1988) von Bad-Taste-Papst John Waters.
Als »Sonny & Cher« war der amerikanische Sänger mit seiner Frau das heißeste Traumpaar der Hippiebewegung. Ihr Welterfolg war »I got you Babe« – das Lied, welches in *Und ewig grüßt das Murmeltier* (1992) Bill Murray jeden Morgen mit Grauen zum immer wieder gleichen Tag weckt. Sonny & Cher gaben ihr Filmdebüt in *Good Times* (1967) von William Friedkin und bekamen später eine Fernsehshow. Nachdem sich Cher 1974 von Bono trennte und Weltkarriere als Sängerin und Schauspielerin machte, sank Bonos Pop-Stern. Er hatte Gastauftritte in Fernsehserien und *Flucht nach Athena* (1979) und *Die unglaubliche Reise in einem verrückten Raumschiff* (1982), aber mit streng konservativer Politik gelang ihm in Kalifornien eine Karriere als Kommunalpolitiker. Er starb bei einem Skiunfall.

Bor, Milan (62)
Gest. Mai 1998.
Die ›Oscar‹-Nominierung für den Besten Ton in *Das Boot* machte den tschechischen Chef-Tonmeister der Bavaria in der Branche weltberühmt.
1968 kam Bor aus Prag nach Deutschland und arbeitete für die Bavaria in Hunderten von kleinen Filmen und renommierten Produktionen wie *Berlin Alexanderplatz* (1980) von Rainer Werner Fassbinder, *Die Katze* (1987) von Dominik Graf und *Der Name der Rose* (1986) von Jean-Jacques Annaud. Für

Das Boot (1981) von Wolfgang Petersen wurde Bor mit dem ›Bundesfilmpreis‹ und dem ›Bayerischen Filmpreis‹ ausgezeichnet.
1993 mußte Bor nach einem Gehörsturz seine Kunst aufgeben und verstarb fast unbemerkt. In einem Nachruf erinnerte Dominik Graf an den großen Unsichtbaren, dessen Kunst als meisterliches Handwerk aus Stille und Lärm, Tonfragmenten und schrägen Klangsinfonien (wie die Titelsequenz von *Berlin Alexanderplatz*) nicht hoch genug geschätzt werden konnte.

Bragaglia, Carlo Ludovico (103)
Gest. 4.11.1998, Rom.
Der italienische Regisseur drehte die Abenteuerfilme *Die Liebesnächte des Herkules* (1960) mit Jayne Mansfield, *Hannibal* (1959) und *Die Rivalen der vier Musketiere* (1963).
Seit dem Debüt mit der Komödie *O la borsa o la vita* (1933) etablierte sich Bragaglia mit insgesamt 64 Filmen jeden Genres. Er drehte mit dem Komiker Totò *Totò le Mokò* (1949) und inszenierte viele der berühmt-berüchtigten Sandalen-Filme wie *Die Jungfrauen von Rom* (1960) oder *Ursus im Tal der Löwen* (1961).

Brandt, Henry
Geb. 1921, La-Chaux-de-Fonds.
Gest. August 1998.
Der Schweizer Dokumentarist dementierte mit kontroversen Kurzfilmen in *La Suisse S'interroge* (1964) das Ordnungs- und Wohlstandsbild seines Heimatlandes.
Der Autodidakt und ehemalige Lehrer gründete 1960 mit Alain Tanner den Verband Schweizerischer Filmgestalter. Weitere Filme von Brandt sind: *Quand nous étions petits enfants* (1961) und *Le dernier printemps* (1977).

Brasno Wayne, Olive (geb. Olive Brasno) (80)
Gest. 25.1.1998, Lakeland, Florida.
Die zwergwüchsige amerikanische Schauspielerin spielte in *Die kleinen Strolche* (1928) und *Charlie Chan im Zirkus* (1936). Später heiratete sie den zwergwüchsigen Gus Wayne und tingelte gemeinsam mit ihm durchs Showbusineß. Gus starb zwei Tage vor Olive im Alter von 77 Jahren.

Brauren, Katharina (88)
Gest. 25.12.1998, Hamburg.
Die deutsche Schauspielrin verkörperte die dominante Mutter von Loriot in *Ödipussi* (1987). Die Theaterschauspielerin Brauren war für den 50er-Jahre-Film *Novemberkatzen* (1985) in der Rolle der Oma mit dem ›Filmband in Gold‹ ausgezeichnet worden.

Brenner, Hans (59)
Geb. 25.11.1938, Innsbruck.
Gest. 4.9.1998, München.
Im »Neuen Deutschen Film« hatte der österreichische Schauspieler eindrucksvolle Auftritte als Titelfigur in *Mathias Kneißl* (1971) von Reinhard Hauff und als Wiener Kaufmann in *Das Messer im Rücken* (1975) von Ottokar Runze.
»Der Mann mit dem zerfurchten Gesicht, den grantig-linkischen Mundwinkeln und dem ein wenig gehetzten Blick konnte mit kleinsten Gesten ganze Schicksale andeuten.« (Rainer Heinz, ›film-dienst‹)
Brenner selbst hatte sich dem bayerischen Theater verschrieben, mit dem Fernsehen und dem Kino konnte er wenig anfangen. Im Fernsehen trat er immer wieder als souveräner Nebendarsteller in Serien wie *Derrick, Tatort* und *Der Alte* auf. Zuletzt hatte er den großen Auftritt in dem TV-Zweiteiler *Das Todesspiel* (1997) von Heinrich Breloer – eindrucksvoll verkörperte Brenner das RAF-Entführungsopfer Schleyer.

Bridges, Lloyd (85)
Geb. 15.1.1913, San Leandro/Kalifornien. Gest. 10.3.1998, Los Angeles
Der amerikanische Schauspielveteran ließ als feiger Sheriff Harvey Pell in *12 Uhr Mittags* (1952) Gary Cooper im Stich.

Lloyd Bridges spielte den Typus des Westerners und harten Kerls in unzähligen billigen Action- und Westernfilmen. Diese Rollen persiflierte er im hohen Alter – längst nicht am Karriereende – in der *Airport*-Parodie *Die unglaubliche Reise in einem verrückten Flugzeug* (1980) als trinkender und koksender Flughafenchef, sowie den *Rambo-* und *Top Gun*-Parodien *Hot Shots I & II* (1991/93) als seniler General und späterer US-Präsident. »Von Anfang an schien er der geborene Supporting Actor zu sein, ein Vielspieler, vielseitig einsetzbar, verwendbar für alles.« (Michael Hanisch, ›film-dienst‹)
Nach New Yorker Broadway-Erfahrungen drehte er 1941 für Columbia. Erste bekannte Filme waren *A Walk In The Sun* (1945) von Lewis Milestone, *Home Of The Brave* (1949) von Mark Robson und *12 Uhr Mittags* von Fred Zinnemann.
Der studierte Politikwissenschaftler galt als Linker; so stagnierte die Karriere in der berüchtigten McCarthy-Ära, doch Ende der 50er wurde er mit der TV-Serie *Abenteuer unter Wasser* und der *The Lloyd Bridges Show* bekannt. Bridges' Ruf reichte bis Deutschland, wo ihn Sönke Wortmann in *Mr. Bluesman* (1993) als amerikanischen gutmütigen Killer besetzte. Letztlich spielte Bridges in über 140 Film- und Fernsehrollen.

Lloyd Bridges

Bridges' Name lebt mit seinen Söhnen Beau und Jeff fort. Mit Jeff spielte Lloyd in *Benjamin Franklyn: The Rebell* (1975) die Titelfigur in jungen und alten Jahren und in *Explosiv – Blown away* (1994) ist Jeff sein Sohn. Er kann Lloyd nicht vor dem Bombemterror bewahren – seinen Namen wird Jeff aber noch einige Jahre weiterklingen lassen.
Die letzte Vorstellung gab Lloyd Bridges als Don in der *Paten*-Parodie *Mafia!* (1998).

Buchka, Peter (55)
Geb. 1943. Gest. 8.7.1998, München.
Der bekannte Filmrezensent war Filmredakteur der ›Süddeutschen Zeitung‹. Seit 1973 besprach er Filme für die ›SZ‹ und drehte Fernsehporträts über Werner Herzog, Wim Wenders, Margarethe von Trotta und Edgar Reitz.
Buchka war »in seinen Kritiken, mehr aber noch in Essays und Buchbeiträgen … ein nachdenklicher, genau beobachtender und sprachlich begnadeter Autor, der von der feuilletonistischen Wortartistik so wenig hielt wie vom Trubel der Branche.« (›film-dienst‹)
Buchka porträtierte in »Ansichten eines Jahrhunderts« Stroheim, Lang, Renoir, Ozu, Hawks, Visconti und andere Größen, die ihm am Herzen lagen – sein Leben verschrieb er trotzdem nicht dem Kino: »Wer nur vom Kino etwas versteht, der versteht auch davon nichts.«
In den Nachrufen zum Geleit von Peter Buchka rühmte Michael Althen Buchkas Zurückhaltung, entsprungen aus dem Gedanken, daß er den Leser nicht belehren wolle, sondern in seinen Texten das ersetze, was dem Leser an Anschauung fehlt. »Seine Rezensionen waren so etwas wie Briefe an die Regisseure. Der Leser konnte an einem Austausch teilnehmen. … Buchka war nicht nur ein wichtiger Autor mit einer ganz persönlichen Stimme, er war als Film-

redakteur der ›SZ‹ auch einer der großen Anreger – er hat nicht nur Regisseure, sondern auch Kritiker entdeckt und förderte auch solche, deren Meinung er nicht teilte. Dieser Pluralismus hat die ›SZ‹-Kritik spannend gemacht.« (Wilhelm Roth, ›epd-film‹) »Der Deutsche Film hat seinen wichtigsten Kritiker und besten Freund verloren.« (Werner Herzog)

Bundgaard, Poul (75)
Geb. 27.10.1922, Kopenhagen.
Gest. 3.6.1998, Kopenhagen.
Der dänische Schauspieler verkörperte in dem an der Stummfilm-Tradition orientierten Slapstick-Krimi *Die Olsenbande* (1968) den dicklichen, stark beschränkten, aber herzensguten Kjeld.
Seit 1946 trat Bundgaard in rund 100 Filmen auf. Von 1968 bis 1981 spielte er in 13 Teilen der ›*Olsenbande*‹. Er verstarb während der Dreharbeiten zu dem neuesten Teil.

Bykow, Rolan (69)
Gest. 5.10.1998, Moskau.
Der russische National-Schauspieler wurde durch seine Rollen in *Die Kommissarin* (1963) und *Ivan und Abraham* (1993) international bekannt.
In *Andrej Rubljow* (1969) von Andrej Tarkowski spielte Bykow den Sänger, dem die Zunge herausgeschnitten wird. Seit den 50er Jahren spielte er in circa 80 Filmen und inszenierte Kinderfilme, wie *Die Vogelscheuche* (1983) – ein früher ›Peristrojka‹-Film, bevor überhaupt an den Fall des Eisernen Vorhangs zu denken war.

C

Calamai, Clara (89)
Geb. 7.9.1909 (1915 laut ›fd‹), Prato.
Gest. 21.9.1998, Rimini.
Die italienische Schauspielerin verliebte sich in *Ossessione – Von Liebe besessen* (1942) von Luchino Visconti als Tankwartsfrau Giovanna in einen Vagabunden. »Clara Calamai, immer im langen schwarzen Kleid, drückt alle Nuancen von Faszination und Verzweiflung durch ihr Gesicht aus, das schmal ist, verschlossen, geheimnisvoll. Gerade in ihrer Zurückhaltung ist dies eine außerordentliche Gestaltung, die man nicht vergessen wird.« (Wilhelm Roth, ›epd-film‹)
In Italien wurde sie ein Star in Komödien und Melodramen (die vielfach Alessandro Blasetti inszenierte), ohne jedoch an ihre sensationelle Leistung anschließen zu können. Mit Viscontis Dostojewskij-Verfilmung *Weiße Nächte* (1957) hatte sie als Straßendirne ihren letzten Erfolg. In ihrer letzten von fast 50 Rollen, wird sie in *Rosso – Farbe des Todes* (1975) von Dario Argento als verrückte Killerin von einem Fahrstuhl enthauptet.

Cameron, Hope (78)
Gest. 20.11.1998, New York City.
Die amerikanische Broadway-Schauspielerin hatte kleine Kinorollen in *Der Chapman-Report* (1962), *Tales Of Ordinary Madness* (1982) und *Ein Köder für den Killer* (1990).

Clark, Dane (85)
Gest. 11.9.1998, Los Angeles.
Der amerikanische Darsteller spielte häufig Soldatenfiguren wie in *Bestimmung Tokio* (1944) als ›Tin Can‹ oder *Hollywood-Kantine* (1944) als Sgt. Nolan.
Der New Yorker Theaterschauspieler begann Anfang der 40er bei Warner Bros. eine erfolgreiche Karriere als ›Suppporting Character‹ von Filmstars in *Action In The North Atlantic* (1943) neben Humphrey Bogart und Raymond Massey oder in *Die Große Lüge* (1945) mit Bette Davis. Dane verließ das Studio und spielte in Europa die Hauptrolle in dem Spionagefilm *Lebensgefährlich* (1950). Er hatte viele Film-Engagements und verdingte sich in bekannten TV-Serien wie *Twilight Zone* oder *Hawaii Fünf-Null.* Seine letzte Kinorolle spielte Dane neben Tom Berenger in *Last Rites* (1988).

Clifford, Ruth (98)
Geb. 1900, Rhode Island.
Gest. Dezember 1998.
Die US-Schauspielerin kam während der Stummfilmzeit zu Ruhm. Sie spielte seit sie 14 war und konnte ihre Karriere beim Tonfilm fortsetzen, wenngleich sie auch mit kleineren Rollen vorlieb nehmen mußte.
Einen ihrer legendärsten Auftritte hatte sie in *Boulevard der Dämmerung* (1950) neben den Stummfilmgrößen Buster Keaton, Cecil B. DeMille und Gloria Swanson.

Colpet, Max (geb. Kolpe) (92)
Geb. 19.6.1905, Königsberg.
Gest. 2.1.1998, München.
Der jüdisch-russische Schriftsteller ist als Liedertexter mit dem von Marlene Dietrich gesungenen Chanson »Sag' mir, wo die Blumen« und Hans Albers' »Hoppla hier komm' ich« unvergessen. Der mehrfach ausgezeichnete Autor von Kabarettstücken, Gedichten, Romanen schrieb außerdem das Drehbuch für *Der Mann, der nicht nein sagen konnte* (1958). 1933 emigrierte Colpet nach Frankreich und schrieb für Curt Siodmak *La Crise est finie.* Nach dem Fall des Naziregimes verfaßte er die Originalgeschichte zu Roberto Rossellinis *Deutschland im Jahre Null* (1948). Die Jahre von 1948–1956 verbrachte er in Hollywood. Trotz seiner engen Freundschaft zu Billy Wilder und Marlene Dietrich fand er hier nicht sein Glück, ebensowenig gelang ihm der große filmische Durchbruch im Nachkriegsdeutschland. Für Arthur Brauner schrieb er *Liebe ohne Illusionen* (1955) und verfaßte die deutschen Versionen von *Das Mädchen Irma La Douce* (1963) und *West Side Story* (1960). Großer Beliebtheit erfreute er sich als Liederschreiber für Hildegard Knef, Katja Ebstein oder Gus Backus sowie als Fernseh- und Buchautor.

Cottafavi, Vittorio (84)
Geb. 30. Januar 1914, Modena.
Gest. 14.12.1998, Anzio.
Der Regisseur und Drehbuchautor begann als Assistent bei Blasetti und Vittorio de Sica.
Der Meister war von Beginn seiner Karriere an Anti-Mainstream, schon sein erster großer Film das Melo *La fiamma che non si spegne*, 1949, schien zu ignorieren, daß im italienischen Kino der neorealistische Frühling ausgebrochen war.
Später hat er dann resolut seine Antik- und Renaissance-Melos gedreht, darunter *Herkules erobert Atlantis*, 1961, und *Die hundert Ritter*, 1965. Und als es im Kino vorbei war mit dem Plenum, ging er zum Fernsehen, machte klassische Stücke und Romane für RAI. (Fritz Göttler, SZ)

Cross, Beverly (66)
Gest. 20.3.1998, London.
Der Theater- und Drehbuchautor schrieb das Drehbuch zu seinem Musical *Half a Sixpence* (1968), das auf H. G. Wells »Kipps« basiert.

D

Dahl, Arnim (76)
Geb. 12.3.1922, Stettin.
Gest. 3.8.1998, Wedel.
Deutschlands erster berühmter Stuntman spielte in *Wenn der Vater mit dem Sohne* (1955) sich selbst als Kunstspringer.
In *Das Fräulein und der Vagabund* (1949) stürzte er samt Motorrad ins Wasser und in *Mädchen aus der Südsee* (1950) ließ er sich überfahren.
Klettermaxe (1952) von Kurt Hoffmann verlieh Dahl seinen Kosenamen, ein roter Schal wurde sein Markenzeichen. Bis zum 70sten Lebensjahr trat er als Aktionskünstler auf und sprang von Brücken oder kletterte Wolkenkratzer hinauf. In rund 40 Filmen riskierte Dahl sein Leben und wurde durch Balanceakte, wie u. a. auf dem Empire State Building, über das Schattendasein als Double hinaus als »Klettermaxe« bekannt.

Daumann, Anatole (73)
Geb. 7.2.1925, Warschau.
Gest. 8.4.1998, Paris.
Der französische Produzent galt als großer Verfechter des europäischen Kinos und Gegner der US-Majors. In seinem Leben verband ihn die Arbeit mit vielen der Großen des europäischen Filmschaffens.
Mit seiner 1949 gegründeten Firma »Argos Film« war Daumann der große Produzent europäischer Autorenfilme und preisgekrönter Werke wie *Nacht und Nebel* (1955) und *Hiroshima Mon Amour* (1959) von Alain Resnais, *Masculin – Feminin* (1965) von Jean-Luc Godard, *Im Reich der Sinne* (1976) von Nagisa Oshima, *Die Blechtrommel* (1978) von Volker Schlöndorff, *Opfer* (1985) von Andrej Tarkowskij und arbeitete viel mit Wim Wenders und Chris Marker zusammen.
»Daumann gehörte zu der im Aussterben befindlichen Gruppe von risikofreudigen Produzenten, für den der Kampf ums Kino immer schnell zu einer Schlacht ausarten kann.« (›Filmecho/Filmwoche‹)

Del Prete, Duilio (61)
Gest. 2.2.1998, Rom.
Der italienische Schauspieler spielte neben Philippe Noiret und Bernand Blier die Hauptrolle in der Komödie *Ein irres Klassentreffen* (1975) von Mario Monicelli.
Weitere Filme waren *Das Mächen und der Mörder – Die Ermordung Trotzkis* (1971) mit Richard Burton, *Alfredo Alfredo* (1972) mit Dustin Hoffman und *Divine Creature* (1975) mit Marcello Mastroianni. Del Prete, der in Italien ein berühmter Sänger und Entertainer war, wurde hauptsächlich für Nebenrollen besetzt. International war er in *Daisy Miller* (1974) von Peter Bogdanovich zu sehen.

Denning, Richard (85)
Geb. 1914, Poughkeepsie/New York.
Gest. 11.10.1998, Kalifornien.
Der amerikanische TV-Schauspieler war Dr. Mark Williams in dem Horrorklassiker *Der Schrecken vom Amazonas* (1954).
Weitere bekannte Filme mit Denning in bedeutenden Nebenrollen sind *Adam hat vier Söhne* (1941), *Entgleist* (1950), *Die große Liebe meines Lebens* (1957), *Immer Ärger mit den Frauen* (1957) und *Manche mögen's heiß* (1959). Seine größte Bekanntheit rührt von seiner Rolle als Gouverneur in der Serie *Hawaii Fünf-Null*, die zwölf Jahre (1968–1980) im Fernsehen lief.

Derek, John (geb. Derek Harris) (71)
Geb. 12.8.1926, Hollywood.
Gest. 22.5.1998, Santa Maria/Kalifornien.
In der Branche belächelte man den amerikanischen Regisseur, Produzent und Schauspieler für seine freizügigen Filme *Tarzan, Herr des Urwalds* (1981) und *Ekstase* (1983), die durch die makellose Nacktheit seiner »Traumfrau« Bo Derek geprägt waren.
Derek, Sohn eines Regisseurs und einer Schauspielerin, debütierte nach dem Kriegsdienst neben Jennifer Jones und Joseph Cotten in *Since You Went Away* (1944) und spielte mit Humphrey Bogart die Hauptrolle in *Vor verschlossenen Türen* (1949). Aber auch durch Engagements in den Erfolgsfilmen *Die Zehn Gebote* (1956) und *Exodus* (1960) konnte er sich nicht ernsthaft etablieren. Immerhin hatte der gutaussehende Darsteller die Hauptrollen guter B-Abenteuerfilme wie *Robin Hoods Vergeltung* (1950), *Der Rächer von Casamare* (1951), *Stunde der Abrechnung* (1953) oder *Feuertaufe Invasion* (1952). 1966 produzierte und inszenierte er mit sich und seiner ersten Frau Ursula Andress den Kriegsfilm *Einmal noch – bevor ich sterbe.* Mit Bo Derek drehte er seit den 70ern Erotik-Abenteuer-Filme im ›*Emanuelle*‹-Stil, in denen er sie als Sex-Symbol in den Mittelpunkt setzte. Seine freizügige, mißlungene Tarzan-Adaption war ein Kassenerfolg, aber ambitionslose Nachfolgewerke wie die Sex-Komödie *Mein Geist will immer*

nur das eine (1988) scheiterten kläglich, so daß Derek in Vergessenheit geriet.

Diop-Mambèty, Djibril (53)
Geb. 1945.
Gest. Ende Juli 1998, Paris.
Der senegalesische Regisseur war »Afrikas poetischster Kino- und Geschichtenerfinder« (Max Annas/Annett Busch, ›film-dienst‹).
1973 entstand sein Debüt *Touki Bouki*, ein schreiend lauter Film, der weniger einer strengen Narration als ästhetischen Werten der Popkultur des Nordens folgte: Ein junger Hirte träumt von der westlichen Welt, bleibt aber in der Heimat. In drei Dekaden realisierte er nur sieben Filme, die sich alle mit den Menschen und der Topographie von Dakar auseinandersetzten. Die einzige Ausnahme war die Dokumentation über den burkinischen Regisseur Idrissa Ouedraogo *Parlons Grand-Mère* (1989), aber selbst *Hyènes* nach dem Stoff von Dürrenmatt »Der Besuch der alten Dame« (1991) inszenierte er in seiner Heimatstadt. Von seiner in Dakar spielenden Trilogie *Histoires de petites gens* konnte er bis zu seinem Lebensende zwei Teile vollenden.

Dior, Richard (51)
Gest. 26.10.1998, Freehold Township/ New Jersey.
Der amerikanische Toningenieur bekam für seine Tontechnik in *Apollo 13* (1995) den ›Oscar‹. Weitere Credits bekam Dior für *Eine Wahnsinnsfamilie* (1989), und *Kopfgeld* (1996) die alle von Ron Howard inszeniert wurden. Die letzte von rund 200 Arbeiten absolvierte Dior für *Slam* (1998).

Dunn, Linwood Gale (93)
Geb. Brooklyn/New York.
Gest. 20.5.1998, Burbank, Kalifornien.
Der amerikanische F/X-Kameramann arbeitete für *King Kong und die weiße Frau* (1933), *Citizen Kane* (1941) und *Das Ding aus einer anderen Welt* (1951) und die *Star Trek*-TV-Serie.
Dunn begann in den 20er Jahren als Kameraassistent und wurde Effektekamermann für RKO. Seitdem wirkte er in 70 Jahren an über 200 Filmen. Für seine technischen Innovationen wurde er mehrfach mit Technik-›Oscars‹ und ›Gilde‹-Preisen ausgezeichnet. 1992 wurde ihm von der Gesellschaft für Kameraarbeit für seine visuellen Effekte dem Preis für sein Lebenswerk verliehen.

Dvorak, Paula
Geb. 1913. Gest. 10.7.1998.
Die bekannteste österreichische Cutterin zeichnete für rund 50 Filme wie *Die letzte Brücke* (1953), *Drei Männer im Schnee* (1955) und *Noch minderjährig* (1957) für den Schnitt verantwortlich.

E

Evans, Gene (75)
Geb. Holbrook, Arizona.
Gest. 1.4.1998, Jackson, Tennessee.
Der amerikanische Schauspieler mit rauhem Erscheinungsbild hatte Auftritte in *Der Große aus dem Dunkeln* (1973) als Sheriff Al Thurman und *Unternehmen Petticoat* (1959) als U-Boot-Besatzungsmitglied Molumphrey. Während des Krieges wurde Evans Mitglied einer Army-Schauspieltruppe. Seine erste Rolle spielte er in *Under Colorado Skies* (1947). Fast typischerweise spielte er meistens harte Soldaten und Cowboys und drehte mit Sam Fuller *Die Hölle von Korea* (1951) und *Park Row* (1952) und Sam Peckinpah *Pat Garret jagt Billy the Kid* (1973).

F

Falco (geb. Hans Hölzl) (40)
Geb. 1957, Wien.
Gest. 6.2.1998, Dominikanische Republik.
Der österreichische Sänger hatte »Neue Deutsche Welle«-Hits wie »Der Kom-

missar« und den US-Chartbreaker »Rock me Amadeus«, die er in Sprechgesang mit ausgeprägtem Tremolo auf unvergleichliche Weise interpretierte. Sein exzessiver Lebensstil machte den hedonistischen Popstar zu einer Ikone der 80er Jahre.
Im Kino sah man ihn in dem Mike-Krüger-Klamauk *Geld oder Leber* (1986) – Falco spielt Falco fast selbstverständlich als glamouröses Rockidol.

Faye, Alice (geb. Alice Jeanne Leppert) (83)
Geb. 5.5.1915, New York.
Gest. 9.5.1998, Rancho Mirage/ Kalifornien.
Die amerikanische Schauspielerin und Sängerin gehörte in den USA neben Ginger Rogers oder Rita Hayworth zu den Ikonen des Musical-Films der 30er und 40er Jahre. »Ihre Ausstrahlung resultierte weniger aus dem ästhetischen Sexappeal entrückter Leinwand-Göttinnen als vielmehr aus einer volksnahen Verve, die sie für jedermann zur Kameradin werden ließ.« (Rainer Heinz, ›film-dienst‹)
1934 debütierte Faye in *George Withe's Scandals* im Kino und stand in den Diensten von 20th Century Fox. Es wurde versucht, sie als blondgelockte Sexbombe populär zu machen, doch durch ihre leicht eiserne Altstimme wurde Faye in Rollen für nostalgisch-sentimentale Musikfilme eingesetzt und blieb das nette Mädchen von nebenan. Neben Tyronne Power und Don Ameche sang Faye das für sie geschriebene Lied »Now It Can Be Told« in *In Old Chicago* (1938) und wurde zum Top-Star ihrer Zeit, wenn auch ihr Erfolg nicht über den Ozean reichte. Es folgten die Hits *Rose Of Washington Square* (1939) oder *Lillian Russell* (1940). Nach ihrer intensiven Ruhmeszeit versuchte Faye sich erfolglos mit einer dramatischen Rolle in *Mord in der Hochzeitsnacht* (1945) von Otto Preminger; dann zog sie sich aus dem Filmgeschäft zurück. Gelegentlich war Faye in Nebenrollen zu sehen, z. B. als Mutter von Pat Boone in *Texas-Show* (1962) oder zuletzt neben James Stewart in *The Magic Of Lassie* (1978).

Edwige Feuillere

Feuillère, Edwige (geb. Caroline Cunati) (91)
Geb. 29.10.1907, Paris.
Gest. 13.11.1998, Paris.
Die ausdrucksstarke Grande Dame des französischen Kinos bestach durch ihre Eleganz und Schönheit. Sie spielte in *Der Doppeladler* (1948) von Jean Cocteau neben Jean Marais.
Nach ihrem Filmdebüt in *Die Perle* (1931) sorgte sie 1934 für einen der ersten großen Skandale der Filmgeschichte: In Abel Gances *Lucrèce Borgia* war kurz ihr nackter Busen zu sehen. Im Kino war sie bis Mitte der 70er Jahre zu sehen und zeigte ihr vielseitiges Talent in Dramen, Komödien, Krimis und Horrorfilmen.
In ihrer großen Bühnenkarriere wurde sie als Tragödin durch ihre »Kameliendame« berühmt. Der Tod ihres mehrmaligen Bühnen- und Filmpartners Jean Marais, der fünf Tage vor ihr starb, soll ihr das Herz zerrissen haben.

Field Truex, Sylvia (97)
Gest. 31.7.1998, San Diego/Kalifornien.
Die amerikanische Schauspielerin hatte ihren größten Erfolg in der TV-Serie *Dennis The Menace* (1959–62) als Mrs. Wilson. Im Kino spielte sie seit den späten 20er Jahren in neun Filmen wie *The Exalted Flapper, Blondie For Victory* und zuletzt in *Annette* (1958). Das Fernsehen war mit populären Serien wie *Perry Mason* ihr Metier.

Fowler jr., Gene (80)
Gest. 11.5.1998, Hollywood Hills.
Der amerikanische Regisseur und Cutter inszenierte den Horror-Kultklassiker *Der Tod hat schwarze Krallen/I Was A Teenage Werewolf* (1957).
Fowler jr. begann seine Karriere bei 20th Century Fox als Cutter. Sein erster Credit war *Der Ritt zum Ox-Bow* (1943), für *Eine total, total verrückte Welt* (1963) wurde er ›Oscar‹-nominiert. Er schnitt und drehte über 100 Filme und TV-Serien und wurde mehrfach mit dem Regie-, ›Emmy‹ prämiert. Im Kino inszenierte Fowler jr. routiniert die Genrefilme *Mit Büchse und Colt* (1959) und *Der Tod fährt erster Klasse* (1959).

Fowley, Douglas V. (86)
Gest. 21.5.1998, Woodland Hills/Kalifornien.
Der amerikanische Charakterdarsteller spielte den Regisseur in *Du sollst mein Glücksstern sein* (1952).
In einem halben Jahrhundert hatte er über 200 Rollen. Seit *The Mad Game* (1933) war er vornehmlich auf Gangster festgelegt (z.B. *The Mighty Joe)* und spielte in dem John-Wayne-Thriller *Es wird immer wieder Tag* (1954). 1959 inszenierte und produzierte Fowley den billigen Haiti-Horrorfilm *Gier nach Blut.* Doc Holiday in der beliebten TV-Serie *The Life And Legend Of Wyatt Earp* war sein bekanntester Auftritt.

Franciosa, Massimo (73)
Gest. 30.3.1998, Rom.
Der italienische Drehbuchautor und Regisseur schrieb mit Luchino Visconti *Der Leopard* (1962) und *Rocco und seine Brüder* (1960).
Seit den 50er Jahren schrieb Franciosa als Koautor für Mauro Bolognini, Marco Ferreri, Festa Campanile, Vittorio De Sica und Dino Risi, dessen Erfolgkomödie *Ich laß mich nicht verführen* (1956) er mitschrieb und mit dem er über Jahre immer wieder zusammenarbeitete. Für *Die vier Tage von Neapel* (1963) entwickelte Franciosa die Geschichte und erhielt für das Drehbuch mit Koautoren eine ›Oscar‹-Nominierung. Als Regisseur inszenierte er leichte Dramen und frivole Komödien wie *Versuchung in Liebe* (1963), *Helle Stimmen* (1964) und *Seitensprünge* (1964).

Franco, Ricardo (48)
Gest. 20.5.1998, Madrid.
Der mehrfach prämierte spanische Film- und Fernsehregisseur zählte neben Pedro Almodóvar zu den Gallionsfiguren des spanischen Kinos.
Sein letztes Werk *La buena estrella/Der gute Stern* (1997) erhielt fünf ›Goyas‹ – unter anderem in den Sparten ›Beste Regie‹ und ›Bester Film‹. Der jung verstorbene Franco hatte in diesem Jahr für herausragende Beiträge zum spanischen Kino die »Goldmedaille der Schönen Künste« erhalten.
»Als Neffe des Horrorfilm-Altmeisters Jesse Franco und Cousin des spanischen Erfolgsautors Javier Marías (mit dem er an mehreren Filmen zusammenarbeitete) suchte Franco in seinen Filmen sowohl die dunkle Gewalttätigkeit der Genreklischees als auch das poetisch literarische Element des Autorenfilmes.« (Wolfgang Martin Hamdorf, ›film-dienst‹)
Seine provokanten Visionen in seinem Erstling *El Desastre de Annual* (1972) verbot das Franco-Regime: Regisseur Franco griff die Franco-Diktatur in ihren psychologischen Auswüchsen an und ging Hoffnungen, Exzessen und Leidenschaften nach. In Deutschland wurde Franco durch *Leben und Tod des Pascual Duarte* (1975), *In & Out* (1987)

und *Berlin Blues* (1988) bekannt. Franco, der sich einst wünschte wie Molière bei der Arbeit zu sterben, starb während der Dreharbeiten zu *Lagrimas Negras* an einem Herzinfarkt.

Forest, Jean-Claude (68)
Geb. 11.9.1930.
Gest. 31.12.1998, Paris.
Der französische Comiczeichner hatte 1962 die blonde vollbusige aus dem 41. Jahrhundert namens »Barbarella« geschaffen. Zur Kultfigur wurde sie durch die Verfilmung *Barbarella* (1967) von Roger Vadim und seiner damaligen Ehefrau Jane Fonda in der Titelrolle.

G

Geelhaar, Anne (84)
Geb. 5.4.1914, Teichrode/Posen.
Gest. April 1998, Berlin.
Die Kinderbuchautorin von *Drei Hasen im Schnee* schrieb neben zahlreichen Hör- und Fernsehspielen das Drehbuch des Defa-Films *Das singende, klingende Bäumchen* (1956).

Goldman, James (71)
Gest. 28.10.1998, Manhatten.
Der Drehbuchautor wurde für das Historiendrama *Der Löwe in Winter* (1968) mit dem ›Oscar‹ ausgezeichnet. Weitere Drehbücher von Goldman waren *Robin und Marian* (1976) und *White Nights* (1985).

Gora, Claudio (geb. Emilio Giordana) (84)
Gest. 13.3.1998, Rom.
Der italienische Schauspieler und Regisseur inszenierte das neorealistische Drama *Die Lust des Bösen* (1951) mit Marcello Mastroianni und den harten Western *Il Nero – Haß war sein Gebet* (1967).
Der gutaussehene Gora spielte seit *Trappola d'amore* (1939) in 130 Filmen unter den besten italienischen Regisseuren. Er spielte kleine Rollen für Luigi Zampa in *Signorinette*, Dino Risi in *Das Leben ist schwer* (1960), Antonio Pietrangeli in *Adua und ihre Gefährtinnen* (1960) und Luigi Comencini in *Die Sonntagsfrau* (1975).

Goring, Marius (86)
Geb. 23.5.1912, Newport.
Gest. 30.9.1998, London.
Der englische Darsteller spielte den jungen egozentrischen Komponisten Julian Craster in dem Musical-Klassiker *Die roten Schuhe* (1948). Am Ende hält er am Bahnhof in Nizza seine sterbende Frau weinend in den Händen.
Der sprachbegabte Theaterdarsteller mit aristokratischer Attitüde stand seit 1935 vor den Kameras in Deutschland, England und den USA. Er spielte romantische Rollen, wie in *Irrtum im Jenseits* (1946), aber vorrangig ambivalente und negative Charaktere, wie den rauschgiftsüchtigen Geliebten von Hildegard Knef in *Nachts auf den Straßen* (1951). Blond und blauäugig stellte er häufig deutsche Offiziere dar: von *Exodus* (1960) über *Zeppelin* (1970) bis zur TV-Serie *Holocaust* (1978). »Hollywood holte ihn immer dann, wenn die wenig fantasiereiche Typisierung nach Klischee-Briten, Bilderbuch-Adeligen oder schablonenhaften Europäern verlangte«, (Rainer Heinz, ›film-dienst‹) wie einen französischen Edelmann in *Liebe, Tod und Teufel* (1954) und einen italienischen Millionär in *Die barfüßige Gräfin* (1954), in dem er Ava Gardner verfällt. Im Fernsehen feierte der vielseitige Darsteller in den 50er Jahren große Erfolge als Titelheld in *The Scarlett Pimpernell.* »Goring war einer jener prägnanten Nebendarsteller, von denen das Kino lebt.« (›epd-film‹)

Grade, Lew (geb. Louis Winigradsky) (91)
Geb. Dezember 1906, Ukraine.
Gest. Dezember 1998, London.
Der in der Ukraine geborene Entertainment-Tycoon produzierte die ›oscar‹-prämierten *Am goldenen See* (1981) und *Sophies Entscheidung* (1982).

Lew Grade hielt sich an die Devis, daß er wisse, »was das Publikum wünscht, weil ich einer von ihnen bin.« Er wuchs im London der 10er Jahre auf und arbeitete sich im Showbusineß von Klein auf hoch. Er wurde der Agent von Bobe Hope, Shirley MacLaine und Sammy Davis jr. 1955 investierte er in das kommerzielle Fernsehen und schuf Erfolgserien wie *Simon Templar* und *Die Muppet Show.*

Mit der 35-Millionen-Dollar-Produktion *Hebt die Titanic* (1980) schuf Grade jedoch einen der größten Flops der Filmgeschichte. Grade sagte lakonisch zu dem unrühnlichen Desaster, daß es billiger gewesen wäre, den Wasserspiegel des Atlantiks zu senken.

H

Hahn, Jess (76)
Geb. 1922, Indiana.
Gest. 29.6.1998.
Der franko-amerikanische Schauspieler debütierte in *Im Zeichen des Löwen* (1959) von Eric Rohmer als der in Paris lebende Amerikaner Pierre Wesselrin, der in der hitzegequälten Stadt einsam vom Boheme zum Clochard absteigt.
Der selbst nach dem Zweiten Weltkrieg in Paris gestrandete großgewachsene Hahn spielte seitdem in *Cartouche, der Bandit* (1961), *Der Prozeß* (1961 und *Topkapi* (1965). Sein Ruhm verblaßte; zuletzt spielte er neben Marlon Brando in *Mama Dracula* (1980).

Harmstorf, Raimund (57)
Geb. 7.10.1940, Hamburg.
Gest. 3.5.1998, Marktoberdorf.
Der tyrannische Seemann Wolf Larsen, der rohe Kartoffeln zerdrückte, machte den deutschen Schauspieler in *Der Seewolf* (1971) zum Bildschirm-Star. »Kraftstrotzende Männlichkeit, ein Rauhbein zwischen Heldentum und Individualismus« (Rainer Heinz, ›filmdienst‹) war das Heldenimage des hünenhaften Schauspielers.
Bereits vor seiner Filmkarriere hatte der ehemalige Zehnkämpfer am Theater Don Carlos oder Old Firehand dargestellt. Im Kino hatte er die Hauptrolle in *Siegfried und das sagenhafte Liebesleben der Nibelungen* (1971) und spielte häufig in italienischen Produktionen wie den Jack-London-Adaptionen *Wolfsblut* (1974) und *Die Teufelsschlucht der wilden Wölfe* (1974). Der körperbetonte Schauspieler spielte den Gegner von Bud Spencer in *Sie nannten ihn Mücke* (1978) und die Bösewichter in billiger Actionware wie *Thunder* (1983) oder *SAS Malko* (1983).
Zum Ende seiner Karriere hatte er Gastrollen als Kapitän in *Geld oder Leber* (1986) oder in der Serie *Die Schwarzwaldklinik.* Harmstorf war ein Publikumsstar des Fernsehen. Der erfolgreiche TV-Vierteiler *Michael Strogoff* (1976) nach Jules Vernes Roman »Der Kurier des Zaren« hatte diesen Status untermauert.
In seinen letzten Lebensjahren litt er an der Parkinsonschen Krankheit. Er nahm sich selbst das Leben.

Hayes, Patricia (88)
Gest. 19.9.1998, London.
Die britische Schauspielerin verkörperte die Urgl in *Die unendliche Geschichte* (1983). Außerdem war Hayes in *Nicholas Nickleby* (1947), *Goodbye Mr. Chips* (1968) und *Klein Dorrit* (1987) zu sehen.

Hecht Lucari, Gianni (76)
Geb. 1922.
Gest. 27.8.1998, Rom.
Der italienische Produzent produzierte den ›oscar‹prämierten Film *Der Garten der Finzi Contini* (1970) von Vittorio de Sica.
Seine 1950 gegründete ›Documento Films‹ produzierte 100 Filme und über 1.000 Dokumentationen und TV-Spiele, die vielfach mit Preisen in Cannes, Berlin und Venedig ausgezeichnet wurden. Er produzierte *Schade, daß du eine Kanaille bist* (1955) von Alessandro Blasetti, *Mit Pistolen fängt man keine*

Männer (1967) von Mario Monicelli, *Metello* (1970) von Mauro Bolognini, *Schwarze Seele* (1962) von Roberto Rossellini und *Ladies, Ladies* (1967) von Luigi Zampa.

Hempel, Johannes (81)
Geb. 20. 2.1917, Bautzen.
Gest. August 1998.
Hempel war einer der dienstältesten Trickfilmregisseure der Defa. Der Maler und Ausstattungsbildner inszenierte 1950 mit *Der Wolf und die Füchsin* seinen ersten Puppentrickfilm. Es folgten *Frau Holle* (1952) und *Till Eulenspiegel und der Bäcker von Braunschweig* (1954).
Nach seinen Tagen in Babelsberg produzierte er 1961 in Dresden den abendfüllenden *Die seltsame Historia von den Schildbürgern*. Das ehrgeizige Projekt mit ironischen Zeitbezügen kam nur selten zur Aufführung. Ein Jahr später endete seine Zeit als Trickfilmer: *Zwei Lieder* passierte verstümmelt und ohne Hempels Namensnennung die Zensur. Danach arbeitete Hempel in einem kleinen Privatstudio als Werbe- und Dokumentarfilmer für Wissenschaft, Kultur und Industrie. 1989 entstand unter Defa-Leitung sein letzter Puppentrickfilm nach dem sorbischen Märchen *Als es Wassermänner noch gab*. Sein Wunschprojekt *Die fromme Helene* konnte er nicht realisieren.

Henkel-Grönemeyer, Anna (45)
Gest. 5.11.1998.
Die deutsche Schauspielerin spielte als Hauptrolle die freche Göre in *Chapeau Claque* (1973).
Bekannt machte sie die Pornofilm-Satire *Dorotheas Rache* (1973); und sie spielte in *1900 – Teil II* (1976). Sie heiratete den Sänger Herbert Grönemeyer und spielte Anfang der 80er Jahre am Kölner Schauspielhaus.

Ho, Leonard
Gest. 16.2.1998, Hongkong.
Ho war Präsident und Mitbegründer der ›Golden Harvest‹-Produktionsfirma. Ho hatte elf Jahre als Produzent für die Shaw Brothers gearbeitet, als er 1970 mit Raymond Chow seine eigene Firma gründete. Unter seiner Ägide entstanden 500 Filme, wie die berühmten Jackie-Chan-Filme, und machten die Firma zu einer der produktivsten und erfolgreichsten Filmfabriken weltweit.

Hopkins, John (67)
Gest. 23.7.1998, Woodland Hills/Kalifornien.
Der britische Theater- und Drehbuchautor schrieb das Skript zu *James Bond 007 – Feuerball* (1965).

Huber, Lotti (86)
Geb. 1912, Kiel.
Gest. 31.5.1998.
Die schillernde Entertainerin wurde als Schauspielerin in den Filmen von Rosa von Praunheim und durch dessen Porträt *Affengeil* bekannt.
»Lotti Huber, ein unzutreffend banaler Name für eine vielseitige, reichhaltige Persönlichkeit. Wenn man ihr gegenübersaß, mochte man nur zuhören. Stundenlang konnte sie berichten über ihr Leben, in farbenprächtigen Bildern, in urkomischen Anekdoten.« (Helmut Mauró, ›SZ‹)

Lotti Huber

Sie lebte auf allen Kontinenten und arbeitete als Hosteß, Ausdruckstänzerin, Barbesitzerin, Schriftstellerin oder Sängerin – wenig war ihr fremd. Neben den bunten Seiten gab es viel Schatten – ihr arischer Freund wird 1938 im KZ Lichtenberg erschossen, sie kann von einer amerikanischen Organisation freigekauft werden. Sie tingelte um die Welt und lernte Freunde, Künstler und Lebemänner aus allen Gesellschaftsschichten kennen.
In *Schöner Gigolo, armer Gigolo* (1978) war sie als Statistin zum erstenmal auf der Leinwand zu sehen. Es folgten die von Praunheim-Filme *Unsere Leichen leben noch* (1980), *Horror Vacui* (1984), *Anita – Tänze des Lasters* (1987) und zuletzt *Affengeil* (1990), die semidokumentarische Filmbiographie ihrer Person.

Hutchinson, Josephine (94)
Geb. 12.10.1903, Seattle/Oregon.
Gest. 4.6.1998, New York City.
Die amerikanische Darstellerin debütierte als Kind in Mary Pickfords *The Little Princess* (1917).
Nach einer Broadway-Karriere trat sie in verschiedenen Civic Rep-Produktionen auf und spielte die Wendy in *Peter Pan* und Alice in *Alice in Wonderland.* Ihr Erwachsenen-Debüt gab sie in *Happiness Ahead* (1934) und spielte seitdem bis in die 70er Jahre große Rollen namhafter Filme wie der Bestseller-Verfilmung *Öl für die Lampen Chinas* (1935), *Louis Pasteur* (1935) als Madame Pasteur, *Frankensteins Sohn* (1939) als Elsa von Frankenstein oder in *Die Irrwege des Oliver Essex* (1940) als Nellie Essex. Neben ihrer Kinokarriere war sie in TV-Serien wie *Perry Mason, Rauchende Colts* oder *Twilight Zone* zu sehen.

J

Järegaard, Ernst-Hugo (69)
Gest. 6.9.1998, Stockholm.
»Volvo! Björn Borg! Ikea!« rief der schwedische Schauspieler in dem Fernsehmehrteiler *Geister* (im Kino *The Kingdom* (1995)) als Oberarzt Dr. Helmer vom Dach des Reichskrankenhauses in Kopenhagen gen Schweden und fluchte über den »dänischen Abschaum«. Seine windige spießige Figur war als teuflischer Clown der geheime Star in der gruseligen wie komischen Krankenhaus-Seifenoper von Lars von Trier.
Järegaard spielte seit den 50er Jahren auf der Bühne mit wachsendem Erfolg. Er spielte im Ensemble des Stockholmer Theaters »Dramaten«, war Vorleser im Fernsehen, machte Rockmusik und spielte im Kino in *Fimpsen, der Knirps* (1974) von Bo Widerberg und *Die Steinschleuder* (1994) von Ake Sandgren. In *Europa* (1991) von Lars von Trier spielte er einen durch und durch deutschen Schlafwagenschaffner, dessen widerwärtige Genauigkeit groteske Züge hat.

Jakubowska, Wanda (90)
Gest. Februar 1998, Warschau.
Die polnische Regisseurin verarbeitete in *Die letzte Etappe* (1948) ihre Erlebnisse in den Konzentrationslagern des Dritten Reichs.
Die Nazis verschleppten die junge kommunistische Widerstandskämpferin nach Auschwitz und später nach Ravensbrück. *Die letzte Etappe* war der erste Film – gedreht in Auschwitz-Birkenau –, der sich mit der Realität in Konzentrationslagern auseinandersetzte. Ihr differenzierter Blick auf korrumpierte polnische Kapos und deutsche Widerstandskämpfer hat bis heute von seiner erschreckenden Wirkung wenig verloren.
Jakubowska galt in den 30er Jahren als engagierte Dokumentarfilmerin und drehte 1939 mit *Nad Niemnen* ihr Spielfilmdebüt. Nach dem Krieg arbeitete sie als Hochschuldozentin und prägte das realistische polnische Nachkriegskino bis ins hohe Alter von 80 Jahren.
Die Kriegsproblematik und der Faschismus waren in ihren Filmen wie z. B. *Begegnung im Zweilicht* (1960) oft

ihr Thema. Mit *Die Einladung* (1985) über die KZ-Erlebnisse einer polnischen Ärztin kehrte sie zu ihrer Lebensthematik zurück und unterstrich die Botschaft: »Nie wieder Auschwitz«.

Järrel, Stig (88)
Gest. Juni/Juli 1998.
Der schwedische Schauspieler war der autoritäre Lehrer in *Caligula* (1944) von Alf Sjöberg und der Satan in *Die Jungfrauenbrücke* (1960) von Ingmar Bergman.
Nach mehreren Jahren am Theater debütierte Järrel 1935 auf der Leinwand. In den 50er Jahren wurde er als Revue-Schauspieler Fibbe Karlsson, einem übellaunigen Verwandten von Karl Valentin, zum schwedischen Publikumsliebling. 1970 inszenierte er für das Fernsehen Strindbergs *Rotes Zimmer.*

Joseph, Rudolph S. (94)
Geb. 11.4.1904.
Gest. 11.5.1998, Santa Barbara/Kalifornien.
Der deutsche Drehbuchautor und Produzent amerikanischer Filme gründete Anfang der 60er Jahre das Münchner Filmmuseum.
Nach seiner Arbeit als Theaterdramaturg in Berlin in den 20ern folgte Joseph 1932 dem Ruf von G.W. Pabst nach Paris, ohne jedoch ein Projekt entwickeln zu können. Auf der Suche nach Arbeit reiste er durch Europa, schrieb Drehbücher und verfaßte mit seinem Bruder Albrecht das Skript zu *Ballerina* (1935). Als ständiger Mitarbeiter sollte Joseph mit Pabst in die USA emigrieren. Pabst gelang die Ausreise nicht, Joseph landete arbeitslos in Hollywood und schlug sich als Grundstücksmakler durchs Leben. 1942 koproduzierte er die ersten US-Spielfilme von Douglas Sirk, in denen viele Exilanten wie Kameramann Eugen Schüfftan angestellt wurden: *Hitler's Madman, Sommerstürme* und *Beichte eines Arztes – Die erste Legion.* Seine Dokumentation über den Komponisten Darius Milhaud führte Joseph 1957 zurück nach Europa. Er betreute Fernsehproduktionen des Bayrischen Rundfunks und gründete das Münchner Filmmuseum, das er von 1961 bis zu seiner Pensionierung 1973 leitete. In dieser Zeit holte er u. a. Fellini und Josef von Sternberg nach München und entdeckte in Retrospektiven die Werke von Gregory La Cava und Leo McCarey. Joseph kehrte in die USA zurück und betreute bis zum seinem Tode Filmemacher und Studenten mit seinen Erfahrungen und seinem Wissen.

K

Kaiser, Roland (54)
Geb. 9.4.1943, Damsdorf.
Gest. 4.2.1998, Berlin.
Der deutsche Kinderstar der 50er Jahre hatte seine schönste Rolle als Sohn des grantigen Bernhard Wicki in *Züricher Verlobung* (1957).
Kaiser war »vor allem in Liebeskomödien, Lustspielen und Musikfilmen als komische Beigabe geschätzt, die mit einer Mischung aus Keßheit und der sprichwörtlichen ›Berliner Schnauze‹ für erheiternde Zwischenspiele zu sorgen hatte.« (Rainer Heinz, ›film-dienst‹)
Er war Spürnase Dienstag in *Emil und die Detektive* (1954), der Sohn von Rudolf Prack in *Was eine Frau im Frühling träumt* (1958) und der aufmüpfige Stiefsohn von Martin Held in *Rosen für den Staatsanwalt* (1959) – seine letzte Rolle nach gut zwei Dutzend Filmen.

Kane, Bob (82)
Geb. Oktober/November 1916.
Gest. 3.11.1998, Los Angeles.
Der amerikanische Comiczeichner schuf 1939 die Rächerfigur des schizoiden Superhelden Batman, der mit brutaler Gewalt die Gerechtigkeit vertritt.
Kanes Welt Gotham City wurde von den verbrecherischen (Miss-)Gestalten Der Joker, Catwoman, Der Pinguin, Two Face, The Riddler, Mr. Freeze und Poison Ivy tyrannisiert. Seit Bruce Wayne als Junge mit ansehen mußte,

wie seine Eltern von einem Verbrecher umgebracht wurden, ist sein Leben dem Kampf gegen das Verbrechen gewidmet. Im öffentlichen Leben zeigt er sich als Geschäftsmann und Playboy, aber in seinem Schattendasein kämpft er als Batman maskiert mit martialischer Ausrüstung, wie dem legendären »Batmobil«, und seinem späteren Zögling Robin gegen die Unterwelt. Der erfolgreiche Marvel-Comic-Strip wurde in *Batman* (1943) und *Batman und Robin* (1948) das erste Mal verfilmt. *Batman hält die Welt in Atem* (1966) entsprang der 120teiligen ABC-Serie (1965 bis 1967) mit Adam West, die mit ihrer Nähe zum Comic eine »High-Camp«-Ästhetik hatte, die sich zum kleinen Klassiker der Pop-art entwickelte.
Ende der 80er Jahre wiederbelebten die Warner Brothers den schwarzen Ritter. Tim Burton inszenierte in gothischem Horrorgewand mit *Batman* (1989) und *Batmans Rückkehr* (1991) zwei kongeniale Verfilmungen, während *Batman Forever* (1995) und *Batman und Robin* (1997) durch grellen Gigantismus zu überzeugen versuchten. Auf dieser Erfolgswelle entstand eine optisch überzeugende TV-Zeichentrick-Serie, die sich stilistisch eng an Bob Kanes Originalen aus den 40er Jahren orientierte. Kane erfand »eine der großen Figuren der amerikanischen Mythologie, der amerikanischen Melancholie.« (Fritz Göttler, ›SZ‹)

Khambatta, Persis (47)
Geb. 2.10.1950, Indien.
Gest. 18.8.1998, Bombay.
Die indische Schauspielerin wurde durch ihren Auftritt als kahlköpfige Deltanerin und Navigatorin Ilia des Raumschiffs Enterprise in *Star Trek – Der Film* (1978) bekannt. Die »Miss Indien 1965« hatte nach *Die Wilby-Verschwörung* (1975) und ihrem spektakulären außerirdischen Auftritt Rollen in den harten Actionstoffen *Nachtfalken* (1980) und *Megaforce* (1981). Danach spielte Khambatta auf billigsten Genre-Pfaden wie den Endzeit-Filmen *Phoenix the Warrior* (1987) und *The Last Warrior – Der Kämpfer einer verlorenen Welt* (1988), in denen sie neben Robert Ginty und Fred Williamson ihr Amazonen-Image umsetzte.

Kinoshita, Keisuke (86)
Gest. 30.12.1998, Tokyo.
Der japanische Regisseur inszenierte »quer durch die Genres, experimentierlustig und überaus erfolgreich« (Fritz Göttler, SZ) u. a. das Frauenporträt *Vierundzwanzig Augen* (1954) und das Atombomben-Drama *Die Kinder von Nagasaki* (1983). In Europa wurde er in den Achtzigern durch eine Retrospektive des Filmfests Locarno entdeckt.

Kinskey, Leonid (95)
Geb. 18.4.1903, St. Petersburg.
Gest. 9.9.1998, Fountain Hills, Kalifornien.
Der russische Schauspieler war der launige Bartender Sascha aus »Rick's American Café« in *Casablanca* (1942). Er küsste Rick auf beide Wangen und sagte: »Boss, you did a wonderful thing.« Von Europa über Lateinamerika kam Kinskey in den 30er Jahren nach Hollywood. Drei Jahrzehnte verkörperte er rund 70 Nebenrollen in *Ärger im Paradies* (1932), *Galopp ins Glück* (1940) oder *Der Mann mit dem goldenen Arm* (1955), bis er zum Fernsehn wechselte. Mit ihm starb der letzte der legendären »Rick's American Café«-Besetzung.

Kirsten, Ralf (67)
Geb. 30.5.1930, Leipzig.
Gest. 23.1.1998, Berlin.
Der Regisseur war mit *Heiterkeitslieferanten* einer der erfolgreichsten Komödienregisseure der Defa. Seinem Debüt mit dem Kinderfilm *Bärenburger Schnurre* (1956) folgten die heiteren Filme *Auf der Sonnenseite* (1962) und *Mir nach, Canaillen* (1964) – »aber seine Kraft widmete er mehr dem ernsten Problemfilm« (Ralf Schenk, ›film-dienst‹) In *Netzwerk* (1970) oder *Lachtauben weinen nicht* (1979) warf der studierte

Dramturg Schlaglichter auf strukturelle Mängel und moralische Defizite des Sozialismus. Die staatliche Zensur verschonte Kirsten nicht: In *Der verlorene Engel* (1966) wurden Lieder von Wolf Biermann herausgeschnitten und in *Eine Pyramide für mich* (1975) entschärfte ein begleitender Kommentar die heiklen Dialoge in der kritischen Beleuchtung der Aufbaujahre der DDR. Kirstens Meinung war: »Nicht nur Auskunft geben über jene Zeit, sondern etwas Gültiges – in Kunst eingefroren – an geschichtlicher Erfahrung weiterreichen von einer Generation zur anderen.« Seine letzten Werke *Wo andere schweigen* (1984) über Clara Zetkin oder *Käthe Kollwitz – Bilder eines Lebens* (1987) boten filmisch wenig und waren kopflastig. Nach dem Ende der Defa konnte Ralf Kirsten keinen Film mehr inszenieren.

Klein, Hans Joachim (91)
Geb. Düsseldorf.
Gest. München.
Der bekannte Theaterschaffende war im Kino als Schauspieler in *Der amerikanische Freund* (1976) von Wim Wenders und *Die zweite Heimat* (1991) von Edgar Reitz zu sehen.

Knight, Felix (86)
Geb. 1912, Macon/Georgia.
Gest. 17.6.1998.
Der amerikanische Schauspieler spielte den klischeehaften Operettenschönling Tom-Tom in dem Märchen *Dick und Doof – Rache ist süß/Babes In Toyland* (1934). Dem ausgebildeten Tenor gelang trotz der großen Nachfrage nach Musicals in Hollywood nicht der große Sprung. Knight hatte einen Kurzauftritt in *Sternschnuppen* (1937), doch seine kleine Filmkarriere blieb mit Laurel & Hardy verbunden.

Korvin, Charles (geb. Geza Karpathi) (90)
Geb. Piestany, Ungarn.
Gest. 18.6.1998, Manhattan.
Der ungarische Schauspieler hatte die Hauptrolle des eifersüchtigen Dr. Michel Touzac in dem Frauendrama *Die Liebe unseres Lebens* (1945) von William Dieterle. Außerdem spielte Korvin in *Berlin-Express* (1948) und *Das Narrenschiff* (1965).

Kren, Kurt (60)
Geb. 20.9.1929, Wien.
Gest. 23.6.1998, Wien.
Der österreichische Experimentalfilmer inszenierte 50 Kurzfilme. Mit einer seiner ersten Arbeiten *48 Köpfe aus dem Sand* (1960) entwickelte er die Methode des Kurzschnitts bis zur Perfektion des »strukturalistischen Kurzfilms. »Die gesamte idiotische Werbung lebt von Kurtis formaler Schnittsubstanz.« (Otto Mühl)
Zuletzt wirkte er an *Die 120 Tage von Bottrop* (1997) von Christoph Schlingensief mit. Kren, »der körperlich kleine, im Kopf so große Nomade des experimentellen Films« (Claus Löser, ›filmdienst‹), spielte als Darsteller mit und inszenierte ein paar Sequenzen.

Kulenkampff, Hans-Joachim (77)
Geb. 27.4.1921, Bremen.
Gest. 14.8.1998, Seeham bei Salzburg.
Sein charmanter Plauderton und sein saloppes Auftreten machten »Kuli« neben Peter Frankenfeld zu dem Entertainer des Fernsehen schlechthin.
»Er konnte nachfragen und hinterfragen, ohne daß es wie Abfragen wirkte.« (Frank Elstner). Kulenkampff führte über Jahre erfolgreich *Einer wird gewinnen* und begleitete das Fernsehpublikum 900mal mit *Nachtgedanken* ins Bett, als es noch den Sendeschluß gab. Im Kino spielte der renommierte Theaterschauspieler kleine Rollen in den leichten Wirtschaftswunder-Komödien wie *Bonjour, Kathrin* (1955) und in *Dr. med. Fabian – Lachen ist die beste Medizin* (1969). An der Seite von Heinz Erhardt spielte er in den TV-Dauerrennern *Immer die Radfahrer* (1958) und *Drei Mann in einem Boot* (1961).
Als Entertainer konnte er sich in den 90er Jahren nicht mehr durchsetzen –

seine Übernahme von *Der große Preis* und seine letzte Show *Quizkussion* waren Mißerfolge. Frank Elstner erklärte diese Fehlschläge mit der durch das Privatfernsehen umgekrempelten Fernsehlandschaft und ihren Spektakelsendungen: »Kulenkampff brauchte keine Show, er war die Show.«

Kurosawa, Akira (88)
Geb. 23.3.1910, Tokio.
Gest. 6.9.1998, Tokio.
Der japanische Regiegroßmeister Kurosawa drehte viele intime Filme, doch unvergessen sind seine Samurai-Filme: Geschichten von Rittern, Generälen und Herrschern, die mit zerissenen Psychen und voller Selbstzweifel auf blutigen Schlachtfeldern ihre Kameradschaft, Treue und Ehre zu beweisen versuchen: *Rashomon* (1951) machte ihn berühmt, es folgten *Die Sieben Samurai* (1953), die Shakespeare-Adaptionen *Das Schloß im Spinnwebwald* (1957) und *Ran* (1985) und das große Schlachtengemälde *Kagemusha – Der Schatten des Kriegers* (1980). »Es sind Filme, die zugleich so vollkommen humanistisch sind, wie ihre Schönheit barbarisch.« (Georg Seeßlen, ›epd-film‹)
Mit *Zwischen Himmel und Hölle* (1963) und seinem letzten von über zwanzig Werken *Madadayo* (1993) schuf er gefühlvolle moderne Dramen. Ein krebskranker alter Mann geht zu einem Spielplatz und setzt sich auf eine Schaukel. Es beginnt zu schneien. »Die Szene ist so schön, daß ich immer vergesse, sie zu analysieren, zu sehen, wie er das macht«, schrieb Don DeLillo in »Americana« über *Ikuru – Einmal wirklich leben* – eines seiner schönsten Dramen. Kurosawa ließ die technische Machart vergessen, dabei wurde er zum prägenden Vorbild der Action-Stilisten Sam Peckinpah, Walter Hill und John Woo. »Seine Filme handeln oft von der Widersprüchlichkeit des Menschen und der Kompliziertheit des Lebens, wobei er häufig die Tat als Sinn des Lebens preist. [...] Formal sucht er nicht die Vollendung eines individuellen Stils, er

Akira Kurosawa

paßt seine künstlerischen Mittel jeweils dem Thema an.« (Reclams Filmführer)
Ein Vorbild war er für alle großen Regisseure: Für Preston Sturges, dessen *Die glorreichen Sieben* (1960) unmittelbar auf *Die Sieben Samurai* basierte, und Sergio Leone, der in *Yojimbo – Der Leibwächter* (1960) das Vorbild für sein eigenwilliges Western-Remake *Für eine Handvoll Dollar* (1964) fand. Oder Steven Spielberg, welcher, als es für Kurosawa in den letzten Jahrzehnten immer schwerer wurde, seine Visionen zu verwirklichen, dem Meister seine *Träume* (1990) finanzierte.
Während des Kunststudiums fand er seine Bestimmung im Film und wurde 1936 Autor und Regieassistent. Er schrieb 50 Drehbücher und drehte 1943 seinen ersten Film: *Die Legende vom großen Judo.* 1959 gründete er seine Produktionsfirma. Dabei bewegte er sich selbst zwischen Himmel und Hölle: Seine Filme wurden mit den wichtigsten Preisen geehrt, doch auf seiner Jagd nach Vollkommenheit überzog er Budgets, seine Werke waren umstritten – insbesondere in seinem Heimatland war Kurosawa und sein »westlicher Stil« nicht sonderlich beliebt – »Kuro-

sawa war ein Fremder in der japanischen Filmkultur.« (Georg Seeßlen, ›epd-film‹). Aber auch in den USA konnte er sein Drehbuch zu *Runaway Train* (1985), aus dem einer der besten Actionfilme entstand, nicht verwirklichen und seine Hiroshima-Verarbeitung *Rhapsodie im August* (1991) wurde verschmäht.
Seine Filme erinnern auch immer an seine Freundschaft mit Toshiro Mifune, das alter ego Kurosawas, mit dem er allein 16 Filme drehte. Mifune konnte ein Clown und ein besessener Kämpfer sein. Kurosawas Obsessionen trieben ihn fast in den Tod – ein Selbstmordversuch scheiterte. »Keiner aber hat sich auch immer wieder so hoch aufgeschwungen, hat so intensiv Lebensfreude und schöpferische Begeisterung zu vermitteln gewußt – in den farbenprächtigen surrealen Bildern, die er malte, und in den phantastischen Filmen, die er schaffen konnte.« (Fritz Göttler, ›FAZ‹). Für Spielberg war Kurosawa der beste Filmkünstler schlechthin: »Er verwandelte unsere gemeinsame menschliche Wirklichkeit in etwas von schrecklicher und oft tragischer Schönheit.«

L

Labby, Sherman (68)
Gest. 31.5.1998, Los Angeles.
Der amerikanische Storyboard-Künstler arbeitete 35 Jahre im Filmgeschäft. Seine bekanntesten Entwürfe zeichnete er für *Der Blade Runner* (1982).

Lang, Charles (geb. Charles Bryant Lang jr.) (96)
Geb. Bluff, Utah.
Gest. 3.4.1998, Santa Monica/ Kalifornien.
Der amerikanische Kameramann fotographierte *Manche mögen's heiß* (1959) und *Die glorreichen Sieben* (1960). Er war einer der Innovativsten seines Faches und wurde 18mal für den ›Oscar‹ nominiert. Oftmals waren Filme ausschließlich für seine Leistung nominiert – für *In einem anderen Land* (1933) mit Helen Hayes und Cary Grant erhielt er die Trophäe.
Lang wuchs in L.A. auf, lernte unter William DeMille und arbeitete zwei Jahrzehnte für Paramount, oftmals mit Mitchell Leisen und Billy Wilder zusammen. Er bestach durch seine exzellente Schwarzweißfotographie bis spät in die 50er Jahre. Lang selbst bezeichnete sich als »Frauen-Fotograph«, der Mae West, Joan Crawford und Ingrid Bergman ihre besten Seiten abgewann. In *Manche mögen's heiß* setzte er Marylin Monroe hinter der Tanzbühne in strahlendes Licht. Sie singt »I Wanna be kissed by you« und dazu tanzen Lichter in einer glamourösen Illusion durch den Saal.
Lang edelte mit seinen beeindruckenden Licht- und Schatten-Gestaltungen *Death Takes A Holiday* (1934) und *Reporter des Satans* (1951). Für die Fotographie von *The Right To Love* (1931), *Arise, My Love* (1940), *Waffenschmuggler von Kenia* (1941), *Mutige Frauen* (1943), *Der unheimliche Gast* (1944), *The Ghost And Mrs. Muir* (1946), *Eine Auswärtige Affäre* (1948), *Maskierte Herzen* (1952), *Sabrina* (1954), *Ehe in Fesseln* (1955), *Getrennt von Tisch und Bett* (1958), *Manche mögen's heiß* (1959) und *So eine Affäre* (1960) wurde Lang für den Oscar nominiert. Der »Prototyp des Wide-Screen-Western« (›Variety‹) *Die glorreichen Sieben* war der Anfang von Langs farbenprächtiger Phase. *Der Besessene* (1961), *Das war der Wilde Westen* (1963), *Bob & Carol & Ted & Alice* (1969), *Schmetterlinge sind frei* (1972) waren ebenfalls Filme, für die Lang nominiert wurde. Lang drehte 50 Filme in fünf Dekaden. 1991 erhielt er den ›Lifetime Achievement Award‹ seiner Gilde.

Leeds, Phil (82)
Gest. 16.8.1998, Los Angeles.
Der amerikanische Fernseh- und Theaterschauspieler hatte Kinorollen in *Rosemary's Baby* (1968) als Dr. Shand,

Freundinnen (1988) und *Ghost – Nachricht von Sam* (1990).

Lord, Jack (69) (77 laut ›Variety‹)
Geb. 30.12.1928, New York.
Gest. 21.1.1998, Honululu.
Der amerikanische Schauspieler verdankte seinen Ruhm der TV-Serien-Rolle des Fahnders Steve McGarrett in *Hawaii Fünf-Null*. »Stramm und stattlich gescheitelt von hoher Statur und einem markanten Grübchen am kantigen Kinn trat er gegen Verbrecher aller Art an.« (Rainer Heinz, ›film-dienst‹)
In seinem Kinodebüt *Projekt X* (1949) und den Erfolgsfilmen *König der Vagabunde* (1955) und *James Bond 007 jagt Dr. No* (1962) kam er kaum zur Geltung. Große Kinorollen spielte er als FBI-Agent in *Killer auf Befehl* (1968), als Fuhrunternehmer in *Ich kaufte ein Chinesenmädchen* (1960) und Rancher in *Ritt zum Galgenbaum* (1966). Das Fernsehen brachte ihm 1960 ersten Erfolg als Rodeoreiter in der Titelrolle von *Stoney Burke*. Er spielte in *Hawaii Fünf-Null* von 1968–1980 in 284 Episoden. Nach dem Ende der Serie wandte er sich seiner ursprünglichen Passion, der Malerei, zu.

M

Maher, Joseph (64)
Gest. 17.7.1998, Los Angeles
Der irische Charakterdarsteller war über vier Jahrzehnte einer der vielseitigsten Darsteller des New Yorker Broadways. Im Kino war Maher in *Der Himmel soll warten* (1977) als Warren Beattys Butler und in *Sister Act* (1992) als Bischoff zu sehen. Außerdem spielte er in *Mars Attacks!* (1996), *Mein Mann Picasso* (1996) und *In & Out* (1997).

Mankowitz, Wolf (73)
Gest. 20.5.1998, County Cork.
Der britische Drehbuch- und Theaterautor schrieb die Skripte zu *Voller Wunder ist das Leben* (1955) von Carol Reed (nach Mankowitz' eigenem Roman), *Schlag 12 in London* (1960), *Walzer der Toreros* (1961) mit Peter Sellars und dem James-Bond-Spektakel *Casino Royal* (1966).

Marais, Jean (Jean Alfred Villain-Marais) (84)
Geb. 11.12.1913, Cherbourg.
Gest. 8.11.1998, Cannes.
Der französische Schauspieler war der Archetyp des romantischen Helden. *Es war einmal* (1946) und *Orphée* (1949) von Jean Cocteau machten Marais zur Legende. »Seine athletische Erscheinung mit blondem Haar und einem Gesicht wie von einem Bildhauer gemeißelt, machte ihn zur idealen Verkörperung von Figuren der Mythologie und Märchen. Eine Aura von Unwirklichkeit umgab diese perfekte Physis und prädestinierten Marais für die Darstellung der Unsterblichen.« (Wilfried Wiegand, ›FAZ‹)
Marais studierte Kunst und hatte bereits unzählige Statistenrollen wie in *Drole de drame (Ein sonderbarer Fall)* (1937) gespielt, als ihm mit *Der ewige Bann* (1943) nach einem Drehbuch von Coc-

Jean Marais

teau der Durchbruch gelang. Seine folgenden Arbeiten unter der Regie seines Entdeckers Cocteau machten ihn unsterblich. Cocteau und Marais kannten sich bereits seit 1937. Cocteau schrieb Marais die richtigen Rollen als Liebhaber und Draufgänger. Perfekt war er in *Es war einmal* in der Doppelrolle als der Prinz und die Bestie, in der er trotz Maskerade mit seiner Körpersprache und heiserer Stimme dem Tier Leben verlieh. Marais agierte zu Beginn unbeholfen, doch er machte aus seinen Fehlern Tugenden: Seine Ungelenkigkeit entwikkelte er zum gelassenen, fast pathetischen Spiel, in dem er weniger als Darsteller, denn als er selbst ohne Stuntman in Szene trat. Cocteau war sein Entdecker, seine Muse und sein Liebhaber. Ihre Freundschaft währte, trotz Marais' Eskapaden, bis zu dem Tode von Cocteau 1963, den Marais selbst als seinen »Schöpfer« bezeichnete.
Cocteaus Stück *Die schrecklichen Eltern* (1949) wurde Marais' größter Erfolg. Mit *Der Graf von Monte Christo* (1953), *Die Eiserne Maske* (1962) und *Fantomas* (1964) setzte Marais den Erfolg fort. Fast ein Vierteljahrhundert spielte er kaum auf der Leinwand. Als alter Herr mit seiner kräftigen Statur und langer Mähne – ganz das Tier – gab er nach fast 80 Rollen in *Gefühl und Verführung* (1996) seine letzte Vorstellung. »Die Unverwechselbarkeit von Darsteller und Darstellung, Erscheinung und Spiel, Leben und Film, Dasein und Kunst – nur so entsteht der Star.« (Peter W. Jansen, ›Neue Zürcher Zeitung‹)
Marais galt als bescheidener poetischer Schöngeist und Komödiant. Im Nachruf des ehemaligen Kulturministers Jack Lang heißt es: »Für alldiejenigen, die in den 50er Jahren Jugendliche waren, wird Jean Marais ewig der Prinz von Kino und Theater bleiben.« Ein Denkmal in eigener Sache setzte sich Marais durch die Ohrfeige, die er dem kollaborierenden Theaterkritiker Laubreaux während der Okkupation verpaßte – François Truffaut verewigte diese in *Die letzte Metro* (1980).

Marshall, E.G. (88)
Geb. 18.6.1910, Owatonna/Minnesota.
Gest. 24.8.1998, Bedford/New York.
Der amerikanische Schauspieler war das Musterbeispiel des ›Supporting Actor‹. Er stand Humphrey Bogart in *Die Caine war ihr Schicksal* (1954) zur Seite, Henry Fonda in *Die 12 Geschworenen* (1957) und Clint Eastwood in *Absolute Power* (1997). »Eine Aura aus Honorigkeit, Seriösität und verläßlicher Charakterstärke haftete vielen seiner Figuren an.« (Rainer Heinz, ›film-dienst‹).
Der Theaterschauspieler debütierte im Kino 1945. Er spielte einen Gouverneur in *Die gebrochene Lanze* (1954), einen Missionsarzt in *Die linke Hand Gottes* (1955) oder einen Berater des Weißen Hauses in *Vanished* (1970) und den US-Präsidenten in *Superman II* (1979). Neben solch steif angelegten Figuren sah man Marshall in ungewöhnlichen Rollen in *Ein Mann wird gejagt* (1965), *Innenleben* (1978) und der »Creepshow« *Die unheimlich verrückte Geisterstunde* (1982). Im Fernsehen hatte Marshall seinen größten Erfolg: Er spielte Harry S. Truman in *Collison Curse* (1976) und Dwight D. Eisenhower in *Ike* (1986). Als Rechtsanwalt in der Serie *The Defenders* erhielt der Charakterdarsteller zwei ›Emmies‹. In einer seiner letzten Kinorolle *Absolute Power* (1997) ist Marshall wieder in seinem Hauptspektrum aus Ärzten, Anwälten und Staatsmännern als tragische Randfigur: ein Industrieller der eine junge Frau heiratete, den Präsidenten förderte und von beiden betrogen wird.

Massey, Daniel (64)
Gest. 25.3.1998, London.
Der britische Schauspieler spielte in *Star* (1968) die ›Oscar‹-nominierte und ›Golden Globe‹-prämierte Nebenrolle des Dramatikers Noel Coward.
Weitere Nebenrollen hatte er in *Der Komödiant* (1960), *Die Katze und der Kanarienvogel* (1979), *Scandal* (1988) und *Im Namen des Vaters* (1993). 1981 erhielt Massey den ›Olivier-Preis‹ für Schauspielkunst.

Mattingly, Hedley (83)
Gest. 3.3.1998, Encino, Kalifornien.
Der britische Charakterdarsteller spielte in seiner kurzen Kinokarriere in den 60er Jahren in *Was diese Frau so alles treibt* (1962), *Der Fänger* (1964) und *Der zerrissene Vorhang* (1966).
Nach dem Zweiten Weltkrieg war der Shakespeare-Mime nach Kanada gekommen. 1960 landete er in Hollywood und trat später im Fernsehen in TV-Serien wie *Daktari* auf.

Mayne, Ferdy (geb. Ferdinand Mayer-Horckel) (81)
Geb. 11.3.1922, Mainz.
Gest. 30.1.1998, Sussex.
Der deutsch-britische Schauspieler gruselt und amüsiert prächtig als sinistrer Graf Krolock in *Tanz der Vampire* (1966). »Wohlerzogene Edelmänner mit weißen Schläfen und erlesenen Manieren waren Maynes Spezialität. ... Immer wieder verkörperte er den ›typischen‹ Briten mit all seinen Snobismen, Standesdünkeln und Spleens.« (Rainer Heinz, ›film-dienst‹).
1932 verließ Mayne mit dem Aufkommen des Nazi-Regimes Deutschland Richtung England und wurde hier im Schauspiel ausgebildet. Seit 1943 hatte er prägnante Auftritte in *Ben Hur* (1959), *Die tollkühnen Männer in ihren fliegenden Kisten* (1966), *Agenten sterben einsam* (1969), *Barry Lyndon* (1975) oder *Conan, der Zerstörer* (1984). Neben Louis de Funès spielte er in *Balduin der Ferienschreck* (1966) und *Hasch mich, in bin der Mörder* (1977). Zum Ende seiner Karriere hatte er Klischeerollen im deutschen Fernsehen wie in *Rivalen der Rennbahn* (1988). Der blinde Berater von Christopher Lambert in dem Schach-Thriller *Knight Moves* (1992) war Maynes letzte von über 150 Leinwandrollen.

Ferdy Mayne

McDowall, Roddy (geb. Roderick Andrew Anthony Jude McDowall) (70)
Geb. 17.9.1928, London.
Gest. 3.10.1998, Los Angeles.
Der englische Schauspieler war ein Kinderstar Hollywoods: Er war der Pferdefreund in *Flicka* (1942) und der Hundefreund in *Lassie* (1943), aber er spielte auch für John Ford in *Schlagende Wetter/So grün war mein Tal* (1941).
Nach ersten Bombardements auf England gelangte McDowall in die USA. Er wurde in der Kinderdarsteller-Schule von 20th Century Fox ausgebildet, in der sein unschuldiges Aussehen und seine präzise Aussprache auffielen, und spielte in *Menschenjagd* (1941) von Fritz Lang.
Noch mit 27 Jahren spielte er *Mollymauk, der Wunderknabe* (1965), aber das ewige Kind sein zu müssen, blieb ihm erspart. Er setzte sich in Erwachsenenrollen im (Kino-)Leben als Octavian in *Kleopatra* (1962) und Dr. Cornelius in *Planet der Affen* (1967) durch. Seine Engagements hatte er hautpsächlich in Filmen des phantastischen Genres. Neben seiner Schauspielkarriere wurde McDowall durch Starfotobücher und Filmsammlungen bekannt – seine einzige Regiearbeit *Tam Lin* (1971) blieb eine Fußnote. Einen letzten Erfolg hatte er als Van-Helsing-Parodie Peter Vincent in der Horrorkomödie *Fright Night – Die rabenscharze Nacht* (1985).

Miller, Sigmund (87)
Gest. 5.8.1998, New York City.
Der australische Theater- und Romanautor schrieb die Drehbücher zu *Keiner ging an ihr vorbei* (1956) und *Der Tod hat Verspätung* (1959).

Misraki, Paul (90)
Geb. 1908, Konstantinopel.
Gest. 30.10.1998.
Der Komponist schrieb die Musik zu *Alphaville* (1965) von Jean-Luc Godard. Seit seiner Arbeit zu *American Love* (1932) schrieb Misraki rund 90 Kompositionen von zumeist europäischen Action- und Abenteuerfilmen der 50er und 60er Jahre.

Mitscherlich, Thomas (55)
Geb. 1942, Heidelberg.
Gest. 18.3.1998.
Der deutsche Dokumentarist führte in dem essayistischen Dokumentarspielfilm *Vater und Sohn* (1984) aggressiv die Auseinandersetzung mit ›Vaterfiguren‹ sowie der Geschichte des eigenen Vater im Nationalsozialismus bis hin zur Gegenwart.
Nach dem Filmstudium in Berlin setzte Mitscherlich sich mit Problemen der Arbeitswelt in *Ausbildung als Ausbeutung* (1970) und *Wem gehört der Bauer* (1976) auseinander. *Die Denunziantin* (1993) war sein zweiter kaum beachteter Spielfilm – ein hölzernes Lehrstück über die wahre Geschichte einer Luftwaffenhelferin, die einen Widerstandskämpfer im Zweiten Weltkrieg denunzierte. Sein letztes Werk *Reisen ins Leben – Weiterleben nach einer Kindheit in Auschwitz* (1996) porträtiert das Schicksal von drei Auschwitz-Überlebenden.

N

Newey, Murray (45)
Gest. 8.4.1998, Auckland.
Der neuseeländische Produzent war eine der aktivsten Größen im nationalen Filmschaffen und der Produktionsmanager für George Lucas *Willow* (1997) und die *Krieg der Sterne*-Prequels in Neuseeland. Murray koproduzierte den Down-Under-Western-Erfolg *Snowy River* (1981), den ersten neuseeländischen R-Rated-Film *Robot Maniac* (1984), die Action-Dutzendware *Stirb niemals allein* (1988) und *Grampire – Mein Großvater ist ein Vampir* (1991) und machte zuletzt mit seiner Produktionsfirma Cinar 1995 *Bonjour* und das preisgekrönte Teenager-Krebs-Drama *The Whole Of The Moon.*

Nitch, Dorothy Tuttle (80)
Gest. 12.8.1998, Encino/Kalifornien.
Die amerikanische Tänzerin hatte Auftritte in *Rosalie* (1937), *Mädchen im Rampenlicht* (1941) und zuletzt in *Ein Amerikaner in Paris* (1951) im großen Balletfinale. In *Ladies Of The Chorus* (1940) war Nitch als Chormitglied neben Marylin Monroe zu sehen.

Nolan, Jeanette (86)
Gest. 5.6.1998, Los Angeles.
Die amerikanische Schauspielerin war Lady Macbeth in *Macbeth* (1948) von Orson Welles.
In ihrer 70jährigen Radio-, Bühnen- und Fernsehkarriere war sie allein in über 300 TV-Produktionen, in denen sie viermal für den ›Emmy‹ nominiert war, zu sehen. Ihre letzte Kinorolle hatte sie als Mutter von Robert Redford in *Der Pferdeflüsterer* (1998).

Noris, Assia (Anastasija Noris von Gerzfeld) (86)
Geb. 1912, St. Petersburg.
Gest. 27.1.1998, San Remo.
Die russische Schauspielerin war in Italien in mehreren Filmen als schüchternes, ehrenhaftes Mädchen neben Vittorio De Sica ein Star der 30er Jahre.
Noris' Familie flüchtete vor der russischen Revolution über Paris nach Italien, drehte ihr Debüt mit den Brüdern De Filippo in *Tre uomini in frac* (1932) und spielte unter der Regie von Mario Camerini und Goffredo Alessandrini. Hauptrollen spielte sie in *Der Pisto-*

lenschuß (1941) nach Puschkins »Der Schuß« und *Mein Leben für Dich* (1942) von Camerini. Zuletzt trat Noris in den wenig bekannten Filmen *La Peccatrice* (1949) und *La Celestina* (1964), die sie mitgeschrieben hatte, auf.

Norris Keaton, Eleanor (80)
Gest. 19.10.1998, Los Angeles.
Die Witwe des Stummfilmstars Buster Keaton war Tänzerin bei MGM. Am 28.7.1940 heiratete sie Buster und arbeitetete in der 26jährigen Ehe, die mit Busters Tod endete, zusammen in Bühnen- und TV-Shows.

O

O'Connor, Kendall (90)
Geb. Perth.
Gest. 27.5.1998, Burbank, Kalifornien.
Der australische Layout-Künstler und Art-Director zeigte für die Kreation von Disneys *Schneewitchen und die 7 Zwerge* (1937) und dem »Tanz der Uhren« von *Fantasia* (1940) mitverantwortlich.

Olsen, Rolf (88)
Geb. 26.12.1919, Wien.
Gest. 3.4.1998, Starnberger See.
Der Schauspieler und Regisseur hatte im deutsch-österreichischen Belustigungskino der 50er und 60er Jahre derb-stereotype Rollen. Als schwitzender cholerischer Dicker spielte er in simpel strukturierten Filmen wie *Liebe Mädchen und Soldaten* (1958) einen aufbrausenden Feldwebel und in *Kriminaltango* (1960) einen großspurigen Generaldirektor im Wirtschaftswunder. Ernstere Rollen wie der Kommissar in *Das Nachtlokal zum Silbermond* (1959) waren selten.
Als Regisseur drehte der ehemalige Kabarettist Possen wie *Die türkischen Gurken* (1961), *Heubodengeflüster* (1967) oder *Kompanie der Knallköpfe* (1972) und billigste Genreware wie den Western *Der letzte Ritt nach Santa Cruz* (1963) oder den Krimi *Rasthaus der grausamen Puppen* (1967). Mit freizügigen St. Pauli-Filmen kreierte Olsen erfolgreich eine eigene Welle von »Milieu-Filmen«: *Der Arzt von St. Pali* (1968), *Der Pfarrer von St. Pauli* (1970), *Käpt'n Raubein aus St. Pauli* (1971).
Nach anspruchsvolleren Fernseharbeiten drehte Olsen für's Kino die Billigstfilmchen *Kaktus ist kein Lutschbonbon* (1980) und *Shocking Asia II – Die letzten Tabus* (1984). »Auch seine letzte Regieaufgabe, ein Sketch des Episodenfilms *Starke Zeiten* (1988), entstand nach dem effektvollen Rezept, populäre Stars mit nicht allzu komplizierten Gag-Situationen zu konfrontieren.« (Rainer Heinz, ›film-dienst‹)

O'Sullivan, Maureen (87)
Geb. 17.5.1911, Boyle/Irland.
Gest. 22.6.1998, Scottsdale/Arizona.
»Ich Tarzan, Du Jane«, waren die unvergeßlichen Worte des Affenmenschen in *Tarzan, der Herr des Urwalds* (1932), der die irische Schauspielerin und Johnny Weissmüller weltberühmt machte. O'Sullivans kaum verhüllte Erotik wirkte in den 30ern provozierend, so daß in den fünf weiteren Fortsetzungen des Dschungelabenteuers ihre knappe Kleidung keuscheren Anzügen weichen mußte.
In *Song Of My Heart* (1930) hatte sie ihre erste Leinwandrolle. Von ihrem unzertrennlichen Image der Urwaldschönheit konnte sich O'Sullivan trotz dramatischer Rollen in *Der dünne Mann* (1934), Literaturverfilmungen wie *David Copperfield* und *Anna Karenina* (beide 1935) und *Stolz und Vorurteil* (1940), Komödien wie dem Marx-Brothers-Streich *Ein Tag beim Rennen* (1934) oder in Western wie *Um Kopf und Kragen* (1957) von Budd Boetticher nicht lösen.
Als siebenfache Mutter und Ehefrau des Regisseurs John Farrow, der Filme wie *Spiel mit dem Tode* (1947) mit ihr drehte, legte sie immer wieder große Pausen ein. Ihrer Kinokarriere schadete das nicht.

Nach 20jähriger Pause, die sie mit TV- und Theaterauftritten füllte, war sie 1986 in zwei schönen Rollen zu sehen: Francis Ford Coppola besetzte O'Sullivan in *Peggy Sue hat geheiratet* als Großmutter der Heldin. Woody Allen engagierte sie in *Hannah und ihre Schwestern* als Mutter ihrer leiblichen Tochter Mia Farrow und als seine Schwiegermutter.

P

Pakula, Alan J. (70)
Geb. 7.4.1928, New York City.
Gest. 19.11.1998, Long Island.
Der amerikanische Regisseur, Drehbuchautor und Produzent wurde durch seine gesellschaftskritische »Paranoia-Trilogie« berühmt: *Klute* (1971), *Zeuge einer Verschwörung* (1973) und *Die Unbestechlichen* (1976) fingen die Krisenzeit der 70er mit Themen wie der »Watergate«-Affäre in fesselnder und verstörender Weise ein. »Sparsam und spannend, schnörkellos und höchst kompliziert: *Die Unbestechlichen*, eine schmeichelhafte Hymne auf den Journalismus, ist ein Meisterwerk des Politthrillers und ein Filmklassiker sowieso.« (Jan Schulz-Ojala, ›Der Tagesspiegel‹). Seit Ende der 40er Jahre arbeitete Pakula für die Major-Studios. Einen großen Namen machte er sich zunächst als Produzent von *Wer die Nachtigall stört* (1962), *Liebe zu einem Fremden* (1963) oder *Gegen den Strom die Treppe hinauf* (1967). Mit seinem Regiedebüt *Pookie* (1969) drehte er ein intimes Drama, so wie später bei *Sophies Entscheidung* (1982). Die menschlichen Dramen standen in all seinen Filmen um Manipulation, Korruption und Verfolgung im Mittelpunkt. Pakula arbeitete mit vielen Stars wie Robert Redford, Dustin Hoffman, Brad Pitt und Harrison Ford zusammen und verhalf Meryl Streep und Jane Fonda zu ›Oscar‹-Ehren. »Formal war er nie ein Bilderstürmer, aber jemand, der die perfekte Anwendung des Handwerks in den

Alan J. Pakula

Dienst seiner Sache stellte. Geradezu suggestiv sind jene Einstellungen, in denen er durch Zooms und Kranfahrten auf Distanz zu seinen Figuren geht und sie als winziges Rädchen eines für den einzelnen unüberschaubaren Systems bewußt macht.« (Horst Peter Koll, ›film-dienst‹). Doch die Qualität zu Zeiten des »New Hollywood« konnte Pakula nicht wiederholen. Erst mit *Aus Mangel an Beweisen* (1990) gelang ihm noch ein kurzes Comeback. In *Die Akte* (1993) ist sein Thema der totalen Überwachung allgegenwärtig, vermag aber kaum zu fesseln und sein letztes Werk, der IRA-Thriller *Vertrauter Feind* (1997), war trotz hohen Aufwands nur ein mittelmäßiger IRA-Thriller. Pakula kam bei einem Autounfall tragisch ums Leben.

Pannach, Gerulf (49)
Geb. 24.6.1948, bei Dresden.
Gest. 3.5.1998, Berlin.
Ein filmisches Denkmal bekam der deutsche Protestlyriker und -gitarrist in *Vaterland* (1986) von Ken Loach. Erzählt wird die sozialkritische, arg didaktisch geratene Geschichte eines umstrittenen Liedermachers, der aus der DDR

ausgebürgert wird. Pannach spielt den Musiker, der im »freien« Westen nur Desillusion erfährt. Zu *Für die Liebe noch zu mager?* von Roland Gräf schrieb er die Musik. Pannach gehörte der politisch-künstlerischen Opposition der DDR in den 70ern an – Berufsverbot und Verhaftung waren die Folge, doch trotzdem sah sich Pannach nie in der Rolle des Opfers. Pannach verabscheute die DDR-Administration gleichwie den totalen Konsum des Westens. Der Titel seiner letzten CD hieß: »Was ist schon gut an der Erfahrung als Opfer? Nichts, gar nichts!«

Penn, Leo (77)
Gest. 5.9.1998, Los Angeles.
Der amerikanische TV-Regisseur wurde für die *Columbo*-Folge *Wein ist dicker als Blut* (1973) mit dem ›Emmy‹ ausgezeichnet. Er drehte verschiedene Folgen der TV-Serien *Columbo, Magnum* und *Matlock* und die TV-Filme *A Man Called Adam* (1966) und *Judgement In Berlin* (1988). Als Schauspieler trat er in *Sensation auf Seite 1* (1959) und *Crossing Guard* (1995) von seinem Sohn Sean Penn auf.

Phillips, Webster (83)
Gest 13.5.1998, Los Angeles.
Der amerikanische Make-up-Künstler zeichnete sich für *Romeo und Julia* (1936) mit John Barrymore, *Meuterei auf der Bounty* (1936) mit Clark Gable, *Skandal in der Oper* (1935) mit den Marx Brothers, *Planet der Affen* (1967) von Franklin J. Schaffner und *Die Farbe Lila* (1986) von Steven Spielberg verantwortlich.

Piontek, Klaus (63)
Geb. 28.2.1935, Trebnitz/Schlesien.
Gest. 22.6.1998, Berlin.
Der Defa-Schauspieler hatte Auftritte in *Der kleine Prinz* (1966) von Konrad Wolf und als furchterregender Nazi-Major in *Der Aufenthalt* (1982) von Frank Beyer. Die Kinokarriere des vielseitigen Theaterschauspielers war eng verbunden mit Egon Günther, mit dem er *Lots Weib* (1965), *Junge Frau von 1914* (1969) und *Erziehung vor Verdun* (1973) drehte. In seinem gediegenen und gebildeten Auftreten zeigte Piontek ein nuanciertes Spiel als antifaschistischer Widerstandskämpfer Schulze-Boysen in *KLK an PTX – die Rote Kapelle* (1971) und in Märchenfilmen *Die vertauschte Königin* (1983). Pionteks Bertin in den Arnold-Zweig-Fernsehverfilmungen *Der Streit um den Sergeanten Grischa* (1968), *Junge Frau von 1914* (1968) und *Die Erziehung vor Verdun* (1973) zählt zu seinen bedeutendsten Leistungen.

Preston, William (77)
Gest. 10.7.1998, New York.
Der amerikanische Schauspieler hatte eine Vielzahl von Gastauftritten in den New Yorker-Kinofilmen wie *Der König der Fischer* (1991), *Jim Caroll – In den Straßen von New York* (1994), *Blue in the Face* (1994), *Joe's Apartement* (1996) sowie *In einem fernen Land* (1992) und *Waterworld* (1995).

R

Rabbitt, Eddie (53)
Gest. 7.5.1998, Nashville.
Der amerikanische Country-Sänger hatte seinen ersten Hit mit dem Titellied aus *Der Mann aus San Fernando* (1978) mit Clint Eastwood.
Rabbitt war mit 26 Nr.-1-Country-Singles wie »I Love A Rainy Night« oder »You And I« einer der erfolgreichsten Country-Sänger.

Raymond, Gene (89)
Geb. 13.8.1908, New York City.
Gest. 3.5.1998, Los Angeles.
Der amerikanische Schauspieler war in den 30ern ein Filmstar in *Dschungel im Sturm* (1932) neben Clark Gable und Jean Harlow und in *Spätere Heirat nicht ausgeschlossen* (1933) als Geliebter von Bette Davis.
Der blonde, gutaussehende Raymond kam vom New Yorker Theater nach Hol-

lywood und debütierte in *Personal Maid* (1931) mit Nancy Caroll. Rollen mit Joan Crawford, Carole Lombard, Barbara Stanwyck folgten, er erhielt einen erfolgreichen Kontrakt mit RKO, aber nach dem Kriegdienst war seine Starkarriere vorbei. Das Fernsehen wurde sein Hauptauftraggeber. In seiner letzten Major-Produktion stand er neben Henry Fonda in *Der Kandidat* (1963). Raymond war mit der berühmten Schauspielerin Jeanette MacDonald bis zu ihrem Tode verheiratet, in dem MGM-Musical *Im Banne der Vergangenheit* (1941) waren sie zusammen zu sehen.

Reder, Gigi (Luigi Schroeder) (70)
Geb. 1928, Neapel.
Gest. 8.10.1998, Rom.
Der italienische Schauspieler wurde in der Filmserie des Buchhalters Fantozzi in *Das größte Rindvieh aller Zeiten* (1975) und *Fantozzi geht in Pension* (1988) in der Rolle des Filini bekannt. Reder spielte seit den 50er Jahren in über 70 Filmen wie *Das Gold von Neapel* (1954) von Vittorio De Sica und *Die Clowns* (1970) von Federico Fellini.

Regen, Stuart (39)
Gest. 18.8.1998, Kalifornien.
Stuart Regen produzierte mit seiner Filmfirma ›Lumiere‹ *Leaving Las Vegas* (1995) von Mike Figgis, für den Nicolas Cage den ›Oscar‹ als bester Hauptdarsteller erhielt.

Robbins, Jerome (geb. Jerome Rabinowitz) (79)
Geb. 11.10.1918, New York.
Gest. 29.7.1998, New York.
Der amerikanische Choreograph brachte die Jets- und Sharks-Gang in *West Side Story* (1960) zum Tanzen. Seine Regieleistung wurde mit dem ›Oscar‹ ausgezeichnet.
Robbins begann Ende der 30er als Tänzer und debütierte erfolgreich als Regisseur am Broadway mit »On The Town«. Seine Leistung wurde mehrfach mit ›Tonys‹ und ›Emmys‹ belohnt. Die Verbindung von Ballett und modernem Tanz machte Robbins zu den bedeutendsten Ballettschöpfern der Gegenwart. Im Kino war er außerdem für die Choreographie von *Funny Girl* (1967) und *Anatevka* (1971) verantwortlich. »Robbins rückte, beeinflußt von Brecht, als erster das Musical in die Nähe des Dramas und bereicherte das Entertainment um neue Dimensionen.« (Eva-Elisabeth Fischer, ›SZ‹)

Rogers, Roy (geb. Leonard Slye) (85)
Geb. 5.11.1912, Cincinatti/Ohio.
Gest. 6.7.1998, Apple Valley/Kalifornien.
Der amerikanische Schauspieler war mit Gene Autry der Star des Western-Subgenre der »Singing Cowboys«.
Er machte den klassischen B-Helden zum gewitzten Einzelgänger, der sich sagen lassen mußte: »Sie können ihren Eltern sagen, daß sie einen guten Jungen haben.« Der singende Cowboy in gewaltarmen Western-Operetten wurde in Deutschland durch die Vorabendserie *Western von Gestern* bekannt. Der Sohn indianischer und deutscher Vorfahren verbrachte seine Jugend auf einem Flußschiff und schlug sich durchs Leben, bis er sich Cowboy-Gesangsgruppen anschloß. Mit der Gruppe singender und jodelnder Trapper »Sons Of The Pioneers« trat er in Radio und Film auf. Schon in dieser Zeit spielte er in Filmen wie dem Bing-Crosby-Klassiker *Rhythm Of The Range* (1936).
Rogers stieg bald aus und ritt im in klarsten Sopran singend für die auf B-Western spezialisierte Firma »Republic«. Seine Rolle in *Under Western Skies* (1938) beinhaltete nur ein paar Lieder, war aber die Tür zum Erfolg. »Er war die singende Variante des guten Amerikaners: aufrichtig, geradlinig, stets galant, freundlich und gut gelaunt. […] Zur Seite stand Roy immer ein bauernschlau-ungeschickter Partner, der zwischen den Gesangs- und Actionszenen für Heiterkeit zu sorgen hatte.« (Rainer Heinz, ›film-dienst‹)
Rund 100 Filme drehte Rogers, knapp die Hälfte davon unter der Regie von

Joseph Kane. Zu Rogers' festen Partner gehörte sein Pferd Trigger »the smartest horse in the movies« und sein Hund Bullet. Der »König der Cowboys« (*King Of The Cowboys* (1942) war der Erfolgsfilm) heiratete 1947 seine Partnerin Dale Evans, die »Queen of the Cowgirls«, und kehrte 1951, schwerreich geworden, der Leinwand den Rücken. Im Fernsehen moderierte er von 1951–1957 die *Roy Rogers Show.* Für *Mackintosh & T.J.* (1975) und kleine Rollen in Westernparodien von Bobe Hope stieg er wieder in den Sattel. Seinen letzten Auftritt hatte er in *Das ausgekochte Schlitzohr ist wieder auf Achse* (1980). Ein letztes Mal war er auf der Leinwand in der Dokumentation *King Of The Cowboys* (1992) zu sehen.

Roland, Rita (84)
Gest. 17.8.1998, Los Angeles.
Die europäische Cutterin kam als Überlebende des Holocaust in die USA und schnitt seit den 50er Jahren Filme wie *Träumende Lippen* (1965), *Der starke Wille* (1980) und *The Bronx* (1981).

Rolle, Esther (78)
Geb. 8.11.1920, Pompano Beach/Florida. Gest. 17.11.1998, Los Angeles.
Die amerikanische Schauspielerin spielte Nebenrollen in *Miss Daisy und ihr Chauffeur* (1989) als Idella sowie *To Dance With The White Dog* (1993) an der Seite von Jessica Tandy.
Im Fernsehen war sie der preisgekrönter Star in Filmen wie *Mein deutscher Soldat* (1978), im Kino gehörte sie zur zweiten Garde. Rolle spielte in 26 Filmen. Seit ihrem Debüt in *Nichts als ein Mensch* (1964) war sie in Altersrollen in *Das Kartenhaus* (1993), *Ein amerikanischer Quilt* (1995) und zuletzt *Down In The Delta* (1998) zu sehen.

Rowe, Arthur (74)
Gest. 6.8.1998, Beverly Hils/
Kalifornien.
Der amerikanische Drehbuchautor schrieb für die Serien *Kobra: übernehmen sie, U.N.C.L.E., Starsky & Hutch* sowie für die Kinofilme *Der Todesritt der glorreichen Sieben* (1972) und *Zeppelin* (1970).

S

Sabbatini, Enrico (66)
Gest. 25.11.1998, Marokko.
Der italienische Kostümbildner erhielt für seine Kreationen des 18. Jahrhunderts in *Mission* (1986) eine ›Oscar‹-Nominierung.
Seit den 60er Jahren designte Sabbatini für renommierte Produktionen wie *Casanova '70* (1964), *Das zehnte Opfer* (1965), *Sonnenblumen* (1969) und *Die Macht und ihr Preis* (1976). In Hollywood etablierte er sich in *Blutspur* (1978). Weitere Kostüme entwarf Sabbatini für *Old Gringo* (1989), *die Piratenbraut* (1995) und *Sieben Jahre in Tibet* (1997).

Saless, Sohrab Shahid (54)
Geb. 28.6.1944, Teheran.
Gest. 2.7.1998, Washington.
Der iranische Regisseur erregte mit dem drastischen Bordell-Milieu-Film *Utopia* (1982) kontroverse Diskussionen. Diese Arbeit war Saless' pessimistischer Höhepunkt und zugleich seine letzte Kinoarbeit. »So grausam, so kalt, so genau war kein anderer Film«, empfand Willi Winkler. [...] Saless schaute einfach zu, und er schonte den Zuschauer nicht, folterte ihn mit der Langeweile seiner Geschöpfe und der Zeit, die nicht vergehen will.«
In den 60er Jahren studierte Saless in Europa Regie und Dramaturgie. Für das iranische Kultusministerium drehte er 22 Dokumentationen. 1973 entstand mit *Ein einfaches Ereignis* sein vielgelobtes Spielfilmdebüt, das einen Jungen in einer Provinzstadt am Kaspischen Meer im Stile des Neorealismus porträtierte. Saless weitere Werke wurden von Stilsicherheit, Persönlichkeit und Eigenwillen gezeichnet. In *Stilleben* (1974) zeigt er radikal das groteske Bild vom Alltag eines Schrankenwärters. Im sel-

ben Jahr siedelte er nach politischen Schwierigkeiten im Schah-System in die BRD über und schickt in *In der Fremde* einen türkischen Gastarbeiter auf eine einsame, monotone Odyssee durch Berlin. Saless thematisiert einfühlsam und grausam Schicksale von Ausländern in Deutschland. Am Karriereende drehte er für das Fernsehen *Der Weidenbaum* (1984) und *Rosen für Afrika* (1991) die von tschechowschen Leitfäden geprägt sind. Seine Welten bleiben erstarrt, es gibt kein Entrinnen. »Die werten Kollegen von Schlöndorff bis Geissendörfer verfilmten damals den elterlichen Bücherschrank. Saless war der neue (aktuelle) deutsche Film, bloß besser: Achternbuch ohne Bier, Fassbinder ohne Douglas Sirk, aber wer will das schon sehen?« (Winkler)

Sanders, Steve (45)
Gest. 10.6.1998, Florida.
Der amerikanische Gitarrist der Country-Gospel-Erfolgsband ›Oak Ridge Boys‹ (»Elvira«, »It Takes A Little Rain«) spielte in dem Sozialdrama *Morgen ist ein neuer Tag* (1966) von Otto Preminger mit Michael Caine und Jane Fonda.

Saperstein, Henry G. (80)
Gest. 24.6.1998, Beverly Hills/ Kalifornien.
Der amerikanische Produzent und Verleiher produzierte mit den japanischen Toho und seiner Firma UPA *Godzilla vs. Monster Zero, Frankenstein: Zweikampf der Giganten* (1966) und *Woody Allen – What's up Tiger Lilly* (1966) sowie *Mr. Magoo*-Cartoons.
Außerdem trat Saperstein als Produzent von *Die Hölle sind wir* (1968) und *Mr. Magoo* (1998) in Erscheinung.

Schamoni, Ulrich (58)
Geb. 1939, Berlin.
Gest. 10.3.1998, Berlin.
Der deutsche Regisseur prägte den ›Neuen Deutschen Film‹ und war Pionier in den kommerziellen Medien. *Es* (1965) war die Geburtsstunde des Jun-

Ulrich Schamoni, 1967

gen deutschen Films in der Adenauer-Ära. Schamonis Regiedebüt porträtierte die junge Generation und stellte auf gewagte wie innovative Weise das Abtreibungsthema dar. Sein neuartiger mit Dokumentaraufnahmen vermischter Stil wurde mit deutschen Filmpreisen geehrt und erhielt vom Publikum gleichermaßen Zuspruch. »Der Film hatte ein Gespür für die Gärung und das Unausgewogene der Prä-68er, für die Stimmung zwischen Konformismus und Auflehnung.« (›FR‹).
Es folgten Komödien mit satirischem Flair wie *Alle Jahre wieder* (1967), *Quartett im Bett* (1968) mit »Insterburg & Co.« und den »Jacob Sisters« oder das Road-Movie *Eins* (1971), das mit einem ›Bundesfilmpreis‹ ausgezeichnet wurde. Mit *Chapeau Claque* (1974) gelang Schamoni nochmals ein Achtungserfolg, aber wie bei vielen seiner filmischen Mitstreiter blieb das Publikum fern. »Vom Kino der Fassbinder, Herzog oder Wenders war das Lichtjahre entfernt«, schrieb die ›FR‹, die Schamonis Humor für »wattiert« und seine Arbeiten als »selbstgefällig« empfand,

so daß der Regisseur selbst in die Jahre von »Papas Kino« kam. 1978 entstanden die TV-Mehrteiler *Was wären wir ohne uns* und 1984 *Preußen: so lebten sie alle Tage* nach Drehbüchern von Wolfgang Menge. Seinen letzten Kinofilm inszenierte er mit *Das Traumhaus* (1980). Frühzeitig verlegte er seine Tätigkeit als Geschäftsmann in die Neuen Medien. 1986 gründete er den privaten Rundfunksender »100,6« und 1993 den regionalen Fernsehsender »1 A«, was ihm den Vorwurf brachte, seine Ideale verraten zu haben, wobei sich Schamoni jedoch stets gegen ein stromlinienförmiges Programm wehrte. Volker Schlöndorff schrieb zu seinem Tode: »Der Kampf der Phantasie gegen den Markt, das war das Leben von Ulrich Schamoni.«

Scheumann, Gerhard (67)
Geb. 25.12.1930, Ortelsburg/ Ostpreußen.
Gest. 30.5.1998, Berlin.
Der deutsche Regisseur und Publizist war der demagogische Dokumentarist der DDR, mit dessen Filmen oft die »Entlarvung des ideologischen Feindes« auf absurd witzige wie polemische Weise betrieben wurde.
Scheumann arbeitete seit 1965 im Defa-Studio für Dokumentarfilme. *Der lachende Mann* (1966) zeigt einen westdeutschen Söldner im Kongo, *Geisterstunde* (1967) die Bonner Weissagerin Buchela und *Piloten und Pyjama* (1968) gefangene US-Piloten in Vietnam. In der 1969 von Scheumann und Walter Heynowski gegründeten eigenen künstlerischen Werkstatt »Studio H&S« entstanden Interviewfilme, die in West und Ost heftige Diskussionen aufwarfen und zahlreiche Preise erhielten. Das Team führte die Interviewten oft unter Vorspiegelung falscher Tatsachen und Verschweigen ihrer DDR-Identität aufs Glatteis. Heynowski und Scheumann verfügten dank politischer Schlagkraft und künstlerischer Qualität und Staatsanpassungsfähigkeit private und ökonomische Freiheit, so daß sie Länder rund um die Welt für ihre Filme bereisen durften. Zum wichtigsten Werk gehört *Die Angkar* (1981) über das Geheimnis der Verschleppung und Ermordung Hunderttausender in Kambodscha. Ein Eklat war trotzdem unausweichlich. 1982 verbot die SED das »Studio H&S«. Scheumann arbeitete bis 1991 im Defa-Studio an Filmen über sein Lieblingsthema: die Verbrechen des Faschismus. In *Abgeschossen* (1995) war Scheumann als Interviewter zu sehen, der radikal seine Vergangenheit reflektierte.

Schlappner, Martin (79)
Gest. 14.3.1998.
Der angesehene Schweizer Filmkritiker war fast drei Jahrzehnte Redakteur der ›Neuen Zürcher Zeitung‹, schrieb für ›ZOOM‹ und den ›film-dienst‹ und verfaßte Bücher über Rossellini, Fellini und Visconti.
Schlappner hatte schon früh ein Verständnis von Medien als Kultur entwickelt und setzte sich für die Gründung eines Filmlehrstuhls an der Universität Zürich ein – einer von vielen Eckpfeilern des passionierten Filmliebhabers, Journalisten, Redakteurs und Politikers. Für Schlappner galt: »Vom Schreiben kann man sich nicht zurückziehen, es ist eine Existenzform.«

Schnittke, Alfred (63)
Geb. 24.11.1934, Frankfurt.
Gest. 3.8.1998, Hamburg.
Der deutsch-russische Komponist schrieb 1992 die Filmmusik zu Pudowkins Stummfilm *Die letzten Tage von St. Petersburg*. Weitere seiner rund 60 Werke sind *Die Kommissarin* (1968), *Die Möwe* (1970), *Aufstieg* (1976) und *Abschied* (1980).
Durch die experimentierfreudigen Verbindungen verschiedener Stilepochen war Schnittke ein innovativer Vertreter seiner Zunft. Sein lebhafter wie aggressiver, avantgardistischer Stil aus Montieren und Zitieren, der in Russland oft diskreditiert wurde, fand die Bezeichnung »Polystilistik«.

Sessa, Alejandro (Alejandro Julio Sandro Sessa) (60)
Gest. 10.7.1998, Buenos Aires.
Der argentinische Produzent und Regisseur inszenierte das krude Roger-Corman-Fantasy-Dschungelabenteuer *Amazons* (1986). Sessa lernte sein Handwerk an einer amerikanischen Filmschule und wurde in Argentinien einer der wichtigsten Produzenten der 60er bis 80er Jahre. Er produzierte *No habra mas penas ni olvido* (1983) und *Pasajeros de una pedadilla* (1984) und drehte das Sklaven-Amazonen-Spektakel *Stormquest* (1987).

Sesselmann, Sabrina (61)
Geb. 13.8.1936, München.
Gest. 3.3.1998, Starnberger See.
Die Ära des deutschen Wirtschaftswunders bot dem ehemaligen Mannequin eine Reihe von Rollen in der Welle von Unterhaltungsfilmen, z. B. spielte sie als gutaussehende Blondine in *Freddy, die Gitarre und das Meer* (1956). Doch in anspruchsvolleren Gesellschaftsdramen wie *Liebe kann wie Gift sein* (1958) oder *Madeleine, Tel. 13 62 11* (1958) zeigte Sesselmann sich als vom Schicksal geschlagene Frau. In *U 47, Kapitänleutnant Prien* (1958) oder *Kriegsgericht* (1959) war Sesselmann die brave Frau aufrechter Soldaten, aber in den »Edgar-Wallace«-Filmen *Das Geheimnis der gelben Narzissen* (1961) und *Die Tür mit den sieben Schlössern* (1962) setzte sie eigene Akzente in den typisch verschrobenen Rollen. Eine ihrer schönsten Rollen hatte Sesselmann in dem Mantel- und-Degen-Abenteuer *Ritter der Nacht* (1959) als Isabelle neben Jean Marais. Nach ihrer Eheschließung in den 60er Jahren zog sie sich aus dem Filmgeschäft zurück.

Sinatra, Frank (geb. Francis Albert Sinatra) (82)
Geb. 12.12.1915, Hoboken/New Jersey.
Gest. 15.5.1998, Los Angeles.
Er ist die Legende des ganz großen Entertainments, das Sinatra in allen Zügen perfekt, wenn nicht sogar am besten, beherrschte. Sinatra war ein ausgezeichneter Schauspieler, ein großartiger Sänger und leidenschaftlicher Trinker – eine Eigenschaft, die nur sein Freund Dean Martin besser vollführte; während Sinatra nachgesagt wurde, er habe das Trinken gesellschaftsfähig gemacht, hieß es über Martin, ihm sei dies für den Vollrausch gelungen.
Sinatras Karriere begann und endete als Sänger. Er brachte vor Elvis Presley und »The Beatles« mit Cole-Porter- und Gershwin-Songs die Massenhysterie in die Konzertsäle. Er selbst hatte nie ein eigenes Lied geschrieben, aber er machte »Strangers in the Night«, »New York, New York« und »My Way« zu seinen Stücken. Sinatra wurde auf der Straße groß. Als er 1933 Bing Crosby hörte, wollte er Sänger werden. 1956 sollte »The Voice« in *Die Oberen 10.000* neben Crosby stehen und selbstverständlich singen. Die ersten filmischen Schritte machte Sinatra bei MGM in der Kurzfilmserie *Major Bowes Amateuer Theatre On Air* (1935). In seinen frühen wenig erfolgreichen Filmen wie *Las Vegas Nights* (1941) spielte sich Sinatra als Sänger des Tommy Dorsey Orchesters selbst. In dem Musical *Urlaub in Hollywood* (1945) gelang ihm neben Gene Kelly singend und tanzend der Durchbruch. Er war schnell ein Filmstar, ohne jedoch als Schauspieler ernstgenommen zu werden. Seine Stern sank schnell, woran selbst der Musicalhit *Heut' gehen wir bummeln* (1949) von Stanley Donen den Niedergang nur unwesentlich bremste. Bei »Frankie-Boy« häuften sich private Probleme mit Ava Gardner und seine kapitale Stimme schwand durch Streß und Alkohol. Am Karrieretiefpunkt erhielt er die Nebenrolle des liebenswerten rebellierenden Italo-Amerikaners Maggio in *Verdammt in alle Ewigkeit* (1953) von Fred Zinnemann. Die Rolle, die ihm auf den Leib geschnitten war, brachte Sinatra für sein bewegendes Schauspiel den ›Oscar‹. »Sinatras Performance war ein Triumph der verhaltenen Mimik, der knappen Gesten, auch ein Durchbruch der Ner-

vosität des ewigen Streuners.« (Norbert Grob, ›epd-film‹) Diese Episode des phönixhaften Aufstiegs inspirierte Mario Puzo in seinem Buch »Der Pate«. Sinatra stand als Sohn italienischer Einwanderer seit seiner Kindheit mit dem »mob« in Verbindung: die Idee, die Mafia habe Sinatra sein Comeback gewaltsam ermöglicht, ist eine von vielen Geschichten, die um Sinatra ranken. Seitdem arbeitete er mit den wichtigsten Regisseuren Hollywoods wie Frank Capra, Stanley Cramer, John Sturges bis Joseph L. Mankiewicz zusammen. Sinatra festigte seinen Ruf als ernsthafter Schauspieler mit der Rolle des psychopathischen Killers in *Der Attentäter* (1954) und als windiger Spieler Nathan Detroit neben Marlon Brando in *Schwere Jungen – Leichte Mädchen* (1956). In Otto Premingers *Der Mann mit dem goldenen Arm* (1955) setzt Sinatra mit dem präzisen Porträt des schwachen, rauschgift- und spielsüchtigen Schlagzeugers Frankie Machino ein schauspielerisches Glanzlicht.

Sinatra blieb privat ein Rebell: Seine Geschichten verprügelter Reporter und zerlegter Bars füllten die Zeitungen, und auch durch seinen Antirassismus bzw. Nichtrassismus machte er sich wenig Freunde. Sinatra, der schon früh gegen das Establishment rebellierte, bekam Schwierigkeiten mit den Studios, feierte aber trotzdem mit dem Cole-Porter-Musical *Die Oberen 10.000* Erfolge. Hier lebte Sinatra sein Image aus: Eine Frau im Arm, in der anderen Hand ein Whiskeyglas und einen zynischen Spruch auf den Lippen. Der Outcast & Underdog, Macho & Dandy bei »Drinks & Flirts, Gerede & Getue«. (Norbert Grob) Sinatra war nie ein fröhlicher Geselle, ihn umgab immer die Aura des Düsteren. In Vincente Minnellis Verlierer-Drama *Verdammt sind sie alle* (1958) und John Frankenheimers *Botschafter der Angst* (1962), in dem Sinatra weint, bewies er sein schauspielerisches Vermögen. Es folgten mit *Frankie und seine Spießgesellen* (1960), *Vier für Texas* (1963) und *Sieben gegen*

Frank Sinatra

Chicago (1964) leidlich unterhaltsame Streifen, die Sinatra und seine trinkfesten Freunde des »Rat Pack« wie Dean Martin, Shirley MacLaine u.v.a. auf der Leinwand zum Stelldichein vereinten. Seine Regieversuche endeten 1964 mit dem moraltriefenden Antikriegsfilm *Lohn der Mutigen.*

Als Sänger zog es Ol' Blue Eyes immer wieder auf die Bühne, während er sich vom Leinwandgeschehen früh verabschiedete. Zuletzt trat er in dem Krimi *Die erste Todsünde* (1980) neben Faye Dunaway auf und hatte schließlich in *Highway 2 – Auf dem Highway ist wieder die Hölle los* (1983) neben seinen Kumpels Dean Martin und Sammy Davis jr. einen Cameo-Auftritt.

Die Trennung von Image und Leben schien unsichtbar, sofern es sie tatsächlich gab. Die mythische Männerkumpanei von Dean Martin und dem restlichen »Rat Pack« floß vor und hinter der Leinwand ineinander: Reden, Spielen, Scherzen, Trinken und Zusammenhalten. Sinatra war ein trinkfreudiger Gambler und großer Sänger, aber auch ein brillanter Schauspieler. That's Entertainment.

Sitka, Emil (83)
Gest. 16.1.1998, Camarillo/Kalifornien.
Der amerikanische Schauspieler spielte über 70 verschiedene Rollen an der Seite der »Three Stooges«. Sitka hatte über 500 Auftritte in Kurzfilmen mit Lucille Ball oder Red Skelton. Seinen ersten Auftritt mit den »Stooges« hatte er in *Half-Wits Holiday* (1947).

Stevens, Leslie (74)
Geb. 3.2.1924, Washington D.C.
Gest. 24.4.1998, Los Angeles.
Der amerikanische Drehbuchautor und Regisseur schrieb den Billy-the-Kid-Western *Einer muß dran glauben* (1958) von Arthur Penn mit Paul Newman.
Stevens produzierte *Ehekarussell* (1960) von Walter Lang, das nach seinem eigenen Theaterstück entstand. Im Alter von 15 Jahren hatte Stevens sein erstes Stück an das Mercury Theater von Orson Welles verkauft. Nach dem Zweiten Weltkrieg setze er seine Karriere am Theater fort und profilierte sich beim Fernsehen als Autor, Produzent und Regisseur der 60er-Jahre-Serie *Outer Limits.* In seiner langen erfolgreichen TV-Arbeit schuf Stevens außerdem *It Takes A Thief* und *McCloud.*

Stickney, Dorothy (101)
Gest. 2.6.1998, New York City.
Die amerikanische Schauspielerin war Mrs. Birk in *Der unheimliche Gast* (1944). Nach einer erfolgreichen Broadway-Karriere spielte Stickney seit *Wayward* (1932) im Kino in kleinen Rollen. Ihren letzten großen Auftritt hatte sie neben Gene Hackman als Margaret in dem Drama *Kein Lied für meinen Vater* (1969).

Struwe, Alfred (70)
Geb. 1927, Marienburg (Malbork).
Gest. 12.2.1998, Potsdam.
Der deutsche Schauspieler war in Defa-Filmen »auf deutsche Offiziere abonniert – oder auf Grandseigneurs mit gepflegtem Schaubart, zu denen er durch betonte Steifheit und verschmitzten Augenaufschlag ironischen Abstand hielt.« (›film-dienst‹). In *Geheimarchiv an der Elbe* (1963) spielte Struwe in seiner ersten großen Rolle einen Wehrmachtsadjudanten und in *Befreiung* (1971) war er als Hitler-Attentäter Claus Graf Schenk von Stauffenberg zu sehen. Auch in dem Western *Ulzana's Raid* (1974) oder dem Science-Fiction-Film *Im Staub der Sterne* (1976) blieb er in Soldatenrollen seinem Image treu.
Der Theaterschauspieler hatte seinen größten Erfolg als Zahnarzt Alexander in der Serie *Zahn um Zahn.* Seine letzte Kinorolle spielte Struwe in dem Lustspiel *Mensch, mein Papa ...!* (1991).

T

Taylor, Don (78)
Gest. Dezember 1998, Los Angeles.
Der amerikanische Schauspieler, Regisseur und Drehbuchautor spielte in der klassischen Komödie *Der Vater der Braut* (1950) den Bräutigam von Liz Taylor und drehte den Blockbuster *Der letzte Countdown* (1981). Taylor führte bei über 20 Filmen Regie. Er inszenierte B-Abenteuer wie *Der Diamantenprinz* (1967) und *Die fünf Gefürchteten* (1969), Fortsetzungen von Erfolgstiteln wie *Flucht vom Planet der Affen* (1971) und *Damien – Omen II* (1978) und routinierte Klassikeradaptionen wie *Tom Sawyers Abenteuer* (1973) und *Die Insel des Dr. Moreau* (1976). Zuletzt inszenierte er Billigware wie *Die Errol-Flynn-Legende* (1984), *Sexspionage* (1985) und *die Diamenten-Lady* (1988).

Thalmer, Doris (91)
Geb. 20.7.1907.
Gest. 9.10.1998, Bad Saarow.
Die deutsche Schauspielerin spielte das gottesfürchtige Dienstmädchen Christine in *Abschied* (1968). Vornehmlich wurde Thalmer in Defa-Filmen wegen ihres einprägsamen, zerfurchten Ge-

sichtes als wortkarge Plebejerin besetzt. Max Ophüls und Erwin Piscator entdeckten Thalmer als junge Schauspielerin am Theater, doch 1933 endete die Karriere der Halbjüdin. Sie blieb während der Nazi-Zeit in Deutschland und setzte nach dem Krieg ihre Theaterkarriere erfolgreich fort. Im Kino gestaltete sie den biographisch geprägten *Sonjas Rapport* (1982) und spielte die listige Krankenschwester in *Einer trage des anderen Last ...* (1988) sowie die verbitterte Großmutter in *Der Magdalenenbaum* (1989). Ihre letzte Kinorolle hatte sie in *Versteckte Fallen* (1990).

Torriani, Vico (77)
Geb. 21.9.1920, Genf.
Gest. 25.2.1998, Agno (Tessin).
Der Schweizer Unterhaltungsstar spielte in rund einem Dutzend Schlagerfilme, deren einfache Handlungen ein Vehikel seiner populären Lieder wie »Ananas aus Caracas« waren.
Mit Frohsinn sang und spielte Torriani in *Der bunte Traum* (1951), *Straßenserenade* (1954) oder *Gitarren der Liebe* (1954) – die letzteren Filme lehnten sich frei an Torrianis Karriere an, die 1947 bei einem Gesangswettbewerb in Zürich begann. Neben schnulzigen Schlagern verstand es Torriani, Chansons flott zu interpretieren. Eine Attraktion waren auch seinen gesungenen Kochrezepte. Sein komödiantisches Talent wurde in den beliebten Schlagerfilmen kaum gefordert – Torriani mußte mit »unerschöpflichem Optimismus gegen die üblichen Bedrängnisse realitätsferner Lustspiele« (Rainer Heinz, ›film-dienst‹) ansingen.

Tremper, Willi (70)
Geb. August 1928, Braubach am Rhein.
Gest. 14.12.1998, München.
Der deutsche Regisseur inszenierte die Berliner Milieufilme wie *Flucht nach Berlin* (1960) und *Playgirl – Berlin ist eine Stunde wert* (1965).
Tremper war bereits mit 19 Jahren Ghostwriter des Film-Klatschchronisten Kurt Riess und wurde als Reporter von Skandalgeschichten um Ruhm, Geld und Sex, wie z. B. »Deutschland – Deine Sternchen« bekannt. »Tremper war schnodderig, ruppig, großkotzig. Und er war indiskret – nicht zuletzt gegenüber seiner eigenen Person. Damit ist er in seinem Metier ziemlich einmalig geblieben.« (Hanns-Georg Rodek, ›Die Welt‹). Auf einem Tiefpunkt deutschen Filmschaffens schrieb Tremper das Drehbuch zu *Die Halbstarken* (1956) von Georg Tessler. Der Film war weniger Studie als ein »Einblick in die Gefühlswelt der Jugendlichen zur Zeit des Wirtschaftswunders« (›filmdienst‹) und einer der wenigen deutschen Klassiker, der die Bezeichnung ›Kultfilm‹ verdient hätte. Tremper gelang hier wie in seinen Regiearbeiten den Zeitgeist einzufangen, anstatt verkopfte Fallstudien zu liefern. Mit einem Budget von 100.000 DM entstand sein Debüt *Flucht nach Berlin* – einer der wenigen Filme, der das geteilte Berlin zum Thema macht. Seine Filme mit eindeutigen Titeln wie *Die endlose Nacht* (1962), *Sperrbezirk* (1966) und *Wie kommt ein so reizendes Mädchen zu diesem Gewerbe* (1969) »waren im besten Sinne journalistisch. Sie kamen ohne Umschweife zum Thema und setzten sich von der Wirklichkeitsferne des bundesdeutschen Restaurationskino ab. Er konnte karikieren, dokumentarisch inszenieren oder Alltag poetisieren.« (Rodek).
In den 70er Jahren wurde Tremper wieder zum streitbaren Journalisten. Meisterwerke hat er nicht geschaffen, aber kleine, in ihrer schnell heruntergekurbelte Weise spannende Geschichten. »Er war damals Reporter genug, um Konflikte aufzuspüren. Und sein Talent fürs Kino zeigte sich darin, daß seine Drehbücher und seine Filme diese Konflikte noch zuspitzen, statt sie zu leugnen, wie das die Tradition des 50er-Jahre-Kinos war.« (Claudius Seidl, ›SZ‹)

Turney, Catherine (92)
Gest. 9.9.1998, Los Angeles.
Die amerikanische Drehbuchautorin

schrieb die Skripte mit starken Frauenrollen für Michael Curtiz, *Solange ein Herz schlägt* (1945) nach einem Roman von James M. Cain mit Joan Crawford und Raoul Walshs *Besuch in Kalifornien* (1946) mit Ida Lupino.

W

Waldleitner, Ludwig »Luggi« (84)
Geb. 1.12.1913, Kirchsee.
Gest. 15.1.1998, Innsbruck.
Der Münchner Produzent war ein Pionier des deutschen Nachkriegsfilmes. Mit Produktionen wie *Lili Marleen* von Rainer Werner Fassbinder bis hin zu *Jenseits der Stille* von Caroline Link zählt Waldleitner zu den Größen der Deutschen Filmgeschichte. »Wo i bin, ist der Hauptfilm«, sagte Waldleitner, der das Filmhandwerk von der Pike auf lernte. Seine Karriere begann 1936 als Kameraassistent in dem Olympia-Film von Leni Riefenstahl. Nach dem Krieg leitete er ein Kino in Oberstdorf und gründete den »Gloria«-Filmverleih und später die »Roxy-Film«-Produktion.
Als Produzent hatte Waldleitner den richtigen Riecher für Kassenschlager wie *Das Mädchen Rosemarie* (1958), *Siebzehn Jahr, blondes Haar* (1966) oder *Die Abenteuer des Kardinal Brown* (1967) und leitete anspruchsvolle Filme wie *Die Schachnovelle* (1960) oder *Frau Cheneys Ende* (1961). In den 70er Jahren zeigte er mit Simmel-Verfilmungen wie *Und Jimmy ging zum Regenbogen* (1970) wieder Gespür für Erfolg. Neben dieser Arbeit mobilisierte er die bayrische Filmförderung und rettete die Münchener Filmwochen.
Waldleitner galt als ein typischer Vertreter von »Papas Kino«, arbeitete aber trotzdem gerne mit den »jungen Wilden« zusammen. Er förderte mit »Roxy-Film« die Erstlingswerke von Wolfgang Petersen und Hans W. Geissendörfer. Auf Franz Josef Strauß' Klage hin, daß Waldleitner mit Fassbinder zusammenarbeitete, soll Waldleitner erwidert haben: »Ich habe ja auch nichts

Ludwig Waldleitner

dagegen, wenn du mit Breschnew essen gehst.« Als Koproduzent der preisgekrönten *Nach fünf im Urwald* (1996) und *Jenseits der Stille* (1997) verabschiedete sich Waldleitner mit zwei kleinen großen Filmen.

Walsh, J. T. (53)
Geb. 28.9.1944, San Francisco.
Gest. 27.2.1998, La Mesa/Kalifornien.
Mit dem amerikanischen Nebendarsteller starb der »unsichtbarste Schauspieler des Jahrzehnts«, äußerte sich ein US-Kritiker über Walsh. Ganz im Gegenteil ist Walsh der undurchschaubarste Schauspieler. In *Breakdown* (1997) erscheint er als hilfsbereiter Trucker und entpuppt sich als brutaler Entführer. Wie hier, nimmt man Walsh zuerst nicht wahr, er erscheint wie ein Komparse – bis er sein wahres Inneres zeigt. In *Tin Men* (1986) oder *Tequila Sunrise* (1988) entwickeln sich die netten, etwas glatten Figuren zu miesen Typen, die buckeln und treten. »Dieses alltägliche Böse fand der sehr amerikanisch wirkende Walsh oft in uramerikanischen Figuren; Soldaten, Politiker und andere Staats-

diener zählen zu seinen häufigsten Parts.« (Kai Mihm, ›epd-film‹)
»Walsh grub sich durch seine Rollen als Verkörperung der erzamerikanischen Reaktion im kollektiven Gedächtnis ein: weiß, Mittelklasse, über 40. In zahlreichen Variationen stellte er sich den Protagonisten als Arm eines Systems entgegen, das den Ohnmächtigen schadet, den Mächtigen hilft und jedes unamerikanische Aufbegehren mit physischer Gewalt unterbindet: als rassistischer Redneck, skrupelloser Sheriff, obrigkeitsgläubiger Militär oder als korrupter Law & Order-Politiker. Seine verhärmten Gesichtszüge, seine fischkalten Augen, seine robuste Statur gaben der Bösartigkeit eine prosaische Erscheinung.« (Heiko Zwirner, ›Splatting Images‹) In Oliver Stones *Nixon* (1996) war er der Watergate-Verschwörer John Ehrlichmann – Walsh spielte keine Präsidenten oder Generäle, er war nur der Handlanger, der einzelne Interessen mit kriminellen Methoden durchsetzen muß und die Schmutzarbeit erledigt. Mit 41 Jahren begann der Soziologe und Sozialhelfer seine Kinokarriere mit *Kopfjagd* (1983). »Obwohl er von der Bühne kam, fehlt seinen Filmdarstellungen alles Theatralische.« (›epd-film‹) Walsh war einer der meistgefragten Nebendarsteller und drehte in 15 Jahren rund 50 Filme. Zu weiteren Filmen gehören kleine wie große, aber immer renommierte Produktionen, z. B. *Good Morning, Vietnam* (1987), *Das Rußland-Haus* (1991), *Backdraft* (1991), *Red Rock West* (1993), *Der Klient* (1994) oder *Nixon* (1996). Am Ende seiner Karriere verkörperte Walsh einen weiteren uramerikanischen Charakter: In *Sling Blade* (1996) spielte er einen Serienkiller. Seine letzten Rollen spielte Walsh in *Pleasentville* (1998) und *The Negotiator* (1998).

Wells, Amos »Junior«
Geb. 1934, Memphis.
Gest. Januar 1998.
Kurz vor seinem Tod trat der Bluesmusiker in *Blues Brothers 2000* (1998) von John Landis vor die Kamera. »49 Jahre lang war sein einziger Job, Bluesmusiker zu sein, das war alles, was er sein wollte«, sagte Manager Marty Saltzmann. In seiner langen Karriere hatte Wells mehrere Jahre in der »Chicago Blues Band« von Muddy Waters gespielt.

Wells, Robert (76)
Gest. 23.9.1998, Santa Monica/ Kalifornien.
Die von dem amerikanischen Sänger gesungenen Lieder »Lavender Blue« in *So Dear To My Heart* (1949) sowie »It's Easy To Say« in *10 – Die Traumfrau* (1979) waren für den ›Osacar‹ nominiert.

Williams, Mark (38)
Gest. 27.5.1998, Panorama City/ Kalifornien.
Der amerikanische Spezialeffektdesigner schuf schleimige Effekte für *Das Gehirn* (1988) und *Insect* (1987). Williams arbeitete als Assistent auf den Sets von *Aliens* (1985), *Die Fliege* (1985). Mit seinem 1987 gegründeten »Creature Shop« arbeitete er in 60 Filmen für James Cameron, Sam Fuller, Larry Cohen und Dave DeCocteau. Für DeCocteau lieferte er die gesamten Effekte für *Pupetmaster 3,* (1991), *Skeletons* (1996), *Frankenstein Reborn* und *Talisman,* zu dem Williams das Drehbuch verfaßt hatte.

Y

Young, Freddie (geb. Frederick A. Young) (96)
Geb. 9.10.1902, London.
Gest. 1.12.1998, London.
Der britische Kameramann wurde für *Lawrence von Arabien* (1962), *Doktor Schiwago* (1965) und *Ryans Tochter* (1970), die David Lean inszenierte, mit dem ›Oscar‹ ausgezeichnet. Die minutenlange Szene, in welcher sich ein Reiter in der flirrenden Hitze der Wüste

Lawrence nähert, macht Youngs Arbeit unvergessen – er war »ein Meister der noblen Monumentalität«. (›Der Spiegel‹)
Young lernte sein Fach im jungen Alter von 15 Jahren. Seine exzellente Schwarzweissfotographie machte ihn zu den renommiertesten Leuten seines Fachs. Er ging nach Amerika, perfektionierte hier sein Handwerk im Farbfilm und kehrte als »Filmsoldat« nach Kriegsausbruch in seine Heimat zurück. In seiner erfolgreichsten künstlerischen Phase schuf er durch die Breitwand-Gestaltung mit Lean die größten Meisterwerke der Filmgeschichte. Young filmte für 110 Produktionen wie *Mogambo* (1953), *Vincent Van Gogh – Ein Leben in Leidenschaft* (1956), *Salomon und Sheba* (1959), *Lord Jim* (1965) und *James Bond 007 – Man lebt nur zweimal* (1967), für *Ivanhoe – Der schwarze Ritter* (1952) und *Nicholas und Alexandra* (1971) war Young ›Oscar‹-nominiert. Young war außerdem der Lehrmeister für Nicholas Roeg, der in *Lawrence von Arabien* die zweite Kamera führte. Am Ende seiner Karriere führte Young in *Arthur's Hallowed Ground* (1986) einmal Regie. Als Meister des 70-mm-Films wird er für die Filmgeschichte unvergessen bleiben. »Er war ein Mann der großen Geste, der Panoramen und satten Farben.« (›SZ‹)

Young, Robert (91)
Geb. 22.2.1907, Chicago.
Gest. 21.7.1998, Westlake Village/Kalifornien.
Der amerikanische Schauspieler stand im »French and Indian War« als Kartograph an der Seite von Spencer Tracy in *Nordwest-Passage* (1939) und spielte die Hauptrolle neben Joan Crawford in *Today We Live* (1933) von Howard Hawks. »Adrett, gutaussehend und von jungenhafter Sorglosigkeit, war er der ideale Darsteller eleganter Screwball Comedies« (Rainer Heinz, ›film-dienst‹). Er spielte mit Myrna Loy, Greta Garbo und Katharine Hepburn, aber er blieb eine feste Größe der zweiten Garde von Stars, wie auch in *Überfall der Ogalalla* (1940) von Fritz Lang.
Seit er 1931 in dem Charlie-Chan-Krimi *Der Tod ist ein schwarzes Kamel* sein Debüt hatte, spielte er einen Lebemann in *Was geschah gestern?* (1935), einen Gigolo in *Ich traf ihn in Paris* (1937), einen Piloten in dem Rührstück *Mit den Augen der Liebe* (1940), aber auch einen Cowboy in *An der Spitze der Apachen* (1952).
Die größte Popularität errang er beim Fernsehen. Bis Ende der 40er Jahre hatte Young in der Hörfunkserie *Father Knows Best* gespielt, als die Reihe 1954 mit ihm für das Bildschirmformat adaptiert wurde. In 203 Episoden von *Vater ist der Beste* spielte Young den Familienvater Jim Anderson, der den typischen »American Way of Life« durchlebt. Die Serie zählt heutzutage zu den Ursprüngen der Seifenopern. In einer zweiten TV-Erfolgsserie spielte Young mit väterlicher Erhabenheit in der Arzt-Serie *Marcus Welby, MD.* Die beiden tugendhaften Serien wurden nach jahrelangen Pausen mit *Father Knows Best Reunion* (1977) und *The Return Of Marcus Welby* (1984) fortgeführt.

Robert Young

Fremdsprachige Originaltitel

A

54 890
THE 92 MINUTES OF MR. BAUM 1059
A FEI JING JUEN 178
ABDUCTED: A FATHER'S LOVE 498
ABDUCTION OF INNOCENCE 242
ABERRATION 228
LE ACROBATE 14
ACTS OF BETRAYAL 951
ADDAMS FAMILY REUNION 8
THE ADVOCATE'S DEVIL 9
AFFLICTION 337
AGAINST THE LAW 579
AIR BOSS II: DUEL IN THE SKY 12
AIR BUD 11
AN ALAN SMITHEE FILM: BURN HOLLYWOOD BURN 255
ALBINO ALLIGATOR 20
ALDRIG MER 4 B 834
ALIEN DESPERADOS 21
ALIEN NATION: THE ENEMY WITHIN 23
ALIEN NATION: THE UDARA LEGACY 22
ALIEN SPECIES 24
ALIVE AND KICKING / INDIAN SUMMER 25
ALL POWER TO THE PEOPLE! 822
ALL THE WINTERS THAT HAVE BEEN 1028
AMERICAN PERFECT 31
AMERICAN STRAYS 32
AN AMERICAN WEREWOLF IN PARIS 33
AMISTAD 35
ANASTASIA 38
ANGEL OF DARKNESS 1/2 40
ANKOR, YESCHYO ANKOR! 169
ANTZ 41
APOCALYPSE WATCH 648
THE APOSTLE 43
L'APPARTEMENT 549
APRES LE COIT LA BETE EST TRISTE 751
APRILE 44
L'ARCHE DU DESERT 45
ARGAMSHAA 196
ARLETTE 295
ARMAGEDDON 47
ARMSTRONG 48
ARTEMISIA 49
AS GOOD AS IT GETS 83
ASSAULT ON DEVIL'S ISLAND 52
ASSIGNMENT BERLIN 60
ATOMIC DOG 51
THE AVENGERS 638
AZUCAR AMARGA 96

B

B.A.P.S. 86
BABY MONITOR 862
BACK TO EVEN 63
BACKSTABBED/MORKELEG 64
THE BAD PACK 65
BAD TO THE BONE 637
BADGE OF BETRAYAL 610
BAJARSE AL MORO 367
BAMBOLA 66
THE BAREFOOT EXECUTIVE 760
BARNEY'S GREAT ADVENTURE 68
BASTARD OUT OF CAROLINA 70
BATMAN AND MR. FREEZE: SUB ZERO 71
THE BEAUTICIAN AND THE BEAST 613
THE BEAUTY AND THE BEAST – THE ENCHANTED CHRISTMAS 814
BELLE AL BAR 542
LA BELLE VERTE 372
BELMA 78
BELOW UTOPIA 871
BEN MIN NIAM 823
BENT 80
BEST MEN 84
BEST OF THE BEST 943
BIAN LIAN 508
BIG AND HAIRY 92
THE BIG HIT 89
THE BIG LEBOWSKI 90
BIG WARS 91

BLACK CAT, WHITE CAT 820
BLACK DAWN 97
BLACK DOG 98
BLACK SCORPION 101
BLACK THUNDER 102
BLACKJACK 468
THE BLACKOUT 104
BLADE 105
BLISS 106
BLOOD & DONUTS 108
BLOOD ON THE BADGE 109
BLUE FISH 110
BLUE MOTEL 390
BLUES BROTHERS 2000 112
BOB'S BIRTHDAY – NINE HIGHLIGHTS OF CANADIAN CARTOON 116
BOCA A BOCA 117
BOLT 119
BOOGIE BOY 383
BOOGIE NIGHTS 120
BOOTY CALL 921
BORN INTO EXILE 224
THE BOXER 123
THE BOY WHO SAVED CHRISTMAS 475
BRAM STOKER'S LEGEND OF THE MUMMY 126
THE BRAVE 128
THE BREAK UP 129
BREAKFAST WITH EINSTEIN 311
BRIGANDS: CHAPITRE VII 133
BRILLIANT LIES 680
BRING ME THE HEAD OF MAVIS DAVIS 134
A BROOKLYN STATE OF MIND 444
BRUTE 69
BRYLCREAM BOULEVARD 138
BUDBRINGEREN / JUNK MAIL 1013
BUFFALO 66 141
BUSTED 155
THE BUTCHER BOY 143
BYE BYE BLUES 554

C

CALIFORNIA ROLL 1041
A CALL TO REMEMBER 486
CALM AT SUNSET 561
CAPTAINS COURAGEOUS 388
CARNE TREMULA 560
CARTAS DEL PARQUE 132
CASPER MEETS WENDY 150
CATHERINE'S GROVE / CROSSO VER 362
CAVE GIRLS ISLAND 73
CENTRAL DO BRASIL 152
CEUX QUI M'AIMENT PRENDRONT LE TRAIN 1016
CHAIRMAN OF THE BOARD 154
CHANGING HABITS 525
CHICKEN 156
CHILDHOOD'S END 6
CHILDREN OF THE REVOLUTION 157
CHINADREAM 545
CHINESE BOX 158
CHOICE AND DESTINY 665
THE CHRISTMAS TREE 1011
CIRCUS ILDEBRAND 1045
CITY OF ANGELS 875
CITY OF INDUSTRY 159
CLONED 339
A COMEDIA DE DEUS 361
THE COMMANDMENTS 26
COMMENT JE ME SUIS DISPUTE… (MA VIE SEXUELLE) 426
THE CON 614
CONAN 162
CONCEIVING ADA 531
CONNU DE NOS SERVICES 161
CONTE D'AUTOMNE 404
O CONVENTO 504
COP LAND 163
CORPS PLONGES 684
LES COULOIRS DU TEMPS – LES VISITEURS II 1044
COUNTDOWN STORIES 1/2 164
COUNTER MEASURES 166
A CRAN 1000
THE CREEPS 249
LE CRI DE LA SOIE 816
CROSSROADS OF DESTINY 463
CROWNED AND DANGEROUS 185
CRUSH DEPTH 894
CSAJOK 95
THE CURSE OF INFERNO 609

D

D.A.N.G.A.N. RUNNER 1020
D3: THE MIGHTY DUCKS 630
DAD SAVAGE 171
DAI MOUHIGMA 165
DAISIES IN DECEMBER 320

DARK CITY 175
DEAD MAN'S CURVE 650
DEAD MEN CAN'T DANCE 433
DEAD SILENCE 180
DEADLY CURRENCY 786
DEAR GOD 409
DECONSTRUCTING HARRY 386
DEEP IMPACT 182
DEEP RISING 701
THE DEFENDERS: THE PAYBACK 184
DEMAIN ET ENCORE DEMAIN (JOURNAL 1995) 187
DESPERATE MEASURES 189
DETENTION: THE SIEGE AT JOHNSON HIGH 934
DETONATOR 191
THE DEVIL'S ADVOCATE 432
DIGGING TO CHINA 944
DILEMMA 201
DINNER AT FRED'S 363
DIRTY LITTLE SECRET 202
DISASTER AT THE MALL 176
DJôFLAEYJAN 192
DOBERMANN 203
DOG BOYS 336
THE DON'S ANALYST 758
DON'T LOOK BACK 204
DONG GONG XI GONG 226
DOUBLE JEOPARDY 205
DOUBLE TAP 168
DOWNHILL WILLY 206
DR. DOLITTLE 208
DREAM WITH THE FISHES 210
DREAMLAND 211
DYING TO BELONG 821

E

EASTERN HEROES 227
EDDIE 230
THE EDGE 57
EL HAZARD 1 237
ELIZABETH 238
ELLES 818
ENEMY OF THE STATE 874
ENTER THE HITMAN 241
L' EROE DI DUE MONDI 398
THE ESCAPE 247
ESCAPE FROM ATLANTIS 292
ETAT DES LIEUX 1039
ETZ HADOMIM TAFUS 974
EVASIVE ACTION 883
EVEN AFTER – A CINDERELLA STORY 56
EVENT HORIZON 248
EXCEPTION TO THE RULE 672
EXCESS BAGGAGE 46
EXECUTIVE POWER 250
EXECUTIVE TARGET 251
EXPOSE 103
EXTASIS 236

F

F. EST UN SALAUD 253
FACE 254
LA FAILLE 257
THE FALL 258
FALLEN 172
FALSE PRETENSE 260
FAMILY OF COPS II 263
FAMILY OF COPS III 262
FAMILY PLAN 989
FARLIG FARVANN 326
FAST 264
FAST TRACK 266
FAST, CHEAP & OUT OF CONTROL 812
FEAR AND LOATHING IN LAS VEGAS 270
LA FEMME DE CHAMBRE DU TITANIC 274
FERNGULLY 2 – THE MAGICAL RESCUE 276
LES FILS PREFERE 553
FINAL DESCENT 13
FIRE DOWN BELOW 282
FIRELIGHT 979
FIRESTORM 283
FISTFUL OF FLIES 284
FLAME 285
FLAMENCO 286
FLASHPOINT 136
FLIPPING 288
FLIRTING 289
FLUBBER 290
FOUR CORNERS 293
FRED 301
FREE WILLY 3: THE RESCUE 302
FREEDOM ON MY MIND 303
FREEWAY 304
FRENCH LOLITA 307
THE FRIGHTENERS 309
FUOCHI D'ARTIFICIO 313
FUTURE FEAR 863

G

G.I. JANE 15
GABBEH 316
GADJO DILO 317
GANG RELATED 319
GAO YA XIAN 408
GARGANTUA 322
GATTACA 323
GENEALOGIES D'UN CRIME 341
LES GENS NORMAUX N'ONT RIEN D'EXCEPTIONNEL 696
GEORGE OF THE JUNGLE 342
GHOST SHIP 335
THE GINGERBREAD MAN 348
THE GIRL GETS MORE 906
GIRL IN THE CADILLAC 291
GIRL'S NIGHT 349
IL GIUDICE RAGAZZINO 482
GLASS 350
GODZILLA 353
GOLD COAST 354
GONE FISHIN' 421
GONIN 356
GOOD BURGER 357
GOOD WILL HUNTING 358
GOODBYE AMERICA 436
GOOSEBUMPS – THE NIGHT IN THE TERROR TOWER 321
GOTTI 975
GRAVE SECRETS: THE LEGACY OF HILLTOP DRIVE 730
GREAT EXPECTATIONS 370
THE GREAT MOM SWAP 272
GUILTRIP 373
A GUN FOR JENNIFER 374
GUNSHY 375
GUO DAO FENG BI 1031

H

HAIFA 378
HAK HAP 100
THE HALFBACK OF NOTRE DAME 550
HALLOWEEN H20 – TWENTY YEARS LATER 379
HANA-BI 381
THE HAPPY VALLEY 200
HARD BOUNTY 784
HARD EIGHT 518
HARD RAIN 384
THE HAUNTING OF LISA 1004
HEARTLESS 391
THE HEIST 19
THE HEIST 225
HEMOGLOBIN 401
HENRY & VERLIN 403
HENRY FOOL 402
HER COSTLY AFFAIR 919
HERCULES & XENA – THE BATTLE FOR MOUNT OLYMPUS 405
HIGH STAKES 870
HILLSBOROUGH 315
HIMITSU NO HANAZONO 796
HIS BODYGUARD 832
HO UN SEGRETO CON PAPA 1035
HOLIDAY AFFAIR 1053
HOLLYWOOD CONFIDENTIAL 416
HOME INVASION 137
L' HOMME EST UNE FEMME COMME LES AUTRES 417
HOMMES FEMMES: MODE D'EMPLOI 591
HONEY, WE SHRUNK OURSELVES 552
L' HONNEUR DE MA FAMILLE 232
HOODLUM 385
HOOP DREAMS 419
THE HORSEWHISPERER 729
HOSTILE INTENT 994
HOUSE OF FRANKENSTEIN 85
THE HOUSE OF YES 1015
HUMAN BOMB 621
HUNTED 338
HUSH 235

I

I KNOW WHAT YOU DID LAST SUMMER 427
I WANT YOU 424
I'LL BE HOME FOR CHRISTMAS 1038
IL BAGNO TURCO – HAMAM 380
IN & OUT 443
IN A MOMENT OF PASSION 445
INCOGNITO 448
INDECENT BEHAVIOUR III 562
INDECENT SEDUCTION 980
THE INSTITUTE BENJAMENTA OR THIS DREAM PEOPLE CALL HUMAN LIFE 450
INTO THE ARMS OF DANGER 667

INVIERNO MALA VIDA 1027
IO SPERIAMO CHE ME LA CAVO 866
IRMA VEP 452
ISTANBUL 456
IT'S NOTHING PERSONAL 122

J

J'AI HORREUR DE L'AMOUR 457
JACK FROST 458
THE JACKAL 803
JACKIE BROWN 459
JAMES DEAN: RACE WITH DESTINY 464
JANE AUSTIN'S MAFIA! 582
JEREMIAH 87
THE JERKY BOYS 466
JERUSALEM 467
JOE'S SO MEAN TO JOSEPHINE 1005
JOHN GRISHAM'S THE RAINMAKER 773
JOHNNY & CLYDE 469
JOHNNY 2.0 470
JOURNAL DE RIVESALTES 1941–42 471
JOYRIDE 256
DE JURK 331
JUST IN TIME 476
JUST LIKE DAD 477
JUST MARRIED 478
JUSTINO – UN ASESINO DE LA TERCERA EDAD 479

K

KALLE BLOMKVIST OCH RASMUS 481
KARLSVOGNEN 1058
KARMAPA 483
KARUMEN KOKYO NI KAERU 148
KASABA 503
KEN FOLLETT'S THE THIRD TWIN 219
THE KID 124
KILLING GROUNDS 490
KILLING SECRET 987
KILLING TIME 491
KISS OR KILL 496
KISS THE GIRLS 188
KNOCK OFF 506
KULL THE CONQUEROR 511
KUNDUN 512
A LA RECHERCHE DE KUNDUN AVEC MARTIN SCORSESE 447

L

EL LADO OSCURO DEL CORAZON 223
THE LAND GIRLS 135
THE LANDLADY 267
LARMAR OCH GôR SIG TILL 170
LASERHAWK 517
LAST ANGEL OF HISTORY 537
LAST CHANCE LOVE 153
THE LAST DON 539
LAST LIVES 167
THE LAST RIDE 519
THE LAUGHING DEAD 520
LAWN DOGS 393
LAWS OF DECEPTION/FELONS 79
LAZARUS 522
LEAVE IT TO BEAVER 75
LENEGED ENAYIM MAARAVIOT 965
LET IT BE ME 533
LETHAL WEAPON 4 535
A LETTER WITHOUT WORDS 131
LEVEL FIVE 540
LEVEN MIT JE OGEN 530
LIAR 804
LIFE AFTER LIFE 271
A LIFE LESS ORDINARY 523
LIFEBREATH 555
LILIES 557
A LITTLE BIT OF SOUL 1048
LITTLE BOY BLUE 1001
LITTLE CITY 160
LITTLE GIRLS IN PRETTY BOXES 368
LITTLE MISS MILLIONS 499
LITTLE WITCHES 559
LIVE SHOT 333
LOCK, STOCK AND TWO SMOKING BARRELS 139
LOLITA 564
THE LONG WAY HOME 565
LOOKING FOR LOLA 575
LOSING CHASE 5
LOST IN SPACE 567
THE LOTTERY 569
THE LOTUS EATERS 720
LOU REED: ROCK AND ROLL HEART 570

LOVE AND DEATH ON LONG ISLAND 571
LOVE IS THE DEVIL 572
LOVE SERENADE 551
LOVE'S DEADLY TRIANGLE: THE TEXAS CADET MURDER 646
LOVED 573
LOVER GIRLS 574

M

M.G. GEIST II 628
MAD CITY 578
MADE IN GERMANY 581
THE MAGIC SWORD: QUEST FOR CAMELOT 584
MAI FU 959
THE MAKER 585
THE MAN IN THE IRON MASK 590
MAN OF HER DREAMS 588
THE MAN WHO KNEW TOO LITTLE 10
MANNY & LO 592
MARION 593
MARIUS ET JEANETTE: UN CONTE DE L'ESTAQUE 594
MARQUISE 595
MARTHA MEET FRANK, DANIEL AND LAURENCE 596
MARTIN (HACHE) 597
THE MASK OF ZORRO 599
MASTERMINDS 601
A MATCH MADE IN HEAVEN 411
THE MATCHMAKER 395
MAXIMUM REVENGE 603
MCCINSEY'S ISLAND 605
MCHALE'S NAVY 606
MEDUSA'S CHILD 607
MEET WALLY SPARKS 1003
MEGACITIES 608
MEIA NOITE 629
MELANIE DARROW 741
MELODRAMA 617
LA MEMOIRE EST-ELLE SOLUBLE DANS L'EAU ...? 455
MEMORIAL DAY 618
MENDEL 619
MERCHANT OF DEATH 769
MERCURY RISING 622
MERLIN 624
MES ENTRETIENS FILMES 616
MESMER 625
METEORITES! 626
MIDNIGHT IN THE GARDEN OF GOOD AND EVIL 640
MILK 631
MILLENNIUM 632
MIMIC 633
THE MINION 505
MISBEGOTTEN 449
LES MISERABLES 635
MOE NO SUZAKU 352
LA MOINDRE DES CHOSES 685
MOLDIVER 643
MON BEAU PETIT CUL 615
MONELLA 310
MONEY TALKS 644
MONTANA 1022
MORKETS OY 454
THE MORRISON MURDERS 114
MORTAL KOMBAT II – ANNIHILATION 654
MOST WANTED 30
MOTHER TERESA: IN THE NAME OF GOD'S POUR 664
A MOTHER'S INSTINCT 428
MOTHER, MAY I SLEEP WITH DANGER 36
MOUSEHUNT 602
MOWGLI'S FIRST ADVENTURE 642
MR. MAGOO 655
MR. VINCENT 657
MRS. BROWN 429
MS. BEAR 239
MS. SCROOGE 658
MULAN 659
THE MUNSTERS' SCARY LITTLE CHRISTMAS 661
MURDER AT 1600 647
MURDEROUS INTENT 651
MURIEL FAIT LE DESESPOIR DE SES PARENTS 662
MUSKETEERS FOREVER 727
MY LIFE'S IN TURNAROUND 1014
MY NAME IS JOE 668
MY STEPSON, MY LOVER 983
MY VERY BEST FRIEND 489
MYSTERY SCIENCE THEATER 3000: THE MOVIE 669

N

N'OUBLIE PAS QUE TU VAS MOURIR 984
NA PUN YOUNG HWA 926

NAAR DE KLOTE! 1007
NAKED SOULS 676
NANGUO ZAIJAN, NANGUO 359
NéR ALLA VET 826
NATIONAL LAMPOON'S SCUBA SCHOOL 798
NAZN MOKSORI 2 532
NENETTE ET BONI 678
THE NEPHEW 34
NETTOYAGE A SEC 679
THE NEWTON BOYS 682
NGO HAI SUI/WHO AM I? 460
NICHOLAS' GIFT 683
THE NIGHT CALLER 687
NIGHT VISION 688
NIGHT VISITORS 674
NIGHTSCREAM 689
NIGHTWATCH 305
NO ORDINARY LOVE 364
NO STRINGS ATTACHED 76
NORMAL LIFE 695
NOT FOURTEEN AGAIN 686
NOT IN THIS TOWN 360
NOT LIKE US 173
NOTHING PERSONAL 365
NOTHING TO LOSE 692
NOUS SOMMES TOUS ENCORE ICI 697
NOWHERE 699
LA NUBE 1033

O

O AMOR NATURAL 700
O.K. GARAGE 704
THE OBJECT OF MY AFFECTION 546
ODD COUPLE 2 441
OFFICE KILLER 702
OLA INE DROMOS 246
OMBRES 705
ON CONNAIT LA CHANSON 527
ON THE BORDER 706
ON THE LINE 639
THE ONE-SEVENTH FARMERS 845
OPERATION DELTA FORCE II: MAYDAY 707
OPERATION DELTA FORCE III: CLEAR TARGET 708
ôRNENS ôJE 58
OSCAR AND LUCINDA 713
OTENKI ONESAN 1008
OUR MOTHER'S MURDER 649
OUT OF CONTROL 280
OUT OF SIGHT 716
OUT TO SEA 910
OUTRAGE 222
OVERDRIVE 641

P

PANIC IN THE SKIES 107
PANNA NIKT 300
PAPERTRAIL 269
THE PARENT TRAP 1057
LA PASION TURCA 437
LA PASSION DE DOCTEUR BERGH 207
PAULIE – A PARROT'S TALE 722
PECKER 723
PEGGIO DI COSI SI MUORE 941
THE PEOPLE'S PRINCESS 194
PEQUENOS MILAGROS 501
PERCY AND THUNDER 725
PERDITA DURANGO 726
THE PERFECT GETAWAY 849
A PERFECT MURDER 728
THE PHANTOM 731
PHANTOMS 732
PHAT BEACH 414
PHOENIX 733
PIANESE NUNZIO, 14 ANNI A MAGGIO 735
EL PIANISTA 736
PICADO FINO 737
PICTURE PERFECT 324
PIPPI LONGSTOCKING 738
A PLACE CALLED CHIAPAS 712
THE PLACE OF THE DEAD 252
LA PLACE ROYALE 740
PLAN B 742
PLAYING GOD 744
LE PLUS BEL AGE 815
POINT BLANK 746
POLISH WEDDING 747
PONETTE 749
DE POOLSE BRUID 748
PORTRAIT OF AN ESCORT 515
THE POSTMAN 752
POUR RIRE! 753
PRACTICAL MAGIC 1044
PRAIRIE FIRE 876
PREMUTOS – DER GEFALLENE ENGEL 755
A PRICE ABOVE RUBIES 920

PRIMARY COLORS 636
THE PRINCE OF EGYPT 756
PRINCESS IN LOVE 193
THE PROPOSITION 1037
THE PROTECTOR (1997, MCCORMICK) 600
LE PROVOCATEUR 757
A PYROMANIAC'S LOVESTORY 130

Q

QUICKSILVER HIGHWAY 885

R

R.I.P. – REST IN PIECES 750
THE RAFFLE 209
THE RAGE 764
THE RANSOM OF RED CHIEF 243
RASPUTIN 765
THE RAVAGER 766
THE REAL BLONDE 229
THE REAL HOWARD SPITZ 656
THE REAL THING 767
REBECCA 768
RECORD OF THE LODOSS WAR 770
RED CORNER 771
RED RIBBON BLUES 772
THE REPLACEMENT KILLERS 776
REQUIEM 558
RESCUERS 2 – TWO COUPLES 778
RESCUERS III – TWO FAMILIES 779
RESCUERS: THE TWO WOMAN 777
RESTORATION 780
RESURRECTION MAN 781
RETROACTIVE 782
THE RETURN OF ALEX KELLY 783
REUNION IN HAZZARD 261
RICHIE RICH'S CHRISTMAS WISH 785
RIDE 3
RIEN NE VA PLUS 528
THE RIGHT CONNECTIONS 369
THE RIPPER 787
ROAD ENDS 788
ROBIN COOK'S INVASION 534
RONIN 789
RONNIE AND JULIE 790
ROSE ET MARGUERITE 791
ROUGH DRAFT 930
RUNAWAY CAR 181

S

S.L.C. PUNK 759
SABRINA, THE TEENAGE WITCH 795
UN SAMEDI SUR LA TERRE 799
SANCTUARY 800
SAVING PRIVATE RYAN 856
SAVIOR 801
SAVRSENI KRUG 995
SCARRED CITY 802
SCI-FIGHTER 824
SCREAM 2 825
SEASON OF CHANGE 314
THE SECOND CIVIL WAR 510
THE SECRET AGENT 329
SECRET DEFENSE 332
SECRETOS DEL CORAZON 330
SELENA 833
THE SELLER 538
THE SENDER 190
SENSELESS 835
LE SEPTIEME CIEL 844
SERGEJ EISENSTEIN. MEXIKANSKAJA FANTASIJA 836
SETTIMA STANZA 472
SEX/LIFE IN L.A. 837
SHADOW OF DOUBT 805
SHADOWBUILDER 177
SHADOWZONE: THE UNDEAD EXPRESS 838
SHALOSH AHAYOT 216
SHATTERED MIND 807
SHI WAN HUO JI 556
SHITSURAKUEN 568
SHIVREI TMUNOT YERUSHALAIM 294
SHOEMAKER 839
THE SHOOTER 840
SHOOTING FISH 497
SIB 42
SILENCING MARY 598
A SIMPLE WISH 1045
SIN AND REDEMPTION 183
SINS OF THE MIND 715
SIRINGO 762
SITCOM 848
SIX DAYS, SEVEN NIGHTS 828
SIX DEGREES OF SEPARATION 524
SIX O'CLOCK NEWS 829
THE SIXTH MAN 915
SLAVES TO THE UNDERGROUND 850
SLEEPING DOGS 851

SLIDING DOORS 842
SMALL SOLDIERS 853
SMALL TIME 854
SMOKE SIGNALS 855
SNAKE EYES 869
THE SNOW QUEEN 811
SOLOMON 88
SOMEONE TO DIE FOR 577
SONATINE 860
SONO OTOKO KYOBO NI TSUKI 992
SORCERESS II 583
SOSTIENE PEREIRA 244
SOUL IN THE HOLE 861
THE SPANISH PRISONER 973
SPARK 864
SPECIES II 865
SPHERE 867
SPICE WORLD 868
THE SPLIT 118
THE SPREE 268
STAG 931
STAR KID/WARRIOR OF WAVERLY STREET 877
STAR TREK – INSURRECTION 878
STARGATE – KOMMANDO SG-1 879
THE STARS FELL ON HENRIETTA 1036
STARSHIP TROOPERS 881
STEEL 882
STORM TROOPER 886
A STRANGER IN TOWN 970
STREET GUN 888
STREETLIFE 889
THE SUBSTITUTE 2: SCHOOL'S OUT! 652
THE SUBVIVOR 917
SUE 895
THE SUM OF US 896
SUNDAY 897
SURRENDER DOROTHY 902
SURVIVAL ON THE MOUNTAIN 410
THE SWAN PRINCESS AND THE MYSTERY OF THE ENCHANTED KINGDOM 819
SWARA MANDAL 174
SWEET ANGEL MINE 905
SWEET DREAMS 935
THE SWEET HEREAFTER 903
SWEPT FROM THE SEA 37
SWITCHBACK 908

T

TA'M E GUILASS 344
TANGO 909
TAXI 913
TAXI 914
TERRITORIO COMANCHE 186
TERROR IN THE FAMILY 918
THANK GOD HE MET LIZZIE 396
THAT DARN CAT 199
THEIR SECOND CHANCE 430
THERE'S SOMETHING ABOUT MARY 988
THIRTEEN 923
THIS WORLD, THEN THE FIREWORKS 703
A THOUSAND ACRES 912
THE THREE LIVES OF KAREN 438
TIAN MI MI / COMRADES, ALMOST A LOVE STORY 418
THE TICKET 936
TIDAL WAVE: NO ESCAPE 893
TIL THERE WAS YOU 1052
TIME UNDER FIRE 925
TITANIC 927
TITANIC 928
TONG FONG SAM HOP / DONGFAN SAN XIA 406
TOP OF THE WORLD 841
TOT ZIENS 938
TOTAL FORCE 2 939
TOTAL REALITY 940
TOXIC AFFAIR 942
TRAVELLER 945
TRE UOMINI E UNA GAMBA 946
THE TREAT 589
TRIAL AND ERROR 694
TROIS VIES ET UNE SEULE MORT 215
TROJAN WAR 693
TROMEO & JULIET 948
TRUCKS 949
THE TRUMAN SHOW 950
TRUTH OR CONSEQUENCES, N.M. 711
TURBO: A POWER RANGERS MOVIE 953
TURTLES-EAST MEETS WEST 691
TUTTI GIU PER TERRA 955
TWELVE ANGRY MEN 1063
TWENTYFOUR SEVEN 956
TWILIGHT 440

TWISTED 957
TWO MOTHERS FOR ZACHARY 1051
TWO SMALL VOICES 297

U

U-TURN 958
U.S. MARSHALS 54
UGLY DUCKLING 389
ULEE'S GOLD 960
UNAGI 1
UNDER THE SKIN 964
UNDERCURRENT 966
THE UNDERGROUND 967
UNMADE BEDS 969

V

VALENTINE'S DAY 976
VALKANISATER/BALKANISATUER 907
VAMPIRELLA 977
VELVET GOLDMINE 978
EL VERANO DE LA SENORA FORBES 858
THE VERSACE MURDER 346
LA VIE DE JESUS 990
LA VIE REVEE DES ANGES 543
LE VIOLON DE ROTHSCHILD 993
LE VIOLON ROUGE/THE RED VIOLIN 793
VISIONER 62
LA VITA E BELLA 529
VOWS OF DECEPTION 231
VSETKO CO MAM RAD 27

W

W TOJ STRANJE 446
WAG THE DOG 999
WANG HSIANG 394
THE WARLORD: BATTLE FOR THE GALAXY 880
WASHINGTON SQUARE 1006
WE'RE TALKIN' SERIOUS MONEY 397
WEDDING BELL BLUES 891
THE WEDDING SINGER 415
WELCOME TO SARAJEVO 1012
WES CRAVEN'S WISHMASTER 1029
WEST BEYROUTH – A L'ARBRI LES ENFANTS 492
THE WHARF RAT 377
WHAT DREAMS MAY COME 412
WHEN DANGER FOLLOWS YOU HOME 675
WHEN FRIENDSHIP KILLS 933
WHEN INNOCENCE IS LOST 666
WHEN THE CRADLE FALLS 461
WHEN THE LIGHT COMES 892
WIELKI TYDZIEN 484
WILD AMERICA 1023
WILD MAN BLUES 1024
WILD THINGS 1025
WILDERNESS 1032
THE WINGS OF THE DOVE 1026
WITMAN FIUK 1030
WOMAN UNDONE 351
WONG GOK KA MOON/WANGJIAO KAMEN 50
WOUNDED HEART 986
WRONG GUY 1034
WRONGFULLY ACCUSED 831

X

THE X-FILES – THE MOVIE 16
THE X-FILES: CHRISTMAS CAROL + EMILY 17
THE X-FILES: REDUX 18

Y

YEAR OF THE HORSE 1042
YESTERDAY'S TARGET 1054
YOUNG HERCULES 474

Z

ZAKIR AND HIS FRIENDS 1043
ZHONG JI LIE SHA 422

Personenregister

Regie, Darsteller, Drehbuch, Musik, Schnitt, Produzenten

A

Aaron, Caroline 386
Abatemarco, Frank 231
Abbas, Hiyam 378
Abbott, Bruce 101, 741
Abdenbi 615
Abdou, Hacen 45
Abraham, F. Murray 157, 633, 878
Abrahams, Jim 582
Abrahams, Jody 257
Abramowicz, Michel 1039
Abrams, Jeffrey 421
Acheson, Mark 672
Achternbusch, Herbert 681
Ackerman, Robert Allan 222
Ackerman, Thomas 342
Ackland, Joss 37, 320, 630, 979
Ackroyd, Barry 315, 668, 964
Ackroyd, David 76
Acord, Lance 141
Acovone, Jay 639
Acuna, Wanda 588
Adair, Charles 401
Adam, Dietrich 548
Adam, Ken 443
Adami, Messaouda 45
Adams, Edie 515
Adams, Evan 855
Adams, Jörg 963
Adams, Max D. 46
Adams, Peter 322
Adams, Uwe 659
Addario, Lisa 574
Adefarasin, Remi 238, 621, 842
Adell, Tracy 786
Adjani, Isabelle 942
Adkins, Hasil 750
Adler, Carine 964
Adrien, Gilles 232
Adu-Gyamfi, Joana 809
Aebi, Ulrich 1019
Aendenboom, Frank 138
Affleck, Ben 47, 358, 732
Affleck, Casey 358
Agee, Arthur 419
Aguilar, Santiago 479
Aguirresarobe, Javier 330
Ahlberg, Mac 357, 510
Ahlstedt, Borje 78, 170
Ahmad, Maher 54
Ahmed, Kamal 466
Ahray, Sonsee 407
Ahren, Barbara-Magdalena 810
Ahrens, Mariella 954
Aichholzer, Wolfgang 259
Aiello, Danny 134, 444, 539
Aiello, Rick 416, 758
Aigner, Sophie 743
Aikawa, Sho 1
Aiken, Liam 402
Aim, Pierre 417, 781, 797
Aimée, Anouk 88, 591
Ainsworth, Kerry 350
Aird, Holly 200
Ajdini, Florijan 820
Akhurst, Lucy 135
Akin, Cem 513
Akin, Fatih 513
Akin, Phil 1004
Akira, Terao 568
Ako, Yuda 953
Akomfrah, John 537
Alansu, John 551
Alazraki, Robert 372
Albarn, Damon 254
Albéra, Philippe 705
Albert, Barbara 852
Albert, Eddie 760
Alberta, Rene 374
Alberti, Maryse 931, 978
Albrecht, Frank 604
Alcaine, José Luis 437
Alcais, Aurelia 404
Alcala, Felix Enriquez 282
Alcott, Todd 41
Alda, Alan 546, 578, 647
Alda, Rutanya 205
Aldredge, Tom 26, 393
Alea, Tomás Gutiérrez 132
Alembrik, Helene 455
Alexander, David 936
Alexander, S.M. 199
Alexander, Zoe 559
Alexandra, Danielle 15
Alexandre, Miguel 576, 718
Alexie, Sherman 855
Alfonsi, Lydia 529
Ali, Paula 132
Aliane, Shyraz 45
Aljinovic, Boris 887
Allahyari, Houchang 99
Allaire, Laurent 264
Allard, Tom 463
Allen, Jonelle 730
Allen, Karen 1028, 1052
Allen, Nancy 579
Allen, Pam 303
Allen, Tanya 114
Allen, Todd 43, 674
Allen, Woody 386, 1024
Alley, Kirstie 386, 539
Allouache, Marzak 797
Allport, Christopher 458
Almagor, Gila 974
Almodóvar, Pedro 560
Alon, Gil 1055
Alonso, Maria Conchita 362, 951
Alt, Carol 886
Altman, Robert 348
Altman, Stephen 348
Altrio, Hector 501
Alvarado, Angela 416
Alvarado, Trini 309, 722, 1011
Alves, Joe 282
Amalric, Mathieu 341, 426
Amaral, Roy Alan 730
Amarante, Cassio 152
Amathieu, Michel 203, 799, 820
Amato, Gaetano 340
Ameen, Sam 864

Amendola, Tony 599
Ami, Shoshana 657
Amiel, Jon 10
Amies, Caroline 135, 329
Amigorena, Santiago 696, 751
Amin, Rola Al 492
Amini, Hossein 1026
Amiranaschwili, Amiran 133
Amis, Suzi 283
Ammirati, Anna 310
Amodeo, Luigi 86
Amoros, Juan 117
Amos, David 288
Amos, Patrick 49
Ancona, Amy B. 876
Andersen, Antony 239
Andersen, Carl 997
Anderson, Cheryl 351
Anderson, Gillian 16, 17, 18
Anderson, Jamie 441, 853, 880
Anderson, Jean 768
Anderson, Jo 314
Anderson, Kevin 912, 979
Anderson, Kurt 490
Anderson, Mark Edward 433
Anderson, Matthew 840
Anderson, Michael 388
Anderson, Pamela 676
Anderson, Paul Thomas 120, 248, 518
Anderson, Richard Dean 879
Anderson, Stephen M. 433
Andersson, Rikke Louise 64
Andorai, Péter 1030
Andrae, Manfred 306, 392
Andrau, Frédéric 253
Andrews, Iain 139
Andriole, David 772
Andrus, Mark 83
Anemone 595, 816
Angel, Dan 321
Angeli, Theo 490
Angélica, Ofelia 367
Angelo, Yves 540
Angelotti, Philip 155
Angress, Percy 268
Angulo, Alex 560
Aniston, Jennifer 324, 546, 1052
Anrango, Tonio 710
Ansara, Michael 71
Anspach, Susan 515
Anthony, Lysette 449, 588
Anton, George 176
Anton, William 986
Antoni, Carmen Maja 516
Antonijevic, Peter 801
Antunes, Danilo 178
Anwar, Gabrielle 787, 894
Aouffen, Myriam 45
Apilanez, Blanca 437
Apison, Annabelle 315
Applegate, Christina 89, 582
Araki, Gregg 699
Aranda, Vincente 437
Aranha, Ray 124, 957
Araskog, Julie 445
Arbogast, Thierry 549, 820
Arcel, Nastja 78
Archambault, Georges 260
Ardant, Fanny 238
Arditi, Pierre 207, 527, 591
Arduini, Dennis 239
Arehn, Mats 456
Arias, Imanol 186
Arikan, Jale 240
Aristarain, Adolfo 597
Arkin, Adam 360, 379
Arkin, Alan 323, 466
Arling, Josefin 481
Armelle 295
Armendariz, Pedro 599
Armenis, Giorgos 246
Armknecht, Martin 146
Armstrong, Bess 199
Armstrong, Charles 855
Armstrong, Gillian 686, 713
Armstrong, Neil 491
Armstrong, R.G. 204
Armstrong, William 522
Arnaz, Lucie 242
Arndt, Denis 397, 689
Arngrim, Stefan 449
Arnikari, Jyrki 82
Arnold, Chuck 411
Arnold, Henri 306
Arnold, John 854
Arnold, Steve 686
Arnold, Tammy 651
Arnold, Tom 606
Arnoul, Françoise 751
Arquette, Alexis 415, 436
Arquette, David 210, 825
Arquette, Patricia 305, 329
Arquette, Richmond 641
Arquette, Rosanna 141, 421, 804
Arrighi, Luciana 713
Arrizabalaga y Biaffre, José 479, 726
Arslan, Türkan 670
Arvanitis, Yorgos 80
Asanti, Pat 917
Ascaride, Ariane 594
Ascensao, Raquel 361
Ashmore, Shawn 741
Ashton, John 368
Aske, Per Egil 1013
Askew, Luke 945
Asner, Edward 384, 565
Asp, Anna 467, 635
Assante, Armand 975
Assayas, Olivier 452
Assmann, Hans Jörg 217
Assor, Adolfo 544
Astachow, Sergej 446
Asti, Adriana 472, 816
Astileanu, Dan 317
Astin, John 309
Astin, Sean 565
Astle, Tom J. 879
Astrakhan, Yoram 128, 742
Astrip, Alexandra 1043
Atherton, Howard 564, 701
Atherton, William 250, 578
Athey, Ron 837
Atkine, Feodor 215
Atkins, Eileen 638
Atkins, Peter 1029
Attanasio, Paul 867
Attenborough, Richard 238
Attene, Vittorio 310
Atterton, Edward 590
Au, Michael von 859
Aubry, Sophie 815
Auer, Barbara 453, 857
August, Bille 467, 635
August, Pernilla 170, 467
Augusto, Otavio 152
Aumont, Michel 417
Aurvag, Trond Fausa 1013
Aust, Peter 213
Auster, Paul 570
Austin, Alana 428

Austin, Karen 522
Austin, Shay 891
Auteil, Daniel 244
Avery, James 499
Avila, Javier 617
Avital, Mili 747
Avnet, Jon 771
Awad, Khalid 378
Axton, Hoyt 314
Aykroyd, Dan 41, 112
Aytes, Mary 923
Azaria, Hank 38, 353, 370
Azéma, Sabine 527
Azzopardi, Mario 879

B

Ba, Jean Marc Tran Tan 232
Babcock, Barbara 428
Bach, Catherine 261
Bach, Dieter 400
Bach, Dirk 298
Bach, Emmanuelle 751
Bacher, Hans 659
Bächle, Dieter 298
Bachmann, Maria 932
Bacon, Kevin 5, 324, 944, 1025
Bacri, Jean-Pierre 527
Badel, Peter 67
Bademsoy, Aysun 670
Bademsoy, Tayfun 775
Badenhorst, Gesa 334
Bader, Christine 376
Badger, Phillip 782
Badham, Jennifer 930
Badham, John 448
Badral, Njamdawaa 196
Badura, Ute 495
Baez, Rafael 354
Bafaloukos, Ted 812
Bafaro, Michael 851
Baffa, Christopher 641
Bagheri, Abdolrahman 344
Baglio, Aldo 946
Bagnall, Alison 141
Baier, Jo 516
Bail, Charles 162
Bailey, Frederick 436
Bailey, George W. 88
Bailey, John 83
Bailleul, Sebastien 990
Baily, Scott 957
Bain, Susan 870
Baio, Scott 191
Bair, Jenny 583
Baird, Stuart 54
Bairstow, Scott 752, 1023
Baisho, Mitsuko 1
Bajer, Sharon 949
Bajram, Severdzan 820
Baker, Antonio 642
Baker, Bart 626
Baker, Diane 647
Baker, Ian 524
Baker, John 200
Baker, Kathy 360, 451
Baker, Robin 905
Bakhtiari, Afshin Khorshid 344
Bakke, Brenda 949
Bako, Brigitte 247
Bakri, Mohammad 378
Balaban, Bob 386
Balan, Ovidiu 317
Balasko, Josiane 295
Baldoni, Antonio 735
Baldwin, Adam 322
Baldwin, Alec 57, 622
Baldwin, Daniel 589, 706, 733, 1054
Baldwin, Peter 1003
Baldwin, Stephen 802, 894
Baldwin, William 130
Bale, Christian 329, 978
Balesteros, Sandra 909
Balfour, Eric 693
Balibar, Jeanne 426, 457
Balint, Ina 308
Balk, Fairuza 31, 585
Ball, Angeline 176
Ball, Leslie 888
Ballerini, Edoardo 652, 895
Ballesteros, Sandra 223
Ballhaus, Florian 387
Ballhaus, Michael 636
Balmer, Jean-François 528
Balser, Roswitha 1056
Balzaretti, Fernando 858
Bán, János 95
Bancroft, Anne 15, 41, 370
Bancroft, Tony 659
Band, Charles 249
Bandera, Manuel 66
Banderas, Antonio 367, 599
Banes, Lisa 36
Bank, Frank 75
Banks, Jonathan 741
Banks, Larry 652
Bannon, James 746
Bano, Roshan 174
Bao-Ming, Gu 1031
Baptist, Barry the 139
Bär, Dietmar 526
Baranski, Christine 441
Baratier, Diane 404
Barba, Norberto 176
Barbagallo, Angelo 44
Barber, Gillian 9
Barbian, Frank 513
Barbier, Denis 984
Barbosa, Laurence Ferreira 457, 696
Barclay, William 444
Barde, Javier 117
Bardem, Carlos 726
Bardem, Javier 236, 560, 726
Bardem, Pilar 560
Baré, Maria Lundberg 1048
Barès, Laurent 753
Barge, Gillian 625
Bargen, Daniel von 752
Barger, Tom 225
Barker, Cordell 116
Barker, Judith 320
Barker, Nicholas 969
Barker, Phillip 903
Barkus, Arnold 897
Barlett, Robin 552
Barlow, John Perry 531
Barnes, Priscilla 490
Barnes, Susan 574, 692
Barnette, Neema 183
Baron, Gael 264
Baron, Sandy 661
Barondes, Elizabeth 906
Barone, Anita 986
Barr, Douglas 339
Barr, Jean-Marc 553
Barranca, Maria 117
Barres, Michael Des 642
Barrett, Dan 1024
Barrett, Ray 680
Barrett, Shirley 551

Barrett, Walter 475
Barrios, Montxo Armendáriz 330
Barron, Steve 624
Barroso, Mario 236, 361, 504
Barrow, Michael F. 897
Barry, Raymond 290
Barrymore, Drew 56, 84, 415
Bartel, Paul 173, 772
Bartelme, Kevin 211
Barth, Susanne 963
Barthel, Lars 541
Barthelemy, Michel 203
Bartis, Ricardo 1027
Bartkowiak, Andrzej 54, 432, 535
Bartlett, Mike 278
Bartlett, Michael 937
Bartlett, Robin 875
Bartoli, Adolfo 21, 162, 249
Barton, Mischa 393
Bartsch, Angelika 947
Baruch, Adam 1055
Barylli, Gabriel 509, 830
Basaldua, Emilio 909
Basaraba, Gary 9, 180
Basedow, Rainer 145
Basedow, Rolf 93
Bash, J.E. 886
Basil, Harry 1003
Basinski, Peter 779
Basler, Antoine 203, 452
Bass, Ron 412
Bastos, Othon 152
Basulto, Armando 364
Batalla, Rick 925
Bates, Alan 683
Bates, Jo 449
Bates, Kathy 37, 636, 928
Batinkoff, Randall 650
Batley, Taff 349
Bauer, Michelle 603
Bauer, Ralf 217, 400, 791
Bauer, Steven 346
Bauer, Wolfgang Maria 663, 810
Bauert, Monika 480
Baum, Jürgen 414
Baumeister, Muriel 611
Bäumler, Marie 843
Baummander, Lewis 863
Baunkilde, Lasse 58
Baur, Lilo 996
Bauser, Andreas 899
Baxley, Craig R. 598
Bay, Frances 525
Bay, Michael 47
Bayer, Thommie 39
Bayliss, Peter 389
Bazak, Miroslaw 779
Beach, Adam 855
Beach, Karyn 646
Beach, Michael 658
Beach, Wayne 647
Beals, Jennifer 268, 533
Bean, Sean 789
Beart, John 1026
Beasley, Allyce 210
Beasley, John 43
Beato, Alfonso 560
Beaton, Stephanie 807
Beatty, Nancy 5, 403
Beatty, Ned 609
Beaucarne, Christophe 697, 1044
Beaudoin, Michelle 795
Beaujour, Jerome 844
Beaulieu, Marcel 595
Beaulieu, Trace 669
Beaumont, Gabrielle 194
Beauvois, Xavier 749, 984
Beck, Michael 642
Beck, Rufus 434, 566, 998
Beckel, Graham 98
Becker, Harold 622
Becker, Jan 620
Becker, Jean-Pierre 553
Becker, Manfred 712
Becker, Meret 420, 547
Becker, Renate 604
Becker, Rolf 985
Beckers, Geronimo 1017
Bedard, Irene 855
Bedelia, Bonnie 919
Beeler, Edwin 366
Beesley, Matt Earl 746
Beeton, William 180
Beghe, Jason 15, 862
Begley jr., Ed 8, 239, 360
Behar, Wayne 966
Behl, Armadeep 174
Behrendt, Klaus J. 275, 480
Behrens, Heiko 962
Bejamin, Shant 288
Belcher, Peter 769
Belcourt, Dominique 979
Belen, Ana 437
Belkhodja, Catherine 540
Bell, Darryl M. 101
Bell, John 41
Bell, Marshall 128
Bell, Tom 37
Bellan, Joe 160
Bellinzoni, Massimo 1035
Bellman, Gina 27
Bellomo, Sarah 73
Bellows, Gil 363
Bellucci, Monica 203, 549
Bellwood, Pamela 391
Belmihoub, Mustapha 45
Belmokadem, Abdelkader 45
Belmont, Véra 595
Belson, Michael 999
Belushi, James 319, 782
Belvaux, Frédérique 753
Belvaux, Lucas 753
Benabib, Roberto 160
Bencivenni, Alessandro 866
Bender, Dominik 924
Bender, Jack 486, 935
Bendo, Mark 211
Benedetti, Mario 223
Benedict, Dirk 242
Benedikt, Julian 111
Benesch, Gabriela 127
Benguigui, Jean 528
Benichon, Maurice 417
Benigni, Roberto 529
Benison, Peter 798
Benjamin, Richard 386
Benkelmann, Ulrike 1017
Bennett, Bill 496
Bennett, Charles 385
Bennett, Joseph 248
Bennett, Ronan 254
Benning, James 293
Benoit, Jean-Louis 274
Benrath, Martin 516, 1018
Benrubi, Abraham 342
Bensink, John Robert 489
Benskin, Tyrone 824
Benson, Wendy 1029
Bentivoglio, Fabrizio 14, 735

Benton, Robert 440
Benvenuti, Alessandro 542
Benvenuti, Leo 866
Benyon, Johanna 1032
Benzali, Daniel 225, 647
Ben-Zur, Picho 965
Berardo, Christine 683
Berben, Iris 39, 93, 298, 634, 982
Berc, Joachim 544
Berdat, Marion 312
Berenger, Tom 348, 805
Berenson, Marisa 818
Berg, Lars 326
Berg, Peter 163
Bergarist, Kjell 834
Bergé, Francine 844
Bergen, Tushka 651
Berger, Andreas 916
Berger, Edward 355
Berger, Senta 93, 587
Berger, Thomas 142
Berger, Wolfram 77, 127, 904
Bergeron, Philippe 353
Bergin, Patrick 648, 787
Bergman, Ingmar 170
Bergman, Mary Kay 71
Bergman, Sandahl 583
Bergmann, Tim 857
Bergstein, Eleanor 533
Beringer, Irmelin 627
Beristain, Gabriel 694, 973
Berkely, Xander 733
Berkley, Elizabeth 229
Berleand, François 301, 844
Berliner, Roshelle 948
Berling, Charles 679, 1016
Bermel, Pat 931
Bernard, Crystal 762
Bernbaum, Paul 369, 989
Berndt, Petra 1047
Berndt, Timo 275, 281, 808
Berner, Ted 120
Bernhard, Sandra 255, 574
Bernsen, Collin 577
Bernsen, Corbin 577, 651, 893
Bernstein, Gregory 694
Bernstein, Marcos 152
Bernstein, Peter 626
Bernstein, Sarah 694
Bernstein, Steven 647
Berquini, Lilli 66
Berriau, Pierre 593
Berrocal, Leire 236
Berroyer, Jackie 264, 528, 696
Berry, Caspar 491
Berry, Halle 86
Berry, Vincent 302
Berta, Renato 527
Bertinelli, Valerie 1051
Bertl, Michael 587, 961
Bertly, Magaly 797
Bertrand, Diane 799
Berzins, Andrew Rai 108
Besch, Bibi 986
Besserglick, Debbi 1055
Besson, Luc 914
Besson, Pierre 278
Best, James 261
Bestvater, Thomas 566
Bettenfeld, Dominique 203
Bettman, Gil 688
Betto, Carmel 965
Betz, Wahnfried J. 221
Bevillon, Leo Le 844
Bexton, Nathan 699
Beyer, Alexander 275
Beyer, Frank 4
Beyer, Troy 86
Bezace, Didier 274
Bianchi, Regina 482
Bick, Stewart 976
Biddle, Adrian 143, 248
Bideau, Jean-Luc 593, 793
Bider, Tim 637
Biebl, Stefan 278
Biehn, Michael 433
Biel, Jessica 960, 1038
Bieling, Susann 1018
Bierbaum, Karin 761
Bierbichler, Josef 681
Bierkens, Theo 93, 892
Biesk, Adam 575
Bigard, Jean Marie 295
Bigazzi, Luca 14
Biggs, Casey 297
Bigiaoui, David 662
Bihler, Lou 355
Bill, Tony 515, 779
Bille, Karl 64
Billiet, Lydia 536
Billingslea, Beau 918
Billingsley, Barbara 75
Billisch, Eva 413
Bin, Liu 823
Binder, Shigshid 196
Bindley, Scott 469
Bindley, William 469
Birabent, Antonio 501
Bird, Antonia 254
Birkin, Jane 527
Birkl, Manfred 1009
Birt, Christopher 741
Bisacco, Roberto 683
Bischoff, Simon 615
Bishop, Dan 441
Bissett, Josie 862
Bitomsky, Hartmut 293
Bivens, J.B. 247
Biziou, Peter 950
Bjerre, Claus 1045
Björck, Hampus 826
Björk, Anita 170
Blacher, Tatjana 240
Black, Karen 531
Blackehart, Steven 948
Blackie, John 554
Blackwell, Sam 970
Blades, Ruben 158
Blahacek, Rudolf 775, 792
Blake, Perry Andelin 75, 415
Blakey, Ken 251, 883, 967
Blanc, Michel 942
Blanchard, Jarred 691
Blanchett, Cate 238, 396, 713
Blanck, Curtis 1053
Blanco, Belén 737
Blasberg, Joel 263
Blasco, Maite 913
Blass, David 784
Blatt, Stuart 639
Bleckner, Jeff 9
Bleeth, Yasmine 185
Bleibtreu, Monica 233, 299
Bleibtreu, Moritz 233, 544, 563
Blethyn, Brenda 349
Blich, Riki 974
Blick, John 309
Bliss, Tatjana 488
Blixt, Björn 1058
Blondeau, Régis 941

Bloom, Brian 190, 292, 741, 977
Bloom, Claire 122
Blossier, Patrick 274, 301, 578
Blumenberg, Hans-Christoph 197
Blumenfeld, Alan 760
Bluteau, Lothaire 80
Bluth, Don 38
Blythe, Benedick 648
Blythe, Catherine 269
Blythe, Micky 490
Bo, Li 110
Boam, Jeffrey 731
Bobrowa, Lidija 446
Bocca, Julio 909
Bochner, Hart 129
Bock, Rainer 991
Böck, Wolfgang 413
Bockstael, Robert 832
Bode, Georg-Martin 442
Bode, Ralf 1037, 1045
Boden, Leon 634
Boder, Lada 166
Bodison, Wolfgang 30, 304
Boeser, Knut 653
Boffety, Pierre 1039
Bogart, Timothy Scott 642
Bogazianos, Vasili 272
Bogdanovich, Peter 777
Bogner, Nicholas 76
Bogosian, Eric 386
Bohbot, Roger 543
Bohen, Ian 474
Bohlinger, Don 818
Böhlke, Edgar M. 400
Böhm, Katharina 347
Bohm, Marquard 478
Bohm, Uwe 425, 829
Bohny-Reiter, Friedel 471
Bohrer, Corinne 877
Bohrer, Uwe 220
Bohringer, Richard 710
Bohringer, Romane 274, 549
Boidin, Samuel 990
Bokelberg, Oliver 555
Bolender, Bill 885
Bolik, Franziska 212
Bollen, Paul 939
Bollerter, Markus 345
Bolliner, Alun 309
Bolling, Marit 892
Bollinger, Frank 217
Bologna, Joseph 758
Bolt, Anna 252
Bolt, Ben 1032
Bolton, Michael S. 831, 915
Bomback, Mark 687
Bonaceli, Paolo 866
Bonet, Lisa 874
Bonetti, Massimo 487
Bonham-Carter, Helena 624, 1026
Bonifant, J. Evan 112
Bonitzer, Pascal 215, 332, 341
Bonnaire, Sandrine 332
Bonnal, Frédérique 594
Bonnell, René 591
Bonnevie, Maria 467
Bonnière, Christophe 839
Bonnière, René 550
Booe, Martin 211
Boone, Daneen 103
Boothe, Powers 268, 958
Bopp, Ana-Maria 345
Borchaninow, Wladimir 446
Borgmans, Warren 938
Borgnine, Ernest 323, 606
Bork, Miroslaw 972
Bormann, Susanne 259
Bornedal, Ole 305
Bornhak, Achim 709
Borowiak, Simone 298
Borrego, Jesse 585, 782
Borris, Clay 577
Borsody, Suzanne von 93, 563
Bortz, Jason 850
Bosch, Johnny Yong 953
Bosco, Philip 645
Bose, Andrea 77
Bosio, Laura 14
Bossell, Simon 228
Boston, Matt 335
Boston, Michael 1001
Bostwick-Singer, Eugenia 659, 689
Botella, Juan 913
Botero, Rodrigo 73
Botto, Juan Diego 597
Bottoms, Timothy 456, 939, 1041
Böttrich, Brigitte 627
Bouamari, Fatouma 232
Bouchard, Michel Marc 557
Bouchareb, Rachid 232
Bouchez, Elodie 543, 815
Boudet, Jacques 594
Boudra, Chafia 232
Bouhon, Jean-Jacques 207
Bouix, Evelyne 207
Bould, Chris 29, 604
Boulware, Kelsey Elizabeth 438
Bouquin, Jacques 740, 993
Bourdieu, Emmanuel 426
Bourgeois, John 637, 658
Bourla, David 1054
Bourne, Mel 754
Bourque, Andre 475
Bousdoukos, Adam 513
Boussaid, Sami 327
Boutefeu, Nathalie 452
Boutsikaris, Dennis 410, 438
Bovy, François 161
Böwe, Kurt 872
Bowen, Christopher 193
Bowen, Julie 33
Bowen, Michael 46, 459
Bowie, David 570
Bowin, Claire Jenora 719
Bowman, Chuck 498, 667
Bowman, Jessica 311
Bowman, Rob 16
Bowz, Eddie 989
Box, Harry 463
Boxell, Tim 228
Boy, Gouchy 247
Boyce, Frank Cottrell 1012
Boyd, David 520
Boyd, Guy 782
Boyd, Karin 985
Boyd, Russell 208, 713
Boyd, Tim 269
Boyer, Myriam 815
Boyle, Alan 143
Boyle, Danny 523
Boyle, Peter 199, 208
Bozonnet, Marcel 815
Bradford, Richard 354, 385
Bradley, David 940
Bradshaw, Matt 837
Brady, Eugene 34
Brady, John 669

Brady, Justin 956
Bragli, Lene 619
Braham, Henry 135
Brambilla, Marco 46
Bramley, Karen 468
Branagh, Kenneth 348, 1037
Branaman, Rustam 906
Brancato, Chris 385, 865
Brancato jr., Lillo 757
Brancher, Vincent 253, 743
Branco, Maria José 504
Brand, Joshua 130
Brand, Judith 276
Brandauer, Klaus Maria 87
Brandenstein, Patrizia von 524, 622
Brandmeyer, Ole 516
Brandner, Michael 808
Brando, Marlon 128
Brandrup, Johannes 347, 829, 899
Brandt, Axel 705
Brandt, Borris 281
Brandt, Kolja 536
Braschi, Nicoletta 244, 529
Brascia, Dominick 155
Brass, Tinto 310
Bratt, Benjamin 351
Braugher, Andre 875
Braum, Thomas 807
Braumann, Wolfgang 872
Brauss, Arthur 239
Braverman, Michael 137
Brazeau, Jay 11
Breckenfelder, Franziska 932
Breckwoldt, Marion 488
Breen, Charles 319, 733
Bremermann, Julia 653
Brendler, Julia 526, 775
Brennan, Eileen 525
Brennan, John G. 466
Brennan, Johnny 466
Brenner, Albert 409
Brereton, Cecelia 25
Bresser, Felix 392
Breuer, Jacques 810
Breuer, Torsten 142
Breyner, Nicolau 244
Breznahan, Tom 939
Bridges, Beau 5, 184, 510
Bridges, Jeff 90
Bridges, Lloyd 582
Briest, Anne-Sophie 677
Bright, Matthew 304
Brigthwell, Paul 842
Brill, Steven 630
Brillowska, Mariola 485
Brimble, Nick 421
Brimley, Wilford 443
Brisbin, David 1037
Britz, Pierre 932
Broadbent, Jim 329, 638
Broch, Nicolai Cleve 826
Brock, Brett 1051
Brock, Jeremy 429
Brockliss, Anthony 986
Brocksmith, Roy 511
Brodal, Sven Erik 326
Broderick, Matthew 353
Broders, Alain 232
Brodie, Bill 112
Broich, Margarita 612
Brolin, James 136
Brolin, Josh 136, 305, 633
Bron, Jean-Stéphane 161
Bronson, Charles 262, 263
Bronstein, Daniel 201
Brooks, Adam 1043
Brooks, Albert 716
Brooks, Annabell 572
Brooks, Avery 89
Brooks, J. Cyntia 1041
Brooks, James L. 83
Brooks, Rodney 812
Brophy, Brian 538
Brophy, Jed 156
Brosnan, Pierce 34
Broustal, Sophie 791
Browder, Ben 383, 637
Brown, Art Edler 84
Brown, Billy 321, 713
Brown, Bryan 336, 706
Brown, Clancy 290, 881
Brown, Jeffrey D. 210
Brown, Melanie 868
Brown, Ralph 252
Brown, Tom 315
Browne, Roscoe Lee 409
Brownell, Janet 1011
Browning, Michael 827
Browning, Norman 11
Brownlee, Mongo 618
Bruce, James 906
Bruce, Shannon 191
Brückner, Christian 634
Brückner, Jutta 82
Bruel, Dirk 1045
Brühl, Daniel 718
Brühl, Hanno 59
Brunetti, Roberto 313
Bruni-Tedeschi, Valeria 678, 696, 1016
Brünner, Frank 985
Brunner, Sibylle 991
Brussig, Thomas 761
Bruzio, Robert 657
Bryant, Peter 338
Brygmann, Martin 1045
Bryld, Eigil 179
Brynolfsson, Reine 467, 635
Brzeski, Bill 83
Brzezinsk, Wojciech 69
Buahi, Jeff 230
Bub, Natascha 961
Bubke, Anne-Marie 509
Büchel, Lars 991
Bucher, Michael 136
Buchet, Jean-Marie 616
Buchholz, Horst 529
Buchholz, Peter 82
Buchrieser, Franz 214
Buchsteiner, Torsten 473
Buck, Detlev 544
Bücking, Hans-Günther 151, 623, 857, 1018
Buckman, Phil 33
Buczma, Dennis 962
Budner, Iwona 472
Buegler, Rolf 894
Bufford, Takashi 921
Bufnoir, Jacques 591
Bugajski, Monica 438
Bujeau, Christian 1044
Bujold, Geneviève 1015
Bukowski, Bobby 1052
Bukowski, Bubba 538
Büld, Wolfgang 220
Bullock, Sandra 754, 1043
Bumstead, Henry 640, 1036
Bumstead, J.P. 256
Bunce, Stuart 87
Bunton, Emma 868
Burditt, Joyce 741
Bure, Candace Cameron 689
Burg, Andy 693

Burg, Viola von der 901
Burgeios, John 976
Burgel, Patrick 1044
Bürger, Annekathrin 734
Burghardt, Arthur 877
Burke, Adam 1001
Burke, Billy 582
Burke, Delta 741
Burke, Kaitlyn 239
Burke, Kathy 238
Burke, Martyn 510
Burke, Robert 29, 92
Burke, Robert John 604
Burkhard, Gedeon 325, 1050
Burmester, Leo 908
Burnett, Carol 645
Burnett jr., John 951
Burnette, Billy 173
Burnette, Justin 292
Burns, Edward 856
Burns, Keith Brian 86
Burns, Tim 33
Burnstein, Jim 630
Buron, Ingrid 53, 663
Burr, David 731, 1023
Burrough, Tony 370
Burstyn, Ellen 804
Burstyn, Thomas 159, 180, 720
Burton, Geoff 289, 680, 896
Burton, LeVar 878, 1054
Burton, Linda 43
Burton, Tony 288
Burum, Stephen H. 869
Busby, Scott 247, 545
Buscemi, Steve 47, 90
Busch, Fabian 218, 526
Busert, Heinz 500
Busey, Gary 764, 767, 930
Busey, Jake 309, 881
Busfield, Timothy 949
Bussmann, Christian 971
Bustric, Sergio 529
Butel, Mitchell 175
Butler, Bill 804
Butler, Gerard 429
Butler, Tom 790
Butler, Yancy 533, 589, 766
Bütün, Cihat 503
Buy, Margherita 553
Buza, George 839
Byanky, Myra 805
Byars, Floyd 601
Byers, Frank 3
Byrd, David 664, 1037
Byrne, David 570
Byrne, Gabriel 590, 747
Byrne, Martha 461
Byrne, Michael 200, 375
Byrnes, Jim 13
Byrnes, Josephine 713

C

Cabot, Ellen 73
Cabrera, Dominique 187
Cacaci, Joe 783
Cadieux, Jason 557, 1005
Cadiff, Andy 75
Caffè, Carla 152
Cage, Kevin 746
Cage, Nicolas 869, 875
Caicedo, Franklin 1033
Caillat, Jean-Louis 662
Cain, Christopher 421
Cain, Dean 84, 336
Caldecott, Todd 36
Cale, John 570
Calkilic, Arzu 670
Callaway, Tom 166
Callie, Dayton 251
Calvin, William H. 125
Calzone, Maria Pia 340
Camacho, Mark 124
Cameron, Allan 881
Cameron, David 36
Cameron, James 928
Cameron, Michael 928
Campanella, Joseph 464
Campbell, Bill 153
Campbell, Bruce 606
Campbell, Carol 473
Campbell, Darren O. 956
Campbell, J. Kenneth 707, 960
Campbell, Julia 930
Campbell, Martin 599
Campbell, Neve 825, 890, 1025
Campbell, Sean 338
Campbell, Tony 1052
Campell, John 807
Canals, Cuca 274
Cannon, Danny 733
Cannon, Dyan 190, 199, 910
Cannon, Wanda 783
Canonica, Sibylle 147
Cantarini, Giorgio 529
Cantz, Kerstin 340
Capalbo, Giovanni 472
Capeless, Jerry Turner 475
Capener, Brian 855, 983, 1054
Capra, Francis 1045
Caprara, Walter 66
Capreti, Sara 996
Caprioli, Anita 955
Capuano, Antonio 735
Caravaca, Eric 799
Cardellini, Linda 357
Cardenas, Celiana 786
Cardenas, Steve 953
Cardinal, Ben 202, 1028
Cardinal, Tantoo 855
Carides, Gia 555, 680
Carides, Zoe 680
Carlberg, Chad 646
Carle, Cynthia 915
Carlin, Michael 134, 171
Carloni, Esterina 866
Carlson, Jonathan 199
Carlson, Patrick 475
Carlyle, Robert 254
Carmback, Göran 481
Carmen, Julie 322
Carneiro, João Emanuel 152, 629
Caro, Manolo 367
Caron, Glenn Gordon 324
Caron, Leslie 533
Carp, Jean-Philippe 30
Carpenter, Russell 644, 928
Carpenter, Willie C. 967
Carpentieri, Renato 482
Carr, Caleb 880
Carradine, Calista 939
Carradine, David 463
Carradine, Ever 224
Carradine, Keith 266, 876, 912
Carrere, Tia 336, 511, 802, 841
Carrey, Jim 950
Carrière, Jean-Claude 158

Carriere, Mathieu 1021
Carrilo, Elpidia 128
Carrol, Helena 664
Carroll, Justin 48
Carruth, Scott 364
Carstensen, Margit 278, 343
Carter, Alex 114
Carter, Chris 16, 18, 632
Carter, James L. 646, 733
Carter, Lynda 933
Carter, Rick 35
Carter, T. K. 1054
Cartwright, Veronica 122, 569, 885
Carusio, Ileana 472
Caruso, David 118, 354
Carvalho, Walter 152, 629
Carver, Brent 557
Casey, Elizabeth 902
Cash, Ryan 335
Casnoff, Philip 368
Caso, Alan 13, 841
Caso, Maria 692
Cassar, Jon 52
Cassavetes, Nick 477
Cassel, Seymour 589, 703
Cassel, Vincent 203, 549
Casseus, Gabriel 98, 172
Cassidy, Joanna 250, 510, 573
Cassidy, Patrick 588
Cassignard, Pierre 844
Cassini, John 268
Castaldi, Jean-Pierre 295
Castanares, Alexis 858
Castel, Lou 452
Castellitto, Sergio 816, 942
Castle, Jane 284
Castro, Rick 837
Catalifo, Patrick 457
Cathomas, Bruno 94
Catillon, Brigitte 49
Caton-Jones, Michael 803
Cattrall, Kim 534, 672
Caulfield, Maxwell 229, 445
Cauthen, Kelley 562
Cavaliér, Bernard 594
Cavalier, Jason 119
Cavallini, Giovanni 955
Caven, Mark 1032
Ceccherini, Massimo 313
Cecchi, Carlo 380, 793
Cedar, Larry 270
Celarie, Clementine 942, 1000
Celeiro, Luis 96
Celentano, Jeff 375
Celestino, Robert 657
Celi, Ara 575
Celinska, Stanislawa 300
Cellier, Caroline 591
Centeno, Jason 902
Cerami, Vincenzo 529
Cervi, Valentina 49
Cervik, Sandra 99, 677
Cesena, Marcello 941
Cestero, Carlos 917
Cetin, Sonur 670
Ceylan, Emin 503
Ceylan, Fatima 503
Ceylan, Nuri Bilge 503
Chaatouf, Kader 990
Chabert, Lacey 567
Chablis, The Lady 640
Chabrol, Claude 528
Chabrol, Thomas 528
Chalfant, Kathleen 920
Chalk, Garry 242, 268
Chalke, Sarah 649, 821
Chalon, Luc 215, 341
Chamas, Mohamad 492
Chamberlain, Richard 1028
Chambers, Rebecca 476
Chamchoum, Georges 727
Chamier, Frank 612
Chamma, Giselle 211
Champetier, Caroline 679, 749, 984
Champnella, Eric 230
Chan, Bennie 460
Chan, Daniel 943
Chan, Henry 691
Chan, Jackie 460
Chan, Kim 535
Chan, Moses 100
Chan, Peter 418
Chan, Suk-yee 100
Chan, Susanne 406, 460
Chan, Teddy 100
Chancellor, Anna 10
Chandler, Michael 303
Chandler, Simon 448
Chang, William 50, 178
Channing, Stockard 440, 524, 1043
Chantal, Margue Chase 786
Chao, Rosalind 412
Chaplin, Ben 1006
Chaplin, Carmen 751
Chaplin, Geraldine 664
Chapman, Andrew 851, 876
Chapman, Brenda 756
Chapman, David 533
Chapman, Michael 827
Chappelle, Joe 732
Chappey, Antoine 753
Charette, Cynthia 1038
Charisse, Cyd 515
Charles, Josh 160
Charles, Sebastian 743
Chart, Paul 31
Charters, Rodney 511
Chartran, Lauro 691
Chatelain, Jean Quentin 457
Chatrier, Jean-Philippe 591
Chau, Cincy 408
Chau, Frederik Cu 584
Chauvistre, Michael 806
Chaykin, Maury 571, 599, 602, 903
Chazel, Marie-Anne 1044
Chea, Claudio 96
Cheadle, Don 120, 716
Chechik, Jeremiah 638
Cheek, Molly 855
Chellas, Semi 1005
Cheng, Kuo 1031
Cheng, Siu-keung 556
Chéreau, Patrice 1016
Chesley, Howard 894
Chesnais, Patrick 751
Chestnut, Morris 15
Chetwynd, Lionel 621
Cheung, Jacky 50, 178
Cheung, Joseph 418
Cheung, Leslie 178
Cheung, Maggie 50, 158, 178, 406, 418, 452
Cheung, Roy 408
Cheung, Tony 100
Chevolleau, Richard 336
Chevrier, Arno 274
Chianese, Dominic 975
Chien-lien, Wu 165
Chiffre, Philippe 549

Chigaira, Dick »Chinx« 285
Childs, Martin 429
Chiles, Lois 106
Chill, Dieter 318, 325
Chimpeles, John 570
Chin, Glen 506
Chin, Tsai 771
Chinlund, Nick 655
Chinn, Michael 303
Chisholm, David 438
Chisholm, Melanie 868
Chiti, Ugo 542
Choe, Dean 691
Choi, Bin Chuen 144
Chokachi, David 637
Chong, Rae Dawn 976
Chong, Tommy 606
Chopra, Joyce 489
Choudhury, Sarita 728
Chouikh, Amin 45
Chouikh, Mohamed 45
Chow, China 89
Christensen, Rikke 326
Christian, Roger 601
Christmas, Eric 11, 602
Christofferson, Debra 602
Christopher, Mark 890
Christopherson, Kathy 251
Chu, Kevin 422
Chubbuck, Lyndon 676
Chuipka, Chip 824
Chun, Paul 422
Chung, King-fai 100
Chung-man, Yee 418
Church, Thomas Haden 342
Cianetti, John 109
Ciangola, Nando 1035
Cibrian, Eddie 241
Cichocki, Janusz 212
Cintra, Luis Miguel 504
Cipriani, Carla 310
Citran, Roberto 14
Citti, Marc 696
Clabaugh, Richard 732
Claisse, Georges 264
Clancy, Garrett 191
Clapp, Gordon 114, 610
Clarin, Hans 265
Clark, Blake 730
Clark, Bob 243
Clark, Dan 691
Clark, Duane 976
Clark, Mystro 154
Clark, Richard 550, 790
Clarkson, Helene 108
Clasing, Tatjana 1009
Clavier, Christian 1044
Clay, Jim 10
Clayburgh, Jill 185, 666, 715
Cleaver, Sue 349
Cleese, John 342
Clein, Debra 1014
Clemens, Monika 906
Clément, Aurore 697
Clement, Dick 46
Clement, Jennifer 209
Clements, Cal 52
Clifford, Graeme 539
Climent, Joan 367
Clisby, Bernard 350
Clooney, George 716
Cluzet, François 528
Coates, Kim 180
Coates, Nelson 20, 70, 188, 647
Cobbs, Bill 11
Coburn, James 337, 510
Coca, Richard 833
Cochrane, Rory 539
Cochrane, Sandy 701
Cockram, Jeremi 889
Cody, Bill 850
Cody, Jill Mazurzky 421
Coen, Ethan 90
Coen, Joel 90
Coffey, Colleen 562
Coffin, Frederick 618
Cohen, Barney 795
Cohen, Bennett 338
Cohen, Eli 974
Cohen, Greg 1024
Cohen, Joel 644
Cohen, Kaipo 974
Cohen, Larry 449
Cohen, Lester 163
Cohen, Scott 377
Colace, Hugo 223
Colantoni, Enrico 339
Cole, Brandon 704
Cole, Eric Michael 222
Cole, Gary 319, 980, 1038
Cole, Natalie 498
Coleman, Bill 750
Coleman, Jack 267, 925
Coleman, Joe 750
Colin, Grégoire 332, 543, 678
Colla, Richard 646
Collen, Jacqueline 162
Collette, Toni 978
Colli, Tonino Delli 529
Colline, Henri 119
Collins, Alma 414
Collins, Gary 642
Collins, Greg 168, 708
Collins, Robert 321
Collister, Peter Lyons 613, 776
Colmenres, Angel 1041
Colombo, Roberta 1035
Colomo, Fernando 367
Coltellaci, Giovanni Fiore 946
Coltrane, Robbie 1022
Combs, Holly Marie 649, 646
Combs, Jeffrey 309
Commelin, Elisabeth 593
Comment, Bernard 558
Conaway, Chuck 201
Conaway, Kristi 136
Concepcion, Alma 436
Condie, Richard 116
Coninx, Stijn 892
Connelly, Jennifer 175, 451
Connelly, Theresa 747
Connery, Sean 638
Connick Jr., Harry 46
Connolly, Andrew 373
Connolly, Bill 429
Connolly, Jon 230
Connolly, Kevin 894
Connor, Eugene O' 373
Connor, Kevin 648, 664
Connors, Mike 464
Conrad, Chris 474, 715
Conroy, Jack 34
Conroy, Ruaidhri 365
Considine, John 62
Consigny, Anne 740
Contein, Raymond 1007
Conti, Tom 280, 894
Contner, James A. 242, 933
Conversi, Fabio 66
Conway, Kevin 561
Conway, Tim 409

Conway, William J. 790
Coogan, Keith 206
Cook, Barry 659
Cook, Rachael Leigh 184
Cook, Robin 534
Cook, Thomas S. 898
Cook, Troy 250
Cooke, Gary 136
Cooke, Scott 888
Coolidge, Jennifer 694
Coolidge, Martha 910
Coolio 639
Cooney, Michael 458
Cooper, Chris 370, 729
Cooper, Robert C. 879
Cooper, Stuart 338, 936
Coote, Lissa 284
Copeman, Michael 832
Copes, Juan Carlos 909
Copp, Aimee 969
Coppola, Alicia 849
Coppola, Francis Ford 773
Coppoletta, Joe 333
Coraci, Frank 415
Corazza, Vincent 666
Corba, Cornelia 431
Corbett, John 114, 204, 537, 880, 891
Corbett, Toby 204
Corbin, Barry 762
Corder, James 956
Corley, Annie 302
Corley, David 250
Corr, Andrea 584
Corradi, Pio 952, 996
Corraface, Georges 437
Correa, Angela 1033
Corrigan, Kevin 141, 402
Corrigan, Michael 118
Cort, Bud 291
Cortés, Joaquin 286
Cortese, Dan 569
Cosso, Pierre 33
Costa, Joao 285
Costa-Gavras, Constantin 578
Costantini, Nazareno 683
Costanzo, Robert 71, 397
Costello, Fleur 491
Costner, Kevin 752
Cotillard, Marion 372, 914
Coto, Manny 877, 994
Cotterba, Horst 982
Cottreel, Genevieve 990
Cottreel, Marjorie 990
Coughlan, Frank 123
Courau, Clotilde 301
Courtney, Jeni 365
Couttie, Robert 436
Couturier, Monique 816
Covert, Allen 415
Covert, Michael 32
Cox, Alex 270
Cox, Brian 188, 189
Cox, Chad 970
Cox, Courteney 26, 825
Cox, Julie 193
Cox, Ronny 647
Coyote, Peter 483, 788, 841, 867
Cozarinsky, Edgardo 993
Crabbe, Peter 606
Craig, Daniel 572
Craig, Laurie 722
Craig, Stuart 638
Craigie, Ingrid 271
Cramer, Gregorio 1027
Cramer, Rick 166
Crandall, Roger 821
Crane, Chilton 339
Crane, Tony 1029
Cranitch, Lorcan 271
Crapie, Anne Cécile 1039
Crauchet, Paul 264, 372
Craven, Matt 601
Craven, Wes 825
Creaghan, Dennis 297
Cremin, Kevin G. 762
Crenna, Richard 831
Crest, Joe 569
Crewson, Wendy 319
Crider, Missy 715
Crimp, Mike 905
Crivello, Anthony 957
Croccolo, Carlo 946
Crombie, Peter 85
Cromwell, James 182, 865
Cronauer, Gail 682
Cronenberg, David 108, 403
Cronin, Jeanette 396
Cronin, Michael 87
Cronston, Brian 925
Crosby, Cathy Lee 461
Crosby, Denise 250
Crosby, Mary 687
Cross, Ben 88
Cross, David 853
Cross, Garvin 338
Cross, Harlex 726
Cross, Joseph 189
Cross, Malcolm 339
Crossan, Denis 427, 448
Crow, Bill 24
Crowden, Graham 424
Crowe, Russell 896
Crowther, C. David 519
Crozza, Maurizio 941
Crudele, Frank 976
Crudup, Billy 451
Crugnali, Louis 534
Cruttwell, Greg 342
Cruz, Alexis 934
Cruz, Carlos 617
Cruz, Penelope 560
Cruz, Wilson 256
Cryer, Jon 742
Crystal, Billy 386
Cserhalmi, György 95
Cserna, Antal 95
Cuaron, Alfonso 370
Cuau, Emmanuelle 332
Cucinotta, Maria Grazia 88, 444
Cuk, Vladimir 915
Culker, Carmen 339
Cullen, Brett 807
Cullen, Max 496
Cullum, Kimberly 730
Culp, Robert 30
Culver, Carmen 919
Cummings, Gregory Scott 967
Cummings, Howard 773
Cundey, Dean 290, 552, 701, 1057
Curkrowski, Gesine 808
Currie, Gordon 108, 517
Curry, Tim 8, 606, 927
Curtin, Jane 41
Curtis, Cliff 156, 827
Curtis, Jamie Lee 379, 683
Curtis, John A. 517
Curtis, Oliver 571
Cusack, Joan 443
Cusack, John 38, 640
Cusack, Sinead 34

Cuscuna, Susan 775
Cutler, Allen 550
Cutler, Ron 983
Cutting, David 651
Cyr, Myriam 225, 865
Czepl, Susanne Victoria 151, 718
Czypionka, Hansa 763

D

Dabal, Wit 484
Dacascos, Mark 383, 800
Dach, Jean-Pierre von 253
Dachsel, Denize 847
Da Costa, Jean-Paul Rosa 697
Daemion, Amiel 626
Dafoe, Willem 337
Dain, Joseph 894
Dale, Holly 108
Dale, Jennifer 269
Dalle, Béatrice 104
Dallesandro, Joe 570
D'Almeida, Duarte 504
Dalmes, Mony 528
Dalton, Deborah 205
Dalton, Timothy 613
Daltrey, Roger 977
Daly, Brian 92
Daly, Lynn 583
Daly, Tim 546
Damain, Ariane 264
Damant, Andree 1000
Damasio, Antonio R. 125
Damek, Dagmar 526, 677, 859
Damm, Sigrid 81
Damme, Ellen ten 663, 717, 901
Damon, Mark 804
Damon, Matt 358, 773
Damon, Una 950
Damovsky, Gerald 709
Dampf, Sarah 875
Damski, Mel 430
Dance, Charles 768
Dandry, Evelyne 848
Danes, Claire 635, 747, 773, 958
Dangerfield, Rodney 1003
Daniel, Floriane 937
Danieli, Isa 866
Daniels, Alex 877
Daniels, Ben 424
Daniels, Jeff 694
Daniels, William 569
Danielson, Shell 577, 672, 953
Danner, Blythe 16, 486, 578, 1037
Dante, Joe 510, 853, 880
Danza, Tony 444, 906, 1059
Dänzer, Phil 911
D'Arbanville, Patti 637
Darby, Jonathan 235
D'Arcy, Jan 410
Darmon, Stéphane 404
Darnell, Eric 41
Darr, Lisa 742
Darroussin, Jean-Pierre 594
Darrow, Henry 725
Daves, Michael 354
Davette, Matthieu 404
Davi, Christian 774
Davi, Robert 65
David, Angel 652
David, Don S. 879
David, Keith 47, 251, 288
David, Peter 21
David, Zoltan 231
Davidovich, Lolita 180
Davidson, Boaz 575
Davidson, Josephine 405
Davidson, Tommy 921
Davidtz, Embeth 172, 348
Davies, Andrew 1032
Davies, Huw 889
Davies, Jeremy 856
Davies, Tod 270
Davis, Andrew 728
Davis, Bernadette 1032
Davis, Dan 130, 230, 912
Davis, David 266
Davis, David M. 61, 838
Davis, Eddy 1024
Davis, Elliot 393, 716
Davis, Judy 157, 386
Davis, Michael 194
Davis, Nick 917
Davis, Ossie 208, 1059
Davis, Philip 254
Davis, Rachel 315
Davis, Robert P. 13
Davis, Sammi 60
Davis, Tamra 84
Davis, Walter Halsey 639
Davis, William B. 16, 18
Davison, Bruce 524, 722
Dawaachu, Agi 544
Dawson, Bobby 209
Dax, Patrick 273
Day, Don 706
Day, Larry 280
Day, Matt 496
Day, Nicholas 621
Dayan, Assi 1055
Dayan, Josée 207
Day-Lewis, Daniel 123
Dayne, Taylor 931
De Almeida, Joaquim 244, 818
De Andres Lopez, Angel 913
De Battista, Gérard 540
De Bernardi, Piero 866
De Broux, Lee 977
De Caunes, Antoine 417
De Ceccatty, Philippe Pavans 591
De Chauvigny, Emmanuel 133
De Cicco, Rosaria 735
De Cline, Xavier 917
De Dooyer, Rijk 331
De Fougerolles, Helene 258
De Freitas, Chantal 28
De Freitas, Manuela 361
De Gabriel, Carlos 479
De Haeck, Hugues 791
De Hert, Robbe 138
De Jesus, Wanda 250, 354
De Jonge, Marc 1039
De Koy, Barbara 734
De la Brosse, Simon 207
De la Iglesia, Alex 726
De Lancie, John 13
De Landa, Manuel 750
De Leon, Idalis 3
De Long Adams, Richard 649
De Lucia, Paco 286
De Marco, Enrico 911
De Marco, Fran 570
De Micco, Kirk 584

De Moleron, Arnaud 844
De Montalambert, Thibault 426
De Mornay, Rebecca 614
De Niro, Robert 163, 370, 459, 789, 999
De Oliveira, Manoel 504
De Oliveira, Vincius 152
De Palma, Brian 869
De Palma, Rossy 941
De Roche, Axel 985
De Sande, Theo van 105
De Segonzac, Jean 695
De Sousa, Melissa 3
De Souza, Steven E. 506
De Stefano, Michael 969
De Utrera, Fernando 286
De Van, Adrien 848
De Van, Marina 848
De Velde, Jean van 892
De Vico, Robert 944
De Vicq, Paula 986
De Vita, Paolo 482
De Vries, Pieter 350
Deakins, Roger 90, 512
Dean, Erin J. 564
Dean, Loren 323, 874
Dean, Rich 191
Dear, William 1023
Deaver, Jeffery 180
DeBello, John 97
Decca, Anghel 181
Deck, James D. 766
Deckert, Blue 609
Declercq, Dimitri 616
Decter, Ed 988
DeCuir, John 34
Dee, Ruby 1045
DeFelitta, Raymond 805
Defina, Don 160
Degen, Michael 296, 487
Deguy, Marie-Armelle 740
DeHaven, Gloria 910
Deido, Jules-Emmanuel Eyoum 848
Deimling, Jenny 355
Dejczer, Maciej 69
Delama, Neil 603
Delamere, Matthew 964
Delany, Dana 778
Delany, Samuel R. 537
Delate, Brian 950
Delbaere, Sebastien 990
Deleon, Melissa 109
Delhomme, Benoit 49
Dell, Howard G.H. 107
Dell'Isola, Patrick 1039
DeLoach, Heather 613
DeLongis, Anthony 162
Delpeyrat, Nicolas 740
Delpy, Julie 33, 589
Del Rosario, Linda 283
Deming, Peter 825
Demir, Kazim 627
Demir, Leyla 627
Demirkan, Renan 775
Demke, Carl-Christian 690
Demps jr., John L. 438
Dempsey, Patrick 87, 247
Denarle, Philippe 740
Dench, Judi 429
Deneuve, Catherine 341, 504
Denincourt, Marianne 278, 426
Denis, Claire 678
Dennehy, Brian 1036
Denning, Martin 162
Denny, Simon Baker 30
Denton, Lucas 5
Depardieu, Gérard 329, 590
Depardieu, Julie 207
Depp, Johnny 128, 270
Deren, Nancy 518
Dern, Bruce 122
Desarthe, Dante 264
Descas, Alex 232, 678
DeScenna, Linda 602
Desenclos, Christophe 1000
Desmond, James 645
DeSoto, Rosana 534
Desplechin, Arnaud 426
Desselle, Natalie 86
Destani, Jasar 820
Deters, Tom 977
Detmers, Maruschka 859
Detten, Erik von 75
Dettmann, Andrew 474
Deuber, Walo 873
Deutch, Howard 441
Deutsch, Gustav 279
Deutschmann, Heikko 197, 526, 653
Devane, William 672
Deveaux, Nathaniel 222, 247, 268
Devenish, Ross 200
Deville, Roland 751
Devine, Colleen 414
Devine, Loretta 574
Devine, Michael 824
Devita, Steve 303
DeVito, Danny 773
Devlin, Dean 353
Devos, Emmanuelle 49, 426
Dewhurst, Keith 135
Dexter, Sally 979
Dharmawadhana, Cyril 791
Diamond, David 871
Diamond, Lon 75
Diane, Georges 797
Diaz, Antonio 367
Diaz, Cameron 523, 988
Diaz, Maria Isabel 617
Diaz, Rolando 617
DiCaprio, Leonardo 590, 928
DiCillo, Tom 229
Dick, Andy 84
Dickens, Anisa 923
Dickens, Dynisha 923
Dickens, Kim 370, 622, 711, 1051
Dickens, Nina 923
Dickinson, Angie 758
Dickson, Billy 715
Diefenthal, Frederic 914
Diego, Eliseo Alberto 132
Diehl, August 218
Diele, Eva 347
Diesel, Vin 856
Diesen, Trygve Allister 454
Dietl, Bo 650
Dietz, Frank 676
Dietzel, Wolfgang 81
Diewold, Lauren 17
Diez, Vicente 367
Dighero, Ugo 941
Dignam, Erin 573
Diklic, Jasna 995
Dill, Bill 86
Dillane, Richard 88
Dillane, Stephen 979, 1012
Dilley, Leslie 182
Dillon, Kevin 449, 607, 931

Dillon, Matt 20, 443, 988, 1025
Dillon, Oscar 618
DiMuccio, Brian 559
Dionisi, Stefano 66, 244
DiPalma, Carlo 386
Dirnhofer, Thomas 852
Diskin, Bend 477
Dittberner, Hans-Jürgen 276
Dittrich, Olli 298
Divine, Aidan 949
Divoff, Andrew 21, 1029
Dixon, Ivan 725
Dixon, Jamie 177
Djian, Katell 685
Djodat, Shaghayeh 316
Djurkovic, Maria 842, 905
Dobbs, Lem 175
Dobkin, Kaela 641
Dobra, Anica 93, 1009
Dobschütz, Ulrich von 296
Dobson, Peter 309
Dodds, Megan 56
Doermer, Christian 545
Doherty, Shannen 936
Doillon, Jacques 749
Dolder, Ivo 366, 604
Doll, Birgit 904
Dollar, Aubrey 651
Dollar, Dolly 620
Dombasle, Arielle 215
Dominguez, Wade 159, 805
Donaggio, Pino 779
Donat, Peter 771
Donath, Peter 4
Donati, Danilo 529
Donatsch, Daniel 345
Donavan, Robert 166
Dong, Liang Jing 1040
Donglin, Guo 959
Donnelly, Daragh 123
Donner, Richard 535
D'Onofrio, Vincent 682
Donohoe, Amanda 122, 656
Donovan, Jeffrey 362
Donovan, Jim 757
Donovan, Martin 778
Donovan, Tate 647
Donsky, Seth Michael 957
Doob, Nick 645
Dooley, Brian 119
Dooley, Paul 573
Dopazo, Cecilia 186
Dorau, Andreas 620
Dorfer, Alfred 413
Dorff, Matt 60
Dorff, Stephen 105, 159
Dorfman, Bruce 225
Dorn, Dieter 681
Dorn, Michael 878
Dornhelm, Robert 968
Dörrie, Doris 93
Dorsey, L.C. 303
Dostie, Alain 793
Dottermans, Els 938
Döttling, Peter 763, 1050
Doucet, Robert 116
Doucett, Linda 610
Douche, David 990
Doueiri, Rami 492
Doueiri, Ziad 492
Doug, Doug E. 199
Douglas, Alan 923
Douglas, Chris 52
Douglas, Hermine 923
Douglas, Illeana 324, 891
Douglas, Michael 728
Douglas, Nike 368
Douglas, Shirley 68
Douglass, Diane 469
Douglass, Paul 562
Dourdan, Gary 744
Dourif, Brad 305, 835
Dow, Bill 689
Dow, Ellen Albertini 415
Dowling, Kevin 896
Down, Gerald 135
Downey jr., Robert 54, 348, 780
Doyle, Carol 1006
Doyle, Christopher 178, 418
Doyle, Sharon Elizabeth 675, 715
Draber, Caroline 981
Drachsel, Burghard 7
Drager, Kerstin 717
Drago, Billy 52, 824
Draper, Robert 949
Dray, Albert 301
Drescher, Fran 397, 613
Dressel, Roland 586
Dressler, Elivs 832
Dressler, Kristin 832
Dreujou, Jean-Marie 595
Drew, Griffin 562
Drew, Phelin 34
Drewitz, Devin Douglas 239
Driessen, Paul 116
Driggs, Hannah 360
Driver, Minnie 358, 384
Dröge, Gert Jan 138
Drucker, Malka 778
Drummond, Alice 26, 702, 1052
Duarte, Zita 558
Dubin, Kristina 605
Duchovny, David 16, 17, 18, 744
Dudikoff, Michael 102, 166, 727, 840
Dufaux, Guy 747
Duff, Hilary 150
Duffin, Philip 782
Duigan, John 289, 393
Dukakis, Olympia 324, 411, 582
Duke, Bill 385
Duke, Patty 730
Duken, Ken 473
Duling, Dan 167
Dumont, Bruno 990
Dunaway, Faye 20, 768
Duncan, Peter 157, 1048
Dunford, Christine 960
Dunk, Bert 262
Dunlop, William 377
Dunn, Andrew 56, 235, 1043
Dunn, Kevin 324, 353, 807, 853, 915
Dunne, Ally 162
Dunne, Griffin 1044
Dunne, Kevin 869
Dünnemann, Felix 145
Dunn-Hill, John 401
Dünnwald, Jürgen 739
Dunst, Kirsten 38, 853
Dupeyron, François 553
Dupouey, Pierre 751
Dupuis, Roy 401
Durano, Giustiono 529
Duret, Marc 203
Düringer, Roland 413, 830
Duris, Romain 317
Dussollier, André 527
Dutton, Charles S. 633, 674
Dutton, Simon 252

DuVall, Clea 184, 559
Duvall, James 699
Duvall, Robert 43, 182, 348, 1036
Duvall, Shelley 150, 525
Duveau, Jean-René 1000
Düwel, Karin 306
Dye, Dale 707
Dykiel, Bozena 484
Dymant, Henry 455
Dysart, Richard 384
Dziallas, Wilfried 627, 809
Dziki, Waldemar 522
Dzundza, George 71, 199, 865

E

Eagles, Frank 811
Eales, Candice 29
Earnest, Randal P. 375
Eastman, Allan 879
Eastman, Rodney 433
Eastwood, Alison 640
Eastwood, Clint 640
Eastwood, Francesca Ruth 1036
Eaton, Premika 520
Ebber, Heiner 620
Ebert, Gunda 954
Ebner, Sabine 1056
Eccleston, Christopher 238, 315, 920
Echanove, Juan 367
Echerer, Mercedes 830
Egger, Rainer 830
Eckberg, Anita 66
Eckel, Tim 118
Eckerfeld, Katie 387, 743
Eckert, Andrea 299
Eckholdt, Steve 476
Ecoffey, Jean-Philippe 549
Edel, Uli 765
Eder, Fabian 265
Edson, Richard 168, 891
Edwar, Paul A. 539
Edwards, Daryl 652
Edwards, Donna 889
Edwards, Eric 163
Edwards, Paul F. 181
Egan, Michael 888
Egelind, Sös 1058
Eggar, Samantha 731
Egger, Rainer 968
Egger, Urs 710
Eginton, Zack 458
Egoyan, Atom 903
Ehlers, Corky 893
Eichhammer, Klaus 218
Eichhorn, Karoline 4, 328, 998
Eichhorn, Lisa 194
Eichhorn, Werner 718
Eiding, Paul 181
Eikenberry, Jill 489
Einrauch, Volker 947
Eisenberg, Hallie Kate 722
Eisenberg, Max 486
Eisner, Philip 248
Eitner, Felix 142, 328, 947, 1049
Ejogo, Carmen 424
Eklund, Jakob 834
Ekmanner, Agneta 170
Eldard, Ron 70
Eleniak, Erika 130, 291
Elfman, Bodhi Pine 622
el-Ghoul, Fadi 378
Eliason, Joyce 539, 927
Elizondo, Hector 409
Elkin, Karen 824
Ellin, Doug 414
Ellingson, Andre G. 876
Elliott, Alison 1026
Elliott, Chris 760, 988
Elliott, David James 1053
Elliott, Denholm 200
Elliott, Sam 351
Elliott, Ted 599, 853
Elliott, William 208, 582
Ellis, James 781
Elmaleh, Gad 417, 797
Elsner, Hannelore 39, 480
Elswit, Robert 120, 518
El-Tayeb, Fatima 28
Elvin, David 389
Elvis 199
Elwes, Cary 188, 584
Emes, Ian 661
Emmerich, Noah 950
Emmerich, Roland 353
Emoto, Akira 1
Endre, Lena 170, 456, 467
Engelbrecht, Constanze 77
Engelhardt, Wilhelm 1002
Engelkes, Rick 892
England, Brian 534
Engler, Hartmut 584
Englund, Morgan 173
Englund, Robert 1029
Enlen, Martin 39, 982
Eno, Brian 570
Enomenga, Moi 952
Enrichi, Barbara 313
Enriquez, Porfirio 597
Ensinger, Manfred 900
Epp, Michael 420
Epperson, John 772
Epperson, Tom 204
Erb, Geoffrey 980
Erb, Greg 835
Erbe, Kathryn 210
Erburu, Andoni 330
Erdöss, Pal 213
Ergün, Halil 380
Ergür, Alpte 59
Erhart, Tomas 932
Eriksen, Kaj-Erik 388
Erin, Bryn 36
Ermey, R. Lee 190, 908
Ersgard, Joakim 951
Ershadi, Homayon 344
Erstam, Staffan 834
Ertener, Orkun 434
Ertmanis, Victor 1053
Erz, Stefan 659
Esau, Sylvia 257
Eschke, Elfi 265
Escoffier, Jean-Yves 46, 358
Eshun, Kodwo 537
Eskow, John 599
Esposito, Giancarlo 440, 692, 733
Esposito, Philomène 942
Estes, Rob 176
Estevez, Emilio 630
Estevez, Joe 109, 445, 951
Estrada, Erik 107
Eszenyi, Enikö 95
Euler, Friederike 690
Evans, Betsan Morris 171
Evans, Lee 602, 988
Evans, Marc 781
Evans, Troy 185, 351
Everett, Todd 109

Everhart, Angie 251
Ewert, Jennifer Lopez/Carola 41
Eydmann, Rudi 681
Eyre, Chris 855
Ezsterhas, Joe 255

F

Fabares, Shelley 272
Fabbri, Fabrizia 487
Faber, Matthias 278
Fabian, Françoise 332
Fabiani, Joel 869
Fabre, Jean-Marc 815
Fabrick, Johannes 74, 127
Facinelli, Peter 561
Faenza, Roberto 244
Faerber, Peter 214
Faessler, Lisa 952
Fahey, Jeff 362, 470, 639, 925, 967
Fahim, Guido Amin 513
Fahlenbock, Megan 470
Fährmann, Tom 147
Fairbrass, Craig 491
Fairchild, Morgan 667
Fairley, John 209
Fairley, Michelle 271
Faker, Brian 940
Falco, Eddie 920
Falkenberg, Heike 718, 809
Falkenhagen, Rudi 748
Falkner, Max 899
Falkner, Micky 899
Falkner, Tommy 899
Fallet, Eli Marie 326
Faltlhansl, Roland 273
Fanciulli, Florens 1035
Fano, Daniel 616
Fantastichini, Ennio 295
Farber, Karl 7
Farcy, Bernard 914
Farentino, Debrah 428
Fargeau, Jean-Paul 678
Faridany, Francesca 531
Farin, Michael 296
Farina, Dennis 230, 397, 716
Farmer, Gary 403, 855
Farrar, Robert 10
Farrell, Mike 231
Farrell, Sharon 153
Farrelly, Bobby 988
Farrelly, Peter 988
Farruco, Enrique Morente 286
Fassler, Ron 22
Faßnacht, Paul 212, 898
Fau, Bernard 753
Faucon, Philippe 662
Faure, Sébastien 1039
Faust, Michael 604
Fawcett, Farrah 43
Fearnley, Neill 470
Feast, Michael 978
Feather, Jacqueline 584
Featherstone, Angela 263, 415
Fedulowa, Ekatarina 213
Fehse, Jan 734
Feifel, Martin 151, 278
Feitshans IV., Buzz 98, 606
Feldman, Corey 155, 798, 886
Fellner, Claudia 273
Felmy, Stefan 478
Felperlaan, Marc 331
Fengler, Michael 115
Fenigjstein, Simon 455
Fenn, Sherilyn 758
Feore, Colm 247, 875, 1034
Ferch, Heino 563, 1018, 1050
Ferguson, Matthew 557
Ferilli, Sabrina 482
Fernandes, Joao 598
Fernandez, Benjamin 511, 874
Fernández, Roberto 617
Fernandez-Muro, Marta 479
Fernetz, Charlene 795
Ferolli, Beatrice 327
Ferrara, Abel 104
Ferrara, Ed 661
Ferrara, Stéphane 1039
Ferrari, Isabella 683
Ferrario, Davide 955
Ferre, Michelle 460
Ferrell, Conchata 935
Ferretti, Dante 447, 512
Ferro, Dan 639
Festa, Yiota 907
Feuerstein, Mark 1043
Fichtner, William 20, 908
Field, Arabella 353
Field, Connie 303
Field, Sally 1011
Fieldsteel, Robert 499
Fiennes, Joseph 238, 596
Fiennes, Ralph 638, 713, 754
Fierek, Wolfgang 900
Fierstein, Harvey 511
Fieschi, Jacques 553
Figueroa, Efrain 189
Filac, Vilco 128, 158
Filipski, Ryszard 522
Filon, Richard 930
Fin, Pat 934
Finch, Brian 611
Find, David 116
Findlay, Andrew 982
Fine, David 116
Fine, Russell 702
Fingaz, Sticky 3
Fink, Carolin 982
Finkbeiner, Charles 382
Finlay-MacLennan, Stewart 917
Finley, Cameron 75
Finley, Margot 790
Finn III., John C. 18, 693, 762
Finneran, Mike 725
Finney, Albert 1006
Finney, Gavin 278
Fintzi, Samuel 971
Fiorentino, Linda 118
Firstenberg, Sam 390, 605
Firth, Colin 912
Fiscella, Andy 362
Fischer, Bernd 465
Fischer, David 106, 268
Fischer, Maximilian 981
Fischer, Ottfried 214, 900
Fischer, Torsten C. 690
Fischli, Elena M. 884
Fishburne, Laurence 248, 385
Fisher, Dick 657
Fisher, Frances 928, 1023, 1036
Fisher, Garret 63
Fisher, Stephen 851

Fiske, John 211
Fitz, Florian 217
Fitzgerald, Glenn 592, 920
Fitzpatrick, Jim 708
Fitzpatrick, Peter 680
Flaherty, Joe 758, 1034
Flamand, Didier 818
Flanery, Sean Patrick 84
Flannigan, Maureen 798
Flashner, Graham 783
Flatman, Barry 114, 666, 783
Flea 90
Fleckenstein, John 989
Fleder, Gary 188
Fleeks, Eric 414
Fleming, Jerry 250
Fleming, William 1004
Flemming, Catherine 287
Flemming, Peter 202
Flemyng, Jason 25, 139, 793
Fletcher, Brendan 11, 870, 949
Fletcher, Dexter 139
Fletcher, Louise 391, 715, 906
Fleury, Cecilia 307
Flicker, Florian 904
Fliege, Jürgen 514
Flint, Katja 1018
Flinth, Peter 58
Floberg, Björn 58
Flocker, James T. 335
Florek, Dave 970
Flores, Maria Elena 367
Flores, Von 336, 470
Flori, Jean-Jacques 447
Flotats, Josep Maria 117
Flynn, Colleen 1051
Flynn, Steven 960
Flynt, Brendan 948
Foch, Nina 235, 805, 1052
Focke, Barbara 634, 1049
Fodor, Sandor 2
Fogarasi, Alpar 1030
Fokitschew, Andrej 836
Foley, Dave 1034
Folk, Alexander 201
Folley, Lillian 923
Fonda, Bridget 129, 459
Fonda, Peter 960
Fondacaro, Phil 249
Fong, Alex 556
Fong, Henry 100
Fontaine, Anne 679
Fontayne, Finetime 349
Ford, Cameron 6
Ford, Faith 674
Ford, Harrison 827
Ford, Maria 863
Ford, Roger 157, 289
Ford, Steven 579
Ford, Travis 915
Ford, Victoria 6
Foreshaw, Wes 609
Forestieri, Liane 39
Forrest, Frederic 102, 128, 205, 383, 746
Forsberg, Malte 481
Forster, Heidy 328
Forster, Robert 31, 459, 688
Forsyte, Joey 589, 650
Forsythe, William 283, 975
Forte, Christian 20
Forte, Smith 364
Forza, Roberto 313
Foster, Ben 311
Foster, John 897
Foster, Lilibet 861
Foster, Meg 21
Fouquet, Katia 847
Fox, Emilia 768
Fox, Jorjan 85
Fox, Kerry 1012
Fox, Michael J. 309
Fox, Rick 230
Fox, Vivica A. 88, 921
Foxx, Jamie 921
Foy, Patrick 136
Fraim, Tracy 84
Frain, James 365, 765
Fraisse, Robert 789
Frakes, Jonathan 878
Francis, Clare 964
Francis, Karl 889
Franco, Vicente 303
François, Guy-Claude 372
Frank, Dan 364
Frank, Horst 334, 620
Frank, Jason David 953
Frank, Scott 716
Frank, Tony 614
Franke, Peter 240, 420, 1046
Franke, Ulrike 963
Frankenheimer, John 789
Franklin, Howard 10
Franklin, Richard 680
Frann, Mary 515
Franoszek, Nina 62, 431, 509
Franz, Dennis 875
Franz, Elizabeth 957
Franzoni, David 35
Frappat, Francis 558
Fraser, Brendan 342
Fraser, Duncan 388
Fraser, Paul 956
Fratzscher, Peter 115, 843
Fraunholz, Markus 149
Frawley, James 715
Frederick, Tara 720
Freeman, J.E. 210
Freeman, Kathleen 112
Freeman, Morgan 35, 182, 188, 384, 565
Freeman, Rob 17
Freitag, Benedict 996
Freitas, Stela 152
French, Oliver 939
Frentzos, Giorgos 246
Freoa, Julien 791
Fresco, Rob 202, 637, 987
Fretun, Philippe 753
Freund, Horst 709, 810
Frewer, Matt 885
Frey, Beatrice 968
Friberg, Ulf 467
Frick, John 1001
Fricker, Brenda 601, 781
Fridjhon, Anthony 769
Fridriksson, Fridrik Thor 192
Fried, Jonathan 86
Friedkin, William 1059
Friedle, Will 693
Friedman, Brent V. 654
Friedreich, Jörg 77
Friedrich, Georg 852
Friel, Anna 135
Friels, Colin 175
Friesz, Michou 916
Frift, Michael 664
Frith, Rebecca 551
Fritsch, Herbert 478, 924
Fritsch, Regina 214
Fröling, Ewa 826

Frolov, Diane 23
Fromm, Hans 77, 887
Fromont, Raymond 257
Frosch, Christian 343
Frost, Cora 924
Frost, Emma 258
Frost, Gregory 520
Frost, Sadie 130
Fruet, William 321
Frugoni, Cesare 66
Früh, Jessica 253
Frumkes, Roy 652
Frutkoff, Gary 451, 716
Frye, E. Max 719
Frye, Soleil Moon 390, 987
Fuchs, Jason 582
Fuchs, Matthias 420
Fu-Chun, Hsu 394
Fuentes, Carlos 913
Fugere, Nicole 8
Fujimoto, Tak 912
Fujiwara, H. 643
Fuller, Kim 868
Fullerton, Andrew 143
Fullerton, Richard 118, 167
Fulton, John P. 905
Fulton, Larry 324
Fulton-Smith, Francis 212, 281, 333
Fundalej, Beata 484
Fünderich, Astrid M. 221
Fung, Kei 406
Funke, Alex 869
Fuqua, Antoine 776
Furey, Mark 785
Furie, Sidney J. 764, 841
Furlong, Edward 723
Fürmann, Benno 140, 234, 245, 611
Fürneisen, Bodo 325
Futterknecht, Christian 1047
Fux, Herbert 99
Fywell, Tim 271

G

Gabbay, Victoria Hanna 198
Gaden, John 157, 396, 1048
Gaft, Valentin 169
Gage, Kevin 168, 375
Gage, Patricia 114
Gail jr., Max 360
Gainer, Steve 103, 463
Gains, Courtney 201
Gajtan, Swetlana 446
Galan, Monica 223, 501
Gale, Ricardo Jacques 492
Gale, Vincent 247
Galecki, Johnny 427
Galianos, Melissa 517
Galiardo, Juan Luis 909
Galiena, Anna 215
Galio, Stefan 73
Galis, Süleyman 627
Gallagher, David 785
Gallagher, Megan 498, 632
Gallagher, Peter 10, 927
Gállfi, László 95
Galligan, Zach 886
Gallo, Carmi 666
Gallo, Vincent 141, 678, 711
Galvez, Paulina 736
Galvin, Brendan 718
Galvin, Tim 973
Gambon, Michael 365, 1026
Gammarota, Manrico 14, 683
Gammell, Robin 832
Gammon, James 241, 945, 1051
Gandolfini, James 172, 726, 1059
Gangl, Giordano 284
Ganz, Bruno 328
Ganz, Marshall 303
Gao, Lam 50
Garbers, Gerhard 387, 576, 611
Garces, Inigo 330
Garcia, Andy 189, 385
Garcia, Celia 617
Garcia, Nicole 553
Garcia, Rodrigo 858
Garcia, Ron 23
Garcia, Ronald Victor 22
García, Salvador 186
Garcia, Saturnino 479
Garcin, Henri 331
Gardener, Micah 51
Gardiner, Peter 160
Gardner, Danielle 861
Gargiulo, Emanuele 735
Garner, James 180, 440
Garner, Jennifer 655, 1006
Garner, Pat 960
Garofalo, Janeane 163, 395
Garr, Teri 150, 205, 525, 689, 790, 1045
Garrel, Maurice 49
Garreton, Andres 940
Garris, Cynthia 885
Garris, Mick 885
Gartenkraut, David 456
Garth, Jennie 136
Garver, James 850
Garwood, John 837
Garwood, Norman 567
Gas, Mario 736
Gassman, Alessandro 380
Gassner, Dennis 950
Gast, Mike 1021
Gastdorf, Johanna 53
Gates, Curtis 419
Gates, Emma 419
Gates, Katharine 750
Gates, Martin 389, 811
Gates, William 419
Gatlif, Tony 317
Gattorno, Francisco 858
Gault, Willie 688
Gauthier, Susan 38
Gautier, Eric 426, 452, 553, 1016
Gaviria, Carlos 966
Gavois, Gilles 813
Gayheart, Rebecca 534, 692
Gazzara, Ben 141, 931, 973
Geary, Cynthia 19, 490
Geddes, David 486, 862, 935
Gedeck, Martina 298, 299
Gedergott, Illa 809
Gedrick, Jason 219, 539
Gefen, Shira 1055
Gehlen, Johanna Christine 494
Geirhardsdottir, Hallorda 192
Geirsson, Sveinn 192
Gelard, Frederic 264
Geleng, Antonello 49
Gellar, Sarah Michelle 427, 825
Gems, Jonathan 589

Genoud, Philippe Morieu 1044
Genovese, Eric 740
Gentry, Cecil 693, 871
Gentsch, Heike 584
George, Eddie 537
George, Götz 140, 857, 947
George, Laszlo 666
George, Libbey 103
George, Terry 123
Georgeson, Tom 135
Geraghty, Mark 365, 395, 1012
Gerani, Gary 977
Gerat, Jasmin 145
Gerber, Fred 989
Gere, Richard 771, 803
Gereghty, William 879
Gergely, Szabolcs 1030
Gerini, Claudia 313
Germany, Serge 662
Gernandt, Tygo 1007
Gershon, Gina 703, 719
Gersina, Peter 623
Gerstein, Lisa 1014
Gerster, Karl-Friedrich 340
Gescher, Norbert 41
Geschonneck, Matti 775, 792
Getty, Estelle 411
Ghafori, Ebrahim 42
Gherarducci, Giorgio 946
Giani, Christina 340
Giannini, Giancarlo 633
Gibb, Cynthia 183, 870, 1053
Gibbons, Steve 948
Gibson, Channing 535
Gibson, Kathleen 364
Gibson, Mel 535
Gibson, Paul 861
Gibson, Thomas 674
Gidley, Pamela 228, 582
Gidwani, Kitu 174
Gielgud, John 624
Gieling, Ramon 530
Giering, Frank 145, 710
Gifford, Barry 726
Giggie, Bill 738
Gijon, Aitana Sanchez 274
Gil, Arturo 661
Gilad, Adam 360
Gilbert, Andrew S. 496
Gilbert, Peter 419
Gilborn, Steven 256, 919
Gill; Elizabeth 933
Gill, John 1024
Gillard, Stuart 247
Gillard jr., Larry 652
Gillespie, David 1032
Gillespie, Jim 427
Gillespie, John 994
Gilliam, Seth 881
Gilliam, Terry 270
Gilliand, Richard 877
Gilligan, Vince 17
Gilliland, Richard 297
Gilmartin, Kristin 864
Gilmore, Danny 557
Gilpin, Jack 555
Gilroy, Tony 432
Gilsig, Jessalyn 584
Giltaij, Goert 530
Gingras, Sylvain 757
Ginn, Jeff 758
Ginnever, Jodi 559
Ginter, Lindsey Lee 951
Giong, Lim 359
Girard, François 793
Girardot, Hippolyte 942
Giraudeau, Bernard 553, 595
Girone, Remo 595
Giroux, Jackelyn 119
Gish, Annabeth 204, 604, 759, 882
Gisler, Marcel 253
Giurato, Blasco 244, 487, 542
Gladstone, Dana 137
Glass, Ann Gisel 797
Glass, Philip 570
Glassner, Jonathan 879
Glatter, Lesli Linka 1037
Glave, Karen 658
Glave, Matthew 415
Glawogger, Michael 608
Glazer, Ariel 1059
Glazer, Mitch 370
Gleason, Joanna 31, 788
Gleason, Paul 644
Gleeson, Kelly 12
Glenn, Scott 283
Glennon, James 84, 297, 489
Glick, Liat 965
Glogovac, Nebojsa 801
Glover, Danny 41, 421, 535, 754, 908
Glover, Joan 564
Glover, John 607
Glowna, Vadim 197, 810
Gmelin, Gerda 620
Gnade, Steffen 587
Gobbi, Gianluca 955
Göbring Hermstadt, John Henning 619
Göckeritz, Harald 763
Godard, Agnès 543, 678
Godard, Jean-Luc 697
Goddard, Trevor 52, 701
Goddwin, Jamie 533
Godfrey, Patrick 56
Godreche, Judith 590
Goebel, Alexander 265
Goebel, Elisabeth 898
Goehlich, Romi Maria 407
Gogibedaschwili, Dato 133
Gogin, Michael Lee 270
Gogol, Darek 756
Göhnermeier, Lutz 963
Göhre, Frank 739
Going, Joanna 160, 451, 732
Golan, Menahem 48, 346
Goldberg, Adam 856
Goldberg, Richard 902
Goldberg, Harris 1038
Goldberg, Marshall 870
Goldberg, Whoopi 230
Goldblatt, Mark 47
Goldblum, Jeff 754
Goldfield, Daniel 555
Goldin, Nan 570
Goldin, Ricky Paul 667
Goldman, Gary 38
Goldman, Shai 965
Goldsman, Akiva 567, 1043
Goldstein, Eric J. 676
Goldstein, Ruth 1056
Goldwyn, Tony 188
Goldzajder, Henia 455
Golenac, Bojana 306
Golin, Larry 934
Golino, Valeria 14
Golluch, Norbert 500
Gombo-Ochir, Sodnomdorsh 196
Gomer, Steve 68

Gomez, Antxon 560
Gómez, Carmelo 186, 330
Gomez, Marga 867
Gonçales, Gilberto 504
Gong, Feng 959
Gontermann, Walter 663, 709
Gonzalez, Clifton Gonzalez 776
González, Víctor 737, 1027
Goodall, Caroline 710
Goodall, Louise 668
Goodell, Gregory 651, 730, 918
Gooding jr., Cuba 83, 412
Goodman, John 90, 112, 172
Goodnoff, Irv 155, 464
Goodwin, Alexander 633
Goodwin, R.W. 18
Goorjian, Michael 759
Goosh, Tudew 196
Goozee, Gerald R. 994
Gorak, Chris 894
Gordon, Eve 552, 1038
Goritsas, Sotiris 907
Goritzki, Thomas 233
Görlitz, Christian 121
Gosain, Bhaveen 174
Gosselaar, Mark Paul 224, 821
Gossett jr., Lou 126
Gottlieb, Heather 6, 224
Gottlieb, Max 596
Gottschalk, Thomas 311
Gottschall, Klaus 82
Gough, Alfred 168
Gould, Diana 980
Gould, Dominic 684
Gould, Elliott 155, 159
Gourary, Manuela 914
Gout, Christanne 966
Gow, Roland 491
Goyer, David S. 105, 175
Goyet, Jean-François 593, 816
Grabol, Sofie 454
Gracia, Sancho 597
Graf, Susi 211
Graff, Todd 613
Graham, Aimee 726
Graham, Bruce 38
Graham, Gary 22, 23
Graham, Heather 120, 567
Graham, Lauren 305
Graham, Samaria 639
Graham, William A. 821
Grainger, Gawn 571
Grammer, Kelsey 38, 656
Granath, Björn 58
Grande, Louis Del 994
Grandinetti, Dario 223
Grane, Chilton 92
Granier, Olivier 549
Granier-Deferre, Denys 791
Granofsky, Anais 266
Grant, Hugh 780
Grant, Jessica Brooks 412
Grant, Rainer 173
Grant, Stacy 92
Grant, Susannah 56
Grasemann, Saskia 872
Grass, Sandy 767
Grauwiller, Regula 149, 513, 587, 901, 961
Gravelle, Barry 401, 824
Graver, Gary 464, 475, 840, 925
Gray, Christopher 674
Gray, David Barry 393
Gray, Linda 461
Gray, Marc 289
Gray, Mark W. 919
Gray, Victoria 303
Gray, Pamela 26, 561
Gray, Spalding 106
Grayes, Keivyn McNeill 957
Gray-Stanford, Jason 247
Grazioli, Irene 793
Grdevich, Sabrina 1005
Greatrex, Richard 429
Green, Brian Austin 79, 919
Green, Jack 640, 945
Green, Ken 888
Greenberg, Adam 867
Greenberg, Matthew 379, 633
Greenblatt, William 658
Greene, David 193, 263
Greene, Michele 610
Greene, Peter 168
Greenfield-Sanders, Timothy 570
Greenwood, Bruce 903
Greer, Douglas 360
Greggory, Pascal 1016
Greiling, Michael 327, 792
Greim, Rolf 327
Grenkowitz, Rainer 677
Gressmann, Evelyn 41
Grey, Jennifer 222
Greyeyes, Michael 283
Greyson, John 557
Griebe, Frank 563, 1046
Grieco, Richard 119, 183, 579
Grier, David Alan 606, 841
Grier, Pam 459
Griesebach, Anna 53
Griesmayr, Hartmut 233
Grifasi, Joe 897
Griffin, C. Todd 888
Griffin, Rhonda 249
Griffin, Tim 574
Griffith, Anthony 650
Griffith, Melanie 564, 805
Griffith, Thomas Ian 511
Griffith, Tracy 430
Griffiths, Rachel 157
Grimm, Michael 852
Grimmelmann, Hans 328
Grisoni, Tony 270
Groeger, Peter 1002
Groh, David 951
Gröllmann, Jenny 115
Gronvall, Christian 64
Gropman, David 440
Gross, Holger 701
Gross, Larry 158, 375, 703
Gross, Molly 850
Grosse, Nina 278
Grossmann, Reinhard 59
Grote, Ulrike 587
Groth, Jacob 1045
Grover, Deborah 666
Grover, Gulshan 791
Groves, Marianne 274
Grubbs, Gary 421
Gruber, Kade 77
Gruiszynski, Alexander 890
Grünberg, Claudia 494
Grünberg, Klaus 545, 734
Grund, Stefan 147
Grunert, Frank 400

Grünler, Jörg 829
Gschnitzer, Julia 845
Gsell, Monika 345
Gu, Changwei 348
Guard, Pippa 320
Guare, John 524
Guay, Philippe Le 751
Guediguian, Robert 594
Guerberoff, Miguel 1027
Guerra, Castulo 534
Guerra, Jackie 833
Guerra, José 700
Guerricaechevarria, Jorge 560, 726
Guerty, Marcela 737
Guest, Lance 742
Guevara, Nacha 223
Gugino, Carla 869
Guichard, Eric 317
Guilford, Allen 156, 228
Guilfoyle, Paul 636
Guillaume, Robert 107, 832
Guinee, Tim 438
Gulzar, Jimmy 1007
Gumbo, Sithembiso 285
Gundel, Morten 1045
Gunn, James 948
Gunn, Sean 948
Gunning, Charles 682
Gunsur, Mehmet 380
Gurfinkel, David 216, 974
Guridi, Luis 479
Gurwitch, Annabelle 173, 601
Gusner, Armina 488
Guth, Klaus 327
Gutiérrez, Alberto 367
Gutiérrez, Annette 891
Gutiérrez, Miguel 96
Gutjahr, Rainer 677
Gutman, Michael 218
Guttenberg, Steve 641
Gutterres, Candi 618
Guttman, Ronald 29
Guyot, Marion 983
Guzman, Daniel 236
Guzman, Luis 128, 716
Gwisdek, Michael 140, 586
Gyalpo, Tencho 512
Gyllenhaal, Stephen 807
Gylling, Sam 1058

H

Haarman, Lorenz 847
Haber, Mark 320
Habich, Matthias 62
Hackett, Buddy 722
Hackford, Taylor 432
Hackman, Gene 41, 440, 874
Hadi, Raisulih El 308
Haga, Paul-Ottar 454
Hagas, Karin 826
Hagedorn, Christiane 347
Hagen, Ron 1001
Hagen, Ross 784
Hagman, Larry 219, 636
Hahn, Rob 443
Hahn-Hoffmann, Börries 717
Haider, Sylvia 690
Haiduk, Stacy 1054
Haihai, Lin 959
Haim, Corey 155, 798
Hain, Jeanette 151, 298, 947
Haitkin, Jacques 1029
Hake, Susanne 146
Hakuryu 381
Halberg, Jonny 1013
Hall, Anthony Michael 490, 524
Hall, Bug 552, 661
Hall, C. Daniel 167
Hall, Irma P. 640, 882
Hall, Landon 603
Hall, Philip Baker 518
Hall, Rosy 211
Halldorsson, Gisli 192
Haller, Peg 695
Haller, Peter von 845
Halliwell, Geraldine 868
Hallwachs, Hans-Peter 526
Halonen, Arto 483
Halter, Urs Peter 253
Hamann, Craig 383
Hamel, Veronica 137
Hamill, Mark 209, 517
Hamilton, George 150
Hamilton, John 124
Hamilton, Josh 204, 1015
Hamilton, Linda 639, 778
Hamilton, Lisa Gay 555
Hamilton, Patricia 1053
Hamilton, Robert 107
Hamilton, Stratford 292
Hamilton-Wright, Michael 782
Hamlin, Harry 338, 610
Hamm, Nick 596
Hammer, M. 369
Hampton, Christopher 329
Hampton, Demetra 798
Hamsé, Séloua 232
Han, Si 226
Hancock, Herbie 111
Hancock, John Lee 640
Hancock, Sheila 571
Händl, Klaus 207
Hands, Mat 854
Handtke, Holger 985
Hanel, Valeska 924
Hanh, Thich Nhat 817
Hankin, Larry 644
Hanks, Tom 856
Hanlon, Peter 19
Hanly, Peter 373
Hanman, Michael Z. 789
Hanna, Ed 976
Hannah, Daryl 8, 229, 348, 539, 779
Hannah, John 781, 842
Hannah, Scott 668
Hann-Byrd, Adam 379
Hannigan, Alyson 980
Hänsel, Marion 257
Hansen, Robert 1045
Hanson, Dian 750
Hanson, Heather 851
Hanson, Marla 104
Happl, Aloisia 273
Harasimowicz, Cezary 69, 522
Harbot, Christine 947
Harbour, Robert 650
Harden, Marcia Gay 189, 290
Harder, Teresa 619, 808, 982
Harding, Peter 491
Hardison, Kadeem 915
Hardt, Kim 763, 981
Hardwicke, Catherine 578, 682
Harewood, Dorian 461, 883, 1059
Harfouch, Corinna 586, 857

Hargitay, Mariska 9
Hargrove, Dean 741
Hark, Tsui 506
Harloff, Marek 240, 690
Harmon, Robert 975
Harney, Corinna 977
Harnois, Elisabeth 880
Harnos, Christine 416, 906
Harper, Hill 34
Harper, Kate 621
Harper, Tess 803, 987
Harper, Valerie 272
Harrelson, Woody 719, 999, 1012
Harrigan, Stephen 430
Harris, Barbara 433
Harris, Ed 950
Harris, Estelle 154
Harris, Jared 158, 567, 897
Harris, Julie 1011
Harris, Keith 646
Harris, Laura R. 550, 667, 795
Harris, Mark Jonathan 565
Harris, Neil Patrick 881, 1037
Harris, Rob 979
Harris jr., Dr. Bernard 537
Harrison, Ana 438
Harrison, Cathryn 200
Harrison, John Kent 561
Harrison, Lindsay 489
Harrison, Yohanan 965
Harrod, David 109
Harrold, Kathryn 222
Harrow, Lisa 897
Harrris, Estelle 206
Harry, Hatchet 139
Hart, Brian 369
Hart, Elizabeth 369
Hart, Emily 369
Hart, Ian 143, 365
Hart, Jacobsen 251
Hart, Linda 368
Hart, Melissa Joan 598, 795
Hart, Roxanne 626, 649
Hartley, Hal 402
Hartman, Hubertus 334
Hartman, Jan 664
Hartman, Phil 510, 853
Hartman, Tara 351
Hartmann, Ernest 161
Hartmann, Rainer 794
Hartner, Rona 317
Hartnett, Josh 379
Hartov, Steven 951
Hartowicz, Irek 575
Harvey, Don 614
Hassel, Karlheinz von 382
Hassler, Jürg 345
Hassmann, Eva 245
Hastings, Bob 71
Hathaway, Amy 256
Hatosy, Shawn 205
Hattenhauer, Joe 810
Hattin, Donna J. 646
Hattou, Mess 797
Haudepin, Didier 815
Hauer, Rutger 401, 624
Haugh, Megan 76
Hauglie, Lars 126
Hausemann, Michael 566
Hauser, Cole 358
Hauser, Stephen 867
Hausner, Thomas 581
Haußmann, Leander 761
Havilio, Ron 294
Havnesköld, Grete 834
Hawke, Ethan 323, 370, 682
Hawkes, John 744
Hawkes, Terry 269
Hawkins, Peter 1014
Hawkins, Screamin' Jay 726
Hawthorne, Nigel 35, 546
Hayashi, Hiroli 237
Hayek, Salma 890
Hayes, Al 348
Hayes, Carey W. 185
Hayes, Chad 185
Hayes, Clyde 348
Hayes, Curtis 303
Hayes, Isaac 21
Haygarth, Tony 37
Hayman, David 668
Haynes, Todd 978
Haysbert, Dennis 876
Haywood, Chris 496
Hazanavicius, Serge 696
Headey, Lena 254
Headly, Glenne 70
Heald, Anthony 701
Healey, Dorian 621
Heap, Jonathan 994
Heap, Mark 134
Heard, John 250, 869
Hearn, George 68
Heart, Melissa Joan 369
Hebendanz, Johannes 611
Héberle, Antoine 696
Heche, Anne 427, 827, 999
Hecht, Jessica 1011
Heckmann, Mechthild 627
Hedaya, Dan 304, 510, 523
Hedden, Rob 461
Hedren, Tippi 129
Heesters, Nicole 576
Heffer, Richard 200
Hegedus, Chris 645
Hegenbarth, Wolke 308
Heim, Jo 566
Heinänen, Tinto 483
Heinemann, Julia 217
Heinersdorff, René 1017
Heinrichs, Rick 90
Heinze, Thomas 298
Heinzen, Georg 809
Heise, Thomas 67
Heiter, Michael 761
Heitmeyer, Jayne 824
Held, Gerald A. 663
Held, Wolfgang 355
Heldman, Chris 600
Helgeland, Brian 752
Helgenberger, Marg 282, 354, 865
Helger, Anne Marie 1045
Helistenius, Axel 326
Hellings, Yvonne 93
Hellmann, Hannes 985
Hellwig, Annette 277
Helm, Levon 282
Helmond, Katherine 270, 658
Helmy, Michael 945
Hemben, David 625
Hemblen, David 263, 976
Hemingway, Mariel 788
Hemmi, Peter 911
Hemse, Rebecka 826
Hendershott, Adam 918
Henderson, John 134
Henderson, Robert 52
Hendler, Lauri 515
Hendrickson, Stephen 1045
Hendrickx, Monic 748
Hendrix, Elaine 661, 1057

Henkin, Hilary 999
Henman, Granz 234
Henner, Marilu 927
Hennessy, Ellen Ray 839
Hennessy, Jill 30
Hennings, David 630, 927
Hennings, Sam 562
Henriksen, Lance 632
Henry, Buck 229
Henry, Dodine 264
Henry, Don 1004
Henry, Gregg 893
Hensel-Kirscht, Olaf 859
Hensley, Jon 986
Henstridge, Natasha 865, 876
Hentsch, Jürgen 4, 420, 612
Herb, Brian R.R. 321
Herbert, Julie 350, 896
Herbst, Wilfried 659
Herd, Richard 917, 1054
Herder, Andreas 245, 734, 961
Herfert, Louisa 576
Herforth, Ralph 513, 547
Herkenrath, Lutz 709, 898
Herlihy, Tim 415
Herlitzka, Roberto 553
Herman, Paul 639
Hermann, Irm 924, 1002
Hermida, Alicia 479
Hermosillo, Jaime Humberto 858
Hernandez, Gustavo 736
Herrero, Gerardo 186
Herrington, David 112
Herron, Carolivia 537
Herrschmann, Johannes 478
Herschbach, Barbara 612
Herz, Gaby 179
Herzberg, Viktor 806
Herzig, Eva 968
Herz-Kestranek, Miguel 217
Herzsprung, Hannah 287
Heshiki, Keigo 110
Heskin, Kam 468
Hess, Sandra 654
Hess, Walter 366
Hesselholdt, Lars 78
Hesseman, Howard 499, 870
Hessler, Douglas Scott 634
Heuermann, Claudia 794
Hewitt, Jennifer Love 427, 693
Hewitt, Love 499
Hewitt, Rod 63
Heyne, Jan Peter 240
Hick, Doris 852
Hick, Jochen 837
Hickey, John Benjamin 230
Hickey, Paul 395
Hickey, William 466, 957
Hickner, Steve 756
Hicks, Kevin 637
Hiegel, Catherine 417
Higgings, David 1034
Higgins, Anthony 25, 69
Higgins, David 1034
Higgins, Douglas 202, 601
Highsmith, Patrick 951
Hijnen, Hilde 138
Hill, Bernard 928
Hill, Danielle 224
Hill, Matt 614
Hill, Rick 886
Hillard, Shirley 314
Hilleren, Roger 326
Hillman, Ty 729
Hillwood, Amanda 200
Hillyer, Terence 1032
Hilow, Michael Regis 519
Hinds, Ciaran 713
Hinds, Marcia 168
Hines, Alan 185
Hines, Gregory 970
Hiney, Bill 282
Hingle, Pat 912
Hiob, Hanne 420
Hipp, Emma 245
Hipp, Paul 640
Hiraizumi, Shigeru 992
Hiroki, Miyano 631
Hiroshi, Takase 568
Hirsch, Emile 322
Hirst, Michael 238
Hirt, Christiane 283
Hitomi, Kuroki 568
Hixon, Ken 451
Ho, Ivy 418
Hobbs, Christopher 978
Hobbs, Lynwen 889
Hoblit, Gregory 172
Hobson, Daf 1012
Hochholdinger, Wilfried 287, 325
Hochmair, Michael 852
Hocholdingo, Wilfried 566
Höchst, Alexander 478
Hochstätter, Zoran 784, 850
Hodge, John 523
Hodge, Mike 702
Hodgin, David 647
Hodgson, Joel 552, 669
Hoeber, Erich 1022
Hoeber, Jan 1022
Hoenig, Heinz 480, 487, 604, 612
Hoessli, Andreas 673
Hoffman, Anya 147
Hoffman, Art 335
Hoffman, Dustin 578, 867, 999
Hoffman, Linda 769, 925
Hoffman, Michael 780
Hoffman, Philip Seymour 518
Hoffman, Susan Lee 951
Hoffmann, Pato 626
Höfler, Dorothee 127
Hofman, Anya 605
Hofmann, Ilse 434
Hofmann, Isabella 51
Hofmann, Michael 887
Hofmann, Nico 857
Hofrichter, Suzi 1011
Hofschneider, René 954
Hogan, David Glenn 30
Hogan, Gabriel 550
Hogan, Hulk 605
Hogan, Terry »Hulk« 52
Hoger, Nina 233, 677, 872
Hogg, Ian 765
Hohenester, Chris 932
Höhn, Jörg 954
Hoijtink, Elisabeth 331
Holbrook, Hal 235, 1028
Hold, Siegfried 2
Holden, Michael 76
Holender, Adam 920
Holgado, Ticky 591
Holk, Simon 78
Holland, Agnieszka 1006
Holland, Anthony 410
Holland, Dan 641

Holland, Endesha Ida Mae 303
Holland, Simon 37
Hollander, Tom 596
Holliday, Polly 1057
Holliger, Heinz 705
Hollimon, Tina 73
Hollinderbäumer, Dietrich 576
Hollmann, Johannes 612, 954
Holloman, Laurel 821
Holm, Ian 448, 523, 903
Holmberg, Kai 82
Holmes, Gerry 658
Holmes, Stephen 632
Holt, Paul 32
Holt, Shannon 1011
Holzman, Winnie 1052
Homb, David 24
Homeyer, Margret 420
Honert, Hans-Werner 972
Honetschläger, Edgar 631
Hong, James 771
Hong, Yue 823
Hongxiang, Cai 823
Honigmann, Heddy 700, 938
Honisch, Alexander 547
Hood, Andrew 94
Hood, Gavin 707
Hooker, Clair Marie 231
Hooks, Brian 181, 414
Hooks, Ed 231
Hooks, Kevin 98
Hooton, James 956
Hoover, Dave 812
Hoover, Richard 104, 305
Hopcraft, Arthur 768
Hope, Leslie 177
Hopkins, Anthony 35, 57, 599
Hopkins, Jermaine »Huggy« 414
Hopkins, Josh 15, 598
Hopkins, Kaitlin 243
Hopkins, Kit 1018
Hopkins, Stephen 567
Hoppe, Andreas 149, 843
Hoppe, Rolf 277, 382, 653, 719, 898
Hopper, Dennis 104, 788, 841
Horak, Edwin 471
Horan, James 166
Hörbiger, Christiane 142, 1047
Horin, Richard 851
Hormann, Sherry 151, 1018
Horner, Grenville 868
Horner, Rebecca 299, 900
Horovitz, Israel 684
Horrocks, Jane 134
Horsford, Anna Maria 409
Horst, Jochen 277, 382
Horton, Sarah 937
Horwitz, Dominique 299, 937
Hosea, Bobby 322, 689
Hosemann, Marc 544
Hoskins, Bob 329, 956
Hosoyama, Tomoaki 1008
Hoss, Nina 278
Houghton, Mark 227
Houghton, Tom 282
Houlden, Michelle 373
Hounsou, Djimon 35
Houri, Alice 678
Houssin, Joel 203
Houtman, John 209, 672
Hovik, Trond 1013
Howard, Anne 335
Howard, Clint 173, 883
Howard, David 604
Howard, Jeffrey 416, 908
Howard, Karin 29, 898
Howard, Sherman 782
Howard, Terrence 864
Howell, C. Thomas 79, 167, 201, 851
Howell, Hoke 24
Howell, Michael 56
Howie, Tara 51
Howitt, Peter 842
Hsiang, Hsi 359
Hsiao, Rita 659
Hsiao-hsien, Hou 359
Hsiao-Ming, Hsu 394
Huang, George 693
Huaorani, Mengatohue 952
Hubach, Hannes 663
Hübchen, Henry 514, 586
Huber, Jörg 681
Huber, Richard 932
Huber, Viktor 1056
Hübner, Alexander 547
Hübner, Joachim 584
Huddleston, David 90
Hudson, Ernie 655
Hudson, Stephanie 73
Hueck, Carsten 465
Huemer, Peter Ily 580
Huettner, Ralf 663
Huff, Brent 65
Huff, Shawn 65
Huffman, Andy 129
Huffman, Cady 231
Huffman, Felicity 973
Huffman, Kim 258
Hughes, Barnard 441
Hughes, Diane 288, 297, 438, 520, 970
Hughes, Frank John 290, 657
Hughes, Miko 622
Hughson, Randy 839
Huhmann, Heike 1017
Huhn, Rainer 806
Huhn, Roman 808
Hui, Ann 100
Hui, Michael 158
Hui, Raman 41
Hulsey, Lauren 723
Humphrey, Renée 574
Hung, Chang 1031
Hunt, Brad 210
Hunt, Helen 83
Hunter, Ciara 851
Hunter, Clark 129
Hunter, Holly 523
Hunter, Tim 585, 778, 779
Huntgeburth, Hermine 947
Hüppauf, Marcel 620
Huppert, Isabelle 528
Hurran, Nick 349
Hurst, Michael 405
Hurt, John 69, 571
Hurt, Mary Beth 337, 524
Hurt, William 175, 567, 573, 1037
Hurwitz, Tom 1024
Huston, Anjelica 56, 70, 141, 733
Huston, Jimmy 377
Hutman, Jon 564, 729
Hutter, Xaver 916

Hutton, Timothy 159, 744, 944
Huwyler, Max 366
Hwai-en, Chen 359
Hyde, James 104
Hyeyoung, Lee 926
Hyland, Frances 720
Hylands, Scott 550
Hynd, Jimmy 854, 956
Hytner, Nicholas 546

I

Ibara, Gregory 443
Ibarra, Mirta 132
Iborra, Juan Luis 117
Ibraimova, Salija 820
Ice T 871
Ichaso, Leon 96
Ida, Hiromoto 410
Idle, Eric 255
Idziak, Slawomir 26, 323, 424
Ifans, Rhys 889
Igawa, Kuniko 148
Ikeda, Hayato 628
Ilijn, Vladimir 213
Illner, Michael 494
Ilyin, Vladimir 169
Imamura, Shohei 1
Imbach, Thomas 345
Imboden, Markus 298
Imperioli, Michael 702
Inagaki, Hisao 1
Inal, Engin 456
Indergang, Peter 453
Ingerslev, Jess 78
Ingham, Keith 814
Ingvordsen, John Christian 12
Ingvordsen, Kael 12
Innes, Laura 477
Inoh, Annie Shizuka 359, 1031
Iosseliani, Otar 133
Irons, Jeremy 158, 564, 590
Ironside, Michael 119, 470
Irrek, Mario 149
Irvin, John 159
Irvin, Sam 21
Irwin, Colin D. 22
Irwin, Mark 204, 449, 882, 988
Irwin, Tim 1053
Irwin, Tom 489
Isaac, Clare 889
Isaacks, Levie 377, 758
Isaacs, Jason 248
Ishii, Takashi 356
Ishioka, Kevin 701
Ismael, Gerard 644
Isoda, Norihiro 381
Isovic, Emina 78
Israel, Ira 201
Ittenbach, Olaf 755
Iuorio, Antonino 66
Ivan 273
Ivanov, Stephan 341
Ivar, Stan 137
Ivens, Terri 760
Ives, David 338
Ivey, Judith 432, 1006
Ivy, Joe 137
Izumi, Sachiko 352
Izzard, Eddie 329, 638, 978

J

Jabbar, Kareem Abdul 111
Jablin, David 758
Jablonska, Ida 69
Jaccoud, Antoine 161
Jackos, George 194
Jackowski, Martin 743
Jackson, Andrew 177
Jackson, David E. 335
Jackson, David S. 137
Jackson, Doug 260
Jackson, Erica 1014
Jackson, Joshua 630, 790
Jackson, Kate 107
Jackson, Peter 309
Jackson, Philip 349
Jackson, Rowan 350
Jackson, Samuel L. 459, 518, 793, 867
Jackson, Shar 357
Jackson, Steve 832
Jacob, Irene 54, 448
Jacob, Josephine 287
Jacobi, Derek 572
Jacobi, Doreen 847
Jacobs, Alan 930
Jacobs, James 146
Jacobs, Jerry P. 883
Jacobs, Lawrence-Hilton 893
Jacobs, Robert Nelson 910
Jacobs, Ronald 155
Jacobson, Rick 102
Jacome, Derubin 858
Jacques, Sylvain 1016
Jacquot, Benoît 740, 844
Jaenicke, Hannes 19, 245, 333, 338, 659, 932, 985, 1018
Jaffe, Chapelle 183
Jäger, Julia 937
Jäger, Peer 1053
Jagger, Mick 80
Jäggi, Ueli 328
Jago, Barbara 142, 285, 1050
Jahn, Thomas 407, 480
Jahrreiss, Otto Alexander 545
Jakowlewa, Jelena 169
Jakub, Lisa 613
Jakuba, Jaroslav 500
Jakubetz, Clemens 1050
Jalnin, Anatoli 962
Jamaan, Nahla 239
James, Brion 32, 967
James, Debbie 967
James, Des 896
James, Geraldine 10, 768
James, Jesse 83
James, Ken 205, 336
James, Maria 155
James, Matthew David 585
James, Peter 682
James, Steve 419
Jamison, Peter 835
Jamojda, Jaroslaw 522
Janerand, Philippe du 914
Janiczek, Ingeborg 739
Jankura, Péter 95
Jannelli, Tony C. 639
Janner, Brigitte 809
Janney, Allison 546, 827
Jansen, Peter 507
Janson, Horst 791

Jansons, Maris H. 550
Janssen, Famke 159, 348, 701
Janszen, Karen 395, 944
January, Michael 19
Janzen, Pit 142, 1054
Jaoui, Agnès 527
Jaquemont, Johann 507
Jarmusch, Jim 750, 1042
Jarrett, Paul 851
Jarrett, Rollin 79
Jason, Robert 239
Jauch, Susanne 996
Jauch, Thomas 221
Javan, Maia 703
Jávori, Ferenc 993
Jax, Mark 624
Jay, Ricky 973
Jean, Vadim 656
Jefferds, Vincent 68
Jeffery, Doug 562
Jelcic, Zdenko 78
Jeni, Richard 255
Jenkins, Rebecca 554
Jenkins, Richard 230
Jenney, Lucinda 15, 573, 970
Jennings, Alex 1026
Jennings, Rory 194
Jens, Salome 569
Jensen, Beate 810
Jensen, Jane 948
Jensen, Todd 707
Jeremic, Mile 820
Jermann, Udo 507
Jespersen, Marie-Anne 64
Jeter, Michael 11, 243, 602
Jett, Joan 383
Jian, Ma 144
Jian, Zhang 226
Jianxin, Huang 959
Jim, Pat Rike 408
Jin, Meng 823
Jing, Wu Xu 508
Jing, Ye 226
Jobert, Stephane 301
Jobin, Daniel 557
Joffe, Mark 395
Johanser, Josef Sankt 623
Johansson, Arni Pall 192
Johansson, Scarlett 592, 729
John, Alexander 1026
John, Gottfried 93, 306, 450
John, Martyn 1026
John, Michelle St. 855
John, Monika 265
Johnson, Bonnie 438
Johnson, Brad 762
Johnson, Bruce Douglas 788
Johnson, David 596
Johnson, Hugh 15
Johnson, J. C. 603
Johnson, Jack 567
Johnson, Karl 572
Johnson, Kenneth 22, 23, 715, 882
Johnson, Kenny 73
Johnson, L.A. 1042
Johnson, Lamont 1028
Johnson, Martin 668
Johnson, Michelle 269
Johnson, Shelly 730, 885
Johnson, Steve 646
Johnson, Steven 598
Johnson, Tim 41
Johnson, Tony T. 838
Johnston, Michael 235
Johnston, Shaun 239
Johnston, Sue 254
Jojo, Jackie 285
Jolie, Angelina 744
Jolivet, Pierre 301
Jones, Angela 63
Jones, Bryan 3, 1003
Jones, Catherine Zeta 731, 927
Jones, Cherry 729
Jones, Dean 199
Jones, Deborah 666
Jones, Eileen 531
Jones, Gemma 704, 1032
Jones, Grace 605
Jones, James Earl 319, 510, 725
Jones, Jeffrey 432
Jones, Keith K. 600
Jones, Laura 713, 912
Jones, L.Q. 57
Jones, Mick E. 725
Jones, Richard A. 65
Jones, Richard T. 248, 416
Jones, Scott Davis 525
Jones, Simon 707
Jones, Tamala 921
Jones, Tommy Lee 54
Jones, Trevor 92
Jones-Evans, Steven 551
Jonsdottir, Sigurveig 192
Jonson, Lars-Magnus 1058
Jönsson, Anders 1058
Jordal, Helge 826
Jordan, Alan 666
Jordan, Neil 143
Jordan, Steve J. 357
Jordan, Steven 1023
Josephson, Erland 170
Josselin, Jean-François 595
Jovanovic, Aleksandar 513
Jovi, Jon Bon 160
Joy, Mark 723
Joy, Michael 247
Joy, Robert 403
Joya, Mario Garcia 132
Joyal, Paul 449
Joyner, David 68
Juan, Jean-Marie 274
Jubelirer, Noah 262
Jud, Reinhard 852
Judd, Ashley 188, 695
Judge, Christopher 879
Juliusson, Karl 892, 1013
Jun, Hu 226
Juncker, Michael 299
Jungsuk, Yum 926
Jungwoo, Choi 926
Jur, Jeffrey 651
Jürgens, Stefan 147, 480, 932
Jürgensen, Dennis 64
Justice, Anna 954
Jutras, Richard 517
Jutzeler, Denis 705

K

Kafka, Tamara 151
Kafri, Ezra 965
Kagan, Diane 555
Kagan, Michael 575
Kagen, Larry 520
Kahan, Steve 535
Kahl, Rolf Peter 847
Kahler, Wolf 979
Kahn, Cédric 696

Kahn, Reinhard 1056
Kaindl, Rhoda 327
Kalari, Mahmoud 316
Kaleem, Claudia 414
Kälin, Matthias 673
Kalin, Tom 702
Källberg, Per 826
Kallwass, Mika 308
Kam, Andrew 408
Kaman, Steven 939
Kamel, Stanley 766
Kamin, Daniel 607
Kaminski, Janusz 35, 856
Kaminski, Zbigniew 445
Kammer, Friederike 743
Kammerer, Siegbert 299
Kammermeier, Matthias 33
Kamp, Alexandra 425
Kamper, Lars 473
Kampl, Herbert 2
Kampwirth, Stephan 218
Kanagawa, Hiro 410
Kane, Adam 766
Kane, Carol 421, 702
Kane, John 320
Kang, Stan 651
Kanies, Rolf 473
Kannstein, Ingeborg 620
Kanter, Peter 798
Kantereit, Hans 298
Kapadnadse, Keti 133
Kapelos, John 397
Kaplan, Carol 664
Kaplan, Corey 231
Kaplan, Ed 409
Kaprova, Misa 940
Kapture, Mitzi 832
Kapur, Shekhar 238
Karason, Einar 192
Karaszewski, L.A. 199
Karen, James 256
Karen, Jana 566
Kärger, Walter 1050
Kark, Tönu 993
Karl, Fritz 900
Karle jun., Werner 217
Karmakar, Romuald 296
Karn, Richard 126
Karsenti, Sabine 727
Karsten, John-Hendrik 859
Kartheiser, Vincent 601
Kartsivadse, Niko 133
Kar-wai, Wong 50, 178
Karyo, Tcheky 203
Kasem, Casey 464
Kasprik, Anna 245
Kasradze, Nino 233
Kassen, Mark 575
Kastner, Maria 852
Katalifos, Dimitris 246
Kates, Kimberly 48
Katic, Branka 820
Katsenelson, Roni 216
Katt, Nicky 732
Katt, William 664
Katz, Jordan 448
Katz, Pamela 1050
Katz, Stephen M. 243
Kaufman, Lloyd 948
Kaufmann, Christine 145, 808, 899
Kaufmann, Götz 99
Kaufmann, Jimmy 879
Kaufmann, Judith 28, 240
Kaufmann, Utz Rüdiger 213
Kausch, Michael 775
Kavelaars, Ingrid 486
Kavellin, John 795
Kavovit, Andrew 272, 918
Kawakami, Maiko 992
Kawara, Sabu 1
Kawase, Naomi 352
Kawecka, Gena 854
Kay, Benja 374
Kaza, Elisabeth 151
Kazan, Lainie 89
Kazan, Nicholas 172
Kazlaukas, Dainius 993
Ke, Jia Zhang 1040
Keach, James 1036
Keach, Stacy 863
Keanan, Staci 206
Keane, Kerrie 882
Kearns, Sean 123
Keating, Paul 134
Keaton, Michael 189, 459
Kedzierski, Grzegorz 972
Keenan, Will 948
Keene, Elodie 62, 639
Keener, Catherine 229
Keenley, Eric 268
Keenleyside, Eric 268
Keeslar, Matt 655
Keeter, Worth 167, 618
Kegl, Istvan 2
Keim, Claire 372
Keim, Krista 520
Keitel, Harvey 159, 163
Keith, Alexander 166
Kell, Joseph 363
Keller, Joel S. 783
Keller, Mark 407
Keller, Marthe 244, 818
Keller, Mary Page 202
Kelley, Kimberly 784
Kelly, Brendan 416
Kelly, Daniel Hugh 51
Kelly, Dennis 939
Kelly, John-Paul 956, 964
Kelly, Karen 784
Kelly, Lisa Robin 917
Kelly, Moira 525
Kelly, Patrick Smith 728
Kelly, Rae'ven 658
Kelsch, Ken 104, 444, 1022
Kemmer, Joachim 792
Kemp, Jeremy 162
Kemper, Victor 230
Kempster, Victor 958
Kendall, David 837
Kennedy, Anne-Marie 668
Kennedy, Chris 350
Kennedy, Deborah 896
Kennedy, Gordon 1045
Kennedy, Jamie 825
Kennedy, Maria Doyle 365, 395
Kennedy, Merle 908
Kennedy, Michael 19
Kenovic, Ademir 995
Kensit, Patsy 621
Kerby, Bill 433
Kerchner, Rob 8, 785
Kerkhof, Ian 1007
Kern, George 968
Kern, Peter 507
Kerns, Joanna 918
Kerp, Theo 500
Kerr, Frank 966
Kessel, Sophie von 53
Kessler, Michael 146
Keusch, Michael 548
Khangsar, Tsewang Migyur 512
Khanjian, Arisnee 903
Khmara, Ed 624

Khosa, Rajan 174
Khouth, Gabe 691
Kiarostami, Abbas 344
Kiberlain, Sandrine 549, 696, 844
Kidder, Margot 403, 783
Kidman, Nicole 289, 1043
Kidnie, James 994
Kidron, Beeban 37
Kiefel, Russell 157
Kiely, Mark 57
Kier, Udo 105, 690
Kierst, Sven 507
Kihlberg, Emma 456
Kikuchi, Izumi 643
Kilmer, Val 754
Kilpatrick, Patrick 302
Kilvert, Lilly 875
Kimball, Jeffrey L. 1025
Kimberly, Kim 942
Kimiya, Shigeru 237
Kimmig, Tom 620
Kimsey, Todd 463
Kimura, Kazuya 356
Kindler, Walter 413
King, Byron Lance 13
King, Jeff 618
King, Jeffrey F. 879
King, Joel 888
King, Morgana 444
King, Perry 430
King, Regina 874
King, Rick 362, 788
King, Robb Wilson 644
King, Robert 771
Kinjo, Révérend Shigeaki 540
Kinloch, Peter 762
Kinnear, Greg 83, 409
Kinoshita, Keisuke 148
Kinski, Nastassja 801, 1001
Kinsky, Eva 566
Kinsler, Jonathan 299
Kirchberger, Sonja 347
Kirchhoff, Otto 473, 526
Kirchlechner, Dieter 1021
Kirchmann, Hermann 423
Kirchner, Wolfgang 392
Kirdorf, Thomas 1002
Kirkland, Boyd 71
Kirkland, Geoffrey 189
Kirkpatrick, Karey 552
Kirshner, Mia 578
Kirsten, Sven 306
Kishibe, Itoku 992
Kishimoto, Kayolko 381
Kishimoto, Masahiro 796
Kissing, Charles 485
Kitano, Takeshi 381, 860, 992
Kitazume, Hiroyuki 643
Kitchen, Michael 1032
Kitrosser, Martin 588
Kittler, Albert 962
Kitzl, Albert 775
Kivilo, Alar 975
Klamt, Andrzej 724
Klante, Diethard 612
Klante, Johanna 612, 932
Klass, David 188, 189
Klebsch, Dieter K. 584
Klein, Catherine 662
Klein, Ericka 364
Klein, Wolfgang 981
Kleiner, Katya 308
Kleinert, Petra 287, 611, 982
Kleinert, Volkmar 709
Kleiser, Randal 805
Klenhard, Walter 862
Klimek, Darrin 626
Kline, Brian D. 292
Kline, Kevin 443
Kline, Richard H. 1003
Kling, Heidi 630
Kljakovic, Miljen »Kreka« 128, 765, 865
Klopow, Dmitri 446
Klosinski, Edward 434, 548
Kloss, Thomas 719
Kluckert, Jürgen 41
Kluger, Martin 677
Klynstra, Redbad 898
Kment, Claudia 265
Knaup, Herbert 563, 663, 813, 1049
Knaup, Karl 77, 718
Knepper, Zazie 387
Knight, Andy 814
Knight, Lily 185
Knight, Shirley 83, 1001
Knizka, Roman 59, 566
Knoesel, Klaus 217
Knoller, Ohad 974
Knowland, Nic 450
Knowles, Kaytlyn 1036
Knowles, Sarah 323
Knudsen, Niels 239
Knudsen, Per 826
Knüfken, Markus 146, 623, 717
Ko, Philip 227
Koa, Jack 359
Kobayashi, Ken 1
Kobayashi, Toshiko 148
Kober, Jeff 354
Kobler, Flip 814
Koburn, Arthur 129
Koch, Sebastian 792
Köcher, Reinhard 308, 963
Kockisch, Uwe 4
Koelzer, Dietmar 347, 514
Koepp, David 869
Köfer, Andreas 580, 653
Kogen, Jay 1034
Köhler, Juliane 142
Köhlmeier, Michael 968
Koji, Yakusho 568
Kök, Safiye 670
Kokisch, Uwe 586
Koklukaya, Basak 380
Kokumai, Aya 860
Kolditz, Stefan 325
Kolk, Jaan 839
Kollek, Amos 895
Koltai, Lajos 910
Koltze, Hans Henrik 1045
Komatsubara, Shigeru 1
Koncz, Christoph 793
Konner, Lawrence 622
Konovalow, Valentin 169
Konzelman, Chuck 746, 917
Koole, Ricky 331
Koontz, Dean R. 732
Kopelow, Kevin 357
Kopple, Barbara 1024
Kordesch, Walter 399
Koren, Avi 1055
Korittke, Oliver 514, 623, 663, 1009
Kormakur, Baltasar 192
Körner, Lutz 7
Koromzay, Alix 305, 633
Korritke, Oliver 954
Korty, John 658
Kosal, Naro Keo 593
Kosmalla, Jessica 240

Kossmann, Uwe 149
Kotaro, Ran 40
Kotcheff, Ted 783
Koteas, Elias 172
Kotowski, Konrad 334
Kotterba, Horst 681
Kotto, Yaphet 122
Kouf, Jim 319
Kounen, Jan 203
Kouyate, Sotigui 1000
Kovacs, Lajos 1030
Kove, Martin 52
Kovel, Jonathan 902
Kowalow, Oleg 836
Kozak, Harley Jane 927
Kozak, Lana 672
Krähenbühl, Sebastian 253
Kraehkamp, Heinz-Werner 355, 1009
Krambeck, Erik 806
Kramer, Ann-Kathrin 4, 423, 488, 623, 901
Kramer, Stepfanie 498
Kranz-Fischerauer, Heidi 1021
Krassenbaum, Mark 987
Krassnitzer, Harald 74, 423, 900
Krassnitzer, Martin 718
Kratzl, Karl Ferdinand 904
Krause, Brian 676
Krause, Horst 810
Krause, Utz 1002
Krauß, Christoph 144
Krauss, Helmut 41
Krawczyk, Karina 62, 234, 887
Krebitz, Nicolette 140, 916
Krebs, Diether 494
Krebs, Mitja Daniel 488
Kreinsen, Olaf 717
Kremer, Hans 62, 619
Kremer, Peter 59
Kremp, Jan Gregor 218, 1050
Kress, Eric 58, 78
Kretschmann, Thomas 580, 690, 940
Kretschmer, John 804
Kreye, Walter 998
Kriener, Ulrike 53, 739, 775
Krige, Alice 450
Krishnamma, Suri 252
Kristen, Marta 871
Kristinsson, Ari 192
Kristofferson, Kris 105, 282
Kroeger, Wolf 57
Krogstad, Karl 519
Król, Joachim 93, 563, 892, 971, 1046
Kröning, Konstantin 806
Kroske, Gerd 318
Krucz, Pawel 972
Krueger, Lisa 592
Krueger, Tom 592
Krump, Clyde 534
Kruse, Christina 296
Kruse, Line 64
Kubach, Gabi 473
Kuchenbuch, Christian 761
Kudo, Yukika 631
Kuei-ying, Hsu 359
Kühn, Christoph 453
Kuhn, Mariebelle 996
Kuhn, Roman 808
Kuhn, Thomas 400
Kui, Maler Ah 144
Kukula, Martin 947, 971
Kumble, Roger 757
Kumiko, Kim 568
Kummeth, Eva 425
Kummeth, Horst 425
Kunert, Julia 671
Kunimura, Jun 352
Kunonga, Marian 285
Kunz, Simon 1061
Kunze, Andreas 991
Kuoch, Koing 364
Kurita, Toyomichi 351
Kuriyama, Shinji 1020
Kurt, Stefan 325, 328, 343, 612, 1002
Kurtulus, Mehmet 513
Kurtz, Swoosie 368
Kurtzman, Robert 1029
Kurz, Eva-Maria 991
Kusturica, Emir 820
Kusuda, Hiroshi 148
Kwan, Jennie 693
Kwan, Rosamund 165
Kwan, Stanley 144
Kwapis, Ken 613
Kwietniowski, Richard 571
Kwouk, Burt 545
Kya-Hill, Robert 895
Kybartas, Sandra 921
Kyriakidis, Jannis 566

L

Laap, Foo 422
LaBelle, Rob 458, 618
Labiano, Flavio Martinez 479, 726
Laborteaux, Patrick 798
Lachman, Edward 833
Lacroix, Peter 302
Ladd, Cheryl 231, 1004
Ladd, Diane 263, 464
Ladd, Jordan 699
Lade, Bernd-Michael 547, 761
La Ferriere, Natacha 850
Lafont, Bernadette 341, 697
LaFore, Desire 109
Lafortune, Roc 505
La Frenais, Ian 46
LaGravenese, Richard 729
Laguna, Sylvie 799
Lahood, Grant 156
Lai, Leon 418
Lajovic, Andrej 453
Lam, Cheung Chi 943
Lam, Larry 691
Lam, Ringo 165
Lam, Sarah 545
Lama, Dalai 447, 483
LaManna, Ross 927
Lamas, Lorenzo 63, 97, 764, 966
Lambert, Christopher 295
Lambert, John 536
Lambert, Lothar 962
Lambert, Mary 983
Lambton, Anne 572
Lamont, Peter 928
Lamotte, Martin 295
Lampalzer, Gerda 721
Lamprecht, Luis 932
Lance, Peter 468
Lanci, Giuseppe 44
Landau, Juliet 766
Landau, Martin 16, 86, 565
Landerer, Christopher 195

Landers, Audrey 153
Landesberg, Steve 499
Landgrebe, Gudrun 623, 710, 898
Landi, Sal 390
Landis, John 112, 885
Landry, Jack 646
Landuris, Dieter 218, 259, 971
Landy, Christopher 191
Lane, Campbell 870
Lane, Diane 375, 647
Lane, Frederic 297
Lane, Nathan 602
Laneuville, Eric 224
Lang, Stephen 282
Lange, Jessica 235, 912
Langedjik, Jack 260
Langella, Frank 230, 564
Langer, Martin 39, 140
Langfeldt, Sina 454
Langgärtner, Mike 932
Langhoff, Tobias 453
Langjahr, Erich 72
Langkau, Jorg 961
Langrick, Margret 905
Langrishe, Barry 496
Lankford, T.L. 886
Lansbury, Angela 38
Lanser, Roger 661
Lansink, Leonard 442
Lanvin, Gérard 553
LaPaglia, Anthony 26, 680, 733
LaPaine, Daniel 747
LaPier, Darcy 708
Lapierre, Dominique 664
Laplace, Pierre 1000
Laplace, Victor 132
Lap-Man, Tan 422
Lara, Alexandra Maria 580
Lara, Joe 48
Larena, John 155
Larken, Sheila 17
Larner, Stevan 391
Laroche, Claire 696
LaRose, Scott 921
L'Arronge, Andrea 580
Larroquette, John 184
Larry, Sheldon 262
Larsen, Birger 1058
Larsen, Eric 201
Larson, Ken 126
Larson, Mark S. 364
Larson, Wolf 19
Lascher, David 486
Lasdun, James 897
Laser, Dieter 653
Lasic, Vladislav 801
Laskus, Jacek 354
Lassez, Sarah 104
László, Zsolt 95
Lathela, Silvo 179
Latifah, Queen 867
Latshaw, Steve 166, 618
Lau, Andy 50, 165, 178, 943
Lau, Ankie 153
Lau, Carina 178
Lau, Ching Wan 556
Lau, Damian 406, 556
Lau, Tom 406
Lau, Wai Keung 50
Lauer, Andrew 1038
Lauer, Justin 249
Laufer, Marius 74
Laughlin, John 886
Laupus, Arthur 1006
Laurant, Guillaume 799
Lauren, Tammy 1029
Laurence, Ashley 767
Laureys, Jacques 748
Lauria, Dan 918
Laurie, Hugh 389
Lauscher, Ernst Josef 425
Lause, Hermann 4, 275, 334
Lausten, Dan 305, 633
Lauter, Ed 291
Lauterbach, Heiner 147, 149, 212, 710, 898
Lauterburg, Steffi 345
Lavan, René 96
Laverty, Paul 668
LaVorgna, Adam 1038
Law, Jude 323, 640
Lawless, Fenton 589
Lawless, Lucy 405
Lawley, Lisa 211
Lawlor, William 967
Lawrence, Martin 692
Lawrence, Steve 112
Lawson, Twiggy 456
Lay, Dwight F. 939
Lazar, John 603
Lazard, Justin 865
Lazaro, Eusebio 913
Lazarovitch, Yehuda 965
LaZebnik, Philip 659
Lazo, Catherine 97
Lazzaro, Dalila Di 487
Lea, Nicholas 209
Lea, Ron 838
Leach, Nigel 491
Leary, Denis 395, 510, 853, 999
Leary, Timothy 531
Leaud, Jean-Pierre 452, 753
Lebang, Daniela 1017
LeBaron, Brian 270
Lebbos, Carmen 492
Lebedjew, Daniel 213
Lebenzon, Christ 47
Lebeouf, Shia 311
LeBlanc, Matt 567
Lebo, Henry M. 202, 610
Leboutte, Patrick 616
Lebovitz, James A. 414
LeBrock, Kelly 784, 831
Lechner, Geno 343, 684
Leckie, Keith Ross 114
Le Coq, Bernard 1033
Ledbetter, Gary 403
Leder, Mimi 182
Lee, Carmen 506, 556
Lee, Conan 227
Lee, Damian 269, 798
Lee, Daniel 100
Lee, Kaiulani 235
Lee, Lily 408
Lee, Sheryl 106, 703
Lee, Shuky 144
Lee, Stephen 101
Lee, Timothy 888
Lee, Wing 652
Lees, Nathaniel 474
Leeson, Lynn Hershman 531
Legler, Daniele 1050
Legler, Steven 351
Le Guerrier, Renée Madeleine 68
Leguizamo, John 118, 130
Le Gurun, Valérie 1039
Lehman, Boris 616
Lehman, Kristin 401
Lehmann, Jan 985
Lehmann, Manfred 514

Lehner, Wolfgang 750, 852, 1010
Leifheit, Sylvia 333
Leigh, Dan 466, 920
Leigh, Janet 379
Leigh, Jennifer Jason 70, 912, 1006
Leight, Warren 409
Leiner, Michel 1056
Leirich, Silvan-Pierre 240
Leitch, Christopher 185, 368
Leitch, Megan 449
Leiterman, Richard 268, 369, 933
Leitich, HC 273
Leitzes, Jennifer 1022
Leland, David 135
Leleta, Almedin 995
Lelouch, Claude 591
Lemaire, Carine 301
Lemkin, Jonathan 432
Lemmo, James 397
Lemmon, Chris 1029
Lemmon, Jack 441, 910, 1059
Lenar, Piotr 480
Lengyel, Rita 115
Lennart, Isobel 1053
Lenoir, Denis 329
Lent, Dean 458, 574
Lenthall, David 167
Lenzer, Don 374
Leonard, Jamie 448
Leonard, Robert Sean 876
Leondeff, Doriana 14
Leonetti, John R. 654
Leonetti, Matthew F. 654, 865, 878
Leonhardt, Lutz 1043
Leoni, Tea 182
Leopardi, Chauncey 838
Lerchbaumer, Peter 259
Lerner, Dan 769, 897
Lerner, Michael 130, 291, 353, 613
Leroy-Beaulieu, Philippine 372
Lester, Adrian 636
Lester, Loren 71
Lester, Mark L. 449
Letarte, Pierre 582
Lether, Shelli 190
Leto, Jared 908
Letscher, Matt 599
Leung, James 506
Lev, Lisa 1005
Leva, Gary 742
Levant, Brian 75
Leverman, Zerha 976
Levi, Eric 1044
Leviant, Michel 791
Levin, Larry 208
Levin, Moshe 390
Levin, Peter 297, 970
Levine, Jenny 266
Levine, Ted 290, 578, 908
Levinson, Barry 867, 999
Levisetti, Emile 191
Levitch, Ashlee 877
Levy, Dani 916
Levy, Eitan 974
Levy, Eugene 785
Levy, Peter 567
Levy, Scott 925
Levy, Shawn 476
Levy, Shuki 577, 672, 953
Lew, Scott 228
Lewenz, Lisa 131
Lewis, David 51, 154
Lewis, Gary 668
Lewis, Geoffrey 31, 798
Lewis, Huey 805
Lewis, Jenny 1001
Lewis, Jey 805
Lewis, Robert 449
Lewis, Vicki 602
Lew-Lee, Lee 822
Leysen, Johan 799
Leytner, Nikolaus 214
Lhermitte, Thierry 33, 595
Lhomme, Pierre 942
Li, Gong 158
Li, Jet 100, 535
Libanon, Mike 1007
Libertini, Richard 85
Libolt, Alain 404
Lichtefeld, Peter 1046
Liddle, George 175
Lieberman, Robert 630, 927
Liebertz, Klaus 442
Liefers, Jan Josef 142, 480, 488, 843
Lien, Jennifer 759
Liersch, Franz Manfred 59
Liese, Connie 806
Lifford, Tina 339
Light-Harris, Donald 534
Lillard, Matthew 650, 759, 835
Limmer, Christian 259
Limmer, Wolfgang 431, 545, 985
Lin, Cheng 823
Linauer, Birgitt 1047
Lind, Traci 76
Linda, Curt 502
Lindbjerg, Lalaina 795
Linden, Hal 910
Linden, Livia 268
Lindenlaub, Karl Walter 771, 803
Lindine, Jack 458
Lindner, Friedrich 872, 998
Lindo, Delroy 523
Lindon, Vincent 301, 372, 844
Lindroth, Emil 826
Lindsay-Chapman, Mark 126
Lindstedt, David 57
Lindstrom, Kara 747
Lindström, My 1058
Lineham, Hardee T. 336, 839
Linehan, Graham 395
Linehan, Rosaleen 395
Linehan-Charles, Nancy 849
Ling, Bai 771
Lingen, Ursula 275
Linklater, Richard 682
Linnestad, Eli Anne 1013
Linney, Laura 950
Linzey, Philip 674
Liotta, Ray 163, 733
Lipper, David 646
Lipsky, Jeff 6
Liptak, Frantisek 27
Lira, Soia 152
List, Niki 399
Lister jr., Tommy »Tiny« 414, 871
Little, Dwight 647
Littlewood, Greg 234, 759, 767
Littman, Lynne 778
LL Cool J 379

Llaurado, Adolfo 132
Llewellyn, Wes 538
Lloyd, Christopher 38, 243, 363, 525, 885
Lloyd, Emily 383, 767, 1012
Lloyd, Ruth 889
Loacane, Amy 906
Loach, Ken 668
Locane, Amy 126
Lochet, Bruno 457
LoCicero, Lisa 657
Locklear, Heather 644, 807
Locklin, Loryn 498, 849
Lockyer, Thomas 448
Loeken, Michael 963
Loewi, Fiona 571
Loggia, Robert 758, 1037
Loggins, Ben 609
Logue, Donal 105
Lohan, Lindsay 1057
Lohmann, Dietrich 182
Lohmann, Lars 58
Lohmeyer, Peter 4, 547, 587, 739, 843, 961, 1046
Löhr, Bernd 745
Loiret, Florence 844
Lok, Ken 100
Lole y Manuel 286
Loley, Carmen 904
Lombard, Karina 511
Lomofsky, Sharon 592
London, Alexandra 457, 816
London, Jason 760
London, Jeremy 637
Long, Alexandra 396
Long, Howie 283
Long, Nathan 190
Longstreet, Harry 22
Longstreet, Renee 22
Lonhay, Pascal 78
Lonedale, Gordon 539
Lonsdale, Michael 789
Loos, Anna 494, 586, 899
Loperfido, Donald J. 766
Lopez, Charo 330
Lopez, Ivonne 132
Lopez, Jennifer 716, 833, 958
López, Verónica 617
Loquasto, Santo 386
Lords, Traci 105, 383
Lorenzo, Francis 437
Lorenzo, Vanessa 313
Loriga, Ray 560
Lorinz, James 466
Lott, Barbara 320
Lotti, Sahara 574
Lou, Jackson 422
Louangxay, Kameron 410
Loucka, David 230
Loughlin, Lori 607
Louis, Justin 108
Louis, Sara 332
Love, Randall 160
Lovell, Allan 350
Lover, Arly 105
Lovett, Lyle 70
Low, Elizabeth 676
Lowe, Chad 762
Lowe, Rob 222, 994
Lowens, Kurt 565
Lowitz, Leza 631
Lubezki, Emmanuel 370
Lübke, Karina 1049
Lubosch, Ute 4
Lubtchansky, William 133, 332, 816
Lucantonio, John 284
Lucas, Carlos 479
Lucas, Heidi 335
Lucas, Laurent 457
Lucero, Anthony 573
Luchetti, Daniele 44
Lüchinger, Thomas 817
Luchini, Fabrice 591, 942
Lucia, Charles 562
Lück, Ingolf 494, 739
Lucky, Joe 510
Lüdi, Anita 462
Lüdi, Heidi 151
Lüdi, Heinz 493
Lüdi, Werner 125, 462
Ludlum, Robert 648
Ludwig, Ken 645
Luengo, Facundo 737
Luhn, Anna Sophie 334
Lui, Bill 100, 506
Lui, Ray 422
Lujan, Bob 672
Lukas, Florian 179, 234, 387, 954
Lukhang, Gyatso 512
Lun, Wei Ming 508
Luna, Bigas 66, 274
Lund, Peter 924
Lund, Zoe 211
Lundberg Baré, Maria 1045
Lunden, Karin 892
Lundgren, Dolph 468, 505
Lunghi, Cheri 255
Lüning, Susanne 121, 972
Lüond, Walo 453
Lupke, Audrey 269
Luppi, Federico 236, 597
Lusetic, Natasa 186
Lust, Andreas 968
Lustig, Dana 891
Lutes, Eric 126
Lutic, Bernard 257
Lüttge, Martin 604
Lutz, Alexander 127
Luvuno, Musa 522
Lydon, Gary 365
Lynch, John 257, 365, 842
Lynch, Kate 1004
Lynch, Kelly 655
Lynch, Richard 48
Lyne, Adrian 564
Lynn, Jonathan 694
Lynskey, Melanie 56
Lys, Agata 913
Lyster, Russ 917

M

Ma, Charu 664
Ma, Eddie 100
Ma, Jingle 418, 655
Ma, Joe 100
Ma, Yingli 144
Mabius, Eric 393
MacAdam, Elise 702
Macak, Jim 297
Macary, Hubert Saint 341
Maccarone, Angelina 28, 240
Maccione, Aldo 274
Macdonald, Alan 572
MacDonald, Bill 741
MacDonald, Scott 458
Machmalbaf, Mohsen 42, 316
Machmalbaf, Samira 42
Macht, Stephen 762

Machuel, Emmanuel 457
Machuel, Laurent 215
Machulski, Jan 972
Macintosh, Keegan 403
Mack, Allison 552
Mackay, Dan 632
Mackenroth, Michael 212
MacKenzie, Phillip 468
Mackintosh, Steven 135
MacMillan, Kenneth 451
Macnee, Patrick 638
MacNicol, Peter 498, 598
MacPherson, Don 638
MacPherson, Elle 57
MacPherson, Glen 388, 561, 656, 831
MacRae, Michael 601
Macy, William H. 120, 614
Madaula, Ramon 437
Madawo, Norman 285
Mädchen Amick 338, 391
Madden, John 429
Madigan, Amy 573
Madison, Bart 841
Madruga, Teresa 244
Madsen, Michael 190, 251, 269, 314, 362, 585, 865, 906, 930
Madsen, Virginia 648
Maeder, Fritz E. 1019
Mäenpää, Outi 1046
Maerens, Kai 971
Maestre, Francisco 479
Maestre, Paco 913
Maestro, Mia 909
Maffia, Roma 184, 919
Maglietta, Licia 14
Magnan, Philippe 844
Magner, Ingela 834
Magnuson, Ann 661, 853
Magon, Jymn 150
Magre, Judith 417
Maguire, Michael 155
Maguire, Rick 569
Maguire, Tobey 256, 270
Mahafee, John 474
Mahaffey, Valerie 363
Mahaka, Ulla 285
Maharami, Rogheih 316
Maher, Joe 704
Maheu, Sue 905
Mahoney, John 41
Mai, Jürgen 259
Maibaum, Paul 637, 832
Maidment, Rex 768
Mainas, Stelios 907
Maintigneux, Sophie 253
Major, Grant 228, 309
Majors, Lee 600, 693, 727
Majowski, Markus 717, 899
Makarova, Lena 198
Makatsch, Heike 93, 544
Makin, David A. 1034
Makkena, Wendy 11
Makovetski, Serguei 993
Malahide, Patrick 613
Malajkat, Wojciech 484
Malavoy, Christophe 1033
Malenfant, Robert 267, 687
Maletzke, Christian 7
Malick, Wendie 693
Malik, Art 921
Malkasian, Melik 940
Malkin, Sam 469
Malko, George 893
Malkovich, John 504, 590
Malkowski, Alexander 478
Malley, Bill 1063
Mallon, Jim 669
Malone, Jena 70
Malone, Patrick Y. 934
Maloney, Denis 871
Maloney, Janet 189
Maloney, Robert 107
Maltby, Lauren 1038
Malton, Leslie 29, 233, 813
Mamet, David 57, 973, 999
Man, Alex 50
Manasse, Alexander 563
Mancuso, Nick 79, 231, 449, 579, 757
Mandan, Robert 798
Mandel, John M. 176
Mandelberg, Artie 832
Mandoki, Hansi 826
Manera, Jessica F. 997
Mangold, Erni 214
Mangold, James 163
Manhardt, Peter 710
Manke, Sabine 276
Mankuma, Blu 106, 486
Mann, Byron 771
Mann, Leslie 342
Männard, Tarmo 993
Manners, Kim 17, 18
Manojlovic, Miki 49
Manowski, Beatrice 220
Mansbridge, Mark 282
Manson, Jeane 684
Mantee, Paul 618
Mantegna, Joe 20, 486, 539
Manteuffel, Felix von 423
Mantigneux, Sophie 670
Manuli, Guido 398
Manzel, Dagmar 296, 355, 516
Mar, Marcia del 639
Marceau, Sophie 595, 979
March, Jane 757
Marciano, David 539
Marciano, Yvon 816
Marcon, André 558
Marconi, David 874
Marcotte, Pamela 291
Marcus, Cindy 814
Marcus, Jeff 22
Marcus, Paul 129
Margiotta, Adolfo 941
Margolin, Stuart 554
Margolyes, Miriam 565
Margulies, David 555
Margulies, Julianna 682, 920, 945
Mari, Pasquale 380
Marich, Michael 760, 1051
Marie, Constance 833
Marin, Cheech 722
Marinaro, Ed 107, 600
Marini, Valeria 66
Marino, Mauro 941
Maris, Peter 24
Marker, Chris 540
Markey, Mary Jo 626
Markle, Peter 17
Markos, Andrea 29
Markovics, Karl 214, 887
Markowitz, Barry 43
Markowitz, Gary 266
Markowitz, Robert 683
Markus, Kim 599
Marlo, Oliver 312, 1046
Marlowe, Derek 242
Maröowe, Scott 166
Marotte, Carl 839
Marquardt, Hans 962
Marquardt, Pamela 1050

Márquez, Gabriel García 132, 858
Marraffa, Angela 14
Marsac, Laure 332
Marschall, Martia 74
Marsh, Stephen 342
Marsh, Terence 172
Marshal, James 936
Marshall, Bryan 156
Marshall, E.G. 184
Marshall, Garry 409
Marshall, Neil 491
Marshall, Tonie 753
Martell, William C. 102
Martens, Florian 423, 488
Martens, Max Volkert 382, 425
Marthouret, François 848
Marti, Christian 295
Marti, Pascal 684
Martial, Jean-Michel 684
Martin, Andrea 999
Martin, Chris 1028
Martin, Nan 918
Martin, Solange 1000
Martin, Steve 754, 973
Martin-Brown, Philip 134
Martinek, Lisa 387
Martinek, Sven 392, 761
Martinelli, Manuela 735
Martinelli, Renzo 487
Martines, Alessandra 591
Martinez, A. 168, 935
Martínez, Flavio 236
Martinez, Olivier 274
Martini, Louise 548
Martinkova, Susanna 310
Martins, Hardy 149
Marx, Horst-Günther 961
Masharawi, Rashid 378
Mason, Ron 766
Mason, Tom 489
Massee, Michael 744
Massey, Anna 905
Massironi, Marina 946
Mastandrea, Valerio 955
Masterson, Chase 445
Masterson, Mary Stuart 944
Mastroianni, Armand 534, 849
Mastroianni, Chiara 215, 426, 699, 984
Mastroianni, Marcello 215, 244
Masur, Richard 524
Matacena, Orestes 96
Matamoros, Diego 321
Mathé, Tibor 1030
Matheisen, Mark 742
Matheson, Hans 635
Matheson, Tim 779
Mathews, Hrothgar 339, 870
Mathews, Mitch 896
Mathias, Sean 80
Mathieson, John 572
Mathison, Melissa 512
Matlin, Marlee 180
Matsumoto, Rika 643
Matsutani, Rainer 277
Mattausch, Dietrich 431
Matteo, Rocco 377
Mattes, Eva 1018
Matthau, Walter 441, 910
Matthes, Ulrich 278
Matthews, Al 648
Matthews, Delane 883
Matthews, Tom 578
Mattingley, Anne 970
Mattson, John 302
Matura, Moise 285
Mauch, Thomas 1002
Mauldin, Nat 208
Maura, Carmen 818
Maurice-Jones, Tim 139
Mavrakis, Eve 139
Max, Arthur 15
Maxey, Dawn 695
Maxwell, Roberta 666
May, Alexander 859
May, Bradford 122, 322
May, Elaine 636
May, Mathilda 803
May, Michaela 623
Maya, Mario 286
Mayall, Rik 134
Maybury, John 572
Maydell, Sabine von 548
Mayers, Michael 525
Mayfield, Les 290
Mayhew, Michael 691
Maynard, Jef 669
Maynard, Ted 648
Maynard, Terence 176
Mayo, Alfredo 186, 818
Mayweather, Joshua Gibran 699
Maza, Rachael 284
Mazar, Debi 235, 699, 772, 1003
Mazin, Craig 835
Mazzello, Joseph 877
Mazzinghi, Bernard 753
Mazzini, Benedetta 955
Mbali, Yannick 460
McAlpine, Andrew 290
McAlpine, Donald M. 57
McArle, John 252
McArthur, Alex 188
McAteer, James 262
McAvoy, Edward T. 1025
McBain, Luke 536
McBee, Deron 786
McBrearty, Don 1004
McBride, Chi 309, 385, 622
McBurney, Simon 625
McCabe, Patrick 143
McCafferty, Frankie 373
McCallany, Holt 9
McCamus, Tom 903
McCann, Donal 34
McCann, Sean 336
McCarthy, Andrew 19, 931, 1011
McCarthy, Kevin 8, 515
McCarthy, Sheila 720
McCartney, Justin 210
McCay, Cole S. 967
McClanahan, Rue 703
McClary, J. Michael 550
McClurg, Edie 290
McColm, Matt 951
McConaughey, Matthew 35, 682
McCormack, Catherine 135
McCormack, Eric 672, 674
McCormick, Bret 109, 600
McCormick, Carolyn 880
McCormick, Maureen 107
McCoy, Matt 784
McCrory, Helen 171, 889
McCudden, Paul 128
McCulloch, Malcolm 496
McCullough, Julie 841
McCurdy, Sam 491
McCurry, Natalie 350
McDaniel, James 598

McDermott, Dylan 1052
McDiarmid, Ian 780
McDonald, Christopher 75, 290, 393, 759
McDonald, Daniel 533
McDonald, Kevin 363
McDonnell, Mary 297, 351
McDougall, Charles 315
McDowell, Alex 270
McDowell, Malcolm 655, 1054
McElhone, Natascha 789, 950
McElwee, Ross 828
McFadden, Gates 185, 878
McFadden, Joe 171
McFall, Michael 967
McFerran, Douglas 842
McGaw, Patrick 210
McGee, Gwen 588
McGee, Ron 986
McGill, Bruce 393
McGillis, Kelly 219
McGinley, John C. 692, 711
McGinley, Sean 781, 883, 925
McGlynn, Jim 945
McGonagle, Richard 835
McGovern, Elizabeth 1026
McGovern, Jimmy 315
McGowan, Rose 732
McGrady, Michael 707
McGrath, Martin 157, 1048
McGraw, Melinda 831
McGreevey, John 388, 658
McGreevey, Michael 642
McGregor, Ewan 305, 523, 978
McGuchin, Aislin 34
McHattie, Stephen 29
McHenry, David 571
McIntosh, Lorraine 668
McKay, David 668
McKean, Michael 76, 692
McKee, Phil 252
McKellar, Don 793, 1005
McKellen, Ian 37, 80, 524, 765, 780
McKenna, Patrick 656
McKidd, Kevin 171
McKuwin, Vince 644
McLachlan, Robert 242
McLane, Colin 475
McLaughlin, Ian 491
McLaughlin, Maya 114
McLaughlin, Wynne 470
McLean, Aloka 720
McLean, Lenny 139
McLellan, Zoe 137
McLoughlin, Tom 219
McManus, Michael 582
McMurray, Sam 661
McNab, Mercedes 292
McNamara, Pat 26
McNamara, Sean 150
McNamara, William 291
McNamee, Eoin 424, 781
McNaughton, John 695, 1025
McNeice, Ian 523, 613
McNeil, Scott 851
McNulty, Kevin 13
McPherson, Natasha 935
McPherson, Tamara 935
McQueen, Chad 269
McRay, Robert 162
McTeer, Janet 978
Meadows, Shane 854, 956
Meadows, Stephen 641
Meat Loaf 98, 375
Meates, Abby 626
Meckler, Nancy 25
Medak, Peter 865
Medved, Nanette 436
Medvigy, Gabor 55
Meek, Jeff 62
Meerapfel, Jeanine 1056
Meert, Antoine-Marie 616
Meheux, Phil 599
Mehler, Tobias 795, 933
Mehta, Punarnava 174
Meier, Carlo 453
Meier, Dirk 308
Meier, Hans 627
Meier, Shane 222
Meingast, Martin 619
Meinhardt, Cornelia 584
Meir, Sharon 436
Meister, Gerd 213
Melancon, André 223
Melchior, Stefan 500
Meldrum, Wendel 741
Mélinand, Monique 341
Melkonian, James 466
Melli, Elide 472
Mellor, Kay 349
Melville, Mark 201
Melville, Neil 680
Memedov, Zabit 820
Mende, Angelika 355
Mendel, Stephen 458, 672, 757
Mendelsohn, Aaron 11
Mendez, Ray 812
Mendl, Michael 39, 60, 221, 587, 808
Mendonça, George 812
Mendoza, Jaclyn 134
Mendt, Marianne 99
Menges, Chris 123
Mense-Moritz, Franziska 991
Menzel, Bärbel 739
Menzel, Jiri 27
Menzies jr., Peter 384
Mer, Julino 974
Merboth, Keri 902
Mercado, Patrick 543
Mercier, Benjamin 815
Mercier, Claire 815
Mercurio, Micole 476
Mercurio, Paul 772
Meredith, Anne 5, 70
Merendino, James 759, 767
Merhar, Stanislas 679
Merhi, Joseph 251
Merideth, Candice 414
Merin, Eda Reiss 798
Merkatz, Karl 214, 968
Merkel, Klaus 717, 982
Merker, Thomas 634, 843
Merlet, Agnes 49
Merlin, Joanna 875
Merlin, Veronika 852
Merrill, Doug 103
Mertes, Raffaele 87, 88, 683
Mesa, Elio 132
Mesce, Bill 788
Meschia, Guram 213
Messing, Debra 606
Messing, Jerry 8
Messner, Claudia 859
Messow, Clemens 287, 431
Meszaros, Marta 472
Metcalf, Laurie 409
Metz, Belinda 369

Metsers III., Hugo 1007
Metzger, Alan 980
Metzger, Stephane 203
Metzner, Aline 217
Meurant, Serge 616
Meurer, Jens 465
Meyendriesch, Wilfried 347
Meyer, Bob 684
Meyer, Breckin 890
Meyer, Daniel 906
Meyer, Dina 881
Meyer, Günter 872
Meyer, Hans-Werner 221
Meyer, Henry 580
Meyer, Turi 154
Meyer-Dunker, Marlene 718
Meyers, Ari 987
Meyers, Janet 787
Meyers, Jonathan Rhys 978
Meyers, Nancy 1057
Meyers, Rusty 977
Meyka, Evelyn 306
Meylan, Gerard 594, 678
Meziérez, Myriam 117
Miano, Robert 79, 251, 855
Michael, Devon 588, 1001
Michael, Simon 301
Michalak, Cathren 284
Michalak, Richard 412
Michel, Detlef 792
Michele, Michael 652, 915
Michell, Keith 230
Michelson, Walt 750
Mickelberry, William 98, 351
Mickens, Mike 191
Middendorf, Tracy 821
Middleton, Greg 632
Miele, Valentine 948
Miéville, Anne-Marie 697
Mighton, John 358
Mihic, Gordan 820
Mihm, Claudia 763
Mihok, Dash 651
Milano, Alyssa 871
Milano, Grigorio 277
Milberg, Axel 147, 281, 681, 808
Milburn, Oliver 905
Milesi, Jean-Louis 594
Milford, Penelope 695
Millar, Miles 168
Millardet, Patricia 62
Miller, Bruce 935
Miller, Christine 49
Miller, Dennis 647
Miller, Gabrielle 36
Miller, George 893
Miller, Howard S. 687
Miller, Joel 433
Miller, Larry 154
Miller, Lawrence 421
Miller, Penelope Ann 129, 160
Miller, Randall 915
Miller, Sherry 795, 838
Miller, Stephen E. 13, 302, 870
Miller, Tracy 939
Milliken, Sean 19, 577
Milliss, Kathryn 396
Millon, Pierre 662
Milloy, Travis 888
Mills, Charles 118
Milo, Yoram 216
Milton, Philippa 59
Mimouni, Gilles 549
Mindel, Dan 874
Minear, Tim 849
Miner, Steve 379
Ming, Kao 359
Ming, Wu Tian 508
Minich, Robert Victor 149, 220, 221, 234, 847
Minsky, Charles 409
Minter, Kelly Jo 433
Miou-Miou 679, 818
Miranda, Heloisa 504
Mirano, Virgil 960
Mirman, Brad 711
Mironow, Jewgeni 169
Mirren, Helen 5, 754
Misiorowski, Bob 706
Mitchell, David 206
Mitchell, Eric 211
Mitchell, Gene 288
Mitchell, Heather 1048
Mitchell, Kel 357
Mitchell, Silas Weir 885
Mitchell, Steve 579
Mitchelle, Michelle 153
Mitchum, Bentley 706
Mitchum, Carrie 464
Mitevska, Labina 424
Mitterer, Felix 509
Mitterhammer, Marion 898
Mitzutani, Kei 1008
Modegard Mihn, Sara Kristine 1045
Modine, Matthew 104, 229, 585
Moeller, Ralf 65
Moggach, Deborah 1035
Mohamadi, Azizeh 42
Moharami, Hossein 316
Mohr, Jay 324, 582, 722, 760, 853
Mok, Karen 943
Mol, Gretchen 561
Moläbak Hansen, Karen 1057
Molie, Elisabeth 326
Molina, Alfred 10, 589, 778
Molina, Angela 560
Molina, Ralph 1042
Molinari, Alberto 380
Moll, Bruno 125
Moll, Jorinde 1007
Moll, Richard 150, 243, 917
Molla, Jordi 736
Möller, Ralph 162
Mollica, John 657
Molloy, Mike 106
Moloney, Robert 338
Mon, Lawrence Ah 100
Monaghan, Marjorie 880
Moncur, Susan 684
Mondy, Bill 849
Mondy, Pierre 553
Monni, Carlo 955
Monroe, Lochlan 206
Monte, Brenda 969
Monteiro, Joao César 361
Montenegro, Fernanda 152
Montesi, Jorge 36, 674
Montgomery, Michael 688
Montiel, Cecilia 599
Montoute, Edouard 264, 914
Mooradian, George 782
Moore, Ashleigh Aston 183
Moore, Demi 15
Moore, Eoin 745
Moore, Frank 108, 838

Moore, Julianne 90, 120
Moore, Sheila 430, 554
Moore, Tom 645
Moorehouse, Jocelyn 912
Mooy, Genevieve 396
Moradi, Safar Ali 344
Morales, Esal 767
Moran, Michael P. 728, 850
Moran, Nick 139
Moranis, Rick 552
Mordillat, Gerard 595
Moreau, Yolande 996
Morel, Gael 815
Moreno, Rita 268, 377
Moretti, Agata Apicella 44
Moretti, Andrea 955
Moretti, Nanni 44
Moretti, Pietro 44
Moretti, Tobias 509
Morgan, Mariana 155
Morgan, Patrick 837
Morgan, Peter 596
Morgan, Trevor 68
Morgenstern, Maia 472, 1030
Moriarty, Cathy 150, 210, 944
Moriarty, Michael 561
Morice, Kevin 301
Morikawa, Toshiyuki 643
Moritz, Dorothea 937
Morley, Robert 456
Mornar, Lea 544
Morneau, Louis 782
Mornell, Sara 742
Mornin, Daniel 365
Moroney, Joss 896
Moroney, Niall 956
Morozova, Kathy 538
Morra, Gigio 866
Morrill, Norman 428
Morris, Anita 499
Morris, Ben 414
Morris, Brian 123
Morris, David Burton 438
Morris, Errol 812
Morris, Nic 601, 979
Morris, Todd 374
Morrisey, Kevin 264
Morrison, Temuera 827
Morrow, Joshua 983
Morrow, Wendy 783
Morshower, Glenn 181
Mortensen, Viggo 15, 20, 728
Morton, Joe 112
Morton, Philip 282
Morton, Samantha 964
Moseley, Page 1054
Moser, Christian 273
Moses, Bob 303
Moses, Mark 476
Moses, William R. 588
Mössmer, Dietmar 179, 214
Mostel, Josh 370
Mote, D. Brent 674
Motoki, Masahiro 356
Motta, John La 397
Motz, Bill 814
Motzko, Rosemarie 627
Moullet, Luc 457
Mower, Patrick 310
Moya, Antoinette 553
Moynier, Eric 517
Moynihan, Bill 249
Mucha, Anna 300
Mühe, Ulrich 278, 829, 843
Mühlhan, Steffanie 308
Mueller-Stahl, Armin 16, 130, 1059
Mueller-Stöfen, Nele 77, 281
Muhtarevic, Sead 32
Mui, Anita 406
Muirhead, Oliver 185
Mukherjee, Robin 174
Muldoon, Patrick 881
Mulford, Marilyn 303
Mulkey, Chris 894
Mull, Martin 785
Mullan, M. David 687
Mullan, Peter 668
Müller, Hanspeter 996
Müller, Richy 77, 151, 813
Muller, M. David 588
Mulligan, Terry David 202
Mulroney, Dermot 70
Mulzer, Hubert 287
Mund, Karlheinz 81
Munguia, Yuriria 858
Muniz, Marcos 902
Munni, Pep 298
Munro, Lochlyn 36, 242, 598, 933
Münster, Sebastian 387
Munt, Silvia 236, 330, 437
Muraghlia, Silvio 894
Muralt, Felix von 1043
Murath, Clemens 576
Murcia, Felix 330
Murdock, Alec 181
Murer, Fredi M. 996
Muret, Claude 161
Murlowski, John 785
Murphy, Brittany 205
Murphy, Colleen 839
Murphy, Eddie 208
Murphy, Geoff 204
Murphy, Kevin 661, 669
Murphy, Owen 531
Murphy, Padraigin 468
Murray, Bill 10, 1025
Murray, Graeme 9, 17
Murray, Robin P. 314
Muschamp jr., George M. 1041
Musky, Jane 546
Muspratt, Victoria 463
Müsse, Matthias 145
Muth, Ronja 425
Muti, Ornella 753, 1018
Mybrand, Jan 467, 481
Myers, Cindy 219
Myers, Johann 956
Myers, Mike 890
Myers, Scott 693
Myerson, Alan 1053
Myhre, John 238, 393
Myller, Dorothea 536
Myrnian, Dan 834

N

Nacer, Miloud 594
Naceri, Samy 914
Nachtergaele, Mateus 152, 629
Nadarevic, Mustafa 995
Nadeau, Claire 1044
Naderi, Ghorbanali 42
Naderi, Massoumeh 42
Naderi, Zahra 42
Nadler, Rudolf 253
Naef, Louis 366

Naefe, Vivian 521, 763, 1050
Naess, Petter 326
Nagagawa, Yosuke 110
Nagaoka, Akonori 770
Nägele, Oliver 93
Nagore, Alvaro 330
Nagpal, Vinod 174
Naha, Ed 243
Naify, Christina 256
Naito, Taketoshi 796
Nájera, Miguel 788
Najman, Charles 455
Najman, Solange 455
Nakagawa, Yosuke 110
Nakamura, Manabu 643
Nalluri, Bharat 491
Namtchylak, Sainkho 125
Nance, Jack 559
Napier, Charles 24, 48, 463, 882
Napier, Jessica 551
Napier, Marshall 626
Narita, Hiro 531, 894, 1038
Narova, Cecilia 909
Nassar, Joseph Bou 492
Naujoks, Ingo 516, 937
Nava, Gregory 833
Navarro, Guillermo 459
Naylor, Lynne 405
Neal, Elise 644, 825
Neame, Christopher 648
Nebout, Claire 749
Neeson, Liam 635
Negin, Louis 890
Neill, Sam 157, 248, 624, 729, 780
Neilsen, Connie 432
Neldel, Alexandra 580
Nelligan, Kate 54, 561
Nellist, Dave 252
Nelson, Craig T. 432
Nelson, Ed 460
Nelson, Gary 741
Nelson, Judd 882
Nelson, Michael J. 669
Nelson, Novella 728
Nelson, Sandra 388, 550
Nelson, Tracy 687
Nelson, Willie 421, 999
Nemec, Corin 436, 598
Nemec, Miroslav 327
Nercessian, Jacky 941
Neri, Francesca 560
Nero, Franco 346
Nesbitt, James 781, 1012
Nesserine, Fatyha 45
Nest, Tilo 77
Nettelbeck, Sandra 587, 961
Netter, David 1058
Netzer, Ralph 94
Neubauer, Christine 509, 548
Neuburger, Bernd 922
Neuenfels, Benedict 298
Neuenschwander, Jean 615
Neumann, Jörg 299
Neumeier, Edward 881
Neumüller, Robert 74, 127, 904
Neuwirth, Bob 850
Neuwirth, Manfred 721
Neville, John 16, 363, 470
Nevius, Craig J. 101
New, Robert C. 363
Newbauer, Nancy 24
Newbold, Richard 572
Newbould, Tanya 786
Newby, John 184
Newhart, Bob 443
Newhavic, Amy 519
Newman, Mimi 635
Newman, Paul 440
Newman, Phyllis 613
Newmar, Julie 21
Newscom, David 935
Newton, John Haymes 436
Newton, Thandie 289
Nezu, Jinpachi 356
Niccol, Andrew 323, 950
Nichetti, Maurizio 398
Nichols, Andres 428
Nichols, David B. 469
Nichols, Mike 636
Nichols, Nichelle 537
Nicholson, Dana Wheeler 1014
Nicholson, Jack 83
Nicholson, William 979
Niciphor, Nicholas 932
Nickel, Jochen 296, 792, 1046
Niclass, Yvan 697
Nicolella, Joch 511
Nielsen, Leslie 655, 831, 989
Niemeyer, Käthe 287
Nighy, Bill 25
Nikaido, Miho 402
Niklas, Jan 60
Nikolaev, Valery 228
Nikonenko, Sergej 169
Ninaus, Alfred 2
Nindel, Thorsten 442, 808
Ning, Liu Xiao 823
Ninidze, Merab 904
Ninkovic, Natasa 801
Nishida, Naomi 796
Nishihara, Kumiko 643
Nishiyama, Akihiko 237
Nissen, Frank 738
Nita, Valentin 2
Nitsch, Jennifer 299, 813
Nivola, Alessandro 424
Nix, Monika 245
Nix, Peter 245
Nixon, Robin 772
Niznik, Stephanie 618
Noah, Jeffrey 862
Nobile, Roberto 482
Nobis, Felix 289
Noble, Christian 583
Nocker, Dirk 761
Nödinger, Ingeborg 1056
Noethen, Ulrich 142
Nogami, Yukana 643
Noiman, Rivka 1055
Noland, Charles 351
Nolot, Jacques 678
Nolte, Nick 305, 337, 958
Nono, Silvia 44
Nontschew, Mirco 480
Noonan, Tom 733
Noori, Mir Hossein 344
Norberg, Greg 582
Nordenskjöld-Olsen, Annika 1058
Nordhause, Les 103
Nordling, Jeffrey 630, 970
Norona, David 957
Norrington, Stephen 105
Norris, Chuck 241
Norris, Lee 428
North, Alan 466
Northam, Jeremy 633
Northrop, Wayne 1004

Norton, Bill W.L. 231, 637, 649
Norton, Kristin 249
Norton, Richard 102
Noseworthy, Jack 248
Nosseck, Noel 689, 987
Nossiter, Jonathan 897
Noth, Christopher 498, 607
Noth, Guido 873
Nottmeier, Peter 400
Notz, Thierry 436
Novembre, Tom 33
Novion, Pierre 455
Novis, Kevin Di 902
Novoa, Laura 1033
Novotny, Michael 159
Nowak, Christopher A. 16, 229
Nowak, Danny 89
Nowak, Reinhard 846
Nowicki, Jan 472
Nowlan, Cherie 396
Nowotny, Jan 115
Nowra, Louis 395
Nowrasteh, Cyrus 9
Noyes, Joanna 401
Nozawa, Hisashi 992
Nunez, Victor 960
Nunn, Bill 188
Nunn, David 109
Nunzi, Francesca 310
Nursall, Tom 1038
Nusevic, Emira 1012
Nussbaum, Danny 956
Nussbaum, Mike 614
Nutter, David 632
Nvota, Juraj 27

O

O'Bannon, Dan 401
O'Bannon, Ruchne S. 534
O'Bannon, Sean 603
Obergfell, Robert 129
Oblowitz, Michael 703
Obradors, Jacqueline 827
O'Brien, Jim 768
O'Brien, Joseph 269
O'Brien, Maureen 135
O'Brien, Richard 175
Obrow, Jeffrey 126
O'Bryan, Sean 1038
Ochsenknecht, Uwe 53, 93, 340, 709, 1009, 1018
O'Connel, Jerry 825
O'Connor, Derrick 701
O'Connor, Donald 910
O'Connor, Frances 396, 496, 1048
O'Connor, Jeanette 871
O'Connor, Kevin J. 701
O'Connor, Pat 451
O'Connor, Reneé 405
Odd, David 349
O'Donnell, Steve 596
Odzonikidze, Nino 133
Oedekerk, Steve 692
O'Farrell, Conor 242
O'Flaherty, Thomas J. 475
Ogier, Bulle 452, 984
O'Gorman, Dean 474
O'Grady, Gail 297, 438, 607
O'Hara, Catherine 738
O'Hara, David 395
O'Hara, Jenny 1029
Ohata, Koichi 628
Ohngemach, Gundula Leni 710
O'Hurley, John 987
O'Hurley, Shannon 760
Ojdanic, Ecija 186
Okada, Daryn 379, 428, 835
O'Keefe, Jodi Lynn 379
O'Keefe, John 531
Oks, Matias 1027
Öksnes, Erik 326
Okuma, Enuka 550
Olafsson, Gudmundur 192
Olafsson, Magnus 192
Olander, Lena 826
Olano, Joel 179
Oldman, Gary 567, 584
Olesen, Laura Drasbäk 64
Olev, Fjodor 275
Olin, Ken 9
Olin, Lena 747
Olive, Pep 736
Olmos, Edward James 416, 833
Olsen, Dana 342
Olsen, Josh 706
Olyphant, Timothy 825
Omari, Areen 378
Ondricek, Miroslav 533
O'Neal, Brian E. 414
O'Ncal, Cleveland 414
O'Neal, Ryan 255
O'Neal, Shaquille 882
O'Neill, Jacqueline 34
Ong, Stuart 545
Onghena, Koen 138
Ono, Machiko 352
Onorati, Peter 173
Ontiveros, Lupe 833
Ontkean, Michael 554
Ooms, Amanda 625, 1032
Opotowski, Anne Amanda 129
Oppermann, Manfred 721
O'Quinn, Terry 983
O'Rawe, Geraldine 424, 781
Orde-Powlett, Rosamond 306
O'Reilly, Ciryl 600
Orenstein, Joan 403
Orieux, Ron 9, 205
Oristrell, Joaquin 117, 236, 367
Orlando, Silvio 44
Örnbak-Fjeldmose, Nijas 58
O'Ross, Ed 883
Orr, Christopher 534, 561
Orr, Robert 801
Ortega, Chick 203
Ortega, Julieta 501
Ortega-Sanchez, Oskar 829
Orth, Elisabeth 845
Osborne, Aaron 154, 841
Osborne, Homes 337
Osburg, Nils-Morten 843
O'Shea, Milo 395
Oshima, Nagisa 540
Osment, Haley Joel 243
Osmond, Ken 75
Ostalowska, Dominika 1030
Ostendorf, Josef 717, 887
Osterloh, Anke 1050
Ostertag, Stefan 734
Osugi, Ren 381, 860
O'Sullivan, Aisling 143
O'Sullivan, Billy 790
O'Sullivan, Thaddeus 365

Ota, Yoshinori 381
Othenin-Girard, Dominique 306, 392
O'Toole, Annette 13
O'Toole, Peter 732
Ott, Elfriede 1047
Otto, Barry 496
Otto, Carolin 734
Otto, J.-F. 544
Otto, Miranda 551
Otto, Rick 732
Ouchi, Mari 110
Oura, Darrin 228
Owe, Baard 58
Owen, Clive 80
Owens, Chris 430
Owens, Eamonn 143
Owings, Beverly 1011
Owsjannikowa, Anna 446
Oy, Jenna von 821
Oz, Frank 112, 443
Ozakeli, Aleksi 133
Özdamar, Emine S. 775
Ozier, Mike 915
Ozon, François 848
Ozpetek, Ferzan 380
Oztekin, Rasim 437

P

Paalgard, Harald G. 454
Pace, Mario di 735
Pacek, Michael 263
Pacifici, Federico 1035
Pacino, Al 432
Packer, David 76, 391
Pacula, Joanna 173
Paddock, Josh 412
Páez, Carlos 1033
Pagan, Michael J. 172
Page, Anthony 621
Pagel, Justin 888
Paichang, Tenzin Yeshi 512
Pak, James 406
Paladino, Antonio 709
Palladino, Aleksa 592
Palmer, Geoffrey 429
Palmero, Rafael 286
Palmer-Stoll, Julia 677
Palminteri, Chazz 802
Paltrow, Gwyneth 235, 370, 518, 728, 842
Pan, Rebecca 178
Paneque, Miguel 132
Pankin, Stuart 552
Panknin, Jörg 985
Pankow, John 546
Panozzo, Dina 284
Panting, Paul 389
Pantoliano, Joe 54, 841
Pap, Ferenc 213
Papamichael, Phedon 602
Pape, Axel 220
Pape, Lars 220
Paradee, Janelle 464
Parades, Marisa 215
Paradies, Gerald 276
Paramore, Kiri 289
Paras, Dean 242
Paré, Michael 63, 769
Paredès, Marisa 529
Parent, Monique 391, 603
Parfitt, Judy 56
Parillaud, Anne 590
Paris, Richard 283
Parish, Diane 25
Parker, Bootsie 921
Parker, F. William 458, 518
Parker, Leni 401
Parker, Mary-Louise 585
Parker, Nicole 120, 550, 864
Parker, Sarah Jessica 1052
Parkhurst, Rod 107
Parkinson, Isabella 28, 623
Parks, Michael 804
Parks, Rick 56
Parmet, Phil 288
Parodi, Mario 310
Parrell, Barry 505
Parroux, Patrick 1039
Paryla, Nikolaus 400
Pas, Michael 138
Pasco, Richard 429
Pasdar, Adrian 85, 849
Paseornek, Michael 206
Pashutin, Alexander 169
Pass, Cyndi 687
Passes, Alan 450
Pasternak, Anna 193
Pastorelli, Robert 225, 1045
Pataki, Eva 472
Pate, Jonas 804
Pate, Joshua 804
Patik, Vickie 639
Patlon, Will 703
Paton, Angela 614
Patric, Jason 448
Patrick, Robert 163
Patteri, Robert 707
Patterson, John D. 410, 730, 919
Patterson, Rocky 109
Patti, Guesch 818
Patton, Will 47, 451, 704, 752
Patton-Spruill, Robert 118
Patzak, Peter 653
Paul, Adam 538
Paul, Adrian 433
Paul, Christiane 587, 739
Paul, Kurt 24
Paul, Richard Joseph 21, 977
Paul, Rick 695
Paul, Victoria 98, 694
Paulin, Scott 339, 935
Pauls, Gaston 186
Pavel, Paul 549
Pavlovsky, Eduardo Tato 1033
Pavlow, Muriel 320
Pawluk, Jade 790
Paxton, Bill 928, 945
Paymer, David 35, 319, 565, 915
Payne, Alan 920
Payne, Bruce Martyn 766
Payne, Dave 8, 173
Payvar, Homayon 344
Pazura, Cezary 484
Pearce, Michael 463
Pearl, Aaron 831
Pearl, Steven 652
Pearson, Brian 870
Pearson, Jan 596
Peck, Raoul 684
Peckinpah, David 675
Pecora, Robert 364
Pecorini, Nicola 270
Pedregal, Helio 437
Peeples, Nia 112
Peeples, Quinton 256
Peers, Lisa 350
Peil, Mary Beth 441
Peisojovich, Giselle 1027

Pejakovic, Josip 995
Pejo, Robert-Adrian 750, 1010
Peldon, Courtney 368
Pellegrino, Mark 224, 463
Pellerin, Jean 517
Pelletier, David 177, 206, 851
Pelletier, Michèle-Barbara 720
Pellizzari, Monica 284
Pena, Elizabeth 510
Pena, Vicky 330
Pendleton, Austin 694, 895
Penn, Chris 269, 804
Penn, Sean 573, 958
Pennebaker, D.A. 645
Penner, Jonathan 891
Penney, John 126
Penningroth, Phil 61
Penny, Joe 205, 263
Penny, Loe 262
Penty, Doug 322
Pentz, Robert 167
Pepin, Richard 190
Pepper, Barry 856
Pêra, Marilia 152
Peranio, Vincent 723
Perdue, Shane 346
Pereira, Manuel Gomez 117
Perez, Morgan 818
Perez, Rosie 726
Perez, Tony 575
Perez, Vincent 37, 589, 1016
Pérez-Reverte, Arturo 186
Pergola, James 52
Perkins, Elizabeth 339, 777
Perl, Orli 974
Perlich, Max 128, 609, 767
Perrier, Dominique 662
Perrine, Valerie 291
Perrineau, Harold 57
Perron, Michel 517
Perry, Luke 534, 555, 695
Perschmann, Markus 536
Perschy, Maria 653
Persson, Jörgen 467, 635, 944
Pertwee, Sean 248
Perugorria, Jorge 66
Pesce, Frank 688
Pesci, Joe 421, 535
Pesenti, Laetitia 594
Peter, Lindsey 642
Peters, Bernadette 38
Peters, Jan 698, 932
Peters, John 168
Peters, Paul 731
Peters, Stephen 1025
Peters, Trevor 671
Petersen, Curtis 338, 838, 936
Petersen, Oscar 257
Petersen, William L. 375
Peterson, Eric 403
Peterson, Kristine 850
Petersons, Alexander 322
Petri, Franziska 586
Petri, Nina 93, 563, 971, 1046
Petri jr., Daniel 180, 561
Petruccelli, Kirk M. 105
Petrucci, Luigi 313
Petrusic, Luka 424
Petters, Heinz 265
Petty, Tom 752
Petzold, Christian 77
Peyton, Harley 354
Pfannenschmidt, Christian 1049
Pfarrer, Chuck 803
Pfeiffer, Michelle 754, 912
Pfister, Thomas 462
Pflieger, Noe 679
Phan-Thi, Minh-Khai 333
Philibert, Nicolas 685
Philipp, Barbara 220
Philipp, Stephanie 709, 810
Philips, Gina 9, 224, 919
Phillippe, Ryan 427, 890, 1001
Phillips, Angie 592
Phillips, Grace 711
Phillips, Jonny 257
Phillips, Julianne 893
Phillips, Lou Diamond 89, 377
Phillips, Mike 119
Phoenix, Joaquin 451, 958
Phoenix, Summer 759
Phunstok, Sonam 512
Picchio, Ana Maria 501, 597
Piccoli, Michel 341
Piche, Jean-Marc 505
Pickelman, Brenda 575
Picker, Josh 289
Pickett, Cindy 51
Pickup, Ronald 134
Piddington, Andrew 258
Pidgeon, Rebecca 973
Pieczynska, Malgorzata 300
Pieller, Jacques 215
Pielmeier, John 779
Pieniazek, Bartek 69
Pieraccioni, Leonardo 313
Pierce, Brock 297
Pierce, Wendell 9
Pierce-Roberts, Tony 722
Pierpoint, Eric 22, 23, 559
Pierrot, Frederic 49
Pileggi, Mitch 16, 18
Pilkington, Lorraine 34, 123
Piller, Michael 878
Pillsbury, Sam 302, 428
Pine, Larry 897
Ping, Ho 1031
Ping-bin, Lee 359
Pinheiro, Patrique 328
Pinkus, Serge 631
Pinon, Dominique 799
Pinsent, Gordon 738
Pintzka, Wolfgang 619
Piper, Roddy 65, 824
Piper, Thomas 659
Pipping, Tobias 763
Pires, Gerard 914
Pirnat, Helmut 830
Pirro, Ugo 482
Pisier, Marie-France 593
Pistor, Ludger 399
Pita, Amelita 132
Pitchhadze, Joseph 965
Pitelli, Jonathas 985
Pitillo, Maria 353, 409
Pi-tung, Lien 359
Piven, Jeremy 733, 767
Piwowarski, Radoslaw 300
Pizzuto, David 346
Place, Mary Kay 489, 592, 723, 773, 980
Pladevall, Tomas 736
Plank, Scott 32
Plans, Tony 894
Plate, Christina 900
Plathe, Walter 872
Platt, Lucas 291

Platt, Oliver 208
Platteau, Antoine 426, 553, 679
Pleitgen, Ulrich 434, 526
Plenzdorf, Ulrich 4, 516
Pleshette, John 725
Plimpton, Martha 184, 723, 1014
Plogstedt, Axel 526
Plotnick, Jack 154
Plowright, Joan 130
Plumer, Andrew 496
Plummer, Amanda 31, 204, 304, 1045
Plummer, Glenn 225
Plummer, Mark 20
Plunkett, Gerard 831
Podalydes, Denis 426, 1039
Podesta, Patti 699
Podgorica, Almir 995
Podhora, Roman 674, 949
Pogany, Christiano 176
Pogats, Christian 399
Pogue, Charles Edward 511
Pogue, John 54
Pogue, Ken 13, 1028
Pohlmann, Jutta 620
Poindexter, Larry 925
Poiré, Jean-Marie 1044
Poirier, Celine 593
Poirier, Manuel 593
Poitier, Sidney 803
Politi, Edna 705
Polito, Jon 534
Pollack, Ekkehart 195, 217, 937
Pollack, Jeff 921
Pollak, Cheryl 76, 183
Pollak, Kevin 711, 758
Pollari, Jari 483
Polley, Sarah 903, 1005
Pollock, Christophe 697
Polo, Teri 85
Polosek, Frank 431
Polson, John 896
Poltikovic, Viliam 483
Pöltl, Martina 852
Pompert, Tom 460
Ponce, Pere 736
Poncela, Eusebio 597
Ponte, Gideon 141
Pope, Carole 738
Pope, Dick 37, 365
Pope, Jeff 252
Popow, Gennadi 446
Poretti, Giacomo 946
Porizkova, Paulina 891
Portal, Alexia 404
Porter, Billy 957
Porter, Maria 402
Posch, Harald 99
Posey, Parker 363, 402, 1015
Posner, Joel 555
Posner, P. J. 555
Post, Markie 410, 988
Postlethwaite, Pete 35, 69
Potente, Franka 93, 563, 710
Potocka, Malgorzata 300
Potter, Dennis 625
Potter, Monica 596
Pouge, Ely 940
Poulheim, Achim 275
Poulsson, Andreas 649
Pounder, CCH 85
Poupaud, Melvil 215, 341, 696, 815
Powell, Clifton 701, 732
Power jr., Tyrone 153
Powers, Katharyn 879
Powers, Matthew 895
Powierza, Anna 300
Pownall, Leon 554
Prack, Elisabeth 473
Prager, Peter 287
Prahl, Axel 536
Pratt, Anthony 590
Pratt, Kyla 68, 208
Pratt, Roger 638
Pratt, Tony 143
Preece, Michael 241
Preil, Saskia 327
Premawardana, Felix 791
Prengel, Diethard 611
Presley, Priscilla 311
Presnell, Harve 893
Pressly, Jaime 579
Prestia, Jo 543
Preston, Carrie 622
Preston, Kelly 692
Preston, Richard 190
Preuß, Eckhard 149
Previn, André 111
Price-McConnell, Sean 642
Pridy, Rod 632
Priestley, Jason 571
Priestley Jr., Tom 703
Prikopa, Herbert 625
Primes, Robert 644
Primus, Barry 288, 354
Prince, Christopher E. 786
Prince, Faith 324
Prince, Jonathan 272
Prinze jr., Freddie 427, 934, 1015
Prinzi, Frank 229
Prior, Ted 519
Pritchard, Anne 337, 869
Probst, Peter 813
Prochnow, Jürgen 258, 545, 621, 776
Procter, Emily 989
Proebster, Su 39
Proft, Pat 655, 831
Prokop, Merian 69
Proll, Nina 413, 904
Prosky, Robert 578
Protat, François 783, 976, 1004
Proval, David 288
Provvedi, Detlef 634
Proyas, Alex 175
Pruce, Peter 765
Pruckner, Tilo 845, 1002
Pryce, Jonathan 789
Pryor, Peter 902
Przebindowski, Jakub 484
Przedworski, Andrzej 69, 278
Pschigode, Angela 473
Pschill, Alexander 74
Pszoniak, Wojtek 484
Ptak, Krzysztof 300, 343
Pucher, Wilfried W. 734
Purcell, Evelyn 351
Purgatori, Andrea 482
Purvis, Alexandra 790
Püschel, Aglef 954
Putch, John 475
Putnam, Mark Allen 925
Puttonen, Mike 632
Pyle, Denver 261
Pyper-Ferguson, John 17, 880

Q

Qadah, Mahmoud 378
Qrieux, Ron 921
Quaid, Dennis 319, 801, 908, 1057
Quaid, Randy 351, 384, 976
Quan, Wang 226
Quaranta, Gianni 941
Quast, Veronika von 115
Quay, Stephen 450
Quay, Timothy 450
Quicheteau, Nicolas 1000
Quinlan, Dick 5
Quinlan, Kathleen 248, 393
Quinn, Aidan 26, 1036, 1043
Quinn, Anthony 975
Quinn, Elizabeth 571
Quinn, Iris 790
Quinn, Kave 523
Quinn, Lonnie 445

R

Raacke, Dominic 53, 60, 277, 663
Rabal, Liberto 560
Rabal, Paco 501
Rabau, Erika 962
Rabisi, Giovanni 29
Rachins, Alan 1003
Radclyffe, Curtis 905
Radermacher, Jochen 739, 898
Radkoff, Vivienne 1028
Radley, Sue 389
Radziwilowicz, Jerzy 332
Rae, Cassidy 185, 646, 783
Raffman, Diana 125
Rafn, Hardy 58
Ragalyi, Elemer 625, 658, 765
Ragas, Roef 748
Ragno, Tommaso 955
Railsback, Philip 1036
Rainone, Frank 444
Rais, Asil 1000
Raisky, Yuri 169
Ralph, Steve 166, 883
Ramage, Rick 1037
Rampling, Charlotte 1026
Ramsey, Ben 89
Ranca, Georg 2
Randall, Ethan 314
Randall, Lexi 1036
Randall, William G. 346
Randel, Tony 60
Randeniya, Ravindra 791
Randolph, John 920
Random, Ida 752
Ranft, Torsten 761
Ranger, David R. 519
Ranger, Liam 862
Ransom, Joel 17, 18
Rapaport, Michael 163, 719, 779
Rapaport, Sheeri 559
Rappenglück, Peter 901
Rash, Steve 230
Raskov, Daniel 746
Ratchford, Jeremy 137
Ratliff, Elden Ryan 630
Ratner, Ben 831
Ratner, Brett 644
Raubertas, Peter Paul 589
Ravelo, Caridad 96
Ravich, Rand 585
Rawlins, David 167
Ray, Fred Olen 603
Ray, J. 882
Ray, Philip 888
Raybourne, Richard 824
Raymond, Deborah 458, 732, 1029
Raymond, Ed 166, 840
Razvan, Catalin 2
Rea, Stephen 143, 168
Reale, Michael 998
Rebic, Goran 904
Reck, Stefan 142
Reddin, Keith 564
Reddy, Brian 181
Redford, Robert 729
Redgrave, Vanessa 182, 1051
Redican, Dan 1034
Redl, Christian 420, 453, 792, 857, 947
Redlich, Klaus 962
Reed, Christopher 915
Reed, Oliver 87
Reed, Shanna 687
Reed, Tripp 883, 925
Rees, Roger 927
Reese, Delia 411
Reeß, Antonia 145
Reeves, Keanu 432
Reeves, Scott 461
Regan, Vincent 87
Regehr, Duncan 266, 1004
Reggiani, Serge 736
Regnier, Charles 149
Régnier, Natacha 543
Regnier, Theo 1021
Reguerraz, Jean-Pierre 223
Rehberg, Hans-Michael 634, 998
Reherman, Lee 206
Rehnolt, Pascal 308
Rehwaldt, Frank 588, 687
Reibenbach, Tsipi 216, 665
Reiber, Carolin 514
Reichmann, Florian 830
Reichmeister, Mimi 559
Reid, David 200
Reid, Fiona 108
Reidemeister, Helga 541
Reijenga, Afke 1007
Reilly, John C. 120, 305, 518
Reilly, Kevin 103
Reilly, Luke 554
Reimers, Monroe 322
Reingardt, Kajsa 296
Reinhard, Pierre 307
Reinhart, Arthur 69
Reinhart, Christine 545
Reinhold, Judge 167, 181, 377, 989
Reiss, Diana 469
Reitman, Ivan 828
Reitz, Christian 53
Reitz, Tymme 364
Remar, James 654, 731
Remotti, Remo 340
Remy, Luc 616
Renault, Denis 684
Rendat, Wolfgang 507
Renneberg, Annette 121, 663
Reno, Jean 353, 789, 1044
Renying, Zhou 508
Repeta, Nina 983
Rerich, Waleri 446
Rescher, Gayne 741

Resetarits, Lukas 413
Reshovsky, Marc 30
Resnais, Alain 527
Retzer, Otto W. 900
Reuter, Jürgen 972
Rexer II, William 111, 969
Reynolds, Brian J. 319
Reynolds, Burt 120, 1003
Reynolds, Debbie 443
Reynolds, Lee 460
Reynolds, Michael J. 658
Reynolds, Norman 867
Reynolds, Renn 519
Reynolds, Ryan 795, 933
Rhames, Ving 118, 716
Rhoades, Michael 470
Rhodes, Donnelly 92
Rhodes, Joette 600
Rhys-Myers, Jonathan 585
Ribisi, Giovanni 856
Ribisi, Marissa 525
Ricci, Christina 70, 141, 199, 723
Ricci, Elena Sofia 1035
Ricciarelli, Giulio 576, 981
Rice, Diana 68
Rice, Rachel 1035
Rice, Susan 411
Rice, Wayne 477
Rich, Richard 819
Richard, Firmine 232
Richard, Jean-Louis 751
Richard, Nathalie 452
Richards, Denise 881, 1025
Richards, Michael 694
Richardson, Ian 86, 175, 448
Richardson, Jake 552
Richardson, Jay 583, 784
Richardson, Joely 248
Richardson, Marie 170
Richardson, Miranda 43, 624
Richardson, Natasha 1057
Richardson, Patricia 960
Richardson, Robert 729, 812, 958, 999
Richet, Jean-François 1039
Richey, Eddie 733
Richmond, Anthony B. 70, 744
Richter, Heinz 7
Richter, Jason James 302, 517
Richter, Julia 580
Richter, Marc 145
Richter, Ralf 548
Richter, Roland Suso 140
Richter, Sebastian 371
Richwood, Patrick 150
Rickenbach, Franz 462
Rickman, Alan 625, 765
Rideau, Stéphane 848
Ridenour, Raymond 520
Ridgely, Robert 518
Ridley, John 958
Riebl, Michi 968
Riedel, Sabina 74
Riefenstein, Thure 325
Rieger, Jürgen 179
Riehle, Richard 189, 970
Rieke, Janek 387
Riemann, Katja 576
Riemer, Uwe 734
Ries, Jophi 587
Rießen, Irmgard 998
Rifkin, Adam 602, 853
Rigaud, Fabienne 119
Rigg, Diana 768
Riju, Go 796
Rima, Marco 494
Rinaldi, Adriana 955
Ring, Larry 1041
Ringsgwandl, Georg 681
Ringwald, Molly 702
Rinpoche, Shamar 483
Rispoli, Michael 802, 869
Ritchie, Guy 139
Ritchie, Michael 1045
Ritter, Gudrun 872
Ritter, John 805, 1022
Ritter, Michael 610
Ritz, Thomas 490
Riuyang, Zhang 508
Riva, J. Michael 384, 535, 828
Rival, Laura 952
Rivarola, Carlos 909
Rivette, Jacques 332
Rivière, Marie 404, 662
Roach, Max 111
Roach, Neil 1051
Roache, Linus 1026
Robakiewicz, Maciej 972
Robards, Jason 912
Robart, Jerome 743
Robbins, Brian 357
Robbins, Matthew 633
Robbins, Tim 692
Robe, Mike 13
Roberts, Arthur 103, 538, 603
Roberts, Eliza 260
Roberts, Eric 30, 32, 260
Roberts, Jeremy 76
Roberts, John 722
Roberts, Pascale 594
Roberts, Philip 285
Robertson, Cathy 691
Robertson, Cliff 60
Robertson, Françoise 505
Robertson, George 1053
Robertson, Kathleen 699
Robilant, Alessandro di 482
Robin, Muriel 1044
Robinson, Aemilia 1004
Robinson, Jay 335
Robinson, Jennifer 488
Robinson, Marc 24
Robinson, Paul Michael 603
Robison, Barry 573
Robman, Fanny 737
Robson, Wayne 554, 1004
Roch, Antoine 1000
Rocher, Karole 232
Rochfort, Spencer 390, 707
Rochon, Debbie 948
Rochon, Ebbie 12
Rochon, Lela 319, 506
Rock, Chris 535
Rockwell, Sam 393
Rodat, Robert 856
Rodger, Kate 600
Rödl, Josef 423
Rodman, Adam 779
Rodriguez, Daniel 501
Roebuck, Daniel 54, 498
Roebuck, Ernest Paul 986
Roehler, Oskar 847
Roelfs, Jan 323
Roeuen, Jane Scout 239
Rogel, Randy 71
Rogers, Ivan Dale 517
Rogers, Michael 851
Rogers, Mimi 567
Rogers, Tristan 266
Rogulj, Dragan 998

Rohde, Armin 147, 281, 334, 563, 809, 947
Rohde, Uwe 28, 240
Rohmer, Eric 404
Rohner, Clayton 676
Röhrt, Morten 892
Rois, Sophie 275, 325, 544, 845
Rojas, Teresa Maria 96
Rola, Carlo 634
Roll, Gernot 516
Roll, Gertrud 425
Rolle, Marian 340
Rolstor, Mark 384
Rom, Hilde 99
Romand, Béatrice 404
Romano, Elisabeth 431
Romano, Rino 994
Rombach, Anna Maria 74
Rombach, Hans 198
Romulo, Gabriel 408
Romvary, Jùzsef 1030
Rong, Lu 226
Rooker, Michael 70, 177, 469, 776, 804
Rooney, Bethany 666
Roos, Camilla Overbye 706
Roos, Peter 64
Root, Bonnie 137
Root, Stephen 569
Roper, Mark 162, 708
Rosanowa, Irina 169
Rosato, Tony 1004
Roscher, Gudrun 442
Rose, Bartholomew 289
Rose, Gabrielle 903
Rose, Lenny 73
Rose, Reginald 1059
Rosen, Dan 650
Rosen, Friederike 287
Rosenberg, Alan 339
Rosenberg, Ilan 953
Rosenberg, Philip 728
Rosenberg, Rolf 884
Rosenberg, Salka 455
Rosenberger, Ursula 59
Rosenthal, Mark 622
Rosenzweig, Steve 402
Rosko, Eduard 2
Roskowick, Patrick 520
Rösler, Alexander 619
Ross, Marion 219
Ross, Michael 396
Ross, Natanya 838
Ross, Tracee Ellis 895
Rossellini, Isabella 624
Rossi, Claudia 850
Rossi, Leo 397
Rossi, Peter 225
Rossié, Michael 901
Rossio, Terry 599, 853
Rossotto, Andrea V. 977
Rossovich, Rick 101, 711
Roth, Andrea 250
Roth, Bob 814
Roth, Cecilia 597
Roth, Eric 729, 752
Roth, Gerhard 830
Roth, Lynn 525
Roth, Phillip 940
Roth, Thomas 830
Roth, Tim 385, 804
Rothberg, Jeff 1045
Rothemund, Marc 623
Rothemund, Sigi 281, 998
Rothery, Teryl 598, 667
Rothkirch, Margot 115
Rothrock, Cynthia 261, 688
Roüan, Brigitte 751
Roubaka, Rémy 1039
Roundtree, Richard 342, 882
Rourke, Mickey 141, 746, 773
Roussi, Vasiliki 846
Roussillon, Jean-Paul 527
Rowan, Kelly 411, 730
Rowe, Ashley 956
Rowe, Douglas 715
Rowitz, Michael 347, 514
Rowlands, Gena 722
Roxburgh, Richard 157, 396, 713
Royal, Allan 783
Rubeo, Bruno 432
Rubes, Jan 625
Rubin, Bruce Joel 182
Rubin, Jennifer 167, 559
Rubinek, Saul 468, 994
Rubinstein, Zelda 559
Rubin-Vega, Daphne 1025
Rubio, Ingrid 913
Ruck, Alan 243
Ruda, Grzegorz 972
Rudd, Paul 546
Rüdlinger, Max 996
Rudnick, Brian A. 103, 883
Rudnick, Paul 443
Rudnik, Barbara 147, 275, 431, 442, 857
Rudolf, Gene 606
Rudolph, Claude-Oliver 548
Rudolph, Lars 813, 829, 845, 887, 971
Rudolph, Sebastian 739
Rue, Sara 980
Ruf, Kevin 650
Ruiz, Raoul 215, 341
Rujun, Teng 959
Rullier, Christian 207
Rumpf, Harald 660
Runze, Ottokar 420
Rusconi, Jane 235
Rush, Geoffrey 157, 238, 635, 1048
Rushbrook, Claire 964
Ruskin, Sheila 765
Rusnak, Josef 76
Russek, Rita 442
Russell, Clive 713
Russell, Jasmine 373
Russell, Ken 336
Russell, Keri 569, 650, 666
Russell, Theresa 1025
Russell, Ward 16
Russo, James 32, 79, 225, 752, 767
Russo, Mikey 969
Russo, Rene 535
Russo, Richard 440
Rustam, Mardi 464
Ruth, Thomas Del 75, 461
Rutherford, Kelly 849
Rutten, Joseph 656
Ruzowitzky, Stefan 845, 916
Ryan, Ellery 395
Ryan, Lisa Dean 598
Ryan, M. Kevin 107
Ryan, Marisa 850
Ryan, Meg 780, 875
Ryan, Thomas Jay 402
Rydzewski, Ulrich 724
Ryffel, Hugues 558
Rylance, Mark 450
Ryman, Bryan 428
Ryu, Chishu 148

S

Saad, Bod 266
Saal, Phillipe 753
Saavedra, Kathy 597
Sabato jr., Antonio 89, 849
Sabourin, Marcel 557
Sabu 1020
Sachs, Robin 766
Sachse, Dagmar 1017
Sachtleben, Horst 327, 792
Sackheim, Daniel 569
Sacrez, Véronique 818
Sadler, Benjamin 62
Sadlo, Christiane 423, 859
Sadwith, James Steven 9
Saether, Andrine 1013
Saghrisaz, Zahra 42
Saglam, Havva 503
Sahraoui, Youcef 232
Saichi, Faouzi 232
Saiet, Eric 871
Saint, Eva Marie 927
Saito, James 402
Sakakibara, Yasushi 992
Sakamoto, Takeshi 148
Salinas, Concha 479
Salines, Antonio 310
Salinger, Emmanuel 426, 984
Salles, Walter 152, 629
Salley, John 230
Sallows, Roy 838
Salm, Katja 478
Salminen, Esko 483
Salmones, Javier G. 367
Salomon, Bettina 147
Salomon, Mikael 384
Sal'oum, Ahmed Abu 378
Saltzgaber, Erik 168
Salvitti, Tom 475
Salzmann, Bernard 795
Samel, Udo 420, 547
Samir 627
Samms, Emma 832
Sampedro, Frank »Poncho« 1042
Samson, Barry Alan 1054
Samson, Cees 570
Sanchez, Lucia 848
Sanchez, Oscar Ortega 513
Sanchez-Gijon, Aitana 117
Sancho, Pepe 560
Sand, Axel 145
Sandberg, Marcel 813
Sandberg, Victor 481
Sandell, William 853
Sander, Helke 179
Sander, Otto 547
Sanders, Brandy 266
Sanders, Christopher 659
Sanders, Jay O. 188, 395
Sanders, Tom 856
Sanderson, Martyn 156
Sandig, Frauke 714
Sandin, Scott 8
Sandler, Adam 415
Sandor, Juli 1030
Sandoval, Guadalupe 858
Sandoval, Miguel 85
Sandre, Didier 404
Sandrelli, Stefania 1035
Sands, Peter 200
Sanford, Arlene 1038
Sanford, Garwin 283
Sang, Poon Hang 406, 460
Sanjo, Riko 628
Sanktjohanser, Josef 843
Sanlucar, Manolo 286
Sano, Shiro 992
Sano, Shuji 148
Sanogro, Alou 1000
Sanoussi-Bliss, Pierre 28
Santana, Carlos 111
Sanyal, B.C. 174
Sanzel, Ken 776, 802
Sapir, Esteban 737
Saponangelo, Pica Teresa 14, 735
Saporta, Mark 332
Sapp, Joel 905
Sarafian, Richard 975
Sarafian, Tedi 893
Sarafinchan, Lillian 403
Sarandon, Chris 31, 788
Sarandon, Susan 440
Sardo, Robert La 168
Sardoc, Mira 14
Sari, Sevgi 670
Sarin, Vic 554, 986
Sarosiak, Ronn 994
Sarossy, Paul 108, 324, 337, 903
Sarrach, Till 312
Sarrasin, Donna 824
Sas, Tamás 95, 258
Sasaki, Takanori 110
Sasakibara, Yasushi 356
Saß, Katrin 387
Sasse, Heribert 544, 830
Sasse, Stefan 488
Sasz, Bettina 991
Satin, Dennis 400, 442
Sato, Koichi 356
Sato, Talisa 654
Sattels, Barry 390
Sattmann, Peter 299, 576
Saul, Anno 1049
Saumier, Jeff 124
Saunders, Cliff 470
Saunders, George 267
Saura, Carlos 286, 909, 913
Saurer, Karl 884
Sauvaire, Jean-Pierre 914
Saux, Yorik Le 848
Sauzeau, Anne-Marie 984
Savage, John 32, 994, 1001
Savegar, Brian 258
Saverni, Domenico 866
Savin, Eric 457
Sawa, Devon 1023
Sawatsky, Sarah 933
Sawatzki, Andrea 259
Sawyer, Richard Tom 486
Sayah, Abbas 316
Sayer, Cynthia 1024
Sayers, Freddie 194
Sayles, John 633
Sbarge, Raphael 885
Scacchi, Greta 765, 793
Scalia, Turi 482
Scantlebury, Glen 47
Scarabelli, Michelle 22
Scarborough, Adrian 572
Scarfe, Alan 800, 1034
Scarfe, Jonathan 114, 383, 649
Scarpati, Giulio 482
Schachbas, Wladimir 213
Schachter, Steven 614
Schade, Doris 431
Schadewald, Bernd 442, 739
Schaech, Johnathon 235
Schäfer, Susanne 829, 981
Schäfer, Uwe 963

Schäfer, Volker 887
Schaeffer, Eric 375, 1014
Schaetzle, Terri L. 414
Schaffalizky, Morten 1058
Schafmeister, Heinrich 442
Schalla, Björn 276
Schan, Man-Lei 556
Schanelec, Angela 743
Schanley, Tom 391
Schechter, Harold 750
Schehter, Eyal 965
Scheich, Henning 125
Scheidegger, Joseph 996
Scheider, Roy 251, 764, 883
Scheimeister, Rolf 1056
Schell, Maria 207
Schell, Maximilian 182
Schellenberg, August 302
Schellhardt, Mary Kate 272
Schenk, Heinz 1002
Schenk, Wolfgang 334
Schenke, Tobias 611, 857
Schenkel, Hansueli 125, 884
Schenkel, Martin 253
Schenker, Hans 810
Schenker, Wendy 893
Schenkluhn, Anke 245
Schepisi, Fred 524
Scherer, Norbert 604, 898
Scherfig, Nikolaj 58, 1045
Schermergor, Jewgeni 836
Scherrer, Paul 876
Schiavelli, Vincent 150
Schiesser, Martina 220
Schiff, Richard 208
Schiff, Stephen 564
Schiffer, Claudia 104
Schiffman, Karl 260
Schifrin, William 584
Schiller, Anja 1021
Schilling, Vivian 445
Schiltz, Delphine 749
Schimanski, Stefanie 59, 306
Schirlo, Gerhard 277, 813
Schlattman, Craig 538
Schlenzka, Jenny 179
Schliessler, Tobias A. 222, 247, 302
Schlingensief, Christoph 847
Schlöndorff, Volker 719
Schluter, Ariane 331
Schmid, Hans-Christian 218
Schmidinger, Dolores 99
Schmidinger, Walter 710
Schmidt, Andreas 745, 810
Schmidt, Antje 53, 431, 434, 982, 1049
Schmidt, Christian 399
Schmidt, Eric 485
Schmidt, Gernot 1017
Schmidt, Holger Karsten 382, 829
Schmidt, Martin 64
Schmidt, Nathalie 264
Schmidt, Phil 870
Schmidt, Ronn 877
Schmidt, Walter 500
Schmidt-Foss, Dennis 276
Schmitz, Knut 113
Schmökel, Lutz 808
Schmölzer, August 968, 982
Schnabel, Pavel 1056
Schneeberger, Gisela 146
Schneider, Aaron 188
Schneider, Andrew 23
Schneider, Bob 695
Schneider, Dan 357
Schneider, John 261
Schneider, Paul 461
Schneider, Rob 506
Schneider, Susanne 278, 857
Schocher, Christian 462, 493
Schoenberg, Nuria 44
Schoene, Reiner 654
Schöler, Jasmin 308
Scholl, Oliver 353
Scholz, Christoph 145
Schön, Dorothee 151
Schönemann, Sibylle 198
Schöner, Sandra Maria 852
Schönherr, Dietmar 265, 576
Schönherr, Ivonne 308
Schorpion, Frank 260
Schottky, Alexander 400
Schrader, Maria 93, 968
Schrader, Paul 337
Schrage, Oriana 245
Schreiber, Liev 440, 732, 867
Schreiber, Nancy 291, 609, 876
Schretzmayer, Doris 916, 981
Schroder, Rick 934
Schroeder, Barbet 189
Schröder, Steffen 59
Schröter, Gudrun 745
Schubert, Götz 259
Schücke, Thomas 442
Schulbach, Jan 625
Schuler, Fred 296, 1059
Schulz, Friedemann 545
Schulz, Rainer M. 7, 371
Schumacher, Maren 425
Schumann, Tanja 494
Schünke, Wolfgang 59
Schürmann, Hans 774
Schüttauf, Jörg 516, 709
Schüttler, Katharina 59
Schwab, Martin 625
Schwabenitzky, Martina 852
Schwabenitzky, Reinhard 265
Schwalm, Cornelius 1017
Schwanitz, Dietrich 147
Schwartz, Andrej 55
Schwartz, Stefan 497
Schwartzman, John 47, 130
Schwarz, Simon 845, 846, 916
Schwarzenberger, Ulli 1051
Schwarzenberger, Xaver 509, 846, 1047
Schwarzmann, Harald 846
Schweiger, Til 69, 234, 759, 776
Schweighöfer, Michael 586
Schweins, Esther 217, 899
Schweiterman, Jan 357
Schwietert, Stefan 439
Schwimmer, David 827
Schygulla, Hanna 858
Sciorra, Annabella 160, 412
Scorsese, Martin 447, 512
Scorsone, Caterina 779
Scott, Campbell 533, 973
Scott, David 482, 537
Scott, Dougray 56, 252
Scott, Elisabeth A. 574, 676
Scott, Esther 835
Scott, Gavin 853
Scott, George C. 927, 1059
Scott, Jill 222
Scott, Larry B. 65
Scott, Mimi 657
Scott, Ridley 15

Scott, T. J. 266, 474
Scott, Tom Everett 33
Scott, Tony 874
Scott Thomas, Kristin 729
Scovell, Nell 552
Sczerba, Horst 947, 971
Seagal, Steven 282
Seager, Chris 25
Seale, John 875
Seatle, Dixie 1005
Sebaldt, Christian 8, 150, 785
Seberg, Gregor 399
Seccombe, Amy Clare 194
Seda, Jon 409, 833
Sedgwick, Kyra 5, 1022
Seeböck, Herwig 413, 830, 1047
Seeley, Eileen 458
Seelich, Nadja 922
Sefton, Dan 464
Segarra, Carmen 479
Seger, Linda 887
Seguin, François 793
Seidelman, Susan 760
Seidl, Jörg 810
Seidler, David 584
Seifert, Heath 357
Seigner, Mathilde 679
Seils, Arik-Benjamin 179
Sekkelsten, Adne Olav 1013
Selby, David 630, 730
Seldes, Marian 337, 944
Selge, Edgar 121, 809
Selikovsky, Hans 99, 214
Selleck, Tom 443
Sellem, Marie-Lou 259, 734, 743
Sellers, Cleveland 303
Sellers, Michael 436
Selzer, Milton 798
Semb, Helge 619
Semler, Dean 283, 421, 693
Semrick, Ashley 24
Sener, Corey 321
Sengu, Stanford 285
Septien, Al 154
Serban, Izidor 317
Serbedzija, Rade 78, 747
Seresin, Michael 622
Sergakis, Stefanie 445
Sergei, Ivan 36
Seri, Sarit 1055
Serifi, Xhumasije 345
Seronic, Jodi 24
Serra, Eduardo 412, 528, 1026
Serrault, Michel 49, 528
Serre, Léopoldine 749
Serreau, Coline 372
Servito, Matt 346
Settle, Matthew 783
Severance, Joan 101
Severin, Sven 1009
Sevi, Mark 433, 824
Sevigny, Chloe 719
Sewell, Rufus 175, 596
Seweryn, Andrzej 341
Sexton III., Brendan 723, 864
Seymour, Jane 584
Sezer, Serif 380
Shagan, Steve 975
Shah, Piyush 174
Shakur, Tupac 319
Shalhoub, Tony 722
Shallo, Karen 555
Shan, Jiang 959
Shanahan, Niall 123
Shaner, Michael 945
Shanks, Michael 879
Shapiro, Craig 311
Shapiro, Paul 720
Sharon, Tomer 1055
Shatner, Melanie 430
Shaun, Maximilian 948
Shavick, Lily 577
Shaw, Fiona 143, 638
Shaw, Larry 607
Shaw, Sandy 406
Shaw, Stan 869
Shaw, Steve 224, 469
Shawn, Wallace 477
Shaye, Lin 988
Shea, John 648
Sheedy, Ally 463
Sheeker, Todd 605
Sheen, Charles 644
Sheen, Martin 607
Sheffer, Craig 106, 250, 258, 805
Shelton, Marley 693, 933
Shelton, Millicent 3
Shemer, Gidon 965
Shepherd, Suzanne 466, 564
Sheppard, W. Morgan 569
Sher, Anthony 25, 429
Sher, Eyal 974
Sher, Larry 706
Sheridan, Bob 579
Sheridan, Jamie 1023
Sheridan, Jim 123
Sheridan, Joe 684
Sheridan, Kelly 183
Sherman, Cindy 702
Sherman, Martin 25, 80
Sherohman, Tom 655
Shevtsov, George 551
Shiban, John 17
Shibata, Yumiko 643
Shields, Brooke 304
Shiga, Yoichi 1008
Shih, Chang 1031
Shiina, Kippei 356
Shimizu, Misa 1
Shinas, Sofia 201, 994
Shinohara, Emi 643
Shipp, Ron 725
Shirashima, Yasuyo 1008
Shire, Talia 224, 267
Shockley, William 291
Shohan, Naomi 774, 776
Sholder, Jack 181
Shore, Pauly 609
Short, Kathryn 321
Short, Martin 624, 754, 1045
Shou, Robin 227, 654
Shrady, Pierre 604
Shu, Chan Wing 422
Shu, Vivian 422
Shue, Elisabeth 719
Shusett, Ronald 401
Shyer, Charles 1057
Sibbett, Jane 476
Sicheritz, Harald 413
Siddall, Teddi 980
Sidell, Jerry 951
Sideris, Michael 734
Sidney, Deana 897
Sidran, Abdulah 995
Siebenthal, Isabelle von 985
Siedhoff, Joost 1002
Siegelmann, Wolf 425
Siemaszko, Casey 106, 731, 1014
Siemaszko, Nina 181
Sigall, Eve 687

Sigel, Newton Thomas 172
Signoris, Carla 941
Sigurdsson, Ingvar E. 192
Silberbauer, Gerd 431, 690
Silberling, Brad 875
Silbertin-Blanc, Jean-Chrestien 455
Silva, Ana Vaz da 504
Silveira, Leonor 504
Silver, Ron 838
Silverio, Susanne 845
Silverman, Jonathan 441
Silverman, Ross 715
Silverstone, Alicia 46
Silvestri, Alan 1043
Simanton, Jon 249
Simmons, Jean 320
Simmons, J.K. 803
Simmrin, Joey 877
Simms, Tasha 302
Simon, Alex 136
Simon, Neil 441
Simon, Philippe 616
Simon, Susanna 392, 763, 1049
Simonelli, Rocco 652
Simonet, Jean-Michael 133
Simonischek, Peter 60
Simpson, Brian 877
Simpson, Geoffrey 713
Simpson, Jane 559
Simunovic, Tamara 745
Sinbad 357
Sinclair, Ingrid 285
Singer, Bruce Franklin 368
Singer, Raymond 659, 689
Singher, Alain 119, 517
Sinise, Gary 20, 869
Sinor, Paul 433
Sirtis, Marina 878
Siskin, Alex 601
Sissel, Sandi 68
Sittner, Michael 962
Six, Sean 22
Sixolo, Washington 460
Sizemore, Tom 856, 874
Sizemore, Troy 744
Sjöberg, Emma 914
Sjögren, Anna 834
Skabardonis, Giorgos 246
Skarsgard, Stellan 35, 358, 789, 801
Skiadaressis, Gerassimos 907
Skipper, Pat 17
Skjaerstad, Robert 1013
Skjölsvik, Per 892
Skvor, Radek 709
Sladek, Daniel Jakub 894
Slansky, Paul 324
Slater, Christian 384
Slegers, Bart 138
Sletaune, Pal 1013
Sloan, Douglas J. 577
Sloboda, Rudolf 27
Slocomb, Steve 314
Slovis, Michael 802
Smadja, Raphael 162
Smagghe, Steve 990
Smart, Jean 441, 970
Smash, DJ 111
Smerczak, Ron 460
Smiles, Dena 854
Smith, Amber 79
Smith, Arturo 699
Smith, Brittany Alyse 476
Smith, Charles Martin 11, 180, 891
Smith, Clive 738
Smith, Daniel 450
Smith, Earl 419
Smith, Ellen 156
Smith, Gregory 853
Smith, Jaclyn 489
Smith, Joe 249
Smith, Julie K. 583
Smith, Keith L. 906, 930
Smith, Kevin 405, 474
Smith, Maggie 1006
Smith, Mark Haskell 744
Smith, Rusty 613
Smith, S. Douglas 256
Smith, Trey 688
Smith, W. Doyle 618
Smith, Will 524, 874
Smith, William 786
Smith, Yeardley 83
Smith-Cameron, J. 533
Smoot, Reed 360
Snider, Norman 976
Snipes, Wesley 54, 105, 647
Snooks, Susan 738
Snowden, Alison 116
Snyder, David L. 255
Sobieski, Leelee 182
Sobocinski, Piotr 440
Sobol, Ken 738
Soderbergh, Steven 305, 716
Soeberg, Camilla 602
Softley, Iain 1026
Sokolow, Alec 644
Solá, Miguel Angel 909
Solanas, Fernando E. 1033
Solanas, Juan Diego 1033
Solarz, Ken 159
Solbach, Sigmar 580
Soldini, Silvio 14
Sole, Alfred 614
Soles, Paul 720
Solli, Sergio 866
Solomon, Cary 917
Sommer, Inken 41
Sommer, Josef 1037
Sommerer, Amaryllis 74
Sommers, Stephen 701
Somtow, S. P. 520
Song, Yae Sup 293
Sonnenschein, Klaus 41
Soodor, Taavo 89, 832
Soohyun, Kim 926
Sorbo, Kevin 511
Sörensen, Reidar 892
Sörensen, Thomas Jungling 619
Soriano, Antonio 126
Sorken, Arlenn 324
Sorvino, Mira 633, 776
Sorvino, Paul 30, 31, 506, 644
Sosniok, Jan 901
Soth, Chris 283
Soto, Liliana 96
Soto, Talisa 977
Soul, David 730
Southon, Mike 11
Sözer, Hilmi 1046
Spacek, Sissy 337
Spacey, Kevin 20, 640
Spade, David 835
Spälinger, Adolf 453
Spano, Joe 486, 919
Spano, Vincent 76, 444, 607
Sparling, David 707, 769
Speakman, Jeff 292, 618
Speichert, Sandra 147, 480, 514

Spelling, Tori 36, 1015
Spelvin, George 329
Spence, John 884
Spence, Sebastian 262, 263, 283
Spencer, Chris 915
Spencer, James 910
Spencer, John 704
Spheeris, Penelope 835
Spicer, Bryan 606
Spielberg, David 772
Spielberg, Steven 35, 856
Spier, Carol 633
Spier, Nana 584
Spiers, Bob 199, 868
Spijkers, Jaap 748
Spiller, Mike 402, 1015
Spinella, Stephen 803
Spiner, Brent 878, 910
Spink, Philip 92, 790
Spinner, Anthony 569
Spiro, Lev L. 641
Spirson, Leslie Lehr 391
Spitz, Robert 621
Spitzer, Jan 276
Spock, Scott 225
Spotnitz, Frank 17
Spottiswoode, Roger 625
Spriggs, Elizabeth 329
Springer, Thomas 308
Springfield, Sherry 890
Squires, Nicholas 200
Stabley, Anthony R. 917
Stadler, Krista 916
Stadler, Ruth 93
Stait, Brent 19
Stallone, Sylvester 163
Stamos, John 411
Stamp, Terence 106
Standefer, Robin 26, 1044
Standing, John 10
Stangl, I. 399
Stanley, Margo 349
Stannett, Ron 430
Stanton, Harry Dean 282
Stanton, Robert 622, 771, 1006
Stanush, Claude 682
Stapel, Huub 1018
Stapleton, Oliver 546, 780
Stappenbeck, Stefanie 233
Stark, Ulf 1058
Starr, Fredro 3
Starr, Mike 130, 288
Starski, Allan 484, 1006
Statham, Jason 139
Stattin, Johan 481
Staub, Gerd 420
Staunton, Imelda 389
Stavridou, Julia 246
Steadman, Alison 389
Steadman, Robert 821
Stearns, Craig 885, 1056
Steege, Johanna ter 938
Steele, Sean P. 34
Steen, Jessica 694
Steenstrup, Henriette 1013
Stefanson, Leslie 255
Steffen, Gero 1049
Steffen, Walter 1009
Steffens, Franz-Josef 971
Stegemann, Bernd 580
Steiger, Rod 448, 767
Steiger, Ueli 353, 466
Stein, Ben 311
Stein, Peter 614
Steinberg, David 1034
Steinberg, Jordan 103
Steinberger, Charly 233
Steindorf, Doug 250
Steiner, Sophie 859
Steinhauer, Erwin 846, 1047
Steinke, René 425
Stella, Raymond 552
Stembridge, Gerard 373
Steneby, Bobo 481
Steneby, Totte 481
Stenka, Danuta 972
Stenstrom, David 951
Stephan, Bernd 115
Stephan, Ulli 998
Stern, Sandor 610
Stern, Steven Hilliard 515
Stern, Tom 33
Sternberg, Marc 693
Sternberg, Nicholas von 269
Sternhagen, Frances 614
Stetten, Heio von 623, 901
Stevan, Robyn 554
Stevenin, Jean-François 264
Stevens, Connie 464
Stevens, Dana 875
Stevens, David 624, 896
Stevens, Edmond 36
Stevens, Robert 10, 723
Stevens, Scott N. 986
Stevens, Stella 261
Steward, Tonea 983
Stewart, Amy 949
Stewart, Jane Ann 585
Stewart, Johna 474
Stewart, Katie 601
Stewart, Melissa 358
Stewart, Missy 46
Stewart, Patrick 171, 533, 601, 878
Stewart, Robert 162, 390, 577
Stickelbrucks, Lothar Elias 859
Stiebel, Jenny 275
Stiers, David Ogden 1003
Stiller, Ben 988
Stillin, Marie 689
Stillkrauth, Fred 509
Stimely, Brett 153
Stingl, Martin 399
Stocks, Alan 522
Stockwell, Dean 606, 676, 773
Stockwell, John 931
Stoeving, Ibi 939
Stok, Witold 905
Stokes, John 626
Stokes, Michael 177, 800
Stoller, Fred 206
Stoltz, Eric 204
Stolze, Lena 327
Stone, Adam 350
Stone, Barry 210
Stone, Dee Wallace 309, 646
Stone, Oliver 958
Stone, Sharon 867
Stonehouse, Jeff 669
St-Onge, Guylaine 266
Storaro, Vittorio 286, 909, 913
Storck, Henry 616
Storer, Stephen 630
Stork, Robert 336
Storm, T.J. 162
Stormare, Peter 47, 90, 170, 744
Storms, Waneta 1005
Storti, Giovanni 946
Storz, Oliver 328

Storzer, Gerd Lukas 852
Stowe, Madeleine 1037
Strachan, Craig 134
Strain, Julie 155, 583
Strasser, Egon 509
Stratton, Hank 986
Stratton, W.K. 980
Strauss, Bertram 308
Strauss, John J. 988
Strauss, Robert 782
Strauß, Tom Petry 536
Strawn, C.J. 877
Strba, Martin 27
Strebel, Lukas 710
Strecker, Rainer 937
Stritch, Elaine 910
Stritzel, Oliver 115, 972, 981
Strobele, Alexander 677
Strobl, Rudolf 399
Stromer, Amy 475
Strong, Brenda 98, 966
Stroppel, Frederick 444
Stroud, Don 191, 726, 1023
Struycken, Carel 8, 21
Stryi, Andre 755
Stuart, Gloria 928
Stuart, Jeb 282, 908
Stuart, Katie 51
Stübner, Veit 998
Stüdemann, Kati 28
Studénková, Zdena 27
Studi, Wes 701
Studt, Katja 627, 954, 982
Stuhler, Anne 711, 802
Sturges, Shannon 176
Styles, Richard 583
Styverson, Hel 562
Suárez, Héctor Eduardo 617
Subiela, Eliseo 223, 501
Subiela, Guadalupe 501
Subkoff, Tara 574
Suchánek, Michal 202
Suchet, David 88, 728, 897
Sudduth, Skipp 789
Suen, Richard 307
Sugar, Larry 550, 790
Sugawara, Ichigo 110
Suhrstedt, Tim 415
Sukowa, Barbara 702
Sulaj, Ondrej 27
Sulejman, Sabri 820
Sulik, Anton 27
Sulik, Martin 27
Sullivan, Brad 466
Sullivan, Brian 477
Sullivan, Charlotte 666
Sullivan, Tim 520
Sülzer, Bernd 121
Sumida, Takashi 1008
Sundberg, Carl 481
Sunwoo, Jang 926
Surovy, Nicolas 297
Surtees, Bruce 1036
Suschitzky, Peter 590
Susman, Todd 515
Sutherland, Catherine 953
Sutherland, Donald 172, 524
Sutherland, Kiefer 129, 175, 304, 711
Sutliff, Jason 715
Suzuki, Takuji 796
Svatek, Peter 401, 824
Svedberg, William 481
Svenson, Bo 391
Swain, Dominique 564
Swank, Hilary 821, 918
Swanson, Jackie 21
Swanson, Kristy 574, 637, 731
Swanson, Rochelle 784
Sward, Anne 360
Swayze, Don 883
Swayze, Patrick 98
Swedberg, Heidi 936
Sweeney, Rob 704
Swetow, Joel 880
Swica, Adam 1005
Swicord, Robin 1043
Swift, David 1057
Swift, Francie 555
Swinton, Tilda 531, 572
Switzer, Bill 675
Swope, Tracy Brooks 166
Syal, Meera 349
Sydow, Max von 88, 412
Sylbert, Richard 771
Syniawa, Laura 488
Syracuse, Joe 574
Szabo, Ildiko 95
Szalay, Mariann 95
Szarabajka, Keith 762
Szasz, Janos 1030
Székely, Miklós 993
Szirota, Evchen 273
Szperling, Susana 1027
Sztavjanik, Franziska 127
Szumlas, Peter 850
Szyszkowitz, Aglaia 28, 142, 146, 1050

T

Tabatabai, Jasmin 355, 961
Tabernero, Santiago 913
Tabucchi, Antonio 244, 558
Taczanowski, Hubert 129, 585
Tafani, Gianni 866
Tafel, Sibylle 259
Tagawa, Cary-Hiroyuki 731, 757, 841
Taggert, Brian 949
Taglinger, Andreas 806
Tagney, Maggie 349
Taguchi, Tomorowo 1020
Taiuti, Tonino 735
Takacs, Tibor 795, 800
Takamine, Hideko 148
Takaron, Kanen 119
Takei, George 21
Takenaka, Naoto 356
Takizawa, Toshifumi 91
Taktarov, Oleg 939
Talavera, Ed 895
Talbot, Billy 1042
Talmadge, Victor 676
Tamahori, Lee 57
Tamaki, Yoshino 110
Tamasy, Paul 11
Tambor, Jeffrey 208, 988
Tammes, Fred 254
Tamura, Masaki 352
Taner, Merdan 456
Tanner, Alain 558
Tanner, Cécile 558
Tapie, Bernard 591
Taplitz, Daniel 26
Tapping, Amanda 879
Tarantino, Quentin 459
Tarbés, Jean-Jacques 295
Tarrach, Jürgen 234, 663
Tasinaje, Samuel 372
Tate, Greg 537

Tate, Larenz 752
Tatopolous, Patrick 175
Tatum, Bradford 101, 360
Taube, Sven-Bertil 467
Taurand, Gilles 417, 679
Tausig, Otto 99
Tavano, Christina 737
Tavernier, Bertrand 111
Tavernier, Nils 751
Tavoularis, Dean 1061
Tayde, Mandala 313
Taylor, Ben 718
Taylor, Christine 415
Taylor, David 336, 339
Taylor, Don 200
Taylor, Finn 210
Taylor, Holland 342, 950
Taylor, Josh 933
Taylor, Leo 626
Taylor, Lili 704, 723
Taylor, Mark 1003
Taylor, Noah 289
Taylor, Regina 219
Taylor, Tamara 835
Taylor-Young, Leigh 106
Teague, Lewis 261
Teale, Owen 1032
Tebbenhoff, Gesche 347, 473
Teed, Jill 242
Teixeira, Claudia 361
Tejada-Flores, Miguel 51
Teles, Luis Galvao 818
Teleszynski, Leszek 300
Tengan, Daisuke 1
Tennant, Andy 56
Tenzin, Tulki Jamyang Kunga 512
Teodosiu, Valentin 317
Terajima, Susumu 381
Terlesky, John 784
Terpoorten, Sigi 387
Terral, Boris 751
Terry, John 428
Terzieff, Laurent 736
Terzo, Venus 667
Tescari, Gianpaolo 1035
Tessier, Geneviève 656
Tetard, Coralie 593
Tethong, Gyurme 512
Thal, Eric 1005
Thalbach, Anna 566, 739
Thalbach, Katharina 145, 857
Thaler, Wolfgang 608
Theideke, Cyrus 222
Theirse, Darryl 880
Theodor, Boscher Niels 991
Theron, Charlize 416, 432, 694
Theroux, Justin 871
Thewlis, David 31, 780
Thiele, Carsten 478, 924
Thierree, James 372
Thiessen, Tiffani-Amber 935
Thigpen, Lynn 428
Thirkfeld, Stephen 491
Thirloway, Gregory 92
Thivel, Caroline 797
Thivisol, Victoire 749
Thomalla, Simone 1021
Thomas, Betty 208
Thomas, Brent 302
Thomas, Daniela 629
Thomas, Dave 738
Thomas, Ian D. 598
Thomas, John 304
Thomas, Jonathan Taylor 1023, 1038
Thomas, Marlo 229
Thomas, Richard 92
Thomas, Robin 870
Thomas, Tamara Craig 650
Thomas, Wynn 999
Thomczyk, Willi 947
Thome, Rudolf 478, 924
Thomerson, Tim 292
Thompson, Alina 588
Thompson, Andy 338
Thompson, Brian 654
Thompson, Danièle 1016
Thompson, Derek 781
Thompson, Emma 636
Thompson, Jack 46, 640, 896
Thompson, Kenan 357
Thompson, Kevin 702, 890
Thompson, Peggy 720
Thompson, Robert 24
Thompson, Scott 154
Thompson, Shawn Alex 177, 363
Thompson, Tyler 92
Thomson, Anna 895
Thomson, Chris 114, 626, 949
Thomson, Gordon 588
Thomson, R. H. 720
Thorburn, Jim 632
Thorin, Donald E. 692
Thorn, Rip 694
Thorne, Geoffrey 788
Thorne-Smith, Courtney 154
Thornhill, Lisa 1003
Thornton, Billy Bob 47, 204, 636, 958
Thornton, David 235, 702
Thrasher, Harold 741
Thurman, Uma 323, 635, 638
Thurmann-Andersen, Erling 456
Thurston, Robert 388
Tian, Liang 823
Tibaldi, Antonio 1001
Tickner, Clive 134, 868
Ticotin, Rachel 377
Tidof, Max 146
Tidy, Frank 385
Tieche, Gary 689
Tiedemann, Sibylle 495
Tien-wen, Chu 359
Tiernan, Andrew 744
Tierney, Jacob 260
Tierney, Malcolm 648
Tierney, Maura 636
Tietze, Carin C. 400
Tietze, Jenni 485
Tijdink, Stef 938
Tilby, Wendy 116
Tildesley, Mark 424, 781
Tilly, Grant 680
Tilly, Jennifer 32, 1034
Tilsner, Klaus 259, 536
Tilton, Charlene 191
Timm, Peter 275
Timm, Uwe 140
Timmins, Cali 19
Timsit, Patrick 595
Tissé, Eduard 836
Tligui, Zoubir 984
To, Johnny 406, 556
Tobin, Niall 34
Tobolowsky, Stephen 98, 255, 609, 655, 674

Todd, Tony 177, 1029
Todeschini, Bruno 186, 1000, 1016
Todorovic, Srdjan 820
Todorowski, Pjotr 169
Toelke, Herrmann 718
Toelle, Tom 566
Togbonou, Mizrajim Komi 179
Tögel, Hans-Jürgen 327
Togliani, Victor 398
Tokitsu, Kenji 540
Toles-Bey, John 883
Tolkin, Michael 182
Toll, John 773
Tom, Nicholle 314, 980
Tomaszewski, Jan Janga 300
Tome, Denyse Rodriguez 457
Tomei, Concetta 183
Tomei, Marisa 1012
Tomek, Erich 900
Tomikawa, Motofumi 1
Tomlinson, Ricky 315
Tomomi, Tsutui 568
Tomtschek, N. 273
Tomur, Churlaat 196
Tong, Stanley 655
Tonke, Laura 478, 739, 847
Tonnerre, Jerome 553
Topinkova, Viera 27
Toprak, Emin 503
Torgan, Kendra 491
Torn, Rip 835
Toro, Benicio Del 46, 256, 270
Toro, Guillermo Del 633
Toro, Hernán 957
Töröcsik, Mari 993
Torre, Joel 408
Torrens, Pip 448
Torres, Fernanda 629
Torres, Oscar 346
Torrini, Cinzia Th. 487
Toshi, Shiba 568
Toth, Richard 851
Toubaru, Miyuki 110
Tougas, Kirk 712
Tousey, Sheila M. 1028
Tovoli, Luciano 189
Towers, Constance 728
Towles, Tom 695
Townsend, Chris 254, 656
Townsend, Robert 86
Townsend, Stuart 781, 964
Tracey, Ian 202, 410
Trachtenberg, Michelle 785
Trafficante, Mark 550
Traidia, Hakim 748
Traidia, Karim 748
Trammell, Sam 6
Tramontin, Alf 171
Travelier, Robert 983
Travis, Kylie 782, 800
Travis, Randy 98
Travolta, Joey 79
Travolta, John 578, 636
Traylor, Bryan 224
Treas, Terri 22
Tredgold, Catherine 285
Treff, Alice 548
Treichler, Robert 127
Trejo, Danny 201, 746, 776
Tremarco, Christine 964
Tremblay, Anthony 8, 181
Trenchard-Smith, Brian 51
Trenton, Rob 940
Trese, Adam 747
Treu, Blair 477
Treut, Monika 195
Trevor, Richard 280
Trier, Charlotte 619
Trieste, Leopoldo 482
Trifunovic, Sergej 801
Trillsch, Holger 179
Trintignant, Jean-Louis 1016
Trintignant, Marie 749, 816
Triola, Nando 735
Tripplehorn, Jeanne 702, 842, 1052
Trivalic, Vesna 801
Trividic, Pierre 1016
Trost, Bastian 516, 526
Trotter, Laura 310
Trudel, Jean Pierre 757
True, Jim 337, 695
True, Rachel 699
Trueba, David 726
Truly, Daniel 474
Trunz, Helmut 299
Tryphon, Georg 276, 487
Tsang, Eric 418
Tsang, Kenneth 776
Tsarong, Tenzin Thuthob 512
Tschirner, Joachim 7
Tschudi, Gilles 253
Tschuluunbaatar, Munchtur 196
Tsintsadse, Guio 133
Tsu, Irene 418
Tsui, Hark 100
Tsukimura, Ryoei 643
Tsuneta, Fujio 1
Tsurumi, Shingo 356
Tsutsumi, Shinichi 1020
Tucci, Christine 637
Tucci, Michael 477
Tucci, Stanley 523, 1022
Tuchman, Eric 476
Tuck, Hillary 272
Tuck, Jessica 9
Tucker, Chris 459, 644
Tucker, Cody 231
Tucker, Cole 837
Tucker, Michael 1052
Tudor-Pole, Edward 511
Tufano, Brian 523
Tukur, Ulrich 121
Tulloch, Richard 276
Tumler, Wolfgang 775
Tummolini, Stefano 380
Tunie, Tamara 432
Tunney, Robin 779, 1022
Turner, Brad 879
Turner, Bridget 271
Turner, Dennis 410
Turner, Janine 75, 609
Turner, Karry 17
Turner, Kathleen 1045
Turner, Tyrin 1001
Turner, Zara 842
Turnley, William 673
Turowski, Ron 559
Turturro, John 704
Turturro, Nicholas 46
Turzer, Harald 277
Tushingham, Rita 964
Tutin, Dorothy 25
Tutor, Tracy 103
Tweed, Shannon 52, 562
Twiss, Deborah 374
Twohy, David 15
Twomey, Anne 324

Tyagi, Yogesh 174
Tydings, Alexandra 405
Tykwer, Tom 563
Tyler, Liv 47, 451
Tylor, Evan 931
Tylor, Mehach 369
Tyson, Barbara 862
Tyson, Cicely 385, 658
Tyson, Richard 925
Tzudiker, Bob 38

U

Udvaros, Dorottya 95
Uherka, Milenko 995
Uhl, Nadja 325, 653
Ujlaki, Tamas 981
Ulrich, Skeet 20, 83, 682
Umbach, Martin 60
Un, Wong 50
Underwood, Blair 323
Underwood, Jay 209
Ünel, Birol 296
Üner, Idil 513
Üner, Kubilay 490
Uranchimeg, Nansalmaagin 196
Urbaniak, James 402
Urich, Robert 13, 388
Urla, Joe 891
Ursiny, Jakub 27
Utatane, Hiroyuki 164

V

Vacano, Jost 881
Vadas, Kenny 388
Vahanian, Marc 475
Vail, Justina 676
Valcke, Serge-Henri 257
Valentine, Anthony 194
Valentine, Scott 1041
Valles, Joan 330
Valles, Luis 186
Vallin, Katherine 31
Van Armerdam, Alex 331
Van Bergen, Ingrid 690
Van Brock, Thorwald 273
Van Damme, Jean-Claude 506
Van Den Broeck, Walter 138
Van der Donk, Eric 331
Van der Elzen, Fem 1007
Van der Hulst, Kees 748
Van der Keuken, Johan 929
Van der Laan, Sytze 604
Van der Lee, Ton 1007
Van Der Linden, Paul 239, 403
Van der Meulen, Helena 938
Van der Staak, Stefan 938
Van Dien, Casper 464, 689, 706, 881
Van Domburg, Jack 619
Van Dyke, Phillip 936
Van Effenterre, Joele 417
Van Essche, Johan 138
Van Gelder, Joost 1007
Van Haren Norman, Eric 368
Van Leeuw, Philippe 990
Van Mieghem, Hilde 1050
Van Peebles, Mario 931, 976
Van Peebles, Melvin 60, 561
Van Sande, Guy 938
Van Sant, Gus 358
Van Veen, Babette 138
Van Warmerdam, Alex 331
Van Werveke, Thierry 145, 234
Vancaillie, Jan 138
Vance, Courtney B. 725, 1059
Vance, Gregg D. 414
Vandenbergh, Sarah 194
Vander, Musetta 375, 654
Vandestien, Michel 815
Vansteenkiste, Jimmy 543
Vanthielen, Francesca 892
Varakine, Sylvie 119
Varela, Leonor 87
Vargas, Jacob 833
Vartan, Michael 650
Vas, Silvia 900
Vasconcellos, Luis Carlos 629
Vasels, Phillip 520
Vasicek, Caroline 659
Vassdal, Kjell 326, 1013
Vassort, Frédéric 447
Vatsyayan, Kapila 174
Vaughan, Peter 254, 635
Vaughn, Ned 689
Vaughn, Robert 190, 390, 605
Vaughn, Terri J. 101
Vaugier, Emmanuelle 550
Vecchio, Sergio 244
Veitch, Michael 680
Veith, Ines 434
Veneziano, Sandy 880
Vengos, Thanassis 246
Venier, Aldo 946
Venier, Giacomo 946
Venier, Giovanni 946
Venier, Massimo 946
Venneröd, Petter 826
Venora, Diane 803
Ventimiglia, John 895
Venuti, Maria 284
Verbinsky, Gore 602
Verbong, Ben 340, 813
Vereza, Carlos 629
Verhoeven, Paul 881
Verhoeven, Simon 677
Vérillon, Aurélie 749
Vernacchio, Dorian 458, 1029
Vern, Roger 57
Vernengo, Inés 223
Vernon, Kate 468
Vernunft, Horst 991
Veronesi, Gianni 313
Verstegen, Edwin 378
Vessey, Tricia 876
Vester, Saskia 901
Vetrino, Ricky 444
Veuve, Jacqueline 471
Vial, Pierre 1044
Viard, Karin 264
Victor, Paul Ben 876
Victory, Fiona 37
Vidal, Gore 323
Vidal, Lisa 219
Vidarte, Walter 736
Vieluf, Vince 33
Viet, Hans-Erich 334, 809
Vighi, Scot 211
Vigoda, Abe 357, 444
Viken, Kari 326
Vilan, Mayte 96

Villaggio, Paolo 866
Villalobos, Reynaldo 255, 416, 573
Villalobos, Victor Cesar 858
Villaneuva, Larry 96
Villemaire, James 180
Villiers, Christopher 193
Vincent, Brian 98
Vincent, Frank 966, 975
Vincent, Jan-Michael 141
Vindeni, Dino 559
Vining, Dan 98
Vinson, Chuck 369
Vint, Alan 377
Virieux, Denise 325
Virtue, Tom 980
Visnjic, Goran 1012, 1043
Vitasek, Andreas 265, 399
Viterelli, Joe 32, 582
Vitressa, Vincent 575
Vladimir, Timm 1045
Vogel, Gregor 366
Vogel, Jürgen 586, 739
Vogelsang, Judith 391
Voges, Torsten 90
Vogler, Karl-Michael 548
Vogler, Rüdiger 207, 924
Voicu, Marilena 502
Voight, Jon 30, 773, 874, 958
Voigt, Andreas 371
Vollmar, Eckhard 277
Volska, Anna 284
Voorheers, Linda 1055
Vordemann, Stella 340
Vorschneider, Reinhold 743
Vosloo, Arnold 930
Voss, Kurt 871
Voss, Philip 25
Vouiloz, Christine 332
Voulgaris, Pantelis 246

W

Waalkes, Otto 659
Wachtveitl, Udo 1021
Waddington, Steven 254
Wagener, Christiaan 539, 927
Wages, William 31
Wagner, Jack 202
Wagner, Lindsay 428, 430
Wagner, Maria Theresia 494, 899
Wagner, Michael 681
Wagner, Rick 167
Wagner, Robert 641, 1025
Wagner, Thomas 1041
Wagon, Virginie 543
Wahlberg, Donnie 118
Wahlberg, Mark 89, 120, 945
Wai, Tony Leung Chiu 178
Wai, Yu Lik 1040
Waite, Ralph 183, 219
Waite, Ric 711
Wajda, Andrzej 300, 484
Wakeford, Kent L. 891
Waldenfels, Walburg von 343
Waldron, Claire 156
Waldron, Gy 261
Walke, Thira 991
Walken, Christopher 46
Walker, Ally 577
Walker, Clark Lee 682
Walker, Graham 896
Walker, Greg 588
Walker, Mandy 551
Walker, Matthew 449
Walker, Nicholas 871
Walker, Polly 69, 780
Walker, Shirley 862
Walker-Powell, Lucinda 350
Wall, Father John 123
Wallace, Joshua 930
Wallace, Naomi 393
Wallace, Randall 590
Wallace, Tommy Lee 268
Wallack, Kathryn 795
Waller, Anthony 33
Wallraff, Diego 672
Walsh, Bill 290
Walsh, Dylan 525
Walsh, Fran 309
Walsh, Gwynyth 13
Walsh, M. Emmet 20, 782
Walsh, Thomas A. 235
Walston, Ray 8
Walter, Lisa Ann 230, 1057
Walter, Tracey 1023
Walters, Julie 349
Walters, Melora 32
Walters, Nigel 889
Walters, Rupert 780
Walther, Connie 245
Walton, Douglas L. 65
Walton, Tasma 284
Waltz, Christoph 281, 623, 653, 763, 813, 843
Waltz, Lisa 441
Walz, Martin 547
Wam, Svend 826
Wameling, Gerd 212
Wan, Lau Ching 100
Wandtke, Axel 382, 627
Wang, Wayne 158
Wannek, Antonio 355
Wanowski, Ronny 507
Ward, Donal Lardner 1014
Ward, Morgan 130
Ward, Rachel 983
Ward, Sela 777, 890
Ward, Tony 837
Ward, Vincent 412
Ward, Zack 1023
Warden, Jack 154
Warden, Rick 491
Warlock, Billy 107
Warnat, Kimberley 239, 489
Warner, David 676, 765
Warner, Julie 891
Warner, Pam 304
Warren, Jennifer 821
Warren, John 291, 609
Warren, Kiersten 730
Warren, Lesley Ann 651, 785
Warren, Marc 171
Warwick, Michael 270
Warzecha, Magdalena 484
Wasco, David 459
Washington, Art 725
Washington, Dennis 722
Washington, Denzel 172
Wasserman, Jerry 222
Wasserstein, Wendy 546
Watanabe, Gedde 921
Watanabe, Tetsu 381, 860
Waterman, Felicity 784
Waters, John 723
Waters, Mark 1015

Watkins, Michael 934
Watson, Alberta 839, 903, 905
Watson, Ara 970
Watson, Emily 123
Watson, Henry 632
Watson, Joy 405
Watson, Kayle 12
Watson, Muse 427, 951
Watt, Tracy 680
Waxman, Al 1053
Wayans, Keenen Ivory 30
Wayans, Marlon 835, 915
Wayne, Frank 162
Weathers, Carl 52
Weaver, Fritz 777
Weaver, Mike 190
Webb, Lucy 758
Webb, Mathea 185
Webb, Wendy 520
Webber, Brian 80
Weber, Dewey 960
Weber, Florian 53
Weber, Gabi 1056
Weber, Guntram 541
Weber, Peter 961
Weber, Steven 129
Weeks, Kim 262, 263
Wei, Cu Chang 153
Wei, Vicky 359
Wei, Yang 959
Wei, Zhao 226
Weigl, Vladimir 234
Wein, Yossi 707, 769
Weiner, Sherri 631
Weinstein, Harvey 255
Weinzierl, Kurt 900
Weir, Peter 950
Weis, Ulrike 340
Weisgerber, Eleonore 306, 526
Weisman, Sam 342
Weiss, Michael 304
Weiss, Shaun 630
Weisse, Ina 212
Weisz, Rachel 37, 135, 424
Weisz, Richard 789
Weitz, Bruce 267
Weitz, Chris 41
Weitz, Paul 41
Welch, Bo 636
Welch, Craig 116
Welch, Raquel 154
Welch, Tahnee 470, 895
Weldon, Les 575
Wellamann, Ella 755
Weller, Peter 354, 841
Welles, Amanda 688
Wellington, Peter 1005
Wellington, Thomas 249
Wells, Audrey 342
Wells, John 182
Wells, Simon 756
Welsh, Kenneth 180, 219, 1034
Welti, Lisa 211
Welzel, Petra 392
Wen, Jiang 823
Wen, Ma 226
Wendkos, Paul 411
Wenham, David 1048
Wentworth, Alexandra 694
Wen-ying, Hwang 359
Werau, Sebastian von 473
Werdin, Egon 33, 278, 545
Werner, Hans 382
Werner, Juliane 847
Werner, Klaus 1056
Werner, Peter 85, 1051
Werner, Tilo 924
Werthmann, Colleen 6
Wertmüller, Lina 866
Wessel, Kai 488
Wessely, Dominik 113
Wessely, Michael 113
West, Adam 256
West, Bob 68
West, Brian 320
West, Chandra 667
West, Kevin E. 103
West, Timothy 56
Westermann, Antje 343, 887
Westhead, David 429
Weston, Debora 596
Weston, Douglas 827
Weston, Ellen 183, 222
Westphal, Ingeborg 536
Wettenhall, Simon 1024
Wexler, Gene 683
Whaley, Frank 782
Whalley, Joanne 10
Whang, Cheol-Mean 312
Wheatley, Sarah 202
Wheaton, Wil 290
Wheeler, Anne 554
Wheeler, Brooke 390
Whirry, Shannon 782
Whitaker, Forest 118
White, Betty 384
White, Bridget 6
White, Cary 833
White, Bryan 584
White, J.B. 85
White, John 469
White, Michael 47, 803
White, Michael Jai 159
White, Mike 52
White, Noni 38
White, Ron 783, 838
White, Stephen 68
White, Wynn 518
Whitfield, Lynn 421
Whitfield, Mitchell 84, 411
Whitford, Brad 601
Whitford, Bradley 339, 771
Whitman, Stuart 986
Wibberley, Cormac 390
Wibberley, Marianne 390
Widerberg, Johan 834
Widmer, Jörg 576
Wieger, David Michael 1023
Wielgucka, Anna 300
Wiener, Danielle 945
Wiesinger, Kai 176
Wiesner, C.U. 872
Wiest, Dianne 729, 1043
Wietersheim, Sharon von 901
Wigger, Maximilian 494
Wiggins, Alfred 983
Wihak, Marian 363
Wilcox, Elizabeth 11
Wilcox, Richard 933
Wild, Falk-Willy 677
Wild, Nettie 712
Wilde, Claudine 1002
Wilder, James 649
Wildgruber, Ulrich 653, 845
Wilding, Gavin 209, 931
Wildman, Valerie 840
Wilheim, Ladislav 906
Wilhelm, Uwe 149

Wilhelms, Manfred 435
Wilhoit, Lisa 552
Wilhoite, Kathleen 57, 918
Wilkening, Catherine 207
Wilkes, Rich 466
Wilkin, Catherine 680
Wilkinson, Linden 396
Wilkinson, Scott 849
Wilkinson, Tom 713
Wilkinson, Tracey 315
Will, Rainer 981
Willett, John 106, 379, 655
Williams, Alex 438
Williams, Barbara 262, 263, 451
Williams, Billy Dee 725
Williams, Cindy 1003
Williams III., Clarence 128, 385
Williams, Cress 137
Williams, David 923
Williams, Eugene 894
Williams, Gareth 251
Williams, Garret 864
Williams, Gregory Alan 821
Williams, JoBeth 160, 675
Williams, Kellie 3
Williams, Lia 979
Williams, Lynn Red 654
Williams, Matthew 428, 476
Williams, Michaelle 379
Williams, Olivia 752
Williams, Peter 577, 667
Williams, Robin 290, 358, 412
Williams, Stephen 838
Williams, Steve 171
Williams, Steven 190
Williams, Treat 652, 701, 731, 1035
Williams, Vanessa 385
Williamson, David Michael 333
Williamson, Fred 266, 468, 688
Williamson, Kevin 427, 825
Williamson, Mykelti 168, 711, 865
Willis, Bruce 47, 622, 803
Willocks, Tim 37, 905
Willschrei, Karl Heinz 212
Wilmot, Gary 522
Wilson, Andrew 550, 790
Wilson, Andy 744
Wilson, Barry M. 261
Wilson, Breck 292
Wilson, Bridgette 229, 427
Wilson, Cassandra 111
Wilson, David 373
Wilson, Georges 595
Wilson, Ian 801
Wilson, Kristen 208
Wilson, Lambert 527, 595
Wilson, Lavinia 245
Wilson, Luke 84
Wilson, Mara 1045
Wilson, Michael Henry 447
Wilson, R. Scott 600
Wilson, Reno 159, 930
Wilson, Richard 10
Wilson, Scott 15
Wilson, Stuart 599, 874
Wilson-White, Lance 893
Wimmer, Kurt 867
Wimmer, Wolfgang 847
Winant, Scott 1052
Wincer, Simon 731
Wincott, Jeff 863
Wincott, Michael 375
Wind, Michael 121
Winding, Romain 844
Windon, Stephen F. 283, 752
Windross, Oliver 138
Winer, Harry 87
Winfrey, Jonathan 101
Wink, Steffen 93, 407, 480
Winkens, Elke 399
Winkler, Angela 140
Winkler, Charles 772
Winkler, Henry 934
Winkler, Margo 772
Winning, David 672, 953
Winship, William 519
Winslet, Kate 928
Winstone, Ray 254, 596
Winter, Bradley T. 88
Winter, Ophelie 591
Winterbottom, Michael 424, 1012
Wirth, Billy 167
Wisden, Robert 46, 388
Wise, Greg 85, 252
Wise, Naomi 117
Wise, Ray 883
Wiseman, Michael 101
Wisniewski, Andreas 400, 488
Wissner, Gary 427, 882
Witcher, Theodore 118
Witherspoon, John 3
Witherspoon, Reese 304, 440
Witkins, Doug 364
Witte, Udo 898
Wittenburg, Thomas 810
Wittmann, Christian 115
Wlodarczyk, Marek 709
Woeste, Peter 879
Wöhle, Gustav-Peter 809
Wolande, Gene 893
Wolf, Gerald 119
Wolf, Jürgen 507
Wolfam, Jean Loup 957
Wolfe, J.D. 531
Wolff, Achim 425
Wolff, Jürgen 656
Wolfson, David 346
Wolk, Andy 184
Wolk, Peter 184
Wolszki, Dariusz 175, 728
Womack, Mark 315, 964
Wong, Anthony 406
Wong, Arthur 506
Wong, B.D. 652
Wong, Bill 468
Wong, Che-Kirk 89
Wong, Chris 158
Wong, Geoff 691
Wong, Ho-Yin 556
Wong, Michael Fitzgerald 506
Wong, Ruby 556
Wong, Wyman 506
Woo, John 468
Wood, Carol Winstead 552
Wood, Charles 654
Wood, Elijah 182
Wood, Evan Rachel 944, 1043
Wood, Jake 171
Wood, John 765
Wood, Oliver 908
Wood, Tom 54, 960

Woodberry, Billy 293
Woodbine, Bokeem 89, 304
Woodburn, Danny 162
Woodland, Lauren 22
Woods, Michael 667
Woods, Ren 934
Woods, Robinson Dana 475
Woof, Emily 978
Woohyoung, Kim 926
Woolson, Michael 231
Woolvett, Jaimz 383
Wopat, Tom 261, 626
Wöppermann, Katharina 947
Worden, Marc 585
Wörner, Natalia 382, 587, 792, 1049
Woronov, Mary 661
Worrall, Bruce 790
Worth, David 605
Wortmann, Sönke 147
Woywood, Katja 277
Wrangler, Greg 583
Wright, Barclay 29
Wright, David Grant 715
Wright, J. Madison 880
Wright, Katie 242, 933, 934
Wright, Michael 746
Wright, N'Bushe 105
Wright, Robin 573
Wright, Teresa 773
Wright, Tom 719
Wrye, Donald 360
Wuhl, Robert 539
Wüthrich, Thomas 471
Wuttke, Martin 334
Wyle, Michael 224
Wynne, Joseph 517
Wynorski, Jim 499, 579, 784, 886, 977
Wyre, Donald 870

X

Xiahong, Shi 959
Xiaobo, Wang 226
Xiao-ming, Zhu 483
Xiaotong, Zhang 959
Xie, Fei 823
Xiotong, Gu 110
Xuereb, Salvator 136, 766
Xuk, Chu 508

Y

Yaconelli, Steve 918
Yaguchi, Shinobu 796
Yaitanes, Greg 168
Yajima, Ken'ichi 860
Yakin, Boaz 920
Yakusho, Koji 1
Yamamoto, Mirai 460
Yanagishima, Katsumi 860
Yanami, Joji 643
Yannoulis, Stamatis 907
Yarmush, Michael 5
Yasbeck, Amy 935
Yates, Malcolm 390
Yau, Nai-Hoi 556
Yazhou, Yang 959
Yee, Richard 691
Yen, Donnie 408
Yeoh, Michelle 406
Yeoman, Bo 773
Yerkovich, Anthony 416
Yeun, Mitchell Lee 691
Yeung, Kristy 418
Yglesias, Rafael 635
Yian, Sun 959
Yiannopoulos, Christos 347, 392, 514
Yildiz, Erdal 220
Yim, Chao Kim 508
Yoakam, Dwight 204, 682
Yoba, Malik 3
Yokoyama, Megumi 356
Yong-chong, Han 359
Yongkyou, Cho 926
Yong-Taek, Kim 532
York, Kathleen 433
York, Michael 589, 787, 831
Yoshimitsu, Morita 568
Yoshino, Kimura 568
Yost, Graham 384
Young, Bruce 695
Young, David 561
Young, Dey 153
Young, Lance 106
Young, Neil 1042
Young, Nina 842
Young, Ric 921
Young, Roger 87, 88
Young, Sean 119, 280, 390, 672
Young-Joo, Byung 532
Yu, Ting 418
Yuan, Mu Da 508
Yuan, Zhang 226
Yukai, Diamond 1020
Yun-Chung, Han 394, 1031
Yun-Fat, Chow 776
Yuxiao, Liu 226

Z

Zabel, Bryce 654
Zacapa, Daniel 97
Zacharias, Steve 230
Zagaria, Anita 87, 683
Zagarino, Frank 12, 48
Zagor, Michael 217, 430
Zahn, Steve 546, 716
Zaki, Antony 194
Zalica, Pjer 995
Zamm, Alex 154
Zane, Billy 703, 731, 928
Zanetti, Eugenio 412, 780
Zanke, Susanne 981
Zapata, Kathleen Gallego 745
Zapatka, Christoph 887
Zapatka, Manfred 296
Zappia, Robert 379
Zaquot, Nawal 378
Zavagli, Nicola 542
Z'Dar, Robert 445, 786
Zecevic, Mirta 186
Zednikova, Renata 115
Zegers, Kevin 11, 177, 486
Zegmid, Njam 196
Zehetmair, Thomas 705
Zeik, J.D. 789
Zelic, Matthias 991
Zellweger, Renee 804, 920
Zem, Roschdy 232, 301, 984, 1016
Zemann, Marion 1056

Zerbe, Uwe 473
Zerhau, Gabriela 53
Zerz, Fanny 509
Zeta-Jones, Catherine 599
Zettel, Dan 103
Zetzsche, Eleonore 544
Zhenhua, Niu 959
Zi, Zun 144
Zickgraf, Andreas 963, 991
Zidi, Claude 295
Ziegler, Hilde 453
Zielcke, Marie 442, 847
Zielinski, Jerzy 199, 1006
Zielinski, Rafal 798
Zielke, Marie 690
Ziembicki, Bob 120, 825
Zilbermann, Jean-Jacques 417
Zilberstein, Guy 751
Ziller, Paul 107, 239
Zimbalist jr., Efrem 71
Zimmerman, Herman 878
Zingaretti, Luca 49, 487
Zinsmeister, Katja 887
Zirner, August 904
Zischler, Hanns 146, 382, 487
Zitman, Nelleke 938
Zittel, Michael 347
Zloto, Alexander 558
Zobda, France 295
Zohar, Rita 486
Zois, Christ 104
Zöldesi, Ildiko 2
Zollner, Anian 775
Zölls, Philine 423
Zolotin, Adam 75
Zonca, Erick 543
Zonschitz, Otto 312
Zorich, Louis 26
Zsoter, Zoltán 993
Zuiderhoek, Olga 331
Zukowa, Lena 133
Zunder, Kenneth 970
Zushi, Tonbo 860